H.E. CONRAD

England

H. E. CONRAD

England

EIN FÜHRER

PRESTEL VERLAG MÜNCHEN

Führer durch die englischen Grafschaften,
ausgenommen London und Wales

3. durchgesehene Auflage 1986

Druck von Passavia Druckerei GmbH Passau
ISBN 3-7913-0377-5

MEINEN LIEBEN ELTERN

UND BRÜDERN

und dem

ZAUBERER MERLIN

DER TITEL DES BUCHES möchte wörtlich genommen werden: Nicht durch die ganze britische Inselwelt soll dieser Band führen, sondern allein durch England, von Süd nach Nord und, wenn es sich so ergibt, auch kreuz und quer durch alle Grafschaften. Schottland und Wales wird der Leser aus gutem Grund nicht finden: Diese beiden Teilstaaten des Vereinigten Königreiches Großbritannien, durch natürliche Grenzen recht abgeschlossen, haben über weite Zeiträume eine von England unterschiedliche Entwicklung genommen und sind von einer eigenständigen Kultur geprägt. Darum soll ihnen im Rahmen dieser Landschaftsbuch-Reihe eine gesonderte Behandlung zuteil werden.

Das Verständnis des Lesers sei dafür erbeten, daß er in diesem Buch London missen muß. Wie sollte eine Haupt- und Weltstadt von solchem Reichtum an Sehenswürdigkeiten, solch wechselhafter Geschichte, angemessen in einem Buch beschrieben werden, das ohnehin schon gegen die Fülle des Erfahrens- und Anschauungswürdigen in der ›Countryside‹ anzukämpfen hat? Und warum sollte der Reisende mit einem schmalen Kapitel über London vorliebnehmen, während ihm doch im Prestel-Verlag mit David Pipers ›London‹ bereits ein unübertrefflicher Führer zur Verfügung steht?

H. E. C.

INHALT

EINFÜHRUNG

England ist ein Inselreich, und das bezeichnet nicht nur seine geographische Lage, sondern auch seinen Platz in der Geschichte: Es konnte sich stärker als die Länder auf dem Kontinent isolieren, sich auf die Politik einer Splendid Isolation zurückziehen, wann immer es angebracht schien. Meistens aber bestanden intensive Wechselbeziehungen zwischen Festland und Insel, und immer wieder gab es politische Klammern: In der Antike war England römische Provinz, im Frühmittelalter Teil des riesigen Reiches des Dänen Knut, dann Zentrum des Reiches des französisch-normannischen Hauses Anjou-Plantagenet, zu dem das ganze westliche Frankreich gehörte; ein Plantagenet wurde zum deutschen Gegenkaiser gewählt, Herzog Johann von Lancaster war Titularkönig von Kastilien, Heinrich VI. wurde schon in der Wiege zum König von England und Frankreich gekrönt, und die Hannoveraner regierten Hannover und das durch Erbschaft an sie gefallene Großbritannien in Personalunion.

England liegt auf der größten der Britischen Inseln, die dem europäischen Festland im Nordwesten vorgelagert sind, von diesem getrennt nur durch die breite Wasserstraße des Kanals. Noch bis ins neunte vorchristliche Jahrtausend waren die Inseln ein hoch nach Norden reichender riesiger Landvorsprung des Kontinents; erst die Schmelzwasser der letzten Eiszeit ließen die Nordsee so anschwellen, daß es zur Abtrennung kam. Die Bruchstellen lassen sich etwa an den Kreideklippen von Dover noch klar erkennen.

England ist die größte der vier Einheiten, die als Staat zusammen das Vereinigte Königreich Großbritannien und Nordirland bilden; die anderen sind Schottland im Norden, Wales im Westen auf einer gebirgigen Halbinsel und auf der Nachbarinsel Eire Nordirland, das bei Großbritannien blieb, als sich die Republik Irland 1947 vom Commonwealth endgültig lossagte.

England hat nur zwei Landgrenzen: im Norden verläuft die Grenze zu Schottland zwischen dem Solway Firth und der Tweed-Mündung, im Westen die zu Wales ungefähr entlang den Flüssen Dee und Wye.

Alle anderen Grenzen bilden die Meere: die Nordsee im Osten, der Kanal im Süden, der Atlantik im Südwesten und die Irische See im Nordwesten. Den Küsten vorgelagert sind die Scilly Islands, die Channel Islands, die Isle of Wight, die Farne Islands, Holy Island, die Insel Man – um nur die wichtigsten zu nennen. Englands Flüsse sind zahlreich, aber nicht mächtig: selbst die geschäftige Themse, der breite Severn haben etwas vom Charakter eines Wiesenflusses bewahrt. Schon früh wurden die vielen natürlichen Wasserstraßen durch ein reiches Netz von Kanälen miteinander verbunden, die besonders in der Frühzeit der Industriellen Revolution, vor der Erfindung der Eisenbahn, eine sehr wichtige Rolle spielten, heute aber fast nur noch dem Tourismus dienen.

Englands große Städte liegen – mit Ausnahme Londons – am Rande der riesigen Kohlefelder. Sie sind alle erst durch die Industrielle Revolution im 18. Jahrhundert zu Bedeutung gelangt. Damals verloren viele alte Hafen- und Handelsstädte im Süden ihre Bedeutung: Das macht sie heute als wohlerhaltene Denkmäler der Vergangenheit besonders anziehend.

Englands Dörfer wechseln fast von Grafschaft zu Grafschaft ihren Charakter; sie sind sowohl Zeugen der geschichtlichen Entwicklung des Landes als auch der natürlichen Gegebenheiten seiner verschiedenen Landschaften.

Geologisch ist England ein äußerst interessantes Land. Mit Ausnahme des Präkambrium (1900 Jahrmillionen vor der Zeitrechnung) sind alle Formationen vertreten. Im Nordwesten finden wir in Cumbria kambrische Sandsteingebirge (540 Jahrmillionen v. d. Z.) mit vulkanischen Einsprengseln. Das Exmoor und Cornwall wie die Berge an der Grenze nach Wales sind alter roter Sandstein aus dem Devon (350 Jahrmillionen v. d. Z.), in Cornwall durchsetzt von Granitfelsen. Englands Rückgrat, die Penninische Kette, besteht aus rosa und grauem Kalkstein und Mühlsteingrit aus dem Karbon (300 Jahrmillionen v. d. Z.), umfaßt von riesigen Kohlelagern aus demselben Erdzeitalter. Im Süden schließen sich in einem großen Hufeisen die mittelenglische Hochebene mit jüngerem rotem Sandstein sowie Lehmböden aus Trias und Perm (240-200 Jahrmillionen v. d. Z.) an. Von Südwesten schwingt sich in einem großen S-Bogen bis hinauf zu den Mooren Yorkshires im Norden eine Brücke von goldgelbem Kalkstein (Oolith) aus dem Jura (175 Jahrmillionen v. d. Z.), dehnen sich die jurassischen Lehm- und Sandbecken und wölben sich endlich die Kreidehügel (140 Jahrmillionen v. d. Z.) der Downs und Wolds auf. Vor den Kreidehöhen hat sich im Osten (East Anglia) und Süden (Hampshire) ein Schwemmland aus Sand- und Tonböden gebildet, mit fetten Marschen aus dem Alluvium (Erdneuzeit) entlang der Küste Lincolns und in den Fens und Broads der Isle of Ely und Norfolks. Nach Südosten streckt England der Nordsee noch einmal eine Bastion entgegen: das jurassische Hügelland des Weald, umfaßt von den Kreidebergen der North und South Downs.

Man sieht: der Boden Englands ist bunt wie ein Flickenteppich – schwarze Kohle, weiße Kreide und Tone, roter Fels, grauer und rosa Granit, gelber Kalkstein und weizenheller Sand. Dazu kommt blauer Schiefer, dunkler Marmor von Portland, Blue Jasper aus den Höhlen des Peak, Halbedelsteine aus den Bergen Cumbrias, bunte Kiesel aus dem Meer, in den Kreidehügeln eingeschlossen schwarzglitzernder Feuerstein, grüngeäderter Serpentin in den Höhlen der Lizard-Halbinsel. Alle diese Gesteine, dazu Holz und Backstein in allen Farben, Klinker, heller Putz und Stroh und Ried als Dachbedeckung wurden für den Hausbau genutzt; das führte dazu, daß auch die englischen Orte abwechslungsreich und farbenfroh wirken.

Grafschaften

In diesem Buch wird versucht, die englichen Grafschaften (Shires oder Counties) in ihren Eigenheiten darzustellen. Darum soll hier der Begriff der Grafschaft ganz kurz erläutert werden.

Das Wort ›Shire‹ stammt aus der Sachsenzeit, in der es die nächstgrößere Verwaltungseinheit nach dem Hundred, der Hundertschaft, bezeichnete. Ihr standen der Ealdorman und der Sheriff vor. Der Ealdorman führte die wehrfähigen Männer seines Distrikts im Kriegsfall an, er versah richterliche und repräsentative Aufgaben. Der Sheriff wurde ursprünglich wie der Ealdorman gewählt, später von der Krone eingesetzt; manchmal war sein Amt auch erblich. Er übte die Gewalt des Friedensrichters aus, stand den Richtern der Geschworenengerichte zur Seite und war mit administrativen Aufgaben betraut. Aus dem Ealdorman wurde der Earl, der Graf, und als sich unter der Normannenherrschaft die großen Grafschaften bildeten, trennten sich Titel und Amt. Aus dem Shire wurde das County (französisch: comté), dem jetzt ein Kronbeamter (Coroner) und seit dem 14. Jahrhundert auch ein Friedensrichter (Justice of Peace) vorstanden. Jetzt schickten die Counties zwei vom Grafschaftsrat gewählte Abgeordnete ins Parlament. Unter den Tudors trat an die Stelle des Sheriff der Lord-Lieutenant, der bis ins vorige Jahrhundert militärische Aufgaben im County versah und den Friedensrichter berief. Seit 1888 steht den Counties eine gewählte Versammlung, der Grafschaftsrat (County Council) vor; damals wurden auch die Zivilgerichte der Grafschaften, die County Courts, in ihrer Macht bestätigt und sogar noch ausgeweitet.

Das Verwaltungsreformgesetz von 1972, das 1974 in Kraft trat, hat einige der alten Grafschaften zusammengefaßt, andere aufgeteilt, aber die meisten der im Lauf von Jahrhunderten gewachsenen Einheiten blieben in ihrer Form unberührt. Heute gibt es in England sechsundvierzig Grafschaften, London nicht gerechnet.

Klima

Das englische Klima ist nicht so unangenehm, wie ihm nachgesagt wird: zwar regnet es häufig, aber selten lange. Wolken sind Gäste über der Insel, die die Winde vor sich hertreiben, und auf die immer wieder schnell blauer Himmel folgen kann. Klar blau aber ist der Himmel nicht sehr oft: Er ist eigentlich immer in Bewegung, wie auf den Bildern der englischen Landschaftsmaler, immer erfüllt von einem Farbenspiel, das dem des Bodens in nichts nachsteht.

Englands Winter ist milder als unserer, sein Frühling, sein Herbst lauer, sein Sommer feuchter. Mai, Juni und September sind die Monate mit der höchsten Zahl von Sonnentagen, heißt es. Aber manchmal blühen noch tief im Dezember Rosen in verschwenderischer Fülle, und schon der März kann so sanft und warm sein wie bei uns erst der späte April.

Zum Bild Englands gehört der Nebel, und der Engländer hat auch gleich drei verschiedene Namen dafür: *Mist* ist der zarte Dunst, der am Abend aus den Wiesen aufsteigt, und den die Dichter des 18. Jahrhunderts so gern besungen haben. *Fog* ist der schwere weiße Nebel, wie er auch bei uns über den großen Flußebenen hängen kann, bei dem man nicht von einem Baum zum andern zu schauen vermag. Und *Smog* beherrschte die großen Städte, bis ihm die neuen Umweltschutzgesetze den Garaus machten. Smog ist ein Mischwort aus Fog und Smoke. Er bildete sich über Fabrikzentren bei starkem Nebel und war nicht nur undurchsichtig, sondern giftig und schwarz.

Die Milde des englischen Durchschnittsklimas machte es möglich, daß viele mediterrane und exotische Bäume und Sträucher in England winterfest werden konnten. An der geschützten Südwestküste fühlen sich selbst Palmen und Kakteen im Freien wohl. Die Feuchte der Luft aber ist verantwortlich für das Wunder des englischen Rasens, für die Üppigkeit, mit der Blumen und Gemüse, Obstbäume und Hecken selbst noch auf ungünstigen Böden gedeihen. Wenn wir vom Garten England sprechen, sollten wir also auch dem Regen und dem Nebel eine kleine Reverenz erweisen: Sie tragen viel zu seinem Gedeihen bei.

Wald und Flur

England war bis ins späte Mittelalter dicht bewaldet: Buchen auf den Kreidedünen, überall Eichen und Ulmen, in den Flußtälern Erlen und Weiden, viel Eiben, aus denen man mächtige Bogen schnitzte, und Nadelwald etwa in Cumbria. Die Wälder fielen dem Haus-, Berg- und Schiffsbau zum Opfer, einige auch der Selbstvernichtung, wie die Buchenhaine, die den Boden nach und nach so stark säuern, daß schließlich kaum etwas auf ihm gedeiht. Neben den Wäldern war das Antlitz der Landschaft von Weiden und Heiden geprägt. Das gab England früh den Gartencharakter, den schon zur Zeit der Tudors die Reisenden bewunderten. Die Weiden für die Schafzucht waren immer weiter ausgedehnt worden, bis der Wollhandel im hohen Mittelalter zu einem beherrschenden Wirtschaftszweig wurde. Das wieder ging auf die Entvölkerung der Städte und Dörfer durch die Pest zurück, die jede andere Art von Landwirtschaft wegen des Menschenmangels unproduktiv gemacht hatte. Daß langsam eine Änderung und Erholung eintrat, hat mit dem wachsenden Selbstbewußtsein des englischen Freibauern in der elisabethanischen Epoche zu tun, der das Joch der Klöster abgeworfen hatte. Aber noch lange blieb die Almendewirtschaft weit verbreitet.

Die heutige englische Heckenlandschaft entstand erst im 18. Jahrhundert, als die Landlords anfingen, ihren Besitz zu erweitern und durch Hecken abzugrenzen, Pachthöfe zusammenzulegen, Güter aufzukaufen, um ihre neuen Methoden anwenden zu können: Trockenlegung der Sümpfe im Osten, Ausweitung des Getreide-, vor allem des Weizenanbaus, Einführung der Hackfrüchte Rüben und Kartoffeln, Fruchtwechsel, Mehrfelderwirtschaft, Verbesserung der Viehzucht, Benutzung der neuentwickelten landwirtschaftlichen Maschinen. Die englische Agrarreform dauerte fast hundert Jahre;

sie brachte grausame Härten für die Kleinbauern und die Gentry (Landadel) mit sich, viele Dörfer wurden völlig verlassen: Aber ohne die enorme Steigerung der Produktion hätte England sein damals entstehendes, rasch wachsendes Industrieproletariat nicht mehr ernähren können. Das Endergebnis war eine recht gesunde, rationell arbeitende Landwirtschaft, die das Land später trotz der Kriegsblockaden zumindest notdürftig ernähren konnte. Die dunklen Jahre der Agrarreform fanden ihren Niederschlag in der Gesetzgebung (Korngesetze), in der Literatur (Goldsmith, Swift), in der Politik (Gegensatz zwischen Torys und Whigs), vor allem aber im Landschaftsbild, aus dem die damals verhaßten, sooft ausgerissenen oder niedergebrannten Hecken heute nicht mehr fortzudenken sind. Zudem haben sie sich als Windschutz bewährt. Und viele der vormals fieberbrütenden Fens und Marschen stehen heute im Glanz der Blumen- und Getreidefelder da.

Getreideanbau findet man ebenso wie Hackfruchtäcker hauptsächlich im Osten Englands; im Süden sieht man neben Apfelplantagen und den Hopfengärten Kents viel Gemüseanbau, ebenso im Tal von Evesham und in Lincoln, wo auch Blumen gezogen werden. Der Westen prunkt mit Apfelgärten und Weiden, auf denen prächtige rote Milchkühe grasen. Über Kalk- und Kreidehöhen, Heiden und Moore ziehen die Schafherden. Pferde gedeihen gut auf den Kalkhöhen von Wessex und Mittelostengland, und Schweine werden in den Eichenwäldern von Yorkshire gemästet. Die meisten englischen Herden sind winterhart; Ställe gibt es kaum, vor allem nicht in den reinen Schafzuchtgebieten; nur die reichsten Farmer leisten sich einen solchen Luxus. Die englische Angst vor Viehseuchen ist wohlbegründet: Die durchweg reinrassigen Tiere werden als Zuchtvieh zu hohen Preisen ins Ausland verkauft und dürfen daher unter keinen Umständen geimpft werden. Erkrankt ein Tier, muß man meist die ganze Herde schlachten. Wer das bedenkt, versteht sicher auch die strengen Quarantänebestimmungen bei der Einfuhr lebender Tiere. Sie haben England außerdem die Tollwut bisher ferngehalten.

Hausbauformen

Der Hausbau in England ist in engem Zusammenhang mit den geologischen Gegebenheiten zu sehen: Der Boden liefert das wechselnde Baumaterial und bestimmt damit den Charakter der Häuser. Granit und Schiefer geben den Fischer- und Bergbauernhäusern von

Cornwall und Cumbria ihr strenges, puritanisches Aussehen, das nur gemildert wird durch die bunten Sommergärtchen – sofern der Boden überhaupt Gartenbau zuläßt.

Ganz anders die Häuser aus rotem, oft weißverputztem Sandstein in Devon und Somerset und die aus gelbem Kalkstein in Dorset, deren dicke Rieddächer fast bis zur Erde hinabgezogen sind. Die schönsten Dörfer Englands findet man entlang der Oolithbrücke von Südwest bis Nordost: gelbe Kalksteinhäuser mit geschindelten Kalkstein- oder Schieferdächern, steinernen Kaminen, Türschwellen, Fensterkreuzen und Gartenmauern. Bei den ältesten Häusern sind die nur grob behauenen Steine so sauber aufeinander gesetzt, daß Mörtel nicht nötig war. Aus gleichem Stein baut man in diesen Gegenden auch die Windschutzmauern der Felder; sie werden so aufgeschichtet, daß der Wind ungehindert hindurchstreichen kann. Für Herrenhäuser und Schulen, Kirchen und Kathedralen wird der Stein behauen, oft auch zu Marmorglanz geschliffen. Oolith altert sehr schön; seine Palette reicht von hellem Elfenbein zu Elefantengrau, von blassem Rosa zu kräftigem Orangerot, von lichtem Sonnengelb zu warmen braunen Ockertönen, oft grün gefleckt von Moosen und Algen.

Im Süden liebt man stark gemusterte Hausfronten: neben Fachwerk und Kalkstein findet man seltsame Mischformen: ›Knitwork‹ zeigt runde Kieselsteine so in Mörtel eingebunden, daß die Rundungen kräftig hervortreten; beim ›Flushwork‹ ordnet man dagegen Feuersteine (Flints) so an, daß sie möglichst plan in Mörtel oder Zement eingebettet sind; ihr natürlicher Glanz führt zu hübschen Reflexen sowohl bei Sonnenwetter wie im Regen. Oft findet man etwa in Sussex Fassaden, die alle diese Techniken in sich vereinen, zu schweigen vom ›Tilehanging‹: dabei werden Giebel oder Erker oder auch ganze Fronten mit dünnen Backsteinziegeln in verschiedenen Mustern ›geschindelt‹. Das Tilehanging hat vor allem Windschutzfunktion, ebenso wie das in Kent übliche ›Weatherboarding‹, bei dem meist bunt oder weiß lackierte Holzplanken horizontal als Verkleidung angeordnet sind.

Bunt lackierte Türen und Fensterkreuze liebt man überall auf der Insel; die häufige Kombination von Safrangelb und Pechschwarz ist ein Anklang an die Farben der Tudorkönige.

An Tudorhäusern (echten und nachgebauten) findet man meist unregelmäßig angeordnete Giebel und eckige oder oktogonale Erker. Die rund ausgebuchteten Erker (›Bow Windows‹) sind ein georgianisches Element, ebenso wie die zierlichen Schmiedeeisenbalkönchen oder die Türen mit klassizistischem Giebelfeld.

In Ostengland liebt man es, weißverputzte Mauerfelder in Fachwerkhäusern mit kräftigen Mustern zu stuckieren; das nennt man ›Pargetting‹. Die schachbrettartig gemusterten oder gestreiften Fassaden gehen meist auf sächsische Einflüsse zurück: Man kombiniert dabei sowohl Backstein mit Kalkstein wie auch Backstein mit Flushwork oder Knitwork. Backstein ist vor allem in Nord- und Mittelostengland viel zu finden, wobei man alle Farbschattierungen von Weiß über Grau bis Schwarz, von blassem Rosa bis zu einem blaubraunen Purpurton, von hellem Ocker bis zu tiefem Schokoladenbraun antreffen kann; auch Klinker sieht man hie und da. Ziegelhäuser aus der Zeit Wilhelms III. und Marias II. zeigen häufig eine weiße Sand- oder Kalksteineinfassung.

Mittelengland und Nordwestengland sind besonders reich an herrlichen Fachwerkhäusern mit phantasievollen Mustern; man nennt die schwarzweißen Bauten dort ›Elsternhäuser‹. In Nordengland findet man viele graue Granit- oder Backsteinhäuser mit leuchtend roten Ziegeldächern, aber auch weißverputzte Lehmhütten.

Im Innenbau hat England vor allem im Mittelalter Sonderformen entwickelt. Man liebte die Wärme des Holzes, deshalb findet man neben flachen geschnitzten Balken- und Kassettendecken den offenen Dachstuhl, ein hölzernes Gewölbe sozusagen. Das ›Queenpost roof‹ entspricht unserem Pfettendach, bei dem die Sparren durch waagrechte Hölzer und senkrechte Stiele (Queen-posts) gestützt werden. Beim ›King-post roof‹ rutschen die Stiele zu einer Säule in der Mitte, dem King-post, zusammen; den Druck der Sparren fangen diagonal angeordnete Streben auf. Ingeniös ist das ›Hammerbeamroof‹: das Gewicht des Daches wird dabei von freihängenden Stuhlsäulen und Konsolen abgefangen, was den Anschein einer freitragenden Konstruktion erweckt.

Eine besonders beliebte Form der Täfelung war das ›Linenfold‹: die geschnitzten Holzplatten ahmen den Faltenwurf eines drapierten Gewebes nach. In der elisabethanischen Zeit begeisterte man sich für stuckierte Decken und flämische Gobelins als Wandverkleidung; die Jakobiner behielten dies weitgehend bei. Unter den Stuarts wurden vergoldete Walnußmöbel mit plastischen Schnitzereien und geschnitzte Türfelder sehr beliebt; helle Farben, Leichtigkeit, Eleganz ziehen erst mit den Entwürfen der Brüder Adam und den Möbeln der Chippendales in die englischen Salons ein. Das Ende der Epoche bringt dann alle möglichen Phantasielösungen: griechische, römische, etruskische, ägyptische Interieurs, eine verspielte Gotik, orientalische und fernöstliche Arrangements in feinen Farbabstufungen. Die viktorianische Epoche liebt Glas und Gußeisen, zeigt sich aber sonst eher puritanisch: Dunkelbraun und Dunkelgrün werden zu Lieblingsfarben, die Formen werden schwerfällig und kopflastig, die Muster laut und aufdringlich. Dagegen gerichtet waren die Reformen von Morris und den Künstlern des Jugendstils, die sich entweder an altenglischen schlichten Formen orientierten oder zu einer neuen Graziösität und träumerischen Farbigkeit – Flieder, Seegrün, Weiß, Blaßblau – fanden.

Das moderne englische Siedlungshaus nimmt gerne Elemente der örtlich üblichen Bauweisen auf: seine Formen sind klar, aber sie laufen nicht dem Geist eines Ortes oder einer Landschaft zuwider.

Hof und Herrenhaus, Siedlung und Stadt

Das ›urenglische‹ Haus war in jedem Falle rund: rund waren die ›Bienenkörbe‹ mit Kraggewölben der Megalithkultur, den Trulli des Mittelmeerraumes vergleichbar, und rund waren auch die wahrscheinlich mit Ried gedeckten Hütten der ersten keltischen Einwanderer. Eckige Häuser bringt erst die zweite keltische Einwanderung. Die Römer bauten in England nach ihren eigenen Vorstellungen wie überall auf dem Kontinent: Paläste und Bäder, Straßen und Castra, aus denen nach und nach Städte werden, deren Spuren wir noch heute in manchem englischen Stadtplan ablesen können. Das Haus aber, das typisch werden sollte für England, die ›Hall‹, brachten erst die Sachsen mit.

Ursprünglich war die *Hall* ein riesiges einräumiges Haus, in dem nicht nur die Familie mit dem Gesinde, sondern auch das Vieh und die Vorräte untergebracht waren. Vieh und Vorräte erhielten als erste eigene ›Abteilungen‹, dann bildet sich um die Hall ein Kranz von Alkoven, ›Bowers‹, in denen erst nur die vornehmsten Familienmitglieder und Gäste, später auch die anderen Mitglieder der Wohngemeinschaft einen eigenen Schlafplatz bekommen. Schließlich werden die Schlafkammern ganz abgetrennt, werden zu Gemächern, und die Hall verliert auch ihre Bestimmung als Wohn- und Eßraum, sie ist nur noch ein Empfangssaal, in manchen Häusern auch Bankettsaal. Aber die Bezeichnung Hall haftet dem Landhaus bis tief in die elisabethanische Epoche an, als sich die Edelleute schon palastartige Sitze mit Hunderten von Zimmern bauen. Das Wort steckt auch in Guild Hall (Zunfthalle) und Town Hall (Stadthalle, Rathaus).

Neben die Hall tritt das *Grange*, eigentlich ein Bauernhaus mit den entsprechenden anschließenden Wirtschaftsgebäuden und Stallungen, und das *Croft*, womit ursprünglich eine kleine Bauernwirtschaft bezeichnet wurde, später aber auch Stadthäuser mit Garten.

Ein *Manor* ist zunächst nur das Herrenhaus des Gutshofes; später wurde dieses Wort auch auf Landsitze angewendet. Manche der großen Herrensitze nennen sich in der Tudorzeit einfach *House*, wie Longleat House, oder auch *Place*, wie Penshurst Place. Die Klöster, die Heinrich VIII. enteignet hatte, wurden oft zu Adelssitzen umgebaut, wobei man ihnen meist den alten Namen *Abbey* ließ, wie Lacock Abbey.

Anspruchsvoller wird der englische Adelige im 17. Jahrhundert. Die palladianischen Schlösser, die er jetzt errichtet, nennt er *Palace*, und wenn er sie mit einem ausgedehnten Garten umgibt, wohl auch *Park*, wie Dyrham Park. In den Parks entstehen *Follies*, verspielte Zierbauten, so Tempel, Pagoden, Grotten, Burgen, Ruinen, Säulenbrücken. Diese Mode erreicht ihren Höhepunkt im späten 18. Jahrhundert, als im Geist des Rokoko nachempfundene normannische oder gotische Burgen und Klöster errichten werden, so Downton Castle in Hereford oder Fonthill Abbey in Wiltshire, auch orientalische Märchenbauten: der Royal Pavilion in Brighton, oder streng klassizistische Villen: Lord Burlingtons Villa in Chiswick. Diese Mode klingt noch bis ins 20. Jahrhundert nach, wenn etwa Sir Edward Lutyens um 1910 in Devon sein Castle Drogo baut.

Aber inzwischen hat man auch den Reiz des Kätnerhauses, des *Cottage*, entdeckt. Elegante Nachbildungen des ländlichen Cottage werden ›Cottage Ornée‹, geschmückte Hütte, genannt. Diese Laune, sich rustikalen Wohnformen anzupassen, gab es auch auf dem Kontinent, wo mit dem Rokoko das sogenannte Schweizerhaus in Mode kam.

Die gleiche Entwicklung vom Großartigen zum Beschränkten, Umschränkten findet man auch im Gartenbau: der elisabethanische Kräuter- und Buchsgarten war vom holländischen und dieser vom französischen formalen Park abgelöst worden. Die Philosophen und Ästheten der englischen Aufklärung entwickelten dann, inspiriert unter anderem vom fernöstlichen Garten, aber auch von der eben entdeckten ›wilden Natur‹, den Landschaftsgarten, der seine reinste Ausprägung in der Romantik erhielt. Sein Wesen ist das ›Malerische‹, das den Blick nicht mehr, wie im formalen Garten, zu einem einzigen Punkt, einer großen Aussicht zieht, sondern durch Baumgruppen, durch Anpassung an die natürlichen Bodengegebenheiten, durch schwingende Rasenflächen Abwechslung schafft. Englische Reisende bringen eine Unzahl neuer Pflanzen und Baumarten nach Hause; was nicht im milden Inselklima gedeihen will, wird durch Glashäuser geschützt: Aus diesen Treibhäusern geht dann Sir Joseph Paxtons Glaspalast für die erste Weltausstellung in London im Jahre 1851 hervor. Damit ist aber auch der Höhepunkt gärtnerischen Prunks schon überschritten: der farbige Bauerngarten, der Cottage Garden mit seinen eingefaßten Beeten, seinen Immergrüns und rankenden Rosen, blühenden Obstbäumen und Steinplattenpfaden wird wiederentdeckt und zu einer neuen Kunstform entwikkelt, die ihre Triumphe vor allem in unserem Jahrhundert feierte.

War das 18. Jahrhundert im Landhausbau zu höchster Eleganz gelangt, so begann zugleich, im Zuge der Industriellen Revolution, der Niedergang der urbanen Kultur. Zwar entstanden in den vornehmen Vierteln klassizistische Terrassenstraßen mit bezaubernden Vorgärtchen und begrünten Plätzen, den Squares, aber zugleich bildeten sich die Slums: enge Straßen mit übervölkerten, schmalbrüstigen Häusern fast ohne Fenster – Häuser wurden damals nach Anzahl der Fenster besteuert – und ohne Kanalisation, in denen neben dem Elend das Laster und das Verbrechen gediehen. Einsichtige Fabrikherren bauten damals für ihre Arbeiter die ersten Mustersiedlungen vor den Städten mit zwar kleinen, aber ordentlichen Reihenhäuschen, die meist nach hinten ein Höfchen und nach vorne ein winziges Gärtchen hatten. Luxus gab es in diesen Siedlungen nicht, aber zumindest starben die Menschen nicht mehr wie die Fliegen an Seuchen und Schwindsucht. Die Weiterentwicklung dieser utilitaristisch-humanen Idee brachte das 19. Jahrhundert mit der Idee der Gartenstadt und Gartenvorstadt, die für die moderne Stadtplanung Englands eine bedeutende Rolle spielen sollte.

Das 18. Jahrhundert sah auch die ersten bedeutenden Industriebauten, wie die Eisenbrücke Darbys in Coalbroakdale, die Fabriken Boultons in Birmingham und Wedgwoods in Stoke-on-Trent. Das 19. Jahrhundert brachte dann Schienen und Kanäle, Tunnel und Bahnhöfe, Viadukte und Passagen ohne Zahl. Es war das Zeitalter der Gußeisenarchitektur. Die Physiognomie der englischen Städte, die von den Römern gegründet, von den Sachsen erhalten, von den Normannen befestigt worden waren, die in der Tudorzeit, als der Bürger unabhängig wurde, mit schönen Webermeister- und Kaufmannshäusern, mit den Häusern der Eisenmeister und Kapitäne, mit Zoll- und Gilde-, Zunft- und Armenhäusern (Almshouses), mit Butterkreuzen auf dem Markt, Lateinschulen und Spitteln, mit den geräumigen, oft mit den Kathedralen wetteifernden Pfarrkirchen ihr charakteristisches Aussehen gewonnen hatten, änderte sich jetzt völlig. Die neuen Städte der Industriegebiete wuchsen empor mit riesigen Speicher- und Warenhäusern, Fabriken und Dockanlagen, Börsen und Banken. Das im 18. Jahrhundert entwickelte Arbeiterhäuschen wurde zum Grundtyp für die Industriearbeiter-Vorstädte: In endlosen uniformen Straßenzeilen zogen sich die Reihenhäuser hügelauf, hügelab. Das sprunghafte Anwachsen der Bevölkerung brachte ein ebenso sprunghaftes Ansteigen von Not und Laster und Kriminalität, was wiederum seinen Ausdruck fand in den gewaltigen, an Zwingburgen erinnernden Gerichts- und Gefängnisbauten, die jetzt entstanden. Nicht minder drohend wirkten die neuen Krankenhäuser und Volksschulen, so gut gemeint ihr Zweck auch war. Eine Welt trennt sie von den mittelalterlichen betulichen Almshouses und der elisabethanischen Grammar School, dem ›Stock‹ (Pranger) auf dem Markt, dem Verlies im Stadttor, oder gar dem klösterlichen Spittel. Erst im Laufe der zweiten Hälfte des 19. Jahrhunderts begann eine Rehumanisierung in der Verwaltung und Gesetzgebung, und dabei wurde England dann in vielem beispielgebend für Europa.

Die englische Universität ist aus kirchlichen Schulen hervorgegangen, kannte schon im Mittelalter studentische Selbstverwaltung und hat zumindest das Antlitz zweier Städte mit ihren Bauten geprägt: Oxford und Cambridge. Nicht minder interessant sind moderne Lösungen wie die der Universität von Sussex bei Brighton: gemeinsam ist den alten wie den neuen Universitäten der urbane Zuschnitt und das ›Quadrangle‹, ein Hof, um den sich die Einzelbauten gruppieren.

Eine andere Eigenheit englischer Städte ist die ausgedehnte Domfreiheit, die ›Close‹, die nicht nur die Kathedralen oder Stadtkirchen freistellt und eine Grünzone mitten im Stadtkern schafft (ursprünglich war sie allerdings nicht von Rasen, sondern von Grabplatten bedeckt), sondern oft auch noch von allen Bauten umstanden ist, die zu einem mittelalterlichen Dom gehörten: Schule, Kantorei, Bischofspalast, Wirtschaftsbauten, Kirchengericht, Bibliothek, Häuser der Prediger und Domherren. Besonders gut erhaltene Beispiele findet man in Wells, Salisbury oder Canterbury. Innerhalb der Domfreiheit galt im Mittelalter nur die geistliche, nicht die weltliche Gerichtsbarkeit.

Sport

Der Sport spielte im englischen Leben seit jeher eine hervorragende Rolle. Daran ist wieder das Wetter schuld: kaum je ist es auf der Insel so warm oder so anhaltend kalt und regnerisch, daß einem alle Lust an der Bewegung im Freien dabei vergehen könnte. So nahm das Leben außerhalb der schützenden vier Wände, in Garten oder Park, auf den Dorfplätzen oder an heidnischen Kultstätten, einen wichtigen Platz ein, und zwar bei allen Schichten des Volks. Die frühe Emanzipation des Bauern und Bürgers, die frühe Abschaffung der Leibeigenschaft, die – im Vergleich zum Kontinent – dann im Verlauf der Industriellen Revolution erkämpfte frühe Beschränkung des Arbeitstages auf festgelegte Stunden führten dazu, daß der Sport nie nur Vorrecht des Adels oder der Reichen blieb, sondern in seinen verschiedenen Formen bei Hoch und Nieder gleiche Verbreitung fand. Sportbücher fanden sich schon zur Blüte des Hochmittelalters in den Spinden der Landadeligen, die sie sich, des Lesens selten kundig, wohl noch vom Hauskaplan vorlesen lassen mußten. Sportdarstellungen vom kolorierten Stich oder dem großen Gemälde bis zum populären Sportdruck bedecken die Wände von Schlössern wie von Wirtsstuben, Bürgerhäusern und Schulen. Und der Geist der Fairness – Englands wohl schönstes Geschenk an den Sport – erfüllte die im vorigen Jahrhundert zu neuer Moral erwachte Nation allgemach, bis er zum Hauptgrundsatz englischen Lebensstils wurde.

Die sportlichen Belustigungen des frühen Mittelalters, ja noch späterer Jahrhunderte, waren teils recht krude: Bärenhatz, Bogenschießen, Stierkämpfe, Hahnenkämpfe, Ringen, Dolchwerfen, Faustkämpfe und ein verhältnismäßig regelloses Fußballspiel – ›Länderkämpfe England–Schottland‹ sind schon im 10. Jahrhundert aktenkundig – das dann in der Puritanerzeit der Vergessenheit anheimfiel.

Viele der heutigen Sportarten entstanden gegen Ausgang des Mittelalters: Das Golfspiel wird 1457 erstmals in Schottland erwähnt und ist spätestens seit 1608 auch in England bekannt; aus dem französischen Jeu de Paume begann sich seit dem 15. Jahrhundert der Vorläufer des Tennis mit Netz und Schläger nach festen Regeln

(1592) zu entwickeln. Kricket, das englische Nationalspiel, ist 1598 erstmals urkundlich belegt. Eines der ersten Angelbücher der Welt, das ›Treatyse of Fysshinge wyth an Angle‹, erschien 1496 in Westminster. Damals festigten sich auch die Regeln der Parforcejagd auf den Hirsch, nach denen noch heute auf den Mooren von Devon und Somerset gejagt wird.

Elegantere Formen nahm der Sport dann im 17. und 18. Jahrhundert an. König Karl II. Stuart gilt als ›Vater des englischen Turf‹; Izaak Walton schrieb 1653 sein klassisches Büchlein über die Freuden des Fischens, ›The Compleat Angler‹, das seitdem in alle Weltsprachen übersetzt wurde und unzählige Neuauflagen erlebte. Ihm folgte dann eine ganze Flut von Angelanweisungen, wobei noch immer kein Ende abzusehen ist. Mit den Pferdebüchern verhielt es sich übrigens ähnlich, und ein guter Pferdemaler konnte damals mit einem Bild unter Umständen ein Vermögen verdienen. Die ersten für die Fuchsjagd ausgebildeten Meuten hielten 1660 Viscount Lowther und 1690 Lord Arundel. In der Mitte des 18. Jahrhunderts wurde der exklusive Jockey Club gegründet und die großen Rennen gestiftet, über die noch zu sprechen sein wird. Von den drei berühmtesten englischen Pferden jener Zeit stammen alle heutigen Vollblüter ab.

1754 stellte der schottische Club of St. Andrews die noch heute verbindlichen Golfregeln auf, 1774 der Herzog von Dorset die Regeln für Kricket, das übrigens vor allem von Schulen und Universitäten gepflegt wird und seine besten Plätze in den großen Industriestädten des Nordens (Leeds, Manchester, Nottingham) hat. Selbst das Boxen wurde zwar nicht gerade hof-, wohl aber gesellschaftsfähig, nachdem Jack Broughton (1705-1789) die weichen Boxhandschuhe erfunden hatte. Preiskämpfe wurden allerdings weiterhin noch mit der nackten Faust ausgetragen. Berühmtester Champion seiner Zeit war Gentleman Jackson (1796-1845), mit Byron eng befreundet, in dessen Haus die vornehmsten Personen ein und aus gingen. Er stellte erstmals Regeln auf, die wissenschaftlichen Erkenntnissen folgten. 1814 wurde ein adeliger ›Pugilistic Club‹ gegründet, und im späten 19. Jahrhundert entwickelten John G. Chambers und der 8. Marquess von Queensbury die für die Amateurboxer geltenden Grundregeln.

Segeln war schon früh beliebt – bei einem Inselvolk nicht zu verwundern. Die erste Segelregatta fand 1661 auf der Themse zwischen Greenwich und Gravesend statt. 1751 stiftete der Herzog von Cumberland einen Pokal, der noch heute bei den Rennen vor Cowes auf der Isle of Wight vergeben wird; der erste Yachtclub wurde 1720 gegründet. Der moderne Rudersport entwickelte sich aus den Wettfahrten der Fährschiffer auf der Themse. Die erste richtige Ruderregatta fand 1775 auf der Themse statt, 1829 das erste Rennen der Universitätsachter von Oxford und Cambridge und 1839 die erste Henley-Regatta.

Das Fußballspiel wurde 1831 von den Schülern der Public Schools, wie Harrow und Eton, wiederentdeckt; die Schüler von Rugby entwickelten dabei eine eigene Spielart mit abweichenden Regeln, die nach dem Internat ›Rugby‹ benannt wurde. 1862 stellte Cambridge Fußballregeln auf, die dann 1892-1894 von der inzwischen gegründeten Football Association übernommen und erweitert wurden. Von da an begann der Siegeslauf des Fußballs als Massensport rund um die Welt; seine führende Stellung als Fußballnation hat England dabei längst an andere Länder abtreten müssen. Heute sind es weniger die Universitätsstädte als die großen Industriemetropolen, in denen der Fußball den größten Anklang findet. Die Emphase der Zuschauer, die immer häufiger auch zu Ausschreitungen führt, wird derzeit von den Behörden mit Sorge betrachtet und durch eine Reihe außersportlicher ›Spielregeln‹ einzudämmen gesucht.

Badminton ist eine Art Federballspiel, das um 1873 aus Indien nach England gelangte; der Herzog von Beaufort, ein großer Förderer des Sports, gründete mit Freunden einen ersten Club, der nach seinem Landhaus Badminton in Avon so benannt wurde. Das Spiel ist nicht so verbreitet wie Tennis, wird aber doch von über tausend Clubs überall im Lande gepflegt. Die ›All Tennis Lawn Championships‹, die inoffiziellen Tennis-Weltmeisterschaften, finden seit 1877 alljährlich im Juni im Londoner Wimbledon-Stadion statt und ziehen ein internationales Publikum an.

Zum Auto hat der Engländer ein eher sentimentales Verhältnis; dafür zeugen überall in England die reich ausgestatteten Oldtimer-Museen und die in vielen Städten am Sonntagmorgen abgehaltenen ›Schnauferlparaden‹: man liebt sein Auto alt. Die großen Motorsport-Rennen sind das British Grand Prix Circuit in Aintree und für Motorräder das British Tourist Trophy auf der Isle of Man.

Für den Reisenden ist wichtig, daß er in den meisten Clubs auch für wenige Tage gerne als Gast aufgenommen wird; ein Unkostenbeitrag wird auch da, wo man ihn nicht fordert, stillschweigend erwartet. Man erkundigt sich am besten am Ort nach den jeweiligen Möglichkeiten – und die sind fast unerschöpflich, ob es sich nun um den Fang von Haien oder Lachsen, die Teilnahme an einer Fuchsjagd zu Fuß in den cumbrischen Bergen oder um einen verträumten Segelsommer in der Wiesenwelt der Norfolk Broads handelt.

Essen und Trinken

Die englische Küche, so bemerkte vor einigen Jahren der Herzog von Edinburgh, ist entweder unendlich gut oder unendlich schlecht – ein Mittelding gibt es nicht. Das ist auch heute noch richtig. Und der Papst der französischen Feinschmecker, Robert J. Courtine, bekannte jüngst: *»Eigentlich mag ich die englische Küche fast lieber als die französische«*, und auch dafür gibt es gute Gründe, ist sie doch gleichzeitig herzhafter und leichter, einfacher und oft reicher an edlem ›Rohmaterial‹, dem die moderne Küche eher zuneigt als den fetten Saucen, phantastischen Garnituren und überkochten Ragouts der Schule Escoffiers.

Wie und warum ist denn die englische Küche so in Verruf geraten? Das Vorurteil ist historisch; es entstand im frühen 18. Jahrhundert, als die elegante französische Ragout- und Pastetenküche in Mode war und man über die schlichte englische Fleischküche mit ihren enormen Braten und Schinken lächelte. An dieser Küche hat man in England eigentlich seit dem Mittelalter festgehalten – es gibt zwar spätere Varianten, aber im Grunde änderte sich wenig. Die Renaissance brachte eine Fülle neuer Zutaten, wie Südfrüchte und Gewürze, Kartoffeln und Truthühner; die Obstarten wurden ständig verbessert, Tomaten und Kürbisse eingeführt und angebaut, und unter den Viktorianern wurde das echte englische Frühstück mit Bier und Port, Schinken, Fisch und Fleisch verdrängt von der zahmen Abart, die den Franzosen zwar noch immer eine Gänsehaut über den Rücken jagt, die aber ›nur‹ noch aus Porridge, gebratenen Nieren, luftgetrockneten Heringen mit heißer Butter, Bratwürstchen, Tomaten, Eiern und Schinken, heißem Toast, Butter und bitterer hausgemachter Orangenmarmelade, Kaffee, Milch und Tee besteht. In modernen Luxushotels muß man es heute meist eigens bestellen, doch in den meisten Privatpensionen ist es immer noch im Übernachtungspreis inbegriffen; die ›gekochten‹ Zutaten variieren dabei, aber Wünsche werden meist berücksichtigt.

Vom reichhaltigen Frühstück abgesehen, ist die englische Küche – soweit es sich um die Gute Küche handelt – weit eher unserem schnell-lebigen Rhythmus bei geringerer körperlicher Anstrengung angepaßt als die meisten kontinentalen Küchen: viel kaltes Fleisch und Geflügel, Gemüse, die in wenig Wasser und Butter nur eben zart gedünstet werden, leichtes Brot, Saucen auf Obstgrundlage, viel heimisches Obst neben südlichen Früchten, Salate, die man erst am Tisch anmacht, geräucherter oder gedünsteter Fisch. Gefahren für die schlanke Taille bringen erst die üppigen Puddings und Pies, die zwischen Hauptgang und Kaffee gereicht werden – aber die kann man ja zugunsten der zahlreichen englischen Käsearten vergessen.

Englische Küche ist überall da am besten, wo sie die natürlichen Delikatessen des Landes ohne großen Aufwand auf den Tisch bringt: Rosige Lachse, leckere Bachforellen werden durch eine phantasievolle Dekoration nicht besser, während auch die schwärzeste Trüffel auf dem Kontinent oft nicht über die beklagenswerte Qualität des darunter versteckten Fisch-Stückchens hinwegtrösten kann. Austern sind roh, Hummer und Krabben nun einmal frisch gekocht mit Zitrone und Butter am schmackhaftesten; allerdings hat die altenglische Art, rohe Austern zusammen mit scharf gepfeffertem, kurz gebratenem Rinderfilet zu verspeisen, einiges für sich, und wem rohe Austern nicht liegen, der versucht vielleicht gerne einen herzhaften Beefstew mit Austern. ›Pottet Shrimps‹ sind kleine Krabben, die in Steinguttöpfchen mit heißer Butter eingemacht und gekühlt auf knusprigem Toast serviert werden: eine elegante Leckerei. Steinbutt wird gerne mit einer cremigen Krabbensauce serviert; zu geräucherten warmen Makrelen reicht man ein heißes Kompott aus grünen Stachelbeeren, das mit geschmolzener Butter und Ingwer oder Fenchel abgeschmeckt ist.

Hecht und Hai, Seezunge und Barbe werden auf vielerlei Weise zubereitet; Schellfisch, Kabeljau, Makrelen und Heringe schmecken wohl am besten goldgelb geräuchert. Die fetten Aale aus den Fens werden ebenfalls in den Rauch gehängt oder mit gekochten Eiern und herbem Wein als Schüsselpastete zubereitet: Ein königliches Gericht mit verführerischem Duft.

Dazu kommen die Köstlichkeiten aus Heide und Wald: junge Haselhühner mit Cumberlandsauce – eine Komposition des vorigen Jahrhunderts aus Johannisbeergelee, Portwein und Orangenschale – kalte Täubchenbrüste mit frischen Kirschen in Gelee, gebratene Schnepfen, Rebhuhn- und Wachtelpasteten, Wildsuppen aus dem Fleisch von Hasen und Fasanen, Kaninchenragouts, Rehrücken, die Eier von Kiebitzen und Wachteln, Tauben und Möwen.

Doch auch die Hausmannskost ist nicht zu verachten: Yorkshire-schinken von eichelgemästeten Schweinen in Honig, gebratene Enten aus Aylesbury, riesige Truthähne mit Füllungen aus Nüssen, Fleisch und Kastanien, bekränzt mit kroß gebratenen Würstchenketten, delikate Lämmer- oder Heidschnuckenbraten; Steak and Kidney Pie oder rosige Roastbeefs, zu denen gebackene Kartoffeln, Meerrettichsauce und Yorkshire Pudding gereicht werden. Yorkshire Pudding ist kein ›Pudding‹, sondern eine Art Pfannkuchen aus einem sehr lockeren Teig, der stark aufgeht und in Rindertalg gebacken werden soll; wo er stilecht zubereitet wird, schiebt man die Bleche mit dem Teig unter den Grill mit dem Roastbeef, damit während des Backvorgangs fortwährend die würzigen Fleischsäfte in den ›Pudding‹ tröpfeln. Aus Kalbfleisch und Schinken werden köstliche Pasteten gemacht, die zu frischem Salat oder pikant eingelegten Früchten und Gemüsen, wie ›Mixed Pickles‹, einer englischen Spezialität, besonders gut munden.

Der englische Kräutergarten wartet mit Minze zum Lamm, Rosmarin und Meerrettich zum Roastbeef, Petersilie zum Geflügel, Kresse zu Lachs und Pasteten, Thymian für Wildgerichte, Senf zum gekochten Schinken und Fenchel zum Fisch auf. Dazu kommen aus der Kolonialzeit die vielen indischen, türkischen und chinesischen Gerichte, die zusammen mit den fremden Gewürzen, wie Safran, Curry, Cardamom, Koriander und Chili spätestens seit dem 18. Jahrhundert Heimatrecht in englischen Küchen genießen: all die Currys und Kebabs, Pilaws und Musakas, Chutneys und süßsauren Gerichte, die der Reisende übrigens auch in den abertausenden orientalischer Restaurants in England genießen kann.

Eintöpfe kennt man fast nur in den ganz armen Gebieten Westenglands: den Lancashire Hot Pot, eine kräftige Fleischbrühe mit viel Wurzelgemüse und Lauch in dicken Scheiben, die Stews und Pies Cornwalls, die Wildtöpfe des Nordens.

Zum Nachtisch werden kühle Fruchtgelees, Sahneeis oder Puddings und Tarts gereicht. Der flammende Plum Pudding, auch Christmas Pudding, wird gewöhnlich nur zu Weihnachten serviert, da seine Vorbereitung Wochen dauert; er verbreitet dann auch einen äußerst lieblichen Duft von tausendundeiner Spezerei, Cognac und Butter. Butter spielt auch im goldgelben Brot- und Butterpudding die Hauptrolle, der mit Eiern, Zimt und Muskat zubereitet und mit einer kräftigen Rumtunke gereicht wird. Feiner ist der selten gewordene Summer Pudding aus hellem Brot und frischen Johannisbeeren, den man eiskalt mit Sahne genießt. Tarts sind gedeckte Obsttorten aus Mürbe- oder Pastetenteig, die heiß mit Sahne auf den Tisch kommen. Für einen richtigen ›Custard‹ werden Eier mit Rahm, Zucker, echter Vanille und einer Prise Salz verschlagen und im Wasserbad im Backofen zum Stocken gebracht: Eine leckere Begleitung für ein frisches Fruchtkompott. Wem diese Genüsse zu kalorienreich sind, wird sich mit Äpfeln aus Kent, Pflaumen aus Gloucestershire, Erdbeeren aus dem Tal von Evesham trösten oder sich am Käse delektieren: alter blauer Stilton, aus großen Steinguttöpfen serviert, roter Leicester oder Cheshire, mondfarbener würziger Gloucester oder gelbgoldener Cheddar, um nur einige zu nennen. Dazu ißt man feine Bisquits und frischen Stangensellerie.

Der Engländer ist kein großer Kuchenesser, aber er liebt knuspriges Gebäck. Eine Weihnachtsspezialität sind Mincepies: mit einer Mischung aus Rosinen, Korinthen, Orangeat und ähnlichem, gehackten Äpfeln, Nüssen, Rum und Rindertalg gefüllte Mürbteigküchlein, die man als Glücksbringer anbietet. Der Englische Kuchen ist ein sehr schwerer Königskuchen mit glasierten Kirschen, Dandy Cake ein Topfkuchen mit Mandeln.

Das Lieblingsgetränk des Engländers ist der Tee; am Morgen kräftige rote indische Sorten, am Nachmittag, zur Teatime, die feinen aromatischen Chinatees. Der Kaffee ist nicht so schlecht wie sein Ruf; wahr ist, daß sich in der feuchtsalzigen Luft Englands sein Aroma selbst bei größten Anstrengungen nur sehr schwer bewahren läßt. Man trinkt ihn am besten schwarz. Punsch war das Leibgetränk des 17. und 18. Jahrhunderts, gebraut aus weißem Rum, Rohrzucker und Zitronen von den Westindischen Inseln; im 19. Jahrhundert bevorzugten die Gentlemen Portwein und Sherry, der nicht glas-, sondern flaschenweise konsumiert wurde. England ist noch immer der größte Im- und Exporteur dieser Südweine. In guten Restaurants findet man schwere französische Rotweine (›Claret‹ und ›Burgundy‹), aber auch edle Rieslinge von Mosel und Rhein; Rheinweine werden ›Hock‹ genannt. Offene Rotweine kann man wählen, aber von offenen Weißweinen sollte man die Finger lassen: Es handelt sich meist um billige süße spanische Weine. Der Streit ums englische Bier kann hier nicht entschieden werden; wem es zu schwach ist, mag Stout, Lager oder Importbiere wählen. Wer Cider, den moussierenden englischen Apfelwein, bestellt, sollte immer bedenken, daß er einen viel höheren Alkoholgehalt hat als kontinentale Moste; am besten schmeckt Dry Cider vom Faß. In gepflegten Landgasthöfen kann man die altenglischen Obstweine durchprobieren, im honigreichen Somerset wird auch heute noch viel Met gebraut. Frühstück wird allgemein bis neun Uhr morgens serviert; Lunch zwischen zwölf und zwei, doch kann man schon ab elf in gepflegten Bars einen Snack erbitten. Zwischen vier und sechs Uhr nachmittags wird Tea, auch High Tea mit einem warmen Gang, serviert; Dinner oder Supper kann man ab sieben Uhr bekommen; in Gasthöfen schließt die Küche gewöhnlich gegen neun Uhr, doch ist durchaus auch noch nach dem Theater ein Dinner mit mehreren Gängen zu erhalten, nicht nur in London, sondern auch in anderen Theaterstädten. Streng nach Gesetz wird hingegen überall der Alkoholausschank gehandhabt, der an bestimmte Zeiten gebunden ist; an Jugendliche unter achtzehn Jahren wird dort überhaupt kein Alkohol ausgeschenkt. Wer sein Glas Wein oder Bier nicht missen möchte, sollte wissen, daß er es mittags nur von elf bis zwei, an manchen Orten bis halb drei, abends erst ab sechs Uhr bekommt; die Polizeistunde für Getränke schlägt um halb elf, spätestens um elf Uhr. Der Wirt, der sich strikt weigert, darüber hinaus noch auszuschenken, ist nicht unfreundlich und sollte nicht gedrängt werden: Er setzt seine Konzession aufs Spiel, wenn er beim verspäteten Ausschank ertappt wird.

Unterkunft

Wo wohnt der Reisende am besten? Den Erfahrungen nach entweder im vornehmsten historischen Gasthof der Stadt – gewöhnlich der ehemalige Postkutschengasthof – oder aber in kleinen Pensionen. Die Kettenhotels, die von Trusts verwaltet werden, wirken zwar oft malerisch oder luxuriös, sind aber oft sehr unpersönlich; natürlich gibt es auch da löbliche Ausnahmen. Je liebenswürdiger sich der Gast verhält, um so besser wird er gewöhnlich bedient; man läßt sich in England nicht gerne etwas befehlen, aber eine freundliche Bitte, eine höfliche Floskel bewirken Wunder.

Erfahrung lehrt auch, daß man in kleinen Orten besser und gemütlicher wohnt als in den großen Städten. Was könnte auch romantischer sein als ein alter weitläufiger Postgasthof mit weißgetünchten Wänden, dunklen Möbeln, blinkendem Kupferhausrat, dicken Teppichen auf den Treppen, elisabethanischen Himmelbetten und flackernden Feuern in allen Kaminen? Aber auch die kühle elegante Pracht viktorianischer Hotelpaläste kann durchaus ihren Reiz haben. Hält man auf der Suche nach Privatpensionen (›Bed and Breakfast‹) nach blankgeputzten Türklopfern, blinkenden Fenstern und frisch lackierten Türen Ausschau, wird man meist gut dabei fahren: Das Innere solcher Häuser ist genau so anheimelnd wie das Äußere, die Wirte sind voller Gastfreundschaft. Individualisten mögen ein Kabinenboot in Ostengland oder einen Zigeunerwagen als ›Hotel‹ wählen: Die Reisegesellschaften bieten beides an.

Beachten sollte man, daß es im reichen Süden leichter ist, Unterkunft zu finden, als in den armen Städten des Nordens; und daß an Orten, wo gerade eines der nationalen Feste – Henley-Regatta, Derby, Ascot-Woche, Londoner Blumenschauen, Pferdemärkte und anderes – stattfindet, im Umkreis von hundert Kilometern kein freies Zimmer zu haben sein wird. In den Universitätsstädten findet man am ehesten in den Semesterferien Unterkunft. Im August meide man England nach Möglichkeit, da zu dieser Zeit auch dort die Völkerwanderung der Touristen im Gange ist. Beste Reisezeit, auch im Hinblick auf das Wetter, ist Mitte April bis Mitte Juni oder September bis Oktober. In diesen Monaten finden außerdem viele Musik- und Theaterfestspiele statt, ebenso die Eröffnungen der einzelnen Jagden.

Praktische Hinweise

Es ist nicht möglich, in diesem Buch die genauen Öffnungszeiten der Museen und anderer Sehenswürdigkeiten anzugeben, da diese außerordentlich stark schwanken. Es erscheinen aber jedes Jahr in England zwei unentbehrliche Verzeichnisse: ›*Historic Houses, Castles & Gardens in Great Britain and Ireland*‹ (British Leisure Publications, Windsor Court, East Grinstead, West Sussex RH 19 1XA) und ›*Museums and Galleries in Great Britain and Ireland*‹, die alle technisch wichtigen Daten wie Öffnungszeiten, Eintrittspreise, Busverbindungen und ähnliches anführen und für wenige Mark zu erwerben sind. In den meisten Hotels und Bibliotheken liegen sie umsonst aus.

Wenn man seine Reise rechtzeitig planen kann, sollte man an das *Department of the Environment*, AMHB/P, *Room 106, 25 Savile Row, London* W1X 2BT sowie an den *National Trust, 42 Queen Anne's Gate, London* SW1H 9AS, schreiben, die für alle unter der Obhut des Ministry of Public Buildings oder des National Trust stehenden Bauten und Landschaften Saisonkarten zu ermäßigten Preisen ausgeben. Das *National Tourist Board, 4 Grosvenor Gardens, London* SW1W ODU schickt Informationen über die englischen Fremdenverkehrsbüros und das *British Tourist Authority, 64 St James Street,*

London SW 1 A 1 NF Material über die verschiedenen Gebiete mit Karten, Tourenvorschlägen sowie Hotelnachweisen.

Historic Hotels of Great Britain ist eine Hotelgruppe, die ihren Sitz in *1 Victoria Road, London* W 8 5RA hat und gerne Zimmer reserviert. Touren bereitet *True England Guides, 30 Berkeley House, Hay Hill, London* W 1 auf Wunsch vor.

Um innerhalb Englands billig zu reisen, bestellt man am besten vierzehn Tage vor Reisebeginn bei einem einheimischen Reisebüro einen *Britrail-Pass* für die Zeit des Aufenthaltes, der für alle Eisenbahnen unbegrenzt gilt. In England selbst kann man an jedem Busbahnhof den *Travel Master* gegen Vorlage des Reisepasses bekommen, mit dem alle Langstreckenbusse (Coaches) benutzt werden können; doch muß möglichst jeweils einige Tage vorher ein Platz im Bus vorbestellt werden. Darüber hinaus gibt es bei den meisten ›local busses‹, den örtlichen Buslinien, ermäßigte Tages-, Netz- oder Touristenkarten; viele bieten auch Touren an. ›Tourist information‹, kenntlich durch ein blaues ›L‹, gibt im allgemeinen freundliche und umfassende Auskünfte; man findet deren Büros in jedem auch nur halbwegs interessanten Ort, oft durch Wegweiser ausgeschildert.

Bei Studienreisen lohnt sich eine Mitgliedschaft im National Trust. Informationen gibt The National Trust, Beckleham, Kent BR 3 4UN.

LAND'S END

Cornwall – Westsomerset
Devonshire

ENGLAND ist zwar keine Insel, aber doch ein Inselreich, »kostbarer Stein, gefaßt in Silbersee«, wie Shakespeare zärtlich schreibt. Darum wollen wir unsere Reise dort beginnen, wo der Einfluß der See auf seine Geschichte und Gestalt am augenfälligsten wird, im Südwesten.

Südwestengland mit den Grafschaften Cornwall und Devon schiebt sich wie ein langer Zipfel tief in den Atlantik vor. Seine äußerste Spitze, ein zerklüftetes, von Wogen und Gischt umtostes Vorgebirge, heißt seit altersher Land's End. Hier trennten sich mutige Schiffer vom Anblick des festen Landes, um in die Weite der Ozeane hinauszusegeln, hier war für die Schiffer der Alten Welt, die sich vom Mittelmeer bis hierhin vorwagten, um das für die Bronzeherstellung unverzichtbare Zinn einzuhandeln, ›Land's End‹, Ende der ihnen bekannten Welt. Land's End ist aber ein Name, den man für ganz Südwestengland anwenden könnte: nicht nur, weil hier der Meerwind nie einschläft, der Golfstrom die Luft stets erwärmt, die warnenden, suchenden Strahlen der Leuchttürme unablässig über die gefährlichen Küsten gleiten, sondern auch, weil hier die Zeit zu schlafen scheint. In den Heiden der Hochmoore verwesen die toten Städte der Zinngräber; die Häfen, von denen einst die abenteuernden Kapitäne Elisabeths I. ausliefen, um die Erde zu umsegeln und Englands Seeherrschaft zu begründen, träumen nur noch von ihrer ruhmreichen Vergangenheit, und das Holz der farbenfrohen Fischerboote der Sardinenflotte ist längst in den Küchenherden der verarmten Fischer verglommen, seit in unserem Jahrhundert plötzlich die Schwärme der silbrigen Fischlein ausblieben. In Cornwall und Devon ist die Vergangenheit lebendiger als das Heute, beide Grafschaften liegen am Rande, am Saum der modernen Welt.

Cornwall und Devon haben eine interessante Bodenbeschaffenheit: die Hauptmasse ist alter roter Sandstein, der aus dem Erdaltertum stammt und dem Devon-Erdzeitalter (350 Jahrmillionen vor unserer Zeitrechnung) den Namen gab. Der mittlere Norden zeigt eine etwas jüngere Schichtung aus dem Karbon (300 Jahrmillionen vor unserer Zeitrechnung): Kalksteinhügel. Dazwischen erheben sich unfruchtbare Granithöhenzüge, von denen vor allem das Dartmoor zu Berühmtheit gelangt ist. Ihr besonderes Kennzeichen sind die Tors, bizarre, windgeformte Felssäulen, in deren Schatten wilde Ponys, Vorfahren unserer heutigen Pferde, wie seit Urzeiten über die Moore ziehn.

Südwestengland ist mythischer Boden; in Tintagel hielt der Sage zufolge Artus Hof, auf König Markes Castle Dore begann die Liebesgeschichte von Tristan und Isolde. Von noch älteren Zeiten berichten Dolmen und Hünengräber, unterirdische Kammergänge und Hügelfestungen der Eisenzeit, keltische Hüttendörfer und römische Amphitheater. Durch die stillgewordenen Fischerdörfer geistern noch Balladen von Seefahrern und Schmugglern, Piraten und Widergängern, Meerjungfrauen und Hexen.

Der Zinnbergbau, einst Quelle des Reichtums, wurde durch die Ausbeutung der Kaolinbrüche abgelöst, die Sardinenfischerei durch die Austernzucht. Fremdenverkehr, Töpferei, Viehzucht und Apfelanbau sind wichtige Erwerbszweige, nicht zu vergessen Schiffs- und Bootsbau.

Das ländliche Devon lebt in den Werken vieler Dichter; Cornwall, dessen Küsten im Glanz eines fast mittelmeerischen Lichtes erstrahlen können, lockt, seit es die Freilichtmalerei gibt, Maler in Scharen an, wie Samuel Palmer, Matthew Smith, Ben Nicholson und Victor Pasmore. Die beiden so verschiedenen und doch so nah verwandten Landschaften wollen wir jetzt kennenlernen: Orte und Menschen am Rande des Meeres, am Ende der Welt.

I

Im Exmoor: Minehead – Dunster – Exford – Lynton Lynmouth

Ich halte es nicht für fehl gehandelt, jener Form des Vergnügens den ersten Platz einzuräumen ... welches alle anderen übertrifft und allen anderen vorausgeht, weil es am königlichsten ist: der Jagd auf den Hirsch.
Gervase Markham, Country Contents, 1611

Devon bildet den breiteren Ostteil jenes langen Zipfels, den wir Südwestengland nannten. Im Norden wird seine Küste von den Brechern des Bristol Channel umtobt, einem Meerarm des Atlantik. Am gegenüberliegenden Ufer erkennt man an klaren Tagen die blauschimmernden Berge von Wales. Im Nordosten stößt Devon mit den Grafschaften Somerset und Avon zusammen. Diese Grafschaften oder Shires treffen sich im Exmoor Forest, der einer der ältesten Nationalparks von England ist und das letzte seiner Reviere, wo man den Rothirsch noch in freier Wildbahn jagt. ›Forest‹ ist ein altes

Wort für ein Jagdgebiet der Krone und muß nicht unbedingt einen Wald bezeichnen.

Somerset und Devon sind mit ihren stillen Dörfern, sattgrünen Weiden, ihren Apfelgärten und Eichenhainen, dunkelglühenden Mooren und klaren Flüssen, an deren Ufern der Otter spielt, Inbegriff des ›rural England‹. Das Exmoor, unser erstes Ziel, ist heute zwar nicht mehr ganz so wildromantisch wie noch im vorigen Jahrhundert, da man manche der kahlen Höhen aufgeforstet und einige Sümpfe trockengelegt hat, aber noch immer entzückt es das Auge mit großangelegten Szenerien, wie sie Richard Blackmore in seiner Räubersaga ›Lorna Doone‹ beschrieb, die hierorts jedes Kind kennt, und deren Namen wiederum auf die Landschaft abgefärbt haben. Goldgelb leuchtet das Moor zur Zeit der Ginsterblüte im Mai, violett im Herbst, wenn sich die Hügel in einen Mantel aus Heide hüllen: Erica cinerea, Erica ciliaris, Erica vagans seien als die häufigsten der hier heimischen Erikagewächse genannt. Klar zeichnen sich die Berge vom Horizont ab. *»Oh! das spielerische Steigen und Fallen der Linien dieser Hügel«*, schreibt der Maler Samuel Palmer begeistert in einem Brief. *»Auf den ernsten Moorhöhen ist der Farn das Dunkle, und ein abgestufter Halbton in den kahleren Tälern – aber alles dunkel und feierlich-ernst. Aus welchem Grund können sie uns so begeistern?«* Die höchste Erhebung im Moor ist der Dunkery Hill, von seinem fast sechshundert Meter hohen Gipfel kann man weit ins Land sehen bis zu den halbmondförmigen Buchten, die tief in die Küsten einschneiden. In einer dieser Buchten liegt der alte Hafen *Minehead*, das offizielle Zentrum der Somerset- und Devonjagd. Am 11. August, noch ehe das Laub sich färbt, wird die Jagd auf den Hirsch eröffnet. ›Tallihoo‹ gellen die Hörner dann über das Moor, ›il (= das Wild) est haugh‹.

Seit jeher war die Hetzjagd des Engländers liebster Zeitvertreib und Sport. Spätestens seit der Eroberung durch die Normannen, also seit über neunhundert Jahren, ist die Hirschhatz aus dem englischen Landleben nicht mehr fortzudenken. William Tuvici beschrieb sie schon um 1314 in allen Einzelheiten für seinen Herrn, König Eduard II. Plantagenet, in seiner ›Art de Veneri‹. Das Jagdritual vollzieht sich noch heute im wesentlichen in den Formen aus der Zeit Königin Elisabeths. In feierliches Schwarz sind die Reiter gekleidet, wenn sie sich am verabredeten Treffpunkt für die Jagd versammeln; nur der Jagdherr, der ›Master of the Hunt‹, trägt bei der Hirschhatz den blutroten Rock. Die Jagd beschränkt sich nicht auf ein festes

Revier, sondern geht querfeldein über Gemeindeland und privaten Grund; für die auftretenden Jagdschäden muß die jeweilige Jagdgesellschaft aufkommen; die Verhandlungen führt dabei der Jagdherr, der von den anderen Reitern für eine Saison gewählt wird. Alle Unkosten werden durch eine Art Subskriptionssystem aufgebracht; jeder der Jagdteilnehmer zeichnet zu Beginn der Saison eine Summe nach seinem Vermögen. Der zweitwichtigste Mann ist der ›Huntsman‹, der die Meute unterhält und abrichtet und sie bei einer Jagd zusammen mit seinen Pikeuren, den ›Whips‹, führt.

Die Eröffnung der Jagd übernimmt die Meute. Besonders abgerichtete Hirschhunde werden auf die Spur gesetzt; ihre Aufgabe ist es, den Hirsch von seinem Rudel zu trennen und abzutreiben. Erst dann nimmt der Rest der Koppel die Verfolgung auf, dicht gefolgt von dem Feld der Reiter. Die Ritte sind halsbrecherisch, sie gehen über Stock und Stein, Hecken und Zäune, Heide und Moor; oft genug gelingt es dem Hirsch, die Hunde abzuschütteln, indem er eine Strecke schwimmt oder Zuflucht in sumpfigem Gelände sucht. Stundenlang kann sich eine Hatz hinziehen, erregend, da ja niemand vorher weiß, welchen Weg das Wild nehmen wird, im Gegensatz zur deutschen Schlepp- oder Schnitzeljagd. Es ist kein bloßes Edelmannsvergnügen; an den Jagdtagen halten auch die Bauern und Pächter im Moor ein gesatteltes Pferd bereit, und wenn das Geläut der Meute das Nahen des Feldes ankündigt, stoßen sie an den seit Jahrhunderten festgelegten Kreuzwegen zu den Reitern. Ist der Hirsch endlich von den hechelnden, jappenden Hunden gestellt, gilt es als Pflicht des Jagdherrn, das Tier von vorn anzugehen und nach höfischem Zeremoniell mit dem Hirschfänger zu erlegen. Die Jagd endet ritterlich, wie sie begann. Hat das gehetzte Wild den Jägern einen besonders heißen Tag geliefert, wird es wohl auch ehrenvoll in Freiheit gesetzt, denn, so sagt man auf den Mooren, der Edelmann jagt, um zu reiten – er reitet nicht, um zu jagen. Und ebenso wie sein Opfer riskiert er auf diesen Ritten, die auch von den Jagdpferden, den ›Hunters‹, das Letzte verlangen, Kopf und Kragen.

Auf dem Hügel im Westen der Stadt findet man das mittelalterliche Minehead. Seine winkligen, getreppten Gassen mit Ziegel- und Kopfsteinpflaster ziehen sich zu der etwas verwitterten gotischen Kirche aus dem 14./15. Jahrhundert hinauf, die wie ein Hirt von der Herde alter Häuser aus rotem Devonstein und ockerfarbigem Kalkstein umdrängt wird. Unter ihre dicken Rieddächer geduckt, verschließen sie in sich das Wissen von vergangenen Zeiten, als Minehead noch einen blühenden Handel mit Wolle und Wein, Kohle und Vieh trieb. Er kam zum Erliegen, als nach zwei schweren Bränden die Stadt verarmte, der Hafen verschlickte und versandete. Bald danach – im ersten Viertel des vorigen Jahrhunderts – blieben auch die Heringsschwärme aus, die den Ort zu einem der wichtigsten Heringshäfen an der Westküste gemacht hatten. Davon erzählt noch die Reihe hübscher Fischerkaten in bunten Bauerngärten in der Quai Street. Erholt hat sich die Stadt erst um 1875, als der breite Strand und das gesunde Klima der von waldigen Hügeln bewachten Bucht Sommerfrischler anzulocken begannen. Heute wiegen sich in dem kleinen Hafen nur noch Sportjachten und bunte Ruderboote, und in den alten Gasthöfen lassen es sich nun statt der Wollhändler und Fischer die Feriengäste schmecken.

Östlich von Minehead liegt *Dunster*, über deren wundervoll geschwungener High Street sich die Kulisse des bewaldeten Burgberges erhebt. Das andere Ende der High Street ist platzartig erweitert; die Häuser weichen zurück, um dem Garnmarkt aus dem 16. Jahrhundert Raum zu machen, dessen achteckige Ziegeldachpyramide in einem breiten Rand übermütig ausschwingt. Dies hochansteigende Dach wird von acht kecken Zwerchgiebelchen belebt und von einem Wald stämmiger Pfeiler gestützt. Unter seinem Schutz wurde früher, als Dunster noch eine stolze Weberstadt war, der Wollmarkt abgehalten. Der Gasthof ›Luttrell Arms‹ mit seinem prächtigen gotischen Portal gehörte einst den Äbten von Cleeve Abbey, einer nahen Zisterzienserabtei, die seit der Reformationszeit als Bauernhof genutzt wird und jetzt der englischen Denkmalschutzbehörde, dem Ministry of Public Buildings and Works, unterstellt ist. Einige Gebäude, wie das Refektorium aus dem 15. und das Dormitorium aus dem 13. Jahrhundert, sind gut erhalten und können besichtigt werden.

Der Name Luttrell begegnet uns wieder, wenn wir zur Burg von Dunster emporsteigen. Sie wurde 1070 erbaut und wird seit 1375 von der Familie Luttrell bewohnt. Ihr trutziger Umriß täuscht: die Bauten, die man heute sieht, stammen größtenteils aus dem 16. bis 19. Jahrhundert. Das barocke Treppenhaus wurde aus Ulmenkloben geschnitzt; es entstand, wie der Speisesaal mit schöner Stuckdecke und seltenen spanischen Ledertapeten, um 1681. Viele der Luttrells fanden ihre letzte Ruhe in Dunsters Pfarrkirche; besonders bewegend ist das Grabmal der Elizabeth Luttrell von 1493 im südlichen Seitenschiff.

Dunster ist ein typisch englisches Dorf: die Geschichte des Ortes und des Herrenhauses – hier der Burg – sind unlösbar miteinander verknüpft, wie die machtvollen alten Bäume unentwirrbar mit Efeu und Misteln verwachsen sind. Vielleicht ist es diese Eigenart, die dem englischen Dorf seine ruhevoll anmutende Heiterkeit, Gelassenheit und Lebensfreude gibt. Der Gutsherr ist, ganz anders als etwa in Frankreich, der Nachbar; man sieht sich beim Gottesdienst und auf dem Viehmarkt, in der Schenke, bei Geselligkeiten und auf der Jagd. Das war so seit Jahrhunderten, und niemand trägt großes Verlangen danach, daran im Ernst etwas zu ändern. Denn es war ja auch stets das Manor, das Gutshaus, das dem Dorf Farbe gab, das einen Mittelpunkt bildete und Fremde anzog. Vor allem half es dem einzelnen, sich als Teil einer geschichtlich gewachsenen Gemeinschaft zu begreifen. Für den Fremden mag das alles schwer zu verstehen sein, aber diese Verbundenheit mit dem Gut gibt dem Dorf seine Distinguiertheit. Man hütet gemeinsam die gleichen Traditionen: oft sind die Orte ja schon seit fünfhundert, sechshundert Jahren mit den Geschicken derselben Familie verbunden. Ihre Bauern haben den Gutsherrn, der früher auch als Squire das Amt des Friedensrichters versehen mußte, ins Parlament geschickt und später wohl auch um Mandate mit ihm gerungen; ihre Söhne haben ihn auf Kreuzzügen und Entdeckungsreisen, auf Kaperfahrt und in den Krieg begleitet, und ihre Gräber liegen nebeneinander auf dem Friedhof oder in der Kirche, von deren Kanzel bald ein jüngerer Gutsherrensohn, bald ein Dörfler als Pfarrer das Evangelium las.

Von Dunster aus kann man südlich ins Moor vorstoßen. Das Exmoor sollte man nach Möglichkeit zu Fuß durchwandern, sein herber Zauber lohnt die Mühe. Aber wer nicht genug Zeit hat, sich diese Landschaft so anzueignen, sollte doch wenigstens den heiteren Weiler *Exford* aufsuchen, der mit seinen riedgedeckten Häusern, der alten Kirche mit dem stämmigen Turm und den gemütlichen Gasthöfen einen Widerschein von Merry Old England bewahrt. Golden blinken in den Inns, den Schenken, der Messingschmuck fürs Pferdegeschirr, ›Horse Brasses‹ genannt, und kupferne Teller und Schalen von den altersgeschwärzten Eichenbalken, die das geweißelte Gemäuer der niedrigen Räume gliedern; bunte Teppiche liegen auf den Steinböden, und Sherrykelche oder Biergläser malen honigfarbene Glanzlichter auf die dunklen Tischplatten. Ein Geruch von Stall und Hunden, Leder und Tabak, Portwein und Lammbraten hängt in der Luft, und alle Gespräche kreisen um die Jagd und die ›Kennels‹, die

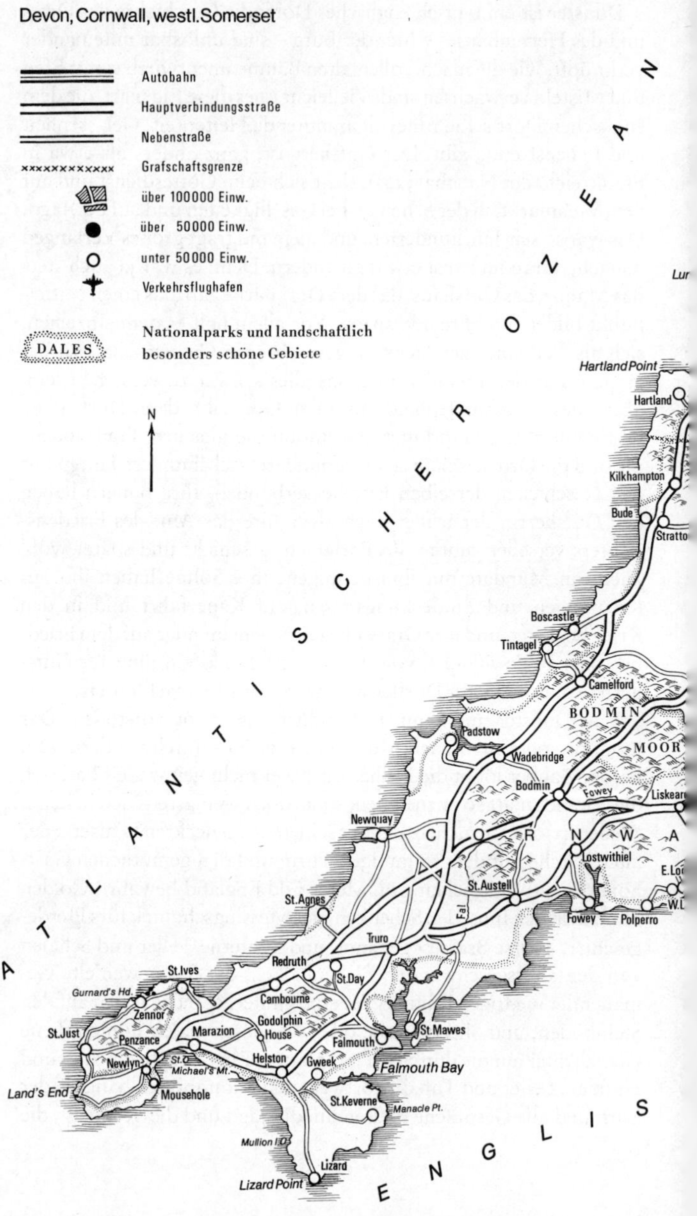

Devon, Cornwall, westl. Somerset
Autobahn
Hauptverbindungsstraße
Nebenstraße
Grafschaftsgrenze
über 100000 Einw.
über 50000 Einw.
unter 50000 Einw.
Verkehrsflughafen
DALES
Nationalparks und landschaftlich besonders schöne Gebiete
N
ATLANTISCHER OZEAN
ENGLIS
Hartland Point
Hartland
Kilkhampton
Bude
Boscastle
Tintagel
Camelford
BODMIN
MOOR
Padstow
Wadebridge
Bodmin
Fowey
Liskear
Newquay
CORNWA
Lostwithiel
St. Austell
Fal
Fowey
Polperro
St. Agnes
Truro
Redruth
St. Day
St. Ives
Gurnard's Hd.
Zennor
Camborne
Godolphin House
St. Just
Penzance
Marazion
Newlyn
St. Michael's Mt.
Helston
Gweek
Falmouth
St. Mawes
Falmouth Bay
Land's End
Mousehole
St. Keverne
Manacle Pt.
Mullion
Lizard
Lizard Point

WALES
CARDIFF
BRISTOL CHANNEL
Weston-super-Mare
E. Brent
Burnham on Sea
Axe
Porlock Bay
Lynton
Lynmouth
Culbone Hill
Minehead
Dunster
Ilfracombe
Nether Stowey
SOMERSET
Quantock Hills
Brendon Hills
Exford
Exmoor Forest
Windsford
Exton
Bridgwater
Parrett
Barnstaple
Barnstaple or Bideford Bay
EXMOOR
Exe
Northam
Bideford
Taw
South Molton
Bampton
Wellington
Tone
Taunton
Gt. Torrington
Ilminster
Tiverton
Uffculme
Kentisbeare
Yarcombe
Chard
Torridge
Copplestone
Hatherleigh
Holsworthy
Crediton
Honiton
Otter
Axminster
DEVON
Okehampton
EXETER
Ottery St. Mary
Lyme Regis
621
Yes Tor
Seaton
Moretonhampstead
Bicton
Sidmouth
Powderham Castle
East Budleigh
Launceston
DARTMOOR
Budleigh Salterton
Exmouth
Widecombe in the Moor
Tamar
Two Bridges
Dawlish
Teignmouth
Tavistock
Princetown
Ashburton
Newton Abbot
560
Ryder's Hill
Yelverton
Buckfast Abbey
Callington
Plym
Buckfastleigh
Compton Castle
Torquay
Lynher
Dean Prior
Dart
Buckland Abbey
Totnes
Paignton
Torbay
Saltash
PLYMOUTH
Goodrington
Brixham
Torpoint
Saltram House
Halwell
Whitesand Bay
Dartmouth
Avon
Kingsbridge
Salcombe
CHANNEL
0
10
20
30
40 km

Zwinger der berühmten Hirschhundmeute der Devon- und Somersetjagd, größten Schatz des Exmoors. In den Tagen ›Glorianas‹, wie die Höflinge Elisabeth I. nannten, war niemand geringerem als Lord Leicester, dem ersten Edelmann im Königreich, die Sorge um die königlichen Devon-Hirschhunde anvertraut. Seit 1598 werden sie schon im Exmoor gehalten. Sie besitzen heute einen unschätzbaren Wert; ihre Haltung verschlingt Unsummen.

Südlich von Exford, bei *Winsford Hill*, führt ein Fußpfad in das Tal des River Barle, eines der glasklaren, forellenreichen Flüsse des Exmoor Forest. Dort, im wildesten Teil des Moores, spannt sich über den Barle eine über fünfzig Meter lange, zyklopische Saumtierbrücke, die ›Tarr Steps‹. Man nennt solche lose aus großen Steinplatten gefügten Brücken – eine ähnliche findet sich zum Beispiel im Dartmoor bei Two Bridges – sehr treffend ›Clapperbridges‹, Klapperbrücken. Sie wurden immer wieder neu aufgeschichtet, wenn sie unter den Unbilden der Zeit oder des Wetters einmal zusammengestürzt oder teilweise eingebrochen waren. Die Steine der Tarr Steps wiegen viele Tonnen, aber sie können nirgendwo in der Umgegend gebrochen worden sein. Wer hat sie in dieses Moortal gebracht? Und wann geschah es? Vor Jahrhunderten. Vielleicht vor Jahrtausenden. Niemand weiß es genau: sie waren eben immer schon da, alterslos, verwittert, ausgehöhlt von den Hufen unzähliger Packpferde, von Wetter und Wellen, überschattet vom weiten Geäst knorriger Bäume, ein Pfad für die Ewigkeit.

Wenn man Minehead zur Weiterfahrt in westlicher Richtung verläßt, führt die Straße entlang der Porlockbay mit ihrem breiten Badestrand über Culbone Hill, wo die Grenze zwischen Somerset und Devon verläuft, nach *Lynton* und *Lynmouth*, einem Doppelort. *»Das kleine Dorf [Lynton] liegt hoch oben am Rande einer der hohen Klippen dieser Küste, am Ausgang einer lieblichen Schlucht, durch die ein Wasserfall sprüht und gischtet. Er kommt aus den großen Mooren, deren Hügelwellen sich mit ihren Schaumkronen aus Heidekraut purpurn vom Horizont abzeichnen. Unten, wo der kleine Sturzbach auf das Meer trifft, liegt das Schwesterdorf Lynmouth. Als ich hier auf der Brücke stand, die den Fluß überspannt, und auf das steinerne Mauerwerk und die Fundamente der kleinen, grauen, grünüberrankten Häuser sah, die von ihm umtost werden, und dann hinauf in das Grün der Eichbüsche und Farne blickte, Ginster und Stechginster die Flanken der Hügel hinaufkriechen sah, die* *ihre Häupter jedoch nackt wie Miniaturgebirge der Sonne aussetzen, da las ich eine übernatürliche Bläue im nördlichen Meer, und das Dörflein unten nahm die Anmut eines der hundert Flecken der Riviera an. Das bescheidene Berghotel von Lynton ist ein dem köstlichsten Ausruhen geweihter Ort: mit einem Buch im Terrassengarten zu sitzen, unter blühenden Sträuchern von aristokratischer Grandezza und Seltenheit, und dieses sublimste Farbgemälde der Natur zu genießen! Dieses glühende Rot und Grün der steilen Klippen hinter der schmalen Hafenmündung, wie sie sich verändern und verwandeln und den ganzen Tag lang hinschmelzen von Schattierung zu Schattierung, von einem ungreifbar zarten Tonschatten zum anderen. Ich muß fürchten, ihm einen bösen Dienst zu erweisen, wenn ich von ihm erzähle ...*«, schrieb der Romancier und Reisende Henry James in seinen ›English Hours‹. Vielleicht hat er dem winzigen Dorf auf seiner roten Klippe tatsächlich einen schlechten Dienst erwiesen, aber wahrscheinlich wäre es auch ohne ihn eines Tages vom Tourismus entdeckt worden. Man muß früh oder spät im Jahr kommen, wenn man noch etwas von seinem einstigen Charme spüren will. Übrigens haben auch die englischen Romantiker schon das Entzücken James' geteilt; der junge Shelley suchte hier mit seiner ihm heimlich angetrauten Frau Mary, einem kaum der Schulstube entwachsenen Kind, Zuflucht vor dem Zorn der Familie, und auch Robert Southey, aus dem Kreis der Seendichter um Wordsworth, verbrachte hier eine Zeit, während Coleridge 1797 in einem einsamen Bauernhaus im nahen Culbone seine große Traumvision, den ›Kubla Khan‹, dichtete.

In einer der Cottages am Hafen, St. Vincent's, ist das Lyn and Exmoor Museum untergebracht, wo man sich an einem Regentag in die Vorgeschichte des Moores vergraben kann, das reich ist an stein- und bronzezeitlichen Fundstellen. Von den ›Ureinwohnern‹ haben nur die wilden Ponys überlebt, die wie seit Jahrtausenden über die Heiden und durch die Farn- und Ginsterdickichte traben. Ein Teil der klugen Tiere wird stets gefangen und gezähmt; für Kinder gehört das Ponyreiten zu den größten Attraktionen des Exmoores. Reitgelegenheit kann man im Moor übrigens auf fast allen Bauernhöfen finden, und die Badeorte bieten neben allen Arten von Wassersport gepflegte Golf- und Tennisplätze und Parks. Das Baden ist, vor allem für kleine Kinder, nicht überall ungefährlich; die örtlichen Fremdenbüros geben gerne genaue Auskunft. Zwischen Minehead und Ilfracombe findet man an dieser Küste fast nur Kieselstrände, aber dafür sind sie breit und geschützt. Einen Spaten sollte man übrigens bei Reisen in englische Seebäder nie miteinpacken: Das Bauen von Sandburgen wird hier mit scheelen Blicken betrachtet. Dafür sollte man Reit- oder Wasserstiefel nicht vergessen, Angel und Kompaß sowie feste Schuhe für Moorwanderungen.

Wer einmal im frühen Mai oder späten August hier war, diese unglaublich ausgeruhte, gelassene Atmosphäre und die herzliche Gastfreundschaft des Landes gekostet hat, dem Galopp der schwarzen Reiter auf der Heide mit den Augen folgte, vielleicht unter einem blauen Windhimmel voll fegender Wolken selbst das Moor durchstreift hat und beim Sonnenuntergang unter den erglühenden Klippen der Brandung lauschte, wird sich hierher zurücksehnen wie zu den Märchen seiner Kindheit.

2

Westward Ho!: Barnstaple – Bideford – Clovelly – Lundy Hartland Point

There lie's your way, due west. Then westward-ho!
William Shakespeare, Was Ihr wollt

Westlich des Exmoors fällt das Land allmählich ab, wird grüner, sanfter. Der Sockel des alten Rotsandsteins der Devonzeit ist vom Meer ausgewaschen; in einem kraftvollen Schwung ändert hier die Küste ihre Richtung von Nord nach West. In diese Bucht münden die Flüsse Taw und Okement mit ihren zahlreichen Nebenflüßchen. Ihrer beider Mündungstrichter greift sichelförmig tief ins Land und ist in der Mitte durch einen schlanken Hals, sehr bildhaft ›The Neck‹ genannt, mit dem Meer verbunden. An den Spitzen der Sichel liegen die beiden Hafenstädte, die der Bucht den Namen gegeben haben, Barnstaple und Bideford. Im Westen springt die Küste mit jäh abfallenden Klippen als Vorgebirge scharf in die See hinaus; diese zerklüftete Felsennase heißt Hartland Point.

In der Tiefe der Bucht liegt ein winziges Dorf, das heute vor allem wegen seines feinen Sandstrandes und seiner traditionsreichen Golfplätze geschätzt wird. Es trägt einen Namen, der das Schlüsselwort für den Geist dieser ganzen Küste gibt: *Westward Ho!* Nicht weit davon, in Bidefords ›Royal Hotel‹, einem alten Kaufmannshaus, schrieb im vorigen Jahrhundert Charles Kingsley (1819-1875) seine große Schattenbeschwörung der elisabethanischen Seehelden, ›Westward Ho!‹, die das Schicksal so vieler Klassiker teilte und später zum beliebten Jugendbuch wurde.

Kingsley, Gelehrter und Aristokrat, übernahm 1844 die Pfarre seines Vaters in Evesham. Der junge Mann, der schon in zartem Kindesalter die griechischen und römischen Schriftsteller gelesen hatte, sah sich hier einer Gemeinde von verarmten Landadeligen, Wilderern und Fahrenden gegenüber, unter denen kaum einer des Lesens und Schreibens kundig war. Er arbeitete bis zum körperlichen Zusammenbruch, um die soziale Lage seiner Pfarrkinder zu verbessern; seine einzige Erholung in jener Zeit war das Fischen. Nachts aber schrieb er – Aufsätze, Aufrufe und endlich auch Romane: 1848 erschien ›Alton Locke‹, 1853 ›Hypatia‹. Sein Ziel war nicht Revolution, aber geistige Reformation; er wollte den Gutsherrn und Freibauern nicht entrechtet wissen, aber ihn zum Bewußtsein seiner Verantwortung und zur Annahme seiner Pflichten bewegen. 1851 predigte er in London über die ›Botschaft der Kirche an die Arbeiter‹, was ihm prompt ein Kanzelverbot einbrachte. Aber jetzt zeigte sich, daß der kleine Landpfarrer kein Unbekannter mehr war: Die Londoner Arbeiter gingen für ihn auf die Barrikaden, und der Bischof tat das klügste, was er unter solchen Umständen tun konnte: Er hob nach einer persönlichen Unterredung das Verbot auf.

Kingsley war unter seinen Zeitgenossen hochgeachtet. Der Dichter Matthew Arnold nannte ihn den großzügigsten Menschen, der ihm je begegnet sei, voller Bereitschaft zu bewundern und frei von eigennützigen Gedanken und Gehässigkeit, ja selbst unfähig, sich gegen solche zu schützen.

1853 zeigten sich bei Kingsleys Frau Anzeichen eines ernsten Leidens, und das machte den Aufenthalt in einem gesünderen Klima als in dem feuchten Tal von Evesham nötig. Er brachte sie nach Torquay und 1854 nach Bideford, damit sie sich in der Seeluft erholen könnte. Nach und nach interessierte er sich dort für die Geschichte Devons; die Küste reizte ihn, er ruderte, schwamm, suchte Muscheln, schrieb Essays über die Landschaft. Und dann begann er seinen großen Abenteuerroman, diesen Fremdling in seinem Werk, ihm eingeflüstert vom Meer, vom Wind, von der alten Seefahrerstadt: ›Westward-Ho!‹

›Westward-ho!‹ war das Losungswort der Entdecker und Kaperkapitäne, der Kolonisten und Träumer der elisabethanischen

Epoche, gen Westen waren die Segel ihrer Galleonen gerichtet, gen Amerika, gen Indien, rings um die Welt: immer ging die Fahrt westwärts. Im Westen warteten Gold und Land, das Unbekannte und das Abenteuer, die Freiheit – und dann wieder, war das Kap der Guten Hoffnung umschifft, die Heimat, England: ›Westward-ho!‹

Wie sehen sie aus, die alten Devonhäfen, in unserer Zeit der Riesentanker und Flugzeuge? Wir wollen sehen.

Barnstaple am anderen Ende der Bucht ist noch immer die größte Stadt in Norddevon; sie war schon bei der Eroberung Englands durch Wilhelm I. königliche Stadt (Borough). Damals wurde sie von einem Adeligen, Joel of Totnes, gehalten, der hier ein Kloster nach der Regel von Cluny, die St. Mary Magdalen Priory, gründete. Die Burg aus dem 12. Jahrhundert ist verschwunden; sie stand auf einem Hügel im Park, wo seit undenklichen Zeiten jeden Freitag ein Viehmarkt abgehalten wird, denn Barnstaple ist landwirtschaftlicher Mittelpunkt der Grafschaft. Davon zeugt auch der große, überdachte ›Pannier Market‹ hinter dem 1826 errichteten Rathaus; allerdings halten heute nur noch wenige der Bauern ihre Waren in ›Panniers‹, geflochtenen Tragkörben und Kiepen, feil. An Markttagen erwachen die englischen Landstädte zu ausgelassenem Leben; voller Geschäftigkeit und Gedränge sind die Straßen am Tage, voll fröhlichen Trubels am Abend, nach abgeschlossenem Handel und Einkauf, wenn sich die Inns und Pubs füllen ...

Die Stadt ist nicht, wie so manche andere, steckengeblieben in ihrem Tudortraum von vergangener Größe. Doch viele malerische Winkel haben sich erhalten, so die große fünfzehnbogige Steinbrücke über den Taw, die erstmals im 12. Jahrhundert erwähnt ist, in ihrer heutigen Gestalt aber wohl größtenteils erst im 15. Jahrhundert erbaut wurde. St. Peter, die Pfarrkirche aus dem 14. Jahrhundert, bildet mit ihrem etwa zweihundert Jahre später errichteten, hohen bleigedeckten Turm das Wahrzeichen der Stadt. In der St. Annen-Kapelle, zur selben Zeit wie die Pfarrkirche entstanden, in deren Kirchhof sie an der High Street steht, ist heute das Stadtmuseum untergebracht. Gleich daneben findet man eine Zeile mit jakobinischen Spittelhäusern, ›Almshouses‹; ein weiterer Hof mit solchen Stiftshäusern für mittellose Alte steht in der Litchdon Street: wahre Bilderbuchhäuschen aus dem 17. Jahrhundert. In derselben Straße kann man die große Brannam-Töpferei besichtigen. Das hartgebrannte, traditionelle Irdengeschirr mit warmen Erdfarben, das hier entsteht, wird nach einem älteren Namen Barnstaples ›Barum-Ware‹ genannt. Die Kunst des Fliesenbrennens, für die Barnstaple einst weithin berühmt war, ist leider in Vergessenheit geraten; doch kann man in den Kirchen einiger umliegender Dörfer noch mittelalterliche ›Barnstaple Tiles‹ bewundern. Andere Gewerbe, wie das Sticken von Spitzen und die Handschuhmacherei, Bootsbau und Möbeltischlerei, auch der Lachsfang im Meer, haben sich dagegen erhalten.

Aber wenn man wissen möchte, wo einst das Herz der Stadt schlug, muß man sich an die Uferstraße, den Strand, begeben, wo sich am alten Kai der Queen Anne's Walk erhebt. Diese schon 1609 errichtete, aber unter Königin Anna 1708 renovierte Kolonnade mit reichem Stuckfries, gekrönt von einer anmutigen Statue Annas, war der Treffpunkt der Reeder und Handelsherren zu einer Zeit, als Barnstaple noch einen ausgedehnten Tuchhandel betrieb. Der Schiffsbau blühte bis 1880, aber heute ist, wie so oft in Devon, die Flußmündung hoffnungslos verschlammt. Zwei große Seefahrer hat die Stadt hervorgebracht: der eine, James Wilson, lehnte es selbst um den Preis der Freiheit ab, als Gefangener der Spanier die Armada in englischen Gewässern als Lotse zu begleiten. Und den andern kennt man auch bei uns: es war der 1972 verstorbene Sir Francis Chichester, größter Einhandsegler unseres Jahrhunderts.

In dem Haus Ecke High Street und Joy Street wurde ein Enfant terrible der englischen Literatur geboren. Er besuchte in dieser Stadt auch die Lateinschule, ehe er in London einen Bühnenskandal heraufbeschwor: John Gay, der Verfasser der berüchtigten ›Bettleroper‹ (1728), einer beißenden Satire auf das verhaßte Regime des korrupten Ministers Walpole, dem Gay in seinem schurkischen ›Helden‹ Macheath einen Spiegel vorhielt: »*Während des ganzen Stückes werden sie solche Gleichheit der Sitten bei arm und reich, hoch und nieder beobachtet haben, daß es schwerfällt zu entscheiden, ob in den galanten Lastern der feine Edelmann den Strauchritter nachahmt oder der Strauchritter den Gentleman. Wäre das Stück beendet worden, wie ich es wollte, es hätte eine schöne Moral zum Ausdruck gebracht: Es hätte gezeigt, daß die Armen ihre Laster haben wie die Reichen, und daß sie dafür bestraft werden.*«

Diese Balladenoper, wie man damals sagte – die Bert Brecht zu seiner ›Dreigroschenoper‹ angeregt hat – war ein ungeheurer Erfolg, sie hatte in einer einzigen Spielzeit mehr als sechzig Aufführungen! Der Minister schäumte und sorgte dafür, daß die Fortsetzung ›Polly‹ der Bühnenzensur verfiel – die Drucklegung konnte er allerdings nicht verhindern. Und er konnte auch nicht verhindern, daß der Krämerlehrling aus Barnstaple heute in der Westminster Abtei neben den gekrönten Häuptern Englands ruht.

Bideford liegt am anderen Ufer der Taw-Mündung; es war lange Zeit Englands wichtigster Umschlagplatz für Tabak und konnte seine Bedeutung als Überseehafen bis ins 18. Jahrhundert wahren. Seine Geschichte ist eng mit den Geschicken der großen Seefahrerfamilie Grenville verknüpft.

Sir Richard Grenville wurde 1541 geboren; schon seine Vorfahren haben neben der Ritterwürde bedeutende Ehren empfangen. Sein Großvater, Sir Richard, war Marschall des damals noch englischen Hafens Calais unter Heinrich VIII., sein Vater starb 1545 als Kommodore an Bord der ›Mary Rose‹. Grenville und sein Vetter Sir Walter Raleigh brachten die ersten englischen Kolonisten nach Amerika, nach Roanoke Island, dem heutigen Nordkarolina. Und in den Jahren vor Ausbruch des Krieges mit Spanien bereitete Sir Richard die Verteidigung der englischen Westküste vor, so daß der spanische Angriff 1558 glücklich abgewehrt werden konnte. Die Zerschlagung der Unbesieglichen Armada, die ihren Nimbus unwiederbringlich zerstörte, war der erste Schritt des Inselreiches zur Beherrschung der Weltmeere.

Sir Richard Grenvilles Ende und der Untergang seines in Bideford bemannten Schiffes, der ›Revenge‹, ist viel besungen worden; noch mancher englische Schuljunge kann Tennysons vielstrophige Ballade hersagen. Die ›Revenge‹ wurde schon von Drake im Kampf gegen die Armada befehligt; 1591 führte Grenville sie in einem von Lord Thomas Howard geleiteten Unternehmen. Das englische Geschwader sollte bei den Azoren die iberischen Silberschiffe angreifen, wurde aber noch rechtzeitig vor einer nahenden dreifachen spanischen Übermacht gewarnt. Nur die ›Revenge‹ wurde durch ein Mißverständnis vom Rest der Flotte abgeschnitten und von einer spanischen Galeere gerammt und geentert. In dem erbitterten Kampf gegen fünfzehn spanische Schlachtschiffe hielt sich Grenville mit seinen hundertfünfzig Bidefordern über einen Tag; aus zahlreichen Wunden blutend, wurde er schließlich gewaltsam an Bord des spanischen Flaggschiffes ›San Pablo‹ getragen, wo er wenige Tage später trotz sorgfältiger Pflege starb. Seinem Enkel, Sir Bevil Grenville, widerfuhr im Bürgerkrieg viel Leid und Verachtung, aber er erntete auch den Ehrentitel ›des Königs General im Westen‹.

Zu Zeiten des großen Sir Richard war die Werft von Bideford bereits berühmt, ebenso wie seine Webereien. Es exportierte Tuche und importierte Wolle aus Spanien. Die Tucher machten die englischen Dörfer reich, die Schafe fraßen sie arm – aber davon später. Der breite, von alten Kaufmannshäusern gesäumte Kai und die Tudorfassaden der Bridge Street erzählen von Bidefords Vergangenheit; die Kanonen im Park sollen Beutestücke aus der Schlacht gegen die Armada sein. Heute liegen in dem einst stolzen Hafen fast nur mehr Küstenfahrer und Segelboote. Aber noch immer spannt sich die großartige gotische Steinbrücke, die um 1460 von den Grenvilles errichtet wurde, mit ihren vierundzwanzig Bogen, die alle einen anderen Durchmesser haben, über den Taw.

Die nahegelegenen *Tapeley Park Gardens* wurden von der Mutter Sir John Christies, des Gründers der Glyndebourne Opera, im italienischen Stil angelegt; sie sind wegen ihrer seltenen Bäume vielgepriesen. In Littleham, einem nahen Dorf, findet man eine ganz kleine Kirche mit mittelalterlichen Fresken – eine Seltenheit in England –, und am Fluß, etwas außerhalb der Stadt, steht eine hohe alte Wassermühle, Orleigh Mill, deren großes Rad ächzend und stöhnend noch heute seinen Dienst versieht.

Im Westen der weiten Bideford Bay schneidet wie eine flache Schale die Clovelly Bay ins Land – Bucht in der Bucht. *Clovelly* ist ein Fischerdorf, das seinen Charme zu wahren verstanden hat: in seinen winkligen, kopfsteingepflasterten und geziegelten Gassen sind motorisierte Fahrzeuge unerwünscht. Verschachtelte Treppen führen den Hang zum Hafen hinab, in dem bunte Boote kieloben auf dem Strand ruhn. Gleich hinter dem Dorf beginnt dichter Laubwald, der überall in die Straßen einzudringen scheint, wenn man vom Strand her in das Gewirr der steilen gedrängten Häuser emporsieht. Oberhalb des Dorfes liegt etwas abseits das schlichte, im 15. Jahrhundert erbaute Kirchlein. Clovelly Court, das Gutshaus, ist ein sehr frühes Beispiel für den neugotischen Stil des 18. Jahrhunderts. Etwas westlich reckt sich eine gewaltige Klippe mit dem romantischen Namen Gallantry Bower über hundert Meter hoch über das Meer.

Von Clovelly kann man mit Booten zur Granitinsel *Lundy* übersetzen. Die Insel, die eine sehr wechselvolle Geschichte hatte – zu ihren Herren zählten abwechselnd Tempelritter, die Krone, Schmuggler und Pfarrer – ist heute im Besitz des National Trust, der großen englischen Denkmals- und Landschaftsschutzgesellschaft. Das etwa vier mal ein Kilometer große Eiland wird hauptsächlich von hartem Gras, Heide, Farn und Wildblumen bedeckt; im Windschatten auf der Ostseite gedeihen ein paar verkrüppelte Bäume, Fuchsien und Rhododendren, sonnen sich Seehunde im Sand. Und auch eine Handvoll Menschen lebt hier in einigen Katen; es gibt einen Pub, eine viktorianische Kirche, ein Miniaturhotel, ein kleines Manor und eine Burgruine aus dem 13. Jahrhundert. Sagen berichten von Greueln und Mord. Ende des 17. Jahrhunderts sollen einmal Fremde hier nächtlich gelandet sein, die einen der ihren zu begraben wünschten. Als sie den Sarg niedergesetzt hatten, rissen sie den Deckel auf und den verstörten Dörflern blitzten plötzlich Schwerter und Pistolen entgegen. Im Nu waren die französischen Piraten – um solche handelte es sich – Herr der Lage, raubten, mordeten, schändeten und trieben zum Schluß das Vieh von einer Klippe ins Meer. Von diesem Überfall hat sich die Insel lange nicht erholt. Der Name ›Lund-ey‹ ist übrigens altnordisch und bedeutet Papageientaucherinsel. Papageientaucher, englisch Puffins, sind schwarzweiß gefiederte große Seevögel mit roten Papageienschnäbeln, die hier noch heute in den Höhlen der Kliffs neben anderen seltenen Arten nisten, im Schutz einer Vogelwarte. Die Nachbarinsel, Rat Island, hat dagegen recht sinistre Hausherren: die anderweitig ausgestorbene Schwarze Ratte und eine Zwergspitzmausart, die es ebenfalls nur hier gibt.

Hartland Point ist die vorgeschobene, fast unbesiedelte Westspitze der Bideford Bay, eine ebene, farnbewachsene Einöde mit kräftigen, windgeduckten Eichen. Bei *Stoke*, einem winzigen Flecken, erhebt sich der weithin sichtbare, über vierzig Meter hohe Turm von St. Nectan, einer gotischen Kirche aus dem 14./15. Jahrhundert. Ihr Name erinnert an einen keltischen Heiligen; im Volksmund nennt man sie gern die ›Kathedrale von Norddevon‹. Ihr Hauptreiz ist nicht der von zahlreichen Streben gegliederte hohe Turm, sondern der lichtdurchflutete Innenraum in seiner hochfahrenden Kargheit, an dessen hohen, weiten Gewölben gemalte Sterne leuchten. Spuren einstiger Bemalung sieht man auch an der reichgeschnitzten Chorschranke – sonst keinen Schmuck. Die englische Spätgotik liebte solche Räume aus Weite und Licht, wo an die Stelle mystischen Zaubers heitere Klarheit, vornehme Gelassenheit tritt.

Die Klippen von *Hartland Quai* sind selbst für diesen Landstrich phantastisch zerklüftet; sie zeigen teils skurrile, gnomenhafte, teils streng geometrische, würflige Formen: Spielzeug von Wellen und

Wind. Wenn man den Weg zum Leuchtturm einschlägt, kann man beobachten, wie hier die Felsenküste die Farbe wechselt, wie der warmrote Devonstein von mausfarbenem Granit und Mühlstein abgelöst wird. Granit und Schiefer werden uns in Cornwall überall begegnen, in seinen armen Fischerdörfern und Moorweilern, seinen Klippen und ›Tors‹, Hünengräbern und Höhlen. Wir sind jetzt nahe der Grafschaftsgrenze, die wir kurz vor Kilkhampton überqueren.

3

Am Hofe König Artus': Kilkhampton–Stratton Boscastle–Tintagel–St. Ives

... Artus, der einst alle Männer an Tapferkeit und großem Ruhm überragen sollte ...
Geoffrey of Monmouth,
The History of the Kings of Britain, 1136

Kilkhampton ist die erste Stadt, der wir auf cornischem Boden begegnen. Ihre normannische Kirche wurde leider um 1567 völlig umgebaut, geblieben aber ist ein großartiges normannisches Portal. Innen können wir das Grab von Sir Bevil Grenville sehen; er kämpfte als General Karls I. im Bürgerkrieg der Parlamentsanhänger unter Cromwell gegen die Königstreuen auf seiten des Königs. Nahe der Stadt liegt Morwenstow, wo der berühmte cornische Balladensänger Robert Stephan Hawker im vorigen Jahrhundert Pfarrer war. Sein Pfarrhaus auf unwegsamer Klippe, wo er wie einer der Fischer lebte, ist ein Zeugnis keltischer Fabulierlust: er hat die hohen Kaminaufsätze den Türmen der Kirchen nachgebaut, in denen er Pastor gewesen war.

Strattons hübsche alte Häuser tragen zum Teil noch Rieddächer. Bald werden wir in Nordcornwall nur noch Häuser aus grauem Granit mit Schieferdächern oder Lehmhütten finden, immer ärmer, immer karger, je weiter wir kommen. Grau ist die Farbe Cornwalls, grau ist sein felsiger Boden, grau sind seine Schätze: Zinn, Kaolin, Austern, Schiefer, Granit. Grau sind die nebelfeuchten Herbste, die regenreichen Winter. Erst in den geschützten Buchten der Südküste finden wir Farbe im Überfluß: subtropische Parks, Blumenfelder, Gemüsegärten, dazu das Rot der Hummer und den grüngeäderten Stein der Serpentinhöhlen. Dort erinnern manche Dörfer mit ihren weißgekalkten, blumenüberwucherten Häuschen an Andalusien – aber bis dahin ist es noch eine weite Reise.

Das gemütliche ›Tree Inn‹ in Stratton war ein Manor der Grenvilles; der eben genannte Sir Bevil hatte hier 1643 sein Hauptquartier, bevor er in der Schlacht bei Stamford Hill die Rundköpfe Cromwells entscheidend schlug. Bald darauf fiel er selbst in einem Gefecht bei Lansdown Hill; einer seiner Diener, der Riese Anthony Rayne, trug ihn auf seinen Armen den weiten Weg nach Hause. Im nahen Launcell kann man in der Kirche aus dem 14. Jahrhundert ein schön geschnitztes Gestühl und Barnstaple-Fliesen bewundern.

Bei *Boscastle* gelangen wir wieder ans Meer. Der Ort liegt in einer Klamm, in der sich zwei aus dem Hinterland hervorstürzende Wildbäche zu einem Wasserfall vereinigen. Wenn Fall und rückkehrende Flut aufeinanderstoßen – von Sturmfluten ganz zu schweigen – sprüht die Gischt viele Meter hoch auf, ein erregendes Naturschauspiel. Darum ist auch der kleine Hafen mit so hohen Dämmen eingefaßt, die bei Ebbe geradezu grotesk überflüssig wirken. Gerahmt wird der Hafen von schimmernden Schieferklippen, in deren Höhlen vor Zeiten Seehunde gefangen wurden. Die Hauptstraße steigt in einem entschlossenen Schwung den Hügel hinauf, der in dichten Eichenwald gehüllt ist. Ein kleines Hexenmuseum erinnert uns daran, daß wir in Cornwall sind, der Hochburg keltischen Zauberwesens, weißer und schwarzer Magie. Ein Zauberer war ja auch Merlin, der Mentor des Königs Artus. Schon seinem Vater Uther Pendragon hat Merlin mit seinen geheimen Künsten gedient, als er krank lag vor Liebe zu Ygerna, der Gemahlin des cornischen Fürsten Gorlois. Merlin gab dem König das Aussehen von Gorlois, und in dieser Gestalt drang Uther in Tintagel ein und wohnte der Geliebten bei. *»In dieser Nacht«*, erzählt uns Geoffrey of Monmouth, *»empfing sie Artus, der einst alle Männer an Tapferkeit und großem Ruhm überragen sollte.«* Während Uther in der Burg bei Ygerna lag, führte der richtige Gorlois einen Angriff gegen das Feldlager des Königs und wurde von dessen Mannen erschlagen. Als Uther davon bei seiner Rückkehr erfuhr, trauerte er um den Fürsten, *»aber dennoch war er froh, da Ygerna jetzt aller Bande ledig war. Er kehrte nach Tintagel zurück, eroberte es und nahm Ygerna zu sich, denn sie war alles, was er in Wahrheit begehrte. Von diesem Tage an lebten sie als Ebenbürtige zusammen, vereint durch ihre große Liebe füreinander, und sie hatten einen Sohn und eine Tochter. Der Junge wurde Artus genannt, und das Mädchen Anna.«*

In *Tintagel* hat die Bruderschaft der Ritter König Artus', ›Fellowship of the Round Table‹, ihren Sitz in einem aufwendigen Bau von 1933, ›King Arthur's Hall‹. Auf der der Stadt vorgelagerten Halbinsel mit ihren grauschwarzen Schieferbrüchen liegt eine verfallene Burgruine, die gerne als ›Arthur's Castle‹ ausgegeben wird. Sie wurde jedoch erst 1145 von Reginald, Graf von Cornwall, einem Bastard Heinrichs I., errichtet. Von einem bald nach 500 erbauten Kloster, das 1086 zerstört wurde, hat sich keine Spur erhalten; es muß sich um eine Art Mönchsrepublik, ähnlich denen in Irland, gehandelt haben. Der schönste Bau der Stadt ist das Old Post Office, ein kleines Herrenhaus aus dem 14. Jahrhundert, das von 1844-1892 als Postamt gedient hat; der viktorianische Innenraum ist kürzlich renoviert worden. Die übereinandergetürmten Dächer des niedrigen Baus, alle leicht eingesunken unter der Last des Alters, die windschiefen Kaminaufsätze, das erdfarbige, verwitterte Mauerwerk aus kaum bearbeiteten, kunstvoll verschachtelten Steinen – das alles hat einen besonderen Reiz. Ein gedrungener, dreifach gestufter Turm scheint das schlichte, übergiebelte Portal zu bewachen. Typisch für Cornwall ist das Fischgrätmuster seiner Umfassungsmauer; es ist hier seit der späten Bronzezeit heimisch und scheint auf eine frühe Verbindung zum Mittelmeerraum, vor allem zu Mykene, wo man es ebenfalls gerne benutzte, hinzuweisen. Das Haus, umdrängt von Bäumen und Büschen, wirkt keineswegs wie ein gotischer Adelssitz, sondern gewachsen, sehr menschlich, warm und völlig anspruchslos. Hier hat man alles, was der Engländer von einem ›schönen‹ Haus verlangt: Asymmetrie, sichtbare Spuren von Alter und Verwitterung, Unterordnung des Bauwerks unter die Landschaft, nicht dessen Dominanz. Das Zufällige, das Malerische wird an diesem allen Regeln der Architektur zuwiderlaufenden Haus augenfällig.

Zwischen Tintagel und *Camelford* liegen die seit Jahrtausenden genutzten Schieferbrüche. In Camelford will man das sagenhafte Camelot des Königs Artus, entdeckt haben. Heute ist es eine unbedeutende Kleinstadt, das Tor zum wilden *Bodmin Moor*, das, noch schwermütiger und karger als die Moore Devons, nicht einmal mehr Heide trägt, sondern nur noch hartes Gras. Seine zerklüfteten, zerrissenen Höhen werden von ›Tors‹ gekrönt, natürlichen Granittürmen, die nicht wie das Erdreich vom Regen fortgewaschen, vom Sturm weggerissen werden konnten. Sie stoßen abrupt wie Götterbauten aus dem Boden hervor und steigen in gespenstischen Formen manchmal zu beträchtlicher Höhe auf, im Zwielicht von fast beängstigender Wucht. Sie waren schon uralt, als sich in der Steinzeit im Moor menschliche Siedlungen bildeten. Zeugnis davon legen der Steinkreis der Stripple Stones bei Hawkstor ab oder die um 2000 vor Christus angelegte Fluchtburg bei St. Breward, ›King Arthur's Hall‹ genannt. Und in dem unheimlichen schwarzen Tümpel Dozmary Pool soll Artus' Zauberschwert Exalibur liegen. »*Artus ist für Cornwall, was Theseus für Griechenland ist. Sein Mythos ist überall. Hier saß er – dort schlief er – auf diesem Stein aß er sein Mahl – er jagte auf jenen Mooren. Tintagel war sein Geburtsort, Castle-an-Dinas sein Jagdschloß, in Slaughter Bridge bei Camelford empfing er die Todeswunde, in den Warbstow Burrows liegt er begraben. Nicht nur in Cornwall, in Somerset, Wales und auf der anderen Seite des Kanals in der Bretagne ist Artus ein Heros, ein Keltenheld, ein bretonischer Fürst, ein cornischer König. Die Barden sangen seinen Ruhm, die Sagenerzähler verbreiteten die Kunde seiner tapferen Taten, seiner Schlachten, seiner Siege; und die nächste Generation, die den Sachsenkönigen von England tributpflichtig wurde, wisperte einander zu von der Zeit, da Artus wiederkehren werde ...*«, erzählte Daphne Du Maurier, die dieses Land kannte und liebte.

Artus war ein cornischer Heerführer, ein christlicher König vermutlich, der im 5. Jahrhundert gegen die Sachsenkönige kämpfte, um Britannien zu befreien: das wissen wir. Aber seine Sage ist ins Ungeheure gewachsen; der Artuskreis war neben Nibelungen- und Ermannerichring der wichtigste Stoff der mittelalterlichen Ependichter, Troubadoure und Chronisten. Uralte Mythen aus keltischer Frühzeit haben sich darin mit hochmittelalterlichen Romanzen untrennbar vermischt; der Britengott Merlin lebt als Zauberer in der Sage weiter, und mystisch schimmert der Heilige Gral durch alle diese Dichtungen. Aber hier, in der herben Salzluft des Atlantik, am Rande der schroffen Kliffs, auf den dunkelbrütenden cornischen Mooren sieht man den britischen Kriegerkönig plötzlich ganz anders: In ihm sammelte sich ein einziges Mal die Idee des keltischen Britannien, das irgendwann, in einem Jahrhunderte währenden Prozeß, mit dem rauhen ›Engelland‹ der Angelsachsen und Normannen verschmolz wie die Sagen und Legenden aller dieser Völker in dem einen, gemeinsamen Mythos von Artus.

Unser Weg führt jetzt über Padstow und dann am besten entlang der schönen Küste mit dem hinreißenden Klippenpanorama der Bedruthan Steps durch das mondäne Seebad Newquay und die Grubenstädtchen St. Agnes und Hayle nach St. Ives.

St. Ives liegt an der Westspitze einer sehr tiefen, eigenartig geformten Bucht. Ein Teil des Städtchens ist heute ein moderner Badeort, aber glücklicherweise hat sich auch die alte Fischerstadt dank ihrer Künstlerkolonie noch erhalten. Als die Eisenbahn im vorigen Jahrhundert Cornwall erreichte, schien es, als sei endlich für die armen Schiffer dieses armen Landes das Goldene Zeitalter angebrochen, denn mit Hilfe der Bahn konnten sie ihren Fang frisch in London verkaufen. Fischerboote, deren Formen sich von Ort zu Ort nach den Gegebenheiten der Küste änderten, wurden von St. Ives bis Looe an der Südküste Cornwalls in jedem Hafen gebaut. Die Boote von St. Ives liefen gewöhnlich sowohl achtern als am Bug spitz zu, um den kurzen harten Brechern der St. Ives Bay möglichst wenig Widerstand zu bieten; die Kiele waren flach, um bei Ebbe leicht auf dem sandigen Hafengrund aufsetzen zu können. Mit den großen Booten für den Makrelenfang konnten die Fischer bis in den Atlantik vorstoßen; oft blieben sie bis zum Herbst draußen. Die kleinen Boote mit den Fallnetzen für die Sardinenfischerei waren dagegen hafengebunden. In Berichten aus dem vorigen Jahrhundert kann man lesen, wie die Sardinenschwärme in silbrigen Schauern in den Hafen gewirbelt wurden, mit Händen zu greifen. Damals war in dem Ort alles Denken auf den Fang gerichtet. Wenn man durch die alten Gassen streift und die Häuser betrachtet, deren Steintreppen gleich in den ersten Stock führen, fühlt man sich lebhaft daran erinnert: Im Erdgeschoß wurden früher die Fische gelagert. Kein Wunder, daß Gäste trotz der frischen Meerbrise die Nase rümpften: Der Sardinengeruch hing in allen Winkeln.

Im ersten Jahrzehnt unseres Jahrhunderts war alles vorüber. Die Schwärme hatten den Kurs geändert. Moderne, gut ausgerüstete Küstenfahrer von Frankreich und aus der Nordsee kamen und machten den auf ihre leichten Boote angewiesenen Fischern von St. Ives den wenigen Reichtum, den die Gewässer um Cornwall noch boten, streitig. 1865 zählte man noch sechzig Logger und zweihundertundfünfzig Küstenboote – in den Jahren der bittersten Armut heizte man mit ihrem Holz den Küchenherd. Langsam findet heute eine Wiederbelebung statt; die Hotels brauchen Edelfische, Austern und Krabben für die Gäste, die plötzlich die cornische Landschaft entdeckt haben, aber noch ist die Entmutigung und Verbitterung groß; zu lange haben die Jahre des Elends gewährt.

In St. Ives, so sagt man, kommen mehr Künstler auf den Kopf der Bevölkerung als sonstwo in England. Ihre Ateliers kann man in den engen, gewundenen Straßen der Altstadt, auf der Landzunge zwischen Hafen und Strand, finden. In der Kirche aus dem 15. Jahrhundert mit harmonischem weitem Tonnengewölbe, erbaut aus dem nördlich der Stadt gebrochenem Zennor-Granit, steht eine Madonna mit Kind von der Hand der großen Bildhauerin Barbara Hepworth. Die greise Künstlerin, seit 1968 Ehrenbürgerin von St. Ives, kam im Mai 1975 bei einem Brand ihres Ateliers ums Leben. Man hat zu ihrem Gedenken in ihrem einstigen Heim ein kleines Museum mit hinterlassenen Werken eingerichtet.

Es ist das ›griechische Licht‹ von St. Ives, das alle Konturen in eine entrückte Klarheit taucht, was die Maler und Künstler hierher lockt, zu dem weiten gelben Strand mit den jäh aufsteigenden dunklen, grasbewachsenen Klippen, den ungeheuren Himmeln über dem ständig die Farbe wechselnden Meer. Peter Lanyon und Ben Nicholson haben hier lange gelebt. *»St. Ives und die es umgebende See und Landschaft hatten, ich hoffe es, tatsächlich einen starken Einfluß auf mein Werk«*, schrieb Nicholson in einem Brief. Die Abstrakten stellen in der Penwith-Gallery in der Back East Street aus, und in der St. Ives Society of Arts Gallery im Norway Square findet man die bedeutendsten gegenständlichen Modernen; sie haben sich dort in einer umgebauten viktorianischen Kirche häuslich eingerichtet.

4

Das Zinnland der Phönizier: Zennor Quoit – Bosporthennis Chysauster – St. Just

Ich fühle mich heimatlich berührt von den hohen
aufrechten Steinen von Carnac in der Bretagne
und den Quoits von West Penwith in Cornwall,
wobei die See auch eine große Rolle spielt.
Vielleicht kommt das besondere Gefühl von Lebendigkeit daher,
daß man sie nicht als ›Kunstwerke‹ betrachtet.

Ben Nicholson, 1968

›Kasseteriden‹ hießen im Altertum die Zinninseln weit im Norden, zu denen niemand als die Phönizier den Weg kannte – und die hielten ihn wohlweislich geheim und erzählten ihren Kunden mit Schaudern von den Gefahren, die sie in dem dunklen Nebelland erwarteten. Es war natürlich auch Politik dabei – aber wenn man jetzt die Küste weiter verfolgt, kann man leicht verstehen, daß nur ein Metall, das so selten und so lebensnotwendig war wie das Zinn in der Bronzezeit, die Kauffahrer aus dem Mittelmeer in diese Gegend locken konnte: Wild, unterweltlich, unwirtlich bietet sie sich noch heute dem Auge dar. Erratisches Felsgeröll wechselt mit Wiesen, die von niedrigen, lose geschichteten Steinmauern eingehegt sind, durch deren Ritzen der Seewind streicht: Bäume und Hecken können sich hier gegen den nie schlafenden Atem des Meeres nicht mehr halten. Dichtgedrängt stehen die schmalen Häuser von *Zennor* auf der Penwith-Halbinsel, umringt von Resten zyklopischer Jungsteinzeitgräber, den Dolmen, in Westengland Quoits genannt. Sagen klammern sich an den ärmlichen Weiler; die rührendste erzählt von einer Nixe, die den Sohn des Squire, angelockt von seinem süßen Kirchengesang, zu sich in die Tiefe holte. Ihr Abbild schmückt die Lehne eines der liebevoll geschnitzten Kirchenstühle: So leben in Cornwall Heidentum und Christentum Hand in Hand.

Etwa einen Kilometer vor dem Dorf ragt der *Zennor Quoit*, Englands gewaltigstes Hünengrab, in den Himmel. Kantig und schroff erheben sich die hohen Tragsteine aus dem scharfen Gras; die kaum behauene, zentnerschwere Deckplatte mißt etwa drei mal sechs Meter. Als man vor etwa viertausend Jahren das Grab errichtete, hat man die Seiten zwischen den großen Monolithen mit Torf und Kieseln zugemauert; diese Wände sind ein Raub der Zeiten geworden, und nur die Steine künden noch an, daß hier einst ein Mensch zur letzten Ruhe gebracht wurde. Noch zwei andere Megalithgräber finden sich in nächster Nähe: Der *Lanyon Quoit* wurde im vorigen Jahrhundert von einem Orkan umgerissen und bei der Wiederaufrichtung etwas beschädigt. Früher konnte ein Mann zu Pferd unter seiner ebenfalls sechs Meter langen Platte hindurchtraben: in dieser Stellung hat man möglicherweise die toten Heerführer auch bestattet. Der Lanyon Quoit bildete eine der Kammern eines sogenannten ›Long Barrow‹, eines Ganggrabes, das etwa dreißig Meter lang und zwölf Meter breit war. Diese Gräber ließ man unter hohen Erdaufschüttungen, den ›Barrows‹, verschwinden. Völlig unangetastet und darum besonders interessant ist der kleine *Chûn Quoit;* eng stehen seine riesigen Steinblöcke, sich zueinanderlehnend, eine gewaltige Hütte für einen Toten. Den Lebenden diente dagegen der magische Stein *Men-an-Tol*, kaum einen Kilometer vom Lanyon Quoit entfernt. Er wird von einem großen runden Loch durchbohrt, das nicht von Menschenhand gemacht wurde und durch das man einst kleine Kinder schob, um sie von Krankheiten oder Schwäche zu heilen.

Wer errichtete sie, die Menhire und Barrows, die Quoits oder Dolmen Alt-Britanniens? Wir wissen im Grunde immer noch herzlich wenig darüber, da sich in den letzten Jahrzehnten die Hypothesen ständig änderten, doch: *»Ob Priester oder Häuptling, Königin oder Priesterin hier einst ruhten, vorbereitet in feierlichen Riten für die Fahrt in die Unterwelt: sie besaßen den Glauben an die Unsterblichkeit, des Menschen Antwort seit Anbeginn auf die Drohung des Todes. Dies waren die ersten Gräber von Cornwall, aber verstreut über die Halbinsel der Länge und Breite nach finden wir andere Steine und Kammern, Hünengräber und Erdgräber, Kegel und Cromlechs, so daß der Tod wie das Meer allgegenwärtig genannt werden kann«*, schrieb Daphne Du Maurier.

Man weiß, daß schon in den Zwischeneiszeiten in England Menschen lebten; damals bestand noch die Festlandbrücke. In der Mittel- und Jungsteinzeit kam es dann immer wieder zur Invasion von Stämmen aus dem Rheindelta, die sich möglicherweise mit den eingeborenen Jägern und Sammlern mischten und ihnen Acker- und Hausbau vermittelten. Mit einiger Sicherheit kann man sagen, daß die Formen der megalithischen Kammer- und Ganggräber damals über Spanien, Portugal und die Bretagne ihren Weg nach England fanden: Wahrscheinlich ist auch, daß bereits damals eine Handelsverbindung bis zum Schwarzen Meer bestand. Für die frühe Bronzezeit, in die die Entstehung der großen Megalithbauwerke, der Steinkreise, noch hineinreicht, hat man Beweise für einen Warenaustausch mit Äygpten und Kreta: zwischen 1380 und 1350 etwa müssen von dort blaue Fayenceperlen und Goldschmuck in großen Mengen eingeführt worden sein. Auch das Geheimnis der Bronzelegierung brachten anscheinend mykenische Abenteurer mit. Die keltische Einwanderung schloß sich, so glaubt man, in drei großen Schüben an: Um 600 vor Christus kamen Stämme aus dem Rheinland, die die Hallstattkultur verbreiteten, um 400 vor Christus die ersten Belgen, die die Latène-Eisenzeitkultur auf die Insel verpflanzten, und bald darauf abermals belgische Einwanderer, und zwar die hochkultivierten Atrebaten. Dabei muß man sich vorstellen, daß jede neue Einwanderergruppe jeweils die alte, kulturell tiefer stehende Aristokratie ablöste.

Bei Zennor haben wir Zeugnisse der Steinzeitkultur gesehen; etwa drei Kilometer weiter südlich gelangen wir in die Eisenzeit. *Bosporthennis*, eine der keltischen ›Bienenkorbsiedlungen‹, liegt etwa fünfhundert Meter von der Straße ab. Die mit ›Bienenkorb‹ sehr anschaulich bezeichnete Hausform hat sich wahrscheinlich aus den Kuppelgräbern des Mittelmeerraumes entwickelt; noch heute gibt es in mediterranen Gegenden auch bewohnte Bienenkorbhäuser oder Trullis. Um die Kuppelform zu erzielen, baute man ringförmig und ließ dabei jede weitere Steinlage immer etwas weiter nach innen vorkragen, bis sich das Gebilde schließlich oben schloß. Man spricht darum auch von Falschen oder Kraggewölben.

Chysauster, ebenfalls in Reichweite von Zennor gelegen, ist ein keltisches Hüttendorf, dessen Häuser oft bis auf die Grundmauern verfallen sind; aber man kann sehr gut die ganze Anlage erkennen, die sich entlang einer Straße mit künstlich angelegten Terrassen hinzog, die einst von kleinen Gärtchen bedeckt waren. Sie entstand im 1. Jahrhundert vor Christus und war noch bis zum Ende des 3. Jahrhunderts bewohnt. Die Einwohner ›strömten Zinn‹, das heißt, sie wuschen das Metall, das zutage lag, von den Felsen. Sie konnten es auch bereits schmelzen. Ungewiß ist die Form der Häuser; es mag sich um Bienenkörbe gehandelt haben, aber auch eine Rieddeckung wäre möglich. Auf dem Gipfel des Dorfhügels liegt *Castle-an-Dinas*, von der Sage zum Jagdschloß des König Artus erklärt – in Wahrheit stellen die fast ganz vom Wind abgetragenen Erdwälle Reste eines Eisenzeitlagers dar.

Gurnard's Head, ein Vorgebirge, ist berühmt wegen der bizarren Felsen seiner zerrissenen Küste und wegen seines klaren Lichtes. Aber im November, wenn die Orkane herangefegt kommen und das Meer von Grund aus aufwühlen, die Brandung mit Urgewalt an die steilen Felsen klatscht, tagelang der Regen herabströmt und der Himmel grau und bleiern auf den noch graueren Klippen lastet, ist man bereit, auch den grausigsten Schiffermärchen sein Ohr zu leihen. An solchen Tagen brachten die Schmuggler, die ›Freibeuter‹, wie sie sich hier kühn nannten, ihre Waren auf nußschalengroßen Booten in die ›Coves‹, enge, versteckte Felsenbuchten. Das war fast immer ein Unterfangen auf Leben und Tod, und der Schmuggler gilt denn in Cornwall auch als Held. Aber nicht nur die leichten Boote, auch mancher stolze Segler fiel den Riffen und Wirbeln dieser Küste zum Opfer. Noch heute erzählen orientalische Prachtteppiche und chinesische Vasen in armseligen Fischerhütten von solchen Ereignissen: Strandgut vergangener Jahrhunderte.

In solchen Sturmnächten zogen die Bauern die Decke fester um die Ohren, um das Rauschen der Flügel der Gabrielshunde nicht zu vernehmen, die die unerlösten Seelen in die eisige nordische Hölle zu holen kamen: keltischer und christlicher Glaube seltsam vermischt. Und wenn Himmel und Meer erregt um diesen Fetzen Fels und Boden streiten, begreift man, warum hier die Menschen einst die Große Göttin, die Erdmutter, anbeteten. England kennt kein Vaterland, nur ein Mothercountry, eine Mothertongue; auch seine beliebteste Kinderliedersammlung heißt ganz bezeichnend ›Mother Goose‹. Und seine volkstümlichsten Herrscher waren Königinnen: Elisabeth I., Queen Anne, Königin Viktoria.

An die große Mutter, die pferdeköpfige Rhiannon, glaubten auch die Kelten der Eisenzeit. Vor *St. Just* liegt ein großes Eisenzeitlager, St. Just Round's, fast wie ein römisches Amphitheater geformt und manchmal dafür ausgegeben. St. Just, eine graue Stadt mit langweiligen spätgeorgianischen und viktorianischen Häuserzeilen, wirkt verelendet, verwahrlost, verloren, so das cornische Schicksal spiegelnd: Aufstieg und Niedergang der Zinnerstädte.

Schon um 1800 vor Christus dürfen wir uns die Zinner in Cornwall am Werk denken; sie haben ihre Techniken in den folgenden Jahrhunderten immer wieder denen der Invasoren – der Belgen, der Römer, der Sachsen, der Normannen – angepaßt, aber sie blieben die eigentlichen Herren Cornwalls, die heimliche Aristokratie dieses bitterarmen Landes. Denn sie waren immer ihre eigenen Herren, mit eigenen Gerichtshöfen und eigenem Parlament; nur Fälle von ›Felony‹ – Mord und Hochverrat – wurden vor den Gerichtshöfen der Krone verhandelt. Ihre erste ›Charter‹ erhielten sie unter König Richard Löwenherz im 12. Jahrhundert; sie garantierte ihnen, daß sie überall, wo unbebauter Boden war, nach Zinn suchen durften, ohne daß der Grundherr ihnen irgendwelche Beschränkungen auferlegen konnte. Dazu muß man wissen, daß das englische Bergrecht sich grundlegend von dem des Heiligen Römischen Reiches unterscheidet: nicht die Krone, sondern der Besitzer des Grundes war Eigentümer aller Bodenschätze. Aber in Cornwall waren die Zinner schon lange vor den Grundherren da, und ihre Rechte waren die älteren ...

Damit alles gerecht zuging, trafen sich die Zinner mit ihrer Ausbeute viermal im Jahr in den sogenannten ›Stannary towns‹, den Bergwerksstädten. Dort wurde das geschmolzene Zinn im Beisein eines Kronbeamten, des ›Warden‹, gewogen, gestempelt und taxiert.

Die Krone erhielt eine festgesetzte Steuer, an den Grundherrn mußte, wenn der Zinner nicht das Land gekauft oder gepachtet hatte, ein vorher ausgehandelter ›Toll‹ abgeführt werden; aber der Profit ging an den freien Zinner selbst, der an die Händler direkt verkaufte. Bei diesen Versammlungen feierten die Männer, die oft völlig abgeschieden in rauchigen, lichtlosen Gemeinschaftshäusern im Moor oder am Meer lebten, wilde, fast heidnische Feste, die die braven Bürger erschreckten. So war es immer gewesen, so blieb es auch, als die Zinner nach dem rarer werdenden Zinn untertage graben mußten. Damals begannen die ›Knackers‹ zu spuken, häßliche Berggnomen mit breitem Mund und Schlitzaugen, die an allem Unheil, das den Männern in den Gruben zustieß, schuld waren: cornischer Aberglaube und keltische Phantasie hatten ein neues Geschöpf geboren. Die ersten Zinnergesellschaften entstanden in der Tudorzeit, oft von Gutsbesitzern oder Zwischenhändlern angeführt, die für die ständig steigenden Kosten beim Ausbau der Gruben aufkamen. Der Stand des freien Zinners bestand daneben fort, und selbst die Arbeiter in den Gesellschaften hielten an ihren alten Rechten fest: sie arbeiteten nicht um festen Lohn, sondern um Gewinnanteile, um ›Tribute‹. Das bedeutete ewige Unsicherheit, denn selbst die fündigste Grube konnte eines Tages erlöschen. In schlimmen Zeiten kam es zu schweren Hungerunruhen, die das Mißtrauen zwischen den Zinnern und den Bauern und Fischern noch vertieften.

Im 19. Jahrhundert kam der Zinnrausch: das Metall wurde als Folge der Industrialisierung in unbegrenzten Mengen benötigt. Überall entstanden neue Zinnerdörfer, wuchsen die ungeheuren Schornsteine der Schmelzen in den Himmel. Und dann fand man Kupfer am Victoria-See, Zinn auf dem Malaiischen Archipel in niegeahnten Mengen, und der cornische Bergbau, der über Nacht unrentabel geworden war, brach zusammen. Die Zinner mußten in Scharen auswandern, wenn sie ihrem Gewerbe treu bleiben wollten: daran konnten auch die Scheinblüten während der beiden Kriege nichts mehr ändern.

Wenn wir heute durch Cornwall reisen, begegnet uns das Gespenst der Kasseteriden: menschenleere Städte im Moor, auf den Klippen; der Wind fegt durch die leeren Fensterhöhlen und holt nach und nach die letzten Schindeln vom Dach; die Türen sind umsponnen von Efeu und Farn und lassen sich kaum mehr bewegen, wenn sie nicht schon zerbrochen oder verfault sind. Überall ragen die oft völlig überwachsenen, umrankten Schornsteine auf, heben sich wie ungeheuere, fremdartige Bäume vom Himmel ab oder brüten halb verfallen dumpf vor sich hin.

Gleich hinter St. Just, der einstigen Hauptstadt der Zinner, finden wir die dichteste Ansammlung solcher verlassener Grubenanlagen. Die berühmteste, Botallak, war über dreihundert Meter tief und stieß fast fünfzig Meter unter das Meer vor, das man bei Sturm unheimlich in den engen Gängen wüten hören konnte, als wären alle bösen Geister der Hölle losgelassen. Eine noch arbeitende Grube kann man in Boscawell, einem nahen Dorf, besuchen.

5

Klippen und Tropenparks: Land's End–Penzance–Lizard Point–Falmouth–St. Austell Fowey–Polperro–Saltash

... wer dort wohnt, kann nicht altern.
Anonym, 12. Jahrhundert

Land's End ist der äußerste, vorgeschobene Klippenwall, den England dem Atlantik fast wie eine Lanze entgegenhält. Es ist das erste, das der von Westen Kommende von England erblickt: eine nackte Felsküste, die sich steil und schwarz über der Brandung reckt, eine von Wellen und Wettern geformte Feste, unnahbar und gigantisch. Nur auf der Höhe überzieht die Klippen ein dünner Mantel aus hartem schneidendem Gras mit kurzen Halmen. Auf der höchsten Klippe ist die Küstenwacht stationiert; auf einer der niedrigeren Vorinseln steht ein Leuchtturm, der manchmal im Gischt der Brandung fast verschwindet.

Wenn man die Landspitze hinter sich gelassen hat, wird das Land plötzlich milder, die See sanfter. Bald beginnt die ›cornische Riviera‹; die Kargheit und Schwermut Nordcornwalls versinkt vor der Heiterkeit der subtropischen, verschwenderischen Küstenparks. Typisch cornisch sind noch die Reihen brauner Granithäuschen mit ihren steilen Schieferdächern, ihrer kubischen Strenge, wie sie etwa den Hafen des Fischerdörfchens *Mousehole* in einem großen Halbmond einfassen. Das Dorf wurde 1595 von vier spanischen Galeeren überfallen, niedergebrannt, die Frauen geschändet, die Männer erschlagen. Da ihnen kein Widerstand begegnete, setzten die Spanier ihren Beutezug fort und wiederholten den Überfall in gleicher Weise in Newlyn und Penzance, ehe sie heimwärts ruderten. Das einzige Haus, das in Mousehole diese Katastrophe überstand, ist der Gasthof ›Keigwin Arms‹ aus dem 14. Jahrhundert. Mousehole war eine der letzten Hochburgen des Cornischen, einer keltischen Sprache, die im 18. Jahrhundert ausstarb. In der Kirche findet man noch ein Epitaph von 1709 in Cornisch. Damals hing hier, wie in vielen cornischen Orten, schon fast die ganze Bevölkerung John Wesley an. Gerade in diesem Land rauher Männer, härtester Lebensbedingungen, unsäglicher Armut, wo Schmuggel und Freibeutertum, Saufereien und Raufereien, Hahnenkampf und Würfel zum Alltag gehörten, konnten die Lehren dieses Puritaners mit der Feuerzunge am tiefsten Wurzel schlagen. Die Armut der Bewohner, der Trübsinn ihres Alltags machte sie für seine Predigten aufgeschlossen, als er 1743 Cornwall bereiste. Man hatte diesem Volk, das ja bereits lange vor den Sachsen das Christentum angenommen hatte, zu oft seine alten Götter genommen. In der Nüchternheit der anglikanischen Kirche fand es an den langen Sonntagen, an denen der Hunger Küchenmeister war, keine Heimat. Aber Wesley, der von den Klippen unter freiem Himmel zu ihnen von Gottes Gnade und des Menschen Pflicht, vom Höllenfeuer und der Freiheit der Reue predigte, fand einen Weg zu ihrer Phantasie. Als er 1789 als Uralter noch einmal nach Cornwall kam, konnte er sehen, daß seine gewaltlose Revolution sich hier vollzogen hatte.

Das Meer ist leiser geworden, es leckt mit weicher Zunge an den bunten Booten. Friedlicher wirken die Dörfer, sanfter geht der Wind. Newlyn, ein Künstlerdorf wie St. Ives, ist fast ganz mit dem einstigen Schmugglernest *Penzance* zusammengewachsen, dessen Bürgermeister noch 1769 ein notorischer Freibeuter war. 1778 erblickte Humphrey Davy hier das Licht der Welt, dessen bedeutendste Erfindung, das Grubenlicht, vielen tausenden von Bergleuten in aller Welt das Leben gerettet hat. Penzances ganzer Stolz ist die gepflegte Strandpromenade, die einzige in ganz Cornwall. Etwa drei Kilometer außerhalb der Stadt breitet sich über weiche Rasenhänge und zart geschwungene Hügel der erste der üppigen Landschaftsparks, die Englands Südküste so liebenswert machen, Trengwainton Gardens. Er wurde zu Beginn des vorigen Jahrhunderts angelegt, als die romantische Naturschwärmerei ihren Gipfel erreicht hatte. Es ist, als hätten sich hier Bäume und Sträucher aus aller Welt, aus Neuseeland, Chile, dem Himalaya, ein Stelldichein gegeben. Zu den gehüteten Schätzen dieses Gartens am Meer gehört eine Magnolia Campbellii; unter den zahllosen Rhododendren – die übrigens auch zur Familie der Erikagewächse gehören – wird der Liebhaber entzückt seltene Arten aus Burma und Assam erkennen. Seit 1961 gehört der Garten dem National Trust. Von Penzance aus kann man sich zu den Scilly Islands übersetzen lassen, auf denen von Weihnachten bis Mai Narzissen-, Lilien- und Anemonenfelder blühen, von silbrigen Sandstränden eingefaßt, von dunklen Burgen bewacht.

Eine andere Märcheninsel liegt in derselben Bucht wie Penzance, in der Mount's Bay: *St. Michael's Mount*. Um einen guten Blick auf den Klosterberg zu gewinnen, fährt man am besten bis Marazion; von dort aus kann man sie mit einem Boot, bei Ebbe auch zu Fuß erreichen. Besichtigungen sind nur möglich, wenn man sich einer der offiziellen Touren anschließt. Reizvoller ist es, sich mit einem Blick von der Küste aus zu begnügen, am besten in der Morgen- oder Abenddämmerung, wenn sich die Silhouette des Bergkegels mit der alten Klosterburg dunkel vom flammenden Meerhimmel abzeichnet. Die Legende erzählt, daß ein Riese und seine Frau hier ein weißes Granitschloß errichten wollten. Aber der Frau war der Weg zu den Granitbrüchen zu beschwerlich, und so schleppte sie in der Abwesenheit des Riesen grünen Kalkstein herbei. Als ihr Mann unvermutet zurückkehrte, ließ sie den Brocken erschreckt aus ihrer Schürze ins Meer fallen – und dort liegt er noch heute. Ursprünglich hing das lichte Eiland wohl mit dem Land zusammen, denn man hat Baumstümpfe entdeckt, die heute unter dem Meeresspiegel liegen. 1004 kamen Mönche vom Kloster Mont-Saint-Michel in der Normandie und bauten hier ein Tochterhaus. Bis 1425 konnten die Benediktiner ungestört ihr Michaelsheiligtum unterhalten; dann annektierte die Krone das strategisch interessante Inselchen. Es ging von einer Hand in die andere, bis es nach dem Bürgerkrieg die Familie St Aubyn erwarb. Sie wohnt noch heute dort, hat die Besitzrechte aber 1954 an den National Trust abgetreten.

Ein wenig weiter östlich führt links eine Abzweigung von der Hauptstraße nach Helston zu Cornwalls schönstem Herrensitz, dem *Godolphin House*. Dem langgestreckten Tudorbau wurde 1635 sehr geglückt eine Säulenfront vorgeblendet: das niedrige Obergeschoß wird nur durch ein strenges Fensterband gegliedert, darunter spannt sich zwischen den beiden übergiebelten Eckrisaliten eine Kolonnade mit acht stämmigen Granitsäulen. Ein feiner

1 JOHN CONSTABLE
Dedham Vale (Ausschnitt)
Öl auf Leinwand, um 1810

The National Gallery of Scotland, Edinburgh

Zinnenkranz faßt attika-artig das flache Dach ein. Im King's Room hat sich der junge Karl II. während seiner dramatischen Flucht vor den Truppen des Parlaments eine Zeitlang verborgen. Sidney Godolphin, dessen warmherzige geistlichen Gedichte und etwas geschmäcklerische Liebeslieder noch heute gelesen werden, ist damals für die Stuarts gefallen. Francis Godolphin (1534-1608) war einer der ersten Grundherren, die den Zinnbergbau in großem Stil betrieben. Ein anderer Sidney wurde unter Königin Anna Lordschatzmeister.

Grau ist der cornische Granit, aber grün schimmern die Buchten der *Lizard-Halbinsel*, in denen der begehrte Serpentin oder Schlangenstein gebrochen wird. In der Kynance Cove wird er im Tagebau gewonnen; in der Mullion Cove kann man diesen Halbedelstein auch in zauberisch geäderten, farbenprächtigen Höhlen bewundern. Die kleine Stadt Lizard lebt fast ausschließlich von der Verarbeitung des Serpentin. Auf Lizard Point, dem südlichsten Punkt Englands, erhebt sich ein machtvoller Leuchtturm. Östlich der Halbinsel liegt vor St. Keverne ein berüchtigtes Riff, die ›Manacles‹, zu deutsch: Handschellen, die schon vielen stolzen Schiffen zum Verhängnis wurden: Die Grabsteine auf den Kirchhöfen der umliegenden Dörfer tragen Namen aus aller Welt.

Gweek ist ein Wort, das dem Feinschmecker geläufig sein wird; dieser Ort ist das Zentrum der Austernfischerei des Herzogtums Cornwall. Ein guter Grund, zwei der bescheideneren cornischen Spezialitäten vorzustellen, die man besser in einem Landgasthof oder Bauernhaus als in einem teueren Restaurant serviert bekommt: ›Pilchard's Pie‹ ist eine Sardinenpastete, bei der die silbrigen Fische so angeordnet werden, daß ihre Köpfe neugierig aus der kroschen Deckelkruste hervorlugen. Ein ›Cornish Pie‹ dagegen besteht aus einer Teigtasche, in die die Hausfrau das ganze Mittagessen einschlägt: auf der einen Seite Rindfleisch, Zwiebeln, Kartoffeln und Kohl, auf der anderen gedünstete Apfelstückchen als Nachtisch. Noch ofenwarm, in ein sauberes Tuch gefaltet, nahm der Zinner oder Fischer seinen Pie mit zur Arbeit, und wenn er Glück hatte, konnte er ihn an irgendeinem Feuer aufwärmen.

Falmouth schiebt einen Landriegel vor seine bizarr geformte Bucht, in die Flüsse aus allen Richtungen münden. Die Spitze dieser Landzunge ist durch Pendennis Castle befestigt, eine der vielen Burgen, die Heinrich VIII. zur Küstensicherung errichten ließ. Ihr gegenüber liegt St. Mawes, zum gleichen Zweck erbaut, so daß unter den Tudors die Bucht von der Wasserseite aus uneinnehmbar war. Da beide Burgen außer im Bürgerkrieg nie einer Belagerung ausgesetzt waren, sind sie in sehr gutem Zustand. Südlich des Hafens von Falmouth, das sich des mildesten Winterklimas von England rühmen kann, hat sich seit den achtziger Jahren des vorigen Jahrhunderts auch ein angenehmer Badeort entwickelt.

Auf der Weiterfahrt locken die *Trelissick Gardens* nahe Truro zu einem kleinen Abstecher. Ein Herrenhaus stand hier schon immer, im 18. Jahrhundert wurde ein bescheidener Neubau errichtet, den seit dem ersten Viertel des 19. Jahrhunderts ein Säulenportikus schmückt. Aber nicht das Haus, der subtropische Park im Stil des englischen Landschaftsgartens ist die Reise wert. Die weitgedehnten, gewellten Rasenflächen werden belebt durch kleine Haine und Blumenrabatten, einzelne kostbare Bäume oder sorgfältig zusammengestellte Baumgruppen. Immer wieder kann der Blick weit über die Landschaft schweifen, bis hinab in das liebliche Tal des River Fal. Rosen, Jasmin, Rhododendren und Azaleen in üppiger Verschwendung, japanische Zedern, Magnolien, Eukalyptusbäume, Riesenfarne, ja selbst Bananen und Zypressen gedeihen hier, neben mehr als 130 verschiedenen Sorten Hydrangea. Alles wurde so angepflanzt und angeordnet, daß die Farbenpracht erst im Herbst erlischt.

St. Austell ist eine Industriestadt, aber nicht ohne Liebenswürdigkeit. Der machtvolle, figurengeschmückte Granitturm ihrer Kirche aus dem 15. Jahrhundert ist der schönste der ganzen Grafschaft. Das tonnengewölbte Schiff geht mit einem seltsamen Knick zum Chor über; es heißt, damit solle das am Kreuz geneigte Haupt Christi symbolisiert werden. Die Stadt wird überragt von den hohen Kegeln gleißend weißer Berge: hier beginnen die berühmten Kaolinbrüche Cornwalls. In der Mondlandschaft der gigantischen Abfallhalden, zwischen denen jadefarbene, milchiggetrübte künstliche Seen leuchten, arbeitet fast die gesamte Bevölkerung der Stadt; England hat nach China den größten Porzellanerde-Export in der Welt. Der kostbare weiße Ton wird außer in der keramischen auch in der Papierindustrie und zur Herstellung zahlreicher Chemikalien benötigt. Die Brüche wurden um 1755 von William Cookworthy entdeckt und in Betrieb genommen; das bewahrte St. Austell vor dem Schicksal so vieler anderer Zinnerstädte. Der Abbau vollzieht sich übrigens – sehr englisch – unter den strengen Augen der Naturschutzbeauftragten, die, oft gegen den erbitterten Widerstand von Unternehmern und Gewerkschaften, alles daransetzen, um das natürliche Gesicht dieser einzigartigen Küstenlandschaft zu erhalten. Stillgelegte Abbaugebiete müssen wieder rekultiviert werden, und zwar nach Möglichkeit in früherer Gestalt.

Hauptverladehafen für das Kaolin ist *Fowey* (Foy gesprochen), seit dem frühen Mittelalter eine wichtige Hafenstadt Südwestenglands. Schon 1346, bei der Belagerung von Calais unter Eduard III., konnte es allein 47 Schiffe und 770 Mann stellen. Seine engen Gassen ziehen sich in vielerlei Krümmungen zum Hafen hinab, wo Reste der einstigen Befestigung von vergangener Größe erzählen. Die gotische St. Nicholas-Kirche, um 1336 erbaut, erhielt im 15. Jahrhundert einen hohen Turm. Vor der Stadt liegt ›Menabilly‹, der Sitz der Raleighs seit dem 16. Jahrhundert, darin lebte bis vor kurzem Daphne Du Maurier. Ein anderer cornischer Romancier, Arthur Quiller Couch, schrieb in Fowey in seinem Haus ›The Haven‹ seine Erzählung ›Troy Town‹. Der Gleichklang der Namen Troy und Foy (Troja und Fowey) reizte den Literaturprofessor aus Cambridge; er spann seine mythologischen Phantasien in seinem ›Mayor of Troy‹ (1905) weiter. Ganz unbegründet ist seine Spekulation nicht, denn die frühen britischen Könige leiteten ihre Herkunft von Aeneas ab, dessen Sohn (oder Enkel) Brutus der Sage nach auf der Insel im Norden landete, nur einige Riesen vorfand und an der Themse ein neues Troja gründete. Die Überlieferung geht auf Nennius zurück, der sie in seiner ›Historia Britonum‹ anführt, sie wurde in unzähligen Chroniken und Epen weiter ausgebaut, unter anderem von Geoffrey of Monmouth und den Deutschen Otto Frisengensis und Walther von der Vogelweide. ›Troy Town‹ oder ›Drayton‹ nennt man in England übrigens auch die Rasen- und Kiesellabyrinthe, in denen noch bis in unsere Tage Maitänze aufgeführt wurden, die dem mykenischen Kranichtanz ähnelten.

Etwa dreieinhalb Kilometer nördlich von Fowey liegt eine eisenzeitliche Erdbefestigung, in der man Reste eines Walles von König Markes Burg, Castle Dore, vermutet. Wie Artus war Marke, dessen Mythos uns durch Gottfried von Straßburgs ›Tristan‹ vertraut ist, ein Britenfürst. Ausgrabungen in den Jahren 1936 und 1937 haben erbracht, daß hier im zweiten vorchristlichen Jahrhundert ein befestigtes Dorf stand, dessen Bewohner mit Zinn handelten und Beziehungen zur Bretagne unterhielten. In der Römerzeit war es anscheinend unbewohnt, aber im 5. Jahrhundert, zur Zeit der keltischen Renaissance, hat man in der Mitte des Dorfes eine fürstliche Halle mit kleinem Vorwerk errichtet. Leider konnten die Ausgrabungen nach dem Krieg nicht mehr aufgenommen werden; heute wiegt sich hier im Frühlingswind wieder die junge Saat. Aber ein zwei Meter hoher Megalith an der Straße von Fowey nach Lostwithiel scheint eine Bestätigung für die Geschichtlichkeit des Ortes zu bringen; seine Inschrift lautet: DRUSTNAS HIC IACIT / CUNOMORI FILIUS: Tristan ruht hier, Sohn des Commorus. ›Commorus‹ wird von den Etymologen als Mark oder Marcus gedeutet. Die erste Niederschrift des Stoffes, ›Le Roman de Tristan‹, verfaßte im 12. Jahrhundert der Chronist Beroul.

Polperro ist ein winziger, schöngelegener Schmugglerhafen von spanischer Anmut und Farbenfreude, mit vielen schlohweiß getünchten Häusern, kleinen Balkonen, verwinkelten, getreppten Gäßchen. Und überall Blumen: Geranien, rankende Rosenbüsche und bunte Bauerngärtchen, wo nur ein Fleck Erde es zuläßt. Von seinen hohen Klippen wie von Schutzmauern umgeben, zieht es sich tief in das Land hinein. Hier leben mehrere berühmte Töpfer, die dem interessierten Besucher gerne einen Blick in ihre Werkstätten gewähren. Von der Zeit der Freibeuter kann man sich in dem amüsanten Schmugglermuseum ein gutes Bild machen. Man besucht Polperro, ebenso wie Looe, am besten außerhalb der Saison. *Looe*, ein kleiner Doppelhafen, ist sehr malerisch gelegen, aber leider unerträglich überlaufen. Von seinen Hügeln hat man einen reizvollen Blick auf Hafen und Stadt; in den Straßen riecht es nach Fisch und frischen Krabben, in den Schaufenstern locken Muscheln und Bernsteinschmuck. Die Geschäftigkeit der Saison kann aber über die Armut der grauen Stadt mit ihrer reizlosen Methodistenkirche kaum hinwegtäuschen. In der Nähe der Strandbucht findet man in der Lowe Street ein engbrüstiges Haus mit eingesunkenem Dach, das sich großspurig ›The Cornish Museum‹ nennt. Seine Sammlungen, in rührender Geduld zusammengetragen, erzählen in ihrer erschütternden Kärglichkeit mehr von der Not, die so lange in dieser Grafschaft regiert hat, als ein dickes Buch es vermöchte. Aber es enthält auch einen Schatz: eine ›Abteilung‹, die sich mit schwarzer und weißer Magie, Aberglauben und Hexerei, Zauberkunst und Wahrsagerei in Cornwall befaßt. Diese Bräuche konnten hier länger überleben als anderswo: in der Einsamkeit der wilden Moor- und Berglandschaft war es weit zum nächsten Priester oder Arzt, aber die weisen Frauen waren immer zur Hand. Auch war den keltischen Menschen die Freude an allem Phantastischen und die Fabulierkunst angeboren; die Naturelemente konnten noch mit Gewalt auf das Gemüt wirken.

Der ›Hexentanzplatz‹ Cornwalls war ein verlassener Ort in der Nähe von Zennor, Trewa genannt; dort schlossen oder erneuerten sie in der Mittsommernacht ihren Pakt mit dem Fürsten der Finsternis. Wir haben bei Zennor die uralten Gräber gesehen: Zum Teil gehen Beschwörungen, Zaubersprüche, Glaube an die Kraft der Amulette bis in diese Zeit zurück. Auf dem Ginsterbesen reisen die cornischen Hexen durch die Luft, in der Glaskugel lesen sie die Zukunft. Ein unbekannter Dichter aus dem 12. Jahrhundert beschreibt ein keltisches Elfenhaus mit wunderbarer Eindringlichkeit:

> Ich habe ein Haus im nördlichen Lande,
> oben aus rotem Gold, unten aus Silber.
> Sein Tor ist aus weißer Bronze und seine Schwelle aus Kupfer,
> gedeckt ist sein Dach mit den Schwingen gelbweißer Vögel.
> Seine Leuchter sind golden, und seine Kerzen sind rein,
> und ein Kleinod aus Edelstein ist in der Mitte des Hauses.
> Ich aber und die Königin kennen die Trauer nicht,
> denn wer dort wohnt, kann nicht altern, und immer kraust
> sein Haar sich gelb.

Der Tamar ist Grenzfluß zwischen Cornwall und Devon. Dort liegt *Saltash* auf einem breiten Hügel, und weit sieht man in das gewellte, grüne, leuchtende Land. Wir überqueren den Fluß auf der neuen Tamarbrücke (zollpflichtig), von wo wir die Prinz-Albert-Eisenbahnbrücke sehen können, die in einigem Abstand verläuft, eine der aufregenden Konstruktionen des großen Brückenbauers Isambard Kingdom Brunel (1806-1859). In seinen Werken fand die Architektur des frühviktorianischen Zeitalters vielleicht ihren vollkommensten Ausdruck; seine funktionellen, kühnen Ingenieursbauten bereiteten der Moderne den Weg. Er leitete unter anderem den Bau der ersten Eisenbahnlinie von London nach Bristol, die als Pioniertat gefeiert wurde (Great Western Line), errichtete die herrliche Clifton-Hängebrücke bei Bristol und baute zwei berühmte Schiffe, die ›Great Western‹ und die ›Great Eastern‹, die den Atlantik in zwei Wochen überqueren konnten. Mit dem Bau der Saltashbrücke, die in seinem Todesjahr eingeweiht wurde, begann für die vergessene Grafschaft im Westen Englands eine neue Epoche: Sie brachte die Verbindung mit London.

6

Gott blies ...: Plymouth – Saltram House Buckland Abbey

Deus afflavit et dissipati sunt –
Gott blies und sie wurden zerstreut.
Münzinschrift

Plymouth

Auf der Saltashbrücke haben wir Cornwall verlassen, und nun führt die Straße über wunderbar gewellte Hügel hinab zu der historischen Hafenstadt Plymouth, die wie ein blanker Edelstein in ihrem sanften grünen Wiesenbett ruht. Sie wirkt eher wie eine moderne Gartensiedlung als eine alte Seefahrerstadt: reich, hell, großzügig und verspielt mit all ihren Parks, Anlagen, Gärten und Promenaden. Auf einer Art Vorgebirge gelegen, wird sie rings von Wasser umgeben, teils vom Meer, teils von den Mündungstrichtern der Flüsse Plym und Tamar, der sich oberhalb der Stadt mit Tavy und Lynher vereinigt. Dort erhebt sich die Schwesterstadt *Devonport*, der Sitz der Königlichen Marinewerft, die Wilhelm III. gegen Ende des 17. Jahrhunderts gegründet hat. Durch diese Werft wurde Plymouth zum Mutterhafen der Kriegsmarine, der Navy, für die noch heute fast ein Drittel aller Beschäftigten der Stadt arbeitet. Besichtigen darf man die Werft leider nur, wenn man im Besitz eines englischen Passes ist.

Der älteste Teil des Hafens von Plymouth, *Sutton Pol*, ist heute wieder, was er noch unter Königin Elisabeth war: ein Fischereihafen. Damals begann der Aufschwung der Stadt, denn von hier aus stachen die Freibeuter und Konquistadoren Glorianas meistens in See. Um den Hafen schart sich im Schutze der Festung, der Barbakane, der im Krieg nicht zerstörte Teil der Altstadt. In der New Street 32 findet man ein noch ganz im Stil der Tudorzeit eingerichtetes Kaufmannshaus, das sogenannte Elizabethan House, heute Museum. Auch die beiden Zollhäuser, das Old Custom House von 1568 und das New Custom House im klassizistischen Stil von 1810, sind gut erhalten.

Vom Hügel am Hafen aus beobachtete im Schicksalsjahr 1588 Charles Howard of Effingham, Lordgroßadmiral von England, Irland und Wales, im Kreise seiner Offiziere kaltblütig die ihm durch ein Kauffahrteischiff gemeldete Annäherung der Unbesiegbaren Armada Philipps II. von Spanien. Die gesamte englische Seemacht lag im Hafen von Plymouth, nachdem ein Versuch, die Spanier schon auf offener See abzufangen, gescheitert war.

Dreißig Jahre lang hatte England auf diesen Tag gewartet, seit Elisabeth nach dem Tode ihrer verhaßten Halbschwester Maria I., der das Volk den Beinamen ›die Blutige‹ gab, auf den Thron berufen worden war. Das katholische Europa focht den Erbanspruch der rothaarigen jungen Frau, die die Regierung ihres Landes mit Energie und Geschick in ihre schlanken Hände nahm, erbittert an: Statt des ›Bastards‹ aus der vom Papst nicht legitimierten Ehe Heinrichs VIII. mit Anna Boleyn wünschte man die katholische Schottenkönigin Maria Stuart, Urenkelin Heinrichs VII., auf dem englischen Thron zu sehen. Immer wieder wurden Attentate auf Elisabeth unternommen, vor allem, nachdem die leichtlebige Maria von ihrem eigenen Volk vertrieben worden war und in England in Haft leben mußte. 1586 war die Geduld der Engländer erschöpft; das Parlament verurteilte Maria Stuart zum Tode. Ein solches Verfahren war unerhört in jener Zeit, als die Könige noch von Gottes Gnaden regierten, und ein Schrei der Entrüstung ging über den Kontinent. Die Hinrichtung der schottischen Königin erschütterte das ganze Gebäude der europäischen Rechtsauffassung, und die tote Maria bedeutete für England eine ebenso große Gefahr wie die lebende; vor allem, da sie Philipp II. von Spanien zu ihrem Erben als Anwärter auf den englischen Thron eingesetzt hatte.

Und Philipp war nur zu gewillt, das Erbe anzutreten. Lange schon war er des Doppelspiels der Königin Elisabeth leid, der es immer wieder gelang, die europäischen Fürsten gegeneinanderzuhetzen, indem sie bald diesen, bald jenen subventionierte: Sie war klug genug zu wissen, daß diese Subventionen billiger waren, als selbst Kriege führen zu müssen. Sie wollte den Frieden, der ihre Städte zum Blühen brachte. Selbst die Angriffe ihrer Konquistadoren auf die spanischen Gold- und Silberflotten sah sie nicht gern; sie kosteten meist mehr, als sie einbrachten und führten zu ständigen diplomatischen Verwicklungen.

Philipp aber rüstete: *»Er erkannte bald, daß man mit kleinen Mitteln gegen England nicht zum Ziele kommen konnte. Mit einem großen Schlage wollte er England niederwerfen; die Eroberung der Insel sollte die aktive Vormacht des Protestantismus vernichten. Wäre dieser Plan gelungen, die Welt wäre spanisch und katholisch geblieben; die Reformation wäre nur als eine bedeutungslose Episode in der Weltgeschichte erschienen ... Gegen eine Landung kann nur eine Verteidigung zur See schützen, und so lag das Schicksal der Welt bei der englischen Flotte.«* (Walter Petry)

Dreißig Jahre lang also hatte England unter der Drohung dieser Landung gestanden, und nun verkündeten Sturmglocken und die Feuer von den Bergen im ganzen Land, was die reitenden Boten bestätigten, die mit verhängten Zügeln von Ort zu Ort jagten: Die schwarzen kastilischen Galeonen waren da, am 29. Juli 1588 hatten sie Lizards Point hinter sich gelassen und sich im Kanal zu einem riesigen Halbmond von sieben Seemeilen Durchmesser formiert, eine uneinnehmbare schwimmende Festung, die Unbesiegbare Armada. Die Bauern griffen zum Schwert, die Pächter und Arbeiter zur Pike, zur Axt oder zur Heugabel. Über Nacht stand ganz England in Waffen – und das war bitter nötig, denn ein eigentliches Landheer gab es nicht. Die wenigen ausgerüsteten Truppen erwarteten die unerwünschten Gäste an der Themse, und dorthin hatte sich, gegen den Rat ihrer Minister, auch die Königin begeben. Jedermann wußte, daß dieses Heer nicht in der Lage sein würde, den kriegsgeübten Truppen Farneses, dem Schrecken Europas, zu widerstehen.

Die Flotte lag in Plymouth fest; der Wind blies von West und machte es ihr unmöglich, die Spanier anzugreifen. Erst als die langsam segelnde Armada am 31. Juli Plymouth erreichte, liefen die englischen Schiffe aus: keine stattliche Schlachtflotte wie die Armada, sondern ein zusammengewürfelter Haufe von Hochseeseglern, Kauffahrern und Heringsfängern, die zum Teil in aller Eile bewaffnet worden waren. Fast die Hälfte dieser Schiffe war Privatbesitz der Offiziere oder von Kaufherren zur Verfügung gestellt worden. Was nur Segel setzen konnte, war in diesen Tagen vor der Schlacht zur königlichen Flotte in Plymouth gestoßen, um die Übermacht der Spanier soweit als möglich auszugleichen.

Howards Gegner war der Herzog Medina Sidonia, Admiral der Armada, ein tapferer Soldat, aber kein Seemann. Howard hatte mit ihm gemeinsam, daß er kaum je einen Fuß an Bord eines Schiffes gesetzt hatte, aber dennoch war er dem Herzog gegenüber im Vorteil: Er besaß das Genie, seine eigenwilligen, feuerköpfigen, im Kaperkrieg erprobten Seehelden richtig einzusetzen; er hatte sich mit den besten Kapitänen Englands umgeben. Allen voran der Weltumsegler Francis Drake, den er zu seinem Vizeadmiral ernannte und die Schlachtpläne ausarbeiten ließ. Drake hatte noch im Vorjahr vor den Augen der Spanier in Cadiz die dort von Philipp zusammengezogene Flotte überfallen und alle Schiffe untauglich gemacht; *»singeing the king of Spain's beard – den Bart des Königs von Spanien ansengen«*, nannte er sein Husarenstückchen, das den Engländern im Kampf gegen die Armada ein ganzes Jahr Aufschub gebracht hatte. Die Form der neuen Schiffe der Engländer, kleine schlanke schnelle Segler, deren Breitseiten bestückt waren, hatte ein reicher Kaufmann aus Plymouth entwickelt, John Hawkins. Howard hatte ihn zum Inspekteur und Schatzmeister der Flotte ernannt; in diesem Amt war es Hawkins möglich gewesen, fast den ganzen Schiffsbestand auf diesen neuen Typus umzustellen; die meisten der besseren Schiffe in Plymouth waren nach seinen Zeichnungen und Angaben gebaut. Die Küstensicherung hatte schon vor einigen Jahren der zuverlässige Sir Richard Grenville übernommen. Andere bedeutende Schiffsführer waren Lord Thomas Howard, Thomas Fenner und Martin Frobisher.

Howard ließ seine Schiffe im Rücken des spanischen Halbmondes sich formieren und ständig leichte Angriffe gegen die Spanier führen, ohne viel Erfolg zu erzielen. Zu größeren Berührungen kam es während der nächsten Tage nur zweimal, denn die Spanier hielten strengen Kurs auf Calais, ohne sich zu Scharmützeln hinreißen zu lassen. Dort sollten sie das Landheer des Prinzen von Parma, Alexander Farnese, unter ihren Schutz nehmen. Farneses Truppen lagen bereit – aber es fehlte an Booten, die sie auf die vor der Küste ankernden Transportsegler hätten übersetzen sollen. Doch das wußten zu dieser Zeit weder die Engländer noch die Spanier. Über eine Woche dauerte die seltsame, nervenzermürbende Fahrt durch den Kanal – immer der fest geschlossene und in dieser Formation unangreifbare Halbmond der Armada voran, und hinter ihm in vier rechteckig ausgerichteten Verbänden, die von Hawkins, Howard, Drake und Frobisher geführt wurden, die Engländer. Vor Calais ließ Medina Sidonia ankern, da er hier ja Verbindung mit dem Prinzen von Parma aufnehmen sollte. Er hatte kaum noch Proviant, die Munition war bereits zur Hälfte verschossen, Seuchen und Meuterei begannen an Bord um sich zu greifen. Und jetzt mußte er feststellen, daß Farnese keineswegs, wie abgesprochen, seine Truppen im Hafen eingeschifft hatte ...

Die Engländer ahnten nicht, wie schlecht es um den stattlichen Gegner bestellt war. Jeden Tag näherte sich der Feind London um einige Seemeilen; hier in Calais würde er, wie ihnen bekannt war, Farneses Landheer übernehmen, und noch war nichts geschehen, um ihm Einhalt zu gebieten. In dieser drohenden Lage berief Charles Howard einen Kriegsrat ein. Die Spanier durften die Themse nicht erreichen – wollte man das verhindern, hieß es jetzt handeln!

In der Lagebesprechung wurde deutlich, daß man den Spaniern eigentlich nur noch mit Hilfe von Brandern gefährlich werden konnte, denn auch die Engländer begannen bereits unter Munitionsmangel zu leiden. Es fehlte jedoch an Zeit, um zurückzusegeln und kleine schlechte Schiffe aufzubringen, wie man sie üblicherweise als Brander benutzte. So faßten die Herren kurzerhand den Entschluß, jeder solle einen seiner eigenen stolzen Segler opfern. Diese Schiffe wurden nun bis obenhin mit leicht brennbarem Material vollgestopft, alle Segel gesetzt, die Kanonen, die sich bei steigender Hitze von alleine entladen sollten, mit Munition angefüllt. Bei Anbruch der Nacht, als der Wind auffrischte, löste man die Taue und zündete die unbemannten Schiffe an, die jetzt, vom Sturm getrieben, in die feindlichen Reihen einbrachen. Die Spanier waren keine Feiglinge, aber angesichts dieser aus allen Rohren feuernden, in lodernde Flammen gehüllten Segler, deren Kapitän einzig der Sturm war, erfaßte sie helles Entsetzen; sie lösten in panischer Hast die eigenen Anker und drängten in regelloser Flucht hinaus aufs Meer – nur fort von den brennenden Schiffen, deren Flammen das Meer dunkel widerspiegelte. Am frühen Morgen nach dieser gespenstischen Nacht griffen die Engländer an, noch ehe sich die Spanier wieder zum Halbmond formiert hatten, und jetzt brachten sie ihnen, soweit es die schwindende Munition noch erlaubte, einige ernsthafte Verluste bei. Medina Sidonia war verzweifelt, er fällte gegen den Rat seiner Offiziere, sich in einen der deutschen Häfen zu retten, eine Fehlentscheidung: nur fort, nur fort. Es gab aber nur einen Fluchtweg für die Spanier, die ja nicht gegen den Wind und die Engländer durch den Kanal zurücksegeln konnten: rund um die Britischen Inseln, durch ihnen unbekanntes Gewässer. Riffe und Kliffe, Stürme und Seuchen vollendeten den englischen Sieg: Der Herzog konnte von Philipps stolzer Armada nur die Hälfte der Schiffe nach Hause bringen; zehntausend Mann starben auf dieser Höllenfahrt. Philipp zeigte Größe im Unglück, als er seinem an Leib und Seele gebrochenen Admiral Trost zusprach: *»Ich sandte Euch, gegen Menschen zu kämpfen, nicht gegen Wellen und Wind!«*

Spanien hatte in dieser Schlacht mehr verloren als Menschen und Schiffe: den Ruf seiner Unbesiegbarkeit zur See. Und damit begann sich Europas Schwergewicht zu verlagern; eine neue Weltmacht war geboren, England, die künftige Herrin der Meere. Als man der Königin die Siegesnachricht überbrachte, dämpfte sie trocken den Jubel: *»Gott blies – und sie wurden zerstreut!«* Und so steht es auch auf der

Denkmünze, die man in London schlagen ließ. Daß Elisabeth wahrer Toleranz fähig war, beweist übrigens eine scheinbar nebensächliche Tatsache, die oft unerwähnt bleibt: Der Mann, dem sie das Schicksal ihres Landes im Kampf gegen die größte katholische Macht der Zeit so bedingungslos anvertraut hatte, Lord Howard of Effingham, war gläubiger Katholik.

In Plymouth nahm nicht nur die Schlacht gegen die Armada, sondern auch eine ganze Reihe anderer bedeutender Ereignisse und Seeabenteuer ihren Anfang. Am Hafen findet man einen terrassenartigen Platz, die *Mayflower Steps*. Von dort aus setzte 1620 die ›Mayflower‹ mit den Pilgervätern an Bord endgültig Segel für ihre Fahrt über den Atlantik nach Cape Cod in Nordamerika, im heutigen Massachusetts. Es war eine verzweifelte Fahrt auf einem verrotteten Kahn, einem Seelenverkäufer, der wie zum Spott den poetischen Namen Maiblume trug. Mit dieser Fahrt begann recht eigentlich die Geschichte der englischen Kolonisation Nordamerikas; zwar waren schon früher Kolonien gegründet worden, aber dabei handelte es sich meistens um reine Namensgebungen. Diese Siedler aber blieben; sie suchten kein Gold, sie wollten vielmehr in Frieden ihrer Religion leben, ihren Acker bestellen, ihr Brot und ihre Kartoffeln essen ...

Auf den Mayflower Steps erinnern eine Anzahl von Gedenktafeln an andere große Reisen: an die Südpolexpedition von Robert Falcon Scott zum Beispiel, dessen tragisches Ende in einem Schneesturm 1912 ganz Europa erschütterte, oder an die Weltumsegelungen von James Cook, dem Entdecker Australiens. Cooks Reisen, die er so anschaulich in seinen Bordtagebüchern schilderte, führten ihn bei seiner ersten Weltumsegelung um Kap Hoorn und zurück ums Kap der Guten Hoffnung (1768-1771), dann in die Antarktis und wieder rund um die Erde (1772-1775) und noch einmal in den Stillen Ozean (1776-1779), wo er 1779 von Eingeborenen auf den Hawaii-Inseln umgebracht wurde. Er war einer der ersten echten Forschungsreisenden der Geschichte.

Der schönste Platz der Stadt ist *The Hoe*, auf dem rasengrünen Hafenhügel angelegt. Von dort oben hat man einen herrlichen Blick auf das schönste Hafenpanorama Englands. Der Aussichtsturm, der dort steht, Smeaton Tower, tat noch vor wenigen Jahren auf einer kleinen Felseninsel als Leuchtturm Dienst.

Im 19. Jahrhundert hatte Plymouth einen bedeutenden Architekten, John Foulston; viele seiner Bauten wurden zerstört, aber die

Town Hall von 1823, die dem Pantheon nachempfunden ist, die *Old Fellow's Hall* im ägyptisierenden Stil und vor allem die *Albemarle Villas* im Vorort Stoke Damerel an der Paradise Road stehen noch. Es sind schmucke Häuser mit vorkragenden Dächern, die mit ihren Balkonen, Terrassen, Veranden und großen Erkerfenstern in ihre hübschen, malerisch angelegten Gärten hinauszustreben scheinen: auch hier also das Prinzip der Gartenstadt schon ein dreiviertel Jahrhundert, ehe das Wort in die Architektur Einlaß fand! Es sind keine Villen für Adel oder Schlotbarone, sondern für Kapitäne im Ruhestand.

Plymouth hat im Zweiten Weltkrieg sehr gelitten, aber der Neuaufbau wurde mit solcher Kühnheit und Großzügigkeit verwirklicht, daß es heute eines der schönsten modernen *Stadtzentren* Europas sein eigen nennt, mit der Hauptkirche *St. Andrew*, für die John Piper aufregende Glasfenster entworfen hat, und der vielkuppeligen Markthalle, die mit einem Bazar vergleichbar ist. Das Stadtmuseum in der Tavistock Road ist vor allem wegen der Cottonian Sammlung englischer und italienischer Handzeichnungen sehenswert, beherbergt aber auch einige Porträts von der Hand Reynolds und eine Sammlung von Schiffsmodellen – beidem werden wir bald in reizvollerer Umgebung neuerlich begegnen, in Saltram House den Reynold-Porträts und in Buckland Abbey den Schiffsmodellen.

Östlich der Stadt liegt in einem Park versteckt einer der schönsten Landsitze Südenglands, *Saltram House* mit seinen reichen Kunstsammlungen. Es war ursprünglich ein unscheinbares Herrenhaus der Tudorzeit; erst John Parker, der 1762-1784 für Devon im Parlament saß, begann mit dem Umbau, den seine Erben dann fortsetzten. Die Parkers ließen sich nicht lumpen, sie beriefen nicht nur Foulston, sondern auch den Meister der englischen Innenarchitektur, Robert Adam (1728-1792), der für Saltram House zwei graziöse Salons schuf. Adams Stil ist sehr persönlich und die eigentliche Krönung des georgianischen Stils, von dem schon die Rede war. Es ging Adam nicht mehr darum, das formstrenge palladianische Haus zu schaffen, sondern Räume, in denen man leben konnte, lichte, farbenfrohe Salons und Boudoirs mit zarten Stukkaturen, für die er jedes Detail selbst entwarf. An die Stelle eines kühlen Klassizismus tritt bei ihm das bewußte Spiel mit dem klassischen Ornament, das immer der Harmonie des Raumeindrucks unterworfen bleibt; Leichtigkeit, Anmut und Eleganz nahmen den Platz starrer Regelhaftigkeit ein, wie sie die Palladianer unter Lord Burlingtons Führung verfochten. Wenn man unvergleichbare Dinge einmal vergleichen dürfte, könnte man sagen, Adam schuf Mozart'sche Räume.

In solchen Räumen kann man den Geist der englischen Malerei des 18. Jahrhunderts besser würdigen als selbst im reichsten Museum. Saltram House zählt zu seinen gehüteten Schätzen vierzehn Porträts von der Hand Joshua Reynolds, der mit den Parkers befreundet war.

Reynolds wurde 1723 in Plynton St. Maurice, einem nahen Dorf, geboren. Der Vater, ein Pastor, leitete die Erziehung des Sohnes selbst, bis er zur künstlerischen Ausbildung zu einem Verwandten nach London geschickt wurde. Er vervollkommnete sich auf einer zweijährigen Studienreise in Italien, die ihm reiche Gönner ermöglicht hatten. Erstaunlich ist, daß Reynolds Bewunderung vor allem den damals gar nicht geschätzten frühen Meistern galt: von ihnen könne man, so schrieb er in einem Brief, am meisten lernen. Schon dort begann Reynolds nach einer schweren Krankheit zu ertauben, aber sein Gebrechen machte ihn nicht, wie Goya, zum Menschenfeind, im Gegenteil: er wurde der erklärte Liebling der Londoner Gesellschaft. Er befreundete sich nach seiner Rückkehr mit den geistreichsten Männern seiner Zeit, den Johnson und Sterne, den Goldsmith und Burke, um nur einige Namen zu nennen. Als die Königliche Akademie ins Leben gerufen wurde, wählte man ihn zum Präsidenten, und der König schlug ihn zum Ritter und erhob ihn 1784 zum Hofmaler. – Reynolds malte mit ungeheuerem Fleiß für seinen ständig wachsenden Kundenkreis, gleichzeitig theoretisierte er auch über seine Kunst. Als er im Februar 1792 starb, konnte er ein Riesenvermögen im Wert von über 150000 Pfund hinterlassen – eine Summe, mit der der Prince of Wales, der spätere Georg IV., damals ein Viertel seiner Schulden hätte bezahlen können! Dabei hatte er äußerst großzügig gelebt, stets eine offene Hand für Freunde und Bittsteller gehabt und gerne Gäste in seinem eleganten Haus am Grosvenor Square empfangen, wo der englische Hochadel residierte.

Reynolds führte die Bewegung in die englische Malerei ein. Sein zugleich duftiges und schwelgerisches Kolorit beeinflußte sowohl Gainsborough als auch Romney und Lawrence. Wer konnte wie er den Glanz pastellfarbener Seiden, einen Hauch von Puder auf wehendem Haar, den Ansatz eines Halses unter durchsichtigem Musselin wiedergeben, wer wie er Frauen und Kinder in englische Baumlandschaften hineindichten? Mit stärkerem Realismus, voll sichtbarer Freude an eigenwilligen Physiognomien, stellte er dagegen seine Freunde dar, die Dichter, Staatsmänner, Schauspieler, Philosophen und Militärs einer ganzen strahlenden Epoche.

Wie Saltram House den Kunstfreund, so zieht *Buckland Abbey* den historisch Interessierten an. Die ehemalige, 1278 von Zisterziensern gegründete Abtei liegt an einer östlichen Abzweigung der Straße nach Yelverton, am Rande des Dartmoors. Sir Richard Grenville baute sie 1576 in ein Herrenhaus um, und sein Vetter Sir Francis Drake kaufte sie ihm 1581 ab, als er von seiner Weltumsegelung als reicher und berühmter Mann zurückkehrte. 1947 erwarb der National Trust das Anwesen von den Nachfahren Drakes; die Familiengräber findet man in der etwa zwei Kilometer entfernten Buckland Monochorum Kirche. Die Abtei liegt in einem Park, von hohen Zedern überschattet; man sollte im Frühjahr hierherkommen, wenn die Magnolien und die Kamelien blühen. Noch trägt der Bau den typischen Dachreiter der Zisterzienser; in einem der Zimmer ist die nach Drakes Wünschen gestaltete Täfelung erhalten und im Saal die kraftvolle Stuckdecke; sonst sind die Räume recht kahl, denn man hat das Haus in ein Museum umgewandelt. Neben den Erinnerungsstücken an die Reisen Drakes bilden Schiffsmodelle den Hauptreiz der Sammlungen, dem einstigen Heim dieses großen Seefahrers sehr angemessen. In der riesigen Scheune aus dem 13. Jahrhundert, die von den Mönchen erbaut wurde, findet man alte Bauernwagen und allerlei bäuerliches Gerät, unter anderem eine Ciderpresse, wie sie zur Herstellung dieses perlenden, goldgelben Apfelweines noch bis in unser Jahrhundert auf den meisten großen Höfen im Westen stand – denn der Cider ist dem Engländer fast so lieb wie das Bier.

Drake oder El Draque, wie ihn die Spanier respektvoll nannten, war um 1540 bei Tavistock als Sohn eines protestantischen Freibauern geboren worden, der sich zur Zeit der blutigen Herrschaft Maria Tudors in Kent verbergen mußte. Der Junge wurde unter Aufsicht seines Verwandten John Hawkins, des Schatzmeisters der Flotte, erzogen und mit allen Härten des Seemannsberufes vertraut gemacht. Mit kaum zweiundzwanzig Jahren erhielt der bereits Weitgereiste sein erstes Kommando auf der ›Judith‹. Die Captains – ein Wort, das ursprünglich nur einen militärischen Rang anzeigte, wie noch heute in den meisten Sprachen – fingen damals gerade an, nicht nur als Offiziere, sondern auch als Schiffsführer zu denken und zu handeln. Bislang war eine strenge Aufgabenteilung auf den Schlachtschiffen üblich gewesen: der Schiffsführer (Master) trug die Verantwortung für alle seemännischen Manöver; der Truppenführer (Captain) hingegen für alle militärischen Operationen. Die Truppen lebten auf den Schiffen in gesonderten Quartieren und traten erst beim Enterkampf oder bei einer Landung an feindlicher Küste in Erscheinung. Die schwerfälligen spanischen Schiffe mit ihrem hohen Bug waren ja eigens für die Entertechnik entwickelt worden. Die Engländer fanden nun heraus, daß diese schweren Schiffe für den Kampf mit Feuerwaffen auf hoher See denkbar ungeeignet waren. Sie bauten schnellere, leichtere Segler, die gut unter dem Wind zu kreuzen vermochten, und bestückten nicht mehr wie die Spanier Bug und Heck, sondern die Breitseiten, um dem Feind durch eine möglichst weite Streuung der Kanonenkugeln – sehr treffsicher war man noch nicht – gefährlich zu werden. Wollte er aber die Wirkung solcher Breitseiten voll ausnutzen, mußte der befehlshabende Offizier lernen, wie er sein Schiff einsetzen, was er ihm an Bewegungen abverlangen konnte, kurz gesagt, er mußte die Kenntnis der Seemannschaft, das Handwerk des Seemannes, erwerben. Und so verschmolzen die beiden Berufe in dem des Seekapitäns – ein Prozeß, der sich weit über ein Jahrhundert hinzog. Die Mannschaft wurde der gleichen Wandlung unterworfen: wer auf den neuen Schiffen Dienst tat, mußte sowohl Seemann als auch Soldat sein, denn für getrennte Quartiere war auf diesen schmalen Schiffen kein Raum mehr.

Drake war einer der Kapitäne der neuen Schule, nicht umsonst war er von Hawkins ausgebildet worden, diesem Mann, der sich um alles kümmerte, was an Bord seiner Schiffe vorging. Und wenn er auch sein Vermögen dem Sklavenhandel verdankte, ließ er an Bord doch als erster Südfrüchte für die Mannschaft mitführen, um dem Skorbut zu begegnen – eine revolutionierende Neuerung, die sicher nicht nur der Gewinngier entsprang, denn Menschenleben waren damals preiswert. Und auf den meisten Schiffen war das Leben schlechtweg höllisch. Die Nahrung bestand in der Hauptsache aus Salzfleisch, Salz- oder Trockenfisch, Zwieback, Erbsen und Bohnen, Wein, Bier und später auch Rum. Die Folge waren Mangelkrankheiten aller Art, erhöhte Anfälligkeit für Seuchen, wie Typhus, Diphterie, Malaria und vor allem Tropenkrankheiten. Da die Männer oft tagelang nicht aus ihren nassen Sachen herauskamen und bei Sturm nicht einmal die Möglichkeit hatten, sich zu wärmen

– ein Feuer an solchen Tagen konnte sich auf den hölzernen Schiffen schnell in einen Brand verwandeln – brachten auch Lungenentzündungen und Erkältungskrankheiten schwere Verluste. Dazu kamen die üblichen Verletzungen und bei Seegefechten Wunden und Quetschungen, die meist zu Eiterungen, Wundfieber und schließlich Wundbrand führten. Drake versuchte ebenso wie Hawkins, diesen Verhältnissen zu steuern. Er führte oft lange Diskussionen mit seinen Schiffsärzten und ließ als erster dem Trinkwasser Essig beisetzen, um es haltbarer zu machen. Den begrenzten Speiseplan hat er um eine Art Nudeln erweitert, die länger als Brot genießbar blieben, das oft schon nach den ersten Tagen verschimmelt war. Wieviel Erfolg seine Neuerungen im einzelnen hatten, ist schwer zu sagen, sicher aber ist, daß es ihm gelang, die Mannschaft der ›Golden Hind‹ auf seiner drei Jahre währenden Weltumsegelung frei von Krankheiten zu halten – eine großartige Pioniertat, für die es in jenem Jahrhundert kein Beispiel gibt.

Er hatte von einer Fahrt zum Pazifik geträumt, seit er dieses Meer 1572 in Panama von einem Baumwipfel aus das erste Mal erblickt hatte. 1577 endlich machte es ihm die Hilfe der Königin möglich, ein Geschwader für seine Weltumsegelung auszurüsten – ein lächerlich kleines, wenn man die fünf leichten Segler mit den Riesenflotten vergleicht, die die Spanier damals auf Expeditionen schickten. Am 15. Dezember stach er in See; sein Flaggschiff war die ›Pelican‹, die er später in ›Golden Hind‹ umbenannte. Er segelte über Marokko und die Capverdischen Inseln gen Brasilien, trennte sich am Rio de la Plata von zweien seiner Schiffe und hielt sich von Juni bis August 1578 im Hafen von St. Julian auf, um hier, im Süden Argentiniens, Proviant aufzunehmen und einen Verschwörer zu richten. Die Fahrt durch die Magellanstraße begann am 21. August und dauerte sechzehn Tage; ein Sturm trennte ihn dabei von seinen letzten Begleitschiffen, die Vizeadmiral de Winter nach England zurückführte. Am 25. November erreichte Drake Chile, und von hier aus plünderte er viele iberoamerikanische Schiffe und Häfen, um seine Mannschaft zufriedenzustellen. Mit neuem Mut und reicher Beute machte er sich auf die Weiterfahrt. Drake untersuchte die noch kaum erforschte Westküste von Nordamerika und gründete dort die Kolonie New Albion. Am 26. Juli 1579 segelte er weiter zu den Molukken, die er im November erreichte. Celebes und Java waren weitere Stationen im Stillen Ozean. Am 15. Juni 1580 umschiffte er endlich das Kap der Guten Hoffnung, und schon am 26. September desselben Jahres konnte die ›Golden Hind‹ wieder im Hafen von Plymouth vor Anker gehen. In Deptford, auf der Weiterfahrt nach London, kam die Königin an Bord, um Drake zum Ritter zu schlagen; die ›Golden Hind‹ erklärte sie zum nationalen Denkmal: eine unerhörte Ehrung, die ihr viel Kopfzerbrechen bereitet hatte, da sie eine offene Provokation Philipps II. darstellte, dessen Kolonien Drake so übel mitgespielt hatte. Aber Elisabeth wußte, was Drakes Fahrt für England bedeutete: Er hatte seinem Land ein neues Meer, den Stillen Ozean, eröffnet. Schon wenige Jahre nach seiner Pionierfahrt wurde der Pazifik regelmäßig von englischen Kauffahrern angelaufen. Die ›Golden Hind‹ verfiel ein Jahrhundert später im Hafen; aus ihren Planken wurde ein thronartiger Sessel getischlert, den König Karl II. der Universität Oxford schenkte. Dort kann man ihn noch heute in der Bodleian Bibliothek bewundern.

Drake starb auf seiner letzten großen Fahrt am 28. Januar 1596 in der Stadt Nombre de Dios auf den Westindischen Inseln. In ihm, dem Bauernsohn, Admiral und Weltumsegler, Ritter und Seemann von Gottes Gnaden, Abenteurer und Piraten, liebt England sich selbst; er ist die leibhaftige Verkörperung des Goldenen Zeitalters.

7

Im Dartmoor und im Tal des Dart: Tavistock–Okehampton Widecombe–Buckfast Abbey–Dean Prior–Totnes Dartmouth–Torquay–Dawlish

»Man fährt auf schön gewundenen Straßen dorthin, über rundliche Hügel durch die zottigste grüne Landschaft, wo es die dichtesten Hecken gibt, die größten Schafe und am meisten Efeu, Dickicht und Weißdorn und die breitesten Bäume und Hütten mit den dicksten Strohdächern, die ich je gesehen habe. So ein alter Baum in Devonshire ist kompakt wie ein Fels und vollendet wie eine Statue. Dann kommen langgestreckte, kahle, verlassene Hügel ohne ein einziges Bäumchen: das ist der Dartmoorer Forst. Hier ragt aus Heidekrauteinöde ein Granitblock empor wie ein Altar von Riesen oder Urechsen. Das sind ›Tors‹, damit ihr es wißt. Manchmal fließt ein rotes Bächlein durch das Heidekraut, glänzt schwarz ein verfallener Tümpel, leuchtet ein bewachsener Sumpf. Man sagt, daß

darin selbst ein Reiter mit seinem Roß spurlos versinken könne; ich konnte das nicht versuchen, weil ich kein Pferd hatte. Die niedrigen Hügel sind umnebelt, ich weiß nicht, sind es Niederschläge der sich dahinschleppenden Wolken oder dampft die ewig quellende Erde. Der Nebelschleier des Regens verhüllt das Grau von Granit und Sumpf, die Wolken ballen sich schwer, und ein tragisches Halbdunkel umhüllt auf eine Weile den wüsten Grund voll Heidekraut, Wacholdersträuchern und Farnkräutern ... Was ist das im Menschen, daß es ihm den Atem verschlägt, wenn er so eine Landschaft des Grauens und der Bangigkeit sieht? ... Ist es etwa schön?«, fragt der tschechische Romancier und Feuilletonist Karel Čapek. Ja, es ist schön, das Dartmoor, schön in seiner großen, duftenden, archaischen Stille, in dem tiefen Schweigen seiner dunklen Hügel, in dem schon das Schlagen von Falterflügeln als Geräusch wahrnehmbar wird.

Wer kennt nicht aus Gruselgeschichten und Kriminalfilmen den kahlen Baum im Nebel, auf dem ein Rabe krächzt – in der Ferne jault ein Hund, wimmert ein Mensch, schlägt etwas dumpf aufs Wasser? Ein Klischee, töricht wie Klischees nun einmal sind; aber durch derartige Thriller wurde das Dartmoor, eine der unberührtesten Landschaften Europas, im Bewußtsein vieler Menschen in ein Zwielicht von Schuld und Verbrechen getaucht. Es ist eine eigene Ironie, daß am Anfang all dieser wilden Geschichten eine humane Idee stand. Seit der Mensch ist, träumt er von der Bewässerung der Wüsten, der Trockenlegung der Sümpfe. Sir Thomas Tyrwhitt, Lordwarden der Zinnminen, ließ sich um 1806 von diesem Traum dazu verleiten, sich in der Mitte des dunkelsten Moores ein Haus zu bauen, von wo aus er mit der Urbarmachung beginnen wollte. Er hatte die Idee, Kriegsgefangene aus den Napoleonischen Kriegen hier anzusiedeln, ein Projekt, das die volle Unterstützung seines Freundes, des Prinzregenten, fand. Sein Unternehmen schlug fehl, mußte fehlschlagen: das Dartmoor kann wegen seines granitenen Untergrundes nicht trockengelegt werden, da das Wasser nirgendwo absickern kann. Es spottet noch heute aller Bemühungen der Menschen. So blieb nur das Gefangenenlager, das nach der Rückkehr der Kriegsgefangenen in ihre Heimat in ein ausbruchssicheres Zuchthaus umgewandelt wurde, *Dartmoor Prison*.

Dartmoor war in der englischen Frühgeschichte das am dichtesten besiedelte Gebiet der ganzen Insel; auf den Höhen hat man Spuren von Steinzeitsiedlungen gefunden, Erdwälle, Gräber, Reste von Keramik und Gerät. Aber eines Tages haben sich die Menschen von diesen Höhen, die der Gifthauch der Sümpfe verpestete, zurückgezogen. Viele Jahrhunderte später, in der Sachsenzeit, wurde das damals noch dicht bewaldete Moor ein ›Forest‹, ein Jagdgebiet der Krone. Heute ist es Landschaftsschutzgebiet, einer der größten Nationalparks Europas.

Nur zwei Autostraßen führen diagonal durchs Moor, sie kreuzen sich bei Two Bridges; eine Kette von Landstraßen umrundet es. Alle anderen Straßen, und das muß man sich immer vor Augen halten, wenn man im Moor wandert, sind Stichstraßen, die blind enden können – bei einem Heidehof, einem Dolmen oder einem Tor. Zur Ausrüstung gehören die amtliche Wanderkarte, Kompaß, feste Schuhe, Regenschutz und eine Taschenlampe mit Nebelstrahler: das Wetter schlägt hier schnell um, und die im September lieblich rot blühende Heidelandschaft, über der Bienen summen, der Bussard kreist, über die die zottigen, scheckigen Dartmoorponys, kleine Wildpferde, trotten, kann sich in Minutenschnelle in einen Hexenkessel weißbrodelnden Bodennebels verwandeln, in dem sich schon mancher leichtsinnige Tourist auf Nimmerwiederkehr verirrt hat. Denn ist die Autostraße erst einmal hinter der ersten Hügelwelle verschwunden, hört das Moor auf, harmlos zu sein. Dann ist man den dunklen Bergrücken, ihrer Monotonie und ihren Morasten ausgesetzt, über die selbst Herden meistens nur vorsichtig in langen Reihen ziehen, hübsch ein Tier hinter dem anderen.

Wir umfahren das Moor nördlich in einem großen Bogen. In *Tavistock* feiert man im Oktober ein turbulentes Fest, den historischen Gänsemarkt, über den es sogar ein strophenreiches Volkslied gibt. In der hübsch gelegenen Kirche aus dem 15. Jahrhundert findet man ein besonders farbenfrohes Ostfenster; es wurde von William Morris geschaffen, dem Wiederbeleber des englischen Kunsthandwerks. Sonst gibt es nicht viel zu sehen, die Spuren der Vergangenheit sind dünn. Das Geburtshaus Drakes ist verschwunden, und das ihm zu Ehren im vorigen Jahrhundert errichtete Denkmal ist so nichtssagend wie die meisten Monumente dieser Epoche.

Am Westrand des Moores führt die Straße weiter nach *Okehampton.* Von ihr biegen viele schmale Straßen ab, die meistens zu frühgeschichtlichen Fundstellen führen. Aber wenn man in dieser Ecke des Moores wandern will, muß man sich vorher beim nächsten Postamt vergewissern, daß keine militärischen Übungen stattfinden; es ist eine Gefahrenzone, da hier die Armee ihre Manöver abhalten darf. Bei Okehampton liegt zum Ausgleich ein schönes Tierschutzgebiet, der Pine Valley Wild Life Park, und über der Flußschleife des Okement thront im Westen der Stadt eine machtvolle Burgruine, das einstige Heim der Courtenays, der Grafen von Devon.

Die Straße nach Morehampton gewährt die schönsten Ausblicke, und zwar nicht nur auf die dunklen Höhen des Dartmoors, sondern auch nach Norden weit, weit über die leuchtenden, von niedrigen Hecken eingefriedeten Weiden und Felder bis zu den bläulichen Gipfeln des Exmoors. Hier und da sieht man über Gebüsch und Dorngestrüpp hinter einer Handvoll gegiebelter Häuschen einen stämmigen, untersetzten Kirchturm aufragen, und manchmal einen von Efeu und Geißblatt überwucherten, verlassenen Grubenkamin. Von Morehampton führt die Straße jetzt in südlicher Richtung auf das tief im Moor gelegene Postbridges zu, in dessen Nähe eine Saumtierbrücke aus dem 13. Jahrhundert zu finden ist, ähnlich den prähistorischen Tarr Steps im Exmoor. Langsam bewaldet sich das Gebiet; diese Moorwälder mit ihrem üppigen Grün und dem undurchdringlichen Unterholz wirken fast wie subtropische Dschungel. Hier befindet sich ein Reservat, das nicht nur den Botaniker begeistern wird, Wistman's genannt: in ihm wachsen uralte Zwergeichen, die besonders im späten Frühling mit noch jungem gekraustem, rostrotem Laub Märchenwaldzauber verbreiten.

Über Two Bridges gelangen wir nach *Widecombe in the Moor*, einem winzigen mausbraunen Zinnerdorf in einem grünen Talkessel, über dessen Hänge sich dunkler das Muster der Hecken wie eine vergessene Schrift hinzieht. Die wenigen Häuser werden überragt von dem gigantischen Turm einer erdfarbenen gotischen Granitkirche, der ›Kathedrale des Moores‹, von den Zinnern unter schweren Geldopfern erbaut. Das Innere ist ärmlich, aber mit rührender Sorgfalt ausgestattet. Der quadratische, an den Ecken von schweren Strebepfeilern verstärkte Turm wird von vier mit Kriechblumen besetzten, fialenartigen Ziertürmchen gekrönt. Im Oktober 1638 wurde einer davon in einem Gewitter vom Sturm heruntergerissen, aber die Zinner wissen das natürlich besser: das Unheil geschah, als der Teufel dort seinen Rappen anband, um einen der ihren zu holen, der in der Morgenmesse ein Schläfchen gehalten hatte. In etwa fünf Kilometern Entfernung liegen die Reste eines bronzezeitlichen Dorfes, Grimspound. Südöstlich von Widecombe führt die Straße an Buckland vorbei, einem am Waldrand hingekuschelten, allerliebsten Weiler mit riedgedeckten Bruchsteinhäuschen und einem lächerlich kleinen Kirchlein, auf dessen Uhr nicht Zahlen, sondern zwölf gotische Buchstaben angeben, was die Stunde geschlagen hat. Zusammen lesen sie sich als eine Liebeserklärung: MY DEAR MOTHER. Dieser versteckte Moorort ist so hübsch, daß man sich vornimmt, seinen Namen nicht einmal seinen besten Freunden zu verraten.

Die nächste Stadt ist Ashburton, in deren Bannmeile sich *Buckfast Abbey* erhebt. Die riesige, in der Reformationszeit zerstörte Abteikirche wurde zwischen 1906 und 1932 von jungen französischen Benediktinern unter Leitung des Architekten Frederick Walters wiederaufgebaut, und zwar auf den alten Fundamenten. Was da entstanden ist, darf man nur mit frommem Herzen, ohne kritischen Verstand, betrachten. Man kann kaum glauben, daß diese ragenden Gewölbe, Marmorinkrustationen, Mosaikböden, das geschnitzte Gestühl, die kostbaren Schmiedekandelaber, die riesigen Farbfenster und prächtigen Altäre wirklich das Werk begeisterter Amateure sind. Von den sechs Mönchen, die daran gebaut haben, hatte nur einer eine kurze Maurerlehre absolviert. Dennoch wird man keine Minute ein peinliches Gefühl los, von dem man sich erst in der Klosterschenke bei einem delikaten, von den Brüdern destillierten Likör langsam erholt. Hinter der Kirche führt auf einem Hügelrücken entlang durch Feld und Wald ein schöner Fußweg, der einen weiteren Blick über Ashburton und das Kloster bietet.

In einer Viertelstunde Fahrt kann man von hier aus *Dean Prior* erreichen, ein bescheidenes Dorf, in dessen Kirchlein Robert Herrick, der Horaz der Stuartzeit, begraben liegt.

Herrick wurde 1591 als Sohn eines Goldschmiedes in Cheapside geboren. Da sein Vater starb, als er kaum ein Jahr alt war, übernahm sein Onkel, Sir William Herrick, für ihn und seine sechs Geschwister die Vormundschaft und ließ ihn in der Westminster-Schule erziehen. 1613 wurde Robert Student in Cambridge, wo er 1620 in Trinity Hall seinen Magisterrang erwarb; Schulden hatte er dort noch bis 1630. 1629 erhielt er vom König die Pfarre in Dean Prior. Obwohl er die heitere Londoner Gesellschaft in seinem Moordorf schmerzlich vermißte, entstanden in diesen Jahren seine besten Gedichte, in denen er mit gleicher Liebe seinen Spaniel, seine Katze, seine Lieblingsgans, seinen Hühnerhof besingt. Seine Gemeinde beschreibt er in einem Lied als

> Ein Volk so mürrisch, schwankend wie die See,
> Und fast so roh, wie rohe Wilde sind …

1647 wurde der Royalist in den Wirren des Bürgerkriegs fortgejagd; er konnte in London untertauchen, wo man ihm ein kleines Gnadengehalt anwies, bis er im Verlauf der Restauration 1662 wieder als Pfarrer in Dean Prior eingesetzt wurde. Das Kirchenregister verzeichnet, daß »Robert Herrick, Vikar, hier am 15. Tag des Oktobers 1674 begraben wurde«.

1648 erschien eine Sammelausgabe mit rund 1200 Gedichten, den ›Hesperiden‹, zusammen mit den geistlichen Liedern, ›Noble Numbers‹. Er war ein Meister zarter Naturbilder, aus denen Trauer um die Vergänglichkeit spricht. Aber auch Liebe, Aberglaube, die Erinnerung an gelehrte Gespräche mit seinen Londoner Dichterfreunden spiegeln sich in seinen Versen, fröhliches Heidentum neben tief ergebener Frömmigkeit, die ihm zu seinen Lebzeiten den Ehrennamen ›Gottes süßester Lobsänger‹ einbrachte. In einem Gedicht an das Rotkehlchen, Robin Redbreast, wünschte er sich ein Grab im Walde, einen Epitaph aus Blättern und Robins Gezwitscher als Grabgesang.

Jetzt verlassen wir das Moor und folgen dem lieblichen Fluß, der ihm den Namen gab, dem Dart, zum Meer. Der letzte noch schiffbare Hafen an seinem Lauf ist *Totnes*, der Sage nach von Brutus, dem Sohn oder Enkel des Aeneas, gegründet. Historisch belegt ist allerdings erst eine angelsächsische Siedlung, die bald eigenes Münzrecht erhielt. Totnes' große rote Sandsteinkirche wurde zwischen 1400 und 1468 errichtet. Der machtvolle Vierungsturm trägt eine achteckige Laterne und zarte Erker, die seinen Aufriß en miniature wiederholen. Die hohen, überschlanken Lanzettfenster, eine englische Eigenart, bilden eine Art Leitmotiv. Der steinerne Lettner im Innern entstand um 1460. Nördlich der Kirche steht das Rathaus aus dem 16. Jahrhundert, dessen Gerichtshalle 1624 im Stil Jakobs I. ausgestattet wurde; man darf sie besichtigen, wenn nicht gerade Sitzungen dort abgehalten werden. In der Forge Street 70 steht ein elisabethanisches Kaufmannshaus, das heute das Heimatmuseum beherbergt. Am Ende der High-Street sieht man einen Laubengang, den sogenannten ›Butterwalk‹. Solche Einrichtungen, auch ›Buttercross‹ genannt, findet man oft in England; unter ihren Arkaden konnte man die empfindlichen Molkereiprodukte im Schatten feilbieten, ohne doch dem Marktgeschehen entzogen zu sein: Das spricht mehr für das englische Klima, als dürre Zahlen es könnten. So selten scheint die Sonne hier nämlich gar nicht! In der modernen, weiträumigen Stadthalle gleich daneben wird am Freitag der Wochenmarkt abgehalten, und mehrmals im Jahr stellen die vielen in Totnes ansässigen Kunsthandwerker hier aus. Von der Burg auf dem Stadthügel blieb nur noch die Ruine.

Wer will, kann mit dem Schiff nach *Dartmouth* weiterfahren. Auch dieser Ort ist ein historischer Hafen, in dem die Flotten für den zweiten und den dritten Kreuzzug ausgerüstet wurden; 1190 schiffte Richard Löwenherz sich hier ein für die Fahrt zum Heiligen Grab, die für ihn in deutschen und österreichischen Kerkern und Verliesen enden sollte. Später wurde Dartmouth der wichtigste Importhafen für Claret, wie man in England Bordeaux-Weine nennt. Und von hier liefern auch die berühmten Neufundland-Fangflotten aus, auf denen junge Seefahrer und Fischer ihr hartes Handwerk erlernten. Heute erhält Dartmouth Leben durch die 1905 errichtete Kadettenanstalt, das Royal Naval College, und durch die vielen Jachten in seinem Hafen.

Von Dartmouth' Butterwalk sagt man, er sei der schönste in England. In seiner 1635 errichteten Kolonnade ist heute das Dartmouth Borough Museum mit historischen und heimatkundlichen Sammlungen untergebracht. Gegen die nördlichen Mauern der Pfarrkirche, St. Saviour's, schlugen noch im 16. Jahrhundert die Wellen des Dart; heute hat man die umliegenden Straßen endgültig dem Meer und dem Fluß abgerungen. Die buntgefaßten Evangelistenfiguren am Altar der Kirche sind für England eine Seltenheit; bemalte Oberflächen liebte man nicht sehr in diesem Land. Die Kirche wird auch wegen ihrer ›Brasses‹ gern aufgesucht; das sind feingearbeitete Messinggrabplatten mit Figurenschmuck und Inschriften, manche in den Kirchenboden eingelassen, andere in die Wände oder die Altarstufen. Im allgemeinen darf man nach Rücksprache mit dem Kirchendiener oder dem Pfarrer von diesen Platten Abreibungen machen; ein Spezialpapier und eine Kreide dafür bekommt man in allen Geschäften für Zeichenbedarf. ›Brass-rubbing‹ kann zum Sport werden; und es ist wirklich eine angenehme Beschäftigung an regnerischen Vormittagen oder einem glühendheißen Sommermittag – ist das Ergebnis gelungen, hat man zudem ein ungewöhnliches Mitbringsel. Es ist üblich, sich in der Kirche mit einer kleinen Spende in den Klingelbeutel zu bedanken; bedürftige Gemeinden verlangen auch manchmal eine kleine Gebühr.

Nach Totnes auf dem Fluß an bebuschten Ufern entlang zurückgekehrt, fahren wir in westlicher Richtung weiter zur völlig vor

Westwinden geschützten *Tor Bay*, der englischen Riviera. Der Frühling hält hier vierzehn Tage eher seinen Einzug als in London, und es regnet nur selten in dieser durch das Hochland von Dartmoor geschützten Bucht. *Paignton*, ein behaglicher Badeort, ist eine sächsische Siedlung aus dem 8. Jahrhundert und blieb bis ins 19. Jahrhundert recht unbeachtet, doch hatte der Bischof von Exeter hier einen Sommerpalast. Dessen hoher Turm wetteifert mit dem der Pfarrkirche, der reichen Steinmetzschmuck zeigt. Der Ort wird von Büschen, Bäumen und Weiden eingefaßt; im Hafen wiegen sich buntgestrichene Boote. Im Sommer wird in der modernen Festival Hall oft gutes Theater geboten, und den kleinen Zoo schätzen vor allem die Kinder, die am auch hier feinsandigen Strand gut spielen können. Ein abwechslungsreicher Fußweg führt durch einen subtropischen Klippengarten zum nahen Fischerdorf Goodrington.

Eine schmale Landstraße bringt uns zum nordöstlich gelegenen *Castle Compton*, einem befestigten Herrenhaus aus dem 14. bis 16. Jahrhundert, das über schwungvoll gewellten Wiesenhügeln thront. Erbaut wurde es von den Gilberts, deren berühmtestes Mitglied Walter Raleighs Halbbruder Sir Humphrey war, der Gründer der ehemaligen Kolonie Neufundland. Seine Nachfahren wohnen noch heute hier; aber einige Teile des Schlosses darf man besichtigen, wie die große alte Küche und den Hof, aber auch den vielleicht etwas überrestaurierten Rittersaal. Sir Humphreys Grab finden wir in der Kathedrale von Exeter.

Von Castle Compton ist es nicht weit bis *Torquay*, der Königin der englischen Riviera mit ihren sieben malerischen schmalen Buchten auf dem nördlichen Vorgebirge der Tor Bay. Die sanften, rasenbewachsenen Klippenhäupter, die breitästigen Bäume, die sich bis an den Strand drängen, die Kakteen und vom Seewind zerzausten Palmen, die zahllosen exotischen Sträucher in den Parks, Gärten und Hainen, die Promenaden, die nachts im Glanz farbiger Illuminationen liegen, vor allem aber die hier fast immer blaue, spiegelblanke See machen die Anziehungskraft dieses Ortes verständlich, der heute ein Luxusbad ist. In einer der Buchten liegt das oft gemalte und gefilmte Cockington Forge mit geweißelten Häusern und dicken Rieddächern – aber es gibt viel reizvollere Devon-Dörfer überall am Wege.

Auch Torquay ist aus einem angelsächsischen Fischerdorf hervorgegangen; es erregte erstmals Aufsehen, als Napoleon es von Bord der ›Bellerophon‹, die ihn ins Exil trug, bewunderte. Wie eine Ironie der Geschichte mutet es an, daß hier ein halbes Jahrhundert später ein anderer Franzosenkaiser, Napoleon III., Zuflucht suchte, als er wie sein großer Vorfahr aus seinem Land vertrieben worden war. Vielleicht war es auch nur ein theatralischer Abgang, wer weiß ...

Zwei Kilometer vor der Stadt liegt *Kent's Cavern*, eine schöne Tropfsteinhöhle, die bereits in den zwischeneiszeitlichen Perioden besiedelt war. Der Forscher Arthur Keith hat behauptet, man könne anhand der in der Höhle gefundenen Knochen die ganze englische Stammesgeschichte nachweisen. Diese Funde sind ebenso wie die aus anderen Grotten Devons im naturhistorischen Museum von Torquay in der Babbacombe Road ausgestellt.

Auf der Weiterfahrt kommen wir durch die hübsche Marktstadt *Newton Abbot* am Teign. Hier wird in der Nähe überall Tonerde abgebaut; die Stadt lebt von ihrer keramischen Industrie. Auch der Kunsttöpfer David Leach, der Sohn von Bernard Leach, hat seine ›Lowerdown Pottery‹ im nahen Bovey Tracey. Wie sein berühmter Vater ist er heimischen und fernöstlichen Traditionen zugleich verhaftet. Ein hübscher Antiquitätenladen hat sich im Forde House zwischen Courtenay Park und Devon Square etabliert, in dem zweimal Könige zu Gast waren, 1626 Karl I. Stuart und ein Menschenalter später Wilhelm III. von Oranien.

Die Fahrt den Fluß entlang bis Teignmouth ist besonders reizvoll; immer wieder gewinnt man andere Ausblicke auf das Meer und die bald hellen, bald roten Klippen, während in der Ferne die Höhen von Dartmoor bläulich am Horizont verschwimmen. Die Straße führt uns über *Dawlish*, einen entzückenden, sehr vornehm wirkenden Badeort, den schon Jane Austen liebte. Mitten durch die Stadt sprudelt in einem ausgemauerten Becken über kleine Flußschnellen Dawlish Water, ein klares, lebhaftes Flüßchen. Es wird links und rechts von kurzgeschorenen Rasenflächen und bunten Beeten begleitet, über die alte Bäume ihre Zweige breiten; an beiden Seiten wird diese hübsche Anlage, ›the Lawn‹ genannt, von schlichten Straßenzeilen aus dem 18. Jahrhundert eingefaßt. Im Sommer wird der ganze Fluß bis zum Hafen hinab mit bunten Lichtgirlanden geschmückt, die abends die Fluten edelsteinfarben erglühen lassen. Am Tage kreuzen hier gravitätisch schwarze australische Schwäne mit lackartig glänzendem Gefieder. Das einstige Herrenhaus am Fluß beherbergt heute eine Behörde, aber in seinem gepflegten Park kann man spazieren und die wundervollen Libanonzedern bewundern. Liebhaber der Architektur des 19. Jahrhunderts werden ihren Spaß an dem kleinen Bahnhof und dem ›ägyptischen‹ Bahnviadukt haben; beide wurden von dem Brücken- und Eisenbahnbauer Isambard Kingdom Brunel entworfen.

8

An der Exe: Exeter–Powderham Castle–East Budleigh

Ich muß den Edelmann dazu bringen,
mit dem Seefahrer an einem Strang zu ziehen
und umgekehrt.
Sir Francis Drake, West Indian voyage, 1589

Exeter

Wenn ich an Exeter denke, die oft belagerte Kaufmannsstadt an der Exe, sehe ich einen pausbäckigen, lockenköpfigen Engel, der versonnen vor sich hinfiedelt. Ihm zu Häupten macht ein Gaukler mit gespanntem Ausdruck auf dem bäurischen Gesicht einen possierlichen Kopfstand mit weitgespreizten Beinen. Dabei brauchte er sich nicht zu sorgen, denn sein Kunststück wird von der hohen Dame, für die er es vollführt, huldvoll aufgenommen: es ist die Himmelsmutter mit dem Kind. Diese schlichte Legende – Verzauberung des Alltäglichen durch das gnadenspendende Lächeln der Himmlischen – wird auf zwei gegenüberliegenden Konsolsteinen in der Kathedrale erzählt. Die beiden in der Komposition meisterhaft geschlossenen Konsolen sind nur zwei von vielen, und jede einzelne erzählt anschaulich und realistisch eine Geschichte. Man kann weit suchen in England, um gotische Steinmetzarbeiten von ähnlicher Ausdrucksfülle zu finden, wie in Exeters schönem Dom.

Exeter war von 1050 bis 1877 der einzige Bischofssitz der Grafschaften Devon und Cornwall. Der breit hingelagerte, langgestreckte *Kathedralbau* aus weizenhellem Sandstein mit einem der Fassade vorgeblendeten, schreinartigen Westportal, das von einem halben Hundert Heiligenfiguren bevölkert wird, ist aus gotischen und normannischen Bauteilen zusammengewachsen. Die Portalzone unterstreicht wirkungsvoll die Horizontale; dahinter erhebt sich mit Dreiecksgiebel wie ein überdimensioniertes Bürgerhaus die eigentliche Fassade des Schiffes mit ihrem riesigen Westfenster. Kriechblumengezierte Fialen und die reiche Maßwerkrose im Bogenfeld des Fensters lockern die sonst nur durch das strenge Gewebe von Horizontalen und Vertikalen gegliederte Fläche auf.

Links und rechts der Vierung erheben sich die normannischen Türme, die in ihren gigantischen Leibern mühelos die Querschiffe aufnehmen konnten. Hinter der Vierung schließt sich, wie ein zweites Langhaus, der Chor mit zwei querschiffähnlichen Kapellen an – eine typisch englische, additive Lösung – daran wiederum, flankiert von zwei schmalen Kapellchen, die bei großen Kirchen in England übliche Lady Chapel, Marienkapelle, mit geradem Abschluß. Die Türme sind von normannischen Blendarkaden gegliedert; die Fenster der Kathedrale zeigen Maßwerk im Stil der englischen Hochgotik, dem sogenannten ›Decorated Style‹ mit organisch bewegten Formen.

Ein kurzer Abriß der Baugeschichte mag helfen, die eigenwillige Raumaufteilung besser zu verstehen. Um 690 entstand hier ein erstes Kloster, aus dem unter anderen der heilige Bonifazius, der Missionar der Germanen, hervorging. Die erste Kirche baute um 932 König Athelstan, einer der großen Sachsenkönige und Schwager Kaiser Ottos I., Hugos des Großen und des Westfrankenkönigs Karl; sie wurde 1003 beim zweiten Dänensturm zerstört, aber von dem dänischen Britenkönig Canute (Knut der Große) um 1019 wiederaufgebaut. Unter Eduard dem Bekenner, dem letzten Sachsenkönig, wurde Exeter dann Bischofssitz; als erster Bischof wurde 1050 Leofric inthronisiert. Aus seiner kostbaren Bibliothek hat sich nur ein Band erhalten, das berühmte ›Book of Essex‹ mit seiner einzigartigen Sammlung sächsischer Dichtung. Nach der Invasion der Normannen, die bereits in ihrer Heimat große Kirchenbauer gewesen waren, genügte die bescheidene Sachsenkirche natürlich nicht mehr. Unter dem neuen Bischof William Warelwast wurde der normannische Bau aufgeführt, von dessen Großartigkeit nur noch die beiden mächtigen Türme zeugen, Hüter aus einer anderen Welt. Wenn man auf dem mittagsstillen Kirchplatz steht und zu den lichtgelben Kolossen hinaufschaut, die sich hoch über die alten Bäume emporrecken, spürt man die gewaltige Kraft der Dauer.

1258 wurde der hochbegabte Walter Bronescombe Bischof, und im selben Jahr noch konnte er in dieser Eigenschaft an der Weihe von Salisbury Cathedral, der ersten rein gotischen Kathedrale Englands, teilnehmen. Dieses Ereignis scheint den feinfühligen Mann stark beeindruckt zu haben, denn schon auf der Rückreise begann er mit Plänen für eine Neugestaltung seiner eigenen Kathedrale. Gleich nach seiner Heimkehr wurde mit dem Neubau begonnen. Zuerst errichtete man die Marienkapelle, die bereits das ganze Raumprogramm des künftigen Gotteshauses voll entwickelte. Was hier entstand, hat mit Salisbury nur die Einheitlichkeit des Entwurfs gemeinsam; das Konzept mit ungewöhnlich plastischen Raumwirkungen war neu und kühn und wurde dann sofort im ganzen Land aufgegriffen und weiterverändert; es gipfelte später im Perpendikular, dem Stil der englischen Spätgotik. Die rege Bautätigkeit dauerte sechzig Jahre an; um 1369 sah die Kathedrale im großen ganzen so aus wie heute.

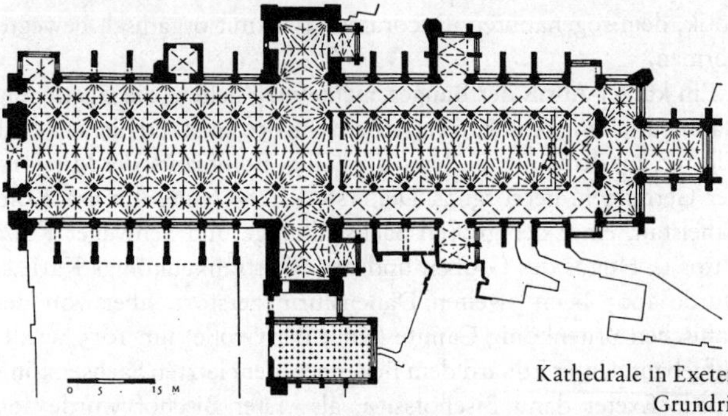

Kathedrale in Exeter: Grundriß

Treten wir durch den geräumigen Portalbau in das nicht sehr hohe, aber hoch wirkende *Schiff*, dann zieht sofort das Gewölbe den Blick auf sich. England hat niemals eine Bauskulptur gekannt, die sich mit Bamberg, Naumburg oder Chartres messen könnte; aber im Gewölbebau eilte es dem Kontinent meist um etliche Jahrzehnte voraus und kam zu überraschenden, eigenwilligen Lösungen. Hier ist das Hauptschiff von den Seitenschiffen durch einen Wald ebenmäßiger Bündelpfeiler getrennt, die die stark profilierten Spitzbögen der Arkaden tragen. Darüber befinden sich Triforium und Lichtgaden mit Laufgang. Die Zwickel zwischen den Arkadenbögen sind durch langgezogene, schönskulptierte Konsolsteine betont, von denen wir ein paar eingangs betrachteten; aus diesen wachsen schlanke sich oberhalb des Lichtgadens in einem Springbrunnen von Rippen öffnende Dienste empor, die, tief in den Raum ausgreifend, das bewegte Palmengewölbe bilden. Alle Rippen treffen sich in der durch Langhaus, Vierung und Chorschiff laufenden Scheitelrippe, die sich selbst in der etwas niedrigeren Marienkapelle fortsetzt. An jedem der Schnittpunkte sitzt ein sorgsam gemeißelter Schlußstein mit figürlicher oder Blattornamentik; alle zusammen bilden sie eine über hundert Meter lange Girlande. Das Triforium zeigt in jedem Joch vier Kleeblattbögen, die von Säulenbündelchen getragen werden; die durchbrochene Brüstung nimmt in ihren Vierpässen das Kleeblattmotiv auf. Wenn Sonnenlicht einfällt, tritt das Relief der Bündelpfeiler und Palmenrippen noch schärfer hervor und betont die Kraft dieses wunderbar organischen Kirchenraumes.

Der steinerne Lettner mit feinem Spitzenwerk in den Bogenzwickeln und mit Diensten aus schwarzem Purbeck-Marmor entstand zwischen 1318 und 1325. In den Eselsrücken-Blendarkaden des oberen Abschnitts sitzen Gemälde mit biblischen Szenen aus dem 17. Jahrhundert und geben ihm fast das Aussehen einer Ikonostase. Darüber erhebt sich die gewaltige Orgel von 1665.

Der *Chor* wiederholt den Aufbau des Schiffes, aber sein Gewölbe ist teilweise bemalt und erscheint dadurch prunkvoller. Vor kurzem hat man auch die Konsolen und Schlußsteine im Langhaus farbig gefaßt, angeblich zum Schutz des weichen Sandsteins – aber wer den Raum in seiner früheren Harmonie kannte, wird schmerzlich betroffen sein. Das Ostfenster, das die ganze Wandbreite einnimmt und den Chor sehr licht abschließt, wurde 1390 von Robert Leysingham aus Gloucester erbaut, der wohl auch für das eine Fächergewölbe im Nordjoch des Portalbaues verantwortlich ist. Die Glasmalerei des Ostfensters führte um 1390 Robert Lyon aus, wobei er in seine Komposition ältere Farbscheiben einbezog. Dargestellt ist ein Reigen von Heiligen. Ungewöhnlich sind die modernen grüngoldenen, äußerst feinteiligen Fenster in der nördlichen Chorkapelle.

Südlich des schlichten Hochaltartisches steht eine mittelalterliche Sedilia; die drei durchbrochenen Steinbaldachine über ihren Sitzen umschließen je eine Heiligenfigur. Der geschnitzte, über zwanzig Meter hohe Bischofsthron von 1346 hat wie durch ein Wunder alle Revolutionen und Kriege unbeschadet überlebt. Das Chorgestühl wurde um 1870 nach einem neugotischen Entwurf von Gilbert Scott geschnitzt, aber das Lesepult, ein hochstilisierter Messingadler, wurde schon um 1500 gegossen. Es ist eines jener etwa fünfzig erhaltenen ›Lecterns‹ aus der vorreformatorischen Zeit; die Form wurde damals gerne gewählt, weil der Adler ja ein Evangelistensymbol ist. Die aufgeschlagene Bibel ruht sicher zwischen den metallenen Fittichen.

An der Nordwand des Langhauses kann man den erkerartig vortretenden ›Minstrel Choir‹ bewundern, den eine Gruppe liebevoll skulptierter musizierender Engel ziert. Im südlichen *Querschiff* rührt eine kleine Holzplastik aus dem 15. Jahrhundert; sie zeigt die Hirten auf dem Felde mit dem Verkündigungsengel. Die bäuerlichen, verklärten Gesichter der Schäfer, von denen einer Flöte bläst, zeigen den gesammelten Ausdruck Barlachscher Geschöpfe, sind aber von echter Naivität. Unter den vielen Grabmälern sei die strenge Reliefplatte für Bischof Leofric aus dem 11. Jahrhundert genannt, die edle Grabfigur des Walter Bronescombe aus dem späten 13. Jahrhundert auf einem leider aufwendigen neugotischen Grabmal und der gotische Doppelsarkophag des Hugh Courtenay, 2. Grafen von Devon, und seiner Gemahlin Margaret von Bohun. Die Füße des Grafen – dessen Familie übrigens drei Bischöfe von Exeter hervorgebracht hat – ruhen auf einem Wappenlöwen, die der Lady auf zwei Schwänen mit trauernd geneigten, ineinanderverflochtenen Hälsen, ein recht seltenes Motiv. Das Grabmal von Sir Humphrey Gilbert, Raleighs Halbbruder, wurde leider allzu gründlich restauriert. Wenn man in dieser Kirche hier und da die Hand des Restaurators erkennt, darf man nicht vergessen, daß der Bau 1942 bei dem schweren Angriff auf die Stadt zweimal getroffen wurde; man hat hier großartige, detailgetreue Wiederaufbauarbeit geleistet. Das rechteckige Kapitelhaus (1412) trägt seit 1976 in seinen Blendarkaden einen ausdrucksstarken Reigen raumgreifender, überlebensgroßer Figuren zum Thema ›Schöpfung‹ von der Erschaffung des Lichts bis zur Auferstehung. Kenneth Carter hat sein Werk scheinbar mühelos dem Raum angepaßt.

Wenn wir die Kathedrale verlassen, stehen wir im Herzen Exeters. Im Süden wird der helle Bau vom Bischofspalast abgegrenzt, aber an den anderen Seiten steht er, wie die meisten englischen Kirchen, frei im Raum, von einem dichten Rasen eingefaßt, über den breitästige Bäume ihre Schatten werfen. Die Straßen, die den lichten Kirchplatz rahmen, zeigen schöne Fassaden aus dem 16. und 18. Jahrhundert. Die Häuserzeile im Norden heißt *The Close*. Mit ›Close‹ wird in England die Domfreiheit bezeichnet; da auf der Insel schon bald nach der normannischen Eroberung die Stadtmauern zu fallen begannen, konnten sich die Städte und in den Städten Kirchen und Kathedralen ganz anders ausdehnen als auf dem Kontinent. Die Straßen weiteten sich, die Dome reihten Schiff an Schiff, statt, wie etwa in Frankreich, in die Höhe zu wachsen, und umgaben sich mit großzügigen Freiräumen, die zugleich Asyl, Friedhof, Festplatz und Wirtschaftshof waren, zumeist umstanden von den Wohn- und Wirtschaftsbauten des Bischofspalastes, der Domschulen, den Häusern der Kapitelherren und Pfarrer. Mancher Dombezirk war gar mit Mauern und festen Toren gegen die Stadt abgeriegelt: der sakrale Raum als Stadt in der Stadt. Als die Gräberstätten wegen der wachsenden Seuchengefahr später vor die Städte verlegt wurden, überzogen sich die Closes mit weichem Rasengrün. Dank ihrer können wir heute noch von fast allen englischen Kathedralen ein gutes Bild des Außenbaus gewinnen; sie wurden zum Urbild der urbanen Plätze Englands, der Squares.

In The Close steht ein auffallend hübsches Tudorhaus: *Mol's Coffee House*, einst der Versammlungsplatz Kapitän Drakes und seiner Kumpane. Exeter war damals eine reiche Handelsstadt, in der die Merchant Adventurers, eine mächtige, der Hanse vergleichbare Kaufmannsgilde, und die stolze Zunft der Schneider gemeinsam den Bürgern ihre Gesetze aufzwangen. Alle wichtigen Straßen des Südwestens schnitten sich in Exeter, und aus allen Himmelsrichtungen strömten die Kaperkapitäne hier zusammen, um ihre neuen Unternehmungen zu planen und sich in den gastlichen Schenken bei Bier und Wein mit Würfeln, Schach und Lautenspiel die Zeit bis zur nächsten Reise zu vertreiben. Über den beiden großen, rechteckigen Fenstern des Erdgeschosses von Mol's Coffeehouse rechts und links der niedrigen Tür wölben sich vieleckige Erker mit einem durchgehenden Fensterband vor, wie es für die elisabethanische Epoche sehr typisch ist. Im dritten Geschoß wird das Fensterband in der Mitte durch einen farbig gefaßten, monumentalen Wappenschild unterbrochen; darüber zieht sich vor drei hohen, schmalen Fenstern ein auf den Erkern der unteren Geschosse aufliegender Balkon hin. Der seltsam hoch angesetzte, geschweifte Giebel mit schwarzem Holzsims bildet den Abschluß der geweißelten, nur durch die Gitter des dunklen Rahmenwerks der Fenster gegliederten Fassade.

Welch ein Leben muß hier einst geherrscht haben! In der tiefen Stille des grüngoldenen Kirchplatzes kann man sich das kaum vorstellen, aber Bilder der Epoche verraten uns, welche Gelage und Lustbarkeiten einst hinter der klaren, aristokratischen Fassade stattgefunden haben mögen. Edelleute in juwelenbesticktem Wams dürfen wir uns vorstellen, die becherten, den Liedern der Minstrels lauschten, würfelten, wetteten, sich im Dolchwerfen an der Scheibe übten, Schach spielten, zur Laute sangen, hurten und konspirierten,

Verse schmiedeten und sich duellierten. Sie lebten zwischen den Extremen eines eleganten Hofes und dem Ausgesetztsein auf fernen Meeren, Maskenspielen auf weichem Rasen und wochenlangem Eingesperrtsein in enge, luftlose, faulig stinkende Kajüten, zwischen dem aus silbernen Pomandern aufsteigenden Moschusduft an ihrem Gürtel und Pulverrauch, Pesthauch von Blut und Schmutz. Und doch riß der Hunger nach dem Abenteuer sie immer wieder hinaus aus der behaglichen, freundlichen Welt des Merry Old England, aus den Freuden eines sophistisch verfeinerten Hofes auf die bittere, gewalttätige See, zu unbekannten Ozeanen, an unerforschte Küsten.

Einen Hauch der Atmosphäre jener Zeit mag man noch erhaschen, wenn man das wenige Schritte entfernte Inn ›The Ship‹ in der ganz engen, dunklen *Martin's Lane*, Englands schmalster Straße, aufsucht, das auch schon Drake zu seinen Gästen zählte. Die niedrige Balkendecke, der Schein des Kaminfeuers auf hellgetünchten Wänden, blanken Holztischen und geschnitzten Bänken, der Sherry und Burgunder, das Lachen und Schwatzen, der Geruch von Tabak und Bier können in jener Zeit so anders nicht gewesen sein. Anders allerdings war das Ale, es schäumte nicht, sondern war etwas trübe, süßlich und sehr schwer, noch ohne Zusatz von Hopfen. Manche Gasthöfe brauen heute noch elisabethanisches Ale. Neben spanischen und französischen Weinen liebte man in jener Zeit Kräuterweine aus Löwenzahn und Schlehen, Rüben und ähnlichem: jede gute Hausfrau hatte da ihre eigenen Rezepte, denn diese Elixiere wurden auch als Stärkungs- und Heiltränke verabreicht; Löwenzahnwein schmeckt übrigens viel besser, als der Name vermuten ließe, etwa wie ein kräftiger Südwein. ›Sack‹ aber, den der beliebte Ritter Falstaff gleich in Gallonen trank, was seinen Freund, den Prinzen Hal, zu dem Verzweiflungsruf veranlaßte: *»Oh, schauderhaft! nur für einen Pfennig Brot zu dieser maßlosen Menge Sack«*, dieser Sack war spanischer Sherry. Der Schauspieler Ludwig Devrient pflegte nach der Vorstellung bei Lutter & Wegener im Kreise seiner Zechkumpane dramatisch nach ›Sack‹ zu rufen, worauf ihm der Wirt gewöhnlich Champagner kredenzte. So entstand aus einer romantischen Laune das Wort ›Sekt‹. Zu Shakespeares und Drakes Lebzeiten war ein Champagnerwein übrigens noch ein glutvoller Roter; moussierende Weine waren damals noch unbekannt. Wer im ›Ship‹ nicht nur eine vergnügte Stunde an der Bar verbringen will, sollte sich rechtzeitig einen Tisch reservieren lassen, denn das Haus ist für seine ausgezeichnete Küche bekannt und fast immer voll besetzt.

Von hier aus hat man nicht weit zur *High Street*, an der die meisten Sehenswürdigkeiten der Stadt liegen. Exeter ist eine Römergründung und schon seit jener Zeit ein wichtiger Verkehrsknotenpunkt. Heute zeugen von dieser Rolle ein Flughafen, zwei Bahnhöfe und ein riesiger Busbahnhof; seit kurzem ist die Stadt auch mit Bristol durch eine Autobahn verbunden. Diese wichtige Stellung brachte für die Stadt auch Nachteile: sie wurde bis in die Neuzeit immer wieder belagert und in unserem Jahrhundert mehrfach bombardiert. Besonders betroffen wurde die High Street, deren hohes Alter nur noch ihr schöner Schwung anzeigt. Beim Wiederaufbau war man hier nicht so glücklich wie in Plymouth, doch die Fußgängerzone *Princesshay* kann sich sehen lassen. Dort findet man die Eingänge zu unterirdischen Gängen, durch die im Mittelalter die ganze Stadt mit frischem Quellwasser versorgt wurde, eine fortschrittliche Lösung. Wenn man die High Street auf dieser Höhe überquert, steht man vor der *Guildhall*, deren Rundbogenarkaden auf stämmigen Säulen mit einem schwerfälligen, wulstigen Gebälk ruhen. Zwischen die großen elisabethanischen Fenster des zweiten Geschosses sind helle korinthische Säulen gestellt; darüber läuft wie eine Attika die Balusterbrüstung eines Balkons. Der zurückgesetzte Giebel zeigt keine Verbindung zu der etwas gewaltsamen ›Renaissance‹ des Portikus, der dem Bauwerk aus dem 14. Jahrhundert erst nach 1590 vorgelegt wurde. Ein Stück weiter straßauf steht in einer Nebengasse *St. Pancras*, Exeters älteste Kirche, ein normannischer Bau aus rotem Devonstein. Schöner ist *St. Mary Arches Church* in der gleichnamigen Straße, die man erreicht, wenn man rechts von der Fore Street, einer Verlängerung der High Street, abbiegt. Sie gilt als besterhaltene normannische Kirche Devons und geht in einigen Teilen noch auf die angelsächsische Epoche zurück. Ebenfalls rechts von der Fore Street zweigt *The Mint* ab, in der noch als Überbleibsel eines 1080 gegründeten Klosters, St. Nicholas Priory, ein Gästehaus aus dem 13. Jahrhundert steht. Das ehemalige Zunfthaus der Weber, *Tuckers' Hall* in Fore Street 10 wurde 1471 errichtet; seine schöne Täfelung im Innern erhielt es allerdings erst im 17. Jahrhundert. Bald danach kann man in die West Street abbiegen, wo *Das Haus, das umzog* der Bewunderung harrt. Dieses lustig schwarzweiße Tudorhaus mit seinem keck aufgeworfenen Giebel, vorkragendem Obergeschoß und rustikalem Fachwerk wird so genannt, weil man es aus Gründen der Stadtsanierung ein Stück straßab versetzte.

Am Quai steht das *Custom House* von 1681, das einstige Zollhaus, in dessen Räumen seit 1969 ein einmaliges Schiffsmuseum untergebracht ist, mit Schiffsmodellen und Geräten aller seefahrenden Völker und Zeiten, vor allem aber auch echten Segelschiffen verschiedener Länder, die so oft wie möglich zu Wasser gelassen werden, um seetüchtig zu bleiben. Die größten Objekte liegen im Hafen fest; einer der prächtigsten Segler ist dem deutschen Fernsehpublikum übrigens durch die ›Onedin-Linie‹ wohlbekannt.

Im *Royal Albert Museum* in der Queen Street findet man englische Meister, Aquarelle, Prunkstücke der berühmten Exeter Silberschmiede, Porzellan, Keramik und Glas; die vor- und frühgeschichtlichen Sammlungen der Stadt beherbergt das *Rougemont Museum* in der Castle Street in einem Torbau, der von der zerstörten normannischen Burg übrigblieb.

Seit einem halben Jahrhundert hat Exeter eine eigene *Universität*, die im letzten Jahrzehnt ausgebaut wurde. Die Gesamtheit dieser Gebäude bildet eine höchst reizvolle städtebauliche Anlage, locker über ein gehügeltes Parkgelände verteilt. Der besondere Stolz der Universität ist ein Arboretum, ein Baumgarten mit über hundert teils sehr seltenen Arten. Es war nur logisch, das neue, 1967 eröffnete Stadttheater in diesem Viertel zu errichten; sein heller Sandsteinbau mit einem hohen Bühnenhaus paßt sich blendend hier ein. Es ist eines jener sehr intimen, mit allem Bühnenkomfort ausgerüsteten Häuser, die seit den sechziger Jahren das Wiedererblühen des englischen Provinztheaters begleiten. Das Ensemble des *Northcott Theatre* hat einen guten Ruf.

Exeters *Hafen* hat seine Bedeutung schon vor langer Zeit verloren, trotz eines im 16. Jahrhundert angelegten Schiffahrtskanals, der neben der Exe herläuft. Für den modernen Dampferverkehr liegt Exeter einfach zu weit landeinwärts. Aber auch sein Vorhafen Exmouth ist mehr Badeort als Handelsplatz.

Ehe man der Stadt den Rücken kehrt, sollte man sich einen Abend im *Turk's Head* gönnen, einem schmalbrüstigen, vornehmen alten Gasthof in der Nähe des Rathauses, wo Charles Dickens abzusteigen pflegte, wenn er in Exeter seinen alten Vater besuchte. In einer Ecke der gemütlichen Lounge Bar – das ist in England jener Teil der Bar, der mit Sesseln und Teppichen ausgestattet ist, und wo auch eine Frau allein einmal einen Drink oder einen kleinen Imbiß nehmen kann – steht auf einem niedrigen Podest noch der alte Armsessel des Dichters, auf dessen weichen Lederpolstern sich heute gerne die Katzen des Hauses kuscheln.

Ein kleiner Ausflug am linken Ufer der Exe entlang, die sich im Umkreis der Stadt mit mehreren kleinen Flüssen verbindet, bringt uns nach *Powderham Castle*. Es steht nahe am Fluß, in einem wunderschönen Hirschpark. Das Laub seiner alten Bäume streift fast, wie man es in England oft beobachten kann, den Boden. Das 1390 von Sir Philipp Courtenay, dem Ahnherrn der Grafen von Devon, errichtete Schloß wirkt wehrhaft und verwunschen zugleich mit seiner verschachtelten Silhouette und den zinnenbewehrten Bauteilen aus hellem Sandstein. Aber das ist eine Täuschung: Nach dem Bürgerkrieg hat man im 17. Jahrhundert die Innenräume mit höchster Eleganz neu ausstatten lassen. Besonders luxuriös ist der von James Wyatt (1747-1815), dem Erbauer des Londoner Pantheon, entworfene Musikpavillon aus dem 18. Jahrhundert. Am 18. Mai wird hier alljährlich ein mittelalterliches Maskenspiel aufgeführt, und einmal wöchentlich wird eine Falkenbeize gezeigt, eine selten gewordene Kunst, die einst Kaiser und Könige beherrschten.

Einige Kilometer östlich von Exmouth liegt der hübsche Badeort *Budleigh Salterton* an der Ottermündung, wo man seit dem 12. Jahrhundert Salzsiederei betrieben hat. Drei Kilometer landeinwärts – ein angenehmer Spaziergang an einem schönen Tag – findet man *East Budleigh*, einen malerischen Devonweiler mit Rieddachhäuschen. In seiner alten Kirche gehörten zwei der Plätze in dem schön geschnitzten, gotischen Gestühl den Eltern Walter Raleighs, des größten der Freibeuter Königin Elisabeths I. Er wurde 1552 auf dem Hof Hayer Barton, einen Kilometer von Budleigh entfernt, geboren.

Raleigh, Höfling, Admiral, Poet, Historiker, Parlamentsmitglied, Naturwissenschaftler, Entdecker, Freidenker, Administrator, Häftling, war unter den Günstlingen der Königin der strahlendste, aber auch der schwierigste Charakter, der empfindlichste und männlichste und zweifellos der modernste. *»Er versuchte hundert Dinge, aber was immer er begann, er tat es brillant«*, schrieb die Literaturwissenschaftlerin Agnes Latham. *»Seine Welt war die Welt schöpferischer Phantasie ... seinen Erfolg inszenierte er selbst, er war ein Triumph seiner Persönlichkeit. Aus Dreck und Moder ruhmloser Schlachten kam er an den glänzendsten Hof Europas, und zehn Jahre lang war er dieses Hofes glanzvollste Gestalt.«* Ja, zehn Jahre, von 1582 bis 1592, herrschte der junge Offizier bäuerlicher Herkunft, der sich seine ersten Sporen in Irland verdient hatte, an der Seite Elisabeths – aber nie über sie. Er war Berater der alternden Herrscherin, zum engsten Kreis der Höflinge und der Entdecker gehörend. Ein dunkelhaariger, hochgewachsener Mann mit bräunlichem Teint und sanften, großen schwarzen Augen, die erstaunlich hochfahrend blicken konnten, in weiße und goldene Seiden gekleidet, Perlgehänge im Ohr, die Handgelenke von Silberspitze umschäumt, Solitäre an den langen Fingern, so dürfen wir uns nach Bildern und Beschreibungen Raleigh vorstellen. Selbst an einem Hof wie dem Glorianas, an dem alle Männer schön und gescheit, oder doch, wie Burghleys buckliger Sohn, überragend klug sein mußten, fiel Raleigh auf, war er der unbestrittene heimliche König.

Eine Torheit brachte ihn zu Fall, aber diese Torheit bedeutete dem sensiblen, stolzen Mann, wenn wir seinen warmherzigen Briefen glauben dürfen, die Erfüllung seines Lebens. Er heiratete in heimlicher Ehe Elizabeth Throckmorton, die Lieblingshofdame der Königin. Da die Königin den Eltern ihrer Damen für deren untadeligen Ruf persönlich bürgte, war dies ein unverzeihliches Vergehen, das im allgemeinen mit Gefängnis bestraft wurde. Auch bei Raleigh machte die Herrscherin keine Ausnahme. Als die Geschichte bekannt wurde – die junge Frau erwartete ein Kind – wurde Raleigh von einer Entdeckungsfahrt zurückberufen, inhaftiert und in den Tower gebracht. Seine leidenschaftlichen Klagebriefe aus dem Gefängnis rührten Elisabeth wenig; sie belegte ihn mit empfindlichen Geldstrafen und verbannte ihn über fünf Jahre vom Hof. Erst als er sich bei der Belagerung von Cadiz hervorgetan hatte und schwer verwundet nach England zurückkehrte, ließ sie sich erweichen. Noch einmal stieg Raleigh zu höchsten Ämtern auf, und er nutzte seine neue Machtposition unter anderem, um im Parlament religiöse Toleranz, die Abschaffung der Kronmonopole und die Einführung des Freihandels zu fordern – seinen Zeitgenossen muß er ein wenig verrückt erschienen sein. Jakob I. Stuart, der Sohn Maria Stuarts und Elisabeths Nachfolger, wußte solches Verhalten nach seiner Krönung jedenfalls auf seine Weise zu würdigen: Er ließ den Mann, dem England die Kolonie Virginia verdankte, der alle seine Narben im Krieg gegen Philipp II. empfangen hatte, wegen Hochverrats und Unterstützung Spaniens zum Tode verurteilen. London war empört. Raleigh hat nie mehr Freunde gehabt als während der schweren Tage des Prozesses, als seine aufrechte Haltung selbst seinen einstigen Neidern und Hassern Bewunderung abzwang. Der feige Stuart wagte nicht, auf einer Vollstreckung des Urteils zu bestehen; er ließ seinen fähigsten Edelmann mit Frau und Kind in den Tower stecken. Dort ging Raleigh nichts ab – außer seinem liebsten Besitz, der Freiheit. Er arbeitete vor Verzweiflung an einer Weltgeschichte (der erste Band, der um 130 vor Christus abbricht, erschien 1614), schrieb Gedichte, experimentierte im Gefängnishof. Sein Trost war die Zuneigung eines jungen Gönners, der alles tat, um ihm die Haft zu erleichtern: Henry Stuart, der Prince of Wales. Zwischen dem glänzend begabten Jüngling und dem Abenteurer entwickelte sich eine tiefe Freundschaft. »Nur ein Mann wie mein Vater«, hat Henry seinen Vertrauten zornig geklagt, »kann einen Geist wie Raleigh im Käfig halten«. Als Henry starb, schwand Raleighs letzte Hoffnung; er brach jetzt sogar die Arbeit an seiner dem Prinzen gewidmeten Weltgeschichte ab.

Nur einmal noch sollten sich ihm die Kerkertüren öffnen, allerdings unter unerfüllbaren Bedingungen. Raleigh hatte 1695 in Südamerika Guayana entdeckt und in seinem Bericht ›Entdeckung des weiten schönen und reichen Landes Guiana, mit einer Beschreibung der Großen und Goldenen Stadt Manoa‹ (1596) in lockenden Worten geschildert. Der Bericht wurde sehr populär und sogleich ins Lateinische, Deutsche und Niederländische übersetzt. Jetzt erinnerte sich Jakob daran und verlangte von Raleigh, er möge, ohne mit den Spaniern Berührung aufzunehmen, dorthin vordringen und die Goldadern ausbeuten. Raleigh hatte das Gebiet, das er für hochentwickelt hielt, durch Vertrag an Elisabeths Reich binden wollen – der neue Auftrag kam ihm nicht sehr gelegen. Als die Galeonen Guayana erreichten, lag er vom Fieber geschüttelt in seiner Kajüte. Sein Erster Offizier und sein blutjunger Sohn brachen ins Innere des Landes auf. Sie fanden kein Gold, aber es kam zu einem Gemetzel mit Spaniern, bei dem Raleighs Sohn fiel. Der König hatte diese Feindseligkeiten verboten, da er in zweiter Ehe eine spanische Prinzessin heiraten wollte. Der Offizier, der voraussah, daß man Raleigh wegen seiner Unvorsichtigkeit hinrichten würde, nahm sich in seiner Verzweiflung das Leben. Und noch einmal schrieb jetzt Raleigh Briefe voll unendlicher Liebe und zarten Trostes an die Frau, die Ehren und Elend mit ihm geteilt hatte, schuf er im Gefängnis seine letzten, reifen Gedichte. Er hat seine lyrischen Arbeiten nie gesammelt; was erhalten blieb, ist eine Auswahl des Zufalls. Aber wir wissen, daß er schon zu Lebzeiten als großer Poet gefeiert wurde, und die wenigen erhaltenen Verse zeugen von einer so hohen dichterischen Begabung, daß das Gerücht nicht einschlafen will, Raleigh könne der Mann gewesen sein, der sich hinter dem Namen Shakespeare versteckte.

Unter allen Persönlichkeiten, in denen man den Schwan vom Avon erkennen wollte, ist Raleigh sicher die vornehmste.

Raleigh starb, wie er gelebt hatte, als untadeliger Edelmann. In voller Gala ließ er sich zum Richtplatz geleiten, scherzte mit allen Umstehenden und dem Henker, verlor auch nicht die Nerven, als er das Haupt auf den Block legte. Das Urteil war das einst nicht vollstreckte, da der Stuart eine neue Verhandlung nicht anzuberaumen gewagt hatte. So wurde denn Englands glühendster Verteidiger 1618 wegen ›Verrats‹ zum Tode gebracht. In der Nacht davor schrieb er im Tower »on the snuff of a cundle« seine letzten Verse:

> Cowards fear to Die, but Courage stout
> Rather than live in snuff, will be put out.
> Feiglinge fürchten Tod; der Tapfre will auf Erden,
> Eh daß im Sot er lebt, aufrecht gelöschet werden.

Ein Echo von Shakespeares großem Macbeth-Monolog, den Raleigh sicher kannte, zittert darin nach: Out, out, brief candle ...

9

Old Devon: Bicton Gardens – Sidmouth – Ottery St. Mary Kentisbear

> *Für den phantasiebegabten Betrachter, für den das ländliche England ein Inbegriff bukolischer Idylle ist, ist Devon der Inbegriff Englands – ein Meisterwurf allmählich gewachsener Schönheit.*
> *Henry James, English Hours, 1905*

Bicton Gardens ist einer der schönsten Parks des Gartenlandes England. Man kann ihn von East Budleigh aus zu Fuß erreichen. Angelegt hat ihn der 1. Lord Rolle, ein vermögender Landedelmann, nach Entwürfen von André le Nôtre, des Baumeisters Ludwigs XIV. Aber nicht der barocke Formalismus des Italienischen Gartens, wie der älteste Teil heißt, zieht uns heute an, sondern der beispiellose Baumreichtum Bictons, eines der wertvollsten Arboretien Europas.

Den Italienischen Garten überblickt man am besten vom ›Temple‹ aus, einem verspielten, heute zum Café degradierten Gartenschlößchen. Die samtigen, kurzgeschorenen Rasen mit dem Muster der abgezirkelten Wege senken sich in sanftem Fall langsam zu den geometrischen Teichen hinab. Aber schon hier machen sich die Bäume, die das Sonnenlicht nur gefiltert auf die Rasenflächen, Beete und glitzernden Wasserspiegel fallen lassen, über alle Regelhaftigkeit lustig: Himalayazedern, eine Schirmpinie, ein japanischer Lebensbaum, eine Sawara, eine Hinoki-Zypresse, seltene Magnolien, ausgewachsene, windzerrupfte Palmen und zahllose exotische Sträucher, ganz zu schweigen von den heimischen Arten. Man muß diesen Park im Mai besuchen, wenn er in tausenderlei Grün und unzähligen Blüten prangt, wenn der Taschentuchbaum mit duftigen weißen Gespinsten behängt ist und die Koniferen zartfarbige Triebe wie Kerzen aufstecken. An der Westmauer des Kakteenhauses blüht dann in verschwenderischer Fülle eine 1816 gepflanzte Wisteria sinensis; kaskadenhaft tropfen ihre blaßlila Blütendolden über die knorpligen, silbrigen Äste nieder, betäubenden Duft verbreitend. Das halbrunde, hohe Gebäude des Palmenhauses erinnert an den Londoner Kristallpalast, doch am eindrucksvollsten ist das ausgedehnte Pinetum: ein Hain, in dem die wertvollsten und seltensten Nadelbäume aus aller Welt vereinigt sind, ein Zauberwald von fremdartiger Schönheit an Englands Küste. Unglaublich mag es für den Festländer klingen, daß sich selbst unter diesen Baumriesen – tasmanischen Zedern, mexikanischen Wacholdern, Yuccabäumen, kalifornischen Zypressen, um nur einige zu nennen – noch dicke Moos- und Rasenpolster breiten. Den Grundstock des Pinetums bildete die Wilson-Collection; der weitgereiste Forscher und Pflanzenjäger E.H. Wilson schenkte sie dem Park 1910. Der Wanderunwillige kann mit einer Oldtimerbahn durch den Park fahren.

Am Rande des Italienischen Gartens steht ein hervorragend eingerichtetes Museum des ländlichen Devon: in einer scheunenartigen, gut belichteten Halle sieht man in Einzelabteilungen Gerätschaften aus allen Bereichen des bäuerlichen Lebens, nach Funktionen zusammengefaßt und anschaulich erläutert: Scheune, Stall, Gestüt, Molkerei, Ciderkelterei, Schmiede, Hausbau, Gutshof, Bauernhaus, Schule, Pfarre, Aussaat und Ernte, Garten und Jagd, dazu eine große Anzahl aller möglichen ländlichen Gefährte und Oldtimer-Traktoren. Wer wissen möchte, wie das Leben auf dem Lande zur Zeit von Jane Austen oder Thomas Hardy aussah, hier kann er es erfahren.

»Ein ... erstaunliches Werk der Jahrhunderte, der Jahreszeiten und der Bräuche ist das Devonshire-Cottage«, schreibt Henry James.

»Zusammengesunken unter seiner Bürde aus Ried, umkleidet mit einem rauhen weißen Verputz, dessen Farbschattierungen jeden Maler begeistern müssen, eingenistet zwischen dichtem Laub und an Schwelle und Wegrain umspielt von rotwangigen Kindern, scheint es nur dort hingestellt, um ein unserer Phantasie gegebenes Versprechen einzulösen – obwohl es unter seinem Dach, wie ich fürchte, nicht wenig von den tristen Dingen des Lebens vereinigt, worüber die Phantasie hinwegzuhuschen liebt.«

Solche Cottages stehen in den schmucken Dörfern zwischen heckenumhegten Feldern und Ginsterhügeln entlang der Straße, die uns von Bicton nach *Sidmouth* bringt. Dieses kleine viktorianische Bad gilt als der sonnenreichste Fleck Englands. Die Klippen zu beiden Seiten seiner engen Bucht steigen mit hohen, nackten, leuchtenden Wänden aus dem Meer, in hochmütiger Klarheit, Haupt an Haupt. Bei Sonnenuntergang flammen sie wie magische Berge. Im Westen des Ortes liegt auf einem Kliff versteckt ein windgeschützter, ummauerter Felsengarten mit Azaleen und Magnolien, Rosen und Flieder, Jasmin und Mandeln, Syringen sowie Blumen aller Art. In einem der geräumigen alten Hotels, das im vorigen Jahrhundert noch Landhaus war, hat sich ein ›Attentat‹ zugetragen, das fast Weltgeschichte gemacht hätte: Hier schoß, wie weiland David, ein kleiner Junge mit der Schleuder, auf Spatzen natürlich nur. Dabei traf er durch ein Fenster ein schlafendes Baby, und dieses Baby hieß Viktoria ... Glücklicherweise geschah dem Säugling nichts, und so verzieh der erschrockene Vater dem nicht minder erschrockenen Schlingel gnädig. Damals ahnte noch niemand, daß das unbedeutende Prinzeßchen in seinen Spitzenkissen einmal das größte Imperium, das es auf Erden je gegeben hat, regieren würde.

Etwas weiter nach Norden liegt *Ottery St. Mary* mit gelblichen Sandsteinhäusern in bunten Gärten und strengen Ziegelbauten aus dem 18. Jahrhundert, an deren buntlackierten Türen Messingklopfer funkeln. Über allem thront die Pfarrkirche, die sich mit ihren drei Schiffen, eingewölbten Steindecken, Chorumgang und Marienkapelle das Air einer Kathedrale zu geben sucht. Ihre Uhr, die auch die Mondphasen anzeigt, ist ein technisches Wunderwerk aus dem 14. Jahrhundert. Vom 16. bis ins 19. Jahrhundert war die Stadt wegen ihrer Spitzen berühmt. S. T. Coleridge wurde hier 1772 als Sohn des Pfarrers geboren. Er wuchs in dem Städtchen auf und schrieb als Mann der lieblichen Otter, dem Fluß seiner Kindheit, eine zauberhafte Huldigung.

Ein Abstecher nach *Kentisbeare* bringt uns zu einem der wenigen erhaltenen Pfarrhäuser aus dem Mittelalter, ›the Old Priest's House‹. Es hat die Wirren der Reformation überstanden und ist mit seinen schönen geschnitzten Täfelungen und der original eingerichteten Halle ein hübscher Anblick. In *Holcombe Court* bei Uffaculme, das Nikolaus Pevsner als das »aufregendste Stück Tudorarchitektur in Devon« bezeichnete, wollen wir Abschied nehmen von der Epoche, die einen Grenville, einen Drake, einen Raleigh hervorgebracht hat, dem Goldenen Zeitalter Englands.

DAS WEISSE PFERD VON WESSEX

Berkshire – Wiltshire – Dorsetshire
Somerset – Südavon

Wir kommen von den frühen Megalithgräbern in Cornwall, dem Hof König Artus', den toten Städten der Zinner und den oft ihrer Bedeutung beraubten Häfen der elisabethanischen Ära in eine Landschaft, die der Devons gar nicht so unähnlich ist: leuchtend grünes Weideland, eingehegte kleine Felder, aus denen hier und da wundervoll gewachsene Bäume aufragen, weite Obstbaumplantagen, wo vor allem Cideräpfel gezogen werden, weiche Hügel, sanft geschwungen wie Pferdekruppen. Und doch ist dies ein anderer Boden. Nicht mehr der tiefrote, warmleuchtende Erdton Devons, sondern bleicher Kalk schimmert durch die Grasnarbe und die junge Saat im Frühling hindurch. Nicht nur Äpfel und Milchvieh gedeihen hier besonders gut, auch Pferdehufe gleiten leichter über den federnden Grund. Kein Klima, kein Boden scheint der Konstitution der Vollblüter mehr entgegenzukommen; hier, im einstigen Herzland des Königreiches Wessex, ist der ideale Grund für die Aufzucht kostbarer Rennpferde. Seit je genoß das Pferd hier Verehrung, wie uns der Mythologe Robert Ranke-Graves in ›The White Goddes‹ versichert: *»Das Pferd oder Pony war ein heiliges Tier in Britannien seit prähistorischen Zeiten, nicht erst seit der Einführung der kräftiger gebauten Schläge asiatischer Abstammung in der Bronzezeit. Die einzige menschliche Figur der britischen Steinzeitkunst, die sich erhalten hat, ist ein Mann mit einer Pferdemaske, aus einem Knochen geschnitzt, den man in der Pin-hole-Höhle gefunden hat, und der ein sehr entfernter Verwandter der Steckenpferdtänzer des englischen Weihnachtsmummenschanzes ist. Sachsen und Dänen verehrten das Pferd wie ihre keltischen Vorläufer.«* Die Erdgöttin in Gestalt einer Pferdegottheit wurde in England und Irland ebenso angebetet wie in Griechenland – gleich, ob sie nun Rhianon, Epona oder Demeter genannt wurde.

Wes-sex: das ist das Land der Westsachsen. Die angelsächsische Einwanderung vollzog sich nicht, wie die normannische Eroberung, in wenigen Tagen, sondern in mehreren großen Schüben vom 4. bis zum 6. Jahrhundert. Immer neue Boote landeten, bis an den Rand beladen mit Männern, Frauen, Kindern, Vieh, Saatgut, Waffen und Hausrat: Familien, die vor den Schrecken der Völkerwanderung flohen. Langsam rückten die Siedler in die von den Römern ebenso langsam verlassenen Räume vor, wobei sie die heimischen Briten in die westlichen Randgebirge verdrängten. Im Südosten, dem heutigen Kent, wurden die Jüten seßhaft; die Angeln eroberten sich nach und nach den ganzen Norden und bildeten die Reiche Mercia und

Northumbria, die zwischen sich mehrere kleinere Fürstentümer zerrieben. Die Sachsen teilten sich in drei große Zweige: Essex wurde von den Ostsachsen beherrscht, Sussex mit Hampshire von den Südsachsen, Wessex mit Dorset, Wiltshire und Somerset von den Westsachsen.

Stammherr der westsächsischen Könige ist der sagenumwobene Cerdic, der seine Herkunft von Wotan ableitete. Er starb 534. In den anschließenden dunklen Jahrhunderten des frühen Mittelalters rangen nun die vielen Königreiche und Fürstentümer untereinander um die Vorherrschaft; die Grenzen wechselten unaufhörlich. Lange Zeit dominierten die Angeln, die dem Land schließlich auch den Namen geben sollten; aber dann begann das Haus Wessex an Macht zu gewinnen. Im frühen neunten Jahrhundert beherrschte es praktisch ganz Südengland von Cornwall bis Kent, und als der letzte König von Mercia, Beorhtric, starb, wurde Egbert von Wessex 827 zum Bretwalda, zum Oberherrn von ganz England, gekürt. Der Bretwaldatitel, den auch die meisten seiner Nachkommen als Könige Englands trugen, war nicht erblich, sondern wurde immer von der Versammlung der Edlen, dem Witan, verliehen.

Die Geschichte des Hauses Wessex verlief nicht sehr gradlinig; immer wieder fielen auch jetzt noch ganze Provinzen ab, und die Bedrohung durch die Dänen wuchs ständig. Zwar konnte der größte der Sachsenkönige, Alfred, sie noch einmal zurückdrängen, aber sie kamen wieder, und zwischen 1013 und 1042 waren sie die wahren Herren des Landes.

Der letzte König aus dem Hause Wessex, St. Eduard der Bekenner, kehrte nach dem Tod des Dänenkönigs Hardicanute 1042 aus dem normannischen Exil zurück, und mit seiner Herrschaft ging noch einmal der Stern des angelsächsischen Reiches auf. Aber sein Schwager und Erbe Harold II., Sohn des Grafen Godwin von Wessex, verlor 1066 Leben und Land im Kampf gegen den normannischen Eroberer.

Wenn man heute von Wessex spricht, meint man gemeinhin etwa den Bereich der Grafschaften Dorset, Wiltshire und Somerset; es ist jenes pastorale Gebiet, das der Dichter Thomas Hardy in seinen Romanen darstellte. Wir werden in diesem Altwessex König Artus und dem Zauberer Merlin wiederbegegnen, von der Tafelrunde und dem Gral hören, den Spuren des Sachsenkönigs Alfred folgen und mit Hardy über die Heide wandern; die großartigsten Megalithdenkmäler Nordeuropas liegen an unserem Weg, den immer wieder

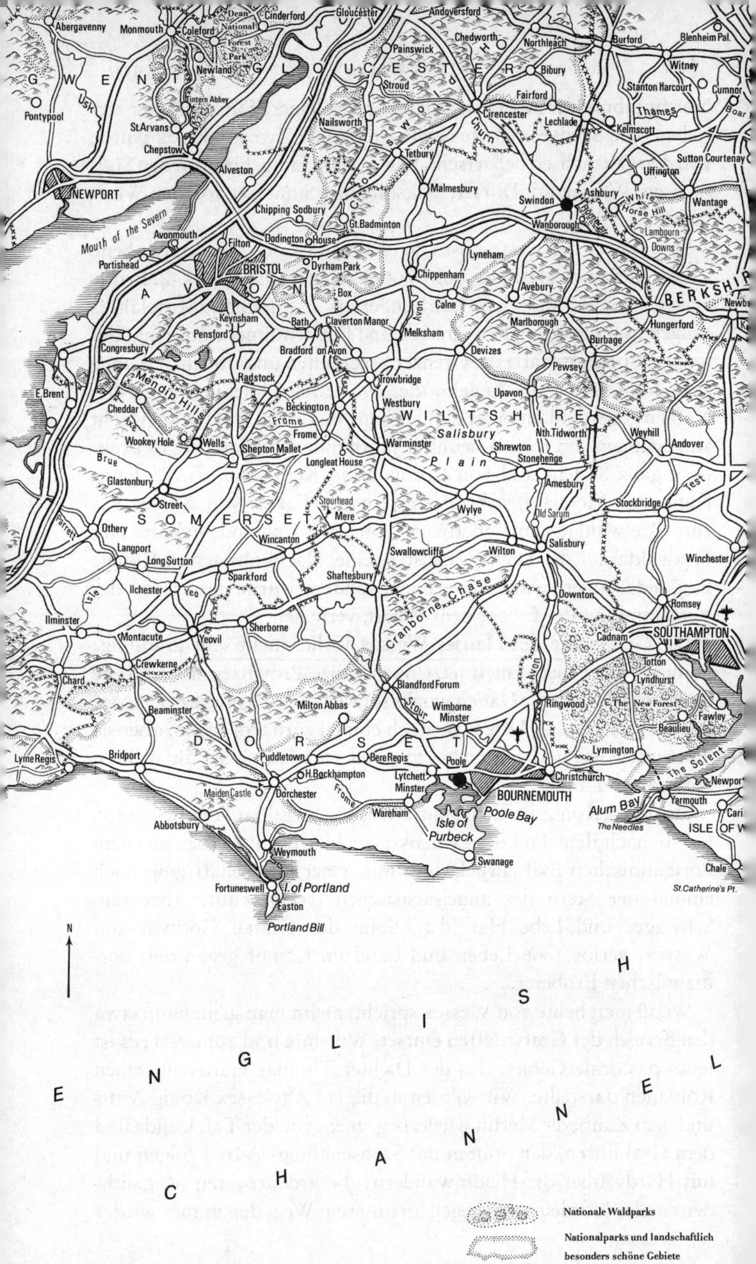

Dorset, Somerset, Wiltshire, Avon, westl. Berkshire

Römerstraßen kreuzen, zwei der herrlichsten Kathedralen Englands, Herrenhäuser und Bauernkaten, elegante Städte des 18. Jahrhunderts und Abteiruinen, Meeresbuchten und Tropfsteinhöhlen. Beginnen wollen wir diese Fahrt im Valley of the White Horse, im Tal des Weißen Pferdes.

10

Das Tal des Weißen Pferdes: Newbury – Wantage White Horse Hill – Uffington

Im achten Jahrhundert nach der Zeitrechnung war England in den unablässigen Kampf der vielen angelsächsischen Königreiche um die Macht verstrickt. Der erste, der für sein Geschlecht den Titel des Bretwelda, des Oberherrn über alle englischen Könige, gewinnen konnte, war Egbert von Wessex (802-839). Bis zur normannischen Eroberung blieb – mit Ausnahme des dänischen Zwischenspiels in der ersten Hälfte des 11. Jahrhunderts – dem Haus Wessex dieser Titel. Dieses Haus führte in seinem Schild ein weißes Pferd. Daß die Erdgöttin in Gestalt eines Pferdes dargestellt werden konnte, hörten wir schon, doch auch Poseidon, dem Erderschütterer, war der weiße Königshengst heilig, und welches Wappentier wäre wohl für den Herrn eines Inselreiches passender gewesen als ein solches Roß, ungebärdig und schimmernd wie die See?

England, ein Land der Pferde, wurde zum Ursprungsland der Vollbluterrennen. Einst lief in Reiterkreisen das Wort um, in England sei Reiten ein Sport, in Frankreich ein Amüsement und in den USA ein Geschäft. Das ist richtig und auch nicht, denn wie alles in der Welt ist auch der englische Reitsport seit langem kommerzialisiert. Dennoch ist die Einstellung zum Pferd in England immer noch stärker von der Tradition bestimmt als sonstwo. Noch heute sind die meisten englischen Rennstrecken zum Beispiel Grasbahnen, und diese Eigenart hat dem Rennsport einst seinen internationalen Namen gegeben: Turf. Der älteste ›Rennbericht‹ Englands stammt aus dem 12. Jahrhundert, und schon damals ging es über eine ausgedehnte Rasenstrecke. Einen solchen Rennplatz können wir in *Newbury* in der Grafschaft Berkshire sehen, dem Ausgangspunkt unserer Fahrt. Es ist keiner der weltberühmten Plätze wie Ascot oder Epsom, wo sich alljährlich die Snobs der Alten und der Neuen Welt ein Stelldichein geben, aber vielleicht kann man gerade darum hier noch stärker echte Rennatmosphäre erleben, auch wenn es nicht um die ganz großen Preise geht.

Newbury ist seit prähistorischer Zeit besiedelt gewesen; es wird schon in sächsischer Zeit erwähnt und hatte unter den Normannen ein Herrenhaus. Schon 1302 konnte es zwei Abgeordnete ins Parlament schicken, stand damals also bereits im Range eines Borough, einer Stadt mit Marktrecht. Dieses Parlament war anders zusammengesetzt als heute. Erstmals wurden die ›Commons‹, zwei Bürger aus jedem Borough, zwei Ritter aus jedem Shire, also jeder Grafschaft, gemeinsam mit den Peers, den Edelleuten der Krone, 1265 in das sogenannte Montford-Parlament einberufen; ein erstes echtes Parlament fand dann 1295 statt: Neben den Bürgern und Rittern nahmen die höchsten kirchlichen Würdenträger – in ihrer Eigenschaft als Grundherrn – und Abgeordnete des niederen Klerus neben den Vasallen der Krone, damals sieben Grafen (Earls) und einundvierzig Barone, gemeinsam teil. Wenn man sich klarmacht, daß in Frankreich noch in der Revolutionszeit 1789 die Stände getrennt einberufen wurden und auch getrennt tagten, wird vielleicht am ehesten deutlich, was dieser Schritt bedeutete. Wie sehr dies Parlament dem englischen Rechtsdenken entsprach, erhellt daraus, daß der von Karl I. anberaumte ›Conseil of Peers‹, der Rat der Kronvasallen, dem König 1640 sehr kategorisch erklärte, er habe nur das Recht, ein *ordentliches* Parlament einzuberufen, und ihm klipp und klar die Unterstützung versagte. Ein Jahrhundert später bewunderte Voltaire England als das einzige Land Europas, dessen Monarch dem Parlament voll verantwortlich sei.

Das englische Parlament war nicht im heutigen Sinn demokratisch zusammengesetzt (ein allgemeines Wahlrecht gibt es erst seit 1918, Frauenwahlrecht seit 1928). Es ging aus keiner Revolution hervor, sondern aus einem Hader zwischen Krone und Hochadel. Selbst in unserem Jahrhundert, wo die Labour Party, die Partei der Arbeiter, aus ihren Reihen bereits mehrfach die Regierung gestellt hat, ist es weit davon entfernt, einen kompromißlosen Sozialismus zu verfolgen. Und doch wurde es durch seine Zusammensetzung, die von Anfang an erstaunlicherweise eben nicht nur die Granden, sondern den Landadel und das Bürgertum einbezogen hatte, zu einem echten Korrektiv der jeweiligen Regierungspolitik; es paßte sich äußerst geschmeidig jedem Wandel der Zeiten an und war ein durchaus brauchbares politisches Instrument, um die widerstreitenden Interessen von Landwirtschaft und Handel, Handwerk und Industrie, Grundherren und Pächtern, Fabrikbesitzern und Arbeitern, Bauern und Bürgern, Kirche und Staat ständig einander angleichen zu können, ohne daß auf Dauer eine der Interessengruppen die anderen zu stark bedrängt hätte. Das geschah oft nur zögernd, oft unter Kämpfen und Opfern: aber es geschah. Am Ende fand sich immer ein Weg, um unerträgliche Spannungen zum Nutzen des Landes im Kompromiß zu überwinden. Jeder Herrscher, der versuchte, am Parlament vorbei zu regieren, stolperte dabei früher oder später: der Revolutionär Cromwell genauso wie die hochmütigen Stuarts. Es gehört zu den Besonderheiten dieses Parlaments, daß sich ein Peer der Krone wie Raleigh vor das Hohe Haus stellen und die Abschaffung der im Volk verhaßten Kronmonopole, also der Privilegien seines eigenen Standes, fordern konnte.

Aber zurück nach Newbury. Die kleine Rennstadt wird beherrscht von der weiten, lichten Pfarrkirche St. Nicholas, die im Stil der englischen Spätgotik, des Perpendikular mit seiner strengen Betonung der Vertikalen, errichtet ist. Sie war ein Geschenk des Jack of Newbury an die Stadt, in der er zu Wohlstand und Ansehen gelangte. John Winchcombe, wie er eigentlich hieß, kam als Weber ohne einen Pfennig in der Tasche hierher, und nach zehn Jahren saßen an seinen Webstühlen einige hundert Arbeiter. Eine moderne Karriere, wie sie im England Heinrichs VIII. nicht selten war; unter der Regierung der Tudors blühten Städte und Handel. Ungewöhnlich war es auch nicht, daß der reiche ›Tucher‹ den König in seinem Haus bewirten konnte. Dieses leider mehrfach umgebaute Haus kann man am besten von der Marsh Lane aus betrachten, wo die Renovierungen nicht so tiefgreifende Veränderungen hervorriefen wie an der Fassade in der Northbrook Street. John wurde 1519 in seiner Kirche begraben; eine Messingplatte erinnert an ihn. Sein Sohn ließ die Kirche vollenden. Als Winchcombe im Krieg gegen Schottland 1513 aufgefordert wurde, aufgrund seines Vermögens sieben Mann zu stellen, führte er stolz hundert Leute nach Flodden Field, wo eine der letzten großen Grenzschlachten vor der Vereinigung der beiden Reiche stattfand. Es gab nicht viele Ritter im Land, die es dem Weber hätten gleichtun können.

Von der Vergangenheit Newburys als Weberstadt erzählt auch die ›Cloth Hall‹, einst eine Art Arbeitshaus der Armen, für die die Städte und Gemeinden aufkommen mußten. Heute befindet sich dort das Stadtmuseum. King John's Court, ein Spitelhaus, ist aus einer Stiftung König Johanns von 1215 hervorgegangen, dem Bartholomew's Hospital, dem er seine Einkünfte aus der jährlichen Bartholomäusmesse der Stadt überließ. In der Nähe der Stadt wurden im Bürgerkrieg zwei große Schlachten geschlagen, 1643 und 1644. In Newbury trifft sich der wegen seiner Krebse und seines Fischreichtums seit altersher beliebte River Kennet mit dem Lambourn und dem Kennet-Avon-Kanal, einem der wichtigsten Wasserwege Südenglands. Der Kennet zieht sich am Südrand der Lambourn Downs hin, einem Kalksteinrücken, der als Trainingsgebiet der Vollblüter und als Wanderlandschaft gleich guten Ruf genießt.

Nördlich dieses Höhenzugs liegt am Rande des Tals des weißen Pferdes das Marktstädtchen *Wantage.* In seiner Pfarrkirche Peter und Paul findet man ein schönes, reichgeschnitztes Gestühl und viele Messinggrabplatten aus dem 14. bis 16. Jahrhundert. Sie wurde im 13. Jahrhundert begonnen, aber häufig umgebaut. Den Marktplatz umringen einige hübsche Häuser aus dem 18. Jahrhundert, in seiner Mitte steht ein im Jahr 1877 feierlich enthülltes Denkmal für Englands bedeutendsten König, Alfred den Großen, der nach der Überlieferung hier geboren wurde. Das Jahr ist nicht genau bekannt – kein Wunder, denn es ward diesem Sachsenprinzen als jüngstem von vier Brüdern nicht an der Wiege gesungen, daß er einmal Bretwalda sein würde.

Die Sachsen, Jüten und Angeln waren heidnische, unzivilisierte Germanenstämme, die auf die kultivierten, verrömerten Keltobriten wie Wilde wirkten. Sie lagen ständig untereinander in Fehde; einig waren sie wohl nur in dem gemeinsamen Willen, auf der fruchtbaren Insel zu siedeln. Erst spät, als sie selbst durch irische und fränkische Missionare christianisiert waren, begannen sie, die Freundschaft der christlichen britischen Minderheit zu suchen.

Zur Zeit der Geburt Alfreds war die Rechristianisierung Englands fast abgeschlossen, wurde allerdings durch die Däneneinfälle an den Küsten immer aufs neue bedroht. Die heidnischen Räuber mit dem Schwarzen Raben Odins im Wappen hatten sich im 9. Jahrhundert im Norden und Osten bereits ziemlich breit gemacht. Noch war das Haus Wessex der anerkannte Hüter der englischen Krone, aber es mußte fast täglich um die Grenzen seines Landes kämpfen. So sah es in England aus, als man das Kind Alfred zur Erziehung nach Rom schickte, wo es von Papst Leo IV. zum König gesalbt wurde. Die Chronisten nehmen an, daß es der Reif eines der tributpflichtigen Fürstentümer war, den man dem Knaben aufs Haar drückte, denn noch lebte sein Vater Aethelwulf, noch lebten seine drei Brüder. Im Gefolge seines Vaters kam Alfred 855 ein zweites Mal nach Rom; zwei Jahre später schloß der alte König die Augen für immer. Nacheinander bestiegen die Brüder Alfreds den Thron, die alle recht jung starben. An der Seite des letzten, der ihn öffentlich zum Thronfolger erklärt hatte, focht der Prinz seine erste große Dänenschlacht, und vom Dezember 870 bis zum Frühjahr 871 mußte er sich den fremden Eindringlingen noch achtmal zum Kampf stellen – durchaus nicht immer erfolgreich. Als sein Bruder im April des Jahres starb, wurde er von den Edlen zum König gewählt, und mit der Königswürde übernahm der etwa Zwanzigjährige die Verantwortung für die Grenzsicherung. Fast dreißig Jahre dauerte sein Ringen gegen die Invasoren in den Drachenbooten; sein erster großer Erfolg war die Rückeroberung Londons 886. Am Ende dieser kampfreichen Jahre – fast jeder Frühling brachte neue Einfälle, neue Kämpfe, neue Verluste – war England zu einem geeinigten Reich mit festen Grenzen geworden.

Aber dieser König war kein nordischer Recke, kein Schlagetot, sondern eher ein Philosoph im Soldatenkleid. Er stand im Briefwechsel mit dem Papst in Rom und dem Patriarchen von Jerusalem, er suchte freundschaftliche Beziehungen zu den Britenfürsten in Cornwall und Wales. An seinem Hof richtete er nach dem Vorbild Karls des Großen eine Schule ein, aber er selber war kein Analphabet wie der Franke, sondern in allen Wissenschaften geübt. Um den während der Dänenherrschaft verlotterten Klerus in den befreiten Gebieten rasch wieder zu bilden, übersetzte er eigenhändig in seinen wenigen Mußestunden die Standardwerke seiner Zeit: die Schriften des Gregorius und des Augustinus. Bedas ›Kirchengeschichte des Volkes der Angeln‹, Orosius' ›Geschichte wider die Heiden‹ und des Boethius' ›Trost der Philosophie‹, in das er seine eigenen Gedanken einfließen ließ. Aber damit nicht genug: Er ordnete die Finanzen und das Recht neu, unterstützte die Klöster und die Armen, als deren Beschützer man ihn pries, und führte wichtige Verwaltungsreformen durch. Er war nicht, wie oft behauptet wird, der Schöpfer der englischen Flotte, aber er baute sie aus und wußte sie für den Schutz der Küsten einzusetzen. Als er im Oktober 899 starb, konnte er seinen Söhnen ein befriedetes Land hinterlassen.

Am Rande der Lambourn Downs fahren wir weiter; im Norden breitet sich gartenschön das Tal des Weißen Pferdes. Auch hier erzählen ein Eisenzeitlager, Cherbury Camp, und ein Keltendorf bei Shellingford von früher Besiedlung. Bald hinter dem kleinen Ort Kingston Lisle finden wir den alten Römerweg, den sogenannten Ridge Way, d.h. Kammlinienweg, der uns zum Gipfel des *White Horse Hill* führen soll, mit etwa dreihundert Metern der höchste Berg der Downs. Sein kleinerer Bruder, an dem wir beim Aufstieg vorbeikommen, heißt Drachenhügel; dort hat einst – wie jeder weiß! – der heilige Georg den Drachen getötet. Hinter einer Biegung erkennt man dann plötzlich, und glaubt seinen Augen kaum zu trauen, das Pferd, das Heilige Weiße Pferd, das mit vorgestrecktem Hals und angelegten Ohren über den grünen Wiesengrund des Berghanges galoppiert. Riesenhaft ist es, hundert Meter mißt es vom Maul, das noch nie den Zügel spürte, bis zum wehenden Schwanz, der den Boden peitscht, und vierzig Meter von den Ohren bis zu den Hufen, obwohl es sich im Lauf streckt. Der Künstler – vielleicht ein Priester, wer will das sagen – der es vor über zweitausend Jahren in den hellen Kalk des Berges gekerbt hat, muß mit der Anatomie seines Modells bestens vertraut gewesen sein. Eine Sage berichtet, daß Alfred es mit einem Schwert aus der Grasnarbe herausgeschnitten habe – vielleicht, weil er wie alle Wessexkönige das springende Roß im Wappen führte – aber sein Schwert hat er in dieser Gegend für weniger freundliche Taten schwingen müssen. Es ist seltsam zu denken, daß über allen Schlachtfeldern schon nach einem Jahr wieder Gras wächst, daß aber dieses weiße Bild hier über allen leuchtete, die durch das Tal zogen: Kelten, Briten, Römer, Sachsen, Dänen, Normannen. War es wirklich ein heiliges Bild? Oder ein Totem jener Siedler, die in prähistorischer Zeit ein befestigtes Lager, Uffington Castle, auf diesem Hügel erbauten? Jedenfalls haben die Menschen durch die Jahrtausende immer wieder dafür Sorge getragen, daß das Bild nicht zuwuchs. Und die Burschen und Mädchen der nahen Dörfer versammelten sich darauf zum Maitanz.

Außer der herrlichen Pferdedarstellung an diesem Ort kann man in Südengland noch verschiedene andere eisenzeitliche Kalkbilder finden, so den Riesen von Cerne in Dorset und den Großen Mann von Wilmington in Sussex. Aber manche stammen auch aus dem 19. und 20. Jahrhundert, eine Art Eisenzeit-Renaissance, wenn man so will; die späten Bilder unterscheiden sich durch ihre grobe Technik und ihren krassen Naturalismus von den frühen Denkmälern; man kann sie meist schon auf den ersten Blick als Nachahmungen erkennen.

Zwei Kilometer von *Uffington* entfernt liegt ein megalithisches Kammergrab, das ebenfalls mit sächsischen Mythen in Verbindung gebracht wird: es heißt im Volksmund ›Wayland's Smithy‹ und soll das Grab von Wieland dem Schmied sein, der sich wie Daedalus mit künstlichen Flügeln in den Himmel zu schwingen vermochte. Er hat in England lange Zeit göttliche Verehrung genossen. Für einen Opferpfennig soll er Pferde beschlagen haben, die man ihm an einem Kreuzweg zuführte, mit Hufeisen, die sich nie abliefen, wenn man ihn nur zu rufen wußte – aber niemand hat den Kunstfertigen je bei der Arbeit gesehen. Fürwahr ein Gott, der in dieses Land der Bauern und der Pferde paßte!

II

Über die Marlborough Hills ins Avontal: Ashdown House Marlborough – River Avon

Nie zuvor habe ich etwas erblickt,
was mich so entzückt hätte wie das Avontal ...
William Cobbett, Rural Rides, 1830

Von Kingston Lisle führt eine Straße am Südsaum der Downs nach Ashbury, einem lieblichen Flecken am Fuß der Kalkberge, mit einer kleinen, unscheinbaren Kirche, an der Generationen gebaut haben und deren Südportal uns verrät, daß sie spätestens in normannischer Zeit gegründet wurde. Nahe dem Dorf liegt ein von William Winden entworfener Landsitz, *Ashdown House*, steinernes Zeugnis einer großen unerfüllten Liebe. Es liegt still in seinem Wiesental, nach allen vier Himmelsrichtungen sehnsüchtig seine Wege ausstreckend, über die nie der Fuß schritt, für den sie angelegt wurden; und nie weilte unter seinem Mansarddach die Frau, für die es gebaut worden war: Elisabeth von Böhmen.

Elisabeth Stuart, die Tochter König Jakobs I., Enkelin der Maria Stuart und Schwester Karls I., der wie seine Großmutter auf dem Schafott starb, wurde 1596 geboren; seit ihrer Kindheit, als eine Gruppe unzufriedener Adeliger sie statt ihres unbeliebten Vaters auf den Thron setzen wollte, war sie den Zufällen der Politik ausgesetzt. Als Jakob sie an den Hof holte, erregten ihre Schönheit und Lebhaftigkeit höchste Bewunderung; die höchsten Fürsten Europas warben um sie. Aus Gründen der Staatsraison wurde sie 1613 dem protestantischen Kurfürsten Friedrich V. von der Pfalz angetraut. Als er 1618 zum König von Böhmen gewählt wurde, ging sie mit ihm nach Prag, und nach der unseligen Schlacht am Weißen Berg, die den Dreißigjährigen Krieg auslöste, folgte sie ihm auf seiner Flucht durch Europa. In Holland fand das gehetzte Paar Zuflucht. Dort nahm Friedrich, der Winterkönig, wie man ihn spöttisch nannte, einen jungen Engländer, William Craven, in seine Dienste, der sich bereits unter Moritz von Oranien seine ersten Sporen verdient hatte. Er brauchte Soldaten, er wollte von Holland aus wenigstens seine Erblande zurückerobern. Craven, der Sohn des Lord Mayor von London, kämpfte für Kurpfalz, bis er 1637 in Gefangenschaft geriet, aus der er erst zwei Jahre später ausgelöst wurde. Der junge Mann kam jetzt in den engsten Kreis um die Kurfürstin, und er scheint sein Herz an sie verloren zu haben, denn er tat alles, was in seiner Macht stand, um ihr das Exil erträglich zu machen und ihrer Familie, auch noch nach dem Tode Friedrichs, zu helfen. Er unterstützte ihren Bruder Karl I. von England während des Bürgerkrieges mit Geld, später dessen Sohn, Karl II., im Exil; ihrem Sohn Rupprecht lieh er 20000 Taler, um ihm zu ermöglichen, eine Armee anzuwerben. Man dankte ihm nach der Restauration mit einem Grafentitel. Für Elisabeth von Böhmen aber war keines Bleibens in der wiedergewonnenen Pfalz, und ihr Neffe erlaubte ihr auf Drängen des Parlaments die Rückkehr nach London, wo sie Graf Cravens Gast war. Er baute für die alternde Fürstin Ashdown House; doch sie konnte es nicht mehr betreten. Aber sie hinterließ ihrem treuen Paladin ihre persönlichen Papiere und ihre Bilder – das war alles, was der Frau, die einmal fast Kaiserin des Römischen Reiches geworden wäre, bei ihrem Tode 1662 außer ihren Schulden geblieben war. Craven starb, fast neunzigjährig, unvermählt und ohne Leibeserben im April 1697. Eines der unruhigsten Jahrhunderte der englischen Geschichte ist an ihm vorbeigezogen, fünf Könige hat er herrschen sehen, und doch – wer würde seiner noch gedenken, stünde da nicht das einsame Haus mit der goldenen Kugel auf dem Dach, in der sich an schönen Tagen die Sonne spiegelt, und in dem noch immer die Bilder der Frau hängen, der er sein Leben lang so treu gedient hat?

Nahe Ashdown House, hinter Ashdown Woods, kann man auf dem Berg Swinley Down die konzentrischen Erdwälle eines einstigen römischen oder britischen Lagers sehen; es wird ›Alfred's Castle‹ genannt, wurde aber sicher nicht von dem König benutzt, obwohl er in der Nähe eine Schlacht geschlagen hat.

Von hier fahren wir tiefer nach Wiltshire hinein, um nach *Marlborough* zu gelangen; zweimal, kurz vor Wanborough und dann bald nach der Abzweigung, wird unsere Straße von Römerwegen geschnitten – einer schnurgeraden Straße und dem Ridge Way, dessen anderes Ende wir bei Uffington kennengelernt haben.

Marlborough liegt in einer sehr hügeligen Landschaft. Es zeichnet sich durch eine besonders hübsche High Street aus, die sich in einem sanften Bogen, wie man es so häufig bei alten Straßen findet, den Berg hinaufzieht. Sie wirkt sehr harmonisch mit den stillen, vornehmen Fassaden ihrer vielen georgianischen Häuser aus dem 18. Jahrhundert. Georgian Style: auf dem Kontinent herrschte damals der Barock. Manchmal erlaubt sich auch ein georgianisches Haus den übertriebenen Luxus eines geschweiften holländischen Giebels oder kraftvoller Voluten, aber das sind eher Ausnahmen; im allgemeinen ist dieser Stil, zumindest in der Außengestaltung, nüchtern und rational. Große, weißgerahmte Fenster, Ziegelbauweise, wo immer man es sich leisten konnte, zwei weiße Säulen vor dem Eingang, der einen bescheidenen Tympanon haben mag, Messingklopfer, blau oder gelb oder schwarz gelackte Türen, zwei, drei ausgetretene Stufen. Kleine schmiedeeiserne Balkone, wie im Paris Heinrichs IV. – das ist eigentlich alles. Es sind Häuser von strenger, kühler Harmonie, Häuser für die Welt der Johnson und Swift, der Pope und Addison, der Richardson und Defoe, für die von der Verstandesklarheit der Aufklärung und der bürgerlichen Empfindsamkeit geprägte Welt: ohne Überschwang, aber nicht ohne Grazie.

Sicher stünden in Marlboroughs High Street aber noch heute malerische Fachwerkhäuser der Tudorzeit, wie wir sie im Labyrinth der Nebenstraßen entdecken können, hätte sich nicht im 17. und 18. Jahrhundert immer wieder der Rote Hahn auf den Strohdächern der Stadt niedergelassen. Allein 1653 brannten über zweihundert Anwesen nieder, und erst das Verbot, Bauten mit Stroh oder auch Ried zu decken, setzte im späten 18. Jahrhundert dieser Kette von Unglücksfällen ein Ende. Beide Kirchen der Stadt stehen an der High Street und haben unter den vielen Bränden sehr gelitten; ursprünglich waren sie im Perpendikularstil erbaut. Auf dem einstigen Burgberg erhebt sich das 1843 gegründete Marlborough College, eine der führenden Public Schools, zu deren Schülern Winston Churchill und William Morris gehörten. In einem der Hügel des Berges soll Merlin, der Prophet der Britenkönige, begraben liegen. In Merlin verschmelzen heidnische und christliche Mythen in einzigartiger Weise. In seiner frühen Zeit war er ein mächtiger Gott; später ein Magier und Prophet; den Christen galt er als Sohn des Teufels und einer reinen Frau, der seinen Leib und Verstand vom Satan, seine Seele aber vom Herrn empfangen hatte. Müßig ist es, nach Merlin's Grab suchen zu wollen – wie schon die Alten erzählten, sitzt Merlin im Weißdorn und träumt von seiner Geliebten, der Fei Viviane vom See, die ihn mit seinen eigenen, ihm abgelisteten Zaubersprüchen festhält …

Bei Pewsey stoßen wir auf den *River Avon*, der uns bis Salisbury begleiten wird, sich nie allzu fern der Straße hinschlängelt, oft verborgen hinter Polstern von Büschen, Hainen mit dichtem Unterholz, Dörfern, Hügeln, einer Weidenreihe. Avon heißen viele Wasserläufe Englands – das Wort bedeutete einst Fluß – und ist dies auch nicht der Avon Shakespeares, so ist er doch nicht minder lieblich und darüber hinaus ein Favorit der Angler und Fischer. William Cobbett, ein heftiger Kritiker der Industriellen Revolution im vorigen Jahrhundert, die die englischen Bauern verarmen ließ, hat diesen Fluß mit besonderer Liebe in seinen ›Rural Rides‹ beschrieben. Dieses Buch, in dem Cobbett ein Land im Umbruch darstellte, ist einer der eigenwilligsten Reisereporte der Welt, ein einzigartiges literarisches Dokument. Cobbett schildert darin minutiös die Reisen, die er, großenteils zu Pferd, durch das ländliche England unternommen hat. Es sind realistische Schilderungen der geliebten Landschaft, des täglichen Lebens auf den Dörfern und in den kleinen Marktstädten, durchsetzt wieder und wieder mit leidenschaftlichen sozialen Anklagen. England machte damals eine der einschneidendsten agrarischen Reformen seiner Geschichte durch, die Umstellung vieler Höfe auf die ›moderne‹ Maschinenwirtschaft, die viele Pächter und Landarbeiter brotlos machte, viele Gutsbesitzer, die sich nicht umstellen wollten oder konnten, ihre ererbten Sitze aufzugeben zwang. Cobbett war Bauer, Ökonom, und ihm wollte die Verelendung vor allem des bäuerlichen Proletariats nicht in den Sinn; sein Kampf um die Rechte der unterdrückten Schichten war ein hochpolitischer Kampf, der ihn ins Parlament brachte, aber auch ins Gefängnis und in die Verbannung. Er war ein Don Quixote reinsten Wassers, etwa das, was Galsworthy ein Jahrhundert später nicht unzutreffend mit ›Tory-Kommunist‹ bezeichnete, aber er war auch ein tapferer, großherziger Mann und vor allem ein hervorragender Schriftsteller. In den ›Ländlichen Ritten‹ erzählt er, wie er sich lange schon auf das Avontal gefreut habe, *»denn ich konnte nicht glauben, daß man dreißig Kirchen für nichts am Ufer eines Baches – und mehr* *ist der Avon nicht über den größten Teil seines Laufes – gebaut haben solle, innerhalb von dreißig Meilen ... Nie zuvor habe ich etwas erblickt, was mich so entzückt hätte, wie das Avontal ... Endlos vielfältig ist die Form seiner Berge, die das Tal einschließen. Manchmal neigt sich ein Hang ganz sacht, und das bestellte Land erstreckt sich weit hinab. Dann wieder treten die Downs schroff hervor, wie Wellenbrecher im Meer, mit steilen Abhängen nach allen Seiten, auch zum Tal hin ... die Weite des Tales ändert sich ständig und damit auch die Breite der Weiden, aber der Boden scheint überall hervorragend zu sein ... Und doch, jene, die die Arbeit tun, sind halb verhungert! Welche Ungerechtigkeit, welch höllisches System ist dies, das jene, die produzieren, zu Haut und Knochen und Nacktheit verurteilt, während Speis' und Trank und Wolle fast restlos fortgeschleppt werden, um Pfründenempfängern, Pensionären, Soldaten, Galgenvögeln und anderen Schwärmen von Steuergeldverprassern zugute kommen!«*

Längst ist das Elend, das Cobbett beschrieb, überwunden und vergessen, aber wie einst windet sich der anmutige Fluß durch sein buschreiches Wiesental. Mancher Verlust jener Jahre, den Cobbett beklagte, war nicht mehr gutzumachen: vierzig Herrenhäuser, zahlreiche Kirchen und Flecken sind der Hungerzeit zum Opfer gefallen. Aber die Dörfer, die die Krise überlebten, wirken stattlich und gepflegt mit ihren breithingelagerten, riedgedeckten Häusern aus hellem Bruchstein, die fast verschwinden unter den tief herabgezogenen Dächern, hinter Sträuchern, überwachsenen Mauern, breitästigen, efeuumschlungenen Eichen.

Zu beiden Seiten des Avon findet man in näherem oder weiterem Abstand zahllose vorgeschichtliche Fundstätten, die von früher dichter Besiedlung erzählen: Casterley Camp, Bulford Camp, Ogbury Camp, Figsbury Ring, Grovely Castle, um nur einige zu nennen, vor allem aber den Ring der Riesen, Stonehenge.

12

Der Tempel der Winde: Stonehenge

Aus dem Avontal windet sich die Straße langsam hinauf zu einem weiten Heideplateau, Salisbury Plain. In dieser dunklen Weite erhebt sich ein flacher, kreisrunder Hügel. Und auf dem Hügel stehen, verschreckt, zusammengedrängt, windschief, verloren, wolkengraue

Steine, mannshohe Findlinge und turmhohe Tore, durch die der Wind streicht. Ein Riesenspielzeug, liegengeblieben in der Öde aus jener Zeit, als die alten Götter noch auf Erden wandelten, einzigartig in seiner abweisenden Majestät. Ein Tempel der Winde, wie der Dichter der Heide von Wessex, Thomas Hardy, ihn nannte.

Die Ehrfurcht, die diese gewaltige Ruine einflößt, läßt sich weit zurückverfolgen. Um die Jahrtausendwende, als der Normanne Geoffrey of Monmouth die Geschichte der alten Britenkönige aufzeichnete, hatte man schon begonnen, nach dem Sinn dieses vorzeitlichen Denkmals zu fragen, das damals übrigens noch etwas besser erhalten war. Nach der ersten großen Sachsenschlacht, so berichtet uns Geoffrey, wollte der Britenkönig Aurelius für die gefallenen Recken ein Denkmal errichten. Er besprach seinen Plan mit Merlin, seinem vertrauten Ratgeber. Der Magier erzählte dem König vom Ring der Riesen in Irland, auf dem Mount Killarus. »*Dort steht ein steinerner Bau,*« läßt Geoffrey Merlin sagen, »*wie kein Mensch unserer Zeit ihn errichten kann, wenn er nicht Listen mit großen Künsten zu verbinden weiß. Die Steine sind riesenhaft, und es weilt keiner unter den Lebenden, der Kraft genug hätte, sie zu bewegen. Wenn man sie rund um diesen Platz aufstellte, in der gleichen Ordnung wie dort, werden sie in Ewigkeit stehen.*« Merlin überzeugte den König, der sich anfangs belustigt zeigte über die Heiligkeit und die wunderbaren Eigenschaften der Steine, die vor langer, langer Zeit die Riesen aus Afrika nach Irland gebracht haben sollten. Des Königs Bruder Utherpendragon zog mit Merlin und fünfzehntausend Rittern aus, um die Steine nach England zu entführen, aber nur Merlin wußte, wie man sie bewegen konnte, und er allein war fähig, sie in der alten Ordnung wiederzuerrichten, »*so beweisend, daß seine Künste der bloßen Kraft überlegen waren.*«

In vielem irrte Geoffrey; die Steine wurden wenigstens zweitausend Jahre vor der mutmaßlichen Regierungszeit des Aurelius aufgerichtet, und sie kamen auch nicht aus Irland, sondern von einem anderen fernen Ort, dem Gebirge der Prescelly Mountains in Pembrokeshire in Wales. Aber sie sind tatsächlich über Land und Meer transportiert worden, und nur ›Kunst‹, nicht Kraft hat sie in ihre strenge Ordnung bringen können. Besonders interessant ist in diesem Zusammenhang, daß man im Boden von Stonehenge wie in Cornwall blaue ägyptische Fayenceperlen gefunden hat, und daß in einige der Steine – kaum sichtbar – mykenische Streitäxte eingeritzt sind. Die Wissenschaftler nehmen an, daß entweder ägyptische oder mykenische Baumeister auch in Stonehenge die Hand im Spiel hatten, oder aber, daß englische Meister der Bronzezeit, die am Nil ›studiert‹ hatten, ihre dort erworbenen Kenntnisse in der Heimat anwendeten: Die Steine von Stonehenge sind nämlich, im Gegensatz zu den Findlingen der meisten anderen Steinkreise, mit höchster Raffinesse bearbeitet. Wenn sich diese Annahme eines Tages bestätigen sollte, hätte man zugleich eine Erklärung für Geoffreys legendäre ›Riesen aus Afrika‹.

Der Steinkreis von Stonehenge ist ein äußerst vertracktes Gebilde, und man muß sich seine Baugeschichte vergegenwärtigen, um zu begreifen, daß hier einst ein architektonisches Weltwunder stand, Nordeuropas gewaltigstes Megalithbauwerk. Und gerade seine Baugeschichte scheint am stärksten gegen die Grabkammertheorie zu sprechen: Selbst in vorgeschichtlichen Zeiten werden kaum drei verschiedene Völker über einen Zeitraum von tausend Jahren hinweg an einem einzigen Grabmal gebaut haben. Daß man hier auch Knochenfunde gemacht hat, besagt nicht mehr, als daß hier Menschen begraben wurden. Knochen wurden ja auch unter gotischen Kathedralen gefunden, und dennoch behauptet niemand, sie seien Grabmäler.

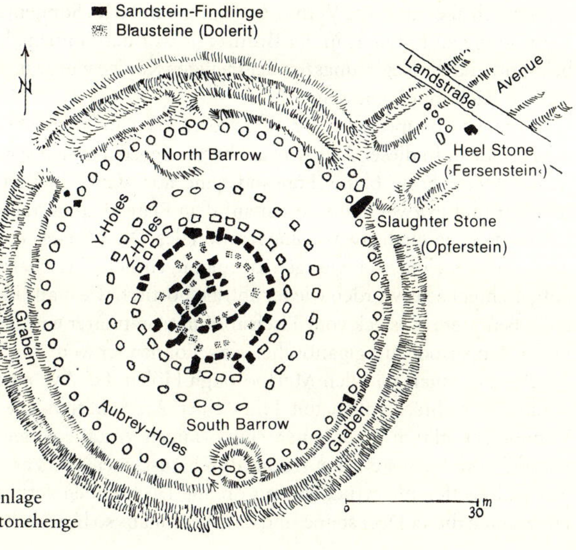

Die Anlage von Stonehenge

Erste Baubemühungen scheinen um 2400 v. Chr. eingesetzt zu haben, und bald nach 2200 besaß das in diesem Zeitraum künstlich aufgeschüttete, kreisrunde Hügelplateau bereits seinen Umfassungsgraben! Am ›Eingang‹ dieser Anlage, dort, wo die später ausgebaute breite Prozessionsstraße, die sogenannte *Avenue* (1700-1600 v. Chr.) mündet, standen zwei hohe Steine; der eine ist noch heute zu sehen, liegt aber am Boden; er heißt, wahrscheinlich zu Unrecht, *Slaughter Stone*, Opferstein. Richtig ist eher, daß er zusammen mit dem verschwundenen Stein eine Art Portal bildete. Am Rande der Avenue erhebt sich, einige Meter vor dem Tor, ein anderer hoher Stein, der heute noch steht, es ist der *Heel Stone*, so genannt nach einer Beschädigung, die dem Abdruck einer menschlichen Ferse gleicht. Über diesem Stein geht am Mittsommertag die Sonne mit ihrem ersten Strahl auf. Rund um das Hügelplateau verläuft ein Ring aus in gleichmäßigen Abständen angelegten Bodenvertiefungen, die nach ihrem Entdecker John Aubrey (1626-1697), einem begeisterten Altertumsforscher, *Aubrey Holes* genannt werden. Neuere Forschungen machen es immer wahrscheinlicher, besonders im Zusammenhang mit der Untersuchung von hunderten anderer Steinkreise in England, daß es sich in Stonehenge um eine komplizierte Sternwarte gehandelt haben könnte. Da die Löcher im Verhältnis 19:19:18 angelegt sind, drängt sich aber auch die Vermutung auf, sie mit dem Sonnenjahr in Verbindung zu bringen; in der Bronzezeit war das Sonnenjahr gut bekannt, und die Regierungszeit der Heiligen Könige wurde im allgemeinen nach ihm bemessen.

Die nächste Bauperiode wird um 1700-1600 v. Chr. angesetzt, es ist die Periode II. In dieser Zeit wurden bis zu sieben Tonnen schwere, sieben Meter hohe blaue Tonsandsteine aus Wales hierher verschleppt und in zwei Halbkreisen auf dem Plateau aufgestellt.

Und dann geschah etwas völlig Irrationales. Diese Steine, die man unter unvorstellbar schwierigen Bedingungen herbeigeschafft und aufgerichtet hatte, wurden wieder abtransportiert, wie man ein nicht mehr benötigtes Besteck vom Tisch abräumt. Statt ihrer wurden nun in der Bauperiode III a gigantische, je 25 Tonnen schwere Findlingsbrocken, die man von den Marlborough-Höhen bei Avebury herschaffte – wahrscheinlich mit Hilfe einer Art Schlitten, die über Rundhölzer glitten – zu einer ringförmigen Arkade aufgestellt. Dreißig von ihnen stehen aufrecht, durch ausgemeißelte Vertiefungen und Zapfen unverrückbar mit dreißig Decksteinen verbunden. Die Kanten dieser Decksteine sind darüber hinaus so bearbeitet, daß sie sich nach oben hin trapezartig verbreitern: Damit sollte einerseits die Perspektive ausgeglichen werden, andererseits wohl ein Verschieben der Kolosse noch unmöglicher sein. Das Unglaublichste: Sie waren auch so zugehauen, daß sie einen Ring bildeten – das heißt, die Baumeister müssen in der Lage gewesen sein, den Kreisumfang ihres Baus nicht nur vorauszuberechnen, sondern ihn auch in dreißig Teilabschnitte zu zerlegen und jedem dieser Teilabschnitte die richtige Rundung zu geben! Sie waren also hervorragende Geometriker und ganz bestimmt keine ›Wilden‹, die nur einen Häuptling beerdigen wollten.

In diesem Kreis aus Toren stehen fünf noch gewaltigere Trilithe, zu einem Hufeisen angeordnet. Ein Trilith ist eine Art steinerner Tisch mit zwei Stützen und einem Deckstein; ähnlich waren ja auch schon die Dolmen, die Hünengräber, gebaut. Auch diese Trilithe sind mit der gleichen Sorgfalt bearbeitet wie die Arkadensteine; das geht so weit, daß die hinteren höher sind als die vorderen, als wolle man auch hier um jeden Preis perspektivische Verzerrungen vermeiden. Das Hufeisen muß man sich zum Eingang des Kreises, an dem der Heel Stone steht, geöffnet vorstellen.

In der Bauperiode III b (1550-1400 v. Chr.) hat man dann in der Mitte des Hufeisens den fünf Meter hohen *Altarstein* aufgerichtet, der mit dem Heel Stone in gleicher Linie stand, also auch von den Strahlen der aufgehenden Sonne in der Mittsommernacht getroffen wurde. Auch dieser Stein stammte aus Wales, er wurde an der Küste bei Milford Haven gebrochen, wo wahrscheinlich die blauen Tonsandsteine eingeschifft wurden. Er ist heute umgestürzt. In derselben Bauperiode wurden nun die einst beseitigten blauen Steine aus Wales wahllos wieder in dem Kreis aufgestellt.

Die Bauperiode III c bringt die Vollendung des Heiligtums, – wenn wir es einmal so nennen wollen. Sie nahm noch einmal ungefähr hundert Jahre in Anspruch, so daß etwa um 1300 v. Chr. Stonehenge seine endgültige Gestalt erlangt hatte. In dieser letzten Periode wurden die Blausteine zu einem inneren Kreis zwischen der Arkade und dem Hufeisen aufgerichtet; ebenso wurde aus diesen Steinen ein zweites Hufeisen innerhalb des Trilith-Hufeisens gebildet, und zwar aus neunzehn Steinen – also wieder soviel Steinen, wie das ›Große Jahr‹ Jahre zählt. Die äußere Grenze von Stonehenge bildet ein Erdwall mit rund 92 Metern Durchmesser, der ursprünglich etwa 2 Meter hoch gewesen sein kann.

Außen um die Arkade laufen im Abstand von einmal 11, einmal

3,7 Metern zwei Ringe mit kleinen Löchern, deren Sinn noch ungeklärt ist. Sie sind zum Teil weiß ausgegossen, um leicht erkannt zu werden. Man nennt sie die *Y- und Z-Holes*, und sie entstanden wahrscheinlich zu Beginn der Bauperiode III.

Stonehenge stand, bis es die Römer zerstörten, so gut sie dies vermochten. Schon im frühen Mittelalter wußte man nicht mehr, welchen Sinn diese gewaltige Stätte gehabt hat. Und heute gehen die Meinungen darüber so weit auseinander wie nie zuvor. Die Vermutungen reichen vom Heldengrab zum Tempel eines Sonnengottes, von der Opferstätte zum Thingplatz, von einem immerwährenden Kalender zu einer ungeheueren Sternwarte, einem Observatorium, mit dessen Hilfe man nicht nur die Sonnenwenden, sondern auch die Umlaufeklipsen berechnen konnte. Und wir stehen erst am Anfang der wirklichen Erforschung; so ist es noch gar nicht lange her, daß man mykenische Dolchzeichnungen an einigen der Steine entdeckt hat. Starb hier alle neunzehn Jahre zur Frühlings-Tagundnachtgleiche der Heilige König, der Sonnenheros, den Opfertod von der Hand seines Nachfolgers, der dann zum neuen Gottkönig gekrönt wurde? Wurden die Menhire und der Altarstein aus Wales hierher verschleppt, um die religiöse Macht der Erdmutter in Pembrokeshire, der vorkeltischen Todesgöttin Annwm, zu brechen, wie der Mythologe Ranke-Graves vermutet? Wir wissen noch sehr, sehr wenig über Stonehenge, und das, was wir wissen, ist Stückwerk.

Aber wenn man auf diesem Hügel steht, wenn man das Glück hat, diese Steine nicht nur an einem leuchtenden Sonnentag, sondern vielleicht in einem schweren Unwetter zu sehen oder gar in der Mittsommernacht den mystischen Augenblick zu erleben, wenn die Spitze des Heel Stones plötzlich in Licht getaucht erscheint, während noch graues Dunkel über dem weiten Tal hängt, versinken alle diese Spekulationen, werden sie zu wesenlosem Gelehrtenstreit. Man sieht weit über das gewellte Land, klein liegen in seinen Mulden die fernen Dörfer wie Vogelnester, sieht über die öde Heide, in der der Sturm vielleicht die Eichen zaust, und spürt, wie diese steinernen Zeugen einer versunkenen Kultur noch in ihrem Zerfall erhaben sind.

13

Inbegriff des Gebets: Salisbury

Und nun, endlich aufragend, aufsteigend, eruptiv emporgeschleudert aus dem Herzen des Bauwerks, seine Krönung und Majestät, der neue Turm!
William Golding, The Spire, London 1964

Wenn der Avon Salisbury erreicht, ist er zwar immer noch schmal wie ein Bach; aber hier trifft er mit zwei anderen Wasserläufen zusammen und wird endlich auch der Gestalt nach zum Fluß. Liebevoll umschlingt er die Stadt mit einer blauen Schleife, in deren Mitte die Kathedrale der Gebenedeiten Jungfrau emporwächst. Der lichte, fast weiße Kalksteinbau gipfelt in dem höchsten, schlankesten, edelsten Turm aller Kirchen Englands. Constable hat ihn im vorigen Jahrhundert immer wieder gemalt, wie er steil und hell hinter dem Fluß aufsteigt zwischen den Wipfeln von Pappeln und Eichen. So kann man ihn noch heute von den Flußwiesen her sehen; unter der kleinen Parkbrücke brüten Schwäne, abends wird man von Fledermäusen umflattert, die nach Nachtfaltern jagen. In den Rosenbüschen singen Nachtigallen. An manchen Sommerabenden wird der Turm farbig angestrahlt, aber besser als diese Lichtkaskaden steht ihm der Glanz des Mittags oder der milde Schein des Mondes an.

Die Kathedrale von Salisbury nimmt unter den Dombauten des englischen Mittelalters eine Sonderstellung ein, denn sie wurde weitgehend von einem einzigen Manne geplant und ausschließlich nach diesem Plan errichtet; einige wenige spätere Ein- oder Anbauten wurden von den Restauratoren Wyatt und Scott im vorigen Jahrhundert wieder entfernt, so daß wir hier einen Bau vor uns haben, der ganz aus dem Geiste der englischen Frühgotik, des Early English, erwachsen ist. Die Geschichte des Bischofssitzes allerdings reicht weiter zurück:

Vor der Stadt liegt auf einem grünüberwachsenen Kalkberg eine faszinierende Ruinenstätte, *Old Sarum:* Ein Erdwall von über fünfzehnhundert Metern Durchmesser mit einem breiten, trockenen Graben umschließt in einem Oval einen zweiten, ebenfalls grabenumgebenen Erdwall, der noch von Resten einer breiten Steinmauer gekrönt wird. Sieht man von diesen Mauern herab, so erblickt man im inneren Kreis die Grundmauern und Ruinen einer normannischen Burganlage und im äußeren Ring die Fundamente einer

Basilika über kreuzförmigem Grundriß. Old Sarum war ursprünglich eine Römerstadt, Sorviodunum, die 552 von König Cynric erobert und von den Wessexfürsten zu einer Feste ausgebaut wurde. Der Name, den ihr Cynric gab, bezog sich ebenso wie der römische auf den Wassermangel des Ortes: Searesby-rig, trockene Stadt. Die Burgruine, die man heute sieht, stammt aus der normannischen Zeit. Um 1075 setzte der Eroberer hier einen Bischof, Hermann, ein, der mit dem Kathedralbau begann. Sein Nachfolger Osmund, der vier Jahre lang des Königs Kanzler gewesen war, ehe er sein geistliches Amt übernahm, führte den Bau fort und gab der jungen Kathedrale eine feste Regel, die später von den meisten Kirchen Englands übernommen wurde: Nicht Mönche, sondern Kanoniker stehen der Kathedrale vor; das Domkapitel wird von den ›Personae‹ geleitet, dem Dechanten, dem Kanzler, dem Schatzmeister und dem Kantor, der für Chor und Musik verantwortlich ist. Auch die von Osmund begründete Singschule besteht noch heute fort.

Die erste Kathedrale wurde wenige Tage nach ihrer Vollendung vom Blitz zerstört. Die Grundmauern, die wir heute in Old Sarum weiß durch das grüne Gras schimmern sehen, gehören schon dem zweiten, normannischen Bau an, der unter Bischof Roger entstand. Aber die Nachbarschaft der Burg, der Wassermangel und die rauhen Winde machten sich immer störender bemerkbar, und so erwirkte 1217 Bischof Richard Poore vom Papst die Erlaubnis, auf seinem eigenen Grund im Avontal eine neue Kathedrale zu errichten.

Bischof Poore plante den Bau der Kathedrale; seine Ideen setzten sein Domherr Elias of Dereham und der berühmte Baumeister Nicholas of Ely in Stein um. Elias war auch Berater verschiedener anderer Bischöfe und Domherr von Wells; er starb 1245. Den Bau der Westfassade, des Kapitelhauses und des Kreuzganges leitete Richard the Mason, Richard der Baumeister.

Vieles läßt sich zum Lob der *Kathedrale* von Salisbury sagen – aber vielleicht ist das Wesen ihrer Schönheit vor allem durch ihre Lage bestimmt. Dieser Bau darf, was seinen französischen Vettern im allgemeinen verwehrt ist: atmen! Nach allen Seiten freigestellt, auf seinem Rasen ruhend wie ein elfenbeinernes Kleinod auf Samtgrund, von Bäumen umgeben, wirkt er, besonders vom Fluß aus, wie ein Naturereignis eher denn wie ein Bauwerk. Und doch ist er zugleich auch Mittelpunkt der Domfreiheit, deren Häuser im Ansatz ebenfalls auf Richard Poore zurückgehen. Poore hatte Grund hinzugekauft, um hier die Kapitelherren und Chorschüler, die Handwerker und Baumeister und was sonst noch zur kleinen Welt der Kathedrale gehörte, ansiedeln zu können. Die ersten Wohnungen standen bereits, als der Kirchenbau noch nicht halb vollendet war. Sicher haben sich viele der Häuser inzwischen verändert, aber alle zusammen bilden noch immer eine urbane Einheit von bezaubernder Vielfalt.

Mitten unter ihnen, in majestätischer Vereinzelung, steht die Kathedrale mit ihrer schmalen, schreinartigen Westfassade, dem organisch verschachtelten Ostwerk und dem *Turm*, der sich frei und sicher in den Himmel schwingt wie ein ›Inbegriff des Gebets‹ – so nennt ihn William Golding in seinem Roman ›The Spire‹, in dem er das dramatische Ringen um seinen Bau schildert. Denn dieser von Richard of Farleigh erst zwischen 1334 und 1365 über der fertigen Kirche errichtete Koloß – mit 123 Metern der höchste Turm Englands – lastet auf sumpfigem Flußgelände. Aus sprödem, bröckligem Kalkstein gefügt, ruht er auf Pfeilern, die seinem Gewicht kaum gewachsen sind. Er wurde um einen hölzernen Gerüstkern herum gebaut, der noch heute erhalten ist; und noch immer befördert die alte Holzwinde aus jener Zeit bei Reparaturarbeiten die Steine nach oben. Aber alles das vergißt man, wenn man mit den Augen seine wunderbar klare Linie abtastet: über dem zweigeschossigen, quadratischen Unterbau, der von überschlanken Lanzettfenstern und filigranhaften Friesen gegliedert wird, steigt die hohe, achteckige Spitze auf, nicht durchbrochen wie die Münstertürme Süddeutschlands, sondern nur von drei Maßwerkringen wie von drei Kronen umfangen; der Knauf des Wunderwerks trägt ein einfaches Kreuz.

Der *Grundriß* der Kathedrale zeigt wieder die für England typische Aneinanderreihung von Räumen: das Langhaus mit Seitenschiffen, die Vierung mit mächtigem Querhaus und Turm, den ebenfalls dreischiffigen Chor mit eigenem Querhaus, endlich die gerade, geschlossene Marienkapelle mit Nebenkapellen. Man hatte ja Platz, man konnte so lang und so breit bauen, wie es einem gefiel, von keinen Mauern eingezwängt wie in den Städten auf dem Kontinent. Im Süden ist dem Langhaus ein großer *Kreuzgang* vorgelagert, von dessen breiten Arkadenbögen man in den von Koniferen dunkelüberschatteten Rasenhof sieht. Ein Gang führt von dort zu dem achteckigen *Kapitelhaus*, dessen feines Palmengewölbe auf einer einzigen Säule ruht. Über den Steinsitzen der Domherren entlang den Wänden verläuft dort ein Relieffries aus dem 13. Jahrhundert mit

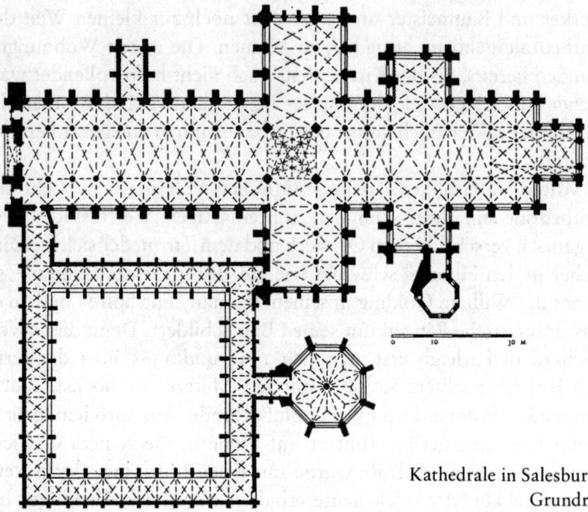

Kathedrale in Salesbury:
Grundriß

Szenen aus dem Alten Testament; die weiten Fenster zeigen phantasievolles Maßwerk im Stil der englischen Hochgotik, dem sogenannten Decorated Style. Ein zweites freistehendes Oktogon, eine kleine Kapelle, liegt hinter dem südlichen Chorquerschiff.

Das Innere der Kathedrale wirkt weit, großräumig, kühl. Die Kreuzrippengewölbe sind hoch angesetzt und werden durch Gurtbogen in klare Joche unterteilt; die Schlußsteine sind klein und knospenhaft. Nur die Vierung unterbricht diese Abfolge mit einem zarten Netzgewölbe. Die tragenden Bündelpfeiler bestehen aus je vier kreuzförmig angeordneten, ganz glatten Sandsteinsäulen; diagonal dazu angeordnet sind je vier dünne Dienste aus dunklem Purbeckmarmor. Dieses Wechselspiel von hellem Stein und dunkelschimmerndem gibt dem sonst fast nüchternen Kirchenraum Spannung.

Der architektonisch reizvollste Innenraum der Kathedrale ist die sich an den nach Osten zu offenen Chor anschließende *Marienkapelle:* Aus vier zerbrechlich feinen Rundpfeilern aus Purbeckmarmor und zwei Bündelpfeilern mit überschlanken Diensten aus demselben Material steigen kelchartig auseinanderstrebend farbig bemalte Rippen auf: Die hellen Gewölbe gleichen steinernen Lilien. Das mittlere Ostfenster dieses schon fast eine Hallenkirche vorwegnehmenden, völlig schwerelos wirkenden Raumes zeigt Glas aus dem 16. und 17. Jahrhundert, die anderen Ostfenster Grisaillemalereien aus dem 13. Jahrhundert.

Die *Grabmäler* wurden im vorigen Jahrhundert teilweise neu angeordnet und sehr stark restauriert; nur ein Blick sei dem Monument für den Historiker Richard Colt Hoare im südlichen Querschiff gewidmet. Es zeigt Hoare im Schlafrock in einem Sessel sitzend, über den Knien das aufgeschlagene Manuskript seiner Geschichte der Grafschaft Wiltshire; das leicht geneigte Haupt mit dem Brutusschopf zeigt einen nachdenklich-skeptischen Ausdruck. Wir werden ihm in Stourhead wieder begegnen.

Salisburys Kathedrale wirkt nicht wie Exeter durch plastische Raumgebärde, sondern durch die Verhaltenheit seiner Gewölbe und Tönung, seine harmonischen, edlen Proportionen. Kaum irgendwo sonst hat man in England einen Kirchenraum mit solcher Strenge auf seine Grundstruktur zurückgeführt wie hier; und wenn er durch die Restaurierungen auch vielleicht eine Einbuße an Wärme und Farbigkeit erlitt, so erleichtern sie doch zweifellos die Auseinandersetzung mit diesem Bau als einem rein architektonisch verstandenen Kunstwerk.

Wärme und Farben findet man dafür in der Domfreiheit, der Close, und der Stadt selbst, New Sarum oder Salisbury. In ihren winkligen Straßen drängen sich Häuser aller Farben, Formen und Stile: schwarzweiße Tudorfachwerkbauten mit vorkragendem Obergeschoß, blitzbunte freundliche Häuschen aus der Regency-Zeit um 1800, Häuser, deren Fassaden Schachbrettmuster aus Ziegeln und Sandstein oder Feuerstein zeigen, die dem Wind mit heller Lattenverschalung oder ›Tilehanging‹, einem Behang aus geometrisch geformten, ganz dünnen Ziegeln, trotzen; andere wieder sind aus runden, in Reihen ordentlich angeordneten, kindskopfgroßen Kieseln erbaut.

Die selbst für England riesige Domfreiheit wird umringt von noblen, festlichen Barockvillen mit klassizistisch gebändigten Fassaden. In *Malmesbury House* verbarg sich 1651 der junge Karl II. auf seiner Flucht vor Cromwells Truppen; heute gehört es – Ironie der Geschichte – einem Parlamentsmitglied. Ein anderes reizvolles Anwesen in der Close ist das im 17. Jahrhundert errichtete *Mompesson House*, heute im Besitz des National Trust. Sir Thomas Mompesson hatte 1656 einen royalistischen Aufstand gegen das Commonwealth unterstützt und wurde bei der Restauration der Stuarts mit einem Vermögen belohnt. Er begann den Neubau seines Hauses, das aber erst unter seinem Sohn endgültig Gestalt annahm: Ein steiles Walmdach sitzt mit leichtem Schwung über der schlichten hochfenstrigen Fassade; barocke Prachtlust entfaltet sich nur im gebrochenen Giebelfeld mit dem Familienwappen. Die Strenge des Hauses wird durch üppig rankendes Grün gelockert, nicht aber seiner Vornehmheit beraubt. Ein Seitenflügel verbindet seit der Mitte des 18. Jahrhunderts das Haus mit den großen Stallungen von 1680. Einige der Innenräume zeigen noch die ursprüngliche Täfelung, aber die meisten wurden um 1740 neu dekoriert mit stuckierten Decken und trompe l'œil-Fresken. Ein feines Schmiedegitter schirmt den kleinen Vorgarten zur Close hin ab.

Das alte *Dechanat* und der ehemalige *Bischofspalast*, der im 18. Jahrhundert über der frühgotischen Krypta des alten Bischofspalastes errichtet wurde, sind in Schulen umgewandelt worden, doch darf man im Palast den Großen Saal besichtigen: ein Raum wie ein Stück Wedgwood-Porzellan. Weißgoldener, zierlicher Stuck zwischen taubenblauen, türkis- und fliederfarbenen Feldern belebt anmutig das flache Spiegelgewölbe; die hohen Wände sind rauchgrau getönt, und die hohen Palladiofenster mit ihren weißen Halbsäulen ziehen den Blick hinaus ins Dämmergrün des Parks.

Die Domfreiheit wird noch immer jeden Abend um elf Uhr hinter den hohen Toren ihrer Umfassungsmauern eingeschlossen. Dann versinken die etwa achtzig Häuser, von denen jedes einzelne wohl seine Geschichte erzählen könnte, in Schlaf und wohlbewachte Einsamkeit.

Das *Northgate*, der Hauptzugang von der Close zur Stadt, trägt kräftige Zinnen; sein drohendes Felsengrau wird durch ein pompöses, buntes Wappen mit Löwe und Einhorn, Englands Wappentieren, gemildert. Das Kleinod der Stadt ist aber die große *Pfarrkirche* in einer Ecke des weiten Marktplatzes: Ihre riesigen, fast bis zur Erde reichenden Fenster aus hellem Glas lassen sie durchsichtig erscheinen, besonders am Abend, wenn die Sonne niedrig steht und rotgoldene Strahlen durch den ganzen Bau schickt, so daß sie von außen einer brennenden Laterne gleicht.

Salisbury ist eine kleine Stadt, niemand kann sich hier verlaufen. Buch- und Antiquitätenhändler, Teestuben und rings um den Markt schöne alte Gasthäuser erzählen von ihrer Doppelfunktion als Dom- und Marktstadt. Dickens, der eine Schwäche für Englands kleine

Städte hatte, erwähnt sie mehrfach in seinen Werken, und Anthony Trollope, sein Zeitgenosse, hat ihre Atmosphäre in seinen Barchester-Romanen eingefangen. In seiner Biographie schilderte er, wie er 1851 in Salisbury war und dort an einem Mittsommerabend rund um die Domfreiheit spazierte, wobei ihm die Idee zu ›The Warden‹ kam, aus der er dann einen ganzen Romanzyklus entwickelte, in dessen Mittelpunkt die Stadt Barchester = Salisbury steht mit ihren Bischöfen, Dechanten und Erzdiakonen.

14

Das Schönste Haus der Herberts: Wilton

Ein verständiger Mann bewahrt,
wenn er sich in der Öffentlichkeit befindet,
äußerlich ein gesetztes Gebaren,
in seinem Innern jedoch brennt das Feuer
der Phantasie, und manchmal bricht es durch,
wie es oft die Natur in unbändigem Drange tut.
Inigo Jones

Nicht weit westlich von Salisbury liegt die kleine alte Stadt *Wilton*, die seit dem 17. Jahrhundert eine bedeutende Rolle in der Entwicklung der Teppichweberei gespielt hat. Die ersten Teppichweber, so wird erzählt, hat der Graf von Pembroke im Weinfaß von Frankreich einschmuggeln lassen, wo diese Kunst damals blühte. Aus der ersten Manufaktur wurden bald große Unternehmen, und neben den Brüsseler Teppich mit seiner fein gerippten Oberfläche trat der samtige, aber noch nach sehr ähnlichem Prinzip gewebte Wilton-Teppich. Diese samtige Oberfläche wird durch das Zerschneiden der winzigen Schlingen erzielt; ein guter Wilton ist, was Haltbarkeit und Kompliziertheit der Muster anbelangt, nur noch durch handgeknüpfte Orientteppiche zu übertreffen. Das war wohl auch der Grund, warum der Wilton-Webstuhl (Wilton loom) die Teppichwebereien überall in der Welt erobert hat. Daneben wird hier heute vor allem der Axminster gewebt, der lange Zeit nur von Hand gearbeitet wurde, und zwar in dem Dorf Axminster, dessen Namen er trägt. Dieser Teppich ist in der Herstellung wirtschaftlicher als die beiden erstgenannten; seine Oberfläche ist noch flauschiger, voller und samtiger als beim Wilton-Teppich, aber er ist nicht so strapazierfähig wie dieser, denn die Florhärchen bestehen aus nachträglich eingezogenen Fadenbüschelchen und nicht mehr aus den zerschnittenen Schlingen der Webfäden. Der Axminster gehört heute zu den meistgewebten Teppichen der Welt; eine Variante ist der Axminster Chenille. Wer sich für Teppiche interessiert, sollte unbedingt die Manufakturen in Wilton besuchen und sich von der Arbeit der mächtigen Webstühle beeindrucken lassen.

Wilton gab der Grafschaft Wiltshire den Namen. Es liegt auf den grasbedeckten Höhen der Kalkberge, eingefaßt von den Flüssen Nadder und Wylye; in der frühen Sachsenzeit war es wohl Hauptort eines der kleineren Königreiche.

Im Süden der Stadt hat König Alfred eine Abtei gegründet, und 1544 schenkte Heinrich VIII. deren Ländereien und Gebäude – die durch Auflösung der Klöster an die Krone zurückfielen – William Herbert, der mit einer Schwester Katharina Parrs, der letzten Gemahlin des Königs, verheiratet war. Herberts Vater war ein illegitimer Sohn des 1. Earl of Pembroke, der in den Rosenkriegen im 15. Jahrhundert eine bedeutende Rolle gespielt hatte. 1491 starben die Earls of Pembroke aus, und so konnte Heinrich VIII. den freigewordenen Titel zugunsten William Herberts wieder aufleben lassen, der dadurch zum 1. Grafen der zweiten ›Dynastie‹ Pembroke wurde. Herbert machte die Abtei in Wilton zu seinem Hauptsitz und beauftragte Hans Holbein d. J., der damals am englischen Hof lebte, mit Entwürfen. Von diesem Haus steht noch der hohe Torbau mit seiner harmonischen Fassade: Über dem einfachen Tudorbogen des Toreingangs tritt ein dreigeschossiger Erker hervor; zu seiten des Eingangs sind wappengeschmückte Figurennischen in die Wand eingelassen, und Wappenschilde sind auch über dem Tudorbogen und links und rechts über den seitlichen Fenstern angebracht. Gekrönt wird das Ganze von einem offenen, achteckigen Glockentürmchen mit zierlicher Kuppel.

Williams Sohn Henry heiratete die geistvolle und schöne Mary Sidney, deren Mutter eine Dudley war und deren Bruder am Hof als Dichter gefeiert wurde. Mit Mary fand Leben und Lachen den Weg in das von Holbein entworfene Haus. Sie und ihre beiden Söhne William und Philip zogen die größten Geister der elisabethanischen Zeit in ihren Bann: Marlowe und Ben Jonson, Edmund Spenser, der Mary seine ›Ruines of Times‹ widmete, und jenen Mann, der der Epoche seinen Namen lieh: Shakespeare. War ›Mr. W. H.‹, dem Shakespeare seine Sonette widmete, William Herbert, war dessen faszinierende Maitresse Mary Fitton die geheimnisumwitterte ›dunkle Dame‹? Das ist so ungeklärt wie fast alles in Shakespeares Leben, aber sicher ist, daß die erste Folioausgabe seiner Dramen, die nach seinem Tode erschien, dem ›unvergleichlichen Brüderpaar‹ William und Philip gewidmet war.

1605 war König Jakob I., der Sohn Maria Stuarts und Nachfolger Elisabeths, Gast der Herberts; und damals hat Shakespeare mit seiner Truppe vor dem Hof in Wilton House gespielt. Theater gehörte stets zu den beliebtesten Vergnügungen in diesem Haus; beim Besuch der greisen Elisabeth wurde 1599 das Schäferspiel ›Astrea‹, ein Werk der Gräfin, aufgeführt. Mary war eine eifrige Schriftstellerin; mit ihrem Bruder zusammen schuf sie eine schöne Versübertragung des Psalter.

An königlicher Gnade mangelte es den Pembrokes auch in der Folge nicht. Nach dem Tode Jakobs I. bestieg 1625 der hochbegabte und kunstsinnige Karl I. den Thron, der mit den Brüdern eng befreundet war. Er regte den 3. Earl, William, zum Umbau von Wilton House an und stellte ihm dafür sogar seinen eigenen Architekten, Inigo Jones, den Meister des englischen Frühbarock, zur Verfügung. Aber Jones war mit Arbeiten für die Bauten des Königs überlastet, und auf seinen Vorschlag überließ William die Entwürfe seinem Schüler Isaac de Caus. Nur ein Teil dieser Pläne gelangte zur Ausführung, aber der 1630 gebaute Südflügel verrät den starken Einfluß Jones'. Der klare, langgestreckte Bau wird durch ein Palladiofenster mit großem Wappen und zwei Liegefiguren als Mittelpunkt bestimmt. An den Seiten treten zwei niedrige Türme mit klassischen Dreiecksgiebeln wie Risalite vor, ein später immer wieder imitiertes Motiv. Mittelfenster und die übergiebelten Fenster der Ecktürme öffnen sich auf balkonähnliche Vorbauten, deren hohe Fenstertüren zum Park führen. Die Fassade des Flügels ist zum Teil überrankt, was ihr etwas von der klassizistischen Strenge nimmt und sie mit in die Anlage des großen Landschaftsgartens einzubeziehen scheint, dessen mächtige Libanonzedern – sie waren wohl die ersten, die nach England gelangten – schon in den dreißiger Jahren des 17. Jahrhunderts gesetzt worden sind.

William Herbert starb ohne männliche Erben, und so wurde sein Bruder Philip, Earl of Montgomery und Lordkämmerer Karls I., 4. Earl of Pembroke. Philip hatte Karl gern, aber er war zu klug, um nicht zu erkennen, daß der Stuart ein weit besserer Kunstmäzen denn König war. So kam der Tag, an dem sich der mächtige Earl dem

Parlament zur Verfügung stellte, das ihn zum Gouverneur der für die Revolution strategisch wichtigen Isle of Wight ernannte. In den schlimmsten Jahren des Bürgerkrieges konnte Pembroke seine Hand über Inigo Jones halten, und als sein Haus 1647 von einem Brand verwüstet wurde, beauftragte er den Baumeister ein zweites Mal. Jetzt aber war Jones schon zu alt und überließ die Arbeiten weitgehend seinem Schüler John Webb. Es ist nie sicher geklärt worden, wie groß der Anteil Jones' an den Entwürfen eigentlich war. Die beiden schönsten Räume, ›Cube Room‹ und ›Double Cube Room‹ genannt, Würfelraum und Doppelwürfelraum (wobei der zweite genau doppelt so lang wie hoch und breit ist), verraten seine Hand. Der Doppelwürfelraum gilt als einer der schönsten Säle Englands. *»Selbst dort aber bleibt Jones in der Verwendung von Dekoration maßvoll und fern von Überladenheit. Seine Fruchtgehänge und Blumen sind klar und fest geformt. Sie überwuchern nirgends die strukturelle Gliederung des Raumes. Der Gegensatz zwischen strengem Außenbau und reicher Innenausstattung war durchaus bewußt herbeigeführt.«* (Nikolaus Pevsner, Europäische Architektur)

In diesem Hauptsaal mit seinen weißen, von vergoldetem Stuck gezierten Wänden und den dunklen Deckenfresken von Edward Pierce und Emmanuel de Critz hängen die berühmten Familienporträts von der Hand van Dycks, für deren Aufnahme er von vornherein bestimmt war. Besonders anziehend ist das bezaubernde Bild der drei ältesten Kinder König Karls I. über dem Kamin, noch in sorglosen Stunden gemalt. Rechts davon hängt das Porträt Philip Herberts, daneben das seiner Schwiegertochter, Penelope Naunton. Links von der großen Doppeltür sieht man die schöne Mary Villiers, die Tochter des Herzogs von Buckingham, eine andere Schwiegertochter des 4. Grafen, mit der Zwergin Mrs. Gibson. Die vergoldeten geschnitzten Möbel schuf der Neupalladianer William Kent.

Die reichen Kunstsammlungen der Herberts wurden zum großen Teil von Thomas Herbert, dem 8. Earl, zusammengetragen. Darunter finden sich Gemälde von Hugo von der Goes, Tintoretto, Rembrandt, Rubens und Reynolds. Eines der kostbarsten der von Thomas erworbenen Stücke, das sogenannte ›Wilton-Diptychon‹, ein zeitgenössisches Porträt Richards II. mit seinen Schutzheiligen auf Goldgrund, wurde 1929 von der Nationalgalerie in London angekauft, die es als einen ihrer vornehmsten Schätze hütet. Dieser Sammler war es auch, der die französischen Teppichweber ›importierte‹, um seine eigene Manufaktur zu errichten.

Wenn man in dem weiten Park herumstreift, stößt man bald auf eine steinerne fünfbogige Gartenbrücke mit einem tempelähnlichen Brückenhaus mit ionischen Säulen und Pilastern. Sie gilt als Meisterwerk des neupalladianischen Stils, den Lord Burlington in England populär gemacht hatte. Henry Herbert, der Sohn von Thomas und 9. Graf, hat sie mit seinem Baumeister Roger Morris entworfen. Der elegante Bau, der die klare Nadder überspannt, wurde 1735 errichtet. Von Lord Pembroke, der den Spitznamen ›the Architect Earl‹ trug, stammt auch Marble Hill House in Twickenham; er hat außerdem den Bau der Westminster Bridge in London angeregt, der ersten steinernen Themsebrücke seit dem Mittelalter.

Dichter, Politiker, Mäzene, Sammler und Architekten waren die Herberts, stets Förderer der Kultur ihrer Zeit, so wie ihr schönes Haus in Wilton der englischen Baukunst immer neue Anregungen gegeben hat.

15

In Hardys Heide: Shaftesbury – Milton Abbas Higher Bockhampton – Dorchester – Abbotsbury Monacute House

Der Ort erfüllte sich jetzt mit angespannter Wachsamkeit,
denn wenn andere Dinge in einen schweren Schlaf versanken,
schien die Heide langsam zu erwachen und zu lauschen.
Jede Nacht schien ihre titanische Gestalt auf etwas zu warten;
und so hatte sie geharrt, unbewegt, seit Jahrhunderten.
Thomas Hardy, The Return of the Native, 1878

Wir fahren von Wilton aus auf gerader Straße nach Südwesten; kurz vor der kleinen Stadt *Shaftesbury* überschreiten wir die Grenze nach Dorset. Shaftesbury ist architektonisch nicht besonders anziehend, bis auf Golden Hill, eine alte Straße, die sich von der Kirche St. Peter aus in einem steilen Schwung den Hügel hinabsenkt. Mit ihren hohen, der Straße zugekehrten Ziegel- und Rieddächern, Winkeln, Treppen und Schornsteinen hebt sie sich malerisch vom Hintergrund der sanften, grünen Hügellandschaft in der Ferne ab, dem Vale of Blackmore. Von dem Benediktinerinnenkloster, das Alfred der Große um 880 gegründet hat und dessen erste Äbtissin des Königs Tochter Ethelgiva war, findet man nur noch die Grundmauern vor. In diesem Kloster wurde Eduard der Märtyrer zur letzten Ruhe gebettet. Eduard, Sohn Edgars des Friedlichen, war ein dreizehnjähriges Kind, als ihn die Edlen nach seines Vaters Tod zum König wählten. Er regierte nur drei Jahre lang, von 975 bis 978; dann traf ihn auf dem Jagdschloß seiner Stiefmutter, Corfe Castle, wo er um einen Becher Wein gebeten hatte, der Dolch eines Mörders.

Südöstlich von Shaftesbury erstreckt sich das Kalkgebirge *Cranborne Chase*, einst ein Jagdgebiet der Krone, später im Besitz der Familie Pitt und im vorigen Jahrhundert ein Paradies der Wilderer, Schmuggler und Wegelagerer. 1830 verfügte das Parlament, daß ein Großteil seiner Wälder abzuholzen sei, damit diesem Unwesen Einhalt geboten werden könne; so findet man heute hier ausgedehnte Weiden, nur da und dort von silbrigen Buchenwäldern durchzogen.

Wir wollen uns von Shaftesbury aus nach Dorchester wenden und wählen die Straße über Blandford Forum. Bald hinter Blandford zweigt rechts ein Weg nach Milton Abbas ab. In einem Waldtal finden wir eine gotische Kirche und ein neugotisches Herrenhaus aus dem 18. Jahrhundert, *Milton Abbey*. König Athelstan, der in England ein ebenso machtvolles wie gerechtes Regiment führte und seine drei Schwestern mit den vornehmsten Herren von Europa – Kaiser Otto I., Hugo Capet und König Karl von Westfranken – vermählte, hatte hier 939 ein Kloster gegründet, das Edgar der Friedliche 964 in den Rang einer Abtei erhob. Von der einstigen Abteikirche führt ein Weg mit über hundert Rasenstufen zu einer kleinen Kapelle im anglonormannischen Mischstil, St. Catherine's Chapel, die König Athelstan auf Grund eines Gelübdes errichten ließ. Die Kirche wurde erst im 14./15. Jahrhundert gebaut, blieb aber unvollendet, da die Reformation die Klöster enteignete. Heinrich VIII. schenkte die Abtei Sir John Tregonwell, dem er seine Scheidung von Katharina verdankte. 1771 kaufte Joseph Damer, der spätere Earl of Dorset, den Besitz. In der Abteikirche, die aus Ziegeln und glitzerndem grauen Feuerstein erbaut ist, steht das Grabmal des Grafen und seiner lieblichen Frau, ein Marmormonument, das Carlini um 1775 geschaffen hat. Die Gräfin liegt wie schlafend ausgestreckt in ihrer Rokokorobe; der Graf beugt sich über sie, den einen Arm aufgestützt, die Wange in eine Hand geschmiegt, die andere Hand leger auf dem leicht angezogenen Knie ruhend.

Damer war ein echtes Kind seiner Zeit, schwankend zwischen Aufklärung und Empfindsamkeit. Er ließ sich von zwei bekannten Architekten, Sir Williams Chambers und James Wyatt, ein neugotisches Herrenhaus errichten, in das auf seinen Wunsch der Saal der alten Abtei mit einer herrlich geschnitzten Stichbalkendecke, einem sogenannten Hammerbeam roof von 1498 einbezogen wurde. Diese Form des offenen Dachstuhls mit Abhänglingen (Stuhlsäulen) ist in England häufig zu finden, denn dies Volk der Bootsbauer war auch Meister hölzerner Dachkonstruktionen. Damer war mit seinem schönen Haus zufrieden, aber die Aussicht ärgerte ihn – er träumte von Rasen, Hecken und Baumgruppen, die ihm der beliebteste Gartenarchitekt seiner Zeit, Capability Brown, anlegen sollte. Nur stand ihm das alte Dorf *Milton Abbas* dabei im Wege. Doch nichts einfacher, als dieses Problem zu lösen! In einigen Kilometern Entfernung – gerade so weit, daß man vom Herrenhaus aus einen freien Blick hatte – ließ er ein neues Dorf bauen, mit einer schönen, breiten, geschwungenen Straße und Häusern mit welligen, weichgeformten Strohdächern und einer neugotischen Kirche mit eckigem Turm. Und als alles fertig war, packten die Dörfler ihre Sachen und zogen um. Ein unglaublicher Despotismus – aber beide Seiten profitierten davon; Milton Abbas darf noch heute als Musterdorf angesehen werden.

Zur Hauptstraße zurückgekehrt, fahren wir jetzt schräg durch ein weites Heidegebiet, das sich bis zum River Frome hinabzieht. Der Dichter dieser Heide ist Thomas Hardy. Er hat in seinen Romanen das Leben der Schäfer und Viehhändler, Apfelbauern und Bürger, Getreidespekulanten, Besenbinder und Heckenschneider, Pfarrer und Spielleute, Matrosen und Gutsherrn von Wessex mit äußerster Intensität geschildert; alle seine Menschen leben vor dem Hintergrund dieser Landschaft, in die er sich selbst immer wieder zurückzog. Landschaft ist bei Hardy nie liebliche Idylle, sondern eine Macht, unbestechlich und mitleidlos wie die Götter der antiken Tragödie.

»Da der Himmel bleich überspannt war und sich auf der Erde die dunkelste Vegetation ausbreitete, war deren Aufeinanderstoßen am Horizont klar zu erkennen. In solchem Kontrast stand die Heide gegen ihn, als habe die Nacht vor der Zeit von ihr Besitz ergriffen. Aufwärtsschauend würde ein Ginsterschneider weitergearbeitet, aber nach einem Blick zur Erde sein Bündel gepackt haben und nach Hause gegangen sein. Der ferne Saum von Erde und Firmament schien nicht nur eine Scheidelinie zwischen zwei Dingen zu sein, sondern auch zwischen Tag und Nacht. Das Antlitz der Heide fügte dem Abend eine halbe Stunde zu, einzig durch seinen Ton; in gleicher

Weise konnte es das Morgengrauen verzögern, den Mittag verdüstern, den drohenden Sturm, der noch kaum zu atmen begann, ankünden, und die Undurchdringlichkeit einer mondlosen Mitternacht vertiefen zu Furcht und Zagen ... Der Ort erfüllte sich jetzt mit angespannter Wachsamkeit, denn wenn andere Dinge in schweren Schlaf versanken, schien die Heide langsam zu erwachen und zu lauschen. Jede Nacht schien ihre titanische Gestalt auf etwas zu warten; und so hatte sie geharrt, unbewegt, seit Jahrhunderten«, schreibt Hardy in der Eröffnung zu seinem Hauptwerk ›The Return of the Native‹.

Kurz bevor wir Dorchester, Hardys ›Casterbridge‹, erreichen, gelangen wir in das Dorf *Higher Bockhampton*. Dort wurde der Dichter am 2. Juni 1840 als Sohn eines Maurers geboren, in einem niedrigen Cottage aus blaßgelbem Kalkstein mit einem schweren Rieddach. Es steht noch heute unverändert an der Dorfstraße, als sei die Zeit hier stehengeblieben. Die Mutter hatte eine bessere Bildung genossen als der Vater und unterstützte den Lesehunger ihres Jungen, der in London in die Lehre zu einem Architekten kam. Aus gesundheitlichen Gründen kehrte er fünf Jahre später nach Dorchester zurück, wo er als Assistent an der Restaurierung der Kirche St. Peter mitarbeitete. Damals schrieb er seinen ersten Roman, den ihm der Londoner Verleger Macmillan zurückschickte. Bei einem anderen Verleger hatte Hardy mehr Glück; dort kam sein Manuskript in die Hände des großen Romanciers George Meredith. Dieser erkannte Hardys Begabung und riet ihm, das Buch zurückzuziehen und sich zunächst stärker auf den Publikumsgeschmack einzustellen. So wurde sein Erstling, ›Desperate Remedies‹, 1871 sogleich ein wirklicher Bestseller; Hardy konnte heiraten und sich mit seiner jungen Frau in London niederlassen. Die Ehe scheiterte; Hardy gehörte, wie seine Menschen, aufs Dorf – und er wußte es. Vom Erfolg seiner nächsten Romane reich geworden, konnte er sich vor den Toren Dorchesters sein Landhaus Max Gate bauen. Dort entstanden seine Alterswerke, skeptisch, vergrübelt, dunkel: ›Tess of the d'Urbervilles‹ und ›Jude the Obscure‹. Beide Werke zeichnen das Schicksal von Menschen auf, die an der herrschenden Moral zerbrechen. Sie wurden von der Kritik und vom Publikum gleich heftig abgelehnt. Hardy war verbittert; er schrieb nur noch Gedichte, und wie er bis dahin der Wegbereiter des gesellschaftskritischen Romans war, wurde er nun zu einem der größten modernen Lyriker Englands. Er starb 1928; sein Herz wurde, wie er es gewünscht hatte, auf dem kleinen Friedhof in Stinsford, in der Nähe seines Hauses, beigesetzt; seine Asche wurde nach der Westminster Abtei überführt.

Dorchester ist eine römische Gründung, Durnovaria. Im Colliton Park wurden Fundamente und Marmorböden einer römischen Villa freigelegt und 1978 ein Römerbad bei Wallastan House; Römerfunde kann man auch im County Museum in der High Street bewundern, das außerdem eine bedeutende Hardy-Sammlung beherbergt. Die Stadt wird an drei Seiten von schönen Kastanien- und Ahornalleen umfangen, den ›Walks‹; sie zeigen an, wo einst die Mauern der Römerstadt verliefen. An der Straße nach Weymouth liegt vor der Stadt ein römisches Amphitheater, Maumbury Rings, das dort an Stelle eines bronzezeitlichen Steinkreises errichtet worden ist. Hardy beschreibt im ›Bürgermeister von Casterbridge‹ diesen Ort in seiner unheimlich wirkenden Verlassenheit sehr eindringlich. Im Mittelalter wurde aus dem Theater, in dem einst Gladiatorenspiele abgehalten worden sind, Gerichtsort und Galgenstätte.

Maumbury Rings ist nicht der einzige Ort Dorchesters, der mit blutigen Erinnerungen belastet ist. Im Saal des Hotels Antelope hat 1685 der Richter Jeffreys nach Zusammenbruch des Monmouth-Aufstandes vierundsiebzig Rebellen zum Tode verurteilt; seine grausamen Richtsprüche, die in der englischen Rechtsgeschichte ohne Beispiel sind, gingen als ›Bloody Assizes‹ in die Geschichte ein. James Scott, Herzog von Monmouth, war der Sohn König Karls II. und Lucy Walters. Auf Drängen der protestantischen Partei, die um jeden Preis verhindern wollte, daß der des Katholizismus verdächtige Bruder des Königs, Jakob, die Nachfolge antrat, erkannte Karl Anfang der siebziger Jahre den vergötterten Sohn nicht ungern als legitimes Kind und damit als seinen Thronerben an; ob er wirklich mit Lucy Walters rechtmäßig verheiratet war, ist nie sicher geklärt worden. Später jedoch gab Karl den Vorhaltungen seines Bruders nach und setzte diesen als Erben ein. Der Herzog von Monmouth entschloß sich nach dem Tode seines Vaters, um die Krone zu kämpfen; es gelang ihm, den stets rebellischen Westen aufzuwiegeln. Aber Jakob II. war schneller; seine Truppen schlugen den Aufstand in kurzer Zeit nieder. Monmouth endete wie so viele Stuarts auf dem Schaffott.

Westlich der Stadt liegt auf einem Bergrücken *Maiden Castle*, ein gewaltiges Labyrinth von Erdwällen, die sich bis zu dreißig Metern Höhe erheben und von Wind und Wettern so verschliffen sind, daß sie wie ungeheuere erstarrte Wellen wirken. Sie umschließen das

Hügelplateau, auf dem wahrscheinlich schon in der frühen Bronzezeit Menschen siedelten. Die Erbauer der Erdwälle waren keltische Briten, die im ersten Jahrhundert vor Christus hier eindrangen und von dieser ›Festung‹ aus das umliegende Land beherrschten, bis sie um 43 n. Chr. hier von den Römern besiegt wurden. Dennoch scheinen sie sich nur zögernd von ihrem Lager getrennt zu haben; denn noch im vierten Jahrhundert wurde in der Ostecke der Anlage ein heidnischer Tempel erbaut, dessen Fundamente ausgegraben wurden. Das Ergreifende an diesem einstigen Eisenzeitlager ist, daß es im Lauf der Jahrhunderte von der Natur wieder völlig assimiliert worden ist und die gewaltigen, von Menschenhand aufgeschütteten Erdwellen heute alles Künstliche verloren haben.

Von Dorchester aus fahren wir auf Nebenstraßen zur Küste hinab, um *Abbotsbury* zu besuchen, einen der hübschesten Orte Dorsets. Die einstige Abtei, die dem Dorf den Namen gab, ist lange verschwunden, nur die mittelalterliche hohe Scheune und die berühmte Schwanenbrutstätte, die sogenannte ›Swannery‹, zeugen noch von ihr. In einer großen Meereslagune östlich des Dorfes werden seit 1393 Schwäne gehalten; heute sieht man hier mehr als ein halbes Tausend dieser königlichen weißen Vögel. Die Engländer haben eine ausgeprägte Vorliebe für den Schwan, man kann schon fast von einer Art Kult sprechen. Lange Zeit konnte nur der König das Privileg vergeben, Schwäne zu halten; noch heute sagt man in England: *»Alle Schwäne gehören der Königin«*, und für die meisten trifft das auch immer noch zu. Ursprünglich hatte dieses Vorrecht natürlich vor allem einen materiellen Hintergrund: Schwanenbraten und Schwanendaunen waren hochbegehrt, aber ausschließlich dem Haushalt des Herrschers vorbehalten. Da Schwäne eigentlich Wandervögel sind und sich in nordwestlichen Breiten nur unter günstigen Bedingungen zum Brüten entschließen, hielt man sie schon früh in besonderen Schwanenhäusern oder Brutstätten; die von Abbotsbury dient heute zugleich als Vogelwarte.

Über dem Dorf mit seinen ockergelben Bruchsteinhäusern steht auf einem Hügel St. Catherine's Chapel, eine Seefahrerkapelle aus dem 15. Jahrhundert, und auf einer hohen Klippe am Strand liegt das sogenannte Abbotsbury Castle; keine Burgruine, sondern wieder Reste eines Eisenzeitlagers. Von dort aus hat man einen zauberhaften Blick über die ganze Bucht. Am Ufer entlang führt ein Spazierweg durch einen ausgedehnten Park; zwischen Magnolien und

Kamelien stolzieren Pfauen über die gepflegten Rasen, ihre blauschillernden Schwänze wie Schleppen hinter sich herziehend, und die künstlich angelegten Teiche sind von Seerosen überwuchert.

Die Weiterfahrt führt entlang der schönen Küstenstraße in westlicher Richtung. Ab Bridport wenden wir uns nördlich, um über Yeovil nach Glastonbury zu gelangen. Sechs Kilometer von Yeovil entfernt liegt *Montacute House* (1588-1600), ein sehr typisches elisabethanisches Landhaus mit riesigen, vielfach unterteilten Erkerfenstern, hohen Schornsteinen und vielen kleinen Giebeln. Es wurde aus mattrotem Sandstein über einem ebenfalls für diese Zeit typischen, E-förmigen Grundriß errichtet. Die Innenräume des dreigeschossigen Hauses haben zum Teil noch die alte Ausstattung mit kräftigen Stuckdecken und schönen Tapisserien bewahrt; eine Besonderheit sind die vielen Wappenscheiben. Bauherren waren Thomas und Sir Edward Phelips; Sir Edward war unter König Jakob I. Sprecher des Unterhauses.

16

Rosenstrauch und Ginsterzweig: Glastonbury

Denn niemand kann den Gral erjagen,
den man nicht schon im Himmel kennt
und zu dem Gral berufen nennt.
Wolfram von Eschenbach, Parzival

Auf unserer Fahrt von Bridport an der Südküste in nördlicher Richtung sind wir über Beaminster und Yeovil in eine weite Ebene gelangt, die sich vom Bristol Channel aus – dem Meeresarm, der Nordevon und Somerset von Wales trennt – tief in das Hügelland eingräbt. Sie wird westlich von den Quantock Hills und im Nordosten von den Mendip Höhen begrenzt und von vielen Flüssen und Kanälen durchzogen. Die Erde hat hier wieder einen warmen Ton, die Viehweiden leuchten fett in smaragdfarbigem Grün: Wir sind in Somerset, dem Land, wo Milch und Honig, will sagen, Rahm und Met fließt. Einst war hier alles Sumpfland, und dort, wo sich heute der Felsenberg Glastonbury Tor in der Ebene emporreckt, schaute noch zur Zeit vor Christi Geburt nur eine Insel über einem weiten Moorsee hervor, an dessen Rändern sich Pfahlbausiedlungen fanden. Einige dieser Pfahldörfer sind ausgegraben, aber die Stätten sind nur für den Fachgelehrten von Interesse; eine gute Übersicht über die Funde vermittelt jedoch das Lake Village Museum in der High Street in Glastonbury, einer schmucken Stadt mit alten Spitelhäusern und einer gotischen, feingliedrigen Pfarrkirche, St. John, deren Turm aus dem späten 15. Jahrhundert sich wohl sehen lassen kann.

Man hat in der einstigen Insel das sagenhafte Avalon erkennen wollen, die Toteninsel der britischen Könige, ja, man zeigt sogar die Gräber König Artus' und seiner blonden Königin Ginevra – aber das ist ein mittelalterliches Mißverständnis; Avalon, die Apfelinsel, lag in der keltischen ›Anderwelt‹. Auf dem Glastonbury Tor, so wird erzählt, hat einst Joseph von Arimathia den ihm in Sarras von Engeln überbrachten Gral vergraben, die Schale, aus der Jesus und die Jünger beim letzten Abendmahl gespeist haben und in der Joseph, der zum weiteren Kreis der Jünger gehörte, das Blut des Heilands unter dem Kreuz auffing. Als Hüter des Grals und Apostel der Briten ist er in die Legende eingegangen.

»*Nachdem er von der Wüste aufgebrochen war, wo er die Sarazenen bekehrte, zog er an einem Osterabend mit seiner Schar ohne Schiff übers Meer. Die See war ruhig, der Mond stand hell am Himmel, und Joseph hieß die, die den Gral trugen, vorangehen, und sie gingen auf der Oberfläche des Wassers wie auf festem Land. Das war damals, als hier bei den Stonehenge-Steinen die Heiden und ihre Druiden Opfer brachten und die Erde der Blauen Bretagne nach Blut roch. Doch es heißt, so wie die Berge wandern, so soll der Stamm aus Josephs Samen dorthin ziehen, wohin sein Herz ihn treibt – nach Westen. Und der aus Josephs Stamm, der das Geheimnis des Grals trug – es war Bron, seiner Schwester Sohn – sollte nach Avalon fahren, zur glückseligen Insel, zum glasfarbenen Strom, der das Eiland von Glastonbury umfließt.*« (›Lancelot und Ginevra‹)

Als die Wandernden Glastonbury Tor erreicht hatten, stieß Joseph seinen Stab in die Erde, der sogleich Wurzeln schlug und Knospen trieb, die sich zur Christnacht, als in der von Joseph erbauten Kirche die Mette gehalten wurde, in süßduftenden, weißen Blüten öffneten. Und noch heute blüht der wunderbare Rosenbusch von Glastonbury – oder besser: seine Ableger, denn den ursprünglichen Strauch haben Cromwells Rundköpfe abgeschlagen – um die Weihnachtszeit im Hof von St. John, wo sich auch Josephs Grab befinden soll. Über dem Gral, den der Apostel hier vergrub, tat sich ein heilkräftiger Quell auf, der Blood Spring, und auch er rinnt immer noch. Nur von der Kirche, die der Gralshüter gebaut hat, wurde nie

II GEORGE STUBBS
Stuten und Fohlen in einer Landschaft (Ausschnitt)
Öl auf Leinwand, um 1760-70

The Tate Gallery, London

eine Spur gefunden; die erste geschichtlich nachweisbare Kapelle stiftete um 688 der Wessexkönig Ines; er gründete hier eine Abtei, die dann unter den Normannen erweitert wurde.

Nach Joseph hütete Bron, sein Neffe, den Gral, und dann bestimmte das heilige Gefäß den jüngsten von dessen zwölf Söhnen, Alain, zum Gralskönig. Alain hatte einst in der Bretagne nur einen einzigen Fisch in seinem Netz gefangen, als die Wandernden unter großem Hunger litten; aber Joseph hatte gebetet, den Fisch geteilt, und alle waren satt geworden. Seitdem hießen die Gralshüter auch die Fischerkönige. Als Alain schon eine Weile König war, heilte er mit Hilfe des Grals den siechen König von Terre Fontain, der sich darauf mit seinem ganzen Volk bekehrte und dem Gral ein Schloß in der Wildnis baute, ›Corbenic‹, heiliges Gefäß, genannt. Die Prophezeiung aber, die Merlin vor König Artus aussprach, besagte, daß eines Tages der Gral den Rittern der Tafelrunde in Camelot erscheinen und zu wandern beginnen würde, und daß dann die Runde auseinanderfallen solle, weil sich die Ritter auf die Suche nach dem Gral in alle Welt begeben müßten.

Und so geschah es. Als Galahad, der Sohn des besten Ritters Lanzelot und Enkel des Fischerkönigs, in die Runde aufgenommen wurde und sich auf dem bis dahin leeren, hundertfünfzigsten Platz niederließ, erschien der Gral zu Pfingsten auf Camelot, und die Ritter brachen auf, um ihn zu suchen und zu schützen. Doch nur dreien war es vergönnt, ihn in seinem Glanz zu sehen: dem Weltritter Bohort, der seine Tugend immer neu erkämpfen mußte, Parsival, dem reinen Toren und Galahad, dem Erwählten. Er führte den Gral von Corbenic übers Meer heim nach Sarras, und sie fuhren auf Salomos Schiff durch die Wellen und brauchten nicht Ruder noch Segel.

Im späten 12. Jahrhundert brannte die normannische Abteikirche von Glastonbury nieder, und man wollte sie in wunderbarer Schönheit wieder aufbauen. Um die Gelder zu sammeln, begann man, aus der Glastonbury-Legende Nutzen zu ziehen: Der Ort wurde Pilgerziel. Die Zeit kam dem Unternehmen entgegen; in jene Jahre fielen der Dritte, Vierte und Fünfte Kreuzzug zur Rückeroberung des Heiligen Landes, an denen die größten Fürsten Europas teilnahmen. Die Zisterzienserreform und das Wirken Bernhards von Clairvaux hatten ein neues Ideal der Askese und Vergeistigung gebracht, und auf dem vierten Laterankonzil erhob 1215 Papst Innozenz III. die Lehre von der Transsubstantiation – der Umwandlung von Brot und Wein in Leib und Blut Christi – zum Dogma. So drang die mystische

Erfahrung des Abendmahles ein in die mythische Welt der Artusritter; die ›Aventure‹ der Kreuzfahrer, die von ihren Fahrten orientalische, byzantinische und jüdische Märchenmotive heimbrachten, und die Sagen der Völkerwanderungszeit, der Kelten, Sachsen, Franken und Normannen, verschmolzen ineinander. Und noch eines trug zu der Artus- und Gralsbegeisterung im 12. und frühen 13. Jahrhundert bei: England blühte auf unter der Herrschaft der Angoviner; kaum ein Fürst des Römischen Reiches konnte sich mit Heinrich II. an Machtfülle messen. Mit Heinrich I. Beauclerc, dem zweiten Sohn Wilhelms I., war das Haus des Eroberers im Mannesstamm ausgestorben; Erbin des Königs war seine Tochter Mathilde, die Witwe Kaiser Heinrichs V. Aus ihrer zweiten Ehe mit Gottfried dem Schönen von Anjou, der wegen des Ginsterzweiges, den er am Hut zu tragen pflegte, Plantagenet (planta genista = Ginsterpflanze) genannt wurde, ging ein Sohn hervor, Heinrich II., der sich das mütterliche Erbe – England, Normandie, Bretagne – zu sichern wußte und mit dem des Vaters – Anjou, Maine und Touraine, Poitou und Auvergne – verband. Durch seine Gemahlin, geschieden von Ludwig VII. von Frankreich, gewann er noch das reiche Aquitanien, das Périgord und die Gascogne hinzu.

In den frühen Jahren ihrer Ehe sammelten sich am Hofe Heinrichs und Eleonores die Troubadours und Dichter. Mit dem Königspaar von jenseits des Meeres schienen sich die alten britischen Prophezeiungen zu erfüllen, daß einst ein starker König käme, der England den alten Glanz wiederbringen würde. So kam es damals zu einer wahren Renaissance der Artusmythen. Der König selbst ließ in Glastonbury graben; die keltischen Gräber, die man fand, wurden – wie schon erwähnt – für die Gräber König Artus' und Ginevras gehalten. Am Hof der Angoviner schreibt unter anderem der große Chrestien de Troyes seine fünf schönsten Epen – Erec, Cligès, Lancelot, Yvain und Perceval – die alle aus dem Themenkreis der Artusritter schöpfen. Die Ritter der Tafelrunde gewinnen Individualität, bestehen die Suche nach dem Gral, gelangen durch verwunschene Wälder auf Zauberschlösser, wo im Licht unzähliger Lampen tausende Pagen in Hermelin schönen Frauen und edlen Herren aufwarten – ein Abbild der Hoflager Heinrichs und Eleonores. Ihre Abenteuer verweben sich zu einem bunten Teppich, an dem ganz Europa mitknüpft, der Normanne Wace, Thomas Malory in seinem ›Morte d'Arthur‹, Bertran de Born, Wolfram von Eschenbach, Hartmann von Aue, Gottfried von Straßburg; den ersten zusammenhängenden Gralsroman schrieb Ende des Jahrhunderts Robert de Boron, und der jüngere Titurel dichtete daran weiter. Balladensänger und Spielleute trugen die Grals- und Artussagen in die entlegendsten Burgen und Dörfer, und in den stillen Zellen der Klöster saßen die Mönche und hielten die Geschichten in farbenfrohen Miniaturen fest. Ist es da ein Wunder, wenn den Zeitgenossen das Bild des ersten Angovinen und seiner Königin mit dem von Artus und Ginevra verschmolz? Eleonore lebt weiter in den Liedern der Troubadours. *»Meine Herrin hat«*, sang Raoul von Soissons, *»lachende graue Augen, dunkle Brauen, Haare leuchtender als Gold, eine schöne Stirn, die Nase gerade und wohlgeformt, Farben wie Rosen und Lilien«*, und er rühmt ihre Heiterkeit und Freundlichkeit.

Eleonore war nicht nur eine schöne, sie war auch eine kluge und tatkräftige Frau, die sich mit Heinrich in die Regierung des Riesenreiches teilte. Ihre Söhne – Heinrich, der noch vor dem Vater starb, aber von diesem zum König von England gekrönt worden war, Richard Löwenherz, Gottfried von der Bretagne und Johann Ohneland – trugen alle schon in frühen Jahren Kronreif oder Herzogshut; ihre Töchter saßen auf den mächtigsten Thronen Europas, ihr Enkel herrschte als Kaiser Otto IV. über das Römische Reich. Aber die Eintracht der ersten Jahre zerstob in Haß und Kampf; des Königs Liebe zur schönen Ritterstochter Rosamond, von der die Spielleute sangen, sein Kampf gegen den Erzbischof Thomas Beckett entfremdete ihn seinem Volk wie seiner Familie. In diesen Jahren lernte Eleonore Gefängnis und Schmach kennen. Doch sie überlebte Heinrich und wurde von ihrem Sohn, Richard Löwenherz, für die Zeit seiner Kreuzfahrt als Regentin eingesetzt. Es wurde eine lange Regentschaft, denn Richard geriet bei der Rückkehr in die Gefangenschaft des Kaisers und wurde im Reich von Burg zu Burg geschleppt.

Und so hält uns die Geschichte noch ein anderes Bild Eleonores bereit: die Zweiundsiebzigjährige, die im Dezembersturm an Bord des Leitschiffes einer kleinen Flotte über den Kanal setzt, um ihren Lieblingssohn freizukaufen. Vor ihren Augen läßt sie den Beamten des Kaisers die unter Mühen und Sorgen zusammengebettelte Summe des Lösegeldes vorzählen – eine ungeheuerliche Summe. Am 2. Februar 1194 kann sie endlich vor den Fürsten des Reiches den lange Vermißten in ihre Arme schließen. Und in ihren Armen ist er dann fünf Jahre später auch gestorben.

Eleonore war es noch beschieden, ihre Enkelin Blanche von Kastilien mit Ludwig VIII. v. Frankreich zu vermählen, als solle sich so der Ring ihres Lebens schließen, sie mußte aber auch noch den Schmerz hinnehmen, das Angovinenreich in den Händen ihres unfähigen Sohnes Johann Ohneland zerbrechen zu sehen, dem sie trotz all seiner Fehler bis zu ihrem Tod im Jahre 1204 treu und tapfer beistand. Sie erlosch still im Kloster Fontrevault, der Grablege der Angovinen, wo sie auch beigesetzt wurde.

Der Ausgangspunkt all der Mythen und Mären, die große Abteikirche von Glastonbury, dieser Ruheort zahlloser Heiliger und Fürsten, ist zerfallen. Nur noch zwei der machtvollen Vierungspfeiler mit Resten der südlichen Querhauswand und einem Teil der Langhausarkaden haben sich, von dichtem Grün fast überwuchert, erhalten. Leuchtend, fast weiß steht die Ruine vor dem grünen Hügel, auf dem noch heute der heilige Quell sprudelt.

17

In den Mendip Hills: Wells–Wookey Hole–Cheddar

Wells ... ist eigentlich nicht eine Stadt mit einer Kathedrale als Mittelpunkt, sondern eine Kathedrale, zu deren Füßen sich die Häuser eines Städtchens scharen, nicht viel mehr als ein Anhängsel der ausgedehnten Domfreiheit. Man fühlt überall die Gegenwart der schönen Kirche.

Henry James, English Hours, 1905

Wells

Wells liegt nur wenige Kilometer von Glastonbury entfernt. *»Immer scheint an diesem Ort eine Sonntagsnachmittags-Stimmung in der Luft zu hängen«*, bemerkte Henry James in seinen ›English Hours‹ Ende des vorigen Jahrhunderts – und so ist es noch heute. Im frühen Mittelalter zählte Wells etwa viertausend Einwohner, und seitdem ist es ihm nicht gelungen, die zehntausend voll zu machen. Der kleine Ort mit seinem großen Marktplatz, dessen gotische Torbauten aus honigfarbenem Kalkstein zur Kathedrale und zum Bischofspalast führen, bildet den lebhaftesten Gegensatz zum majestätischen Komplex der Kathedralbauten: eine im Sonnenlicht golden schimmernde Gottesburg und zugleich ein mittelalterliches Gemeinwesen, das seinen Charakter durch die Jahrhunderte fast unverändert bewahren konnte.

Die *Kathedrale*, nach der Zerstörung eines früheren normannischen Doms unter Bischof Reginald de Bohun um 1185 begonnen, gilt als einer der ersten Bauten und als charakteristisches Werk der englischen Frühgotik, des Early English. Sie hat nichts von der Anmut der Kathedrale der Gebenedeiten Jungfrau von Salisbury, aber auch die urbane Gelassenheit Exeters ist ihr fremd. Hier ist alles geballte Kraft, erdhafte Schwere, ruhevolles Lasten. Diese Wirkung rufen vor allem die unter Reginalds Nachfolger Jocelin (1206 bis 1242) vollendete *Westfassade* hervor durch ihre betonte Horizontalgliederung und die massigen Ecktürme, deren Unterbau völlig in das Skulpturenprogramm der Fassade eingebunden ist: Mehr als dreihundert Steinfiguren versinnbildlichen die geistliche und die weltliche Hierarchie. Die *Türme*, die sich eckig und nackt über dem Schiff erheben, brechen so abrupt ab, als habe ihnen plötzlich vor dem Abenteuer der Höhe geschwindelt. Obwohl von Anfang an geplant, wurden sie erst Ende des 14. und Mitte des 15. Jahrhunderts hochgezogen, als die Bischöfe Harewell und Bubwith testamentarisch Mittel für ihren Bau hinterlassen hatten. Sie tragen die Namen ihrer Stifter.

Edler als die Ecktürme wirkt der Vierungsturm, obwohl er sie an Masse sicher weit übertrifft. Aber seine Fialenkrone und das zarte Maßwerk seiner Fenster nehmen ihm alles Drohende. Und doch war er es, der bald nach seiner Fertigstellung 1321 die Kirche in schwerste Gefahr brachte, als er das Dach eindrücken zu wollen schien. Um ihn zu sichern, ließ Bischof Ralph von Shrewsbury (1329 bis 1369) – unter dem auch der Retrochor, ein für die englische Kathedralgotik typischer Umgang hinter dem Chor, gebaut wurde – zwischen die Vierungspfeiler im Innern drei torartige Strebebogen einziehen. Auf deren Spitzen stellte er noch einmal umgekehrte Bögen – eine ebenso kühne wie originelle Lösung, deren klare, rein funktionelle Form gerade den modernen Betrachter besticht, da sie in keiner Weise die Harmonie des Langhauses beeinträchtigt. Wenn man in der Vierung steht, hat man das Gefühl, sie sei von den machtvollen Streben umschlossen wie von einem magischen Gehäuse.

Auch im *Langhaus* überrascht wieder die Betonung der Horizontalen, ein typisch englischer Zug. Denn da man hier schon sehr früh auf Stadtmauern verzichten konnte, waren die Kirchen frei, in die Weite zu wuchern, der Zwang zur Höhe, wie Goethe sagte, heraus »aus dem Druck von Giebeln und Dächern, aus der Straßen quetschender Enge«, wie in Deutschland und Frankreich, fehlte. Breit schwingen hier die Arkadenbögen zwischen den eigenwillig gegliederten Bündelpfeilern, über denen sich wie ein glattes Band die Wandflächen des Triforiums mit ihren schmucklosen Spitzbögen hinziehen. Der Schwung der tief in den Raum greifenden Rippen des Gewölbes wird schon im Lichtgaden von Kämpfern mit Blattornamenten aufgefangen. Es handelt sich um ein einfaches, sechsteiliges Gewölbe ohne Scheitelrippe, das heißt, zu dem Kreuzrippenpaar tritt nur der Gurtbogen; dennoch wirkt es bewegter, subtiler als ein herkömmliches Kreuzrippengewölbe. Das liegt daran, daß die Gurtbögen, wie Nikolaus Pevsner es formulierte, *»weder durch Breite noch durch Relief gegenüber den anderen Rippen hervorgehoben sind; so liest man das Gewölbe nicht in Jochen, sondern von den Kämpfern her … ein Bündel sich emporstreckender Formen«*. Feine Blattkapitelle kräuseln sich wie Kränze aus frischem Laub um die Pfeiler; zwischen ihnen blicken aus den Bogenzwickeln ungerührt steinerne Gesichter hervor, Könige, Heilige, Mönche, deren Namen lange vergessen sind.

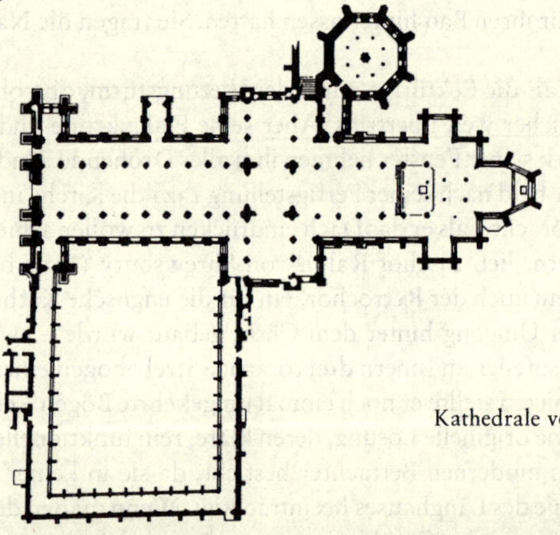

Kathedrale von Wells: Grundriß

Durch diese Horizontalgliederung wird der Blick nicht in die Höhe gerissen, sondern nach vorn gezogen, wo sich über dem Vierungsbogen eine schöne Triumphkreuzgruppe erhebt. Die originalen Figuren gingen verloren, es handelt sich aber um eine sehr gute Rekonstruktion von 1920.

In der Vierung entzückt ein schön durchgebildetes Fächergewölbe, eine Form, die für die englische Spätgotik typisch wurde, und im *Chor* spannt sich ein zauberhaftes Netz mit vergoldeten, knospenartigen Schlußsteinen anmutig über den hohen Raum. Sein Ostfenster, ›Golden Window‹ genannt, zeigt in fließendem Maßwerk mit dem Baum Jesse grüngoldene Glasmalerei aus dem 14. Jahrhundert. Die drei schlanken Bögen darunter gewähren den Durchblick in den Chorumgang, dessen kelchartig aufsteigende Palmengewölbe an die Marienkapelle von Salisbury denken lassen, und in die dahinter liegende Marienkapelle mit ihren Glasfenstern aus dem 14. Jahrhundert.

Köstlich sind die *Kapitelle* im nördlichen Seitenschiff. Sie schildern in derber Naivität Begebenheiten aus dem bäuerlichen Leben und liebevoll beobachtete Naturszenen: einen dornausziehenden Bauern, einen, der vom Feld heimkehrt, ein verliebtes Paar, eine Prügelei, dazwischen eine in der Sonne liegende Eidechse oder einen Eisvogel, der seine Jungen füttert. Auf drei aufeinanderfolgenden Kapitellen ist ein kleines Drama dargestellt, ein Eierdiebstahl und seine Bestrafung. Es ist, als ob der Steinmetz in diesem Seitenschiff seiner Fabulierfreude die Zügel schießen lassen durfte, ja, als habe er in diesem von vornehmen Bischöfen aus normannischem Geblüt regierten Dom seinem Gott von den Freuden und Leiden der sächsischen und britischen Bauern erzählen wollen, zu denen er wohl selbst gehörte.

Ein Werk der modernen Kunst steht im nördlichen Querschiff: E. J. Clarks ›Auferstandener Christus‹ (1956), dessen Antlitz, allem Leiden enthoben, in stiller Majestät erstrahlt. Darüber befindet sich ein Meisterwerk der Technik: eine astronomische Weltuhr mit einem Vierundzwanzig-Stunden-Zifferblatt aus dem 14. Jahrhundert, vor der zu jeder vollen Stunde tjostierende Ritter zum Kampf antreten. Das originale Uhrwerk wird heute allerdings im Britischen Museum in London sachkundig gehütet.

Stolz und Ruhm von Wells aber ist das achteckige *Kapitelhaus*, das man über die wohl schönste Treppe des Königreiches vom Innern der Kirche aus betritt. Die breiten, unregelmäßigen, von unzähligen Tritten ausgemuldeten Stufen dieser ›Himmelstreppe‹ steigen in einer ganz leisen Windung vom nördlichen Querhaus zu einem Torbau auf; in sie ergießt sich von der hohen Maßwerkpforte des Kapitelhauses auf halbem Weg seitlich eine zweite Stufenflucht wie ein steingewordener Wasserfall.

Im Kapitelhaus ruht wieder das ganze Gewölbe auf einem einzigen Bündelpfeiler; das Ebenmaß der zweiunddreißig zart profilierten Rippen, die wie eine goldene Garbe von ihm zur Decke aufsteigen, entzieht sich jeder Beschreibung. Ihnen antworten acht kleinere Garben, die aus schmalen Dienstbündeln zwischen den breiten Maßwerkfenstern emporstreben. Sie treffen sich in einer um den Raum laufenden Rippe in herrlichen Schlußsteinen mit Laubdekor. Unter den Fenstern ziehen sich die Sitze der Domherren hin; über jedem ist ein Schildchen mit dem Namen angebracht, den sein Inhaber innerhalb der Hierarchie trägt. Unter dem Kapitelhaus liegt das an eine Krypta gemahnende einstige Schatzhaus.

Wieder auf der Treppe, steigen wir zu dem Tor, ›Chain Gate‹, hinauf, durch das wir zur *Vicars' Hall* gelangen, dem Speisesaal des der Kathedrale angeschlossenen Theologischen Seminars, in dem allerdings nicht nur die künftigen ›Vicars‹ oder Pfarrer ausgebildet werden, sondern vor allem auch der Kathedralchor. Das mittelalterliche Mobiliar paßt gut zu dem hohen, weißgetünchten Raum, dessen Spitztonne von eichenen Bögen getragen wird. Der schmale Saalbau schließt eine Häuserzeile aus dem 14. Jahrhundert ab, *Vicars' Close* genannt, wo heute noch die jungen Seminaristen, Lehrer und Geistlichen wohnen. Die Wohnungen sind im Innern modernisiert worden, aber von außen bietet diese Straße noch einen unverfälschten Anblick mit ihren mittelalterlichen gelben Bruchsteinhäuschen, die von hohen Schornsteinen geziert werden. Außer dem Seminar ist der Kathedrale auch ein Gymnasium (Grammar School) mit tausendjähriger Tradition und eine erst kürzlich gegründete Vorschule (Junior School) angeschlossen.

Der *Kreuzgang* liegt südlich des Langhauses wie üblich, hier aber nur an drei Seiten von Arkaden umgeben. Über seinem Ostflügel ist die Bibliothek untergebracht, mit einer Balkendecke und Lesepulten aus dem 17. Jahrhundert. Zu ihren Kostbarkeiten zählt das ›New Herbal‹ (1551) des Dr. William Turner, eines ehemaligen Dechanten von Wells; es gilt als das erste Kräuterbuch Englands.

Der *Bischofspalast*, teils aus dem 13., teils aus dem 15. Jahrhundert stammend, wurde mehrfach stark restauriert und kann im allgemeinen nicht besichtigt werden. Er verbirgt sich hinter dicken Mauern und einem Burggraben, auf dem Schwäne gehalten werden. Die klugen Tiere haben gelernt, sich, wenn sie gefüttert werden wollen, mittels einer kleinen Glocke bemerkbar zu machen, an deren Schnur sie mit ihren dunklen Schnäbeln graziös zupfen. Schöne alte Ulmen breiten ihre Äste über den Graben, Weiden hängen ihr Gezweige bis hinab zum Wasserspiegel. Von hier aus hat man den schönsten Blick auf die Kathedrale.

Wells hat eine reichlich verworrene Geschichte, und schuld daran ist der maßlose Ehrgeiz seiner frühen normannischen Bischöfe. Die älteste Kirche entstand früh im 8. Jahrhundert; erster Bischof wurde 909 Athelm; aber schon 1088 unter John de Villula begann der Ärger: Wells entsprach den Vorstellungen des edlen Herrn von einem Bischofssitz in keiner Weise, und so brachte er seinen König Wilhelm II. Rufus dazu, ihm Stadt und Abtei Bath zu übertragen. Sein Nachfolger, Robert of Lewes (1136-1166) behielt den neuen Titel bei, versuchte aber, die von John verwüsteten Gebäude in Wells wieder instandzusetzen. Er verfügte, daß die Bischöfe abwechselnd in Wells und Bath residieren sollten. Das ging auch eine Weile gut, bis Richard Löwenherz 1192 Bischof Savaric einsetzte. Diesem Herrn stand der Sinn nach der inzwischen berühmt gewordenen Abtei von Glastonbury, und unter Richards Bruder Johann Ohneland konnte er sie in seinen Besitz bringen; sein Nachfolger Jocelin gab den Titel Glastonbury aber schon 1219 wieder auf. Nachdem es bei der Wahl Bischof Rogers 1244 erneut zu einem Streit gekommen war, griff der Papst ein und verfügte, daß in Zukunft alle Bischöfe im Titel ›Bath und Wells‹ zu führen hätten – und das blieb so bis auf den heutigen Tag, obwohl die Abtei von Bath inzwischen längst aufgelöst wurde. Seit Richard Löwenherz gehört es zu den Privilegien der Bischöfe von Wells und Durham, den Herrscher bei der Krönung zu stützen; es geschah noch, als Königin Elisabeth II. gekrönt wurde. Eine amüsante Anekdote rankt sich um die Einsetzung des Thomas Ken unter König Karl II. Er erhielt diesen Bischofsstuhl auf ausdrücklichen Wunsch des Königs, obwohl »dieser kleine schwarze Kerl der armen Nelly kein Asyl geben wollte« – wozu man wissen muß, daß die ›arme Nelly‹ die vom Volk heißgeliebte Mätresse des lebenslustigen Stuart war. Ken hatte sie in seinem früheren Bistum Winchester nicht in der Domfreiheit wohnen lassen. Karl muß übrigens wirklich Respekt vor dem widerborstigen Kirchenfürsten empfunden haben, denn er ließ sich von ihm auf dem Totenbett das Abendmahl reichen.

Von Wells ist es nicht weit bis zur *Wookey Hole*, einer natürlichen Höhle an den Südhängen der Mendip Hills. In dieser gigantischen Tropfsteingrotte entspringt der Fluß Axe, ein sehr reißendes Wasser, und durchfließt sie in voller Länge. Man hat die Höhle mit ihrem jadegrünen Fluß scherzend Englands ›oldest stately home‹ genannt, da man hier Spuren frühester menschlicher Besiedlung nachweisen konnte. Schon um 60000 v. Chr. hausten hier längst ausgestorbene Tiere. Während der Steinzeit war die Höhle besiedelt, und während der ganzen Eisenzeit lebten hier Kelten, noch lange nach der Eroberung durch die Römer. Die hier geborgenen Funde – Keramik, Knochen, Werkzeuge, Schmuck – sind teils an Ort und Stelle zu sehen, teils hat man sie in das Museum in Wells gebracht.

Für große und kleine Kinder hielt Wookey Hole noch eine besondere Attraktion bereit, der Welt feinstes Puppenhaus, ›Titanias Palast‹ genannt. Es fing damit an, daß der Ire Sir Nevile Wilkinson Anfang unseres Jahrhunderts seiner kleinen Tochter versprochen hatte, ihr das schönste, das allerschönste Puppenhaus zu bauen. Vierzehn Jahre lang hat er an dem Palast für die Fee Titania mit seinen sechzehn Zimmern gebaut, und die ganze Welt hat er bereist, um ihn mit Miniaturkunstwerken zu schmücken. So sieht man hier wirklich die größte Sammlung von Winzigkeiten: Nicht nur die Mosaikböden und gemalten oder getäfelten Wände, das Mobiliar in maßstabsgerechter Größe, die Orgel und der schöne Altar in der Kapelle sind des Staunens wert; der Tisch im Speisezimmer ist mit kostbarem geschliffenem Bristoler Glas aus der Mitte des vorigen Jahrhunderts gedeckt, die kleine Kanone hat der Nürnberger Michael Mann 1580 gegossen, und eine Serie von Landschaften aus dem 17. Jahrhundert stammen von Claes Molinaer. Längst war das kleine Mädchen erwachsen, als der Palast fertig war, und so hat ihn denn Königin Mary eröffnet. Solche Väter findet man schließlich nicht alle Tage! 1978 wurde der Palast verkauft.

Auch bei *Cheddar* kann man herrliche Tropfsteinhöhlen besuchen. Dort bohrt sich eine enge Schlucht mit gefährlich überhängenden Wänden hundertfünfzig Meter tief und über einen Kilometer lang in das Kalkgebirge der Mendip Hills; wahrscheinlich hat ein verschwundener Strom diese tiefe Rille ausgewaschen. Wo die Wände einander ganz nahe kommen, liegen die Eingänge zu den Höhlen. Seltsamerweise wurde eine »unterirdische Höhle ohne Ende« hier schon von einem Chronisten des 13. Jahrhunderts beschrieben und zu den Naturwundern Englands gezählt: Aber man hat deren Eingang niemals wiedergefunden. Die Höhlen, die man heute sehen kann, wurden alle erst im vorigen Jahrhundert geöffnet; die meisten sind von den Familien Cox und Gough erschlossen worden. Mit ihren farbenfrohen Stalaktiten wirken sie wie versteinerte Gärten. Sie sind leider von Touristen überlaufen, aber wenn man in der Klamm wandern will, ist man nach Minuten völlig allein.

Zwischen Dickicht und gnomenhaft verkrüppelten, sich kaum über den Boden erhebenden Bäumen blüht hier eine kleine rötliche Blume, die es sonst nirgends auf der Welt gibt, die Cheddar-Nelke. Cheddar ist eine nicht besonders hübsche Stadt, die seit Jahrhunderten wegen ihres blaßgelben, harten und aromatischen Käses gerühmt wird, der im 17. Jahrhundert sehr teuer war. Daniel Defoe berichtet, warum:

»Die Milch aller Kühe der Stadt wird jeden Tag in einem öffentlichen Raum zusammengebracht, wo Personen, die das allgemeine Vertrauen genießen, die Menge, die jeder abliefert, nachmessen und in einem Buch aufschreiben; und die ganze Milch wird zusammengegossen, und die Milch eines Melktages gibt immer einen großen Käse und nicht mehr und nicht weniger; so daß die Käse größer oder kleiner sind, je nachdem die Kühe Milch gegeben haben. Durch diese Methode wird die gleichmäßige Güte des Käses bewahrt, und es ist ohne Frage der beste Käse, den man in England macht, wenn nicht der beste der Welt!

Da die Käselaibe sehr groß sind, sie erreichen oft hundert Pfund und mehr, müssen die Armen länger auf ihren Gegenwert für die Milch warten, denn niemand bekommt etwas, ehe er nicht genug Milch für einen ganzen Käse abgeliefert hat. So findet jeder gleiches Recht, denn selbst der, der nur eine Kuh sein eigen nennt, wird eines Tages einen ganzen Käse bekommen. Dieser Käse wird oft zu sechs bis acht Pence das Pfund verkauft, während der Cheshire Käse nur zwei bis zweieinhalb Pence bringt ...«.

Heute wird Cheddarkäse auch im Miniaturformat angeboten, eigens für Touristen. Lassen wir uns hier ein englisches Bauernfrühstück, einen ›Ploughman's Lunch‹ servieren: das ist frisches weißes Brot mit sauer eingelegten Zwiebeln, Butter und einem handfesten Stück Käse oder Ham and Egg Pie. Oder lieber süß? Dann Erdbeeren und ›clotted cream‹. Das ist Rahm, so dick wie Buttercreme, eine der leckersten Spezialitäten Somersets und Devons. Auch Met können wir uns hier kredenzen lassen – aber besser mit Ploughman's Lunch als Unterlage.

18

Wiedergeburt einer römischen Stadt: Weston-Super-Mare – Bath

Zwei berühmte Bäder liegen im Umkreis der Mendip Hills, das mondäne Seebad Weston-super-Mare, das wegen seiner besonders guten, frischen Luft gepriesen wird, und das Rheumabad Bath mit den einzigen heißen Quellen Englands.

Die Straße nach *Weston-super-Mare* führt am Rand des Gebirges entlang zu einer großen Bucht am Bristol-Kanal, einem Meeresarm des Atlantik. Die Stadt steigt vor dem Hintergrund bewaldeter Hügel terrassenartig zum Meer ab und heißt es mit einem prächtigen Pier und ausgedehntem Sandstrand willkommen. Gepflegte Promenadenanlagen mit Brunnen, Rasen, Blumenbeeten, ein Meerwasserbecken, auf dem Kinder gefahrlos rudern und paddeln können, ein kleiner Zoo, Sportplätze, zwei Theater, ein Wintergarten am Strand sollen den Gästen das Badeleben angenehm machen. Vor der Bucht schauen zwei flache Inselchen wie Walfischrücken aus dem Meer: Steep Holme und Flat Holme. Südlich von Weston mündet die Axe, die wir in ihrer gewaltigen, unterirdischen Höhle in Wookey Hole schon begrüßt haben; dort soll einst Joseph von Arimathia gelandet sein. Bei klarem Wetter kann man am anderen Ufer die bläulich schimmernden Umrisse der walisischen Gebirge sehen, vom Meerdunst in weiche Lichtschleier gehüllt, wie man es manchmal auf chinesischen Landschaftsbildern findet.

Bath

Bath liegt nördlich der Mendip Hills in einer Schleife des Avon von Somerset (nein, auch dies ist noch nicht der Avon Shakespeares), rings von niedrigen Höhenzügen eingefaßt, eine der schönsten Städte Großbritanniens. *»Eben jetzt hatte in Bath die Saison begonnen, und unser Held fieberte vor Verlangen, sich an einem Orte auszuzeichnen, wo die feine Welt zusammenströmte«*, schrieb der Romancier Tobias George Smollett 1751 in seinem Schelmenroman ›Peregrine Pickle‹, und nicht ohne Ironie und Sarkasmus stellte er den Lesern die ›feine Welt‹ von Bath vor: Abenteurer, Kavaliere, Spieler, Parlamentarier, Höflinge, gichtgeplagte Veteranen, Intriganten, Kurtisanen und Damen der Gesellschaft, nur zu geneigt, sich auf galante Spiele einzulassen. Gesellschaften, Bälle, Lustpartien, Ausritte, Promenaden in den gedeckten Kolonnaden der Prachtstraßen gehörten ebenso zum Alltag in Bath wie Vormittage im Kurhaus, dem sogenannten ›Pump Room‹, wo man den Brunnen trank und den neuesten Klatsch erfuhr, am Spieltisch zugebrachte Nächte und Duelle im Morgengrauen. Bath war damals, von Mitgliedern der königlichen Familie durch ihre Gegenwart ausgezeichnet, bereits zum gesellschaftlichen Gegenpol Londons geworden. Wenn sich nach den Festen und Maskenbällen des Winters der Hof aus London zurückzog, war Saison in Bath. Es gab zwar noch andere hochelegante Bäder, wie etwa Tunbridge Wells in Kent, aber keines war ähnlich beliebt.

Bath verdankt seinen Aufstieg im 18. Jahrhundert vor allem zwei Männern: Richard Nash und John Wood dem Älteren. Der eine gab hier als Zeremonienmeister ein halbes Jahrhundert lang den Ton an, und der andere schuf die Pläne für die Wiedergeburt der Römerstadt.

Um die Karriere des Richard Nash zu verstehen, müssen wir einen kurzen Blick auf das England nach der Glorreichen Revolution von 1688 werfen, in der die Barone den ungeliebten, heimlich zum katholischen Bekenntnis übergetretenen König Jakob II. Stuart gezwungen hatten, zugunsten seiner Tochter Maria und deren Gemahls, Wilhelm von Oranien, abzudanken, indem sie den Niederländer einfach nach London beorderten und zum König wählten. Da sie die Krone und das große Reichssiegel rechtzeitig an sich gebracht hatten, blieb dem Stuart nur die Flucht nach Frankreich übrig. Er hatte sich vor allem wegen der brutalen Härte, mit der er den Aufstand seines Neffen Monmouth niedergeworfen hatte, verhaßt gemacht. Außerdem wußte man von seinen Geheimverträgen mit Frankreich, und seine Bevorzugung katholischer Untertanen bei der Besetzung von Hofämtern und dem Verkauf von Offizierspatenten hatten das Faß beinah zum Überlaufen gebracht. Als ihm nun auch noch – verspätet – ein kleiner Sohn geboren wurde, der das Schreckgespenst einer fortgesetzten katholischen Herrschaft vor ihnen erstehen ließ, handelten die Peers, entschlossen, einen neuen möglichen Bürgerkrieg schon im Keim zu ersticken.

Wilhelm III. war tüchtig und bemüht, aber barsch und unfreundlich. Es gelang ihm nicht, das Herz seines Fünfmillionenvolkes zu gewinnen. Maria II., die mit ihm zusammen gekrönt wurde, vermittelte oft zwischen ihm und seinen beiden Völkern; sie starb aber bereits 1694 an den Blattern. Wilhelm war während der Jahre seiner Regierung stets von der Gefahr bedroht, einen Erbfolgekrieg gegen die Stuarts, die in Frankreich Truppen sammelten, führen zu müssen, aber als es 1702 soweit zu sein schien, stürzte er während der Kriegsvorbereitungen vom Pferd und erlag seinen Verletzungen.

Nach dem von ihm unterzeichneten Thronfolgegesetz, dem Act of Settlement, folgte ihm Marias Schwester Anna auf den Thron. Die dicke, unschöne Frau war eine recht fähige Regentin, sobald es ihr gelang, sich von dem unheilvollen Einfluß der intriganten Sarah Churchill, späteren Herzogin von Marlborough, freizumachen. Anna war im Volk beliebt, und obwohl sie selber zwar Mutterwitz, aber weder Geist noch künstlerische Gaben besaß, wurde England unter ihrer vergleichsweise toleranten Ägide zum Zufluchtsort von Dichtern und Künstlern, die dem Kontinent aus meist politischen Gründen den Rücken kehrten. Ihre Regierungszeit stand unter dem Schatten des Spanischen Erbfolgekrieges, der erst 1713, ein Jahr vor ihrem Tod, durch den Frieden von Utrecht beendet wurde. Anfangs hatte man in England die Siege des Herzogs von Marlborough, des Anführers der Whigpartei oder ›Kriegspartei‹, wie man sie bald bitter nannte, bejubelt; aber als der Krieg überhaupt kein Ende nehmen wollte und nur immer mehr Menschen und weitere Gelder verschlang, wuchs im Volk der Widerstand. 1711 entließ Anna unter diesem Druck die teils korrupten Whigminister und bat den hochbegabten Henry St. John, 1. Viscount of Bolingbroke, ein Torykabinett zu bilden und Friedensverhandlungen einzuleiten. Der Friede von Utrecht brachte England großen Machtzuwachs, und zudem war ein Bündnis zwischen Frankreich und Spanien erfolgreich verhindert worden. Aber auch ein Danaergeschenk gehörte zu diesem Friedensvertrag: England erwarb das ›Asiento‹, das Monopol, afrikanische Sklaven auf englischen Schiffen nach Südamerika zu befördern. Der Sklavenhandel wurde eine der dunkelsten Seiten im Buch der englischen Geschichte, ehe ein anderer Engländer, William Wilberforce (1759-1833) den Kampf gegen Sklavenhandel und Sklaverei aufnahm.

Anna, die mit einem unbedeutenden dänischen Prinzen verheiratet war, hatte vielen Kindern das Leben geschenkt, doch keines überstand die ersten, in jener epidemienreichen Zeit so gefährlichen Jahre. So trat nach ihrem Tode 1714 wieder die Bestimmung des Thronfolgegesetzes in Kraft, wonach die Krone an den nächsten protestantischen Erben übergehen mußte. Das war Georg (I.) Ludwig von Hannover, ein Enkel Elisabeths von Böhmen und Urenkel Jakobs I. Die von ihm beherrschten Länder umfaßten außer seinem

Kurfürstentum das mit England unter Anna vereinigte Schottland, Wales, Irland, den ganzen Osten Nordamerikas, Neufundland und Hunderte von Stützpunkten und Niederlassungen auf den Inseln und Inselchen aller Meere und entlang der Westküste Afrikas und der vorderindischen Küsten. Dieses erste englische Imperium brach im amerikanischen Freiheitskrieg unter Georg III. auseinander – wieder einmal hatte ein König versucht, ohne Parlament zu regieren.

Die Jahre zwischen der Glorreichen Revolution und der Thronbesteigung des Hannoveraners, der übrigens das springende weiße Roß wieder in das großbritannische Wappen einbrachte, hatten England neben äußerem Gewinnzuwachs auch Annehmlichkeiten ganz anderer Art gebracht, so die ersten täglichen Zeitungen und die Post.

Jene Jahre sahen aber auch die endlosen Auseinandersetzungen zwischen Tories und Whigs, denn noch war England ein Bauernland. Ein Achtel der Bevölkerung waren Freibauern (Yeomen, Freeholders), ein weiteres Achtel Pächter (Tenants). Die Freibauern hatten eine Wahlstimme, was ihnen eine starke soziale Stellung gab, die Pächter waren jedoch oft wirtschaftlich besser gestellt. Da andererseits auch viele Freibauern Pachtland unterm Pflug hatten, ist die Unterscheidung fließend. Dieses Viertel der Bevölkerung stellte zusammen mit dem kleinen Landadel der Squires, die das Amt des Friedensrichters versahen und unter den hohen Grundsteuern seufzten, das Rückgrat des ländlichen England dar, die Verkörperung des Torytums im 18. und 19. Jahrhundert. Auf der anderen Seite stand die Partei der Whigs, der viele Vertreter des Hochadels anhingen, aber oft auch Kaufleute, Fabrikherren, Anwälte, Ärzte, Pastoren, Professoren, Literaten und Künstler, kurz der Stand der ›Professionals‹. Für den kleinen Landbesitzer bedeutete der Whig-Liberalismus steigende Steuern und verminderten Absatz, für den Großadel aber, der bereits damals in Wirtschaft und Industrie investierte, steigende Gewinne. In jener Zeit, als die Großgrundbesitzer begannen, die verarmenden Squires auszukaufen, um weite Landschaftsparks anzulegen, besser der Jagd frönen oder rentabler auf größeren, zusammenhängenden Feldern wirtschaften zu können, fingen die Freibauern an, Felder mit Hecken oder Steinmäuerchen einzuhegen, wie um ihre Besitzrechte zu demonstrieren – auch da, wo der Wind das nicht ohnehin notwendig machte. Dafür mußten sie oft auf ihren Anteil am Gemeindeland, den gemeinsamen Weiden zum Beispiel, verzichten. In jenen Jahren gewann die englische Landschaft ihr parkhaftes Antlitz, das wir so gerne für ›natürlich‹ halten:

die heckenüberzogenen Hügel und Täler zwischen lockeren Baumparks, die gewundenen Straßen. Aber auch der Kern für die Industriestädte des Nordens wurde im 17. Jahrhundert gelegt.

In Bath, damals eine mittelalterliche Weberstadt im ländlichen Westen, wo Hase und Fuchs sich gute Nacht sagten, stießen nun diese beiden Welten aufeinander, als es sich langsam zum Modebad entwickelte: der vergleichsweise ungehobelte Landadel auf der einen Seite, Hofadel und gehobenes Bürgertum auf der anderen. Es ist das Verdienst des heimlichen Königs von Bath, Richard Nash, daß diese beiden Welten hier friedlich zusammenzuleben lernten.

Beau Nash, wie man ihn nannte, war ein hocheleganter, geistreicher und selbstbewußter Mann, der sich in ›seiner‹ Stadt nur mit einem großen weißen Federhut zu zeigen pflegte, wenn er sechsspännig durch die Straßen fuhr; seine berühmten Grauschimmel hätten es mit jedem fürstlichen Gespann aufnehmen können. Seine engen, gutgeschnittenen Röcke, seine exquisit gestickten Westen wurden von allen Dandys kopiert, die Art jedoch, in der er sich seiner zahllosen Schnupftabakdosen bediente, war absolut unnachahmlich.

Fünfzig Jahre lang bestimmte Nash durch sein Vorbild, was ›Ton‹ war. Er verstand es, das Duell lächerlich zu machen und erzog die Herren dazu, sich auf den Promenaden und in Gesellschaftsräumen nur in Schuhen und Kniehosen zu zeigen und Stulpstiefel und Degen sportlicheren Gelegenheiten vorzubehalten. Das klingt schon unglaublich, wird aber vollends phantastisch, wenn man Nashs Herkunft erfährt: Dieser Beau, dessen Ehrenkodex und Modediktat sich selbst die Prinzen von Geblüt unterwarfen, war ein Berufsspieler, ein ›Gamester‹.

Erzogen in Oxford, versuchte er sein Glück erst in der Armee, dann an den Londoner Gerichtshöfen. Dort fiel er bei der Vorbereitung der Krönungsfeierlichkeiten für Wilhelm III. auf, der ihn für seine Dienste zum Ritter schlagen wollte. Nash lehnte ab; eine Ehrung ohne entsprechendes Einkommen anzunehmen, verbot ihm sein Stolz. Jetzt wandte er sein Interesse dem Glücksspiel zu, und Maß und Intelligenz ließen ihn dort ein reichliches, wenn auch stets unsicheres Auskommen finden. 1705 ernannte man ihn zum Zeremonienmeister von Bath; für die Zeitgenossen hatte das Kartenspiel noch nichts Ehrenrühriges, schließlich spielte ja auch der Hof. Erst 1745, als das öffentliche Glücksspiel durch Gesetz verboten wurde, änderte sich das; Nash war ruiniert und mußte seine weltberühmte

Sammlung von Tabakdosen versteigern. Da besann sich Bath auf die Verdienste seines ›Königs‹ und wies ihm eine Art Ehrensold an; und als man den fast neunzigjährigen Beau 1762 zu Grabe trug, übernahm Bath ebenfalls die Kosten für das prunkvolle Leichenbegängnis.

Nash hat viel für Bath getan; die Assembly Rooms (ein Festhaus) und ein Hospital für bedürftige Kranke, das er aus seinen Spielgewinnen errichten ließ, zeugen davon. Seine Biographie schrieb der ihm befreundete Dichter Oliver Goldsmith, der Autor des ›Pfarrers von Wakefield‹.

Wenn Nash Bath zu einem gesellschaftlichen Mittelpunkt gemacht hatte, so gab John Wood d.Ä. (1704-1754) ihm seine architektonische Form. Wie Nash war auch er Selfmademan. Wood hatte schon von einer Stadt nach römischem Plan geträumt, als er noch in Schottland Gartenentwürfe zeichnen mußte. Nicht Griechenland, Rom war das Ideal dieser Epoche, die sich selbst ›augusteisch‹ nannte, der Epoche Swifts und Popes, Lord Burlingtons und William Chambers'. 1725 ging Wood im Auftrag des Herzogs von Chandos nach London, und dort lernte er zwei Männer aus Bath kennen, denen er seine Ideen entwickeln konnte: Robert Gay und den Steinbruchbesitzer Ralph Allen, der bald zur treibenden Kraft der Erneuerung von Bath wurde. Beide hatten ausgedehnten Grundbesitz in Bath, und als auch der Herzog von Chandos 1727 dort bauen wollte, kam Woods große Stunde.

Der ehrgeizige junge Architekt übernahm eine ganze Anzahl von Bauaufträgen, zudem aber ließ er sich von Gay Land in Pacht geben und errichtete auf eigenes Risiko eine große Wohnanlage, seinen *Queen Square*. Es handelt sich um einen viereckigen Platz, dessen Miethäuser alle die gleiche Fassade mit Pilastern über rustiziertem Erdgeschoß zeigen. Einer der Flügel ist als Schloßfront ausgebildet mit einem Mittelrisalit, Dreiecksgiebel und Halbsäulen. Mit dieser einheitlichen Gestaltung eines Platzes setzte Wood einen Meilenstein im Städtebau. Sein nächstes Werk war eine große, streng palladianische Villa an einem Hang für seinen Gönner Ralph Allen, *Prior Park* (heute eine katholische Schule). Von ihrem Portikus aus hat man einen weiten Blick über den sie umgebenden Landschaftsgarten bis tief hinab zur Silhouette der Stadt. Die Gartenbrücke, die der von Wilton House nachempfunden ist, hat 1756 Woods Baumeister Richard Jones errichtet.

Wood erlebte noch den Baubeginn zweier anderer Vorhaben seiner ›Römer-Stadt‹, Circus und Forum. Entwurf blieb das Gymnasium, eine riesige Sportanlage. Vom *Forum* hat sich nur die South Parade erhalten, eine elegante Geschäftsstraße, die nicht mehr viel von seinem ursprünglichen Plan erkennen läßt. Die Grundidee des *Circus* hat er selbst geopfert – er spürte wohl, daß ein römischer Zirkus in einer englischen Badestadt des 18. Jahrhunderts eigentlich keine rechte Aufgabe haben konnte. Der Circus wurde 1754 begonnen und von Woods Sohn, John Wood dem Jüngeren, nach dem Tode des Vaters vollendet: Um ein Rasenrondell mit einer üppigen Baumgruppe reihen sich zusammenhängend dreiunddreißig Wohnhäuser. Ihre drei übereinandergestellten Säulenordnungen – dorisch, jonisch, korinthisch – lassen an das Kolosseum denken, doch liegt hier die Schauseite innen. Die hohen Schiebefenster, flachen Mansarddächer und feinen Schmiedegitter der sehr kleinen, vertieften Gärtchen harmonieren überraschend gut mit dem Ebenmaß der geschwungenen Fassade, und die Schornsteine, die über die antikisierenden Steinvasen des Simses dominieren, machen wieder und wieder bewußt: Wir sind in England!

Vom Circus strahlen drei Straßen sternförmig aus. *Gay Street* im Süden stellt die Verbindung zum Queen Square her, es war die erste Straße, die Wood für Gay gebaut hat. Die beiden anderen führen zu den Meisterwerken des jüngeren Wood, die östliche zu den *Assembly Rooms*, dem einstigen Festhaus, und die westliche, Brook Street, zum *Royal Crescent*. Crescent heißt Halbmond, und die flache Sichelform dieses Platzes wurde zum Modell der englischen Städtebauer; berühmte Beispiele finden sich in Buxton, York und Brighton. Einziges Gegengewicht zu der klaren, nur durch dreißig ionische Kolossal-Halbsäulen bestimmten Fassade ist ein Wiesenhang, im Sommer gelb überschäumt von Hahnenfuß und Löwenzahn. Hier ist das englische Ideal der Verschwisterung von Baukunst und Natur erstmals im Städtebau verwirklicht – 1775 eine Kühnheit! ›Nr 1‹ des Crescent wurde dem Bath Conversation Trust geschenkt und gründlich renoviert; die schönen georgianischen Räume wirken, als müßten die Besitzer jeden Moment heimkehren; man fühlt sich in die Welt Jane Austens versetzt: sogar die Tische sind noch gedeckt, die Betten bezogen.

In den *Assembly Rooms*, die im Krieg ausgebrannt waren, kann man der Vergangenheit in anderer Form begegnen: Sie beherbergen – sehr passend für die Stadt des Beau Nash – das größte Kostümmuseum der Welt. Damen in gestickten Reifröcken tuscheln mit Herren in gelockter Ziegenhaarperücke – vielleicht über ein Konzert des Maestro Haendel? Vielleicht über Defoes ›Moll Flanders‹? Bei den Elegants der Zeit Georgs III. ist die Allongeperücke dem gepuderten Zopf gewichen, dafür türmen die Damen Gebirge aus Haar, Spitze, Blumen und Federn über die schön geschminkten Stirnen. Die Dandys des Regency frisierten sich à la Brutus, und die Vertreterinnen des schwachen Geschlechts kleideten sich in duftige Musselins mit hochgegürteter Taille, wie die Heldinnen Jane Austens, die häufig in Bath lebte. Im sogenannten Panorama Room hat sich vor der Kulisse von Bath die viktorianische Gesellschaft versammelt, befrackt die Herren; in schwingenden Krinolinen, die Ringellocken unter Schuten verborgen, ihre Schönen. Dickens hat sie mit zärtlich-ironischer Feder in seinen ›Pickwickiern‹ nachgezeichnet.

Das Erstaunlichste an Woods Traum von einem römischen Bath war eigentlich, daß man damals von der wirklichen Römerstadt kaum etwas wußte, obwohl sie praktisch die ganze Zeit unter den Füßen lag. Erst 1755, ein Jahr nach Woods Tode, hat man die *Thermen* (Roman Bath) entdeckt, im Herzen der Stadt, die bleiverkleideten Becken in situ. Das sorgfältig rekonstruierte Große Becken, noch von römischen Bleirohren gespeist, spiegelt heute den Himmel wieder; es war ursprünglich überdacht. Es liegt unterhalb des Straßenniveaus, da man die Originalfundamente unangetastet lassen wollte; seine Säulen tragen die oben herumführenden Straßen. Auch die originalen Mosaikböden konnten wiederhergestellt werden. Das antike Bath hieß nach dem Keltengott Sul, der hier verehrt wurde, Aquae Sulis; außer den Bädern haben die Römer hier auch zwei Tempel errichtet. Sie müssen die heißen Quellen als ein Stück Heimat in dem unheimlichen, dichtbewaldeten Nebelland begrüßt haben. Heute kommen jährlich eine Million Besucher, um die antiken Anlagen und das Museum mit seinen bedeutenden Funden zu besuchen; es gibt ja nur wenige Orte, an denen sich antike Bauwerke in solcher Anschaulichkeit präsentieren.

Aber auch mit dem jüngeren Wood und der Entdeckung der Thermen war die Entwicklung der Stadt noch nicht abgeschlossen. Wieder fand sich ein Mäzen, William Pulteney. Für ihn entwarf der Architekt Thomas Baldwin (1751-1820), der sich 1775 seine Sporen mit dem Bau des Rathauses (Guildhall) erworben hatte, die Kolonnaden der *Bath Street*, die heute die Bäder mit dem ebenfalls von Baldwin durchgeführten Neubau des *Kurhauses*, des Pump

Room (1795) verbindet. Baldwins Hauptwerk ist *Great Pulteney Street*, die zu den schönsten Straßen Europas zählt. Sie führt von der Pulteney Brücke mit ihren reizenden Läden, die Robert Adam gebaut hat, bis zu *Sidney Gardens* im Osten der Stadt. Dort liegt eine 1797 vollendete Villa mit rustiziertem Erdgeschoß und feinen Medaillons über den hohen Seitenfenstern, die heute das *Holburne of Menstrie Art Museum* hinter ihrer palladianischen Fassade beherbergt, eine bedeutende Sammlung englischer Gemälde (darunter mehrere Gainsboroughs und Stubbs), venezianischer Veduten und georgianischen Silbers und Porzellans.

In nächster Nähe der Bäder, die von der antiken Statue Hadrians bewacht werden, liegt die zierliche *Abteikirche*, wegen ihrer riesigen Fenster gern ›Laterne des Westens‹ genannt. Es ist wohl einmalig, daß man vom Rande eines römischen Bades den Blick auf eine gotische Kirche aus dem 15. Jahrhundert genießt, die schimmernd gegen den Himmel aufragt. Ihre schmale Westfassade wird ganz von einem einzigen hohen Maßwerkfenster beherrscht. Die Helme der Ecktürme sind ebenso wie die Fialen des Zentralturmes von Krabben überzogen; im Schiff besticht das feine Fächergewölbe. Wie alle Bauten der Stadt ist auch die Abteikirche aus dem warmgetönten, elfenbeinfarbigen Bath Stone errichtet, der den festlichen Straßen und Plätzen ihre lichte Heiterkeit verleiht. In der angelsächsischen Vorgängerin der heutigen Kirche – die Abtei wurde schon im 8. Jahrhundert gegründet – ist im Jahre 973 der Sachsenfürst Edgar der Friedfertige gekrönt worden, zwei Jahre vor seinem Tod.

Etwa drei Kilometer vor der Stadt liegt *Claverton Manor*, in dem das erste amerikanische Museum Englands untergebracht ist. Neben naiver Malerei, Volkskunst und Kunsthandwerk findet man völlig eingerichtete Räume der verschiedenen Stilrichtungen, einen Saal, in dem die Erschließung des Westens illustriert wird, eine Marine-Sammlung, die unter anderem einen Überblick über die Geschichte des Walfangs vermittelt, und Modelle verschiedener Gärten. Wer das Leben im Amerika des 18. und 19. Jahrhunderts studieren möchte, wird hier genug zu schauen finden. Weitere reizvolle Museen sind in den Circus Mews das Kutschen-Museum (Museum of Carriages); das Museum of Bookbinding, Manvers Street; ein Spielzeugmuseum (Toy Museum) in York Street und die Victoria Art Gallery, Bridge Street, mit einer reichen Sammlung englischer Malerei und Graphik seit dem 18. Jahrhundert.

19

Abschied vom Land des Weißen Pferdes: Bradford-on-Avon Longleat House – Stourhead – Avebury

Du hörst Hufgeklapp, Galopp und Trab,
Ein Rascheln von Kleidern im Tau,
Und unbeirrt' Vorwärtstraben,
Durch Stille und Nebelschwaden,
Als kennten sie genau
Den alten vertrauten Pfad durch den Wald:
Doch da führt kein Pfad durch den Wald.
Rudyard Kipling, Rewards and Fairies, 1910

Von Bath aus führt eine Straße direkt nach *Bradford-on-Avon*; hübscher aber ist es, erst dem Bogen des Avon zu folgen und dann nach einigen Kilometern links abzuschwenken in einen Landweg, der in die malerische alte Marktstadt mit ihren steilen, winkligen Gäßchen und alten Kalksteinhäusern führt. Über den Avon spannt sich eine Bogenbrücke aus dem 13. Jahrhundert, deren Pfeiler allerdings im 17. Jahrhundert zum Teil erneuert wurden. Auf dem ersten Bogenpaar reitet ein untersetzter rundlicher Wachtturm. Das stattlichste Haus in der Stadt, ›The Hall‹, wurde 1610 von dem Tuchhändler John Hall errichtet, es schwankt zwischen Spätgotik und Renaissance mit seinen steinernen Fensterkreuzen und dem antikisierenden Portal. Zwei andere Tudorhäuser liegen etwas außerhalb der Stadt; Great Chalfield Manor wurde 1480 erbaut, etwa gleichzeitig mit Westwood Manor, dessen Stuckdecken und Täfelungen jedoch aus dem Anfang des 17. Jahrhunderts stammen.

Der Stolz der kleinen Stadt ist eine schmalbrüstige, übergiebelte Kirche aus gelblichem Kalkstein, deren einzigen Schmuck sparsame, flache Blendbögen bilden. Sie liegt an einer steil ansteigenden Straße, ein niedriges Mäuerchen faßt den engen Kirchplatz ein. Und doch ist sie eine große Sehenswürdigkeit: St. Laurence, einer der wenigen kaum berührten angelsächsischen Bauten Englands, wurde im vorigen Jahrhundert wieder entdeckt, als sich der Pfarrer seine Stadt von oben ansehen wollte und dabei auf ein Haus mit einem Kreuz stieß, das er gar nicht kannte. Aber gerade der Umstand, daß diese Kirche so völlig in Vergessenheit geraten war, hat verhindert, daß sie durch Umbauten und Renovierungen verunstaltet wurde. Sie geht auf das frühe 8. Jahrhundert zurück und entspricht völlig dem Wesen angelsächsischer Kirchenbauten, das Nikolaus Pevsner so treffend definiert hat: *»Im ganzen wirken diese Räume wie hohe, enge Korridore,* *die zu einer kleinen Kammer (= dem Chor) führen.«* Sowohl das Schiff als auch der Chor von St. Laurence sind höher als breit und lang, und nur die beiden Engel über dem Chorbogen, Arbeiten aus dem 10. Jahrhundert, breiten etwas wie Glanz über den strengen, dunklen Raum. Die angelsächsischen Kirchen bestanden meistens aus schmalen, rechteckigen Schiffen mit noch schmäleren, gerade geschlossenem Chor. Ein anderer Typus zeigt außerdem noch ›Portikus‹ genannte Vorhallen, die den Platz von Querschiffen einnahmen; in Bradford ist nur der nördliche Portikus erhalten; den Eingang im Süden fassen zwei abrupt vorspringende, plumpe Strebepfeiler ein; darüber sieht man noch den Dachansatz des einstigen Südvorbaus.

Ein Abstecher in den Süden, zum *Longleat House* bietet sich hier an. Longleat House ist ein grandioses Schloß der elisabethanischen Epoche, 1566-1580 von Sir John Thynne errichtet. Die vier fast gleich behandelten Fronten des dreigeschossigen, auf einem Sockel errichteten Baus – damals eine Neuheit für die englische Architektur – mit seinen weit über hundert Fenstern sind lediglich durch rechtwinklig vortretende flache Erker, die sich durch alle Geschosse hinziehen – auch das eine neue Idee – gegliedert. Die Innenräume wurden leider im vorigen Jahrhundert durch den Architekten Sir Jeffry Wyatville umdekoriert; der junge 4. Marquess of Bath brachte damals von seiner Grand Tour auf den Kontinent italienische Maler und Intarsienmacher mit, die sich voll Eifer der einst getäfelten Decken und schweren Eichentüren annahmen, die schönen alten Kamine durch Marmorummantelungen verdarben und auch sonst alles taten, dem Haus einen Hauch von südlichem Luxus zu geben, völlig unbewußt, daß sie damit seinen eigentlichen Charakter zerstörten. Die Kamine sind elegant, die Deckenfresken sind schön, die zierlich eingelegten Türen und chinesischen handgemalten Tapeten können jedes Auge bezaubern – aber sie haben in diesem Hause eigentlich nichts zu suchen. Die große Halle mit ihrem ursprünglichen Hammerbeamroof – man kann noch Reste davon erkennen – wurde bereits im 17. Jahrhundert zerstört, als man dem seines Sitzes beraubten Bischof Ken über der Halle einen Raum für seine Bücher abteilte. Seine Bibliothek kann noch heute bewundert werden.

Zu den reizvollsten Interieurs des Hauses gehörten die Zimmer in den Türmchen mit Zwiebelkuppeln auf dem Dach. Das waren keine Wachttürme, wenn sie auch noch an sie erinnerten, sondern – elisabethanischer Lebensfreude gemäß – kleine Lusthäuschen, Lauben für galante Feste bei Wein, Obst und Kuchen: der elisabethanische Ausdruck für solche intimen Gelage zu zweit hieß unverfänglich ›Banquett‹.

Das Haus ist vollgestopft mit kostbaren Möbeln, Silber, Porzellan, altem Spielzeug und Gemälden – nichts davon fällt aus dem Rahmen, außer vielleicht das von Graham Sutherland gemalte Porträt des derzeitigen Besitzers, des Marquess of Bath, und dessen großartige private Sammlung von Churchillana. Der Marquess war einer der ersten Adeligen, die ihr Haus dem breiten Publikum öffneten. Zwar gab es schon immer Besuchstage in den englischen Schlössern, an denen während der Abwesenheit der Besitzer die historischen Räume und Sammlungen besichtigt werden konnten, aber die ›Stately Homes‹ ständig einem zahlenden Publikum zugänglich zu machen, dazu zwang den englischen Hochadel erst die Wirtschaftslage der Nachkriegszeiten, als die Steuern und Erhaltungskosten in keinem Verhältnis mehr zu den Einnahmen aus den Besitzungen standen. Lord Bath ließ sich zur Unterhaltung seiner zahlenden Gäste einiges einfallen: Er hat dem riesigen, von Capability Brown 1775 angelegten und von Repton Anfang des 19. Jahrhunderts umgestalteten Park, der sich in sanften Wellen zum Haus hinunterzieht, einen Löwengarten angefügt, den ersten Safaripark Englands, wo die Könige der Wüste unter heimischen Eichen und Ulmen frei herumspazieren. Eine andere Attraktion bildet die Ausstellung der kostbaren Kostüme, die für die große BBC-Fernsehserie über König Heinrich VIII. angefertigt wurden.

Etwas südlich von Longleat House liegt an der Straße zwischen Frome und Mere *Stourhead*, der besterhaltene Landschaftspark des vorigen Jahrhunderts. Sein Schöpfer, Henry Hoare, war der Erbe eines recht wohlhabenden Londoner Bankiers, der das Anwesen erworben hatte, und konnte sich dieses Spielzeug leisten. Mit seinen hellen klassizistischen Tempeln und dämmrigen Grotten, künstlichen Seen und silbrigen Buchenhainen, den weißen Nymphen und Göttern, von Michael Rysbrack (1693-1770) in Blei gegossen, wirkt Stourhead wie eine lebendig gewordene Ideallandschaft Claude Lorrains. Üppige Rhododendren mischen sich unter die glatten Buchenstämme und strengen Eiben und spiegeln sich im Frühjahr purpurn in den geschlängelten Seen. Die Quelle des Stour wird in einer der Grotten von einer Nymphe bewacht. Am Eingang des Parks erhebt sich ein echtes gotisches Marktkreuz, ein spindelfeines krabbenbesetztes Türmchen mit Figurennischen, das die Bristoler

Bürger, vornehm geworden und der Gotik gram, plötzlich nicht mehr bei sich dulden mochten.

Das palladianische Landhaus der Hoares am Rande des Parks wurde 1722 von Colen Campbell im Auftrag von Henrys Vater errichtet. Der schönste der Innenräume ist die lichte Bibliothek; sie wurde von dem Kunsttischler Thomas Chippendale d. J. – dessen Familie mit ihren handwerklich überragenden Möbeln einer ganzen Stilrichtung den Namen gab – eingerichtet: alle Möbel in dem länglichen, von einer flachen Tonnendecke überspannten Raum, der sich mit drei hohen französischen Fenstern zum Park hin öffnet, wurden von ihm eigens für den Auftraggeber, den Privatgelehrten Sir Richard Colt Hoare, gefertigt. Sie kommen in dem lindfarbig tapezierten Raum, dessen Wände den grünen Schimmer des Gartenlichts aufzusaugen scheinen, prächtig zur Geltung. Hoare erlangte Ruhm mit seiner vielbändigen Geschichte Wiltshires; wir haben sein Grab in der Kathedrale von Salisbury gesehen.

Die Straßen von Chippenham und Devizes treffen sich in dem Dorf *Beckhampton*, dessen Name Pferdeliebhabern wie Musik in den Ohren klingen wird, denn dort befinden sich einige der großen Gestüte, die die Nähe des Trainingsgebietes Manton ausnützen, wo die Vollblüter auf die großen Rennen vorbereitet werden. Die englische Zucht blühte unter Karl II. auf, den man den ›Vater des englischen Turf‹ genannt hat, und dieser König war auch einer der ersten Bewunderer des Steinkreises von Avebury, zu dessen Besuch ihn der Altertumsforscher John Aubrey überredet hatte. Aubrey behauptete, daß Avebury Stonehenge so übertreffe, wie eine Kathedrale eine Dorfkirche. Was die Ausmessungen der Steinkreise angeht, hatte er sicher recht.

Die reizvollste Anfahrt nach Avebury führt über West Kennet. Links der Straße erhebt sich ein etwa vierzig Meter hoher Hügel, *Silbury Hill*, mit einem flachen, von einer Art Terrasse eingefaßten Gipfel. Es handelt sich indessen nicht um einen Berg, sondern um ein um 2500 v. Chr. künstlich angelegtes Monument, vermutlich von den um 3000 v. Chr. nach England eingewanderten ackerbautreibenden Stämmen errichtet, Gott weiß wozu. Grabkammern hat man nicht entdecken können, aber die Erbauer müssen ihr Handwerk verstanden haben, denn bis heute hat sich die Form des Hügels praktisch nicht verändert, obwohl er seit Jahrhunderten unter dem Pflug ist. Man nennt ihn manchmal auch ›Europas größte Pyramide‹.

Ein wenig weiter sieht man rechts der Straße den *West Kennet*

Long Barrow, ein etwa 110 Meter langes Ganggrab mit fünf aus großen Steinblöcken gefügten Grabkammern. Es muß etwa 2700 v. Chr. entstanden sein, eines von den zahllosen Long Barrows (Ganggräber), Bell Barrows (Glockengräber) Round Barrows (Kegelgräber) und Disc Barrows (diskusförmige Kegelgräber) in dieser Gegend, die von der dichten frühen Besiedelung sprechen. Ebenfalls rechts der Straße liegt der Weiler West Kennet, und gleich hinter ihm biegt links eine Straße ab, die von mächtigen Findlingsblöcken gesäumt wird: *Kennet Avenue*, die alte Prozessionsstraße nach *Avebury*.

Die Kultstätte selbst liegt hinter einem fünf Meter hohen Erdwall, der außen von einem tiefen Graben umfangen wird, in dem im Winter Wasser steht. Vier Wege durchschnitten diesen Wall, uralte, zum Teil freigelegte Straßen. In der Umfriedung erhob sich ein ungeheuerer Kreis von über hundert aufrecht stehenden, unbehauenen Findlingen, und in diesem Kreis wiederum zwei kleinere, jeder aus dreißig Steinen bestehend, mit je etwa hundert Metern Durchmesser, aber nicht konzentrisch angeordnet, sondern der eine an den Südrand verschoben, der andere fast in der Mitte des großen Ringes. In dem Südkreis waren mehrere Steine zu einer Art großem D angeordnet, im Mittelring standen nur drei hohe Blöcke.

Avebury wurde, ähnlich wie Stonehenge, zwischen 2000 und 1600 v. Chr. in zwei Bauperioden errichtet. Bauherren waren dort wie hier die Glockenbecherleute (Beaker People), spätsteinzeitliche Einwanderer aus dem Rheindelta, die bereits im Besitz von Metallen wie Kupfer und Gold waren und ein ausgedehntes Netz von Handelsstraßen unterhielten, unter anderem eine Verbindung zwischen ihren Siedlungsgebieten in Ostengland und Wales, um sich dort immer neu mit Metallen versorgen zu können. Sie haben die früheren steinzeitlichen Einwanderer anscheinend beherrscht, also eine ähnliche Rolle gespielt wie Jahrhunderte später die Kelten, die Bronze und Eisen bearbeiten konnten. ›Glockenbecherleute‹ nennt man sie nach der typischen Form ihrer Gefäße, die man in den Gräbern gefunden hat. Die Funde von Avebury kann man am Ort im Keiller Museum bewundern; Alexander Keiller hat zwischen 1934 und 1939 die Ausgrabungen geleitet und die Stätte, soweit das möglich ist, rekonstruiert.

Man hat Avebury schlimmer mitgespielt als Stonehenge; noch bis ins späte 18. Jahrhundert ist es als Steinbruch benutzt worden. Brocken von seinen Findlingen findet man nicht nur im Gemäuer der

Dorfkaten, die sich quer über die Stätte verteilen, sondern auch in der außerhalb des Ringes liegenden Kirche und sogar in den Wänden des Gutshauses, eines elisabethanischen Manors mit zwei lustigen Zwerchgiebeln und schönen Stuckdecken und Täfelungen im Innern. Ein Buchsgarten mit phantastisch zurechtgestutzten immergrünen Gewächsen, ein bei den Elisabethanern sehr beliebtes ›Topiary‹, erstreckt sich hinter dem Haus, neben dem sich die behäbige, baumumkränzte Kirche erhebt, deren Schiff und Fenster noch angelsächsisch sind. Die Seitenschiffe und der Taufstein kamen in normannischer Zeit hinzu, und im 15. Jahrhundert erhielt sie einen stämmigen quadratischen Turm und einen steinernen Lettner. Die Arkaden wurden erst im vorigen Jahrhundert eingezogen. Gerade dieses Dorf aber, dessen Häuser zum Teil durch die Findlinge überragt werden, macht die gewaltigen Ausmaße dieser Stätte doppelt deutlich.

Nordwestlich des Steinkreises sieht man einen Hügel in mehreren Kilometern Entfernung aufragen, *Windmill Hill*, nach dem man die frühen steinzeitlichen Einwanderer häufig ›Windmill Hill People‹ nennt. Um seinen Gipfel legen sich drei konzentrisch angeordnete Gräben, die um etwa 2500 v. Chr. ausgehoben wurden. Darin haben die Ausgräber große Mengen von Holzasche, Keramikscherben und sorgfältig vergrabene Tierknochen entdeckt, was darauf hinweist, daß hier einst kultische Festmähler gehalten wurden, und zwar anscheinend noch bis um 1500 v. Chr. Auch dieser Ort bleibt in Geheimnis gehüllt.

Am Ende der West Kennet Avenue liegt gleich hinter West Kennet die letzte der bedeutenden Stätten im Bereich von Avebury, das sogenannte *Sanctuary*, Heiligtum. Es ist älter als Avebury und Stonehenge und bestand wohl ursprünglich aus Holzpfosten. Man nimmt für Sanctuary I drei Bauperioden an, wobei sich überdachte Palisadenringe in einem immer weiteren Umkreis um einen offenen Mittelpunkt schlossen. Sanctuary II war dann ein Steinkreis, wahrscheinlich gleichzeitig mit Avebury und von denselben Baumeistern errichtet. Die Vertiefungen für die Pfosten sind heute durch Betonklötze gekennzeichnet. Das Nebeneinanderliegen zweier so großer Steinkreise macht die Frage nach dem Sinn dieser Stätten noch rätselhafter.

DIE KÜSTEN DER EROBERER

Hampshire und Sussex

DER Südosten Englands ist das England der Dichter. In den ersten Kapiteln haben wir das England der roten Erde und Hochmoore, der elisabethanischen Häfen und vorgeschichtlichen Fundstätten kennengelernt. Der Südosten wurde immer wieder zum Ausgangspunkt der Eroberungen: Belgen, Römer, Sachsen, Angeln, Jüten, Normannen haben von seinen Küsten aus England erobert. Dem Dänenkönig Knut, der als ›Canute‹ in die englische Geschichte einging, wurde hier die englische Krone angeboten; und Philipp II. von Spanien hat hier Maria Tudor geheiratet. Aber auch die beiden größten Sieger der englischen Geschichte sind von diesen Küsten abgesegelt: König Heinrich V. zur Eroberung Frankreichs, und Nelson, als er das Mittelmeerkommando während der Napoleonischen Kriege übernahm.

Kipling hat in dem Märchen ›Puck of Pook's Hill‹ die Landschaft sehr schön beschrieben. Ein tiefes, einst dicht bewaldetes Flachland, das Weald, zieht sich zwischen zwei fast parallel verlaufenden Höhenzügen hin, den North Downs und den South Downs. Die Küste erhebt sich entweder in herrlichen Kalk- und Kreideklippen hoch über das Meer oder dehnt sich weit und grün und melancholisch mit fetten Marschen am Strande aus. Auf den Kalkhäuptern der Downs leuchten Ginster und Heide oder Weideflächen; Thymian, Minze und Lavendel duften wild und süß in Gärten und Heiden.

Von den Urwäldern, die noch zur Zeit König Heinrichs III. dieses Land wie einen Pelz überzogen, ist wenig geblieben: der New Forest, ein Landschaftsschutzgebiet westlich der großen Bucht von Southampton, und kleinere Streifen von Wald im Gebiet des Weald. Schon Königin Elisabeth mußte Gesetze erlassen, die das Fällen von Eichen einschränkten; die Jahre der eigentlichen ›ersten Industriellen Revolution‹ unter den Lancaster- und Tudorkönigen hatte Holz in großen Mengen verschlungen: für den Hausbau und für den Schiffsbau, für Webstühle und vor allem für Holzkohle, die man zum Schmelzen des hier gewonnenen Eisenerzes benötigte. Denn unter dem Weald liegen Eisenadern und Kohlenflöze; dieses Südostengland, heute ein großer blühender Park, war einmal Englands ›Black Country‹. Kohle wird noch heute an einigen Orten abgebaut, aber die großen Eisenhämmer sind seit langem stillgelegt. Nur die Gräben, die oft rotbraunes Wasser führen, verraten noch, wie erzhaltig der Boden hier ist.

Hampshire bietet mit seiner aufgeregten, gewundenen Küste drei großen urbanen Zentren Raum: dem Kurort Bournemouth, den

Häfen Southampton und Portsmouth. Die Insel Wight war der Liebling der Viktorianer, deren Epoche dort mit dem Tode Königin Viktorias zu Ende ging. Die schönste Stadt der Grafschaft ist Winchester, die alte Hauptstadt Englands.

In West-Sussex lag das Operationsgebiet der zweiten Legion unter dem späteren römischen Kaiser Vespasian zur Zeit des Claudius Tiberius. Dort finden sich die schönsten Römervillen auf Englands Boden. Im Osten von Sussex landeten ein Jahrtausend später die Normannen, auch sie haben mit Kirchen und Burgen dem Land einen architektonischen Stempel aufgedrückt. Und wenn wir in Bath die schönste Stadt des georgianischen Stils kennengelernt haben, so ist Brighton sicher der Inbegriff der Regency-Architektur – auch sie hatte einen Beau und einen Nash, aber hier war Nash der Architekt, und der Dandy Lord Brummel.

Beide Grafschaften haben immer wieder die Dichter angezogen: Walton, Boswell, Jane Austen, Tennyson, Swinburne, Henry James, Kipling, Galsworthy, Belloc und viele andere haben hier gelebt. Und in einem köstlichen Park verbirgt sich Europas exklusivstes Opernhaus: Glyndebourne.

20

Im New Forest: Bournemouth–Christchurch–Romsey

Zur See! Die Flaute ist vorbei,
Da Übermut des Wassers tollt
Und bricht sich an dem Kieselstrand …
Lovell Beddoes, Seemannslied, 19. Jh.

Seit der Zeit Wilhelms des Eroberers war der New Forest ein königliches Jagdgebiet; heute steht er als Nationalpark unter Landschaftsschutz. Das riesige Walddickicht von einst ist auf rund dreihundert Quadratkilometer zusammengeschrumpft; die Eichen- und Buchenforsten sind von Heiden, Lichtungen und Wanderwegen durchzogen; vereinzelte Dörfer und Waldbauernhöfe liegen am Weg. Das Gebiet erstreckt sich östlich von Bournemouth bis Southampton; es wird im Süden durch den Solent begrenzt, der die Isle of Wight vom englischen Festland trennt. Wie auf den Mooren Westenglands leben auch hier noch ungefähr zweitausend wilde Ponys, aber sie gehören einer schlankeren, hochbeinigeren und weniger zottigen Rasse an;

man vermutet, daß es sich um die Nachkommen von Pferden handelt, die die Sachsen mitgebracht haben.

Am Westrand des New Forest dehnt sich fast zehn Kilometer an der Küste *Bournemouth* hin, einer der größten Kurorte Englands. Wir könnten um diesen im Sommer leider sehr überlaufenen Ort vielleicht einen Bogen schlagen, läge nicht in seiner Kirche St. Peter das Herz von Percy Bysshe Shelley begraben, dieses Romantikers, dessen Leben einem einzigen Sturme glich. In einer seiner kühnen, rauschhaften Oden rief er den Westwind an:

> Sei ich, Du stolzer Geist!
> Mein Geist! Sei ich, Du brausende Gewalt!

Shelley gehörte zu den Frühvollendeten; er ertrank mit dreißig Jahren bei einer Segelfahrt im Golf von La Spezia. Sein Freund, Lord Byron, ließ seinen Leichnam auf einem Scheiterhaufen verbrennen; nur das Herz des Dichters fand den Weg zurück in die englische Heimat, deren Landschaft er in seinen Versen so oft beschwor:

> Des Weißdorns Blüte, bleich wie Mondenschein,
> Und Hagedorn wuchs an den Wegen,
> Kirschblüten, weiße Kelche, deren Wein
> Der helle Tau, der Morgenfrühe Segen;
> Und dunkler Efeu mischte sich dem Hain,
> Von Baum zu Baum sein Netzgerank zu legen ...

So sieht auch die Landschaft aus, die Bournemouth umfängt. Die junge Stadt selbst wird von Parks, Anlagen mit Kieferngruppen und zahllosen Gärten durchzogen und umhegt; am Rande des Meyrick Park vor der Stadt liegt ein Musterdörflein, Talbot Village, das im vorigen Jahrhundert von Charlotte Talbot gegründet wurde. Im Russell-Cotes-Museum auf dem East Cliff kann man japanische und burmesische Kunst bewundern sowie eine bedeutende Theatersammlung, in deren Mittelpunkt Erinnerungen an Sir Henry Irving, den Liebling des viktorianischen Publikums, stehen. Das Museum wurde 1894 von dem Architekten Fogarty als Villa für Merton Russell-Cotes, den langjährigen Bürgermeister von Bournemouth, entworfen. Die Fassade des Baus wird durch zwei zuckerhutartige Erkertürme bestimmt. Sir Merton und Lady Russell-Cotes schenkten das Haus samt den von ihnen zusammengetragenen Sammlungen später der Stadt.

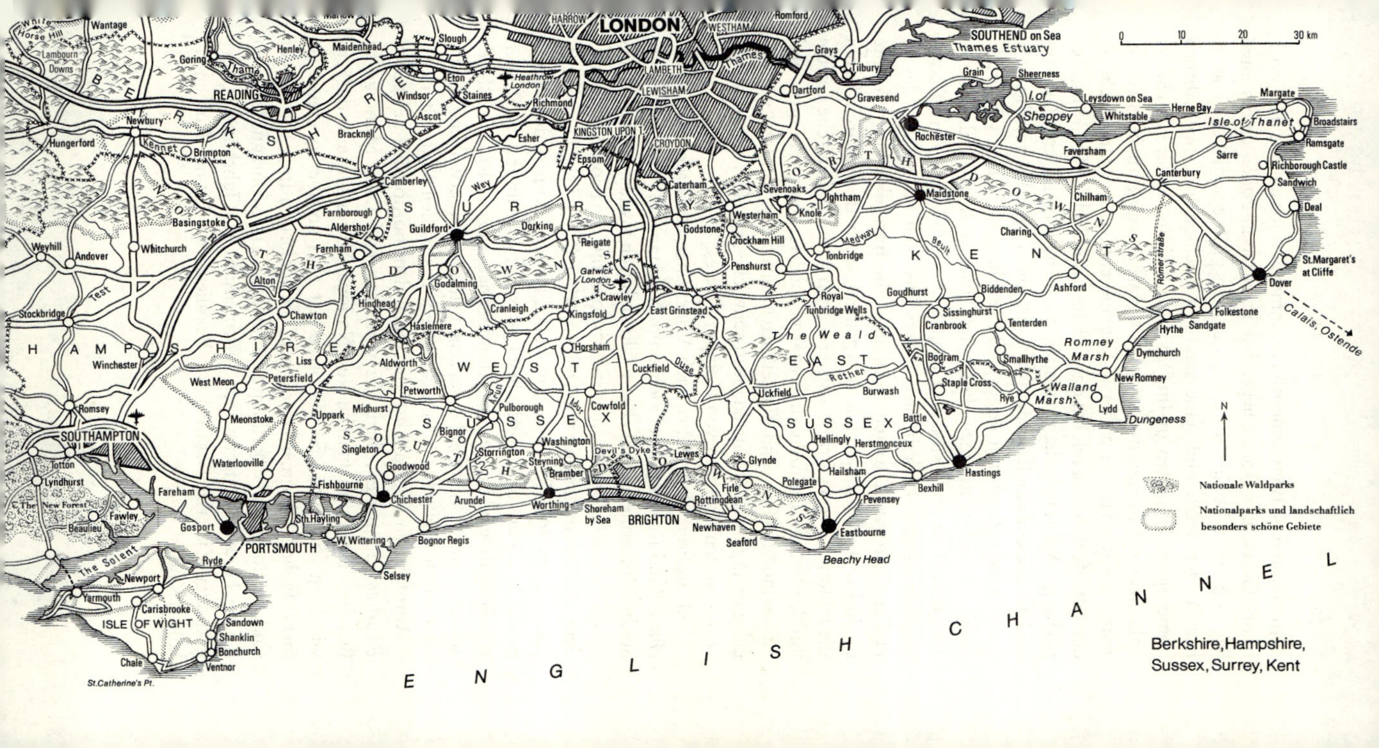

Berkshire, Hampshire, Sussex, Surrey, Kent

Im Westen ist Bournemouth zusammengewachsen mit dem noch in der Grafschaft Dorset liegenden Yachthafen *Poole*, einem alten Seeräubernest. Poole hat nach Sydney das größte natürliche Hafenbecken der Welt, und seine sandigen Buchten locken alljährlich immer mehr Touristen an. Im Old Town's House in der High Street nahe dem Kai wurde ein erst 1964 im Hafen ausgegrabenes Bronzezeitboot – das längste bisher in England entdeckte – aufgestellt. In der Vorreformationszeit hat das Gebäude die Guild of St. George beherbergt. Am Kai findet man auch das spätgeorgianische Zollhaus und die alte Guildhall aus dem 18. Jahrhundert. Die behaglichen viktorianischen Hotels mit ihrem leicht verblichenen Glanz vermitteln dem Gast von heute einen Hauch des Fin de siècle. Doch die Hauptattraktion von Poole sind die Compton Acres Gardens, ein 1910 angelegter riesiger Park in sieben verschiedenen Stilen, von dessen Höhen man einen weiten Blick über die unregelmäßig geformte Bucht bis zur Portland Halbinsel genießt, wo man an klaren Tagen die Silhouette von Corfe Castle erkennen kann. Italienische Gärten mit kostbaren Bronzen und Marmorbildwerken, Fontänen und Palmenhof, ein Fels- und Wassergarten, ein echter, von Japanern angelegter Japanischer Garten, Seerosenteiche und ein Troparium gehören zu den Zaubern von Compton Acres.

Auf unserer Weiterfahrt nach Winchester berühren wir *Christchurch* und *Romsey*, zwei kleine, um Normannenklöster gedrängte Städte. Im stillen, winkeligen Christchurch östlich von Bournemouth hat sich von der Augustinerpriorei nur die Klosterkirche aus dem 11. Jahrhundert mit ihren siebenjochigen, herrlichen Langhausarkaden erhalten. Recht ungewöhnlich ist der Eckturm, der wie ein runder Erker aus dem nördlichen Querschiff vortritt und mit Reihen von Blendbögen und einem Rhombennetz geziert ist. Die Blendarkaden seines Untergeschosses zeigen ineinanderverwobene Bögen: ein typisch englisches Schmuckelement des frühen Mittelalters.

Autofahrern sei ein Abstecher nach dem nordöstlich gelegenen *Beaulieu* empfohlen, dem Sitz von Lord und Lady Montagu of Beaulieu. Dort kann man im New National Motor Museum die Entwicklung von Auto und Motorrad seit 1895 an über zweihundert farbenfrohen Oldtimern verfolgen, die malerisch im Park verteilt sind, darunter einige berühmte Rennwagen. Die Montagus leben im Palace House, dem einstigen Pförtnerhaus (14. Jahrhundert) der gotischen Zisterzienserabtei von Beaulieu, von der nur Ruinen erhalten sind.

Etwa drei Kilometer weiter liegt am Ufer des Flusses Beaulieu das im 18. Jahrhundert erbaute Dorf *Buckler's Hard*, wo während der Zeit der Napoleonischen Kriege viele Schiffe gebaut wurden. An diese glanzvollen Jahre erinnert heute nur noch ein Schiffahrtsmuseum (Maritime Museum) mit vielen Modellen, Landkarten und Dokumenten, das während der Wintermonate leider nur an den Wochenenden geöffnet ist.

Wir kehren zurück nach Christchurch und fahren durch den New Forest bis *Romsey* weiter. Auch von dessen Normannenkloster ist nur die Kirche erhalten. Ihr Bau wurde schon im 10. Jahrhundert in angelsächsischer Zeit begonnen, erhielt aber seine endgültige Form erst unter Henry de Blois, Winchesters mächtigem Bischof im 12. Jahrhundert. Über achtzig Meter lang erstreckt sich das Schiff, mehr als zwanzig Meter hoch ragen die Gewölbe auf. Ebenfalls normannisch ist ›King John's Hunting Box‹ in der Church Street, ein kleines Jagdhaus aus Kalk- und Feuerstein, das im Lauf der Jahrhunderte völlig der Vergessenheit angeheimgefallen und zu den seltsamsten Zwecken mißbraucht worden war, ehe man es in diesem Jahrhundert wiederentdeckte und restaurierte. Auf dem Markt erinnert ein Denkmal an den Premier Lord Palmerston, dessen Landhaus ›Broadlands‹ am anderen Ufer des die Stadt durchfließenden River Test liegt. Es wurde von John Holland entworfen und von dem beliebtesten Landschaftsgärtner der Romantik, Capability Brown, mit einem Park im malerischen Stil umgeben.

Im rund fünf Kilometer entfernten Dorf *East Wellow* hat Florence Nightingale, der Engel der Verwundeten im Krimkrieg, längere Zeit auf dem Landsitz Embley Park gelebt; ihre letzte Ruhe fand sie auf dem Dorffriedhof.

Unser Weg führt jetzt weiter in nordöstlicher Richtung nach Winchester.

21

Die alte Hauptstadt: Winchester

Neunundneunzig Jahre vor Rom, so erzählen die Sagen, gründete der Keltenfürst Hudibras im waldigen Tal des River Itchen die von Kreidehügeln umringte Caer Gwent, die Weiße Stadt, die die Römer später Venta Belgarum nennen sollten. Die Gründung verliert sich im Dunkel der Geschichte, aber sicher ist, daß hier seit der Bronzezeit gesiedelt wurde, und daß Caer Gwent zur Römerzeit bereits ein bedeutender Handelsplatz war, in dem sich sechs wichtige Straßen kreuzten.

Um die weitere Geschichte zu verstehen, müssen wir uns kurz noch einmal die Entwicklung des Königreiches Wessex vergegenwärtigen: Ende des 5. Jahrhunderts landeten in Hampshire einige sächsische Stämme, um zu siedeln, geführt von dem Fürsten Cerdic und seinem Sohn Cynric; sie dehnten ihren Machtbereich rasch aus und nannten sich seit 519 Könige. Ihre Metropole war nach allem, was wir wissen, Caer Gwent oder Winchester, auch Winton genannt. Cerdics eroberungssüchtiger Enkel Caewlin wird von Beda in seiner Chronik bereits als der zweite angelsächsische ›Imperator‹ genannt. Damals wurden die keltischen Briten in die Randgebiete, nach Cornwall und nach Wales, abgedrängt, und die eingewanderten Angeln, Sachsen und Jüten teilten England unter sich auf. Neben vielen kleineren Fürstentümern entstanden die drei großen Königreiche Wessex, Mercia und Northumbria. Die Grenzen lagen nicht fest, sondern änderten sich noch ständig; dann und wann wurde einer der großen Könige vom Rat der Edlen zum ›Bretwalda‹, zum Oberkönig, gewählt, aber erst mit der Unterwerfung Mercias zur Zeit von König Ecberth oder Egbert von Wessex um 825 errang dieses Reich endgültig die Führungsrolle. Um 880 brach Mercia dann völlig zusammen, und 886 war König Alfred der Große in ganz England als König anerkannt; damit wurde das Haus Wessex zum englischen Königshaus und Winchester zur Hauptstadt des Landes. Wilhelm der Eroberer hielt zu Ostern in Winchester Hof. Viele vornormannische Könige haben hier ihre letzte Ruhe gefunden: die Westsachsen Alfred der Große, Eduard der Ältere, sein Sohn und dritter Nachfolger Edred, die Dänen Canute (Knut der Große) und Hardicanute, aber auch noch der Normanne Wilhelm II. Rufus, der Sohn und Nachfolger des Eroberers. Und Aethelwulf, der Sohn des großen Bretwalda Egbert, war Bischof von Winchester, ehe er 839 englischer König wurde.

Sehen wir also, was uns die Anlage der Stadt, die mittelalterlichen Gassen und Bauten und die große Kathedrale, *»die in ganz Europa sehr berühmt ist und von der man so viel spricht«* (Defoe), von der einstigen Größe der alten Hauptstadt Englands zu berichten haben.

Der sehr regelmäßige Plan Winchesters, der den römischen Ursprung nicht verleugnet, wird im Osten vom River Itchen, einem klaren Kalksteinfluß, begrenzt und durch seine breite *High Street*, die sich in dem von einer modernen Kolossalstatue Alfreds des Großen beherrschten Broadway fortsetzt, in eine Nord- und Südhälfte geteilt. In der Mitte der High Street steht das alte Stadtkreuz – eines der vielen, die in England noch zu finden sind: Einige sind ohne Zweifel vorchristlichen Datums, doch wurden viele erst in christlicher Zeit errichtet. Die Bedeutung der vorchristlichen Kreuze ist nicht völlig geklärt, doch gibt es eine interessante Theorie, die die Form dieser Kreuze mit dem altägyptischen Henkelkreuz (Ank) in Verbindung bringt. Geht man die High Street in westlicher Richtung entlang, so stößt man auf einen hohen Torbau aus dem 13. Jahrhundert, das *West Gate;* hinter seinen dicken Mauern lockt eine faszinierende Sammlung alter Meßgeräte und Gewichte. Winchesters Eichmaße waren neben denen von London für ganz England im Mittelalter bindend. Nur ein paar Schritte südlich davon erhebt sich die großartige, erst 1235 vollendete *Castle Hall*, der einzige erhaltene Teil des von Wilhelm dem Eroberer begonnenen Burgbaus, in dem die normannischen Könige Hof hielten. Der Hof war damals noch nicht an einen Standort gebunden: Pfingsten residierte der König in London, zu Weihnachten in Gloucester und zum Osterfest in Winchester. In der Halle hat sich im 13. Jahrhundert das erste englische Parlament versammelt, hier wurde das Todesurteil über Walter Raleigh gefällt, und auch der berüchtigte Blutrichter Jeffreys, den wir aus Dorchester kennen, sprach hier im Namen Jakobs II. Stuart Recht, oder was er dafür hielt. Bis vor kurzem tagte hier das Schwurgericht in schwarzen Talaren und weißen Zopfperücken unter König Artus' ›Round Table‹; heute ist die Halle Museum. Aber die riesige Tischplatte hängt noch an ihrer Stirnwand aus schönem Flintwork; ihre 24 Sektoren zeigen in altertümlichen Lettern die Namen der bekanntesten Artusritter und ein Idealbild des Königs. Entstanden ist die Platte wahrscheinlich im 14. Jahrhundert; 1522 wurde sie für einen Besuch Kaiser Karls V. in Winchester renoviert.

Zurückgekehrt zum City Cross oder zum Stadtkreuz gelangen wir rechter Hand durch einen Tudorbogen auf einen stillen Platz mit malerischen alten Läden, den Square, in dessen einer Ecke das kleine Stadtmuseum vor sich hinträumt. Von diesem Platz führt eine schattige Lindenallee gerade auf die riesige, langgestreckte *Kathedrale* zu, deren Schiff das zweitlängste Europas ist. »*Das Äußere der*

Kirche«, erzählt Defoe, und seine Beobachtungen sind auch für heute zutreffend, *»ist schlicht und rauh, als hätten die Gründer alle Ornamente verabscheut, oder als wäre William of Wickham Quäker gewesen oder doch zumindest Pietist. Da kann man am ganzen Außenbau nicht eine Statue sehen oder auch nur eine Nische für eine Statue, keine Steinmetzarbeiten, keine Turmspitzen, Türme, Fialen oder Balustraden oder etwas dieser Art, sondern nichts als nackte Wände, Strebepfeiler, Fenster und Vorsprünge, wie sie zur Abstützung und Gliederung des Baues notwendig sind: Sie hat auch keinen spitzen Turmhelm, sondern nur einen kurzen, flachgedeckten Stumpf.«*

Aber wie völlig anders ist das Bild, wenn wir das *Innere* betreten: das fließende, wellenartig gegliederte Gewände reißt mit seinen schlanken, emporstrebenden Diensten den Blick in die Höhe, wo man ein strahlendes Sterngewölbe erblickt, in schwingendem Gleichmaß über zwölf Joche und dann nochmals über die vier Joche des Retrochores gespannt. Die Schlußsteine der Scheitelrippe und des ganzen Rippengespinstes sind höchst erfinderisch gestaltet: ein ausdrucksstarker Christuskopf, groteske Blattmasken, ein fetter Hirte mit einer Doppelflöte, Adam und Eva, in Felle gekleidet, ein Bauer mit Stier und Hund in perspektivisch gewagter, genial verknappter Rundkomposition, zwei Mönche, deren Gebetbuch ein als Fuchs verkleideter Priester hält, musizierende Engel, Kobolde und Schrate, königliche und bischöfliche Wappen, ein Vogel mit drei Nestlingen – um nur einige der Motive zu nennen. Man sollte, um diese kleinen Kunstwerke gehörig genießen zu können, möglichst ein Fernglas mitnehmen. Den festlichen Raumcharakter betont eine Folge komtemplativer, farbschöner Kompositionen von Thetis Backer; diese 1979 gemalten sechzehn ›Banner‹ variieren das Thema ›Schöpfung‹.

Wie aber kommt die nackte, lange Kirche, der man ihren normannischen Ursprung außen trotz der Spitzbogenfenster auf den ersten Blick ansieht, wie kommt diese Kirche zu einem Langhaus in festlichster Gotik? Das danken wir dem Geniestreich zweier Bischöfe aus dem 14. Jahrhundert. Aber werfen wir zum besseren Verständnis zuerst einen Blick auf die Baugeschichte überhaupt. Winchester erhielt seine erste Kirche um 645, sie wurde aber schon bald darauf in den Rang einer Kathedrale erhoben. Ende des 10. Jahrhunderts, als sie schon zur Grablege der Sachsenkönige geworden war, fand ein Neubau statt, wobei 971 der Sarg des 862 verstorbenen heiligen Swithun in die nun ihm geweihte Kathedrale überführt wurde. Dann kam die Zeit der Dänenherrschaft, und auch die beiden Dänenkönige Canute und Hardicanute wurden in Winchester beigesetzt.

Am 3. April 1043 wurde der letzte der angelsächsischen Könige, Eduard der Bekenner, in Winchester gekrönt. Unter ihm blühte das sächsische England noch einmal auf, fiel aber nach seinem Tod in die Hände der Normannen, deren Herzog Wilhelm er es zur Zeit seines Exils in der Normandie versprochen hatte. 1070 wurde der Normanne Walkelyn als neuer Bischof inthronisiert. Walkelyn liebte wie alle Normannen die Baukunst, und da die Kirche die Pilger bald nicht mehr zu fassen vermochte, ließ er um 1079 abermals einen Neubau beginnen. Dieser Bau muß nach vielen Zeugnissen einer der schönsten normannischen Dome gewesen sein; neben Alt-St. Paul in London war er der größte des damaligen Europa. Wie unbeschreiblich würdevoll der Innenraum gewirkt haben muß, kann man noch ermessen, da das gewaltige Querhaus praktisch unverändert auf uns gekommen ist. Seine Romanik – und der anglonormannische Stil ist ja eine Spielart des romanischen – wirkt nicht dunkel und lastend, sondern strahlt tiefe Harmonie aus. Die lichtgrauen Gewände werden belebt durch die Kontraste zwischen den überaus kraftvollen, scharf profilierten Arkadenstützen und den schön geformten Säulen der hohen Galerie mit ihren ausgewogenen Zwillingsbögen, durch die schlanken, an den Wänden elegant emporstrebenden Dienste, die breiten, gestelzten Rundbögen der Arkaden und die kantigen Würfelkapitelle.

Im Jahre 1100 wurde Wilhelm II. Rufus in der Vierung beigesetzt. Dieser rothaarige Sohn von Wilhelm dem Eroberer und Enkel Robert des Teufels machte seinem Großvater alle Ehre, so daß sich die Geistlichkeit weigerte, ihm ein christliches Begräbnis zu gewähren. Als sieben Jahre später der mächtige Vierungsturm über dem unheiligen Grabe zusammenbrach, war es deutlich: Der Himmel zürnte! Und doch steht dieser Sarkophag heute als einer der wenigen ungeplünderten der Kirche noch an seiner alten Stelle, während die anderen Königsgräber zerstört wurden und auch der Schrein des heiligen Swithun nur noch durch ein paar Steine im Boden markiert ist.

An der Wende vom 12. zum 13. Jahrhundert wurde unter Bischof Godfrey de Lucy das Ostwerk ausgebaut und um einen Retrochor und eine Marienkapelle mit Nebenkapellen erweitert, deren besonderer Stolz ein mittelalterliches Retabel ist, das heute von Holztafeln mit seiner Kopie geschützt wird. Heinrich VII. hat die Marienkapelle dann noch einmal anläßlich der Taufe seines Sohnes Arthur vergrößern lassen.

Das große Abenteuer in der Baugeschichte Winchesters begann unter Bischof William Edington (1346-1366), der die Gotisierung des Langhauses beschloß, die dann von seinem Nachfolger, dem gelehrten Staatsmann William of Wykeham (1367-1404) und dessen Baumeister William Wynford energisch vorangetrieben und abgeschlossen wurde. Man begann westlich der Vierung und ging jochweise vor; die hohe normannische Galerie fiel beim Umbau den Spitzbogenarkaden und den stark verlängerten Lichtgadenfenstern zum Opfer. Seine Krönung fand das Werk dann in dem Sterngewölbe. Und jetzt geschah etwas in seiner Traditionstreue ganz und gar Englisches: in der folgenden Generation, die schon von der Vorahnung der Reformation durchzittert war, ließ Bischof Fox (1501-1528), ein stiller, frommer Mann, dieses Sterngewölbe auch in den vier Jochen des Chores und des Retrochores wiederholen – in solider Eiche. Die Imitation ist täuschend; geschnitzte ›Schlußsteine‹ helfen, sie vollkommen zu machen. Fox schenkte der Kirche auch das sehr alte, schön geschnitzte Chorgestühl (1305-1310), das leider den Bürgerkrieg nicht unversehrt überstand, und das herrliche Hochaltarretabel, das von Cromwells Rundköpfen aller Statuen beraubt wurde, die erst im vorigen Jahrhundert wieder ersetzt werden konnten.

Die Chantry oder Grabkapelle von Fox gehört zu den prunkvollsten der Kirche. Das Grabmal zeigt die Liegefigur des Bischofs auf einem kunstvoll durchbrochenen Sarg, in dem man einen halbzerfallenen steinernen Leichnam erkennt; man nannte diese künstlichen Skelette ›cadaver‹: In jener unruhigen Zeit der Aufstände, Bürgerkriege und Pestepidemien war das memento mori allgegenwärtig. In der Cromwellzeit sollte die Kathedrale auf Parlamentsbeschluß abgerissen werden, aber eine mutige Resolution der Bürger verhinderte diesen Vandalismus. Am übelsten ist es den königlichen Gebeinen ergangen: Sie wurden sowohl während der Reformation als auch während der Revolution aus ihren Gräbern gerissen. Man hat sie nach den Unruhen wieder eingesammelt, und heute stehen Prunksärge mit den ehrwürdigen Gebeinen auf der Brüstung der steinernen durchbrochenen Chorschranken.

Die großen Bischöfe von Winchester ruhen wie Fox in eindrucksvollen *Grabkapellen* im Schiff und Chor. Das großartigste Monument ist wohl das des Kardinals Beaufort, des Widersachers von Jeanne d'Arc, im südlichen Seitenschiff der Marienkapelle. Die Heilige wurde durch eine schöne Statue geehrt. Zu Füßen der Grabfigur von William of Wykeham knien drei kleine Mönche, seine Sekretäre, wie man annimmt. Aber auch mancher der Stillen im Lande ist in der Kathedrale gedacht: eine Platte im Boden erzählt von dem untadeligen Leben Jane Austens – nur daß die Frühverstorbene Bücher schrieb, wird schamhaft verschwiegen. Izaak Waltons Grab ist ebenfalls durch eine Bodenplatte angezeigt; die Fischer und Angler der ganzen Welt ehrten den Autor des ›Complete Angler‹ 1913 außerdem mit einem riesigen Farbfenster. Das kleine Buch des angelnden Philosophen gehört zu den Klassikern der englischen Sportliteratur. Auf dem recht unbequemen Klappsessel in der Kapelle Bischof Gardiners saß Maria Tudor während ihrer Trauung mit Philipp II. von Spanien, die die dunkelste Spanne der englischen Geschichte einleiten sollte.

Lange könnte man über die Gräber und Schätze dieser Kathedrale sprechen; erwähnt sei stellvertretend nur noch die berühmte Winchester-Bibel aus dem 12. Jahrhundert mit ihrer Fülle ungewöhnlich lebhaft gemalter Miniaturen.

Doch treten wir jetzt hinaus in die weite, baumbestandene Domfreiheit hinter dem Südportal. Dort erheben sich in einer Ecke die Ruinen des einstigen Schlosses des Bischofs Henry de Blois, *Wolvesey Castle*. De Blois war ein Bruder des letzten Normannenkönigs Stephen (1135-1154), der als Usurpator auf den Thron gelangte und gegen die Kaiserinwitwe Mathilda, des Normannenkönigs Heinrichs I. Tochter, um ihr Erbe, die Krone von England, kämpfte. Henry de Blois schenkte der Kirche einen schönen Taufstein aus Tournai-Marmor mit Reliefs der Legende des heiligen Nikolaus; diese schwarzen normannischen Taufsteine, von denen sich sieben erhalten haben, waren in England sehr beliebt. In Wolvesey Castle verlebte Maria I. Tudor ihre Flitterwochen nach der Hochzeit mit Philipp II. von Spanien; im Bürgerkrieg zerstörten später Cromwells Rundköpfe den Palast.

Der heutige *Bischofspalast* ist um 1685 aus dem teilweise unzerstörten Westflügel des abgerissenen Palastes entstanden. Dahinter steht noch ein Rest der auf römischen Fundamenten errichteten Stadtmauern. Südlich der Domfreiheit verläuft die College Street; dort finden wir *Winchester College*, die 1382 von William of Wykeham gegründete älteste Public School Englands, aus der viele berühmte Männer hervorgegangen sind und die noch heute zu den vornehmsten Internaten des Landes zählt. In derselben Straße ist das Sterbehaus Jane Austens durch eine Tafel gekennzeichnet; sie hat dort ihre letzten, durch Krankheit verdunkelten Jahre verbracht. Rechts zweigt der College Walk ab, und von diesem ein schmaler Fußpfad, der über die Flußwiesen zum *St. Cross Hospital* führt, einem mittelalterlichen Hospiz mit einer Kirche aus dem 12. Jahrhundert und einem gotischen Torhaus. Es wurde 1136 von Henry de Blois gegründet und sollte dreizehn bedürftige Bürger als ›Brüder‹ aufnehmen. Die Insassen tragen noch heute die schwarzen Talare mit silbernem Kreuz, die der Bischof für sie als Kleidung bestimmte. Kardinal Beaufort hat die Stiftung später zum ›Almshouse of the Noble Poverty‹, Herberge zur Edlen Armut, erweitert, und seine Schützlinge prunken mit dunkelpurpurnen Gewändern und Kardinalshüten mit langer Troddel. »*Jeder Wanderer, der auf seinem Wege an die Tür dieses Hauses pocht und um eine Stärkung bittet, erhält einen Kanten Weißbrot und einen Becher Bier, und diese Stiftung ist noch in Kraft*«, schrieb Daniel Defoe im 18. Jahrhundert – sie ist es noch heute: jedermann erhält auf Wunsch das Wayfarer's Dole, Wanderers Wegzehrung, gereicht: Englische Tradition in ihrer Unbeirrbarkeit, wie sie für den ›Kontinentler‹ oft so schwer verständlich ist.

Rund um Winchester steigen in sanften Schwüngen die Kalk- und Kreidehöhen der Downs auf; vom Park auf dem St. Catherine's Hill östlich der Stadt kann man den Blick weit über die Gassen und Türme, die umgebende Landschaft und die Reste eines Eisenzeitlagers schweifen lassen. In seiner Nähe findet sich, wie auch an anderen Orten vorgeschichtlicher Besiedlung in England, ein Rasenlabyrinth: aus der Grasnarbe herausgeschnittene Irrwege, die sich zu einem geometrischen Ornament fügen. »*Unkennbar sind die art'gen Labyrinthe/Im muntren Grün, weil niemand sie betritt*«, klagt die Elfenkönigin Titania in Shakespeares ›Sommernachtstraum‹. Viele sind wirklich der Zeit anheimgefallen, aber einige wenige haben sich über die Jahrhunderte hinweg überraschend gut erhalten, sind bis in unsere Tage hinein Schauplatz von Maitänzen oder anderen, längst sinnentleerten Fruchtbarkeitsriten gewesen. Schäfer waren es oft, die die vertrackten Muster in das Gras schnitten, und darum nennt man sie an einigen Orten auch ›Shepherd's Race‹, Schäfers Rennplatz. Im allgemeinen heißen sie ›Troy Town‹ oder ›Walls of Troy‹, weil sie so verwirrend angelegt sind wie die Mauern von Troja es für den feindlichen Eindringling waren. Ihr eigentlicher Sinn ist, ähnlich wie bei den Steinkreisen noch ungeklärt; einige Forscher bringen sie nicht nur mit Frühlingsriten, sondern auch mit astronomischen Bedeutungen in Verbindung.

22

Zwei Häfen: Southampton–Portsmouth

Östlich des New Forest wird die Küste Hampshires von zwei großen Häfen beherrscht, die im Schutz der Isle of Wight liegen und gerade in der Neuzeit kräftig wuchsen; ihre Becken sind tief und klar und von einem viermaligen Gezeitenwechsel begünstigt. Beide sind mit der Erinnerung an große englische Siege verknüpft: Southampton mit Agincourt und Crécy und Portsmouth mit Trafalgar.

Southampton

Southampton liegt am Ende einer langen, schmalen Bucht auf einer Halbinsel, die sich wie ein Schiffsbug vorschiebt, und wird im Westen vom River Test, im Osten von der Itchen bespült, beide berühmt wegen ihres Forellenreichtums. Östlich der Stadt, in Bitterne, siedelten schon die Römer. Damals waren diese Küsten noch mit undurchdringlichen Wäldern bedeckt. Im Jahre 1017 wurde dem Dänenfürsten Knut dem Großen oder Canute hier die englische Krone angeboten, die diesen großen Administrator zum Engländer machte: Er regierte sein Reich, das sich zeitweise über Norwegen und Schweden bis Kiew erstreckte, wie die sächsischen Könige vor ihm von Winchester aus und umgab sich mit sächsischen Edlen, nachdem er sein dänisches Gefolge samt seiner ersten Gemahlin Elgifu von Mercia nach Hause geschickt hatte; er heiratete in zweiter Ehe Emma, die Witwe seines Vorgängers Edmund Ironside, und erzog seine Söhne aus beiden Ehen als Engländer; er achtete die Gesetze seines neuen Landes und ergänzte sie. Eine Anekdote wirft ein bezeichnendes Licht auf Canute: In Southampton schmeichelten ihm seine Höflinge, er sei so mächtig, daß er selbst den Wellen gebieten könne. Der König spürte jähen Ekel in sich aufsteigen; er rannte zum Strand hinab, streckte seine Hand über das Meer aus und befahl ihm, sich zurückzuziehen. Schweigend, verächtlich lächelnd wandte er sich den Herren zu, die ihm erschrocken gefolgt waren, und ging still wieder an ihnen vorbei. Nach Canutes Tod übernahmen seine Söhne Harold Hasenfuß (1036-1040) und Hardicanute (1040-1042) die Regierung; sie hatten von der Größe des Vaters nichts geerbt und lebten und starben wie Wölfe. Ihr Nachfolger, Eduard der Bekenner, war der Bruder von Edmund Eisenseite.

Am Anfang des 15. Jahrhunderts trat Southampton erneut in das Licht der Geschichte. Hier deckte Heinrich V. im Juli 1415 die Verschwörung seines Schatzmeisters Henry le Scrope Scroops auf, und hier schiffte er sich mit seiner Flotte nach Frankreich ein, um sich die französische Erbfolge – auf die England seit Eduard III. Plantagenet (1327-1377) Anspruch erhob – zu sichern.

> Stellt euch vor, ihr saht
> Am Hampton-Damm den wohlverseh'nen König
> Sein Königtum einschiffen, sein Geschwader
> Den jungen Tag mit seidnen Wimpeln fächeln.
> Spielt mit der Phantasie und seht in ihr
> Am hänfnen Tauwerk Schifferjungen klettern;
> Die helle Pfeife tönt, die Ordnung schafft
> Verwirrten Lauten; seht die Leinensegel,
> Die unsichtbare Winde schleichend heben,
> Durch die gefurchte See die großen Kiele,
> Den Fluten trotzend, ziehn. Oh, denket nur,
> Ihr steht am Strand und sehet eine Stadt
> Hintanzen auf den unbeständgen Wogen;
> Denn so erscheint die majestät'sche Flotte,
> Den Lauf nach Harfleur wendend …
>
> Shakespeare, Heinrich V.

Heinrich V. schlug die Franzosen 1415 vernichtend bei Agincourt, und im Vertrag von Troyes 1420 wurde ihm die Hand Katharinas, der Tochter Karls VI., zugesagt und beider Nachkommen die französische Krone. Heinrich sollte bis zum Tode Karls des Wahnsinnigen als Regent in Frankreich herrschen. Sein Schicksal war jedoch bald besiegelt; er starb, erst fünfunddreißig Jahre alt, tiefbetrauert an einem Fieber. Sein kleiner Sohn, Heinrich VI., damals ein Baby von einem Jahr, wurde der einzige gekrönte König beider Reiche – Englands und Frankreichs; er verlor sie beide. Die französische Lilie aber trugen die englischen Könige noch bis zum Jahre 1801 in ihrem Wappen.

Katharina heiratete in zweiter heimlicher Ehe ihren Kämmerer Owen Tudor und wurde dadurch zur Stammutter des Hauses Tudor; ihr Enkel Heinrich VII. bestieg 1485, am Ende der Rosenkriege, den englischen Thron. Sein Sohn, Heinrich VIII., der bedeutendste der Tudorkönige, lebte einige Zeit mit seiner schönen zweiten Frau Anna Boleyn, der Mutter Königin Elisabeths, in Southampton im *Tudor House* am St. Michael's Square, einem sehr anziehenden schwarz-weißen Fachwerkhaus mit fünf spitzen Giebeln, vorkragenden Geschossen und einem stillen elisabethanischen Garten. Das Haus ist heute als Museum eingerichtet und zeigt Räume in den Stilen vom 16. bis zum 19. Jahrhundert. Unter den Tudors sah Southampton auch den Besuch Kaiser Karls V. und später den seines Sohnes Philipps II. von Spanien, als dieser kam, um mit Maria Tudor getraut zu werden.

Die alten Tore der Stadt beherbergen fast alle Museen. Da ist das normannische *Bargate Hill* in der High Street mit der alten Guildhall, heute Stadtmuseum, und *God's House Tower* am Town Quay mit Befestigungen aus dem 15. Jahrhundert, heute Museum für Früh- und Vorgeschichte. Das Marinemuseum ist im *Wool House*, einem Wollstapelhaus aus dem 14. Jahrhundert in der Bugle Street untergebracht.

Unter den Hannoveranern wurde Southampton Erholungsort und zum Treffpunkt des Geistesadels: der Walpole und Pope, der Swift und Austen; aus dieser Zeit stammt sein georgianisches Theater. 1842 wurde das erste Dock eröffnet und bald darauf die Eisenbahnverbindung mit London hergestellt, wodurch Southampton zum großen Überseehafen der Passagierschiffahrt wurde. Aber schon die Mayflower, die wir in Plymouth endgültig absegeln sahen, hat hier ihre Reise begonnen – wenn man so will, das erste ›Passagierschiff‹ der Atlantiklinie.

Portsmouth

Rund zwanzig Kilometer weiter südostlich liegt, ebenfalls auf einer Halbinsel, aber mit direktem Zugang zum Meer, Portsmouth, der große Werfthafen. Schon 1194 baute hier Richard Löwenherz das erste Dock, und 1495 wurde hier unter Heinrich VII. – einem kleinlichen Mann, aber großem Förderer von Handel und Städten – das erste Trockendock der Welt errichtet. Unter seinem Sohn, Heinrich VIII., nahmen die Werften bereits 36 Ar ein, heute über 12000! Und in den Trockendocks finden wir Englands bestgehütetes Nationalheiligtum, ›H. M. S. Victory‹, Nelsons Flaggschiff vor Trafalgar. Das Museumsschiff bewahrt Erinnerungen an Nelson, seine Offiziere und Mannschaften, und in dem am Dockyard eingerichteten Museum kann man ein riesiges Panorama der Schlacht von Trafalgar bewundern, aber auch Gallionsfiguren und Schiffsmodelle. Die ›Victory‹ stand schon seit fünfzig Jahren in Dienst, als Nelson sie zu seinem Schlachtschiff machte, ein stolzer, leichter, schlanker, bunter Vogel.

Nelson ist ein höchst ungewöhnlicher Typ des Schiffsoffiziers seiner Zeit gewesen, er stand aber in der direkten Nachfolge der Seekapitäne Elisabeths. Auch er war – trotz oder gerade wegen seiner sprichwörtlichen Schüchternheit – der geborene Menschenführer, obwohl er bei Antritt jeder Reise schwer mit der Seekrankheit kämpfen mußte, Seemann mit Leib und Seele, von seinen Leuten vergöttert, der Admiralität aber als Außenseiter suspekt. Wir kennen sein feines, hageres Gesicht mit den klaren, kühnen, tiefliegenden Augen und dichten Brauen, der hohen Stirn, dem großen, stolzen, etwas bitteren Mund von vielen Porträts. Wir kennen auch den Wortlaut seines letzten, an Bord der ›Victory‹ geschriebenen, unvollendeten Briefes an seine Geliebte Lady Hamilton: »*Möge Gott der Allmächtige uns über diese Burschen den Sieg schenken und uns ermöglichen, zu einem Frieden zu kommen.*«

Nelson wurde am 29. September 1758 als Sohn eines Pfarrers in Burnham Thorpe in Norfolk geboren; durch seine Mutter war er mit den mächtigen Walpoles, den Grafen von Orford, verwandt, die sich jedoch überhaupt nicht um sein Fortkommen kümmerten. Er kam als Junge in die Obhut eines Onkels, des Kapitäns Maurice Suckling, bei dem er eine strenge, harte Ausbildung empfing, die später seine verständnisvoll-kameradschaftliche Haltung gegenüber seinen jungen Offizieren und Mannschaften beeinflußte. 1772 nahm er an einer Arktis-Expedition teil; sein erstes Kommando erhielt er mit 21 Jahren. 1781 stellte ihn Admiral Lord Hood in den Westindischen Inseln dem Herzog von Clarence vor, dem späteren Wilhelm IV. Clarence nennt ihn »*den kindlichsten Kapitän, den ich je sah, einen richtigen Jungen; sein Aufzug war bemerkenswert. Er trug eine über und über dekorierte Uniform, sein ungepudertes Haar war zu einem hessischen Zopf von ungewöhnlicher Länge gebunden; die altmodischen Schösse seiner Weste verstärkten das wunderlich Altväterische seiner ganzen Erscheinung und gaben ihm ein Aussehen, das mein Interesse fesselte, denn ich hatte nie zuvor etwas Ähnliches gesehen noch konnte ich mir vorstellen, was er war oder was er wollte. Meine Zweifel wurden jedoch zerstreut, als Admiral Hood ihn mir vorstellte. Da war etwas unwiderstehlich Anziehendes in seinem Betragen und seinem Gespräch und eine Begeisterung, wenn er über berufliche Fragen sprach, die zeigten, daß er kein gewöhnlicher Mensch war«.*

Trafalgar, wo Nelson 1805 seinen größten Sieg errang und zugleich seinen frühen Tod fand, war der Schlußpunkt einer steilen Karriere. Seit 1780 hatte Nelson im Krieg gegen Frankreich immer in vorderster Linie gekämpft, immer die entscheidenden Operationen ausgeführt: am Nil, bei Kopenhagen, in den langen Zeiten der Blockaden, bei Neapel, dessen König ihn 1790 zum Herzog von Brontë ernannte. Bei all dem blieb Nelson immer dieser »kindliche Kapitän«. Das führte ihn auch mit seiner Frau zusammen, die sich in ihn verliebte, als sie ihn mit ihrem kleinen Sohn aus erster Ehe auf allen Vieren kriechend unter dem Eßzimmertisch spielend fand. Nelson wurde ein schlechter Ehemann, aber ein guter Stiefvater. Ein ›Bruder‹ war er seinen Kapitänen und jüngeren Offizieren; auf seinen Schiffen ging niemand in die Schlacht, dem nicht die Pläne seines Admirals bis ins letzte Detail bekannt gewesen wären. Er haßte die Geheimniskrämerei der hohen Offiziere, und sein Vertrauen wurde nie enttäuscht. Die ›Band of Brothers‹ war dem Admiral mit dem wehenden Haarschopf auf den Tod verschworen, der übrigens oft genug die Hand nach ihm ausgestreckt hatte, so 1780, als er bei seiner Expedition in Nikaragua fast einem heftigen Fieber erlag, 1794, als er bei Calvi auf Korsika fast sein rechtes Auge verlor, das blind blieb, aber nicht unbeweglich, 1797, als ihm beim Angriff gegen Santa Cruz de Tenerife der Arm durchschossen und in der Dunkelheit im Boot unsachgemäß amputiert wurde. Am Morgen vor Trafalgar, am 22. Oktober 1805, hat er jenen legendär gewordenen Tagesbefehl ausgegeben: *»England erwartet, daß jeder Mann seine Pflicht tut«*, und am Abend des Tages starb er nach stundenlangem Todeskampf an einer Rückgratverletzung in den Armen seines Ersten Offiziers Hardy mit den Worten: *»Nun bin ich zufrieden, Dank Gott! ich habe meine Pflicht getan«.*

Wenn man heute vor dem Dock steht und den schlanken Bug der ›Victory‹ in den hellen, dunstigen Sommerhimmel aufragen sieht, ist es schwer, sich die ungeheuren Opfer und blutigen Kämpfe vorzustellen, deren Zeuge dieses Schiff war. James Elroy Fleckers Verse kommen einem in den Sinn: *»Ich habe alte Schiffe wie schlafende Schwäne segeln gesehn / Überladen mit bleiernem Alter, eintauchend schwer und schön.«*

Portsmouth ist reich an *Museen:* An der Clarence Parade liegt das unter Heinrich VIII. erbaute Southsea Castle, in dem ein stadtgeschichtliches Museum untergebracht ist. Das Cumberland House Museum and Art Gallery an der Eastern Parade beherbergt heute ein naturhistorisches Museum und veranstaltet Ausstellungen vor allem lokaler Künstler; und im Round Tower am Point kann man eine ehemalige Artilleriebefestigungsanlage bewundern, vor allem aber einen großartigen Ausblick auf den Hafen genießen. Nr. 393 Commercial Road ist das Geburtshaus des Dichters Charles Dickens; im Dickens Museum, das dort eingerichtet wurde, findet man Briefe, Erstausgaben, persönliche Erinnerungsstücke und Porträts.

23

Der wilde Garten Isle of Wight: Shanklin–Bonchurch Alum Bay–Newport–Carisbrooke Castle–Osborne House

In der Beuge der Kluft, zwischen Tiefland und Steilland,
Wo die Dün' einlenkt aus Wind gegen Lee …

Swinburne, Der verlassene Garten, 1866

Die Insel Wight, der Liebling der Viktorianer, breitet die Schönheiten Südenglands noch einmal auf kleinstem Raum vor uns aus: zerklüftete Kreideklippen, goldene Sandstrände, rasenumhüllte Klippenhäupter, purpurne Heiden und Bluebell-Wiesen in den Buchenhainen, dichte, efeudurchsponnene Eichenwälder, Römervillen, Normannenburgen, viktorianische Landsitze und Badeorte. Keats, Swinburne, Tennyson und Longfellow haben hier längere oder kürzere Zeit gelebt und ihre Schönheit gepriesen, Maler wie John Brett, P. Wilsen Steer und John Sell Cotman, Richard Burchett, John Linnell, William Dyce und andere haben ihre Gärten und Küsten im Bild festgehalten.

Wenn man von Portsmouth aus nach Ryde, einem hübschen, bunten Hafen, übersetzt, mag man sich zunächst von den Orten der Ostküste angezogen fühlen. *Shanklin* breitet sich entlang einer fast fünfzig Meter hoch ansteigenden Steilküste als Badeort am Rande einer waldigen Schlucht aus, ›The Chine‹ genannt, die sich etwa hundert Meter tief in das Kalkgestein eingefressen hat. In einem Cottage nahe dieser Schlucht lebte Keats, als er seinen ›Endymion‹ schrieb. An ihrem Ende liegt das ›Old Village‹, ein Dorf mit rosenumrankten Rieddachhäusern, wo der amerikanische Lyriker Longfellow sich 1868 eine Zeitlang niederließ.

Im benachbarten *Bonchurch*, einem zauberhaften, seit der Römerzeit besiedelten Flecken unterhalb der höchsten Klippe der Insel, St. Boniface Down, hat Swinburne einen Teil seiner Jugend auf dem Landsitz seiner Familie verbracht; auf dem Friedhof der New Church findet man sein Grab. Die normannische Old Church über dem Dorf erhebt sich auf den Fundamenten einer angelsächsischen Kirche. Swinburne liebte die Isle of Wight, vor allem die steilen, weißgestreiften Klippen der *Alum Bay* an der Westseite der Insel. Sie läuft in einer Kette vom Land losgerissener, spitzer, schneeiger Riffe, den ›Needles‹, aus, die wie Eisberge oder versteinerte Segel auf dem Meer zu schwimmen scheinen. Die Höhen der Bucht sind von Heide und Ginster überwuchert. Wenn man dort unten steht und dem Gebrüll der Brandung lauscht, kommen einem Swinburnes Verse aus seiner Elegie auf den ›Verlassenen Garten‹ in den Sinn, die Rudolf Borchardt übersetzte:

> Gegen Süd stürzt Fels, schroff niedergebrochen,
> Flach schleppt sich zu End dünn dehnendes Land –
> Klängs jetzt wie ein Schritt, wie ein Wort gesprochen,
> Erstünde kein Geist an des Fremdgastes Hand?
> Zu lang lag Steig grau, nackend und gastlos,
> Wenn ein Mensch sich zwänge durch Hasseln und Hag
> Ihm entgegnete nichts als der Seewind, rastlos
> Nacht und Tag ...

Diese Verse finden sich in der zweiten Folge der ›Songs and Ballads‹, mit denen Swinburne 1878 Skandal erregte; man hat sie die ›Fleurs du Mal‹ Englands genannt. Das ist nur bedingt richtig; zwar bestand eine Beziehung zwischen ihm und Baudelaire, aber viel stärker als der Einfluß des Franzosen ist in diesen Gedichten der des Meeres zu spüren.

Die Hauptstadt der Isle of Wight ist *Newport*, dunkel überragt von der gewaltigen Silhouette von *Carisbrooke Castle*, einer der meistgenannten englischen Burgen. Burg und Stadt sind eng mit dem Schicksal Karls I. Stuart verbunden, der wie seine Großmutter Maria auf dem Richtblock endete: *»sie haben alle Stuartblut und müssen alle sterben«*, heißt es in einer alten Ballade. Karl hatte in den Wirren des von ihm heraufbeschworenen Bürgerkrieges in Carisbrooke

Castle, einer Feste der Krone, Zuflucht gesucht, aber aus diesem Exil wurde rasch Gefangenschaft. Hier hat er mit den Parlamentariern 1648 den Vertrag von Newport abgeschlossen, aber gleichzeitig mit den schottischen Lords ein Geheimabkommen ausgehandelt, das diese ermächtigte, zu seinen Gunsten England zu überfallen und zurückzuerobern. Dieser Geheimvertrag kostete ihn später den Hals, da das Parlament ihn, nicht zu Unrecht, als Hochverrat auslegte.

Das Erstaunlichste an der Persönlichkeit des Königs war wohl die Diskrepanz zwischen Monarch und Privatmann. Karl I. war zweifelsohne ein schlechter Herrscher, der seine Rechte wieder und wieder in unverzeihlicher Weise überschritt und auf dessen Wort kein Verlaß war. Aber ebenso unübersehbar war er ein gütiger, integrer, hochgebildeter Mensch, *»der beste Herr, der beste Freund, der beste Gatte, der beste Vater und der beste Christ, den die Zeit, in der er lebte, hervorgebracht hat«*, sagte sein Zeitgenosse Edward Hyde, 1. Graf von Clarendon, der Historiker des Bürgerkrieges; über ihn aus. Ähnlich wie Ludwig XVI. von Frankreich wäre er als Privatmann, entrückt den Versuchungen des ›Gottesgnadentums‹, an das er unerschütterlich glaubte, wohl glücklich geworden. Defoe schrieb über ihn aus dem Abstand einer Epoche: *»Karl I., der nicht nur ein Fürst war, der ein ländlich-zurückgezogenes Leben liebte, sondern auch wußte, wie man ein Haus auswählen muß nach der Schönheit der Lage, der Güte der Luft etc. ... war sehr gerne hier [in Hampton Court], und hätte er hier seine Zeit in Frieden verbringen können, würde er es wohl völlig umgebaut haben: aber wir alle wissen, was ihn aus dieser Glückseligkeit herausriß und aus allem anderen, und dieses Haus wurde schließlich eines seiner Gefängnisse«*. Auch noch eine andere Burg auf Wight, Hurst Castle, wurde ihm zum Gefängnis.

Carisbrooke Castle ist eine normannische Anlage; den massigen Burgfried hat König Heinrich I. Beauclerc, der Sohn Wilhelms des Eroberers, zu Anfang des 12. Jahrhunderts errichten lassen. Die meisten der anderen Gebäude entstanden erst im 13. Jahrhundert und später unter den Tudors. Die fünfeckigen Festungswälle ließ Elisabeth I. von dem italienischen Festungsbaumeister Gianbelli zum Schutz gegen die Armada anlegen, deren Landung auf der Insel man ständig erwartete. Der tiefe Brunnen, der die Burgbewohner mit Wasser versorgte, wurde bereits im 11. Jahrhundert gebohrt; noch heute wird das Wasser von einem von Eseln gezogenen Schöpfrad zutage gefördert.

Doch zurück nach Newport. Es ist ein alter Hafen, mit dem Meer durch den Fluß Medina verbunden, der die Insel in eine Ost- und eine Westhälfte (East- und West-Medina) teilt. Diese Lage behagte schon den römischen Invasoren, wie eine freigelegte Villa in der Avondale Road beweist. Die 1619 erbaute Lateinschule war der Sitz König Karls I. während seiner Auseinandersetzungen und später langwierigen Verhandlungen mit dem Parlament 1648. Seine zweitälteste Tochter Elisabeth liegt in der Kirche St. Thomas begraben; sie ist 1650 in der Gefangenschaft gestorben, noch keine sechzehn Jahre alt. Das Marmorgrabmal für die Prinzessin hat der Bildhauer Marochetti im vorigen Jahrhundert auf Wunsch von Königin Viktoria geschaffen.

Auf der Rückfahrt zu unserem Landeort Ryde besuchen wir kurz *Osborne House*. Dort ging im Jahre 1901 mit dem Tod Königin Viktorias eine große Epoche der englischen Geschichte zu Ende. Vierundsechzig Jahre lang hat die Königin, die außer den Kronen des Vereinigten Königreiches auch das kaiserliche Diadem Indiens getragen hat, Großbritannien regiert. Für das Imperium war die dicke, hausbackene, alte Frau zum Inbegriff von Frieden und Sicherheit und Liberalität geworden. Aber Osborne House, ihr Lieblingssitz, entstand, als sie noch schön und jung war; Prinz Albert und sein Architekt Thomas Cubitt bauten es zwischen 1845 und 1848 aus ihren privaten Ersparnissen. Es gilt als das Non Plus Ultra des viktorianischen Stils mit allen seinen Ungereimtheiten. Der Durbar Room, den John Lockwood Kipling, der Vater des Dichters, schwelgerisch in ›indischem‹ Stil ausstattete, die Privaträume der Königin, die Staatsgemächer, ein kleines Schweizerhaus der Kinder mit Spielzeug und Küchenutensilien und der Park sind für das Publikum geöffnet. In den anderen Räumen ist ein Offiziersgenesungsheim untergebracht; Eduard VII., der Sohn Viktorias, hat den Besitz nach ihrem Tode der Nation geschenkt. In dem von Meerwind durchfächelten Park findet man Exemplare aller Bäume, die in England heimisch sind, darunter eine riesige Englische Eiche.

›Poet Laureate‹ der Königin – ein Titel, der in England noch heute vergeben wird – und Lieblingsdichter ihrer Epoche war Lord Alfred Tennyson. Er lebte während der Jahre 1853-1869 auf der Insel, in seinem Landhaus in *Farringdon*. Dort entstanden seine berühmtesten Werke, die ›Ode auf den Tod des Herzogs von Wellington‹, die ›Idyllen des Königs‹, in denen er das Leben Königs Artus in Blankversen besang, und ›Enoch Arden‹. Auch durch die Verse dieses Dichters, der sich alle Stilarten mit Leichtigkeit anzuverwandeln wußte, tönt wieder und wieder die See:

Brich, brich, brich,
am Fuß deiner Klippen, o Meer!
Für den holden Tag, der versunken ist,
gibt's nie eine Wiederkehr ...

24

Römerspuren: Chichester–Fishbourne–Bignor

Die Zeit steht still und übergibt die Bürde,
Schönheit, die sonst vergehen würde.
William Kean Seymour, Time stands, 1946

Chichester

Chichester ist eine Römergründung. Wem es der Grundriß nicht verrät, dem sagt es der Name: Alle englischen Städte, die auf *cester* und *chester* enden, waren einmal römische Lager: das Wort castrum hat sich zu cester verschlissen. Chichesters Straßennetz folgt noch heute weitgehend dem alten Muster, das auch den Normannen, die die Stadt im frühen Mittelalter ausbauten, zusagte; sie liebten das Gradlinige ja genauso wie die früheren Invasoren.

Die Normannen bauten auch die schöne blaßgraue *Kathedrale;* unter der Ägide des Bischofs Ralph de Luffa, der 1091 eingesetzt wurde, nahm sie Gestalt an. Der klar gegliederte Bau wird von der kräftigen Spitze des Vierungsturmes (im vorigen Jahrhundert restauriert) gekrönt; der vierschrötige, eckige Glockenturm steht vereinzelt nordwestlich der Kathedrale: heute ein Unikum für England. Die Westfassade ist unscheinbar; in Chichester ist aller Glanz auf den Innenraum konzentriert. Der Aufriß des Langhauses mit seinen Rundbogenarkaden, den schönen Zwillingsbogen der Galerie und den breiten Lichtgadenfenstern ist rein normannisch. Die Joche werden durch hohe Dienstbündel getrennt, die in die feinprofilierten Kreuzrippen des frühgotischen Gewölbes übergehen. Den gedrungenen, eckigen Pfeilern sind in den Laibungen Halbsäulen vorgeblendet. Im südlichen Seitenschiff finden sich zwei einzigartige Relieftafeln vom früheren Lettner, Arbeiten aus dem 12. Jahrhundert von ergreifender Frömmigkeit. Besonders schön ist die Lazarustafel; das Gesicht Christi, der Lazarus vom Tode erweckt, strömt Sammlung und Frieden aus.

Spätere gotische An- und Einbauten sind die nach ihrem Stifter, Bischof Arundel, ›Bell Arundel Screen‹ genannte Chorschranke, die schmale Marienkapelle mit einem bewegten gotischen Rippengewölbe und reich gezierten Schlußsteinen, die Seitenschiffe des Chores und die Fenster der Westfassade. Im Langhaus rührt das Arundelgrab mit den Liegefiguren von Richard Fitzalan, Earl von Arundel (hingerichtet 1397) und seiner Frau, Hand in Hand ausgestreckt zu ewigem Schlaf.

In Chichester ist das Wagnis, moderne Kunstwerke in einen alten Raum zu fassen, von einem aufgeschlossenen Domkapitel unternommen worden und voll geglückt. Wenn man das Langhaus durch das Westportal betritt, erblickt man durch die Spitzbögen der Chorschranke eine flammende Wand: Tapisserien von John Piper. Sie sind in das geschnitzte Rahmenwerk des einstigen Hochaltares aus dem 16. Jahrhundert gespannt, der in den Bürgerkriegen beschädigt wurde. Ihre Farben kommen im frühen Mittagslicht zu schönster Entfaltung. Piper berichtet über ihre Entstehung: *»Als der Dechant mit mir darüber diskutierte, wie man dem Ostende des Chores am besten Farbe geben könnte, schlug ich Tapisserien vor, die mit altem Mauerwerk und Holzwerk sehr gut harmonieren können, und es schien mir, daß der Hochaltar mit seiner Bekrönung aus mittelalterlichen Baldachinen einen idealen Rahmen für sieben Tapisseriestreifen abgeben würde, die man als Ganzes ›lesen‹ können müßte ... Das Thema ist die Dreifaltigkeit ... dargestellt durch ein Dreieck in Flammen, verbunden mit den Symbolen für Vater (ein weißes Licht), Sohn (ein T-Kreuz) und Heiligen Geist (ein flammengleicher Flügel) und flankiert ... von den vier Elementen ... und den vier Evangelistensymbolen.«*

Ein weiteres bedeutendes Werk der Moderne in Chichester ist Graham Sutherlands Gemälde ›Noli me tangere‹ in der Maria Magdalena-Kapelle am Ostende des südlichen Chorseitenschiffes. In derselben Kapelle steht ein formal sehr ausgewogener Altartisch des derzeitigen Bauhüttenmeisters der Kathedrale, Robert Potter, der gemeinsam mit dem Bildhauer Geoffrey Clarke 1966 auch die schlichte Kanzel im Langhaus entworfen hat.

Meine besondere Vorliebe gehört dem Wirrwarr enger alter Gäßchen und Gartenwege, die die Kathedrale mit dem Bischofspalast, der Dechanei und den Pfarrhöfen verbinden. Von den Arkaden des dem Chor vorgelagerten Kreuzganges aus kann man höchst malerische Durchblicke in diese kleine Welt ewiger Sonntagsstille erhaschen, mit ihrem Blütengerank, ihren Schmiedegittern, vom Alter runden Pflastersteinen, den schiefen Ziegeldächern und verwitterten Bruchsteinmauern, ihren prangenden Beeten und königlichen Bäumen. Im vorigen Jahrhundert hat sie den Dichter John Keats zu den Bildern seines ›Eve of Saint Agnes‹ begeistert.

Chichester ist eine in sich geschlossene Stadt mit vielen georgianischen Häusern und hohen Bäumen; ein architektonisches Kleinod ist das sogenannte ›Market Cross‹ aus dem 16. Jahrhundert, eine Art Pavillon mit einer kronenartigen Haube aus krabbenverzierten Fialen und Schwibbögen. Theaterfreunde sollten die Stadt zwischen Mai und September aufsuchen, wenn das Festival Theatre Spielzeit hat. Es wurde 1962 eröffnet und stand lange Zeit unter der Intendanz von Sir Laurence Olivier; mit seinem sechseckigen Zuschauerraum, einer Bühne, die über alle modernen Hilfsmittel verfügt, sowie einer hervorragenden Akustik gehört es zweifellos zu Englands schönsten Theatern und zieht alljährlich große Schauspieler an.

Leicht zu erreichen ist auch einer der wichtigsten Rennplätze Englands, *Goodwood Racecourse* in den South Downs nördlich der Stadt. *Goodwood House* erhebt sich mit seinem eleganten Säulenportikus licht über den weichen Rasen seines Parks. Dieses Landhaus wurde für Charles, den 1. Herzog von Richmond, einen natürlichen Sohn König Karls II. mit Louise de Kerouaille, Herzogin von Portsmouth, errichtet und im späten 18. Jahrhundert durch den Architekten James Wyatt umgebaut, den Meister des Greek Revival. Das festliche Schloß, das Sitz aller neun Herzöge von Richmond aus der Lennox-Linie gewesen ist, wurde berühmt wegen seiner einmaligen Sammlung von englischen und französischen Möbeln aus dem 18. Jahrhundert und seiner Bildergalerie, die unter anderem Werke von Canaletto und Van Dyck, Lely, Romney, Reynolds und dem Tiermaler Stubbs umfaßt. – Im nahen Singleton wurde vor wenigen Jahren ein interessantes Freilichtmuseum eröffnet.

Das Gebiet um Chichester bildete einen Schwerpunkt bei der Eroberung Britanniens durch die Römer. Caesars Einfall war spektakulär gewesen, aber ohne nachhaltige Wirkung geblieben; er hinterließ lediglich ein paar zerstörte Keltenfesten. Zu seiner Zeit wurde das Gebiet, das heute Sussex, Hampshire und Berkshire umfaßt, vom Stamm der Atrebaten beherrscht. Ihr König Tincommius, der sich selbst ›rex‹ nannte, war den Römern wohlgeneigt. Aber während seiner Regierung drangen die Catavellauni, ein anderer keltischer

Stamm, von Norden her über die Themse und trieben die Atrebaten immer weiter nach Süden ab, wo sie sich schließlich in der Umgegend des heutigen Chichester sammelten. Kritisch wurde ihre Lage um 40 n. Chr., als der König der Catavellauni, Cunobolin – Shakespeares König Cymbeline – starb und seine beiden ehrgeizigen Nachfolger die Atrebaten erneut angriffen. Ihr König Verica floh nun nach Rom, um dort um Unterstützung zu bitten. Die Römer hatten damals gerade eine große Armee an der französischen Kanalküste zusammengezogen. Aber erst nach der Ermordung Caligulas im Jahre 41 fand Vericas Bitte Gehör; der neue Kaiser, Tiberius Claudius, brauchte einen großen Sieg, um sich beim Heer durchzusetzen, und dazu kam ihm ein Feldzug gegen Britannien gerade recht. Mit 40000 Mann setzten die Römer über den Kanal; die vier Legionen landeten in Kent bei Richborough, um von dort aus nach Norden vorzudringen. Ihr erstes Ziel war Colchester (Camulodunum). Der Kaiser selbst leitete dort die Schlacht gegen die Catavellauni, bei der die Stadt zerstört wurde, und konnte als Triumphator nach Rom zurückkehren.

Bei diesem Feldzug kamen den Römern die Atrebaten zu Hilfe; Verica war nicht zurückgekehrt, aber ihr neuer König, Claudius Cogidubnus, scheint Rom gut gekannt zu haben und hielt den römischen Verbündeten die Treue.

Dann begann eine neue Phase der Invasion. Nach der Niederwerfung der Catavellauni richtete sich das Hauptinteresse der Römer auf den erzreichen Westen. Vespasian, damals noch ein junger General, führte die 2. Legion, mit der er die Isle of Wight eroberte und bis nach Dorset und Devon vordrang. Für diese Unternehmungen brauchte er eine Versorgungsbasis und ein Nachschubdepot nahe der Küste, und diese Basis wurde Chichester mit dem Hafen Fishbourne im Gebiet der verbündeten Atrebaten. Die römischen Grenzbefestigungen erhoben sich damals entlang des Fosse Way, den wir in Dorset und Wiltshire bereits mehrfach kreuzten.

Cogidubnus hatte sich, so nimmt man an, die römische Zivilisation angeeignet und unterhielt einen glänzenden Hof. Um 75 nach Christus wurde unter ihm ein großer Palast in *Fishbourne* errichtet und ein römischer, geometrischer Garten angelegt, wofür er sich Handwerker aus Rom verschrieb. Doch erst seine Nachfolger vollendeten den Palast; die schönsten der Mosaiken von Fishbourne stammen aus dem 2. nachchristlichen Jahrhundert. Die Bautätigkeit erstreckte sich noch bis ins 3. Jahrhundert, als ein Brand aus noch ungeklärter Ursache dem Ganzen plötzlich ein Ende setzte. Das war im Jahre 285, als die Römerherrschaft in Britannien sich bereits ihrem Ende zuneigte.

Fishbournes Palast wurde durch Zufall in diesem Jahrhundert wiederentdeckt; seine Ausgrabung ist erst knapp zur Hälfte abgeschlossen. Von dem weiten Vierflügelbau ist zur Zeit nur der Nordflügel ausgegraben; Stichproben haben den Forschern jedoch verraten, wie die ganze Anlage ungefähr ausgesehen haben mag, und das von ihnen erstellte Modell kann man heute im Museum der Ausgrabungsstätte bewundern. Der ehemalige Palast liegt direkt hinter dem Dorf Fishbourne in einem weiten Wiesengrund. Über dem freigelegten Nordflügel hat der archäologische Trust von Sussex ein leichtes Schutzdach errichtet, unter dem man die Mosaiken, Grundmauern und Hypokausten in situ sehen kann. Ein glücklicher Umstand hat es ermöglicht, auch den Garten zu rekonstruieren, denn die Römer hatten die Beete mit fruchtbarer Lavaerde gefüllt, die sich stark von dem Kreideboden in Sussex abhebt. Selbst die Rohre, die einst die Fontänen speisten, waren noch am ursprünglichen Ort.

Es spricht für die Schlüsselstellung Fishbournes, daß dieser Palast mit einem sonst in diesen Breiten unbekannten Luxus ausgestattet wurde. Stein aus Dorset und aus Frankreich, Marmor aus der Türkei, Phrygien, von Skiros und aus Carrara und den Pyrenäen; Keramik von der Haute Garonne, Lampen aus der Toskana, Lavaerde für die Beete, Glas aus Ägypten, mittelmeerische Wein- und Ölkrüge, Bronzen, Amphoren, Münzen, Kleinplastik zeugen von weltweiten Handelsbeziehungen. Etwas von dem heiter-verschwenderischen Geist lebt fort in dem schönsten der Mosaiken von Fishbourne, dem sogenannten Delphin-Mosaik. Es zeigt einen anmutigen geflügelten Amor auf dem Rücken eines Delphins, umgeben von Seepferdchen und Muschelornamenten. Den äußeren Rand bildet ein verspieltes Muster aus spiralig verflochtenen Weinranken. Die Komposition in weißen, schwarzen und Terracotta-Tönen zeugt von erlesenem Geschmack.

Nicht ganz so luxuriös, aber geschmückt mit Mosaiken, die man zu den schönsten der Welt rechnet, ist eine andere Römervilla in *Bignor*, nordöstlich von Chichester an der Stane Street gelegen, einer Römerstraße, die einst Chichester mit London verband. In Bignor wird bereits seit 1811 gegraben; auch diese Funde sind in einem angeschlossenen Museum ausgestellt: Keramik, Münzen, Schmuck, Stuck, Modelle der Villa, Landkarten, die das römische Straßennetz zeigen. Eines der Bignor-Mosaiken zeigt eine kleine Szene mit als Gladiatoren verkleideten Liebesgöttern, ein anderes einen sprechenden, zarten Venuskopf mit großen fragenden Augen und dunklen, Hals und Schultern umspielenden Locken.

25

Dichter und Gentry: Chawton – Uppark House – Petworth Parham House – Bury – Arundel

Mag man auch großen Wert darauf legen, alles gleich zu machen, diese alten Landsitze haben doch ihren besonderen Reiz ... ein richtiger Landsitz ist sozusagen das Herz der ganzen Gegend. Und wenn seine Bewohner nicht gerade abscheuliche Egoisten sind, so bedeuten sie den Leuten, die selbst keinen Grund und Boden haben, mehr als man denken sollte ...

John Galsworthy, Über den Strom, 1933

Wir fuhren von Winchester direkt in den Süden; sehr reizvoll ist aber auch eine andere Route, die uns zuerst nordöstlich nach Chawton bei Alton und dann über Uppark nahe Petersfield, Petworth, Parham House, Bury und Arundel nach Brighton bringt. Es ist eine Fahrt durch süßduftende Heckenwege und Dörfer voll üppiger Bauerngärten und alter Bäume in sanftgehügelter Landschaft und zugleich ein Ausflug in die Welt der Tories, der Gentry, die untrennbar ist von den Werken der Dichter, die hier schrieben oder von hier ausgingen: Jane Austen, H. G. Wells, John Galsworthy, Henry Howard; Repräsentanten ganz verschiedener Zeiten, aber eines verwandten Lebensgefühls. Besonders im Werk der Jane Austen, die in *Chawton* lebte und schrieb, wird diese Welt des Landadels lebendig, so, wie sie vor den Zerstörungen und Leiden der Agrarreform war. »*Zwei oder drei Familien in einem Dorf*«, schrieb die Dichterin einmal an eine Nichte, »*das ist genau der richtige Stoff, an dem man arbeiten kann*«.

Jane Austen, so kann man es in den meisten Biographien lesen, war eine Pfarrerstochter und lebte unverheiratet in beschränkten Verhältnissen. Daran ist nichts falsch – und doch verzeichnet es ihren Hintergrund in fast sträflicher Weise. Einmal war sie eine Persönlichkeit, bereits zu Lebzeiten eine literarische Größe, um deren Freundschaft oder auch nur Bekanntschaft Berühmtheiten wie Madame de Staël oder hochgeborene Personen wie der Prinzregent sich bemühten – sich vergeblich bemühten. Ihre Welt war nicht Jane Austens Welt; sie war nicht ohne Hochmut, die Pfarrerstochter mit dem graziösen Witz, der unnachahmlich feinen Ironie, der heiteren Weltverliebtheit. Zudem ›hatte sie Familie‹: zu ihren Onkeln zählte sie den Herzog von Chandos; Bruder Henry heiratete die der Guillotine entronnene Comtesse de Feuillade und wurde dadurch zum Stiefvater eines Patensohnes von Warren Hastings, dem Gouverneur von Indien; Bruder James heiratete die Enkelin des Herzogs von Ancester. Charles und Frank, der Freund Nelsons, waren Admiräle; und Edward schließlich war von einem reichen Freund des Vaters, Thomas Knight, adoptiert worden, was ihm nach dem Tode seines Vaters erlaubte, Brüdern und Mutter und den unverheirateten Schwestern ein Heim zu bieten und sie zu unterstützen. Die Admiräle lebten mit ihren großen eigenen Familien auf dem Manor von Chawton; die Mutter mit Jane in einem Cottage im Dorf.

In diesem von ihr sehr geliebten Haus ist heute ein Museum eingerichtet, das die Erstausgaben ihrer Romane zeigt, die alle hier geschrieben oder umgeschrieben wurden – genannt seien nur ›Emma‹, ›Mansfield Park‹, ›Stolz und Vorurteil‹ – aber auch Briefe, Dokumente, persönliche Erinnerungen. In dem großen Haushalt verwaltete Jane die Zuckervorräte und den Weinkeller; sie liebte Bälle, Kartenspiel, Amateurtheater, Wanderungen und den Umgang mit Kindern. Es gab auch mehrere Liebeleien in ihrem anscheinend so ereignislosen Leben; ihre große Liebe aber endete jäh, als der Erwählte, noch ehe er offiziell um ihre Hand angehalten hatte, durch ein Fieber dahingerafft wurde. Wie in ihrem Leben spielen auch in ihren stillen Romanen Liebe und Familie eine entscheidende Rolle; aber nicht die großen Tragödien, sondern die alltäglichen Geschehnisse bestimmen die Handlung. ›Miniaturen auf Elfenbein‹ hat sie selbst sie einmal genannt – man könnte sie nicht treffender charakterisieren.

»Hamilton, der noch immer als englischer Gesandter hier lebt, hat nun, nach so langem Kunststudium, den Gipfel aller Natur- und Kunstfreude in einem schönen Mädchen gefunden. Er hat sie bei sich, eine Engländerin von etwa zwanzig Jahren. Sie ist schön und wohlgebaut. Er hat ihr ein griechisch Gewand machen lassen, das sie trefflich kleidet; dazu löst sie ihre Haare auf, nimmt ein paar Shawls und macht eine Abwechslung von Stellungen, Gebärden, Mienen etc., daß man zuletzt wirklich meint, man träume ... Der alte Ritter

hält das Licht dazu und hat sich mit ganzer Seele seinem Gegenstand ergeben. Er findet in ihr alle Antiken, alle schönen Profile der sizilianischen Münzen, ja den Belveder'schen Apoll selbst. So viel ist gewiß, der Spaß ist einzig! Wir haben sie schon zwei Abende genossen. Heute früh malt sie Tischbein.«

So enthusiastisch berichtete Goethe in der ›Italienischen Reise‹ über seine Begegnung mit Lady Hamilton. Tischbein war nicht der erste, der ihre Züge festhielt; schon Romney hatte sie in London auf Wunsch von Hamiltons Neffen Greville gemalt. Doch auch Greville war nicht der Entdecker der schönen Schmiedstochter, die später als Geliebte Nelsons in die Herzen und Lesebücher der Nation eingehen sollte, sondern Sir Harry Fetherstonhaugh, der die sechzehnjährige Anmut auf seinen Familiensitz *Uppark House*, unser nächstes Ziel, holte, und dort sein Idyll zum Entsetzen der ganzen Grafschaft ein Jahr lang genoß. War Sir Harry damals sehr jung, so mußte er sehr alt werden, um noch einmal Skandal zu erregen: Er heiratete als Greis eine junge Magd, die er im Hause singen gehört hatte. Das Verlöbnis des ungleichen Paares, dessen Geschichte alljährlich einige Tausend Besucher fasziniert oder belustigt, fand in der Milchkammer statt, einem kühlen lichten Pavillon am Ende der Westterrasse.

Von der Milchkammer gelangt man in wenigen Schritten zur Küche – um einen Herrensitz auch einmal in umgekehrter Reihenfolge abzuschreiten und mit den Wirtschaftsräumen zu beginnen – und in dieser Küche hat Ende des vorigen Jahrhunderts ein Dreizehnjähriger, der Sohn der Wirtschafterin, gesessen und seine ersten Artikel für ein Provinzblättchen geschrieben. Er ging später als der Erfinder der ›Zeitmaschine‹ und anderer Absonderlichkeiten in die Literaturgeschichte ein: H.G. Wells, der Meister der engagierten sozialkritischen Utopie. In seinen Memoiren berichtet er von dem starken Einfluß, den Uppark in seiner Kindheit durch seine Atmosphäre auf ihn ausgeübt hat, durch sein Eigenleben, das für ihn *»das unwichtige Auf und Ab des täglichen Lebens oben«* völlig überschattete.

Uppark wurde um 1690 von Ford Lord Grey, dem späteren Grafen Tankerville, errichtet. Seine Anlage ist wohl der einzige Ruhm, den der geizige Opportunist Grey, von John Donne verächtlich ›Cold Caleb‹ genannt, sich je erwarb. Die Entwürfe gehen auf Zeichnungen William Talmans zurück; ein Architekt ist nicht bekannt. Dennoch ist der Ziegelbau von bestechender Eleganz und Sicherheit des Stils.

Er erhebt sich am Rande eines Abhangs in den Downs und sieht weit in das Land hinaus über bewaldete, sich in der Ferne verlierende Hügelketten bis hin zum Meer. Schon Humphry Repton (1752 bis 1818), der Ende des 18. Jahrhunderts mit einem Umbau beauftragt wurde, erkannte, daß jede Hinzufügung überflüssig wäre. Er veränderte daher nur die Ostfront, die zuvor die Eingangsfassade gebildet hatte, und ließ den Innenräumen ihre heutige Gestalt geben. Besonders reizvoll ist der Salon, der doppelt so lang wie breit und hoch ist, ein sogenannter ›Doppelwürfelsaal‹ in der Tradition von Inigo Jones, dabei aber in der Dekoration, die ein Jahrzehnt vor Robert Adam das Regency vorwegnahm, völlig eigenständig. Sublim ist die Farbgestaltung: Das Elfenbein als Grundton des Saales wird nur von dem zarten goldenen Spitzenmuster der Stuckdecke und den gedämpften Tönen höfischer Bildnisse unterbrochen. Fast in allen Räumen sind noch die ursprünglichen Tapeten aus dem 18. Jahrhundert an den Wänden und die alten Möbel an ihrem angestammten Platz: Die Familie Fetherstonhaugh, an die Cold Calebs Enkel das schöne Haus in den Downs verkaufte, hat den Besitz zu pflegen und zu erhalten gewußt.

Wir fahren jetzt über das Städtchen Midhurst am lieblichen River Rother weiter nach Petworth, einer malerischen, verwinkelten Kleinstadt mit einem schmucken Marktplatz und vielen sehr alten Fachwerkhäusern. Es liegt, wie manchmal gespöttelt wird, direkt vor den riesigen schmiedeeisernen Toren von *Petworth House:* Dieses Schloß im Geschmack des klassizistischen französischen Spätbarock beherrscht den Ort ganz offensichtlich. Es wurde 1668 bis 1696 vom 6. Herzog von Somerset neu errichtet und Ende des vorigen Jahrhunderts durch Anthony Salvin (1799-1881) stark renoviert; heute gehört es dem National Trust.

Petworth House hatte seine Glanzzeit, als Sir George O'Brien Wyndham, 3. Earl of Egremont (1751-1837), Agrarpolitiker und einer der großzügigsten Mäzene der Epoche, hier Hausherr war. Er öffnete den Londoner Künstlern Tür und Tor seines Landsitzes völlig unzeremoniell: Reynolds lebte hier längere Zeit, John Constable, George Jones, C.R. Leslie, die Maler Haydon und Flaxman, vor allem aber immer wieder Joseph Mallord William Turner, der 1809 zum ersten Mal eingeladen war und zwischen 1831 und 1837, dem Todesjahr des Grafen, ein eigenes Atelier auf Petworth hatte. Turner wurde 1775 in London als Sohn eines kunstbegeisterten Barbiers und Perückenmachers geboren und starb 1851 als vielfacher Millionär in seinem Haus in Chelsea, wo er unter falschem Namen während seiner letzten Jahre gewohnt hatte, bis zum Ende beschäftigt mit dem Problem des Lichts, das sein ganzes besessenes Künstlerleben beherrscht hatte. In Petworth malte Turner unter anderem eine Folge von Aquarellen und Tuschbildern mit Parkansichten und Interieurs des Schlosses, die deutlich Zeugnis ablegen von seiner Auseinandersetzung mit Rembrandt, dessen Technik er an Gemälden des Niederländers im Besitz Egremonts studieren konnte. Petworth hütet noch heute neben Werken alter Meister von Holbein über Rembrandt und Van Dyck bis zu den Meistern der Englischen Schule des 18./19. Jahrhunderts in seinen Staatsgemächern die größte private Turnersammlung.

Über Pulborough gelangen wir weiter zu dem tief in seinem waldähnlichen Park hinter mächtigen Eichen und Ulmen versteckten *Parham House*, einem frühelisabethanischen Herrenhaus mit einer Unzahl von Giebeln und Kaminen und Erkern. Die Fassade wird im Sinne des Perpendikularstils von hohen Fenstern gegittert. Die Symmetrie des Hauses scheint eher Unruhe zu steigern als Gleichmaß anzustreben. Parham House besitzt eine einzigartige Sammlung von Bildnissen der Tudor- und Stuartzeit, darunter ein zauberhaftes Bildnis Königin Elisabeths I., das sie in ihrer ganzen Jugendschönheit zeigt, mit der sie London zuerst begeisterte.

Endlich dann das winzige Dorf *Bury* mit seinen sanftfarbigen Kalksteinhäuschen und dem Kirchlein mit Ziegeldach und spitzem Zeltturm, eingebettet in ein lichtes Wiesental am River Arun, umkränzt von alten verkrüppelten Obstbäumen, die im Frühling das Tal mit ihrem Blütenschaum erfüllen. Hier hat Galsworthy als alter Mann gelebt. Vielleicht hat er hier seine ›Cherrell Chronik‹ ersonnen: *»Er lag auf dem Rücken, starrte aufs Gras, auf die Büsche, auf den Morgenhimmel ... Wohl weil ihm die Mulde so wenig Ausblick bot, wars ihm, als umgebe ihn hier ganz England. Eine Hummel dicht neben ihm drang in einen Blütenkelch ein, rings zarter Duft wie von Maßliebchenkränzen. Vor allem gefiel ihm das Gras so gut, seine Frische, sein tiefes Grün ... Trotzdem fand man nirgendwo einen Fleck wie diesen, oder Gras, das so aussah, sich so anfühlte wie das da, nirgends gab es diesen kaum spürbaren Duft, diesen zarten Himmel – den Duft des Rasens, weder süß noch bitter – seit seinen frühesten Kindheitstagen war ihm dieser Duft vertraut: Der Duft Englands.«*

Südlich von Bury liegt majestätisch auf einem Hügel über dem Arun am Rande der South Downs die Normannenburg *Arundel*; den Hügel hinauf zieht sich das Städtchen mit georgianischen und viktorianischen Backsteinhäusern und der neugotischen, lichtgelben katholischen Kathedrale. Sie wurde zwischen 1869 und 1873 errichtet und ist Maria und dem hl. Philipp Neri geweiht. Trotz ihrer ausdrucksvollen Farbfenster sollte man es sich an ihrer äußeren Gestalt genügen lassen, dieser schönen Illusion einer gotischen Gottesburg. Wunderbar ist der Blick vom Kirchhof ins Hügelland der Downs, die in großen grünen Wellen gegen Stadt und Burg anrollen und bei klarer Sicht in der Ferne die See ahnen lassen.

Der Anstieg zur Burg beginnt hinter der Steinbrücke, die sich über den Arun spannt. Sie ersetzte 1935 eine viel ältere Brücke, ist aber glücklicherweise völlig zeitlos und paßt sich dem Stadtbild nahtlos ein. Die Silhouette der Burg hebt sich goldgelb vom Himmel ab und verschmilzt mit den Kronen skurril gewachsener Bäume. Zum Teil sind die Mauern, Wehrgänge und der runde Bergfried seit fast tausend Jahren unverändert geblieben; aber die Burggebäude selbst haben sich zahllose Erweiterungen und Umbauten gefallen lassen müssen. Es ist hier nicht der Raum, der Baugeschichte Arundels nachzugehen; wichtig ist, daß die Montgomerys unter Wilhelm dem Eroberer mit dem Bau begannen oder ihn fortführten, und daß am Ende des 18. Jahrhunderts der 11. Herzog von Norfolk – ein Freund des Prinzregenten – die Burg in üppiger Weise gotisieren ließ. Sein von Reynolds gemaltes Porträt hängt im großen Salon (Large Drawing Room). Unter dem 15. Herzog, Henry Howard, wurden die gotisierenden Elemente am Ende des vorigen Jahrhunderts zum großen Teil beseitigt und eine Wiederherstellung der romanischen Grundform der Säle versucht.

Die Lage der Burg, die reichen Kunstschätze, nicht zuletzt die turbulente Geschichte der Grafen von Arundel macht die Anziehung dieses Bauwerks trotz seiner unglücklichen Baugeschichte verständlich. Arundel ist mit vier der vornehmsten englischen Adelsnamen verbunden: Montgomery (1067-1102), de Albini (bis 1243), Fitzalan (bis 1580) und endlich Howard. Die Howards vereinigten außer dem Grafentitel von Arundel auch den von Surrey und die Herzogswürde von Norfolk auf sich.

Die Geschichte der vier Grafengeschlechter ist so verworren wie die ihrer Burg. Immer haben sie dem Thron nahegestanden – gefährlich nahe oft; immer wieder stiegen sie zu höchsten Ämtern und

Würden auf, und immer wieder fanden sie den Tod auf dem Schlachtfeld oder von der Hand des Henkers. Das Ende auf dem Richtblock scheint wie der Hang zum Hochverrat eine Zeitlang unter ihnen erblich gewesen zu sein.

Das schönste Bildnis auf Arundel ist zweifellos das Porträt Henry Howards (1517?-1547), Earl of Surrey, am Aufgang zur Langen Galerie. Seiner Zeit galt Surrey als der ›tapferste Soldat, süßeste Poet und vornehmste Edelmann‹. Er war der Ahnherr der Arundels aus dem Howard-Geschlecht. In die Literaturgeschichte ist er eingegangen als Vater des englischen Blankverses, und zusammen mit Sir Thomas Wyatt hat er auch das Sonett in der englischen Sprache heimisch gemacht. Seine leidenschaftlichen, klangschönen Verse, in denen er oft das Leben seiner Epoche schildert, nahmen schon die Sprachgewalt der Elisabethaner vorweg; sie gehören zum Kostbarsten, was die englische Dichtung hervorgebracht hat.

Das Bildnis, das ihn als eleganten, schlanken Mann mit grüblerischen Zügen und zweifelnden Augen in lässiger Haltung darstellt, wurde von Guillim Stretes oder Scrotus gemalt, einem Niederländer am englischen Hof. Seine Wappenschilde werden von antiken Göttinnen gehalten; sie erweckten wegen der Viertelung mit den königlichen Löwen den Grimm Heinrichs VIII., der Howard noch wenige Tage vor seinem eigenen Tode hinrichten ließ. Ob Henry Howard Hochverräter war oder nur ein politischer Abenteurer – die Geschichte hat es nie völlig geklärt.

Andere Porträts in der Langen Galerie stammen von Malern höchsten Ranges, wie Reynolds und Gainsborough. Der ›Vater der Künste in England‹, wie ihn seine Zeitgenossen nannten, Thomas Howard (1586-1646), 14. Graf Arundel, gehörte zu den bedeutendsten Sammlern Europas und umgab sich mit Malern, Architekten und Wissenschaftlern. Ein Bildnis, das ihn mit einem Enkel und den ›Arundel Marbles‹ zeigt, ist von Van Dyck. Die Arundel Marbles (Oxford Marbles) sind antike Statuen, Skulpturenfragmente, Büsten und marmorne Schrifttafeln, die der Graf in Italien gesammelt hatte. Seine Zeit wußte mit diesen Schätzen noch wenig anzufangen: Nach seinem Tode wurden sie ebenso wie seine Gemmen, Möbel, Münzen, Bücher und Handschriften in alle Winde zerstreut, vieles ging verloren. Was von den Marbles übrig blieb, wurde Oxford geschenkt, die Bibliothek fiel an die Royal Society und das Heroldsamt, von denen dann das Britische Museum in London 1831 die Handschriften erwarb.

In der ›Baron's Hall‹ hängt ein anderes Bild von Van Dyck, das den Grafen zusammen mit seiner Gemahlin Alethea vor einem Globus, umgeben von Geräten zur Erdberechnung, zeigt. Bilder von Elisabeth von der Pfalz, der Schwester Karls I., und ihrem Gemahl, dem Winterkönig, hängen im Speise- oder Bankettsaal; M. Mierveldt hat sie gemalt. Das vertriebene Königspaar fand eine Zeit Zuflucht auf Arundel, wie einst, ein halbes Jahrtausend früher, die Kaiserinwitwe Mathilde, König Heinrichs I. Tochter, als sie gegen ihren Vetter Stephen um ihr Erbe kämpfte.

Zu den Schätzen der Burg gehören unter anderem die Schmuckkassette Katharinas von Aragon, der geschiedenen ersten Gemahlin Heinrichs VIII.; Königin Viktorias Thronsessel, auf dem sie bei der Krönung 1837 die Ehrung ihrer Großen entgegennahm, und die Roben der Mitglieder des Hochadels bei der Krönung Elisabeths II. In der Familie Howard ist nämlich schon seit 1672 der Titel eines ›Earl Marshal‹ erblich, mit dem die Verantwortung für den Ablauf aller großen Hofzeremonien, vor allem der Krönungen, verbunden ist. Aber schon vor dieser Zeit, unter den Plantagenets, den Tudors und den ersten Stuarts, walteten oft die Grafen von Arundel als ›Chief Butler‹ oder später Earl Marshal dieses Amtes.

26

Dünen, Drachen, Dandys: Brighton

Master Nash, Master Nash,
You merit the lash
For debauching the taste of the
Heir to the throne …

1821. Die Spottverse gellen wider in den Ohren des dicklichen, kurzatmigen Mannes mit lockigem Römerkopf, der mit müden Schritten durch Räume von märchenhafter Pracht wandert. Er hat diese Verse oft gehört in den letzten Jahren, seit er 1815 John Nash zum Hofbaumeister ernannte. Dennoch bereut er seinen Entschluß nicht. Er hätte keinen genialeren Mann für seine Pläne, die Umgestaltung Londons und den Umbau seines Palastes in Brighton, finden können. Vor Jahren schon hatte er andere Architekten – Robinson Porden und schließlich Repton – mit Entwürfen für den Außenbau seines palladianischen Landhauses in Brighton beauftragt; aber alle diese Entwürfe blieben blaß, waren nicht viel mehr als Kopien der Stiche von Thomas und William Daniell, die England erstmals mit der Moghulkunst Indiens vertraut machten. Wie anders Nash! Der hatte ihm eine orientalische Märchenarchitektur erfunden, hatte ihm einen lichtgrünen, zerbrechlichen Feenpalast auf den englischen Rasen am Meer gesetzt, dessen einziges Stilgesetz das Prinzip des Malerischen war.

Die Gedanken Georgs IV., der seiner baldigen Krönung entgegensah, schweiften zurück zu den Bildern seiner Jugend. 1783 war er zum erstenmal nach Brighton gekommen, gleich nach seinem 21. Geburtstag, froh, der strengen Aufsicht seines moralischen Vaters für kurze Zeit zu entrinnen. Damals war Brighton noch ein armer Fischerhafen, wie er es seit der Sachsenzeit gewesen war. Nur die Wunderkuren des Dr. Richard Russell aus Lewes, der die Menschen mit Meerbädern von ihren Leiden zu heilen behauptete, zog Gäste aus London an, vor allem, seit die reizvolle Mrs. Thrale hier ein Haus eröffnet hatte. Zu ihren Besuchern zählten Dr. Johnson und eine Kammerfrau seiner Mutter, der Königin Charlotte, die charmante Frances Burney, deren gut beobachtete Schilderungen in ihren Romanen das Londoner Publikum entzückten. Hatte sie nicht in ihren Tagebüchern sogar von nächtlichen Ausflügen nach Brighton zu berichten gewußt, wo man »beim bleichen Schimmer des Mondes« im Meer badete, und das im November? Oh, es waren romantische Zeiten gewesen! Bald danach hatte er sich unsterblich in die schöne Mary Fitzherbert verliebt. Sie war zweifach verwitwet und älter als er, vor allem aber war sie eine gläubige Katholikin. Er kannte die Thronfolgegesetze von 1689 und 1772 und wußte, daß an eine Ehe nicht zu denken war. Und doch heiratete er sie in aller Heimlichkeit. Er war ja so jung damals und schwärmerisch genug, um an die Möglichkeit eines Lebens in »idyllischer Armut« zu glauben. Natürlich hatten seine Vorsätze der Wirklichkeit nicht standgehalten. Schon 1787, zwei Jahre nach seiner heimlichen Hochzeit, beauftragte er Henry Holland, ihm an Stelle des von ihm gemieteten Bauerngehöftes ein palladianisches Landhaus zu errichten. Ein schlichter, hübscher Bau mit Mittelrotunde und ionischer Kolonnade war dabei herausgekommen – niemand würde ihn so leicht unter dem Feenschleier wiedererkennen, den Nash ihm dann übergeworfen hatte: Zwiebelkuppeln und islamische Zinnenkränze, schwingende Pagodendächer und minarettschlanke Kaminhauben formten eine pittoreske Dachlandschaft; Hufeisenbögen mit Mushrabije-Arbeit, gußeiserne Baldachine, phantastische Säulen und durchbrochene Balkone prägten die Fassaden.

Er war in jenen alten Zeiten trotz seiner Schulden glücklich gewesen im Kreise seiner Freunde, der Whig-Politiker Fox und Sheridan und George Hangers und des eleganten Beau Brummel, der zum Vorbild aller Kaffeehaus-Dandys wurde und seinen Landsleuten nicht nur beigebracht hatte, schlichte, gutgeschnittene Röcke und weiße gestärkte Halskrausen zu tragen, sondern sich darunter auch zu waschen. Georg lächelte. Ob wohl jemand in England ein aufwendigeres Bad besaß als die weiße Marmorgrotte, die Nash ihm neben seinem Schlafzimmer gebaut hatte, in deren drei mal fünf Meter weites und zwei Meter tiefes Becken das Wasser direkt vom Meer hereingepumpt wurde?

1795 waren ihm die Schulden über die Ohren gewachsen, und er hatte sich von Mrs. Fitzherbert trennen müssen, um die reizlose, kokette Karoline von Braunschweig zu heiraten – es war die einzige Bedingung, unter der sein Vater dem Parlament die Bezahlung seiner Verbindlichkeiten nahezulegen bereit war. Im April fand die Hochzeit statt; er brachte Karoline nach Brighton, zog sich aber schon einen Monat später nach London zurück und setzte im Januar des folgenden Jahres, nach der Geburt seiner Tochter Charlotte, die offizielle Trennung durch. Mrs. Fitzherbert kehrte erst 1800 an seine Seite zurück, nachdem ihr der Papst die Gültigkeit ihrer Ehe bestätigt hatte.

In jenen Jahren war Brighton die heimliche Hauptstadt des Widerstandes gegen die französische Tyrannei in Europa geworden. Angefangen hatte es 1789, als die Bastille gefallen war und Hunderte französischer Refugiés nach Brighton strömten. Unzählige der adeligen Flüchtlinge hatte er im Pavillon empfangen. Auch die Siegesbotschaft von Talavera, dem spanischen Schlachtfeld, auf dem Wellington die napoleonischen Truppen schlug, hatte ihn hier erreicht, und an einem kühlen Novembertag 1805 die Nachricht von Triumph und Tod Nelsons. Damals begann man in Brighton, die Geburtstage ›Prinnys‹, wie seine Freunde und Zechkumpane ihn nannten, mit lauter Lustbarkeit und künstlichen ›Wasserschlachten‹ zu feiern. 1807 hatte die kleine Prinzessin Charlotte an einem der Feste teilgenommen und am Abend mit ihren Onkeln, seinen jüngeren Brüdern York und Clarence, auf dem Rasen zu den Klängen einer der Kapellen getanzt. Und im Jahr darauf war der aufgehende Stern der jungen Romantik, Lord Byron, der mit einem als Knabe

1 John Constable (1776-1837)

2 John Sell Cotman (1782-1842)

3 Samuel Palmer (1805-1881)

4 William Turner (1775-1851)

5 und 6 William Turner (1775-1851)

7 Joseph Wright of Derby (1734-1797)

← *8* John Thirtle (1777-1839)

9 Thomas Gainsborough (1727-1788)

10 John Joseph Cotman (1814-1878)

11 John Middleton (1827-1856)

12 William Turner (1775-1851)

13 David Cox (1783-1859)

14 und 15 John Constable (1776-1837)

verkleideten Mädchen in einem Haus an der Marine Parade logierte, sein Gast.

Damals wurden auch die Ställe fertig, die er dem jungen William Porden, den er sich aus Cockerells Architektenbüro verschrieb, in Auftrag gegeben hatte. Auch Porden hatte ihn nicht enttäuscht und ihm einen wunderschönen, fremdartigen Kuppelbau hingestellt, mit vierzig Boxen für seine edlen Renner und einer Galerie mit Kammern für das Stallpersonal darüber. In der Mitte des Saalbaues sprudelte eine Fontäne. Porden behauptete, der Stil sei ›muselmanisch-hindustanisch‹, was immer das sein mochte, aber ihm hatte es gefallen. Die Großmoguln sollen ihre Paläste so gebaut haben; Porden wußte alles darüber, weil er bei Cockerell die Stichwerke und Skizzen der Daniells studiert hatte, die diese von ihren Reisen aus Indien mitbrachten. Cockerell hatte sie mit Zeichnungen für Gartenbauten beauftragt, die er im Park des Landhauses Sezincote in Gloucestershire errichten wollte. Nun, auch dem Prinzen sagte der orientalische Stil der Bauten zu, und bereits damals faßte er den Entschluß, eines Tages, wenn der Korse niedergerungen sein würde, seinen ›Pavilion‹ in diesem Stil umbauen zu lassen.

Als er 1811 die Regentschaft für den Vater übernahm, dessen Geist sich als Folge seines schweren Leidens zu umnachten begann, gelang es ihm nicht, seinen lange gehegten politischen Traum zu verwirklichen und die Whigs an der Regierung zu beteiligen. Trotzdem vertrat das Kabinett das wichtigste Anliegen seiner Politik: eine europäische Friedensordnung zu schaffen. 1814 konnte er nach dem Sieg über Napoleon die Fürsten Europas zur Siegesfeier empfangen; jetzt traten sie alle als Gegner des gestürzten Kaisers auf, aber jahrelang hatte England fast allein auf dem Kontinent den Kampf mit dem Giganten bestehen müssen. Auf dem Wiener Kongreß setzte sein neuer Außenminister, Lord Castlereagh, den Hauptanspruch Englands, nämlich die Forderung nach dem europäischen Gleichgewicht, in zähem Ringen durch.

1815 schien der Friede greifbar nahe, und er konnte endlich seinen neuen Baumeister Nash mit gutem Gewissen mit dem lange geplanten Umbau des ›Pavilion‹ beauftragen. Und jetzt, sechs Jahre später, war das Werk vollendet, das indische Äußere, an dem die Lektüre der Bhagavadgita soviel Anteil hatte wie William Beckfords Schauerroman ›Vathek‹, die Veduten von William Hodges oder die Stichwerke der Daniells, vor allem aber die unerschöpfliche Phantasie von Nash selbst.

Nash bewies beim Umbau der Innenräume die gleiche glückliche Hand wie bei der Neugestaltung der Fassaden. Er baute kein Haus – er baute einen exotischen Traum für einen König, dessen Politik Europa vierzig Jahre Frieden brachte, aber das Stigma des Verrats seiner Ideale trug; Traum für einen König, der jede schöne Frau zu seiner Mätresse zu machen versuchte, weil er nicht stark genug gewesen war, seine Mätresse vor der Welt zu seiner Frau zu machen. In gewissem Sinn ist Brightons ›Pavilion‹, genau wie die Schlösser Ludwigs II. von Bayern, das Denkmal einer Flucht vor der Wirklichkeit – er unterscheidet sich von ihnen aber zweifach: durch Stil und Eleganz. Das Schwülstige, Märchenhafte, Überspannte bleibt immer gezügelt durch Nashs Sinn für Farben und Formen. Schon sein Vorgänger, P.F. Robinson, hatte begonnen, einige der Räume in chinesischem Stil einzurichten – nicht als blasse Chinoiserien im Sinne Chippendales, sondern als echt chinesische, farbenglühende Interieurs. Doch was waren sie im Vergleich mit Nashs Wunderwerken! Da ist der neue *Musiksalon* – Ende 1975 bei einem Brand leider arg in Mitleidenschaft gezogen – der mit seiner goldgeschuppten Deckenkuppel und dem riesigen, von goldenen Drachen umzingelten Mittellüster in Form einer bemalten Lotusblüte wie Aladdins Höhle wirkt. Acht weitere Blütenampeln hängen aus den Winkeln der die Kuppel tragenden Pendentifs herab, und von den scharlachfarbenen Lacktäfelungen flammen echte chinesische Landschaften in Gelb und Gold. Farbfenster werfen ihr diffuses Licht von unterhalb der Kuppel auf die vergoldeten Harfen, die Flügel und die kostbare Orgel.

Zarter wirkt der *Salon* in Blaßgelb und Lindgrün, Ocker, Moos, Teerosa und Gold mit handgemalten chinesischen Tapeten, auf denen sich Blüten an langen Stengeln wiegen, von Schmetterlingen und Vögeln umflattert. Die eleganten, leichten Möbel sind über den runden chinesischen Seidenteppich verteilt; hölzerne Glöckchen an Säulen und Friesen vervollständigen das Ensemble. Ähnlich schwerelos erscheint der *Große Korridor* in kräftigem Malventon und Blaßblau mit Bambus- und Lackmöbeln, chinesischen Vasen und Laternen.

Inbegriff dieses Stils ist der *Bankettsaal*. Seine Kuppel ist wie ein östlicher Himmel ausgemalt, überwölbt von der Krone eines Bananenbaumes, dessen riesige Blätter zum Teil gemalt sind, zum Teil in Kupfer getrieben tief in den Raum hineinragen, ein Trompe-l'œil. Zwischen den Blättern hockt ein silberner Drachen, der in seinen Klauen die Ketten eines gigantischen Lüsters hält, eine Kaskade geschliffener Kristalle, über der sich mächtige gläserne Blütenblätter zu einer atemberaubenden Wasserlilie zusammenschließen. Kleinere Blütenlampen hängen an den Ecken oder wachsen aus blauen Porzellanständern hervor, um die sich zierliche, goldene Lindwürmer ringeln. Die Wände sind mit hellen, farbenfrohen Gemälden bedeckt, auf denen chinesische Genreszenen dargestellt sind. An der Tafel in der Mitte des Raumes können vierundzwanzig Gäste speisen; sie wird jeden Sommer im Stil des Regenten gedeckt.

Gekocht wurde für die große Gesellschaft, die den Prinzen ständig umgab, in der ebenfalls von Nash entworfenen Riesenküche, deren Decke auf schlanken gußeisernen Palmen ruht. Sonst ist sie rein zweckmäßig; acht Hammel konnten hier zur gleichen Zeit am Spieß geröstet werden, die Wände funkelten von kupfernen Pfannen und Kasserolen, an den langen Tischen arbeitete einst ein Regiment von Köchen.

In den Privatgemächern Georgs, die im Jahr der Krönung, 1821, fertig wurden, waltet größere Zurückhaltung. Die Flucht besteht aus Vorraum, Bibliothek, Schlafzimmer und Bad. Sommerlich wirkt die Bibliothek mit einer Decke, die wie ein englischer Wolkenhimmel ausgemalt ist, und mit den handgemalten Vogel- und Drachentapeten. Der Schlafraum ist in Schilfgrün und Kaisergelb gehalten; filigranhafte, weiße Drachenmuster heben sich zart von den Tapeten ab, das Mahagonibett des Königs verbarg sich hinter gelbseidenen Draperien. Die Möbel des Raumes, Standspiegel, Schreibtische, kleine Lacktischchen und Sessel aus imitiertem Bambus, zeugen von der Kunst der englischen Möbeltischler jener Epoche.

Bis 1827 suchte Georg seinen Pavilion noch regelmäßig auf, dann verbot ihm sein schlechter Gesundheitszustand die Reise von London hierher. Als er 1830 starb, wurde er mit dem Medaillon beigesetzt, das Mrs. Fitzherberts Bild und Locke umschloß, wie er es in einem frühen geheimen Testament verfügt hatte. Kein Geringerer als sein Kampfgenosse aus der Zeit der napoleonischen Kriege, der Herzog von Wellington, sein einziger Whig-Premier, überbrachte Mrs. Fitzherbert diese letzte Nachricht. Sie lebte seit der Trennung 1811 still und zurückgezogen in Brighton; ein Anerbieten von Georgs Bruder und Nachfolger, Wilhelm IV., sie zur Herzogin zu erheben, lehnte sie ab. Sie machte auch keinen Gebrauch von den Papieren, die ihre Rechte bestätigten; das versiegelte, in einer Bank deponierte Päckchen wurde erst in unserem Jahrhundert geöffnet.

Das ist, in großen Zügen, die Geschichte des Royal Pavilion in Brighton. Unter Königin Viktoria wurde er geschlossen; sie verkaufte den Bau, der rund eine halbe Million Pfund gekostet hatte, für die lächerliche Summe von 50000 Pfund an die Stadt und ließ die Kunstschätze und Einrichtungsgegenstände in den Buckingham Palast schaffen. Sie wurden erst in den fünfziger Jahren unseres Jahrhunderts von Königin Elisabeth zurückgegeben, als sich die seit ungefähr 1880 betriebene Restaurierung des Pavilion dem Abschluß näherte. Heute befindet sich das Palais in hervorragendem Zustand; dort, wo Schäden sich nicht mehr durch Originaldekorationen oder -möbel rückgängig machen ließen, haben Kunsthandwerker nach den alten Vorlagen mit größter Sorgfalt makellosen Ersatz geschaffen. Wenn die Stadt im Mai zu ihren Musikfestspielen einlädt, kann man Orchester und Solisten aus aller Welt in den alten Räumen und auf den alten Rasen hören.

Dann kommt auch Pordens Pferdestall wieder zu Ehren, der ›*Dom*‹, der in eine Musikhalle mit hervorragender Akustik umgebaut wurde. Die Inneneinrichtung ist im Stil des Art Deco gehalten, und im benachbarten *Museum*, der einstigen Hofreitschule, findet man neben anderen Schätzen die wohl reichhaltigste Sammlung von Art Deco in England, außerdem die Spencer Collection alter Musikinstrumente und eine der größten Sammlungen von englischen Vögeln, das Booth Bird Museum.

Das Brighton des Regency lebt weiter im *Royal Theatre*, einem eleganten klassizistischen Bau von 1806 mit einer korinthischen Kolonnade von 1827. Es wurde unter Georgs Schirmherrschaft mit ›Hamlet‹ eröffnet; viele große Schauspieler, wie die Kembles, Grimaldi, Kean und Sarah Siddons, um nur einige Namen zu nennen, sind hier aufgetreten. Das Theater wird auch heute noch von hervorragenden Ensembles bespielt.

An der sieben Meilen langen Prachtstraße, der *Marine Parade*, die direkt oberhalb der Strandpromenade mit ihren versenkten Gärten und zahlreichen Anlagen entlangführt, findet man östlich des Pavilion im Ortsteil Hove die großen Regency-Wohnkomplexe, wie C.A. Busbys *Brunswick Terrace* und *Brunswick Square* (1825), *Sussex Square* und den weiten *Lewes Crescent* (1824), weiter den *Regency Square* mit seinen runden Erkern und gußeisernen Balkons mit Baldachinen, die für den Stil typisch wurden, dann den 1830 von Decimus Burton vollendete und nach der neuen Königin benannte *Adelaide Crescent* und schließlich über dem Ostkliff den bezaubernden *Royal Crescent* mit seinen schwarz glasierten Ziegeln, zu denen die weißen Rahmen der Fenster und Türen einen lebhaften Kontrast bilden (1798-1807).

Ein Schmuckstück Brightons ist auch die zarte gotische Spielzeugkirche *St. Peter*, 1824 von Sir Charles Barry, dem Erbauer des Londoner Parlamentsgebäudes, aus weißem Portlandstein errichtet. Kühl und klar in seinem vornehmen Klassizismus wirkt das 1786 von Robert Adam erbaute *Marlborough House* (heute Erziehungsbehörde). Aber auch der indische Stil wurde noch mehrfach wiederbelebt, in dem üppigen *Western Pavilion*, dem Wohnhaus des Architekten Amon Henry Wilds, und im *North Gate* am Eingang zum Park des Royal Pavilion, das Nash 1832 zum Gedenken an die Regierungszeit Wilhelms IV. (1830-1837) errichtete. Es wiederholt mit seiner Zwiebelkuppel, den Minaretttecktürmchen, dem Zinnenkranz und dem gelappten Hufeisenbogen noch einmal die Formensprache des ›Pavilion‹. Wie eine Parodie darauf wirken die Gußeisenarchitekturen der Vergnügungspiers im hochviktorianischen Stil.

Und schließlich die *Lanes!* Sie bilden neben dem ›Pavilion‹ – an den sie südlich anschließen – vielleicht heute den größten Reiz Brightons. Es sind die alten Gassen des einstigen Fischerdorfes, eng und verwinkelt, mit schiefen Häuschen mit ›Weatherboarding‹ – einer Art Täfelung der Außenwände mit querverlaufenden, weiß- oder buntgestrichenen Brettern, die den Wind abhalten soll – und kleinen krausen Hintergärtchen voll idyllischer Stimmung. Wenn man die Black Lion Lane zu Ende geht, stößt man sogar auf eine Reihe Fischerkaten mit Vordergärten, den *Ship Street Gardens;* in einem steht ein prächtiger uralter Feigenbaum. Fast jedes zweite dieser Häuschen beherbergt einen Antiquitäten- oder Kuriositätenladen, eine Boutique, ein Inn. Porzellan aller Zeiten und Völker, von Ming über Meissen zu Spode und Sèvres, ist hier zu finden, georgianisches Silber, barockes Kristall, Nippes, Ritterrüstungen, Pistolen aus der Postkutschenzeit, Schwerter und Degen, antike Möbel und alte Meister, kostbarer Schmuck und Trödel aller Art – in den Lanes findet man, was das Herz begehrt und der Geldbeutel erlaubt.

27

In den Downs: Bramber – Steyning – Stanmer Park Lewes – Glyndebourne Opera – Rottingdean – Burwash Herstmonceux

Ich bin verliebt in drei zugleich:
Den Wald und die Marsch und den Küstenbereich,
Und ich weiß nicht, was ich am liebsten hab:
Wald oder Marsch oder kreidiges Kap!

Rudyard Kipling, Puck of Pook's Hill, 1906

Küste – Downs – Weald: das ist die landschaftliche Dreigliederung ganz Südostenglands von Hampshire bis Kent. Aber nirgendwo sind die Downs so unsagbar lieblich wie in Sussex. Dieser Höhenzug verläuft entlang der Küste wie ein natürlicher Wall von über hundert Kilometern; in Wellenlinien ragt er in den Himmel, als sei die See hier vor Urzeiten zu Erde erstarrt. Nur die Häupter dieser grünüberwachsenen Wellen schimmern noch manchmal so weiß, als wollten sie sich wahrhaftig in Gischt zurückverwandeln: dort, wo der Wind die dünne Erdschicht fortgetragen hat, scheint nackt der Kreide- oder Kalkgrund durch.

In die Täler und Falten der Downs kuscheln sich winzige Weiler und vergessene Kreuzfahrerkirchlein, aber auch reiche Dörfer, deren Häuser in leuchtend bunten Gärten einen ewigen Traum vom Frieden und von Geborgenheit zu träumen scheinen zwischen Rosen und Lavendel, Flieder und Syringen, Goldregen und Mandeln, japanischen Kirschen und Taxus, Goldlack und Malven. Die Häuser sind zum Schutz gegen den Wind mit ›Tilehanging‹ oder ›Weatherboarding‹ verkleidet. Oberflächenmuster liebt man in ganz England, aber nirgendwo mehr als in Sussex. Das Mauerwerk zeigt Schachbrettmuster aus Ziegel- und Sandstein oder Ziegel- und Feuerstein oder Ziegel- und Kieselwerk; Kiesel werden zum rund hervortretenden ›Knitwork‹, Feuersteine zum ebenen ›Flushwork‹ angeordnet; auch Backsteine bilden Muster, so das uralte ›Herringsbone‹ oder Fischgrätmuster; Backsteinbauten haben Fachwerkerker oder umgekehrt – diese Mannigfaltigkeit gibt den Dörfern in den Downs nächst ihren Gärten den besonderen Reiz.

Zu den hübschesten Ausflügen von Brighton aus gehört eine Fahrt westlich der Küste entlang bis Shoreham an der Adurmündung und dann flußaufwärts bis Bramber und Steyning.

Bramber wird noch immer von seinem alten, hohlen Normannenturm, der seit den Bürgerkriegen nur noch Ruine ist, bewacht. Er steht auf einem bebuschten Hügel, und nicht weit entfernt verbirgt sich an der Straße hinter Ranken und Stauden ein reizendes altes Inn, Lavender Cottage.

Kinder lieben Bramber wegen des William Potter-Museums. Potter war ein Tierkonservator, der mit den von ihm ausgestopften oder gesammelten Tieren Genreszenen stellte, wie ›Hochzeit der Katze‹ oder ›Häschenschule‹, die meisten Themen sind englischen Kinderversen entlehnt. Diese viktorianische Kuriosität gehört zu Englands schrulligsten Sammlungen.

Steynings schön gewundene Straßen werden von breiten alten Häusern, deren Fassaden sehr häufig mit Tilehanging verkleidet sind, aus der elisabethanischen und georgianischen Epoche gesäumt. Auf den schwingenden Ziegeldächern wächst Moos. Am Dorfrand findet man hinter einer alten Mauer und einem von Hecken überwucherten Staketenzaun ein krummes, kleines Haus, das unter seinem mächtigen, buckligen Rieddach wie eine Riesenschildkröte aussieht. Es wird ›Saxon Cottage‹ genannt und soll uralt sein. Das prächtigste Gebäude ist wohl die Old Grammar School: Ihr schmaler, dunkelroter Backstein-Torbau wird von zwei breithingelagerten Seitenflügeln eingefaßt, deren vorspringende Obergeschosse ganz und gar mit Tilehanging verkleidet sind. Darüber erhebt sich links und rechts je ein Fachwerk-Zwerchgiebel. Hinter den geöffneten niedrigen Butzenscheiben des Untergeschosses erklingt Kindergelächter, und wenn man einen Blick durch die Fenster wirft, sieht man, daß das Mobiliar zwar Museumswert besitzt, die Klassenräume aber erstaunlicherweise mit allem, was es an modernen Unterrichtshilfen gibt, ausgerüstet sind: ein typisch englischer Kompromiß zwischen Fortschritt und Tradition, Technik und Ästhetik.

Steynings Stolz ist St. Andrew's in seinem baumüberschatteten Kirchhof. Die Westfassade mit einem untersetzten Turm zeigt das typische Schachbrettmuster und ein schmales gotisches Fenster: das darf uns nicht täuschen. Dahinter finden wir einen der schönsten normannischen Kirchenräume des Landes. Kraftvolle Rundpfeiler tragen die vier erhalten gebliebenen Rundbogenarkaden, *»hoch und reich und rein romanisch, nur die ornamentalen Details wechseln. Sie sind qualitativ der ermüdenden Wiederholung, die sich für den größten Teil dieses Jahrhunderts in Chichester beobachten läßt, ebenso überlegen wie dem nachlässigen, wirren Detail im späten 12. Jahrhundert in Westengland. Hier entspricht das Vokabular genau dem, was ausgedrückt werden soll. Das ist selten und kostbar* *genug, um Steyning eines besonderen Besuches zu würdigen: es hat nicht nur ein altes normannisches Schiff, wovon es in England viele gibt, sondern ein besonders schönes.«* (Nikolaus Pevsner, The Buildings of England)

Von Steyning aus kann man weit westlich in der Ebene *Chanctonbury Ring* aufragen sehen; dort wurden Reste eines Eisenzeitlagers wie auch eines römischen Tempels gefunden. Im 18. Jahrhundert wurde die Stelle mit einem Buchenhain ringförmig bezeichnet; die vollen Kronen der alten Bäume heben sich heute scharf über dem runden Bergkegel vom Himmel ab.

Zur Rückfahrt nach Brighton kann man die schmale Nebenstraße über Fulking und *Devil's Dyke* nehmen. Von der Höhe von Devil's Dyke, wo einst ebenfalls ein Eisenzeitlager war, hat man einen besonders guten Blick über die Grafschaften Sussex, Surrey, Hampshire und Kent und bei klarer Sicht bis zur Isle of Wight.

Die Straße von Devil's Dyke mündet nordwestlich von Brighton wieder in die Hauptstraße ein; an der Gabelung liegt *Preston Park* mit Preston Manor, einem über und über mit wildem Wein bewachsenen georgianischen Haus über mittelalterlichem Grundriß. Es umschließt heute das Thomas-Stanford-Museum mit Sammlungen georgianischen Kunsthandwerks: Möbel, Porzellan, Silber, Glas. Ein anderes Herrenhaus, *Stanmer Park*, steht an der nordöstlichen Ausfallstraße von Brighton; es ist heute eines der Gebäude der gleich neben dem waldigen, schattigen Park liegenden Anlage der 1961 gegründeten Universität von Sussex. Ihre schönen, von Sir Basil Spence entworfenen Gebäude sind aus tiefrotem Backstein mit flachen Segmentbögen aus Beton errichtet; für einige Wände, so in der Kapelle, wurde auf den ortsüblichen Feuerstein als Baumaterial zurückgegriffen. Die Universität ist eine kleine Stadt in der Stadt mit großzügigen, weiträumigen Lehrgebäuden und Wandelhallen, Wohnhäusern für Lehrende und Studierende, eigener Bank, Einkaufszentrum, Parkplätzen, Theater, Werkräumen, Bibliothek, Bars, Kaffeehäusern, Sportplätzen und ummauerten Gärten und Plätzen mit Fontänen und Bildwerken. Alle Einzelbauten sind von Spence einander so zugeordnet, daß – wie bei mittelalterlichen Gründungen – ein urbanes Ganzes entstehen konnte. Dabei ist die Universität keineswegs exklusiv; über dreißig Prozent der Studenten sind Arbeiterkinder; viele von ihnen haben kein Abitur, sondern nur eine Prüfung auf ihre Eignung zum Studium abgelegt. Sussex hat Modellcharakter für die modernen englischen Universitäten erhalten, ohne doch mit der Tradition – Tutorensystem, Autonomie der Universität usw. – zu brechen.

Auch der Kunstfreund kann sich hier begeistern: im Universitätshof stehen unter anderen Kunstwerken Henry Moores schöne Bronze ›Arch‹ von 1965, in der Nähe des runden Meeting House Bernard Meadows ›Standing Armed Figure‹, eine Bronze von 1962, und in der Nähe des Arts Building Hubert Dalwoods in Messing gegossene ›Victory‹ von 1964. Der Achteckbau des Theaters verfügt über alle modernen Bühneneinrichtungen und wird zeitweise von den Studenten selbst bespielt. In der schönen Kapelle mit modernen Farbfenstern und glitzernder Feuersteinwand finden abwechselnd Gottesdienste fast aller Bekenntnisse statt: anglikanisch, katholisch, protestantisch, jüdisch, orthodox – Toleranz nicht als blasses Wort, sondern als oberstes Lebensprinzip. Die Gottesdienste und Andachten sind nicht schlechter besucht als Vorlesungen, Meetings oder Theateraufführungen.

In Stanmer befinden wir uns auf halbem Weg zwischen Brighton und Lewes. *Lewes* liegt auf einer Anhöhe der Downs, eine lebhafte Marktstadt mit mittelalterlichem Charakter. Steil führen die meisten ihrer Straßen bergan; auf einer Felsklippe erhebt sich die alte Burg. Neben der Ruine des normannischen Bergfrieds haben sich aus dem 13. Jahrhundert die Barbakane und Teile des Mauerrings erhalten; die ganze Anlage, heute Museum, wurde im vorigen Jahrhundert stark restauriert. Gegenüber dem Burgtor findet sich Barbican House, ein Fachwerkbau aus dem 16. Jahrhundert, der eine Sammlung archäologischer und historischer Funde beherbergt. Interessanter ist das im frühen 16. Jahrhundert errichtete Haus Anna von Kleves in der Southover Street. Der langhingestreckte Giebelbau vereinigt fast alle Bautechniken, die wir eingangs erwähnten, in seiner Fassade: Der Zwerchgiebel über dem Haustor zeigt Fachwerk, das Tor selbst ein reizvolles Schachbrettmuster aus Sandstein und kleinen Kieseln, die Mauer daneben Flushwork, das Obergeschoß ist in verschiedenen Mustern ›geziegelt‹. In diesem stattlichen Haus hat Anna von Kleve nach ihrer Scheidung von Heinrich VIII. gelebt. Er hatte ihr freigestellt, zu den Brüdern heimzukehren oder als Edelfrau in England zu leben; Anna wählte die Freiheit, die ihr ein eigenes Haus mit kleinem Hofstaat bot. Ihr Schlafzimmer, ein großer Raum mit offenem Dachstuhl, lag im Seitenflügel; vom Erker aus hat man einen Blick über die Straße, zur anderen Seite sieht man in den ummauerten Hintergarten. Die Halle nimmt fast die ganze Hausmitte in voller Höhe ein; auch über ihr wölbt sich der offene Dachstuhl. In den meisten Räumen des Hauses sind heute Sammlungen zur Grafschaftsgeschichte untergebracht.

Lewes stand am Anfang zweier großer revolutionärer Ereignisse, die die englische, ja die Weltgeschichte stark beeinflussen sollten: 1264 fand vor seinen Toren die Schlacht zwischen dem selbstherrlichen Heinrich III. und Simon de Montfort, Graf von Leicester, dem Anführer der auf ihren alten Rechten bestehenden Barone, statt, in der der König unterlag, in Gefangenschaft geriet und sich zur Unterzeichnung der Bedingungen bequemen mußte, die in der Folge zur Bildung des ersten englischen Parlaments führten. Und 1768 zog der junge Witwer Thomas Paine in die Stadt ein, wo er im ›Old Bull‹ – einem Gasthaus aus dem 15. Jahrhundert – wohnte und der Tochter seines Wirts, eines Schnupftabakhändlers, den Kopf verdrehte. Der Zollbeamte heiratete das junge Mädchen 1771, nachdem er in den Stadtrat gewählt worden war; aber das Leben eines ruhigen Bürgers bekam ihm nicht. 1774 wurde er wegen eines Pamphlets aus dem Dienst entlassen; in dieselbe Zeit fällt die Scheidung von seiner Frau und sein Aufbruch nach Amerika, mit einer Empfehlung Benjamin Franklins in der Tasche. In Amerika stellte er sich auf die Seite der Unabhängigkeitskämpfer und begann gleichzeitig zu schreiben: 1775 erschien sein Aufsatz über ›Afrikanische Sklaverei in Amerika‹, 1776 ›Common Sense‹. 1777 wurde er zum Sekretär der Auswärtigen Angelegenheiten gewählt, 1780 gründete er mit Morris die spätere Bank von Nord-Amerika, und 1787 kehrte er erstmals nach London zurück, wo er sich mit den führenden Whigs, wie Burke und Fox, befreundete. 1789 wurde er von Lafayette nach Paris berufen, und im Februar 1791 erschienen seine ›Rights of Man‹, mit denen er Burkes ›Gedanken über die Französische Revolution‹ beantwortete. Paines Schrift wurde für das Staatsverständnis der Moderne bahnbrechend: *»Jedes Zeitalter und jede Generation müssen so frei sein, für sich selbst handeln zu können, in jedem Fall so, wie die Zeitalter und die Generationen, die ihnen vorausgingen.«*

Paines Leben verlief auch weiterhin in einem ständigen Auf und Ab, zwischen Gefängnis und höchsten Ehren. Er starb 1809 – nachdem er 1797 in ›Agrarian Justice‹ noch einmal seine ökonomischen Ideen niedergelegt hatte – in völliger Vergessenheit. Er war ein großer Revolutionär, aber ohne den Fanatismus vieler seiner Mitkämpfer; er hatte Augen, die das kleine und das große Leid sahen: Tierquälerei, die Unterdrückung der Frauen und die Versklavung der Neger; auch die Korruption der neuen Herren entging ihm nicht: Seine scharfe Feder griff alles auf, was ihn Unrecht dünkte. Und selbst den Quäkern, deren Gesinnung er hochachtete, warf er ihre puritanische Strenge vor. Es sei ein Glück, meinte er, daß sie bei der Schöpfung nicht zugegen gewesen seien, sonst gäbe es wohl weder Blumen noch den Gesang der Vögel.

Südöstlich von Lewes führt eine Nebenstraße nach Polegate; nach wenigen Kilometern Fahrt stoßen wir auf zwei Herrensitze links und rechts der Straße, *Firle Place* und *Glynde Place*. Firle wurde 1487 von der gräflichen Familie Gage, in deren Besitz es noch heute ist, gebaut; der Bau wurde um 1730 zum größten Teil abgebrochen und in einem strengen klassizistischen Stil neu errichtet. Viele der schönen Möbel stammen aus der Zeit des Umbaus; sie wurden von Chippendale und William Kent entworfen. Die Sammlungen auf Firle umschließen Gemälde von Fra Bartolomeo, Correggio, Guardi, Rubens, van der Weyden, Teniers, Gainsborough – um nur einige Namen zu nennen; Porzellan aus Meißen, Sèvres, Chelsea und dem Orient, interessante Manuskripte, Landkarten, miniaturengeschmückte Handschriften. In einem der Räume findet man Erinnerungsstücke an den General Thomas Gage, der sich wie Thomas Paine im amerikanischen Unabhängigkeitskrieg einen Namen machte – allerdings als Kommandeur unter britischer Flagge. Glynde Place, ein erdfarbenes frühelisabethanisches Herrenhaus, das sich ebenfalls manchen Umbau gefallen lassen mußte, zeigte in seiner Galerie mit schöner Täfelung aus der frühen Stuartzeit Gemälde von Hoppner, Lely, Zoffany sowie Bronzen von Soldani. Sein größter Schatz ist Rubens' Originalskizze für das Deckengemälde im Bankettsaal von Whitehall in London.

Ein paar Kilometer bleiben wir noch auf der schmalen Straße, die uns nach Glynde brachte. Dann stoßen wir auf ein vielgiebeliges Herrenhaus aus rotem Backstein und ockerfarbenem Kalkstein in einem reichen Park, von bunten Blumenrabatten eingefaßt. Das ist *Glyndebourne Opera*, wohl das romantischste Opernhaus in Europa. »*Seine Stimmung mag deshalb so verführerisch sein, weil sie zur englischsten aller künstlerischen Institutionen der Insel gehört. Die Geschichte von Glyndebourne beginnt, wie bekannt, mit der Idee von John Christie, eines kunstliebenden Landedelmanns des 20. Jahrhunderts, auf seinem Gut in Südengland ein Opernhaus zu bauen und die besten der erreichbaren Künstler zu bitten, dort in den Sommermonaten Kammeroper zu spielen. Eine ähnliche Idee mag manchen vermöglichen Opernliebhaber in einer schlaflosen Nacht ein wenig unterhalten haben, aber es muß als ausgemacht gelten, daß sie sich in jedem anderen Lande Europas, bei Tageslicht besehen, als unrealisierbar herausgestellt hätte«*, schrieb die Neue Zürcher Zeitung 1966. Nun, Christie war nicht nur ein Mozartfreund und Träumer, er war seit 1931 auch Ehemann der Sopranistin Audrey Mildmay. Gemeinsam gelang es ihnen, eine Operngruppe zu gründen und große Künstler an das neuentstandene Haus zu binden, wie Fritz Busch und Carl Ebert, die vor den Machthabern des Dritten Reichs aus Deutschland geflohen waren. 1934 hob sich in dem an das Herrenhaus angegliederten Bau erstmals über ›Le nozze di Figaro‹ der Vorhang – vor sieben Zuschauern. Aber bald schon spielte man vor ausverkauftem Haus (anfangs 300, heute 768 Plätze). Seit einigen Jahren geht die Truppe sogar auf Tournee und bildet selbst Sänger aus. Die musikalische Leitung hat seit 1965 John Pritchard, der schon 1947 als Assistent zu Fritz Busch kam; die administrative Leitung dieses einzigen rein privaten Opernhauses in Europa, das weltweite Anerkennung genießt, liegt noch in den Händen des Sohnes seines Gründers, George Christie.

Wir fahren von Lewes zurück nach Falmer und nehmen dort die Straße zur Küste nach *Rottingdean*, einem unberührten Küstenort etwas östlich von Brighton. Alte Häuser säumen die stille High Street, Schwäne beleben den grünüberwachsenen Dorfteich, zu dem sich der Dorfrasen hinabneigt. Die kleine Pfarrkirche wurde im vorigen Jahrhundert stark renoviert, ist aber stolz auf ihren Turm aus dem 12. Jahrhundert und die Farbfenster, die Sir Edward Burne-Jones, einer der Präraffaeliten, schuf. In der Grange, dem alten Herrenhaus, sind ein Spielzeugmuseum und ein Rudyard-Kipling-Erinnerungsraum untergebracht; Kipling lebte hier einige Jahre in ›The Elms‹, ehe er nach Burwash Common übersiedelte, wo wir ihm bald wiederbegegnen werden.

Hinter Rottingdean reckt eine alte Mühle ihre Riesenflügel in den Himmel; sie diente einst den Fischern als Seezeichen. Die Küstenstraße ist nicht immer im besten Zustand, da sie bei Flut oft überspült wird, wenn die Herbst- und Frühjahrsstürme einsetzen, aber sie ist landschaftlich lohnend. Hinter Seaford wird es zunehmend hügeliger, und dann sieht man plötzlich von einer Höhe in eine Landschaft wie auf spätgotischen Bildern: grünblaue Hügel in der Ferne, ein tiefes, weites Wiesental, durch das sich silbern der Cuckmere River in unzähligen Windungen schlängelt, und im Südosten steht hinter den Hügeln wie ein zweiter Himmel das Meer. Ein paar Kilometer weiter stoßen wir auf die berühmten weißen Kreideklippen vor Beachy Head, die *Seven Sisters*, die von mancherlei Legenden umwoben sind. Hinter dem Kurort Eastbourne mit seinen schönen Promenaden nehmen wir die Straße nach Hailsham, und von dort machen wir einen Abstecher über Heathfield nach *Burwash*. Die Fahrt durch das Hügelland der Downs ist reizvoll genug, um den Umweg zu rechtfertigen. Kurz vor Burwash achte man auf die Straßenschilder, die einen kleinen Nebenweg nach ›Batemans‹ anzeigen, dem Landhaus Rudyard Kiplings, in dem er die letzten Jahre seines Lebens verbracht hat. Das Haus wurde 1634 errichtet, ein schmuckloser Bau mit hohen Kaminhüten und einem Rosen- und Taxusgarten. Kipling lebte hier von 1902-1936; sein Arbeitszimmer ist nach seinem Tode unverändert geblieben. Wenn man einen Blick aus dem Fenster in die träumerische Hügellandschaft wirft, wird man seine Märchen wie ›Puck of Pook's Hill‹ mit ganz anderen Augen lesen: Er hat einfach aufgeschrieben, was er draußen sah. Hier bedarf es wirklich kaum eines Hauches von Phantasie, um die Geister der englischen Landschaft wahrzunehmen: Puck und Wieland, Moormänner und Nixen, Titanias Gefolge und Oberons Jagd.

Von Burwash aus kann man querfeldein auf schmalen Feldwegen, oder, wem das zu abenteuerlich ist, zurück über Hailsham und dann nordöstlich nach *Herstmonceux* gelangen. Das kleine Dorf mit seiner fast tausendjährigen Kirche hat sich im Schatten der machtvollen Burg angesiedelt, deren mattrote Backsteinmauern und zinnengeschmückte Türme sich in dem breiten, mit Seerosen überwachsenen Burggraben spiegeln. Sie gehört zu den frühesten englischen Backsteinbauten. Die Burgherren des 1440 errichteten Baues sind seit wenigen Jahrzehnten die Royal Astronomers: Hier ist nämlich seit 1948 das Observatorium von Greenwich untergebracht. Einige der großen Teleskope kann man durch Glaswände besichtigen, und auch zu dem schönen Park hat man Zugang.

In einem Bogen führt die Straße weiter in das gepflegte Seebad *Bexhill*, das sich einen sanften Hügel hinabzieht. In der High Street steht ein besonders malerisches Haus mit viel Tilehanging und Knitwork: Eine Tafel an der Tür verkündet, daß dort James Boswell, Freund und Biograph des großen Dr. Johnson, gelebt hat. Der ›De la Warr Pavilion‹ im Westen des Ortes wurde 1934 von dem aus Deutschland emigrierten Architekten Erich Mendelsohn und seinem Mitarbeiter Serge Chermayeff entworfen; er umfaßt ein großes

Theater, Festsäle, ein Restaurant und eine Sonnenterrasse im kühlen Stil jener Jahre.

Ein paar Kilometer fahren wir jetzt noch entlang der Küste und erreichen schließlich St. Leonards und Hastings, wo sich vor rund einem Jahrtausend das Schicksal Englands entschied.

28

Die Eroberung: Hastings–Battle–Rye

Ich will mein Haus haben in Waldes Höhn,
Nur einen Weg weit vom Meere hier,
Und die Kinder waren, als ich Kind war,
Sollen kommen und trinken mit mir.
Hilaire Belloc, The South Country, 1895

England hat seit über neunhundert Jahren keine Invasion mehr erlebt; in all den Kriegen, die es in diesen Jahrhunderten geführt hat, haben nie mehr fremde Heere einen Fuß auf englischen Boden gesetzt. Aber die letzte große Invasion, die die Besiedlungsgeschichte der Insel abschließen sollte, hat bis heute Staat und Recht, Volkscharakter und Sprache, Sitte und Brauch entscheidend geprägt. Seit damals zählt England seine Könige. Das Inselreich sähe anders aus, wenn es Wilhelm von der Normandie damals nicht gelungen wäre, durch seinen Sieg bei Hastings die Insel zu erobern.

Das Kartenbild Europas war im 11. Jahrhundert von dem heutigen völlig verschieden. Die englischen Randgebiete waren im Westen von keltischen Briten und im Norden von Dänen und Pikten besiedelt; im übrigen Teil stritten sich angelsächsische Earls und Könige um die Macht, durch das milde Regiment ihres normannenfreundlichen Königs Eduard des Bekenners nur eben im Zaum gehalten.

Frankreich war damals noch ein verhältnismäßig kleines, unbedeutendes Königreich, in seinen Grenzen bedroht von der mächtigen Grafschaft Anjou und dem großen Herzogtum der Normandie. In der Normandie hatte bis 1035 Robert der Teufel geherrscht, der seinen Bastard Wilhelm zum Nachfolger bestimmte, ehe er sich auf eine Pilgerfahrt nach Jerusalem begab, auf der er tatsächlich umkam. Das Kind, sechsjähriger Herrscher über eines der wichtigsten Herzogtümer Europas, überlebte die turbulenten Jahre seiner Minderjährigkeit wie durch ein Wunder: Zwei seiner Vormünder wurden in dieser Zeit ermordet. 1051 besuchte der junge Herzog seinen Verwandten Eduard in England, der seine eigene Jugend als Flüchtling am kultivierten normannischen Hof verbracht hatte. König Eduard gab Wilhelm das Versprechen, ihn zu seinem Nachfolger zu ernennen. Es war ein etwas unredliches Versprechen, denn Eduard wußte genau, daß der neue König nur vom Witanagemot, der Versammlung der Edlen, gewählt werden konnte: Eduard konnte den Witan allenfalls einen Nachfolger vorschlagen, aber er durfte ihn nicht einfach ernennen.

Als dann für den König die Todesstunde nahte, hatte er sich ohnehin anders besonnen. Er empfahl den Witan, seinen Schwager Harold zu wählen, in dessen Adern das Blut skandinavischer Könige floß. Die Krönung Harolds fand wahrscheinlich schon einen Tag nach dem Ableben Eduards, am 6. Januar 1066, statt; denn Harold hatte einen doppelten Grund, jedem Anspruch des Normannen zuvorzukommen: Auch er hatte ihm einst einen – erzwungenen – Eid geleistet, seine Thronfolge zu unterstützen.

Wilhelm war ein kluger Politiker. Er überstürzte nichts. Ehe er zum Angriff rüstete, vergewisserte er sich der Unterstützung Kaiser Heinrichs IV. und ließ sich den Segen Papst Alexanders II. für sein Vorhaben erteilen, der ihm ein geweihtes Banner übersandte. Dann wiegelte er erst einmal Harolds Bruder Torsten und den norwegischen König Harald Hardrada auf, die den König im Norden ablenken sollten. Harold schlug die Rebellen jedoch am 25. September 1066 in der Nähe von York vernichtend; sowohl sein abtrünniger Bruder als auch der Norweger fanden in der Schlacht den Tod. Drei Tage später stießen jedoch bei Pevensey die Kiele der hochbordigen normannischen Drachenschiffe auf den Strand, die Wilhelm und sein achttausend Mann starkes Ritterheer übergesetzt hatten. Achttausend beutegierige junge Leute, zum Äußersten entschlossen. Achttausend kultivierte, elegante Aristokraten, die auf den angelsächsischen Bauernadel verächtlich herabblickten. Achttausend ausgesuchte waffenkundige Männer einer Nation, die überall, wo sie in Europa ihren Fuß auf eroberten Boden stellte, neue Reiche zu gründen und zu erhalten verstand. Ihnen hatte Harold nichts entgegenzusetzen als seine in Eilmärschen und vom vorherigen Kampf geschwächten Truppen, ein vergleichsweise gemischtes Heer, das er hastig nach Süden warf, um den eindringenden Normannen nördlich von Hastings den Weg zur Hauptstadt abzuschneiden.

Dort wo heute das verträumte Städtchen Battle liegt, riefen morgens um neun Uhr die Trompeten zur Schlacht. Acht Stunden dauerte das Gemetzel. Um die Mittagsstunde schien es dann, als sei das Schicksal der Normannen besiegelt: Sie wandten sich in regelloser Flucht nach Süden. Es gelang Wilhelm jedoch, sich den Flüchtenden entgegenzustellen und noch einmal eine Front gegen die Sachsen unter dem rotgoldenen Drachenbanner von Wessex zu bilden. Und nun wandte sich das Kriegsglück. Einer der sächsischen Fürsten und Anführer nach dem anderen sank in den Tod. Am Spätnachmittag wurde Harold von einem Bogenschützen ins Auge getroffen; die Wunde war tödlich. Noch ehe die Sonne untergegangen war, konnte sich Wilhelm als Englands neuer Herr betrachten. Weihnachten wurde er in der Westminsterabtei feierlich zum König gekrönt.

Dennoch wäre Wilhelm vielleicht nie als ›der Eroberer‹ in die Geschichte eingegangen, wenn es ihm nicht durch seine Energie, kühne Politik und typisch normannische Staatskunst gelungen wäre, den augenblicklichen Sieg in einen dauernden zu verwandeln. Noch heute erhalten die Gesetze des englischen Parlaments ihre Bestätigung in der normannisch-französischen Formel: »*La reine de veult.*« Es gelang Wilhelm mit großer Härte, England zu einem lebensfähigen Staatswesen zusammenzuschweißen. Die Normannen traten zwar wie Kolonialherren auf und unterdrückten die keltische wie die sächsische Bevölkerung gleichermaßen unverfroren, aber sie brachten auf Dauer in die englische Zivilisation ihre Kunst der Staatsbildung, ihr Verwaltungsgeschick, ihr logisches Rechtssystem und die gallische Kultur ein. Wilhelm ließ als eine seiner ersten Handlungen das ›Domesday Book‹ anlegen, eine Art genauen Besitzkatalogs, der die Grundlage für das neue Besteuerungsverfahren werden sollte. Wie die fränkischen Könige ihr Reich, regierte er nun auch seines zentralistisch und baute zu diesem Zweck einen riesigen Verwaltungs- und Beamtenapparat auf, der es ihm ermöglichte, seinen Verordnungen und Gesetzen bis zu den Grenzen im Norden hin Gültigkeit zu verschaffen.

An die Stelle von Witan und Wahlkönigtum trat die Erbmonarchie mit ihrem Stab beamteter Barone. Die angelsächsischen Bischöfe wurden durch normannische abgelöst, die angelsächsischen Kathedralen fast alle im normanischen Stil umgebaut: Die herrlichen Zeugnisse romano-normannischer Baukunst finden sich von Winchester bis Durham über die ganze Insel verstreut. Französisch war die Sprache des Hofes; das Angelsächsische – eine Form des Niederdeutschen – wurde zur Volkssprache degradiert. Reste davon haben sich noch im heutigen Englisch erhalten: Die Tiere auf der Weide haben angelsächsische Namen, aber ihr Fleisch auf der Tafel wird noch immer in der gallischen Form bezeichnet. Rechtsprechung und Mode, Heer und Klerus wurden normannisiert. Nur ganz allmählich kam es zu einer Verschmelzung der beiden Völker: Lange, lange Zeit stellten die Normannen – deren Hauptteil ja in der Normandie verblieben war – die herrschende Oberschicht. Noch Scott machte diese Problematik zu einem seiner Hauptthemen, und Disraeli, selbst ein ›Fremder‹ und als solcher mit schärferen Augen sehend, konstatierte schmerzlich die Kluft zwischen den ›beiden Nationen‹, die er in den Klassenkämpfen des frühindustriellen Zeitalters wieder aufleben und sich vertiefen sah. Dennoch, die normannischen Eroberer und die keltischen und sächsischen Stämme bildeten schließlich ein Volk. Das erste Dokument, in dem angelsächsisches (common, gemeines d.h. allgemeines Recht) und normannisches (römisches) Recht eine Ehe eingingen, war die Magna Charta, die Grundlage der englischen Verfassung, von 1215. Das erste wichtige Dokument in ›englischer‹ Sprache waren die sogenannten Oxforder Provisionen von 1258, die den Keim für das erste englische Parlament in sich trugen; aber erst durch Chaucers Dichtungen wurde Englisch im 14. Jahrhundert wirklich zur Landessprache.

Die Geschichte der Schlacht von Hastings ist uns durch eine Stikkerei anschaulich überliefert: die Wandteppiche von Bayeux, die wahrscheinlich Wilhelms Bruder, Bischof Odo, in Auftrag gab. Sie werden in einem Museum in Bayeux in der Normandie als eines der kostbarsten Zeugnisse mittelalterlicher Kunst verwahrt.

Wenn man heute nach *Hastings* kommt, erscheint die ganze Geschichte der Eroberung seltsam unwirklich. Ruhig liegt die kleine Fischerstadt in ihrer Bucht, geschäftig gehen die Fischer ihrem Gewerbe nach. Die Ruine der Burg des Eroberers thront friedlich auf ihrer Klippe wie ein verlassener Adlerhorst; auf ihren verfallenen Mauern spielen Kinder, in ihrem Schatten rasten auf grünem Rasen Liebende, weit unten rauscht das Meer, unbekümmert um gestern und heute. Auf dem Kiesstrand liegen die flachen Boote, spannen sich weit die Netze der Fischer in Reihen übereinander, ein Brauch seit dem 16. Jahrhundert. Vom Leben der Fischer erzählt das Museum in Fishermen's Church in der Nähe des Strandes; es sollte eigentlich eine Kapelle werden, wurde aber nie geweiht und ist seit 1956 Museum. Nur der Taufstein dient seiner eigentlichen Bestimmung: Fischerkinder werden über ihm getauft.

Zur anderen Seite des Castle Hill liegt entlang der Strandpromenade der Erholungsort Hastings, der wenig mit der Old Town der Fischer gemein hat.

Nördlich von Hastings erreichen wir in einem lieblichen Tal *Battle*. Hier fand, wie der Name des Ortes verrät, in Wahrheit die ›Schlacht von Hastings‹ statt, die Harold Reich und Leben kostete. Über der Stelle, an der der letzte Wessexkönig fiel, ließ Wilhelm den Hochaltar einer Kirche errichten, die er zur Feier seines Sieges baute; heute ist der Ort durch einen Findling kenntlich gemacht, und im Gras lassen sich noch die Grundrißlinien der Kirche ablesen. Um die Kirche siedelte sich eine Benediktinerabtei an, die nach der Reformation an den Stallmeister Heinrichs VIII. fiel, der die mönchischen Hallen zu einem Landsitz umbaute. Von dem Kloster in seiner alten Gestalt zeugt nur noch die Ruine des Refektoriums, durch deren Arkaden der Wind streift. Heute hallt Kindergelächter durch die schattigen Gartenwege und die Säle und Korridore der einstigen Abtei: ein Mädchenpensionat ist hier untergebracht.

Gegenüber dem Tor der Abtei liegt Langton House, das ein Museum beherbergt. Nicht nur über die Schlacht kann man sich dort informieren, man wird auch daran erinnert, daß Südostengland vor Zeiten ein wichtiges Industriegebiet war und daß der Reichtum seiner Städte oft auf die Ironmasters, die Eisenhüttenbesitzer, zurückgeht. Heute wirkt Battle wie in einen tiefen Dornröschenschlaf versunken mit den alterskrummen Häusern aus dem 13. und 14. Jahrhundert, den breiten stillen Straßen und der Kulisse der Abtei in ihrem reichen, weiten Garten. – Etwas nördlicher liegt bei Robertsbridge *Bodiam Castle* (1385-89); eine der romantischsten und besterhaltensten Burgruinen Englands, die ihre vielen Türme stolz im breiten Burggraben spiegelt. Sie gehört dem National Trust.

Letzte Station auf unserem Weg ist *Rye*, einst ein Hafen, einer der berühmten Cinque Ports, und eine der malerischsten Städte Englands überhaupt.

Die Cinque Ports spielten in der Geschichte der englischen Schiffahrt eine bedeutende Rolle. Die ursprünglichen Gründerhäfen dieses Bundes waren Hastings, Romney, Hythe, Dover und Sandwich; etwas später stießen die ›Ancient Towns‹ von Rye und Winchelsea dazu; viele kleinere Orte wurden dem Bund angegliedert, der sich bald nach der Eroberung konstituierte. Bis zum Beginn der Tudorzeit mußten die Cinque Ports alle Schiffe für den Dienst des Königs stellen und ausrüsten; auch späterhin noch unterstützten sie jahrhundertelang die ständige Flotte in beträchtlichem Ausmaß. Für diese Pflicht genossen sie große Privilegien, so vor allem eine eigene Rechtsprechung. Der höchste Würdenträger war der Lord Warden, der außerdem das Amt des Constable von Dover Castle ausübte. Dem Lord Warden unterstand der Richter des Admiralitätsgerichtshofes der Cinque Ports – wahrscheinlich reicht seine Tradition sogar weiter als die des Hohen Gerichtshofs der Admiralität, wie ja auch das Amt des Lord Warden älter ist als das des Lord High Admiral.

Es gibt kaum einen besseren Ort, sich mit der Geschichte der Cinque Ports vertraut zu machen, als Rye. Einmal, weil eben durch das tragische Verlanden seines Hafens die Stadt in ihrer Entwicklung stehen geblieben ist und mit ihrem wunderbar geschlossenen Stadtbild einen guten Eindruck von einer mittelalterlichen Hafenstadt vermittelt, zum andern, weil sie in ihrer Festung, dem *Ypres Tower* aus dem 13. Jahrhundert, ein Museum der Ports beherbergt.

Unterhalb des Turmes liegt am Rande des Kliffs ein kleiner Garten, von dem aus man einen weiten Blick zum Fluß hinab und weit hinaus über Marsch und Meer hat. Henry James, der lange in Rye lebte, hat ihn uns beschrieben: »*Ein braun und rot ummauerter Garten, rosenumheckt zu den anderen Seiten, der durch die Breite einer stillen Straße, zwischen deren Steinen Gras wächst, vom Haus seines Besitzers getrennt ist, mit einem kleinen alten Pavillon mit gläserner Fassade und Holzverkleidung ... Andere kleine Gärten, andere niedrige bucklige braune Mauern und Terrassen und Wintergärten lehnen sich über das Kliff, das so jäh wie seit Jahrhunderten abfällt; unter sich haben sie den Fluß, dessen Flut kommt und geht, und die Meile oder mehr murmelnder Ödnis in der Ebene dahinter, die heute die See an den Horizont zurückwirft, von wo sie an Sommertagen mit ihrer blauen Tiefe und dem Schimmer verstreuter Segel verzeihend und resigniert herüberschaut. Das kleine alte Dock am Fuß des Felsens ist meistens leer, mit ein paar Holzstapeln und Generationen von Hobelspänen, doch ein Fischerboot oder auch zwei liegen noch auf Kiel, ein ›Ausstoß‹ von drei bis vier Booten im Jahr! Und der*

Klang der Hämmer auf dem Holz, ein ungewohnter Klang für heutige Ohren, dringt durch die sonnige Stille hinauf ...«

Wenn wir durch die steilen, kopfsteingepflasterten Straßen der Stadt wandern, finden wir fast nur Häuser aus der Tudor-, der Stuart- und der georgianischen Zeit. Vom Turm der Pfarrkirche St. Mary (1120) leuchtet das bunte Zifferblatt einer Uhr aus dem Jahre 1560, der ältesten noch mit ihrem ursprünglichen Werk gehenden Kirchturmuhr Englands. Links und rechts vom Zifferblatt schlagen zwei Knaben die Viertelstunden, sie heißen darum ›Quarterboys‹. Die Kirche hat unzählige Umbauten über sich ergehen lassen müssen, aber in ihrem Innern hegt sie einen der schönsten Schnitzaltäre Englands aus dem frühen 18. Jahrhundert.

Um 1377 wurde Rye von den Franzosen überfallen und gebrandschatzt; daher findet sich an frühmittelalterlichen Bauten außer dem Ypres Tower und einem der alten Stadttore, dem Land Gate, nur noch eine ehemalige Augustinerabtei aus dem 13. Jahrhundert, in der heute eine Töpferei untergebracht ist. Die Töpferkunst wurde nach der Verlandung des Hafens zu einer Haupterwerbsquelle der Stadt, wenn sich die Werft auch noch bis zur Einführung des Eisens in den Schiffsbau halten konnte, denn die Eichen von Sussex gaben das beste Baumaterial für Schiffe ab. Eine andere Möglichkeit, zu Geld zu kommen, war der Schmuggel, an dem sich Arm und Reich, Hoch und Nieder beteiligte. Die Schmuggler oder ›Freetraders‹, wie sie sich gern großspurig nannten, waren die heimlichen Helden der englischen Südküste im 17. und 18. Jahrhundert. In einer der malerischen Straßen, der Mermaid Street, finden wir das berühmt-berüchtigte ›Mermaid Inn‹, das den Schmugglern damals oft als Unterschlupf diente. Man sieht es ihm nicht mehr an, wenn man vor dem mit wildem Wein umrankten Eingang des breithingelagerten Fachwerkbaus steht, aber das schöngeschmiedete Wirtshausschild mit einer fischschwänzigen Nixe läßt keinen Zweifel aufkommen.

Draußen in der Romney Marsch wollen wir Abschied nehmen von den Zeiten der Eroberer – jenen, die kamen, um England in ihren Besitz zu bringen, und jenen, die hier in See stachen, um sich die Meere zu unterwerfen – und von Rye, das auf seinem Felsen, von seiner Kirche überragt, aussieht wie ein Mont-Saint-Michel en miniature. *»Aber wenn die Sonne sinkt, die Schatten länger werden und die berittenen Schafhirten mit ihren Hunden in der gräsernen Wildnis an Ihnen vorüberreiten, finden Sie in der sachten englischen Marsch einen Widerhall der Campagna Romana.«* (Henry James)

HEILIGE UND HOPFENBAUERN

Kent und Surrey

WIE ein Halbmond ziehen sich in weichem Schwung die North Downs von Redhill im Westen über Sevenoaks, Maidstone, Ashford bis Folkestone hin. Südlich davon liegt das weite Gebiet der Marschen von Walland und Romney und, westlich Royal Tunbridge Wells, das Weald. Im Norden schließt sich die Niederung der Themsemündung an, und nur auf der eckigen Halbinsel ›Isle of Thanet‹ hügelt das Land zwischen Margate und Ramsgate noch einmal auf, letzte Brustwehr Englands gegen die Nordsee.

Die Hügelkette der Downs besteht aus Kalk und Kreide, die Marschen und das Weald aus Lehm und Sand. So ist, genau wie in Sussex, die Bebauung des Landes sehr unterschiedlich. Kent ist berühmt wegen seiner Obstplantagen und Hopfengärten, die ihm den Namen ›Garten Englands‹ eingetragen haben; aber die Downs sind auch hier größtenteils mit Heide und Ginster bewachsen und werden, wie die Marschen, von Schafen beweidet. Das Romney-Schaf ist sehr widerstandsfähig und wird als Zuchtschaf in die ganze Welt exportiert.

Kent, an drei Seiten vom Meer umspült, hatte berühmte Häfen, die heute fast alle verlandet sind: Romney, Hythe, Folkestone, Dover und Sandwich. Sie alle gehörten einst dem Bund der Cinque Ports an.

In der Mitte des Landes, am Saume der Downs, liegt im Schnittpunkt aller Straßen Canterbury, der Sitz des Primas von England. Dreizehn Heilige hat es hervorgebracht, dreizehn Heilige liegen in seinen Kirchen begraben: Augustin, Laurentius, Mellitus, Justus, Honorius, Deusdedit, Theodor, Tatwine, Breogwine, Odo, Anselm, Thomas à Becket und Edmund. Jahrhundertelang strömten die Pilger auf einer prähistorischen Straße, dem Pilgrim's Way, quer durch das Land in die kleine Stadt mit ihren ehrwürdigen Kirchen – ihr Zug wurde zum Gegenstand der ersten großen englischen Dichtung: Chaucers ›Canterbury Tales‹, ein Spiegel des mittelalterlichen Lebens.

Wahrzeichen von Kent sind jedoch nicht Canterburys Kirchtürme, ist nicht der Pharos von Dover, der von der Römerherrschaft erzählt, nicht die trutzige Burg von Rochester, die die Medway-Mündung bewacht: Es sind die kegelförmigen Dachtürme der Hopfendarren, die überall im Lande aufragen. Sie sind so konstruiert, daß die in diesen Scheuern zum Trocknen gelagerten Hopfendolden genug Luftzufuhr erhalten. Hopfen ist eine sehr schwer zu pflegende Feldfrucht; einmal geerntet, muß sie mit größter

Sorgfalt behandelt werden. Hopfen wird dem englischen Bier seit über dreihundert Jahren beigesetzt, um es zu klären, haltbar zu machen und ihm den beliebten bitteren Geschmack zu geben; das elisabethanische Bier war noch trübe und süß. Der Löwenanteil Hopfen für die großen Brauereien in Herefordshire und Warwickshire kommt aus Kent. Zur Zeit allerdings droht den alten Hopfengärten Gefahr, und das hat mit den Braubestimmungen der Europäischen Gemeinschaft zu tun. Auf dem Kontinent werden nämlich schon lange nur weibliche Hopfenpflanzen gezogen, während in den englischen Hopfengärten auf je etwa zweihundert weibliche eine männliche Pflanze kommt, denn die englischen Hopfensorten werden aus Samen gezogen, die anderen europäischen aus Stecklingen. Sind die kontinentalen Hopfensorten vielleicht reicher an Alphasäuren (Bestandteil der Bitterstoffe), so sind die englischen unumstritten viel ertragreicher. Es bedeutete deshalb für die fast fünfhundert Hopfenbauern Englands, die für etwa acht Millionen Pfund Hopfen im Jahr umsetzen, einen großen Verlust, wenn sie alle ihre männlichen Pflanzen ausrotten müßten – und das Bier würde dadurch weder stärker noch aromatischer, wie bei Bierproben festgestellt wurde; bestenfalls entwickelt es etwas mehr Schaum, den man in Südengland gar nicht schätzt. So ist es verständlich, daß die Hopfenbauern in Brüssel energisch um ihre Rechte kämpfen.

Surrey ist lieblicher, waldiger als Kent; auf seinen Höhen haben sich seit langem immer wieder Menschen niedergelassen, die im Bannkreis der Hauptstadt leben mußten und doch das Land der Metropole vorzogen, Adel und Geldadel, Dichter und Politiker. Das Weald ist immer noch das am dichtesten bewaldete Gebiet Englands; große und kleine Forste ziehen sich über die flache, aber nie ebene Landschaft hin, mit dichtem Unterholz und einer großen Mannigfaltigkeit an Baumarten, die man vor allem im Frühling und Herbst in der ganzen Vielfalt ihrer Farben und Eigenart wahrnehmen kann. Auf den Downs findet man dagegen häufig Kiefern und niedrige Koniferen.

Kent ist ein Land der Heiligen, aber auch der Rebellen: die Namen Wat Tylers, Thomas Wyatts, John Balls sind mit der Geschichte des Landes verknüpft; John Cade suchte einst in Canterbury mit seinen Scharen Zuflucht, und Wiclifs Lehren fanden hier ein offenes Ohr. Zwei Erzbischöfe, Sudbury und Laud, endeten unter dem Henkersbeil von Empörern.

Aber auch zwei Dichter lebten gerne in dieser Landschaft, Erfinder unsterblicher Kindergestalten, die geistigen Väter von Alice im Wunderland und Oliver Twist: Lewis Carroll und Charles Dickens. Und vielleicht haben ihre leichtfüßigen, rührenden Geschöpfe mehr Wirklichkeit als alle Helden und Heiligen zusammen.

29

In den Marschen: Dungeness – New Romney Hythe – Folkestone

»Bist du schon einmal auf der Marsch gewesen?« wandte er sich an Dan.

»Ja, einmal, aber nur bis Rye«, erwiderte Dan.

»Ah, das ist ja nur der Anfang. Dahinter stehen die Kirchtürme neben den Kirchen, und die See steht höher als das Land, und wilde Entenschwärme streichen über die Wassergräben. Das ganze Marschland ist kreuz und quer mit Gräben, Schleusen, Flutgattern und Wasserläufen durchzogen. Du kannst sie rauschen und brausen hören, wenn die Flut in ihnen arbeitet, und von allen Seiten hörst Du das Donnern der See den ganzen Deich entlang. Hast Du gesehen, wie flach die Marsch ist? Du glaubst vielleicht, nichts sei leichter, als sie von einem Ende bis zum anderen zu durchqueren? Beileibe nicht, die Gräben und Kanäle schieben die Wege so hin und her und rund herum wie Hexengarn auf der Spindel. Am hellen lichten Tage verläuft man sich, daß man nicht mehr aus noch ein weiß!«

»So ist's erst, seit sie die Wasser in den Kanälen und Gräben gefangen haben«, sagte Hobden. »Als ich mein Weib heiratete, war die Marsch grün. Oh, wie herrlich grün war damals alles, und frei wie der Nebel ritt damals noch der Deichvogt auf der Marsch hin und her.«

»Wer war das?« fragte Dan.

»Wer! Nun, das Marschfieber. Auch mich hat's einmal oder zweimal auf die Schulter geklopft, bis ich gründlich klapperte. Jetzt haben sie das Land trocken gelegt und dem Fiebervogt den Garaus gemacht. Daher heißt es im Scherz, der Deichvogt habe sich in einem Graben das Genick gebrochen. Und was für ein wundervolles Land für Bienen und Enten ist nicht die Marsch!«

So erzählt Rudyard Kipling in seinem herrlichen Marschmärchen ›Puck vom Buchsberg‹. Und mit diesen wenigen Sätzen ist eigentlich schon die ganze Geschichte der *Marschen* – Walland Marsh, Denge Marsh und Romney Marsh – berichtet. Jahrhundertelang waren sie dem Menschen mit ihrem unnatürlich tiefen Grün der Wiesen und den Nebeln und Fiebern, die über ihnen lauerten, düster und gefährlich erschienen. Nöcke, Nymphen, Nixen, Nebelreiter und Nachtmahre hausten dort mit Irrlichtern, Wichten und Gnomen. In mondlosen Nächten zogen die Schmuggler in langen Zügen über die Marsch zu heimlichen Verstecken, und vor der Landspitze von *Dungeness* zerschellten wieder und wieder stolze Segler an tückischen Untiefen. Dungeness ist noch heute der romantischeste Teil der Marsch; wie ein Schiffskiel schiebt es sich weit ins Meer vor, auf seiner äußersten Spitze einen hohen Leuchtturm tragend, der die Schiffer schon seit den Tagen Königs Jakobs I. warnen soll. Heute ist hier auch der Standort der Rettungsboote, die dem Küstenschutz zur Verfügung stehen. *Lydd*, am Fuß der Halbinsel, hat einen Flughafen, und von Lydd-on-Sea starten die Luftkissenfähren nach Frankreich. In der Nähe von Lydd stehen auch Englands größte Atomkraftwerke, Dungeness A und Dungeness B; sie könnten, wie man voll Stolz behauptet, in Hinblick auf ihre Sicherheit genau so gut in London stehen. Hier wird seit 1969 zu einem vergleichsweise sehr günstigen Preis Atomstrom erzeugt. Die Engländer waren bei der Entwicklung und Errichtung von Atomkraftwerken Pioniere; ihre Anlagen wurden richtungweisend für Europa und USA.

Dungeness fällt nicht, wie die meisten englischen Vorgebirge, mit steilen Klippen zum Meer ab, seine Ufer senken sich vielmehr mit langen Kieselbänken und hellen Sandstränden allmählich zum Wasser hin. Das Gebiet steht unter Naturschutz, da hier einige seltene Vögel wie Seeschwalben und Steinbrachvögel nisten.

Wenn man von Rye eine Linie quer über den Fuß der Halbinsel zöge, stieße man am anderen Ende auf *New Romney*. Auch Romney ist einer jener Häfen, die einst zu den Cinque Ports gehörten und inzwischen völlig verlandet sind. Von seinen stattlichen Kirchen steht nur noch der normannische Bau von St. Nicholas, der im Decorated Style verändert wurde.

Romney schmiegt sich in die Tiefe der sichelförmigen St. Mary's Bay; ein wenig weiter nordöstlich bezeichnet der Weiler *Dymchurch* den Beginn eines Dammes, der seit den Tagen der Römer schon die Marschen schützte. Er zieht sich bis Hythe hin.

Hythe ist es nicht besser ergangen als Romney und Rye – auch hier hat sich das Land zwischen Hafen und Meer geschoben. Die Altstadt mit ihren buckligen Häusern wird überragt von der Kirche St. Leonard auf einem Hügel; wiederum ein normannischer Bau, aber diesmal im Stil der frühen Gotik umgebaut. Dreizehn Stufen führen vom Schiff zum Chor, unter dem sich ein alter Prozessionsweg hindurchzieht, der fälschlich Krypta genannt wird. Er dient als Beinhaus; woher die unzähligen Schädel und Gerippe stammen, die dort aufgestapelt sind, kann niemand sagen. – Der winzige Ort *Saltwood* ist nur historisch interessant. Seine normannische Burg stand im 12. Jahrhundert einen Augenblick lang im Mittelpunkt der Geschichte: Dort planten vier normannische Barone die Ermordung des Erzbischofs von Canterbury, Thomas Becket; von dort ritten sie im Winter 1170 aus, um ihr grausiges Werk zu vollbringen, die Herren Fitzure, de Tracy, de Moreville und le Bret. Wir werden im Dom von Canterbury wieder von ihnen hören. Die Burg verfiel, kam in Privatbesitz und wurde im vorigen Jahrhundert im viktorianischen Stil restauriert.

Wenn man sich die Marschen als Urlaubswandergebiet erwählt hat, bietet sich *Folkestone* als Standort an. Es ist ein gepflegter, eleganter Badeort mit herrlichem weißen Sandstrand, im Schutz seines East Cliff gelegen. Auf der langen Klippenpromenade, ›The Leas‹ genannt, kann man nach Hythe hinüberwandern; sie wird von weichen Rasen, seltenen Bäumen und verschwenderischen Blumenrabatten eingerahmt. An klaren Tagen sieht man am anderen Ufer des Ärmelkanals Frankreich liegen. Von der Promenade führen gewundene Pfade zur Strandstraße hinab, an der man alle Arten von Vergnügungen und Abwechslung findet. Westlich des Ostkliffs breitet sich der Hafen aus, der seine einstige Bedeutung verloren hat, aber Fährlinien nach Boulogne, Ostende und Calais unterhält.

30

Durch das Weald: Smallhythe – Tenterden – Sissinghurst Tunbridge Wells – Penshurst Place – Haslemere

Der Turm sprang wie eine verzauberte rosige Fontäne in den Himmel – sie stiegen die 76 Stufen empor und standen oben auf dem Bleidach, lehnten ihre Ellbogen auf die Brüstung und sahen schweigend über die Felder, die Wälder, die Hopfengärten und den See unten in der Senke, von dem ein leiser Nebel aufstieg ...
Vita Sackville-West

Am Rande der Marschen fahren wir jetzt westwärts, bis wir die Stadt Tenterden erreichen; von dort geht es auf der Straße nach Rye in Südrichtung noch ein paar Kilometer weiter, bis wir auf das mittelalterliche Dorf *Smallhythe* stoßen. »Smallhythe wurde für ein oder zwei Wochen weltberühmt, als Ellen Terry dort starb«, schrieb ein Zeitgenosse, der Zeuge der letzten Wochen der großen englischen Schauspielerin war. Achtundzwanzig Jahre lang hatte die alternde Komödiantin in dem schönen Tudorhaus Smallhythe Place, das sie 1900 erwarb, ihre Sommer verbracht; im Juli 1928 kam sie nur noch zum Sterben heim. Sie hat, obwohl schwer krank, diese letzten strahlenden Frühsommertage in ihrem geliebten Haus in vollen Zügen genossen, und als sie sich zum Sterben niederlegte, drang diese Nachricht auf Windesflügeln durch die Welt. Unter den ersten Telegrammen, die eintrafen, um sich nach ihrem Befinden zu erkundigen, war das des Königs und der Königin. Für ein paar Tage schlug die Weltpresse in dem Dorf am Rande der Marsch ihr Hauptquartier auf. An dem Morgen, als sie hinüberging, wurde bekannt, daß sie sich alle Trauer verbeten hatte; und spontan befolgte die Nation ihren Wunsch. Sie lag, in Goldstoff gehüllt – dem Geschenk eines jungen Kollegen –, aufgebahrt unter Bergen bunter Sommerblumen: Von Nord und Süd, von West und Ost kamen sie, bis die Gärten von England vor Ellen Terrys Haus auf dem Rasen ausgebreitet zu sein schienen. Bei der Trauerfeier in der kleinen Kirche von Smallhythe, deren Boden man nach altem englischen Brauch mit wohlduftenden Kräutern bestreut hatte, kamen die Bauern mit Sensen und Sicheln vom Feld und gaben ihr ein wohl einmaliges Ehrengeleit, gefolgt von tausenden Verehrern aus aller Welt in lichten Sommerkleidern. Und nicht anders war es, als die kleine Silberurne mit ihrer Asche in St. Paul's von Covent Garden beigesetzt wurde, der Kirche der Londoner Schauspieler, und die Kollegen in eleganter Gesellschaftsrobe ihre Plätze einnahmen, um der Trauerrede ihres Sohnes Gordon Craig zu folgen. Noch heute ist die schwanengezierte Urne in ihrer Nische selten ohne Blumen: ›Ellen Terry. Actress. Born 1848. Died 1928.‹ steht in klaren Lettern darüber.

Das Fachwerkhaus in Smallhythe, der Hafen ihres Alters, ist heute umgewandelt in das Ellen Terry Memorial Museum. Hier kann man Einblick gewinnen in die Welt des englischen Theaters zwischen 1860 und 1920. Die Terry war nicht nur eine weltberühmte Darstellerin, sie stand auch zu vielen Großen der Bühne in enger Beziehung. In zweiter Ehe heiratete sie den Bühnenarchitekten Edwin Craig, später den ersten Ritter des englischen Theaters, Sir Henry Irving, und schließlich den jungen Darsteller James Carew. Sie war die Mutter Gordon Craigs, des Pioniers der modernen Bühnenkunst, und Edith Craigs, einer begabten Bühnenbildnerin. Sie war der Star der Dramatiker Shaw und Sir James Barrie und eng befreundet mit den großen Schauspielerdynastien jener Jahre, den Keans, den Kembles, den Bancrofts und Beerbohm-Trees; sie stand im Briefwechsel mit der Duse und der Bernhardt, zu ihren Bewunderern zählten Max Reinhardt und Agnes Sorma, Sardou und Coquelin, um nur einige Namen zu nennen.

Bald nach dem Kauf von Smallhythe Place – damals war sie zweiundfünfzig – schrieb sie in einem leicht entmutigten Brief an Shaw: *»Wenn ich nicht ein* WURM *wäre, würde ich meine Krankheit zum Vorwand nehmen und alle Fremden und alles Theater, Henry [Irving] und allen anderen Blödsinn hinter mir lassen und mich zurückziehen, um auf meinem Hof [Smallhythe Place] zu leben; aber allen Leuten bekommt es besser, wenn sie hart arbeiten, und ich weiß, er braucht mich mehr als je im Theater, so werde ich weitermachen.«* (7. November 1900). Sie machte weiter, aber 1903 stand sie im Drury Lane ein letztes Mal im ›Kaufmann von Venedig‹ neben Irving auf der Bühne, noch einmal als Portia. Dann endete ihre Beziehung zu ihm. Sie ging auf Tourneen; immer blieb sie heiter und bezaubernd. Noch 1926 tanzte sie am Heiligen Abend in einem weißen Pelzgewand für ihre Freunde, aus einer Laune heraus; sie lud damals schon seit Jahren die ›Armen und Alten‹ ihrer Profession zu ihrem Weihnachtstruthahn ein. Weihnachten 1927 war sie krank, aber im Frühling 1928 konnte sie mit ihrer Tochter und deren Freundin Christopher St. John nach Smallhythe fahren. Die St. John beschrieb diese letzte Heimkehr: *»Nachdem sie den Pfad hinaufgerollt* *worden war in das alte vertraute Wohnzimmer, das von dem Kupfergerät, welches sie in der Vergangenheit gesammelt hatte, glänzte, und an dem alten vertrauten Tisch saß, sagte sie stolz zu dem Arzt, der sie auf der Reise betreut hatte: ›Dies ist mein eigenes Haus, Doktor, gekauft von meinem eigenen Geld.‹ In diesem geliebten Haus ... fand sie ihre alte Heiterkeit wieder.«*

Wir fahren zurück nach *Tenterden*, einer typisch kentischen Stadt voll heller niedriger Häuser mit runden Erkerfenstern und heller Holzverkleidung, mit Ziegeldächern und bunt gelackten Türen. Die meisten Bauten stammen aus der georgianischen Zeit. In einer der hübschen alten Schenken, dem ›William Caxton‹, können wir ein leichtes Mahl einnehmen. Caxton war der Gutenberg Englands, und er soll hier 1422 geboren worden sein. St. Mildred's stattlicher Turm erlaubt einen weiten Ausblick über das Weald bis zum Ärmelkanal; die Kirche stammt aus dem 15. Jahrhundert, wurde jedoch oft umgebaut.

Wir nehmen jetzt die Straße über Biddenden und Sissinghurst nach Tunbridge Wells – eine der hübschesten Touren durch das Weald. In *Biddenden* sind uns die hellen Fassaden der alten Häuser entlang der Hauptstraße zugekehrt; sie wurden von flämischen Webern im 15. Jahrhundert errichtet, aber im 18. und 19. Jahrhundert stark verändert. Im Mittelalter wurden hier siamesische Zwillinge geboren, die ihr Vermögen nach ihrem Tode den Armen hinterließen; diese Stiftung ist noch heute in Kraft: An jedem Ostermontag empfangen die Bedürftigen des Ortes im alten Arbeitshaus Brot und Käse.

Sissinghurst war vom frühen Mittelalter bis ins 16. Jahrhundert eine reiche Weberstadt, wovon noch einige ansehnliche Weberhäuser berichten, die die breite Hauptstraße säumen. Sissinghurst Castle gehörte damals zu Knole; 1586 schenkte Königin Elisabeth I. die Burg und Ländereien ihrem Vetter Sir Thomas Sackville, dem 1. Earl of Dorset. Sein Schwiegervater, Sir John Baker, ein Staatsmann Heinrichs VIII., hatte die mittelalterliche Burg damals schon durch ein Herrenhaus im Tudorstil aus rosigem Backstein ersetzt, das von seinem Sohn Richard zum Teil eingerissen und durch einen noch prächtigeren Sitz ersetzt wurde; damals entstanden auch der schlanke freistehende Turm und das Priesterhäuschen im Park. Das folgende Jahrhundert sah den Ruin der Familie, und nach und nach verfiel Sissinghurst Castle, genutzt bald als Gefängnis, bald als Arbeitshaus und schließlich als Scheune. Der Park erstickte in Nesseln und Unkraut, als die Schriftstellerin Vita Sackville-West und ihr Mann Sir Harold Nicolson sich 1930 entschlossen, den Sitz zurückzuerwerben: Dreizehn Generationen trennten die Schriftstellerin von ihrem Ahn John Baker. Die Zukunft des Ehepaares war damals sehr unsicher, sie hatten kaum Vermögen und viele Schulden; Kauf und Wiederherstellung von Sissinghurst Castle verschlangen fast eine halbe Million. Aber sie hielten durch: Nach zwei Jahren Vorarbeit konnten sie einziehen; Vita hatte ihre Wohnräume im Turm, im Süd-Cottage waren ihrer beider Schlafzimmer und das Arbeitszimmer Sir Harolds untergebracht, die beiden Söhne lebten im Priesterhäuschen, wo man auch einen gemeinsamen Wohnraum und die Küche einrichtete. Auf Gästezimmer verzichtete das Paar bewußt, um sich vor allzu häufigen Wochenendüberfällen ihrer vielen Bekannten zu schützen. Sie stürzten sich in das Abenteuer ihres Gartens. Sie wünschten sich einen eher barocken Park mit langen, auf reizvolle Punkte zuführenden Alleen, der dabei aber einen betont privaten Charakter haben und in seinen umheckten oder ummauerten Teilen auch dem Geheimnisvollen Raum gewähren sollte. Vor allem wollten sie einen echten Englischen Garten mit einem Überschwang an Bäumen und Blüten. Rosen- und Kräutergarten, Frühlingsgarten und die mit Tausendschönchen bestickten Rasen, vor allem aber der erst nach dem Krieg entstandene Weiße Garten, in dem nur silbrige Sträucher und weißblühende Pflanzen wachsen, ziehen alljährlich fast hunderttausend Bewunderer an. Damit ist leider auch verlorengegangen, was Vita so liebevoll beschrieb: *»Der warme goldene Sonnenschein verklärt den alten Backstein mit einer Art Patina und läßt den Turm einen langen Schatten in das Gras werfen, wie der Zeiger einer gigantischen Sonnenuhr, weiterwandernd mit der Sonne. Jedes Ding war gedämpft, trunken, still, bis auf das Gurren der weißen Tauben, die beieinander auf dem Dach saßen.«* Der Turm mit Vita Sackville-Wests Arbeitszimmer und der Garten werden heute vom National Trust sorgfältig betreut.

Royal Tunbridge Wells, unser nächstes Ziel, gehörte zu den eleganten Bädern des 18. Jahrhunderts wie Bath und Brighton; im Gegensatz zu diesen hat es sich seine ursprüngliche Lieblichkeit erhalten können. Lord North entdeckte 1606 die heilenden Quellen, und bald schon suchte der Hof hier Heilung und Erholung. Aber erst um die Jahrhundertmitte begann rege Bautätigkeit, die den Ort dann bis zum Beginn des 18. Jahrhunderts wirklich in ein ›fashionables‹

Bad verwandelte. 1735 kam Beau Nash von Bath hierher und leitete die Geschicke auch dieses Bades einige Jahre als Zeremonienmeister.

Die schönste Straße des Ortes sind die ›Pantiles‹, und ihre Geschichte ist wohl wert, berichtet zu werden. Prinzessin Anna Stuart, die spätere Königin, besuchte das Bad 1699 mit ihrem kleinen Sohn, dem Herzog von Gloucester; das Kind fiel auf einem Spaziergang und verletzte sich dabei. Die Stadtväter versprachen der erschrockenen Prinzessin, den Weg zu pflastern. Anna kam im folgenden Jahre zurück und fand, daß nichts geschehen war, um den Weg angenehmer zu gestalten; verärgert reiste sie sofort wieder ab. Jetzt besannen sich die Honoratioren reumütig auf ihre Pflicht und pflasterten die damals noch The Walk genannte Straße mit breiten Ziegeln oder Pantiles: das gab ihr den neuen Namen. Anna jedoch kam nie wieder.

Viele der schönen Häuser mit den Kolonnaden vor dem Erdgeschoß stammen aus spätgeorgianischer und frühviktorianischer Zeit. Ihre Fassaden werden von Erkern, Laternen, Schmiedeeisenschildern und Balkönchen, aber auch durch Weatherboarding belebt. Die Häuser stehen teilweise nur an der einen Seite, die andere lädt mit Bänken im Schatten hoher alter Linden zum Ausruhen ein. Das eisenhaltige Wasser der Brunnen von Tunbridge Wells beweist seine heilende Kraft bei Leber- und Magenleiden. Im 19. Jahrhundert hatte die Stadt noch einmal illustre Gäste: Damals lebte die Herzogin von Kent mit ihrer Tochter Viktoria längere Zeit im Claverley House, dem heutigen Claverley Hotel; Viktoria kam auch als Königin noch gerne nach Tunbridge Wells.

Etwas nördlich der Stadt liegt im Schatten einer normannischen Burgruine Tonbridge, das eines der ältesten und vornehmsten Internate im Lande beherbergt. Wir wollen jedoch in westlicher Richtung weiterfahren. Bald schon erhebt sich in einem grandiosen jakobinischen Park vor unseren Augen ein zinnengekröntes gotisches Schloß mit weitläufigen Gebäuden, *Penshurst Place*. Seine große Halle, 1340 von dem reichen Kaufherrn Sir John de Pulteney errichtet, gilt als ein Meisterwerk der englischen Zimmererkunst: Ihr großartiges hohes Dach wird gerne William Hurley, dem Zimmermeister des Königs, zugeschrieben. Es ist, ebenso wie der geziegelte Boden mit der fünfeckigen Feuerstelle in der Mitte des Raumes, praktisch unberührt auf uns gekommen; nur der hohe geschnitzte Schrein mit einer Spielmannsgalerie an einem Ende der Halle entstand etwa zweihundert Jahre später, fast gleichzeitig mit der Langen Galerie, von deren

Wänden uns die Gemälde der Sidneys mit lohfarbenem Haar und noblen, abweisenden Mienen anblicken. Die Krypta, heute Waffenkammer, mit ihren lastenden Gewölben ist noch älter als die Halle; die meisten anderen Gebäudeteile sind späteren Datums, aber der gotische Stil wurde zu allen Zeiten beibehalten. Die Staatsgemächer bergen reiche Schätze an Tafelsilber, Porzellan und Gemälden, entsprechend dem Rang ihrer Besitzer, der Familie Sidney. Eduard IV. hat das Schloß im 15. Jahrhundert William Sidney geschenkt; 1554 wurde hier Philip Sidney geboren, der Dichter und Held der Schlacht von Zutphen im niederländischen Freiheitskampf gegen Spanien. In der Kirche des Dorfes finden wir die Gräber vieler Sidneys, und noch immer ist das Schloß in ihrem Besitz: derzeitiger Eigentümer ist William Sidney, Viscount De L'Isle.

Bei der Weiterfahrt kommen wir durch die verwinkelte Stadt *Godalming* mit vielen mittelalterlichen Häusern. Im ›King's Arms‹ waren zwei Zaren zu Gast: 1689 ließ es sich Peter der Große dort den Berichten zufolge sehr wohl sein, und 1816 suchte Alexander I., Herrscher aller Reußen, das Gasthaus anläßlich der Friedensfeierlichkeiten nach Napoleons Sturz auf.

Haslemere, in einer lieblichen waldigen Hügellandschaft gelegen, gilt als Dichter- und Künstlerstädtchen. Sein ›Educational Museum‹ in der High Street wurde 1888 von dem Arzt Sir Jonathan Hutchinson gegründet, einem Sammler und Kindernarren; es wirkt wie ein reichbebildertes Realienbuch der spätviktorianischen Epoche. Seine Vogelsammlung wird nur durch das Bird Museum in Brighton übertroffen; fast alle Wissenschaftszweige sind anschaulich dargestellt, und auch über die für das Weald einst typischen Industrien, wie Eisenverhüttung und Glasbläserei, kann man sich unterrichten. Ebenfalls aus persönlichem Eifer ist ein zweites Museum hervorgegangen: die Musikinstrumenten-Sammlung der Familie Dolmetsch. Arnold Dolmetsch, ein Schweizer Musikwissenschaftler und Instrumentenmacher, hat sich 1916 in Haslemere niedergelassen und sich auf den Nachbau alter Musikinstrumente spezialisiert. Heute werden in der kleinen, noch immer im Familienbesitz befindlichen Fabrik zwar auch Plattenspieler hergestellt, doch das Hauptinteresse gilt noch immer klingenden Kostbarkeiten wie Spinetten, Lauten, Harfen, Geigen und Gamben. Fremde dürfen den Instrumentenmachern (nach Anmeldung) bei ihrer Arbeit über die Schulter sehen. Die Familie hat auch die Festspiele alter Musik in Haslemere initiiert, die jetzt alljährlich stattfinden.

Am Rande des Ortes, etwa drei Kilometer außerhalb, liegt am Hang des Hügels Blackdown *Aldworth*, der Alterssitz von Lord Tennyson, 1869 gebaut. Als er hier 1892 starb, war er der unumstrittene Sänger seiner Epoche:

Es war die Zeit, wenn die Lilien blühn,
Und die Wolken am höchsten am Himmel gehn.

31

In den Northdowns: Guildford–Dorking–Westerham Chartwell–Sevenoaks–Hever Castle

... so grün wie auf einem kolorierten Sportstich.
Henry James, English Hours, 1905

Guildford, die Hauptstadt Surreys am malerischen River Wey, ist eine Stadt mit langer Vergangenheit und vielen modernen Bauten. Da ist die zwischen 1936 und 1961 am Stag Hill errichtete ›Cathedral of the Holy Spirit‹, ein feiner neugotischer Ziegelbau mit Kupferdach und einer interessanten Betondecke, deren Stuck ausschließlich akustische Funktion hat. Sie wurde von Sir Edward Maufe entworfen, und Spenden und Geschenke aus ganz England haben ihren Bau ermöglicht. Guildford wurde nämlich erst 1927 Bischofssitz, bis dahin gehörte es zur Diözese Winchester. Bemerkenswert, daß die Heilig Geist-Kathedrale der erste Dombau in Südengland seit den Tagen der Reformation ist.

Ebenfalls am Stag Hill, an dessen Nordhang, liegt die junge Universität von Surrey, die ihre Gründungsurkunde 1966 von Königin Elisabeth II. erhielt.

Schönster moderner Bau, und sicher einer der elegantesten Theaterbauten in England überhaupt, ist das Yvonne Arnaud Theatre am River Wey, ein klar gegliederter Rundbau aus Glas und Beton von klassischer Schlichtheit, ganz in die liebliche Flußlandschaft eingepaßt. Es wurde zu Ehren der 1958 verstorbenen Schauspielerin Yvonne Arnaud errichtet.

Von der Vergangenheit der Stadt berichtet die Guildhall von 1683, ein etwas verrückter Bau mit holzgetäfeltem Erdgeschoß, einem ausladenden Balkon vor dem streng klassizistischen Obergeschoß mit drei hohen Fenstern und darüber einem achteckigen, kuppelgeschmückten Glockentürmchen, in dem eine große vergoldete Glocke von 1683 sichtbar ist.

Vom Castle Hill grüßt die Ruine des normannischen Burgfrieds. Von den ursprünglich angelsächsischen Befestigungen hat sich so gut wie nichts erhalten, aber am Fuße des Castle Hill steht ein alter Torbau, der Norman Arch. Darin hat man das Guildford Museum eingerichtet, ein Heimatmuseum, das wegen seiner Sammlung von Erinnerungen an Charles Ludwig Dodgson sehenswert ist. Der Mathematikprofessor aus Oxford, besser bekannt unter seinem Dichternamen Lewis Carroll, ist der Erfinder des Märchenwesens Alice im Wunderland. Dodgson lebte gerne bei seinen unverheirateten Schwestern in deren kleinem Haus ›The Chestnuts‹, nicht weit vom Museum entfernt. Er war ein Sonderling und Spinner – ein scheuer, stotternder, furchtbar gehemmter Mann, der nur auftaute, wenn er kleinen Mädchen – kleine Jungen haßte er – seine abstrusen Märchen, seine Nonsense-Geschichten und mathematischen Logeleien erzählen konnte. In einem seiner späten Briefe schrieb er einmal (1887): *»Natürlich gibt es letzten Endes nicht viel Gemeinsames zwischen dem Gemüt eines alten Mannes und dem eines Kindes, doch was möglich ist, das ist süß – und heilsam, glaube ich.«*

Von Haslemere führte die Straße nach Guildford in nördlicher Richtung; jetzt halten wir uns östlich. Der nächste größere Ort ist das freundliche Marktstädtchen *Dorking* am Box Hill, an dessen Hang 1867 George Meredith für sich und seine kleine Familie – seine zweite Frau, die junge Hugenottin Maria Vulliamy, und die beiden Kinder, die sie ihm geboren hatte – das Landhaus ›Flint Cottage‹ baute. In diesem grün umsponnenen Haus, in dem er bis zu seinem Tode sehr glücklich war, hat er seine wichtigsten Bücher geschrieben, die späten Romane ›Beauchamp's Karriere‹, sein Meisterwerk ›Der Egoist‹, die Lassalle-Erzählung ›Die tragischen Komödianten‹ und ›Diana am Kreuzweg‹.

Meredith, der in erster Ehe mit der Tochter des Dichters Thomas Peacock verheiratet gewesen war und zeitweise den Präraffaeliten Rossetti und Swinburne sehr nahe gestanden hatte, war bis zum Bau von Flint Cottage mehr oder minder unstet durch die Welt zigeunert. Schon als junger Mann erregte er mit seiner Naturlyrik und seinen ersten Romanen Aufsehen; in einer Periode verhältnismäßiger Ruhe schrieb er in den frühen sechziger Jahren in einem einsamen Haus in Surrey, dem ›Copsham Cottage‹, seine ›Gedichte am Wegrand‹ und mehrere kleinere Romane und Novellen. Aber zu seinem eigenen

Stil sublimster Charakterzeichnung, eindringlicher psychologischer Durchleuchtung seiner Gestalten, gemischt mit funkelnder Ironie und einem zarten Humor, gelangte er erst in den letzten Werken. Das beherrschende Thema dieser Romane ist die Emanzipation der Geschlechter; die Handlung ist dabei auf ein Minimum beschränkt. Er reißt seinen Helden keine Maske vom Gesicht; er erlaubt ihnen vielmehr, sie mit unsicher tastenden Fingern selber zu lösen. »*Ach, Männer, Männer*«, hadert die Heldin Clara im ›Egoisten‹ in komischer Erregung mit sich selbst. »*Sie waren ihr ein Rätsel, sie konnte sie nicht verstehen. Ihre Motive, ihr Geschmack, ihre Eitelkeit, ihre Tyrannei, und der Domino, den sie ihre Eitelkeit umhängten, und die Nacktheit ihrer Tyrannei reizten alles Weibliche in ihr zum Widerspruch gegen diese brutale Gewalt. Ein sehr deutliches Gefühl, daß man auch ihr mit Recht Vorwürfe machen könnte, verminderte nicht ihre Empörungslust. Sie hatte nur eine Antwort: ›Alles andere, nur nicht ihn heiraten!‹*« Das waren ungewohnte Töne in der geordneten viktorianischen Welt. Merediths Figuren werden sich ihrer selbst nicht in plötzlichen Erleuchtungen bewußt, sondern in einem langen Prozeß intensiver innerer Auseinandersetzung. Meist spielt sich alles in einer noch idyllischen Welt ab, gar nicht so verschieden von der Jane Austens. Nur die Menschen reagieren jetzt anders auf den gesellschaftlichen und landschaftlichen Hintergrund: »*›Gefällt Ihnen diese Aussicht? Es ist mein Lieblingsblick.‹ Clara blickte auf eine wogende Fülle von Laub, Wald und Wasser, einen Kirchturm, eine Stadt und einen Hügel am Horizont. Dort sang eine Lerche. ›Nicht einmal der Vogel fliegt fort!‹, sagte sie, und meinte damit, daß sie sich nicht für einen Vogel erwärmen könnte, der damit zufrieden war, hier nur immer auf und ab zu steigen ...*«

Man hat Meredith mit Sterne verglichen, aber auch mit Jean Paul, und seine zeitgenössischen Kollegen sahen in ihm einen der größten Meister der englischen Sprache, so Oscar Wilde und R. L. Stevenson. Frank Harris hat ein Bild des greisen Dichters – der an seinem achtzigsten Geburtstag den ihm angebotenen Adel ausschlug – gezeichnet: »*Eine höchst edle und begeisternde Persönlichkeit; vielleicht der umfassendste und tiefste Geist, der in England seit Shakespeare geboren wurde. Ich war betroffen von der griechischen Schönheit seines von welligem Silberhaar umrahmten Gesichts.*« Meredith starb sehr friedvoll in der Frühe eines englischen Maimorgens im Kreise seiner Kinder. Er wurde an der Seite seiner Frau beigesetzt in dieser Landschaft, die er so geliebt hatte, dem grünen

Hügelland mit umbuschten Wegen unter ziehenden Wolken, über das Tag und Nacht der Südwest streift.

Auf dem Boxhill stand einst eine Buche, und unter ihr war eine Höhle, wie uns Defoe berichtet: »*Und hierher kamen jeden Sonntag während der Sommerszeit Kutschen und Reiter und gaben sich ein Rendezvous, zahlreiche Herren und Damen aus Epsom, die Luft schnappen und in den Buchenwäldern lustwandeln wollten oder sich, in einem Wort, ihren Zerstreuungen oder Ausschweifungen, oder auch beidem, wie es ihnen einfiel, hingaben. Und dies Treiben nahm solchen Umfang an, daß es plötzlich im ganzen Lande zu einem Ärgernis wurde.*« Ein Gastwirt schätzte die Situation richtig ein und stattete die Höhle – mit Erlaubnis des Landeigners, Sir Adam Brown, – mit Sesseln und Tischen und ›*etc.*‹ aus, sowie mit Wein und den Damen angenehmen Speisen. Das erhöhte natürlich den Reiz des Ortes, und bald glich er an Sonntagen einem kleinen Jahrmarkt. Das dauerte ein paar Jahre an, bis einige beherzte Männer aus Dorking die Lasterhöhle eines schönen Wochentages einfach in die Luft sprengten. »*Diese Tat setzte ihren Schwelgereien und Lustbarkeiten ein Ende*«, konstatiert Defoe lakonisch. Überflüssig zu erwähnen, daß man vom Gipfel des Boxhill einen zauberhaften Blick bis zu den Southdowns und über ganz Kent genießen kann. In dem Tal zu Füßen des Hügels wurden früher so viele Walderdbeeren gefunden, daß man sie in Pferdewagen zu Markte fuhr.

Nicht weit von hier liegt *Epsom*, ein Bad wie Tunbridge Wells, aber mit dem Unterschied, daß »*nämlich die Höflinge und der Adel nach Tunbridge gehen, die Kaufleute aber und die reichen Bürger nach Epsom ... aber auch dort gibt es Gesellschaften, Heiterkeit und gute Manieren, und gute Gesellschaft auch unter ihnen*« (Defoe). Damals muß, nach dem Zeugnis des Dichters, Epsom einem großen Park geglichen haben, und auch heute noch ist es ein sehr angenehmer kleiner Ort. Epsoms eigentliche Attraktion aber sind nicht die Brunnen, sondern ist seine herrliche natürliche Rennstrecke, die Epsom Downs, auf der alljährlich zwei der größten Rennen der Welt ausgetragen werden, das Derby und das Oaks. Pferderennen veranstaltete hier schon Jakob I., der gerne in der Nähe in seinem Palast Nonsuch residierte. Erst im frühen 18. Jahrhundert fanden regelmäßig Rennen statt, und 1779 und 1780 wurden dann von Lord Stanley, dem 12. Earl of Derby, die beiden weltberühmten Rennen gegründet; das eine wurde nach ihm, das andere nach seinem nahen

Landsitz Oaks benannt. Sie finden alljährlich am Mittwoch und Freitag der letzten Mai- oder ersten Juniwoche statt und dürfen als Englands größtes Volksfest gelten. Denn die Renntage sind nicht, wie uns Wochenschauausschnitte immer wieder glauben machen möchten, nur ein Vergnügen der Hocharistokratie in Cut und Zylinder, in Robe und großem Hut: Es sind wirklich und wahrhaftig Volksfeste, zu denen Tausende mit Sack und Pack, Kind und Kegel strömen, um auf den umliegenden Wiesen zu kampieren und zu picknicken und den letzten Pfennig zu verwetten – denn wer wettet so gern wie ein Cockney? Auch Schausteller und Jahrmarktsleute finden sich ein, um denen, die nicht in den Logen der Hautevolee sitzen, die Zeit zwischen den Rennen mit allerlei Allotria zu vertreiben. Die Frühlingsrennen – das Metropolitan, das City und das Suburban – zeigen die enge Verbundenheit zwischen Epsom und der Hauptstadt; Epsom ist heute eingemeindet in Greater London. In der ganzen näheren und weiteren Umgebung von Epsom wimmelt es von Landhäusern, Herrensitzen, Schlössern und berühmten Reitställen der Londoner, die meisten sind noch immer in Privatbesitz. Zwei Dichter haben uns Beschreibungen der Rennen hinterlassen. Zuerst Defoe, der unbestechliche Beobachter britischen Lebens: »*Zu den Banstead Downs* [das Renngebiet, heute meist Epsom Downs genannt] *braucht weiter nichts gesagt zu werden, als daß sie so angenehm nahe bei London gelegen sind, umgeben von den freundlichsten Dörfern und in sich selbst so vollkommen angenehm, der Boden weich, sanft, eben und trocken (sogar nach einem Regen bald wieder), daß sich hier alles verbündet, den höchst erfreulichen Fleck Erde dieser Art in ganz Britannien abzugeben. – Wenn er an den öffentlichen Renntagen mit Kutschen und Damen übersät ist und von einer unzähligen Menge von adeligen und bürgerlichen Reitern, die die Rennen verfolgen und zur Schönheit des Anblicks beitragen, wenn die Rennpferde über die Bahn fliegen, als ob sie den Boden gar nicht berührten oder ihn in ihrem Galopp nicht fühlten, dann, glaube ich, könnte kein Anblick, es sei denn der einer siegreichen Armee unter dem Kommando eines protestantischen britischen Königs, sie übertreffen!*«

Weniger enthusiastisch äußerte sich Henry James, aber auch ihn begeisterte die Stimmung von Merry Old England und die natürliche Schönheit des Ortes. »*Die Rennbahn von Epsom ist in sich selbst sehr reizend, sie ordnete sich in sympathischer Voraussicht der Sportleidenschaft selber an. Sie gleicht dem Krater eines Vulkans ohne Berg. Der äußere Rand ist die eigentliche Bahn; der Raum dazwischen bildet eine weite, flache, grasige Mulde, in der die Wagen auffahren und die Tiere herumgeführt werden und wo sich der größere Teil der Menge – die Reiter, die Wetter und zahllose Herumlungerer – versammelt. Der äußerste Saum des aufgebogenen Randes wird von der großen Tribüne, der kleinen Tribüne und dem Sattelplatz eingenommen. Der Tag war ungewöhnlich schön, der liebliche Himmel über und über gepunktet mit kleinen, müßigen, bummelnden, verantwortungslosen Wolken; die Epsom Downs streckten sich schwellend aus, so grün wie auf einem kolorierten Sportstich, und die bewaldeten Hügel in der Ferne wirkten so unschuldig und glichen so sehr einer Pastorale, als hätten sie noch nie einen Polizisten oder einen Rowdy gesehen. Die Menge, die sich über die ungeheure Fläche ausbreitete, war eine vollkommene Darstellung losgelösten menschlichen Lebens.«*

Aber die Rennen selbst? Hören wir noch einmal James. Er meint, entweder sieht man ohnehin nichts, weil man keinen guten Platz hat, oder man kann sehen und findet dann, die ganze Geschichte sei den Anblick nicht wert. Die Qualität des Rennens mag groß sein – aber es dauert halt nicht lange genug: *»Zuerst tänzeln und galoppieren die Pferde und ihre Jockeys über die Bahn an den Start, so unkörperlich wie Sonnenstrahlen in einem Sieb. Dann kommt eine lange Wartepause, und von den sechzigtausend Anwesenden (meine Zahlen sind imaginär) erklären dreißigtausend entschlossen, sie seien gestartet, und die anderen dreißigtausend ebenso entschieden, sie seien noch am Start. Dann sind plötzlich alle sechzigtausend von schöner Einmütigkeit erfüllt beim Anblick eines Dutzends von Köpfen kleiner Jockeys, die an einem sehr entfernten Horizont vorübersausen. In kürzerer Zeit, als ich es beschreiben kann, sind sie da, und für einen Augenblick ist es alles andere als schön. Ein Dutzend wild kreiselnder Arme – rosa, grün, orange, scharlach, weiß – peitschen ein auf die Flanken gleichvieler schäumender Stuten, ein Blick darauf – und das Schauspiel ist vorbei. Doch das Rennschauspiel ist nur ein winzigkleiner Aspekt für den eigentlichen Anlaß von Epsom und das Interesse am Derby. Die feineren Regungen sind der Frage, ob man Geld aus der Geschichte herausholen wird, gewidmet.«* Das klingt reichlich ironisch, aber die Wettleidenschaft der englischen, insbesondere der Londoner Bevölkerung, ist wirklich sprichwörtlich.

Wir fahren durch Reigate, eine hübsche alte Stadt, weiter nach *Westerham*, der Geburtsstadt von General James Wolfe. Wolfe verlebte seine ersten zwölf Lebensjahre in ›Quebec House‹, das ihm zu Ehren den Namen seines Siegesortes erhielt. Es ist ein schlichtes, fast quadratisches Haus mit je drei spitzen Giebeln an jeder Seite, was seine Herkunft aus dem 16. Jahrhundert verrät, wurde aber im 17. Jahrhundert stark umgebaut. Der National Trust hat ein Wolfe-Museum daraus gemacht. Der General schlug in der Schlacht bei Quebec 1759 die französischen Truppen entscheidend, bezahlte diesen Sieg aber mit seinem Leben. Eine Bronzestatue, die ihn auf sein Schwert gestützt zeigt, steht am Eingang des kleinen Dorfangers von Westerham, der von schönen alten Häusern – darunter zwei ehemalige Postkutschen-Gasthöfe – umringt ist. Ein anderes Landhaus in Westerham, ›Squerryes Court‹, birgt ebenfalls Erinnerungen an Wolfe, es gehört der Familie Warde, mit der die Wolfes befreundet waren. 1681 erbaut, ist es ein Beispiel für die Epoche Wilhelms III. und Marias: ein schlichtes Walmdach-Ziegelhaus mit einem klassischen Dreieckgiebel über dem nur leicht vortretenden Mittelrisaliten. Es ist einen Besuch wert wegen seiner Sammlung niederländischer Gemälde und Tapisserien.

Unser nächstes Ziel ist Chartwell, Churchills geliebtes Sanssouci, wie er selbst es nannte.

Chartwell liegt etwa vier Kilometer südlich von Westerham. Churchill lebte hier von 1925 bis zu seinem Tode 1965 so oft es ihm seine Geschäfte erlaubten. Zwei seiner Kinder wurden in der kleinen Pfarrkirche von Westerham (13. bis 15. Jahrhundert) getauft, über dem einfachen Taufstein aus dem 14. Jahrhundert, wo auch schon General Wolfe dieses Sakrament empfing. Das Erinnerungsfenster für Wolfe hat Burne-Jones, einer der englischen Präraffaeliten, entworfen. Chartwell ist ein massiges, schlecht gegliedertes, vielgiebeliges, aber dabei sehr strenges Backsteinhaus mit der üblichen Galerie von Schornsteinen auf dem schiefen Ziegeldach, oder den vielerlei Ziegeldächern, um genau zu sein. Ein umrankter Altan, ein mageres Spalier an einer Seite, ein klassizistisches Portal mit ›Flushwork‹ setzen pittoreske Akzente. Aber niemand, der sich dem Hause nähert, wird viel von dem blaßroten Gemäuer wahrnehmen: alles Interesse wird gefangen durch den unbeschreiblich schönen Park, den Churchill, wie er gerne voll Stolz erzählte, weitgehend allein angelegt und eigenhändig mitgepflegt hat. Es ist einer jener englischen Parks, die sich irgendwo in der Landschaft zu verlieren scheinen, sich mit ihr vereinigen, ihre Bewegungen aufnehmen und betonen, hier durch eine Baumgruppe, dort durch einen blühenden Strauch und unten im Tal durch einen romantischen künstlichen Fluß, der in Chartwell in ein großes Schwimmbecken und mehrere Fischteiche mündet. Aus dem Fluß ragt sogar ein baumbestandenes Inselchen auf, das man über eine zierliche Brücke erreichen kann, um im Schatten der Zweige auf weißgestrichener Bank zu träumen. Auch Schwäne führen die Wässer in Chartwells Park, denn das Schwänefüttern gehörte zu den Lieblingsbeschäftigungen des Staatsmannes.

Wie der Park trägt auch das Innere des Hauses deutlich den Stempel seines Besitzers. Es wurde wieder und wieder umgebaut, anders eingerichtet, je nachdem wie Churchill die Räume gerade benötigte. Dennoch wirken die meisten Zimmer sehr schlicht und sehr bewohnt – nichts von der Eiseskälte, wie sie so manchen Palast durchweht, ist hier zu spüren. Das große Speisezimmer mit hohen französischen Fenstern, vor denen einfache dunkelgrüne Gardinen hängen, mit seinem großen runden Eßtisch, den weißgrünen Sesseln und dem mattenbedeckten Boden ist besonders ansprechend. Auch das von Churchill selbst eingerichtete Wohnzimmer wirkt ausgesprochen gemütlich mit einem blaugrundigen Riesenteppich, gelben und teefarbenen schweren Sesseln, lichten Wänden und hellgeblumten Vorhängen. Über dem Arbeitszimmer wölbt sich der offene Dachstuhl. Die Eichenbalken und getünchten Wände harmonieren mit den schönen Barockmöbeln. Außer dem Schreibtisch, auf dem noch heute Familienfotos und allerlei private Dinge stehen, findet sich in diesem Raum ein zweiter großer Tisch, der dem Aktenstudium vorbehalten war. Einst Schaltpult der englischen Politik, ist er heute beängstigend leer. Seiner Malleidenschaft frönte Churchill gerne in einer grünübersponnenen großen Gartenlaube; und im Rosengarten wachsen über hundert von ihm selbst gezüchtete Rosenarten, ein Steckenpferd, das er mit Konrad Adenauer teilte.

Churchill hatte den – damals völlig verwahrlosten – Landsitz 1922 im Vorüberfahren entdeckt und sofort ins Herz geschlossen. Hier ließ er seine Kinder aufwachsen, hier schrieb er seine Geschichtswerke, die ihm den Nobelpreis einbrachten, und hier saß er im Alter an einem versteckten Platz am Teich und sah seinen Goldfischen zu. Er hat einmal gesagt, für ihn verkörpere Chartwell England, und wer seinen Blick über das weite grüne Tal und die fernen Dörfer schweifen läßt, wird verstehen, was er meinte: Für den Engländer ist der Inbegriff seines Landes ja weder der Wirbel Londons noch die Schwermut der Moore und Heiden noch die wilde Romantik der Gebirgsseen: ›sweet England‹ – das ist die grüne, fruchtbare, kultivierte ›Countryside‹.

Durch Hügel und Tal geht es weiter auf schmalen Waldwegen nach *Sevenoaks*. Möglicherweise wurde der Ort schon in prähistorischen Zeiten besiedelt. Das Gemäuer der alten Pfarrkirche auf dem Hügel, um den sich die Altstadt drängt, zeigt angelsächsische Spuren; die Kirche wurde aber im 13. bis 15. Jahrhundert errichtet und im vorigen Jahrhundert restauriert, leider zu gründlich. Dem Hügel gegenüber sieht man das Tor zu dem in einem prächtigen Wildpark mit schönen alten Baumgruppen liegenden Knole. Eine der Baumgruppen wurde 1955 nach Sevenoaks verpflanzt, um dem Namen der Stadt wieder einen Sinn zu geben: Sevenoaks, Siebeneichen.

Knole ist ein uralter Herrensitz. 1465 wurde er von Erzbischof Thomas Bourchier erworben und zu einem der Paläste der Erzbischöfe von Canterbury ausgebaut. Erzbischof Cranmer überließ ihn später König Heinrich VIII., und dessen Erbin Elisabeth I. verpachtete ihn an ihren Vetter Sir Thomas Sackville, der ihn Anfang des 17. Jahrhunderts kaufte und phantasievoll umgestaltete und erweiterte. Die Porträts der Familie, die noch heute dort wohnt, obwohl der Besitz dem National Trust übertragen wurde, blicken aus ovalen Rahmen von einer Wand der Langen Galerie. Zu den Schätzen des weitläufigen Hauses gehören neben den Möbeln, Tapisserien und Teppichen der Staatsgemächer Tische, Spiegel, Waschgeschirr und kosmetische Utensilien aus getriebenem Silber. Im ›King's Bedroom‹, so genannt, weil er für Jakob I. hergerichtet worden war, außerdem Gemälde von Kneller, Hoppner, Reynolds und Gainsborough, sowie die Kopien der Kartons von Raffael in der mit rosenrotem Samt ausgeschlagenen Cartoon Gallery.

Etwas südlich liegt die gotische Burg *Hever Castle* aus dem 13. bis 15. Jahrhundert. Sie kam später in den Besitz der Boleyns, die in ihren Mauern ein schönes Tudorhaus errichteten. Sir Thomas Boleyn erbte den Besitz 1506. Seine Tochter Mary wurde eine Geliebte Königs Heinrichs VIII., ihre Schwester Anne, die zusammen mit ihrem Bruder George auf dem Schafott endete, seine zweite Gemahlin. Die Königin und ihr Bruder waren beide des Ehebruchs und einer inzestiösen Beziehung miteinander sowie des Verrats an der Person des Königs angeklagt. Für ihre Schuld sprechen ebensoviele Gründe wie für ihre Unschuld. Als sicher darf gelten, daß sie äußerst unvorsichtig waren, aber auch, daß ihr Fall dem Hochadel politisch sehr gelegen kam. Thomas Boleyn lebte nach dem düsteren Ende seiner Kinder allein und vergessen, ja gemieden auf der Burg weiter bis zu seinem Tode im Jahre 1538. Die Rehabilitierung seiner Tochter durch seine große Enkelin, Elisabeth I., hat er nicht mehr erlebt. Mit seinem Hinscheiden fiel Hever Castle an den König, und der überließ es 1540 seiner geschiedenen vierten Frau, Anna von Kleve. Nach Annas Tod kümmerte sich niemand mehr um den Besitz, der bald verfiel. Die Ruinen erwarb 1903 William Waldorf Astor, der spätere 1. Viscount Hever. Er ließ die Burg restaurieren, ein Dorf mit Häusern im Tudorstil errichten und einen hübschen Park mit einem künstlichen See, Rosengarten, Heckenwegen und einem Schachbrett aus gestutzten Eiben anlegen. Seine Nachkommen wohnen noch heute dort. Die jetzige Schloßherrin plant, in der Langen Galerie Spinnräder und einen Handwebstuhl aufzustellen, um die Wolle ihrer dekorativen Jacob-Schafe zu verarbeiten, die im Park grasen. Das Fleisch dieser Schafe ist schmackhafter und zarter als das anderer Arten, sie sind braun-schwarz gefleckt und liefern Wolle in drei Farben von sehr feiner, leichter Qualität. Vor allem aber bilden sie einen höchst ungewöhnlichen Anblick: Sie haben nicht nur zwei, sondern vier riesige Hörner, das eine Paar ist schneckenartig gedreht, das andere biegt sich in weitem Schwung auseinander. Jacob-Schafe, deren Herkunft umstritten ist, leben seit 1760 auf Hever Castle; insgesamt gibt es heute in England wieder hundertfünfzig Herden mit insgesamt etwa dreitausend der gefleckten, wolligen Hornträger.

32

Die Rebellen von Kent: Maidstone–Folkestone–Dover Sandwich–Ramsgate–Broadstairs

Als Adam pflügte, Eva spann,
Wo war da der Edelmann?
John Ball

John Ball has rungen your Bell!
Losung des Bauernaufstandes 1381

Maidstone, unser nächstes Ziel, liegt in der Mitte des Bogens, den die North Downs beschreiben. Sein Name ist abgeleitet von Medway's Town: Stadt am Flusse Medway; mit Mädchen oder Steinen hat er also nichts zu tun. Der Medway entspringt bei Forest Row, vereinigt sich auf seinem Weg mit einer Reihe anderer Flüsse und mündet in die Bucht von Rochester, indem er sich einen Weg durch die Downs bahnt. In seinem Wasser spiegeln sich in Maidstone malerische Bruchsteinbauten aus dem 14. Jahrhundert: der Bischofspalast, das ehemalige College, das heute eine Musikhochschule beherbergt, und die Pfarrkirche All Saints', die etwa fünfzig Jahre jünger ist als der Palast und mit ihrem machtvollen Eichendach, ihrer Weiträumigkeit und den Farbfenstern aus dem 18. Jahrhundert zu den schönsten in Kent gezählt werden kann. Der Palast diente den Erzbischöfen von Canterbury als Rastplatz auf ihren vielen Reisen zwischen London und Canterbury. Davon zeugen auch die mächtigen einstigen Stallgebäude auf der anderen Seite der Mill Street gegenüber dem Palast, die wohl ursprünglich aus einer Zehntscheuer hervorgegangen sind. In ihnen wurde das Tyrwhitt-Drake-Kutschenmuseum untergebracht, zu dessen Schätzen unter anderem eine zierliche russische Droschke gehört, die Zar Nikolaus 1850 Königin Viktoria geschenkt hat.

Das Stadtmuseum, in dem wir über den Hopfenanbau belehrt werden, Kents wichtigstes landwirtschaftliches Produkt, befindet sich im Chillington House in der Faith's Street. Es ist ein bescheidenes Tudorhaus mit streng gegliederten Fassaden, rechtwinklig um einen kleinen Hof angeordnet. Die leicht vortretenden Fenstererker, die sich jeweils über die ganze Front hinziehen, werden von kleinen Giebeln gekrönt. In diesem Haus sollen sich 1554 Verschwörer unter Sir Thomas Wyatt versammelt haben, um die Hochzeit zwischen Königin Maria mit dem Beinamen ›die Blutige‹ und Philipp II. von

Spanien zu verhindern. Thomas Wyatt war der Sohn des Dichters gleichen Namens, der hohe Ämter am Hof Heinrichs VIII. bekleidet hatte und mehrfach als Botschafter am Hof des Kaisers wirkte. Der Vater hatte ihn auf eine seiner Dienstreisen mit nach Spanien genommen: Eine heftige Abneigung gegen Spanien und die Inquisition war bei dem Jungen die Folge. Nach dem Tode des Vaters erbte er das Schloß Allington bei Maidstone; dort fand im Januar 1554 eine der vorbereitenden Versammlungen der Rebellen statt. Wenige Tage später schon war Rochester in Wyatts Hand, und nicht nur die kentischen Truppen, sondern auch die Londoner Entsatzmannschaften, die Rochester zurückerobern sollten, liefen zu ihm über. Er verlangte, daß man ihm den Tower übergeben und die Königin seinem Gewahrsam überantworten sollte. Diese Forderung war so überzogen, daß sich ein Teil seiner Anhänger von ihm abwandte. Als er vor London erschien, waren die Brücken verteidigungsbereit. Der Aufstand, mit dem er gerechnet hatte, erhob sich nicht. Seine Leute verliefen sich. Er mußte sich nach einem vergeblichen Versuch, in die Stadt einzudringen, ergeben, und wurde am 11. April hingerichtet. Auf dem Schafott gab er eine Erklärung ab, daß Prinzessin Elisabeth, die spätere Königin und Halbschwester Marias, nicht in die Ziele der Rebellen eingeweiht gewesen sei.

Der Wyatt-Aufstand ist nicht der einzige, der von Maidstone aus seinen Ausgang nahm. Im 14. Jahrhundert hatte sich durch die Pest die englische Bevölkerung in kurzer Zeit um die Hälfte vermindert. Der Schwarze Tod hatte dennoch eine gute Folge: Die menschliche Arbeitskraft war auf der Insel so knapp geworden, daß es den Leibeigenen in kurzer Zeit gelang, sich durch Freikauf und Landerwerb zu emanzipieren. Zwei neue Stände bildeten sich: der freie Bauer mit eigenem Landbesitz, der bezahlte Knechte anstellen konnte, und der landlose Feldarbeiter, der zwar gut verdiente, aber bei weitem nicht die gleichen gesellschaftlichen Rechte wie der Freibauer oder Yeoman besaß, Rechte, die eben an Besitz von Haus und Boden geknüpft waren. Diese drei Stände: der Edelmann, der Freibauer und der Landarbeiter, wie natürlich auch die verbliebenen Hörigen, gerieten ständig aneinander; bereits seit 1377 finden sich in den Parlamentsakten Berichte über örtliche Unruhen. Unterstützt wurden die um ihre Befreiung vom System der feudalen Dienstleistungen kämpfenden Bauern und Landlosen durch ihre Dorfpfarrer, die wiederum im Gegensatz zu den reichen Klöstern, der Beamtenschaft der Bischöfe und den Pächtern klerikaler Güter standen. Einer dieser unzufriedenen Priester war John Ball, der in seinen Predigten gewissermaßen die Idee Luthers von der Freiheit eines Christenmenschen vorwegnahm und gesellschaftliche Gleichheit und persönliche Freiheit propagierte. Er erhielt 1366 Predigtverbot: Sein Verlangen wurde als Häresie ausgelegt. Die nächsten Jahre verbrachte er häufiger im Gefängnis als in der Freiheit. 1381 lag er in Maidstone in Ketten.

In jenem Jahr war die allgemeine Unzufriedenheit durch ein neues korruptes Steuergesetz auf den Siedepunkt gestiegen. In Kent rotteten sich die unzufriedenen Bauern zusammen und wählten Wat Tyler zu ihrem Anführer. Ihre erste Tat war die Befreiung John Balls in Maidstone, und wie ein Lauffeuer verbreitete sich die Losung: »John Ball hat Euch die Glocke geschlagen«. In wenigen Tagen erhoben sich die Bauern in achtundzwanzig Grafschaften.

Wat Tyler führte seine Rebellen zuerst nach Canterbury, wo er den Palast des verhaßten Erzbischofs Sudbury schleifen ließ. Danach wandten sich die Rebellen über Maidstone nach London. Hier wie überall wurden zuerst die Gefangenen befreit. Dadurch belastete Wat sein an sich diszipliniertes Rebellenheer unseligerweise mit der gesamten Unterwelt des Landes.

Am nächsten Tag zeigte sich Richard II. bereit, mit Wat selbst zu unterhandeln. Möglicherweise spürte der Knabe gegenüber dem Volkshelden eine Art schwärmerische Verehrung, wie man es oft bei Jungen seines Alters – Richard war erst vierzehn – findet. Jedenfalls kamen König und Rebell schnell zu einem Einverständnis. Den Rebellen wurde Straffreiheit zugesichert, darüber hinaus die Aufhebung der Leibeigenschaft und solcher Gesetze, die Arbeit und Handel beschränkten, wie etwa die verhaßten ›Statutes of Labourers‹. Sein leicht errungener Triumph war Wat zu Kopf gestiegen. Während die Verträge von eilig herbeigerufenen Schreibern aufgezeichnet und vervielfältigt wurden, brach er mit einem Häuflein Getreuer – unter ihnen John Ball – in den Tower ein, nahm den Erzbischof gefangen und ließ ihn auf dem Tower-Hügel hinrichten. In der Nacht plünderten die Rebellen London. Am Morgen war die Stimmung der Bürger umgeschlagen zugunsten des Adels. Als Wat dem König in erneuten Verhandlungen unerfüllbare Bedingungen stellte, verlor der Bürgermeister von London, der zum Gefolge des Königs gehörte, die Geduld und erschlug Tyler mit einem Schwertstreich vor den Augen seiner Rebellen, unter denen eine unvorstellbare Verwirrung ausbrach. Sie wurden in wenigen Stunden zerstreut und aufgerieben. John Ball gelang die Flucht, aber im Sommer wurde er in Coventry entdeckt und in Anwesenheit Richards II. hingerichtet.

Trotz dieses bitteren Endes ist der Tyler-Aufstand von großer Bedeutung für die englische Geschichte gewesen. Er leitete die endgültige Aufhebung der Leibeigenschaft ein – die auf dem Kontinent in den meisten Ländern erst im vorigen Jahrhundert erfolgte. Diese frühzeitige Überwindung des Feudalsystems zeichnete den weiteren geschichtlichen Weg des Inselstaates vor.

Von Maidstone aus folgen wir der A 20. Bald hinter der Stadt finden wir westlich der Straße *Leeds Castle;* es wurde im 12. Jahrhundert von den Normannen als vieltürmige Burg errichtet; Heinrich VIII. ließ es zum Schloß ausbauen. Es war ein Lieblingsaufenthalt mehrerer englischer Königinnen und wird mit Recht als »Märchenschloß« bezeichnet; in seinen Räumen beherbergt es herrliche mittelalterliche Möbel und Tapisserien; aber auch eine Sammlung von Impressionisten. Der umgebende See spiegelt die vielerlei Türme und verwunschenen Gärten wieder. Auf der Weiterfahrt nach Folkestone fahren wir am Saum der sturmgeformten, grünen Northdowns entlang. Hier und da sieht man zwischen Hopfen- und Apfelgärten die lustigen Turmhüte der Hopfendarren aufragen, aber auch Hügel, die nur von Schafherden beweidet werden. Von Folkestone – das wir bereits zu Anfang des Kapitels besucht haben – nehmen wir die Küstenstraße nach Dover; es führt übrigens auch ein hübscher Fußwanderweg über die Downs hinüber.

Dover ist seit den Zeiten Caesars eines der ›Tore‹ Englands, und ein überaus stattliches dazu, mit seinen wunderbaren Kreideklippen, die über der mattschimmernden See aufragen. Über der Stadt thront die alte Burg, an der seit der Zeit der normannischen Eroberung unzählige Geschlechter gebaut haben, bis in die Zeit der Weltkriege hinein. Sie ist noch heute Feste und Garnison, aber die älteren Teile können besichtigt werden: die ehrwürdigen Küchen unter der Erde, von denen das Essen in Aufzügen durch Falltüren hinaufgelangte in die Mannschaftsräume und Säle, die große Halle und ein Saal voller alter Rüstungen, die Kanonenstellungen aus der Zeit, als man täglich die Invasionstruppen Bonnys vor der Küste erwartete. Die Kirche St. Mary-in-Castra ist ein angelsächsischer Bau über kreuzförmigem Grundriß, der dem Schicksal einer gründlichen Renovierung im vorigen Jahrhundert leider nicht entging. Daneben erhebt sich die Ruine des römischen Leuchtturms oder Pharos – er hat, Ironie der

Geschichte, in den folgenden Jahrhunderten St. Mary als Glockenturm gedient! Im vorigen Jahrhundert hat man einen mit Holz ausgebauten römischen Hafen in Dover ausgegraben, der zu den am besten erhaltenen Anlagen dieser Art in Großbritannien gehört. Auch Dover war einer der Cinque Ports. Die Stadt selbst ist nicht reizvoll, sie trägt allzu deutlich die Spuren ihrer kriegerischen Geschichte: aber niemand, der nicht alles vergäße beim Anblick der weißen Klippen, dem Wahrzeichen Albions.

Eine hübsche alte Stadt ist dagegen *Sandwich* – auch dieser einstige Hafen, Mitglied der Cinque Ports, ist seit langem versandet und vom Meer durch kilometerbreite Landstreifen abgeschnitten. Er ist noch heute umringt von den einstigen Befestigungswällen, wenn auch die Stadtmauern der Zeit zum Opfer fielen. Von den Wällen aus kann man das malerische Stadtpanorama mit seinen vielen Tudorhäusern und normannischen Kirchen gut genießen. Unter den Kirchen ragt St. Peter mit ihrem schönen, erdschweren normannischen Turm hervor. Auch zwei der mittelalterlichen Toranlagen sind erhalten, die Barbakane am Stour und das Fisher Gate, ebenfalls am Fluß gelegen. Ein schmucker rechteckiger Platz heißt noch heute ›Cattle Market‹, Rindermarkt, hier steht das Rathaus aus dem 16. Jahrhundert, das in einem seiner Räume ein kleines Stadtmuseum beherbergt.

Richborough Castle nördlich der Stadt ist die Ruine einer Römerburg. Sie hatte einst die Aufgabe, nicht nur den Hafen Rutupiae zu schützen, sondern auch die Römerstraße nach London und Chester, Watling Street genannt.

Als Sandwich verlandete, übernahm *Ramsgate* für eine Zeit seine Rolle; seit den Tagen Königin Viktorias ist es vor allem Badeort. Augustus Welby Pugin, der begeisterte Vorkämpfer eines gereinigten neugotischen Stils, lebte während seiner letzten Jahre hier und errichtete aus eigenen Mitteln neben seinem Haus die Kirche und Abtei St. Augustine, einen seiner schönsten Bauten. Die Pläne entstanden um 1846, Baubeginn war 1848, und geweiht wurde die Kirche in seinem Todesjahr 1851. Pugin war einer der ersten, der in seinen Schriften die Baugesetze des gotischen Stils erläuterte und darstellte. In seinem privaten Leben übertrieb er seine Leidenschaft für diesen Stil hemmungslos: Er aß von mittelalterlichem Geschirr, verlangte von seinen Frauen, daß sie mittelalterliche Kleider trugen, und trat schließlich zur katholischen Kirche über, und zwar nicht aus Glaubensgründen, sondern weil er es als eine Art Stilbruch empfand, in seiner gotischen Phantasiewelt als Anglikaner herumzulaufen. Dennoch hat der Sohn eines französischen Emigranten zum erneuten Verständnis der gotischen Architektur und Bautechnik entscheidend beigetragen.

Schöne Promenaden machen das Spazierengehen in Ramsgate zu einer Freude. Im Hafen – der sich im vorigen Jahrhundert vor allem auf den Rußlandhandel spezialisierte – liegt die ›Bounty‹, das berühmte Meutererschiff. Über Clifton Hill kann man nach Ebbsfleet wandern; dort landeten 449 Hengist und Horsa, die Sachsenfürsten; eine Nachahmung ihres Langbootes liegt am Strand nahe der Stelle, an der 48 Jahre später der heilige Augustin, Englands großer Missionar, mit vierzig Mönchen englischen Boden betrat.

Letzte Station auf diesem Ausflug ist *Broadstairs*. Hier begegnen wir noch einmal einem der Rebellen Kents, die für Arme und Unterdrückte kämpften: Er tat es allerdings nicht mehr mit dem Schwert, sondern mit Wort und Schrift: Charles Dickens. Es ist bekannt, daß Charles Dickens einer der größten englischen Romanciers war, daß seine Bücher schon zu seinen Lebzeiten Millionenauflagen erlebten, daß es ihm wieder und wieder gelang, die Menschen seiner Zeit zum Weinen und zum Lachen zu bringen mit seinen Käuzen wie den Pickwickiern, mit seinen unsterblichen Kinderhelden wie Oliver Twist oder Sohn und Tochter Dombeys, der kleinen Nell aus dem Raritätenladen oder David Copperfield: Es waren Kinder, die ganz England liebte, die es heute noch liebt, die alle irgendwann in jeder englischen Familie einmal zu Gast waren – auch dort, wo die Helden Shakespeares nie eingekehrt sind. Dickens war und ist der Dichter des Volkes, und er hat diesem Volk mehr gegeben als seine Helden: Er war einer der bedeutendsten Vorkämpfer für die Einführung der allgemeinen Volksschule, für Gefängnisreformen, für Neuerungen in den damals teilweise völlig verlotterten Internaten und Waisenheimen. Er legte immer wieder den Finger auf die Wunden der Gesellschaft, und er rackerte sich am Schreibtisch und am Rednerpult ab, um seine Ideen zu zündenden Funken zu machen. Dickens war zweifellos das Gewissen seiner Generation wie seiner Nation, und er hatte eine fast übermenschliche Macht, die Herzen zu bewegen.

Boz, wie er sich anfangs nannte, war ein Mann mit zweifelhaftem Hintergrund. Sein Vater hatte mehr als einmal mit dem Schuldgefängnis Bekanntschaft gemacht; seine Mutter bemühte sich verzweifelt, den Kindern eine heile Welt vorzugaukeln. Dickens konnte die Schule nicht beenden; er lernte Stenographie und hatte sich bald

III PHILIP JAMES DE LOUTHERBOURG
Coalbrookdale bei Nacht (Ausschnitt)
Öl auf Leinwand, 1801

Science Museum, London

einen Platz als Parlamentsstenograph erobert. Von da war es nur ein Schritt zum Journalismus – und mit dem ersten großen Erfolg, seinen ›Pickwickiern‹, konnte er es wagen, eine Familie zu gründen. Dickens hatte mit seiner Frau Kate zehn Kinder, und jedes Kind war für ihn ein neues Wunder. In seiner Familie gingen auch seine Geschwister und die seiner Frau auf; er unterstützte seinen verschwenderischen Vater nach Kräften und manchmal über seine Kräfte – er liebte Menschen. Er hatte, obwohl für sich selbst nicht besonders anspruchsvoll, eine sehr offene Hand für Freunde, für unschuldig in Not Geratene, bei jeder Art von Wohltätigkeit, ob es sich nun um Waisenkinder, Taubstummenschulen, gefallene Mädchen handelte: Wenn man ihn um Unterstützung bat, engagierte er sich sofort mit seiner ganzen, so begeisterungsfähigen Natur. Je älter seine Frau wurde, um so deutlicher wurde aller Welt – Dickens selbst zuletzt – daß sie unter Depressionen litt. Es dauerte lange, bis Dickens sich um der Kinder und seines Werkes willen zu einer Trennung entschloß. Kate war ein Fall, an dem er mit all seinem guten Willen, seiner Hilfsbereitschaft, seiner Geduld versagte.

Dickens wohnte in London mitten im Theaterviertel – das Theater war für ihn eine Lebensnotwendigkeit; seine Liebhaberaufführungen waren in England berühmt. Zu seinen besten Freunden zählten die großen Stars jener Jahre, allen voran die Macreadys. Den Sommer verbrachte er häufig mit Reisen, aber am liebsten in Broadstairs, und einige seiner besten Romane sind in dem strengen, zinnenumkränzten ›Bleak House‹ auf der Klippe entstanden – Bleak House, das auch einem seiner bedeutendsten Bücher den Titel lieh, in dem er die Praktiken des Court of Chancery, des englischen Kanzleigerichts, erbittert angriff. Bleak House kann während des Sommers besichtigt werden. Es enthält viele Erinnerungen an Boz, das wohl größte schöpferische Genie Englands neben Shakespeare.

33

Mord in der Kathedrale: Canterbury – Rochester Gravesend

Ihr geht nach Canterbury – möge Gott Euch lenken,
Der heilge Märtyrer Euch Gnade schenken!
Geoffrey Chaucer, The Canterbury Tales, 1385-1400

Canterbury

Canterbury ist Wiege und Mittelpunkt des christlichen England, Sitz des Primas der anglikanischen Hochkirche, Grablege unzähliger Erzbischöfe und Bischöfe, Könige und Heiliger. Ihren Adel erhielt die Kathedrale jedoch im zwölften Jahrhundert, als ihr Boden sich mit dem Blut des Erzbischofs Thomas Becket rötete, der hier für die Würde des Amtes, wie er sie verstand, den Märtyrertod starb. Die ungeheuerliche Kunde verbreitete sich eilig durch das ganze Abendland, und Canterbury, Pilgerort seit Jahrhunderten, wurde über Nacht zum Mittelpunkt der größten Wallfahrt des Spätmittelalters: der Wallfahrt zum Schrein des Thomas Becket, an dem Könige ihre Kronen niederlegten. Erasmus von Rotterdam schreibt noch, daß »der ganze Ort glitzerte und schimmerte von Gold und Diamanten«, und noch heute kann man sehen, wie die Steinstufen, die zur Kapelle der Heiligen Dreifaltigkeit führen, in der einst der Schrein stand, ausgehöhlt sind von den Knien betender Pilger. Heinrich VIII. befahl die Entfernung von Schrein und Altar des Heiligen; seitdem verrät nur noch eine Stelle im Boden, wo sein Sarg einst stand.

Thomas Becket war ein Londoner Weinhändlerssohn, Enkel jenes Pilgers Gilbert Becket, dem eine junge Sarazenin aus dem Heiligen Land, wo sie ihn befreit hatte, in seine Heimat gefolgt war, und die er in London als seine Frau heimgeführt hatte. Thomas wurde von Erzbischof Theobald gefördert, der ihn für den Staatsdienst vorbereitete und zum Dechanten Canterburys machte, womit ihm Verwaltung und Rechtsprechung des ganzen Erzbistums oblag. 1154 bestieg Heinrich II. Plantagenet den Thron, den er von seiner Mutter Mathilda ererbt hatte. Der achtzehnjährige König, der sich bald darauf mit Eleonore von Aquitanien vermählte, wie wir bereits hörten, beherrschte ein Reich, das sich von den Pyrenäen bis zur schottischen Grenze erstreckte, einen Vielvölkerstaat, den er mit eisernem Willen zu einem Ganzen zu schmieden versuchte. Theobald empfahl dem König Thomas Becket als Kanzler, und der König hatte seinen Entschluß nicht zu bereuen. Becket stand neben Heinrich als erster Mann im Staat, führte seine Geschäfte, regelte seine Finanzen, und ging dabei, wie schon Zeitgenossen bestätigten, mit viel Weisheit und Klugheit zu Werke. Heinrich II. bereiste sein Land mit rastloser Energie, und er führte das königliche Gericht ein, the King's Bench. Es gab nur eine Macht im Staat, die sich der Rechtsprechung der Krone zu entziehen suchte, und das war die Kirche. Um den ständigen Kleinkrieg mit dem Klerus zu beenden, ernannte der König seinen treuen Becket gegen dessen ausdrücklichen Wunsch 1162 zum Erzbischof: eine Entscheidung, die zur herbsten Enttäuschung seines an Enttäuschungen reichen Lebens werden sollte. Sie kostete ihn die Freundschaft Beckets, der nicht ›zween Herren‹ dienen wollte: Der Erzbischof schickte seinem König das Kanzlersiegel zurück, bevor er seine Weihen empfing, denn er sah sich außerstande, gleichzeitig die Ehre Heinrichs und die Ehre Gottes zu vertreten. Er mußte sich aus Gewissensgründen weigern, in seiner neuen Position als Erzbischof die Konstitutionen von Clarendon von 1164 anzuerkennen, die die königlichen Rechte bei der Einsetzung von Bischöfen und Äbten bestätigen und dem König erlauben sollten, kriminelle Verbrechen Geistlicher vor sein eigenes Gericht zu bringen und der kirchlichen Jurisdiktion zu entziehen – und doch hatte er selbst als Kanzler dem König zu diesen Konstitutionen geraten, ohne die an staatliche Souveränität überhaupt nicht zu denken war. Becket versuchte, sich dem grausamen Gewissenszwiespalt zu entziehen, indem er ins Exil ging. Er irrte zwischen Paris und Avignon herum und mußte jahrelang als einfacher Mönch in Pontigny und später in Sens leben. Im Frühling 1170 gelang es Ludwig VII. von Frankreich, die beiden stolzen Männer zu einem Gespräch zusammenzubringen. Beide blieben unbeugsam: Der König war nicht einmal bereit, dem Erzbischof den Friedenskuß zu geben. Aber diese Unterredung zeigte Becket, wo sein Platz war, trotz allem. Am 1. Dezember desselben Jahres kehrte er nach England zurück, und am Weihnachtstag exkommunizierte er diejenigen Bischöfe, die die Sache des Königs vertreten hatten, in Canterbury. Der König, der zum Fest in Frankreich weilte, war tief getroffen; in einem Anfall von Jähzorn schrie er, ob ihm denn niemand diesen Priester vom Halse schaffen wolle. Vier seiner Barone verstanden den Aufschrei als Befehl und brachen zu seiner Vollstrekkung auf. Boten, die ihnen Heinrich nachsandte, um sie an ihrem Vorhaben zu hindern, erreichten sie nicht mehr. Becket sank am 29. Dezember 1170, von ihren Schwertstreichen tödlich getroffen, in seiner Kathedrale zu Boden. Er hatte, obwohl er sich der Gefahr genau bewußt war, verboten, die Pforten des Domes zu schließen,

»da die Kirche Christi keine Festung ist«. Im Februar 1173 wurde der tote Erzbischof heilig gesprochen; ein Jahr darauf tat Heinrich an seinem Grabe furchtbare Buße, nachdem er den Aufstand seiner von der Mutter aufgestachelten Söhne, der seine letzten Jahre verdunkelte, niedergeschlagen hatte. Aber so bitter der Streit zwischen Thomas Becket und Heinrich Plantagenet für die einstigen Freunde selbst auch gewesen sein muß: Sein Ausgang ersparte England den Investiturstreit, an dem das Heilige Römische Reich zugrunde ging.

Zweihundert Jahre nach dem Mord in der Kathedrale, den Dichter und Künstler darzustellen nicht müde geworden sind, faßte Geoffrey Chaucer den Plan zu seinen ›Canterbury Tales‹. Er läßt darin eine Gruppe von Pilgern aller Stände, die sich auf dem Wege zum Schrein des heiligen Thomas befinden, einander Geschichten erzählen. Der Plan, 120 Vers- und Prosageschichten in die Rahmenhandlung einzufügen, erwies sich jedoch als zu gewaltig; nur vierundzwanzig Geschichten sind ausgeführt worden. Dennoch ist Chaucers Erzählwerk ein Kosmos mittelalterlichen Lebens geworden, steht es am Beginn einer eigenständigen englischen Literatur in englischer Sprache. Chaucers Leben liest sich wie ein Abenteuerroman: Der Londoner Bürgerssohn diente mehreren Königen als Diplomat und in höchsten Hofämtern. Er galt als Günstling des im Volk beliebten John of Gaunt, und dessen Sohn, König Heinrich IV., setzte dem Dichter im Alter eine Rente aus.

Wenden wir uns jetzt der Stadt zu. Canterbury ist eine Römergründung, und davon finden wir reichlich Spuren auf unserem Streifzug durch die Stadt: In der Butchery Lane nahe der Kathedrale ist im Keller eines Gemüseladens ein interessantes Museum, das nicht nur Römerfunde aus der Umgegend zeigt, sondern auch einige schöne Bodenmosaiken in situ. Römisch sind die Grundmauern des Berings der Stadt, römisch ist vor allem sein ehrwürdigstes Gotteshaus: *St. Martin*, ein schlichtes Kirchlein auf einem Hügel östlich der Stadt. Sein früher Ursprung wird nicht nur durch Beda, den Verfasser der ersten Geschichte Englands, bezeugt, sondern auch durch das unverkennbar römische Mauerwerk im Westen des engen Schiffes und zu beiden Seiten des Chores. Sein stumpfer grauer Turm stammt aus dem 14. Jahrhundert. Siebzehn Jahre lang hat hier die fränkische Prinzessin Bertha um die Bekehrung ihres Gemahls, des Königs Ethelbert von Kent, gebetet, bis ihr Wunsch erfüllt wurde. Zu seiner Taufe wurde der heilige Augustin nach England berufen, der dem

König im Jahre 597 in St. Martin das Sakrament erteilte. Das führte zu Massenbekehrungen im ganzen Süden der Insel; Ethelbert überließ dem Heiligen seinen Palast und siedelte mit seinem Hof nach Reculver über. Und damit begann die Geschichte Canterburys als Sitz des Primas von England. Die kleine Kirche wird heute noch, wie vielleicht schon seit achtzehnhundert oder siebzehnhundert Jahren, als Gotteshaus benutzt; sie gilt als älteste christliche Kirche Englands. Von ihrem Friedhof aus hat man einen herrlichen Blick auf die mittelalterliche Bischofsstadt im Kranz ihrer Mauern und Flußarme, Klöster und Pilgerherbergen, überragt vom Dreigestirn der wundervollen, lichten Türme der Kathedrale.

Wenn wir den Hügel verlassen, können wir unten in die Longport Street einbiegen. Dort liegen linker Hand einige niedrige Häuschen mit schnurrigen holländischen Giebeln, die *John and Anne Smith' Almshouses*, 1657 erbaut. Canterbury ist eine fromme Stadt, und auf welcher Seite man auch in die Stadt einzieht, immer werden am Weg alte oder neuere Pilgerherbergen, Hospize oder Almshouses – Stiftshäuser – liegen. Am Ende von Longport Street suchen wir zur Rechten die Monastery Street auf. An ihr liegen die Bauten des *St. Augustine's College*. Die Ruinen des einstigen Klosters schließen sich ihm im Osten an; es wurde vom heiligen Augustin gegründet und blieb während der nächsten Jahrhunderte Grablege der frühen heiligen Erzbischöfe und der Könige von Kent und dadurch bis ins 12. Jahrhundert Hauptziel der Canterbury-Pilger. In sächsischer Zeit wurden hier nacheinander drei Kirchen errichtet; die östlichste, St. Pancras, erhebt sich über einem früheren Heidentempel und zeigt an einer Seite eine noch fast vollständig erhaltene römische Mauer. Die beiden folgenden Kirchen wurden von den Normannen in einen neuen, größeren Bau einbezogen, der aber ebenfalls in Trümmer gesunken ist. Die Klosterbauten wurden seit der Reformationszeit von den Bürgern als Steinbruch betrachtet; kaum ein Haus steht in Canterbury, in dessen Mauerwerk nicht Steine einstiger mönchischer Bauten verarbeitet worden wären, wie Dickens in seinem Roman ›Das Geheimnis des Edwin Drood‹ schildert. *Christ Church Abbey* lag in unmittelbarer Nachbarschaft von St. Augustine's und erlitt das gleiche Schicksal; an sie erinnert nur noch der Name des heutigen anglikanischen Lehrerseminars, dessen schöne moderne Bauten in einem weiten Park liegen.

Wir stehen jetzt vor der machtvollen alten *Stadtmauer* mit ihren vielen Bastionen, die noch den ganzen Osten der Stadt in ihrem

Halbkreis umfangen hält. Das Osttor, *Burgate*, ist nicht mehr erhalten, von ihm erzählt nur noch der Name der Straße, durch die wir jetzt die Stadt betreten. Trotz einiger schöner alter Häuser aus dem 16. und 18. Jahrhundert ist nicht zu übersehen, daß der Zweite Weltkrieg auch dieser Stadt tiefe Wunden geschlagen hat. Eine reizvolle Ladengruppe im neu-georgianischen Stil mit hübschen Arkaden wurde nach dem Krieg mit Hilfe von Spenden aus Kanada durch das Domkapitel errichtet. Durch die *Butchery Lane*, in der wir das erwähnte römische Museum finden, gelangen wir linker Hand in die Hauptstraße, die die Stadt schnurgerade durchschneidet, aber leider alle hundert Meter ihren Namen ändert. Links zweigt von ihr die *St. Margaret's Street* ab, in der Shakespeares Vorläufer, Christopher Marlowe, geboren wurde, nach dem das Marlowe Theatre in derselben Straße benannt ist. Die St. Margaret's Church war einst Ratskirche; sie ist heute ein Gotteshaus für Taube.

Wieder in der Hauptstraße wollen wir in dem historischen Gasthof *Queen Elizabeth's Guestchamber* zu einem kleinen Imbiß einkehren, um in Muße die schöne Tudor-Stuckdecke in dem festlichen Raum zu betrachten, der einst die große Königin beherbergte.

Ein Paar Schritte weiter können wir links in die Stour Street einbiegen, wo wir durch einen alten Torweg an den Fluß Stour gelangen, der hier von Gärten eingefaßt ist. Er wird von der Ruine des Klosters der Grauen Mönche – *Greyfriars* – überspannt. Dieser Ort wirkt verwunschen und lädt zum Ausruhen ein. Auf der gleichen Seite der Hauptstraße finden wir das *Hospital of St. Thomas*, das bald nach dem Tode des Heiligen (1170) für kranke Pilger errichtet und mit dem hundert Jahre älteren *Eastbridge Hospital* vereinigt wurde. Die Pilger schliefen in den Kellergewölben und aßen im Refektorium, einem mächtigen Raum mit normannischen Arkaden und einem Fresko aus dem 13. Jahrhundert, das den thronenden Christus zeigt. Nach der Reformation wurde das Hospital Armenhaus, und noch heute wird hier allwöchentlich einer Gruppe von Bedürftigen im Anschluß an einen eigens für sie gehaltenen Gottesdienst eine kleine Rente aus dem alten Fonds überreicht.

Dem Hospital gegenüber liegt auf der anderen Seite der Straße, die hier den Stour überbrückt, eine bezaubernde Gruppe schwarzweißer Fachwerkhäuser, die sich mit vorspringenden Wänden sanft über den leicht geschlängelten Fluß neigen: *The Weavers*. Ihren Namen erhielten die Häuser, die im frühen 16. Jahrhundert erbaut wurden, von den hugenottischen Seidenwebern aus Frankreich und Flandern, die sich den Verfolgungen in ihrer Heimat durch die Flucht entzogen hatten und hier ihrem kunstvollen Handwerk nachgingen. In den oberen Geschossen stehen noch heute die Riesenwebstühle; für ein kleines Trinkgeld kann man sie arbeiten sehen. In den anderen Räumen der Weavers hat sich jetzt ein Café etabliert. Die Seidenweber hatten ihre größte Zeit in den Jahren der napoleonischen Blockade, als sie ein Mischgewebe aus Leinen und Seide herstellten, das sich als ›Canterbury-Zeug‹ großer Beliebtheit erfreute.

Wir bleiben auf der rechten Straßenseite, bis wir bald darauf in einem winzigen Gärtchen den verträumten Bau von *St. Peter* mit seinem frühnormannischen Turm finden, in den römische Ziegel verbaut wurden. In seinem stark renovierten, aber lichten und schlichten Innern mit alter Balkendecke steht ein normannisches Taufbecken. Etwas weiter entlang der Straße erhebt sich linker Hand der hübsche klassizistische Bau der *Methodistenkirche* von 1810, und endlich spannt sich das machtvolle *West Gate* über unseren Weg, der wieder einmal einen Arm des Stour kreuzt. Das Tor wurde 1380 von dem königlichen Baumeister Henry Yevele für Erzbischof Sudbury errichtet. Mit seinen beiden kraftvollen Rundtürmen und der klaren Silhouette gehört es zu Englands bedeutendsten Torbauten. Es beherbergt ein Museum der Stadtgeschichte mit interessanten Waffensammlungen und Erinnerungen an die Zeit, als es noch Gefängnis war. Unter seinem hohen gotischen Bogen strömt noch immer der Verkehr der Stadt hindurch, nur daß sich statt schwankender Planwagen und vierspänniger Postkutschen heute hohe Doppeldeckerbusse hindurchzwängen müssen.

Bald hinter dem Tor finden wir beiderseits der Straße wieder hübsche alte Fachwerkhäuser und auch georgianische Bauten. Am eindrucksvollsten ist das gemütliche ›Falstaff-Hotel‹ zur Rechten, ein breit hingelagerter Fachwerkbau aus dem Jahre 1403 mit Erkerfenstern aus dem frühen 17. Jahrhundert. Am Ende der Straße liegt die Kirche *St. Dunstan;* sie grüßte die Pilger, die aus London kamen, als erster Bau von Canterbury. Bischof Lanfranc legte den Grundstein im 10. Jahrhundert, aber der heutige Bau stammt aus dem späten Mittelalter; das Westportal wurde im Perpendikularstil errichtet.

Von dem einstigen *Castle* im Süden der Stadt hat sich nur die Ruine des Keeps erhalten; er war einer der fünf größten normannischen Burgfriede Englands, wie das Schloß eine der frühesten Steinburgen des Landes überhaupt gewesen ist, 1090 begonnen. Es wurde 1381 von Wat Tyler und seinen Rebellen erstürmt.

Südöstlich des Castle beginnt der Halbkreis des erhaltenen Teiles der Stadtmauer. In ihrem Schutz liegt ein reizvoller Park, die *Dane John Gardens*. ›Dane John‹ ist ein künstlicher Hügel, wahrscheinlich ein prähistorisches Hügelgrab. Der Park mit seiner schattenspendenden Lindenallee wurde um 1790 von dem Ratsherrn James Simmon angelegt. Neben einer Bronzestatue Christopher Marlowes, Erinnerungen an Nelsons Flaggschiff und alten Mühlsteinen finden wir in ihm noch ein technisches Erinnerungsstück: die ›Invicta‹, eine 1825 von Stephenson gebaute Lokomotive, die seit 1830 auf der Strecke Canterbury-Whitstable eingesetzt wurde. Diese Bahnlinie sollte die alte Bischofsstadt mit dem offenen Meer verbinden; ihr Bahnhof war die West Station, von der noch heute die Züge nach London abfahren. Whitstable wurde nie ein wichtiger Hafen, aber seine Austernzucht machte es berühmt unter Feinschmeckern.

Wir wollen uns nun, nachdem wir die Stadt nach allen Richtungen durchstreift und hier und da einen Seitenblick auf ihre Geschichte geworfen haben, ihrem Herzen zuwenden: der *Kathedrale*, Inbegriff kirchlicher Macht und geistiger Größe, königlicher Buße und göttlicher Gnade. Doch man muß in Canterbury unterscheiden zwischen dem Geist der Stadt und dem der Domfreiheit – eine Erfahrung, die wir in keiner der anderen Bischofsstädte machten. Bürger und Klerus haßten einander in Canterbury zutiefst; vielleicht, weil die Erzbischöfe an der Spitze klerikaler Macht überhaupt standen, vielleicht, weil Kent der Herd fast aller mittelalterlichen Rebellionen war, vielleicht auch, weil der hier durch die Pilger zusammengetragene und aufgehäufte Reichtum die Mönche besonders hochmütig und unnütz erscheinen ließ in den Augen einer Bürgerschaft, die sich quälte, der Doppelbesteuerungsfron durch Kirche und Staat nachzukommen. Jedenfalls waren es in allen Rebellionen immer wieder die Paläste der Erzbischöfe von Canterbury, die gestürmt wurden, von Tyler bis Cromwell. Die Bürger kämpften mehrfach gegen die Mönche in ›offener Feldschlacht‹ auf den Flußwiesen, und als Heinrich VIII. die Klöster zur Plünderung freigab, rührte sich in der Stadt keine Hand zu ihrem Schutz, wie andernorts im Königreich. Noch heute ist es dem Bürgermeister der Stadt untersagt, sein Schwert in der Kathedrale aufrecht zu tragen. Und lange zog der Rat der Stadt die kleine St. Margaret's Church der Kathedrale vor.

Die Baugeschichte der Kathedrale ist zu eng mit der Geschichte ihrer Bischöfe verknüpft und zu verwickelt, um sie hier in allen Einzelheiten wiedergeben zu können. Aller Wahrscheinlichkeit nach hat schon der heilige Augustin hier eine Kathedrale gegründet. Sechzig Jahre nach seinem Tode setzte Theodor von Tharsus sein Werk fort; unter ihm wurde Canterbury eines der bedeutendsten Bildungszentren der Christenheit, das mit der Universität von Paris wetteifern sollte, ehe es seine Rolle an Oxford abtrat. Als Wilhelm der Eroberer seine Macht in England befestigt hatte, bestätigte er den Erzbischof von Canterbury feierlich als Primas der englischen Kirche – sehr zum Ärger Yorks, des zweiten Erzbistums. Die erste Kathedrale war 1067 durch ein Feuer zerstört worden, und der neue, von Wilhelm eingesetzte Erzbischof Lanfranc, früherer Abt von Caen, ließ den Neubau nach dem Vorbild der Kirche Saint-Etienne in Caen errichten.

Kathedrale von Canterbury: Grundriß

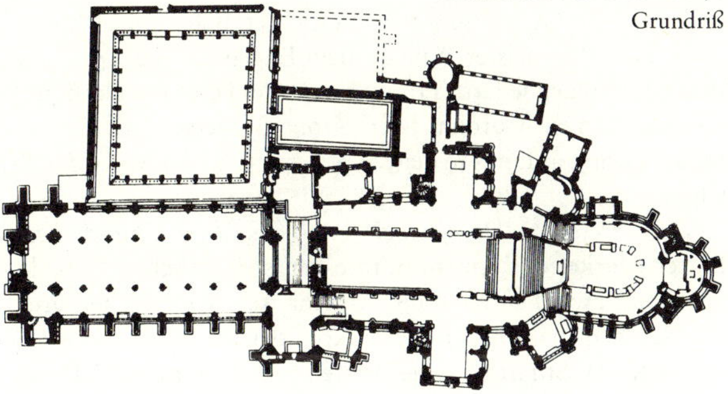

Auf Lanfranc folgte dessen Freund Anselm als Erzbischof, einer der größten Weisen der katholischen Kirche. Anselms Leben kann man als ein Abenteuer der Güte bezeichnen; unbeugsam war er, wie Becket, nur wo es um die Ehre Gottes ging. Anselm war ein großer Lehrer, dessen Erziehungsmethoden schon damals das Prinzip des Antiautoritären vertraten. Ebenso modern muten seine berühmten Schriften an, das ›Monologion‹ und das ›Proslogion‹, in denen er den Versuch eines logischen Gottesbeweises unternimmt, der sich nicht auf die Autorität der Heiligen Schrift oder der Kirchenväter beruft, sondern auf die Kraft der Vernunftsgründe, der ›rationes necessariae‹. Anders ausgedrückt: Gott sei zu beweisen aus dem bloßen Umstand, daß die Narren seine Existenz bezweifeln.

Anselm war 1093 gegen seinen Willen von Wilhelm II. Rufus, dem Sohn des Eroberers, in sein Atm eingesetzt worden. *»Es wäre für einen Zuschauer schwer gewesen«*, schreibt er über die Szene, in der ihm von König und Bischöfen der Erzbischofsstab in die Hand gezwungen wurde, *»zu entscheiden, ob da ein Gesunder von einer Schar Irrer überwältigt wurde, oder ob vernünftige Leute einen Wahnsinnigen überwanden«*. Anselm wurde sein Amt von den wilden, jähzornigen, boshaften Söhnen des Eroberers nicht leicht gemacht. Streit, Verbannungen, Rückberufungen wechselten ab. Er starb 1109 im 16. Jahr seines Pontifikats und im 76. seines Lebens. Dante sah ihn im Paradies *»unter den Geistern des Lichts und der Herrlichkeit in der Sphäre der Sonne«*. Heiliggesprochen wurde er erst 1494.

Unter Anselm von Canterbury erhielt die Kirche ihre herrliche normannische Krypta und zugleich den Hochchor. Der Chor wurde 1174 durch einen Brand zerstört, aber von dem französischen Baumeister Wilhelm von Sens wiedererrichtet. Bald danach entstanden unter dem Baumeister William dem Engländer das Querhaus, die dem Chor angegliederte Trinity Chapel und eine wunderbare Apsis, die den Namen ›Corona‹ oder ›Krone Beckets‹ trägt. Der Schrein Beckets stand anfangs in der Krypta, später in der Mitte der Trinity Chapel.

Wir betreten die *Domfreiheit* durch das *Christ Church Gate* vom Butter Market aus, einem pittoresken spätgotischen Gebilde, eingeklemmt zwischen niedrige Bürgerhäuser. Seine Eichentüren sind ein Geschenk von Erzbischof Juxon, der als Bischof von London König Karl I. Stuart in seiner letzten Stunde auf dem Schafott beigestanden hat. Sie zeigen das geschnitzte Wappen des Kirchenfürsten. Die Domfreiheit ist enger, städtischer, als wir sie in den meisten anderen Kathedralstädten gefunden hatten. Nur wenige Bäume können hier ihr Gezweige entfalten. Die Nebengebäude liegen ebenso wie der Kreuzgang zur Nordseite der Kathedrale und sind eng mit ihr verbunden: das Kapitelhaus mit seinem eigenartigen Giebel und dem riesigen Perpendikularfenster, die Bibliothek und die alte Büchersammlung, das Schatzhaus und der Wasserturm.

Die *Westfassade* ist durch ein hohes Fenster und die beiden Westtürme bestimmt, kleinere Ausgaben des herrlichen Vierungsturmes, der von manchen als der schönste aller gotischen Türme bezeichnet wird. Er wurde um 1500 vollendet und heißt nach seiner einzigen Glocke *Bell Harry Tower*. Schon Erasmus von Rotterdam zeigte sich bei seinem Besuch in Canterbury bewegt von der Ehrwürdigkeit der lichtfarbigen, gelbgrauen Türme. Schöner als das recht unscheinbare Westportal ist wie so oft in englischen Kirchen ein Südportal am westlichen Ende des Schiffes; er zeigt zur Rechten und zur Linken der Tür die Figuren von König Ethelbert und Königin Bertha und wurde um 1450 vollendet.

An das schlanke, hohe, durch Strebepfeiler klar gegliederte Schiff schließen sich das Chorhaus mit seinen beiden Querhäusern und die Trinity-Kapelle an, die nach Osten durch das fast kliffartige Gebilde der außen eckig und trutzig wirkenden Apsis, der Corona, abgeschlossen wird.

Im Innern finden wir das ursprünglich normannische *Schiff* in einen gotischen Raum verwandelt. Den Pfeilern wurden im frühen 15. Jahrhundert zart modellierte Dienste vorgeblendet, die in das feine Sternengewölbe übergehen. In der *Vierung* öffnet sich uns der Blick in den Bell Harry Tower mit einem reichdekorierten Fächergewölbe aus dem späten 15. Jahrhundert. Nördlich der Vierung wurde Becket im Martyrdom, einer tiefer liegenden Kammer, ermordet; 1986 hat man ihm dort einen Kreuzaltar errichtet. Von der Vierung führen Treppenfluchten empor zum *Hochchor* hinter dem gotischen Steinlettner mit seinen Arkaden, die abwechselnd auf Rundsäulen und achteckigen Pfeilern mit kostbaren Kapitellen ruhen, und dem schlichten Rippengewölbe, das seine normannischen Anfänge verrät. Die Galerie mit ihren runden Zwillingsbögen geht im Ostabschluß der *Trinity Chapel* plötzlich zu Spitzbögen über, schmalen frühgotischen Lanzetten. Hier treten auch an Stelle des Stützenwechsels noble Zwillingssäulen; sie schließen den Raum in einem Halbkreis gegen die *Corona* ab. Die Corona wird von einem Schirmgewölbe mit ausdrucksvollen, tiefgreifenden Rippen überfangen; über den Farbfenstern finden sich Zierbögen mit einem fast archaisch anmutenden Zickzackmuster. In der Tiefe des dämmerblauen Raumes steht ein weißer Marmorthron aus dem frühen 13. Jahrhundert, *St. Augustine's Chair*, der wahrscheinlich einem viel älteren Thron nachgebildet ist. Darauf wurden die Erzbischöfe von Canterbury inthronisiert, als hundertster 1961 Arthur Michael Ramsey.

Die wie Juwelen schimmernden *Farbfenster* des Chores entstanden um 1180 als Biblia pauperum mit Szenen aus dem Alten Testament. Sie gehören zu den kostbarsten und künstlerisch bedeutendsten Glasmalereien Europas. Die hohen schmalen Fenster in der Corona aus vorwiegend blauem Glas wurden um 1200 geschaffen; ihnen liegen die Wunder, die sich damals am Schrein des heiligen Thomas vollzogen, als Bildprogramm zugrunde. Es würde Tage dauern, wollte man alle die kleinfigurigen Medaillons genau studieren. Das erste Fenster zur Linken der Stufen, die zur Trinity-Kapelle führen, zeigt das zergrübelte Antlitz des Heiligen in blutrotem Heiligenschein unter dem silberweißen Bischofshut. Im südlichen Querschiff findet man einige moderne figürliche Farbfenster in glutenden Tönen, die von E. Bossanyi entworfen wurden und Friede und Erlösung symbolisieren.

Köstlich modellierte Schlußsteine und Kapitelle finden sich überall in der Kathedrale; die interessantesten und ausdrucksstärksten schmücken die kurzen Stützen der westlichen *Krypta* mit ihrem schweren, magisch wirkenden Kreuzgratgewölbe: ein rein normannischer Raum. Auf den Kapitellen ist ein wahrer Teufelstanz unheimlicher Fabeltiere, Affenmenschen und Satansgeschöpfe abgeschildert, zu dem Trompeter und Lautenschläger in Tiergestalt aufspielen. Die Krypta diente den Hugenotten als Kirche, denen Canterbury nach ihrer Vertreibung aus Frankreich Asyl gewährte.

Von *Beckets Schrein* haben sich nur die Spuren im Boden der Trinity Chapel erhalten und auf den abgewetzten Treppenstufen die Mulden von den Knien der Pilger, die an ihm beteten. Zur Linken der Kapelle steht unter einem Baldachin der prachtvolle *Sarkophag des Schwarzen Prinzen*, und darauf ruht sein Abbild in Bronze, *»all armed in steel for battles«*, wie er es in seinem Testament verfügt hatte. Über dem Baldachin hängen Nachbildungen seines rotblauen, mit englischen Löwen und französischen Lilien bestickten Waffenrockes, seines Helmes, Schildes und seiner Handschuhe; die echten Stücke findet man daneben unter einem Glassturz, der sie vor Verfall schützt. Prinz Eduard war einer der letzten Ritter des Abendlandes, der Sieger von Crécy und Poitiers. Er starb im Jahre 1376, ehe er seinem Vater Eduard III. auf dem Thron folgen konnte. Sein Sohn und Erbe Richard II. wurde von Henry Bolingbroke, Herzog von Lancaster, entthront und von dessen Getreuen ermordet. Der Usurpator, Heinrich IV., begehrte in seinem letzten Willen ebenfalls ein Grab in der Nähe des Heiligen in der Hoffnung auf Entsühnung von dieser Schuld, die sein Leben vergiftet hatte. Doch wenn Bolingbroke gewaltsam in den Besitz der Krone von England gelangt war, so wurde er doch einer der fähigsten Könige, die das Inselreich je regiert haben. Er war ein Freund der Städte und gewissenhafter Verwalter und Gerichtsherr. Ein tapferer Mann dazu, der das einmal Erworbene gegen den Übermut der wilden Barone aus dem Norden und gegen das hochmütige Frankreich zu verteidigen wußte. Shakespeare hat Bolingbroke in seinen schönsten Königsdramen, ›Richard II.‹ und den beiden Teilen von ›Heinrich IV.‹, ein würdiges Denkmal gesetzt. *Heinrichs Grabmal* zeigt einen alten Mann mit ernsten müden Zügen; Engel halten die mit Blut erworbene Krone auf seinem Haupt.

Heinrich IV. ließ in seiner schweren Reue auch eine *Kapelle für Eduard den Bekenner* errichten, wo Priester für den Frieden seiner Seele beten sollten. Der kleine Raum zeigt das schönste Fächergewölbe Canterburys. In der Corona steht der schmucklose Sarkophag von Odet de Coligny, Cardinal de Châtillon, der noch immer der Heimkehr nach Frankreich harrt, und der mit Masken geschmückte von Hubert Walter, der 1190 Erzbischof von Canterbury wurde. Er führte das Kreuzfahrerheer von Richard Löwenherz heim, nachdem der König in Gefangenschaft geraten war. *St. Anselm's Chapel* schließt sich südwestlich an die Corona an. Das *Grabmal des Erzbischofs Chichele*, der Heinrich V. zum Krieg gegen Frankreich riet, findet sich an der Nordseite des Chores. Die Liegefigur des Kirchenfürsten ruht in vollem Ornat, von Engeln umringt, auf einem durchbrochenen Scheinsarg, in dem man die Skulptur eines abgezehrten Leichnams, eines ›Cadaver‹, wie der Ausdruck lautet, erkennen kann. Chichele ließ das Grabmal zu seinen Lebzeiten schaffen, um sich durch den entsetzlichen Anblick auf die Ewigkeit vorzubereiten. Er war der Gründer des All Souls College in Oxford.

Das nördlich an den Chor anschließende *Kapitelhaus* ist ein schmaler eckiger Bau mit einem riesigen Maßwerkfenster, überwölbt von einem mächtigen Tonnendach aus irischer Eiche: neben dem Dach von Westminster die größte Holzdecke Englands.

Zum Abschluß wollen wir einen Blick in den *Kreuzgang* werfen, der ebenfalls im Norden des Schiffes liegt. Er stammt in seiner heutigen Gestalt aus dem Jahr 1220, aber das Gewölbe im Perpendikularstil wurde erst um 1400 geschaffen. Die zahlreichen Schlußsteine der beschwingten Fächerrippen zeigen die Wappen der Geldgeber, die den Umbau ermöglichten, wodurch der Kreuzgang zu einer Fibel steinerner Heraldik wurde.

Wir setzen unsere Fahrt durch Kent und Surrey nun entlang den Northdowns auf der Straße nach London fort, die über Sittingbourne und Bredhurst führt und reizvolle Ausblicke in die Gartenlandschaft von Kent erlaubt. Bei Burham biegen wir nach Norden ab, um *Rochester* zu erreichen, das zusammen mit Canterbury das Urbild für Dickens ›Cloisterham‹ in seinem fragmentarisch gebliebenen Roman ›The Mystery of Edwin Drood‹ abgab: *»Eine eintönige, schweigsame Stadt ist es, durchtränkt vom Erdgeruch der Krypta ihrer Kathedrale, überreich an Resten klösterlicher Gräber; ihre Kinder pflanzen Salatgärtchen im Staub von Äbten und Äbtissinnen, sie backen Sandkuchen aus dem Staub von Nonnen und Mönchen ...«* Die Krypta der normannischen Kathedrale stammt wie die Querschiffe aus dem 13. Jahrhundert. Der jetzige Bau ersetzte im 12. Jahrhundert eine viel ältere angelsächsische Kirche – Rochester ist Englands zweitältestes Bistum –; leider wurde er im Bürgerkrieg stark beschädigt und im 19. Jahrhundert wie so viele Kirchen in Kent rücksichtslos restauriert. So entzückt uns heute vor allem das normannische Westportal. Rund um die Domfreiheit finden wir Reste einstiger klösterlicher Bauten, so die Ruine des Kapitelhauses und die alten Tore, die Domfreiheit und Stadt miteinander verbanden. Eines von ihnen sieht mit seinem hohen Satteldach und dem geschindelten Giebel wie ein Hexenhäuschen aus: Dickens nahm es zum Vorbild für das Haus seines unheimlichen Helden Jasper im ›Edwin Drood‹, und so heißt es heute im Volksmund auch ›Jasper's Gate‹ statt Chertsey's Gate.

Die ganze Stadt ist wie durchtränkt mit Dickens-Reminiszenzen. Da ist die große Uhr an der alten Kornbörse, der heutigen Prince's Hall, die in seinem ›Uncommercial Traveller‹ als ›mondgesichtige Uhr‹ figuriert; da ist das Hotel ›The Bull‹, in dem er seine ›Pickwick Papers‹ vollendete und dessen malerischen Bau von 1540 er zum Vorbild für seinen ›Blue Boar‹ in den ›Great Expectations‹ machte. In der High Street findet sich ein hübsches Giebelhaus von 1771, das damals ein älteres Haus ersetzte. Es sollte auf Grund einer Stiftung sieben arme Reisende beherbergen und beköstigen – für jeweils eine Nacht. Es spielt in Dickens ›Seven Poor Travellers‹ eine Rolle. Und am Ende der High Street liegt ein schönes Tudor-Herrenhaus, das Eastgate House, das sowohl im ›Edwin Drood‹ als Nonnenkonvent als auch in den ›Pickwickiern‹ als ›Westgate House‹ auftaucht. Es beherbergt heute das Stadtmuseum und natürlich eine große Sammlung von Dickensiana.

Hoch über der Stadt thront auf einem Hügel die machtvolle normannische Burgruine, die einst die Medway-Mündung bewachte.

Von ihr aus hat man einen weiten Blick auf die Stadt, die Docks und Werftanlagen von Chatham, den Fluß und in der Ferne die Themsemündung. Henry James schildert den Ort so: »... *Die Burg in ihrer efeuübersponnenen Eckigkeit, eine sehr edle, eindrucksvolle Ruine. Der ummauerte Burghof wurde in einen öffentlichen Park umgewandelt ... dieser zerklüftete Berg normannischen Mauerwerks wird noch sein, wenn vieles, was heute heil und fest erscheint, verschwunden ist; er spottet, selbst in seiner Eintönigkeit, der Zerstörung und dem Verfall. Seine Wände sind phantastisch dick; ihre von der Zeit gebleichten Flächen und gemilderte Rauheit, diese eigenartige Mischung von Sanftheit und Grimmigkeit, haben eine unwiderstehliche Anziehungskraft für das Auge. Englische Ruinen erreichen ihre höchste Wirkung immer, wenn der Tag sich neigt. Wettergebleicht, wie ich sagte, erscheinen sie im Zwielicht noch blasser, werden spürbar ernster und vergeistigter. Ich habe viele modernde Burgen gesehen, aber ich erinnere mich nicht, daß auch nur eine von ihnen diesen Ausdruck von Verlorenheit, Hilflosigkeit, Beraubtheit gehabt hätte.*«

Wir beenden unsere Fahrt direkt vor den Toren Londons in *Gravesend*, wo die Themselotsen ihre Station haben. Wenn man hier auf den schweigenden, aber ruhelosen Strom hinausblickt, den ein- und auslaufenden Schiffen mit den Augen folgt, wird einem einmal mehr klar, was Schiller meinte, als er die englische Metropole den ›Markt der Welt‹ nannte. Aber Gravesend sah nicht nur die Reichtümer der Erde an sich vorübergleiten, sondern war auch Zeuge bitterer menschlicher Not. Hier machten die von London kommenden Schiffe einst gewöhnlich noch einmal Halt, um die Lotsen von Bord zu lassen. Dabei fand sich Gelegenheit, meist unter dem Druck erzürnter Mannschaften, den Proviant aufzufüllen oder auszutauschen. Korrupte Schiffskapitäne bemühten sich, wie überall in der christlichen Seefahrt, ihre eigene meist magere Löhnung dadurch aufzubessern, daß sie für die Mannschaften madenwimmelndes Brot und fauliges Fleisch einkauften. Wurden die Gaunereien rechtzeitig entdeckt, konnte in Gravesend manchmal noch das Schlimmste verhindert werden – andernfalls kam es auf hoher See gewöhnlich zu Epidemien und Meutereien oder beidem. Hier versuchten natürlich oft auch schlecht behandelte Matrosen unter Lebensgefahr von Deck zu fliehen – auch für sie war Gravesend die letzte Chance. Wer erwischt wurde, mußte mit brutalen Strafen rechnen.

MALER – MÜHLEN – MARSCHEN: EAST ANGLIA

Essex – Suffolk – Norfolk – Isle of Ely

Wir verlassen jetzt endgültig den heiteren, romantischen Süden Englands mit seinen roten und weißen Küsten, seinen leuchtenden Gärten und üppigen Tropenparks, seinen lichtfarbigen Kathedralen und lebhaften Städten, um in eine ganz andere Landschaft zu fahren: East Anglia. Die nur ganz leicht bewegte Oberfläche der Grafschaften Essex, Suffolk und Norfolk, deren Boden oft genug tiefer als der Meeresspiegel liegt, wirkt für den Betrachter heute sehr holländisch: Blumenfelder, Weiden im Marschland, Mühlen in den ›Fens‹, Segel, die in den ›Broads‹ über den Weizenfeldern dahinzuschweben scheinen, Backsteinhäuser, schwarzbunte Rinderherden: das alles erinnert an das Nachbarland jenseits des Ärmelkanals. Und doch, wenn auch beides Nordseeländer sind: East Anglia ist ganz anders. Ihm fehlt die Rechtwinkligkeit der holländischen Felder und Städte, deren Geschäftigkeit und Blankgeputztheit. Etwas wie ewiger sonntäglicher Friede scheint in diesem Erdenzipfel zu walten. Die Zeit geht hier langsamer als anderswo: Wie die Flüsse träge durch die Wiesen und Felder ziehen, wie sich die Segel der Boote kaum merklich bewegen vor dem hohen, mit immer wechselnden Wolkenbildern geschmückten Himmel ...

East Anglia hat Zeit, Muße und Stille gewonnen, seit das Hämmern der Webstühle und das Schlagen der Äxte in seinen Wäldern verklungen sind, seit sich auf seinem Boden die immergrünen Weiden und unübersehbaren Weizenfelder bis an den Rand der See erstrecken. East Anglia ist Englands Kornkammer geworden – ein einst düsteres Wald- und Moorland. Es verdankt seinen goldenen Reichtum vor allem zwei Männern: Sir John Popham, der im 17. Jahrhundert den Ingenieur Vermuyden aus Holland berief, um mit seiner Hilfe die Norfolk Broads zu entwässern durch ein System von Schleusen und Gräben und Deichen, und dem Liebhaber-Landwirt Coke of Norfolk, der im 18. Jahrhundert die Vierfelderwirtschaft auf seinen Gütern einführte und dort oben im Norden Weizen anzubauen wagte.

Und doch merkt man noch heute an vielen Einzelheiten, daß East Anglia ursprünglich ein Waldland war: an den vielen Fachwerkhäusern in Dörfern und Städten, an der aus Eichenstämmen konstruierten Sternlaterne Elys und an den Waldgeistern, den ›Woodwooses‹, die auf ihren krummen Schultern so manches uralte Taufbecken tragen.

Geschichtsträchtig sind auch East Anglias Städte. Colchester wurde schon von Tacitus in seinen ›Annalen‹ erwähnt und beschrieben. In Bury St. Edmunds fand der Märtyrerkönig seine letzte Ruhe; sein Schrein gehörte einst zu den vornehmsten Heiligtümern der Christenheit. Und Norwich war im Mittelalter eine mächtige Markt- und Handelsstadt; von ihrer führenden Rolle erzählen die über dreißig erhaltenen Kirchen, zu schweigen von der mächtigen normannischen Kathedrale und dem großen Marktplatz.

East Anglias natürliche Baumaterialien sind Feuerstein aus den Kalksteinschichten, Ziegel aus dem Lehmgruben und Holz: Eichen im Süden, Ulmen im Norden. Ziegel wurden bis ins späte Mittelalter vor allem mennigerot gebrannt, die Georgianer bevorzugten dagegen weiße Backsteine. Aber es gibt Hausfronten, deren Ziegel ganze Farbpaletten widerspiegeln. Fachwerk wird in East Anglia, ebenso wie in Schleswig Holstein, oft mit Ziegel statt mit Lehm und Putz ausgefacht, aber unbekannt sind die üblichen schwarz-weißen Fachwerkhäuser auch hier nicht. Interessant sind die Kirchenfassaden, die mit Feuersteinen verkleidet sind; wenn die ›Flints‹ mit dem Mörtel, in den sie eingebettet werden, eine glatte Fläche bilden, spricht man von ›Flushwork‹, wofür es besonders in Norfolk einige sehr gute Beispiele gibt.

East Anglia ist das Land der Maler, es ist sogar das Geburtsland der englischen Landschaftsmalerei. Daher erscheint uns gerade seine Landschaft so sehr ›englisch‹: Wir kennen sie aus den Bildern Constables (Essex), Gainsboroughs (Suffolk) und Cromes (Norfolk). Wenn Hecken und Büsche, Bäume und Wälder, Moore und Marschen inzwischen ausgedehnten Weizenfeldern Raum gegeben haben, so findet man den ersten Schimmer davon schon auf Gainsboroughs berühmtem Porträt ›Mr. and Mrs. Andrews‹ in der Nationalgalerie in London, wo das junge Paar von einer Bank hinaussieht in eine blühende, reife Sommerlandschaft: East Anglia.

34

Im Lande Old King Coles: Bradwell-on-Sea – Maldon Colchester – St. Osyth – Clacton-on-Sea – Harwich

Die hohe Zeder, königlicher Cymbeline, verkörpert Dich!
William Shakespeare, Cymbeline

In Gravesend haben wir von Kent Abschied genommen; gegenüber, auf der anderen Seite der Themse, in Tilbury wollen wir unsere Reise fortsetzen. *Tilbury* ist eine kleine aufgeregte Industriestadt, ihre Docks bilden den letzten Ausläufer des Großlondoner Hafens. Verloren und seltsam überflüssig wirkt in all dem Getriebe das normannische Kirchlein St. Catherine in der Nähe des um 1670 von einem niederländischen Festungsbaumeister errichteten Forts. Wir wollen uns hier nicht lange aufhalten, sondern quer durch das grüne Wiesenland in nordöstlicher Richtung auf unser erstes Ziel, Bradwell-on-Sea, zufahren. Wir überqueren auf unserem Wege bei Battlesbridge den River Crouch, der gemeinsam mit dem River Roach und zahlreichen Nebenflüssen Essex kreuz und quer durchschneidet und im Süden gar in lauter Inseln zerreißt: Potton, Wallasea, Rushley, Havengore, New England und Foulness. Sie schwimmen wie riesige Eisschollen dicht aneinandergedrängt vor der marschenreichen Südostküste von Essex. Der Crouch bricht den Südosten von Essex in einen Süd- und einen Nordteil auseinander; der obere Teil wird seinerseits im Norden von dem tiefen, breiten Mündungstrichter des River Blackwater begrenzt. An dem äußersten Zipfel dieses von Flußmündungen umklammerten Stückchens Land finden wir das Dorf Bradwell.

Bradwell-juxta-Mare oder Bradwell-on-Sea hat noch ein kleineres Schwesterdorf, Bradwell Waterside. Von beiden führt ein Fußweg zu dem alten Seedeich, der seit Römerzeiten das Land schützen soll. In seinem Schutz lag ein römisches Castrum, das Fort Othona oder, wie die Kelten sagten, ›Ythancaestir‹. Auf seinen von den Ostsachsen zerstörten Mauern ließ der heilige Cedd bald nach seiner Erhebung zum Bischof um 654 eine kleine Kirche errichten, wie uns Beda berichtet, St.-Peter-on-the-Wall. Diese Sachsenkirche aus dem 7. Jahrhundert ist eines der wenigen erhaltenen Baudenkmäler jener Zeit. Sie ist etwas höher (ungefähr sieben Meter hoch) als breit und mehr als doppelt so lang (fast siebzehn Meter), enspricht also völlig unserer Vorstellung von engen, dunklen sächsischen Kirchen. Sie diente jahrhundertelang als Scheune; so ist in ihrem Innern nichts erhalten geblieben. Von außen wirkt sie nüchtern, kahl, ein kastenförmiger Ziegelbau mit hoch angesetztem Satteldach. Aber wenn man das Kirchlein mit seinen unregelmäßigen Backsteinen, die aus den Römerbauten stammen, vor dem Hintergrund der graublauen See sieht, spürt man den Atem einer erloschenen Kultur – einer Kultur, die aus Krieg, Exil und der Begegnung mit neuen Göttern sich langsam erst bilden wollte.

Im Dorf findet man bei der Pfarrkirche St. Thomas ein reizendes Herrenhaus, Bradwell Lodge. Heinrich VIII. hatte es einmal Anna von Kleve geschenkt; aber von seinem Tudorkern ist wenig erhalten. Sir Henry Bate-Dudley ließ es 1785 umbauen und einen Flügel anfügen, dessen Innenräume von Robert Adam entworfen wurden. Bate-Dudley war mit Gainsborough befreundet, der die ganze Familie des Edelmannes gemalt hat. Gainsborough lebte, wenn er hier zu Besuch war, am liebsten im Belvedere, in dem man ihm ein Atelier eingerichtet hatte und von wo aus er einen weiten Blick auf den River Blackwater genießen konnte. Einer der Kamine des Landhauses zeigt Paneele von Angelika Kauffmann, der deutschen Malerin, die lange Zeit in England lebte. Sie war eine der interessantesten Frauen der Goethezeit. Eine andere Berühmte jener Zeit stand hier Gainsborough Modell für eines seiner herrlichsten Bilder: die Schauspielerin Mrs. Siddons.

Essex gehörte zu den am stärksten romanisierten Gebieten Britanniens. Es wurde gegen Ende der Römerzeit wie Wessex und Sussex von den Sachsen erobert, während die Jüten in Kent Land nahmen, und Suffolk und Norfolk zum Reich der Angeln gehörten, wie es sich in ihrem Namen – East Anglia – ausdrückt. Aber schon ehe die Römer ihren Fuß auf englischen Boden setzten, war der Osten besiedelt gewesen, und zwar von den Trinobanten und den Icenii. Um die Zeit kurz vor Christi Geburt drangen die Catavellauni aus dem mittleren England in das Gebiet des heutigen Essex vor; ihr König war Cunobelin oder Old King Cole; Shakespeare nannte ihn Cymbeline. Er residierte in der eroberten Hauptstadt der Trinobanten, Colchester, am River Colne.

Um von Bradwell nach Colchester zu gelangen, müssen wir uns entlang des River Blackwater den Weg zurück ins Innere des Landes suchen, bis wir in den malerischen Hafen *Maldon* gelangen, der am Ufer dieses Flusses liegt. Der Ort prunkt mit vielen Bauten aus dem 15. Jahrhundert, einem Leprosenspital aus dem 12. Jahrhundert und dem dreieckigen Turm der Kirche All Saints'. Die Kirche stammt aus dem 13. Jahrhundert, hat aber ein reich dekoriertes Südseitenschiff aus dem 14. Jahrhundert. Bei Maldon fand das grausige Gemetzel zwischen Sachsen und Dänen im Jahre 991 statt, eines der letzten großen Rückzugsgefechte der Wikinger. Die Dänen hatten im 9. Jahrhundert ganz East Anglia als ›Danelag‹ unter ihre Herrschaft gebracht, die sie von dort bis zur Irischen See und ins schottische Hochland erweiterten. Stückweise nur gaben sie das eroberte Land im 10. und 11. Jahrhundert wieder an die Sachsen zurück, seit ihnen in König Alfred ein ebenbürtiger Gegner erwachsen war.

Colchester

Von Maldon aus führen zwei gute Straßen nach Colchester. Old King Coles Residenz, die die Römer ›Camulodunum‹ nannten, ist eine der interessantesten Städte Englands; die einzige, in der durch Ausgrabungen sowohl die britische Siedlung wie das frühe Castrum und die spätere Römerstadt freigelegt werden konnten. Die Mauern der Römerstadt umschlossen ein Gebiet von fast 900 Metern Länge und 450 Metern Breite; sie gelten, wenn auch heute teilweise durch Häuser verdeckt, als die besterhaltenen römischen Befestigungen der Insel. Eines der Tore, das *Balkerne Gate*, steht noch, Ruine eines römischen Bogens, durch den die Straße nach London führt. Die Römer haben die alte Britenstadt erstmals im Jahre 44 n. Chr. eingenommen; sie wurde jedoch achtzehn Jahre später von der Königin Boadicea und den verbündeten Icenii zurückerobert und geplündert. Aber auf die Dauer waren die Römer nicht zu verdrängen; sie kamen wieder und machten Camulodunum zu ihrer ersten ›Colonia‹ auf britischem Boden.

Von dem Tempel, den die Römer ihrem Gottkaiser Claudius zu Ehren errichteten, haben sich unterirdische Gewölbe erhalten. Über ihnen erbauten die Normannen um 1085 ihre *Burg*, von der nur noch der Burgfried steht; mit seinen viele Meter dicken Mauern gilt er als der größte Europas. Unzugänglich, schwerfällig, mit unregelmäßigen Ecktürmen hockt er über der Stadt, ein ungefüger Riese, der aus winzigen dunklen Fensteraugen unlustig in die Welt blinzelt. Heute ist in seinen Räumen ein Museum mit Römerfunden eingerichtet. In seinem Hof aber spielt sich alljährlich im August ein rauschendes Volksfest ab: der *Colchester Tatoo*, ein feierlicher Zapfenstreich mit großem Feuerwerk.

Colchesters normannische Klöster sind dem Bürgerkrieg zum Opfer gefallen; General Fairfax mußte die Stadt damals wochenlang belagern, ehe der royalistische Widerstand zusammenbrach – seine Rache war entsprechend rücksichtslos. Die Ruinen des ersten Augustinerhauses auf englischem Grund, *St. Botolph's* in einer Nebenstraße der St. Botolph's Street, beeindrucken mit den Resten des schönen Westportals und den normannischen Arkaden. *St. John's*, einer ehemaligen Benediktinerabtei in der Stanwell Street, ist es noch schlechter ergangen; an sie erinnert nur noch das Abbey Gate, ein restauriertes Torhaus im Perpendikularstil des 15. Jahrhunderts mit zinnengekrönten Türmen zu beiden Seiten. Aus sächsischer Zeit haben sich der Turm und das Westportal der *Holy Trinity Church* in der Trinity Street erhalten, in der ein Leibarzt Königin Elisabeths I. und einer ihrer Hofmusikanten, der Komponist William Wilbye, beigesetzt wurden. Gilbert, der Arzt, hatte in seinen letzten Jahren in einem kleinen Haus gegenüber der Kirche seinen physikalischen Experimenten gelebt.

Elisabeth siedelte in der Stadt flämische Boa-Weber an; Boa, englisch ›Baize‹, ist ein dicker, grüner oder roter Flanell, mit dem man Tische und andere Möbel zu beziehen pflegte. Das *Dutch Quarter* mit vielen alten Häusern gehört zu den hübschesten Winkeln der Altstadt. In der High Street, einer schönen breiten Straße, findet man das ›Red Lyon Hotel‹, ein Fachwerkhaus aus dem 15. Jahrhundert, und die spätviktorianische *Town Hall* vom Anfang unseres Jahrhunderts mit ihrem schlanken Turm, in der sich alljährlich in der dritten Oktoberwoche Honoratioren und Fischer zum großen Austernfest versammeln. Zu den Rechten des Bürgermeisters gehört es, mit dem sogenannten ›Oyster Gauge‹ die Mindestgröße der fischbaren Austern zu überprüfen. Austern spielten im Wirtschaftsleben der Stadt seit je eine große Rolle; zur Zeit Elisabeths wurden sie in Fässern eingemacht gehandelt. Die Fischereigenossenschaften pachten die Fangrechte von der Stadt, der Besitzerin der Austerngründe in der Colnemündung. Dem Fremden werden die leckeren Meeresfrüchte – neben Austern auch Muscheln, Seeigel und in der Saison selbstverständlich Hummern – an weißgescheuerten Tischen mit Brot und frischem Salat gereicht.

Vom Turm der Town Hall grüßt eine römische Bronzestatue herab, eine Frauengestalt, in der Volkssage King Coles Tochter Imogen. In Wirklichkeit stellt sie die heilige Helena dar, die Gemahlin von Kaiser Constantius Chlorus, der in York, dem römischen

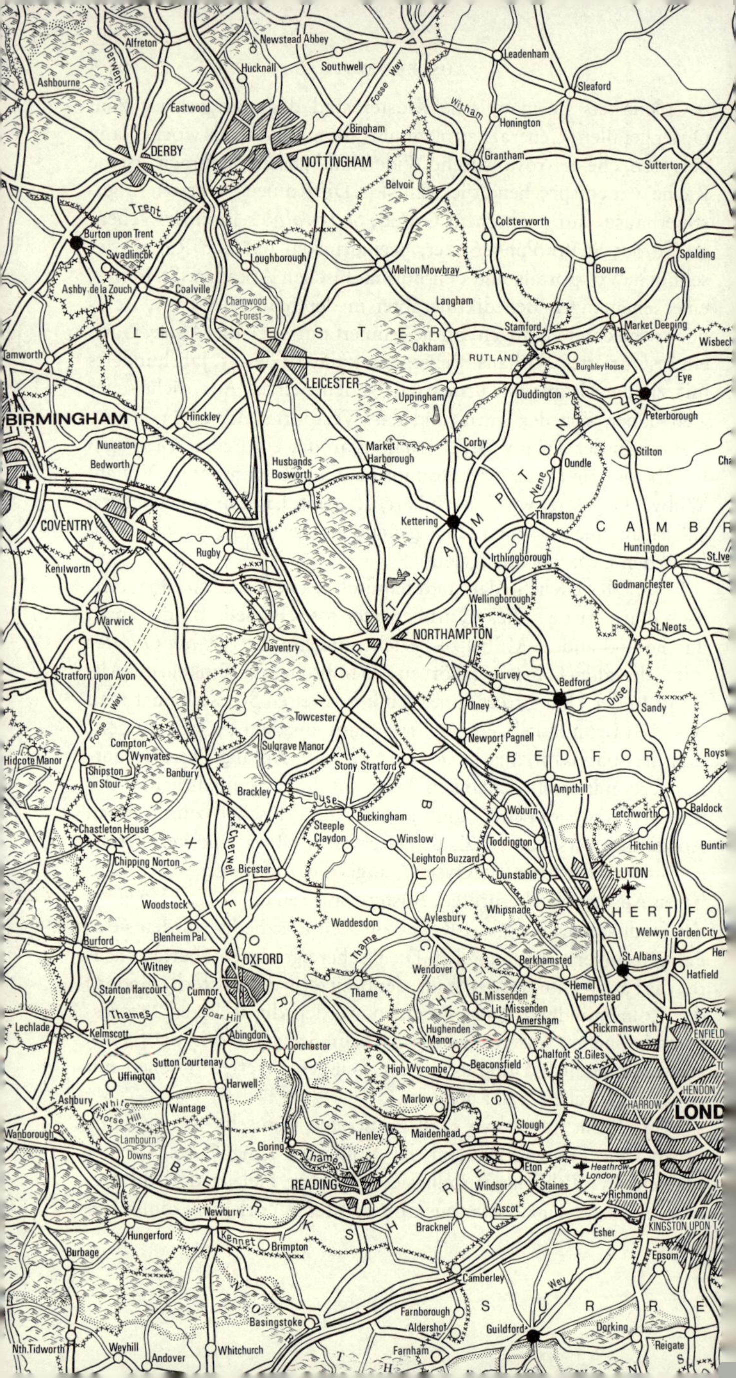

Alfreton
Newstead Abbey
Leadenham
Derwent
Hucknall
Southwell
Fosse Way
Ashbourne
Sleaford
Eastwood
Witham
Honington
Bingham
DERBY
NOTTINGHAM
Grantham
Sutterton
Belvoir
Trent
Colsterworth
Burton upon Trent
Spalding
Swadlincote
Loughborough
Melton Mowbray
Bourne
Ashby de la Zouch
Coalville
Charnwood Forest
Langham
Stamford
Market Deeping
L E I C E S T E R
Oakham
Wisbech
Tamworth
RUTLAND
Burghley House
LEICESTER
Eye
Uppingham
Duddington
BIRMINGHAM
Hinckley
Peterborough
Nuneaton
Market Harborough
Corby
Stilton
Bedworth
Husbands Bosworth
Oundle
N O R T H A M P T O N
Nene
COVENTRY
Kettering
Thrapston
C A M B R
Rugby
Huntingdon
St.Ives
Kenilworth
Irthlingborough
Godmanchester
Warwick
Wellingborough
Daventry
NORTHAMPTON
St.Neots
Stratford upon Avon
Turvey
Bedford
Fosse Way
Olney
Ouse
Sandy
Towcester
Newport Pagnell
Compton Wynyates
Sulgrave Manor
Hidcote Manor
Shipston on Stour
Banbury
Stony Stratford
B E D F O R D
Royst
Brackley
Ouse
Ampthill
Buckingham
Woburn
Baldock
Steeple Claydon
Letchworth
Chastleton House
Winslow
Toddington
Hitchin
Buntin
Chipping Norton
O X F O R D
Cherwell
Leighton Buzzard
Dunstable
LUTON
Bicester
Woodstock
Whipsnade
H E R T F O
Waddesdon
Aylesbury
Welwyn Garden City
Burford
Blenheim Pal.
B U C K S
Berkhamsted
Her
OXFORD
Thame
St.Albans
Witney
Wendover
Hatfield
Stanton Harcourt
Cumnor
Thame
Hemel Hempstead
Gt.Missenden
Thames
Boar Hill
Lit.Missenden
Lechlade
Kelmscott
Amersham
Rickmansworth
Abingdon
Dorchester
Hughenden Manor
ENFIELD
Chilterns
Sutton Courtenay
Chalfont St.Giles
Uffington
Harwell
High Wycombe
Beaconsfield
Ashbury
White Horse Hill
Wantage
HARROW
HENDON
Marlow
Slough
LOND
Lambourn Downs
Wanborough
Henley
Maidenhead
Goring
Thames
Eton
Heathrow London
B E R K S H I R E
READING
Windsor
Staines
Richmond
Ascot
Newbury
Hungerford
Bracknell
Esher
KINGSTON UPON T.
Kennet
Brimpton
Burbage
Epsom
Camberley
Wey
Farnborough
S U R R E
Basingstoke
Aldershot
Guildford
Dorking
Nth.Tidworth
Weyhill
Whitchurch
Farnham
Reigate
Andover

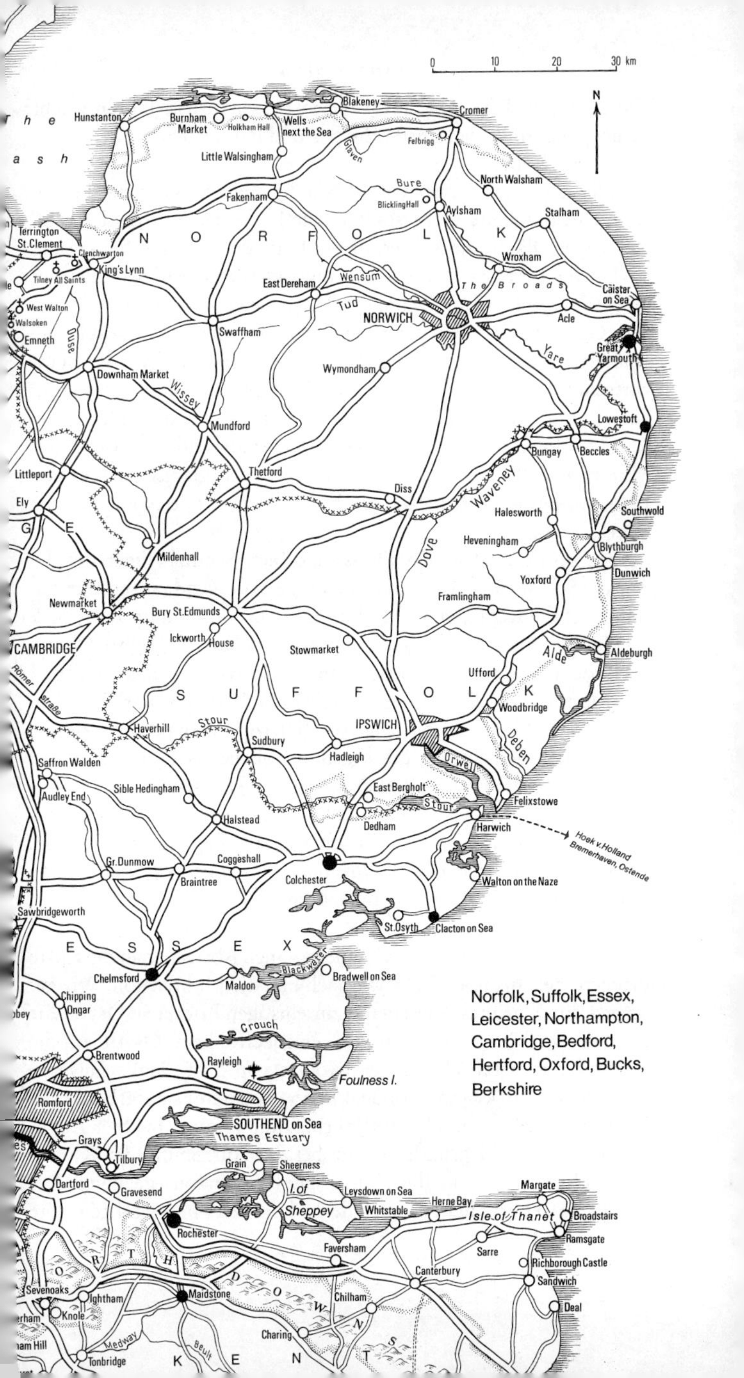

Norfolk, Suffolk, Essex, Leicester, Northampton, Cambridge, Bedford, Hertford, Oxford, Bucks, Berkshire

Eburacum, im Jahre 306 starb. Seit fast zweitausend Jahren wacht sie über der Stadt der Austernfischer und Rosenzüchter, Motorenbauer und Weber.

Colchester war schon vor Elisabeths Zeiten, seit dem Mittelalter, eine blühende Weberstadt, die im Laufe der Jahrhunderte immer wieder flämische Weber anzog. Ende des 17. und Anfang des 18. Jahrhunderts kam eine neue Einwanderungswelle wallonischer Flüchtlinge, die in ihrer Heimat als Hugenotten verfolgt wurden und dem Gastland ihre von der neuen englischen Aristokratie sehr geschätzte Kunst des Seidenwebens mitbrachten. Sie gab der Stadt wirtschaftlich neuen Auftrieb. Aus dieser zweiten Blütezeit stammt das schöne Haus *The Holly Trees* von 1718, das die kultur- und sozialgeschichtlichen Sammlungen der Stadt enthält, sowie das *Minories* in der High Street, ein eleganter georgianischer Bau von 1776, in dem eine Kunstgalerie häufig wechselnde Ausstellungen zeigt.

1972 wurde das *Mercury Theatre* eröffnet. ›Schutzheiliger‹ des eleganten Schauspielhauses mit seiner hervorragend ausgestatteten Bühne ist die Replik eines Merkur aus dem Museum im Burgfried. Der Baukomplex der jungen *Universität von Essex*, die ihre Charta nach dem Zweiten Weltkrieg erhielt, ist voll in das Stadtbild integriert. Die modernen Bauten stehen im Wivenhoe Park, der von John Constable in einer Reihe von Bildern festgehalten wurde.

Wer nach den Spuren des sagenumwobenen King Cole suchen möchte, muß die Stadt in Richtung Lexden verlassen. Wo St. Clare's Road und Lexden Road aufeinanderstoßen, erhebt sich ein uraltes Kegelgrab, und dort, so heißt es, schläft der König der Trinobanten, dessen *»Nachkommenschaft / Britannien Fried verheißt und Fülle«*, seinen langen Schlaf. (William Shakespeare)

Von Colchester aus wollen wir einen kleinen Abstecher an die Küste machen, der uns über *St. Osyth* nach Harwich führen soll. Wir gelangen durch grünes Wiesenland zur einstigen Priorei St. Osyth, die in einem wundervollen alten Park eingebettet liegt. Osyth soll die Tochter des ersten christlichen Königs von East Anglia gewesen sein, die hier ein kleines Nonnenkloster errichtete; sie starb 653 den Märtyrertod. Über ein halbes Jahrhundert verging, bis hier Augustiner eine Priorei gründeten, die bei der Aufhebung der Klöster unter Heinrich VIII. in die Hände eines Edelmanns gelangte. Die schönsten der erhaltenen Gebäude sind die Peter und Paul geweihte

Kirche aus dem 14. Jahrhundert mit ihren Backsteinarkaden sowie das majestätische Torhaus aus dem 15. Jahrhundert, das den viereckigen Binnenhof mit seinem kurzgeschorenen Rasen und den alten Walnußbäumen bewacht und wie eine Verkörperung des Perpendikularstils wirkt: Zu seiten des schmucklosen Mittelrisaliten treten links ein quadratischer, rechts ein oktogonaler Turm wuchtig hervor; Türme und Mittelbau sind gleich hoch und werden von einem kräftigen Zinnenband abgeschlossen. Der Reiz des Bauwerks liegt völlig in der Oberflächengestaltung: Alle Wände sind mit einem dichten Gitter enggestellter Sandsteinlanzetten überzogen; die Zinnen zeigen ein kleingewürfeltes Schachbrettmuster. Von dem stumpfen hellen Sandstein hebt sich das dunkle Geglitzer der Feuersteinwände lebhaft ab; die Feuersteine sind in Flushwork-Technik verarbeitet. Diese Art, Materialien nebeneinander in solch strenger Musterung zu verarbeiten – hier wirkt es fast, als sollte Fachwerk nachgeahmt werden – ist für Essex sehr typisch. Leider sind die Räume in der Priorei nur an Augustnachmittagen zu besichtigen; man kann sich dann an ihren Sammlungen chinesischer Jade und Keramik entzücken.

Weiter geht es bis *Clacton-on-Sea:* ein modernes Seebad mit schmalem, steinigen Strand, aber einer gepflegten kilometerlangen Promenade, die zugleich als Deich den Ort vor dem Ansturm der See schützt. Clactons Hauptattraktion ist die über dreihundert Meter lange Mole, auf der man nicht nur ein Schwimmbad, sondern auch ein kleines Theater und alle möglichen Vergnügungen finden kann. Von hier aus fahren wir bis Little Clacton, wo wir nach Harwich abbiegen.

Harwich ist der Landeort vieler Fähren vom Kontinent; vor allem die großen deutschen Fährschiffe legen hier an. Hier taucht die Küste mit feuchten Wiesen sanft ins Meer; die breiten Mündungsarme von Stour und Orwell, die sich bei Harwich vereinigen, haben das Land im Lauf der Jahrhunderte völlig zerrissen und mit ihren vielen Überschwemmungen stellenweise in Sümpfe verwandelt. Harwich liegt auf einem vorgeschobenen Landzipfel am Ende der Stourmündung; seine weite Hafenbucht wird im Nordosten vom Vorgebirge des anderen Flußufers geschützt. Die Stadt, an der die meisten Touristen nur vorübereilen, hat einen hübschen mittelalterlichen Kern, mit Schenken, in denen schon Raleigh und Nelson verkehrten. Den pagodenhaften alten Leuchtturm hat Constable gern gemalt. Die modernen Leuchttürme, die heute den Fährschiffen ihren Lichtstrahl grüßend entgegensenden, stehen auf der dem Meer zugekehrten Seite von Harwich, in Dovercourt, das im vorigen Jahrhundert auch mit einer hübschen Promenade und einem Klippenweg versehen wurde. Die Eisenbahnlinie folgt lange dem Lauf des Stour, und auch wir können die Straße nahe dem Fluß bis Manningtree nehmen, wenn wir jetzt nach Colchester zurückkehren, oder uns der Hauptstraße anvertrauen, die ebenfalls durch eine noch sehr unberührte ländliche Szenerie führt.

35

Malerlandschaften: Coggeshall – Sudbury – Dedham East Bergholt

Ich wünschte, meine Gambe nehmen und fortwandern zu können in ein liebliches Dorf, wo ich Landschaften malen dürfte ... Gainsborough

Ich wurde geboren, um ein glücklicheres Land zu malen: mein liebes, altes England ... Constable

Ein glücklicheres Land – glücklicher als das schöne Italien, das heroische Frankreich, das heilige Griechenland, ein Land mit freien Bauern und Bürgern, ein Land, das seine Menschen nährte und ihm die Menschenrechte ließ – aber auch ein Land, in dem das Rauschen der Stürme und Wispern der Blätter, wenn man Constable glauben will, das Herz seiner Künstler begeisterte und nährte. Liebliche Dörfer, wo man Landschaften malen darf – das ersehnt sich Gainsborough im Alter, als er der große Porträtist der Londoner Gesellschaft geworden war: Es ist die Vision seiner Jugend, die er in Suffolk und Essex verlebt hat, malend, zeichnend, skizzierend. In dieses ›liebe alte England‹ fahren wir jetzt.

Von Colchester aus nehmen wir diesmal eine Straße in westlicher Richtung. Das erste Städtchen am Weg ist die mittelalterliche Weberstadt *Coggeshall*, die seit dem Niedergang der englischen Tuchweberei im 17. Jahrhundert in einem Dornröschenschlaf liegt. An der Hauptstraße steht neben vielen anderen hübschen Bauten das vielleicht schönste Tudorbürgerhaus in ganz England: The Paycocke's. Nicht ein Pfau, sondern die Wollhändler- und Weberfamilie Paycocke, die dort wohnte, hat ihm den Namen gegeben. Es präsentiert sich mit einer langen Fachwerkfassade; die Fächer zwischen den eng gesetzten Ständern sind hier mit Ziegelmustern gefüllt. Das Obergeschoß mit seinen fünf breiten Erkerfenstern wird vom Erdgeschoß durch einen dicken, kunstvoll geschnitzten Balken getrennt; Schnitzwerk ziert auch die Türpfosten. Auch im Innern staunt man über die reiche Verwendung schöner Hölzer; die Tragebalken der Halle sind reich geschnitzt, die Täfelung im Speisesaal ahmt gefaltetes Leinen in Holzpaneelen nach, eine typische Dekorationsform der englischen Renaissance, ›Linenfold‹ genannt. Hinter dem Haus, dessen Rückfront verputzt ist, erstreckt sich ein hübscher Garten. In der Kirche von Coggeshall, die nach der Zerstörung von 1940 sorgfältig wiederaufgebaut wurde, findet man die Messing-Grabplatten der Paycockes, die es sich einst in dem schönen Hause wohl sein ließen. Wer gerne ein wenig in der alten Stadt rasten möchte, findet im ›Woolpack Inn‹ eine romantische Herberge.

Unser Weg führt uns weiter über Braintree, eine andere Weberstadt, die ihren heutigen Reichtum den Seidenfabriken der Familie Courtauld verdankt, nach *Castle Hedingham* weiter im Norden, auf das wir im Vorüberfahren einen Blick werfen wollen. Sein schöner normannischer Keep ist erhalten; dieser prächtige Burgfried befand sich jahrhundertelang im Besitz der de Vere, der Grafen von Oxford, die auch die schöne Tudorbrücke angelegt haben. Bei Castle Hedingham gabelt sich die Straße, und wir fahren in Richtung Sudbury weiter.

Sudbury, die Geburtsstadt Thomas Gainsboroughs, liegt in einer Schleife des River Stour, des Grenzflusses zwischen Suffolk und Essex. Dank seiner günstigen Lage war es im Mittelalter eines der Zentren des Suffolker Tuchhandels, wovon noch so schöne Fachwerkbauten wie die Gerichtshalle und das Bürgerhaus ›Salter's Hall‹ in Stour Street erzählen, aber auch die Perpendikularkirchen St. Peter und St. Gregory. Auch der klassizistische Bau von All Saints' kann nicht darüber hinwegtäuschen, daß selbst diese Kirche ursprünglich im Perpendikular entstanden ist, denn der alte Turm steht noch trotzig neben dem eleganten neuen Schiff. Auf dem Markt erinnert ein Bronzebild an den Maler, und in der ehemaligen Sepulchre Street – der heutigen Gainsborough Street – wurde sein Geburtshaus in eine Gedenkstätte für ihn und eine Ausstellungshalle für moderne Künstler umgewandelt – eine Regelung, die sicher dem großzügigen Denken Gainsboroughs angemessen ist.

Gainsboroughs Vater war ein Wollkreppweber, Thomas das jüngste von neun Geschwistern. Er wurde im Frühling des Jahres

1727 geboren, und seine ganze Kindheit hindurch war es ihm das liebste, die engere und weitere Umgebung mit seinen Stiften und Farben in Bildchen und Skizzen festzuhalten. Als er vierzehn wurde, gab der Vater nach und erlaubte ihm, nach London und in die Lehre zu dem Kupferstecher Hubert Gravelot zu gehen. Gleichzeitig studierte der junge Maler unter Francis Hayman an der Akademie. 1745 kehrte er in seine Heimat zurück und heiratete Margaret Burr, mit der er, kaum zwanzigjährig, nach Ipswich übersiedelte, wo er ein Haus erworben hatte. Hier ließ er sich als Maler nieder und fand bald Kundschaft in den Kreisen der Gesellschaft. 1759 ging er auf Empfehlung eines seiner Gönner nach Bath, dort wurde er zum Modemaler der High Society, lernte mehrere Musikinstrumente spielen und konnte in den Schlössern seiner Auftraggeber, so in Wilton House, die alten Meister aus nächster Nähe studieren. 1774 nahm er Wohnung in London, im Schomberg House an Pall Mall. Zu seinen Freunden gehörten neben Sheridan, Franklin und Johnson vor allem Schauspieler wie Garrick und Mrs. Siddons und Musiker wie der deutsche Komponist Karl Friedrich Abel, der zusammen mit Joh. Christian Bach in jenen Jahren die berühmten Bach-Abel Konzerte gab. Abel war wie Gainsborough ein begeisterter Gambenspieler; die klassische Instrumentalmusik verdankt ihm wichtige Impulse.

Gainsborough gilt als Vater der englischen Landschaftsmalerei, wenn er auch sein Glück als Bildnismaler gemacht hat. Zu seinen lebendigsten Bildern gehören die in seiner Jugend in Suffolk und Essex gemalten Dorfszenen, wie ›Die Tränke‹ (Tate-Galerie in London), ›Der Marktkarren‹ oder ›Die Brücke‹ (beide Nationalgalerie in London). Was seine Bilder so unendlich englisch erscheinen läßt, ist die silbrige, blaugrüne Palette, die vollkommen die vielfältigen Schattierungen der englischen Landschaft wiederzugeben vermag, ist sein Gefühl für Atmosphäre – Klima, Luftbewegungen, die Feuchte des Insellandes. Und in diese Landschaften, die immer feiner, immer durchsichtiger wurden, je mehr er in seiner Kunst fortschritt, stellte er dann seine Modelle: Damen in Morgentoilette auf einer Terrasse, spielende Kinder im Park, Spaziergänger auf taufeuchten Wegen, und Mr. und Mrs. Andrews auf einer Bank, von wo aus sie still in die sommerliche Landschaft blicken. Das war das eigentlich Neue an Gainsborough: daß die Landschaft bei ihm Wirklichkeitswert gewann, daß seine Menschen nicht mehr vor einer heroischen Kulisse saßen oder standen, sondern daß er sie in seine

Landschaften einbezog, daß auf seinen Gemälden eine Beziehung zwischen dem Menschen und seiner Umgebung besteht, die nicht literarisch ist, sondern vom Gefühl bestimmt. Und es ist sicher kein Zufall, daß Gainsboroughs Bilder in der Geburtsstunde des englischen Parks und der englischen Landschaftsdichtung entstanden: Wie diese sind sie Zeugnisse des Lebensgefühls einer Epoche – einer Epoche, die den Zwang des formalen Gartens, der heroischen Dichtung, des absolutistischen Staates, der Hofmeistererziehung abzuwerfen entschlossen war, die von Naturrecht, natürlicher Landschaft und natürlicher Entwicklung des Menschen einen frühen, schönen Traum nährte. Dieser Traum gewann Gestalt, schimmernden Glanz in den Bildern des Wollwebersohnes, der im Alter mit seiner Gambe wieder hinauswandern möchte in die Dörfer seiner Kindheit und Jugend.

Unsere Straße folgt jetzt dem Verlauf des Stour, dessen schmales Tal zu den reizvollsten Flußtälern Englands zählt. Es hat keine aufregenden Klippen und großartigen Wasserfälle, Schluchten oder Bergpanoramen; es ist nur ein einfaches, buschreiches Wiesental von jenem schwer zu beschreibenden Liebreiz, der auch von Wiesenblumen ausgehen kann, wenn man die Augen dafür hat. An einem Knick des Flusses liegt das Städtchen Stratford St. Mary, und wenig südlich davon finden wir den Weiler *Dedham* – die Pforte zum ›Constable Country‹.

Constable vollendete als Künstler in seinen Landschaften, was Gainsborough begann. Ein halbes Jahrhundert später geboren als dieser, hatte er bereits die Möglichkeit, die Landschaft zum alleinigen Sujet seiner Bilder zu machen. Bei ihm tritt der Mensch zurück hinter Fluß und Wolken, Baum und Strauch. Constable nennt eine Reihe seiner Bilder ›Sechsfüßler‹: sie zeigen Menschen, oft Kinder, die sich einzeln, nur in der Gesellschaft eines Tieres, in der Landschaft bewegen, sie aber nicht mehr, wie noch bei Gainsborough, beherrschen. Nicht die Damen und Herren des Land- und Geistesadels, sondern Hirten, Fischer, Bauern und Kärrner stellt er dar. Groß wölben sich über ihnen und der Landschaft die Himmel, immer größer, immer höher werden sie, bis eines Tages nur noch Wolken und Blau seine Leinwände füllen werden. Es ist die Zeit, in der Wordsworth seine vom Erleben der Natur erfüllten Gedichte schreibt: »*Wie eine Wolke hoch im Blau, schritt einsam ich im Ungewissen.*« Es ist die Zeit der Französischen Revolution; die Menschen seiner Generation haben nicht nur Rousseau, sondern auch Goethe gelesen, und auf der Bühne wird die Sturmsymbolik von Shakespeares ›King Lear‹ entdeckt. Der Mensch ist reif geworden, und er hat keine Angst mehr, seinen Platz in der Natur einzunehmen. In dieser Zeit malt Constable seine Wolkenstudien, seine Hütebuben, seine grünüberwucherten Mühlen. Immer intensiver studiert der Müllerssohn, welche Veränderungen die Tages- und Jahreszeiten, Sonne, Hagel, Tau und Regen in den Farben und Schatten von Himmel und Erde hervorrufen. Der ›Abendstern‹ schimmert auf über einer purpurbraunen Landschaft, Regenbogen stehen in mattem Perlmutterglanz über heckengesäumten Feldern. *Ein glückliches Land* – nur wenig später wird es von den Stürmen der großen Agrarreformen, den ersten Arbeiterunruhen in den über Nacht aus dem Boden gewachsenen Industriezentren geschüttelt werden. Aber noch ist es wirklich ein sehr glückliches Land.

In Dedham besuchte der junge Constable die Lateinschule, hier erlernte er in der seinem Vater gehörenden Mühle das Müllerhandwerk. Die Mühle von Dedham und die Kirche St. Mary (15. Jahrhundert) finden sich auf vielen seiner Bilder. Im Castle House, einem Tudorhaus, das teilweise im georgianischen Stil umgebaut wurde, lebte seit 1920 ein anderer Maler, Sir Alfred Munnings, seit 1944 Präsident der Royal Academy. Nach seinem Tode 1959 übergab seine Witwe Lady Munnings das Haus mit einer Sammlung von über hundert Zeichnungen und Gemälden als Gedenkstätte der Öffentlichkeit.

Wir fahren weiter am Fluß entlang, bis wir nach *East Bergholt* gelangen. Das Haus, in dem Constable 1776 geboren wurde, steht nicht mehr, wohl aber die Flatford Mill etwas südlich des Ortes, die ebenfalls seinem Vater gehörte. Sie wurde vom National Trust erworben, und das ›Field Studies Council‹ hat hier ein Studienzentrum für Künstler, Archäologen, Geologen und Naturwissenschaftler eingerichtet, deshalb kann sie nicht besichtigt werden. Aber vom Fluß aus hat man einen schönen Blick auf die von Constable so oft festgehaltene Szenerie mit der hölzernen Brücke über den Stour, dem unter Bäumen fast verschwindenden, weißgekalkten Rieddachhäuschen seines Nachbarn Willy Lotts und der breithingelagerten Wassermühle. Selbst die alte Schleuse am Fluß wurde 1975 wieder hergestellt.

Im Ort steht die Kirche St. Mary, deren erst 1525 begonnener Turm unvollendet blieb. Die gotischen Heiligenfresken in der Kirche sind keine großen Kunstwerke, sie fallen nur auf, weil man in England so selten ausgemalte Kirchenräume findet. Weit interessanter sind die auf dem Kopf stehenden Glocken im hölzernen Glockenhaus vor der Kirche aus dem 16. Jahrhundert, die von Hand geschlagen werden. Die Freude an Glocken ist gerade in den Ebenen East Anglias sehr groß, wo ihr dröhnender Schall sich ungehindert ausbreiten kann; aber überall in England liebt man das Wechselläuten mit seinen komplizierten Rhythmen, das sich, wenn geübte, gut aufeinander eingespielte Handglockenläuter am Werk sind, die ganze Nacht hinziehen kann. Wer das Wechselspiel der verschieden gestimmten Glocken mit ihrem klaren Erzklang jemals gehört hat, wird diese wundersame, strenge Musik nie wieder vergessen.

In der Kirche finden wir die Gräber von Constables Eltern und des Nachbarn Willy Lott, das Grabmal seiner Frau und das seines ersten Gönners, des Amateurmalers und Sammlers John Dunthorne. Hier wollen wir Abschied nehmen vom Stourtal, dessen Szenerie, wie Constable später einmal bemerkte, den Müllerjungen zum Maler gemacht hat.

36

Bedroht vom Blanken Hans: Ipswich – Woodbridge Framlingham – Aldeburgh – Dunwich – Yoxford Blythburgh – Southwold – Great Yarmouth

»Er ist etwa sechsundvierzig Jahre alt, sehr schön, sehr gebildet, außerordentlich redegewandt, von großen Fähigkeiten und unermüdlich. Er kümmert sich allein um alle Angelegenheiten, die die Schreibstuben und die Räte in Venedig beschäftigen, sowohl um die zivilen wie um die kriminellen. Und alle Staatsgeschäfte werden ebenfalls von ihm geleitet, von welcher Art sie auch immer sein mögen. Er ist besonnen und gilt als gerecht. Er begünstigt das Volk ganz ungemein und besonders die Armen, hört alle ihre Gesuche an und bemüht sich, sie sofort zu erledigen. Er läßt auch die Advokaten unentgeltlich für die Armen plädieren. Er genießt großes Ansehen, wohl siebenmal mehr, als wenn er der Papst wäre. Er ist es, der sowohl den König als auch das ganze Volk beherrscht.«

So zeichnete 1519 Sebastian Giustinian, der venezianische Botschafter in London, das Porträt Kardinal Thomas Wolseys, Lordkanzlers von England und Pate der ältesten Tochter seines Souveräns, Prinzessin Mary, die später als ›die Blutige‹ in die Geschichte eingehen sollte. Wolsey ist eine umstrittene Gestalt; man kann ihn als den Vater der modernen Bündnispolitik bezeichnen, die in der Folge die Geschichte Englands bis in die Neuzeit bestimmen sollte. Er scheiterte, als Rom 1529 das Ehescheidungsansuchen Heinrichs VIII., dem der Papst anfänglich wohlwollend gegenüberstand, abschlägig beschied. Nach dem Reichstag von Speyer (1529), der England die Lösung von Rom brachte, wurde der Kardinal seiner weltlichen Ämter entkleidet und des Hochverrats angeklagt, als die Krönung Karls V. zum Kaiser das endgültige Scheitern seiner französischen Politik bestätigte. Er starb 1530 auf dem Weg zu seinem Prozeß in der Abtei von Leicester. Shakespeare hat den Fall des großen Mannes – der seine einstigen Gegenspieler, Thomas Morus und Erzbischof Cranmer, mit sich riß – in seinem Alterswerk ›Heinrich VIII‹ gestaltet.

Wolsey, der zu höchster Macht Aufgestiegene, der wie ein König herrschte, ja, der seinen König beherrschte, war der Sohn eines Schlachtermeisters aus *Ipswich*, der Grafschaftsstadt von Suffolk. Sein Geburtshaus befindet sich in der Silent Street, wo sich eine Gruppe mittelalterlicher Fachwerkbauten erhalten hat. Sonst erinnert uns nur noch das Wolsey Gate an den Kardinal. Es gehörte zum ›Cardinal College of St. Mary‹, das er zwei Jahre vor seinem Ende gegründet hatte. Das College sollte Schüler für seine andere bedeutende Stiftung, Christ Church College in Oxford, ausbilden, blieb aber unvollendet. Erhalten hat sich nur das erwähnte Backsteintorhaus mit dem königlichen Wappen über dem Torbogen.

Der Hafen Ipswich ist heute eine moderne Industriestadt, aber der Kern der Altstadt ist teilweise erhalten. Es erhielt seine Stadtrechte, wie so viele Städte im 13. Jahrhundert, unter König Johann. Der einstige Butter Market ist von einem Gewimmel enger Gäßchen umgeben. Am Markt selbst steht das ›Ancient House‹, auch ›Sparrowe's House‹ genannt nach einer Familie, die dort viele Generationen lang lebte: Es gilt als eines der hübschesten Beispiele für die in Ostengland so beliebte Kunst des Stuckierens von Außenfronten, dem sogenannten ›Pargeting‹. Die abgerundeten Fenstererker sind mit stark plastischen Girlanden gerahmt und zeigen bis zur Brüstung Stuckreliefs, auf denen die damals bekannten vier Erdteile – Australien war 1567 ja noch nicht entdeckt – dargestellt sind. Die symbolischen Reliefs sind von rührender Naivität: das nackte Afrika sitzt, mit Sonnenschirm und szepterartigem Speer bewaffnet, auf einer Art Krokodil.

Die ungeschickte Figurenbehandlung hebt sich seltsam ab von den künstlerisch durchaus geschickt gelösten Girlanden, Wappen, Voluten, Muscheln und Rollwerkornamenten. Im Innern des Hauses, das heute eine Buchhandlung ist, kann man Eichentäfelungen und geschnitzte Balkendecken bewundern.

Im Great White Horse Hotel in der nahen Tavern Street hat Charles Dickens gewohnt, als er für den ›Ipswich Chronicle‹ arbeitete. Das strenge, vielfenstrige Gebäude mit den beiden einladend vorgestreckten, altmodischen Laternen über dem Haupteingang hat – wie so viele englische Gasthöfe – in die ›Pickwickier‹ Einlaß gefunden.

Im gepflegten Christchurch Park finden wir Christchurch Mansion, das wohl stattlichste Haus Ipswichs. Es wurde auf den Gründen einer aufgelösten Augustinerpriorei, Holy Trinity, 1548 von dem Kaufherrn Edmund Withipoll über E-förmigem Grundriß errichtet und beherbergte in seinen Mauern zweimal die große Königin, der zu Ehren übrigens dieser eigenartige Grundriß erdacht wurde, bei dem der Mittelrisalit zu einem eigenen Flügel wird. Es ist ein schlichtes Haus, völlig unprätentiös, selbst heute noch, wo es sich mit einer Reihe von heftig geschwungenen flämischen Giebeln aus dem 17. Jahrhundert geschmückt dem Auge darbietet. Es wurde damals nach einem Brand im Innern teilweise im Geschmack der Queen Anne-Zeit eingerichtet. Im vorigen Jahrhundert wurde es von seinen Besitzern der Stadt als Museum überlassen; die Räume sind heute in verschiedenen Stilen eingerichtet und wirken sehr wohnlich mit schönen Möbeln, Porzellan und Keramik, einer Sammlung englischer Weinkelche aus dem 18. Jahrhundert und einigen Kostümen. An den Wänden hängen Gemälde der großen Landschafter wie Gainsborough, Constable, Steer und Munnings, aber auch einige gotische Bildchen ostenglischer Meister und Werke moderner Künstler, und aus den Fenstern schweift der Blick hinaus in den Park mit seinen hohen schattigen Bäumen.

Wir kehren dem die Stadt durchfließenden River Orwell den Rücken und halten uns nach Nordosten, bis wir auf den River Deben stoßen. Dort, wo sich sein schmaler Lauf zu einem Mündungstrichter erweitert, liegt *Woodbridge*, viel unberührter und schon darum viel reizvoller als die Grafschaftsstadt. An seinem Rande erhebt sich auf dem Market Hill über dem Gassengewirr die Perpendikularkirche St. Mary. Nikolaus Pevsner bemerkte über die Pfarrkirchen im

Perpendikular-Stil, deren großartigste sich nach seinen Worten in Suffolk und Norfolk, Somerset und den Cotswolds befinden: »Sie demonstrieren den Reichtum, den sich das Bürgertum, der Mittelstand, durch den Woll- und Tuchhandel erworben hatte«. Der Markt wird zudem von der Shire Hall oder Grafschaftshalle aus dem 16. Jahrhundert beherrscht; ihre niederländisch wirkenden Giebel erhielt sie allerdings erst um 1700. Auch die Gasthöfe und Häuser sind meist viel älter, als die georgianischen Fassaden vortäuschen möchten; sie stammen durchweg aus dem 16. Jahrhundert.

Woodbridge kann sich im Glanze zweier Berühmtheiten sonnen. Das ist einmal seine alte Gezeitenmühle am Deben, die bereits 1170 erstmals erwähnt wurde. Der heutige Bau der Woodbridge Tide Mill stammt allerdings aus dem 18. Jahrhundert. Er trägt ein hochangesetztes Walmdach und ist mit ochsenblutfarbenen, gerippten Eisenplatten verkleidet, von denen sich das riesige hölzerne Mühlrad malerisch abhebt. Bis 1957, als die Radachse brach, hat die Mühle noch gearbeitet; zur Zeit wird sie wieder instandgesetzt, soll aber nur noch Museumszwecken dienen. Gezeitenmühlen sind selten; sie nutzen die Kraft der einströmenden Flut.

Die andere Berühmtheit ist der Schriftsteller Edward Fitzgerald (1809-1883), der hier während der letzten Jahre seines Lebens in Little Grange, einem etwas abgelegenen Herrenhaus, lebte. Er wurde in Bredfield House geboren, etwa fünf Kilometer von Woodbridge entfernt, und wohnte lange Zeit im benachbarten Boulge Hall. Auf dem Friedhof von Boulge ist auch sein Grab, überrankt von einem Rosenstock, dessen Setzling sein Verehrer William Simpson von einem Rosenbusch auf dem Grab des Persers Omar Chayyām (12. Jahrhundert) gepflückt hatte und den man in Kew Gardens großzog, bis man ihn auf Fitzgeralds Grab in Boulge Park pflanzen konnte, einige Jahre nach seinem Tod. Zwischen dem Schriftsteller und Omar, dem Gelehrten, besteht ja eine enge Verbindung: Fitzgerald hat die Sinnsprüche des Persers, das ›Rubaiyát‹ nicht nur übertragen, sondern ihnen eine kongeniale englische Form gegeben. Die Begeisterung, die sie in England auslösten, wirkte auf den Iran zurück, wo der Epigrammatiker Omar nun ›wiederentdeckt‹ wurde. Er veröffentlichte sie erstmals 1859, verbesserte die Übertragung aber ständig bis zu seinem Tode. Seine anderen epochalen Leistungen waren Übersetzungen der Dramen von Calderon, Aischylos und Sophokles. Seine bezaubernden Briefe wurden erst nach seinem Tode veröffentlicht.

Wir nehmen jetzt die Straße nach Norden. In *Ufford* am Deben, wenige Kilometer hinter Woodbridge, wollen wir einen Blick in die schöne Kirche aus dem 13. Jahrhundert werfen. Über ihrem achteckigen Taufstein thront ein wundervoll geschnitzter hölzerner Deckel, der sich in das hölzerne Stichbalkendach aufzuschwingen scheint. Solche Überraschungen kann man in den lichten, weiten ostenglischen Kirchen immer wieder erleben: einen kostbaren Taufstein, ein altes Fresko, Schnitzarbeiten von begeisternder Vollkommenheit.

Bei Wickham Market zweigen wir auf die Straße nach *Framlingham* ab, einem Dorf, das sich um seine Burg drängt. St. Michael auf dem Market Hill ist eine Perpendikularkirche ebenfalls mit einem Hammerbeam-Dach und einigen interessanten ›falschen‹ Fächergewölben aus Holz. Das Castle war ein Geschenk Heinrichs I. an Roger Bigod im Jahre 1101. Hugh Bigod, 1. Graf von Norfolk, baute es aus; Mauern und der Kranz von 13 Wehrtürmen wurden wahrscheinlich von seinem Sohn Roger zugefügt, der hier König Johann empfing. Die Burg wechselte im Lauf der Geschichte mehrfach die Besitzer, besonders seit sie mitsamt dem Grafentitel in die Hand der mächtigen Familie Howard gekommen war, die sie dann 1655 an Sir Robert Hitcham verkaufte. Sir Robert vermachte es dem Pembroke College in Cambridge, das es bis auf Torhaus, Türme und Mauern verfallen ließ. 1913 nahm das Ministerium für Bauten und Denkmalschutz die Ruine in seine sorgsame Obhut. Mehrere Gräber der Howards finden wir in St. Michael, so das des 3. Grafen, das seines Sohnes, des Dichterhelden Surrey, und das von Surreys Schwiegervater, dem Herzog von Richmond, einem der Bastarde Heinrichs VIII.

Die Burg Framlingham wurde 1553 Zuflucht für Maria Tudor, als sie gegen Lady Jane Grey ihre Truppen sammelte und sich von ihnen zur rechtmäßigen Königin ausrufen ließ, ehe sie gegen London vorrückte. Jane Grey war von dem Halbbruder Marias, Eduard VI., als Erbin eingesetzt und gleich nach seinem Tode auf Betreiben ihres ehrgeizigen Schwiegervaters, des reichen Herzogs von Northumberland, gekrönt worden. Sie wurde von Maria mitsamt ihrer ganzen Sippe hingerichtet; die Königsherrlichkeit hatte für die kindliche, überdurchschnittlich gebildete Frau nur wenige Tage gewährt.

Wir halten jetzt auf die Küste zu, bis wir den Fischerhafen *Aldeburgh* erreichen. Er ist wie alle Badeorte zwischen Felixstowe und

Lowestoft sehr unberührt; es gibt nämlich keine Küstenstraße, die die Orte verbinden und dadurch dem Durchgangsverkehr preisgeben würde. Wenn man sie aufsuchen will, muß man sich entschließen, von der großen Straße abzuzweigen.

Im 16. Jahrhundert war Aldeburgh noch ein blühender Hafen. Aber die Küste von Suffolk ist brüchig und bröckelig, und das Meer holt sich Stück um Stück. So erhebt sich die malerische Moot Hall mit ihrem turmartigen Doppelkamin, der den Südgiebel und das geziegelte Satteldach beträchtlich überragt, heute nahe dem Strand; einst bildete sie die Mitte des Dorfes. Längsseits des um 1520-1540 erbauten Hauses steigt eine Freitreppe zum vorkragenden Obergeschoß empor; die Seiten zeigen Fachwerk und Backstein, die Fassaden Backstein und in der Sockelzone ein Schachbrettmuster aus Sandstein, Ziegel und Kieseln. Geschichtlich interessant ist Alde House, wo zu Beginn des vorigen Jahrhunderts zwei bemerkenswerte Frauen lebten, Elizabeth Garrett Anderson und ihre Schwester Millicent. Elizabeth war eine der ersten Ärztinnen der Geschichte, die die Universität besucht hatten; sie eröffnete ein nach ihr benanntes Krankenhaus in London und war eine Zeit Bürgermeister ihrer Heimatstadt, der erste weibliche in England; ihre Schwester gehörte zu den Vorkämpferinnen der Frauen-Gleichberechtigung und heiratete den blinden Professor Henry Fawcett, Englands späteren Generalpostmeister.

1754 wurde in Aldeburgh der Dichter George Crabbe geboren, der seine Heimat in einer Reihe großartiger Dichtungen unsterblich machte: ›The Borough‹, ›The Village‹ und ›Tales of the Hall‹. Auf diese Dichtungen griff der 1913 im nahen Lowestoft geborene Komponist Benjamin Britten zurück, als er seine erste Oper, ›Peter Grimes‹, schrieb, in der er, nach seinen eigenen Worten, »den harten Kampf der Männer und Frauen, den sie lebenslang an der See führen, für die Bühne zu formen« unternahm, ein Thema, das ihn auch später nicht losließ, wie seine Opern ›Albert Herring‹ und ›Billy Budd‹ beweisen. ›Peter Grimes‹, 1945 in London uraufgeführt und schon 1947 in Deutschland von der Hamburger Staatsoper erstaufgeführt, brachte Britten weltweite Anerkennung. Seit 1948 konnte der Komponist, der auch als Pianist und durch seine Bearbeitung von Volksliedern hervorragenden Ruf besitzt, zum ersten Mal eines seiner berühmten Musikfestspiele veranstalten, die seitdem alljährlich im Juni in Aldeburgh stattfinden und Besucher aus der ganzen Welt anziehen. Von Brittens späteren Werken haben vor allem seine heiteren Opern, wie ›Sommernachtstraum‹ und ›Der Widerspenstigen Zähmung‹ – beide nach Shakespeare – und seine Neuvertonung von Gays ›Bettleroper‹ die großen Bühnen erobert; besonderes Aufsehen erregte sein großes ›War Requiem‹. Der Londoner Musikkritiker Peter Shaffer beschreibt den Eindruck der Uraufführung von ›Peter Grimes‹: »*Damals war ich ein Schuljunge und sparte meine Schillinge auf für einen Platz, und rannte dann anschließend zur letzten Bahn, mit einem Suffolk-Sturm im Kopf und den Möwen und den Glocken und der Stadttrommel und der Tanzkapelle, die dünn eine kleine zitternde Weise spielt, die in wenigen Minuten zu dem ozeanischen Aufheulen des ganzen Dorfes anschwillt, das entschlossen ist, zu töten, ... das Salz im Sonnenlicht – die mondlichtübergossenen Ecken eines leeren Platzes, das pfeifende Rascheln von Fischen, die über kiesigen Strand gezogen werden. Vielleicht war es das erste Mal, daß ich mit extremen Dissonanzen gespeist wurde: sicher ist, daß ich eine jäh aufspringende Freude unter der Haut spürte.*«

Von Aldeburgh aus nehmen wir die Straße nach *Dunwich*, einem Hafen, der im Meer versank. Nur noch die verfallenen Ruinen eines Klosters und eines Leprosen-Hospitals erzählen von der einstigen Herrlichkeit des bereits von den Römern besiedelten Ortes, der East Anglias erster Bischofssitz (630 n. Chr.) war. Das Meer hat Dunwich nicht auf einmal geholt, sondern Stück um Stück; den schwersten Schlag führte es 1326 gegen den unglücklichen Ort, als eine einzige Flut drei große Kirchen fortwusch wie Kiesel am Strand. Um die Klosterruinen scharen sich heute nur noch eine Handvoll Häuser, eine Schenke und eine Art ›Museum‹, in dem der Kampf des Ortes gegen den Blanken Hans nacherzählt wird. Die unstillbare Schwermut über dem Ort hat immer wieder Künstler angezogen, wie Fitzgerald, Henry James, Swinburne, Jerome K. Jerome und den Maler Charles Keene, der ihn in Zeichnungen festgehalten hat. Die Umgegend, die ausgedehnten Naturschutzgebiete von Westleton Heath und Minsmere Leven, verstärken den Eindruck der Verlassenheit; sie werden hauptsächlich von seltenen Seevogelarten bevölkert, die hier in Ruhe brüten können. (Wenn man die Naturschutzparks durchwandern will, braucht man eine Genehmigung.)

Zurück auf der Hauptstraße, wollen wir uns die Freude machen, die öde Heidelandschaft und ihre Melancholie für kurze Zeit mit der Heiterkeit des ›Gartens von Suffolk‹ zu vertauschen, und nehmen darum einen kleinen Umweg über *Yoxford*, eine malerische Kleinstadt, die in Parks und Gärten förmlich eingebettet liegt: Grove Park, Rookery Park und Cockfield Hall Park. In Cockfield Hall wurde Katherine, die Schwester Lady Jane Greys, von Königin Elisabeth I. in Haft gehalten. Das Haus wurde leider mehrfach umgebaut. Ein anderes Herrenhaus, das nicht weit vom Wege ab liegt, ist *Heveningham Hall*, von Yoxford aus über den Landweg nach Heveningham zu erreichen. Es ist ein georgianischer Bau im palladianischen Geschmack mit einem von Capability Brown entworfenen Park, 1779 von Sir Robert Taylor für Sir Gerard Vanneck, einen holländischen Kaufherrn, errichtet. Mit einem Mittelrisaliten und übergiebelten Eckrisaliten streckt er sich in imposanter Größe auf einem weiten Rasen aus, die helle Fassade in einem tiefergelegenen Weiher spiegelnd; eine Gruppe riesiger alter Bäume liefert den dunkleren Hintergrund dazu. Die Innenräume wurden Anfang der achtziger Jahre des 18. Jahrhunderts von James Wyatt ausgestaltet: Speisesaal, Bibliothek und ein etruskischer Raum. Wyatts Meisterstück ist die große Halle, in der gotische und klassizistische Elemente auf raffinierteste Art komponiert wurden: korinthische Säulen und Pilaster aus gelbbraungetöntem Stucco lustro heben sich von den apfelgrünen Wänden ab, in deren runden Nischen weiße Marmorskulpturen stehen. Feine Stuckmedaillons sind über den Nischen und französischen Fenstern angebracht; die römische Tonnendecke zeigt in der Mitte graziöse Rosetten und nimmt zu den Wänden hin in spielerischer Form das Motiv der Fächergewölbe des Perpendikular auf. Der Boden ist mit weißem, braunem und grauem Marmor eingelegt. Der Gesamteindruck ist, ähnlich wie so oft bei Adam, heitere Eleganz. Das Schloß wurde 1970 vom Staat erworben, bis dahin war es noch im Besitz der Vannecks; es ist an Sommernachmittagen zu besichtigen.

Über Halesworth erreichen wir – wieder in Küstennähe – *Blythburgh*, das sich mitten im sumpfigen Umland des Blyth mit der mächtigen Silhouette von Holy Trinity (15. Jahrhundert) wie ein Schemen aus anderer Welt erhebt. Die Kirche ist fast 42 Meter lang und 18 Meter breit; ihr freitragendes hölzernes Dach wird von geschnitzten Engeln mit weiten Flügeln umflattert; es soll das Himmelszelt symbolisieren. Die geschnitzten Bänke zeigen die Sieben Todsünden, grausig-skurrile Schreckgestalten, wie aus Marlowes ›Doctor Faustus‹ hervorgekrochen; das Chorgestühl hingegen wird von Heiligen und Aposteln geschmückt. Cromwells Soldateska lieferte sich in der Kirche eine wilde Schießerei; als kürzlich einer der Flügel der hölzernen Engel zu Boden stürzte, fand man, daß er seit damals mit Schrot geradezu ›gepfeffert‹ gewesen war. Blythburgh war im Mittelalter eines der Zentren des Suffolker Tuchhandels mit einer eigenen Münze, einem Gefängnis und schönen Kais. Es sank in Vergessenheit, als die großen Segler seinen flachen Hafenkanal nicht mehr aufsuchen konnten.

Southwold, östlich von Blythburgh auf einem Kliff am Meer gelegen, atmet den Geist eines Badeortes der viktorianischen Zeit. Im Frühjahr schimmern die es umgebenden Heiden im goldenen Ginsterfeuer. Strahlend weiß erhebt sich sein von Fischerkaten umdrängter Leuchtturm am Strand, weiß und bunt sind auch die Häuschen getüncht: gelb, rosa und blau in allen Schattierungen. 1659 ist der Ort von einem Brand heimgesucht worden, und man beschloß damals – nennen wir es prophetische Stadtplanung – die Lücken nicht wieder zu bebauen, sondern in Rasenflächen umzuwandeln. Diese ›Greens‹ punkteln heute die ganze Altstadt.

St. Edmund, die Pfarrkirche aus dem 15. Jahrhundert, hat einen hohen Turm und ein prächtiges Südportal; ihr Stichbalkendach erhebt sich über dem hohen Lichtgaden, geziert mit Engeln und Heiligen. Die farbenprächtigen Chorschranken wurden zur Zeit Heinrichs VIII. bemalt. Über dem Südportal mit seinem Muster aus Feuer- und Bruchstein findet sich ein kleines Priesterversteck mit einem Geheimschloß.

Eine andere Sehenswürdigkeit ist der Lesesaal der Schiffer, ›The Sailor's Reading Room‹. Nicht nur Bücher und Billards findet man dort, sondern auch Schiffsmodelle, Bilder der Leuchtturmwächter und Erinnerungen an Wracks und Stürme. Das ›Harbour Inn‹ hingegen war – wie könnte es anders sein! – einst eine richtige Schmugglerkneipe: Konterbande waren Brandy und ›Tobacco‹.

Bei *Great Yarmouth* überschreiten wir die Grenze nach Norfolk. Heute ist es mit dem Seebad Gorleston fest verwachsen. Einst war es eine machtvolle Handelsstadt, durch den River Yare, der sich westlich der Stadt seeartig weitet, dann aber den Ort von Nord nach Süd in einem dünnen Rinnsal durchfließt, ehe er ins Meer mündet, wie eine schmale Halbinsel vom Land getrennt.

Weit streckt Yarmouth seine beiden mächtigen Piers aus der Mitte des vorigen Jahrhunderts – der Zeit der großen Ingenieursbauten! – ins Meer vor. Besonders prächtig ist der Britannia Pier, der ein

Theater trägt. Im Süden der Halbinsel steht die über fünfzig Meter hohe Nelson-Säule, 1817 von William Wilkins entworfen. Die Kirche St. Nicholas wurde im Krieg zerstört und ist im neugotischen Stil wiederaufgebaut worden; ihr Pfarrhaus aber stammt aus dem 18. Jahrhundert. Am Kirchplatz fallen schöne Bürgerbauten auf, wie das ›Fishermen's Hospital‹ von 1702 und das Sewell House aus dem frühen 17. Jahrhundert, in dem 1820 Anna Sewell geboren wurde, eine Schriftstellerin, deren mitreißende Pferdegeschichte ›Black Beauty‹ zu den Klassikern der englischen Jugendliteratur zählt.

Die schönsten Bürgerhäuser stehen jedoch am South Quay, um dessentwillen man Yarmouth gern mit Gent und anderen flämischen Handelsstädten verglichen hat. Dort lebten einst die reichsten Kaufleute; einen Einblick in ihre Welt gewährt das Haus Nr. 4, heute Museum of Domestic Life, ein schöner Tudorbau mit Holztäfelungen, Stuckdecken und alten kostbaren Möbeln, aber auch das Old Merchant's House in der Row 117 mit seiner Sammlung von Schmiedekunstwerken aus dem 16. bis 19. Jahrhundert. Die ›Rows‹ bilden gleichsam einen numerierten Dschungel frühmittelalterlicher enger und engster Gassen, Gäßchen, Durchgänge und Torwege hinter dem Südkai, im Zweiten Weltkrieg leider durch Bomben in Mitleidenschaft gezogen. Die Kaufleute, die nicht reich genug waren, ein Haus am Kai zu erwerben, aber auch Fischer und Handwerker lebten hier. Vom Leben der Schiffer und Fischer erzählt das ›Maritime Museum for East Anglia‹ an der Marine Parade. Daß Great Yarmouth dem Urlauber alles bietet, was er von einem erstklassigen Badeort an Luxus, Unterhaltung, Sportgelegenheiten und Abwechslung erwarten kann, braucht nicht besonders erwähnt zu werden.

Etwas nördlich der Stadt liegt *Caister-on-Sea*, die Ruine einer Burg mit Wallgraben aus dem 15. Jahrhundert, einst Heim jenes Ritters Sir John Fastolf, den man gerne mit Shakespeares Falstaff in Verbindung bringt. Nach seinem Tode 1459 kam die Burg in den Besitz der Familie Paston und verfiel allmählich. Auf dem Burggelände kann man heute eine interessante Oldtimer-Sammlung besichtigen.

37

Mousehold Heath und Norfolk Broads: Norwich Wroxham – Aylsham – Blickling Hall

Ich galoppierte an jenem Tag über die Mousehold Heath bei einem heftigen Hagelsturm, denn ich hatte nur wenig Zeit und wollte bei meinem Vater zu Abend essen – aber ich mußte anhalten und von einer Hügelkuppe eine großartige Szenerie skizzieren … Norfolk ist voll solcher Landschaften. Oh! seltsames, schönes Norfolk!

John Sell Cotman an Dawson Turner, 1841

Norwich

Wir fahren jetzt in westlicher Richtung tief in das Land hinein, auf die machtvolle alte Handelsstadt und heutige Grafschaftsstadt Norwich mit ihren dreißig alten Stadtkirchen zu, erst den Bure entlang, dann durch das Tal des Yare, der die Stadt im Süden wie ein blauer Saum umfaßt. Seine Nebenflüsse Wensum und Tud teilen die Stadt in diagonaler Richtung, ehe sie sich im Südosten mit dem Hauptfluß vereinigen. Norwich sitzt wie eine Riesenspinne im Netz seiner Straßen, das es über ganz East Anglia ausgeworfen hat und das weit nach Mittel- und Südengland hinabreicht. Wie so viele Grafschaftsstädte bildet es sowohl das landwirtschaftliche als auch das Handels- und Industriezentrum der ganzen Gegend. Auf den Vieh- und Getreidemärkten werden Vermögen umgesetzt, in seinen Fabriken verarbeitet es vor allem landwirtschaftliche Produkte, wie Leder, Stärkemehl und Senf, aber auch die berühmten Norwicher Seidenschals werden hier noch immer hergestellt.

Die Altstadt ist eingekreist von einer Schleife des Wensum, der von zehn Brücken überspannt wird. In der Mitte ragt aus Rasenflächen das Castle auf, dem im Westen die Grafschaftshalle gegenüberliegt: die alte, das ganze späte Mittelalter begleitende Konfrontation von Adel und Grafschaftsrat, der ja das Bürgertum vertrat. Ein Kranz ehrwürdiger Kirchen umringt diese beiden Manifestationen der weltlichen Macht und spiegelt Stolz und Reichtum der Bürger. Ein geistiges Zentrum bildet die Kathedrale im Nordosten der Burg mit zwei schmalen, länglichen Pfarrhöfen, mit der Edward IV. School, dem Bishop's House, dem Great Hospital und der St. Helen's Church, nicht zu vergessen die ausgedehnten Sport- und Spielwiesen der Schule, die bis ans Ufer des Flusses reichen.

An den Ufern des Yare ziehen sich die modernen Bauten der jungen Universität von East Anglia hin. Im Westen der Stadt findet man die jüdische Synagoge, aber auch eine Reihe üppiger Anlagen, wie den Earlham Park, den Eaton Park von 1928 und die Chapel Field Gardens. Auch mehrere alte Herrenhäuser haben sich noch erhalten, und im Nordosten dehnt sich die bräunliche *Mousehold Heath* aus, von deren höchster Erhebung, dem St. James's Hill, man den besten Blick auf die Stadt hat. John Crome und seine Schüler haben sie gemalt, auch der Tiermaler Stubbs; und der seltsamste aller englischen Dichter, George Henry Borrow, der eine Zeit in einem Haus im Westen von Norwich wohnte, hat sie beschrieben, wie er sie als Junge erlebt hat, als er zum ersten Mal Zigeunern begegnete: jenem Volk, für das er der ›Romany Rye‹, der Gentleman-Zigeuner, aber auch der ›Lavrengo‹ oder Sprachkundige wurde:

»Eines Tages wanderte ich über die Heide hinaus, bis ich an eine Stelle kam, wo neben dichtem Stechginster ein Mann saß, den Blick unverwandt auf die rote Scheibe der untergehenden Sonne geheftet.

›Das Leben ist köstlich, Bruder.‹

›Und das soll man glauben?‹

›Glauben, Bruder? – Da ist Nacht und Tag, beide köstlich; Sonne, Mond und Sterne, alles köstliche Dinge, ebenso der Wind auf der Heide. Das Leben ist etwas Köstliches, Bruder, wer begehrte je zu sterben?‹

›Ich. Ich möchte am liebsten tot sein.‹

›Du sprichst wie ein gadscho, das heißt, wie ein Narr; wärst du ein Zigeuner, du würdest nicht so töricht daherreden. Am liebsten sterben! Ein Zigeuner möchte am liebsten ewig leben!‹«

Borrows Vater besaß später ein Haus in der Willow Lane, einer Nebenstraße der St. Giles's Street; dort gab sich der junge Mann seinen Sprachstudien hin. Bereits als Achtzehnjähriger beherrschte er Englisch, Walisisch, Irisch, Latein, Griechisch, Hebräisch, Deutsch, Dänisch, Französisch, Italienisch, Spanisch und Portugiesisch, zwei Jahre später acht weitere Sprachen, darunter Armenisch, bis er endlich gar in vierzig verschiedenen Zungen zu reden wußte. Borrow war möglicherweise Halbzigeuner, obwohl er sich stets seiner Abkunft von einem cornischen Vater und einer hugenottischen Mutter rühmte. Dieser rätselhafte Mann mit angeborenem Pferdeverstand, Dichter, Übersetzer, Landstreicher und auch bereit, sein Brot als Schmied, Kesselflicker und Schlangenbeschwörer zu verdienen, wurde von den Zigeunern als einer ihresgleichen akzeptiert. Im Alter veröffentlichte er ein Wörterbuch der Zigeunersprache. Die Zahl seiner Veröffentlichungen ist beträchtlich; in die

Weltliteratur eingegangen ist sein Erinnerungsband ›Lavrengo‹, in dem erstmals im Abendland Zigeuner ohne Vorurteil, aber auch ohne falsche Romantik geschildert wurden. Borrow heiratete eine reiche Witwe und ließ sich mit ihr in Oulton Broad in Suffolk nieder, wo er bis zu seinem Tod 1881 lebte. Es kam immer wieder vor, daß er eines Morgens nach dem Frühstück zu seiner Frau sagte: »*Liebste, ich glaube, ich mache einen Spaziergang*«, worauf er monatelang unterwegs war, bis er eines Tages wieder zu Hause auftauchte und sagte: »*Liebste, es war ein schöner Spaziergang.*« (Fritz Güttinger)

Doch zurück nach Norwich. Beginnen wir einen kleinen Rundgang beim Castle, in dem seit Ende des vorigen Jahrhunderts ein Stadtmuseum mit naturkundlichen und archäologischen Ausstellungen untergebracht ist. In seinen Räumen können wir auch zahlreiche Meisterwerke der Norwich School of Painting, der ersten englischen Malerschule, studieren. Die Norwich Society of Artists wurde zwischen 1803 und 1805 gegründet; sie ermöglichte den in der Stadt ansässigen Künstlern jährliche Ausstellungen. Es schmeichelte den reichen Kaufleuten der Handels- und Grafschaftsstadt, nicht nur Niederländer in ihren Landhäusern hängen zu haben, sondern auch Gemälde einheimischer Maler. Die wichtigste künstlerische Persönlichkeit unter ihnen war John Crome (1768-1821), der einen Schülerkreis um sich zu bilden verstand, in dem neben seinen eigenen Söhnen vor allem James Stark brillierte. Crome war der Sohn eines wandernden Webers und Schankwirts, der sich die Anfangsgründe seiner Kunst als Lehrling bei einem Schilder- und Kutschenmaler erwarb und seine Ausbildung dann als Zeichenlehrer in den Häusern der vornehmen Norfolker Familien vervollkommnete, wo er gute Bilder sehen und studieren konnte. Crome kam nur selten aus Norfolk heraus. Seine Sujets bildeten immer wieder die flachen Landschaften East Anglias mit ihren geschlängelten Wegen und Wasserläufen, die das Auge zum Horizont ziehen, mit leichten Himmeln über der dunklen Heide, den braunen Wassern und wie gebückt wirkenden Windmühlen. In seinem ›View of St. Martin's Gafe‹ im Museum erheben sich schlanke, windgewiegte Bäume im ersten Frühlingslaub leicht und golden vor einem hohen, mit zarten Wolken halb verhangenem Himmel, während Häuser und Mühlgraben in ein erdiges Licht getaucht erscheinen.

Ein anderer Maler, der der Schule nahestand, war John Sell Cotman (1782-1842), Sohn eines Barbiers und späteren Seidenhändlers, der es trotz seiner in London empfangenen Ausbildung, wo er sich mit Turner und Girtin anfreundete, sehr schwer hatte, sich in Norwich gegen Crome durchzusetzen. Er mußte oft verzweifelt um seinen Lebensunterhalt kämpfen, den er sich vor allem durch Entwerfen von Druckvorlagen und als Zeichenlehrer verdiente. Die ständige Suche nach neuen, für die Kunsthändler interessanten Sujets, die er für die Druckvorlagen benötigte, zwang ihn zu häufigem Reisen; überhaupt führte er ein unstetes Wanderleben, bald in London, bald in Norwich, bald in Yorkshire sein Glück versuchend. Auch seine Söhne wurden Maler; sein Neffe Frederic George Cotman galt als einer der besten Aquarellisten der Zeit. Der große Erfolg, nach dem sich Cotman sein Leben lang verzehrte, um sich endlich Crome gegenüber durchsetzen zu können, kam erst viele Jahre nach seinem Tod. Sein großflächiger, herber Stil mit dem harten Nebeneinander der Farbtöne mag seinen Zeitgenossen zu kühn gewesen sein; er kommt gut zum Ausdruck in dem Aquarell ›The Marl Pit‹: Steil stürzen die ockerfarbigen Wände der Lehmgrube ab; flächenhaft, wie Schemen, stehen die hellen gelblichen Silhouetten zweier gehörnter Rinder vor einem weißen Wolkenberg unter unvermittelt blauem Himmel; nur der Vordergrund ist in Schatten gehüllt. Eine herbstliche Baumgruppe am Rande der von wenigen Schafen und Ziegen bevölkerten Grube gibt dem Bild einen Hauch Wärme und Halt. – Cotman bewohnte einige Zeit ein Haus am Palace Plain.

Vom *Castle* stehen nur noch der normannische Keep, ein Tor und einige Arkaden. Erbaut wurde es unter Hugh Bigod, Graf von Norfolk, dem wir schon in Framlingham begegneten. Der Keep mit seinen drohenden Zinnen und den unterirdischen Verliesen mißt 30 Meter im Quadrat; die Wände sind teilweise mehrere Meter stark. Westlich des Castle liegt am Markt die *Guildhall* (1407-1413), deren Giebel aus dem 16. Jahrhundert interessantes Flushwork zeigt. Die *Stadthalle* mit ihrem stattlichen Turm an der Westseite des Marktes wurde 1938 vollendet. Der Guildhall gegenüber erhebt sich die Perpendikularkirche *St. Peter Mancroft;* der harmonische Bau wurde zwischen 1430 und 1455 errichtet. Sein riesiges Ostfenster zeigt mittelalterliche Glasmalereien, und im über 30 Meter hohen Turm entzückt ein perlendes Glockenspiel.

Im Norden des Marktes stehen Ecke Pottergate Street die Kirche *St. John Maddermarket* und das *Maddermarket Theatre*, das einem elisabethanischen Theater mit Vorderbühne und Galerien nachgebildet ist. Es wird von einem festen Ensemble, den Norwich Players, bespielt. Von der Bedford Street, einer Verlängerung der Pottergate Street, biegen wir links ab in die schmale Bridewell Alley mit dem *Bridewell Museum*. Seine Sammlungen illustrieren die Entwicklung der örtlichen Industrie und des bäuerlichen Kunstgewerbes in Norfolk und Nordsuffolk. In der ihm benachbarten *St.-Andreas-Kirche* von 1506 sind vor allem die Grabmäler der Patrizierfamilie Suckling von Interesse, deren Namen auch das *Suckling House* etwas weiter straßauf führt. Es war einst die Banketthalle der Kaufherren und wurde 1925 restauriert und der Stadt geschenkt. Gegenüber von Suckling House steht die *St. Andrew's Hall*, einst Teil des Schiffes einer Kirche der Schwarzen Brüder, aber schon vor langer Zeit in eine Stadthalle umgewandelt. Ihre Wände sind mit Porträts der Honoratioren von Norwich geschmückt.

Durch die steil ansteigende, kopfsteingepflasterte mittelalterliche Gasse *Elm Hill*, in der das riedgedeckte Kaffeehaus ›The Briton's Arms‹, der elisabethanische ›Strangers' Club‹ (heute Volkskundemuseum) und das Haus des Bürgermeisters John Pettus von 1590 liegen, gelangen wir zum *Erpingham Gate*, das uns Durchlaß zur Domfreiheit gewährt. Das Tor wurde 1420 von Sir Thomas Erpingham errichtet; eine Statue über dem Portalbogen stellt den Stifter dar.

Norwichs *Kathedrale* zur Heiligen Dreifaltigkeit ist ein spätnormannischer, in der Gotik leicht veränderter Bau; keiner der ganz großen englischen Dome, aber bestechend durch seine ausgewogenen Proportionen, die dennoch eine geballte Kraft nicht verleugnen. Der normannische Vierungsturm ist durch Blendarkaturen, ein eigenwilliges Kreismuster und seine wie kanneliert wirkenden Ecktürmchen so sehr aller Schwere enthoben, daß er mit der später aufgesetzten gotischen Spitze eine ganz natürlich wirkende Einheit bildet. Mächtig breiten sich die Arme des Querhauses aus; das Strebewerk des Chores mit den steil ansteigenden Schwibbögen stützt den Lichtgaden mit seinen in der Gotik vergrößerten Maßwerkfenstern. Der apsidiale Chorabschluß mit zwei oval vortretenden Seitenkapellen ist dagegen seit normannischer Zeit kaum verändert: es ist die einzige erhaltene normannische Apsis in einer englischen Kathedrale. Der Kreuzgang mit seinem schönen, palmblattartigen Gewölbe, das an das Langhausgewölbe von Exeter erinnert, ist der größte Englands.

Das Innere der Kathedrale zeigt eine ungebrochene normannische Wandgestaltung mit Rundbogenarkaden, Galerie und einem Lichtgaden mit Laufgang. Darüber wölbt sich eine eigenartige Deckenkonstruktion, halb schon Fächergewölbe mit weit aufspringenden Rippenbündeln, die dann aber zur Mitte hin ein kunstvolles, von dunklen Schlußsteinen übersätes Sternmuster bilden. Das Überraschende ist auch hier wieder der fast mühelose Übergang von der Romanik des Gewändes zur Spätgotik des Gewölbes: aus den schlanken Diensten steigen die Rippen auf, als könne es gar keine andere Lösung geben. Die Schlußsteine des Langhauses erzählen, wenn man sie von Osten nach Westen liest, die Begebenheiten des Alten und Neuen Testamentes. Das Langschiff ist etwas niedriger als der Chor mit seinem hohen gotischen Lichtgaden.

Kathedrale von Norwich: Grundriß

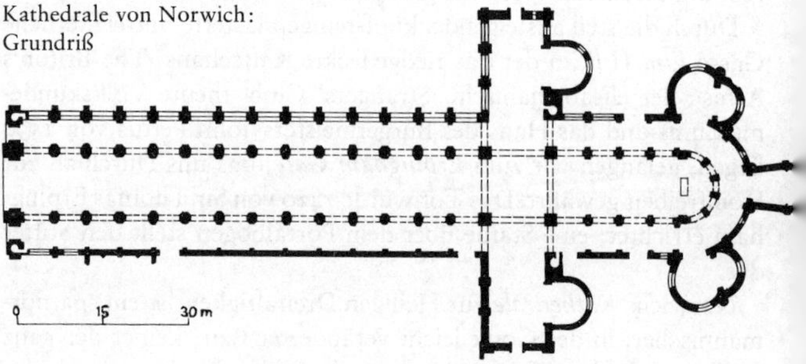

Die Geschichte der Kathedrale ist weniger aufregend als die vieler anderer. Das Bistum von East Anglia bestand seit 630, hat aber häufig seinen Sitz gewechselt, ehe es nach der normannischen Eroberung nach Norwich verlegt wurde, das damals bereits eine mächtige Stadt mit fester Burg und großem Markt war. Bischof Herbert de Losinga gab die ersten Anweisungen für den Bau, in dessen Chor er 1119 beigesetzt wurde. Der Thron des Bischofs in der Apsis hinter dem Hochaltar gilt als der älteste Englands, er soll tausend Jahre zählen. Das Chorgewölbe wurde Ende des 15. Jahrhunderts von Bischof Goldwell in Auftrag gegeben.

Die *King Edward School* in der Domfreiheit ist aus einer Domschule hervorgegangen; sie wurde 1316 gegründet. Zu ihren berühmtesten Schülern zählen Horatio Nelson und George Borrow.

Wenn wir den Dombezirk wieder durch das Erpingham Gate verlassen und die Tombland Street überqueren, stoßen wir auf die

St. George Tombland Church, eine der vielen, vielen Stadtkirchen. Dort ruht John Crome, ›Old Crome‹, wie ihn seine Zeitgenossen nannten, der Maler Norfolks.

Von Norwich aus fahren wir in nordöstlicher Richtung in die *Norfolk Broads*, Englands beliebtestes Wasserwandergebiet. Es sind abgebaute Torfbrüche, die vom Wasser der sie durchziehenden Flüsse überflutet wurden; so, wie sie sich heute dem Auge darbieten, kann man sie als seeartige Erweiterungen der unzähligen Flußläufe bezeichnen, die hier das flache Land mit einem unentwirrbaren Netz überziehen. Der kraftvollste dieser Flüsse ist der River Bure, an dessen Mündung wir weiter südlich Great Yarmouth gefunden hatten. Die in Wiesen und Blumenfelder eingebetteten Broads eignen sich für alle Arten von Wassersport; mit dem Wagen kann man sie nicht so gut erforschen, man muß hier schon auf eine Jolle oder ein Motorboot umsteigen, wenn man wirklich in diese Wasserwelt eindringen will. Zwischen Yarmouth und Norwich verkehrt auch ein Dampfer auf dem Yare, und auf dem Bure ein anderer, der uns bis nach *Wroxham* ins Herz der Broads bringt, dieses spiegelnde, grüne Zauberreich. Zu den vielen seltenen Vogelarten, die hier brüten, gehört die fast ausgestorbene Rohrdommel. Wroxham ist ein geschäftiger Segelhafen, Sitz des Norfolk Broads Yacht Club, mit einer alten Kirche und einem Herrenhaus mit niederländischem Giebel. Wir kreuzen seine aus dem Jahr 1614 stammende, im 19. Jahrhundert erweiterte Brücke und biegen bald hinter dem Ort ab auf die Straße nach Aylsham.

Aylsham zeigt sich als typisch ostenglisches Landstädtchen mit großer Perpendikularkirche. In der Kirche finden wir neben schönen Glasmalereien ein Epitaph für Humphry Repton (1752-1818), einen der großen Landschaftsgärtner der Romantik. Sein Grab jedoch liegt auf dem kleinen Kirchhof, weil sein Leib, wie es in dem von ihm selbst erdachten Grabspruch heißt, »der Rose Form und Farbe« geben sollte. Repton hat einige hundert englische Parks gestaltet, von denen viele bis heute kaum verändert wurden. Seine Theorien zum Gartenbau hat er in fünf Büchern niedergelegt, die zeitweise zur Bibel der Gartengestalter wurden. Er hat seinen Beruf als erster gegen die Liebhabergärtnerei verteidigt: *»Es ist für den Landschaftsgärtner absolut unerläßlich, über ein angemessenes Fachwissen in der Architektur zu verfügen.«* Reptons romantische Auffassung, die sich jedoch mit einem Sinn für vernünftige Kompromisse, für das

Machbare verband, läßt sich an folgender Aussage ablesen: »*Da wir uns nicht mit dem Gedanken befreunden können, unseren Bauten ruinenhafte Verfallenheit zu geben, was sicherlich sehr malerisch wäre, müssen wir sie in solch unregelmäßiger Form errichten, daß Bäume in eigens für sie ausgesparte Rücksprünge und Mauernischen hineingezogen werden können: und das würde rasch dazu beitragen, daß sich jene verwitterten Steine mit ihren harmonischen Farben bilden, die dem Malerauge angenehmer sind als polierter Marmor.*« Aus diesen Worten spricht der gleiche englische Geist, dem wir so oft in Dörfern, Städten und Herrensitzen, Schlössern und Domen gefunden haben: die Vorliebe für alles Unregelmäßige, Gewachsene, natürlich Gealterte. Und noch ein anderer englischer Grundsatz findet sich in Reptons Schriften: »*Angemessenheit und Annehmlichkeit sind nicht weniger als malerische Wirkung eine Sache des guten Geschmacks.*«

Der typisch Reptonsche Park vereinigte viele Gartenformen in sich: Der reine Landschaftsgarten verband sich bei ihm mit Arboretien fremdländischer Bäume, geometrischen Rasenflächen, Blumenrabatten, Grotten, Rosen-, Fels- und Küchengärten. Viele ältere, in Vergessenheit geratene Einrichtungen griff er wieder auf, wie Spaliere, Veranden, Lauben und Terrassen. Seine Verachtung galt dem neureichen Treiben seiner Zeit, als die überall aus dem Boden schießenden Vorstädte und Villenviertel mit ihrer »glatten Gelecktheit« die »malerischen Formen und harmonischen Farben« früherer Zeiten zu verdrängen drohten. Daß diese Vorstädte heute oft zu Slums herabgesunken sind, gibt seinem ästhetischen Mißtrauen nachträglich recht. Repton lebte im Alter in einem kleinen Landhaus in Hare Street bei Romford, Essex, und glücklich beschreibt er, wie er durch den von ihm geschaffenen Rahmen blühender und immergrüner Sträucher »das heitre Dorf, die Landstraße« beobachtete, »und jene ständig belebte Szenerie würde ich für keinen einzigen jener einsamen Parks, die ich für andere entworfen habe, tauschen«.

Aylshams Markt ist von hübschen Häusern umstanden, so dem ›Black Boy Inn‹ aus der Zeit Königin Annes. In seiner Nähe liegen Landhäuser wie ›The Knoll‹ und ›Aylsham Old Hall‹ vom Ende des 17. Jahrhunderts oder das alte Manor House von 1608.

Einige Kilometer nordwestlich der Stadt ließ sich zwischen 1616-1627 der Lord Chief Justice Henry Hobart einen imposanten Landsitz, *Blickling Hall*, nach Entwürfen von Robert Lyminge, dem

Architekten von Hatfield House, errichten. Die langgezogene Fassade lebt vom Gegensatz der drei elegant geschwungenen niederländischen Giebel zu den rechteckigen Fenstern und Erkern mit zarten Balkonen, den vierschrötigen Ecktürmen und ihren in zerbrechliche Spitzen auslaufenden Zwiebelhelmen. Gekrönt wird das noch sehr elisabethanische Arrangement von einem klassizistischen Uhrturm mit polygonaler Laterne. Die helle Einfassung der Giebel und Turmecken hebt sich scharf von dem dunklen Backstein des Bauwerks ab, das in einem von Repton entworfenen Park liegt. Die Staatsgemächer sind reich an alten Möbeln und Gobelins; von der Halle steigt eine geschnitzte, jakobinische Treppe auf. Die Decke in der Langen Galerie zeigt ein ungewöhnliches Muster; sie ist durch breite Stuckbänder mit dichtem Blüten- und Rankendekor in Felder aufgeteilt, die von Rollwerkmotiven belebt werden.

38

The Wash: Cromer – Felbrigg Hall – Blakeney Wells-next-the-Sea – Holkham Hall – Little Walsingham King's Lynn – Die sieben Kirchen der Marsch – Wisbech

Nichts unterbrach die Sicht als gelegentlich eine Windmühle oder der gedrungene normannische Turm einer Dorfkirche. Hero lächelte glücklich wie ein Schuljunge, als er das dreieckige Segel einer Yacht erblickte, die scheinbar auf einem gepflügten Acker schwamm – ein Anblick, wie er sich sonst nirgends auf der Welt bot, denn die Kanaldeiche hier in Norfolk waren so hoch, daß man oft kein Wasser sah und glauben konnte, die Schiffe glitten über das Festland hin.
Paul Gallico, Too Many Ghosts, 1959

Cromer avancierte im vorigen Jahrhundert vom Fischerhafen zum Badeort. Seine Altstadt auf ihrer hohen Klippe wird von einem mehr als fünfzig Meter messenden Turm, dem höchsten der Grafschaft, beherrscht. Er gehört zur Kirche Peter und Paul, einem Perpendikularbau, und wird an den Ecken von feinen, reich dekorierten Fialen geschmückt. Den Charakter der heutigen Stadt bestimmen jedoch hauptsächlich die viktorianischen Luxushotels, die hochmütig auf den feinen Sandstrand mit seinen kleinen bunten Booten hinabblicken. Im Osten des Ortes sendet ein Leuchtturm seinen Strahl über die Bucht; ein kleiner Zoo und ein hervorragender Golfplatz tragen zur Unterhaltung der Badegäste bei.

Entlang der *Wash* führt eine der schönsten Küstenstraßen Englands durch Gebiete, die unter Naturschutz stehen. Ehe wir sie einschlagen, machen wir noch einen kleinen Abstecher nach Süden, wo wir in dem Dorf Felbrigg einen stattlichen jakobinischen Herrenhof, *Felbrigg Hall*, aufsuchen. Er wurde 1674 für William Windham von dem Baumeister William Samwell (1628-1676) umgebaut; damals erhielt der alte Südflügel mit seinen stark vorspringenden Erkern, den zu Dreierbündeln zusammengefaßten Kaminen und den lustigen holländischen Giebeln an den Schmalseiten einen Anbau aus rosigem Backstein von erlesenen Proportionen im schlichten klassizistischen Barock der Epoche Wilhelms von Oranien und Königin Marias. Das Innere des Hauses wurde weitgehend nach Entwürfen von James Paine im georgianischen Stil gestaltet; besonders reizvoll ist die Bibliothek im ersten Stock, in der eine Anzahl von Büchern aus den Sammlungen Dr. Johnsons, des Papstes der englischen Aufklärung, verwahrt werden. Die Gemälde, die Windham während seiner großen Tour auf dem Kontinent sammelte, hängen im ›Cabinet‹. Das Haus ist umgeben von einem Park voller alter Eichen, Buchen und Roßkastanien, den Repton im 18. Jahrhundert umgestaltete. Die Grabplatten der Familien Felbrigg und Windham findet man in der etwas abseits vom Dorf liegenden Perpendikularkirche St. Margaret.

Entlang der Küste fahren wir nun weiter nach *Blakeney*, einem anmutigen Seehafen am River Glaven. Der ungewöhnlich schlanke Ostturm seiner Kirche diente einst den Schiffern als Seezeichen. Blakeney ist eingebettet in grüne Marschen, wo allerlei seltene Vögel brüten: Uferschnepfen, wilde Enten- und Gänsearten, Möwen, Meerschwalben, Austernfischer und andere mehr. Zwischen Strandgräsern, Ried und Rohr finden sich erstaunlicherweise auch reine Mittelmeerpflanzen. Sie scheinen sich hier so wohl zu fühlen wie die Seehunde, die zum Sonnen herkommen, und mehrere Arten von Nagetieren, vor allem aber eine schier unübersehbare Kleinfauna.

Nächstes Ziel ist *Wells-next-the-Sea*, ein Fischerhafen mit einem Gewimmel enger Gassen und einem schönen, von Bäumen umsäumten Dorfanger. Die gotische Kirche ist leider nur eine Rekonstruktion; die alte Kirche war in der Mitte des 19. Jahrhunderts abgebrannt. Etwa drei Kilometer südwestlich von Wells liegt einer der grandiosesten englischen Landsitze, Holkham Hall.

Holkham Hall hat nichts von einem Herrenhof; es ist ein stolzes palladianisches Schloß von gigantischen Ausmaßen, lässig hingestreckt auf den samtigen Rasen seines schier unermeßlichen Parks. Ein königlicher Palast am Nordsaum East Anglias, eine Residenz in der Einöde des Marschlandes: In anderen Ländern wäre ein Bau wie Holkham Hall nur als Sitz eines regierenden Fürsten denkbar gewesen. Aber in England widmete sich der Adel nun einmal am liebsten der Verschönerung seiner Stammsitze, die Londoner Stadthäuser oft gröblich vernachlässigend – eine Tatsache, die Reisende vom Kontinent immer aufs neue mit Verwunderung erfüllte.

Holkham gehörte zum Besitz der Grafen von Leicester. Der Titel wurde mit dem Tode des Günstlings von Elisabeth I., Robert Dudley, frei und erst wenige Jahre später zugunsten der Familie Sidney neu geschaffen. Der letzte Graf dieser Linie war Jocelyn, 7. Earl of Leicester (1687-1743), ein großer Kunstkenner und Sammler. Er brauchte für seine auf Reisen zusammengetragenen Schätze einen passenden Rahmen, und den ließ er sich von einem der berühmtesten Architekten seiner Zeit schaffen, von William Kent, dem Schüler und Mitarbeiter Lord Burlingtons, der den palladianischen Stil in England wiederbelebt hat. Kent kannte Rom, und er hatte das Werk Inigo Jones' eifrig studiert, dessen Nachlaß er 1727 herausgab. Als Graf Leicester ihn 1734 mit dem Entwurf für Holkham betraute, stand er auf der Höhe seines Könnens. Holkham Hall wurde sein Meisterwerk.

Die Fassade aus hellem Kalkstein spiegelt sich in einem großen runden Wasserbecken wider. Sie wird beherrscht von einem eleganten klassizistischen Portikus mit sechs schlanken ionischen Säulen; die leicht vortretenden Eckrisalite werden von je einem hohen Fenster mit Palladiomotiv über einem rustizierten Sockel belebt. Der Grundriß des Schlosses ist kompliziert; an den blockartigen rechteckigen Hauptbau mit zwei kleinen Innenhöfen schließen sich zu allen vier Ecken Seitenflügel mit je drei flachen klassizistischen Giebeln an, die leicht vor die Nord- und Südfassade vortreten. Sie sind mit dem Hauptbau nur durch schmale Korridore verbunden und enthalten Küchen-, Gäste-, Kapellen- und Bibliothekstrakt.

Der schönste der Innenräume ist zweifellos die riesige marmorne Eingangshalle mit ihrer reichdekorierten Kassettendecke, den kannelierten Schäften der ionischen Säulen, den mannigfaltigen Mäanderbändern und dem phantasievollen Bukranienfries, girlandenverbundene Stierschädel, der unter der Decke entlangläuft. *»Die*

Apsis der Halle nimmt die Treppenflucht auf, die sich nach oben hin auf den Abstand zwischen den beiden Mittelsäulen verengt, hinter denen sie sich auf eine Art Exedra öffnet, von der aus die Flügeltüren in den Salon führen. Die Wirkung ist theatralisch, die Erfindung war es nicht. Dem Auge wird das Schauspiel eines grandiosen Museums geboten, einer Verschmelzung von Antike und Renaissance. Wahrscheinlich war das genau das angemessene Drama für Lord Leicester, dessen Sammlung römischer Antiken die bedeutendste in diesem Lande seit den Tagen des Grafen Arundel war« (John Summerson). Aber auch die Gemäldesammlung mit Werken von Leonardo, Raffael, Veronese, den großen Flamen, von Claude und Poussin und den englischen Landschaftsmalern des 18. Jahrhunderts, deren Prunkstück eine Kopie von Michelangelos verschollenem Karton zu den ›Badenden‹ ist, spricht vom erlesenen Geschmack des Lords.

Dennoch hat größeren Ruhm als der letzte Sidney ein anderer Leicester erworben: Thomas William Coke (1752-1842). Er erbte 1759 von seinem Verwandten Thomas Coke, Earl of Leicester, Holkham Hall und die zugehörigen Güter, aber nicht den Grafentitel; der wurde ihm erst am Ende seines Lebens mit dem Zusatz ›of Holkham‹ verliehen, denn damals lebte noch der letzte Graf Leicester aus der Familie Townshend. Als der junge Coke sein Erbe antrat, stellte er fest, daß ihm außer dem herrlichen Schloß, dessen Instandhaltung große Summen verschlang, eine Menge unfruchtbarer Äcker und sauerer Wiesen gehörte, die jedes Jahr mehrere Monate lang überschwemmt waren und ihm keine zweitausend Pfund im Jahr einbrachten. Coke war ein praktischer Mann. Überzeugter Whig und Freund des Staatsmannes Charles Fox, vertrat er seine Grafschaft immer wieder im Parlament. Zu seinen politischen Ambitionen gesellten sich bald landwirtschaftliche; er war nicht gewillt, dem Ruin seiner Ländereien weiter stillschweigend zuzusehen. Er studierte wie ein Besessener, griff gierig alle Theorien auf, die damals die Naturwissenschaftler und Ökonomen vertraten, holte sich Fachleute aus Holland, um seine Felder zu drainieren, und führte gegen den Widerstand seiner Pächter die Vierfelderwirtschaft mit Fruchtwechsel ein. In wenigen Jahren konnte er es wagen, in Norfolk Weizen anzubauen, Rüben und Kartoffeln. Bald warfen die Güter das Zehnfache ab; seine Pächter und Bauern lernten, ihm in seinen abenteuerlichen Plänen zu folgen, und fuhren gut dabei. Coke of Norfolk, wie man ihn bewundernd nannte, wurde zum Vater der modernen englischen Landwirtschaft; er hat letztlich dem Land mehr an fruchtbarem Boden und Ansehen geschenkt, als alle Konquistadoren zusammen: den Wert seines Geschenkes begriff man freilich erst ganz, als das Commonwealth verfiel.

Englands Pilgerziele sind nicht gerade dicht gesät, aber einige haben sich doch trotz Reformation und Revolution behauptet. Eines der ehrwürdigsten ist *Little Walsingham* im waldigen Tal des Stiffkey an der Straße nach Fakenham, ein malerisches Fachwerkdorf, das die Ruinen einer Augustiner-Priorei und eines Franziskanerklosters völlig integriert hat. Hier hatte eine Edelfrau, Lady Richeld, um die Mitte des 11. Jahrhunderts eine Vision: Sie solle das Haus in Nazareth nachbauen, in dem Maria die Verkündigung empfangen hatte. Getreu ihrem wunderbaren Auftrag ließ sie eine Hütte bauen, in die eine Statue der Himmelsmutter mit dem Kind gebracht wurde. Bald verbreitete sich die Kunde von der wundertätigen Jungfrau von Walsingham im Land, und die Augustiner umbauten den schlichten Schrein mit einer frühgotischen Kirche. Die meisten der Klosterbauten fielen ebenso wie der Schrein der Reformation zum Opfer; aber seit den dreißiger Jahren dieses Jahrhunderts wird Maria wieder hier verehrt: in einem anglikanischen Heiligtum.

Von diesem Abstecher nach Wells zurückgekehrt, fahren wir entlang der Küste weiter bis zu den *Burnhams*. Das ist eine Ansammlung von Dörfern, in deren Mitte das stattliche Burnham Market liegt. Alle sieben Orte waren einst selbständige Pfarreien. Neben der Kirche von Burnham Market liegt Westgate Hall, ein 1783 von dem eigenwilligen Londoner Architekten Sir John Soane errichtetes Herrenhaus. Eine Wind- und eine Wassermühle zieren Burnham Overy; Burnham Deepdales Kirche hat einen angelsächsischen Turm und einen normannischen Taufstein und Burnham Nortons Kirche St. Margaret einen normannischen Rundturm. Historisch am interessantesten ist freilich das abseits gelegene *Burnham Thorpe*, wo 1758 Nelson als fünfter Sohn des Pastors Edmund Nelson im Pfarrhaus das Licht der Welt erblickte. Die Jahre der Kindheit waren für den kleinen Horatio nicht ungetrübt; sechs weitere Geschwister stellten sich ein, und so war stets Schmalhans Küchenmeister in der großen Familie. Als der Junge neun Jahre alt war, starb die Mutter. Drei Jahre später fuhr der spätere Admiral bereits zur See. Die Geschichte seines Lebens haben wir in Portsmouth erfahren. Sein Geburtshaus steht nicht mehr, aber in der Kirche ist das Grab seines

Vaters, und auch ein Kreuz aus den Planken des Flaggschiffs ›Victory‹ wurde dem Helden zu Ehren aufgestellt.

Über das gepflegte Seebad New Hunstanton fahren wir durch flaches Marschland weiter nach *King's Lynn*, wo die Ouse in den Wash mündet. King's Lynn war einst ein Mittelpunkt des Wollhandels und des Walfangs. Die Bischöfe von Norwich hatten hier bis zur Reformation einen Palast, und bis damals hieß die Stadt auch Bishop's Lynn. Herbert de Losinga, der erste Bischof von Norwich (1054-1119), ließ die schöne weiße Kalksteinkirche St. Margaret am Samstagsmarkt von Lynn errichten. Der ursprünglich normannische Bau wurde in der Gotik mehrfach umgebaut. Vor dem überlangen Schiff erheben sich die beiden stolzen Westtürme, die zwischen sich die sieben Bogen des prächtigen Westfensters bewachen. Im Langhaus sollte man sich Muße nehmen, zwei der schönsten Messinggrabplatten (Brasses) des Landes eingehend zu betrachten: Die lebhaft gestalteten Arbeiten aus der Mitte des 14. Jahrhunderts stellen eine Weinlese und ein ›Fest der Pfauen‹ dar. Die andere große Kirche von King's Lynn, ein Perpendikularbau mit reichgeziertem Südportal von 1410, ist dem Heiligen der Fischer und Schiffer, Nikolaus, geweiht; vom Kloster der Grauen Mönche hat sich nur ein stumpfer oktogonaler Turm aus dem 13. Jahrhundert erhalten. Die ebenfalls achteckige Kapelle auf dem Red Mount im Stadtpark, den Public Walks, wurde einst von Pilgern auf der Wallfahrt nach Walsingham besucht.

Das einzige erhaltene Stadttor, das South Gate, stammt aus dem frühen 16. Jahrhundert und wird noch heute benutzt. Stolz ist das wie Hamburgs Altstadt von Fleeten, schmalen Kanälen, durchzogene Lynn aber vor allem auf seine historischen Kaufmannsbauten: in der Nelson Street steht das ›Hanseatic House‹ von 1428, der einstige Stapelplatz und Herbergs- und Kontorhof der deutschen Hanse. Das ›Greenland Fishery House‹, ein Fachwerkbau von 1605, war der Sammelpunkt der Walfischer im 17. und 18. Jahrhundert; es wurde im Krieg schwer beschädigt und ist heute als Museum eingerichtet. Das Zollhaus im Stuartstil hat um 1683 Henry Bell entworfen. Der fast würfelförmige Bau trägt ein hohes Zeltdach, dem die Spitze fehlt; an ihrer Stelle wird es von einem verspielten Türmchen mit glockenförmiger Haube gekrönt. Das Obergeschoß zeigt strenge hohe Fenster; im Untergeschoß wechseln bogenüberfangene Fenster und Blendfenster, die durch klassizistische Pilaster getrennt werden. In einer Nische über dem Portal steht eine Statue Karls II. Das

Stadtmuseum in der Market Street beherbergt unter anderem eine reizvolle Sammlung englischer Trinkgläser und eine kleine Kunstgalerie mit Werken lokaler Maler.

Die Stadt, die schon seit dem 13. Jahrhundert die Rechte eines ›Borough‹ genoß, stellte sich im 16. Jahrhundert unter den Schutz Heinrichs VIII., was ihr die Namensänderung und das Recht eintrug, zweimal wöchentlich Korn- und Viehmarkt abzuhalten. Die Regelung hat sich bis heute erhalten; das drückt sich auch in der Benennung der beiden großen Plätze der Stadt, Tuesday Market und Friday Market, aus. Am Dienstagsmarkt lädt das ›Duke's Head Hotel‹ von 1685 im Stil des barocken Klassizismus zu längerem Aufenthalt ein; seine helle Fassade schimmert von der Vielzahl hoher rechteckiger Fenster; vom Obergeschoß ragt ein gebrochener Segmentgiebel leicht über das Dach hinaus. Die Guildhall von 1491 in der Queen Street zeigt das für Ostengland so typische Schachbrettmuster aus blinkenden Feuersteinen. Man kann dort unter anderem ein Schwert und einen Becher des Königs Johann Ohneland bewundern, der 1204 der Stadt ihre ersten Rechte verlieh. Der Becher zeigt in kunstvoller Emailletechnik Jagdszenen und gilt als ein Meisterwerk mittelalterlicher Goldschmiedekunst.

Entlang unseres Weges nach Wisbech liegen, etwas abseits der Autostraße, die *Sieben Kirchen des Marschlandes:* Clenchwarton, Tilney All Saints', Terrington St. Clement, Walpole St. Peter, West Walton, Walsoken und etwas südöstlich von Wisbech als letzte Emneth. Die häufig auftauchende Silbe ›Wal‹ meint hier Deich; die Kirchen liegen in einer dem Meer mühselig abgerungenen Zone. Sie alle sind aus silbrigem Sandstein, dem Ancaster Stone, erbaut, teils im normannischen, teils im Perpendikularstil. Die schönste unter ihnen ist Walpole St. Peter, die unbestrittene ›Königin der Marsch‹, ein über fünfzig Meter langer Perpendikularbau mit kraftvollen Westtürmen und überreich geschmücktem Südportal.

Wisbech ist eine Stadt von holländischer Heiterkeit und Klarheit am River Nene. Hierher bringen die Gärtner aus den Fens ihre Körbe und Wagenladungen voll bunter Blumen, um sie weiter zu verkaufen. Fen heißt eigentlich Sumpf, und einst war der gesamte ›Fen District‹ ein Riesenmoor, das Überschwemmungsgebiet der Flüsse Witham, Welland, Nene und Ouse. Erst im zweiten Viertel des 17. Jahrhunderts gelang es, der Überschwemmungsplage Herr zu werden, nachdem man den berühmten niederländischen Ingenieur

Sir Cornelius Vermuyden zugezogen hatte. Die Sümpfe wurden durch ein Netz von Gräben und Kanälen trockengelegt und in fruchtbares Ackerland umgewandelt; viele von ihnen tragen heute ausgedehnte Blumenfelder, während die dem Meer mit List und Mühsal durch Eindeichung abgetrotzen Marschen durchweg Weideland abgeben. Teile der Fens (Wicken, Woodwalton, Holme) wurden unter Naturschutz gestellt und müssen heute manchmal schon mit Hilfe von Spezialmühlen künstlich feucht gehalten werden, um die dort lebende vielfältige Flora zu erhalten.

Wisbech ist, obwohl so weit landeinwärts gelegen, ein Seehafen, ein Gezeitenhafen sogar, denn der Nene ist Ebbe und Flut unterworfen. Die Stadt wird von Obstgärten eingefaßt, die sie zur Blütezeit wie eine riesige weiße Halskrause schmücken. Die Kirche Peter und Paul hat ein doppeltes Schiff und Seitenschiffe, ihr Turm aus dem 15. Jahrhundert zeigt phantasievollen Steinmetzschmuck. Viele der stattlichsten Backsteinhäuser liegen am North Brink, am Ufer des Flusses; unter ihnen muß das ›Peckover House‹ besonders hervorgehoben werden. Es ist ein 1722 erbautes Haus im georgianischen Stil und befand sich vom späten 18. Jahrhundert bis 1948 im Besitz der Familie Peckover, die es dem National Trust übergab. Die einfache Backsteinfassade erhält ihre Würde durch das palladianische Mittelfenster im ersten Stock. Aber die vornehme Zurückhaltung des Äußeren täuscht: Hinter dem Portal mit seinem flachen klassizistischen Dreiecksgiebel entzücken uns elegante Rokoko-Interieurs mit zartgliedrigen Stuckdecken. Zu den Exoten des gepflegten Parks gehört außer den Apfelsinenbäumen in der Orangerie auch ein Ginkgo Biloba, ein ›Goldfruchtbaum‹, wie er in Japan und China um Tempel gepflanzt wird.

Von Wisbech aus fahren wir durch die tellerflache Fenlandschaft über Downham Market, dessen hohe Turmspitze in der Ebene weithin sichtbar ist, nach Ely.

39
Die Isle of Ely

Ich besuchte Ely von Cambridge aus. Der Tag war schlecht, aber das Münster ist superb, in seiner grotesken Schönheit für mein Gefühl Peterborough hoch überlegen. Ich sah es an, während der Regen mich durchnäßte, doch zu großem Gewinn – erhellt von den letzten Strahlen der Sonne, während ein Unwetter darüber niederging. Die Blitze schienen das Dach zu durchbohren.
John Sell Cotman an Dawson Turner, 1804

Die Isle of Ely ist ein fruchtbares Gebiet, das einst wirklich wie eine Insel aus Sümpfen hervorragte und von der Landseite aus kaum zugänglich war. Der Name Ely geht angeblich auf die Aale (eels) zurück, die die Ouse einst in Fülle barg. Im 7. Jahrhundert gehörte das Gebiet zur Morgengabe von Königin Etheldreda zu ihrer Vermählung mit dem Prinzen Fondbert, der bald nach der Hochzeit starb. Der zweite Gemahl Etheldredas, König Egfrid, war ein sehr frommer Mann, der seine Frau auf ihre Bitten hin unberührt ließ und ihr nach zwölfjähriger Scheinehe die Freiheit zurückgab, da sie ein Kloster gründen und im Kreise der Nonnen leben wollte. Dieses Kloster erbaute sie auf ihrem Eiland in den Sümpfen. Ihr geistiger Berater, Wilfrid Erzbischof von York, suchte sie 673 hier auf, um sie zur Äbtissin ihrer kleinen Klostergemeinde zu erheben. Als sie starb, wurde sie auf ihren Wunsch in einem Holzsarg bestattet, aber sechzehn Jahre später fand man ihren Leichnam noch unverwest und bettete sie ein zweites Mal in einem antiken Marmorsarg zur ewigen Ruhe. Ihr Grab erwies sich bald als wundertätig, und so errichtete man ihr einen Schrein, der zum Pilgerziel vieler Kranker wurde. 870 wurde eine an diesem heiligen Ort erbaute sächsische Kirche durch die Dänen zerstört. Hundert Jahre später wurde das unter der Herrschaft König Edgars des Friedlichen wiedererbaute Gotteshaus abermals geweiht. Der König richtete gleichzeitig eine Benediktinerabtei ein, deren Mönche bis zur Reformation hier wirkten.

Als Wilhelm der Eroberer England in die Knie zwang, setzte ihm von der Isle of Ely aus ein sächsischer Adeliger, Hereward the Wake, erbitterten Widerstand entgegen. Hereward hatte sein ›Hauptquartier‹ im Kloster, von dem aus er alle militärischen Operationen leitete, bis er schließlich vom König niedergeworfen wurde. Der Eroberer ließ Milde walten und setzte Simeon, einen Mann seines Vertrauens, als neuen Abt in Ely ein. Wie stets erschien den Normannen die Kirche ihrer angelsächsischen Vorgänger wieder einmal nicht prächtig genug, und so gab Simeon Auftrag, einen normannischen Bau zu errichten. Es wurde der schönste von ganz England.

»*Die Westfassade und vor allem die Türme mit ihrem Reichtum abstrakt normannischer Ornamente sind vollendete Beispiele für den spätromanischen Stil Englands ... Mit der Behandlung der Außenwände in Ely, einer Überfülle geradezu von Ornament, Nischen und Blendarkaturen, hat die anglonormannische Stilphase ihr Ende erreicht. Die Wand hat viel von ihrer Schwere verloren. Eine Zergliederung und fast malerische Bereicherung ist an die Stelle strengster kubischer Geschlossenheit getreten. Noch ist es die Horizontale, die in dieser Architektur spricht, aber sie ist so weitgehend aufgelockert, so vielfach unterbrochen, daß das Auge sie gleichsam suchen muß. Es konnte von diesem Punkt an keine Weiterentwicklung des bestehenden Stiles mehr geben.*« (Edith Baar)

Die *Westfassade*, die eine der großartigsten Europas genannt werden müßte, hätte man ihr nicht im 15. Jahrhundert durch Abreißen des nördlichen Querschiffes des Westwerks eine nie vernarbte Wunde geschlagen, wird von dem riesigen Turm bestimmt, dessen oberstes Geschoß aus der frühgotischen Epoche stammt. Das südliche Querschiff des Westwerks mit dem Südportal und den beiden runden, zinnengeschmückten Ecktürmen gibt uns eine Ahnung, wie hinreißend diese Westfassade einst gewirkt haben muß. Dem zentralen ursprünglichen Westportal unter dem Turm wurde eine Art Torhaus vorgebaut, das die normannischen Blendarkaturen ins Early English übersetzt wieder aufnimmt. Der Zwillingsbogen des Portals mit seinem wuchernden, spitzenhaften Maßwerk wiederholt sich im Innern vor dem eigentlichen Eingang zum Schiff noch einmal in leichter Abwandlung. Die Maße der Kathedrale streben nach allen Richtungen zum Äußersten. Vom Eingang aus können wir das *Schiff* in voller Länge seiner fast 170 Meter überblicken (nur Canterbury, St. Albans und Winchester übertreffen es). Noch überraschender ist jedoch die Breite des Langhauses wie der Seitenschiffe. Die bemalte normannische Holzdecke mit ihrer geringen Wölbung überspannt eine Breite von fast 15 Metern! Das Gleichgewicht dieses freitragenden Daches kann bereits durch das Gewicht eines einzigen Mannes gefährlich beeinträchtigt werden; seine Konstruktion war eine einzigartige Ingenieurleistung der anglonormannischen Mönche von Ely.

Die Wandgliederung ist von begeisternder Harmonie: Über den Rundbogenarkaden des Untergeschosses erheben sich die der Galerie, deren leicht eingezogene innere Zwillingsbögen von einer eingestellten Mittelsäule getragen werden; noch leichter wirkt der Lichtgaden, dessen Drillingsbögen nach den Seiten leicht abgestuft wurden. Alle Rundbögen sind gestelzt und lassen den Raum dadurch höher erscheinen, als er in Wahrheit ist. Diese Illusion schwindelnder Höhe wird im Langhaus noch durch schlanke Dienste verstärkt, die die Joche voneinander trennen und ungebrochen an der Wand hochlaufen. Die Arkaden zeigen im Untergeschoß Stützenwechsel; Rundsäulen wechseln mit rechteckigen Pfeilern, denen wiederum schlanke Halb- und Viertelsäulen vorgeblendet sind; die romanischen Würfelkapitelle sind völlig schmucklos. Die zwölf Deckenbilder erzählen das Leben Mariens.

Die feierliche Grundstimmung der normannischen Kathedrale – 1109 war Abt Hervé le Breton zum ersten Bischof der Isle of Ely geweiht worden – wurde empfindlich gestört, als im Jahre 1322 der schwere Vierungsturm einstürzte und die Decke durchschlug. In jener Zeit war Alanus von Walsingham Sakristan des Doms, ein begeisterter Planer, der gerade den Neubau einer Marienkapelle vorbereitet hatte. Dieses Projekt wurde jetzt zurückgestellt, um den Schaden zu beheben. Dokumente lassen darauf schließen, daß es Alanus selbst war, der den Anstoß gab, anstelle des quadratischen Vierungsturmes ein den Raum weit öffnendes *Oktogon* über acht Stützpfeilern zu errichten. Seine vier gewaltigen Hauptbögen öffnen sich gegen das Langhaus, das Presbyterium und die beiden Arme des östlichen Querhauses; zwischen ihnen liegen unter sehr schlank aufstrebenden Spitzbögen hohe Farbfenster mit zartem Maßwerk. Von den acht Zwickeln breiten sich die sternartig auseinanderstrebenden Rippen eines steil aufstrebenden Palmenbaumgewölbes aus, das jedoch auf halbem Wege innehält, um das Oktogon der Laterne aufzufangen. Auch die Laterne, die noch einmal beachtliche Höhe erreicht, wird von einem Stern abgeschlossen, von einem mit einem Sternenhimmel bemalten Stern. Dieses ganze einzigartige Gewölbe – eine freitragende Konstruktion aus Eichenholz und Blei, die einen Raum von rund 25 Metern Durchmesser überspannt – ist ein technisches Wunderwerk, in das Stämme von über einem Meter Durchmesser und zwanzig Metern Höhe, wahre Waldkönige, verbaut wurden; eine solche Leistung war wohl nur möglich, weil die Engländer damals die besten Zimmerleute der Welt hatten. Und doch vergißt man als Beschauer allzu oft die technische Bravour, glaubt sich selbst im Innern eines ungeheueren Sterns: Hier erscheint dieses uralte Symbol göttlicher Vollkommenheit von einem grübelnden Abt und einer Schar ingeniöser Handwerker eingelöst in Raum, sinnlich erfahrbar gemacht: nur scheinbar gegen alle Regeln der Schwerkraft ersonnen, doch gebaut, den Stürmen der Jahrhunderte zu trotzen.

An das Vierungsoktogon schließen sich nach Norden und Süden die *Querschiffe* an, die ältesten Teile der normannischen Kathedrale. Ihr Wandaufriß gleicht dem des Langhauses, doch fehlen hier die gliedernden Dienste. Überspannt werden sie von farbenprächtig bemalten Stichbalkendecken, deren Stichbalken sich im 15. Jahrhundert in großflüglige Engel verwandelten – wie könnte es auch anders sein in East Anglia?

Östlich blicken wir in das hochgotische *Presbyterium* mit seinen neun Jochen. Bischof Northwold hat es errichten lassen, als die normannische Apsis die Fülle der Pilger nicht mehr zu fassen vermochte. Unter den Sterngewölben der ersten drei Joche stand einst der Schrein der Etheldreda, der später im sechsten Joch vor dem Hochaltar seinen Platz fand. Weiter nach Osten gerückt ist auch das Chorgestühl mit seinem spitzenhaft-feinen Schnitzwerk: Es füllt heute die ersten drei Joche des Presbyteriums, war aber ursprünglich von Alanus von Walsingham für die erneuerte Vierung – das Oktogon – bestimmt. Die sechs weiteren Joche zeigen ein ähnliches Gewölbemuster wie das Langhaus von Exeter, eine Vorstufe der hochgotischen Fächergewölbe mit einer Anzahl von Nebenrippen, die jedoch alle dem gleichen Kämpfer wie die Kreuzrippen entspringen. Die Wandgliederung des Presbyteriums mit Galerie und Lichtgaden entspricht im Prinzip dem des Langhauses, nur sind an die Stelle der Rundbogen Spitzbogenarkaden mit stark profiliertem Gewände und reichem Ornamentschmuck getreten. Statt des harmonischen Gleichklangs von Stützenwechsel und schlanken Diensten finden wir elegante Säulenbündel mit reichskulptierten Blattkapitellen. Krabbenbesetzte Gewölbekonsolen tropfen wie Traubenbüschel über die Zwickel zwischen den Arkadenbögen. Das Ostfenster mit seinen drei hohen Lanzetten, über denen sich ein zweites mit fünf zur Mitte hin gestaffelten Bögen erhebt, zeigt kostbare Glasmalereien.

Glasmalerei füllte auch einst die Fenster der *Marienkapelle* des

Alanus, ein weiteres der ›Wunder von Ely‹. Der Bau wurde 1320 begonnen, aber erst eine Generation später abgeschlossen. Er gilt als Inbegriff des Decorated Style, der englischen Hochgotik. Nur durch einen überdachten Gang mit einer Ecke des nördlichen Querschiffs verbunden, steht er praktisch nach allen Seiten frei, ein zierlicher Saal, dessen Mauern zu Spitzenwerk aufgelöst erscheinen, nur noch Rahmen für die riesigen Fenster, die den Raum durchsichtig erscheinen lassen. Wie Spitzenwerk wölbt sich auch das Steingewölbe über dem fünfjochigen Raum. Rings um die Kapelle ziehen sich im Innern unterhalb der Fenster Sitze mit steinernen Baldachinen hin, deren Steinmetzschmuck an Überschwang alles, was es in England Vergleichbares gibt, bei weitem übertrifft: Mit einer Fülle winziger Figürchen ist das Leben Mariens in allen Einzelheiten erzählt. Blumen, Blattwerk, Kielbögen, die sich in den Raum vorwölben, Vierpässe, krabbengeschmückte Fialen, durchbrochene Friese – der ornamentalen Formensprache sind keine Grenzen gesetzt. Alles atmet Fülle und Heiterkeit, die einst wohl noch vertieft wurde durch die blaugoldene Bemalung, von der sich Spuren erhalten haben. Heute wird der feine Elfenbeinton des Kalksteins nur noch durch die zwischen den Sitzen eingestellten Säulchen aus Purbeckmarmor hervorgehoben. Am hellen Mittag schimmern diese tausendfach durchbrochenen, gekräuselten, bewegten, ziselierten Wände fast silbrig im weißen Licht, das im Überfluß durch die Fenster dringt. Wer könnte sich je dem unvergleichlichen poetischen Zauber dieses Wunderdoms im Fenland entziehen?

40

Wiege der Verfassung: Newmarket – Bury St. Edmunds Ickworth House – Saffron Walden – Audley End House

Wir wollen niemandem Recht oder Gerechtigkeit verkaufen, verweigern oder verzögern.
Magna Charta Libertatum, 1215

Wir fahren von Ely aus am Saum der Fens entlang durch fruchtbare Ebenen, bis sich vor unseren Augen die Landschaft plötzlich ändert: Weiche, niedrige Hügelketten steigen auf, mit Heide und Gras bedeckt so weit das Auge reicht. Am Rande dieses Hügellandes liegt das Mekka der Pferdekenner, Newmarket.

Newmarket ist seit den Tagen König Karls II. Stuart, des Vaters des englischen Turf, ein Zentrum der britischen Pferdezucht und des Rennsports. Hier gibt es außer dem ›National Stud‹ mehr Gestüte als irgendwo sonst in England. Der aristokratische Jockey Club hat hier seinen Sitz, mit englischem Understatement schlicht ›rooms‹ genannt. Der Club wurde 1750 gegründet und wacht seit damals eifersüchtig über Zucht und Rennsport Englands und damit indirekt auch der anderen Länder, denn dank seines hohen Standards zwang er auch die ausländischen Gestüte, höchsten Wert auf ihre Vollblutzucht zu legen. Seit 1902 gibt der Club auch das 1791 erstmals von James Weatherby aufgelegte ›General Stud Book‹ heraus. Der ›Racing Calendar‹ erscheint sogar schon seit 1727; er ging 1770 in den Verlag Weatherbys über. Dem Jockey Club gehören die herrlichen Rennplätze von Newmarket, auf denen fünf der zwei englischen ›Classics‹ geritten werden: das ›2000 Guineas‹ seit 1809 und das ›1000 Guineas‹ seit 1814, und zwar alljährlich im Frühsommer. Das 2000-Guineas-Rennen gilt wie das Derby von Epsom (1780) und das St. Leger von Doncaster (1776) für Dreijährige, das 1000-Guineas dagegen wie das Oaks von Epsom (1779) nur für ›Fillies‹, Stutfohlen von drei Jahren. Aus den Siegern dieser klassischen Galopprennen werden immer wieder die Stammeltern großer Vollblüter ausgewählt. Es ist heute die Politik des Jockey-Clubs, die siegreichen Pferde nicht mehr jahrelang dem strapaziösen Rennbetrieb auszusetzen, sondern sie nur einige große, ausgewählte Rennen gewinnen zu lassen und dann in die Gestüte als Zuchtpferde zurückzunehmen, damit nicht soviel bestes Blut zuschanden geritten wird, wie es noch zu Beginn unseres Jahrhunderts üblich war.

Newmarket hat eine große Anzahl hübscher Wohnbauten, da hier viele berühmte Jockeys und Züchter ihr Domizil aufgeschlagen haben. Wenn wir ganz durch die Stadt hindurch fahren, finden wir das Gebäude des Jockey Club von 1772 (mehrfach umgebaut), und noch etwas näher zur Rennbahn das National Stud mit seinen schönen neuen Räumen und Ställen, die 1964 von Peter Durnell entworfen wurden. Sie können an Sonntagnachmittagen sowie an den Rennvormittagen besichtigt werden.

Die Rennbahn liegt entlang der Straße nach Cambridge, und Tag für Tag kann man von da aus sehen, wie die Reitpferde in der Heide trainiert werden – ein vertrautes Bild, wie es viele große englische Sportmaler gleich Stubbs für uns festgehalten haben. Über die Straße und entlang der Rennstrecke zieht sich ein hoher Wall hin, den man

IV JOHN CONSTABLE
Malvern Hall (Ausschnitt)
Öl auf Leinwand, 1809

The Tate Gallery, London

vielleicht als einen natürlichen Hügel ansehen würde, verliefe er nicht schnurgerade wie eine Römerstraße über mehr als zehn Kilometer von dem Dorfe Reach bis zu Ditton Creen. Er heißt *Devil's Ditch* oder Devil's Dyke und ist eines jener Erdwerke, die frühgeschichtliche Siedler aus noch ungeklärten Gründen und mit ungeklärten Hilfsmitteln aufgeschüttet haben.

Wir verlassen Newmarket in Richtung *Bury St. Edmunds*, einer schönen, eleganten Stadt. Die malerischen Ruinen ihrer berühmten Abtei liegen in einem gepflegten Park, noch immer den Ort beherrschend. Bereits im 7. Jahrhundert, als die Stadt noch Beodricsworth hieß, stand hier ein Kloster. Um 900 wurden dort die Gebeine des dreißig Jahre zuvor von dänischen Wikingern ermordeten Märtyrerkönigs Edmund beigesetzt. Der schon oft erwähnte Canute, Knut der Große, der mit dem Titel eines Königs von England auch das Christentum angenommen hatte, gründete zu Ehren seines angelsächsischen Vorgängers eine Benediktiner-Abtei, ›Edmund's Bury‹. Ihr übertrug er die Sorge für den Schrein des Heiligen. Die zerstörte runde Grabkapelle Edmunds soll das Vorbild für die vielen Rundtürme in East Anglia geliefert haben.

Als die Normannen kamen, errichteten sie um den Wallfahrtsort eine ihrer schachbrettartigen Städte, und wie an anderen Orten hat sich auch hier der strenge Grundriß fast unverändert erhalten. Den Zugang zu den Klosterruinen erlaubt ein hohes Tor, das Main oder Abbey Gate (Mitte des 15. Jahrhunderts), ein würfelartiger Block im Perpendikularstil mit Zinnen und gotischen Blendarkaturen; der breite Bogen der Durchfahrt bildet eine kuriose Spitze, als habe er sich im letzten Moment entschließen wollen, ein Kielbogen zu werden. Der Park dahinter mit den Ruinen zieht sich bis zum River Lark hinab. An die zum Teil erhaltene Westfront der ehemaligen Abteikirche wurden im vergangenen Jahrhundert Wohnhäuser angebaut.

Gegenüber dem Tor liegt der Angel Hill, ein schöner, weiter Platz, auf dem jahrhundertelang die Jahrmärkte abgehalten wurden. Zur Linken steht das ›Athenaeum‹, ein Regency-Bau mit luxuriösem Ballsaal, in dem noch heute die gesellschaftlichen Ereignisse stattfinden. ›Angel Corner‹ ist ein Queen-Anne-Haus, in dem man eine berühmte Uhrensammlung, die ›Gershom-Parkinson-Collection of Clocks and Watches‹, bewundern kann. ›Cupola House‹ trägt auf seinem steilen Dach ein lustiges Kuppeltürmchen; es wurde 1693 errichtet, und im ›Angel Hotel‹ sind bereits Mr. Pickwick und seine Freunde – wenn wir Dickens glauben wollen – abgestiegen.

St. James und St. Mary liegen am anderen Ende des Parkes, in der Nähe eines zweiten Tores, des Norman Gate (1220-1250). Auch diese beiden Perpendikularkirchen waren einst dem Kloster zugeordnet. St. Mary hat eines jener wundervoll geschnitzten Engeldächer, die uns überall auf unserem Weg durch East Anglia begleiten, und St. James, im 19. Jahrhundert von Gilbert Scott restauriert, ist seit Anfang dieses Jahrhunderts Kathedrale für die Diözesen Bury St. Edmunds und Ipswich. Über die Lark spannt sich hier eine normannische Steinbrücke aus dem späten 12. Jahrhundert, Abbot's Bridge genannt. Ein weiteres Denkmal normannischer Profanbaukunst ist das ›Moyse's House‹ am Cornhill, eines der ältesten Wohnhäuser Englands. Es enthält heute eine Sammlung früh- und vorgeschichtlicher Funde.

Doch ist das Antlitz der Stadt architektonisch vor allem durch das späte 18. und frühe 19. Jahrhundert geprägt, wie wir am Angel Hill bereits feststellen konnten. Weitere hervorragende Bauten aus jener Epoche sind das Theatre Royal, eines der schönsten Regency-Theater in England, 1819 von William Wilkins, dem Erbauer der Londoner Nationalgalerie, entworfen, und die ältere Town Hall, die ursprünglich ein Theater werden sollte und auf einen Entwurf von Robert Adam zurückgeht, schließlich noch das Provost's House, ein 1730 errichtetes Armenhaus. Zudem sind den meisten älteren Häusern der Stadt in den langen geraden Straßen im 18. Jahrhundert georgianische Fassaden vorgeblendet worden.

Law = Gesetz, und Rights = Rechte im Sinn von Freiheiten: Ohne diese beiden Begriffe läßt sich das englische Staatswesen, verschmolzen aus angelsächsischem Stammesdenken und normannischem Zivilrecht, nicht denken. Auch Wilhelm dem Eroberer stand eine Versammlung von Adeligen, die Curia Regis, zur Seite, wie zuvor den sächsischen Königen die Witan im Witanagemot. Aus diesem Kreis stammten die Barone, die im Jahre 1215 in der Abteikirche von Bury St. Edmund den Schwur ablegten, ihren wegen seiner Willkür verhaßten König Johann Ohneland zur Bestätigung ihrer Rechte zu zwingen und so die seinen abzugrenzen: Das war die Geburtsstunde der ›Magna Charta‹, der Mutter der Verfassungen. Sie wurde seither von jedem Parlament und jedem Herrscher Englands feierlich bestätigt. Seit dem 17. Jahrhundert wird sie im modernen demokratisch-naturrechtlichen Sinne ausgelegt. Sie bildet noch immer die Grundlage der englischen Verfassung; alle späteren Erlasse sind gewissermaßen nur Ergänzungsgesetze, Zusatznoten: die 1534 erlassene ›Suprematsakte‹, die den König anstelle des ausländischen Papstes zum Oberhaupt der damit von Rom unabhängig werdenden Kirche machte; die ›Petition of Rights‹ von 1627, die den absolutistischen Stuart zur Anerkennung hergebrachter Rechte und Freiheiten zwang; die ›Aufhebung der Sternkammer‹ 1641, die die Kontrolle der Gerichte durch den Monarchen abschaffte; 1689, nach der Revolution, die Jakob II. zur Abdankung zwang und seine Tochter und seinen Schwiegersohn auf den Thron brachte, die abermalige Bestätigung der ›Bill of Rights‹ durch die neuen Herrscher; 1701 die ›Act of Settlement‹, welche die protestantische Thronfolge, zugleich auch die richterliche Unabhängigkeit und die Unabhängigkeit des Geheimen Rates (Privy Council) garantieren sollte; die ›Emanzipationsakte‹ von 1829, die den Katholiken die Gleichberechtigung zurückgab, die ›Reform Bill‹ von 1832, die unter anderem das Wahlrecht reformierte; schließlich die Einführung des allgemeinen Wahlrechts 1918 – um nur die einschneidendsten zu nennen. In der Magna Charta selbst finden sich so modern anmutende Klauseln wie: *»(20) Ein freier Mann soll … für ein schweres Verbrechen … mit einer der Schwere des Verbrechens entsprechenden Geldstrafe belegt werden, jedoch unter Wahrung seines Lebensunterhaltes! (42) Es soll in Zukunft jedermann … das Recht haben, Unser Königreich zu Lande wie zu Wasser heil und sicher zu verlassen und es wieder zu betreten. (40) Wir wollen niemandem Recht oder Gerechtigkeit verkaufen, verweigern oder verzögern.«* Dies alles sind Rechte, die auch im 20. Jahrhundert leider noch keineswegs Allgemeingut aller Staaten geworden sind. So leuchtet die Magna Charta noch immer als schönste Perle in der Krone der englischen Könige, ist immer noch Ruhm und Pflegling jeden Parlaments, immer wieder bestätigter Kompromiß zwischen dem Anspruch des einzelnen und dem Anspruch der Allgemeinheit, also des Staates.

Warum konnte die Magna Charta solche Wirkung haben? Kannten denn nicht auch andere Länder schon im Mittelalter ähnliche verbriefte Rechte, die dann aber in der Tagespolitik übergangen wurden? In dieser Verfassung wurde erstmals das Widerstandsrecht legitimiert: Falls der König seine beschworenen Verpflichtungen brechen oder gegen sie verstoßen sollte, konnte er von einem dafür eingesetzten Ausschuß von fünfundzwanzig Baronen, notfalls selbst mit Waffengewalt, zur Vernunft gebracht werden. Diese Garantie der Charta war das Neue und Einmalige. Als Heinrich III. (1216 bis 1272), sobald er volljährig wurde, die Charta zu umgehen versuchte, geriet er in eine blutige Auseinandersetzung mit den Baronen, die damit endete, daß er 1259 die Provisionen von Oxford, also die Wiederherstellung der Verfassung, unterzeichnen mußte, wie wir im ersten Kapitel hörten. 1265 berief sein großer Gegner, Simon de Montfort, in seinem Namen das erste richtige Parlament ein, an dem erstmals Ritter und Bürger gleichzeitig und gemeinsam mit den Vertretern des Hochadels tagten. Und dieses sich immer wieder verjüngende, immer demokratischer werdende Parlament wacht seit über siebenhundert Jahren über die Einhaltung der Magna Charta.

Von Bury aus nehmen wir Kurs in südwestlicher Richtung nach Saffron Walden. Bald hinter Bury stoßen wir auf ein Dorf, Horringer, das seit dem 15. Jahrhundert zum Besitz der Familie Hervey gehört. Frederick Hervey, 4. Graf von Bristol und Bischof von Derry, ein Liebhaberarchitekt und Lebemann großen Stils, ließ sich dort um 1790 nach eigenem Entwurf ein reizendes Lustschloß von Francis Sandys errichten, *Ickworth House*. Wie fast alle seine Schlösser ist es um eine überkuppelte, in diesem Fall leicht elliptische Rotunde angelegt, die seine Kunstschätze aufnehmen sollte. Dazu allerdings kam es nicht; die wertvolle Sammlung, noch nicht aus Italien nach England verschifft, als der Krieg mit Frankreich ausbrach, fand einen anderen Liebhaber: Napoleon, von seinen englischen Kontrahenten kurz ›Bony‹ genannt. Der Bischof starb 1803, ehe sein Haus noch vollendet war, und erst der 5. Graf vollendete um 1830 den Bau, der so zu einem sehr englischen Kulturdenkmal wurde: Statt italienischer Antiken ziert ein Terrakottafries nach Flaxmans berühmten Homer-Illustrationen jetzt die Rotunde; in der Bibliothek hängen Gemälde von Hogarth und Gravelot, im Großen Salon Bildnisse von Gainsborough, und das kostbare Silber stammt großenteils aus Bristol. Den Park mit seiner das Haus in respektvoller Entfernung umringenden Versammlung hoher Eichen und Zedern hat Capability Brown gestaltet. Von der flachkuppligen Rotunde mit ihrem hohen Portikus schwingen zwei niedrige Korridore halbkreisförmig vor, um sie mit den beiden zierlichen klassizistischen Seitenflügeln über rechteckigem Grundriß zu verbinden: Ein sehr graziöser Gesamteindruck wurde so erreicht, den die abgezirkelten, weichgeschwungenen Rasenflächen noch verstärken.

Wir folgen weiter der hinter Bury eingeschlagenen Straße, bis wir *Saffron Walden* erreichen. Es bezog seinen einstigen Wohlstand nicht nur, wie die meisten anderen Städte Ostenglands, aus dem Wollhandel, sondern vor allem aus dem Anbau und der Zucht einer unscheinbaren gelben Blume, des Herbstkrokus. Diese Pflanze lieferte ein äußerst geschätztes Ingredienz: Safran, im Mittelalter nicht nur als Würze und Speisefarbe – »Safran macht den Kuchen gel« – geschätzt, sondern auch als Medizin gegen eine Anzahl von Leiden. Dieser Krokus ließ seine Spuren sogar im Namen des Ortes zurück: Saffron; seit 1973 wird der Crocus Sativus hier wieder angebaut. Östlich der Stadt findet man ein ›Maze‹, und zwar eins der wenigen erhaltenen Rasenlabyrinthe.

Vor den Toren von Saffron, kaum zwei Kilometer entfernt, liegt auf dem Grund und Boden der einstigen Benediktinerabtei Walden unser letztes Ziel auf der Fahrt durch East Anglia: Audley End.

Audley End House wurde zwischen 1603 und 1616 für Lord Howard de Walden, den 1. Grafen von Suffolk, errichtet. Er hatte sich als Baumeister, wie man aus mehreren Dokumenten schließt, Bernard Janssen geholt: Schüler des deutschen Architekten Wendel Dietterlin (1550-1599), der mit seinem skurrilen Musterbuch ›Architectura‹ die Baukunst der Renaissance und des Manierismus im Norden stark beeinflußte. Aber seine wuchernde Ornamentik spielt in Audley End keine Rolle; abgesehen von einigen Türmchen und Portalen im flämischen Stil ist es so nüchtern wie nur je ein elisabethanischer Bau mit klar gegliederten Kalksteinfassaden, rechteckigen Gitterfenstern und scharfwinklig vorspringenden Erkern sein kann. Es ist ein Meisterwerk des jakobinischen Stils, der keinen Wandel, sondern lediglich eine Intensivierung und Variierung des elisabethanischen Stils brachte. Leider wurde ein Teil des Baues im 18./19. Jahrhundert im Zuge von Renovierungen abgerissen, aber von Stichen wissen wir, wie das Schloß einmal aussah: *»So, wie es ursprünglich gebaut war, sollte es den Eindruck unbegrenzter Ausdehnung erwecken; denn obwohl es um zwei Höfe herum angeordnet war, waren die Baumassen in ihrer Höhe so gegeneinander abgestuft, daß sie dem Bau in seiner Gesamtheit erlaubten, sich von der Schauseite her in einer Folge von Einzelkomplexen bis hin zu der türmchengekrönten Silhouette des hintersten Flügels vor den Blicken des Beschauers förmlich abzurollen. Dieser großartig dramatische Aufbau war höchst kunstvoll behandelt, wie ein Stich von Winstemley beweist ... die Komposition als Ganzes ist eigenständig und bewußt in* *ihrem Unterfangen, Vielfalt mit Symmetrie zu verbinden«* (Summerson). Den Park hat Capability Brown gestaltet; Robert Adam, der auch einige Innenräume dekorierte, hat eine Gartenbrücke und ein rundes Tempelchen dazu erfunden. Schloß und Park unterstehen heute dem Ministerium für Denkmalspflege und öffentliche Bauten und können besichtigt werden.

PSALTER, PFLUG UND PARLAMENT

Cambridgeshire mit Huntingdonshire und Peterborough – Rutland – Leicestershire Northamptonshire – Bedfordshire – Hertfordshire

Aus den windgezausten Landschaften East Anglias kommen wir nach Cambridgeshire, und auf den ersten Blick will sich dem Auge kaum eine Veränderung zeigen. Das ist auch nicht verwunderlich, denn auch diese Grafschaft besteht ja weitgehend aus den trockengelegten Sümpfen oder Fens, die einst den halben Osten bedeckten. Cambridgeshires Kleinod ist die alte Universität, die genau so verträumt inmitten grüner Wiesen liegt wie ihre Grafschaft.

Cambridgeshire wurden bei der Neuaufteilung der Grafschaften 1972 Huntingdonshire und Petersborough zugeschlagen, zwei alte Grafschaften, die schon zu den großen mittelenglischen Fuchsjagdgebieten, den Shires, gehören, zu denen man noch Leicestershire – in dem das einstige Rutland aufgegangen ist – und Northamptonshire rechnet, manchmal auch die nördlicheren Grafschaften Lincolnshire und Nottinghamshire, die uns in einem späteren Kapitel beschäftigen sollen. ›Shire‹ ist das sächsische Wort für Grafschaft; die Normannen sprachen dann von ›County‹. Hier, in den abgelegeneren ländlichen Gebieten, hat sich das ältere Wort behaupten können. Die Shires tragen Wälder, Weiden und Felder in leichtgehügelter Landschaft; sie werden von unzähligen Hecken und Bächen kreuz und quer durchzogen und sind dadurch für die Jagd so großartig geeignet. Sie sind reich an reizenden Dörfern mit spitzen schlanken Kirchtürmen, aber auch prächtigen Landsitzen, was ihnen ihren Spitznamen gab: Land der Spires und Squires: der Spitztürme und Landedelleute.

Leicestershire ragt im Norden bereits mit bergigen Zipfeln in das englische Kohle- und Erzbergbaugebiet vor. Wo sich sonst in diesen Grafschaften Industrie findet, dient sie vor allem der Verwertung landschaftlicher Erzeugnisse, wie Stroh, Knochen, Leder, Getreide, Milch und Zuckerrüben, oder der Herstellung landwirtschaftlicher Maschinen und Geräte. Auch die Grafschaften Bedford und Hertford sind noch weitgehend ländlich geprägt, doch deutet sich hier mit Obstplantagen, Gemüsefeldern, Tiergärten und Gartenstädten bereits die Nähe der Metropole mit all ihren Bedürfnissen und Einflüssen an.

Römerstraßen durchschneiden das Land in allen Richtungen. Die großen Städte liegen an ihren Schnittpunkten, sofern sie nicht aus den reichen Abteien des Mittelalters hervorgegangen sind. Der Osten Englands zeichnete sich immer durch Pioniergeist und Gottesfurcht aus; das läßt sich auch an der Geschichte der Universität Cambridge ablesen, die im 13. Jahrhundert begann. Cambridge gehört zu den ältesten Universitäten Europas, auch wenn sie neben Oxford jung erscheint. Bei der Weiterentwicklung der humanistischen Ideen des 15./16. Jahrhunderts zum englischen Staatsprotestantismus unter Elisabeth I. übernahm sie von Oxford die geistige Führungsrolle. Es war nur folgerichtig, daß auch die Impulse zur puritanischen Revolution des 17. Jahrhunderts von ihr ausgingen, daß Cromwell hier seine Musterarmee heranbildete, daß die methodistische Bewegung des Charles Wesley hier einen reichen Nährboden fand und Bunyan seinen ›Pilgrim's Progress‹, eines der großen englischen Volksbücher, schrieb.

Die protestantischen Bibelchristen Ostenglands liebten den Psalter. Noch bis in die zweite Hälfte unseres Jahrhunderts, an manchen Orten noch heute, gehörte in der Dorfkirche wie in der Kathedrale das Singen von Psalmen im ›Evensong‹ zum Alltag. Der Psalter regierte das kirchliche wie das häusliche Leben; seine Verse waren so etwas wie der Goldstaub einer fernen schönen Wahrheit in dem eintönigen, von harter Arbeit geprägten Dasein der Bauern, die mit den Widrigkeiten von Boden und Meer in den Fens und Marschen zu ringen hatten. Der Psalter war ihre Musik und ihr Gesetz, er stillte ihren Hunger nach Schönheit und Wahrheit, er befeuerte sie zum Widerstand gegen König und Obrigkeit, er bildete eine Harmonie mit dem vollen Geläut ihrer Glocken und den spitzen edlen Türmen ihrer Kirchen, wo wir seinen Botschaften im Wechselgesang von Chor und Gemeinde lauschen können.

41

Studenten in Parks und Palästen: Cambridge

An Collegehöfen und stillen, gelehrt wirkenden Säulenportalen, an grauummauerten Gärten und efeuumrankten Nischen, an all den malerischen Winkeln einer großen englischen Universität ist Cambridge berauschend, unerschöpflich reich.

Henry James, English Hours, 1905

Wir haben East Anglia in Audley End verlassen. Jetzt machen wir uns auf in eine der angeblich häßlichen Grafschaften, Cambridgeshire. Häßlich nennt man die mittelostenglischen Landschaften, weil sie mit ihren grünen, kaum gewellten Ebenen gleichmäßig dem Horizont zurollen – dennoch sind sie nicht ohne Reiz, vor allem im Frühsommer, wenn sich die Weiden mit Farbe und Duft erfüllen, stille Meere von Wiesenschaumkraut, Schierling und Sumpfdotterblumen, unter hohen, launischen Himmeln mit opalenem Licht, oder wenn sich im Hochsommer Mohn unter den Weizen mischt, oder wenn im Herbst entlang den dunklen Ackerfurchen die Feuer laufen, wo gerade ein abgeerntetes Feld abgebrannt wird, und sich blauer Rauch in dünnen Fäden emporkräuselt.

Unsere Straße wird bald nach dem Dorf Whittlesfield von einer anderen gekreuzt, die auf einem Abschnitt des vorgeschichtlichen Icknield Way angelegt wurde, der schon in der Spätsteinzeit das Land im Osten mit dem Heiligtum Stonehenge im Südwesten verband. Es ist nicht die einzige jahrtausendealte Verkehrsader in dieser Gegend; Cambridge liegt in einem wahren Netz von Römerstraßen, denn es war einst ein strategisch wichtiger Punkt am River Cam: Da ist die Via Devena nach Huntingdon, die Akeman Street nach Nordosten, die Roman Road nach Croydon, die wiederum von der Ermine Street gekreuzt wird, die von London über Huntingdon und Lincoln in gerader Linie bis hinauf nach Yorkshire führte: eine für jene Zeit großartige Ingenieursleistung.

Cambridge und Oxford sind Englands älteste Universitäten und waren bis in das vorige Jahrhundert hinein praktisch auch die einzigen. Oxford war nach Bologna (1088) und Paris (1150) die dritte Universität Europas, nur siebzehn Jahre jünger als die Alma Mater an der Seine.

Die beiden Traditionsinstitute Oxford und Cambridge, ein wenig respektlos auch einfach ›Oxbridge‹ genannt, sehen sich seit dem vorigen Jahrhundert wachsender Konkurrenz gegenüber. Im Verlauf der Industriellen Revolution hatten sich, oft aus privaten Stiftungen, in den jungen Industriestädten des Nordens technische und pädagogische Hochschulen entwickelt, die jetzt nach dem Universitätsrang griffen; zu ihnen gesellte sich die aus einem Bund von Colleges hervorgegangene, aber nach kontinentalen Vorbildern entwickelte Universität von London. Man nannte diese neuen Stätten der Lehre nach ihren viktorianischen Ziegelprunkbauten verächtlich ›Redbrick‹ (Rotziegel) oder ›White Tile‹ (Weißziegel), und nach ihrer Unterrichtsform, die die Vorlesung in den Mittelpunkt stellte, ›9-bis-17-Uhr-Universitäten‹. Doch haben sie sich wissenschaftlich längst emanzipiert und vor allem in den Naturwissenschaften hervorragende Forscher hervorgebracht. Eine zweite Welle von Neugründungen gab es nach dem Zweiten Weltkrieg; diese Universitäten nennt man, ebenfalls wieder nach der Art ihrer Behausungen, gerne ›Plate Glass‹ (Glaskäfig); wir haben eine ihre interessantesten Vertreterinnen in Brighton besucht. Sie wurden bewußt geplant, um den Ansturm neuer Studentengenerationen fassen zu können, und sollen die Vorteile der beiden alten Systeme in sich vereinigen, zugleich aber auch nach neuen Wegen suchen. In Oxford liegt das Schwergewicht der Forschung bei den klassischen Sprachen und Geisteswissenschaften, in Cambridge bei Theologie, Mathematik und den Naturwissenschaften; die ›Redbrick‹-Universitäten stellen die Ingenieurswissenschaften, Elektrotechnik und Pädagogik in den Mittelpunkt, während sich die ›Plate-Glass‹-Institute vor allem um die Gesellschaftswissenschaften, wie Psychologie, Soziologie, Politologie, aber auch um die modernen Naturwissenschaften und Sprachen sowie um das fakultätsübergreifende Studium bemühen.

Was alle englischen Universitäten gemeinsam haben, ist, daß sie heute noch autonom sind. Der Staat gibt zwar seit etwa einem halben Jahrhundert Zuschüsse, die aber von einer unabhängigen University Grants Commission verteilt werden, in der neben Vertretern des Schatzamtes gewählte Vertreter der Universitäten sitzen. Die zweite Gemeinsamkeit: In allen vierundvierzig englischen Universitäten ist der Prozentsatz der Stipendienempfänger ungewöhnlich hoch. Von hundert Studenten empfangen neunzig ›Awards‹ oder ›Grants‹ aus öffentlichen Stiftungen; dazu kommen noch eine Reihe privat gewährter Freiplätze. Die Höhe der Stipendien richtet sich nach den jeweiligen Einkommensverhältnissen des Studenten oder seiner Familie; aber es gilt der Grundsatz, daß niemand, der die geistige Befähigung zum Studium mitbringt, aus wirtschaftlichen Gründen auf eine Universitätsausbildung zu verzichten braucht.

Doch zurück nach Cambridge. Cambridges Geschichte als Universitätsstadt begann etwa um 1209, als Oxforder Studenten hierher flohen und eine Art Zweigniederlassung der Mutteruniversität gründeten, die damals mit den Bürgern Oxfords in Fehde lebte. Schon ein Dutzend Jahre später hatte Cambridge einen eigenen Kanzler, und die ersten Colleges wurden Ende des Jahrhunderts gebildet. Das älteste ist das Peterhouse College von 1284; heute sind es fast dreißig. Die Colleges entstanden in Oxford als Studentenwohngemeinschaften, da die Bürger einen schlimmen Mietwucher trieben. Aus den ›Halls‹, den gemeinsamen Eß- und Schlafsälen der Studenten, entwickelten sich schnell richtige Lern- und Lehrgemeinschaften, die von einem gewählten Lehrkörper geleitet wurden: Diese Gemeinschaften nannte man ›Colleges‹. Ihre Organisation soll uns erst näher beschäftigen, nachdem wir sie ein wenig kennengelernt haben. Lassen wir uns zunächst von Karel Čapek erzählen, wie sie den Besucher vom Kontinent beeindrucken:

»Zuerst hat man den Eindruck einer Provinzstadt, und auf einmal, du lieber Gott, wem gehört dieses alte Schloß? Das ist ein Studentencollege mit drei Höfen, einer eigenen Kapelle, dem Königssaal, wo die Studenten speisen, dem Park, den Spielplätzen und ich weiß nicht womit noch. Und da ist ein zweites, noch größeres, mit vier Höfen, einem Park hinterm Fluß, einer eigenen Kathedrale, einem noch größeren gotischen Speisesaal, fünfhundertjährigem Gebälk, einer Galerie alter Porträts, noch älteren Traditionen und noch berühmteren Namen. Das dritte dann ist das älteste, das vierte zeichnet sich durch Wissenschaften aus, das fünfte durch die schönste Kapelle, das sechste durch athletische Rekorde, das siebente ich weiß nicht wodurch, und weil wenigstens fünfzehn da sind, so habe ich sie alle verwechselt. Ich sehe nur burgartige Paläste in rechtwinkligem Stil, gewaltige Höfe, wo die Herren Schüler in schwarzen Talaren herumlaufen und viereckigen Baretten mit Quasten, Schülern, von denen jeder sein Zimmer in diesen Schloßflügeln hat. Ich sehe gotische Kapellen, vom Protestantismus ausgeweidet, Festsäle mit der Estrade für Master und Fellows, ehrwürdige geräucherte Porträts von Earls, Staatsmännern und Poeten, die von hier hervorgingen, sehe die berühmten ›backs‹, nämlich die Hinterteile der Colleges am Flüßchen Cam, über das Brücken in die jahrhundertealten Parks ausgeworfen sind. Und ich rudere zwischen Backs und Parks und denke an unsere Studenten, an ihre mageren Bäuche und an ihre vom Laufen zu den Vorlesungen durchgewetzten Schuhe. Ich neige mich tief vor dir, Cambridge.«

Schlendern wir durch die Backs und sehen uns wenigstens einige der ›burgartigen Paläste‹ näher an. Ihre Baugeschichte zieht sich meistens über mehrere Jahrhunderte hin; eine genaue Beschreibung aller Colleges müßte den Rahmen dieses Buches sprengen. Beginnen wir im Norden. Dort liegt unterhalb des einstigen Burghügels der Stadt an einer Biegung des Cam das 1542 gegründete *Magdalen College*, dem Samuel Pepys angehörte. Pepys war einer der wichtigsten Chronisten der Zeit Cromwells und der Restauration der Stuarts; er gehörte zum Gefolge des Earl of Sandwich, als dieser Karl II. von Holland nach England zurückholte. Der Gelehrte hinterließ seine kostbare Bibliothek mit den sechs handschriftlichen Bänden seines Tagesbuches seinem alten College. Sie wurde dort im New Building von 1670 untergebracht, einem reizvollen Kalksteinbau mit übergiebelten Eckrisaliten und einer Renaissancefassade, die durch fünf zierliche Arkaden, heitere Stuckornamente und eine Balustrade verziert wird. *St. John's* schließt sich an; es ist das zweitgrößte College. Gegründet wurde es 1511 von Lady Margaret Beaufort, der Mutter Heinrichs VII. Tudor, die Erasmus von Rotterdam nach Cambridge holte. Das dem Fluß zugewandte New Building wurde allerdings erst Anfang des vorigen Jahrhunderts von Richman und Hutchinson im neugotischen Stil entworfen. Ein echter Tudorbau ist jedoch sein Great Gateway, ein klotziges Backsteintorhaus mit Sandsteinverblendung, dessen vier Ecken von hohen achteckigen Türmchen mit Zinnenkronen verstärkt werden.

Trinity College wurde während der Reformation aus älteren Gründungen, wie dem Michael House (1323) und der King's Hall (1336) von Heinrich VIII. zusammengefaßt. Die den großen Hof umringenden Bauten entstanden zwischen 1593 und 1615; sie sind unregelmäßig, aber nicht unharmonisch gruppiert. Der mächtige Brunnen im Hof, dessen steinerne Krone von acht ionischen Säulen getragen wird, wurde 1602 errichtet. Zum Fluß hin liegt Nevile's Court mit dem von Christopher Wren um 1676 entworfenen Bibliotheksbau und den Seitenflügeln von 1612. Die Fassade der Bibliothek wird durch ebenmäßige Reihen von Rundbogenfenstern und Arkaden gegliedert und nach oben durch eine figurengeschmückte Attika abgeschlossen; sie strahlt vornehme Ruhe aus. *Trinity Hall* ging im 16. Jahrhundert aus zwei älteren königlichen Stiftungen hervor; ihre hübsche elisabethanische Bibliothek verschwindet fast unter einem steilen, tief herabgezogenen Ziegeldach. Ihr kleiner ummauerter Garten mit seinen alten Roßkastanien gilt als einer der malerischsten Englands.

Der mächtige Komplex des *Clare College* wirkt neben den anderen zierlicheren Colleges am Fluß fast erdrückend. Sein großes Quadrangel – so werden nach ihrer oft quadratischen Form die Collegehöfe genannt – wird von Bauten des späten 17. Jahrhunderts umringt; am Anfang jenes Jahrhunderts waren die mittelalterlichen Gebäude dieses aus der University Hall 1338 hervorgegangenen College, das seinen Namen von ihrer Gründerin, Lady Elizabeth de Clare, einer Enkelin Eduards I., erhielt, durch einen Brand vernichtet worden. Das Porträt der Dame kann man in der von Robert Grumbild entworfenen Halle bewundern, dem Eßsaal der Studenten. Die kräftig kassetierte und stuckierte Decke des Raumes verrät schon den Geist des klassizistischen Barock, aber die Täfelungen der Wände mit geschnitzten Pilastern sind noch ganz der niederländischen Renaissance verhaftet.

Gegenüber von Trinity Hall liegt in der Trinity Street das *Gonville and Caius College*. Es wurde 1358 von Edmund Gonville ins Leben gerufen und 1557 von Dr. John Caius ein zweites Mal mit den nötigen Mitteln ausgestattet. Die Studenten dieses College müssen durch drei symbolische Pforten schreiten: das Tor der Bescheidenheit, das Tor der Tugend und endlich das Tor der Ehren: dieses führt zum Senate House, wo alle Studenten ihre Degrees, ihre Promotionsurkunden, entgegennehmen. Das *Senate House*, der Sitz der Universitätsverwaltung, ist ein schöner festlicher Bau, der 1722-1730 von James Gibbs errichtet wurde. Sein Mittelrisalit zeigt vier kannelierte korinthische Halbsäulen in Kolossalordnung unter einem flachen Dreiecksgiebel; den Seitenflügeln sind je vier flache, schmucklose Pilaster mit korinthischen Kapitellen vorgeblendet. Eine vasengeschmückte Attika schließt den Bau nach oben ab; zum Hauptportal führen einige Stufen empor.

Links vom Senate House liegt die *Old Schools*, 1754-1758; sie wurde erbaut, um die Bibliothek der Universität aufzunehmen. Das Untergeschoß mit rustizierten Laubengängen und leicht zurücktretenden Seitenflügeln wirkt massig, aber diese Schwere wird durch die Gestaltung des Obergeschosses aufgehoben: Riesige Blendbögen überfangen die klassizistischen Fenster und rhythmisieren die ganze Fassade; unter der Attika, einer wiederum mit Vasen gezierten Balustrade, zieht sich eine verspielte Stuckgirlande hin, und das Mittelfenster wie die Fenster der Seitenflügel zeigen das Palladiomotiv.

Cambridges Kleinod ist die Kapelle des *King's College*. Das College wurde von Heinrich VI., dem letzten Lancaster, gegründet. Seine Vollendung erhielt es allerdings erst unter den Tudors Heinrich VII. und Heinrich VIII. Schlank und in sich geschlossen steht der helle Kalksteinbau der Kapelle in majestätischer Entschiedenheit da; an den Seiten wird er von Strebepfeilern mit krabbenbesetzten Fialen gegliedert. Wandhohe Fenster mit flachen Spitzbogen reißen die Fassaden des einschiffigen Baus auf. Heinrich VI. legte 1445 den Grundstein für die Kapelle; das Dachgewölbe hat John Wastell 1512 geplant und 1515 fertiggestellt; die letzten der riesigen Glasfenster wurden 1531 eingesetzt. Seitdem sind die Menschen nicht müde geworden, diesen Bau zu preisen: *»Diese Kapelle ist in Wahrheit* *eines Königs würdig. Eigentlich ist es gar keine Kapelle, sondern ein sehr weiter und schöner Tempel von luftiger Höhe und mit schönem Steinmetzschmuck geziert. An den Ecken stehen vier achteckige Türme mit Helmen. Das Innere ist eingewölbt, und das ganze weite Gewölbe wurde so kunstreich konstruiert, daß es keine Säule nötig hat«*, schrieb der Reisende James Beeverell 1707. *»Die Kapelle von King's College ist von vollkommener Schönheit ... einzig in ihrer Art«*, lobt der Herzog La Rochefoucauld-Liancourt 1784. Joseph Haydn berichtet 1791: *»King's Chapel ist berühmt wegen ihres Gewölbes, das ganz aus Stein ist, aber so fein modelliert, daß nichts Schöneres aus Holz hätte geschnitzt werden können«*, und Karl Gustav Carus schwärmte: *»In meiner Jugend hatte ich einmal eine Zeichnung dieser Kirche nach einem Stich gefertigt, und ich sehnte mich danach, das Original zu sehen. Nun stand es vor mir – schlank, hoch und licht. Als wir eintraten, begann die Orgel zu spielen, und das Sonnenlicht, das gedämpft durch die hohen Farbfenster einfiel, hatte eine sehr wunderbare Wirkung.«* Die Fenster hatten es auch Virginia Woolf angetan: *»Eine Bahn von Licht fällt säuberlich für sich durch jedes Fenster, purpur und gelb in diffusen Wirbeln, und wo sie auf den Stein auftreffen, tünchen sie ihn sanft rot, gelb und purpurblau. Weder Schnee noch Gras, Winter noch Sommer hat Macht über alte Glasmalerei«* (1922), und ihr Dichterkollege E.M. Forster notierte 1952: *»King's College Chapel, wie immer man von ihr beeindruckt wird, ist ein unvergleichlicher Bau. Es gibt nichts Ähnliches in der Christenheit oder auf der Welt. Sie triumphiert durch drei Medien: Stein, Glas, Holz!«* Und der Philosoph George Santa-yana sinniert: *»Das, was unverzüglich unseren Blick fängt, und fesselt, ist das Gewölbe. Es wird emporgehalten, emporgehoben wie etwas Bewegliches, wie ein Baldachin über einer Prozession; es ist aus kunstvollen Fächern gewoben, leicht geschwungen, ohne scharfe Bögen oder schwere hängende Schlußsteine; die Fächer*

King's College Kapelle in Cambridge: Grundriß

öffnen sich von den Diensten aus wie Palmwedel und strecken ihre Zweige dann aus, bis sie in der Mitte des Gewölbes eine Kette von Rhomben und Rosetten bilden. Es ist mehr wahre Eleganz als religiöse Mystik, was da sein Dach über uns breitet, doch nie gab es eine magnetischere Perspektive, ein belebteres Gewölbe. Wir sind in der Gegenwart von etwas Magischem, etwas Sublimem.«

Die großen Farbfenster, die die Kapelle in ihr Purpurlicht hüllen, bilden eine der größten und vollständigsten Folgen alter Glasmalereien in der Welt. Flamen und Engländer, deren Namen uns bekannt sind, haben zwischen 1515 und 1531 an ihrer Fertigstellung gearbeitet. Die schimmernden Scheiben im Stil der französischen Renaissance stellen einander entsprechende Szenen aus dem Alten und Neuen Testament dar: etwa die Verführung Evas und die Verkündigung Mariens, die Beschneidung von Isaac und Christus und ähnliche Analogien; dazu kommen Botenfiguren, Engel und Propheten mit Spruchbändern und schließlich in den kleinen Maßwerkfeldern Wappen und heraldische Symbole der Tudorzeit.

Das Fächergewölbe ist nach dem Urteil des Baumeisters George Gilbert Scott *»das größte und reinste Beispiel für ein Fächergewölbe, das wir besitzen«* (1879). Es erstreckt sich über nahezu neunzig Meter bei einer Breite von fünfzehn und einer Höhe von fünfundzwanzig Metern. Die große Chorschranke mit Wappen und Monogramm Anne Boleyns, der Mutter Elisabeths I., wurde zwischen 1533 und 1536 von Italienern gefertigt und gilt als eines der großartigsten Schnitzwerke diesseits der Alpen. Die Orgel darüber von 1668 ist ein Werk von Renatus Harris; zu den berühmten Organisten, die sie spielten, gehörte Orlando Gibbons. Der Chor des King's College mit seinen herrlichen Knabenstimmen ist weltberühmt; vor allem zum Adventsingen kommen Gäste aus aller Welt. Ihm verdankt das englische ›Christmas Carrol‹ seine Wiederentdeckung. Aber auch in den anderen Colleges wird mit Liebe musiziert; so notierte der französische Komponist Camille Saint-Saëns um 1900: *»Jedes College hat eine eigene Kapelle – wenn man diesen Namen etwas geben kann, was überall sonst als Kathedrale durchgehen würde – und dort nehmen die nichtgraduierten Studenten jeden Tag am Gottesdienst und Chorgesang teil, in Chorhemden gekleidet. Diese Gottesdienste sind sehr kurz und bestehen hauptsächlich darin, guter Musik zu lauschen, die wohl dargeboten wird, denn die Engländer sind exzellente Sänger.«*

Abgeschlossen wird die Reihe der Colleges am Cam durch

Queens', das 1446 unter dem Patronat Margaretes von Anjou, der Gemahlin Heinrichs VI. gegründet und 1465 unter den Schutz Elizabeths Woodvilles, ihrer Nachfolgerin, der Gemahlin Eduards IV., gestellt wurde. In dem Flügel am Fluß war später Heinrich VIII. mit Katharina von Aragon und Kardinal Wolsey zu Gast. Ganz besonders hübsch ist der Kreuzgang des College mit Backsteinbauten in Fachwerkmanier, die von vieleckigen Altanen und flachen, wie Schwalbennester an der Wand klebenden Fenstererkern belebt werden.

Nun, da wir uns zur Not zwischen den wichtigsten Colleges zurechtfinden, soll uns ihre Organisation interessieren.

Die ersten Colleges sollten vor allem Priester und Weltgeistliche ausbilden; ihre Gründer waren meist Orden oder die Bischöfe reicher Kathedralen. Schon im 13. Jahrhundert traten aber neben der Kirche auch der Hof, der Hochadel, die Zünfte und Gilden als Stifter auf. Die Colleges vereinigten sich zu einer Art Bund und grenzten in Statuten ihre Rechte und Pflichten gegenüber der Universität ab: Niemand kann Mitglied der Universität werden, der nicht an einem College eingeschrieben ist, und kein Mitglied eines College darf sich dem Examen der Universität entziehen. Jedes College verwaltet sich selbst. Die graduierten Mitglieder bilden als ›Fellows‹ oder ›Dons‹ den Vorstand und wählen einen ›Master‹ oder Rektor. Der eigentliche Lehrbetrieb spielte sich bald ausschließlich in den Colleges ab; erst nach der Reformation stellte die Universität auch selbst Professoren ein, die öffentliche, allen Studenten zugängliche Vorlesungen abhielten; so wird es auch heute noch gehandhabt.

Zu den Aufgaben der Fellows oder Dons gehören Ausbildung und Beaufsichtigung der Studenten, für die in Oxford die Tutoren und in Cambridge Tutoren und Supervisors zuständig sind; der Dean (Dekan) kümmert sich um die allgemeine Leitung und Disziplin der Anstalt, der Chaplain und der Dean of the Chapel organisieren die Gottesdienste und den Chorgesang – jedes College hat ja eine eigene Kapelle und einen eigenen Chor –; der Bursar verwaltet die Finanzen und führt die wirtschaftliche Oberaufsicht, und der Director of Studies sorgt für den geregelten Ablauf des Lehrbetriebes.

Die Tutoren wählen sich ihre Schüler, an denen sie bis zur Graduierung ›Elternstelle‹ zu vertreten haben. Jeder Student muß einmal in der Woche seine Arbeit mit seinem Tutor besprechen. Die Teilnahme an den Vorlesungen der Universität ist dagegen freiwillig, und vor allem in Oxford bestenfalls sporadisch. Aber gerade das

Tutorensystem, die Pflege des persönlichen Kontakts zwischen Lernenden und Lehrenden, hat sich bewährt; nur äußerst selten besteht hier ein Student seine Examen nicht.

Drei Organe regeln das Universitätsleben: Senate House, Regent House und Senate Council. Dem Senate House gehören alle graduierten Mitglieder der Colleges an; dem Regent House nur solche, die ein Lehr- oder Verwaltungsamt übernommen haben. Aus seinen Reihen wählt das Regent House den Senate Council, der aus sechzehn Mitgliedern besteht, wovon wenigstens vier College-Rektoren und vier Professoren oder Tutoren sein sollen. Diese drei Organe wachen über die Examen, die Berufung von Professoren und alle Aufgaben von Universität und Colleges. Der Kanzler der Universität ist meistens eine Persönlichkeit des öffentlichen Lebens, seine Aufgaben sind rein repräsentativ; aber der Vizekanzler wird auf Vorschlag des Senate Council aus dem Kreis der Rektoren vom Regent House gewählt.

Zu feierlichen Anlässen, aber auch zu Vorlesungen tragen die Studenten, die noch nicht graduiert sind, kurze schwarze Capes, die Graduierten und Professoren Talare (Gowns) in den Farben ihrer Fakultät und je nach Rang und Würden schön geziert mit Tressen und Litzen, samt- oder seidegefütterten Schleppen und Ärmeln oder Hermelinverbrämung; dazu gehören viereckige Baretts (Caps) mit Troddeln. Die lange Schleppe des goldgestickten Samtmantels des Kanzlers trägt bei festlichen Gelegenheiten ein Page in seidenen Kniehosen. Doch nimmt man Talar wie Titel nicht so ernst wie auf dem Kontinent: Lässig um die Schultern gelegt, trägt man den Talar beim Stadtbummel, mit der Kappe spielen wohl auch die Kinder im Garten. Sie sind nichts anderes als die Uniform des Polizisten oder der Kittel des Arztes: Berufskleidung. Und wenn man fünf Jahre braucht, den Doktor zu machen, so dauert es fast so lange, die Leute wieder vergessen zu lassen, daß man einen Titel hat, spötteln die Dons gern.

Bei den Studenten gibt es zwei Gruppen: die Nichtgraduierten (Undergraduates) und die Graduierten (Graduates), die sich auf die Promotion oder eine wissenschaftliche Laufbahn vorbereiten. Den B.A., Bachelor of Arts, macht man gewöhnlich nach drei Jahren; für die juristische, medizinische und musikwissenschaftliche Fakultät sind allerdings sechs Jahre bis zum Bachelor obligatorisch, wobei die Ärzte ihre klinische Ausbildung während dreier Jahre an einem beliebigen Krankenhaus empfangen und nur zu den Examen nach

Cambridge zurückkommen. Die nächste Stufe erreicht man mit dem Master; dabei kann man allerdings manchmal, etwa für den Master of Science, die Bachelor-Stufe überspringen. Bedingung ist, daß der Studierende zwei bis drei Jahre in der Forschung gearbeitet hat und mit einer Art Promotionsschrift abschließt. Das gilt auch für den philosophischen Doktor, der ebenfalls schon nach drei Jahren erworben werden kann. Die theologische Ausbildung sieht den Bachelor und den Doktor vor; für den juristischen, medizinischen, naturwissenschaftlichen und musikwissenschaftlichen Doktor ist ein wenigstens achtjähriges Studium Voraussetzung.

Früher wohnten alle Studenten, aber auch die Dons, in den Colleges; heute sind es nur noch etwa fünfzig Prozent der Studenten, und die Dons haben meist ihre eigenen Wohnungen oder Häuser und im College nur eines oder mehrere Arbeitszimmer. Studenten, die nicht im College wohnen, leben zum Teil bei ihren eigenen Familien, zum Teil in Studentenbuden wie auf dem Kontinent. Auch die Sitte, gemeinsam das Abendessen in der Hall zu nehmen, ist nicht mehr obligatorisch. Die Studenten essen dabei an langen Tafeln, die Dons an einem erhöht stehenden, quergestellten Tisch, dem High Table, von wo aus sie einen Blick auf ihre Schützlinge werfen können. Das College sollte und soll ja nicht nur Wissen, sondern auch gesellschaftlichen Schliff vermitteln.

Colleges für Frauen gibt es seit dem vorigen Jahrhundert, aber erst seit 1948 dürfen in Cambridge Studentinnen auch promovieren! In den neuen Universitäten kommt heute auf drei männliche eine weibliche Kommilitonin, in Oxford ist das Verhältnis vier zu eins, in Cambridge hingegen nur acht zu eins. Vielleicht, weil Cambridge die Hochburg der Mathematik und Naturwissenschaften ist, vielleicht, weil sich hier der Geist des englischen Puritanismus stärker erhalten hat.

Doch der Fortschritt ist auch an Cambridge nicht vorbeigegangen. Davon künden etwa die *Universitätsbibliothek* mit ihrem fast fünfzig Meter hohen Mittelturm, ein vornehmer Bau von Gilbert Scott, der 1934 vollendet wurde. Er bewahrt – neben Neuanschaffungen – die Bücherschätze auf, die früher in den Old Schools untergebracht waren. Aus den sechziger Jahren stammt das *Churchill College*, eine sehr großzügige moderne Anlage; und das Studentenwohnheim *Clare Hall* nach einem Entwurf des Schweden Ralph Erskine wurde in den frühen siebziger Jahren bezogen. Es ist wie ein Dorf um zwei Hauptwege gruppiert: dem Familienweg mit Wohnungen und dem

Gelehrtenweg mit Arbeitszimmern, Gemeinschaftsraum und Bar. Seine Wände wurden mit rostroten Ziegeln verkleidet, um es den historischen Bauten der Stadt anzupassen, in der seit je im Gegensatz zu Oxford Ziegelbauten vorherrschen. Die Gebäude des Downing College entstanden in den dreißiger und fünfziger Jahren unseres Jahrhunderts und passen sich mit ihrem etwas unverbindlichen Neuklassizismus den vielen palladianischen Quadrangeln des 17. Jahrhunderts an.

Fast sechshundert Jahre lang haben Oxford und Cambridge das geistige Klima des Landes mit einer Ausschließlichkeit bestimmt, die für den Kontinentler überhaupt nicht nachvollziehbar ist. Auf diesen beiden Universitäten wurde die gesamte wissenschaftliche, wirtschaftliche, militärische und künstlerische Elite Großbritanniens erzogen und ausgebildet, der königliche Prinz wie der vaterlose Schusterjunge, der Hofbeamte wie der Kaperkapitän, der gelehrte ›Wit‹ des 18. Jahrhunderts noch genauso wie der glühende Puritaner des 17.; die beiden Städte waren die Kristallisationspunkte des Bildungswesens wie des moralischen und gesellschaftlichen Lebens der ganzen Nation. Und immer rollte dabei der Ball des Fortschritts von Oxford nach Cambridge, von Cambridge nach Oxford. In Cambridge etwa entstand im frühen 16. Jahrhundert die jüngere humanistische Schule Englands, aus der die Lehrer Elisabeths I. hervorgingen, deren Ideen die junge Prinzessin und spätere Königin nachhaltig beeinflußten; sie wählte auch späterhin ihre engsten Berater und höchsten Beamten gerne aus dem Kreis der Cambridger. Von Cambridge nahm zwei Generationen später die puritanische Bewegung ihren Ausgang, die anfangs nur eine Reinigung der anglikanischen Staatskirche von katholischen Riten bezweckte, deren Ideale eines freiheitlichen Bibelchristentums die geistigen Führer des Bürgerkrieges, Cromwell und Milton, dann aber zu weitreichenden Konsequenzen bewegten. Bis heute hat, trotz der neuplatonischen Schule des 18. Jahrhunderts, die nach einem Mittelweg zwischen der Aufklärung des Descartes und der puritanischen Lehre suchte, der Puritanismus die Tradition dieser Universität mitbestimmt; eine seltsam glühende Nüchternheit, eine leidenschaftliche Unbeugsamkeit, eine an Starrsinn grenzende Kompromißlosigkeit und ein hohes Verantwortungsbewußtsein zeichneten viele der Großen aus, die durch Cambridges Schule gegangen sind: Staatsmänner wie Cromwell, Wilberforce, Palmerstone, Balfour und Nehru, Theologen wie

Bischof Cranmer oder John Howard, der mit seinen Glaubensgenossen 1620 nach Amerika segelte und dort in den folgenden Jahren die Kolonie Massachusetts gründete, Dichter wie Marlowe, Milton und Wordsworth, Naturwissenschaftler und Philosophen wie Newton, Darwin, Scott und Russell.

Dieser naturwissenschaftlich-nüchterne Zug zeigt sich auch, wenn man einen Bummel durch die Museen unternehmen will: da sind in der Downing Street das *Sedgwick Museum of Geology* mit einer einzigartigen Fossiliensammlung, das *University Museum of Archaeology and Ethnology* mit den Schwerpunkten amerikanische Vorgeschichte, britische Vor- und Frühgeschichte, Altsteinzeitkulturen Asiens, Europas und Afrikas, ethnologische Materialien aus Afrika, Amerika und Ozeanien, ferner das *University Museum of Zoology and Comparative Anatomy* und das *Museum of Mineralogy and Petrology* mit vergleichenden Gesteinsfunden. Das *Museum of the History of Science* steht in der Free School Lane und hütet wissenschaftliche Instrumente aus dem 16. bis zum 18. Jahrhundert, in Nr. 11 West Road findet man eine riesige *Sammlung von Luftaufnahmen* zur Geographie, Kultur- und Sozialgeschichte Englands; das *City Museum* ist in einer alten Schenke, White Horse Inn in Castle Street, untergebracht, und das *Museum of Classical Archaeology* in der Little St. Mary's Lane. Besonders stolz ist die Stadt auf das *Scott Polar Research Institute*, das Erinnerungen an den großen Polforscher birgt, aber auch Materialien zur modernen Arktis- und Antarktisforschung sowie eine Sammlung zur Kultur der Eskimos. Und es ist geradezu typisch für Cambridge, daß alle auch nur entfernt schöngeistigen Objekte in einer einzigen Galerie zu finden sind: dem *Fitzwilliam Museum* (1837-1847, spätere Ergänzungen) in der Trumpington Street, wo alte und neue Meister, Grafiken, Miniaturen, Notenblätter, Keramiken, Münzen, Antiken und Handschriften sowie eine Kunstbibliothek nebeneinander Raum fanden. Neben den englischen Malern des 18. und 19. Jahrhunderts sind vor allem die französischen Impressionisten und die italienischen Renaissancemaler reich vertreten.

Ehe wir Cambridge verlassen, wollen wir noch einen Augenblick der Muße und Kontemplation in der ältesten von Englands vier erhaltenen Rundkirchen suchen. Das im 11. Jahrhundert über kreisförmigem Grundriß errichtete Schiff von *Holy Sepulchre* mit seinen untersetzten Rundpfeilern und schwerlastenden Arkaden, die sich in der Galerie noch geduckter wiederholen, mit den kunstlosen

Kapitellen und dicken, mit Zickzackbändern ornamentierten Rippen wirkt seltsam archaisch. Der rosige Stein harmoniert gut mit den weißgekalkten Gewölbekappen und dem dunkelroten Fliesenmosaik des Bodens. Der niedrigere Perpendikularchor ist ganz hell getüncht; wenn Sonnenlicht durch die Farbscheiben fällt, malt sich ein Regenbogenspiel auf den weißen Wänden. Chor, Glockenturm und die dicke Turmlaterne mit dem geziegelten Kegeldach stammen aus dem 15. Jahrhundert. Die Wunden einer Restauration von 1841 hat die Zeit gnädig vernarben lassen, und heute kann man vom Chor aus, wo hölzerne Engel ihre schöngefiederten Flügel ausbreiten, den Anblick des dämmerigen normannischen Kirchenraumes voll genießen.

42

Wo der Lordprotektor zu Hause war: St. Ives Godmanchester – Huntingdon – Peterborough

In jenen Tagen waren die Menschen sehr allein gelassen mit der Natur, mit sich selbst und mit Gott …
G. M. Trevelyan, English Social History, 1944

Im mittleren Osten ist die englische Landschaft nicht romantisch. Hier schimmert der Boden nicht rot oder weiß oder bläulich durch Heidegras und Thymian, hier besteht er aus schwerem gelbem Lehm, aus fetter schwarzer Erde in den Marschen, fruchtbar und anspruchslos, Ackerland, gut für Rüben, Kartoffeln und Korn. Und der Sämann hinter dem Pflug hegt andere Gedanken als der Viehzüchter, der Schafhirte, der Schiffer auf dem Meer oder der Angler in den lieblichen Flußtälern. Hier, unter den endlosen Himmeln auf den endlosen Ebenen konnte sich der Mensch gleichzeitig sehr groß und sehr klein fühlen, als Gottes Geschöpf und als sein eigener Herr, nur sich und seinem Gewissen verantwortlich. Hier konnte der Traum von der Republik der Frommen keimen, die, unabhängig von Kirche und Staat, das Geschick der Gemeinden selbst bestimmten: ›Independents‹ nannten sie sich denn auch, als sie versuchten, den Traum ins Leben zu rufen. Anfangs suchten diese Puritaner noch die Ferne, um ihre Gottesrepublik zu errichten. Fast hunderttausend Engländer wanderten unter der Regierung der Stuartkönige bis zum Beginn des Bürgerkrieges in die jungen Kolonien aus; die einen, um

Land zu gewinnen, die anderen auf der Jagd nach wirtschaftlicher Unabhängigkeit, viele aber, um ihre religiösen Ideen zu verwirklichen: Katholiken ebenso wie Puritaner, Quäker wie Atheisten.

Die puritanische Bewegung war in sich keineswegs geschlossen. Die ersten Puritaner wollten eine Reinigung der Staatskirche von katholischen Riten erzwingen; sie mußten sich nach der Uniformitätsakte Elisabeths I., die eine für alle verbindliche Gottesdienstordnung vorschrieb, in ›Chapels‹, private Gebets- und Versammlungshäuser, zurückziehen. Man nannte sie später Dissenter oder Nonconformists. Die Sekte der Independents, die für freie Gemeindeordnung ohne beruflichen Priesterstand eintrat, hatte sich schon 1583 zusammengeschlossen. Die erste englische Baptistenkirche, die nur die Erwachsenentaufe anerkannte, entstand um 1611; die der Particular Baptists, die an Calvins These von der Gnadenwahl glaubten, drei Jahrzehnte später; die Unitarier, die mit den schottischen Presbyterianern sympathisierten, traten für ein Christentum ohne Dogmen ein, und die Quäker, die ›Gemeinde der Freunde‹, lehnten jede Form kirchlicher Organisation ab; die ›Leveller‹ oder Gleichmacher strebten dagegen nach Aufhebung aller sozialen und wirtschaftlichen Unterschiede.

Unter den Stuarts ging es Bauern und Bürgern gut, wie es ihnen unter den Tudors gut gegangen war. Dörfe und Städte blühten und hatten ein hohes Maß an Selbstverwaltung; Städter wie Bauern wußten ihre Interessen aber auch im Parlament zu vertreten. Handwerker erhielten guten Lohn; eine Leibeigenschaft gab es auch auf dem Lande schon längst nicht mehr. Wer dennoch nicht zurecht kam, ging in die Kolonien, um sein Glück zu versuchen, nicht als Eroberer, sondern als Siedler: Wirtschaftliche Not war äußerst selten im glücklichen Albion. Zu der wirtschaftlichen kam die politische Unabhängigkeit. Der Stuart konnte zwar notfalls für einige Zeit ohne Parlament ›regieren‹, aber nicht handeln. England hatte noch immer kein festes Heer; nicht der Souverän, nur die großen Handelsgesellschaften konnten sich Söldnertruppen leisten. Wenn der König Krieg führen wollte oder mußte, war er gezwungen, wie im Mittelalter die freiwilligen Milizen einzuberufen und zu entlöhnen, was nur möglich war, wenn er gleichzeitig Sondersteuern erhob, was er wiederum nur durfte, wenn vorher das Parlament zustimmte, und das war sich seiner Rolle voll bewußt. Weder soziale Unterdrückung noch politische Knebelung oder wirtschaftliche Not führten, wie gewöhnlich bei Revolutionen, zur Erhebung, sondern eher das Gegenteil: Das Volk fühlte sich mündig und verlangte einen Anteil an der politischen Macht, der seiner wirtschaftlichen Stärke entsprach. Dazu kam dann als auslösender Funke das religiöse Moment: Wie man nach mehr Rechten für das Parlament strebte, so wollte man eine Unabhängigkeit der Gemeinden von der Staatskirche erzwingen.

Nicht ein verelendeter Pöbel erhob sich im englischen Bürgerkrieg gegen eine übermütige, blutrünstige Aristokratie, sondern zwei Gruppen mit unterschiedlichen politischen und religiösen Anschauungen kämpften um Durchsetzung ihrer sich widersprechenden Ideale, anfangs mit parlamentarischen Mitteln, später in offener Schlacht, wobei sich die Puritanerheere durch ihre bessere Disziplin auszeichneten. Auf beiden Seiten stritten Männer aus allen Schichten, vom Hochadel bis zum Bettelmann, wenn sich auch naturgemäß bei den Puritanern mehr Bürger aus den selbstbewußten Handelsstädten und Industriedörfern des Nordens sammelten oder aufgeschlossene Bauern aus der Marsch- und Fenlandschaft des Ostens, die man gerade nach holländischem Vorbild dem Meere abzutrotzen begonnen hatte, während sich unter den Anhängern des Königs die heimlich oft noch zum Katholizismus neigenden Kleinstädter und ärmeren Gutsherren und Dörfler des Westens befanden. Aber der Riß ging nicht nur quer durch das Land, sondern oft genug durch die Städte und Gemeinden, Generationen und Familien.

Acht Jahre tobte der Bürgerkrieg, und an seinem Ende stand eine Militärdiktatur, trat ein bei den Truppen beliebter General als der große Befreier auf und regierte England mit so eiserner Hand, wie es das nie zuvor erlebt hatte. Dieser General war Cromwell, einer der bibelfesten Bauern des Ostens, die nur Gott als Herrn anerkennen wollten. Seinen Lebensspuren wollen wir im Fenland von Cambridgeshire und dem einstigen Huntingdonshire folgen.

Wir fahren durch die nordwestliche Ebene von Cambridgeshire auf der schnurgeraden Via Devana und nehmen hinter Fenstanton die Landstraße nach St. Ives, wo Cromwell als junger Gutsherr gelebt hat.

St. Ives ist eine malerische alte Stadt abseits der großen Straßen mit schönen mittelalterlichen Fachwerkhäusern und georgianischen Bauten; die Spitztürme seiner beiden Kirchen grüßen den Reisenden schon von weitem. Von Cromwells Hof hat sich nichts erhalten, aber auf dem Marktplatz steht eine Statue, die ihn im Lederkoller mit großem Hut, die Bibel unter dem Arm und das Schwert zur Linken zeigt, so, wie er in das Bewußtsein seiner Landsleute eingegangen ist: der einzige Herrscher Englands, der jemals ungestraft das Parlament nach Hause schickte.

Die Ouse schlängelt sich am Saum der Stadt vorbei, überspannt von einer vielbogigen Steinbrücke aus dem 15. Jahrhundert, an einem Brückenkopf steht eine alte, heute bewohnte Kapelle. Ein efeuübersponnenes Herrenhaus spiegelt seine elisabethanischen Giebel im Fluß, und die All Saints' Church (14. Jahrhundert) ihre feine hohe Spitze. Die Marktkirche, eine der wenigen Kirchen der Stuartzeit, wurde erst um 1640 errichtet; auch sie wird von einem über fünfzig Meter hohen Spitzturm geziert. Von dem einstigen, dem heiligen Ivo geweihten Kloster haben sich nur Ruinen erhalten.

Wir kehren zur Hauptstraße zurück und halten auf *Godmanchester* zu, einen winzigen Ort vor den Toren der einstigen Grafschaftsstadt Huntingdon, von dieser nur durch den Fluß getrennt. Über die Ouse führt eine alte Brücke nach Huntingdon; sie hat in der Mitte einen Knick, der, so berichtet die Sage, entstand, weil man zu beiden Seiten gleichzeitig mit dem Bau begann, bis sich die Brückenhälften zufällig in der Mitte trafen – nur eben nicht genau in der Mitte. Eleganter ist eine kleine ›chinesische‹ Brücke, eine Spielerei vom Anfang des 19. Jahrhunderts, die zu den Ouse-Inseln führt. Die hochgotische Kirche aus bräunlichen Kieseln erhielt ihren Turm um 1623. Sie wird von hübschen Bauten aus dem 16. und 17. Jahrhundert mit Giebeln, Erkern, vorkragenden Obergeschossen und skurrilen Schornsteinen umringt, manche aus rotem oder gelbem Backstein errichtet, die anderen in Fachwerktechnik gebaut. Man hat nahe der Pinfold Lane Bäder aus dem zweiten nachchristlichen Jahrhundert entdeckt, die – neben anderen Funden – eine Besiedlung während der Römerzeit bezeugen. Die alte Gestalt der Römerstadt – ein unregelmäßiges Fünfeck – kann man noch an den Hauptumgehungsstraßen ablesen.

Wir überqueren jetzt die enge Brücke nach *Huntingdon*, das entlang seiner nur leicht geschwungenen, sich über zwei Kilometer erstreckenden Hauptstraße angelegt ist. Gleich jenseits der Brücke steht das William Cowper-Haus, in dem der Dichter 1765-1767 eine Zeit der Ruhe und Erholung bei seinem Freund Unwin verlebte; nach Unwins Tod zog er mit dessen Witwe nach Olney, wo wir ihm wieder begegnen werden.

Huntingdons Geschichte läßt sich wie die Godmanchesters bis in die Römerzeit zurückverfolgen; es erreichte seine höchste Blüte während des Mittelalters als reiche Marktstadt. Dann suchte um 1348 der Schwarze Tod die Stadt grausam heim und löschte in wenigen Tagen fast die ganze Bevölkerung aus; von den sechzehn mittelalterlichen Kirchen haben nur zwei diese Jahre des Verfalls überstanden. St. Mary's in der High Street verrät in den Arkaden ihres Schiffes noch normannischen Ursprung; ihr schöner Turm stammt aus dem Perpendikular. Die Marktkirche All Saints' wurde erst nach der Pest im 16. Jahrhundert errichtet und hat einen viktorianischen Turm.

Huntingdon ist in die Geschichte als Vaterstadt Oliver Cromwells eingegangen. Sein Geburtshaus stand in der High Street; das heutige Cromwell House wurde an seiner Stelle errichtet. Der spätere Lordprotektor besuchte die 1565 erbaute Lateinschule am Markt, auf die eine Generation später auch Samuel Pepys, der Chronist des Bürgerkrieges, ging. Sie beherbergt heute ein kleines Cromwellmuseum mit zeitgenössischen Porträts, Dokumenten und Erinnerungen an ihren einstigen Schüler. Im ›Falcon Inn‹ mit den schweren Türen und den neugierig vorspringenden Fenstererkern schlug Cromwell während des Krieges sein Hauptquartier auf; einen Blick ist auch ›George Inn‹ wert, das noch einen gedeckten Hof mit umlaufender Galerie, wie damals üblich, besitzt.

Cromwell war kein armer Bauer, wie es uns manche Geschichtsbücher weismachen möchten. Sein Urgroßonkel war unter Heinrich VIII. Minister, ein kluger, aber rücksichtsloser Mann, der bei der Auflösung der Klöster großen Landbesitz an sich brachte. Er vererbte Namen und Titel seinem Schwestersohn und Sekretär Richard Morgan, dessen Sohn, Henry Cromwell, Olivers Vater wurde. Sir Henry nannte man wegen seines Reichtums und luxuriösen Lebensstils den ›goldenen Ritter‹; er errichtete auf dem Grund eines vom alten Cromwell erworbenen nahen Nonnenklosters *Hinchingbrooke House*, einen stattlichen Landsitz, den später, Ironie der Zeitläufte, Edward Montague, 1. Earl of Sandwich erwarb, der Karl II. aus dem niederländischen Exil als König zurückholte, und spielt in Pepys' Tagebüchern eine interessante Rolle; denn Pepys nahm an den zahlreichen Umbauten und Verschönerungen, die der Graf veranlaßte, als häufiger Besucher regen Anteil. Heute beherbergt es eine Schule, aber man kann dort an den Sonntagnachmittagen von März bis April und Juli bis August die Porträts der Grafen von Sandwich betrachten.

Doch zurück zu Cromwell. Der spätere Lordprotektor empfing seine entscheidenden Eindrücke in der kleinen Grammar School, wo ihn sein Schulmeister Dr. Read einen persönlich strafenden und lohnenden Gott, den strengen Herrn des Alten Testamentes, lehrte. In Cambridge, wo er studierte, kam er mit den Humanisten aus der Schule des großen Roger Ascham in Berührung und lernte die Ideen der Independents kennen, die ihn anzogen und bewegten. Schon 1617 mußte er das College wieder verlassen, um das Erbe seines Vaters anzutreten, der ihm außer den Häusern die Sorge um die Mutter und fünf unverheiratete Schwestern hinterließ. Cromwell war, auch das schon durch die Erziehung vorgezeichnet, ein pflichtbewußter Sohn und Bruder, wie er ein guter Ehemann und Vater wurde, als er bald darauf die Kaufmannstochter Elizabeth Bourchier heiratete. 1628 entsandte ihn Huntingdon erstmals ins Parlament. Drei Jahre später verließ er die Stadt, um einen Hof in St. Ives zu kaufen, den er nach den neuen Erkenntnissen der Landwirtschaft bewirtschaften wollte. 1636 erbte er dann noch einige fette Pachthöfe der Kathedrale von Ely, und 1640 wurde er erneut, diesmal für Cambridge, ins Parlament gewählt, was dafür spricht, daß er in der parlamentslosen Zeit (1632-1640) seine politischen Ziele nicht aus den Augen verloren hatte. Bei seinem ersten Auftritt im Parlament, den Augenzeugen beschrieben, trug er ein unsauberes Leinenhemd und einen schmucklosen Hut, trat überhaupt wie ein Bauer auf und hielt mit harter, unmelodischer Stimme eine nicht sehr logische, aber dafür feurige Rede, die ihm viel Beifall brachte. Der Sohn des Goldenen Ritters hatte offensichtlich von der Eleganz des Vaters wenig geerbt.

Cromwells weiterer Aufstieg als Reformer der Milizen, die er in das ›Musterheer‹ des Parlaments, seine ›Eisenseiten‹ oder ›Rundköpfe‹ umwandelte, als mehrfacher Sieger in den Schlachten gegen Karl I. Stuart, als Mann des Heeres im Parlament, der sich gegen die anderen Politiker durchzusetzen wußte, ist bekannt und braucht hier nicht im Einzelnen erzählt zu werden. Cromwells Schwierigkeiten begannen, als er mit Hilfe seiner alten Kampfgenossen die Macht im Staat als Lordprotektor des Commonwealth, wie er die vereinigten Königreiche und Kolonien nannte, übernommen hatte. Er war in erster Linie Soldat, ein glänzend begabter Heerführer, aber kein Parteipolitiker. Es gelang ihm nicht, ein arbeitsfähiges Parlament einzuberufen; er regierte notgedrungen als Diktator, sehr gegen seine eigene Absicht. Es ist logisch, daß ihm gegen Ende seiner

Regierungszeit die Krone angeboten wurde, die er wie Caesar ablehnte.

Das Erstaunlichste an Cromwells Persönlichkeit war wohl, daß er, der durch innere Anlage und Erziehung zum Fanatiker vorbestimmt erscheint, in der Praxis dem Fanatismus einzelner Gruppen ein hartes Nein entgegensetzte. Freiheit des Bekenntnisses für alle, die an Christus glaubten, wurde unter seiner Herrschaft Gesetz; ausgenommen waren nur die ›Papisten‹ genannten Katholiken, die aber nicht als religiöse, sondern als Staatsfeinde angesehen wurden und meistens auch so auftraten. Doch selbst ihnen geschah nichts, wenn sie sich nicht aktiv an Rebellionen beteiligten; sie durften nur ihre Messen nicht öffentlich feiern. Erstaunlich ist, daß Cromwell sich bemühte, sogar Juden und Quäkern nach Möglichkeit Glaubensfreiheit einzuräumen, womit er seiner Zeit weit voraus war. Er starb am 3. September 1658, vor der Zeit gealtert, ein Soldat mit der Bibel unter dem Arm, ein Mann der Tat, nicht des Rates, ein Mann für den Krieg, nicht für den Frieden, ein Mann Gottes, aber kein Mann der Kirche, kein Asket, aber frei von den Lastern der Großen seiner Zeit. Die Revolution, die er mit heraufbeschworen und mit durchgeführt hatte, der er seine Macht verdankte, starb mit ihm. Am Ende war England genau da, wo die Auseinandersetzungen um die politische Macht um 1640 begonnen hatten: Einige Herrenhäuser waren niedergebrannt, einige Städte in Schutt und Asche gelegt, einige Vermögen hatten die Besitzer gewechselt und einige Kirchen waren geplündert worden. Aber den eigentlichen Durchbruch brachte erst die Restauration: Jetzt wurde die alleinige Gültigkeit des Common Law anerkannt, alle anderen Gerichtshöfe, mit Ausnahme des Berufungsgerichts (Billigkeitsrecht) aufgehoben, und der König eindeutig dem herrschenden Gesetz unterstellt. Das bedeutete unter anderem die endgültige Abschaffung der in England immer nur sehr verstohlen angewandten Folter, Jahrhunderte bevor andere europäische Staaten sich dazu entschlossen. Die Restauration stellte auch, was Cromwell ebenfalls nicht vermocht hatte, die Macht des Parlaments wieder her. Und sie bestätigte die politische Rolle der großen Handelsgesellschaften.

Alles in allem hatte der Bürgerkrieg also nichts eigentlich Neues gebracht, sondern nur die gewachsenen politischen Rechte von Bauern, Bürgern und Handelsherren, von Parlament und Gerichten, Gemeinden und Kaufmannskompanien nachdrücklich bestätigt; er hatte den möglichen Rückschritt Englands zum Feudalismus und

Klerikalismus verhindert, und er hatte die nationale Unabhängigkeit innerhalb Europas und in Übersee glänzend bestätigt; die Engländer fühlten sich nach Miltons Worten jetzt zu Recht als ›God's own people‹.

Über die römische Ermine Street fahren wir am Rande der Fens von Osthuntingdonshire auf Peterborough zu. Wir kommen dabei durch den stillen Marktflecken *Stilton*, aber der berühmte blaue Schimmelkäse wird nicht dort hergestellt, sondern in Leicestershire; in Stilton wurde er nur jahrhundertelang für den Transport nach London gesammelt, versteigert und verladen: von 1642-1969 in dem ›Bell Inn‹, und seitdem im gegenüberliegenden Post Office. Bei Alwalton verlassen wir die Hauptstraße und biegen rechts nach Peterborough ab.

Peterborough, das heute gemeinsam mit Huntingdon seinen Namen der Grafschaft leiht, ist zwar ein uralter Ort, doch die Industrialisierung hat das Stadtbild leider recht verdorben. Häßliche Ladenfassaden, Zuckerfabriken, Maschinenbauwerke, Mietshäuser bestimmen es heute. Aber am Fluß, der Nene, finden wir in einem Park die rechtwinkligste, viereckigste, koloßartigste Kathedrale ganz Englands, erbaut zwischen 1118 und 1200 aus dem in den Brüchen von Barnack gebrochenen gelblich schimmernden Kalkstein, Barnack Stone genannt.

Ein erstes Kloster wurde hier 655 von Oeada, dem ersten christlichen König des mittelenglischen Reiches Mercia, errichtet. Es wurde im 9. Jahrhundert von den Dänen zerstört, 972 mit Benediktinerregel neugegründet und in die Auseinandersetzungen zwischen Wilhelm dem Eroberer und Hereward the Wake in Ely mithineingezogen, da die Verbindungen zwischen dem stolzen Ely und dem reichen Gilden Burgh – wie Peterborough damals noch genannt wurde – sehr eng waren. Nach einem Brand im Jahre 1116 wurde die Sachsenkirche, deren Grundmauern man unter dem südlichen Querschiff entdeckt hat, dann endgültig abgerissen, um dem normannischen Bau Platz zu machen. Zur Kathedrale erhoben wurde die Kirche erst unter König Heinrich VIII.

Eckigkeit also ist der Grundzug des Außenbaus. Und selbst da, wo in der normannischen Zeit noch Rundungen vorhanden waren, beseitigte sie die Gotik: Der halbkreisförmigen Apsis, deren ursprüngliche Form sich noch in den Obergeschossen des Außenbaus ablesen läßt, wurde ringsum ein viereckiges, eingeschossiges Presbyterium vorgelagert, was zu einem geraden Ostabschluß führte. Damals erhielt auch das mächtige Westwerk mit einem vollendeten quadratischen Nord- und einem stumpf gebliebenen Südturm eine neue Fassade: drei Riesenbögen mit tief einschneidendem Gewände reißen die ganze Westfront bis hinauf zu den drei spitzen Maßwerkgiebeln auf. Die Ecken wurden durch turmähnliche Strebepfeiler verstärkt, die in Fialenkronen mit schlanken Turmspitzen auslaufen. Der Vierungsturm ist ein massiger quadratischer Block mit Spitzbogenfenstern; er ersetzte den im 15. Jahrhundert eingestürzten normannischen Turm.

Wenn man eintritt, bietet sich das Schiff mit seinen zehn Jochen, der weiten Vierung und den fünf Jochen des Chores als eine einzige normannische Raumflucht von großartiger Einheitlichkeit dar; auch das Querhaus und die Seitenschiffe sind normannisch. Das bemalte hölzerne Dach des Langhauses erhielt seinen Freskenschmuck im 13. Jahrhundert; es zeigt in rhombenförmigen Medaillons Heilige und Könige, Bischöfe und Ungeheuer. Die Pfeiler und Arkaden des Langhauses sind schlicht und wuchtig; die Bögen der Galerie mit ihrem Zickzackschmuck überfangen jeweils einen Zwillingsbogen mit eingestellter Mittelsäule, und die Lichtgadenöffnungen mit gestaffelten Drillingsfenstern zeigen im Bogenfeld teilweise Hundszahnornamente. Das enge südliche Seitenschiff weist sehr seltene normannische Kreuzgratgewölbe auf, die Vorläufer der gotischen Kreuzrippengewölbe. Das reichbemalte Vierungsdach über der Turmlaterne zeigt ein Sternenmuster; das ›Chorgewölbe‹ aus dem 15. Jahrhundert besteht wiederum aus Holz: Seine geschnitzten Fächer steigen von den Diensten auf und laufen zur Mitte in einem Band mit geschnitztem Rippennetz und hölzernen ›Schlußsteinen‹ zusammen; auch diese zierlich gestaltete Decke gewinnt durch farbenfrohe Bemalung.

Der Retrochor, der sich um die in den Bau einbezogene normannische Apsis schließt, prunkt dagegen mit einem steinernen Fächergewölbe von höchster Vollendung; wahrscheinlich hat John Wastell, der das Gewölbe von King's College in Cambridge geschaffen hat, die Pläne auch hier gefertigt.

In Peterborough wurden zwei Königinnen von Old Scarlett, dem Mesner und Totengräber der Kathedrale im 16. Jahrhundert, zur ewigen Ruhe gebettet: Katharina von Aragon, die erste Gemahlin Heinrichs VIII., und Maria Stuart, Königin von Frankreich und Schottland, Mutter Jakobs I. Old Scarlett (1496-1594) findet in den

Dokumenten der Kathedrale mehrfach Erwähnung, sein Bild an der Westwand des Langhauses zeigt uns einen untersetzten Alten mit langem weißem Bart und großen dunklen Augen; er soll im Alter recht arm gewesen sein. Das Grab Katharinas wurde im Bürgerkrieg zerstört und 1895 durch eine schwarze Marmorplatte im Boden bezeichnet; es lag unter den Arkaden des Chor-Seitenschiffes neben dem Hochaltar; der Ort ist leicht zu erkennen an den dort aufgehängten Bannern Spaniens und Englands. Das Grab der Stuart lag südlich des Altars, doch wurde ihr Leichnam bereits auf Wunsch ihres Sohnes nach Westminster überführt. Auch der Ort ihres Grabes ist durch die Banner ihrer Königreiche gekennzeichnet.

Sechs Abtgräber aus dem örtlichen Alwalton-Marmor gehören zu den Schätzen der Kathedrale; das schönste ist wohl das des Abbot Benedict (gestorben 1193), der den Hauptteil des Langhauses errichten ließ. Es zeigt in Hochrelief einen ruhenden Mönch von jugendlicher Gestalt mit ernsten gesammelten Zügen und einem energischen Kinn. Das schöne Messing-Lesepult in Adlerform wurde von Abt William Ramsey (1471-1496) gestiftet. Die Kathedrale ist übrigens nicht nur wegen des eindrucksvollen normannischen Schiffes berühmt, sondern auch wegen ihrer hervorragenden Akustik. Zum Teil stehen auch noch die Bauten der einstigen Klosterburg, so das äußere Tor, das sogenannte Gefängnis des Abtes, das Tor des Abtes mit der darüberliegenden Ritterkammer und der Bischofspalast.

43

Im Lande der Spires und Squires: Stamford Burghley House – Oakham – Melton Mowbray Leicester – Coalville – Ashby-de-la-Zouch

Hinter den Hunden zu reiten, ist ein erhebendes Gefühl –
aber hinter den Hunden geblieben zu sein, ist noch erhebender.
Anthony Trollope, Phineas Finn, 1869

Die Spires sind die Spitztürme der mittelostenglischen Kirchen, und die Squires, Friedensrichter, sind die Gutsherrn, die hier in starkem Maße das Antlitz des Landes geprägt haben. Denn wenn wir jetzt die ostenglischen Ebenen und Moore, die Broads und die Fens endgültig hinter uns lassen und nach Rutland und Leicestershire kommen, finden wir eine völlig veränderte Szenerie. Fruchtbar zwar wie die Fens ist auch dieses Land, aber wellig und geschwungen und gehügelt, reich an Hecken und Hainen, Zäunen und Bächen, überwachsenen Mäuerchen und Wiesengründen, Äckern und Parks. Kurz, es ist die ideale Landschaft für die Fuchsjagd. Als Baustein wird der gebrannte Ziegel abgelöst von dem harten gelblichen Kalkstein, der aus den Brüchen von Barnack und Ketton kommt. Sie liegen am Rande jener Kalksteinschicht, die in Südengland bei Portland beginnt und sich diagonal über die Cotswolds in Mittelwestengland bis nach Nordosten über die ganze Insel zieht.

Stamford, unser erstes Ziel auf diesem Abschnitt der Reise, ist ein gutes Beispiel dafür: Viele seiner schönen mittelalterlichen Häuser wurden aus Barnack Stone gebaut. Diese englischen Kalksteinstädte, die in allen Tönen von blassestem Elfenbein bis zum tiefsten Bernsteinbraun leuchten und besonders schöne Witterungsverfärbungen in rosenrot und moosgrün aufweisen, sind immer ein sehr harmonischer Anblick. In Stamford trafen sich die Grenzen der Grafschaften Rutland, Lincolnshire und Northamptonshire; der in Northamptonshire gelegene Teil des Ortes heißt Stamford Baron; er ist durch den Fluß Welland von Stamford abgetrennt. Stamford ist stolz auf seine schönen gotischen Kirchen: St. Mary im Early English-Stil mit einer gewundenen Turmspitze, All Saints' mit seinem kräftigen Turm, einer Balkendecke mit goldflügeligen Engeln und Messinggrabplatten aus dem 15. Jahrhundert, sowie St. John mit Farbfenstern aus derselben Zeit. St. Martin in Stamford Baron dagegen ist eine Perpendikularkirche mit ebenfalls recht hübschen Glasfenstern; in ihrem Schiff finden wir die Gräber der Familie Cecil, deren ehrwürdigstes das des ersten Lord Burghley ist, der unter Königin Elisabeth das höchste Ministeramt bekleidete. Nicht weit von der Kirche entfernt finden wir den Eingang zu Burghley Park, wo wir das Haus des großen Staatsmannes besuchen wollen.

William Cecil, 1. Lord Burghley, war nämlich nicht nur Politiker, sondern auch ein Bauherr aus Leidenschaft. Wie aus seinem Briefwechsel mit seinen Baumeistern Roger Warde und John Symmonds zu ersehen ist, hat er nicht nur die Pläne für sein Haus selbst entwickelt, sondern sie auch in eigenhändigen Zeichnungen niedergelegt. *Burghley House* wurde zwischen 1556 und 1564 errichtet und von 1573 bis 1587 erweitert und verändert. Es ist eines jener Riesenhäuser, die zu Lebzeiten Königin Elisabeths wie Pilze aus dem Boden sprossen; sie wurden vom Adel hauptsächlich errichtet, um die

Königin und ihren Hof empfangen zu können, manchmal nur für einen einzigen Tag. Der Hof war immer da, wo die Königin war, und das verschlang Unsummen. Da Elisabeth es nicht liebte, ihren persönlichen Aufwand durch Steuererhöhungen zu decken, blieb ihr nur das Mittel, sich dann und wann bei ihren Adeligen zu Gast zu melden – eine Ehre gewiß, aber oft für den Gastgeber ruinös. Selbst ein so vermögender Mann wie William Cecil übernahm sich bei den Kosten für seine drei großen Häuser: neben Burghley House baute er noch ein Stadtschloß (Cecil House) in London und einen Palast bei Waltham Cross (Theobalds).

Burghley House streckt sich monumental in seinem weiten Park aus. Es erhebt sich über einem komplizierten, annähernd H-förmigen Grundriß und protzt mit Kuppeltürmchen, Erkern, Zinnen und mächtigen Kaminen. Über dem Hauptportal des Innenhofes thront ein seltsamer, mit Säulen, Erkern, Bogennischen, Fialen und löwengestaltigen Schwibbögen überladener Turm mit hohem Pyramidendach, faszinierend und rätselhaft wie ein E.T.A. Hoffmannsches Truggespinst. Im Innern, das häufig umgebaut wurde, findet sich aus der Entstehungszeit noch eine überwölbte Steintreppe im Stil der französischen Renaissance, die einzige ihrer Art in England; sie wurde um 1570 vollendet. Der erste Raum, der fertiggestellt wurde, war die hohe, saalartige Küche, danach folgte die große Halle mit herrlichem Doppelstichbalkendach und einem riesigen Kamin; andere Prunkräume sind der Scagliola-Saal, der Marmorsaal und die Andromeda-Halle. Die Decke des ›Paradieszimmers‹ ist von Antonio Verrio ausgemalt, der am Ende des 17. Jahrhunderts in Windsor und Hampton Court malte.

Das Haus, auch heute noch im Besitz der Cecils, ist angefüllt mit über siebenhundert Werken der Kunst und des Kunsthandwerkes; die Kamineinfassungen sind zum Teil aus getriebenem Silber. Den Park, dessen See von seltenen Wasservögeln belebt wird, und seine kleinen Zierbauten hat Capability Brown im 18. Jahrhundert gestaltet; die machtvollen Bäume sind natürlich viel älter. Sie bilden mit ihrem üppigen dunklen Laub im Sommer die ideale Kulisse für den lichtgelben Bau aus Barnack-Stein mit seiner phantastischen Silhouette: ein Denkmal aus Englands größter Zeit.

Von Stamford fahren wir nach Rutland, der einstigen kleinsten, ländlichsten englischen Grafschaft. Sie läßt das Herz jeden Reiters höher schlagen. Wenn man ein Fuchsjagdgebiet am Reißbrett ausklügeln würde, so behaupten die Kenner, könne nichts anderes dabei herauskommen als – Rutland. In seiner Mitte liegt die malerische Grafschaftsstadt *Oakham*, auf deren Markt noch ein Fußblock und ein achteckiges eichenes Buttercross stehen, wie wir es im Süden Englands öfter sahen. Die Kirche All Saints' hat den für diesen Teil Mittelenglands typischen spitzen Turm, hier im Decorated Style geschmückt, und ein nobles frühgotisches Südportal. Gegenüber steht am Rande des Kirchhofs ein spätelisabethanischer Bau, die alte Grammar School; sie wurde von dem damaligen Erzdiakon von Leicester, Robert Johnson, gegründet, im vorigen Jahrhundert restauriert und wird noch heute als Unterrichtsstätte benutzt. Das Rutland County Museum mit interessanten kunsthandwerklichen und landwirtschaftlichen Sammlungen und Ausstellungsstücken aus der angelsächsischen Zeit findet sich in der Catmos Street.

Oakham gehörte jeweils den regierenden angelsächsischen Königinnen; mit dem Tode von Königin Edith (1075) fiel es in den Besitz Wilhelms des Eroberers. Etwa hundertfünfzig Jahre später wurde die Stadt von den Ferriers erworben, die sich hier ein befestigtes Herrenhaus, Oakham Castle, erbauten. Erhalten hat sich davon der dreischiffige Bankettsaal mit einem offenen steilen Dachstuhl. Die normannischen Kalksteinarkaden mit ihren schlanken Säulen und reich verzierten Kapitellen, deren stilisierte Blätter an den Enden überhängen und sich volutenartig einrollen, machen den Raum sehr festlich. Die Bogenfelder zeigen wie in Peterboroughs Kathedrale Hundszahnschmuck. Die Wände dieser Halle sind über und über behängt mit Hufeisen aller Formen und Größen: Oakham hat nämlich seit altersher das Recht, von jedem durchreisenden Adeligen bei dessen erstem Besuch ein Hufeisen als Tribut zu fordern – ein bis in unsere Tage aufrechterhaltener Brauch. Unter den skurrilen Spenden befinden sich auch solche Elisabeths I. und Elisabeths II.

Unser nächstes Ziel liegt schon in den alten Grenzen Leicestershires: *Melton Mowbray* ist das Zentrum der in Reiterkreisen berühmten Quorn Hunt, eine der exklusivsten Fuchsjagden. Für die Fuchsjagd hier in den ›Shires‹ gelten sehr ähnliche Regeln wie für die Hirschjagd, die wir in Devon kennenlernten, hat sie sich doch aus jener im frühen 17. Jahrhundert entwickelt, als sich mit dem allmählichen Verschwinden der großen Wälder zugunsten von Ackerland und Weiden das Schalenwild seines Lebensraumes beraubt sah und in die

Hochländer von Devon und Schottland abwanderte. Bald wurde die Fuchsjagd zu einem typischen Sport Englands. Da die Füchse äußerst listenreich und behende sind und es an Schläue durchaus auch mit den Hunden aufnehmen können, ist das sportliche Moment bei dieser Form der Parforcejagd besonders hervorstechend.

Beschrieben wurde die englische Fuchsjagd unzählige Male, unter anderem sehr anschaulich in den Romanen von Anthony Trollope, der selbst ein begeisterter Jäger war. Aber auch die Maler haben sich des reizvollen Sujets gerne angenommen; insbesondere der englische Sportstich des 18. Jahrhunderts hat weite Verbreitung gefunden und auch auf die Entwicklung der kontinentalen Tier- und Landschaftsmalerei etwa eines Kobell und Delacroix großen Einfluß ausgeübt. Der Hausmaler der ›Meltonian Bucks‹, wie man die Herrenreiter damals nannte, war John Ferneley, der Sohn eines armen Bauern aus dem nahen Thrussington, der auf der Höhe seines Könnens für jedes Gemälde zweitausend Pfund fordern konnte, was ungefähr der Kleinigkeit von vierzehntausend Talern entsprach.

Zu den Jagdtreffen versammelten sich die Herrenreiter und ihre geladenen Gäste, aber im Verlauf der Jagd schlossen sich, ebenso wie in Devon, die Bauern und Gutsbesitzer der Umgegend meistens spontan dem Feld an. Dennoch war es im 18. und 19. Jahrhundert bereits ein Privileg, sich zu den Meltonians rechnen zu können; um den Anforderungen der Jagd wirklich entsprechen zu können, mußte man in der Lage sein, wenigstens tausend Pfund im Jahr allein für die ›Hunters‹, die Springpferde, aufzubringen, und das war auch in jenen üppigeren Zeiten ein kleines Vermögen.

Melton ist ein reizvoller ländlicher Ort mit einer lichten, großen Kalksteinkirche im frühgotischen Stil mit einem Perpendikular-Lichtgaden, der den dreischiffigen Innenraum in leuchtende Helle taucht. Egerton Lodge, dessen Rasenflächen weich zum Fluß hinabschwingen, war einst das Jagdschloß der Grafen von Wilton, heute ist es nur noch Verwaltungsbau. Das kleine Herrenhaus bei der Kirche ist eines der zahlreichen Häuser, die Heinrich VIII. Anna von Kleve nach der Scheidung geschenkt hat; sie hat es nie betreten, vielleicht lag es ihr zu weit von der Küste entfernt.

Unser nächstes Ziel ist die Grafschaftsstadt *Leicester*, eine Industriestadt mit Maschinenbau und lederverarbeitenden Fabriken. Fast alle ihre Bauten sind aus rötlichem, oft altersdunklem Backstein. In der Römerzeit hieß sie Ratae Coritanorum.

Man hat hier über vierzehn schönfarbige, phantasievolle Bodenmosaiken ausgegraben; zwei davon kann man in situ besichtigen, in Nr. 50, St. Nicholas Street und in der Blackfriars Street; die übrigen sind im Stadt- und Kunst-Museum im New Walk, einer modernen Fußgängerzone, untergebracht worden. Zu den Römerfunden zählen ferner ein beachtliches Bad, zahlreiche Münzen, Keramiken und Schmuckgegenstände, die ebenfalls ins Museum wanderten. Von der römischen Basilika steht noch eine fast sieben Meter hohe Mauer mit Bogennischen, deren Mauerwerk aus abwechselnden Lagen von Kalk- und Backstein besteht; sie wird fälschlich ›Jewry Wall‹ genannt (was damit zusammenhängen mag, daß in England die Juden oft als erste Häuser aus Stein errichteten, im Gegensatz zur Holz- und Fachwerkbauweise der Bevölkerung). Beim Bau der nahen St. Nikolaus-Kirche hat man sich in angelsächsischer, aber auch noch in normannischer Zeit der Basilika als eines Steinbruches bedient. Das gilt auch für die Errichtung der Normannenburg, deren Anfänge im 11. Jahrhundert liegen. Ihr Saal aus dem 12. Jahrhundert wurde im Mittelalter Grafschaftshalle; er ist durch schöngeschwungene Arkaden in drei Schiffe geteilt und trägt ein hohes Stichbalkendach. Leider erhielt er vor einigen Jahrzehnten eine häßliche Ziegelfassade.

Neben der Burg findet man die Kirche St. Mary de Castro, die teils in normannischem, teils in frühgotischem Stil errichtet wurde. Auch die 1926 zur Kathedrale erhobene Kirche St. Martin stammt aus verschiedenen Epochen und wurde allzu oft mit nicht sehr glücklicher Hand restauriert, aber durch ihren riesigen geschnitzten Bischofsthron versöhnt sie die Besucher. Gegenüber der Westfassade der Kirche liegt ein reizvoller Fachwerkbau, die Guildhall aus dem 14. Jahrhundert, heute Museum und Bibliothek. Von der Abtei, in der Kardinal Wolsey starb, stehen nur noch Reste der Umfassungsmauern, die einen Park einschließen; die Ruine, die man im Park findet, stammt nicht von der Abtei, sondern von einem elisabethanischen Herrenhaus. Leicesters Universität wurde 1957 gegründet, gehört also zu den vielen neuen Universitäten der Insel.

Westlich von Leicester liegt *Charnwood Forest*, ein bewaldetes Mittelgebirge, das oft als der ›wildeste Teil‹ Englands bezeichnet wird. Man kann es im Sommer, wenn das Laub der Bäume die nackten Felsen weitgehend verhüllt, lieblich finden, aber im Herbst und Winter zeigt es sich in seiner wahren, schroffen Gestalt. Es liegt im

Vorfeld der nordenglischen Kohle- und Erzlager; seine Kohlengruben sind sogar besonders ertragreich und lassen sich relativ leicht abbauen. Schon seit dem 13. Jahrhundert wird hier Kohle gefördert, und noch sind sechs Gruben in Betrieb, die rund 3000 Bergarbeitern Brot geben. Bis in die Mitte der sechziger Jahre waren die Kumpel von Leicester besser gestellt als in vielen anderen Bergbaugebieten Englands, aber durch die neuen Lohngesetze, die zu Angleichungen geführt haben, fanden sie sich plötzlich auf Grund der günstigen Förderbedingungen im Charnwood Forest schlechter bezahlt. Denn durch die Einbeziehung der Sonderzulagen bei der Berechnung des Lohnes der Bergarbeiter – die in Charnwood Forest fast alle fortfallen – erhalten sie bei Lohnerhöhungen nur einen Bruchteil von dem, was ihren Kollegen in anderen Gegenden aufgrund der neuen gesetzlichen Regelung zusteht. Für die Bergleute von Coalville, die immer als besonders fleißig und gemäßigt galten, ist es sehr schwer, sich mit dieser Lage abzufinden, sich für ihren Fleiß gewissermaßen ›bestrafen‹ zu lassen.

Die Gruben liegen fast alle im Weichbild der Bergarbeiterstadt *Coalville*; das Gebirge in seiner Ursprünglichkeit wird von ihnen nur wenig beeinträchtigt. Wo kein Wald wächst, ragen die Felsen nackt auf oder sind mit Ginster, Heide und Farn überwachsen. Am Ostrande liegen die Ruinen zweier Augustinerklöster, Ulvercroft und Grace Dieu Priory, großartig und verloren in der Wildnis überdauernd, die grüne Hände nach ihnen ausstreckt.

Ashby-de-la-Zouch gilt als Kleinod des Kohlenreviers. Es war schon zur Zeit der Eroberung ein Dorf, und die späteren normannischen Besitzer, die Familie de la Zouch, hängte ihren Namen dem sächsischen Ashby an. Es wird überragt von der großartigen Ruine der Burg des Lord Hastings, der in Shakespeares ›Richard III.‹ eine so entscheidende Rolle spielt. Später lebte hier Maria Stuart eine Zeitlang als Gefangene – wie Hastings endete sie auf dem Schafott. Die Hastings, die seit dem 17. Jahrhundert auch den Titel der Grafen von Huntingdon trugen, waren treue Royalisten, die während des Bürgerkrieges auf Seiten Karls I. kämpften. Henry Hastings hielt seine Burg über ein Jahr lang gegen die Parlamentstruppen, denen sie dann zum Opfer fiel. Die Gräber der Hastings sind in der großen Perpendikularkirche des Ortes; besonders reich ist das Grabmal der Gräfin Selina, die zu den Gönnern von Charles Wesley gehörte und selber eine calvinistisch-methodistische Gemeinde gründete. Ashby-de-la-Zouch besitzt auch eine kleine lokale Industrie: hier werden besonders kostbare Seifen hergestellt. Dem malerischen Bild des kleinen Ortes mit seiner weiten Hauptstraße hat das zum Glück keinerlei Abbruch getan.

Von diesem Abstecher kehren wir auf die Autobahn zurück; bei Walcote zweigen wir dann linker Hand nach *Market Harborough* ab. Dieser kleine Ort an der Grenze nach Northamptonshire wurde von dem ersten Plantagenet, Heinrich II., gegründet. Auf seinem dreieckigen Markt steht eine Kirche im Decorated Style mit einem reichgeschmückten Kirchturm mit hoher Spitze. Die ehemalige Lateinschule südlich der Kirche stammt von 1631; unter ihren Lauben wurde einst Buttermarkt abgehalten. Der Ort ist Versammlungsplatz der Fernie Hunt, einer der berühmten Jagdgesellschaften. Der Schriftsteller Whyte-Melville machte ihn zum Mittelpunkt seines Romans ›Market Harborough‹. Das ›Three Swans Inn‹, das darin eine Rolle spielt, hält noch heute sein schöngeschmiedetes Wirtshauszeichen in den Wind.

44

Flickschuster, Kesselflicker, Große Tiere: Northampton
Olney–Bedford–Woburn Abbey–Whipsnade–Luton Hoo

Singt nun: Der König lebe lang!
Und lang leb Gilpin fein!
Und reit't er wieder hier vorbei,
Möcht ich zur Stelle sein!
William Cowper, The Diverting History of John Gilpin, 1782

Weiter geht es nach Süden, auf die Grafschaftsstadt *Northampton* zu. Auch dieser alte Ort hat sich wie Leicester auf Lederverarbeitung spezialisiert, seine Hauptindustrie sind die großen Schuhfabriken. Das hat der Stadt auf der einen Seite manchen Charme genommen, aber sie auch um eine ungewöhnliche Sammlung bereichert: Im Central Museum in der Guildhall Road ist ein eigenes Schuhmuseum untergebracht, wo Schuhwerk aller Formen und Zeiten ausgestellt ist und auch eine kleinere Flickschusterwerkstatt eingerichtet wurde – eine hübsche Idee in einer Zeit, in der das Handwerk allerorten ausstirbt oder neue, mechanisierte Formen entwickelt.

Ein anderes interessantes Museum ist das Abington Museum in Abington Park, ein Herrenhaus aus der Tudorzeit, im 18. Jahrhundert umgebaut. Dort ist 1670 die letzte Nachfahrin William Shakespeares, Lady Bernard, gestorben. In dem Haus sind einige Räume in verschiedenen Stilarten eingerichtet, auch die Nachbildung einer viktorianischen Straßenszene ist hier zu sehen; neben interessanten volkskundlichen Sammlungen findet man englische und chinesische Keramiken.

Die Kirche zum Heiligen Grabe (Church of the Holy Sepulchre) in Sheep Street ist eine Rundkirche der gleichen Art, wie wir sie in Cambridge bereits gesehen haben; nur haben hier die Arkaden bereits Spitzbogen, obwohl die Stützen noch rein normannisch sind. Die beiden anderen noch erhaltenen englischen Rundkirchen liegen in London (Temple Church) und Little Maplestead, Essex. St. Peter in der Nähe des Bahnhofs ist ebenfalls spätnormannisch und sehenswert wegen der reichskulptierten Kapitelle; und in St. Matthew in der Kettering Road kann man eine Madonna mit Kind von Henry Moore und eine Kreuzigung von Graham Sutherland bewundern. Der größte Schatz der Stadt steht jedoch etwas außerhalb, an der Straße nach London: eines der wenigen erhaltenen und zugleich schönste der Eleanor-Kreuze. Eleanor von Kastilien war die Gemahlin König Eduards I. Als sie starb, ließ er sie in großer Trauerprozession von ihrem Todesort Harby in Nottinghamshire nach Westminster Abbey in London überführen und überall dort, wo der Sarg niedergelassen wurde, um dem Trauerzug eine Rast zu gönnen, ein hohes steinernes Kreuz mit reichem Steinmetzschmuck – ähnlich jenen, die wir in Cornwall sahen – errichten. Die beiden anderen erhaltenen Kreuze findet man in Geddington, Nottinghamshire und in Waltham Cross in Hertfordshire.

Wir fahren weiter in südöstlicher Richtung nach *Olney* im Tal der Ouse. Olney ist eine geruhsame, behäbige Landstadt, und das war es auch schon im 18. Jahrhundert, als der Dichter William Cowper sich hier vor der Welt verbarg. Cowpers Schicksal ähnelt in manchem dem Hölderlins. Er wurde 1731 geboren und auf eine strenge Schule geschickt, die dem Empfindsamen seelischen Schaden zufügte. Er studierte die Rechte, wurde bereits 1754 als Anwalt zugelassen, aber bald darauf von schwersten Depressionen befallen, die in einem Selbstmordversuch gipfelten. Er konnte geheilt werden, lebte aber von da an völlig zurückgezogen, zuerst in Huntingdon bei den Unwins, dann, nach dem Tode des Freundes, mit dessen Witwe Mary Unwin in Olney, in dem roten Backsteinhaus am Markt, das heute in ein Cowper-Museum umgewandelt wurde. In Olney freundete er sich mit dem Pfarrer John Newton an, für den er eine Folge von Kirchenliedern, die ›Olney Hymns‹, schrieb, die Newton vertonte. Auf Anregung von Mary begann er dann, Gedichte und Epen zu schreiben. Jedes Kind in England kennt die zwerchfellerschütternde Ballade von ›John Gilpin‹, einem unbescholtenen Bürger, der an seinem Hochzeitstag mit Frau und Familie einen Ausflug macht und dabei von seinem unbotmäßigen Reittier in eine komische Situation nach der anderen gebracht wird. Ein anderes zauberhaftes Werk ist ›Die Aufgabe‹, ein kleines Epos, das in wunderbar schlichten Worten Szenen des dörflichen Lebens schildert. Cowpers Dichtungen hatten für die Literatur seiner Zeit eine ähnliche Wirkung wie Constables Bilder für die Landschaftsmalerei: Sie brachten die Hinwendung zur Natur nicht in ihren heroischen oder romantischen Stimmungen, sondern in ihrer Alltäglichkeit, wie etwa die Schilderungen eines Wintermorgenspaziergangs und eines Wintermittagspaziergangs in ›Die Aufgabe‹: *»Natur ... bezaubernde Natur ... stehst allen Menschen frei«*. 1786 siedelte Cowper mit Mary Unwin zu den Throckmortons, mit denen sie befreundet waren, nach Weston Underwood in der Nähe Olneys um. Hier entstand eine Reihe von Gedichten, die erst nach seinem Tode veröffentlicht wurden. Seine 1791 erschienene Homer-Übersetzung wurde ein Mißerfolg, brachte ihm aber eine kleine Rente. Nach dem Tode Marys griff die Schwermut erneut nach dem Dichter; sein letztes, kurz vor seinem Ende geschriebenes Gedicht, ›Der Ausgestoßene‹, ist ein erschütterndes Zeugnis seiner Qualen.

Bald hinter Olney passieren wir die Grenze nach Bedfordshire. *Bedford* liegt in einer Senke, von schmalen Flußläufen umsponnen, von der Ouse durchströmt. Es wurde bereits 570 gegründet; im 8. Jahrhundert ließ der sagenumworbene König Offa von Mercia (757-796) hier ein Kloster errichten. Heute ist Bedford eine modern anmutende Wohnstadt mit etwas Maschinenbauindustrie, vielen Parkanlagen und guten Schulen. Zu beiden Enden der Hauptstraße stehen Statuen: die eine zeigt John Howard, einen Vorkämpfer der Strafvollzugsreform im 18. Jahrhundert, die andere den Kesselflicker, Dichter und Prediger John Bunyan, der hier im 17. Jahrhundert nicht nur zur Buße gerufen, sondern auch wegen seiner religlösen Überzeugungen zweimal im Gefängnis gesessen hat. Howards Haus ist in der Mill Street, und dort befindet sich auch die Congregational Church, die er mitbegründet hat. Gleich neben seinem Haus erhebt sich das ›Bunyan Meeting‹, eine einstige Scheune, in der der Wanderprediger Bunyan seine Gläubigen um sich scharte. Es ist heute zu einem Museum umgewandelt, die schönen bronzenen Türflügel zeigen Szenen aus dem Werk, durch das der Kesselflicker unsterblich wurde: ›The Pilgrim's Progress‹. Das Epos beschreibt in Form einer Traumvision den Aufbruch eines Christen zur himmlischen Stadt, die er am Ende nach Mühen und Versuchungen auch erreicht, und die Suche, auf die sich seine Frau und Kinder und der Nachbar Gnade begeben, um an dasselbe Ziel zu gelangen. Eine christliche Allegorie also, aber von bezaubernder Heiterkeit, Einfachheit und Lebensfreude.

Bedford hat eine hübsche Pfarrkirche, St. Peter de Merton, in deren Turm und Chor man im unteren Teil der Mauern deutlich angelsächsisches Mauerwerk erkennen kann. Das normannische Südportal wurde von einer anderen Kirche hierhergebracht. Das Farbfenster im Chor stammt aus der Mitte des 13. Jahrhunderts, die anderen Glasmalereien sind jüngeren Datums. Der Runenstein im Chor entstand im 8. Jahrhundert. Alles aber wird übertroffen von den Eiben im Kirchhof: sie sind zum großen Teil älter als tausend Jahre. Die Angelsachsen schätzten diese Bäume sehr, denn aus ihrem Holz kann man die besten Bogen schnitzen. Von dem eingangs erwähnten Kloster haben sich keine Spuren erhalten, man nimmt aber an, daß St. Peter auf den Grundmauern der Klosterkirche errichtet wurde.

Unser nächstes Ziel ist *Woburn Abbey*, ein stattliches Herrenhaus aus dem 17. Jahrhundert, im 18. und zu Beginn des 19. Jahrhunderts umgebaut, aber unverkennbar palladianisch, der Sitz des Herzogs von Bedford. Der Herzog hat sein Schloß in ein kommerziell betriebenes Touristenzentrum verwandelt; eine Besichtigung ist daher keine reine Freude. Dennoch birgt es so kostbare Kunstschätze, daß schwerlich ein Weg daran vorbeiführt: Gemälde von Rembrandt, Van Dyck, Teniers, Gainsborough, Reynolds, Velazquez, Holbein, einen ganzen Saal voller Canalettos, vierzehn prächtig eingerichtete Staatsgemächer, Porzellan, Miniaturen, Familiensilber von unschätzbarem Wert. Nicht zu sprechen von dem von Repton angelegten Riesenpark. Eine besondere Attraktion ist für viele das Großwild-Reservat und ein Gehege mit elf verschiedenen Arten von Hirschen, insgesamt zweitausend an der Zahl. Romantiker dürften an der kleinen Meierei im chinesischen Stil im Park beim Seerosenteich besondere Freude haben.

Wer in Woburn nicht genug große Tiere gesehen hat, befährt die Straße nach Dunstable und sucht von dort aus *Whipsnade* auf, die Außenstation des Londoner Zoos an den Hängen der Dunstable Downs. Whipsnade darf ohne Übertreibung als einer der schönsten Tiergärten der Welt bezeichnet werden. Er wurde 1931 angelegt und besteht nur aus Freigehegen in herrlicher landschaftlicher Lage auf einem über 500 Hektar großen Gelände. In zoologischen Fachkreisen ist er vor allem wegen seiner einzigartigen Zuchterfolge im Kampf gegen das Aussterben bestimmter Tierarten berühmt.

Von Whipsnade aus fahren wir nach *Luton Hoo*. Luton selbst ist eine große Industriestadt, die durch ihre Korbflechter und Strohhutmacher berühmt wurde. Aber in ihrem Süden liegt in herrlicher Waldlandschaft eines der anmutigsten Schlösser Englands, von Robert Adam und Capability Brown für den Earl of Bute, den damaligen Premierminister, entworfen. Die Fassade zeigt einen hohen Portikus mit sechs ionischen Säulen und rund vorspringende Ecktürme; das Innere wurde 1867 im Stil Ludwigs XV. neu eingerichtet, als es von den Wernhers, einer Diamantenhändlerfamilie, erworben wurde. Sie haben es zu einem wahren Schatzhaus gemacht: Gemälde von Rembrandt und Tizian, mittelalterliche Tapisserien und Elfenbeinschnitzereien, der Fabergé-Schmuck und eine Anzahl von Gewändern und andere Erinnerungsstücken vom Hofe des russischen Zaren, auch Gemälde der Zarenfamilie, bilden die Prunkstücke der Wernher Collection. Das Haus ist noch im Besitz der Familie.

45

Schlachten und Schenken: St. Albans

... Auf Holmhurst Berg, wo Albion seinen Kopf verlor,
Soll alsbald Offa eine Kirche bauen und ein Kloster schön,
Ich will es, Englands erstem Märtyrer zu Ehren,
St. Albans nennen ...

William Rowley, ›Shoemaker a Gentleman‹, 1608

St. Albans am Ver, einem Nebenfluß des Colne, entstand in Nachbarschaft zur Römerstadt Verulanum. König Offa von Mercia gründete hier im 8. Jahrhundert zu Ehren des 297 nach Christus hingerichteten römischen Legionärs Albanus ein Kloster. Ulsig, der sechste Abt von St. Albans, begann dann mit dem Ausbau der mittelalterlichen Stadt. St. Albans als Nachfolgerin Verulanums ist mit London durch die römische Watling Street verbunden, die einst wichtigste Straße nach Norden. Daß an einem strategisch so wichtigen Ort zwei große Schlachten während der Rosenkriege stattfanden, nimmt nicht wunder: 1455 siegten hier die Anhänger der Weißen Rose, des Hauses York, über König Heinrich VI. Lancaster und nahmen ihn gefangen. 1461 wandte sich das launische Kriegsglück und lächelte der Roten Rose zu: Es gelang Königin Margarete, die Yorkisten zu schlagen und ihren Gemahl zu befreien. Shakespeare hat beide Schlachten in seinem dreiteiligen Dramenzyklus ›Heinrich VI.‹ geschildert.

Eine andere hervorstechende Eigenschaft des Ortes ist die ungewöhnlich große Anzahl von Schenken und Gasthöfen; auch das hat natürlich mit der Lage an der Watling Street zu tun, und auch das wurde mehrfach zum Gegenstand elisabethanischer Dramen; so schrieb etwa John Fletcher in seinem ›Wit without Money‹ 1614: *»Laß alle Schenken von St. Albans trunken sein und nicht einen Wirt so nüchtern, Ihre Ehren willkommen zu heißen!«*

Von dem einst reichen, mächtigen Kloster hat sich nur die 1115 geweihte normannische Kirche, die seit 1877 *Kathedrale* ist, erhalten. Sie besitzt das längste mittelalterliche Kirchenschiff der Welt mit fast neunzig Metern; insgesamt mißt die Kirche nahezu 170 Meter. Ihre Wuchtigkeit spricht eine eigene Sprache, was noch durch den Baustoff unterstrichen wird: Der Osten Englands ist arm an Steinbrüchen, und so half man sich mit hartem Feuerstein und dort, wo dieses Material zu ungefüge war, mit Römerziegeln aus dem nahen Verulanum. Nüchternheit und strikte Betonung der Waagerechten, diese für die englische Baukunst typischen Eigenschaften, treten hier noch stärker hervor als gewöhnlich. Auch der normannische Vierungsturm mit Zinnenkranz und runden Eckstreben ist gedrungen und massig; er wurde aus Römerziegeln erbaut. Die Westfassade wurde leider ein Opfer der Restaurierungswut der Viktorianer; Gilbert Scott legte ihr im letzten Viertel des vorigen Jahrhunderts im Auftrag von Lord Grimthorpe ein unverbindliches neugotisches Mäntelchen um, wodurch das Gleichgewicht des Normannenbaues empfindlich gestört wurde, zum Glück nur im Außenbau. Den Lord kostete die ›Verschönerung‹ über zweieinhalb Millionen Goldmark; allerdings umfaßte sie auch die Wiederherstellung des Schreines des heiligen Alban, eine Arbeit in schwarzem Purbeckmarmor aus dem 14. Jahrhundert auf einer älteren Marmorbasis, und den Ankauf einer steinernen romanischen Kanzel mit Rautenmuster aus dem 12. Jahrhundert.

Das Innere ist anders aufgeteilt als in englischen Kirchen sonst üblich: Der Chor liegt westlich der Vierung im Langhaus, vom Schiff getrennt durch einen Lettner aus dem 14. Jahrhundert. Normannisch sind die Vierung, das einschiffige Querhaus, der Chor und die sechs nördlichen Langhausarkaden; die vier westlichen Langhausjoche, das Presbyterium und die Saints' Chapel zeigen noblen Early English Style; Teile des südlichen Seitenschiffes und die östlich an das Presbyterium angegliederte Marienkapelle wurden im Decorated Style errichtet. Die verputzten Langhauspfeiler – jeder ist fast so breit wie die dazwischenliegenden Bogenöffnungen – entstanden zwischen 1077 und 1088 und wurden im 13./14. Jahrhundert mit Fresken zum Thema der Kreuzigung bemalt, die im vorigen Jahrhundert wiederentdeckt und inzwischen teilweise freigelegt wurden.

Über den Chor spannt sich eine im 15. Jahrhundert bemalte Holzdecke, und auch das farbige ›Rippengewölbe‹ des Presbyteriums ist beste englische Zimmermannsarbeit.

Wenn man in der Vierung steht, kann man die Majestät des Riesenbaues am besten in sich aufnehmen; zu dem Eindruck des Grandiosen trägt bei, daß jegliche skulpturelle Dekoration fehlt, was seinen Grund im Werkstoff hat: Weder die flachen Römerziegel noch der spröde Feuerstein hätten sich dem Meißel mittelalterlicher Steinmetzen gefügt. Plastischen Schmuck tragen nur die Grabkapellen der Äbte Wheathampstead und Ramryge: Weizenähren die eine, Widderfiguren die andere: solche Namenssymbolik war im Mittelalter sehr beliebt. Humphrey, Herzog von Gloucester, ein Krieger und Gelehrter, Bruder des englischen Nationalheros Heinrich V., ruht in der Kapelle des heiligen Alban.

Vom Torhaus des einstigen Klosters aus gelangt man durch die Abbey Mill Lane an den River Ver. Dort findet man an einer Fußgängerbrücke eine Seidenweberei (Mill) aus dem 18. Jahrhundert sowie das *Fighting Cocks Inn*. Es soll angeblich das älteste noch bewohnte Haus der britischen Inseln sein, aber das ist nur bedingt richtig: Der achteckige, gemauerte Fachwerkbau war im frühen Mittelalter ein Taubenhaus; er wurde um 1600 erneuert und zur Schenke ausgebaut. Damals wurden dort Hahnenkämpfe abgehalten; ein zweifelhafter Sport, den schon die Römer nach England brachten, der aber erst unter den Tudors und Stuarts von einem

Schuljungenspaß zu einem ›königlichen Vergnügen‹ erhoben wurde. Gervase Markham hat 1614 in seinem Buch ›Pleasures of Princes‹ die Aufzucht und Abrichtung der Hähne ausführlich beschrieben. Die altenglischen Kampfhähne mit ihren feurigen Farben, ihrem gellenden Triumphgekräh, ihrem Mut und ihrer Ausdauer waren damals weit über Englands Grenzen hin beliebt; später richtete man auch andere Hühnerrassen für den Kampf ab. Noch im frühen 19. Jahrhundert wechselten große Vermögen den Besitzer bei Hahnenkampfwetten; erst 1849 wurde der Kampf der gefiederten Recken in England gesetzlich untersagt.

Am anderen Ufer des Ver liegt *Verulanum*, die Römerstadt. Sie wird seit 1930 systematisch freigelegt. Man hat unter anderem eine Reihe von Bodenmosaiken entdeckt sowie eine Anlage noch funktionsfähiger Hypokausten. Etwas am Rande der Siedlung wurde das einzige erhaltene antike Theater Englands mit Raum für 1600 Besucher ausgegraben; es ist ein halbkreisförmiger Bau von rund 60 Metern Durchmesser. In seinem Süden wurde ein dreieckiger Tempelgrundriß entdeckt. Die in Verulanum geborgenen Funde, darunter eine bezaubernde Bronzevenus in tänzerischer Haltung, umflattert von einem um die Lenden geschlungenen Tuch (2. Jahrhundert nach Christus) und einige Zeugnisse des Mithraskultes, kann man in dem angeschlossenen Museum bewundern.

Im Osten der Kathedrale steht am *Markt* ein Glockenturm, der einen großartigen Blick auf die Stadt und Umgebung bietet. Er wurde Anfang des 15. Jahrhunderts erbaut und 1866 von Gilbert Scott restauriert. Er ist fünfundzwanzig Meter hoch und in fünf Geschosse unterteilt; im Erdgeschoß befindet sich ein kleines stadtgeschichtliches Museum, im ersten Stock eine Sammlung mittelalterlicher Glas- und Töpferkunst. Der enge Markt wird beherrscht von der klassizistischen Stadthalle aus dem 19. Jahrhundert. In der Schenke Fleur de Lys hielt man nach der Schlacht von Poitiers 1356 König Johann von Frankreich gefangen; der kleine Fachwerkbau liegt in der French Row westlich des Glockenturms, die ihren mittelalterlichen Charakter weitgehend wahren konnte. Gegenüber der Stadthalle mündet die St. Peter's Street in den Markt; dort liegt die Kirche St. Peter, ebenfalls durch den unersättlichen Grimthorpe übertrieben restauriert. In ihrem Schatten findet man die Pemberton Almshouses aus dem 17. Jahrhundert und die Grange: ein georgianisches Landhaus, und in der Hatfield Road die Marlborough Almshouses.

Viele mittelalterliche Bauten stehen auch in der vom Glockenturm ausstrahlenden George Street; ihre Fortsetzung, Romeland Hill, führt zu *Romeland House*, einem Herrenhaus mit sieben Erkern, übergiebeltem Portal mit toskanischen Säulen und einem Fenster mit Palladiomotiv; es ist aus rostroten und violetten Backsteinen errichtet. Am Fluß in der Fishpool Road steht St. Michael's Manor mit vielen Erkern und in St. Michael's Street, gegenüber dem Fluß, die *Michaelskirche* mit einem frühnormannischen Chor und Seitenschiffen aus dem 12. Jahrhundert. Das angelsächsische Schiff wird von einem Perpendikulargewölbe mit schön gemeißelten Schlußsteinen abgeschlossen; dort ruht einer der größten englischen Denker: Sir Francis Bacon. Sein Grabmal zeigt den Gelehrten, wie er in seinem Lehnstuhl eingeschlummert ist.

Vier Kilometer nördlich der Stadt liegt *Gorhambury House*. Es ist Sir Francis' Vaterhaus. Sir Nicholas Bacon hat es 1568 erbaut; trotz der Umbauten von 1777 kann man sich im großen Saal noch ein gutes Bild von dem einstigen Herrensitz machen. Das Haus, im Besitz der Grafen von Verulanum – Bacon war der 1. Graf von Verulanum – ist sehenswürdig wegen seiner interessanten Porträts und einer Sammlung Cloisonné-Gläser aus dem 16. Jahrhundert. Im Park begeistern weitästige uralte Eichen. Bacon war Parlamentsmitglied und gehörte zu den Gelehrten am Hofe Elisabeths, konnte aber erst unter ihrem Nachfolger Jakob I. zu den von ihm angestrebten Staatsämtern aufsteigen; Elisabeth hatte ihm immer mißtraut, wie sie allem mißtraute, was zur Partei des Grafen Essex, ihres Günstlings, zählte. Sie suchte sich die Diener ihres Staates unabhängig aus: eine Erfahrung, die sowohl Leicester als auch Essex machen mußten. Wie richtig das Urteil der Königin war, zeigte sich 1621, als sich der inzwischen zum Lordkanzler aufgestiegene Bacon gegen den Vorwurf der Bestechlichkeit vor den Lords verteidigen mußte. Er bekannte sich der Korruption schuldig, bestritt aber, jemals im Amt Recht gebeugt zu haben – eine erstaunlich subtile Unterscheidung, die ein sehr bezeichnendes Licht auf den Mann wirft, den Pope einmal als den ›weisesten, aufgeklärtesten und niedrigsten‹ aller Menschen bezeichnet hat.

Aus dem Amt entlassen, wandte sich der alternde Gelehrte ganz seinen Forschungen zu; er gilt als einer der Wegbereiter der experimentellen Methode in der Naturwissenschaft. Neben seinen philosophischen, juristischen und naturwissenschaftlichen Schriften stehen seine ›Essays‹, in denen er sich als Meister der englischen Sprache ausweist. Sie vor allem haben wohl zu der umstrittenen ›Baconian Theory‹ geführt, wonach der Staatsmann und Gelehrte der eigentliche Schöpfer der Dramen Shakespeares sei – eine Theorie, die in den vergangenen Jahren durch die Shakespeareforschung widerlegt werden konnte.

46

Parklandschaft und Gartenstädte: Letchworth Welwyn Garden City – Hatfield House – Hertford Waltham Abbey

Die Tulpen blühn. Den Wunsch des alten Traums
Weckt unter Rosen auf die Nachtigall.
Der alte Wunsch erneut sich immerdar ...
Aldous Huxley, Die Zikaden, 1931

Der alte Wunsch der Menschheit nach menschenwürdigem Wohnen, einem Wohnen bei Tulpen und Rosen, einem Wohnen losgelöst von der »Gassen bedrückender Enge«, war wohl selten so stark, so übermächtig wie heute, wo wir mehr und mehr in unseren zu Steinburgen gewordenen Städten ersticken, wo sich am Rande der Weltstädte endlos die Slums erstrecken, wo das Stadtkind aufwächst fast ohne Kenntnis von Baum und Vogel, Feld und Tier. So ist es auch nur zu verständlich, daß es ein Stadtmensch war, ein Londoner Stenograph, der als erster gegen den Zwang der Städte nicht nur aufbegehrte, sondern nach Möglichkeiten für eine Humanisierung des Städtebaus suchte. Eine Reise nach Amerika, wo er mit den großen Erneuerern der amerikanischen Lyrik, Walt Whitman (›Grashalme‹) und Ralph Waldo Emerson (›Sphinx‹) zusammentraf, veränderte sein Weltbild und sein Bewußtsein vollständig. Nach der Rückkehr begann er, eine Idealstadt für morgen zu erdenken, und unter dem Titel ›Tomorrow‹ veröffentlichte er seine Ideen erstmals 1898. Schon im folgenden Jahr wurde die ›Gartenstadt-Vereinigung‹ gegründet, und 1902 erlebte sein Buch eine Neuauflage, jetzt bereits unter dem Titel ›Gartenstädte von Morgen‹. Es gelang diesem Londoner, Ebenezer Howard mit Namen, Mäzene für seine Ideen zu finden und auch Architekten, die willens waren, sie zu verwirklichen. Bereits 1903 begannen unter Leitung von Barry Parker und Sir Raymond Unwin die Arbeiten an der ersten Gartenstadt, *Letchworth*. Die Gartenstadt, wie Howard sie sich vorstellte, sollte ein sich selbst versorgendes Gemeinwesen mit eigener Industrie werden, in der die Menschen in eigenen Häusern mit Gärten wohnen würden, deren ganze Anlage parkartig sein sollte – also eine Planung, die weit vom Bild der Villenvororte abwich. Aus den ersten Gartenstädten haben sich dann in England die ›New Towns‹, künstlich geschaffene neue Städte, entwickelt; auch auf dem Kontinent und in den Vereinigten Staaten hat man seine Ideen aufgegriffen.

Welwyn Garden City, unser nächstes Ziel, wurde um 1919 begonnen und war bis zum Beginn des Zweiten Weltkrieges schon weitgehend fertiggestellt. Am Rande dieses reizvollen Ortes, nördlich der Stadt, liegt *Ayot St. Lawrence*, und dort hat George Bernard Shaw von 1906 bis zu seinem Tod im Jahre 1950 gewohnt. Sein Haus, heute Museum, heißt ›Shaw's Corner‹.

Es ist ein großes Walmdachhaus mit unregelmäßig angeordneten Fenstern und Kaminen, fast erstickt unter rankendem Grün – kurz, innen wie außen ein typisch eduardianisches, ganz den Bedürfnissen seiner Besitzer angepaßtes Wohnhaus. In der Halle hängen noch die vielerlei Hüte Shaws, die zu seinem Bild gehörten; im Salon steht die Büste, die Rodin von ihm geschaffen hat, im Speisezimmer hängt sein von Augustus John gemaltes Porträt, und in der Halle glänzt sein Bechsteinflügel, an dem er sich selbst begleitete, wenn er während der Fliegerangriffe des Zweiten Weltkriegs den Lärm der Sirenen mit italienischen Arien zu übertönen versuchte.

Ayot St. Lawrence besitzt eine kleine klassizistische Kirche in reizvoller Lage; die Ruine der alten Dorfkirche ist völlig überwachsen und erweckt im Beschauer zugleich mit den weit verstreuten alten Gehöften und dem ›Brocken Arms Inn‹ das Gefühl, in einer längst vergangenen Welt zu sein.

Welwyn Garden City wächst durch die Anlage von Hatfield New Town langsam mit *Old Hatfield* zusammen, einer stillen Landstadt am Lea, die mit ihren steilen Straßen und Häusern im Tudor- und georgianischen Stil ebenfalls die Atmosphäre Merry Old Englands bewahren konnte. In dem Gasthof ›Eight Bells Inn‹ mit seinen Giebeln und Fachwerkfassaden läßt Charles Dickens eine Szene aus seinem Oliver Twist spielen.

Am Rande von Hatfield liegt der königliche Palast. Wir kennen William Cecil, 1. Lord Burghley, als einen der größten Bauherrn unter der Ägide Königin Elisabeths I. und haben sein Haus in Northamptonshire besucht. Nach seinem Tode 1598 übernahm sein Sohn und Erbe, der schmächtige, verkrüppelte, aber genial veranlagte Robert Cecil seine Rolle, sowohl als Bauherr wie auch als Staatsmann. Er war eine Ausnahmeerscheinung am Hofe Elisabeths, wo es von schönen und eleganten Männern wimmelte; die Königin nannte ihn manchmal im Scherz ›meinen Pygmäen‹, aber sie hatte höchsten Respekt vor seinem Wissen wie vor seiner Integrität. Er war einer der entschiedensten Widersacher Bacons gewesen.

Cecil genügten die von seinem Vater ererbten Häuser nicht. Er ließ sein Cranborne Manor in Dorset ausbauen, ebenso Beaufast House in Chelsea, in London ließ er dann das Cecil House am Strand errichten. Als Jakob I. Stuart ihm anbot, im Tausch gegen Burghleys ›Theobalds‹ den königlichen Palast Hatfield zu erwerben, griff er zu. Dort errichtete er im Park, etwas höher gelegen als das alte Haus, einen riesigen Neubau mit einer Loggia, die sich mit schönen Arkaden zum Hof öffnet. Zu beiden Seiten springen zwei symmetrische Flügel vor, mit Erkern, zarten durchbrochenen Dachbalustraden, behelmten Türmen mit winzigen Laternen und ganzen Bataillonen skurriler Schornsteine. Der Backsteinbau ist an den Ecken mit Sandstein hell verblendet; die Wände verschwinden halb unter rankendem Grün. Über der Loggia des Mittelblocks erstreckt sich die Lange Galerie mit großen Fenstern, darüber erheben sich vier geschweifte Giebelchen mit je drei Schornsteinen und in der Mitte eine Art prächtiger Aufsatz, der fast wie ein zusätzliches Geschoß über das Dach emporragt. Das Mittelportal wird außerdem durch drei

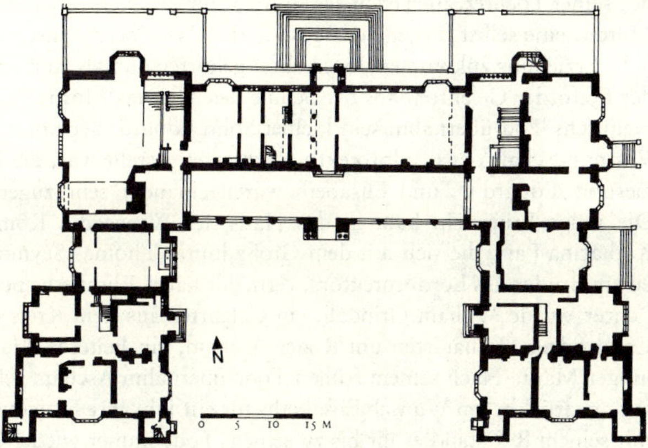

Hatfield House: Grundriß

übereinandergestellte Säulenpaare zu beiden Seiten betont. Auf dem Dach thront ein typischer Uhrturm mit überkuppelter Laterne. Viel strenger und eckiger wirkt die Gartenfront, die heute Eingangsfront ist; sie wird lediglich durch rechtwinklige Erker, Türme und Gitterfenster gegliedert. Charme verleiht ihr eine flache Freitreppe, die zu dem schlichten Säulenportal hinaufführt.

Im Innern ist ebenfalls eine Treppe das Prunkstück, ein geschnitztes Kunstwerk im frühjakobinischen Stil mit Rollwerk und lebhaften Wappenlöwen und Putti, die auf den Pfosten herumturnen. In den Staatsgemächern findet man schöne Möbel der Stuartzeit, berühmte Gemälde und Tapisserien; das Schloß ist noch heute im Besitz der Grafen von Salisbury.

Im Schloßgarten findet man einen Flügel des alten, Ende des 15. Jahrhunderts errichteten Palastes. In ihm hat Königin Elisabeth die größte Zeit ihrer Kindheit und Jugend verbracht, manchmal als verwöhnte Prinzessin mit eigenem Hofstaat, dann wieder als Gefangene ihres Vaters und später ihrer Schwester Maria.

Als das neugeborene Kind Elisabeth nach Hatfield gebracht wurde, umjubelt von der Bevölkerung, die ihre Geburt mit Freudenfeuern und Volksfesten gefeiert hatte, galt sie, so winzig sie auch noch war, dem Volk als ein Unterpfand für den Fortbestand der Reformation. Heinrich VIII. ordnete ihr einen eigenen Hofstaat zu, in den sich auf seinen ausdrücklichen Befehl auch seine Erstgeborene, die zum illegitimen Kind erklärte Maria, einfügen mußte. Heinrich ließ seiner Tochter, auch nach der Hinrichtung der ehebrecherischen Mutter, eine selbst für jene wissensdurstige Zeit überdurchschnittliche Erziehung zukommen. Ihre Lehrer gehörten damals zum Kreis der Oxforder Gelehrten aus der Schule des Thomas Morus. Nach Heinrichs Tod übernahm sein kleiner Sohn Eduard, der unter die Vormundschaft des Lordprotektors Somerset gestellt war, die Regierung. Eduard VI. und Elisabeth waren einander sehr zugetan. Die junge Prinzessin kam in das Haus der Witwe des Königs, Katharina Parr, die sich mit dem Großadmiral Thomas Seymour, einem Bruder des Lordprotektors, vermählt hatte. Elisabeths neuer Lehrer wurde William Grindall, ein Gelehrter aus dem Kreis der Cambridger Humanisten um Roger Ascham, ein heiterer, kluger junger Mann. Nach seinem frühen Tode übernahm Ascham selbst auf ausdrücklichen Wunsch Elisabeths für ein Jahr ihre Erziehung; mit seinem Rat stand er ihr bis zu seinem Tode immer wieder bei. Durch Ascham lernte sie Sophokles und Demosthenes kennen; er las mit ihr Cicero und Livius, führte sie in die Schriften des heiligen Cyprian, das Neue Testament und Melanchthons Kommentar zur protestantischen Staatskunst, ›Loci communes‹, ein. Zugleich sorgte er dafür, daß sie ihre Handschrift verbesserte und ihr Italienisch und Französisch pflegte. Daneben war sie in allen weiblichen Handfertigkeiten geschickt, eine begeisterte Reiterin und Tänzerin, und wie ihr Vater musizierte sie gern, komponierte und dichtete sie. Begeistert schrieb der Lehrer an einen Freund: *»Auf sie trifft das Lob des Aristoteles zu: sie hat sowohl Schönheit, Gestalt, Klugheit und Fleiß ... ich erfinde nichts, mein lieber Sturm, das ist nicht nötig.«* Nach dem Tode des Bruders lebte Elisabeth einige Zeit im Hofstaat ihrer Schwester Maria, der die Zeitgenossen den Beinamen ›die Blutige‹ gaben, da sie mit Feuer und Schwert, Folter und Galgen die Reformation rückgängig zu machen versuchte, von einem krankhaften Fanatismus geleitet, der selbst ihren Gemahl, Philipp II. von Spanien, beunruhigte und abstieß. 1555 begab sich Elisabeth wieder nach Hatfield, begleitet wie einst vom Jubel der Bevölkerung, die in der schönen goldhaarigen Frau ihre Hoffnung sahen wie einst bei ihrer Geburt. Die Königin verdächtigte sie bald darauf einer Verschwörung, löste ihren Hofstaat auf und stellte sie unter die Aufsicht eines Oxforder Gelehrten. Im November 1558 erkrankte Maria an Krebs, sah aber in den Symptomen tragischerweise die Anzeichen einer Schwangerschaft. Auf dem Sterbelager wurde sie von ihrem Staatsrat gezwungen, Elisabeth nach dem Willen Heinrichs VIII. und dem erklärten Wunsch des Volkes als rechtmäßige Erbin einzusetzen.

Elisabeth empfing die Männer, die ihr die Botschaft von ihrer Berufung zum Thron überbrachten, unter den Eichen von Hatfield Park. Und, auf daß sich der Ring schließe: Hier vereidigte sie Sir William Cecil, den Vater des späteren Herrn von Hatfield Palace, als einen der ersten von ihr ernannten Staatsbeamten. Die Mutter von Robert Cecil aber war eine Tochter von Sir Anthony Cooke; sie war von Elisabeths Lehrer Roger Asham als die gelehrteste Frau Englands bezeichnet worden.

Die Grafschaftsstadt von Hertfordshire ist *Hertford*, ein stilles Landstädtchen, in dem sich die Flüsse Rib, Beane und Lea treffen. Die weichen Ufer der Lea betonen die feiertägliche Atmosphäre. Hier berief im Jahre 673 der erste Primas von England, Theodore von Tharsus, die erste nationale Synode der christlichen Kirchen des Landes ein. Die frühen Sachsenkönige hatten eine Burg in Hertford, die aber von den Dänen niedergebrannt wurde. Alfred des Großen Sohn baute sie wieder auf, und auch die Normannen und Tudors fügten Anbauten zu. Heute steht nur noch ein befestigtes Torhaus aus dem 15. Jahrhundert, das im vorigen Jahrhundert renoviert wurde. Über seinem Portal findet man die königlichen Wappen von Frankreich und England; denn auch in diesem Schloß hat Elisabeth einige Zeit ihrer Kindheit zugebracht. Es wird heute von einem herrlichen Park mit einem mächtigen Tulpenbaum umgeben. Die Straßen von Hertford haben ihren teils mittelalterlichen, teils georgianischen Charakter weitgehend bewahrt; in der von den Brüdern Adam entworfenen Grafschaftshalle (Shire Hall) hängt ein von Reynolds gemaltes Porträt von Sir James Fox, dem Führer der Whigs unter Georg III.

Durch das liebliche Tal des River Lea, das schon der Angler Izaak Walton pries, fahren wir entlang der Hänge von Epping Forest mit ihren schattigen Laubwäldern zur Abtei von Waltham.

Waltham Abbey wurde bereits zur Zeit des Dänenkönigs Canute um 1030 gegründet. Ihre Kirche, eines der großartigsten Zeugnisse anglonormannischer Baukunst, stiftete nach seiner Rückkehr aus dem normannischen Exil der Graf von Wessex, der Schwager König Eduard des Bekenners und spätere König Harold II. Waltham wurde noch vor des Königs Westminster Abtei im Mai 1060 in Anwesenheit Harolds geweiht; der stolze Sachse bestimmte sie als seine Grablege. Wie die Sage weiß, haben die Augustiner von Waltham den Leichnam ihres Königs nach der unseligen Schlacht bei Hastings, die ihn das Reich gekostet hatte, heimlich nach Waltham überführt und dort im Ostteil der Kirche beigesetzt. Da dieser Teil der Kirche der Reformation zum Opfer fiel, ruht der letzte Wessex also in jedem Fall unter freiem Himmel, ob nun hier oder in der Abtei von Battle. In der Kirche steht eine große dunkle Marmorplatte, die man für den Deckel des einstigen Königsgrabes hält.

Der Westteil des Schiffes, der jetzt als Pfarrkirche genutzt wird, heißt offiziell ›Abbey and Parish Church of Holy Cross and St. Lawrence at Waltham Cross‹ – ein sehr langer Name, der da zusammen mit drei Reihen normannischer Arkaden auf zwölf übermächtigen Rundpfeilern mit archaisch anmutenden Zickzack- und Spiralreliefs lastet. Der Aufbau der Gewände mit Galerie und Lichtgaden gleicht dem anderer anglonormannischer Kirchen. Die kleine gotische Marienkapelle stammt aus dem 14. Jahrhundert. An die Tudorzeit erinnern außer dem dörflichen Schandpfahl und dem

Fußblock, die hier zu düsterem Angedenken aufbewahrt wurden, Reste der Täfelung des Hauses von John Foxe (1516-1587), das einst neben der Abtei stand. Foxe widmete sein Leben der Beschreibung der Märtyrer-Passionen. Was sein Buch von den meisten anderen dieser Art unterscheidet, ist, daß er die Leiden der Heiligen vor dem Hintergrund der Kirchengeschichte darstellte und dabei auch die protestantischen Märtyrer aus der Zeit der blutigen Maria einbezog. Bevor deren Verfolgungen einsetzten, mußte er selbst aus Glaubensgründen fliehen. Sein Buch erschien erstmals 1559 in Basel in Lateinisch, aber schon vier Jahre später auch in Englisch; unter dem Titel ›Book of Martyrs‹ wurde es in seiner Heimat, unterstützt durch die schlichte, klare Darstellung, zu einer Art Volksbuch.

Waltham Abbey liegt bereits in Essex, und als ob das betont werden müsse, zeigt ihr Turm aus der Mitte des 16. Jahrhunderts das für East Anglia so typische Feuerstein-Schachbrettmuster. Um 1860 hat Edward Poynter die Decke der Kirche ausgemalt, und Sir Edward Burne-Jones neue Farbfenster für sie geschaffen: Aber schöner und ehrwürdiger als diese präraffaelitischenZutaten ist die mächtige Ulme, deren Zweige dunkle Schatten über den Kirchhof werfen, den ein kleines malerisches Dörflein rahmt.

Westlich der Abbey liegt wieder in Hertfordshire *Waltham Cross*, in dessen High Street sich eines der drei erhaltenen Eleanor-Kreuze aus dem 13. Jahrhundert erhebt, von denen wir schon sprachen. Die Statuen der Königin in den drei reich dekorierten Nischen des Mittelteils sind Repliken; die Originale stehen in der Cheshunt Library, um besser vor Witterungsschäden geschützt zu sein. Vor dem Ort breitet sich Theobalds' Park aus, in dem einst Lord Burghleys prächtiges Landhaus stand.

WASSERMUSIK

Middlesex – Berkshire – Buckinghamshire
Oxfordshire

Aus den Jagdgebieten der Shires und den Ebenen der sogenannten häßlichen Grafschaften kommen wir jetzt ins Herz Englands: ins Tal der Themse, eingefaßt von Chiltern Hills und Cotswolds. Vielleicht ist England nirgendwo lieblicher – gewiß ist es nirgendwo englischer. Hier ist jeder Fußbreit Boden geschichtsträchtig. Königsburgen und Ministerschlösser spiegeln sich im Wasser des Flusses, weite Parks und reiche Städte, alte Dörfer und Abteien, versteckte Villen und die Hochburgen von Lehre und Wissen: Eton und Oxford. Phantasievoll, überschwenglich, strahlend und barock wie Händels Wassermusik, für diesen Fluß geschrieben als Festmusik höfischen Lebens, ist das Tal der Themse.

›Sweet Thames‹ nennen die Dichter Englands den stolzen Fluß, die Lebensader der Midlands, ja des ganzen Landes, und wer ihn nur als Teil des langhingestreckten Londoner Hafens erlebt hat, mit Docks und Lagerschuppen und Lärm und Schmutz und Kränen und Schiffen aller Art und Größe, mag diesen Ausdruck als poetische Übersteigerung empfinden: Aber nicht dieser Teil des Flusses, der die Welt des Handels trägt, ist dem Engländer die ›süße Themse‹. Die findet er, wenn er flußauf fährt, von Richmond bis Oxford: den anmutigen, reichgeschlängelten Fluß, der entlang seines ganzen Oberlaufs von Rasenmatten, schattenden Bäumen und lieblichen Gärten begleitet wird. Wie durch ein Wunder ist es gelungen, die Ufer dieses Flusses nicht in dem Maße zu verderben und zu zerstören, wie es mit den schönsten Strömen Europas so oft der Fall ist. Auch die Themse hat Lasten getragen wie ihre europäischen Vettern, aber daneben immer Platz genug gehabt für Boote, Schwäne und schwarze Moorhühner, für Picknicks auf dem Wasser und die Regatten der Studenten-Achter. Immer ist die Themse ein Fluß für Lustbarkeiten, Erholung und Sport gewesen, und selbst in den dunkelsten Jahren der Industriellen Revolution haben die Armen Londons sich an ihren seltenen Feiertagen an ihre Ufer geflüchtet, um sich ihren bescheidenen Teil Freude und Entspannung zu holen, wie es die Schriftsteller des vorigen Jahrhunderts immer wieder in ihren sozialkritischen Romanen geschildert haben. Mehr als fünfzig verschiedene Fischsorten, darunter selbst Lachse und Forellen, leben in ihren Wassern.

Buchenwälder bedecken noch heute weite Teile der Chiltern Hills; auf den Cotswolds weiden Schafe wie seit Jahrhunderten. Die Cotswolds bilden die Hauptmasse jener Kalksteinschicht, an deren Ausläufern die schönen, gelben oder elfenbeinfarbenen Städte und Dörfer liegen, die Englands besonderer Stolz sind. Nirgendwo ist dieser Kalkstein farbenprächtiger als in den Grafschaften Oxford- und Gloucestershire. Von der Schwelle bis zum Schornsteinaufsatz bestehen hier die Bauten aus gelbem Oolith, und selbst die Fensterkreuze oder ›Mullions‹, die Dachschindeln und Regenspeier sind aus dem gleichen Material. College und Kate, Kirche und Bürgerhaus, Palast und Abtei, Brücke und Butterkreuz, ja noch die Windschutzmauern, die sich über die Weiden und Heiden der Höhen dahinziehen wie eine schnörkelhafte keltische Schrift aus Urtagen, verdanken ihr Dasein den Steinbrüchen der Cotswolds. Nichts Hübscheres läßt sich denken als alle diese honigfarbenen Ortschaften. Hier schimmert der Stein in mondheller Frische, dort ist er dunkel verwittert oder von Moosen und Flechten grünlich verfärbt, hier wird ein Haus von blaßblauer Wisteria überrankt, dort verschwindet eine Mauer unter Efeu oder wildem Wein, Geißblatt oder Rosen, hier wurden Säulen zu marmorner Glätte poliert, dort Wände aus fast unbehauenen Brocken roh geschichtet, hier blüht ein fein gemeißelter Wald knospenübersäter Fialen auf, dort zeigt sich eine Schwelle muldenhaft ausgetreten in Jahrzehnten oder Jahrhunderten. Der Oolith ist ein sehr lebendiger Stein, und mit seiner warmen Farbe schafft er einen Ausgleich für das häufige Verschwinden der Sonne, die in südlicheren Ländern wohl auch einem graueren Gestein Glanz zu leihen vermag.

In der Wassermusik des Themsetales mischen auch andere Flüsse ihre Stimme, wie der hundertfach geschlängelte Evenlode, die flinke, klare Windrush, der träumerische Cherwell River, Oxfords Liebling, der träge Loddon und der freundliche Coln. Sie alle führen ihre Wasser der Themse zu, die immer machtvoller wird, bis sie endlich ihren triumphalen Einzug, vorbei an königlichen Palästen, in die Hauptstadt vollzieht.

47

Im Tal der Themse: Richmond – Ham House – Twickenham Windsor Castle – Eton – Maidenhead – Henley-on-Thames

Und sicher nun in Morgensonnenglut
Streicht unser buntes Fahrzeug durch die Flut.
Musik umfängt mit Zauberei den Sinn
Und schmilzt melodisch auf dem Wasser hin.
Die Welle scherzt, der Wind schläft irgendwo ...
Alexander Pope, Der Lockenraub, 1712

Wenn man die Themse östlich Londons erlebt hat, denkt man, die Zeiten eines Popeschen Idylls seien endgültig vorbei. Aber wenn wir ein Boot oder ein Dampferchen nehmen und uns flußaufwärts tragen lassen, finden wir uns bald genug in eine Gartenlandschaft versetzt. So wenig hat sich hier seit dem letzten Jahrhundert verändert, daß wir Johanna Schopenhauer die Beschreibung dieser Szenerie überlassen wollen:

»Ein höchst angenehmer Weg führt durch die Gärten von Kew zu den daran anstoßenden von Richmond. Viele Gebäude, mit denen auch die letzten Gärten unter der Regierung mehrerer Könige und Königinnen überladen wurden, sind glücklicherweise wie von selbst verschwunden. Auch waren sie wohl nirgends schlechter angebracht als auf diesem zauberisch schönen Flecke, wo die ganze Gegend ringsumher einem großen herrlichen Garten gleicht. Nur ein Landhaus der Königin, welches diese oft mit ihrer Familie besucht, steht an einem der freundlichsten Plätzchen des Gartens einfach und anspruchslos; an einem anderen Orte die vom jetzigen Könige erbaute Sternwarte. Sie soll besonders wegen mehrerer von Doktor Herschel verfertigter Instumente merkwürdig sein. Wir besuchten sie nicht, die Erde erschien uns hier zu schön, um von ihr weg den Blick zum Himmel zu erheben.

Schon von der hübschen steinernen Brücke aus, die nahe vor dem berühmten Hügel von Richmond über die Themse führt, genießet man einer entzückenden Aussicht auf den Strom, seine mit schönen Villen geschmückten Ufer und den sich sanft zu keiner sehr beträchtlichen Höhe erhebenden grünenden und blühenden Hügel. Weit schöner noch ist es, wenn man diese Anhöhe ersteigt und nun aus dem Fenster des darauf erbauten Gasthofs hinabblickt auf eines der reizendsten Täler der Welt. Größere, ausgebreitetere, romantisch schönere Aussichten gibt es viele, aber keine, die an Anmut diese überträfe. Ein unaussprechlich süßes Gefühl von Ruhe, stillem Glück, Freude am Leben ergreift jeden mächtig, der von hier aus den Blick herabsenkt. Alles grünt und blüht in den herrlichsten, üppigsten Vegetationen. Die höchstmögliche Kultur schmückt das weite, von einem der schönsten Ströme belebte, von sanft anschwellenden waldgekrönten Hügeln umgebene Tal. Selbst England bietet keine zweite solche Ansicht dar, und außer dieser Insel kann es keine ähnliche geben; denn wo fände man noch dieses frische Grün in Wiese und Garten, Feld und Wald?

In mannigfaltigen Biegungen und Krümmen durchströmt die Themse dieses Paradies. Hier ist sie noch nicht der mächtige Strom, der dort, nahe bei der Hauptstadt, sich prächtig ausbreitend die Schätze aller Welt auf seinem Rücken trägt. Nur schiffbar für kleinere Fahrzeuge gleitet sie durch die friedliche Landschaft, selbst das Bild eines schönen tätigen Lebens in stillem Frieden ... Weiße Giebel freundlicher Pächterwohnungen, schöne Fassaden prächtiger, mit Säulen geschmückter Villen, Landhäuser, umrankt von Jelängerjelieber, Türme entfernter Kirchen, stattliche Schlösser, freundliche Dörfer und Städtchen blinken überall hervor, aus Bäumen und Gebüsch, in der Höhe und in der Tiefe, in der Nähe und in der Ferne. Wohin das Auge sich wendet, überall erblickt es freundliche Gegenstände, überall ist Lebensgenuß und Freude, nirgends Geräusch und ängstliches Treiben. Am Ufer des schimmernden Stroms drängt sich alles dies noch freundlicher zusammen und spiegelt sich in den klaren Wellen, damit alles Schöne und Herrliche verdoppelt erscheine. Aus der Ferne schauen die ehrwürdigen grauen Türme von Windsor von ihrem Hügel herüber, unten ... fast ganz im Vordergrund, nahe an der Themse, liegt das reizende Schloß Strawberry Hill, dicht daran das aus lauter schönen Häusern zusammengesetzte Dorf Twickenham mit seiner hübschen Kirche. Hart am Strome zeichnet sich die elegante, ehemals vom Dichter Pope bewohnte Villa aus.«

Sehen wir uns noch einmal etwas näher an, was Madame Schopenhauer so enthusiastisch beschrieben hat. Das ›Landhaus der Königin‹ ist *White Lodge*. Es wurde 1772 errichtet und diente vielen englischen Königinnen als beliebte Sommerresidenz; noch die Mutter Königin Elisabeths II. verlebte dort ihre Flitterwochen. Heute allerdings hat das Königshaus das Schlößchen der Royal Ballet School zur Verfügung gestellt. Einige Räume, so die Bibliothek und der Große Salon, auch der Raum, in dem einst Nelson den Schlachtplan für Trafalgar entwarf, können besichtigt werden. Vom *Palast von Richmond*, den König Edmund I. im frühen Mittelalter als königliche Burg angelegt hat, ist kaum etwas erhalten, außer einem spätmittelalterlichen, wappengeschmückten Torhaus und einer Reihe von Kavaliershäusern aus den Tagen Königin Annas und der frühen Hannoveraner. Dafür entschädigen die riesigen Gärten, vor allem der von Karl I. angelegte *Richmond Park* mit seinem reichen Bestand an Dam- und Rehwild, die fast zahm unter den riesigen alten Bäumen äsen. In den *Terrace Gardens* führt die Richmond Shakespeare Society im Sommer die Dramen des Elisabethaners auf. Darüber befindet sich die sogenannte Terrasse, eine hochgelegene Promenade, von der aus man jenen weiten Blick hat, den Johanna Schopenhauer beschreibt.

Im Süden von Richmond liegt das Dörfchen Petersham. Dort finden wir ein prächtiges Schloß, *Ham House*, vom Anfang des 17. Jahrhunderts, einen eckigen, tiefroten Backsteinbau mit weißen Verblendungen und einem flachen grauen Mansard-Dach. Es wurde von Sir Thomas Vavasour erbaut, fiel aber Ende des 17. Jahrhunderts durch Erbschaft an die Gräfin Dysart, die Gemahlin des Herzogs von Lauderdale, eines Kabinettsministers Karls II. Diese prunkliebende, künstlerisch veranlagte Frau gestaltete alle Innenräume im Geschmack des Barock völlig um; noch heute gilt das Haus als eines der hervorragendsten Beispiele für barocke Innenarchitektur in England. Es wird vom National Trust erhalten und ist dem Victoria and Albert Museum in London unterstellt. Besonders reizvoll ist eine herrlich geschnitzte Treppe, deren Paneele mit Wappenschilden und Waffengestecken in einem erstaunlichen, aber dem Geist der Zeit entsprechenden Kontrast zu den prächtigen Fruchtkörben auf den Treppenpfeilern stehen. Tapisserien, Gemälde, kostbare Möbel machen das Haus zu einer wahren Schatzkammer. Im Außenbau fällt ein Detail der Fassade auf: Über den hohen, rechteckigen Fenstern des Erdgeschosses zieht sich eine Reihe von ovalen, weißen Nischen wie ein Fries über die ganze Breite hin; in jeder kontrastiert eine graue Büste mit dem weißen Hintergrund. Hauptfassade und Gartenfassade sind unterschiedlich behandelt, beiden gemeinsam sind Schlichtheit und Rechtwinkligkeit und das Spiel mit roten, weißen und grauen Baumaterialien, wodurch sich das Haus wunderbar von dem grünen Hintergrund des Parks abhebt.

Twickenham

Unser nächstes Ziel, Twickenham, liegt eine Themseschleife weiter westlich. Dort standen die weißen Villen, die Madame Schopenhauer auffielen. Erhalten hat sich von ihnen vor allem *Marble Hill House*, das zwischen 1724 und 1729 von Henry Herbert, 9. Grafen von Pembroke (1693-1751) und seinem Baumeister Roger Morris für Henriette Howard, spätere Gräfin Suffolk, eine Mätresse Georgs II., erbaut wurde.

Pembroke haben wir als Gentleman-Architekten bereits kennengelernt, als wir die Brücke im Park seines Schlosses Wilton House bewunderten. Er gehörte neben Lord Burlington zu den Wiederbelebern des Palladianischen Stils, den als erster Inigo Jones nach England verpflanzt hatte. Dieser Stil beherrschte dank der Bemühungen Burlingtons und Pembrokes fast ein Jahrhundert lang die englische Architektur. Marble Hill House wurde zum Modell für eine Reihe anderer Villen; es ist ein weißer, fast würfelförmiger Bau mit flachem Zeltdach. Über dem Rustikasockel des Mittelrisalits recken sich vier flache ionische Pilaster, die ein wappengeschmücktes Tympanon tragen. Bei der Gartenfront tritt der Mittelrisalit stärker vor, die Pilaster fehlen, und nur noch die Einfassung des Rundbogenportals zeigt Rustika. Hier wie dort finden sich kräftige, schmucklose, die Horizontale unterstreichende Gurtgesimse und eine symmetrische Anordnung der Fensterachsen.

Henriette Howard, eine lebhafte, hochgebildete Frau, verstand es, in ihrem Salon Künstler und Dichter um sich zu scharen. Ihr berühmtester Schützling war Alexander Pope, das Haupt der englischen Aufklärung. Pope wurde nicht nur als Dichter und Philosoph gefeiert, er hatte sich auch als Liebhaberarchitekt und -gärtner einen Namen gemacht: Sowohl bei der Planung von White Lodge wie auch für Marble Hill wurde sein Rat eingeholt. Sein eigener Garten, der am Anfang der Entwicklung des malerischen englischen Landschaftsparks steht, ist nicht erhalten. »*Wenn es ihn jedoch noch gäbe*«, schreibt Nikolaus Pevsner in ›Architektur und Design‹, »*mit all seinen geschlängelten Pfaden, seinem Miniaturberg, seinem Muschel- und Grottenwerk und all seinen vielfältigen Überraschungen auf kleinstem Raum, dann würden wir ihn heute wohl dem Rokoko zurechnen*«.

Ebenfalls dem Rokoko zurechnen müssen wir das Haus eines anderen Zeitgenossen, Horace Walpole (1717-1797). Dem Sohn des bestechlichen Premiers Robert Walpole standen die höchsten Ämter offen; aber seine Neigungen gingen in andere Richtung. Er bereiste den Kontinent und kaufte sich dann 1747 eine kleine Barockvilla, *Strawberry Hill*, wo er als Dichter, Drucker, Kunstsammler und Architekt dilettierte. Sein ›gotischer‹ Schauerroman ›Das Schloß von Otranto‹ wurde zum Urbild einer ganzen Gattung, die sich epidemiehaft ausbreitete; die berühmtesten Nachahmungen wurden Beckfords ›Vathek‹, Polidoris ›Vampire‹ und Mary Shelleys ›Frankenstein‹. Das mittelalterliche Phantasieschloß seines Romans gewann über das ganze Leben des exzentrischen Amateurs Gewalt; er begann in einer kuriosen Laune, seine Villa in einem selbsterdachten ›gotischen‹ Stil umzubauen, wobei er in manchem erstaunliche Detailtreue walten ließ. Zugleich versuchte er, wie aus seinen Briefen hervorgeht, sich das chinesische Ideal einer ungezwungenen Asymmetrie bei der Gestaltung seines Hauses zueigen zu machen: ein Kunstprinzip, das damals gerade große Mode wurde.

Heute kann uns Strawberry Hill wohl vor allem durch die romantische Naivität, mit der es gotische und rokokohafte Elemente, englische und chinesische Stilkriterien, Laune, Ironie und höhere Bedeutung ineinander verwebt, begeistern. Doch dazu ist kaum Gelegenheit gegeben: Das luxuriöse Spielzeug des Grafen Orford, wie Walpole sich seit 1791 nennen durfte, ist Internat und öffnet die Pforten zu den einstigen Prunkgemächern nur dem wirklich Interessierten nach vorheriger schriftlicher Anmeldung. In seiner Zeit führte es genau wie der Roman ›Horry‹ Walpoles zu einer Flut mehr oder minder scheußlicher Nachahmungen alter Klöster und Burgen im Geschmack des Rokoko; aber die daraus resultierende theoretische Beschäftigung mit der gotischen Architektur wirkte auch wegbereitend für den neugotischen Stil.

Windsor Castle

Von Twickenham aus fahren wir über Staines durch das Themsetal nach Windsor. Kurz vor dem Schloß sehen wir im Fluß zwei Inseln, *Runnymede* und *Magna Charta Island*, wo 1215 die englische Verfassung unterzeichnet wurde. Windsor Castle ist weithin sichtbar, ein zyklopischer Komplex, beherrscht von seinem zinnengekrönten Rundturm. Es ist die größte bewohnte Burg Europas, eingebettet in weite Landschaftsparks. Zu seinen Füßen liegt die kleine Stadt Windsor mit eleganten georgianischen und viktorianischen Fassaden in leichten, heiteren Farben. Die Guildhall ist ein Werk Christopher Wrens, ein nobler Bau mit klaren Proportionen. Das laubenartig offene Untergeschoß ist aus Kalkstein errichtet; das Obergeschoß zeigt Backsteinmauerwerk mit weißen Eckverblendungen, hellen, zierlichen Stuckfriesen unter den Fenstern und flachen Kalksteinpilastern. Das ganze Gebiet um Windsor ist königliche Domäne.

Die Baugeschichte der Burg geht bis in die Tage Wilhelms I. zurück. Die strategisch günstige Lage und der reiche Wildbestand der umgebenden Wälder dürften für den Eroberer, der ja ein leidenschaftlicher Jäger war, gleich starke Beweggründe gewesen sein, an diesem erhöhten Ort eine Burg anzulegen. Der mächtige Rundturm, der übrigens in Wirklichkeit keineswegs rund, sondern von recht unregelmäßiger Gestalt ist, ging aus dem Burgfried Heinrichs II. hervor. Heinrich III. ließ die westlichen Wallmauern aufziehen; 1360 baute dann Eduard III. den sogenannten ›Devil's Tower‹, unter Heinrich VIII. kamen zwei polygonale Türme und unter Georg IV. zwei quadratische hinzu. So haben die englischen Monarchen seit fast einem Jahrtausend immer wieder an ihrer Riesenburg gebaut.

Heute bietet sich Windsor Castle dem Auge in drei großen, abgestuften Bauteilen dar. Die unterste Stufe prunkt mit der von Eduard III. begonnenen *St. George Chapel*. Eduard ist der Stifter des Hosenbandordens, den er unter den Schutz des heiligen Georg stellte. Das feingliedrige Fächergewölbe der Kapelle wurde 1528 vollendet. Ihr reichgeschnitztes Chorgestühl stammt aus den achtziger Jahren des 15. Jahrhunderts; darüber hängen die Banner, Schwerter und Helme der gegenwärtigen Ritter des Hosenbandordens. Viele Könige ruhen in der Kapelle, so Heinrich VI., Heinrich VIII., Karl I., Georg III., Georg IV., Wilhelm IV. und die Fürsten der Häuser Sachsen-Coburg und Windsor. Umfangen wird die Kapelle von einer Befestigungsmauer und zahlreichen Wehrtürmen, darunter das prächtige Torhaus Heinrichs VIII. mit den bereits erwähnten vieleckigen Türmen.

Hinter der Kapelle erhebt sich auf einem kegelförmigen Hügel der *Runde Turm* mit dem normannischen Torhaus zur Seite. Dahinter schließt sich wieder ein weiter, ummauerter Hof mit einer Anzahl von Türmen und Torbauten an; zur Linken findet sich der lange Trakt der Staatsgemächer, begrenzt von einem eingesenkten Garten im französisch-geometrischen Stil.

Alle Räume zu beschreiben, würde ein ganzes Buch füllen, nur die prächtigsten seien hier erwähnt: Hinter dem weiten Treppenhaus der *Speisesaal Karls* II. mit wunderschönem Eichenschnitzwerk von Grinling Gibbons und einem von Verrio gemalten Deckenfresko, dem ›Gastmahl der Götter‹. Daran schließt sich der *Rubenssaal*, so genannt nach den Gemälden des Flamen, die seinen Hauptschmuck ausmachen, darunter zwei großartige Landschaften ›Winter‹ und ›Sommer‹. In dem prunkvollen *State Bedroom* ruhten einst gekrönte Gäste in einem Louis-seize-Himmelbett. Das *Kabinett des Königs* ist ein kleiner Raum mit reizvoller Stuckdecke, in dem die kostbarsten Gemälde von Windsor hängen: ein Selbstbildnis von Rubens, Rembrandts Porträt seiner Mutter, ein Holbein, ein Memling, Dürers Bildnis eines jungen Mannes, um nur einige zu nennen. Im *Kabinett der Königin* besticht eine einzigartige Sammlung von Bildern Canalettos, darunter eine Ansicht Etons. In der *Gemäldegalerie*, dem einstigen Salon der Königin, hängen Bildnisse der Stuartkönige und ihrer Gemahlinnen, aber auch ein besonders reizendes Porträt Elisabeths I. als dreizehnjähriger Prinzessin, das sie mit großen dunklen Augen und glattgescheiteltem Goldhaar zeigt; ihre schönen schlanken Hände, auf die sie noch im hohen Alter so stolz war, umschließen graziös die Bibel. Von Holbein stammt ein feines Bildnis eines jungen Londoner Kaufmannes, Derich Born.

Im *Van Dyck Room*, dem einstigen Ballsaal der Königin, mit seinen gigantischen Kronleuchtern hängen des Meisters Triple-Porträt von Karl I., ein Bild der Kinder des Königs mit Schoßhunden, eine entzückende Profilstudie seiner Gemahlin, Henrietta Maria von Frankreich, und viele andere Bildnisse. *Audienzzimmer* und *Wohnzimmer* der Königin zeigen noch die originalen Deckengemälde Verrios und an den Wänden kostbare französische Gobelins. In der *Wachtstube*, einem Saal mit hölzernem Deckengewölbe, findet man Rüstungen und Waffen vieler Epochen und die Büsten von Englands größten Heerführern John Churchill, Herzog von Marlborough, Wellington sowie von Winston Churchill. In einer der Glasvitrinen ist die Kugel ausgestellt, die Nelson tötete. *St. Georg's Hall* ist eine Lange Galerie, in der die Thronsessel stehen. An den Wänden hängen die Porträts der Könige aus den Häusern Stuart und Hannover. *Waterloo Chamber*, ein riesiger Saal, wurde auf Wunsch Georgs IV. über einem ehemaligen Hof errichtet; er wird durch einen hohen Lichtgaden beleuchtet. An den Wänden hängen, von Sir Thomas Lawrence gemalt, die Bildnisse aller Fürsten, Staatsmänner

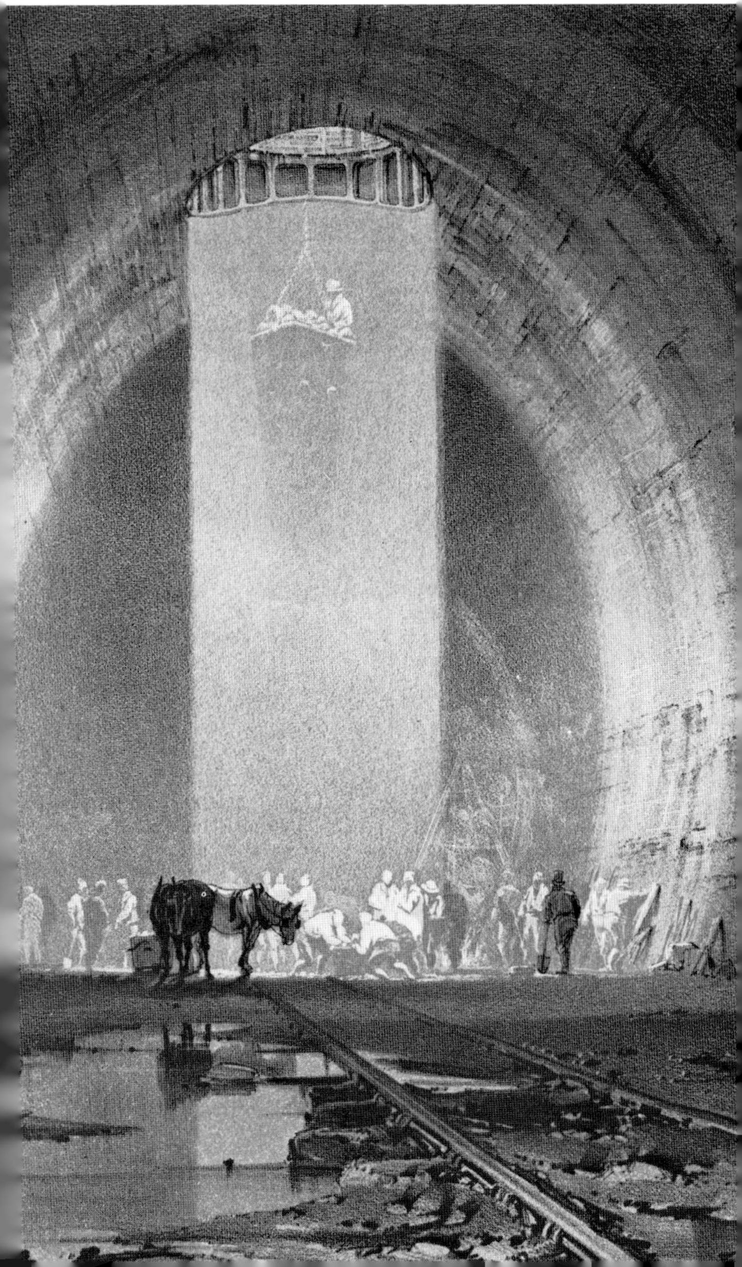

← *16* Eine Pioniertat der Eisenbahnära: der katastrophenbedrohte Bau des Kilsby-Tunnels auf der Strecke London-Birmingham, geleitet von Robert Stephenson. Lithographie von John Cook Bourne, 1837

17 Ein Triumph der Dampfschiff-Technik: die ›Great Eastern‹ von Brunel (im Bild rechts in der Mitte), das größte Schiff seiner Zeit, mit dem die großen Seekabel verlegt wurden, 1858

CANNING PLACE

← *18* Funktionalismus und Grazie hart beieinander: Lichthof eines Seemannsheims, Fassaden früher Lagerhäuser und ein altes, nobles Wohnhaus in Liverpool

19 Im Schatten der Schlote: Arbeitersiedlung in Newcastle upon Tyne

20 Ausdruck eines neuen Formempfindens: Bahnhof in York, 1877

und Heerführer, die an dem Sieg über Napoleon beteiligt waren. Seit dem Jahrestag der Schlacht von Waterloo wird dort alljährlich ein Gedächtnis-Bankett abgehalten; an der langen Tafel kann bequem für hundertfünfzig Personen gedeckt werden. Vom Eingang der Staatsgemächer aus führt auch der Weg zur Ausstellung bedeutender Handzeichnungen großer Meister wie Holbein, Raffael und Michelangelo, Leonardo da Vinci und Hogarth aus den königlichen Sammlungen.

Vom Runden Turm aus hat man einen großartigen Blick in die zwölf umliegenden Grafschaften, zu Füßen der Burg auf die Orte Windsor und Eton, umrahmt von den sich weithin erstreckenden Parks, die die englischen Könige um ihren Lieblingssitz angelegt haben; da ist *Home Park* mit dem Mausoleum von Königin Viktoria und Prinz Albert, *Windsor Park* mit Savill Garden, einem Blumenparadies, und dem Vally Garden mit einem vom Herzog von Cumberland im 18. Jahrhundert angelegten künstlichen See mit Wasserfall, Virginia Water. Durch den *Windsor Great Park* ziehen sich eine von Karl II. angepflanzte Allee, Great Walk genannt, deren alte Ulmen in diesem Jahrhundert allerdings durch Roßkastanien ersetzt werden mußten, und ein fast fünf Kilometer langer Reitweg aus der Zeit Königin Annas nach Ascot, Londons exklusivem Rennplatz.

Gegenüber der Stadt liegt am anderen Themseufer *Eton*, neben Winchester die vornehmste und älteste Public School Englands. Sie wurde 1440 von dem frommen König Heinrich VI. für die Erziehung von siebzig mittellosen Knaben gegründet; noch heute sind siebzig der Schüler Stipendiaten der Schule, sie heißen ›King's Scholars‹ und sind die einzigen, die in den alten Schulgebäuden um die großen Höfe und Kreuzgänge wohnen. Sie essen in der übergiebelten College Hall von 1450, einem reizvollen Tudorbau. Der hohe Glockenturm, der den Schulbezirk beherrscht, stammt von 1517; die überkuppelte Bibliothek und die siebenhundert Personen fassende School Hall für Theater- und Filmvorführungen, Konzerte und die großen Examina sind im Stil eines klassizistischen Barock erbaut.

Außerhalb des Schulbezirks wohnen in sechsundzwanzig Internaten in der kleinen verwinkelten Stadt tausendeinhundert weitere Schüler, die ›Oppidans‹, Stadtleute; auch unter ihnen gibt es eine große Anzahl von Stipendienempfängern. Dabei ist im Vergleich zu anderen Eliteschulen die Grundgebühr für Eton nicht besonders hoch; sie betrug in den frühen siebziger Jahren runde tausend Pfund im Jahr. Die Public Schools, wie man die Internatsschulen nennt, traten im späten Mittelalter an die Stelle der Erziehung durch Hausmeister und Gouvernante einerseits, an die der klösterlichen Colleges oder Gildeschulen andererseits, und in diesem Sinne waren sie wirklich ›öffentlich‹, zumal die anderen Erziehungsformen noch jahrhundertelang neben ihnen fortbestanden. Mit den staatlichen (schulgeldlosen) Oberschulen dürfen sie jedoch nicht verwechselt werden. Trotz der großen Opfer, die es für eine mäßig verdienende Familie bedeuten kann, wenn ein oder gar mehrere Kinder eine Public School besuchen, werden diese Schulen auch heute noch, obwohl sie längst nicht mehr exklusiv sind, den staatlichen Schulen vorgezogen; das hat mit dem in England stark ausgeprägten Sinn sowohl für Tradition als auch für Individualismus zu tun. Eton kann sich den Luxus, die engen Grenzen einer Klassenschule zu sprengen, übrigens auch finanziell gut leisten, da es eine der reichsten Schulen des Landes mit eigenem Grundbesitz ist, der in den vergangenen Jahrhunderten immer wieder durch Schenkungen und Stiftungen ehemaliger Schüler erweitert wurde; zu solchen Vermächtnissen gehören auch Tafelsilber und Kunstschätze, Pokale und bibliophile Kostbarkeiten, wie eine Gutenbergbibel und die Französische Encyklopädie. Die Erteilung von Stipendien erstreckt sich in immer zunehmenden Maße auch auf Kinder der Arbeiterklasse; oft werden sie schon für die vorbereitenden ›Prep Schools‹ (Preparatory Schools) gewährt, wobei die Lehrer schon hier die Eltern ihrer zukünftigen Schüler beraten: Die Anmeldung eines Kindes auf einer Schule wie Eton findet nämlich gewöhnlich bereits bei der Geburt statt! In Zukunft steht den Schülern ein, wie sie meinen, trauriges Ereignis bevor: Auch Mädchen sollen nämlich künftig in Eton Aufnahme finden. Wo soll da, klagen die Dreikäsehochs im Frack, die Disziplin bleiben?

Die Schüler sind alle in Einzelzimmern untergebracht; die Mahlzeiten werden gemeinsam eingenommen, der jeweilige Hausrektor (Master) spricht das Tischgebet lateinisch: »Benedictus benedicat«. Zehn Fremdsprachen bietet Eton seinen Schülern zur Auswahl; Latein ist während der ersten Jahre Pflichtfach, die meisten Jungen lernen auch noch einige Jahre Altgriechisch; der Deutschunterricht ist in Eton besonders gründlich. Daneben spielen Englisch, Geschichte und Religion (einziges Pflichtfach in allen Jahren) die Hauptrolle, aber auch Naturwissenschaften und Wirtschaftswissenschaft werden seit einiger Zeit gepflegt. Immerhin besuchen noch heute fünfzig Prozent der Schüler nach Abschluß die Universitäten, davon wiederum die Hälfte Oxford und Cambridge. Noch immer wird in Eton ja ganz bewußt eine künftige Führungsschicht herangebildet. Nicht nur Übermittlung von Wissensstoff, sondern vor allem Selbstdisziplin, Verantwortungsbewußtsein, Toleranz, selbstverständliche gesellschaftliche Umgangsformen, oder kurz: Bildung statt Ausbildung sind eigentliches Erziehungsziel. Dem dient auch die den Kontinentalen vielleicht seltsam berührende Schultracht der Etonians: der schwarze frackartige Anzug mit weitem Cape, hohem weißen Etonkragen und Zylinder. Man braucht die Knirpse im Gesellschaftsanzug nicht zu bedauern: Sie kommen mit ihren eleganten Hosen genauso flink auf den nächsten Baum oder über das schmiedeeiserne Gitter ihrer Schule wie ihre Altersgenossen in Blue Jeans. Und Ausgleichssport finden sie auf den wunderbar gepflegten Sportplätzen der Schule im Überfluß; wobei selbst hier inzwischen Fußball das traditionelle Kricket an Beliebtheit überrundet hat.

Dennoch ist Eton unbestritten die Schule mit dem größten gesellschaftlichen Prestige in Großbritannien. Ihr Besuch ist in vielen Fällen der erste Schritt zu einer Karriere. Sir Robert Birley, ein einstiger Rektor der Schule, hat darauf hingewiesen, daß Eton ja eine politische Schule sei, in der man den Jungen vom ersten Tag an den Gedanken des Dienstes am Staat und ein Bewußtsein politischer Verantwortung nahebringe. Und der sozialistische Außenminister Bevin wußte, was er sagte, als er ausrief: »Birley, schicken Sie uns weiterhin ihre Jungens«. Eton ist ein Stück englischen Individualismus – und das wissen die Engländer, und es sieht nicht aus, als ob sie bereit wären, dieses Stück England modernen Ideen zu opfern. Die Gemeinschaftsschulen sind eine Sache – staatlich gefördert, bestens ausgerüstet, oft vielleicht effektiver als die Public Schools. Eton ist eine andere Sache. Beide haben nebeneinander Platz. Das kontinentale Entweder-Oder entspricht nun einmal britischem Nonkonformismus und britischem Traditionalismus gleich wenig. Und so werden wohl noch weitere Generationen von späteren Premierministern ihre Namenszüge in uralte Bänke schnitzen.

Von Eton aus fahren wir wieder am anderen Ufer über Bray nach Maidenhead. *Bray*, ein Dorf mit großer gotischer Kirche, einer alten Schule und dem berühmten Gasthof ›The Hind's Head Hotel‹ kam in aller Munde durch die Ballade vom ›Vicar of Bray‹, eines Pfäffleins, das sein Amt als Seelenhirte unter Karl I. antrat und es mit List und

Pfiffigkeit und wohl auch einem guten Schuß Opportunismus fertigbrachte, unbeschadet durch Bürgerkrieg, zwei Revolutionen, Erbfolgestreite, politische Machtkämpfe zwischen Tories und Whigs im Amt zu bleiben, bis Georg I. schon auf dem englischen Thron saß. Die Ballade gipfelt in dem triumphalen Refrain:

Und dies ist Recht, dran halt ich fest,
Obs auch ans Sterben geh, Sir:
Wer immer auch England regieren mag,
Ich bleibe der Pfarrer von Bray, Sir!

Maidenhead ist ein stattliches Fachwerkstädtchen mit vielen georgianischen Hausfassaden entlang der Hauptstraße. Die Eisenbahnbrücke, die hier die Themse überspannt, hat Turner für sein berühmtes Bild ›Rain, Steam and Speed‹ Modell gestanden, eine frühe künstlerische Auseinandersetzung mit dem Zeitalter der Technik. Die Waldungen im Westen der Stadt gehören heute dem National Trust; einst erfreuten sie sich größter Beliebtheit bei den Wegelagerern, und wer von London nach Bath oder Oxford wollte, machte erst einmal Station in Maidenhead, um nicht nach Anbruch der Dunkelheit etwa ein Opfer der ›Highwaymen‹ zu werden, wie man diese Ritter der Straße gerne nannte. Welche Rolle sie im 18. Jahrhundert in England spielten, kann man in Fieldings ›Tom Jones‹ und Gays ›Bettleroper‹ nachlesen. Sie überfielen am liebsten Postkutschen, da diese im Vergleich zu privaten Reisewagen besonders schwerfälligen Vehikel ein leichtes Opfer ihrer schnellen Pferde wurden. Diese Situation erklärt, warum es in Maidenhead eine so große Anzahl erstklassiger Gasthöfe aus jener Zeit gibt.

An Cookham mit seiner alten Kirche vorbei gelangen wir nach *Marlow*. Die Stadt wird überragt vom hohen, feinziselierten, krabbenbesetzten Spitzturm ihrer gotischen Kirche. Die eiserne Hängebrücke über die Themse schuf 1831 der Ingenieur William Tierney Clark, der auch die berühmte Brücke zwischen Buda und Pest entworfen hat. Englische Brückenbauer waren im vorigen Jahrhundert auf der ganzen Welt begehrt. Pappeln und Buchen und bunte Gärtchen, zwischen denen schwarzweiße Fachwerkgiebel hervorschauen, rahmen hier die Ufer des Flusses. Am anderen Ende der Brücke, schon in der Grafschaft Buckinghamshire, liegt ein malerischer Gasthof, ›The Compleat Angler‹, so benannt nach Izaak Waltons Angler-Bibel aus dem 16. Jahrhundert. Man kann im ›Angler‹ speisen wie Gott in Frankreich, aber auch das ›Crown

Hotel‹ erfreut sich einer ausgezeichneten Küche, was schon der berüchtigte Highwayman Dick Turpin zu schätzen wußte – außer den gut gespickten Geldkatzen der Gäste. – Zu den Berühmtheiten unter Marlows Besuchern gehörte auch der junge Percy Bysshe Shelley, der hier mit seiner zweiten Frau Mary Wollstonecraft-Godwin den Winter 1816/17 verbrachte – nur eine Station in beider gehetztem Wanderleben. Den Sommer hatte das jungverheiratete Paar, das gegen alle politischen und gesellschaftlichen Tabus jener Zeit verstoßen hatte, in Gesellschaft Byrons in der Schweiz verlebt, in einem angeregten literarischen Kreis. Eines stürmischen Tages beschloß man in vorgerückter Stunde, einen Wettstreit um die beste Schauergeschichte zu veranstalten. Nur der Entwurf der noch nicht zwanzigjährigen Mary sollte in die Weltliteratur eingehen: Ihrem hübschen Köpfchen entsprangen an diesem Abend die Gestalten des Arztes Frankenstein und seines künstlichen Menschen. War auch die Wiederbelebung des Golem-Themas in der Romantik nichts Neues, so ist der Roman doch beachtlich, da hier erstmals die Psyche des Ungeheuers beleuchtet, seine seelischen Qualen gezeigt, eine Schuld der Gesellschaft konstruiert werden. Mary war nicht umsonst die Tochter der großen Vorkämpferin weiblicher Gleichberechtigung, Mary Wollstonecraft; nicht umsonst hatte sie die revolutionären Schriften ihres Vaters, William Godwin, gelesen, der überzeugt war, daß Menschen als vernunftbegabte Wesen ohne Gesetze und Institutionen in Frieden und Harmonie leben können. In Marlow nahm ihr ›Frankenstein‹ endgültig Form an, während Shelley selbst dort sein großes Gedicht ›Laon und Cythna‹ schrieb, das später unter dem Titel ›Der Aufbruch des Islam‹ bekannt wurde.

Unser nächstes Ziel ist *Henley-on-Thames*, wo alljährlich seit 1839 die ›Royal Henley Regatta‹ stattfindet, das Rennen der Achter von Cambridge und Oxford, das Besucher nicht nur aus ganz England, sondern aus der ganzen Welt in das stille Städtchen zieht – auf Wochen sind hier um diese Jahreszeit alle Hotels und Pensionen im Voraus ausgebucht, was wichtig zu wissen ist, wenn man gerade im Juli in diesem Teil Englands Station machen möchte. Besonders stolz ist Henley auf seine barocke Steinbrücke mit ihren weichgeschwungenen Bogen und den von Anne Damer, einer Cousine Horace Walpoles, entworfenen Steinmasken, die die Flußgötter Isis und Themse symbolisieren sollen. Die Brücke wurde 1786 von Salopian William Hayward geschaffen. Die Perpendikularkirche St. Mary aus dem 14. und 15. Jahrhundert zeigt ein lebhaftes Schachwerkmuster in ihrem Mauerwerk; viele der alten Häuser sind Fachwerkbauten. Besonders interessant ist darunter das ›Chantrey House‹ von 1420, eine einstige Armenschule mit weit vorkragendem Obergeschoß. Stonor Park, ein naher Herrenhof, liegt in einem waldigen Landschaftsgarten mit vielen alten Nußbäumen; das Backsteinhaus im Tudorstil birgt in seinen Mauern eine Druckerpresse, die in den Tagen Königin Elisabeths zur Herstellung geheimer Flugschriften benutzt wurde. Am anderen Ufer der Themse erheben sich mit runden Buckeln die Chiltern Hills, und wir fahren jetzt bis Marlow zurück, die wunderschöne Flußszenerie noch einmal in uns aufnehmend, um dort die Straße nach High Wycombe am anderen Ufer zu erreichen.

48

Verlorenes Paradies: High Wycombe – Chalfont St. Giles Great Missenden – Wendover – Aylesbury Waddesdon Manor – Claydon House – Thame

Im Unterhaus muß mein Vorbild Byrons ›Don Juan‹ sein,
im Oberhaus Miltons ›Verlorenes Paradies‹.
Benjamin Disraeli, Der junge Herzog, 1831

Die Kulisse unserer Fahrt werden jetzt die Buchenwälder der *Chiltern Hills* sein, die schönsten, die man sich vorstellen kann. Uralte Bäume wachsen hier empor aus den blauen Teppichen der nickenden Sternhyazinthe, die die Engländer ›Bluebell‹ nennen, und die recht eigentlich ihre Blume ist – ihre Blaue Blume. In sanften Tönen rieselt das Licht durch die Laubkronen an den silbernen, nackten, grotesk verknorpelten Stämmen der Buchen herab, die nur selten von einem einzigen Mann umspannt werden könnten. Buschwindröschen, Narzissen und Primeln weben im frühen Lenz, noch vor den Hyazinthen, einen ersten Flor für den weichen Waldboden. Die schönsten Haine findet man bei dem alten Dorfe Burnham, ein wenig weiter themseabwärts, ungefähr auf der Höhe von Maidenhead.

Wir wollen kurz in *High Wycombe* Station machen, dem Zentrum der englischen Möbeltischlerei seit dem 17. Jahrhundert. Hier werden die bekannten ›Windsor Chairs‹ gemacht; man kann sie neben besonders reizvollen Möbeln und Stühlen von den Sheratons und den Chippendales – den großen englischen Kunsttischlerfamilien des 18./19. Jahrhunderts – im Kunst- und Stadtmuseum am Castle Hill bewundern. Die Stadt ist im vorigen Jahrhundert rasch gewachsen, hat aber ihren alten Stadtkern mit gotischer Kirche, einem Rathaus aus dem 18. Jahrhundert und einer achteckigen, von Robert Adam entworfenen Markthalle zu erhalten gewußt. Die sogenannte Abbey, heute Mädchenschule, wurde von James Wyatt als Landhaus für Lord Carrington im vorigen Jahrhundert entworfen.

Im Norden der Stadt liegt in einem köstlichen Park ein grünumranktes Stuarthaus mit unzähligen Fenstern und Schornsteinen am Hang eines Hügels: *Hughenden Manor*, ein nationales Heiligtum. Hier hat Disraeli gelebt, hier ist er gestorben: der große Führer der Tories im Zeitalter Viktorias, zweimal Premierminister und im Alter Viscount Hughenden of Hughenden, Earl of Beaconsfield. *»›Graf!‹ sagte Gladstone mit Ironie, als er die neueste Verwandlung des Teufelssohnes erfuhr. ›Ich kann ihm nicht verzeihen, daß er sich nicht zum Herzog machen ließ!‹«* (André Maurois, Disraeli)

Disraeli hatte nie die Mittel, alle Schulden abzutragen, die auf dem von ihm im Alter erworbenen Landsitz lasteten. Aber er hatte ergebene Freunde, die verhinderten, daß seine Schulden für ihn zu einer drückenden Last werden konnten. Es war erstrebenswert für die Partei gewesen, ihren Führer standesgemäß zu etablieren, aber es entsprang auch Disraelis persönlichen Wünschen, daß er gerade Hughenden erwarb, wo er als junger Mann im Kreise Gleichaltriger oft zu Gast gewesen war, wo er erstes Glück und ersten Ruhm gekostet hatte.

Gemeinsam mit seiner Frau Mary Ann, deren Vermögen ihm seine politische Laufbahn ermöglicht hatte, was er ihr mit ritterlicher Treue dankte, versuchte er, das Haus zu renovieren und es in altem Glanz erstrahlen zu lassen. Es blieb auch nach dem Tode Mary Anns seine Zuflucht und sein Heim, von dem er sich immer schwerer trennte. In einem Brief an den Herzog von Rutland schrieb er als greiser Staatsmann: *»Ich habe schon seit vierzehn Tagen mit keinem menschlichen Wesen mehr gesprochen ... Ich habe drei Wochen lang kaum ein Wort mit jemandem gewechselt, aber die Freuden des sommerlichen Landlebens sind für mich ewig neu. Die Pfauen liegen unbeweglich auf dem grünen Samt des Rasens und braten in der Sonne, und das ist begrüßenswert. Des Morgens spreizen sie ihr Gefieder, kreischen, lieben und bekriegen einander ... Dem faszinierenden Zauber der schwermütigen Kuckucksrufe, dem Girren der*

Ringeltaube, der flammenden Pracht des Rotdorns kann ich nicht widerstehen ...« Auf Hughenden hatte er die Bilder aller seiner Freunde um sich versammelt: Lady Bradford, Louis Napoleon, Lyndhurst, d'Orsay und vieler anderer. Hier hat er auch seine Korrespondenzen gesammelt, darunter die vielen, vielen kleinen Billets, die ihm Königin Viktoria zu schicken pflegte, oft mit Blumen aus ihren Treibhäusern, vor allem den von ihm geliebten Primeln, die sie ihm auch aufs Grab legen ließ. Disraeli hatte die Ehre eines Grabes in Westminster abgelehnt, weil er an der Seite seiner Frau im Park von Hughenden beigesetzt zu werden wünschte. Dort finden wir in der kleinen Kirche sein Denkmal mit dem Peerswappen, seinem Bildnis im Halbprofil und einer Inschrift, die Viktorias Dank ausdrückt. Vor der Kirche steht eine fast dreihundertjährige Eibe.

Disraeli gilt als der Vater des englischen Imperialismus. Er wurde 1804 als Sohn des Gelehrten Isaac d'Israeli geboren, in dessen Bibliothek er seine ›Schulbildung‹ empfing. 1817 trat sein Vater mit ihm zum anglikanischen Bekenntnis über; aber trotz dieser frühen Konversion hatte er es gerade in den ersten Jahren seiner politischen Karriere wegen seiner jüdischen Abstammung nicht leicht. Disraeli feierte erste Erfolge als Schriftsteller; um einen Parlamentssitz mußte er sich viermal vergeblich bemühen, ehe es ihm 1837 gelang, ins Unterhaus zu kommen. In dieser Zeit war er von den Radikalen zu den Tories übergewechselt, aber er verriet seine liberale Herkunft auch als Konservativer nicht. Während der nächsten Jahre war sein Hauptgegner Peel, der Führer seiner eigenen Partei; Disraeli gründete innerhalb der Partei eine Art Gegengruppe, das ›Junge England‹, das sein Ideal vertrat: ein Bündnis von Adel, Landwirtschaft und Lohnarbeitern in gemeinsamer Verantwortung. 1848, auf dem Höhepunkt der Auseinandersetzungen um die Korngesetze, konnte er die Tories überzeugen; Peel wurde gestürzt und Disraeli neuer Leader der Partei. In drei Kabinetten des bedeutenden Premiers Edward Geoffrey Stanley, 14. Earl of Derby, war er dann Schatzkanzler; er konnte die Wahlreform durchbringen, die die englische Wählerschaft auf einen Schlag verdoppelte, und intensiv an der Verbesserung der sozialen Verhältnisse arbeiten. 1867 trat er Derbys Nachfolge als Premier an, wurde aber schon bei den Wahlen von 1868 wieder durch die Whigs gestürzt. Erst 1874 kam es zu einem großen Wahlsieg seiner Partei, und bis 1880 leitete er nun die Geschicke Englands als Premier in Übereinstimmung mit der Königin, deren volles Vertrauen er gewonnen hatte.

Disraelis außenpolitische Erfolge waren unter anderem der Erwerb der Suezkanalaktien, die England den Seeweg nach Indien sicherten, das er als Kaiserreich fester an das Commonwealth band; die Stärkung der Rolle Englands im Mittelmeer gegenüber Rußland und der Türkei, die Verhinderung eines zweiten Krimkrieges gegen den Widerstand der Opposition. Schwerer wiegen seine innenpolitischen Reformen: Ausbau der Rechte der Gewerkschaften, Verringerung der Arbeitszeit auf 56 Wochenstunden bei Samstagsnachmittagsruhe, weitere Einschränkung der Kinder- und Frauenarbeit, Verbesserung des Wahlrechts, Sanierung der Slums. Die Opposition, schon damals nicht zurückhaltend, sprach in Bezug auf die zahlreichen Verordnungen zur Änderung der unbeschreiblichen sanitären Zustände in den Städten, wo Typhus und Schwindsucht brüteten, gehässig von ›Kloakenreinigungspolitik‹, um seine Reformen zu diffamieren. Doch als Disraeli am Ende seiner Karriere vom Unterhaus ins Oberhaus übersiedelte, klagte Sir William Harcourt, einer seiner alten Opponenten, er habe sich nicht vorstellen können, wie groß die Veränderung sein würde: alle Ritterlichkeit, aller Zauber der Politik schienen das Unterhaus verlassen zu haben, und nichts als Routine sei zurückgeblieben.

An sein politisches wie an sein literarisches Wirken erinnern in Hughenden Manor das unverändert gebliebene Arbeitszimmer, die Bilder seiner Freunde und die Schränke und Kabinette mit den Manuskripten seiner vielbewunderten Parlamentsreden und schriftstellerischen Arbeiten. ›Coningsby‹ ist der Roman der Parteifreunde, des Jungen England, und seine Satire gegen Peels schablonenhafte Politik, in ›Sybil oder Die beiden Nationen‹ schilderte er als einer der ersten mit schonungsloser Härte die Welt der Arbeiter und Slumbewohner und rief die besitzenden Stände zur moralischen Verantwortung und zur Überwindung der Gegensätze zwischen den beiden Klassen auf. ›Tancred‹ war sein literarischer Beitrag zur jüdischen Frage; die Emanzipation seiner alten Glaubensbrüder, aber auch die Idee der Gründung eines selbständigen Judenstaates waren Teil seiner Politik.

Im Westen von Wycombe, keine fünf Kilometer entfernt, liegt ein weiteres Herrenhaus, *West Wycombe Park*. Es wurde zwischen 1745 und 1771 von Sir Francis Dashwood, dem Anreger des ›Hell-fire Club‹, erbaut; wir werden vom seltsamen Treiben seiner Mitglieder noch hören. Dashwood gehörte aber auch als einer der Gründer der

›Society of Dilettanti‹ an, die archäologische Ausgrabungen in England, Griechenland und Italien anregte und häufig finanzierte. Einer der berühmten Ausgräber, Nicholas Revett, entwarf hier den schönen ionischen Portikus der Westfassade. Die zierliche Gartenfront mit langer toskanischer Kolonnade und einer offenen korinthischen Galerie schaut auf den Landschaftspark mit Buchenhainen und klassizistischen Tempelchen; von dort gesehen wirkt das Haus wie ein mediterraner Gast auf englischem Rasen. Sein Inneres ist eine kunstgeschichtliche Kuriosität: Die Räume sind mit Repliken von Fresken italienischer Palazzi und der Tempel von Palmyra ausgemalt. Sie beherbergen zudem eine Sammlung antiker Spiegel. West Wycombe ist noch im Besitz der Familie Dashwood.

Unsere Fahrt soll uns jetzt über *Amersham* mit seiner 1682 durch Sir William Drake errichteten Markthalle in östlicher Richtung führen. Viele alte Gasthöfe wie das ›Crown Hotel‹ (frühes 17. Jahrhundert), das ›King's Arms Hotel‹ (16. Jahrhundert) und das ›Swan Inn‹ (17. Jahrhundert) schmücken die alte High Street, in der man auch ein Haus (Nr. 61) mit historischen Wandmalereien aus dem 16. Jahrhundert findet: Hektor, König David, Karl der Große, Gottfried von Bouillon und Julius Caesar bilden die ehrenwerte Gesellschaft, die wohl einst auf ein Schenkenpublikum herabgesehen haben dürfte. Die Kirche zeigt Einflüsse verschiedener Jahrhunderte; im Pfarrhausgarten steht ein barockes Brunnenhaus, in dem bis in unser Jahrhundert das Wasser durch Pferde zu Tage gefördert wurde.

Wir suchen südöstlich davon *Chalfont St. Giles* auf, ein typisch englisches Dorf mit normannischer, eckiger Kirche, die in der Gotik aufgeputzt wurde mit fliegenden Dachengeln und Ballenblumen am Südportal, und mit einem elisabethanischen Herrenhaus, The Vache, nach dem Kapitän Cook, der dort gerngesehener Gast war, eine Südseeinsel benannte, mit einer alten Wassermühle an einem schmalen Flüßchen – kurz, ein Dorf wie tausend andere. Der Grund unseres Besuchs aber ist das Cottage (jetzt Museum), in das sich John Milton im Jahre der Pest 1665 zurückzog – ein blinder, müder alter Mann, der durch alle Höhen und Tiefen des Lebens gegangen war, Liebe und Haß, frühen Dichterruhm und Verleumdung, Ministerehren und Gefängnishaft ausgekostet hatte. Hier wollte er nach seiner Entlassung aus dem Kerker nur noch ausruhen – aber erst hier fand er die Kraft, seine beiden größten Werke zu vollenden: ›Paradise Lost‹ und ›Paradise Regained‹. In diesen sprachgewaltigen

Epen schwang sich die metaphysische Dichtung des englischen Barock zu reinsten Höhen auf. In der Arbeit an seinem ›Verlorenen Paradies‹, der Tragödie des gefallenen Engels Satan, fand Milton innere Ruhe und Trost, überwand er die Qual seiner Blindheit, wie es in dem Gedicht ›Erblindet‹ zum Ausdruck kommt:

Die Werke der Natur sind tot für mich,
Der Weisheit Pforten gänzlich mir verschlossen:
Drum scheine heller du, o himmlisch Licht,
Im Innern mir, durchflamme jede Kraft
Des Geistes, pflanze da hinein die Augen,
Und rein'ge sie von jedem Nebelflor,
Daß solche Ding ich sagen kann und schauen,
Die unsichtbar dem sterblichen Gesicht ...

Nach diesem Abstecher fahren wir zurück über Amersham und halten uns jetzt strikt nordwestlich. *Great Missenden*, die nächste größere Ortschaft, wird von ihrer großen Kirche St. Peter und Paul aus dem 14. Jahrhundert überragt; der Bau ist lichtdurchflutet dank der riesigen Perpendikularfenster, die im 15. Jahrhundert ausgebrochen wurden. Die Ruinen der ehemaligen Augustinerabtei wurden in den Bau eines Herrenhauses einbezogen; in der High Street steht eine Reihe alter Häuser, darunter das ›George Inn‹ aus dem 15. Jahrhundert. In der Umgegend des Ortes fand man Zeugnisse vorgeschichtlicher Besiedlung, wie Erdwälle und Feuersteinwerkzeuge.

Hübscher ist *Little Missenden*, etwas abseits im Osten der Stadt, ein unberührtes elisabethanisches Dorf mit großer normannischer Kirche und einem schönen Landhaus, in dem Angelika Kauffmann, die schweizerische Malerin der Goethezeit, im 18. Jahrhundert Terrasse und Garten umgestaltet hat. In der Kirche wurden vor einigen Jahrzehnten gotische Fresken des 14. Jahrhunderts mit Heiligendarstellungen entdeckt.

Von Missenden führt unser Weg durch das Gebiet der ›Chiltern Hundreds‹ mit ihrem reichen Buchenbestand, der sie zu einer begehrten Pfründe für ausscheidende Parlamentsmitglieder gemacht hat. Bei *Wendover*, wo sich der frühgeschichtliche Icknield Way mit der alten Römerstraße von London nach Aylesbury kreuzt, öffnet sich das weite grüne Tal von Aylesbury, getupft mit winzigen Weilern und schönen Herrensitzen. Wendover selbst, wo einst ein Vetter Cromwells Gutsherr war, ist ein reizender Ort mit einer

Kirche aus dem 14. Jahrhundert, zu der man durch eine Allee von Eiben, Kastanien und Linden gelangt; ihre Säulen haben kräftig skulptierte Kapitelle mit Früchten, Blumen und Tieren. Fachwerkhäuser, Mühlen und das Red Lion Inn, an dessen großmächtigem Kamin es sich schon der Lordprotektor Cromwell und der schottische Romancier Robert Louis Stevenson wohlsein ließen, bilden eine romantisch wirkende Einheit.

Aylesbury dagegen ist eine moderne Industrie- und Marktstadt, aber noch ist ihr Name verbunden mit den zarten, leckeren Enten, den Aylesbury Ducklings, die hier seit Menschengedenken gezüchtet werden. Einige historische Bauten haben sich erhalten, so die Gastwirtschaft ›The Kings Head‹, die aus einem klösterlichen Gästehaus hervorgegangen ist, und das Prebendal House aus dem 18. Jahrhundert, damals Wohnhaus des Rebellen John Wilkes, des Lieblings der Londoner und Vorkämpfers der Pressefreiheit. Er war Mitglied des Parlaments, dem er manchen harten Strauß lieferte. Außerdem gehörte er dem hocharistokratischen, berüchtigten ›Hell-fire Club‹ an, dessen Mitglieder sich nächtlich in der Medmanham Abbey, der Ruine eines ehemaligen Zisterzienserklosters bei dem Ort Marlow, trafen und dort schwarze Messen und wilde Orgien feierten. Wilkes wurde aus dem Club geworfen, nachdem er ihn durch einen als Teufel verkleideten Affen zum Narren gehalten hatte – er war viel zu sehr Freigeist und Spötter, um auf die Dauer Spaß an den magisch verbrämten Exzessen der Medmanham-Brüderschaft zu haben.

In direkter Nachbarschaft von Aylesbury liegt das im 18. Jahrhundert umgebaute *Nether Winchenden House*, in dem der letzte englische Gouverneur von New Jersey und Massachusetts, Sir Francis Bernard, gelebt hat, und *Hartwell House*, wo König Ludwig XVIII. im Exil wohnte. *Waddesdon Manor* an der Straße nach Bicester wurde 1880-1889 für den Baron Ferdinand de Rothschild im Stil einer phantastischen französischen Renaissance erbaut.

Das Unruhige der Silhouette wird durch den geometrischen Park gemildert; Wälder fassen den Sitz malerisch ein. Das Haus beherbergt eine sehr schöne Sammlung von französischen Möbeln aus dem 17. und 18. Jahrhundert, Gemälde flämischer, niederländischer und italienischer Meister, Bildnisse von Reynolds, Gainsborough und Romney, eine Anzahl kostbarer Kostüme, seltene Spitzen und Mappen mit französischen Handzeichnungen. James A. de Rothschild hat Haus und Kunstschätze 1957 dem National Trust vermacht.

Ein Abstecher in nördlicher Richtung führt uns nach Winslow, in dessen Reichweite die Grafschaftsstadt Buckingham liegt. Der einstige Sitz der Herzöge von Buckinghamshire, Stowe, ist heute eine Schule und nur unter Schwierigkeiten zu besichtigen, so daß wir uns eine Reise dorthin lieber schenken wollen, zumal bei Winslow, linker Hand der Hauptstraße, eine der reizendsten Schöpfungen des englischen Rokoko, der Sitz der Grafen Verney liegt, *Claydon House*. Der 2. Earl of Verney, der Gemahl der gescheiten Parthenope, einer Schwester von Florence Nightingale, war ein sehr ambitionierter Mann. Er befahl den Umbau des alten Familiensitzes sowohl aus politischem Ehrgeiz wie auch aus dem Wunsch, den Sitz des Herzogs in Stowe auszustechen. Claydon sollte ihm gesellschaftliche Folie geben; leider reichten seine Mittel nicht, alle Pläne auszuführen. Sein Architekt war Sir Thomas Robinson; die spielerisch zarten, reichbewegten Rokokodekorationen hat ein Skulpteur namens Lightfoot, von dem sonst nichts bekannt ist, geschnitzt. Das Schlafzimmer, in dem Florence Nightingale bei ihren häufigen Besuchen auf Claydon wohnte, ist heute Museum, der Erinnerung an diese ungewöhnliche Frau gewidmet, die als freiwillige Krankenschwester im Krimkrieg durch ihre tapfere Güte zum Idol ihrer Generation wurde. Es enthält neben ihren persönlichen Besitztümern zeitgenössische Darstellungen und Dokumente aus dem Krimkrieg.

Wer noch nicht genug hat von Schlössern und Landhäusern, kann bei der Rückkehr zur Themse querfeldein in südwestlicher Richtung über manchmal holprige Landwege fahren und dabei *Wotton House* und das nahegelegene *Dorton House* abseits der Hauptstraße aufsuchen. Wotton wurde 1704 nach dem gleichen Plan wie der Buckingham-Palast in seiner ursprünglichen Gestalt erbaut und 1820 im Innern von Sir John Soane völlig neu eingerichtet; Dorton dagegen ist ein typisch spätjakobinisches Herrenhaus.

Von dort aus nehmen wir die Straße nach *Thame*, wo wir die Grenze von Buckinghamshire nach Oxfordshire überschreiten. Thame ist eine Marktstadt mit breiter High Street, hübschen Inns und alten Fassaden. In der Grammar School von 1569 drückten drei der späteren Größen des Bürgerkrieges einst die Schulbank: Milton, Cromwells Minister des Äußeren, John Hampden, einer der parlamentarischen Führer im Kampf gegen den Absolutismus der Stuarts, und William Lenthall, langjähriger Sprecher des Parlaments. Als Karl I. im Parlament Verhaftungen vornehmen wollte und Lenthall nach den Gesuchten fragte, gab der Sprecher die berühmt gewordene

Antwort, im Parlament habe er weder Augen zu sehen noch eine Zunge zu sprechen, es sei denn, das Haus, dessen Diener er sei, ermächtige ihn dazu. Das Herrenhaus Thame Park ging aus einem Zisterzienserkloster hervor; die Kirche stammt aus dem 13. Jahrhundert.

49

Auf dem Wege nach Oxford: Dorchester–Abingdon

Von Thame aus fahren wir immer in südlicher Richtung quer durch das reiche, fruchtbare Oxfordshire, bis wir bei Warborough eine Straße erreichen, die uns in westlicher Richtung nach Dorchester, einem der schönsten Dörfer des ganzen Landes, bringt.

Dorchester war in früher Zeit Bistum; hier hatte im 7. Jahrhundert der Missionar Birinius König Cynegal von Wessex getauft. Nach einigen Jahrhunderten wurde der Bischofssitz dann nach Winchester verlegt. Aber Dorchester behielt ein reiches Kloster, dessen Mönche nach dem Verfall der frühen angelsächsischen Kirche die gewaltige normannische Basilika errichteten, deren Größe jetzt in krassem Widerspruch zur dörflichen Umgebung zu stehen scheint. Hell, blaßgelb reckt sie sich wie ein Löwe im Sprung hinter ihren übermannshohen Rosenhecken. Zu den größten Kunstschätzen des fast siebzig Meter langen Bauwerks zählen ein farbiges Baum-Jesse-Fenster, dessen steinernes Maßwerk in vielen kleinen, liebevoll gearbeiteten Figürchen die irdischen Ahnen Jesu zeigt, der ja der Wurzel Jesse entsprang. Besonders schön ist ein harfeschlagender König David. Figurenreich ist auch der normannische Taufstein der Kirche. Ein Kunstwerk ganz anderer Art ist das Grabmal eines Kreuzfahrers mit der liegenden Figur eines sterbenden Ritters in voller Rüstung, der noch im Todeskampf mit der Hand an sein Schwert zu fahren versucht. Die wunderbare Ausgewogenheit der formalen Gestaltung läßt auf den ersten Blick eher an einen frühen Moore als an einen mittelalterlichen Meister denken. Hinter der Kirche fließt ein kleiner, weidengesäumter Bach vorbei. Gegenüber dem Kirchhof mit seiner gloriosen Rosenallee, die selbst in England kaum ihresgleichen haben dürfte, liegt an der breiten Dorfstraße das George Hotel, ein äußerst behaglicher Postkutschengasthof mit kamingeheizten Gästezimmern und einem hohen Speisesaal mit offenem Dachstuhl.

Wir befahren von hier aus die Straße nach Abingdon, den hübschesten Weg nach Oxford; dabei kommen wir durch *Sutton Courtenay.* Hier liegt ›The Warf‹, einst das Landhaus des 1928 gestorbenen liberalen Staatsmannes Herbert Asquith, der hier auch begraben wurde. *Abingdon* ist eine reiche alte Abteistadt, an den Ufern der Themse hingebreitet mit vielen Kirchen, einer breiten Brücke, hübschen Fachwerkhäusern und den wenigen erhaltenen Ruinen des einstigen Klosters. St. Nicholas am Markt stammt aus normannischer Zeit; St. Helen ist spätgotisch, ein großzügiger Bau mit fünf Schiffen, die ihn breiter als lang erscheinen lassen, und einer gemalten Decke aus dem 14. Jahrhundert. Eine Anzahl elisabethanischer Stiftshäuser und das Rathaus aus dem 17. Jahrhundert mit einem von Arkaden getragenen offenen Untergeschoß runden das Bild ab. In den Klosterruinen wurde nach alten Plänen ein elisabethanisches Theater mit einer Shakespearebühne eingerichtet; dort finden im Sommer vielbesuchte Festspiele statt.

Von Abingdon aus halten wir auf Boar's Hill zu, Oxfords einstigen ›Künstlerhügel‹, wo sich in schönen Gärten große und kleine Villen verstecken. Von dort wollen wir einen ersten Blick auf die goldenen Türme und blauen Flußsäume von Englands ehrwürdigster Stadt, dem stolzen Oxford, werfen.

50

Die Goldene Stadt: Oxford

Oxford schenkt der Mühe Anmut und der Muße Würde.
Henry James, English Hours, 1905

Oxford liegt zu unseren Füßen in seinem feuchten grünen Flußtal wie ein feinziseliertes goldenes Kleinod. Die Autofabriken des ehemaligen Morris-Imperiums und die sich zwangsweise an der Peripherie entwickelnden Arbeitervorstädte machen Halt vor dem strahlenden Kern der alten Stadt in der Schleife von Isis und Cherwell River, die sich hinter den Wiesen und Sportfeldern der großen Colleges tändelnd vereinigen. Eine Themse gibt es in Oxford nicht; sie heißt hier Isis, ein Name, der ihrer weiden- und fliederverhangenen Lieblichkeit wohl ansteht. Rasengesäumt sind alle Wasser, die die Stadt im Übermaß umspielen, aber die großen Collegeparks, die wir von unserer luftigen Höhe aus die Stadt in einem weichen Bogen umspannen sehen, begleiten vor allem den River Cherwell bis zu seiner Einmündung in die Isis.

Über dem Mosaik der alten Straßen und Collegehöfe erheben sich die Türme von Oxford: Unzählige spitze und quadratische, daneben mächtige Kuppeln und Zwiebeln und stumpfe Kegel und ganze Kaskaden fein skulptierter Fialen, und fast alle sind aus dem harten, leuchtend gelben Oxfordstein mit seinem marmorähnlichen Schimmer erbaut, der die Stadt schon von weitem so heiter und prächtig erscheinen läßt.

Hier sei noch einmal ein Vergleich zum träumerischen, rotdunklen Cambridge gezogen. Oxford ist immer die weltoffenere der beiden Universitäten gewesen; das aristotelische, nicht das platonische Weltbild hat sie geprägt, der Humanismus, nicht die Reformation, nicht der Puritanismus, sondern der High-Church-Gedanke, nicht die Naturwissenschaften, sondern die Politik- und Geschichtswissenschaften, nicht die Mathematik, sondern klassische Sprachen und Dichtung. Schon seit Jahrhunderten gibt es an der Universität einen Lehrstuhl für Poesie, den immer ein anerkannter Schriftsteller einnimmt, wie zur Zeit John Wain (geboren 1925), einer aus der Generation der ›zornigen jungen Männer‹. Viele Namen bedeutender Dichter sind eng mit Oxford verknüpft, so der Addisons, Shelleys, Yeats' und Betjemans. Daneben ist Oxford immer eine Pflegestätte der Musik gewesen; in der Holywell Street beim New College stand eines der ersten öffentlichen Konzerthäuser Europas; Haydn hat dort seine ›Oxforder Symphonie‹ dirigiert. Vor allem aber ist Oxford die ›Schule‹ großer Politiker; fast alle bedeutenden Premierminister des Landes sind Oxfordianer gewesen. Es gibt eine hübsche Anekdote, in der der Unterschied zwischen Cambridges Nüchternheit und Oxfords weltläufiger Poesie gut zum Ausdruck kommt: »Warum werden eigentlich immer Bücher über Oxford und nie welche über Cambridge geschrieben?« forscht ein Besucher von Übersee. »Ja, verrückt, nicht wahr?« antwortet der Oxforder Professor maliziös. »Ich glaube mich an ein Buch zu erinnern, das ursprünglich Cambridge behandelte. Ein Verleger nahm es an unter der Bedingung, daß man alle Namen ändern könne, und es erschien dann als ein Buch über Oxford ...« Und Henry James hat in seinen ›English Hours‹ das Problem für sich gelöst: *»Wenn Oxford nicht das Schönste in England wäre, ließe sich der Fall Cambridge leichter entscheiden.«*

Steigen wir jetzt herab von unserem Aussichtspunkt auf dem Boars Hill. John Galsworthy hat uns in seinem Roman ›Über den Strom‹ geschildert, wie zwei moderne junge Menschen eines Abends das Wunder Oxford für sich entdecken: »*Planlos durchstreiften die beiden die Stadt, schritten durch enge Gassen und standen wieder und wieder vor Collegegebäuden und langen alten Mauern. Hier schien alles unberührt von der modernen Zeit. Die Vergangenheit hielt sie in Bann. Schwarze Türme, alte matterleuchtete Steinfassaden, winklige dämmrige Torbogen, plötzlich der Ausblick auf einen geräumigen quadratischen Hof und das Schlagen der Turmuhren. Diese Atmosphäre einer düsteren, menschenleeren alten Stadt, die dennoch in ihren Mauern eine Flut von elektrischem Licht und jungem Leben barg, ließ die beiden fast verstummen ... Sie waren nicht romantisch veranlagt, und doch hatten sie das Gefühl, als hätten sie sich in vergangene Jahrhunderte verirrt ... ›In Cambridge gibt es kein so trauliches Winkelwerk wie hier ... Oxford sieht im Dunkeln viel malerischer aus. Dort liegen die Colleges alle in einer Reihe ... hier ist viel mehr Stimmung‹.*«

Nun, alle in einer Reihe liegen die Colleges in Oxford wirklich nicht, das werden wir schnell feststellen, wenn wir uns auf einem kleinen Stadtrundgang wenigstens die wichtigsten von ihnen ansehen; es sind jetzt nahezu vierzig. Wenn man von Boars Hill kommt oder einer der anderen Straßen aus dem Osten, die sich alle sternförmig am Plain beim alten Butterkreuz treffen, gelangt man über die steinerne Magdalen Bridge in die Stadt. Von der Brücke aus, die sich mit sieben Bogen über den Cherwell River spannt, hat man ein herrliches Panorama vor sich: die von Colleges gesäumte High Street, die bis zum Carfax in leichtem Schwung aufsteigt, überragt von den Türmen, die zu den Colleges und der Universitätskirche St. Mary gehören.

Gleich am Fluß erhebt sich der hohe quadratische Glockenturm des *Magdalen College*, das in den Magdalen Grove, einen Hirschpark mit großer Damwildherde, hohen Bäumen und dämmerigen Lichtungen, und die Cherwell Parks eingebettet ist. Auf dem Cherwell schwimmen einige flache Inselchen; dort liegen die Sportplätze des College und sein zauberhafter Park mit dem am Fluß entlangführenden Addison Walk. Addison, der Dichter und Gelehrte, pflegte da seinen täglichen Spaziergang zu machen, als er Fellow des College war. Das Magdalen wurde 1458 von Bischof William of

Waynflete gegründet; seine drei gotischen Quadrangel werden von dem großen Turm beherrscht. Am Maimorgen versammelt sich auf seinem Dach der Chor des Colleges, um beim ersten Strahl der aufgehenden Sonne nach uralter Tradition den Maitag mit lateinischen Hymnen zu begrüßen. Kaum sind die weißgewandeten Sänger auf dem Turm verstummt, wird es zu seinen Füßen lebendig: Auf dem Fluß warten teils schon seit Mitternacht junge Menschen in den langen flachen Booten, Punts genannt, die man durch Eintauchen langer Stangen bewegt, und stimmen jetzt ihrerseits elisabethanische Lieder und Madrigale an, ehe sie in den hellen Tag hinausstaken, und dann strömen Gruppen tanzender Jungen und Mädchen in bunten Kostümen von allen Seiten in die Straßen und verwandeln die Stadt in ein einziges Ballett der Lebenslust: heidnische Maibräuche und christliche Maifeier auch hier harmonisch vereint. Magdalens zweiter Turm, Founder's Tower, erhebt sich schwer und mächtig über dem Haupteingang; über seine goldschimmernden Flanken hat sich schon vor langer Zeit ein dichtes Fell aus Efeu gelegt.

Schräg gegenüber steht der 1876 von Sir Thomas Jackson entworfene neugotische Bau der *New Examination Schools* mit hübsch stuckierten Räumen, in den sich die Studenten gewöhnlich mit leicht zitternden Knien begeben, um ihre Prüfungen abzulegen. Der von solchen Sorgen unbeschwerte Tourist kann sich an den liebevoll gotischen Originalen nachgestalteten Details des Baues erfreuen. Direkter Nachbar der Schools ist das ehrwürdige *University College;* von seinen alten Bauten – es wurde schon 1249 gegründet – hat sich leider nichts erhalten, da man im 17. Jahrhundert an ihrer Stelle größere Quadrangel in postgotischem Stil errichtete. Das Eingangsquadrangel von 1637 betritt man durch ein Tor mit lebhaften Gewölbefächern und den Wappen des College und seiner Mäzene, darunter so große Herren wie Robert Dudley, Graf Leicester oder Henry Percy, Graf Northumberland. Jedes College hat seine eigenen Wappen, die meist die Symbole seines Heiligen oder die Farben seines oder seiner Gründer zeigt. Zur Rechten des Quadrangels führt hinter dem dritten Treppenaufgang ein schmaler Gang zum *Shelley Memorial*, das 1894 von Edward Onslow Ford geschaffen wurde und als eines der edelsten englischen Bildwerke der Epoche gilt. Es zeigt einen nackten Marmorjüngling im Todesschlaf, betrauert von der Muse der Poesie.

Die Errichtung des Denkmals war ein Akt der Wiedergutmachung, denn die Universität hatte den Studenten mit den umstürzlerischen Ideen und dem fragwürdigen Lebenswandel einst kurzerhand hinausgeworfen. Shelley fühlte sich von dem radikalen Kreis um den Philosophen William Godwin angezogen, einem entschiedenen Anarchisten. Die Dons hatten dem jungen Feuerkopf allerhand nachgesehen, war er doch der Sohn eines Gentleman, Friedensrichters und Parlamentsmitgliedes – aber als er einen Essay ›Über die Notwendigkeit des Atheismus‹ nicht nur verfaßte, sondern auch selbst verlegte und öffentlich in Buchhandlungen vertrieb, war es mit der Geduld der Professoren vorbei. Für Shelley hatte die Exmatrikulation katastrophale Folgen, da sie zum endgültigen Bruch mit dem Vater führte, der ihm alle Einkünfte sperrte. Wie um seinen sozialen Ruin zu vollenden, heiratete Shelley, kaum neunzehnjährig, die noch nicht dem Schulzimmer entwachsene Harriet Westbrook, die ihn auf einigen Stationen seines unsteten Wanderlebens begleitete; Jahren, in denen sein herrliches visionäres Gedicht vom irdischen Paradies, ›Queen Mab‹, entstand, aus dem wir hier einige Zeilen zitieren:

Tugend und Weisheit, Wahrheit, Freiheit flohn,
Und kehren niemals wieder, bis der Mensch erkennt,
Daß sie allein die Seligkeit gewähren,
Die einer Seele würdig, welche fühlt,
Daß sie von ew'ger Art ...

Im Garten der Fellows von University College jagte Shelley als Junge unter der großen Magnolie, dem uralten Maulbeerbaum den Schmetterlingen nach: *Doch ist das kleinste Blatt, zitternd im Wind, nicht minder eins mit dir ...*

Gegenüber von University liegt *Queen's College*. Robert de Eglesfield hat es zu Ehren der Gemahlin Eduards III., Königin Philippa, und aller künftigen Königinnen Englands gestiftet. Der Gründer war Kaplan der Königin; einige skurrile Bräuche erinnern noch an ihn, so die Sitte, Studenten und Dons mit Trompetengeschmetter zum Dinner zu rufen. Die klassizistische Fassade des College, die es heute der High Street zuwendet, wurde von Nicholas Hawksmoor entworfen, dem man auch die Kapelle zuschreibt: Sie zeigt zwei kantige turmartige Seitenrisalite mit klassischen Dreiecksgiebeln und einen langgestreckten Mitteltrakt, den ein Kuppelturm mit einer Statue Königin Annas krönt.

Die große Kirche daneben mit dem noblen gotischen Spitzturm ist *St. Mary the Virgin* geweiht; in ihr finden seit dem frühen Mittelalter die feierlichen Universitätsgottesdienste statt. Die heutige Kirche vom Ende des 13. Jahrhunderts mit bunter Balkendecke ist schon der vierte Bau; das Portal zur High Street zeigt eigenartige Spiralsäulen und soll um 1637 entstanden sein. Auf den Altarstufen des Chores findet man einen weißen Marmorgrabstein, der an Amy Robsart erinnert. Walter Scott hat ihr Schicksal in ›Kenilworth‹ gestaltet; es ist schwer zu entscheiden, was Wahrheit, was Fabel ist an diesem Leben, an diesem Tod – sicher scheint, daß Graf Leicester Amy unter falschem Namen geheiratet hatte, und daß die junge Frau, die er in einem abgelegenen Landhaus verborgen hielt, unter mysteriösen Begleitumständen ums Leben kam, was zu einer offiziellen Untersuchung führte und zu einer Entfremdung zwischen Leicester und Elisabeth I.; alles andere ist Spekulation.

Zu den großen Predigern von St. Mary the Virgin gehörten Wiclif und die Bischöfe Cranmer, Latimer und Ridley; später dann die Häupter des Oxford Movement, John Keble und John Newman, der spätere Kardinal.

Das Oxford oder Tracterian Movement nahm seinen Ausgang im Oriel College, wo sich Anfang des 19. Jahrhunderts einige hochbegabte Theologen zusammenfanden und miteinander diskutierten, unter anderen John Keble, John Newman und Edward Bouverie Pusey. Die anglikanische Staatskirche war damals erstarrt und wurde von den liberalen Theologen belächelt und den Methodisten gemieden.

John Keble, ein glühender Idealist, veröffentlichte nach seiner Rückkehr aus Oxford in die Pfarrei seines Vaters anonym einen Band kirchlicher Lyrik, ›The Christian Year‹, mit Liedern für alle kirchlichen Feiertage, der einen großen Erfolg erlebte; drei Jahre später wurde er auf den Oxforder Lehrstuhl für Poesie berufen. Um dieselbe Zeit legte John Newman, der seit 1827 Pfarrer an St. Mary the Virgin war, sein Lehramt im Oriel aus theologischen Gründen nieder und fuhr mit dem schwindsüchtigen James Anthony Froude, der ebenso wie sein Bruder Richard Hurrell Froude dem Freundeskreis nahestand, ans Mittelmeer, wo er die Pracht katholischer Gottesdienste kennenlernte. Bald nach seiner Rückkehr hörte er in St. Mary Kebles Predigt über die apostolische Nachfolge der anglikanischen Kirche, die programmatisch für das Oxford Movement wurde. Newman, der großen persönlichen Charme besaß, verstand es, durch seine Nachmittagspredigten in St. Mary und seine Vorlesungen in einem Seitenschiff der Kirche junge Menschen für die Ideale der Bewegung zu begeistern, die aus der langweilig gewordenen Staatskirche, ›Low Church‹ gescholten, wieder eine ›High Church‹ machen wollte. Die Diskussion wurde öffentlich durch neunzig in der Times von Anhängern der Bewegung veröffentlichte ›Tracts‹, Traktate, die sich mit allen theologischen und sozialen Fragen der Zeit sehr gelehrt auseinandersetzten. Die gleichzeitig durchgeführte Reform der Liturgie ist das Werk Edward Bouverie Puseys, nach dem man die Anhänger des Movement Puseists nannte. Pusey war es auch, der mit Hilfe Kebles nach Newmans Übertritt zur katholischen Kirche (1845) die Bewegung in aller Stille weiterführte.

Newmans Übertritt erschütterte die anglikanische Kirche einen Moment lang in ihren Grundfesten, aber gerade dadurch, stärker vielleicht als durch die vorhergehenden Bemühungen, kam es nun zu einer echten Selbstreinigung, zu wirklicher Rückbesinnung auf den reformatorischen Auftrag wie auf das theologische Erbe und die soziale Verantwortung der Kirche. So wurde die Bewegung eben in ihrem Scheitern zum Ausgangspunkt der lebhaften Auseinandersetzung zwischen dem High-Church-Gedanken und einer liberalen Theologie, was die Stagnation der Staatskirche beendete und ihr einen Platz im gesellschaftlichen Leben zurückgewann. 1935 schrieb Dorothy Sayers über den Universitätsgottesdienst: »Hier war der große anglikanische Kompromiß ... Universität und Kirche tauschten den Kuß des Friedens und der Gerechtigkeit wie Engel auf Botticellis Bildern ... exquisit gewandet, in ernster Heiterkeit. (Aus ›Gaudy Night‹)

Ein wenig weiter straßauf erhebt sich hinter St. Mary mit drei Quadrangeln das *Brasenose College*, das aus der 1260 gegründeten Brasenose Hall hervorging. Seinen drolligen Namen hat es von einem Türklopfer in Form einer Messingnase, der noch heute in der Halle gezeigt wird. Kapelle und Bibliothek haben schöne Fächergewölbe; in einem der inneren Höfe mit grünumrankten Giebelerkern sieht man eine Sonnenuhr aus der Stuartzeit. Über dem Portal in der High Street halten ein Löwe und ein Einhorn das Collegewappen empor. *Oriel College* ist das letzte College auf der anderen Straßenseite; allerdings ist sein der High Street zugewandtes Quadrangel ein späterer, von Cecil John Rhodes finanzierter Anbau; der Haupteingang liegt in Oriel Street. ›Oriel‹ heißt Erker: Die zauberhaften Erkerfenster haben dem College anscheinend den Namen gegeben. Der kräftige alte Torturm und die Halle mit reich geschnitzter Balkendecke lohnen den Besuch dieser Gründung Adam de Bromes, des Almoseniers von König Eduard II.

Die High Street trifft auf dem *Carfax* mit den Hauptstraßen aus den anderen drei Himmelsrichtungen zusammen. ›Carfax‹ soll eine Verballhornung von Quadrivium oder Quatre Vois, Vier Wege, sein. Am Carfax steht *St. Martin's Tower*, über dessen Zinnen sich ein großer Hahn im Winde dreht. St. Martin war seit dem 10. Jahrhundert die Stadtkirche der Bürger Oxfords, in der 1605 William Davenant, Shakespeares Patenkind und vermutlicher Sohn, getauft wurde. Alles, was von der Kirche blieb, ist der Turm, vor dessen großer Uhr zwei steife kleine Gestalten, die *›Quarter Boys‹, die* Viertelstunden schlagen. Das Geläut von St. Martin rief im Mittelalter die Bürger zuhauf, wenn es mal wieder mit den Studenten Ärger gab; gleichzeitig gellten dann meist die herrlichen Glocken von St. Mary über die Stadt, um die Jünger der Alma Mater wachzurütteln. Diese ständigen Fehden – oft ganz sinnlos vom Zaun gebrochen, öfter von den Bürgern provoziert – endeten meist recht blutig.

Links vom Carfax zweigt die St. Aldate's Street mit der *St. Aldate's Church* ab; St. Aldate hat natürlich nie gelebt; der Name ist wahrscheinlich ein mißverstandenes ›Aldgate‹. Die Kirche mit einer großen normannischen Krypta und lebhaften gotischen Blattkapitellen wurde im 16. und 19. Jahrhundert umgebaut. Rechter Hand des Platzes gelangen wir zum *Cornmarket;* an der Ecke High Street und Cornmarket stand einst die Kornbörse. Heute wird sie von einem großen Komplex städtischer Verwaltungsbauten eingenommen, den die Bürger Ende des vorigen Jahrhunderts errichteten: Rathaus, Stadthalle, Bürgermeisterei, Post, Archive, Polizei.

Cornmarket ist die Haupteinkaufsstraße von Oxford und wurde in den vergangenen Jahren durch Kaufhausfassaden verschandelt; aber wenn man einen Bummel durch ihre winkligen Nebengassen macht, kann man erraten, welchen Reiz sie noch Mitte unseres Jahrhunderts besaß. An ihrem nördlichen Ende wacht St. Michael, ein schmuckloser, eckiger Turm aus angelsächsischer Zeit.

Der Cornmarket verbreitert sich platzartig, wo er in die St. Giles's Street übergeht. Dort wurden unter Maria der Blutigen die ersten anglikanischen Bischöfe verbrannt: Thomas Cranmer, Nicholas Ridley und Hugh Latimer. An ihren Opfertod 1555 erinnert das neugotische *Martyrs' Memorial;* es ist alten Stadtkreuzen nachempfunden. An schönen Tagen hocken auf seinen Stufen oft mitten im dichtesten Verkehrsgewühl Oxfords Studenten und Touristen, um ein bißchen zu verschnaufen oder ihr Brot mit den Tauben zu teilen. Eine kleine Kirche, St. Mary Magdalen, am Rande des Platzes wird von alten Bäumen fast erdrückt; von ihr aus führte eine Tür zu dem Gefängnis der Bischöfe. Leider wurde sie zu oft restauriert, um schön zu sein, hat aber einige gute Farbfenster. In St. Giles's Street liegt rechts inmitten herrlicher, 1612 angelegter Gärten, das *St. John's College*. Johannes der Täufer ist der Heilige der Schneider, und Vorsitzender der Schneiderzunft war sein Gründer, Sir Thomas White, mehrfacher Bürgermeister von London im 16. Jahrhundert.

St. Giles's Street gabelt sich am Nordende in Banbury Road und Woodstock Street; linker Hand liegt dort *Somerville College*, das erste Frauen-College in Oxford, das es zumindest in seinen Ausmaßen mit denen der männlichen Kommilitonen aufnehmen kann. Es wurde 1879 gegründet und nach der fünf Jahre zuvor verstorbenen Mathematikerin Mary Somerville benannt, deren Familienwappen es übernahm. An ihm vorbei gelangen wir durch die Little Clarendon Street in die Walton Street, wo die *University Press* (Clarendon Press) seit dem vorigen Jahrhundert ihren Sitz hat. Unter den Tudors wurde verfügt, daß außer in London nur in den Universitätsstädten Drucker ansässig werden dürften; dieses Monopol blieb ihnen lange erhalten, und noch heute sind die Universitätsverlage von Cambridge und Oxford Unternehmen von Weltgeltung.

Zur anderen Seite, in Richtung auf die Altstadt, fällt die Walton Street steil bergab und heißt dort Worcester Street nach einem der größten Colleges. Einst lag hier die mittelalterliche Gloucester Hall, die aber verfiel und Anfang des 18. Jahrhunderts von einem Edelmann aus Worcester durch ein neues College für Studenten aus seiner Heimatgrafschaft ersetzt wurde. *Worcester College* ist ein reiner Barockbau mit den schönsten Gärten der Stadt. Auf ihren künstlichen Seen schwimmen zwischen Seerosen schwarze Moorhühner und alle möglichen Entenarten herum; über die samtigen Rasen und Terrassen mit farbenschimmernden Beeten breiten ungeheure Roßkastanien ihr breites Gezweige.

Wenn wir uns aus diesem grünen Dämmer gelöst haben, wollen wir einen Blick auf das *Nuffield College* gegenüber dem einstigen Burgberg werfen; sein moderner schlanker Turm weist uns den Weg. Das College wurde von dem Autopionier und Konzernherrn William Morris, späteren Lord Nuffield, gegründet, der sich der Stadt gegenüber oft als großzügiger Mäzen erwies. Er hat auch als reicher Mann nicht vergessen, daß ihm Armut verwehrt hatte, Medizin zu studieren. Die College-Anlage wirkt heiter-urban; sie folgt den alten Mustern der Quadrangelhöfe, doch in ihren gelben Kalksteinbauten verbinden sich traditionelle und moderne Formen unaufdringlich. Es ist sehr englisch, daß der Stifter hinter seiner Stiftung zurücktrat, und daß sich Nuffield zur Hochburg der studentischen Linken Oxfords entwickeln konnte.

Durch die Beaumont Street mit dem *Playhouse*, Oxfords renommierter Schauspielbühne, aus der viele große Stars hervorgegangen sind, und dem *New Ashmolean Museum* gelangen wir zurück zum Martyrs' Memorial. Elias Ashmole war Herold von Windsor, aber auch ein berühmter Sammler des 17. Jahrhunderts. Er erwarb unter anderem die naturwissenschaftlichen und geographisch-völkerkundlichen ›Raritätenkabinette‹ der Gartenbauer und Weltreisenden John Tradescant Vater und Sohn. Ashmole bot seiner alten Universität seine Schätze an unter der Bedingung, daß man für sie ein eigenes Gebäude errichten und sie der Öffentlichkeit zugänglich machen würde. Oxford nahm an, und 1675 öffneten sich in Broad Street neben der Old Bodleian Library die Tore des ersten Museums Englands und eines der frühesten öffentlichen Museen Europas. Später wurden auch andere Schätze der Universität, so die von Bodley zusammengetragenen Antiken, die 1654 von John Selden geschenkten Marmorskulpturen und die 1667 Oxford überlassenen, uns bereits wohlbekannten ›Arundel Marbles‹ hierher verbracht. Ende des 18. Jahrhunderts schon wurde der Bau zu klein, aber gleich fanden sich neue Stifter, die den majestätischen Neubau in Beaumont Street nach Entwürfen von Charles Robert Cockerell ermöglichten, der 1845 vollendet wurde. Er barg damals hinter seinem ionischen Kolossalportikus außer den Kunstgalerien auch eine Bibliothek, einen Lesesaal und ein Labor. Wieder wuchsen die Sammlungen aufgrund üppiger Schenkungen rascher als das Museum, und so wurden nach und nach alle Objekte, die weder künstlerischer noch archäologischer Natur waren, in Zweigmuseen wieder ausgegliedert. Was blieb, ist atemberaubend genug: Tausende von ägyptischen Siegeln und Skarabäen, griechische Vasen aller Perioden, unschätzbare Antiken, Handzeichnungen englischer, italienischer, französischer und deutscher Meister höchsten Ranges, frühe Italiener wie Paolo Uccello, Niederländer und Flamen des 17. Jahrhunderts, Engländer seit dem 18. Jahrhundert. Der Fremde wird wohl Samuel Palmers lichtüberflutete Pastoralen entdecken oder die giftig-witzigen Karikaturen Max Beerbohms goutieren, in denen sich Oxfords intellektuelle Welt der eduardianischen Epoche spiegelt. Auch die ausgesucht kostbaren Ostasiatika und eine kleine, aber ebenfalls erlesene Sammlung alter Musikinstrumente seien noch erwähnt.

Wir überqueren St. Giles's Street und biegen links in die sehr breite, festliche Broad Street ein, die mit ihren Prunkbauten das Herz Oxfords und mit ihren Bibliotheken und Buchhandlungen ein Mekka aller Büchernarren ist.

Zur Linken liegen eingangs der Straße zwei sehr große vornehme Colleges, *Balliol* und *Trinity*. Der Edelmann John de Balliol hatte gegen kirchliche Gesetze verstoßen und errichtete 1266 zur Buße ein College, das von ihm und seiner Frau Dervorguilla zusätzlich mit reichlichen Geldmitteln ausgestattet wurde; die Wappen der beiden Gründer, Eltern König Balliols von Schottland, sind in dem des College vereinigt. An mittelalterlichen Gebäuden hat sich noch die Bibliothek erhalten; die Quadrangel ziehen sich weit die St. Gile's Street hinab. Das Trinity College wurde von einem Schatzmeister der Tudors, Sir Thomas Pope, gestiftet; es ersetzte das ältere Durham College, dessen Bauten Pope erwarb und in den Neubau einbeziehen ließ. In der schönen Kapelle aus dem 17. Jahrhundert findet man noch einen gotischen Altaraufsatz; die Bibliothek ist stolz auf ihre schimmernden Farbfenster. Die Gärten hinter hohen barocken Schmiedegittern sind im Sommer erfüllt vom Duft ihrer vor rund dreihundert Jahren gepflanzten Linden.

Gegenüber liegt Ecke Turl Street das Exeter und in Turl Street auf der anderen Straßenseite das malerische *Jesus College*, an dessen getäfelter Halle von 1617 mit ihren großen Erkerfenstern sich außen unter geschwungenen Ziergiebeln eine wundervolle alte Wisteria hochrankt. Das College wurde als erstes Institut der Reformation 1571 von Königin Elisabeth I. auf Ersuchen von Dr. John Price, dem Sohn eines Schlachters, der in Oxford die Rechte studiert hatte, für Studenten aus Wales gegründet. *Exeter College* ist eine Stiftung von Walter de Stapledon, Bischof von Exeter, aus dem Jahr 1314 und hieß anfänglich Stapledon Hall. Es hat ebenfalls eine Halle aus dem frühen 17. Jahrhundert, aber der größte Teil seiner Bauten ist viktorianisch. Die Kapelle gilt als ein Hauptwerk von George Gilbert Scott und ist ausgestattet mit Mosaiken und Glasfenstern sowie einem Wandbehang mit einer Darstellung der Anbetung der Könige, die von William Morris, dem Wiederbeleber des Kunsthandwerks, nach Entwürfen von Edward Burne-Jones gefertigt wurden.

Dahinter liegt, ebenfalls in Turl Street, das 1427 entstandene *Lincoln College*, das einst die Aufgabe hatte, die reformatorischen Ideen des John Wiclif zu bekämpfen, und – Ironie der Geschichte – später zum Ausgangspunkt der Methodistenbewegung von Charles und John Wesley wurde. John Wesley hielt seine frühen Predigten von der Kanzel der zederngetäfelten Kapelle; seine Räume im vorderen Quadrangel wurden Anfang unseres Jahrhunderts mit Hilfe amerikanischer Methodisten wiederhergestellt.

Wir schlendern zurück in die Broad Street; dort finden wir am östlichen Ende eine große Gruppe von Universitätsbauten: rechts das Old Ashmolean Museum, davor das Sheldonian Theatre, das Clarendon Building und dahinter die Old Bodleian Library und die Old Schools sowie den Kuppelbau der Radcliffe Camera, auf der linken Straßenseite, gegenüber dem Sheldonian, die New Bodleian.

Im *Old Ashmolean*, dessen Geschichte wir schon kennen, ist jetzt das Museum für Wissenschaftsgeschichte mit kostbaren Sonnenuhren, Meßgeräten, Mikroskopen, Armillarsphären und Astrolabien untergebracht; es gründet auf Sammlungen, die Dr. Lewis Evans 1925 der Universität überließ, und wurde mit Hilfe der Goldschmiedezunft eingerichtet. Sein Bau wird Christopher Wren zugeschrieben, der auf Wunsch von Erzbischof Sheldon, einem späteren Kanzler der Universität, auch das benachbarte, 1669 vollendete Festhaus, das *Sheldonian Theatre*, entwarf. Wren war zu jener Zeit Professor für Astronomie an der Universität, Sheldon Vorsteher von All Souls College. Die von Sheldon anfänglich zur Verfügung gestellten tausend Pfund waren schnell aufgezehrt: Der anspruchsvolle Bau mit halbkreisförmig vorschwingender Fassade und überkuppelter Laterne verschlang insgesamt fünfundzwanzigtausend Pfund, vor allem durch die Pracht seiner Inneneinrichtung! Die zwölf Steinbüsten auf seiner Hofmauer sollen die zwölf Caesaren, nach anderen Quellen die Weisen der Antike darstellen; sie sind seit dreihundert Jahren ein unerschöpflicher Quell für Studentenstreiche. Im Sheldonian finden die großen offiziellen Festakte der Universität statt, wie die Einsetzung des Kanzlers, an der Fellows und Professoren in vollem Ornat teilnehmen.

Der kraftvolle Bau neben dem Sheldonian, das *Clarendon Building*, wurde von Wrens Schüler Nicholas Hawksmoor und Sir John Vanbrugh als erster Sitz der Clarendon Press (Oxford University Press) errichtet. Edward Hyde, 1. Graf von Clarendon, war ein berühmter Jurist des 17. Jahrhunderts, der 1642 die Verteidigung des

Königs übernahm und ihm im Bürgerkrieg nach Oxford folgte. Nach der Restauration der Stuarts wurde Hyde Kanzler der Universität und stellte die Einkünfte aus seinem Lebenswerk, einer Geschichte der puritanischen Revolution, für die Gründung der Clarendon Press zur Verfügung. Bis zum Umzug in die Walton Street 1830 blieb der Verlag im Clarendon Building, das jetzt die Verwaltung der Universität beherbergt.

Dahinter sieht man die Riesenkuppel der *Radcliffe Camera*, ein Werk von James Gibbs (1682-1754), einzigartig für die englische Baugeschichte, weil es, wie Pevsner bemerkt, den Einfluß des italienischen Manierismus zeigt. Der Rundbau wurde von dem Gelehrten John Radcliffe, einem der großen Mäzene Oxfords, in Auftrag gegeben, um eine physikalische Bibliothek und ein Observatorium aufzunehmen; seit 1860 ist der Lesesaal der Bodleian hier untergebracht.

Die Anfänge der Bestände der *Bodleian Library* liegen im 14. Jahrhundert. Zu jener Zeit wurden die Bücher der Universität im Old Congregation House, der Krypta von St. Mary the Virgin, aufbewahrt. Im 15. Jahrhundert kamen sie in die *Divinity School* mit ihren herrlichen Fächergewölben, einer Gründung von Thomas Kemp, dem Bischof von London, und Humphrey, Herzog von Gloucester, dem Bruder König Heinrichs V. Erweitert wurde diese Sammlung damals um die Duke Humphrey's Library. Aber ihre Bedeutung erlangte sie erst durch Sir Thomas Bodley, einen Gelehrten, der viele Jahre als Gesandter Elisabeths I. in Den Haag gelebt hatte. Er widmete alle Kraft seines Lebensabends dem Um- und Ausbau der Bibliothek und vermachte ihr seine eigenen immensen Sammlungen an Büchern und Antiken, so daß sie zu Recht seinen Namen trägt.

Schon seit 1610 verpflichtete dann ein Gesetz alle englischen Verlage, je eines oder mehrere Exemplare jedes in England gedruckten Schriftwerks kostenlos in der Bodleian zu hinterlegen. Schenkungen ließen die Nationalbibliothek (deren jüngere Schwester die Bibliothek des Britischen Museums in London ist) rasch wachsen: Zu den Spendern gehörten im 17. Jahrhundert unter anderen Bischof Laud und sein Gegenspieler Oliver Cromwell, der Philosoph Robert Burton und der Sammler John Selden, der ihr alle seine Bücher hinterließ, und im 18. Jahrhundert Thomas Rawlinson, der ihr seine einzigartige Handschriftensammlung vermachte. Ihn nannte der Dichter Addison in Abwandlung des englischen ›Tom Fool‹, Hans Narr, gerne ›Tom Folio‹.

Der großzügige Neubau des *New Bodleian*, Ecke Broad Street und Park Road, stammt von 1940; man kann jetzt im Old Bodleian ihre Schätze wie bibliophile Kostbarkeiten, abend- und morgenländische Handschriften, prunkvolle Lederbände, Erstausgaben und Manuskripte großer Dichtungen in Wechselausstellungen bewundern. Die Bestände der Bibliothek umfassen vier Millionen gedruckte Bücher und vierzigtausend Handschriften.

In der Catte Street gegenüber dem Clarendon Building hatten im 12. Jahrhundert die Schreiber, Pergamentmacher, Buchbinder und Miniaturenmaler ihre Werkstätten. Um 1283 kaufte ein Edelmann, Elias de Hertford, dort eine Reihe von Grundstücken und errichtete Hertford Hall, das 1740 in *Hertford College* umbenannt wurde. Um die Wende zum 20. Jahrhundert wurde es um einen ›gotischen‹ Neubau erweitert, der mit den alten Gebäuden durch eine an venezianische Vorbilder gemahnende, überdachte Straßenbrücke verbunden ist, die dem Komplex ein malerisches Aussehen verleiht. Unter ihr hindurch gelangt man zu den hinteren Quadrangeln des *New College*, einer Stiftung William of Wykehams von 1379, Winchesters großem Bischof. Es ist das einzige fast unverändert gebliebene College aus gotischer Zeit mit einem herrlichen Kreuzgang, über dessen Rasen eine köstliche Gruppe breitästiger Bäume blaugrüne Schatten wirft. Sein klotziger Glockenturm steht an der Stelle eines noch älteren, der zur normannischen Stadtbefestigung gehörte. Durch die alten Farbfenster der gotischen Kapelle fällt buntes Licht auf die mittelalterlichen Messinggrabplatten und Epsteins ›Lazarus‹, eines der großartigsten Werke englischer Bildhauerkunst dieses Jahrhunderts. Der Gartenhof mit seiner prachtvollen Kastanienallee wird von den Resten der einstigen Stadtmauern eingefaßt, deren Pflege das College übernommen hat.

Durch die Queen's Lane kommen wir an *St. Peter's in the East* vorbei, einer normannischen Kirche mit angelsächsischer Krypta und einem gotischen Turm aus dem 13. Jahrhundert sowie an den pittoresken Bauten von *St. Edmund Hall;* es ist die letzte Hall ohne Collegestatus in Oxford. Sie wurde zu Ehren des heiligen Edmund von Canterbury gegründet, der hier im frühen 13. Jahrhundert eine Zeitlang gelebt hat. Blumenkästen unter den enggereihten schmalen Rundbogenfenstern, rankendes Grün, das die Portale und das unregelmäßige Mauerwerk überwuchert, ein alter Brunnen auf dem Rasen des Quadrangels und die Sonnenuhr unter einem steilen Ziegeldach geben St. Edmund Hall einen stillen Zauber.

Am Ende von Queen's Lane überqueren wir wieder die High Street und biegen am University College, das wir schon kennen, ab in die Merton Street. Den schönsten Blick auf *Merton College* gewinnt man allerdings erst von den dahinter gelegenen Sportplätzen, dem Merton Field: Die schmalgegiebelten Häuser werden rhythmisiert durch die hohen, schlanken, eng gereihten Schlote der Kamine, beherrscht von einem wuchtigen Kapellenturm (1450) mit hochragenden Fialen an allen vier Ecken. Das College, eines der ältesten, wurde 1264 von Heinrichs III. Lordkanzler Walter de Merton gegründet; die Kapelle mit dem schönen Chor und phantasievollen Maßwerkfenstern entstand um 1300 und das Torhaus mit seinen turmartigen Eckstreben in der Mitte des 15. Jahrhunderts. Karl I. richtete dort während des Bürgerkrieges zeitweilig seine Residenz ein, was ihm ein halbes Jahrhundert später während der Großen Pest sein Sohn, Karl II., nachmachte. Das Parlament tagte zu jener Schreckenszeit in der Divinity School, die zu diesem Zweck, nach Beschädigungen während des Bürgerkrieges, restauriert worden war.

Gegenüber von Merton liegt Oxfords kleinstes College, *Corpus Christi*. Es wurde 1516 von dem Bischof von Winchester und Lordsiegelbewahrer Richard Fox gegründet. In seinen Bauten drückt sich schon der kühlere Geist der Renaissance aus. Das Altargemälde in der Kapelle zeigt eine Anbetung der Könige von Rubens; seine Hauptattraktion ist jedoch die zylindrische Sonnenuhr mit einem immerwährenden Kalender im Hof, die von einem Pelikan, dem Emblem des College, auf einer steinernen Armillarsphäre bewacht wird.

Hinter seinen Mauern ragen großartig die Türme von *Christ Church* auf: der Spitzturm der Kathedrale, der polygonale, überkuppelte Tom Tower, der knorrig-kantige Hauptturm. Christ Church ist Oxfords reichstes College. Dreizehn Premierminister sind allein aus ihm hervorgegangen. Seine Kapelle mit dem belebten Fächergewölbe ist zugleich Oxfords Kathedrale – eine wohl einmalige Regelung. Gegründet wurde das College von Kardinal Wolsey, der seiner alten Universität eine Stätte für die neue humanistische Lehre schenken wollte. Der Grundstein wurde 1528 gelegt; aus der ersten Bauperiode stammen außer dem quadratischen Hauptturm die Halle, das hundert Quadratmeter große Quadrangel, ›Tom Quad‹ genannt, und die riesige Küche mit fahrbarem Bratgrill. 1539 machte Heinrich VIII. Oxford zum Bischofssitz, ließ die Kapelle von Wolseys College zur Kathedrale ausbauen und gab der ganzen

Gründung, die er mit reichlichen Mitteln neu ausstattete, den Namen Christ Church College. In ›Tom Tower‹, dem achteckigen Torturm, den Sir Christopher Wren 1682 vollendete, vereinigen sich in genialer Weise gotische und barocke Elemente; er erhielt seinen Namen nach dem großen ›Tom‹, einer der mächtigsten Glocken Englands, die jeden Abend mit hundertundeinem Schlag an die Zahl der Studenten erinnert, die bei der Gründung vom College aufgenommen wurden. Hinter dem College erstrecken sich bis hinab zu den Ufern von Isis und Cherwell die Christ Church Meadows.

Hier wollen wir, mit dem Blick auf die Flüsse und den Botanischen Garten, aus dem wohl gerade süßer Rosenduft aufsteigen mag, unseren Rundgang abschließen. Vieles mußte ungesagt bleiben – vieles noch wird der Reisende in den winkligen Gassen und breiten alten Straßen selbst zu entdecken haben. Zudem ändert Oxford sein Gesicht fortwährend; es ist eine sehr lebendige, bewegliche Stadt, stolz auf seine Tradition, aber auch offen für Gegenwart und Zukunft. Schönste Errungenschaft des Jahres 1976: Die ganze Innenstadt wurde nach jahrzehntelangem Kampf jetzt endlich zur reinen Fußgängerzone erklärt!

Wie leben die Studenten in Oxford? Heute nicht erheblich anders als die in Heidelberg oder Freiburg, und wenn die neuen Pläne für die deutsche Hochschulreform einmal Wirklichkeit werden, dann verwischen sich die Unterschiede noch mehr, denn diese gehen weitgehend auf das angelsächsische Modell zurück. Sicher ist Oxford auch heute noch eine Elite-Universität, aber es ist nicht mehr eine Adels- oder Geldelite, die sich hier zusammenfindet, sondern aufgrund der größeren Auswahlmöglichkeiten der Colleges eine Geisteselite, angezogen von dem Zauber dieser Stadt, und das betrifft die Lehrenden genauso wie die Lernenden. Zum Glück hat sich aber auch in unserer schnellebigen Zeit ein Rest jenes gelösten Freizeittreibens erhalten, das einst einen Hauptreiz der Traditionsuniversitäten ausmachte.

Als ein Amerikaner einmal von einem Professor durch Oxford geführt wurde, sah er überall Studentengruppen beim Rudern und Tennis, beim Kricket und Rasenschach, beim Einkaufsbummel, beim Füttern der Hirsche und Enten oder beim Debattieren in Clubs und Restaurants. Endlich erkundigte er sich gereizt: »Ja, wird denn in Oxford überhaupt nicht gearbeitet?« Kühl fragte der Professor zurück: »Wie lange arbeiten denn die Leute in Ihrer Fabrik?« »Oh, wir haben natürlich die Vierzigstundenwoche!« sagte der Amerikaner stolz. »Sehen Sie, und meine Studenten hier im College haben einen Vierundzwanzigstundentag!« Der Gast begriff und schwieg.

Die Gestaltung dieses Studententages änderte sich wieder und wieder im Lauf der Geschichte. Die ersten Colleges waren noch rein theologische Unterrichtsstätten, in denen Studenten und Lehrer ein frugales Mönchsleben führten und bei Sonnenuntergang zu Bett gehen mußten, weil Kerzen zu teuer waren. Einzige ›Unterhaltung‹ mögen dann und wann die Kämpfe mit den Bürgern geboten haben. Mehr Glanz bekam die Universität erst im ausgehenden Mittelalter und zur Zeit der Reformation, als sie zur Erziehungsstätte des Adels wie des Bürgertums avancierte. Die jungen Männer, die nicht mehr nur Priester werden mußten, sondern Ämter am Tudorhof bekleiden oder sich als Ärzte, Schriftsteller und Gelehrte beweisen wollten, kamen aus allen Schichten der Bevölkerung: Königliche Prinzen lernten hier neben ehrgeizigen Stipendiaten aus den Londoner Armenvierteln; das ergab fruchtbare soziale Spannungen und Anstöße und erweiterte die Interessenskala ungemein; zu den wissenschaftlichen Tutorials traten auch noch ritterliche Übungen, Theaterspiel, Musik und Tanz; das Leben wurde heiterer und ereignisreicher. Die Reformation und der Bürgerkrieg erschütterten auch die Universität und empfingen zugleich von ihr die gedanklichen Impulse. Das Ideal des Universitätsgelehrten nach dem Bürgerkrieg war dann der ›Wit‹: geistreiche Unterhaltung, brillante Formulierung, Eleganz der Umgangsformen, aber auch Trinkfestigkeit wurden von ihm erwartet. Die Reaktion darauf findet man im Studenten der Romantik: Er ist wie Byron sportlich, exzentrisch und empfindsam, oder wie Shelley und Disraeli politisch betont liberal und voller Skepsis gegenüber bürgerlichen Moralbegriffen. Der Sport trat dann im Lauf des 19. und zu Beginn des 20. Jahrhunderts immer mehr in den Vordergrund: Gute Leistungen auf dem Wasser oder bei den Ballspielen konnten für die Aufnahme in ein College entscheidend werden, wenn man dort gerade einen guten Ruderer für den Achter oder erstklassigen Kricket- oder Fußballspieler brauchte. Es waren der Sport und die gesellschaftlichen Vergnügen, die damals ein Studium in Oxford so teuer machten, und das Gewicht, das man in der Gründerzeit dem gesellschaftlichen Status beimaß.

In den Weltkriegen wandelte sich diese Einstellung von Grund auf. Das bisherige soziale System brach zusammen; der immer stärker industrialisierte und verwaltete Staat brauchte immer mehr wissenschaftlich ausgebildete Menschen, für die die Traditionsuniversitäten allein nicht mehr ausreichten. Die Frauen drängten nach Hochschulbildung und änderten durch ihren Einfluß das gesellschaftliche Leben an der Universität sicher ebenso stark wie der vermehrte Leistungsdruck in allen Disziplinen. Der Sport erhielt seinen Amateurcharakter zurück; die Universitäten hatten nicht mehr die Zeit oder die Mittel, Nationalspieler auszubilden. Sicher ist es auch heute noch ein Erfolgserlebnis, zu den Oxford oder Cambridge Blues zu gehören, den Mannschaften der Universitäten, die in blauen Trikots die große Themseregatta austragen – aber es ist nicht mehr entscheidend. Es macht Spaß, an den Vorbereitungsrennen der Achter teilzunehmen oder sie zumindest in den Prunkbarken der Universität an der Isis zu verfolgen – aber es ist kein Makel, wenn man sich mehr für andere Dinge interessiert: Sei es das Studium selbst, seien es die Debatten in der Oxford Union, wo sich viele große Politiker ihre ersten Sporen als Redner bei den wöchentlichen Diskussionen verdient haben, oder die Mitarbeit an einer der vielen Zeitungen und Zeitschriften der Universitäten. Zum Oxforder Sommer gehören die Aufführungen der dramatischen Gesellschaften der beiden Universitäten in den College-Quadrangeln: hervorragende Liebhaberinszenierungen vor der romantischen Kulisse gotischer Kreuzgänge oder barocker Rasenterrassen. Viele der bedeutendsten Dramatiker und Regisseure, Schauspieler und Dramaturgen Englands kommen nicht von den professionellen Bühnen und Theaterschulen, sondern von den Universitäten, etwa Trevor Nunn, der derzeitige Direktor der Royal Shakespeare Company oder Peter Hall, der künstlerische Direktor des neuen National Theatre in London.

Wenn man durch die Stadt streift, fällt auf, daß die Oxforder Studenten sehr jung sind, jünger als ihre Kommilitonen auf dem Festland. Das hat drei Gründe: Erstens können sie seit der Aufhebung der allgemeinen Wehrpflicht von der Schule direkt zur Universität überwechseln; zweitens ist das Alter der Schulabgänger niedriger; es liegt meistens bei achtzehn Jahren, bei großem Fleiß und hoher Intelligenz kann man seine Aufnahmeprüfungen für ein College aber auch schon mit sechzehn oder siebzehn ablegen. Und dann folgt an der Universität der strenge Rhythmus der ersten Semester; man erwartet, daß der Student wirklich nach drei Jahren seinen Bachelor macht oder die Zwischenprüfungen für die komplizierteren Studiengänge ablegt. Somit ist es nicht ungewöhnlich, sich zum einundzwanzigsten Geburtstag seinen Dr. phil. zu holen oder sich auf einen Master-Titel vorzubereiten. Und die meisten Studenten gehen mit dem Bachelor of Arts oder dem Dr. phil. von der Universität ab, da ihnen schon mit diesen Graden viele Türen, auch in der Industrie oder im Bankwesen, offenstehen.

Jüngere Studenten sind natürlich noch wissensdurstiger, aufgeschlossener, neugieriger und eher zu allem Unfug aufgelegt; so ist das Leben in Oxford – wie auch in Cambridge – schon deshalb heiterer, beschwingter, ohne daß die Studenten etwa mehr Zeit zum Bummeln hätten als ihre Altersgenossen in Heidelberg oder Tübingen. Und da die Universität dank der Colleges hier eben nicht an der Tür zum Vorlesungssaal aufhört, sondern die ganze Stadt mit ihrem warmen Leben durchpulst, kann auch der Fremde nicht umhin, den ganz spezifischen Geist und Charakter Oxfords auf Schritt und Tritt wahrzunehmen und sich an ihm zu erfreuen.

51

Zwischen Windrush und Evendale: Witney Blenheim Palace – Woodstock – Chipping Norton Chastleton House – Moreton-in-Marsh

Hier in Blenheim habe ich zwei folgenschwere Entscheidungen meines Lebens getroffen: Geburt und Ehe. Beide Entscheidungen habe ich nicht bereut.

Sir Winston Churchill

Von Oxford aus fahren wir in westlicher Richtung nach *Witney*, einer mittelalterlichen Stadt aus dem sanft ockerfarbenen Stein der Cotswolds, an deren Rand es liegt. Es wird überragt vom hohen frühgotischen Spitzturm seiner Kirche, umspielt von der flinken Windrush, einem klaren Nebenfluß der jungen Themse, den die Maler lieben. Viele Bauten Witneys stammen aus dem 16. oder 17. Jahrhundert, wie das arkadengeschmückte Rathaus, das prächtige Butterkreuz mit Glockentürmchen und Sonnenuhr, die 1664 von einem wohlhabenden Bürger gestiftete Lateinschule und die ›Blanket Hall‹. Blankets sind jene weichen wollenen Decken, ohne die ein englisches Bett nicht zu denken ist, und schon seit dem Mittelalter werden sie hier in der Stadt aus dem hellen Flies der Bergschafe gewebt. Wie in allen Ländern mit feuchtem, gemäßigtem Winterklima hat man auch auf den britischen Inseln wenig für Federbetten übrig, aber die dicken, möglichst weißen, kuscheligen Blankets sind der Stolz jeder guten Hausfrau. So ist es kein Wunder, daß die Deckenweber reiche Leute wurden: In der Kirche künden unter anderem die Gräber der Familie Wenham aus dem 15. Jahrhundert davon. Schon im 17. Jahrhundert gründete ein Thomas Early die erste richtige Deckenfabrik in Witney, die seitdem unverändert im Besitz seiner Familie blieb; sie wie auch die neueren Fabriken fügen sich dem Stadtbild ganz harmonisch ein, da alle aus dem gleichen Cotswoldsstein errichtet wurden wie die anderen Häuser.

Von Witney aus führt eine Landstraße nach Blenheim. Kurz vor dem Ziel biegt sie rechts zum Weiler *Bladon* ab, auf dessen altem Dorffriedhof Winston Churchill beerdigt liegt: ein nationaler Wallfahrtsort. Bald sehen wir, von einem Steinmäuerchen in seiner ganzen riesigen Ausdehnung eingefaßt, den Park von Blenheim liegen.

Blenheim Palace war das Geschenk der Nation an den Sieger der Schlacht von Blenheim, die wir die Schlacht von Höchstädt nennen, John Churchill, 1. Duke of Marlborough, Sir Winstons berühmten Vorfahren. Winston Churchill wurde in Blenheim geboren, in einer kleinen unscheinbaren Kammer im Erdgeschoß, in die man seine Mutter gebettet hatte, nachdem sie bei einem Ausritt von den Wehen überrascht wurde. Churchills Vater, ein jüngerer Sohn des 8. Herzogs, hatte seine Frau bald nach der Hochzeit nach Blenheim gebracht, um ihr, der Amerikanerin, »die schönste Aussicht in England« zu zeigen.

Über dem Parktor verkündet eine Inschrift die Geschichte der Entstehung des Schlosses:

»Unter der Schirmherrschaft einer großmüthigen und freigebigen Monarchin wurde dieses Haus für John, Herzog von Marlborough, und seine Herzogin Sarah erbaut von Sir J. Vanbrugh. Der Bau entstand in den Jahren 1705-1722. Dieser kgl. Besitz in Woodstock sowie 240 000 Pfund für den Bau sind ein Geschenk Ihrer Majestät, der Königin Anna, bestätigt durch Beschluß des Parlaments.«

Anna – wir sind ihr schon des öfteren begegnet – war nach dem Tode ihres Schwagers Wilhelm III. Königin geworden. Sie hatte sich schon als junges Mädchen mit Sarah Jennings, der späteren Frau John Churchills, befreundet. War Anna hausbacken, redlich, beliebt, so glänzte Sarah durch lebhaften Geist und blendende Schönheit, stieß aber ab durch ihre Herrschsucht und Intriganz. Sarah hielt lange Zeit Englands Staatszügel recht unverhüllt in ihren energischen Händen, in denen sowohl ihr Gemahl wie auch ihre

Monarchin Wachs waren. Als Anna den Freunden das großartige Geschenk machte, war das eine erwünschte Bestätigung der hochfahrenden Wünsche Sarahs. Kein Entwurf war ihr kühn genug, nicht einmal der Christopher Wrens: nur der Riesenplan Vanbrughs entsprach ihrer eigenen Phantasie. Vanbrugh war kein Baumeister, er war ein genialer Architekt aus Leidenschaft, wie er Dramatiker, Soldat, Abenteurer aus Leidenschaft war. Er hatte nie etwas richtig gelernt, aber er konnte alles; er lebte sein wildes buntes Leben voller Rückschritte und Bitterkeiten, aber auch voll des höchsten Ruhmes wie in einem Rausch. Mit Blenheim wollte er sein Schaffen krönen. Zum ersten Mal konnte er frei von finanziellen oder sonstigen kleinlichen Erwägungen bauen: Das goldene Schloß, das er für den Herzog auftürmte, sollte ja kein gewöhnliches Haus werden, sondern ein Siegesmonument, der steingewordene Dank einer stolzen Nation an ihren Helden. Unerschöpflich strömten ihm die Ideen zu. Das umliegende Sumpfland wollte er in einen großen See verwandeln und darüber die schönste Brücke Europas schlagen. Alles, was in Blenheim entstand, sollte sich an Pracht und Größe mit Versailles und den gewaltigsten Palästen Europas messen können. Herb, streng, feierlich war sein Stil, aber dennoch lugte ihm ständig, wie der Architekturhistoriker John Summerson es formulierte, »der Kobold des Phantastischen über die Schulter und mahnte ihn an alte Bogen, unheimliche Kerker und elisabethanische Schlösser ...« Als Rivale des großen Wren hätte Vanbrugh trotz seiner Genialität wohl dennoch Schiffbruch erlitten, wäre ihm nicht von einem freundlichen Geschick ein Mitarbeiter und Gefährte von Format zur Seite gestellt worden: Nicholas Hawksmoor, ein Baumeister, der sein Handwerk bei Wren erlernt hatte.

Mit Hawksmoor arbeitete Vanbrugh auch an dem monomanischen Bau von Blenheim zusammen, und es war Hawksmoor, der das Schloß nach der Entlassung Vanbrughs schließlich in dessen Sinn vollendete. Vanbrugh hatte über seinen Träumen Maß und Ziel so gründlich vergessen, daß die Herzogin sich außerstande sah, die Handwerkerheere, die er angestellt hatte, weiterhin zu bezahlen. Vanbrugh verlor nach eigenen Bekundungen ein Vermögen an Blenheim und wünschte der Herzogin den Strick um den Hals. Bald darauf riß ihn der Sturz des Herzogs, von dessen teueren Siegen Volk und Königin gleichermaßen genug hatten, und seiner korrupten Whig-Regierung vollends mit hinab, erst unter Georg I. wurde er rehabilitiert. Marlborough war weder der erste noch der letzte

Staatsmann Englands, dessen Kriege ein vernunftbegabtes Parlament sich zu bezahlen weigerte; noch sein Nachfahre Winston Churchill mußte sich mit diesem Phänomen auseinandersetzen, und auch Eden ist darüber gestürzt, wie man sich erinnern wird. Churchill hat seinem Ahnherrn Marlborough übrigens in einer vierbändigen Biographie ein zumindest ebenso großartiges Denkmal gesetzt, wie es das gelbe Schloß in seinem unendlich wirkenden Park ist.

Über Marlboroughs militärische Leistung bei Höchstädt zu sprechen, würde nicht nur den Rahmen dieses Buches sprengen. Selbst in der dicken wissenschaftlichen Monographie von Rowse steht der kleinlaute Satz »Es (Höchstädt) war auch eine höchst komplizierte Schlacht, die hier unmöglich beschrieben werden kann: nur ein genialer Soldat könnte alle die Operationen in seinem Kopf behalten – wofür der beste Beweis ist, daß es Marlborough gelang«. Aber schon die Tatsache, daß es Marlborough fertig brachte, seine englischen Truppen von Holland quer durch das Reich an die Donau zu führen, ohne einmal mit den schlachtlüsternen französischen und bayerischen Truppen in Berührung zu kommen, ehe er seine Verbände mit denen des Prinzen Eugen vereinigen und gemeinsam mit ihm überraschend losschlagen konnte, zeugt von seinem überragenden Feldherrngeschick. Nach den Worten Winston Churchills enthalten die Annalen der britischen Armee keine heroischere Episode als diesen Marsch von der Nordsee bis zur Donau. Der englische Dichter Robert Southey machte sich allerdings seine eigenen Gedanken in einer seiner vielzitierten Balladen ›After Blenheim‹:

Und jeder pries den Herzog groß
der solchen Sieg errang.
›Doch wem hat er denn was genützt?‹
Aus Peters Mund es klang.
›Das weiß ich nicht‹, Großvater sagt
›Doch's war ein großer Siegestag!‹

Wie sieht Blenheim heute aus? Die gewaltige Baumasse aus gelbem Oolith, die sich über den Gärten erhebt, ist dreiflügelig um einen länglichen Hof angeordnet. Der Mitteltrakt beherbergt den großen Saal, den Salon und zur Gartenseite hin die Staatsgemächer. Rechts des großen Hofes liegt der Verwaltungstrakt mit den Stallungen, um einen inneren Wagenhof herum gebaut; symmetrisch dazu umschließen an der linken Seite die Wirtschaftsgebäude einen Küchenhof.

»Der Mittelblock mit seinem korinthischen Portikus übertönt als gesonderte Einheit die untergeordnete Dorik der anschließenden Kolonnaden, die zu den Eckpavillons herumschwingen, welche wiederum eigenständige Blöcke sind. Sie saugen die Kolonnaden auf, die sich dann in geradem Lauf wieder von ihnen lösen, bis sie auf die erhöhten Torblöcke des Küchen- und Stallungshofes treffen, wo das Thema noch einmal wechselt. Das ganze Schauspiel ist auf diese Weise wunderbar durchflochten mit dem sich fortpflanzenden dorischen Element; den Höhepunkt des Dramas aber bildet der Portikus, obwohl der feierliche Ernst, zu dem er sich aufschwingt, durch die beiden schwereren Pavillons beeinträchtigt wird. Das gleicht jedoch seine Höhe aus, denn über seinem Giebelfeld erhebt sich ein zweiter, theatralisch gebrochener und leicht zurückgesetzter Giebel. Die Silhouette zeigt die sowohl bei Vanbrugh wie bei Hawksmoor beliebten Dachgeschoßarkaden ... In Blenheim erreicht das englische Barock seinen Zenit ... (John Summerson)

Blenheims Staatsgemächer sind mit herrlichen barocken Gobelins ausgeschlagen, die Lady Sarah überall in Europa kaufen ließ. Die meisten der zum Teil marmornen, zum Teil geschnitzten Türfassungen hat Grinling Gibbons geschaffen, ein Mitarbeiter Wrens beim Bau von St. Paul in London. In der langen, lichtdurchfluteten Bibliothek mit zartfarbigem Stuck erinnert eine feine Marmorstatue von Michael Rysbrack an die königliche Geberin, Queen Anne. Einige der Porträts stammen von Gottfried Kneller; das Deckenfresko hat Sir James Thornhill 1716 gemalt: es stellt die Schlacht von Blenheim dar. Die vierzig Fenster der Bibliothek geben den Blick auf den Park frei. Der große Festsaal wurde mit illusionistischen Fresken geschmückt, die die damals bekannten vier Erdteile allegorisch darstellen. Das Grab des Herzogs und Sarah Churchills liegt in der Krypta unter der Kapelle.

Im Gegensatz zu Versailles ist Blenheim trotz seiner Riesenmaße nicht nur ein Schloß zum Repräsentieren, sondern auch zum Wohnen geworden, ein Palast mit angenehmen, dem Menschen angepaßten Räumen, in denen man sich nicht verloren fühlen muß. Dazu trägt auch der 1764 von Capability Brown umgestaltete Park bei; mit seiner Frische und Gepflegtheit, seinen immergrünen Rasen, seinen gewaltigen Eichenbeständen, seinem weiten See triumphiert er spielend über Versailles, wie einst der Herzog über Louis Quatorze – mögen auch die Wassergärten am Schloß und die versenkten italienischen Gärten mit ihren Statuen an Grazie und Geschmack hinter den französischen zurückstehen: die Pracht der Bepflanzung, die Üppigkeit des Blühens gleicht auch das aus.

Durch Blenheims großes Parktor treten wir hinaus und gehen die breite Straße entlang ins Dorf *Woodstock*. Das ist ein träumender Ort, dem man die vornehme Nachbarschaft ansieht. Sie drückt sich in seinen den alten Markt säumenden, gepflegten altenglischen Hotels aus, den vielen Antiquitätenläden und der eleganten Handschuhmacherwerkstatt, die seit den Tagen Elisabeths I. besteht und noch immer die berühmten ›Woodstock Gloves‹ fertigt.

Auch die Nähe der Cotswolds spürt man schon in den steil ansteigenden Straßen mit ihren alten, schönverwitterten gelben Kalksteinhäusern. Woodstock ist, wie Windsor, eine der königlichen Domänen. In Woodstock Manor, einem früheren königlichen Landhaus, wurde 1331 der Schwarze Prinz geboren, der älteste Sohn König Eduards III. und Vater des unglücklichen Richard II. König Heinrich I. unterhielt bereits einen Hirschpark in Woodstock und eine Menagerie mit seltenen Tieren. Elisabeth I. hat hier als Gefangene ihrer Schwester Maria I. gelebt. Im Bürgerkrieg wurde das Herrenhaus dann zerstört; Sir Walter Scott, der Meister des historischen Romans, hat die Episode in seinem großartigen Cromwell-Roman ›Woodstock‹ ausführlich behandelt. Die Kirche von Woodstock war in ihren Anfängen normannisch; erhalten hat sich aus jener Zeit das Südportal. Das Rathaus baute Sir William Chambers (1732-1796), der erste Schatzmeister der Royal Academy und einer der bedeutendsten Baumeister seiner Zeit; er schuf auch den großen Triumphbogen im Park von Blenheim. In seinem Stil mischte sich der Einfluß des englischen Neupalladianismus mit Anregungen des barocken französischen Klassizismus.

Weiter gehts durch alte Dörfer entlang dem vielfach geschlängelten Lauf des Glyme, bis wir in die Wollhändlerstadt *Chipping Norton* kommen, die höchstgelegene unter den Cotswoldsstädten Oxfordshires. Chipping ist ein altes englisches Wort für Markt; im Bereich der Cotswolds werden wir es noch öfter in Verbindung mit Städtenamen hören. Chipping Nortons Pfarrkirche St. Mary entstand während des 14. und 15. Jahrhunderts; sie ist eine der typischen geräumigen Wollhändlerkirchen des Perpendikular mit reizvollen, phantastischen Schlußsteinen. Alte Schenken, ein Mitte des 17. Jahrhunderts entstandenes Stiftshaus und das stattliche, von George

Stanley Repton entworfene Rathaus aus der Mitte des vorigen Jahrhunderts, das sich völlig dem Stil der Stadt mit ihren gelben Natursteinhäusern unterordnet, sprechen von stetigem Wachstum und Wohlstand des Ortes. Heute werden hier neben Tweedstoffen und Bier Handschuhe wie in Woodstock hergestellt.

Weiter gehts in nordwestlicher Richtung. Wenige Kilometer nach Chipping Norton finden wir linker Hand der Straße, nur über einen Landweg zu erreichen, eines der stimmungsreichsten jakobinischen Landhäuser ganz Englands, *Chastleton House*. Es wurde 1603 von Walter Jones, einem Wollhändler aus den Cotswolds, errichtet und ist noch heute im Besitz eines seiner Nachfahren, Alan Clutton Brocks, der das vielgiebelige Haus mit seinen zwei Türmen unter größten finanziellen Opfern in unverändertem Zustand zu erhalten versucht. Die Jones waren immer treue Royalisten, und auch heute noch sind sie nicht bereit, sich von den persönlichen Erinnerungen an den ›Märtyrerkönig‹, wie Karl I. von den Anhängern des Hauses Stuart genannt wurde, zu trennen: der Bibel des Königs, die er am Tage seiner Hinrichtung Bischof Juxon übergab, oder einem vollständigen Satz von Gläsern mit eingeschliffener Stuartrose, an denen sich die Royalisten in der Bürgerkriegszeit erkannten und die darum ›Erkennungsgläser‹ heißen; sie sind äußerst selten und von unschätzbarem Wert. Auch Chastleton House hat natürlich eine Geheimkammer, in der sich zur Cromwellzeit der Hausherr Walter Jones einmal verbergen mußte, während seine Frau die Verfolger betrunken machte und dann noch mit einem Schlaftrunk außer Gefecht setzte.

Der schönste Raum des Hauses ist die Lange Galerie, über deren flache weiße Tonnendecke das Licht aus den großen Fenstern der Schmalseiten und den tiefeingeschnittenen Erkern der Südfront spielt. Die zarte Stuckierung der Wölbung zeigt in einem verschlungenen Bändermuster vieltausendmal die Stuartrose und die königliche Lilie. An den getäfelten Wänden leuchten in ovalen Rahmen Ahnenporträts, reihen sich strenge hochlehnige Stühle aus gedrechseltem Holz und eisenbeschlagene Truhen. Die gebohnerten Dielen wissen von vielen durchtanzten Nächten zu erzählen, und in einer Ecke steht ein raffiniert konstruierter, federnder Lederhocker, auf dem die kleinen Jonesjungen einst die Grundbegriffe des Reitens erlernten. Der Buchsgarten hinter dem Haus mit den kunstvoll beschnittenen Heckenplastiken im jakobinischen Stil ist gut erhalten; an seinem Ende liegt ein graues normannisches Kirchlein.

Im nächsten Ort an der Straße, *Moreton-in-Marsh*, schneiden sich die Grenzen von Oxford-, Warwick- und Gloucestershire; er gehört verwaltungsmäßig zu Gloucester. ›Marsh‹ bedeutet hier nicht Marsch, sondern Mark, Grenze. Die die Stadt durchschneidende Straße ist auf dem römischen Fosse Way angelegt; Häuser aus dem 16. und 17. Jahrhundert säumen sie, darunter das alte Postkutschen-Inn ›Pedesdale Arms‹. Die Glocke im Turm läutet seit Jahrhunderten den Feierabend ein, aber die Kirche des Ortes ist jüngeren Datums. Hier wollen wir Abschied nehmen vom Glanz und der Heiterkeit der Themselandschaft und ihrer Nebenflüsse, dem ganzen festlichen Klang der Wassermusik, die Händel einst auf ihren Fluten und in ihren Parks ersann, und uns ins innerste Herz Englands begeben, nach Warwickshire, ins Shakespeare-Country.

DAS HERZ ENGLANDS

Warwickshire – Westmidlands

DAS Herz Englands – kein Brite würde einen Moment zögern, es zu benennen: das ist das Shakespeare-Country, ist die Grafschaft Warwick. Jeder Engländer, so sagte der Maler Graham Sutherland 1974 bei der Entgegennahme des Shakespeare-Preises, sei mit den Werken des Dichters auf geheimnisvolle Weise innig vertraut, durch eine Art von Instinkt. Oft bedient man sich gerade hier in Warwick der Worte des Dichters halb unbewußt, und jede Generation sieht das Avontal erneut durch seine Augen: *»Da lebt ein Mann, der hängt Oden in Weißdornbüsche und Elegien in die Brombeeren ...«*: Sie sind wohl irgendwie dort hängengeblieben.

Englands Herz ist ein reifes, sanftes, buntes Land, so schön im Lenz wie im Herbst, im Sommer wie im Winter. *»Kein anderer Teil Englands«*, schreibt Levi Fox, einer der besten Kenner Shakespeares und Warwicks, *»ist so reich und mannigfaltig an Reiz, so anmutig sanft im Wesen und so unmißverständlich englisch in seinem Charakter.«* Hier verschmelzen die verschiedenen typischen Landschaften Englands zu einer einzigen: weichgeschwungene grüne Hügel, auf denen silberweiße Schafe weiden, reiche Kornfelder, Eichen- und Ulmenwälder, weidenverhangene Flußtäler, Pferdekoppeln, bunte Obst- und Blumengärten, die schattigen Parks elisabethanischer Herrensitze neben der grauen Nüchternheit ausgedehnter Industriestädte, winzige Dörflein aus gelbem Kalkstein und schwarzweiße Fachwerkhäuser mit dicken Rieddächern, georgianische Backsteingiebel und Burgen aus rotschimmerndem Sandstein.

Stratford bildet die geistige Mitte dieser Landschaft, umkränzt von einer Anzahl von Orten, die in der Biographie Shakespeares eine Rolle gespielt haben. Die Dörfer um die Kathedralstadt Coventry sind dagegen mit dem Werk der Dichterin George Eliot eng verbunden. Birminghams Geschichte als Industriezentrum ist nicht zu lösen von dem Namen Matthew Boultons, der hier gemeinsam mit dem Erfinder James Watt den Grund für die Vormachtstellung der englischen metallverarbeitenden Industrie gelegt hat.

So ist Warwickshire eine Landschaft der Gegensätze: zarteste Poesie und Industriefleiß, ländliche Idylle und das Dröhnen der Stahlhämmer, uralte Herrenhöfe und Reste der Slums des vorigen Jahrhunderts, Römerspuren und Wohnsiedlungen, die den Charakter einer Architektur von Morgen zeigen, liegen dicht nebeneinander. Doch das Wahrzeichen Warwicks wird immer der edle Schwan vom Avon bleiben, dessen Stimme heute wie einst die Welt mit seinem Klang erfüllt: William Shakespeare.

52

Der Schwan von Avon: Shipston-on-Stour Compton Wynyates – Stratford-upon-Avon

Solange Menschen atmen, Augen sehn,
Lebt mein Gedicht ...
William Shakespeare, Sonette

Shipston-on-Stour, ein hübscher, heiterer Flecken und ein einst bedeutender Markt des Wollhandels der Cotswolds, liegt an derselben Straße wie Moreton-in-Marsh, wo wir Oxfordshire verlassen haben, nur ein wenig weiter nördlich. Seine Häuser mit ihren spätelisabethanischen und georgianischen Fassaden, die behäbig den großen Marktplatz umringen, erzählen noch vom einstigen Reichtum, und noch atmet die Stadt mit ihren stillen alten Straßen und den gepflegten Gärten an ihrem Saum eine Art genügsamen Wohlstands. Der Stour, ihr Fluß, ist ein nervös geschlängeltes Wasser, dessen Ufer in grüne Wiesen eingebettet liegen. Er vereinigt sich kurz vor Stratford mit dem Avon.

Von Shipston machen wir einen Abstecher nach *Compton Wynyates*, das von Kennern als der malerischste aller elisabethanischen Herrensitze betrachtet wird. Es wurde zwischen 1480 und 1520 in einem weichgemuldeten grünen Waldtal errichtet: ein Schloß aus rosenrotem Backstein mit pittoresken Fachwerkgiebeln und Kaminaufsätzen, umschlossen von zinnenbewehrten Mauern. Mit den zweihundertfünfundsiebzig Fenstern seiner achtzehn Räume und siebzehn Treppenhäuser blickt es hinaus in eine liebliche englische Landschaft; weich schwingen sich hinter ihm die Wiesenhänge auf, in der Höhe dreht eine steinalte Mühle ihre Flügel im Wind. Der Park wird belebt durch Buchshecken, die in geometrischen Formen gestutzt sind, wie man es in der jakobinischen Ära liebte. Das Haus befindet sich seit Generationen im Besitz der Markgrafen von Northampton, deren Respekt vor der Tradition wir verdanken, daß es auch im Innern einen fast unangetasteten Eindruck macht.

Wir kehren zur Hauptstraße in Shipston zurück und setzen unsere Fahrt durch das Stourtal fort, das hier ›Val of the Red Horse‹ heißt, bis wir Stratford in seiner Avonschleife erreichen.

Hereford und Worcester,
Warwick,
Gloucester, Avon

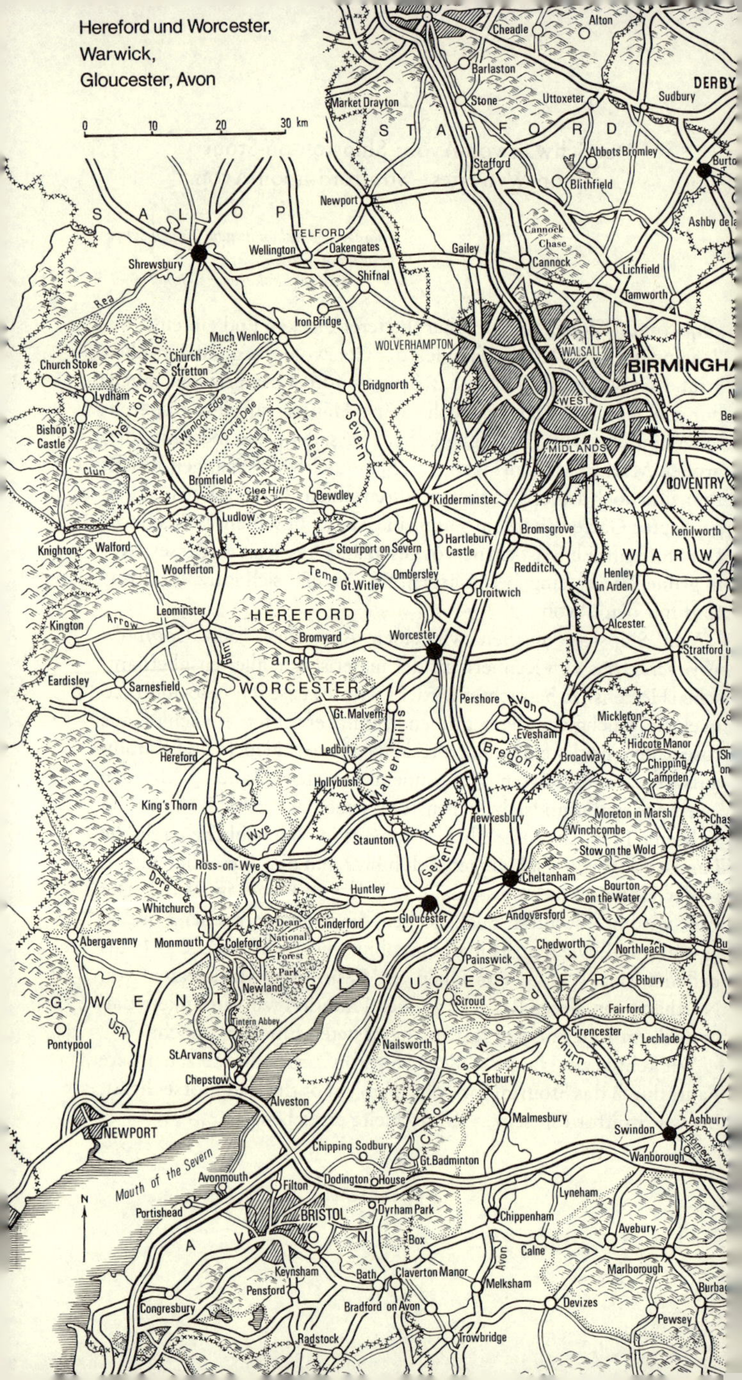

Stratford und seine Umgebung sind nahezu magischer Bereich: Die Engländer nennen es, wie schon erwähnt, ihr ›Shakespeare-Country‹. Magisch, weil hier jeder Baum, jeder Garten, jede Hütte von Shakespeare zu erzählen scheint oder uns aus seinen Dichtungen verwandelt entgegentritt, zugleich unendlich vertraut und unendlich entrückt: »*Ich weiß ein Ufer, wo der wilde Thymian blüht, wo Himmelsschlüssel und das nickende Veilchen wachsen, ganz übersponnen mit einem Baldachin von üppigem Geißblatt, von süßen Moschusrosen und von Hagedorn*«, verrät der Elfenkönig Oberon dem Waldgeist Puck im ›Sommernachtstraum‹, und wir wissen, daß der Dichter bei dieser liebevollen Beschreibung weniger die Athener Landschaft als vielmehr den heimatlichen Forst von Arden vor seinem inneren Auge gehabt haben muß, der zu seinen Lebzeiten noch weite Flächen um Stratford bedeckte. »*Sing willow, willow, willow*«, heißt es in Desdemonas schwermütigem Liebeslied, das uns sogleich die Ufer des Avon mit ihren silbrigen Trauer- und Salweiden vor Augen zaubert. Nichts ist dem Dichter zu klein oder zu gering, um nicht Bild zu werden: »*Die kleine Fliege hurt vor meinem Auge*«, klagt König Lear auf der Heide, und seine Tochter beklagt ihn, der sich mit »*all dem unnützen Unkraut aus unserem uns nährenden Korn*« gekrönt hat, dessen Namen sie so gut kennt wie der Dichter: »*Kletten, Schierling, Nessel, Hahnenfuß ...*«

In Shakespeares Bilderwelt floß die Welt seines Jahrhunderts ein: Landschaften, Menschen, Tiere, Pflanzen, aber auch Sitten, Überlieferungen, Mythen, Erkenntnisse, Ereignisse und Träume: Es war eine wilde, bunte Epoche, erfüllt von Unruhen, Aufständen, Rebellionen, Glaubensfehden, Kriegen, Entthronungen, Hinrichtungen, Seuchen, Feuersbrünsten, Schiffbruch, Verbrechen und Brutalitäten aller Art überall auf der Welt, in England damals sicherlich sehr viel gemäßigter als auf dem Kontinent, aber immer noch wild genug, um eine so überreiche Einbildungskraft zu kühnsten Bildern zu inspirieren. Es war aber auch eine Zeit, da sich England erneut einen Platz als Weltmacht erstritt, den es seit dem Zusammenbruch des Plantagenet-Imperiums nicht mehr innegehabt hatte. Eine Zeit auch, da alle Stände des Landes in nie gekanntem Wohlstand lebten, da ein starkes Parlament einer starken Monarchie gegenüberstand, ein noch junger Adel – Heinrich VIII. hatte die aufsässigen Häuser der Rosenkriege fast völlig zerschlagen – seine Kraft in Entdeckungen und Erfindungen, philosophischen Utopien und spielerischen Eifersüchtelein um die Gunst der Königin verschwendete. Eine Zeit der derben wie der höchst verfeinerten Zerstreuungen: hie Bärenhatz, Hahnenkampf, öffentliche Hinrichtungen, Wirtshausfehden, ungezügelte Volksfeste und zotige Hanswurstiaden – dort Maskeraden, Zauberspiele, Schäfereien, Tragödien, Gartenlust und Feuerwerk, Wasserkünste, Musik, Tanz und Poesie, gelehrte Dispute und galante Feste. Je näher Shakespeare als erfolgreicher Dramatiker dem Hof kam, je tiefer er zugleich als Schauspieler und Theaterdirektor in den Strudel des Londoner Volkslebens blickte, das ihn sowohl faszinierte als abstieß, um so mehr verloren seine Werke jenen einzigartigen Klang romantischer Süße, der seine frühen Dramen durchzieht. Der vergehende Glanz der elisabethanischen Epoche, ihr splitterndes Weltbild, ihre ungebändigte Fülle strömten in seine Dichtung ein, in die sogenannten ›Dunklen Komödien‹, die Königsdramen, die reifen Tragödien, die antiken Spiele und endlich die Märchen mit ihrer tiefen, altersweisen Menschlichkeit: »*Wir haben erlebt, daß wir lebendig sind*«, und doch »*gemacht vom gleichen Stoff wie Träume*«. (›Der Sturm‹)

Stratford, der alte Marktflecken am Avon, in dem der Dichter im April 1564 zur Welt kam, in dem er zur Schule ging, ein Weib freite, wo seine Kinder geboren wurden und sein Vater Ratsherr und Gentleman war, wo er sich ein großes Haus kaufte, seine Enkeltochter aufwachsen sah und Bäume pflanzte, und wo man schließlich ihn und die Seinen an den Stufen des Hauptaltars der großen Pfarrkirche Holy Trinity zur letzten Ruhe bettete, ist das erklärte Heiligtum der Nation. Vor seiner bescheidenen Schönheit verblaßt alle Glorie der Abteien und Kathedralen, der Schlösser und Schreine, der Häfen und Festen Englands. Westminster, Ely, Dover – hier sind sie nur noch Worte in des Dichters Vers. Wer einmal im April an Shakespeares Geburtstag die Botschafter aller Herren Länder, Gelehrtenabordnungen der berühmtesten Universitäten, aber auch die Bauern und Bürger und Kinder der näheren und weiteren Umgebung sich zum großen Festzug hat versammeln sehen, der in eindrucksvollem Gepränge durch die Stadt zieht, um Blumen ohne Ende auf des Dichters Grab zu häufen, mag einen Augenblick verspürt haben, daß Stratford wirklich und wahrhaftig nicht nur geographische Mitte des Landes, sondern Englands warmes, heiteres Herz ist.

Aber Stratford ist auch ein lebendiges Gemeinwesen, das wachsen will und darum manchmal die Ehre, Heiligtum der Nation zu sein, ins Pfefferland wünscht, denn sie ist keine leichte Last. Im Norden wächst Neustratford heran mit Wohnsiedlungen, Brauereien und Autofabriken. Wenn das Bild der Altstadt heute noch unversehrt und voller Charme ist, wenn hier um die Erhaltung jedes elisabethanischen Hauses – und auch die Häuschen, die heute georgianische Fassaden zeigen, stammen fast alle aus dem 16. Jahrhundert – erbittert gekämpft wird, wenn die vielerlei Shakespeare-Stätten wieder in einem hervorragend gepflegten Zustand sind, so geht all das nicht auf staatliche Maßnahmen zurück, sondern fast ausschließlich auf die Initiative der Bürger selbst und des privaten ›Shakespeare Birthplace Trust‹, der im vorigen Jahrhundert gegründet wurde, als es darum ging, das Geburtshaus für die Nation zu erwerben. Er hat inzwischen auch die anderen Shakespeare-Stätten und weitere historische Gebäude dazugekauft und verwaltet diese mit glücklicher Hand. Dem Trust ist es darüber hinaus auch zu verdanken, daß Stratford heute ein Mittelpunkt der Shakespeare-Forschung ist: Man hat sich nicht damit begnügt, Museumspflege zu treiben, sondern hat ein Shakespeare-Zentrum für Vorträge und Tagungen sowie wissenschaftliche Veranstaltungen wie etwa die Shakespeare-Konferenzen und die ›Sommerschule‹ für Shakespeare-Forscher und Englischlehrer aus aller Welt eingerichtet. Das hiesige Shakespeare-Institut der Universität Birmingham und das Royal Shakespeare Theatre tun ein übriges, Stratford zu einem Ort der Begegnung und lebendigen Erfahrung zu machen.

Begeben wir uns jetzt auf einen Rundgang. Über die *Clopton Bridge* fahren wir von Süden in die Stadt hinein. Ihre vierzehn Steinbögen überspannen seit dem Ende des 15. Jahrhunderts den Avon und tragen seit damals die Hauptlast des gesamten Verkehrs. Sir Hugh Clopton, ein reicher, angesehener Bürger der Stadt, hat sie errichten lassen. Rechter Hand der Brücke liegen am Fluß, halb unter alten Bäumen verborgen, die Backstein-Pavillons des neuen Hilton-Hotels, dessen Bau sich den strengen Denkmalschutzbedingungen anpassen mußte, die das alte Stadtbild schützen sollen. Zur linken Seite breitet sich am Fluß ein Rasenpark aus, die *Bancroft Gardens*. Zwischen bunten Beeten erhebt sich hier ein spätviktorianisches Bronzedenkmal Shakespeares, das *Gower Memorial*, 1888 von dem Bildhauer Lord Ronald Gower als Geschenk für die Stadt geschaffen. Es zeigt den Dichter auf hohem Sockel in einem Lehnstuhl träumend, um sich die Gestalten seiner Phantasie: Lady Macbeth, Falstaff, Hamlet und Prinz Hal. Vom Denkmal aus hat man einen guten Blick auf den Fluß, das Theater und die Grabkirche.

Aber ehe wir uns mit diesen Bauten befassen, wollen wir uns der Stadt selbst zuwenden. Die Clopton Bridge leitet in die *Bridge Street* über, an deren Fuß wir zur Rechten das ›Red Horse Hotel‹ finden, in dem der amerikanische Romantiker Washington Irving auf seiner Englandreise längere Zeit gelebt hat. Die Bridge Street steigt sanft an bis zu einem kleinen Platz und mündet dann in die leicht geschwungene *Henley Street*, in der wir, ebenfalls auf der rechten Seite, bald den Komplex des Geburtshauses, *The Birthplace*, finden. Das niedrige vielgiebelige Fachwerkhaus mit einem Ziegeldach, Erkern und hellem Putz hat drei Eingänge, denn ursprünglich gehörte es drei verschiedenen Besitzern. Das eigentliche Geburtshaus liegt zur Linken; die beiden anderen Häuser, die erst später vom Vater des Dichters hinzuerworben wurden, beherbergen heute einen Verkaufs- und Ausstellungsraum des Trust und die Stadtbibliothek. Ursprünglich muß man sich alle Häuser dieser Straße im gleichen Stil denken; die meisten von ihnen wurden im vorigen Jahrhundert leider abgerissen, um die Feuersgefahr zu mindern. Das Mauerwerk des Birthplace besteht teilweise aus Naturstein, der im nahen Wilmcote – dem Geburtsort von Shakespeares Mutter – gebrochen wurde, teilweise aus Lehm und Mergel zum Ausfüllen des Eichenfachwerks. Die hölzernen Ständer und Träger sind größtenteils erhalten. Noch bis ins vorige Jahrhundert wurden die Häuser von Nachkommen der Schwester Shakespeares, Joan Hart, bewohnt, denen er das Haus vermacht hatte.

Shakespeares Geburtshaus ist, nach sorgfältiger Rekonstruktion (der Kern des Bauwerks blieb dabei praktisch unverändert), ein hervorragendes Beispiel für das Wohnhaus eines Engländers aus der unteren Mittelschicht in der Tudorzeit. Es wurde zu Beginn des 16. Jahrhunderts errichtet und ist mit zeitgenössischen Möbeln liebevoll und kenntnisreich eingerichtet worden: die gebohnerten Dielen, das polierte Holz der Tische und Stühle glänzen; Blumen in bäuerlichen Krügen, funkelndes Kupfer und Zinn an den Wänden und kostbare alte Handarbeiten beleben die Räume und rufen den Eindruck von Bewohntheit hervor; Spinnrocken, die geschnitzte enge Wiege im Schlafgemach, der große Kessel über der offenen Feuerstelle in der Küche erzählen vom einfachen Leben der Menschen jener Zeit. In der Küche findet sich ein besonders kurioses Gerät: ein

V GEORGE STUBBS
Jockey auf der Rennbahn
Ausschnitt aus dem Turf-Bild ›Gimcrack‹
Öl auf Leinwand, um 1765

Jockey Club, London

vom Fußboden bis zur Decke reichender Balken, um den sich eine eiserne Konstruktion wie ein Rad drehen läßt. Das ist ein ›baby-minder‹, eine primitive Laufschule, die zugleich verhindern sollte, daß sich ein Krabbelkind in einem unbewachten Moment am offenen Herd verletzte.

Shakespeares Vater John stammte aus kleinbäuerlichen Verhältnissen; er verdiente sein Geld hauptsächlich durch den Handel mit landwirtschaftlichen Produkten wie Wolle, Häuten, Fellen, Getreide und Malz, scheint aber zu Zeiten auch die Handwerke eines Schlachters und Handschuhmachers ausgeübt zu haben: Gewerbe, die sich gegenseitig ergänzten. Seine Frau Mary Arden dagegen war die Tochter eines wohlhabenden und hochangesehenen Freisassen, und es scheint das Ziel seines ganzen Lebens gewesen zu sein, selber ein Wappen zu erwerben und dadurch in den Stand eines Gentleman aufzurücken. Das gelang ihm jedoch erst im Alter, wahrscheinlich mit Hilfe des inzwischen zu einem hübschen eigenen Vermögen gelangten Sohnes William. Für John war das Leben ein nie endender Existenzkampf, ein ewiges Auf und Ab. Acht Kinder wurden ihm geboren, wovon die beiden ältesten und die jüngste Tochter schon im zarten Alter starben. Um 1578 hatte er wohl einige einträgliche Geschäfte gemacht, denn damals kaufte er für die große Familie die beiden Nebenhäuser hinzu; um dieselbe Zeit besuchte William wohl gerade die Lateinschule der Stadt.

Ende 1582 heiratete William – nicht ganz aus freien Stücken – die Kätnerstochter Anne Hathaway aus dem nahen Shottery, und bald darauf, im Mai des folgenden Jahres, kam sein Liebling Susanna zur Welt. 1585 stellten sich in der jungen Familie, die wahrscheinlich im Hause John Shakespeares mitwohnte, noch Zwillinge ein, Hamnet und Judith. Nicht nur Shakespeare selbst, sondern auch seine Kinder wurden also wohl im Birthplace geboren. Vielleicht wurde es Shakespeare nun zu eng im Vaterhaus, vielleicht hatte er auch andere Gründe, Stratford zu verlassen, jedenfalls liegen seine nächsten Lebensjahre im Dunkeln, und erst 1592 finden wir den Händlerssohn und Handschuhmacher in London wieder, wo der erste Teil seines ›Heinrich VI.‹ uraufgeführt wurde. 1594 ist er schon Mitglied einer der beiden berühmtesten Komödiantentruppen des Landes, der ›Lord Chamberlain's men‹. Einmal im Jahr suchte er von da an vermutlich seine Familie auf, die er in all der Zeit wohl auch wirtschaftlich unterstützt und erhalten hat. 1596 traf ihn ein grausamer Schlag: Sein kleiner Sohn Hamnet starb. Von da an hat er sich, obwohl seine

Theater ihn weiterhin an London fesselten, seiner Familie stärker zugewandt: Im selben Jahr noch erhielt John Shakespeare das langersehnte Wappen, und 1597 zog William mit Anne und den beiden kleinen Töchtern um in ein eigenes großes Haus, New Place.

Unmittelbar neben dem Birthplace wurde in den frühen sechziger Jahren unseres Jahrhunderts das *Shakespeare Centre* errichtet, das dem Shakespeare Birthplace Trust dient, zugleich aber auch die ausgedehnte Shakespeare Memorial-Bibliothek und die Sammlungen des Shakespeare Theatre, wie Regiebücher, Kostümentwürfe und Kritiken, beherbergt. Der flache moderne Bau, dessen Foyer auf den lieblichen Garten des Birthplace schaut, wurde von Laurence William entworfen und im April 1964 anläßlich des vierhundertsten Geburtstages des Dichters eingeweiht. Er wurde fast ausschließlich aus Spenden von Shakespeare-Liebhabern finanziert. Man hat bei der Ausstattung Wert auf die Verwendung herkömmlicher Materialien gelegt: Der Außenbau besteht aus Granit, rotem Backstein, Glas und Bronze, im Innern herrschen englischer Marmor, edle Hölzer, Leder und schöngewebte Stoffe vor. Alle Räume, vor allem der kunstvoll getäfelte Lesesaal, atmen Stille und Harmonie. Die hohen Glaswände des Foyers wurden von John Hutton, einem bedeutenden zeitgenössischen Glaskünstler, der auch die Westfassade der neuen Kathedrale von Coventry schuf, mit Gestalten aus Shakespeares Dramen graviert.

Wir gehen unseren Weg bis zur Ecke Bridge Street zurück und biegen dort von dem kleinen Platz rechts in die *High Street* mit ihren vielen schönen alten Häusern ein. Da finden wir zur Linken *Quiney House*, das Heim des Weinhändlers Thomas Quiney, der nach Shakespeares Tod dessen jüngere Tochter Judith geheiratet hat; zur Rechten zwei besonders prachtvoll geschnitzte elisabethanische Fachwerkhäuser: das *Garrick Inn* und das *Harvard House*, das 1596 von Thomas und Alice Rogers errichtet wurde; es fiel nach ihrem Tode an die Tochter Katherine, deren Sohn, John Harvard, die gleichnamige amerikanische Universität gründete.

Die High Street geht hier in die *Chapel Street* über, auf deren rechter Seite wir den langgestreckten Fachwerkbau des ›Falcon Inn‹, eines historischen Gasthofs aus dem 16. Jahrhundert, bewundern. Zur linken Hand steht gleich an der Ecke das klassizistische *Rathaus* mit einer von dem großen Schauspieler David Garrick 1769 gestifteten Shakespeare-Statue, dann der ebenfalls breithingelagerte Fachwerkbau des Shakespeare Hotel und endlich, neben einigen weiteren alten Häusern, der stolze Doppelgiebel von Nash's House und der ummauerte Garten von New Place.

New Place war, als Shakespeare es 1597 erwarb, nicht nur das schönste, sondern auch das größte Haus in Stratford, ein Besitz, würdig eines Edelmannes. Erbaut hatte es die Familie Clopton. Man kann heute noch erkennen, wo es an Nash's House anschloß, man sieht die Reste der Grundmauern im Garten – sonst ist von ihm nichts geblieben. Ein zorniger Nachbesitzer, der Reverend Francis Gastrell, hat es 1759 niederreißen lassen, angeblich, weil ihn neugierige Reisende mit Fragen nach Stratfords größtem Sohn allzu sehr geplagt hatten. Die Stadtväter, mit denen der streitsüchtige Pfarrer ohnehin in Fehde lag, verstanden keinen Spaß: Kurzerhand verwiesen sie den Frevler der Stadt. 1862 ging der Grund in die Hände des Shakespeare Birthplace Trust über, der hier nach alten Plänen einen wundervollen Garten entstehen ließ mit mauergleichen Eibenhecken, einer Kastanienallee, weiten Rasenflächen, Lauben, Rasenbänken, Stauden und einem eingesenkten elisabethanischen ›Knot Garden‹. Das ist ein von Buchs- und Kräuterhecken in verschlungene Muster unterteilter Garten, dessen einzelne Kompartimente so mit Blumen bepflanzt sind, daß nie zwei Abschnitte derselben Art oder gar Farbe aneinanderstoßen. Das gibt diesen Gärten eine funkelnde Farbigkeit, wie man sie auch an Renaissanceschmuckstücken bewundern kann. Besonders reizvoll ist der Knot Garden natürlich im Mai, wenn sich die Düfte von mancherlei Frühlingsblumen über den Beeten zu süßem Wohlgeruch vermischen. In der weltentrückten Stille dieses einzigartigen Gartens mitten in der Stadt könnte man dem erzürnten Pfarrer seine Untat fast verzeihen ...

Shakespeare lebte hier in seinen letzten Jahren, zwischen 1612 und 1616, nachdem er sich vom Londoner Theaterleben zurückgezogen hatte. Vermacht hat er sein Haus seiner Tochter Susanna und deren Mann Dr. John Hall; sie zogen nach dem Tode des Vaters am 23. April 1616 mit ihrer kleinen Tochter Elizabeth von Halls Landhaus nach New Place um. Elizabeth Hall, die zu einer sehr schönen, klugen und gütigen Frau heranwuchs, heiratete in erster Ehe den Nachbarn der Eltern, Thomas Nash. *Nash's House* ist heute Stadtmuseum und beherbergt u. a. viele schöne Möbel und Erinnerungen an den Schauspieler David Garrick, der im Jahre 1769 während der Vorbereitung des ersten ›Shakespeare Jubilee‹, an dessen Inszenierung er maßgeblich beteiligt war, hier gewohnt hat.

Zur Linken von Nash's House steht *Chaucer's Head*, heute eine

Buchhandlung, über deren Schätze eine gelehrte kleine alte Dame gebietet, von Shakespeare-Pilgern aus aller Welt geliebt und verehrt: Miss Dorothy Withey, eine Stratforder Berühmtheit. Im 16. Jahrhundert wohnte hier Julius Shawe, Ratsherr und Mälzer, dessen Unterschrift sich auf Shakespeares Testament findet. Shawe war ein gebildeter, weltoffener Mann, der zu leben verstand. Er hatte sein Haus mit gestickten Gardinen und Bettvorhängen, reichem Kupfer- und Silbergerät und herrlichen Möbeln liebevoll eingerichtet. Zehn Jahre nach Shakespeare starb auch er, und allgemach verlor sich der Hauch humanistischer Geistigkeit, mit der er sein Haus erfüllt hatte. 1904 wurde das alte Gebäude von dem Verleger Arthur Henry Bullen erworben, der viele elisabethanische Dichter durch sorgfältige Neuausgaben der Vergessenheit entrissen hat. Eines Nachts hatte Bullen – so erzählt er – einen seltsamen Traum. Er sah über die Stadt hinweg, bis hin zu Shakespeares Geburtshaus, und dann hörte er eine Stimme fragen: »Willst du etwa fortgehen, ohne das Buch gesehen zu haben?« »Welches Buch«, stammelte er erstaunt. »Nun«, antwortete die Stimme, »hast du denn nie etwas von der schönen Shakespeare-Ausgabe gehört, die hier entstand?« Bullen begriff diesen Traum als Auftrag: Er gründete in dem Haus in Chapel Street 21 eine eigene Buchdruckerpresse, und dort entstanden die zehn kostbaren Bände des ›Stratford Town Shakespeare‹, die erste vollständige Edition der Werke des Dichters, die in Shakespeares eigener Stadt gedruckt wurde; sie stellen heute eine unerschwingliche bibliophile Kostbarkeit dar.

Auf derselben Seite wie New Place, nur durch eine enge Gasse davon getrennt, erhebt sich die *Guild Chapel;* von dieser Ecke an heißt die Straße *Church Street*. Die Gilde zum Heiligen Kreuz hat im Mittelalter starken Druck auf die Stadt ausgeübt; erst unter König Heinrich VIII. wurde sie durch ein ordentliches Stadtregiment mit einem Amtmann, vierzehn Ratsherrn – deren einer von 1565 bis 1586 John Shakespeare war – und vierzehn abgeordneten Bürgern ersetzt. Die Guild Chapel ist ein einschiffiger gotischer Bau mit untersetztem, zinnengekröntem Turm aus hellem Kalkstein. Im Innern wird seit einigen Jahren ein Fresko mit einer Darstellung des Jüngsten Gerichts aus dem 15. Jahrhundert freigelegt, das den oberen Teil der Altarwand einnimmt.

An die Guild Chapel schließen sich der Tudorbau der alten *Guildhall* sowie die *Grammar School* an, in der, wie man annimmt, Shakespeare erzogen wurde. Einige Stellen in seinen Dramen scheinen diese Vermutung zu stützen. Die Grammar School dient noch heute dem alten Zweck, und auch die Schulbänke sind noch dieselben. Daneben steht das im 14. Jahrhundert von der Gilde gegründete *Almshouse*, in dem ebenfalls noch heute jeweils vierundzwanzig alte, mittellose Einwohner der Stadt einen sorgenfreien Lebensabend verbringen können. Beide Bauten sind langgestreckte Fachwerkhäuser mit vorkragenden Obergeschossen und enggestellten Fachwerkständern unter tief herabgezogenen Dächern. Die Fenster haben zum Teil noch Butzenscheiben.

Am Ende von Church Street steht an der rechten Straßenseite das *Shakespeare Institute*. Gleich danach biegt eine Querstraße zum Fluß hinunter, die *Old Town*, zur Linken von einer hohen Mauer begleitet, die halb überwachsen ist und hinter der hohe Bäume aufragen. Zu diesem hochummauerten Garten gehört das anschließende stattliche Fachwerkhaus *Hall's Croft*, das seine drei Zwerchgiebel stolz der Straße entgegenreckt. Seine Türen sind umrankt von üppiger Wisteria und spätblühenden Magnolien. Hinter ihnen wohnten einst Dr. John Hall, Shakespeares Schwiegersohn, und seine Frau Susanna.

Hall war ein bemerkenswerter Mann. Er hatte an der Sorbonne Medizin studiert, ehe er sich in Stratford als Arzt niederließ, und bald machte er sich weit über die Grenzen der Stadt hinaus einen guten Namen. Vielleicht verdankt Shakespeare Gesprächen mit ihm seine ausgebreiteten medizinischen Kenntnisse, die uns in seinem Spätwerk überraschen, und möglicherweise war es auch Hall, der den Schwiegervater mit dem Werk eines französischen Kollegen, Rabelais, bekannt machte. Jedenfalls scheint der Dichter den Arzt geschätzt zu haben, hinterließ er doch ihm und Susanna nicht nur sein schönes Haus, sondern auch den Großteil seines übrigen Vermögens. Hall schrieb eine Art medizinisches Tagebuch, in dem er seine Fälle sorgfältig schilderte; es erschien 1657 unter dem Titel ›Select Observations on English Bodies or, Cures both Empiricall and Historicall, performed upon very eminent Persons in desperate Diseases‹. Dieses Werk dürfte den Stratfordern damals wohl sehr viel gottgefälliger erschienen sein als alle Dichtungen seines Schwiegervaters zusammen: Mochte der alte Bill auch bei Hof ein- und ausgehen, mochte er auch vom Adel hofiert und vom Volke geliebt werden, mochte er auch mit seinen Theatern in der Hauptstadt ein hübsches Stück Geld gemacht haben: in Stratford sprach man nicht gerne von seinem Beruf, nachdem er dort Haus- und Grundbesitzer geworden war. Komödiant zu sein, war nun einmal kein ehrliches Brot, und Dramenschreiben – noch viel weniger!

Hall's Croft ist heute die beliebteste von allen Shakespeare-Stätten. Es scheint noch stärker als die anderen Häuser belebt und von einem heiteren Geist erfüllt, ja fast, als seien die Besitzer nur gerade verreist: die weite Eingangshalle, der große Wohnraum mit offenem Kamin, das schmale Schlafzimmer und die Praxis Halls, von der aus er über eine Art Galerie mit Patienten unten in der Halle sprechen konnte, wenn er etwa in der Nacht aufgescheucht wurde oder nur ein verlangtes Rezept hinunterreichen mußte. In der kleinen Ordination findet man alles, was damals zu einer Arztpraxis gehörte: ein Rezeptpult, ein Handwaschbecken mit Ledereimer, Regale mit Krügen und Mörsern, Tiegeln und Flaschen, Kräuterbüscheln und fremdartigen Spezerein, botanische und anatomische Folianten. Auch die anderen Räume sind prächtig ausgestattet; das Wohnzimmer etwa mit geschnitzten Truhen, einer kostbaren Laute und einem gedrechselten Kinderstühlchen; das Schlafzimmer mit geschnitztem Himmelbett, die Küche mit schönem Gerät und einem riesigem Eßtisch gegenüber dem mächtigen offenen Feuerplatz, über dem ein blankgeputzter Kupferkessel hängt. Hall's Croft kam erst in unserem Jahrhundert in den Besitz des Trust, der es nach alten Vorlagen sorgfältig wiederherstellen ließ. Der älteste Teil des Hauses entstand schon im frühen 16. Jahrhundert; er wurde gegen Ende jenes Jahrhunderts von Hall noch ausgebaut, wohl, um die Braut von New Place würdig aufzunehmen. Ein Teil des Hauses ist nicht als Museum eingerichtet, sondern steht dem Hall's Croft Club zur Verfügung: schöne Clubräume, Lesezimmer, ein gemütliches Restaurant für Clubmitglieder und eine große, modern eingerichtete Küche. Hier finden auch festliche Einladungen des Shakespeare Birthplace Trust und des Shakespeare Institute statt, Dichterlesungen, kleine Konzerte und ähnliches mehr.

Wie in den anderen Shakespeare-Stätten ist auch in Hall's Croft das Schönste ein riesiger Garten. Er erscheint noch abgeschirmter, friedvoller als der von New Place. Ein mit Steinplatten belegter Platz hinter dem Haus lädt zu einer Teestunde im Freien, Blumenschalen schwingen unter dem vorspringenden Obergeschoß an langen Ketten im Wind; am Rand führt ein von Staudenrabatten gesäumter Pfad zu einer alten Laube und einer Sonnenuhr. Eine Reihe hoher alter Pappeln schließt den Garten nach hinten ab, und der weite kurzgeschorene Rasen scheint nur zu dem einzigen Zwecke vorhanden, einem uralten, verkrüppelten, breitverzweigten Maulbeerbaum die richtige Folie zu geben. Er soll ein Abkömmling jenes Maulbeerbaums sein, den Shakespeare in seinem Garten hinter New Place pflanzte.

Von Hall's Croft aus können wir die Lindenallee sehen, die uns jetzt zur *Holy Trinity Church* führen soll. Die Kirche geht in ihren Anfängen ins 13. Jahrhundert zurück, hat aber zahlreiche größere und kleinere Veränderungen über sich ergehen lassen müssen, als augenfälligste den Bau des hohen schlanken Turms: Er wirkt so völlig eins mit dem hellen gotischen Bau, daß es schwerfällt zu glauben, er sei erst 1763 errichtet worden. Holy Trinity hat sich in ihrem Kirchhof über den Ufern des Avon die Stimmung einer englischen Pfarrkirche zu erhalten gewußt, trotz ihrer hochverehrten, alljährlich von einer viertel Million Touristen aufgesuchten Gräber. Die buntverglasten Fenster, teilweise alt, zaubern bei Sonnenlicht farbige Schatten auf den ausgetretenen Steinboden, die schlanken hellen Pfeiler, die Steingesichter der Konsolenengel und die dunklen geschnitzten Decken, in deren Gebälk sommers gern Schwalben nisten. Der Gottesdienst, vor allem der sonntägliche ›Evensong‹, wird nicht nur von einheimischen Gläubigen, sondern von Christen aus aller Welt besucht, die sich gerade in der Stadt befinden, was ein internationales Element in die stille englische Gemeinde bringt. Gerade die Gottesdienste in Stratford sind wie dafür geschaffen, die heitere Festlichkeit der modernen anglikanischen Liturgie zu erleben. Ähnlich wie die katholische betört sie sowohl Auge als Ohr. Unter dem hellen perlenden Geläut der wegen ihres schönes Klanges berühmten Glocken von Holy Trinity ziehen Chor, Kirchenälteste und Geistlichkeit in feierlicher Prozession hinter einem hohen silbernen Kreuz in die Kirche ein, nachdem die Gemeinde sich versammelt hat. Chorknaben und -herren sind rotgewandet und tragen darüber weiße, spitzenbesetzte Hemden; der Pfarrer ist in einen gestickten hellen Ornat gehüllt. Kann man in den großen Universitätsstädten, vor allem in Oxford, oft den großen Leuchten der theologischen Wissenschaft auf der Kanzel begegnen, so liebt man es in Stratford, Prediger aus aller Welt zu Gast zu bitten, auch solche anderer Konfessionen. So kleinstädtisch die Stammgemeinde erscheinen mag, so weitgespannt ist meistens die Thematik der Predigt, und leise scheint immer die Stimme des großen Toten mitzuschwingen, der mit seiner Familie vor und unter den Stufen des Hochaltars seine ewige Ruhe gefunden hat. Shakespeares Grabplatte, ein schlichter grauer Stein, trägt die berühmte Inschrift, die bisher jeden, der ihn aus seiner Ruhe aufstören wollte, zurückgeschreckt hat:

GOOD FREND FOR IESVS SAKE FORBEARE
TO DIGG THE DVST ENCLOASED HEARE ·
BLESTE BE $\overset{E}{Y}$ MAN $\overset{T}{Y}$ SPARES THES STONES
AND CVRST BE HE $\overset{T}{Y}$ MOVES MY BONES ·

Unbehelligt blieb das Grab des Schwans vom Avon so vom üblichen Schicksal der Toten, deren Gräber früher oder später anderen Raum machen müssen – unbehelligt aber auch bisher von der Neugier der Wissenschaftler!

Wir wollen jetzt am Fluß entlang durch die Gärten des *Royal Shakespeare Theatre* auf den Theaterbau zuschlendern und uns an den mächtigen Koniferen, uralten Weiden, der immergrünen Kastanie, den weitästigen Platanen und dem zarten Ginkgo Biloba erfreuen, aber auch an der Schwanenflotte des Avon und der Fülle der Rosen und Lilien entlang der Mauer des Uferparks. Schon 1769 hatte man – wie vorhin erwähnt – an derselben Stelle ein provisorisches Theater für das erste ›Shakespeare Jubilee‹ errichtet, das die Bürger der Stadt unter tatkräftiger Hilfe des Londoner Schauspieldirektors David Garrick feierten und das leider eine reichlich verregnete Angelegenheit gewesen ist. Seit damals wird alljährlich ein Shakespeare-Festival abgehalten; anfangs war es nur eine Art Volksfest, das wenige Tage dauerte, heute ist es ein fast ganzjähriges Theaterfestspiel vor einem Publikum aus aller Welt.

Von der Gründung des Festival bis zum Bau eines festen Theaters verging ein ganzes Jahrhundert. Zwei Männern ist es vor allem zu danken, daß 1874 der langgehegte Traum Wirklichkeit wurde: dem reichen Brauer und großzügigen Mäzen Charles Edward Flower und dem Schauspieler-Regisseur Frank Benson, dem ersten Direktor des Memorial Theatre, der dem Ensemble bald internationalen Ruf verschaffte. Der Bau des alten Memorial Theatres glich, wie ein Zeitgenosse vermerkte, *»einem Riesenschloß aus einem deutschen Märchenbuch«*, und George Bernard Shaw vermerkte bissig: *»Ein bewunderungswürdiger Bau, für jeden Zweck geeignet, bloß nicht als Theater!«* Davon hat sich nur die Bildergalerie erhalten, in der wir neben den Porträts der Größten der englischen Bühne und Erinnerungen an sie, wie Briefe, Bühnenschmuck, persönliche Dinge, auch eine alljährlich wechselnde aktuelle Ausstellung über die Arbeit der Bühne zu sehen bekommen.

1926 brannte das alte Theater nieder, und in seinen Trümmern schien ein schöner Traum zu versinken. Aber schon war das Festival zu einem Begriff geworden: Sechs Jahre lang improvisierte man die Spiele, und dann stand wieder ein festes Haus zur Verfügung, der heutige Bau. Den Wettbewerb um den Entwurf gewann Elizabeth Scott, die einen zweckmäßigen Backsteinbau mit hohem Bühnenhaus projektiert hatte. Diesmal zeigte sich auch Shaw einverstanden: *»Miss Scotts Entwurf ist der einzige, der Theaterverstand zeigt.«* 1932 war der Neubau vollendet. Seitdem ist sein Inneres mehrfach den Anforderungen der Zeit angepaßt worden; zuletzt durch den Einbau einer riesigen vollmechanischen Bühne mit allen technischen Raffinessen. Shakespeare wäre sicher entzückt, seine Truppe so wohl etabliert zu sehen, läßt er doch schon Prinz Hamlet fordern: *»Werter Herr, wollt ihr sehen, daß man meine Schauspieler gut unterbringe? Hört zu, laßt sie wohl behandeln, denn sie sind der Inbegriff ... der Zeit.«*

In Stratford wurde von Anfang an ausgezeichnetes Theater gemacht; zu einer neuen Weltgeltung gelangte die Royal Shakespeare Company jedoch in den sechziger Jahren unseres Jahrhunderts unter ihren damaligen Direktoren Peter Hall und Peter Brook, unter deren Ägide sich eine Truppe von einzigartigem Rang mit Darstellern wie Dame Peggy Ashcroft, Sir John Gielgud, Eric Porter, Vanessa Redgrave, Judy Dench und Diana Rigg zusammenfand und zu einem Ensemble verschmolz, dessen Stil wegbereitend für die moderne englische Schauspielkunst wurde. Damals wurde das stolze Wort geprägt: *»Stratford braucht keine Stars, es macht welche!«*

Die Royal Shakespeare Company, abgekürzt RSC, bespielt in London mehrere Theater, geht auf Tournee in die Weltstädte und die kleinen Orte und Dörfer der Provinz. In Stratford steht ihr neben dem Haupthaus eine Experimentierbühne, *The Other Place*, zur Verfügung, und seit 1986 ein dem ›Globe‹ nachempfundenes, durch Spenden finanziertes Theater mit Galerien und Vorbühne, *The Swan*. Es wurde über dem Museumstrakt errichtet, um Aufführungen der Zeitgenossen des ›Schwans vom Avon‹ zu ermöglichen; deren köstlicher Wortmusik dient es mit einer atemberaubenden Akkustik.

Mit nichts hätte man dem Dichter in Stratford ein besseres, ein seinem Genie inniger entsprechendes Denkmal setzen können als mit diesen seinem Werk geweihten Theatern. Er war ja nicht nur Dramatiker, er war ja selbst ein Vollblutschauspieler und Theaterdirektor, dem zuzeiten die ganze Welt, wie seinem Jacques in ›Wie es euch gefällt‹ zur Bühne geworden war, *»und alle Männer und Frauen bloße Spieler …«*

53

Auf Shakespeares Spuren: Shottery – Alcester – Henley Wilmcote – Charlecote Park

Hier ist Rosmarin – das ist für die Erinnerung …
William Shakespeare, Hamlet

Um nach *Shottery*, dem Geburtsort von Anne Hathaway, Shakespeares Frau, zu gelangen, verlassen wir Stratford in westlicher Richtung auf der Straße nach Alcester – wenn wir es nicht vorziehen, zu Fuß dorthin zu pilgern. Die Umgebung des Dörfleins hat noch jenen wiesenhaften Charakter, wie er uns etwa in ›Wie es euch gefällt‹ von Shakespeare beschrieben wird. Anne Hathaways Cottage, oder richtiger, das Häuschen ihres Vaters Richard Hathaway (Gott segne die englischen Kirchenbücher!), ist ein Backsteinbau mit Fachwerkverstrebungen und tief herabgezogenem dickem Rieddach, das rundgeschwungene Ausschnitte für die Fenster läßt. Wir erkennen leicht, daß es das Haus eines Kätners war, nicht das einer Mittelstandsfamilie wie die anderen Shakespeare-Häuser. Und doch hat auch dieses Häuschen mit seinem bunten, engen Bauerngarten und niedrigen Räumen natürlichen Charme, ist es ein Ort voll Duft und Fröhlichkeit.

Unser nächstes Ziel, *Alcester*, ist eine mittelalterliche Stadt mit engen Gassen und vielen elisabethanischen und georgianischen Häusern, unter denen das Churchill House in der Butter Street mit einem geschnitzten Fries, eine Reihe von Fachwerkhäusern in der Henley Street und das Old Malt House (Alte Malzhaus) von 1500 mit zwei hohen Giebeln in der Malt Hill Lane besonders ansehenswert sind. Die Pfarrkirche zum heiligen Nikolaus hat noch ihren alten Turm, ist aber im vorigen Jahrhundert restauriert worden. Innen betrachten wir das pompöse Grabmal von Sir Fulke Greville, der um 1618 auch das Renaissance-Rathaus erbauen ließ. Einer seiner Vorfahren war ein Gönner des jungen Shakespeare; einige Forscher glauben, der gelehrte Ritter habe das Genie des Jungen erkannt und ihn mit Empfehlungen nach London geschickt: das wäre eine plausible Erklärung für Shakespeares Verschwinden aus seiner Vaterstadt, ist aber so unbewiesen wie fast alles in dessen Biographie. Alcester war, wie der Name vermuten läßt, bereits von den Römern besiedelt; es liegt am Knotenpunkt mehrerer Römerstraßen und am Zusammenfluß von Arrow und Alne, die gemeinsam in den Avon münden.

In der Nähe von Alcester stehen zwei schöne Herrenhöfe. Der eine ist *Coughton Court*, seit 1409 Heim der Familie Throckmorton, die mehrfach in die Wirren des Bürgerkrieges verwickelt war. Im Tudor-Torhaus des Besitzes hatten sich während des katholischen ›Gun-Powder-Plot‹ vom 5. November 1605 die Frauen der Verschwörer versammelt, um den Ausgang des Attentats abzuwarten. Wie so viele Tyrannen überlebte auch Jakob I., der ›britische Salomo‹, wie er sich gerne nennen ließ, den Anschlag auf seine Person, den Hof und das Parlament, denn die Pulververschwörung wurde verraten. Guy Fawkes, der die Pulverfässer zünden sollte, wurde am Tag vor der Tat verhaftet und mit allen anderen Beteiligten, deren man habhaft werden konnte – es waren nicht viele – hingerichtet. Robert Catesby, das eigentliche Haupt der Verschwörer, konnte sich zwar der Verhaftung entziehen, kam aber auf der Flucht um. Noch heute feiert man in England den ›Guy Fawkes Day‹ am 5. November mit großen Freudenfeuern und allerlei Mummenschanz. – Coughton Court gehört heute dem National Trust.

Das vornehme *Ragley Hall* ist ein Landsitz völlig anderen Zuschnitts. Es gilt als das vollkommenste unter den palladianischen Schlössern Englands. Errichtet wurde es 1679-1693 nach einem Entwurf von Robert Hook; den Park gestaltete im 18. Jahrhundert Capability Brown um. Der Aufriß des Hauses mit den beiden betonten Eckpavillons wurde zum Muster für viele spätere palladianische Häuser auf der Insel. Das Innere mit den filigranhaften weißen Stukkaturen auf pastellfarbigen Wänden, den zierlichen Chippendale-Möbeln, den Gemälden von Rubens und Reynolds, Morland und Hoppner sowie den preziösen Sammlungen von Meißner- und Sèvres-Porzellan atmet den Geist des Rokoko. Die Hall wurde für Lord Conway errichtet, dessen Nachfahren – die Familie Seymour, Markgrafen von Hertford – noch heute hier leben. Sie sehen in dem Besitz zunächst ein Heim und erst dann einen Rahmen für erlesene Dinge, und vielleicht ist Ragley Hall gerade deswegen so schön.

Von Alcester aus begeben wir uns nach *Henley-in-Arden*. Der Wald von Arden, in dem ›Wie es euch gefällt‹ spielt – für die

Phantasie eines Dichters ist von den Ardennen bis Arden nur ein Schritt – ist schon vor Zeiten der Axt zum Opfer gefallen, aber im Werk Shakespeares wie auch in manchen Städte- und Personennamen lebt die Erinnerung an ihn fort, und Henley selbst mit seinen schmucken, charaktervollen Fachwerkstraßen und Tudor-Gasthöfen erzählt noch vom einstigen Holzreichtum dieser Gegend. Jedes Haus hier unterscheidet sich von seinem Nachbarn durch eine Reihe kleiner Einzelheiten wie Dachgauben, Giebel, Erker, hier einem besonders kuriosen Schornstein, dort einem stattlichen Torweg: Dennoch bilden sie alle zusammen eine vom Alter geadelte, unverkennbare Einheit. Der königstreue Ort war im späten 13. Jahrhundert von Simon von Montfort, dem Führer der Baronie gegen die Krone, niedergebrannt worden, was zu der späteren Einheitlichkeit des Stadtbildes beigetragen haben mag, so katastrophal es den kleinen blühenden Marktflecken auch damals getroffen haben muß. Die Kirche St. John the Baptist wurde im 15. Jahrhundert im Perpendikularstil errichtet; sie hat eine schöne Balkendecke und prunkt mit reich skulptierten Kämpfern.

Von Henley fahren wir langsam wieder in Richtung Stratford. Nach wenigen Kilometern sehen wir rechter Hand einen dunkelgrünen Wegweiser, der uns zu *Mary Arden's House* in *Wilmcote* winkt. Am Ende eines heckengesäumten Landweges finden wir das prächtige Bauernhaus, ein Gütlein fast mit Schuppen und Scheunen, Ställen und einem großen Taubenschlag über quadratischem Grundriß. Das Wohnhaus mit enggestellten Fachwerkständern und übergiebelten Dachgauben ist halb hinter Rosen und Ranken verborgen. Dies war das Heim von Shakespeares Mutter Mary Arden, der Tochter eines wohlhabenden Freisassen, dem viel Land im Umkreis gehörte. Es gibt kaum ein besseres Beispiel für einen typischen Tudor-Bauernhof in England; er beherbergt neben alten zeitgenössischen Möbeln im Wohnhaus heute eines der besten landwirtschaftlichen Museen des Landes, eingebettet in einen Garten, der von Andersen erfunden sein könnte: Die efeuumsponnene Mauer des Vorgartens wird von Goldlack und Lilien begleitet, altmodische Kletterrosen umranken den Eingang des Hauses, und die uralten polsterartigen Buchshecken ersticken fast die kleinen bunten Beete rechts und links des steinernen Pfades, der auf das Haus zuführt. 1985 wurde ein Nachbarhof hinzugekauft; seine Räume und Hofgebäude, Werkstätten, Gärten und Fluren spiegeln das bäuerliche Leben der spätviktorianischen Epoche.

Wir kehren zur Hauptstraße zurück und nehmen jetzt die Abzweigung auf der anderen Seite nach Snitterfield, einem Dörfchen, in dem Großvater Arden geboren wurde. Von Snitterfield führt ein Landweg an die Hauptstraße, und von hier biegt rechts ein Weg zu dem Ort Hampton Lucy mit seinem Herrenhof Charlecote Park ab.

Der Bau von *Charlecote Park* wurde 1551 von Sir Thomas Lucy begonnen, dem alten Herrn, den Shakespeare in ›Heinrich IV.‹ als Friedensrichter Shallow für alle Zeiten lächerlich gemacht hat. Washington Irving hat das Tudorschloß in seinem Skizzenbuch sehr anschaulich beschrieben:

»*Nachdem ich die Straße etwa drei Meilen lang verfolgt hatte, bog ich in einen Fußpfad ein, der dicht an Feldern hin und unter Hecken zu einem Privattor des Parkes führte; es war jedoch für Fußgänger ein Steg vorhanden, und ein öffentlicher Weg führte durch die Besitzung. Ich habe meine Freude an diesen gastfreien Grundstücken, an denen jedermann eine Art von Anteil besitzt – mindestens soweit es den Fußpfad betrifft. Es söhnt gewissermaßen einen Armen mit seinem Schicksal aus, und, was noch mehr ist, mit dem besseren Los seines Nächsten, wenn er Parks und Gärten so zu seiner Erholung geöffnet sieht. Er atmet die reine Luft ebenso frei und streckt sich ebenso bequem im Schatten aus wie der Herr des Besitzes; und hat er auch nicht das Vorrecht, alles, was er schaut, sein eigen zu nennen, so braucht er doch auch nicht dafür bezahlen und es in Ordnung zu halten. Von diesen stattlichen alten Alleen geht eine ähnliche Wirkung aus wie von gotischer Architektur, nicht nur wegen der scheinbaren Gleichheit der Form, sondern weil sie von langer Dauer zeugen und ihre Entstehung auf eine Zeit zurückgeht, mit der wir die Vorstellung von romantischer Größe verknüpfen. Sie bekunden auch die seit langem bestehende Würde und stolz bewahrte Unabhängigkeit einer alten Familie, und ich habe einen sehr werten, aber aristokratischen Freund in einem Gespräch über die prunkvollen Paläste des neuen Adels die Bemerkung machen hören, daß ›Geld über Stein und Mörtel viel vermag, doch eine Eichenallee läßt sich, Gott sei Dank, nicht so rasch hinstellen!‹ Jetzt lag das Haus vor meinen Blicken. Es ist ein gewaltiger Bau aus Backstein mit quaderförmigen Ecksteinen und im gotischen Stil der Tage Königin Elisabeths, in deren ersten Regierungsjahren es erbaut wurde. Äußerlich hat es noch fast seinen ursprünglichen Zustand bewahrt und darf als schönes Beispiel für einen Wohnsitz eines vermögenden Landedel-*

mannes jener Zeit betrachtet werden. Ein großes Torhaus führt vom Park zu einer Art Vorhof vor dem Hause, der mit einem Rasenplatz, Sträuchern und Blumenbeeten geschmückt ist. Das Tor selbst ist eine Nachahmung der alten Festungswerke, gleichsam ein Außenwerk mit Ausfallpforten rechts und links, allerdings offenbar mehr zur Verzierung als zur Verteidigung. Die Vorderseite des Hauses ist ganz im alten Stil gehalten: die steinernen Fensterkreuze, ein großes Bogenfenster mit schwerer Bildhauerarbeit und darüber ein Bogenfeld mit in Stein gehauenem Wappen. An jeder Ecke des Gebäudes erhebt sich ein achteckiger, von einer goldenen Kugel und einem Wetterhahn gekrönter Turm.

Der Avon, der sich durch den Park windet, beschreibt gerade am Fuß eines sanft abfallenden Hügels hinter dem Haus eine Krümmung. Große Rudel von Damhirschen weideten und ruhten an seinen Ufern, und Schwäne segelten majestätisch auf seinem Busen. Als ich dieses ehrwürdige alte Gebäude betrachtete, rief ich mir Falstaffs Lobrede auf den Wohnsitz des Friedensrichters Shallow ins Gedächtnis und des letzteren erheuchelte Gleichgültigkeit und wahre Eitelkeit:

FALSTAFF: *Weiß Gott, Ihr habt da einen trefflichen, reichen Wohnsitz!*

SHALLOW: *Mager, mager, mager! Allesamt Bettler, allesamt Bettler, Sir John! Na schön, die Luft ist gut ...«*

Warum aber haßte Shakespeare den Friedensrichter Thomas Lucy so, dessen ›reicher Wohnsitz‹ übrigens heute noch genauso ausschaut wie ihn Shakespeare vor vierhundert und Irving vor hundertfünfzig Jahren beschrieben haben? Selbst die Rudel von Damhirschen sind noch vorhanden. Nun, daran haben eben die Hirsche schuld. Dem jungen Bill, ein Draufgänger wie nur einer, wenn man zeitgenössischen Berichten Glauben schenken will, stachen die fetten Tiere des Ritters in die Augen, und mehr als einmal hat er im Hirschpark Lucys gewildert – bis ihn der Edelmann eines Tages ertappte und in seinem Zorn widerrechtlich mit der Peitsche malträtierte. Unser junger Held, nicht faul, rächte sich geschwind mit einer Spottballade, die bald in aller Munde war und »so bitter, daß sich die Verfolgungen verdoppelten und ihn zwangen, sein Geschäft und seine Familie in Warwickshire zu verlassen und in London Zuflucht zu suchen« (Nicholas Rowe). Was an dieser Geschichte wahr, was anekdotische Übertreibung ist, mag niemand mehr entscheiden.

Wahrscheinlicher ist es jedoch, daß Shakespeare mit Empfehlungsbriefen Fulke Grevilles in der Tasche nach London aufbrach; die Episode mit Lucy mag allenfalls am Rande eine Rolle gespielt haben. Immerhin war sein Haß gegen den Ritter tief genug, ihn noch nach Jahren als Dramenfigur dem Gespött des Hofes preiszugeben, denn niemand konnte damals daran zweifeln, wer sich unter der Maske verbarg, hatte Shakespeare ihm doch arglistigerweise sein Familienwappen mit den drei weißen Hechten gelassen.

54

Romanzen und Rebellionen: Warwick–Kenilworth Coventry

Wenn der Earl durch die Straßen Londons ritt, auf diplomatischen Reisen oder auf Kriegsfahrt durch die Dörfer kam, schrie die Volksmenge: »Warwick! Warwick!«, als ob er eine vom Himmel gestiegene Gottheit wäre.
Paul Murray Kendall, Richard III, 1957

Warwick

Shakespeare wurde in eine vergleichsweise friedliche Epoche der englischen Geschichte hineingeboren, wenn man von der Schlacht gegen die Armada einmal absieht, die stattfand, während er als junger Habenichts in London sein Glück zu machen suchte. Aber noch lebte in der Bevölkerung die Erinnerung an die Glaubensfehden unter Elisabeths I. Vorgängern, ihrem Vater und ihren Halbgeschwistern, noch auch waren die Schrecken der Rosenkriege, die das Haus Plantagenet in seinen Geschlechtern Lancaster und York aufrieben, nicht vergessen. Diese Auseinandersetzungen begannen im Grunde 1399 mit der Absetzung Richards II. Plantagenet durch Heinrich IV. Lancaster und endeten erst 1485 mit dem Tode Richards III. aus dem Hause York auf dem Schlachtfeld von Bosworth. Shakespeare hat dieses lange Ringen um England in seinen History Plays gestaltet, die bei uns als ›Königsdramen‹ bekannt wurden. Zu den Hauptfiguren dieses Machtkampfes zählten immer wieder die Grafen von Warwick.

Wenn man Burg Warwick aus der Ebene auftauchen sieht, ahnt man, was es hieß, der Besitzer dieser gigantischen Bastion in einer Zeit des inneren Aufruhrs gewesen zu sein: Nur das königliche Windsor ist Warwick vergleichbar. Sie thront stolz und gewaltig im

Kranz ihrer hellen wehrhaften Türme, Ausdruck des Trotzes und Hochmuts eines unbeugsamen Geschlechts. Schon König Heinrich II., der erste Plantagenet, hatte erkannt, daß diese Burg im Herzland Englands in ihrer Uneinnehmbarkeit eine Gefahr, ja eine Bedrohung für das Königtum darstellen konnte, und hatte mit dem Ausbau des benachbarten Kenilworth begonnen – aber Kenilworth konnte sich an Stärke und Pracht nie mit Warwick vergleichen. Mit diesem sicheren Zufluchtsort im Rücken, diesem Koloß ohne Maß über der Avonschlucht, konnten es die Grafen im Mittelalter wagen, der Krone wieder und wieder Trotz zu bieten – vor allem, wenn ihr Träger schwach war. Immer hatte ein Warwick seine Hand im Spiel, wenn es darum ging, den Thron zu usurpieren: Roger de Beaumont focht gegen Kaiserin Mathilda, Heinrichs I. Tochter, für Stephan und seine unrechtmäßigen Ansprüche; Guy de Beauchamp war wenige Generationen später am Sturz Eduards II. beteiligt; Thomas II. de Beauchamp stellte sich auf die Seite Bolingbrokes, des späteren Heinrichs IV., als dieser gegen Richard II. zu Felde zog. Aber erst Richard Neville machte aus der Kunst des Staatsstreichs einen lebenslangen Sport, der ihm bei den Zeitgenossen den Namen eines ›Königsmachers‹ eintrug.

Damals hatte die Machtfülle der Familie ihren Zenit erreicht: Die Nevilles trugen Herzogshüte und Bischofsmützen und die Gürtel der vornehmsten Grafen; zu Zeiten saßen mehr als ein Dutzend Familienmitglieder im Parlament. Richards Vater war Graf von Salisbury; sein Großvater Ralph Graf von Westmoreland; dessen jüngste Tochter – Westmoreland hatte dreiundzwanzig Kinder, die alle zu Titel und Würden kamen – hatte den Thronanwärter des Hauses York, Richard Plantagenet, Herzog von York, geheiratet, einer der Brüder Warwicks war Bischof von Exeter und Lordkanzler und später Erzbischof von York; ein anderer, John, erst Graf von Northumberland und später Marquis von Montagu. Das war der persönliche Hintergrund des Königsmachers, dem schon in jungen Jahren vom Parlament der Gouverneursposten von Calais, der letzten englischen Besitzung in Frankreich, und der Schutz der Meere übertragen wurde. Dreimal focht Warwick an der Seite des York für dessen Erbanspruch gegen die Heere des in Schwachsinn verfallenen Heinrich VI. Nach dem ersten Angriff blieb ihnen nur Flucht; beim zweiten Marsch auf die Hauptstadt wurde der Herzog 1460 als Reichsregent und Erbe Heinrichs vom Parlament eingesetzt; als er aber seine Titel gegen das von der Königin aus Schottland herbeigeführte Heer verteidigen mußte, fielen er und sein zweitältester Sohn, Graf Rutland. Warwick und die jungen Prinzen mußten fliehen, konnten aber ihre Kräfte sammeln und nahmen schon ein halbes Jahr später London wieder ein. Dort setzte Warwick Prinz Eduard als neuen König ein, in der Absicht, durch ihn zu regieren.

Aber Eduard IV. war nicht bereit, sich von dem Mann, der ihm zum Thron verholfen hatte, auf den er ein begründetes Recht besaß, beherrschen zu lassen. Er lehnte eine von Warwick angestiftete französische Heirat ab mit der Begründung, er sei bereits mit Elizabeth Woodville, einer Witwe aus dem niederen Adel, vermählt. Warwick unterdrückte seinen Zorn und hofierte nun Eduards Bruder George, Herzog von Clarence, den er gegen den erklärten Willen des Königs mit seiner Tochter Isabel verheiratete. 1469 kam es zum Eklat: Eduard wurde, als er einen Aufstand im Norden niederschlagen wollte, von Warwick und Clarence gefangengenommen und nur auf Druck des Volkes, bei dem er sehr beliebt war, wieder auf freien Fuß gesetzt. Er verzieh den Rebellen, die sich dadurch aber nur zu einem neuen Angriff angereizt sahen; diesmal war der König der Überlegene, und Warwick mußte mit seinem Schwiegersohn fliehen. In Frankreich versöhnte sich der Graf durch Vermittlung des französischen Königs mit der abgesetzten Königin Margarete, verlobte seine zweite Tochter Anna mit deren Sohn, Prinz Eduard, dem Thronanwärter des Hauses Lancaster, und war nun der Schwiegervater zweier möglicher Prätendenten aus den beiden Zweigen des alten Hauses Plantagenet! Doch dieses diplomatische Kunststück sollte ihm das Genick brechen: George von Clarence versöhnte sich mit seinem Bruder, und als Warwick mit einem Heer in England landete und das gespenstische Maskenspiel einer ›Wiedereinsetzung‹ des greisen Heinrich inszenierte, der verwirrten Geistes in einer Wohnung im Tower dahinvegetiert hatte, war Englands Geduld endgültig erschöpft: Der Graf wurde durch das Land nach Norden gehetzt, wo er und sein Bruder John 1471 auf dem Schlachtfeld von Barnet fielen. Wenig später wurde Eduard von Lancaster, der eine seiner Schwiegersöhne, bei Tewkesbury erschlagen, und an Clarence, den anderen, legte bald darauf der Henker seine Hand. Eine Generation später mußte auch Clarences Sohn, der letzte Warwick mit Nevilleblut in den Adern, sein Haupt unter das Schwert beugen, wie wir noch sehen werden.

Warwick war seit sächsischer Zeit eine Stadt; sie wurde nach Alfreds Tod von den Dänen verwüstet, aber von Alfreds Tochter Ethelfleda, einer wahren Heroine, befreit und befestigt. Das war 916. Von jenem Jahr bis 1604, dem Regierungsantritt der Stuarts, gehörte die Burg nominell den Königen von England und wurde durch die Grafen lediglich ›verwaltet‹. Der Titel der Grafen von Warwick wurde 1088 geschaffen; seine ersten Träger waren die Herren de Beaumont. 1265 fiel der Titel durch Erbschaft an das große Geschlecht der Beauchamp; 1345 begann Thomas von Beauchamp mit dem Bau der heutigen Burg: aus seinen Tagen hat sich neben dem mächtigen Burgfried, Caesars Turm genannt, ein Torhaus erhalten. Den dritten der großen Türme erbaute 1394 sein Sohn. Dann fiel der Titel durch Erbschaft an Richard Neville, den Königsmacher.

Für Neville war die Burg ein wichtiges Stück seiner Macht. Mit dieser Feste im Rücken hatte er geglaubt, alles wagen zu können – und wagte dann doch zuviel. Dennoch machte Eduard IV. seinen Bruder, Nevilles Mitverschwörer und Schwiegersohn, nach dem Fall des Grafen zum Träger des alten Titels, und George zog mit seiner jungen Frau auf die Burg, wo unter seinem Regiment sogleich eine heftige Bautätigkeit einsetzte. Unter ihm wurde mit dem Palastbau im Innern der Mauern begonnen; außerdem ließ er das Torhaus durch zwei kleine Türme gegen die Stadt zu verstärken. Aber Clarence war schon zu tief in die Intrigen des Königsmachers verstrickt gewesen; er wurde nach London beordert und dort wegen Hochverrats hingerichtet; die Fama will wissen, daß ihn der König in einem Faß voll Malvasierwein ertränken ließ. Clarences einziger Sohn, Eduard Plantagenet, wurde vor der Schlacht gegen Heinrich VII. Tudor mit anderen jungen Edelleuten aus dem Hause York von seinem Onkel Richard III. auf einer entlegenen Burg in Sicherheit gebracht, aber im Alter von fünfundzwanzig Jahren aus dem gleichen Grund wie einst sein Vater von Heinrich VII. hingerichtet. Danach blieb der Titel der Grafen von Warwick für sechzig Jahre vakant, bis wiederum ein Eduard regierte, der Sohn Heinrichs VIII. Er belehnte John Dudley, einen Verwandten der Beauchamps, mit der Grafschaft. Aber die Burg schien alle Warwicks zum Intrigieren zu verleiten; John Dudley spielte eine entscheidende Rolle als Schwiegervater von Lady Jane Grey, die er zur Königin zu machen versuchte. Wir haben über die unselige Episode schon an anderer Stelle berichtet. Auch er fand 1553 den Tod auf dem Richtblock, aber seine beiden Söhne stiegen unter Königin Elisabeth I. zu höchsten Ehren auf: Ambrose erhielt Burg und Titel Warwick, und Robert wurde zum Grafen Leicester erhoben und war später Herr über das nahe Kenilworth. Ambrose starb kinderlos, und wieder fiel so der Titel an die Krone zurück.

Und nun begegnen wir auf Warwick abermals einem vertrauten Namen: Sir Fulke Greville. Er wurde von Jakob I. mit der Burg belehnt, die damals in einem schlimmen Verfallszustand war; die Reparaturen kosteten Sir Fulke zwanzigtausend Pfund – eine ungeheure Summe für die damalige Zeit. Aber unter seiner Obhut wurde aus der Wehrfeste endlich nun ein Schloß mit schönen festlichen Räumen und einem gepflegten Garten, »ein wahrhaft fürstlicher Sitz«, wie ein Zeitgenosse vermerkte. 1795 kam zu dem Lehen auch der Grafentitel an die Grevilles, und heute residiert mit Charles Guy Fulke der 7. Graf von Warwick aus dem Geschlecht Greville auf der Burg.

Sehen wir uns sein Reich jetzt etwas genauer an – es ist auch heute noch ein ›fürstlicher Sitz!‹ Hat man die dicken Mauern des alten Berings und den langen gewundenen Felsengang überwunden, der zur Burg hinaufführt, so findet man sich in einem lichten weiten Park wieder, den niemand hinter der trutzigen Schutzwehr vermuten würde. Über die breiten Wege stolzieren weiße und blaue Pfauen, ihre langen schimmernden Schwänze wie Schleppen hinter sich herziehend, die kleinen gekrönten Köpfchen stolz aufrecht haltend. Sie nächtigen im weitgespreiteten Geäst der mächtigen Bäume, die milde Schatten auf die kurzgeschornen Rasenflächen werfen. Blumenrabatten zwischen geometrischen Buchshecken und eine Fülle von Rosenbüschen liegen wie ein festlicher Gürtel um die Innenbauten; nach und nach verschmilzt der Park dann mit der Uferlandschaft des Avon in der Ferne.

Bei einem Rundgang durch die Burg gelangen wir zuerst in die *Kapelle*. Sie war völlig verfallen, als Fulke Greville auf Warwick Einzug hielt; er hat sie im gotischen Stil wieder herrichten lassen. Das große Westfenster mit venezianischem Glas aus der gotischen Epoche schenkte in der Mitte des 18. Jahrhunderts der Graf von Essex; die große Pieta an der Nordwand ist ein Werk von Carracci.

Der *Speisesaal* zeigt eine kuriose Mischung von jakobinischem Stil und Rokoko, was daran liegen mag, daß sich die Architekten bei seiner Renovierung im 18. Jahrhundert bemühten, ihn den anderen Räumen anzugleichen. Die geradlinige Holztäfelung ist in Weiß und

Gold gehalten; die Stuckdecke zeigt ein rollwerkartiges Muster, aber im zierlicheren Geschmack des 18. Jahrhunderts. Das große Löwenbild über dem Adam-Kamin stammt von Rubens und ist mit einer tragischen Geschichte belastet: Die Raubkatzen sollen vor den Augen des Malers ihren Wärter in Stücke gerissen haben, weil er versucht hatte, sie zum Brüllen zu veranlassen. Unter vielen interessanten Porträts fällt ein Bildnis Karls I. von Van Dyck ins Auge, das den König hoch zu Roß zeigt. Die Büsten von Kaiser Augustus und Scipio Africanus sind gute römische Arbeiten.

Die *Große Halle* wurde im späten 17. Jahrhundert durch einen Brand zerstört und im gotisierenden Geschmack des frühen 19. Jahrhunderts wiederhergestellt, stand aber in den siebziger Jahren des vorigen Jahrhunderts abermals in Flammen. Der Riesenraum mit offenem Eichendachstuhl hat einen venezianischen Marmorboden in rot und weiß; die den Fenstern gegenüberliegende Seite ist mit einer schweren, geschnitzten Eichentäfelung versehen. Echt sind in diesem Raum nur die unverputzten, meterdicken Wände und die Kunstgegenstände: Da gibt es ein anmutiges Bildnis der jungen Königin Elisabeth I. im Krönungsornat, das ihrem Goldschmied Guillem Streets zugeschrieben wird; die Goldornamente ihrer Robe und ihr Geschmeide funkeln noch heute so frisch wie eben aufgetragen. Die Büste Karls I. ist ein Werk Bellinis. Für den deutschen Besucher ist sicherlich das Bild des Winterkönigs und seiner Familie an der Westseite des Raumes von besonderem Interesse. Elisabeth von Böhmen war, wie wir uns erinnern werden, eine Schwester von Karl I.; ihre Söhne Moritz und Rupert, die auf dem Gemälde mitdargestellt sind, erfreuten sich in England großer Bewunderung. Von historischem Reiz sind auch die ausgestellten Rüstungen: so ein Kreuzfahrerhelm, eine Beinschiene und eine Eisenfaust des Schwarzen Prinzen, zu dessen Erziehern ein Graf von Warwick gehörte, ein Sattel Elisabeths I. in den Tudorfarben gelb und schwarz, die Rüstung von Graf Leicesters verkrüppeltem Söhnchen, das man wegen seiner Mißgestalt den ›noble Imp‹ – edlen Gnom – nannte, und ein Helm Cromwells.

Im *Roten Salon* mit seinen Vorhängen und Wandbespannungen aus alter italienischer Seide schimmert in Kabinetten des großen Möbeltischlers Boulé orientalisches Porzellan. Ein ungewöhnliches Saiteninstrument, das sogleich ins Auge fällt, hat seine eigene Geschichte: Es ist eigentlich eine Gitarre aus dem 14. Jahrhundert, die aber von Königin Elisabeth I. zu einer Violine umgestaltet und dann

Lord Leicester geschenkt wurde. Unter den zahlreichen Gemälden der italienischen und flämischen Schule, die die Wände schmücken, entzückt keines das Auge mehr als eine (möglicherweise eigenhändige) Kopie von Raffaels berühmtem Porträt der Johanna von Neapel, ein Idealbildnis einer jungen blonden Frau in weinrotem Gewand.

Der *Cedar Drawing Room* ist ganz und gar mit Zedernholz getäfelt. Sein marmorner Adam-Kamin mit einer zierlichen klassizistischer Girlande ist ein besonders reizvolles Stück. Von der wundervollen spätbarocken Stuckdecke hängen schimmernde Kristalllüster herab; der Aubusson-Teppich reicht von Wand zu Wand und zeigt in seiner Ornamentik den Wappenbären der Warwicks und den Grevilleschen Schwan. Dieser Raum enthält, ebenso wie der anschließende *Grüne Salon*, Gemälde der Englischen Schule sowie von Van Dyck, Rubens, Lely und anderen Meistern.

Queen Annes Bedroom wurde nach dem Staatsbett der Königin benannt; es kam zusammen mit anderen Möbeln aus dem Besitz der Monarchin als ein Geschenk Georgs III. nach Warwick. Dieses Zimmer ist mit Brüsseler Tapisserien ausgekleidet, die um 1604 von Franciscus Spiringius gefertigt wurden. An einer Wand hängt ein Vollporträt der beliebten, aber unschönen Königin. Das *Blaue Boudoir* ist ein zauberhafter kleiner Raum, ganz mit leuchtend blauem Damast bespannt. In ihm steht ein mit Lapislazuli eingelegtes Tischchen aus dem Besitz Marie Antoinettes von Frankreich. Die Wandschnitzereien stammen von Grinling Gibbons, unserem alten Bekannten. Die größte Kostbarkeit in diesem Raum ist jedoch ein Bildnis Heinrichs VIII. von Hans Holbein; außerdem hängen hier ein reizendes Knabenbild des Königs, ein Porträt Anne Boleyns und Cranachs Bildnis von Sybilla, der Schwester Annas von Kleve, die als vierte Frau des Königs in die Geschichte eingegangen ist; daneben einige Niederländer, Rubens' ›Eberjagd‹ und ›Vier Apostel‹ sowie Arbeiten englischer Maler. Im *Lower Room*, dem letzten der zur Besichtigung freigegebenen Räume, erwarten den Kunstfreund noch das Shakespearebildnis eines unbekannten Meisters und eine Totenmaske des Lordprotektors Oliver Cromwell.

Unter dem Protest der Bevölkerung begannen die Grafen ihre Schätze zur Deckung von Steuerlasten zu veräußern. Dies führte 1978 zum endgültigen Verkauf der Burg an Mme. Tussauts Wachsfigurenkabinett. In den früheren, renovierten Privatgemächern der Grafen tummelt sich jetzt eine edwardianische (Wachsfiguren)-»Wochenendgesellschaft«.

Vom Burgberg steigen wir herab in die winkligen Straßen und breiten Plätze der *Stadt Warwick*, die älter ist als die Burg selbst. Leider brannte der Stadtkern um 1694 nieder; auch die große Kirche St. Mary erlitt damals starke Schäden. Ältere Häuser finden wir noch in Castle Street, so ›Oken's House‹, das heute ein Spielzeug- und Puppenmuseum beherbergt. Über dem normannischen West Gate erhebt sich ein feiner frühgotischer Bau, St. James's Chapel, die hauptsächlich von den 1383 durch königliche Charter gegründeten Zünften besucht wurde. Die Straße verläuft hier, den natürlichen Bodengegebenheiten entsprechend, in zwei Ebenen: der Fahrdamm führt unten durch das stämmige Tor hindurch, ein Fußgängerweg strebt leicht ansteigend auf die Kapelle im Obergeschoß zu. Er wird von den malerischen Fachwerkbauten des 1571 von Lord Leicester für zwölf »arme und hilflose Bürger« errichteten Hospiz begleitet; es dient noch heute dem alten Zweck, doch hat man die große Küche der ›Brethren‹ in ein stimmungsvolles Restaurant umgewandelt. Die anschließende Zunfthalle ist heute Museum.

Die Sammlungen der Grafschaft sind auf zwei Gebäude verteilt: Die vor- und frühgeschichtliche und die geologische Abteilung finden wir in der um 1670 errichteten Markthalle; das St. John's House in dem Vorort Coten End enthält alte Möbel, Kostüme und volkskundliche Objekte aller Art. Es ist ein ehemaliger jakobinischer Herrenhof mit ungewöhnlicher Fassade: Der schmale hohe Mittelrisalit tritt leicht hervor; die Seitenflügel werden von schlanken behelmten Türmen bewacht. Fünf Giebel schließen den Bau gegen das Dach ab, wobei der Giebel über dem Mittelrisaliten und die beiden äußeren im holländischen Geschmack geschweift sind, die dazwischenliegenden Giebel aber das schlichte gleichwinklige Dreieck zeigen, das für die elisabethanische Baukunst typisch war. Die Straßen im Innern der Stadt sind reich an ansehnlichen Häusern aus dem 17. und 18. Jahrhundert. Besonders stattlich ist die klassizistische Grafschaftshalle mit achteckiger Turmlaterne von 1753.

Die Kirche St. Mary, ein geräumiger Bau, hat noch ihre normannische Krypta, deren Gewölbe auf schweren Rundpfeilern ruhen. Auch der Perpendikularchor aus dem 14. Jahrhundert hat den Brand fast unbeschadet überstanden. In ihm steht das Grabmal jenes Richard Beauchamp, Graf von Warwick, der im Prozeß gegen die Jungfrau von Orleans eine so unrühmliche Rolle gespielt hat. Sein Sarkophag aus schwarzem Purbeckmarmor wurde von John Bode skulptiert, die große Liegefigur hat ein Londoner Künstler, William

Austen, in Bronze gegossen. Ein anderes Monument, das unser Interesse beanspruchen darf, ist das von Fulke Greville im wiederhergestellten Kapitelhaus der Kirche.

Von Warwick aus fahren wir in nördlicher Richtung weiter nach *Kenilworth*. Dabei überschreiten wir, so kurz die Strecke ist, eine geologische Grenze: Warwick Castle erstrahlte noch im lichten Glanz des Kalksteins; Kenilworth grüßt von seinem grünen Hügel im warmen Rostrosa des Sandsteins. Ist Warwick eine alte Stadt, so ist Kenilworth nur noch ein Dorf, dessen krummen Gassen mit niedrigen roten Häuschen sich heute allerdings mehrere neue Siedlungen zugesellt haben. Kenilworth Castle wurde von Cromwell belagert und weitgehend zerstört; nur noch die Außenmauern ragen tot und leer in den Himmel; durch die normannischen und gotischen Fensterhöhlen pfeift der Wind.

Das Gebiet von Kenilworth gab Anfang des 12. Jahrhunderts König Heinrich I. seinem Schatzmeister Geoffrey de Clinton zu Lehen. Dessen Enkel errichtete zwischen 1150 und 1175 den Burgfried, einen strengen, massigen Kubus mit rechtwinklig vortretenden Ecktürmen in der Mitte des Burghügels. Bald darauf übernahm König Heinrich II. die Burg selbst und ließ sie als Gegengewicht zu der immer mächtiger werdenden Burg von Warwick ausbauen und verstärken. Heinrich hatte jedoch auch einen ganz privaten Grund, Kenilworth allen seinen anderen Burgen vorzuziehen: Er hatte sich in die sehr schöne Tochter des Kastellans, Rosamond de Clifford, verliebt. Sie schenkte ihm zwei Kinder; die Legende will wissen, daß der König sie unter einem angenommenen Namen geheiratet hat und daß seine Königin, Eleanore von Aquitanien, die Nebenbuhlerin und die Kinder in eifersüchtigem Zorn ermordete, wofür Heinrich sie mit langer Kerkerhaft büßen ließ. Die Wahrheit war komplizierter. Der Streit zwischen Heinrich und Eleanore hatte, wie wir bereits früher hörten, hauptsächlich politische Hintergründe. Rosamonde war möglicherweise die anerkannte Mätresse des Königs, aber sicher nicht seine Frau; sie wurde auch nicht ermordet, sondern ging in ein Kloster. Wie dem auch sei, die Balladendichter jener Zeit ebenso wie die Dramen- und Romanschreiber späterer Jahre hatten eine Schwäche für ›Fair Rosamond‹, des ersten Plantagenet schönes Lieb, und sie malten ihr Schicksal gerne in möglichst düsteren Farben, um desto sicherer ihr Publikum zu rühren.

Des Königs Sohn, Johann Ohneland, nahm den Cliffords endgültig die Herrschaft über Kenilworth und ließ es zu einer starken königlichen Feste ausbauen. Heinrich III., sein Erbe, überließ die Burg seiner Schwester Eleanor und ihrem Gemahl Simon de Montfort, der später den Aufstand der Barone gegen seinen Schwager führte und dessen Söhne auf Kenilworth gefangensetzte.

Doch das Kriegsglück ist launisch, und eines Tages war Heinrich wieder Herr über Kenilworth. Er ließ es seinem zweiten Sohn, Edmund Crouchback, zu Lehen. Edmund wurde der Gründer der Linie der Grafen von Lancaster. Und bei dieser Linie blieb Kenilworth bis zum Jahr 1352. Damals lebte nur noch eine weibliche Erbin, Blanche, die sich mit John of Gaunt, dem vierten Sohn König Eduards III., vermählte, der bald darauf von seinem Vater zum neuen Herzog von Lancaster erhoben wurde. John liebte Kenilworth und erweiterte es um einen wunderbaren gotischen Saalbau und eine Flucht von Staatsgemächern; die vorhandenen normannischen Bauten ließ er renovieren und völlig neu ausstatten. Wir kennen diesen Herzog bereits als den ehrfurchtgebietenden Wahrer englischen Rechts und englischer Größe aus Shakespeares Drama ›Richard II.‹ und als Gönner Chaucers. Johns Sohn wurde als Heinrich IV. der erste König aus dem Hause Lancaster. Er war ein äußerst fähiger Fürst, wie sein Vater ein großer Förderer von Handel und Gewerbe, Kunst und Wissenschaft, ein tatkräftiger Mann und tapferer Soldat, der die zahlreichen Aufstände der ihm feindlich gesonnenen Barone des Nordens mit großer Energie niederzuringen wußte, aber auch ein Mensch von empfindlichem Gewissen, den die Schuld seiner Jugend – die Absetzung Richards II. – im Alter an die Grenze des Wahnsinns trieb. Lange kümmerte sich niemand mehr um Kenilworth; die Kriege mit Frankreich unter Heinrichs Erben und die Rosenkriege fraßen die Muße der englischen Herrscher auf. Erst Heinrich VIII. baute einen neuen Flügel an der Ostseite des inneren Hofes. 1563 belehnte dann Elisabeth I. Lord Leicester mit der Burg.

Und damit begann noch einmal eine Zeit der großen Bautätigkeit, der ausgelassensten Gelage und einer königlichen Romanze. Graf Leicester hatte Elisabeth I. nach Kenilworth geladen, wo er sie in einem ununterbrochenen neunzehntägigen Fest fürstlich bewirtete; es war das rauschendste Fest der ganzen Epoche, und sein Verlauf ist uns durch einen minuziösen Bericht des Hofpoeten George Gascoigne genau überliefert: Musikvorführungen, Maskenspiele, Tänze, Gelage, Feuerwerk, Rezitationen aller Art gaben Leicester immer nur neuen Anlaß, die Monarchin mit Geschenken zu überschütten. Diese wenigen Tage sollen Leicester die für seine Zeit phantastische Summe von hunderttausend Pfund gekostet haben: Man muß bedenken, daß Shakespeare damals für das größte und stattlichste Haus von Stratford nur sechzig Pfund aufwenden mußte! Man darf aber auch nicht übersehen, daß an diesem Fest nicht nur der gesamte Hof, sondern auch die Bevölkerung der halben Grafschaft und die Schauspieltruppen, Gaukler und Fahrenden aus dem ganzen Königreich teilnahmen und mit Freibier und unzähligen Ochsen am Spieß verköstigt werden mußten. Vielleicht hat der Knabe William Shakespeare dort erstmals richtiges Theater gesehen ... Während dieser Tage verstummte das Gerücht nicht, daß Leicester um die Hand der Königin anhalten wolle. Es gibt ein bezauberndes Bild, das den hochgewachsenen Grafen und die Königin im rosa Kleid bei einem ausgelassenen Tanz zeigt, das privateste Bild der jungfräulichen Herrscherin. Aber in diese heitere Märchenwelt schlug unerwartet der Blitz ein: Leicester war in heimlicher Ehe mit Amy Robsart, der Tochter eines Ritters, vermählt. Die junge Frau, die der Lord auf einem seiner Landhäuser verborgen hielt, stürzte dort eine Treppe herab und erlag ihren schweren Verletzungen. Die entsetzliche Kunde traf ein, als das Fest seinen Höhepunkt erreicht hatte, und es gab genug Neider, die unter vorgehaltener Hand flüsterten, daß Amy nicht einem Unglück, sondern einem Anschlag ihres eigenen Gemahls zum Opfer gefallen sei. Elisabeth war entsetzt und zog sich sofort zurück. Selbst wenn sie jemals mit dem Gedanken gespielt hatte, Leicester zu erhören: den Witwer einer unter mysteriösen Umständen ums Leben gekommenen Ritterstochter konnte sie nicht zum König von England machen. Aber ganz erlosch die alte Zuneigung nie; noch eine Woche bevor Leicester 1588 einem Fieber erlag, schrieb er an Elisabeth, und dieser Brief trägt von ihrer eigenen Hand den Vermerk »his last letter«. Amys Grab haben wir in Oxford im Chor von St. Mary unter den Stufen des Altars gesehen. Walter Scott hat in seinem Roman ›Kenilworth‹ ihr Schicksal und den möglichen Verlauf der Festlichkeiten mit dichterischer Freiheit geschildert.

Coventry

Weiter führt uns der Weg nach Coventry, und auch die Geschichte dieser Stadt ist mit einer berühmten Sage verbunden. Schon seit angelsächsischer Zeit gab es in Coventry ein Kloster, in dessen Umkreis sich die Stadt entwickelte. Im 11. Jahrhundert belegte Leofric, Graf von Mercia, den Ort mit einer drückenden Steuer, die die Bürger nicht aufbringen konnten. Sie schickten eine Abordnung zu Leofric, um ihn um Gnade zu bitten, und die schöne junge Gräfin Godiva stimmte in ihr Flehen mit ein. Gerade das aber reizte den Grafen zum Zorn, der höhnisch erklärte, er wolle der Stadt gern alle Abgaben erlassen, wenn seine Gemahlin nackt durch Coventry reiten werde. Sprachs, wandte sich ab und ging.

Doch er hatte die Hochherzigkeit seiner Frau unterschätzt. Sie verständigte sich heimlich mit den Bürgern und galoppierte an einem der nächsten Tage, nur in den Mantel ihres langen blonden Haares gehüllt, auf ihrem weißen Zelter durch die Straßen. Jedermann hatte sich in sein Haus zurückgezogen und Türen und Fenster vorsorglich verrammelt. Dennoch packte den Grafen Entsetzen vor sich selbst, als er von dem Opferritt Godivas erfuhr; er hielt sein Wort und stiftete in seiner Reue eine große Benediktinerabtei, deren Reste man an der Nordseite der Dreifaltigkeits-Kirche findet.

Wie so oft in aufstrebenden Städten kam es auch in Coventry bald zu Rivalitäten zwischen den Grafen auf der einen und Geistlichkeit und Bürgern auf der anderen Seite. *St. Michael*, die zweite der großen Kirchen, wurde im Wechsel mit Lichfield Kathedrale; Coventry blieb bis zur Regierungszeit Heinrichs VIII. Bischofssitz; dann fiel diese Würde an Lichfield; Coventry mußte bis ins 20. Jahrhundert warten, ehe St. Michael erneut Kathedrale wurde. Inzwischen war aus dem mittelalterlichen Fachwerkstädtchen das Zentrum des englischen Automobilbaus geworden. Zwar war das Stadtbild noch immer durch seine gotischen Kirchen und die Fassaden der schwarzweißen Häuser bestimmt, aber am Stadtrand hatten sich große Fabriken angesiedelt. Schon im 19. Jahrhundert wurden in Coventry Sämaschinen produziert; bald danach begann man mit der Herstellung von Fahrrädern, und 1898 baute Gottfried Daimler hier ein Automobilwerk – damit war die weitere Entwicklung der Stadt vorgezeichnet. Auch heute noch sind die Auto- und Flugzeugwerke der Stolz und Reichtum Coventrys; aber die mittelalterlichen Straßen und die Kathedrale in ihrer alten Gestalt sind verschwunden: Fast die ganze Innenstadt wurde in der Nacht des 14. November 1940 in einem einzigen verheerenden Bombenangriff ausgelöscht. Die Kathedrale brannte wie eine Fackel; gelber Rauch stand als eine ungeheuere Wolke über den Trümmern Coventrys, das in wenigen Stunden in Schutt und Asche gesunken war. Aber hell gellten die

Glocken aus dem fast unzerstörten Turm St. Michaels, von keiner Hand geläutet, nur vom Feuersturm bewegt, als wollten sie im ganzen Land um Hilfe rufen. Am nächsten Tag traf der König in der geschlagenen Stadt ein, und er prophezeite angesichts der rauchenden Ruinen, Coventry und seine Kirchen würden sich wie ein Phönix aus der Asche erheben, wenn die Zeit gekommen sei.

Die Zeit schien in den frühen fünfziger Jahren gekommen. Damals gewann Sir Basil Spence einen Wettbewerb um den Neubau der Kathedrale. 1956 wurde Cuthbert Bardsley zum neuen Bischof von Coventry gewählt, und im selben Jahr wurde endlich der Grundstein für den Neubau gelegt.

Man hatte sich entschlossen, die alte Kathedrale nicht abzureißen. *»Die Entscheidung, die Ruine zu erhalten, war mutig und klug. Nicht nur, weil sie zusammen mit dem wunderbaren und unversehrten Spitzturm in sich selbst ein eindrucksvolles Denkmal werden mußte; sie wurde auch zum Ausgangspunkt des Themas, das schließlich den ganzen Entwurf bestimmen sollte, des Themas von Opfer und Auferstehung.*

Die alten Mauern umschließen nur einen Altar mit einem Nagelkreuz vor einem anderen aus versehrtem Holz. Erst wenn man durch die Ruine geschritten ist, fast bis zu der Stelle, wo die Treppen zum Chor emporführten, wendet man sich der neuen Kathedrale zu, die im rechten Winkel auf die alte ausgerichtet ist, und findet so buchstäblich den Weg vom Opfer zur Wiederauferstehung. Wenn für das erste das Nagelkreuz das rechte Symbol ist, so für den Neubau Christus in der Gloriole über dem Altar. Nur wenn wir uns dieses Thema vergegenwärtigen, können wir begreifen, daß wir nicht nur eine Kathedrale sehen: Es sind zwei Kathedralen, eine ekklesiastische Baugruppe in der Tradition des Mittelalters. Dieses Thema wird durch die Ikonographie der Farbfenster und der skulptierten Schrifttafeln mit Bibelsprüchen fortgesetzt. Darin liegt auch die große Bedeutung des riesigen Portals, dem Verbindungsglied zwischen den beiden Kathedralen. Es ist ein großartiges Kunstwerk, getragen von hohen zylindrischen Säulen, die fast dreißig Meter bis zur vollen Höhe der Kathedrale aufragen.« (›A Cathedral reborn‹)

Mit anderen Worten: die Ruine der alten Kirche wurde wetterfest gemacht; im einstigen Chor steht der Altar mit dem Nagelkreuz, an dem zu Karfreitag und Pfingsten Gottesdienste unter freiem Himmel abgehalten werden. Eine Mahntafel trägt das Gebet von Coventry: VATER VERGIB ...

Die neue Kirche ist nicht nach Osten, sondern – entsprechend ihrer Anordnung im rechten Winkel zur alten – nach Norden ausgerichtet. Man betritt sie durch ein Gitter im einstigen Nordportal; die Treppen dahinter werden von einem gewölbten Baldachindach beschattet, das von den schlanken, bereits erwähnten Säulenpaaren getragen wird. Auf diesen Stufen finden im Sommer um die Mittagszeit kurze religiöse Spiele statt; sie vereinen Elemente des harten realistischen Straßentheaters mit denen mittelalterlicher Mirakelstücke. Am Ende dieses Säulenvorraums erhebt sich die *Hauptfassade* der neuen Kathedrale: eine Wand aus klarem Kristall, in die überlebensgroße Figuren von Heiligen, Propheten und tubenblasenden Engeln eingeschnitten sind, neunzig an der Zahl: das Meisterwerk John Huttons.

In den unteren Teil dieser durchsichtigen Wand sind drei unauffällige Glastüren eingelassen, durch die man ins Langhaus eintritt. Der südliche Teil des Schiffes wirkt fast wie ein zweiter Vorraum: rechts weitet er sich zum Baptisterium, links stoßen die Stufen zur *Kapelle der Einheit* proszeniumsartig in den Raum vor, und als Bühne waren sie auch geplant und werden sie bei schlechtem Wetter, wenn das Spiel vor der Kirche von Regen bedroht wird, auch genutzt. Die Kapelle der Einheit ist ein freigestellter, eigener Bau, der von außen wie ein steingewordenes Pilgerzelt aus der Kreuzfahrerzeit wirkt und im Innern vor allem durch seine eigenwillige Wandgestaltung besticht: Aus schmalen Schächten mit teils hell, teils farbig verglasten, vertikal angeordneten Fensterritzen sickert das Licht strahlenartig in den polygonalen, fast schon runden Raum. Die sehr leuchtstarken Farbfenster sind ein Geschenk der deutschen Bundesregierung; den Marmorboden mit seinem Sternmosaik, ein Werk von Einar Forseth, hat die schwedische Kirche gestiftet. Diese Kapelle soll nach dem gemeinsamen Wunsch von Bischof und Baumeister Menschen aller Konfessionen im ökumenischen Gebet vereinen.

Der Kapelle gegenüber weitet sich die Kirchenwand in einem großen Schwung nach außen zum *Baptisterium;* diese Nische ist vom Boden bis zur Decke mit einem Riesenfenster ausgefüllt. Es ist aus tausenden kleiner Einzelscheiben in strahlenden Regenbogenfarben zusammengesetzt, die hellsten sammeln sich in der Mitte, die dunklen am Rande. Wegen seines ungewöhnlichen Lichteffektes – man muß es am Morgen sehen, bei Sonnenaufgang – nennt man es das ›Sunburst Window‹; der Entwurf stammt von John Piper, einem

Kathedrale von Coventry: Grundriß

1 Turm
2 Kapelle
3 Eingang zur Krypta-Kapelle
4 Nagelkreuz
5 Christusfigur
6 Treppe der Königin
7 St. Michaels-Treppe
8 Hauptfassade: Fensterwand von John Hutton
9 Kapelle der Einheit
10 Tafel mit Bibelspruch
11 Kanzel
12 Bischofsthron
13 Orgel
14 Hochaltar
15 Marienkapelle

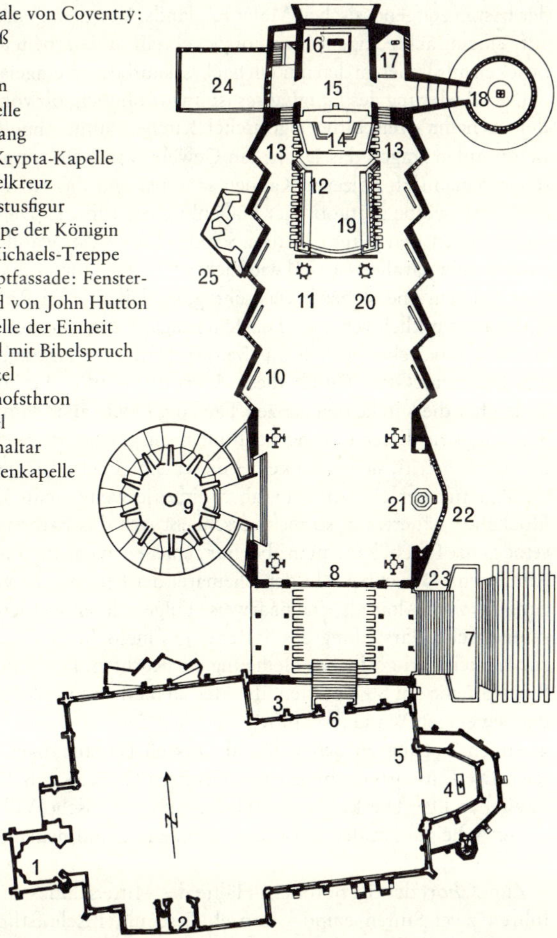

16 Wandteppich von Graham Sutherland
17 Gethsemane-Kapelle
18 Kapelle der Industrie
19 Chorgestühl
20 Lesepult
21 Taufstein
22 ›Sunburst-Window‹ des Baptisteriums
23 Bronze von Jacob Epstein: St. Michael und der Teufel
24 Refektorium
25 Ruine der ehemaligen Benediktiner-Klosterkirche St. Marien (1043)

der besten zeitgenössischen Maler Englands. Vor dem Fenster steht auf einem achteckigen Marmorsockel ein unbearbeiteter Felsbrocken aus Israel, in den nur ein flaches Taufbecken eingelassen ist.

Die Gliederung des *Langhauses* ist ungewöhnlich, obwohl es sich dem Schema dreischiffiger gotischer Kirchenräume anpaßt. Feine Betonsäulen tragen das Dach: ein Gewebe von Betonrippen, zwischen denen sich hölzerne Kappen spannen und das ein wenig an die Netzgewölbe spätgotischer Hallenkirchen erinnert. Die Säulenreihen teilen den Raum in drei Schiffe. Die Außenwände laufen jedoch nicht parallel; sie sind wie Zickzackbänder angeordnet, mit je fünf Zacken, und stehen etwas schräg, so daß sich der Raum zum Altar hin merklich verjüngt. Die dem Eingang zugewandten Wandabschnitte bestehen jeweils aus Beton; die dem Altar zugekehrten aus farbigem Glas. Durch diese Ausrichtung aller Fenster nach Süden hat die Kirche den ganzen Tag lang Licht; aber damit ist die Sinnfälligkeit dieser Lösung noch nicht ausgeschöpft: Wenn man das Schiff betritt, sieht man keines dieser zehn Fenster, sondern nur die Phalanx der grauen Wandabschnitte; je weiter man sich dem Hochaltar nähert, um so mehr erschließt sich das Farbenwunder; seine ganze Pracht kann man aber nur genießen, wenn man vorne am Altar steht. Das entspricht der Thematik der Fenster, die vom Eingang bis zum Altar als eine paarweise Folge gelesen werden sollen: symbolische Darstellung des Stufenweges menschlicher Läuterung zur Linken und göttlicher Heiligung zur Rechten. Die gemeißelten Bibelsprüche auf Steinplatten über den steinernen Pilgerbänken vor den jeweiligen Wandabschnitten zwischen den Fenstern sollen den geistigen Zugang zu den völlig abstrakten Darstellungen erleichtern. Die Entwürfe stammen von Geoffrey Clark, Keith New und Lawrence Lee. Die kühne Gestaltung und technische Vollendung dieser Arbeiten hat der Glaskunst in ganz England neuen Auftrieb gegeben.

Zum *Chor*, der die nördliche Hälfte des Mittelschiffes einnimmt, führen zwei Stufen empor. Kanzel, Lesepult, Bischofsthron und Chorgestühl bilden in ihrer zurückhaltenden Modernität eine Einheit; über dem Gestühl und dem Thron hängen geschnitzte Lampen, die an stilisierte Taubenschwärme gemahnen. Die Orgel ist geteilt; ihre Pfeifen steigen zu beiden Seiten des schlichten niedrigen Altartisches auf bis unter das Dach. Chorherren und Gemeinde können den Blick über den Altar hinaus in die anschließende enge *Marienkapelle* schweifen lassen, deren Seitenwände ganz aus hellem Glas bestehen, deren Hauptwand jedoch statt des üblichen Fensters einen riesigen Wandteppich zeigt, der sie in voller Höhe und Breite verkleidet.

Dieser *Teppich*, ein Hauptwerk des Malers Graham Sutherland, ist so aufgeteilt, daß er gleichzeitig das Retabel des Hauptaltars wie des Marienaltars ersetzt. Im oberen Teil zeigt er auf lichtgrünem Grund den thronenden weißgewandeten Christus in einer Mandorla; zwischen seinen blutenden Füßen steht ein kleiner nackter Mensch. Um die Mandorla sind die Symbole der vier Evangelisten in dunkleren Feldern angeordnet. Dieser Teil des Teppichs ist vom ganzen Schiff aus sichtbar. Den unteren Abschnitt sieht man dagegen nur von der etwas tiefer gelegenen, lichtdurchtränkten Marienkapelle aus: Über ihrem schmucklosen Altar zeichnet sich in einem Medaillon in sanften Erdtönen – Terrakotta, Umbra, Ocker – ein stilisiertes Kruzifix ab. Die Perspektive des schmalen Raumes bringt es mit sich, daß man die Augen wirklich nur auf das Kreuzigungsmotiv richtet und das gigantische Gnadenbild darüber – der Teppich ist immerhin über dreißig Meter hoch – kaum wahrnimmt.

Rechts neben der Marienkapelle lockt das Geflimmer eines Goldmosaiks in die *Kapelle ›Christ in Gethsemane‹*. Ein hoch angebrachtes rundes Fenster wirft sein Licht so auf das Mosaik, daß der Kelch in den Händen des Gethsemane-Engels stets geheimnisvoll funkelt. Ein Gitter in Form einer aufrechtstehenden Dornenkrone trennt diesen Ort stiller Versenkung von der Kathedrale ab.

Völlig anders ist der Raumeindruck in der *Kapelle der Industrie*, die wir durch einen Gang hinter der Gethsemane-Kapelle erreichen. Wie die Kapelle der Einheit ist auch sie völlig freigestellt: ein kreisrunder gläserner Bau, getragen von feinen Rippen aus Beton, der in seiner Konzeption an die Sachlichkeit einer modernen Industriehalle anschließt. Über dem Altar in der Mitte hängt ein großes, von einer Dornenkrone umfaßtes Triumphkreuz aus Silber und Gold, das das Motiv des Nagelkreuzes wieder aufnimmt. Es ist ein Geschenk der Lehrlingsgenossenschaften von Coventry. Die Kapelle soll nach dem Willen ihrer Erbauer im Leben der Stadt für Gewerkschaften und Arbeitgeberverbände die Rolle übernehmen, die in mittelalterlichen Gemeinwesen die Zunft- und Gildekapellen hatten.

Auf den Stufen der Freitreppe, über die wir die Kathedrale verlassen, wenden wir uns noch einmal dem kliffartigen *Außenbau* zu, dessen schimmernder, graurosa Sandstein aus denselben Brüchen stammt, wie der für die alte Kathedrale, was die Verbundenheit des

Neubaus mit der Ruine noch einmal unterstreicht. Zuseiten des Portals auf der schmalen Wandfläche neben dem wabenartigen Baptisteriumfenster erhebt sich eine Kolossalbronze des Bildhauers Sir Jacob Epstein. Sie zeigt den überwundenen Satan in Ketten zu Füßen des Erzengels Michael mit hohen Flügeln, der seine Fäuste noch wie im Kampf ballt, die Arme aber bereits weit geöffnet den Menschen entgegenstreckt: ein Werk von gesammelter Kraft und erhabener Harmonie.

Von den Treppen der Kathedrale aus können wir sowohl ins alte wie ins neue Coventry gelangen. Vom alten ist kaum etwas übrig geblieben: zwei Tore, einige Fachwerkbauten, die im frühen 16. Jahrhundert als Siechenhäuser von wohlhabenden Bürgern für ihre minder glücklichen Brüder errichtet wurden, so *Ford's Hospital* in der Grey Friar's Lane bei der 1940 ausgebrannten Franziskanerkirche, oder *Bond's Hospital* bei der ebenfalls zerstörten Kirche St. John the Baptist. Die Pfarrkirche *Holy Trinity* ist ein typischer Perpendikularbau mit Spitzturm und reich bemalter Balkendecke. Südlich der Kathedrale steht noch das einstige Festhaus der Zünfte, *St. Mary's Hall*, mit einem eichenen Dach und Farbfenstern. Dort hängt eine Arras-Tapisserie mit der Himmelfahrt Mariens, die, wie die knienden Figuren Heinrichs VII. und seiner Gemahlin Elisabeth York verraten, Ende des 15. Jahrhunderts gewebt worden sein muß.

Südlich von Coventry liegt an der A 427 in einem von Capability Brown angelegten, riesigen Landschaftspark mit Hunderten seltener Wasservögel das verwunschene *Coombe Abbey*, eng verbunden mit der Geschichte der Winterkönigin Elisabeth, die dort aufwuchs, und der Familie Craven. Die Stadt erwarb es vor wenigen Jahren und ließ es großzügig restaurieren.

Das *Herbert Art Gallery and Museum* steht in Jordan Well; es wurde 1960 eröffnet. In dem kubischen, sachlichen Bau mit seinen leicht gemusterten Ziegelwänden sind die üblichen stadtgeschichtlichen Sammlungen untergebracht. Die Entwürfe Graham Sutherlands für den Wandteppich in der Kathedrale sind ihr bestgehüteter Schatz. In der Galerie wurden Bilder moderner englischer Meister unter dem Titel ›British Life and Landscape‹ zusammengefaßt. Jung ist auch die *Grafschaftsuniversität* auf dem sieben Kilometer entfernten Gibbett Hill. Sie hebt sich mit ihren weißen Ziegelbauten ausdrucksvoll von den grünen Rasen ihres selbst für englische Verhältnisse ungewöhnlich ausgedehnten Campus ab.

Die Landschaft zwischen Coventry und dem nördlich gelegenen Marktflecken Nuneaton heißt ›Eliot-Country‹ zu Ehren der Dichterin Marian Evans, besser bekannt unter ihrem Pseudonym George Eliot. Coventry, wo sie als junges Mädchen mit ihrem alten Vater Robert Evans bis zu dessen Tod 1849 im ›Bird Grove‹ (Nr. 9 der heutigen George Eliot Street) wohnte, bildete den Hintergrund zu ihrem bedeutendsten Roman, ›Middlemarch‹. Geboren wurde sie 1819 auf der Southfarm in Arbury, wo ihr Vater Verwalter von *Arbury Hall* war. Bis zu ihrem 21. Lebensjahr lebte sie dort im ›Griff House‹. Arbury Hall war ursprünglich ein richtiges Tudor-Manor gewesen, ehe Sir Roger Newdegate es in der zweiten Hälfte des 19. Jahrhunderts im neugotischen Stil umbauen und erweitern ließ. Es ging als ›Cheverel Manor‹ ein in ihre ›Scenes of Clerical Life‹. Das nahe Nuneaton heißt bei ihr Milby, und dessen Vorstadt Chilvers Cotton wurde zu Shepperton.

Mary Ann Evans war eine bemerkenswerte Frau mit einem für ihren sozialen und geschichtlichen Hintergrund aufregend modernen Lebenslauf. Mit Hilfe von gelehrten Freunden befreite sie sich aus dem engen klerikalen Denken ihrer Umgebung und begann, philosophische und theologische Studien zu treiben. Daneben lernte sie Deutsch und übertrug unter anderem Strauß' umstrittenes ›Leben Jesu‹ in ihre Muttersprache. 1850, ein Jahr nach dem Tode des Vaters, wurde sie Mitarbeiterin der ›Westminster Review‹, dem Organ der radikalen philosophischen Schule, und schon wenige Monate später war sie dessen Mitherausgeberin. Sie gab diese Position jedoch 1853 wieder auf, um den Dichter, Schauspieler und Philosophen George Henry Lewes nach Deutschland zu begleiten, der die Fesseln seiner völlig zerrütteten Ehe abschütteln und auf dem Kontinent ein neues Leben beginnen wollte. Er wurde dem deutschen Publikum durch seine große Goethe-Biographie ein Begriff, an der er über zehn Jahre gearbeitet hatte und die seinerzeit ein Standardwerk war. Mit Marian lebte er in freier, sehr harmonischer Ehe bis zu seinem Tod; unter seinem Einfluß und seiner aufmunternden Kritik entstanden alle ihre großen Werke: ›Adam Bede‹, ›Die Mühle am Floß‹, ›Felix Holt‹, ›Middlemarch‹, ›Daniel Deronda‹ und ›Silas Marner‹. Gemeinsam erzogen sie die Kinder aus Lewes' gescheiterter Ehe; gemeinsam unterstützten sie nicht nur seine untreue Gattin, sondern auch deren Liebhaber, den Dichter Leigh Hunt; selbst noch nach Lewes' Tod bezahlte Marian weiterhin beider Lebensunterhalt. 1880 ging sie eine kurze, glückliche Ehe mit John Walter Cross ein, aus der sie im Dezember desselben Jahres der Tod abberief.

In ihren Romanen hat sie ein großes Panorama der sozialen Verhältnisse in den englischen Midlands und im London ihrer Zeit gezeichnet. Sie hat einmal gesagt, die einzige Wirkung, die sie bei ihren Lesern zu erzielen hoffe, sei es, sie fähiger zu machen, auch die Schmerzen anderer besser zu verstehen und nachzufühlen, denn mögen die anderen auch in allem verschieden sein, so doch nicht darin, daß es auch »kämpfende, irrende Menschen« seien. Die Literaturgeschichte hat ihr einen Platz in größter Nähe ihres Zeitgenossen Charles Dickens eingeräumt.

55

Der Alte von Soho: Birmingham

»Wir reisten jetzt auf Birmingham zu. Die Gegend verschönte sich mit jeder Meile, Berge wechselten mit lachenden Tälern. Wir mußten zuweilen die Räder einhemmen, weil der Weg zu steil bergab führte. Die Aussichten von der Höhe sind sehr reizend. In Birmingham selbst erklimmten wir noch einen steilen Berg, der uns lebhaft an den Hradschin in Prag erinnerte, ehe wir zu einem großen eleganten Gasthofe gelangten. Dieser heißt noch immer ›Zur Henne mit den Küchlein‹, obgleich der Wirt sich in unseren immer vornehmer werdenden Zeiten alle Mühe gibt, ihn zu Lloyds Hotel umzustempeln.

Birmingham ist durch seine Fabriken weit und breit berühmt, ja man könnte fast behaupten, es gäbe kein Dorf im kultivierten Europa, vielleicht kein Haus, in welchem nicht irgendein Produkt der Industrie dieser Stadt zu finden wäre, sei es auch nur ein Knopf, eine Nadel oder ein Bleistift. Die Stadt selbst ist schon durch ihre bergige Lage nicht schön, der Rauch vieler Fabriken und Werkstätten, die hier ihr Wesen treiben, gibt ihr ein düsteres schmutziges Ansehen. Überall hört man hämmern und pochen, alles läuft am Tage geschäftig hin und wider, niemand hat Zeit, solange die Sonne leuchtet. Dafür hallen des Abends die Straßen vom Geschrei und Gesängen derer wider, die sich den Tag über unter der schweren Last des Lebens abarbeiteten. In den wenigen Stunden, die sie dem alle Sinne lähmenden Schlafe des ermüdeten Arbeiters abstehlen können, suchen sie in Tavernen und Spielhäusern die Freude zu haschen, an die sie den Tag über nicht denken konnten.

Den Tag nach unserer Ankunft eilten wir, den merkwürdigsten Punkt dieser Gegend, Soho, das zwei Meilen von Birmingham gelegene Etablissement des Herrn Boulton zu besuchen. Wir finden in ganz England, vielleicht in ganz Europa keinen glänzenderen Beweis von dem, was Industrie, Fleiß und anhaltendes Streben nach einem Ziele vermögen, als diesen kleinen freundlichen Fleck. Herzlich freuten wir uns, seinen Schöpfer, den achtzigjährigen Matthew Boulton, noch in völliger Geisteslebendigkeit kennenzulernen, obgleich sein Körper der Krankheit, dem Alter und der ermüdeten Arbeit längst unterlag. Wir fanden ihn durch Steinschmerzen völlig gelähmt; im Hause ließ er sich durch zwei rüstige Bediente herumtragen, im Freien fuhr er sich selbst in einem der kleinen bequemen Fuhrwerke, die in England zum Troste der Lahmen und Gebrechlichen erfunden wurden. Alles dies hinderte ihn nicht, uns, die wir ihm durch einen seiner Freunde empfohlen waren, selbst überall hinzubegleiten. Sein dunkles Auge blitzte von Jugendfeuer, als er uns erzählte, wie er alle die vielen sich ihm entgegenstellenden Schwierigkeiten mutig bekämpfte und glücklich überwand. Freundlich erklärte und zeigte er uns alles. Als wir in die dortigen Anlagen traten, die er mit Hülfe der Dampfmaschine dem unfruchtbaren Sumpfe abgewann, sprangen uns seine blühenden Enkel entgegen, spannten sich vor sein Wägelchen und fuhren den glücklichen Greis im Triumph davon«, schildert Johanna Schopenhauer ihre Eindrücke von Birmingham während einer Reise nach England gegen Ende des 18. Jahrhunderts.

Vieles, was sie berichtet, ist noch heute wahr. Birmingham, das mit seinen Satellitenstädten heute die kleine Grafschaft Westmidlands bildet, ist eine betriebsame, lärmige, häßliche Stadt geblieben – warum häßlich, ist schwer erklärbar, denn es hat immer wieder versucht, sich mit zäher Energie von Slums zu befreien, und wird sicher nicht ruhen, ehe nicht die letzten Elendsviertel der Spitzhacke zum Opfer gefallen sind. Außerdem hat es ein schönes Theater, eine stattliche Bibliothek, hervorragende Museen, alte Kirchen und Herrenhäuser, beispielhafte moderne Einkaufszentren und Bahnhöfe und einen Kranz gepflegter Gartenvorstädte, eine berühmte Universität und weite Grünanlagen. Dennoch, Birmingham ist zweifellos keine schöne Stadt. Vielleicht ist es aber auch nur die liebliche Umgegend, die uns so besonders anfällig für die Disharmonie moderner Städte macht, und wir könnten Birmingham an anderem Platz als weniger häßlich empfinden – wer weiß.

Wahr aber ist auch, was Johanna Schopenhauer über Boultons Fabriken sagt: Es waren Musteranlagen, von einem Ästheten mit sozialem Gewissen errichtet. Heiter, schloßartig fügten sie sich in die parkhafte Landschaft ein, wie wir auf alten Stichen feststellen können; leider fielen sie Ende des vorigen Jahrhunderts fast vollständig dem Wandel der Zeit zum Opfer. Boultons Vater war noch ein einfacher Goldschmied, der seine Werkstatt in einer der mittelalterlichen engen Gassen des Dorfes Birmingham hatte. 1759 übernahm der Sohn die Werkstatt und baute sie mit Hilfe neuer Herstellungsmethoden bald zu einer Fabrik aus. Ein Jahrzehnt später konnte er schon sein großes Haus im nahen Dorf Soho bauen. 1774 begann dann die Zusammenarbeit mit James Watt, dem Erfinder der Dampfmaschine, den er schon ein Jahr danach zu seinem Partner machte. Er überredete Watt, seine Erfindung zum Weltpatent anzumelden, und in der Folge war er es auch, der ständig neue Ideen entwickelte, wie man die Anwendungsmöglichkeiten der Dampfmaschine erweitern könnte. Watt setzte dann die Ideen des Freundes in technische Wirklichkeit um. Es war die ideale Partnerschaft, und sie wurde später von beider Nachkommen fortgesetzt. Boulton und Watt leiteten das Zeitalter der Dampfmaschine und der Massenproduktion ein und veränderten damit nicht nur das Bild Birminghams, sondern der gesamten abendländischen Welt innerhalb eines halben Jahrhunderts. Boulton war dabei ein Unternehmer vornehmsten Zuschnitts; er holte sich für seine Fabriken die besten Künstler seiner Zeit als ›Designer‹, so Robert Adam, John Flaxman, William Chambers, Francis Egerton, George Wyon und James Stuart, den die Freunde wegen seiner Vorliebe für den dorischen Stil den ›Athener‹ nannten. Die Musterbücher Boultons, von denen sich der größte Teil erhalten hat, werden als besonderer Schatz des Central Museum von Birmingham gehütet. 1802 erstrahlten die Fabriken von Soho erstmals im Schein des Gaslichts. Sieben Jahre später starb der ›Alte von Soho‹.

Gemeinsam entwickelten Watt und Boulton unter anderem einen Weg, die Dampfmaschine zum Prägen von Knöpfen und Münzen nutzbar zu machen. *»Hier werden englische Kupfermünzen und ausländische für die Ostindische Compagnie, für Amerika und für manche fremde Höfe geprägt«*, schreibt die Schopenhauer. *»In Deutschland sagt das Gerücht: Boulton ließ auch die vielen falschen*

Münzen fabrizieren, die von England aus Deutschland überschwemmten. Dem ist aber nicht so; er hat auf gesetzlichem Wege mehr Arbeit, als er bestreiten kann, und er ist zu rechtlich, zu reich, um sich einem so gefährlichen Handwerk zu unterziehen ... Außer der Münze ist hier eine große Fabrik von plattierten Waren aller Art, eine Glasfabrik und eine Fabrik von Dampfmaschinen. Die erstaunenswerte Erfindung der letzteren, bei dem Reichtum an Steinkohlen für England von unermeßlichem Wert, hat Boulton erst auf den Gipfel der Vollkommenheit gebracht, auf welchem sie jetzt sind. Er verfertigt Dampfmaschinen für ganz Europa und Amerika ... Die Fabrik von plattierten Sachen erschien uns besonders interessant. Es ist unmöglich, schönere Formen und bessere Politur zu sehen, als dem Silber hier gegeben wird. Man kann das Plattierte durchs Auge allein nicht von dem ganz Silbernen unterscheiden, und es gibt auch, auf die Weise, wie hier gearbeitet wird, dem Silber an Dauer wenig nach ... Die äußeren Ecken werden den Gefäßen von massivem Silber angesetzt, auch die meisten Verzierungen daran sind ganz Silber ... Die Glasschleiferei ist ebenfalls merkwürdig. In einem langen Zimmer sieht man eine Menge Schleifscheiben sich unaufhörlich drehen. Eine lange, hölzerne, am Boden liegende Walze, welche durch eine unter dem Zimmer sich befindende Dampfmaschine getrieben wird, setzt sie alle in Bewegung. Mit der größten anscheinenden Leichtigkeit schleifen die Arbeiter die schönsten Muster auf die Gläser mit einer bewunderungswürdigen Genauigkeit, ohne alle Vorzeichnung, indem sie dieselben an die wie von Zauberei getriebenen Scheiben halten. Von hier kommen die schönen Girandolen, Lüstres, Trinkgläser und Prachtvasen, die glänzendste Zierde großer Tafeln, welche wir oft in den bei nächtlicher Beleuchtung einem Feenschlosse gleichenden, flimmernden Glasläden Londons nicht genug bewundern können.«

Wir können sie heute im Central Museum der Stadt bestaunen. Machen wir uns auf den Weg:

Über die breite Coventry Road gelangen wir in die Stadt und in die Dibeth High Street, an deren Ende sich das erst vor wenigen Jahren fertiggestellte *Bull Ring Centre*, ein Fußgängerzentrum mit angeschlossenem Haupt- und Busbahnhof in burgartiger Monumentalität erhebt. Wir überqueren es und gelangen durch die breite New Street zur *Stadthalle*, die nach dem Vorbild des Jupiter Stator Tempels in Rom errichtet wurde. Schräg gegenüber finden wir dann in der Congreve Street das ebenfalls im streng klassizistischen Geschmack erbaute *Birmingham Museum & Art Gallery* (1885): Das *Central Museum* ist der Hauptbau dieses in mehrere Zweigmuseen aufgegliederten Instituts. Die schönen Silberarbeiten Boultons findet man in der Kunstabteilung: Pokale, Kannen, Bestecke, Tischaufsätze, Leuchter und anderes mehr. Liebhaber englischen Silbers können sich hier die Augen ausgucken. Aber auch die Bildersäle sind sehenswert: Namen wie Simone Martini, Botticelli, Dolci, Rembrandt, Rubens, Claude, Guardi finden sich unter den Alten Meistern, aus der Englischen Schule sehen wir Arbeiten von Hogarth, Morland, den Bildnismalern und vor allem eine einzigartige Sammlung von Werken der Präraffaeliten: Dante Gabriel Rossetti, Holman Hunt, Ford Madox Brown, John Everett Millais und Birminghams eigener Sohn, Sir Edward Burne-Jones, sind mit Hauptwerken vertreten. Von zeitgenössischen, auch in Deutschland bekannten Künstlern sieht man Werke von Nicholson und Bacon, Moore, Hepworth und Epstein. An die Kunstgalerie schließt ein Trakt mit den keramischen Sammlungen des Museums an, in dem man sich eine fast lückenlose Übersicht über die englische Töpferkunst vom Mittelalter bis zur Gegenwart verschaffen kann. In einem anderen Saal wird die englische Münzkunst in derselben Weise präsentiert.

Eines der Zweigmuseen ist das *Museum der Naturwissenschaften und Industrie* Ecke Newhall und Fleet Street; seine ›Engineering Hall‹ ist angefüllt mit riesigen Maschinen, wie Dampfturbinen, der Optik eines Leuchtturmes aus der zweiten Hälfte des vorigen Jahrhunderts und Maschinen aus der Werkstatt von Boulton und Watt. Die größte Attraktion in der Fahrzeugabteilung ist der ›Napier Railton‹, mit dem John Cobb einen bisher ungebrochenen Schnelligkeitsrekord von 393 Meilen in der Stunde gefahren hat. Romantische Gemüter werden sich wahrscheinlich lieber an den Spieldosen, Drehorgeln und Grammophonveteranen in der Musikautomatenabteilung oder an einer Sammlung von morgen- und abendländischen Schreibgeräten aller Art ergötzen.

Weitere Zweigmuseen sind das Fachwerkhaus *Blakesley Hall* aus dem 16. Jahrhundert in der Blakesley Road im Vorort Yardley, das *Naturgeschichtliche Museum Cannon Hill* beim Zoo und *Sarehole Mill* in der südlichen Vorstadt an der Kreuzung von Wake Green und Cole Bank Road. Im frühen 18. Jahrhundert war Sarehole Mill eine Wassermühle zum Mahlen von Getreide; dann und wann entfremdete man sie auch zum Schwerterschleifen. Matthew Boulton hat sich der großen Mahlsteine ebenfalls zum Klingenschliff bedient, aber jetzt mahlen sie wieder ausschließlich Korn. Man hat die Mühle mit großer Mühe restauriert, das Mahlwerk repariert, und heute können die Besucher erleben, wie ihre Vorfahren jahrhundertelang ihr Mehl gewannen – eine Demonstration, die besonders Schulkinder faszinierend finden. Das in der Museumsmühle gemahlene feine weiße Mehl kann man in weißen Säckchen erwerben – für einen besonderen Kuchen.

Ebenfalls an Boulton erinnert das erhalten gebliebene Gebäude der einstigen Gießerei von Soho, heute das *Museum für Wiegekunst*, wo man große und kleine Waagen, die verschiedensten Gewichte, Meßinstrumente aller Art und ähnliche Präzisionsgeräte bewundern kann. Und einige tausend Briefe und Dokumente Boultons bewahrt das *Assay Office*, das Stempelamt der Gold- und Silberschmiede Birminghams, neben einer Sammlung alten Silbers, Münzen und Medaillen und einer sehr umfangreichen Bibliothek der Gold- und Silberschmiedekunst. Man kann mit dem Amt telephonisch einen Besichtigungstermin vereinbaren, wenn man dort ein Stück lebendiger Tradition erleben möchte. Die Universität besitzt jetzt alle bedeutenden Galsworthy-Manuskripte mit Ausnahme der ›Forsyte-Saga‹.

Birmingham besitzt zwei *Kathedralen*, eine römisch-katholische, die im Zuge der um 1829 einsetzenden katholischen Emanzipation in England von dem Neugotiker W. N. Pugin entworfen wurde, und eine anglikanische, St. Philips, aus der Epoche Queen Annes. Sie wurde von Thomas Archer, einem der drei großen englischen Barockbaumeister neben Wren und Vanbrugh, errichtet. Der leicht vom römischen Barock Borrominis beeinflußte Bau trägt einen kräftigen Kuppelturm, der von einem zierlichen Laternchen gekrönt wird. Die mächtigen, hohen Rundbogenfenster des Schiffes sind durch schmucklose, der rustizierten Wand vorgelegte Pilaster voneinander getrennt. Eine vasengeschmückte Attika schließt den Bau nach oben ab. Den heutigen Besucher ziehen vor allem die von Sir Edward Burne-Jones geschaffenen Glasfenster an.

Birmingham hat weniger Parks und Grünanlagen als die meisten anderen englischen Großstädte, auch fehlt ein Fluß. Aber glücklicherweise hat man all die kleinen Kanäle, die das ursprünglich sumpfige Gebiet entwässern sollten, in die Stadtplanung mit einbezogen, und diese kleinen Wasserläufe schenken der arbeitsamen Millionenstadt einen gewissen Reiz.

Birminghams hübschestes Baudenkmal ist sicher *Aston Hall*, das uns in die eher dörfliche Vergangenheit des Ortes zurückführt. Es ist ein jakobinisches Herrenhaus aus rosa Stein mit weißen Verblendungen, die weniger an die holländischen Vorbilder als an eine riesige Geburtstagstorte oder eine Bilderbuchillustration gemahnen, ein Eindruck, den eine Anzahl schiefergedeckter, blauschimmernder Turmkuppeln noch vertieft. Zahlreiche geschweifte Zwerchgiebelchen, Balkone, ganze Orgeln von Kaminen, ein fast schon barockes Portal, Erker und Fensterbänder im elisabethanischen Geschmack und luftige Arkaden wetteifern miteinander, die Aufmerksamkeit des Betrachters zu erringen.

Aston Hall wurde zu Beginn des 17. Jahrhunderts von Sir Thomas Holte erbaut. Sein Porträt zeigt einen Mann mit einem sensiblen, aber etwas sauertöpfischen Gesicht, das nicht recht zu dem Heiterkeit ausstrahlenden Haus passen will. Der Bau von Aston zog sich zwanzig Jahre lang hin; erst 1635 war er vollendet. Noch 1642 empfing der Bauherr hier König Karl I.; 1643 wurde Aston bereits von Parlamentstruppen belagert. Das Haus wechselte später vielfach den Besitzer, bis es Anfang des 19. Jahrhunderts von James Watt, dem Sohn des Erfinders, gepachtet und bis zu seinem Tod 1848 bewohnt wurde. Seit 1850 bemühte sich die Stadt um den Ankauf mit der Absicht, es als Museum zu erhalten, aber die Gelder gingen nur spärlich ein. Erst 1858 konnte in Anwesenheit von Königin Viktoria die Eröffnung gefeiert werden – der Freude folgte ein bitterböses Nachspiel. Denn noch immer war die Kaufsumme nur zum Teil aufgebracht, und die Stadtväter versuchten, durch abendliche Lustbarkeiten im Park von Aston Hall die Restsumme zu verdienen. Bei einem dieser Volksfeste stürzte eine junge Seiltänzerin tödlich ab, was der Königin zu Ohren kam. Die schrieb einen zornigen Brief, erbittert über den »Tod einer meiner Untertaninnen« aus so wenig moralischem Anlaß. Ob denn die reiche Stadt Birmingham, fragte sie in beißendem Spott, eine so lächerliche Summe nicht anderswie zu beschaffen vermöchte? Doch trotz des königlichen Tadels gingen noch Jahre hin, ehe die Restschuld abgetragen war.

Das Haus ist zum großen Teil im jakobinischen Stil eingerichtet; nur einige der Räume wurden von späteren Besitzern leicht umdekoriert. Von der großen Eingangshalle aus hat man einen überraschenden Blick in den Hintergarten; in der Halle steht ein mächtiger elisabethanischer Eßtisch. Der Stuckfries unter der Decke wurde wahrscheinlich durch James Watt angebracht, denn er zeigt dessen

Wappentier, einen Elefanten, dem wir auch sonst mehrfach im Haus begegnen können. Die prächtigen Rollwerkschnitzereien im Treppenhaus gehen auf deutsche oder niederländische Musterbücher zurück, die damals in England sehr populär waren. Der getäfelte Speiseraum enthält handfeste Möbel aus dem 15. und 16. Jahrhundert; der dort hängende Gobelin gehörte ursprünglich zu einer Folge von Wandteppichen, die für Chastleton House in Oxfordshire gewebt wurde; zwischen dessen Besitzer Walter Jones und dem Herren von Aston Hall sollen freundschaftliche Beziehungen bestanden haben. Im Großen Salon mit seiner festlichen Stuckdecke stehen handwerklich vollendete Möbel aus dem 18. Jahrhundert, so ein englisches schwarz-goldenes Lackkabinett und ein Satz vergoldeter Stühle aus Walnußholz mit Polstern aus Petit-Point-Stickerei, die Motive aus Ovids Metamorphosen darstellen. Der Tierfries im ›King Charles Bedroom‹ bildete sicher das Vorbild für den späteren Fries in der Halle. Zu den größten Sehenswürdigkeiten des Hauses zählt ›Lady Holtes Salon‹ mit den ›Aston Hangings‹: Diese Wandbehänge hat Mary Holte, eine unverheiratete Tochter des 3. Baronet, mit geduldigen Fingern gestickt. Der auf sie verwendete Fleiß erzählt von einem ereignislosen, gleichwohl nicht ohne Heiterkeit ertragenen Leben. Den letzten der Teppiche hat die Stickerin signiert:

God be the Guide
And the work will abide
Mary Holte Spinster aged 60 1744

IM LAND DER ROTEN ROSE

Gloucestershire – Avon
Hereford- und Worcestershire

DIE drei Grafschaften, die wir jetzt bereisen, verbindet ein – außer in Avon – noch kaum gebrochener pastoraler Charakter, die gemeinsame Grenze mit dem Fürstentum Wales und die bedeutende Rolle, die sie auf die eine oder andere Art in der Geschichte des Hauses der Roten Rose, des Königsgeschlechtes der Lancaster, gespielt haben.

Für das Auge gehören sie zu den angenehmsten der englischen Grafschaften: Gloucestershire prunkt mit dem Tal von Evesham voll winziger Fachwerkdörfer und den Cotswolds, auf deren Rücken sich die alten Wollhändlerorte aus örtlichem gelbem Kalkstein erheben. Das kleine Avon mit dem reichen Bristol wird vom blauen Band des gleichnamigen Flusses umschlungen wie ein helles Juwel von einem metallischen Drachenleib. Herefords Stolz ist das hundertfach geschlängelte Tal des rotklippigen Wye mit trutzigen alten Städten und Burgen aus glutendem Sandstein, und Worcesters wildromantische Malvern Hills haben den Komponisten Elgar zu seinen schönsten Werken begeistert.

Die Römer haben hier die keltische Bevölkerung entschlossen nach Westen, nach Wales, abgedrängt; ihre Anwesenheit dokumentiert sich in Städtenamen wie Glou-cester, Wor-cester, Ciren-cester. Reste keltischer Hügelforts erheben sich noch am Südrand der Malvern Hills. Der Hafen Bristol war eine sächsische Gründung. Die Wollhändlerstädte der Cotswolds erblühten im Spätmittelalter; die Burgen im Grenzland, den ›Marches‹, hatten ihre große Zeit schon zwischen dem 10. und dem 14. Jahrhundert.

Viehzucht, Fischerei, Imkerei, Hopfen-, Obst- und Gemüseanbau, Ciderkelterei und Bierbrauerei, Töpferei und Glasbläserei sind noch heute wichtige Erwerbszweige dieser von der Natur gesegneten Provinzen, in deren klaren Flüssen sich noch Lachse und Forellen tummeln. Bristol gilt als Hauptstadt des Sherrys und Tabaks, des Zuckers und Rums: vom üblen Geruch des Sklavenhandels hat sie sich im letzten Jahrhundert mühsam befreien müssen. In den Dörfern der Cotswolds blüht seit dem Ende des vorigen Jahrhunderts das Kunsthandwerk.

Vielen der Orte hat die Geschichte den Stempel der Roten Rose aufgeprägt. So der mächtigen Markt- und Kathedralenstadt Gloucester, wo der Herzog von Lancaster, John of Gaunt, das Parlament zu einer historischen Sitzung einberief. Sein Sohn, Henry Bolingbroke, war Herzog von Hereford, ehe er als erster König aus dem Hause Lancaster den englischen Thron bestieg. Sein ältester Sohn, Prinz Hal, wurde im Grenzland auf Burg Monmouth geboren; die jüngeren Söhne erhielten die Herzogtümer Gloucester und Hereford als königliche Lehen. Hal zwang später als Heinrich V. das stolze Frankreich in die Knie, doch unter seinem Sohn, Heinrich VI., der schon als Kind die Kronen von Frankreich und England trug, zerbröckelte die mühsam erworbene Macht und Einheit erneut. Der Aufstand der Jeanne d'Arc, der Verlust Frankreichs und der Ausbruch der Rosenkriege fällt unter seine Ägide. Er verlor Krone und Freiheit bei Tewkesbury in Gloucestershire, und dort fiel auch sein Erbe, Prinz Eduard, der letzte aus dem Hause Lancaster. Edward Hall († 1547) und Raphael Holinshed († 1580) haben die Chroniken jener Geschlechter aufgezeichnet, und Shakespeare hat ihnen in dem Zyklus seiner Königsdramen ein unvergängliches Denkmal gesetzt.

56

Im Tal der Obstplantagen: Evesham – Cheltenham

... beim Segen dort des Mondes,
der diese Obstbäume mit Silber krönt ...
William Shakespeare, Romeo und Julia

Aus dem steinernen Labyrinth Birminghams fahren wir jetzt noch einmal gen Süden; es empfiehlt sich, die dem Verlauf des Flusses Arrow folgende Straße zu nehmen. Durch die vertraute Shakespeare-Landschaft gelangen wir bald in das Tal von Evesham, wo wir unserem lieben Freund, dem Stratforder Avon, wieder begegnen. Dieses Tal ist von wunderbarer Lieblichkeit; es hegt in seiner Gartenfülle eine Anzahl bezaubernder, fast unentdeckter Fachwerkdörfer mit alten Kirchen und Herrenhöfen. Wer in diese Gegend kommt, benutzt sie meist nur als Durchgang zu den Cotswolds, und vielleicht ist gerade das der Grund, warum dieses Obstbauern-Gebiet so ursprünglich geblieben ist. Die richtige Zeit, um es aufzusuchen, es mit viel Muße zu durchwandern und seine Schönheit am Wege recht zu genießen, ist das Frühjahr, wenn seine vieltausend Obstbäume – Kirschen, Birnen, Pflaumen, Äpfel, Quitten – nacheinander in ihrer silberweißen oder rosigen Blütenfülle stehen, wenn von den Narzissenfeldern ein leiser, zager Duft aufsteigt und die schmalen Bauerngärten in zarten Frühlingsfarben schimmern. Das Tal ist durch die umgebenden Berg- und Hügellandschaften vor allen rauhen Winden geschützt; seine beiden Flüsse Arrow und Avon geben ihm genügend Feuchte, und es hat eine überaus fruchtbare schwarze Erde, die es auch zum besten Spargel- und Erdbeeranbaugebiet Englands macht. Auf den großen Erdbeerfeldern wird die leckere rote Frucht noch im Spätjahr geerntet. Zu den wohlschmeckenden Pflaumensorten, die hier gezogen werden, gehören die gelben und purpurnen Pershore Eggs, Victorias und Zsar Plums und Belles de Louvain.

Die Marktstadt, in der all dieser Reichtum an den Käufer gebracht wird, ist *Evesham* am Avon, ein großzügig angelegter mittelalterlicher Ort. Seine breite Hauptstraße ist mit Bäumen und Rasenstreifen gesäumt; elisabethanische und georgianische Häuser, die meisten mit Fachwerk, verschmelzen zu einer Straßenzeile von bunter Heiterkeit. Beherrscht wird das Stadtbild von den großen nebeneinanderliegenden Kirchen All Saints' und St. Lawrence, die sich in einen freistehenden, stolzen hohen Glockenturm teilen. Hinter den Kirchen erstreckt sich ein riesiger Park, der in weichen Rasenwellen mit alten Bäumen gemach zum Avonufer abfällt.

Eveshams Geschichte beginnt im frühen Mittelalter: Hier soll einem Schweinehirten die Jungfrau Maria in Begleitung zweier Engel erschienen sein; woraufhin Bischof Ecgwin von Worcester im achten Jahrhundert ein Kloster gründete. Zu der späteren Abtei gehörten dann die beiden Perpendikularkirchen, die nach der Reformation zu Pfarrkirchen umgewandelt wurden. Sie haben während der Glaubenskriege stark gelitten, und St. Lawrence wurde überdies im vorigen Jahrhundert mit mehr guter Absicht als Geschick restauriert – dennoch, von außen bilden sie zusammen mit dem Turm einen höchst erfreulichen Anblick, und im Innern kann man sich an ihren alten Glasfenstern und Kapellen mit Fächergewölben freuen. Der Turm vor dem Hintergrund des Rasenparks ist ein trotzig aufgereckter Koloß mit einer hohen Zinnenkrone und feinen Fialen an den vier Ecken; seine Fassaden sind über und über mit dem für das Perpendikular typischen gitterartigen Maßwerk überzogen, Reihen und Reihen von Blendarkaturen mit Tudorbögen. Zum ehemaligen Kloster gehörte auch ein reizvoller, halb frei stehender Fachwerkbau, ›Abbot Reginalds Gateway‹, durch den ein breiter Torweg in ein Gewimmel enger Gäßchen führt. Ein anderes schönes Fachwerkhaus aus dem 15. Jahrhundert ist Booth Hall, und das Crown Hotel hat noch seinen mittelalterlichen Innenhof.

1225 fand in der Nähe des Ortes die Schlacht von Evesham statt, die entscheidende Auseinandersetzung zwischen Krone und Baronie, in der Simon de Montfort, der Führer der Barone, mit seinem Sohn Henry an der Seite seiner geschlagenen Truppen fiel. Der Tod hielt grausame Ernte bei Evesham: in drei Stunden wurden viertausend Soldaten, hundertsechzig Ritter und achtzehn der Barone erschlagen – ein Morden mehr als eine strategisch geregelte Schlacht. Die siegreiche Armee König Heinrichs III. wurde von seinem Sohn angeführt, der später als Eduard I. einer der fähigsten Könige der englischen Geschichte wurde – wir sind ihm in Ostengland begegnet, wo er die Eleanor-Kreuze entlang des Weges errichten ließ, den der Trauerzug für seine geliebte Gemahlin nach London nahm.

Wir bleiben auf der Hauptstraße, die uns jetzt nach Cheltenham führt. Zu unserer Rechten sehen wir einen kräftigen Hügelzug, den Bredon Hill. Ein Stück lang wird unsere Straße vom Isbourne River begleitet. Während wir rechts dann den Ausblick über eine weite Ebene genießen – bei klarer Sicht kann man manchmal fern am Horizont bläulich die Berge von Wales schimmern sehen – erheben sich zur Linken immer steiler die gewellten Ketten der Cotswold Hills. Die Straße steigt jetzt merklich an, und dann sind wir in *Cheltenham*, einem der eleganten Bäder der Regency-Zeit.

Eleganz ist auch heute noch seine hervorstechendste Eigenschaft. Die Hauptstraße, die platzartig breite ›Promenade‹, erhält in der Mitte Schatten von zwei Reihen herrlich gewachsenen Kastanien. Sie wird zur einen Seite von luxuriösen Geschäften mit Regency-Fassaden, zur anderen von Anlagen und dahinter den schloßartigen Bauten der Stadtverwaltung und der großen Hotels gerahmt. Dennoch wirkt sie nicht protzig, sondern vornehm und gelassen. Auch Montpellier Walk ist eine der großzügigen Flanierstraßen; wegen des Karyatidenschmucks ihrer Fassaden wird sie scherzhaft die ›Street of Statuettes‹ genannt.

Die Heilkraft der Sole von Cheltenham bei rheumatischen Erkrankungen und Leber- und Magenleiden wurde im badesüchtigen 18. Jahrhundert entdeckt; damals begann der Ort sich rasch zu entwickeln. Das erste Kurhaus, der Montpellier Pump Room, wurde in den späten zwanziger Jahren des 19. Jahrhunderts errichtet; entworfen hat es J. Buonarotti Papworth, der in seiner Entwicklung als Architekt sowohl von den Palladianern Chambers und Kent als auch von Soane beeinflußt wurde. Sein Kurhaus sieht aus wie das Pantheon in Kleinformat. Edler ist der nach seinem Stifter benannte Pittville Pump Room im gleichnamigen Park; er wurde um 1830 von

John F. Forbes aus blaßgelbem Kalkstein errichtet: ein kubischer Bau mit ionischen Kolonnaden und einer Flachkuppel über dem leicht vortretenden und etwas höheren Mittelrisaliten. Er liegt in einem Park voll üppiger Rotdornbüsche und samtigen Rasenflächen, mit verspielten Brücken, Schwanenteichen und Chinoiserien. Hier wie auch in der Stadthalle kann man sich den Brunnen kostenlos reichen lassen, unterschiedlich ist einzig die Gestaltung der Brunnenanlagen: einmal aufwendig wie ein antikes Monument, im anderen Fall mit blauweißen Keramikvasen geziert.

Cheltenham ist heute vor allem eine Wohn- und Gartenstadt, die sich ihre Anziehungskraft für die vornehme Welt durch ihre traditionsreichen Internatsschulen für Knaben und Mädchen zu bewahren gewußt hat. Im Regency gab es einen Rangunterschied zu Bath – Cheltenham war eher bürgerlich und ein klein wenig vulgär, was noch in dem Ausdruck ›Cheltenham Tragedy‹, mit dem man eine stillose Affäre bedachte, nachspielt.

Von Cheltenham wollen wir uns jetzt in die Cotswolds aufmachen, an deren Schwelle und in deren Schutz es liegt.

57

Durch die Cotswolds: Winchcombe – Broadway Chipping Campden – Stow-on-the-Wold Bourton-on-the-Water – Northleach – Bibury – Burford Lechlade – Kelmscott – Fairford – Cirencester

Vom Wiesengrund her decken jungreifes Korn
Die laubschweren Ulmen; der stöbernde Wind
Weht kühl und fast träge; die Rosen stehn dicht;
Dem säumenden Zwielicht gönnt alles Verzug
Um das einsame Haus her inmitten des Korns …
William Morris, Sommermorgendämmerung

Die *Cotswolds* – wir sind ihnen bereits in ihren Ausläufern wiederholt begegnet – sind Englands heimliche Seelenlandschaft, eine Landschaft, die ihren Reichtum einst aus der Schafzucht gewann, die heute einen eher bescheidenen, oft sehr bescheidenen Wohlstand bewahrt hat, und die in ihrer schlichten, sanften Schönheit seit dem vorigen Jahrhundert unzählige Künstler und Kunsthandwerker angelockt hat. Es wäre falsch, wollte man in dieser Hinwendung zum Natürlich-Schönen eine Weltflucht sehen; eher kann man vielleicht von einer Rückbesinnung sprechen, einer Rückbesinnung, die auf das tägliche Leben überall in der Welt zudem einen erkennbaren Einfluß ausgeübt hat: Vieles von dem, was uns heute als modernes Design und zeitgemäßes Formgefühl erscheint, hat seine Wurzeln mehr oder minder stark in den Bewegungen, die Ende des vorigen Jahrhunderts durch Morris und die Präraffaeliten einerseits, durch die Camden Guild und ihre Kunsthandwerker andererseits entwickelt wurden; viele der Ideen Ruskins, Morris', Pugins haben noch ins Bauhaus gewirkt. Vor allem aber hat Morris schon damals formuliert, was er noch nicht in die Tat umzusetzen wußte, was vielleicht auch in unserer übervölkerten, hungerleidenden Welt gar nicht mehr zu verwirklichen ist, was aber immer eindringlicher von Einsichtigen gefordert wird: daß man dem Menschen den Stolz auf seine Arbeit und die Freude an ihr auf die Dauer nicht nehmen darf, wenn man die Gesellschaft nicht total enthumanisieren will, und daß gerade die Aufgabe des Künstlers in der Welt darin liegen muß, für diese schöpferische Freude, für das Schöne als humanisierendes Prinzip, zu kämpfen: *»Nichts sollte durch menschliche Arbeit geschaffen werden, was seine Herstellung nicht wert ist oder durch eine den Hersteller erniedrigende Arbeit erzeugt werden muß.«*

Warum diese Gedanken hier in der Bergwelt des Cotswolds mit ihren weichen grünen Hügelrücken, ihren in die Landschaft hineinmodellierten, von der Hand der Zeit gezausten und geglätteten Dörfern, ihren stillen, heiteren Gärten geboren wurden, versteht man nur zu bald. Hier scheint die Welt noch in Ordnung: Gemauertes wirkt wie Gewachsenes, das Leben fließt in harmonischerem Rhythmus, Neuerungen hat man hier nur sehr allmählich aufgenommen, sorgfältig filternd und wählend und weniger notwendig Erscheinendes verwerfend. Noch bis vor kurzem hat man hier in den Tälern mit Ochsen gepflügt. Auf den Höhen weiden die Schafe immer noch frei, ohne Einfriedung, ohne Aufsicht durch Hirten. Schafe halten sich an ihre Weideplätze; verläuft sich wirklich einmal ein neugieriges Mutterschaf, so wird man es schon zurückbringen – alle Schafe sind ja doppelt gezeichnet. Hier würde sich auch kein Autofahrer über eine Schafherde erregen, die den unüberwindlichen Drang verspürt, eine Straße langsam und gedankenvoll zu überqueren. Irgendwann wird ja auch das letzte Schaf auf der anderen Seite sein, und dann kann man weiterfahren. Schließlich haben die Schafe das Land einmal reich gemacht! Es gibt wohl kaum einen bewegenderen Anblick als den der sanft geschwungenen Hügelkuppeln im Mondlicht, über und über gesprenkelt mit silberweißen Schafen und Lämmern, die friedlich schlafen. Wenn wir die Bilder Samuel Palmers betrachten, der dieses Thema wieder und wieder gemalt hat, denken wir, es sei Idylle, Romantik einer längst vergangenen Zeit. Aber es ist englische Wirklichkeit, eine ehrwürdige und liebliche Wirklichkeit: jene, die Morris vom Irdischen Paradies träumen ließ.

Das erste Dorf, das an der Straße liegt, die uns jetzt in einem weiten Bogen östlich durch die Cotswolds führen soll, ist *Winchcombe*. Wer es heute sieht, würde nie auf die Idee kommen, daß es einmal die Hauptstadt des Königreiches Mercia war und leicht die Englands hätte werden können. Und doch ist es so. Ende des achten Jahrhunderts wurde hier ein Kloster gegründet, in dem der Schrein König Kenelms verehrt wurde, der jung den Märtyrertod gestorben war. Thomas Seymour hat es zur Reformationszeit aufgelöst und zerstören lassen; es haben sich auch kaum Ruinen erhalten; doch das George Inn ist aus einem einstigen Pilgerhospital des Klosters hervorgegangen und sehr stolz auf seine über siebenhundertjährige Geschichte. Die heutige Pfarrkirche St. Peter ist ein Perpendikularbau mit einem goldenen Gockel als Wetterfahne und grotesken steinernen Wasserspeiern. Besonders hübsch ist die steile Winyard Street mit ihren überrankten Giebelhäuschen, deren Türen alle ein lustiges, kleines, spitzes Schutzdach tragen. Etwas außerhalb des Ortes liegt *Sudeley Castle*, wo die letzte Gemahlin Heinrichs VIII., die kluge Katharina Parr, nach dem Tode des Königs mit ihrem zweiten Ehemann, Lord Thomas Seymour, lebte. Sie wurde in der Kapelle von Sudeley begraben. In der Zeit des Bürgerkrieges hielt Karl I. hier Hauptquartier; damals fiel der größte Teil des alten Schlosses den Kriegswirren zum Opfer. Erhalten hat sich von dem alten Schloß sehr wenig; die Ruine der gotischen Banquetting Hall mit ihren leeren Maßwerkfenstern ist vielleicht das großartigste Zeugnis für die einstige Herrlichkeit. Was wir heute heil sehen, wurde in der viktorianischen Zeit um- oder neugebaut, in jenem überladenen gotischen Stil, wie er damals für ›Burgen‹ üblich war. Aber in diesen Räumen finden sich großartige Gemälde von Rubens und Van Dyck, Turner und Constable, kostbare mittelalterliche Handarbeiten und zahllose Erinnerungen an die Tudor- und Stuartkönige, und auch das größte private Spielzeugmuseum Europas. Die schönen Eibenhecken im geometrisch angelegten Park stammen aus dem 15. Jahrhundert – sie haben all das historische Geschehen, das sich hier abspielte, miterlebt.

Stanton, der nächste größere Ort, hat ein Market Cross, das im 18. Jahrhundert nach einem älteren aus dem 13. Jahrhundert angefertigt wurde; fast alle Häuser dieses Dorfes stammen aus den Tagen Elisabeths I. Gotisch sind die Kirche mit ihrem feinen, achteckigen Spitzturm und den großen Maßwerkfenstern und das Manor House. Der Ort ist sehr hochgelegen und wird von alten Bäumen förmlich beschirmt. In *Buckland* finden wir Englands ältestes erhaltenes Pfarrhaus, dessen Halle ihr Licht durch Farbfenster aus dem 15. Jahrhundert erhält – das Haus selbst ist noch älter.

Broadway ist das bekannteste aller Cotswoldsdörfer, und das hat seinem Liebreiz eher geschadet als genutzt: Es hat den Ort seine Ursprünglichkeit gekostet. Wohl verläuft die große Hauptstraße noch wie einst in geschlängelter Linie durchs Dorf, wohl stehen an ihr noch immer die schönen stattlichen Cotswoldshäuser – aber sie sind fast ohne Ausnahme in Antiquitätenläden umgewandelt worden, und auf den Straßen sieht man kaum Einheimische, dafür aber Scharen von Touristen.

Am Anfang dieser Entwicklung in Broadway stand 1904 die Idee des Hoteliers S. B. Russell, den alten Gasthof ›Lygon Arms‹ in ein Luxushotel mit Stil umzuwandeln und dabei alle Zimmer mit echten alten Möbeln auszustatten. Viele der Stücke, die er ankaufte, mußten erst repariert werden, und so entwickelte sich neben dem Hotel eine Tischlerwerkstatt, die nach und nach, vor allem, als sich sein Sohn Gordon selber dafür zu interessieren begann, immer mehr in den Vordergrund rückte. Gordon Russell *»hat die besten handgemachten Möbel hergestellt, dann die besten in Handwerksarbeit gefertigten modernen Möbel, hat die besten Stoffe verkauft und außerdem die schönsten Möbel anderer Hersteller; hat dann die bestentworfenen modernen, fabrikmäßig hergestellten Möbel auf den Markt gebracht, sie durch andere Firmen verkaufen lassen, hat moderne Möbel im Auftrag seines Landes entworfen [im Zweiten Weltkrieg] und zum Schluß den Geschmack der ganzen Nation in Richtung auf gutes modernes Design dirigiert – keine persönliche Entwicklung hätte folgerichtiger und befriedigender verlaufen können. Sir Gordon Russell darf, wenn er darauf zurückblickt, während er in seinem Haus oder in seinem Garten auf dem Hügel über Chipping Campden arbeitet, sich selbst einen glücklichen Mann nennen«*, schreibt Nikolaus Pevsner in ›Architektur und Design‹. Nur leider hat diese Entwicklung Gordon Russells und seiner Möbelwerkstätten Tausende von neugierigen Fremden in dieses reizvolle Dorf gezogen, und ›Lygon Arms‹ – so gediegen die Ausstattung auch ist – hat gerade dadurch völlig den Charakter eines Landgasthauses verloren: Es ist ein Schaustück eher als eine Herberge, distanziert, nicht einladend (trotz der vorzüglichen Küche). Wunderschön ist der alte Garten hinter dem Haus, aber der steht den Gästen nicht zur Verfügung. Aber wer sich von der konkurrenzlosen Schönheit der Russellschen Möbel überzeugen möchte, kann das ein paar Häuser weiter die Straße hinab tun, wo sich ein großer Ausstellungsraum der Werkstätten befindet.

Anders steht es mit *Chipping Campden.* Dieser Ort besitzt noch wie kaum ein anderer den ganzen Flair seines uralten Wohlstandes, der ohne Hektik erworben und ohne Hektik bewahrt und genutzt wurde. Er strahlt eine spätsommerliche Reife, eine köstliche Gelassenheit aus, atmet eine in sich ruhende Heiterkeit, die unbeschreiblich ist. In leisem Auf und Ab bewegen sich die Straßen nach dem Rhythmus des Bodens; die Mehrzahl der sonnengelben Steinhäuser stammt auch hier noch aus den Tagen der großen Königin und des ersten Stuart. Die Markthalle am oberen Ende der High Street, ein offener Arkadenbau mit einem ganzen Reigen von Zwerchgiebeln auf dem windschiefen Dach, wurde von dem reichen Wollhändler Lord Campden unter Jakob I. errichtet. Zum anderen Ende hin wird die Straße schmäler; dort erhebt sich die Kirche St. James, ein edler, lichter Perpendikularbau aus dem 15. Jahrhundert mit hohem, kräftigem Turm. In ihrem Chor finden wir die Messing-Grabplatten der großen Wollhändler, die hier einst lebten und wirkten. Eindringlicher noch als ihre kostbaren ›Brasses‹ in der Kirche und ihre Patrizierhäuser im Ort erzählt eine lange Reihe von ›Almshouses‹ gleich außerhalb St. James von ihrem einstigen Reichtum. Die Häuschen mit nickenden Giebeln liegen an einer leicht gestuften, terrassenartigen Straße; unter den Fenstern finden sich Gärtlein voll Goldlack und Levkojen, gerade groß genug, um den Alten, die ihre Besitzer sind, Freude ohne zuviel Mühe zu geben.

Dem Fremden mögen auf den ersten Blick all diese honigfarbenen Cotswoldshäuser gleich erscheinen, aber bald lernt er, sie an ihren Details zu unterscheiden. Immer andere Durchblicke erlauben die vielgestaltigen Türen und Torwege in kleine oder große, farbenfrohe oder rasengrüne Hintergärten; jedes Fenster, jeder Erker, jedes Portal hat eine eigene Form, sagt leise aber bestimmt: ich bin in Handwerksarbeit entstanden, Schnee und Wind haben mich geschliffen, die Sonne gebleicht, Moose und Flechten gefärbt. Hier sitzt vielleicht über einer blaugestrichenen Tür ein klassizistisches Giebelfeld, dort leuchtet auf schwarzem Lack ein kunstvoller Messingklopfer, hier hocken über spitzen elisabethanischen Dächern Zierknäufe, die in zarte Spitzen auslaufen, dort hat ein Haus noch seine steinernen Fensterkreuze, hier schiebt ein anderes einen gläsernen Regency-Erker aus seinem gotischen Mauerwerk, und dort lugt wohl ein teufelgestaltiges Wasserspeierchen unterm Dach hervor.

Die Umgegend von Chipping Campden ist reich an großen Parks. Zwei der schönsten liegen im Nordosten bei Mickelton: *Kiftsgate Court* mit seinen berühmten Rosen, darunter die eigene Züchtung ›Filipes Kiftsgate‹, die größte in England blühende Rosenart, und die herrlichen *Hidcote Manor Gardens* im Besitz des National Trust. Das Herrenhaus von Hidcote wurde um die Jahrhundertwende von Major Lawrence Johnston erworben, einem Gartenbaufachmann, der den völlig vernachlässigten Park im Laufe eines halben Jahrhunderts zu einem Gartenkunstwerk umgestaltete. Die Anlage folgt klassizistischen Grundsätzen, doch diese treten durch die Art der Bepflanzung nicht hervor. Die einzelnen Kompartimente sind so angepflanzt und in der Abfolge farblich aufeinander abgestimmt, daß sie das ganze Jahr über dem Auge Anreize bieten: Hainbuchen, Taxus und Ilex, aber auch blühende Sträucher formen die Hecken; eine Gruppe uralter Buchen, eine Lindenallee, ein von Huntingdon-Ulmen überwölbter Weg, eine üppige Wisteria, ein Tulpenbaum, Birken und Magnolien bilden neben einigen sehr seltenen exotischen Arten den Baumbestand; Dahlien, Primeln, Lavendel und Verbenen, Lilien und Iris füllen die Beete und Rabatten; im Küchengarten findet man eine Reihe alter französischer Rosenarten. Mauern und Lauben, Teiche und Fontänen beleben die grüne Pracht. Von den Toren des Parks aus hat man einen herrlichen Blick weit in das Bergland der Cotswolds hinein.

Wie Broadway ist auch Chipping Campden mit der Entwicklung des modernen Kunsthandwerks untrennbar verbunden. 1902 siedelte sich hier die ›Campden Guild‹ an, deren führender Kopf Charles Robert Ashbee war, ein Jünger von Morris. Er gründete in London eine Art Handwerksschule mit Zunftcharakter; seine ›Guild‹ *»beschäftigte sich hauptsächlich mit der Herstellung von Möbeln und Metallarbeiten, aber 1898 wurde auch eine eigene Buchdruckerpresse angeschlossen … Ashbee glaubte an die Zukunft des Dorfes, wie er an die Zukunft des Handwerks glaubte, und so zog er* *trotz der unausbleiblichen finanziellen Verluste mit seiner Guild 1902 nach Chipping Campden. Er versuchte, für seine Handwerkergruppe ein Leben zu schaffen, das sowohl ländlich als auch kulturell anregend sein sollte. Theaterspielen stand dabei im Vordergrund. Alle Mitglieder der Zunft hatten außerdem ihren eigenen kleinen Landbesitz. Es war Ashbee nicht möglich, die Guild mit finanziellem Erfolg zu leiten, und 1908 mußte sie in Liquidation treten. Er konnte sie zwar erfolgreich wiederbeleben, aber der Erste Weltkrieg machte ihr dann endgültig den Garaus. Einige der Mitglieder blieben jedoch weiterhin in Chipping Campden, so Alec Miller, der Schnitzer und Bildhauer, und die Brüder Hart, der eine Silberschmied, der andere ein Schnitzer ... Schließlich muß noch ein anderer Künstler erwähnt werden, Fred Griggs, der anfangs nur kam, um die Guild kennenzulernen, und dann bis 1926 bei ihr blieb, als er begann, sich ein Cotswold-Traumhaus zu bauen. Es hieß Dover House und lag versteckt abseits der Straße ... Er wußte eine Menge über die Bauweise, die in dieser Landschaft zu Hause ist und berücksichtigte alle ihre Eigenheiten beim Entwurf seines eigenen Hauses.«* (Nikolaus Pevsner, ›Architektur und Design‹)

Von Chipping aus fahren wir quer über den nordöstlichen Rücken der Cotswolds bis *Stow-on-the-Wold*, »where the wind blows cold«, wie das Sprichwort nicht zu Unrecht vermeldet. Es ist ein sehr hochgelegenes Dorf mit einem weiten quadratischen Platz, auf dem seit Jahrhunderten große Hammelmärkte abgehalten werden. Daniel Defoe weiß zu berichten, daß zu seiner Zeit manchmal zwanzigtausend Schafe an einem Tag dort den Besitzer wechselten. In einer Ecke des Marktes steht ein hohes steinernes Wegkreuz; das Gasthaus ›King's Arms‹ dahinter stammt aus dem 16. Jahrhundert. Karl I. hat dort einmal für eine Nacht Quartier genommen. Am Dorfrand hat sich der Architekt Edwin Lutyens eine schöne Villa gebaut und mit Wasser- und Heidegärten malerisch eingefaßt.

Jetzt nehmen wir die Hauptstraße, den römischen Fosse Way, der uns in gerader südlicher Richtung hoch in die Berge bringt. Rechts liegt etwas abseits der Straße das Doppeldorf *Lower Slaughter* und *Upper Slaughter;* beide werden durch den Bach Dikler jeweils in zwei Teile getrennt. Upper Slaughter ist ursprünglicher; in einem großen Halbmond stehen seine Häuser dem Fluß zugewandt, und auf der hohen Böschung am anderen Ufer erheben sich seine Kirche im Perpendikular-Stil und das Herrenhaus.

Bourton-on-the-Water, unser nächstes Ziel, wird von der Windrush durchflossen, dem flinksten, klarsten, forellenreichsten Wasser der Cotswolds. Wir kennen sie aus Oxfordshire, wo sie sich in die Themse ergießt. In Bourton wird sie von den flachen Steinbögen unzähliger palladianischer, elisabethanischer und gotischer Brükken überspannt, weshalb man den Ort auch augenzwinkernd ›Venedig der Cotswolds‹ nennt. Auch manche der Dorfhäuser sind im palladianischen Stil errichtet, und selbst die gotische Kirche wurde im 18. Jahrhundert umgebaut. Vor einem der Gasthäuser steht ein Steinmodell des ganzen Dorfes. Man kann eine Faltersammlung besichtigen und ›Per Fumum‹, ein reizvolles Museum der Wohlgerüche mit einem Duftgarten.

Northleach ist eine sehr stille Stadt mit einer großen Perpendikularkirche aus dem 15. Jahrhundert. Ihr Südportal trägt üppigsten Figurenschmuck, und die Steinkapitelle der Rundpfeiler im Inneren sind mit lebendig gestalteten Blumen- und Tiermotiven versehen, darunter eine drollige fiedelnde Katze. Das Schiff der Kirche wurde von einem reichen Wollhändler, John Fortey, errichtet, der 1458 starb. Auf seiner Messinggrabplatte im Chor sieht man ihn zur Ruhe ausgestreckt, die Füße auf Schäfchen gebettet. Die schönen Häuser der High Street haben die Zeiten unverändert überdauert, einige haben überhängende Fachwerkobergeschosse – sehr selten in dieser Gegend –, andere sind völlig mit wucherndem Efeu oder wildem Wein überrankt, wieder andere hängen Blumenschalen hinaus, die unter den vorspringenden Dächern leise im Winde schaukeln.

Die Straße – wieder unser alter Fosse Way – führt uns jetzt in die *Chedworth Woods*, ein Waldgebiet. Rechter Hand biegt bald ein schmaler Landweg ab, der uns nach Chedworth bringt, einem typischen Weiler an einem Bach mit einer Kirche aus normannischer Zeit. Nördlich des Ortes liegt eine der schönsten in England ausgegrabenen Römervillen mit prächtigen, vielfarbigen Mosaikböden und einer vollständigen Folge von Bädern und Hypokausten. Sie wird seit 1868 ausgegraben.

Zurück auf der Römerstraße, biegen wir jetzt nach links ab, wiederum in einen Landweg, der uns nach *Bibury* gelangen läßt, dem nach Meinung von William Morris schönsten Dorf Englands. Seine gelben Steinhäuschen liegen in lockerer Folge an der gewundenen, steil ansteigenden Straße; der Fluß Coln zieht sich am Rande des Dorfes hin; wie die Windrush ist auch er ein bewegtes Forellenwasser. An seinem Ufer liegt das urgemütliche ›Swan Inn‹, ein bekanntes Anglerhotel, und die ›Arlington Mill‹ aus dem 17. Jahrhundert, deren Mahlwerk kürzlich restauriert wurde. Sie dient als Stadtmuseum und besitzt unter anderem Möbel von Peter Waals, einem der Großen unter den Cotswolder Kunsthandwerkern, und im Garten ein großes Vogelgehege. Die ältesten Teile der Kirche stammen aus angelsächsischer Zeit und sind mit den späteren normannischen und gotischen Anbauten zu einem harmonischen Ganzen verschmolzen. Der ›Court‹, ein großes Herrenhaus hinter der Kirche, entstand unter Jakob I. Einen seiner Flügel soll Inigo Jones entworfen haben, doch das ist unter den Experten sehr umstritten.

Von Bibury aus gelangen wir wieder auf eine Autostraße, auf der wir nach *Burford* weiterfahren. Seine wunderschöne, teils normannische, teils gotische Kirche mit einem besonders hohen, schlanken Spitzturm liegt im Grund, von den Wiesen der Windrush umfangen. Auch hier erzählen die großen Farbfenster, die reich gezierten Kapellen, das steinerne Fächergewölbe des Schiffes vom Reichtum der Wollhändler und Schafzüchter der Cotswolds im Mittelalter. Von der Kirche aus steigt die High Street leicht an, zu beiden Seiten begleitet von Cotswoldshäusern aller Epochen; viele davon sind älter, als ihre georgianischen Fassaden vermuten lassen.

Von Burford aus gelangen wir in südlicher Richtung nach *Lechlade*, wo wir die Themse als junges, klares Flüßlein wiederfinden, ›Babythames‹, wie man in England zärtlich sagt. Wenige Kilometer westlich des Ortes liegt der Weiler *Kelmscott*, in dessen Manor House, einem typischen elisabethanischen Landhaus aus dem 16./17. Jahrhundert in einem Garten mit abgezirkelten Beeten und Taxushecken William Morris von 1871 bis zu seinem Tod 1896 in den Sommermonaten zu wohnen pflegte.

Zu seinen ständigen Gästen in diesem Haus mit den tief herabgezogenen, sich überschneidenden Giebeln und Giebelchen gehörte der Maler und Dichter Dante Gabriel Rossetti, der wohl begabteste der Präraffaeliten. Einen größeren Gegensatz als zwischen den beiden Männern kann man sich schwer vorstellen: Rossetti ein Schwärmer und Nachtmensch mit dunklem, feinem Römerkopf, Morris ein blonder Riese und Naturbursche. Kelmscott Manor ist heute vollgestopft mit Erinnerungen an den Künstler, der als Dichter, Maler, Buchgestalter, Entwerfer und Sozialreformer mit seiner gewaltigen Sehnsucht nach Schönheit und seinem Traum von einem menschenwürdigen Dasein für alle zu einem der wichtigsten Wegbereiter der Ideen der Moderne wurde. Leider kann man das Haus, das heute von der Society of Antiquaries of London erhalten und gepflegt wird, nur jeweils am ersten Mittwoch der Monate April bis September zwischen 11 und 18 Uhr besichtigen. Die Gräber von Morris und seiner Frau finden wir auf dem Friedhof der kleinen Dorfkirche aus dem 12. Jahrhundert. Morris' Grabstein, ein Findling im Friedhof, wurde von seinem Freund Philip Webb mit Eichenlaub und Weinblättern geschmückt.

Von Kelmscott kehren wir zurück nach Lechlade, um von dort nach *Fairford* zu fahren. Die zauberhafte kleine Stadt mit einer malerischen Wassermühle liegt im Tal des Coln. Inmitten von Wiesen erhebt sich nahe am Fluß in einem uralten Gottesacker der niedrige Perpendikularbau der Kirche mit einem dominierenden Vierungsturm. Rund um das Dach des Schiffes laufen kräftige Schmuckzinnen, und der Turm zeigt eine hohe durchbrochene Brüstung mit einem Vierpaßmuster. Platanen und Koniferen werfen ihre dunklen Schatten auf den dichten grünen Rasen des Friedhofs und die hellen Wände des Gotteshauses. Das eigentliche Wunder des Baues erschließt sich erst im Inneren: achtundzwanzig große Farbfenster aus dem 14./15. Jahrhundert; die schönsten, die es nach Meinung von Fachleuten in England überhaupt gibt, visionäre Träume voller unsäglicher Schrecken und Seligkeiten, blauer Teufel und purpurner Engel. Das riesige Westfenster zeigt Christus als Weltenrichter in einer regenbogenfarbigen Gloriole von Heiligen und himmlischen Heerscharen: Weit über hundert individuell gestaltete Köpfe kann man in der edelsteinschimmernden Fläche unterscheiden. Diese Fenster legen Zeugnis ab für die hochentwickelte Kunst der Meister des späten Mittelalters, aber auch für den kaum vorstellbaren Reichtum der Wollhändler in jener Zeit, die diese Meister beauftragen konnten.

Durch leicht bewegtes grünes Land bringt uns dieselbe Straße in westlicher Richtung weiter nach Cirencester, der heimlichen Hauptstadt der Cotswolds.

Cirencester

Cirencester war einst die Hauptstadt der Dobunni, eines keltobritischen Stammes. Etwa ein halbes Jahrhundert nach Christi Geburt wurde es zum Verwaltungszentrum der Römer in Südwestengland ausgebaut: als Corinium Dobunnorum war es zeitweise die bedeutendste Stadt Britanniens; bis ins 4. Jahrhundert spielte es eine wichtige Rolle, denn es lag am Treffpunkt der großen Römerstraßen Fosse Way, Ermine Street und Icknield Way.

Im Mittelalter war Cirencester dann eine Wollenweberstadt; einige Bauten aus jener Zeit haben sich in der Cowell Street erhalten. Die meisten Häuser Cirencesters stammen aus dem 17. Jahrhundert und der Gegenwart, doch weist das Stadtbild keinen Bruch auf; denn alle Häuser sind von der Schwelle bis zu den Kamintöpfen hinauf aus gelbem Cotswoldsstein erbaut! Die Dächer sind teilweise mit Cotswoldsstein, teilweise mit Schiefer geschindelt. Selbst wenn es regnet, spiegeln hier die lichten Mauern noch einen Glanz gefangener Sonne wider.

Cirencesters Juwel ist die Pfarrkirche *Saint John Baptist*. Sie war immer Pfarrkirche und darf nicht mit der völlig zerstörten Kirche der Augustiner-Abtei, einer Gründung Heinrichs I., verwechselt werden, obwohl auch ihre Ursprünge wohl etwa in derselben Zeit liegen. Die Geschichte der Abtei war eng mit der ihrer Stadt verbunden: so verhinderten die Äbte erfolgreich, daß Cirencester eine eigene Charter und damit einen Bürgermeister und den Rang eines ›Borough‹, eines Wahlkreises, erhielt. Sie revanchierten sich, indem sie ihren Abt als Pfarrer der Gemeindekirche zur Verfügung stellten, deren Chor sie allerdings als Gegenleistung für sich beanspruchten, was wiederum die Bürger davon abhielt, sich besonders um seine Erhaltung zu kümmern, so daß man noch heute in ihm Reste des normannischen Mauerwerks findet. Ein Geschenk der Mönche ist das Gewölbe der Katharinenkapelle, eines schmalen Raumes mit herrlicher Fächerdecke und Resten mittelalterlicher Fresken, die im Stil zeitgenössischer Gobelins die Legenden von den Heiligen Katharina und Christophorus erzählen.

Von außen besticht Saint John durch eine fast filigrane Zierlichkeit. Das herrliche gotische Südportal mit seinen Maßwerkerkern und -zinnen, Fialen und einem Fächergewölbe ist dreigeschossig; im oberen Geschoß war lange Zeit – eine sehr englische Vernunftlösung! – die Zunfthalle untergebracht. Das Nordportal der Basilika ist ein bescheidener Vorbau, der in die dem nördlichen Seitenschiff wie ein viertes Schiff angegliederte Trinity Chapel überleitet, in der wir besonders prächtige Messinggrabplatten bewundern können. Der Chor mit seiner hochgewölbten Holztonne ist, wie bereits erwähnt, der älteste Teil der Kirche, wurde aber im 12. und 13. Jahrhundert erweitert. Sein Ostfenster erhielt in unserer Zeit Buntglas aus dem 15. Jahrhundert eingesetzt.

Ein Kuriosum ist die östlichste Stütze der Südarkaden; diese herrliche Säule stammt aus der Römerstadt Corinium. Um 1400 rebellierten die Grafen von Kent und Salisbury gegen König Heinrich IV. Sie wurden in Cirencester von den Bürgern der Stadt gefangengenommen und auf dem Markt hingerichtet; der erste Lancasterkönig aus dem Haus der Roten Rose wußte den treuen Städtern Dank und gewährte ihnen, das Vermögen der Grafen zum Neubau des Turmes ihrer Pfarrkirche zu verwenden. Dieser Neubau fand zwischen 1400 und 1420 statt. Das Schiff wurde erst Anfang des nächsten Jahrhunderts erneuert. Die Wappen und Zunftzeichen der Kaufleute und Handwerksmeister, die den Bau finanzierten, sieht man auf Schilden in den Händen steinerner Konsolengel. Das neue lichte, weite Schiff hat eine geschnitzte Decke und schlanke, durch feine Dienste verstärkte Pfeiler.

Im südlichen Seitenschiff blinkert in einem Glaskasten ein hoher Silberkelch mit einem Königsszepter und einem Falken auf dem Deckel. Der Falke war das Wappentier Anna Boleyns, und der Kelch wurde für sie gefertigt. Er fiel nach ihrem Tod an ihre Tochter Elisabeth I., und Elisabeth schenkte ihn ihrem Arzt Dr. Richard Master, welcher ihn wiederum der Pfarrkirche von Cirencester hinterließ, aus guter Nachbarschaft, denn er hatte im Alter den Grund der neben ihr gelegenen einstigen Abtei erworben.

Wenn man von der Kirche aus dem Stadtrand zustrebt, gelangt man zu einer hohen, runden Eibenhecke. Sie wird noch heute von Hand geschnitten: Vier Gärtner brauchen drei Wochen, um ein einziges Mal mit dem Schneiden rundum zu kommen. Hinter dieser gewaltigen lebenden Mauer liegt ein hübscher georgianischer Herrenhof aus dem gleichen gelben Stein wie die ganze Stadt: *Cirencester House*, der Wohnsitz der Grafen von Bathurst. Er ist nicht zur Besichtigung freigegeben, wohl aber sein ausgedehnter Park, der sich über die Hügel hinter dem Haus erstreckt. Darin versteckt findet man verspielte Rokokotempel und andere ›Follies‹, aber das Schönste ist die kilometerlange Kastanienallee, die sich hoch den Hügel hinaufzieht. Man muß im Mai kommen, um ihre ganze Pracht zu erfassen: Die hohen alten Baumriesen sind von der Wurzel bis zur Spitze belaubt, die Äste dürfen sich breit nach allen Seiten ausdehnen, und in der Blütezeit sind sie mit Millionen schimmernder rosaweißer Blütenkerzen besteckt. Von der Höhe aus hat man dann einen hinreißenden Blick auf die gelbe Stadt im Kranz grüner Gärten, überragt vom zierreichen Turm der Kathedrale, die gelben oder bläulichen Dächer der Häuser beladen mit Kaminen.

Vom alten Corinium Dubonnorum, der Römerstadt, sind im Park die Mosaikböden einer Villa ausgegraben worden, außerdem wurden Fragmente eines Amphitheaters freigelegt. Die Funde sind zum Teil im *Corinium Museum* in Park Street ausgestellt; im ›*Roman Garden and Museum*‹ in Nr. 17, Avenue, findet man Mosaiken, Säulenbasen, Mauerreste und einen Römerbrunnen in situ. Die Ausgrabungen dauern noch an.

In Cirencester verlassen wir die Cotswolds und wenden uns nach Süden in Richtung Malmesbury.

58

Die großen Häuser in Avon: Malmesbury–Badminton Chipping–Sodbury–Dodington–Dyrham

Wo es nämlich keinen Staat gibt, herrscht der unablässige Krieg eines jeden mit seinem Nächsten ...
Thomas Hobbes, Leviathan, 1651

Avon heißen, wie wir bereits erfuhren, nicht weniger als fünf große englische Flüsse – zum Glück gibt es nur eine einzige Grafschaft dieses Namens, sonst wäre der Verwirrung wohl kein Ende. Avon ist eine der jungen Grafschaften, 1972 im Rahmen der großen Verwaltungsreform beschlossen und im Frühjahr 1974 gegründet. Gloucester, Wiltshire und Somerset haben je auf ein Winkelchen ihres Gebietes verzichtet, um ihr Entstehen zu ermöglichen. Die kleine Grafschaft mit der großen Stadt Bristol als heftig schlagendem Herz wird von einem der Avons wie von einem aufgerollten Drachenschwanz umzingelt – es ist jener Avon, den wir bereits bei Bath kennengelernt haben; er mündet wie der von Stratford in den Severn, aber ein ganzes Stück südlicher. In Avon wollen wir außer den Städten Malmesbury und Bristol eine Reihe Schlösser und Herrenhäuser abseits der Hauptstraßen anschauen.

Unser erstes Ziel gleich hinter der neuen Grenze ist die alte Abteistadt *Malmesbury*. Gemächlich ist diese Stadt, die ihren einstigen Reichtum den Webern des Mittelalters verdankte – eine Reihe von Spittelhäusern, St. John geweiht, ein hohes oktogonales Marktkreuz aus der Epoche Heinrichs VII., gemütliche Inns wie ›White Lion‹ und ›Old Bell‹ stammen aus jener Zeit. Die normannische Abteikirche der Benediktiner, die nach dem Einsturz ihres mächtigen Westturmes in der Hochgotik einen neuen Lichtgaden und ein Gewölbe im Decorated Style erhielt, hat die Reformationswirren dank des Geschäftssinns eines reichen Wollenwebers namens Stumpe überlebt. Der pfiffige Kaufmann erwarb den weiten alten Bau und stellte in den normannischen sechs Jochen zwischen sächsischen Königsgräbern und Chorschranke seine ungetümen Webstühle auf. Natürlich blieb das nur ein Zwischenspiel, bald war die Abtei wieder Gotteshaus, und die Gebeine des seligen Königs Athelstan wurden nicht mehr durch das Geklapper der Webstühle und das Geplapper der Weberknechte gestört. Wir aber sollten dem Meister Stumpe dankbar sein, denn unwissentlich bewahrte er mit der Kirche auch eines der kraftvollsten normannischen Bildhauerwerke Englands vor der Zerstörung: das phantasievolle Südportal mit seinem Figurenreigen.

Malmesburys größter Sohn war der Staatsphilosoph und Mathematiker Thomas Hobbes (1588-1679), der seine Karriere als Lehrer und Reisebegleiter der Familie Cavendish begann, die durch seine Klassikerübersetzungen auf ihn aufmerksam geworden war. Sein Hauptwerk, der ›Leviathan‹, legte in revolutionärer Zeit ein Bekenntnis zum Staatsabsolutismus ab. Hobbes erschien ein starker Staat die einzige Garantie für eine Beendigung jenes Krieges aller gegen alle zu sein, als den er den Bürgerkrieg und die presbyterianische Revolution Cromwells erlebte. Hobbes war durch seine ausgedehnten Reisen mit den größten Geistern seiner Zeit bekannt geworden und unter anderem mit Bacon, Galilei, Descartes, Marin Mersenne und Ben Jonson befreundet. In seinem Exil in Paris in den vierziger Jahren unterrichtete er den späteren König Karl II. einige Jahre lang in Mathematik – jenen hübschen kleinen Jungen, den wir von so vielen Bildern Van Dycks kennen. 1651, auf dem Höhepunkt der Revolution, ließ Hobbes in London unter dem Titel ›Leviathan‹ die endgültige Fassung seiner Staatstheorie erscheinen, an der er über ein Jahrzehnt gearbeitet hatte. Hatte sie in der ersten Ausarbeitung die Puritaner erzürnt, so erregte sie diesmal die in Paris im Exil lebenden Royalisten – denn inzwischen war ja Cromwells Regierung anerkannt und nach der Theorie Hobbes damit auch legalisiert. Hobbes ›floh‹ aus dem Exil nach London, wo er bei dem Lordprotektor ehrenvolle Aufnahme fand. 1655 konnte er ›De corpore‹, den ersten Teil seiner ›Elementa philosophiae‹, publizieren, der zweite Teil, ›De homine‹ folgte nach Cromwells Tod 1658; der dritte Teil, ›De cive‹, war der vorweggenommene ›Leviathan‹. 1660 kehrte Karl II. nach London als König zurück, und im Gegensatz zu weiten Kreisen der Hofpartei wandte er sich dem alten Lehrer voller Wohlwollen zu. Er stellte sich auch vor Hobbes, dem er den Spitznamen ›der Bär‹ gab, als die Geistlichkeit nach dem Großen Brand von London 1666 in dem ›Vater des Leviathan‹ den Schuldigen an der Katastrophe gefunden zu haben glaubte, und unterdrückte ein Verfahren gegen den ›Atheisten‹; die Ablehnung einer Druckerlaubnis für das 1668 vollendete Werk ›Behemoth oder Das lange Parlament‹ konnte allerdings auch er nicht verhindern. So erschien Hobbes' leidenschaftliche Deutung des Bürgerkrieges erst 1889 (!) im Druck. In seinen letzten Jahren suchte der greise Gelehrte Zuflucht auf den Schlössern seiner alten Mäzene, der Herzöge von Devon aus der Familie Cavendish. Auf Hardwick Hall vollendete er seine große Homer-Übersetzung, und dort starb er auch im Dezember 1679, gehaßt und bewundert und in seinem Hauptwerk längst durch John Locke überholt.

Von Malmesbury fahren wir nach *Badminton*, das wir etwas abseits rechter Hand der Straße finden. Badminton House wurde nahe dem alten Dorf Little Badminton um 1682 von Henry Somerset erbaut, dem 3. Marquess of Worcester und 1. Duke of Beaufort (1629 bis 1699), und befindet sich noch heute im Besitz der Beauforts. Der 3. Herzog gab dann ein halbes Jahrhundert später dem Baumeister William Kent den Auftrag, sein Bestes zu versuchen, um dem Haus zu einem palladianischen Äußeren und einem malerischen Park zu verhelfen. Und Kent tat sein Bestes: Er milderte den pompösen Stuartstil der Fassaden mit viel Geschmack zu klassizistischer Klarheit und ließ eine meilenlange Buchenallee anlegen, hinter deren lichtgrünen Baumkronen das Haus nach und nach auftaucht; ein pittoresker Einfall von starker Wirkung. Die lebenstrotzenden Schnitzarbeiten im Innern wurden größtenteils von dem unübertrefflichen Grinling Gibbons ausgeführt; fast alle Räume sind mit hervorragenden Kunstwerken ausgestattet.

Und doch sind die Hauptanziehungspunkte Badmintons nicht künstlerischer, sondern sportlicher Natur: die Hunt Kennels, die Stallungen und das ›Three Day Event Horse Trial‹, eine internationale, außerordentlich strenge Pferdezuchtprüfung. Die Kennels sind die Zwinger der in Fuchsjägerkreisen berühmten Meute der

Badminton Jagd, deren großer Förderer, Henry, 7. Duke of Beaufort (1792-1853), ein gefeierter Sportsmann seiner Zeit war. Darin folgten ihm seine Erben, der 8. und der 9. Herzog; unter ihrer Ägide wurde 1887 der Bath Badminton Club gegründet, der erste Club, in dem das aus Indien eingeführte Poona Spiel, eine Art Federball, gepflegt wurde, das später als ›Badminton‹ in aller Welt bekannt wurde.

Von Badminton aus gelangen wir auf derselben Straße in westlicher Richtung nach *Chipping Sodbury*, einem der typischen Cotswolds-Marktflecken mit breiter Hauptstraße und einer Kirche aus dem 15. Jahrhundert, die in der viktorianischen Epoche restauriert wurde ebenso wie das gotische Rathaus. Little Sodbury Manor hingegen hat seine große Tudor-Halle unbeschadet über die Zeit retten können. Hier lebte von 1521-1523 als Kaplan des Sir John Walsh der englische Bibelübersetzer William Tyndale, eine der bedeutendsten Gestalten der anglikanischen Reformation. Er ging 1525 nach Hamburg, da er in London für seine Übertragung des Evangeliums keinen Verleger finden konnte; in Wittenberg traf er mit Luther zusammen, später lebte er eine Zeitlang in Köln, wo seine Übersetzung endlich in einem Geheimdruck erscheinen konnte. Bald darauf begann eine große Jagd auf den Reformator, dessen Schriften überall aufgespürt und konfisziert wurden; er floh jahrelang über den halben Kontinent. 1536 wurde man seiner in Brüssel habhaft und ließ ihn auf höchst grausame Weise hinrichten; der Einspruch des englischen Kanzlers, Thomas Cromwell, fiel auf taube Ohren. 1573 lagen seine Schriften in England erstmals in einer Gesamtausgabe vor; damals war er bereits anerkannt als »würdiger Märtyrer und großer Lehrer der Kirche von England«.

Wir fahren von Chipping Sodbury aus einige Kilometer südlich, bis wir kurz vor der Autobahn Dodington Ash finden; von dort führt rechter Hand ein Landweg nach *Dodington House*, dem letzten der großen Schlösser im palladianischen Geschmack in England. Es wurde 1798-1808 von James Wyatt für Christopher Codrington erbaut. Die Fassade wird beherrscht von einem gewaltigen korinthischen Portikus; die Gartenfront ist durch Pilaster und Halbsäulen mit korinthischen Kapitellen leicht gegliedert; im Innern besticht vor allem das prächtige Treppenhaus. Einen Hauptanziehungspunkt bildet das große Kutschenmuseum in den ebenfalls von Wyatt entworfenen Stallungen. Über dreißig Kutschen und die Ställe der Ponys und Wagenpferde können hier bewundert werden. Der riesige Park wurde natürlich von dem unermüdlichen Capability Brown gestaltet – kaum nötig zu sagen, daß weder herrliche Gruppen alter Bäume, gepflegte Spazierwege noch künstliche Seen fehlen.

Nicht weit von Dodington, aber an der anderen Seite der Autobahn, liegt das bezaubernde *Dyrham Park*, eines der reizvollsten Häuser im Stil der Zeit Wilhelms III. von Oranien und Marias II. Dyrham war seit altersher Sitz der Familie Wynter – bis 1686 William Blathwayt, Kriegs- und Außenminister Wilhelms III., die letzte des Namens, Mary Wynter, heimführte. Von 1691 bis 1702 tat er alles, um dem alten Familienbesitz neuen Glanz zu geben. Es entstand ein strenger Palast, der in drei hohen Flügeln um einen rechteckigen Hof angeordnet ist; im Süden schließen sich ihm niedrigere Wirtschaftsbauten um drei Innenhöfe an, im Norden wird er von der neben ihm fast verschwindenden alten Kirche des Dorfes und den ansteigenden Hügeln bedrängt. Die Gartenfassade schuf der französische Architekt S. Hauduroy; für alle anderen Entwürfe, so die zum Hirschpark gerichtete Ostfront oder die Orangerie, zeichnet William Talman (1650-1719), ein vielbeschäftigter Barockbaumeister, verantwortlich. Die Fassaden werden von langen Reihen hoher schmaler Fenster bestimmt und nach oben durch zierliche, vasengeschmückte Attiken abgeschlossen. Wie so gern in England, versteckte man den ganzen Reichtum nach innen. Blathwayt, ein großer Gönner der Londoner Gelehrten, die er oft zu Gast bei sich empfing, richtete sein Haus mit viel Sinn für Behaglichkeit ein. Die Wände wurden mit Zeder, Eiche und Walnuß oder auch mit Ledertapeten verkleidet, die Möbel bei guten Meistern in Auftrag gegeben. Die köstliche Sammlung blauweißer Delfter Ware erwarb Blathwayt nach und nach auf seinen zahlreichen Reisen in die Heimat seines Monarchen; auf gleiche Weise trug er auch eine erstaunliche Sammlung von niederländischen Kleinmeistern zusammen. Zu diesem so holländischen Haus, das (wie damals angelegte Inventare beweisen) im Lauf der Jahrhunderte kaum Veränderungen erfuhr, paßt der strenge Garten mit seinen Ilexhecken, den linealgeraden Wegen, Kugellinden und dem handtuchlangen, schmalen See, auf dem sich allerlei exotische Wasservögel verlustieren, die barocken Jagdbildern entflattert zu sein scheinen.

59

Tabak und Wein: Bristol

»Dir fehlt ein Glas Canary –
wann sah ich Dich je so niedergeschlagen?«
»Nie in Deinem Leben, denk ich,
wenn nicht der Canary mich niederschlug.«
William Shakespeare, Was Ihr wollt

Bristol war die erste Stadt nach London, die sich auch ›City‹ nennen durfte – daran schon erkennt man, welch reicher, hochmütiger Ort sie schon im Mittelalter gewesen sein muß. Hervorgegangen ist Bristol aus einer um die Jahrtausendwende entstandenen sächsischen Siedlung, die sich unter den Normannen rasch zur Stadt mit eigenem Marktrecht und eigener Münze entwickelte und bereits 1172 Dublin als ›Kolonie‹ mit gleichen Freiheiten, wie sie selbst sie genoß, zugesprochen erhielt. Damals noch war der Wollhandel mit Irland Quelle ihres Reichtums – aber schon begann sie, ihre Fühler weiter auszustrecken, nach Südfrankreich zuerst, dann nach Spanien und den Kanarischen Inseln, und zugleich dehnte sie ihren Tuchhandel auf die Ostseeländer aus. Aus dem Süden holte sie schwere Weine: Sherry aus Spanien, und den beliebten ›Canary‹ von den Kanarischen Inseln. Noch heute ist Bristol der eigentliche Umschlagplatz des vornehmsten aller Südweine, des Sherry: fünfundsechzig Prozent des gesamten spanischen Exports gelangen in diesen Hafen, und hier werden auch edle Sherry-Sorten hergestellt, deren unbestrittener König ›Harvey's Cream‹ ist, auch Bristol Cream genannt, ein dunkelgoldener, milder, süßer Tropfen. ›Harvey & Sons‹ wurden 1796 gegründet, und außer Sherry führen sie auch die großen französischen Weine ein; an einigen der berühmtesten Weingüter der Douce France besitzen sie weitreichende Eigentumsrechte.

Gleichzeitig mit dem Weinhandel blühte im Mittelalter das Küferhandwerk in Bristol, und, da man einmal dabei war, die englische Kultur zu verfeinern, auch die Seifensiederei. Im Jahre 1200 legte der erste Bürgermeister der Stadt, Robert Fitz Nichol, seinen Amtseid ab. 1373 erhielt Bristol eine Charter, die es zur Freien Stadt erhob. Um dieselbe Zeit wurde die Society of Merchant Venturers – eine der Hanse vergleichbare Kaufmannsgesellschaft – gegründet, die in Zukunft nachhaltig auf die Entwicklung Bristols einwirken sollte. Zum Tuch- und Weinhandel kam später das lukrative Westindiengeschäft: Man tauschte billige, bunte Stoffe in Schwarzafrika gegen

Sklaven und brachte diese schiffsladungsweise zu den Westindischen Inseln, wo man sie dann gegen Baumwolle, Tabak und Zuckerrohr an die Plantagenbesitzer weiterverschacherte.

1542, unter Heinrich VIII., wurde Bristol Bistum. Noch wuchsen Macht und Reichtum der Stadt, aber im 18. Jahrhundert setzte dann der Verfall ein: Erst wanderten die großen Wollenweber in den Norden ab, wo es genug Kohle für die aufkommenden Dampfmaschinen gab und die Industrialisierung sich rascher vollzog. Dann brach durch das Verbot des Sklavenhandels das Westindiengeschäft zusammen, und die Tabakfabriken und Zuckerraffinerien standen ebenso wie die Kaufleute, Kapitäne, Reeder und Baumwollspinnereien über Nacht vor dem Ruin. Als Hafen wurde Bristol um dieselbe Zeit von Liverpool mit seinen tieferen, der modernen Schiffahrt größere Sicherheit bietenden Hafenbecken überrundet. Und so brach das Elend über die Bevölkerung herein. Sie erkannten plötzlich, wie eng und dunkel und armselig ihre Gassen und Häuser waren. Mit der Arbeitslosigkeit und dem Hunger wuchs das Bewußtsein der Abhängigkeit und der Not. Zwei Fluchtwege boten sich den Verzweifelnden: Anfangs suchten sie Trost in der Lehre Wesleys, und noch heute gibt es wenige Städte in England, in denen mehr methodistische Versammlungs- und Gebetshäuser zu finden sind als in Bristol. Zogen die Armen aus Wesleys Predigten neues Bewußtsein ihrer eigenen Würde, so gaben ihnen die ersten großen Arbeiterunruhen auch ein Bewußtsein ihrer Macht. 1753, 1767 und 1831 kam es zu blutigen Aufständen, die zwar niedergeschlagen wurden, aber dennoch die wirtschaftliche Wende vorbereiteten; das Monopol der Merchant Venturers wurde gebrochen: 1823 wurde die Handelskammer von Bristol gegründet, 1835 die Stadtverfassung demokratisiert, und 1848 gelangten die Hafendocks in städtischen Besitz. Seitdem hat Bristol sich langsam, aber stetig erholt und ist heute, trotz der schweren Bombenschäden des Zweiten Weltkrieges, wieder eine aufstrebende Stadt. Neben dem Hafen spielen Flugzeug-, Maschinenbau und chemische Industrie eine bedeutende Rolle, aber auch weiterhin die traditionellen Erwerbszweige wie Schiffsbau, Weinhandel, Zuckerraffinerie, Tabakwarenfabrikation, Seifenherstellung, Glasbläserei, Töpferei und Brauerei.

Bristol liegt beidseitig des Avon in einem engen Talkessel, an dessen Wänden sich die Vorstädte mit Reihen viktorianischer und eduardianischer Einfamilienhäuschen in trostloser Gleichförmigkeit hinaufziehen. Im Westen der Stadt verengt sich das Tal zu einer steilen Schlucht, dem Avon Gorge, über die sich Brunels *Clifton Suspension Bridge* spannt. Es ist eine gerade Brücke mit feinem Bogengitter, die wie ein Spinngewebe zwischen zwei burgartigen Türmen zu beiden Seiten der Schlucht hängt: eine der großartigsten Ingenieurleistungen des vorigen Jahrhunderts. Im Hafen liegt ein anderes Meisterwerk Brunels auf Dock, das Dampfschiff ›Great Britain‹, ein in ein Museum umgewandelter Ozeanriese.

Die interessantesten Bauten der Stadt finden wir nördlich des Avon und des Floating Harbour, des stadtnächsten der Hafenbecken von Bristol. Wir beginnen unseren Rundgang beim *New Council House*, dem Grafschaftsgebäude, das 1956 von E. Vincent Harris erbaut wurde. Seine Fassade schwingt in großem Bogen zurück; die Eckpavillons werden von schlanken, hochaufgerichteten Einhörnern bewacht.

Von hier aus sind es nur wenige Schritte zur *Kathedrale* an der Deanery Road, einem niedrigen, langgestreckten Bau ohne Triforium und Lichtgaden, mit zwei bulligen Westtürmen und einem Vierungsturm. Sie ging aus einer normannischen Augustinerkirche hervor, von der sich aber nur das Kapitelhaus, das Untergeschoß des einstigen Torhauses und die Krypta unter dem Refektorium sowie die Wände des südlichen Querhauses und des Kreuzganges erhalten haben. Der erste Anbau an die normannische Kirche war 1215 die ›Ältere Marienkapelle‹ im Winkel zwischen nördlichem Querschiff und nördlichem Seitenschiff des Chores. Der damals amtierende Abt David lieh sich für diesen Bau die Steinmetzen von Wells aus, deshalb zeigen die Kapitelle und Schlußsteine die gleiche frische Laubornamentik wie in Wells. In den Zwickeln der sich an den Wänden entlangziehenden Zierarkaden kann man sich an Genreszenen ergötzen: ein Fuchs mit einer geraubten Gans im Maul, eine sich sonnende Eidechse, ein an einem Blatt pickender Vogel und eine ganze Menagerie grotesker Affen. Eingewölbt wurde die Kapelle erst um 1260, als sie auch ihr hohes Ostfenster erhielt. Die Kreuzrippen des Gewölbes greifen tief in den Raum hinab, geteilt durch eine mit Schlußsteinen besetzte Scheitelrippe.

Um 1298 begann man mit dem Neubau des Chores und dem Bau der östlichen ›Jüngeren Marienkapelle‹. 1330 war die Arbeit einschließlich der Umgestaltung der den Turm tragenden Vierungspfeiler vollendet. Die Arkaden des Chores sind mit rund 17 Metern die höchsten in ganz England, sie übertreffen selbst die von Westminster. Entlang der Wände stehen die Grabmäler der Äbte des 15. Jahrhunderts. Die Glasmalereien stammen aus dem 14. Jahrhundert, sind aber restauriert. Im südlichen Seitenschiff des Chores und in der ihm angegliederten Sakristei zeichneten sich bereits die Möglichkeiten einer dekorativen Gotik ab, wie man sie auf dem Kontinent erst viel später entwickelte. Nikolaus Pevsner schreibt in ›Europäische Architektur‹: *»In vier wichtigen Punkten unterschied sich der Chor von Bristol von allen früheren englischen Chören. Zunächst entspricht er nicht dem basilikalen Schema, sondern dem der Hallenkirche. Diesen Raumtypus hatte es bereits in der normannischen Architektur Südwestfrankreichs und Deutschlands gegeben, aber damals war noch nirgends ein Resultat angestrebt worden, wie es jetzt in Bristol erreicht wurde: die Ausbildung eines vereinheitlichten Raumes mit Pfeilern, die wie eingestellt wirken ... Für den Meister von Bristol wurde die Übernahme des Hallenschemas zur Veranlassung, auch für die Pfeiler und Gewölbe neue Formen zu verwenden, eine Konsequenz, die in so früher Zeit eine bemerkenswert selbständige Erscheinung bedeutet.«*

Das Chormittelschiff wird von einem sternförmigen, zierlichen Liernengewölbe abgeschlossen; das südliche Chorseitenschiff zeigt eigenartige, den Raum wie Brücken überspannende Gurtbögen, und der flachen Decke der Sakristei wurde mit einem System von dekorativen Schlußsteinen und fliegenden Rippen der Anschein eines Gewölbes gegeben. Gerade der enge Raum der Sakristei erreicht durch das Licht- und Schattenspiel der frei im Raum schwebenden Rippen eine fast magische Ausdruckskraft. Das Chorgestühl von 1520 mit seinen achtundzwanzig geschnitzten Misericordien kann man wie ein Bilderbuch lesen: Szenen aus dem alten und neuen Testament, der englischen Sagenwelt, dem Reineke Fuchs und dem täglichen Leben des Spätmittelalters wechseln in bunter Folge.

1831, im letzten der großen Bristoler Arbeiteraufstände, stürmte die erregte Bevölkerung den Bischofspalast und brannte die Bibliothek nieder. Die Kathedrale selbst wurde durch die Geistesgegenwart eines einzigen Bürgers vor dem Schlimmsten bewahrt. Er hielt das Haupttor mit einer Eisenstange gesperrt, bis Hilfe eintraf. Dennoch, das Schiff hatte gelitten, und 1868 begann ein Neubau. Der Architekt George Edmund Streets hielt sich dabei strikt an die ursprünglichen, nie verwirklichten gotischen Pläne aus der Zeit des Chorumbaus; so bilden heute Chor und Schiff trotz der Jahrhunderte, die zwischen ihrer Entstehung liegen, eine Einheit.

Dem südlichen Seitenschiff ist der Kreuzgangsgarten mit den erhaltenen Nord- und Ostarkaden vorgelagert. Von den Ostarkaden führt eine überwölbte Pfeilerhalle in das normannische Kapitelhaus. Es wird von einem Kreuzgratgewölbe von erstaunlicher Spannweite überdacht; die Grate sind mit einem lebhaften Zickzackmuster versehen. An den Wänden entlang führen die Steinbänke der Chorherren unter einer interessanten Blendarkatur mit ineinander verwobenen Bögen. Die Wandfelder darüber sind bis unter das Gewölbe mit ausdrucksvollen geometrischen Ornamenten geschmückt, wie man sie in der Romanik liebte. Die Kargheit des Raumes steht in seltsamer Spannung zu dem unheimlichen Leben, das von diesen Wandreliefs ausgeht.

Zu den Schätzen der Kathedrale gehören ein großer silberner Lüster aus dem 15. Jahrhundert in der Berkeley Kapelle und ein Paar hoher Silberleuchter von 1712 in der Lady Chapel. Sie sind das Dankgeschenk eines Kaufherrn, dessen Schiffe ›Duke‹ und ›Duchess‹ von einer Weltreise unversehrt zurückkehrten; sie brachten an Bord einen Mann mit, den sie auf den Juan-Fernandez-Inseln aufgefischt hatten, Alexander Selkirk. Er ist das Urbild des Robinson Crusoe. Die bewegende moderne Skulptur vor dem Bau, ›Refugee‹, hat Naomi Blake für rassisch Verfolgte geschaffen.

Von der Kathedrale aus gehen wir über College Green durch die Baldwin Street zur Bristol Bridge, einer alten Steinbrücke; dort erheben sich die Ruinen der normannischen Kirche St. Nicholas, und die eigentliche Altstadt beginnt, wie sogleich die Straßennamen verraten: High Street, Corn Street, Wine Street, Broad Street. *All Saints'* in der High Street ist ebenfalls eine normannische Kirche, wurde aber stark renoviert. In der Corn Street steht die von John Wood dem Älteren entworfene Kornbörse, *Exchange*. Auf den seltsamen, kurzen Bronzepfeilern vor ihrem Portal, den ›Bristol Nails‹, wurden einst die großen Handelsgeschäfte getätigt; daher stammt wahrscheinlich der alte Ausdruck ›paying on the nails‹, was soviel heißt wie ›auf der Stelle zahlen‹. In *Christ Church* mit ihrem hübschen Glockenspiel an der Ecke Wine und Broad Street wurde der Dichter Robert Southey, einer der englischen Romantiker, getauft. *St. John's Arch* ist das letzte der Stadttore; das Kapellchen in seinem Obergeschoß wurde im 14. Jahrhundert ausgebaut. Entlang Corn Street und Clare Street gelangt man in die Marsh Street, an deren Ecke wir eine Reihe entzückender, pastellfarbig getünchter Häuschen für

Seeleute im Ruhestand entdecken, die ›St. Nicholas Almshouses‹. Der heilige Nikolaus ist ja auch der Schutzpatron der Schiffer.

King Street wartet mit zwei Sehenswürdigkeiten auf: dem ›Llandoger Trow‹, einem historischen Gasthaus von 1664, und dem georgianischen Theater. Die Ausstattung von Bühne und Zuschauerraum des *Royal Theatre* entsprechen noch genau dem ursprünglichen Bild; es ist eines der ältesten erhaltenen Theater in England. Das Foyer, die Schauspielergarderoben und eine Probenbühne hat man in den letzten Jahren geschickt modernen Ansprüchen angepaßt. Bespielt wird die Bühne von einem der renommiertesten Ensembles im Königreich, der Bristol Old Vic Company, aus der viele große Stars hervorgegangen sind.

Von King Street aus gehen wir über den weiten *Queen Square*, eine hervorragende städtebauliche Anlage des 18. Jahrhunderts, in Erinnerung an einen Besuch Queen Annes errichtet; der Platz wird umringt von stattlichen Kaufmannshäusern, in denen sich viele Konsulate etabliert haben. Am Ende des Platzes erreichen wir den Floating Harbour und gelangen über eine Brücke nach Redcliffe.

Redcliffe wurde im 15. Jahrhundert Bristol eingemeindet; es erhebt sich, wie sein Name verrät, auf einem hohen, roten Kliff über einem Arm des Avon. Im Mittelalter siedelten sich in Redcliffe die reichen Kaufherren an; leider haben sich kaum Bauten aus jener Zeit erhalten, denn dieser Stadtteil wurde im Zweiten Weltkrieg fast ganz ausgelöscht. Wie durch ein Wunder blieb aber St. Mary stehen, deren hohen, schlanken Spitzturm wir schon von weitem winken sehen: *St. Mary Redcliffe* – Maria vom Roten Kliff. Alles, was die Kathedrale im architektonischen Detail im Keim enthält, ist hier zu voller Blüte entfaltet. Sie galt bereits Königin Elisabeth I. als Englands »frömmste, schönste und berühmteste Kirche« und wäre recht wohl würdig, einer seiner Dome zu sein.

Dem dreischiffigen Langhaus entspricht ein dreischiffiges Chorhaus, dem Chor mit Chorumgang schließt sich im Osten die schmälere Marienkapelle mit geradem Ostschluß an. Im Westen ist dem Langhaus ein Portalbau vorgelagert, zu dessen Linken sich der hohe stolze Turm erhebt, unter dem die Kapelle Johannes des Täufers liegt – ihr gegenüber auf der anderen Seite des Schiffes steht das Baptisterium. Zwei, oder genauer: drei weitere Portalbauten sind zu sehen: das Südportal und das innere und äußere Nordportal. Das äußere Nordportal ist St. Marys besonderes Schmuckstück, ein einmaliger kleiner Bau, über einem sechseckigen Grundriß in Form einer Krone errichtet und mit einem zierlichen Sterngewölbe überdacht. Seine gotischen Fenster stehen auf dem Kopf, mit den Spitzen nach unten; von außen sind sie eingesponnen in so überquellend reiches Maßwerk, wie es in England vielleicht nur noch in der Marienkapelle von Ely zu finden ist. Diese krause, an feinste Spitze gemahnende Ornamentik hat auch auf die sternförmig ausgezackten Tudorbogen und plastisch vorspringenden Eselsrücken der Portale übergegriffen. Man möchte an maurische Einflüsse glauben – was bei Bristols ausgedehntem Spanienhandel ja nicht auszuschließen wäre – aber die Formensprache: frisches, naturalistisch gekräuseltes Laubwerk, Ranken, feinste Figurenmedaillons mit Genreszenen, ist rein englisch.

Ungewöhnlich für englische Kirchen ist auch der Aufriß des Langhauses: Weder Galerie noch Triforium unterbricht den Höhenzug; über den Arkaden mit ihren reich profilierten Bogenlaibungen zwischen schlanken Pfeilerbündeln von ungewöhnlicher Strenge erhebt sich der hohe Lichtgaden. Die Fächer der zarten, dunkel abgehobenen Rippen wachsen aus den völlig ungebrochen aufsteigenden Diensten ohne Kapitelle schlank empor und verzweigen sich erst unter der Decke zu einem Netzgewölbe, das an organische Strukturen, etwa ein Rosengerank, gemahnt. Die tausendzweihundert Schlußsteine sind alle verschieden skulptiert, sie wurden um 1740 mit echtem Gold überzogen und so zugleich gegen die Tücken der Witterung konserviert, denen selbst das härteste Gestein ausgesetzt ist. Und St. Mary wurde leider aus dem zwar wunderschön hellen, aber anfälligen Bath Stone errichtet. Das Gold war eine Spende der Bürgerinnen von Bristol, die in einer frommen Regung all ihren Schmuck »zur höheren Ehre Gottes und seiner schönen Kirche, dem Stolz von Bristol« geopfert hatten.

1476 wurde der hohe Spitzturm der Kirche vom Blitz getroffen, aber durch William Canynges, Bürgermeister und reicher Kaufherr, der eine Flotte von zehn Schiffen auf den Weltmeeren treiben hatte, wiederaufgebaut. Zehn Jahre nach dem Tod seiner Frau ließ sich Canynges zum Priester weihen; das Grabmal für ihn und seine Frau gehört zu den prächtigsten der Kirche; ein Alabasterdenkmal zeigt ihn außerdem im Priestergewand, Engel zu Häupten. Seit Jahrhunderten schon feiert die Stadt an Pfingsten ein Volksfest zu seinen Ehren: Dann wird der Boden der Kirche mit frischen Kräutern bestreut und alle, die zur Messe kommen, tragen altmodische Blumenbuketts wie zu seinen Lebzeiten.

Seit Mitte des 18. Jahrhunderts wurde die Kirche je nach Notwendigkeit – der weiche Stein! – mehrfach liebevoll renoviert. 1755 erhielt William Hogarth den Auftrag für ein dreiteiliges Altargemälde mit dem Thema der Auferstehung, das die damals zwischen Chor und Marienkapelle eingezogene Trennwand schmücken sollte. Es hängt jetzt in der Bristol Art Gallery. Das Chorgestühl und die Kanzel stammen aus der viktorianischen Epoche, aber das Messinglesepult in Form eines aufgeregten Adlers ist alt. Georg Friedrich Händel, der ein Freund des damaligen Pfarrers von St. Mary war und oft auf der schönen Orgel gespielt hat, wurde mit einem Fenster im nördlichen Seitenschiff geehrt, das Szenen aus seinem Oratorium ›Der Messias‹ darstellt. Ein anderes Fenster im südlichen Querschiff zeigt John und Sebastian Cabot, die Entdecker Neufundlands, die in Cathay, einer Straße nahe der Kirche, lebten. Sie brachten von ihrer Reise eine Walfischrippe mit, die heute an einem der den Turm tragenden Pfeiler hängt. Als sie 1497 von ihrer Expedition heimkehrten, wurden sie im Hafen von Sheriff Richard Amerike empfangen, und die Diskussion, ob Amerika nach Amerike oder nach Amerigo Vespucci genannt wurde, ist nie ganz verstummt – zumindest in Bristol. Amerikes Tochter Johanna Brook fand ihr Grab am Hochaltar von St. Mary; es wird von einer schönen Messingplatte gedeckt. Ein anderer, mit der Geschichte Bristols eng verbundener Seefahrer war Admiral William Penn, ein Anhänger und geduldiger Gläubiger Karls II. Der König bezahlte seine Schulden erst dem Sohne Penns, William Penn dem Jüngeren: Er sprach ihm in Amerika Land zu für seine Quäkergemeinde, verlangte aber, daß der junge Kolonist sie nach seinem Vater nennen solle: So entstand der Staat Pennsylvania. Die steinerne Grabplatte Admiral Penns liegt im südlichen Querhaus, aber auch auf einer barocken, mit Geschützen verzierten Gedenktafel wird an den Seehelden erinnert; darüber hängt seine Rüstung und einige der von ihm im Kampf eroberten Fahnen. – Doch das seltsamste aller Gräber von St. Mary befindet sich im Friedhof; es trägt nur eine magere Inschrift: THE CHURCH CAT 1902-1917. Unter diesem Stein ruht eine Katze, die die Kirche zu ihrem Heim erkoren hatte und dort fünfzehn Jahre lang ein frommes Leben – so die Überlieferung – führte.

In der St. John's Chapel unter dem Turm kann man sich in eine wunderhübsche buntbemalte Gallionsfigur aus dem 16. Jahrhundert verlieben. Sie stellt die große Königin als eine resolute Frau mit Apfelbäckchen und gebieterischen Augen dar; den weiten Hermelinmantel trägt sie über der Brust mit dicken Schiffstauen verknotet. Ich denke mir, daß die Königin – in Wirklichkeit eher eine feingliedrige, aristokratische Schönheit, stets mit raffinierter Eleganz und Pracht gekleidet – so wohl im Bewußtsein ihres Volkes gelebt haben mag: mütterlich, ein wenig quäkerisch und zu allem entschlossen.

Aber nicht nur Seefahrertradition bewahrt diese Kirche, sondern auch das Gedächtnis an bedeutende Dichter des Landes. Hier wurden Samuel Taylor Coleridge und Robert Southey 1795 mit den Schwestern Sarah und Edith Fricker getraut, die ihre utopischen Ideen teilten: Dem einen brachte die Ehe lebenslanges Glück, dem andern die Hölle auf Erden, schmerzhafte Scheidung und viel Leid. Und dann lebt hier noch die traurige Mär von dem Kind von Bristol, dem armen Chatterton.

Thomas Chatterton wurde 1752 im Redcliffe Way in einem engbrüstigen Haus schräg gegenüber St. Mary geboren (das Haus ist Museum, aber nur an Mittwoch- und Samstagnachmittagen geöffnet). Er entstammt einer Familie von Küstern und Lehrern und wuchs gewissermaßen in der Kirche auf. Als man ihn wegen seiner sehr schönen Handschrift zu einem Anwalt in die Lehre gab, war er noch ein halbes Kind; ein Kind, das fasziniert war vom Mittelalter, in dem so herrliche Bauten wie St. Mary und all die anderen Kirchen von Bristol entstehen konnten, und zugleich erschreckt von der Häßlichkeit und Nüchternheit des Lebens seiner Zeit. So träumte er sich denn in dem dunklen Anwaltbüro seine eigene Welt zusammen, und in dieser Welt war er der Mönch und Dichter Thomas Rowley aus dem 15. Jahrhundert. Und dieser Thomas Rowley schrieb auf den alten Pergamenten aus den Archiven von St. Mary in gotischen Lettern und in einer altertümlichen, an Edmund Spenser geschulten Sprache seine Träume und Romanzen auf. Chatterton war kein Fälscher; ihm hatten sich lediglich in seinem Durst nach Schönheit die Grenzen zwischen Traum und Wirklichkeit verwischt. Man machte es dem Vierzehnjährigen auch gar zu leicht, seine Werke als ›Funde‹ auszugeben; Liebhaber des ›Gotischen‹ waren begeistert. 1770 reiste der Junge dann voller hochfliegender Hoffnungen nach London, um Horace Walpole, dem Erfinder des ›Gothic Novel‹, der mittelalterlichen Schauergeschichte, seine Pergamente vorzulegen. Walpole war jedoch ein wirklicher Kenner und entdeckte den Schwindel sofort. Es gab einen furchtbaren Skandal, und Chatterton sah sich über Nacht verachtet, verlassen, mittellos in der Riesenstadt London ausgesetzt. Seine Gönner fühlten sich düpiert; nicht einer erkannte, was wirklich in dem Jungen vorging. Seine verzweifelten Versuche, sich mit eigenen Publikationen über Wasser zu halten, scheiterten. Bald sah das stolze, verletzte, dem Elend preisgegebene Kind keinen Ausweg mehr als den Freitod. Er vergiftete sich am 24. August 1770 mit Arsen. Erst die nächste Generation der Romantiker erkannte das Genie des ›Kindes von Bristol‹: Keats feierte ihn in seinem ›Endymion‹, Alfred de Vigny besang ihn, Robert Southey gab 1803 seine Dichtungen heraus. In unserem Jahrhundert hat sein Schicksal unter anderem Hans Henny Jahnn fasziniert, der ihn zur Hauptgestalt eines Trauerspiels machte, und Ernst Penzoldt, der ihm in seinem Roman ›Der arme Chatterton‹ ein Denkmal gesetzt hat.

Von Redcliffe Way aus gelangen wir in westlicher Richtung zurück ins Stadtzentrum. Über Park Street und die steil ansteigende Queen's Road kommen wir ins *Universitätsviertel*. Dicht nebeneinander stehen der großmächtige Turmbau der alten Universität und das klassizistische *Stadtmuseum*. Der Schwerpunkt der Ausstellungen im Museum liegt ganz auf der Entwicklung Westenglands: Naturgeschichte und Geologie, Geschichte und Sozialgeschichte, Münzsammlungen, eine Darstellung der Entwicklung des Hafens und Handels von Bristol und eine reichhaltige Kollektion orientalischer Keramiken. *Red Lodge* steht nahe der Kathedrale: ein schönes georgianisches Haus mit eichengetäfeltem Saal, das heute Museum und Kulturzentrum zugleich ist. Im vorigen Jahrhundert beherbergte es für einige Zeit ein Heim für junge Mädchen, die, wie man es damals nannte, vom rechten Wege abgekommen waren. Finanziert wurde es von der schönen sittenstrengen Lady Byron, die sich durch diese soziale Tat an ihrem ›satanischen‹ Gemahl zu rächen versuchte. Ein anderes großartiges Bürgerhaus ist Nr. 7 in der Great George Street, einfach *Georgian House* genannt und ganz im Stil seiner Zeit eingerichtet. Es gehörte im späten 18. Jahrhundert dem Westindienfahrer John Pinney.

Wir verlassen Bristol in nördlicher Richtung auf der Westbury Road und fahren weiter bis Henbury, das von einem weiten, zu Bristol gehörenden Waldgebiet umschlossen wird, dem *Blaise Castle Estate*. Das Castle ist keine wirkliche Burg, sondern eine frühromantische Spielerei; sie wurde 1771 für Thomas Farr erbaut, dem damaligen ›Master‹ der Society of Merchant Venturers. Zu der von John Nash entworfenen Anlage gehört ein bezauberndes Dorf mit behaglichen Cottages, deren Rieddächer tief hinabgezogen sind, einer Mühle, einer Meierei und einem Landhaus im georgianischen Stil, dem heutigen ›Blaise Castle Folk Museum‹. Das besondere Entzücken jeden Besuchers ist eine bis ins letzte Detail getreu eingerichtete Gutsküche des 18. Jahrhunderts.

Von Henbury aus nehmen wir eine Landstraße, die uns an die Autobahn bringt. Wir verfolgen sie bis zum Autobahnkreuz und fahren von da in westlicher Richtung weiter auf die Bucht zu, die wir auf der großen *Severn Road Bridge* überqueren, einer der schönsten modernen Brücken der Welt, die Verbindung zwischen England und Wales.

Wales ist ein Land für sich, und wir wollen es darum links liegen lassen – im buchstäblichen Sinne. Unser Weg soll jetzt durch die ›Marken‹ führen, das jahrhundertelang immer wieder heiß umkämpfte Grenzland zwischen England und Wales.

60

Zwischen Wyetal und National Forest: Chepstow – Tintern Monmouth – Hereford – Ross-on-Wye

... Wieder nun
Hör ich die Wasser von den Bergen rollen,
Mit einem Murmeln sanfter als die See. Erkenne wieder
Die steilen, luftigen Klippen, die bedrängen
In dieser wilden und verlassenen Landschaft
Uns mit Gedanken tieferer Verlassenheit und binden
Die Erde näher an die stillen Himmel.
Der Tag ist nun gekommen, wieder ruh ich
Unter dem dunklen Sykomorenbaum und schau
Auf dieser Hütten Grund, dieser Obstgärten Strauß,
Welche in dieser Jahrzeit mit unreifen Früchten
In einen grünen Ton gekleidet stehn und sich verlieren
In Busch und Hain. Wieder seh ich
All diese Hecken – Hecken sind es kaum, nur Linien
Lustigen Waldes, ganz und gar verwildert. Seh
Der Hirten Höfe, bis zur Schwelle grün, und Ringe Rauchs
Steigen empor leis über Buchs und Baum ...

William Wordsworth,

»Zeilen, geschrieben wenige Meilen vor Tintern Abbey,
als ich die Ufer der Wye wiederbesuchte; 13.7.1798«

Die blauen Berge von Wales, die uns so oft schon aus der Ferne leuchteten, steigen jetzt fast unmittelbar vor uns auf; aber wir versagen uns ihrer Lockung und folgen dem geschlängelten Lauf der Wye durch sein grünes Tal, das Wordsworth so liebevoll in seinem oben zitierten Gedicht beschrieben hat. Die Wye ist ein Nebenfluß des Severn, und die erste Stadt, die wir an ihrem Ufer passieren, ist das mauerumgürtete *Chepstow*. Das Stadtbild ist mit der Silhouette der mächtigen Burg, die sich über einer Felsennase erhebt, dem Mauergürtel und der ehrwürdigen Westfassade ihrer Kirche normannisch geprägt; aber der Ursprung des Ortes ist keltisch, walisisch. Estrighoiel hieß er in seiner Frühzeit, Marktplatz – und so nannten ihn auch die angelsächsischen Siedler, denn Chepstow bedeutet dasselbe. Heute steht die kleine Grenzstadt, die längst ihren keltischen Charakter verloren hat, kurioserweise wieder unter walisischer Verwaltung. Die Burg wurde unter William Fitz-Osbern gebaut, der sich bei der Eroberung Englands Ruhm erworben hatte und mit der Grafschaft Hereford belehnt wurde. Der Hauptturm, ein vierschrötiger Bursche, erzählt noch von dieser Zeit; die anderen Teile der Burg wurden mehrfach umgebaut.

Weiter geht es durch das Tal der Wye, immer entlang der Grenze zwischen Gloucestershire und Gwent. Gwent, so benannt nach einem alten walisischen Königreich, ist eine der neuen, 1974 ins Leben gerufenen Grafschaften und gehört zu Wales; in ihr ist das englische Monmouthshire aufgegangen, das allerdings aus verwaltungstechnischen Gründen schon seit einiger Zeit Wales unterstand. – Zur Rechten des Flusses erstreckt sich der *Forest of Dean*, auch *National Forest* genannt, ein ehemaliges Jagdgebiet der Krone, wie der Name ›Forest‹ verrät. Leider sind Wild wie Baumbestand arg zusammengeschmolzen; die Gehölze, die sich an seinen steilen Flanken emporziehen, sind meist jüngere Fichten- und Kiefernpflanzungen. Seit altersher wurde im Forest Erzbergbau getrieben und auch in geringen Mengen Kohle gefördert. Die Bergleute dieses Gebietes sind noch heute meistens ›Free Miners‹, die ähnlich wie die Zinnwäscher in Cornwall auf eigenes Risiko arbeiten. Die beiden Grubenstädte des Forest tragen die bildhaften Namen ›Coleford‹ und ›Cinderford‹; leider ist das aber das einzige Malerische an ihnen. Der Wanderer, der die Heiden und Wälder des Forest durchstreifen möchte, kann sie getrost umgehen.

Wir wechseln bei Chapel Hill von der östlichen auf die westliche Seite der Wye, um dort *Tintern Abbey*, eine der großartigsten englischen Klosterruinen, in ihrer tiefen Abgeschiedenheit aufzusuchen. Die Abtei wurde im frühen 12. Jahrhundert von Zisterziensern errichtet; das Land ringsum war ihnen 1131 von Walter Fitz Richard de Clare überlassen worden, dem damaligen Lord von Chepstow. Die heute noch erhaltenen Gebäudeteile stammen allerdings alle aus einer späteren Bauperiode, dem 13. und frühen 14. Jahrhundert. Die selbst für englische Verhältnisse ungewöhnlich langgestreckte Kirche hat ihr Dach und ihre Nordarkade eingebüßt, aber nichts von ihrer Würde verloren. Gegen den weiten Himmel zeichnet sich klar das reiche Maßwerk ihres fast zwanzig Meter hohen Ostfensters ab. Im Süden des einstigen Kreuzganges sieht man Reste der ehemaligen Wohnbauten der Mönche wie Refektorium, Küche, Kapitelhaus und die Zellen der Laienbrüder, und östlich der Kirche kann man im hohen Gras die Grundmauern des einstigen Hospitals ausmachen. Der Zerfall des Klosters, der im 16. Jahrhundert nach der Auflösung der monastischen Häuser begann, wurde von Thomas Whateley um 1770 sehr eindringlich beschrieben: *»Die Form der Fenster ist kaum verändert, aber einige sind ganz verhangen oder halb überschattet von Efeu, und auch die noch durchsichtigen sind zumindest von seinen Ranken gesäumt und das zartere Laub kriecht über die Ränder und Maßwerkfüllungen; es windet sich um die Pfeiler, hängt sich an die Mauern, und eines der Seitenschiffe hat es gar laubenartig überwölbt ... Kein anderer Umstand unterstreicht stärker die Verlassenheit eines einst bewohnten Ortes, als wenn die Natur ihn sich so zurückerobert ...«*

Man hat den Efeu inzwischen leider beseitigt, um das ehrwürdige Gemäuer zu schützen, doch wirkt die Ruine jetzt in ihrer kargen Nacktheit vielleicht noch tragischer, ausgesetzter, als sie einst den Dichtern und Malern der Romantik erschien, die zu ihr pilgerten.

Monmouth, die frühere Grafschaftsstadt, liegt am Zusammenfluß von Monnow und Wye. Wahrscheinlich war dieser strategisch wichtige Punkt, der rings von Höhenzügen umgeben ist, schon seit der Römerzeit befestigt. Die in ihren Ursprüngen sächsische Burg wurde zur Zeit des Eroberers ebenfalls unter Fitz-Osbern verstärkt und erweitert. Hier wurde Englands Heldenkönig Heinrich v. geboren, den Shakespeare in seinen drei schönsten Königsdramen gefeiert hat. Henry von Monmouth zwang das hochmütige Frankreich in die Knie und brachte es unter seine Herrschaft, aber seinen Traum, die Wiedererrichtung des Angoviner-Reiches, konnte er nicht verwirklichen, da ihn der Tod auf dem Gipfel seiner Macht abberief. Sein

Sohn lag noch in der Wiege, als er einem Fieber zum Opfer fiel; Heinrich VI. wurde der letzte gekrönte König beider Reiche. Aber noch ehe er selbst die Macht übernehmen konnte, hatten seine Vormünder das französische Erbe an ein Hirtenmädchen verspielt, Jeanne d'Arc. Heinrichs V. Witwe, Katharina von Frankreich, heiratete in zweiter Ehe den Waliser Owen Tudor, wodurch sie zur Stamm-Mutter eines anderen englischen Königshauses wurde – was damals noch niemand ahnen konnte.

Die Burg ist heute nur noch Ruine, und auch von den Stadtmauern hat sich nicht allzuviel erhalten. Aber auf der alten Steinbrücke über den Monnow steht noch ein Torbau vom Anfang des 13. Jahrhunderts, und die Kirche St. Mary bezaubert mit ihrem schlanken Spitzturm im Decorated Style. Die Kapelle des heiligen Thomas ist ein Bau aus der spätnormannischen Epoche, und die Grammar School wurde um 1614 errichtet. Im Museum in der Market Hall in Priory Street findet der Interessierte eine Sammlung von Erinnerungen an Admiral Nelson und Lady Hamilton.

Bald hinter Monmouth, das wir in nördlicher Richtung verlassen, überqueren wir die Grenze nach Herefordshire, das heute mit Worcestershire eine Verwaltungseinheit bildet. Die Straße führt durch Welsh Newton, das von Pembroke Castle überragt wird, einer Grenzfeste des 13. Jahrhunderts. Burgen und Festen, oft zu Ruinen verfallen, prägen das Bild der Marken. Herefordshire war bis zum Ende des Mittelalters ein bevorzugtes Ziel räuberischer Überfälle, da es mit seinen sieben W's die Habgier der armen walisischen Bergstämme reizte: Wälder, Wasser, Weizen, Wein, Weiden, Wolle, schöne Weiber. Noch heute begeistert sich das Auge an den lichten Buchenwäldern und den grünen Weiden, auf denen rote Hereford-Rinder neben wolligen Schafen grasen; sie sind durchzogen von fischreichen Flüssen, und wenn auch der Rebstock durch Hopfen und Apfelbaum ersetzt ist, so läßt sich doch auch aus Äpfeln ein golden-klarer Wein keltern, und auf der fruchtbaren roten Erde in den Niederungen wächst das Korn. Was die schönen Mädchen betrifft – da möge der Besucher selber urteilen. Rot wie die Erde ist auch der Stein, aus dem die prächtigen Kirchen, Burgen und Klöster des Landes erbaut wurden.

Hereford

Das Bistum von Hereford gehört zu den ältesten im Königreich; es wurde 676 von Bischof Putta von Rochester gegründet. In der zweiten Hälfte des 11. Jahrhunderts wurden Kirche und Stadt von walisischen Grenzräubern dem Erdboden gleichgemacht; den Neubau der Kathedrale im normannischen Stil leiteten die Bischöfe Robert de Losinga (1079-1095) und Reinhelm (1107-1115). Auf diesem Bau gründet die heutige *Kathedrale*, die sich zwischen 1102 und 1142 einen sehr tiefgreifenden Umbau gefallen lassen mußte, nachdem Graf Leofric von Mercia und Lady Godiva das Bistum mit reichen Mitteln und Ländereien ausgestattet hatten, die sich noch heute in seinem Besitz befinden.

Der gedrängt wirkende Sandsteinbau erhebt sich in einem Rasenpark am Ufer der Wye; er wird ganz von einem klotzigen normannischen Vierungsturm beherrscht. Der Aufbau ist basilikal. Der Eindruck im Innern ist uneinheitlich: Die Rundbogenarkaden des Langhauses lasten schwer auf den normannischen Rundpfeilern, denen zu beiden Seiten je ein Halbsäulenpaar vorgeblendet ist, was ihnen zusammen mit dem seltsam gebrochenen Verlauf der Kapitelle ein fast eckiges Aussehen verleiht. Gewölbe, Lichtgaden und Triforium wollen nicht zu diesem Geschoß passen; das liegt wohl daran, daß sie gegen Ende des 18. Jahrhunderts unter Leitung von James Wyatt in einem einfallslosen gotischen Stil erneuert wurden. Eine solche Reparatur war notwendig, da der Westturm – der nicht erneuert wurde – das Dach der Kathedrale durchschlagen hatte. Ganz anders ist das Bild im Chor: Auch dort sind obere Geschosse und Gewölbe gotisch, aber sie zeigen die gesammelten, klaren Linien der englischen Frühgotik und harmonieren mit den normannischen Teilen. Gleichzeitig mit dem Bau des Chorgewölbes wurden die ursprünglich vorhandenen normannischen Apsen durch ein gerade geschlossenes zweites Querhaus ersetzt, von dem aus einige Stufen in die Marienkapelle, gleichfalls Early English, hinabführen. Dieser heitere Raum erhält Leben durch die tiefen Fensterlaibungen, deren Relief starke Licht-Schatten-Wirkungen erzeugt. Das große Ostfenster ist in fünf Lanzetten unterteilt.

Im nördlichen Chorseitenschiff hängt der größte Schatz der Kathedrale, die berühmte Mappa Mundi, von einem Hereforder Kanonikus im 14. Jahrhundert auf Pergament gemalt. Sie gibt uns eine gute Vorstellung des mittelalterlichen Weltbildes: Die drei damals bekannten Erdteile Afrika, Asien und Europa sind um den Mittelpunkt der kreisrunden Erdscheibe, Jerusalem, angeordnet; das Rote Meer ist leicht an seiner Purpurfarbe zu erkennen, Kreta am Labyrinth, das Tote Meer an Frau Lot, die am Ufer steht, Babylon am Turmbau, und im Garten Eden pflückt Eva gerade den verruchten Apfel. In den Weltmeeren treiben sich Seeungeheuer umher, und die entlegeneren Teile der Welt sind mit Einhörnern und anderen Fabelwesen belebt. Noch ist die Welt ein Ganzes: Biblisches, mythisches und geographisches Wissen bilden einen gemeinsamen Kanon. Ein Duplikat dieser Karte, ebenfalls von einem englischen Mönch gezeichnet, ist in Nürnberg dem Zweiten Weltkrieg zum Opfer gefallen.

Und noch eine Überraschung hat Hereford für uns: die beiden größten erhaltenen *Kettenbibliotheken* der Welt befinden sich in der Stadt; die eine in der Kathedrale, die andere in der Südkapelle von All Saints'. Im Mittelalter war es allgemein üblich, die wertvollen, in unendlichen Fleiß entstandenen Handschriften an die Kette zu legen, um sie vor Diebstahl zu schützen. Als die Bibliothek der Kathedrale zu Beginn des 17. Jahrhunderts von Experten aus Oxford neu geordnet wurde, beschloß man, es bei dem bewährten System zu lassen, und nur die Regale nach dem Vorbild der in der Universitätsstadt gerade entstandenen Bodleian Library neu zu gestalten. So finden wir denn heute einen Schatz von unvorstellbarem Wert in den eineinhalbtausend Bänden an ihren langen Ketten, an denen nur die Schließen bei der Umgestaltung erneuert wurden. Innerhalb der Kathedrale mußten die Bücher mehrfach umziehen; heute sind sie in einem stimmungsvollen Saal über dem Querhaus (14. Jahrhundert) und im anschließenden Obergeschoß des Westflügels des Kreuzganges untergebracht. Unter den alten Pergamenten befinden sich einige Seiten aus einer Abschrift der Evangelien (8. Jahrhundert) im Stil des berühmten irischen ›Book of Kells‹, die Schedelsche Weltchronik von 1493 mit über 1800 Holzschnitten, ein Band des französischen Wiegendruckers Nicholas Jenson von 1476, dessen Schriftbild William Morris das Vorbild für seine Typographie lieferte, weiter ein Druck der ›Golden Legend‹ von 1483 aus der Hand des englischen Meisterdruckers Caxton und eine Abschrift der in Hereford üblichen Liturgie mit den dazugehörigen Noten, auch dies eine Rarität. Aber die größte Kostbarkeit ist die sogenannte ›Hereforder Ciderbibel‹, eine Abschrift der Wiclif-Bibel aus dem 14. Jahrhundert, in der sich der Schreiber die Freiheit genommen hat – es war ein

BOBUS
FOR
MIDDLESEX
VOTE
FOR
BOBUS

VI FORD MADOX BROWN
Work (Ausschnitt)
Öl auf Leinwand, 1852-62

City of Manchester Art Galleries

Hereforder Mönch – bei der Warnung vor »Wein und starken Getränken« letztere durch »Cider« zu ersetzen! In den Archiven der Kathedrale lagern, sorgsam katalogisiert, über fünfzigtausend Dokumente, die von der angelsächsischen Zeit bis in die Gegenwart reichen: eine Fundgrube für jeden Historiker.

Der Park neben der Kathedrale an der Wye heißt *Castle Green*, und der kleine See darinnen Castle Pool: diese Namen sind alles, was von der einst stolzen Burg von Hereford übriggeblieben ist. Hereford, eine der frühen Grafschaften, fiel durch Heirat an John of Gaunt, Herzog von Lancaster, und er gab Titel und Besitz an seinen ältesten Sohn, Henry Bolingbroke, weiter, den späteren Heinrich IV. In der Nähe des Flusses liegt auch die *Gwynne Street*, in der Nell Gwynn, die anmutige Liebste König Karls II., geboren wurde. Ihren Sohn erhob der König zum Herzog von St. Albans, und einer ihrer Enkel wurde Bischof von Hereford.

Im Stadtzentrum kann man eine Reihe stattlicher alter Gasthöfe finden. ›Booth Hall‹ war einst die Gildenhalle, das ›City Arm's Hotel‹ im 18. Jahrhundert ein Stadthaus des Herzogs von Norfolk. Das hübscheste Gebäude ist das *Old House* in High Town, ein freistehender Fachwerkbau aus dem 17. Jahrhundert. Sein Erdgeschoß tritt zurück und wird darüber hinaus durch ein rund um den Bau laufendes, geziegeltes Dach geschützt; über dem Eingangstor sitzt ein keckes Giebelchen mit geschnitztem Feld. Die rechteckigen Erker im darüberliegenden Geschoß kleben wie Nester an dem breiten Trennbalken, der es vom obersten, wiederum vortretenden Stockwerk trennt. Dessen Erker sind polygonal und liegen unter spitzen Zwerchgiebelchen. Über der aufgeregten Dachlandschaft hockt würdevoll und plump der viereckige Backsteinschornstein wie ein vergessener Wachtturm. Das Old House ist ganz im Stil seiner Zeit eingerichtet und enthält Erinnerungen an die Schauspieler David Garrick, Mrs. Siddons und ihre Brüder, die Kembles. Ihrer aller Schicksal ist mit der Stadt verknüpft: Garrick, Englands Schauspielerkönig im 18. Jahrhundert, wurde im Gasthof zum Raben (dem einstigen ›Angel Inn‹) geboren und in All Saints' getauft; die Kembles verbrachten einen Teil ihrer Kindheit in einem Haus in Church Street nahe der Kathedrale.

All Saints', deren Turm wir von dem Platz High Town aus aufragen sehen, stammt aus dem 14. Jahrhundert. Fast ebenso alt ist ihr schönes Chorgestühl mit geschnitzten Misericordien und eine ›Mariä Verkündigung‹. Die bereits erwähnte Kettenbibliothek in der

Südkapelle mit ihren über dreihundert Bänden besitzt unter anderem Alexander Carpenters Abhandlung über die ›Sieben Todsünden‹ in einem Druck von 1497.

Herefords großes kulturelles Ereignis ist das alle drei Jahre im Spätsommer stattfindende *Three Choirs Festival*, bei dem es sich mit Worcester und Gloucester als Gastgeber abwechselt. Alle drei Kathedralstädte haben berühmte Chöre, und ihre Fest-Konzerte ziehen seit Anfang des 18. Jahrhunderts Musikliebhaber aus aller Welt an. Wichtiger für das Wohlleben der Bürger ist der große wöchentliche Viehmarkt vor den Toren der Stadt, deren Haupterwerb neben ein wenig landwirtschaftlicher Industrie noch immer aus ihren großen Ciderkellereien kommt.

Von Hereford kehren wir wieder in den südlichen Teil der Grafschaft zurück, halten uns aber jetzt östlich auf *Ross-on-Wye* zu, einem Marktflecken, der sich das rote Felsenufer der Wye hinaufzieht. Er wird von Bäumen und Büschen förmlich umkränzt und bildet vom Fluß aus mit dem hohen schlanken Turm der Pfarrkirche St. Mary einen bezaubernden Anblick. Er war möglicherweise schon seit der Römerzeit besiedelt; im nahen Penyard Wood jedenfalls lag Ariconium, die Waffenschmiede der römischen Legionen in England. Sein hübsches Stadtbild verdankt Ross nicht allein seiner natürlichen Lage, sondern auch der Großzügigkeit eines reichen Mitbürgers, John Kyrle (1637-1724), dem die Stadt neben einer ersten Wasserleitung einen ummauerten Park, neue breite Straßen, zwei klassizistische Tore und die Ulmenallee im Kirchhof verdankt. Pope hat ihn in seinen ›Moral Essays‹ gewürdigt als den ›Man of Ross‹. Seine Grabplatte finden wir im Chor von St. Mary's, deren Turm er übrigens auch restaurieren ließ. Das hohe Steinkreuz im Kirchhof unter den Ulmen erinnert an die Pestopfer von 1637, als der Schwarze Tod die Stadt grausam heimgesucht hat.

61

Die mächtigen Städte am Severn: Gloucester – Tewkesbury Malvern – Worcester – Droitwich – Bromsgrove Hartlebury Castle – Kidderminster

Gloucester

Von Ross aus fahren wir in östlicher Richtung durch schön gehügeltes Weideland, das sich allmählich zu einer weiten fruchtbaren Mulde, dem Severntal, niedersenkt. Wir überqueren den Severn, an dessen östlichem Ufer wir die mächtige Stadt Gloucester finden: Mit dem Rücken stemmt sie sich gegen die Cotswolds, ihr Saum wird von den Ufern des Stromes genetzt, und weithin sichtbar im Land ist ihr Wahrzeichen, der gewaltig aufragende, prächtig skulptierte Turm der alten Kathedrale, der sich in einem lichten Goldton vom Himmel abhebt.

Gloucester ist, wie die Endung Cester verrät, eine Römersiedlung gewesen; sie wurde Ende des ersten nachchristlichen Jahrhunderts unter dem Namen Glevum als eine der vier britischen Coloniae gegründet, um den Zugang nach Wales zu bewachen. In den vergangenen Jahren hat man im Verlauf größerer Bauarbeiten in der Innenstadt das einstige Forum und die römische Basilika freilegen können. Alle Funde, darunter Fragmente eines kaiserlichen Reiterstandbildes, sind im Stadtmuseum in der Brunswick Road zu sehen.

Im späten 7. Jahrhundert gründete der heilige Osric in Gloucester eine Benediktinerabtei. Der Bau der heutigen Kathedrale wurde jedoch erst 1089 unter Abt Serlo begonnen. Serlo war von König Wilhelm I. eingesetzt worden; der Eroberer hielt 1085 in einem Gebäude, das an der Stelle des heutigen Kapitelhauses gestanden haben soll, einen großen Rat ab: Bei dieser Gelegenheit gab er, so berichten die Chronisten, den Befehl für die Anlage des Domesday Book. Domesday heißt Weltuntergangstag, und im Domesday Book wurde jeder Flecken Englands genau verzeichnet und alle Besitzverhältnisse klargelegt, eine Art Inventar für den Jüngsten Tag, mit dessen Hilfe Wilhelm ein Bild von seinem neugewonnenen Königreich gewann, und das uns auch heute noch eine sehr genaue Vorstellung davon gibt, wie England Ende des 11. Jahrhunderts ausgesehen hat.

Im frühen 13. Jahrhundert stand es schlecht mit England: Johann Ohneland (1199-1216) – ein Bruder von Richard Löwenherz – hatte seine Rechte teils an den Papst, teils an die Baronie verspielt; das große Angovinerreich bröckelte unter seinen Fingern auseinander, und auf einer überstürzten Reise in das ihm wohl sicherer erscheinende Frankreich, in dem die Plantagenets noch große Teile beherrschten, verlor er Kronschatz und Juwelen in den Wassern eines Flusses nahe dem Wash, der großen Bucht in Ostengland. Als 1216 sein kleiner Sohn Heinrich (III.) zum König gekrönt werden sollte, mußte man ihm in Ermangelung eines Kronreifs das Halsband seiner Mutter Isabella um die Stirn legen. Die gespenstische Zeremonie dieser Kinderkrönung in dem von Unruhen und Aufruhr geschüttelten Land, dessen verhaßter König wahrscheinlich einem Mord zum Opfer gefallen war, fand in der Kathedrale von Gloucester statt.

Heinrichs Enkel Eduard II. (1307-1327) verscherzte sich Liebe und Achtung seiner Frau und Untertanen durch seine unselige Leidenschaft für junge Männer, die er törichterweise zu Günstlingen erhob. 1327 mußte er zu Gunsten seines Sohnes Eduard III. zurücktreten. Bald darauf wurde er in Berkeley Castle von seiner in ihrem Stolz verletzten Gemahlin, Isabella von Frankreich, und ihrem Liebhaber Mortimer umgebracht. Der damalige Abt von Gloucester war ein mutiger Mann; er fuhr mit seinem eigenen Wagen nach dem nahen Berkeley und forderte den Leichnam seines Königs, den er dann im Chor der Kathedrale beisetzen ließ. Eduard III. zeigte sich, nachdem er den Tod des Vaters an Mortimer gerächt hatte, dankbar und ließ dem ermordeten König ein herrliches Grabmal errichten, das bald Pilger von überallher anzog. Die ansehnlichen Einkünfte aus dem Schrein Eduards II. versetzten das Domkapitel bald in die Lage, innerhalb der normannischen Basilika einen herrlichen Perpendikularchor zu errichten, einen Käfig aus gelbem Stein und buntem Glas.

Die lange Regierungszeit des söhnereichen Eduard III. sah die Heimsuchungen des Schwarzen Todes und in ihrem Gefolge den Ausbruch der Bauernunruhen, die unter seinem Nachfolger und Enkel Richard II. im Aufstand Watt Tylers gipfelten. Eduards ältester Sohn, der Schwarze Prinz, starb vor ihm, und die fünf anderen Söhne des greisen Königs waren keineswegs von übergroßer Liebe zueinander erfüllt. Der herrscherlichste unter ihnen war der vornehme John of Gaunt, durch Heirat Herzog von Lancaster und König von Kastilien, dessen Kinder und Enkel später auf den bedeutendsten Thronen Europas saßen. Er stellte sich in den Unruhen auf Seiten des Reformators John Wiclif, was ihm den Haß des Hochadels und der Kirchenfürsten einbrachte. Im ersten Jahr der Regierung seines jungen Neffen Richards II. berief John das Parlament nach Gloucester ein, und das wurde zur Sternstunde der englischen Demokratie: Erstmals zogen sich dort die ›Commons‹ – das heißt, die Baronie, die Ritterschaft und die Bürgerabgeordneten – aus der gemeinsamen Sitzung mit den Lords in der Hohen Halle der Abtei zu einer getrennten Tagung zurück, und damit war der Mechanismus von Oberhaus und Unterhaus geboren, der bis in die Gegenwart fortwirken sollte.

Das letzte Parlament von Gloucester wurde 1407 unter der Regierung von Johns Sohn Heinrich IV. einberufen. Auch das war eine historische Sitzung, bei der dem Parlament das Recht zugestanden wurde, die königlichen Finanzen zu kontrollieren. Außerdem wurde dort die Regelung getroffen, daß der Sprecher des Parlaments dem König den Willen der Volksvertretung erst dann übermitteln dürfe, wenn beide Häuser zu einem gemeinsamen Beschluß gekommen seien: Damit konnte das Oberhaus das Parlament nicht mehr zur Durchsetzung seiner eigenen Wünsche mißbrauchen.

So ist die Geschichte Gloucesters nicht nur eng mit dem Geschick der Plantagenets und des Hauses der Roten Rose verbunden, sondern auch mit der Entwicklung des englischen Parlamentarismus. Es ist erstaunlich, daß trotz dieser erregenden Geschichte kaum etwas in der Stadt, außer der Kathedrale, an die Vergangenheit erinnert. Aber nicht Feuer oder Schwert haben die Stadt in erster Linie ihrer alten Bauten beraubt, sondern der prosperierende Binnenhafen trieb die Bürger zu immer neuen Umwälzungen und rastlosem Neuaufbau. Hier war – sehr selten in England – das wirtschaftliche Element einmal stärker als die bewahrende Tradition.

Dafür gehört aber die *Kathedrale* zu den allerschönsten und ehrwürdigsten des Königreiches. Sie erhebt sich im Zentrum der Stadt, nicht weit entfernt vom Ufer des Severn, ein mondgelber Bau in einer weiten Domfreiheit. Das machtvolle Schiff trägt auf seinen Schultern mit Stolz den triumphalen, fein ziselierten, fast siebzig Meter hohen Vierungsturm, dessen vier Ecken von ragenden Zierspitzen betont werden. Das Äußere des Bauwerks verrät sonst kaum noch, daß es sich um eine normannische Gründung handelt: Aber wenn man das majestätische Langhaus mit dem ruhigen Gleichmaß von normannischen Arkadenbögen und Rundpfeilern betritt, ist das sofort vergessen. Die Laibungen der Korbbögen sind mit energischen Zickzackmustern akzentuiert; sonst gibt es kaum Ornamentik. Der

Raum wird überspannt von einem frühgotischen Gewölbe mit durchgehender Scheitelrippe, was die atmende Harmonie der Arkaden jedoch keineswegs zerstört, sondern sie eher in einer eigenen gelassenen Bewegung wiederaufnimmt.

Der Hauptaltar steht in Gloucester vor der Vierung; diese ist nicht offen, wie gewöhnlich in englischen Kathedralen, sondern durch eine lettnerartige Trennwand zum später eingezogenen Chor – dem schon erwähnten Käfig – abgeschirmt.

Vom Mittelschiff biegen wir jetzt in das südliche Querschiff aus dem Jahre 1333 ein, das als Wiege des englischen Perpendikularstils gilt: die Baumeister spannten hier über das normannische Gemäuer ein steinernes Gitter aus geometrischem Maßwerk.

Und ganz ähnlich verfuhren sie bei der Errichtung des einzigartigen *Chores*. Sie ließen die mächtigen normannischen Rundpfeiler stehen, die das einst dreischiffige, apsidial geschlossene Chorhaus gliederten, und zogen zwischen ihnen nur ›Wände‹ aus zierlichem Maßwerk und Glas; der so entstandene Innenraum nimmt also die Vierung und das ehemalige Mittelschiff des Chorhauses ein. Gegen Osten schließt ihn ein vom Gewölbe bis fast zum Boden reichendes Fenster gegen die Marienkapelle ab; es ist das größte zusammenhängende Farbfenster in England, hervorgebracht vom lichtliebenden Perpendikular und mit tausend ebenmäßigen Maßwerkfeldern überzogen: Dieses Beharren auf der einmal gefundenen Form, bezeichnend für diesen Stil, bringt aber oft erstaunlich anziehende Wirkungen hervor.

Vom Innern des Chores aus kann man die normannischen Pfeiler nur noch erahnen, so geschickt sind sie in das Gittermuster des Maßwerks und der strengen Dienstbündel einbezogen. Die Dienste öffnen sich unter dem Dach zu zierlichen kleinen Fächern, aus denen sich ein verspieltes Netzgewebe mit unzähligen Rippen entwickelt.

Der Chor ist aber nicht nur ein architektonisches Wunderwerk, er umschließt auch Gloucesters ehrwürdigste *Gräber:* In der Mitte des Raumes steht vor dem Hochaltar der Sarkophag Roberts von der Normandie, des ältesten Sohnes Wilhelms des Eroberers. Er starb 1134 ohne Nachkommen. Die von einem mittelalterlichen Meister aus Sumpfeiche geschnitzte Grabfigur zeigt ihn als Ritter in Kettenhemd und Kutte; über dem Kettenhelm trägt er die Krone der normannischen Herzöge; die ebenfalls gewappneten Füße sind gespornt, und die Rechte greift nach dem Schwert. An der Nordwand des Chores liegen die Gräber von König Osric und Eduard II.

Eduards Statue ruht auf einem Sarkophag in jenem gotischen Steingehäuse, von dem vorhin schon die Rede war. Die Grabfigur gehört zu den schönsten unter den englischen Königsdenkmalen: Sie zeigt eine schlanke liegende Gestalt in schlichtem, den Körper in starren Falten umspielendem Gewand; die eine Hand hält das Szepter, die langen Finger der anderen schließen sich um den Reichsapfel. Die Füße ruhen auf einem zusammengerollten Löwen, der den Toten erwartungsvoll betrachtet. Lange Locken umringeln das edle Plantagenethaupt; die Lider unter den Bögen der hochgeschwungenen Brauen sind geschlossen. Der Kopf mit dem Kronreif lehnt gegen ein schmales Kissen; zu seinen Seiten knien Engel.

Aus den Seitenschiffen des normannischen Chores ist eine Art Chorumgang geworden; von hier aus konnten die Pilger die Gräber Osrics und Eduards verehren. Hinter dem hohen Ostfenster führen ein paar Stufen hinab in die Marienkapelle (1470-1483); hier wird die im Chor schon angeschlagene Melodie noch einmal, nur noch freier und heiterer, wiederholt. Der Raum ist niedriger und, da seine Fenster ja nach außen führen, lichtdurchflutet. So kann sich hier auf den überfein strukturierten Wänden – wenn man diese dünnen Dienste zwischen den Scheiben überhaupt noch als Wände bezeichnen will – ein mystisches Schattenspiel voll entfalten.

Vom nördlichen Chorumgang mit den Königsschreinen gelangen wir in das nördliche Seitenschiff und finden dort, gleich hinter dem nördlichen Querhaus, eine Tür zum *Kreuzgang*, der ›Glorie Gloucesters‹. In Cambridge, Windsor und Oxford haben wir herrliche Fächergewölbe gesehen: Hier nun stehen wir vor dem ersten aller Fächergewölbe Englands, den anderen an Schönheit ebenbürtig; es entstand zwischen 1351 und 1412 und gab den Anstoß für das Dach der Kapelle Heinrichs VII. in Westminster und für die St. George's Chapel in Windsor. Beneidenswert die Mönche, die hier lebten. Der Gang war ihr eigentlicher Wohnraum: Hier wurde gelesen, geschrieben, gearbeitet, gebetet. Im Nordflügel sind sogar noch die Becken und Handtuchhalter des einstigen, ebenfalls mit einem winzigen Fächergewölbe überdachten Lavatoriums erhalten, wo sich die Fratres vor den Mahlzeiten die Hände wuschen.

Vom Ostgang des Kreuzganges aus hat man Zutritt zum schmalen Abtsgarten und zu dem hohen, normannischen *Kapitelhaus* mit seiner schlichten Tonnendecke, das im 12. und 15. Jahrhundert einige Veränderungen erfuhr. In diesen Saalbau zogen sich, wenn wir der Überlieferung Glauben schenken wollen, anno 1378 die

›Commons‹ zu ihrer ersten getrennten Sitzung des ›Unterhauses‹ zurück. Eine weitere Überlieferung sieht in ihm auch den Ort, an dem Wilhelm der Eroberer den Auftrag für das Domesday Book gab.

Unter dem Chor liegt die in der zweiten Hälfte des 11. Jahrhunderts erbaute *Krypta* mit ihren fünf Kranzkapellen, ein Kleinod normannischer Baukunst. Reizvoll ist auch eine Wanderung durch das Triforium des Chores, weil man von dort aus am besten erkennen kann, wie der ›Käfig‹, der Chor im Chor, konstruiert wurde. Im *Turm* hängen riesige Glocken: Gloucester war nämlich seit dem späten Mittelalter Englands Glockengießerstadt. Die erzene Stimme des ›Great Peter of Gloucester‹ ist meilenweit im Land zu hören, wenn dreimal täglich geläutet wird.

Neben dem *City Museum* mit vielen interessanten Römerfunden, darunter ein Bronzespiegel mit keltisch-verschlungenem Muster aus dem ersten nachchristlichen Jahrhundert, lockt noch das *Folk Life and Regimental Museum*, 99-103 Westgate Street. Es ist in einem der wenigen erhaltenen elisabethanischen Fachwerkhäuser untergebracht; zu seinen Besonderheiten gehört eine Darstellung der verschiedenen Arten des Fischfangs auf dem Severn.

Von Gloucester aus kann man einen kleinen Abstecher südöstlich nach *Painswick* unternehmen. Das Stadtbild ist hier wundervoll erhalten; die großzügigen Steinhäuser der reichen Wollhändler wetteifern miteinander: ›Painswick House‹ von 1737, ›Castle Godwyn‹ mit seinen hohen Schornsteinen und einem weiten Park, ›Tocknells Court‹, ›Lovedays‹ und ›Yew Tree House‹, ›Little Fleece‹ und ›Beacon‹ gegenüber der Kirche mit seinen schönen Stuckdekorationen im Innern. Aber großartiger als alle diese Häuser sind in Painswick die Bäume: Im Kirchhof von St. Mary stehen neunundneunzig sorgfältig beschnittene Eiben, alle 1725 gepflanzt. Selbst in einem Land, in dem die Bäume eine solch dominierende Rolle spielen wie in England, ist der Anblick atemberaubend. Die Kirche stammt aus dem 15. Jahrhundert und erhielt ihren hohen Spitzturm um 1632. 1643 suchte Karl I. für einige Zeit Zuflucht in dem Ort; Gloucestershire stand während des Bürgerkrieges überwiegend auf Seiten der Stuarts, wie sich der katholische Westen ja ganz allgemein stärker der royalistischen Partei als den Eisenseiten Cromwells verbunden fühlte.

Wieder in Gloucester, wenden wir uns jetzt nach Norden; durch die fruchtbare Severn-Ebene führt uns der Weg nach *Tewkesbury*. Auch hier grüßt uns ein Turm schon aus der Ferne; der quadratische Steinkoloß erhebt sich aber nicht licht und kühn in den Himmel wie in Gloucester, sondern zeigt sich in strenger Normannik erdgebunden, lastend, schwer, ein Herrscher über der Ebene. Die Westfassade der Abtei am Fluß wird bestimmt durch einen riesigen eingezogenen Rundbogen von über dreißig Metern Höhe. Die vierzehn über zehn Meter hohen normannischen Säulen des Schiffes der Abteikirche haben die Zeiten unbeschadet überdauert, ebenso das südliche Querschiff mit seiner Apsis, die jetzt die ›Lady-Chapel‹ beherbergt. Das Deckengewölbe und der apsidiale Chorschluß mit Kranzkapellen stammen jedoch ebenso wie die Farbfenster des Chores erst aus dem 14. Jahrhundert; das Westfenster wurde sogar erst im 17. Jahrhundert ausgebrochen. In den Kapellen liegen viele Herren aus den Geschlechtern der Beauchamps und Despensers begraben. Drei Orgeln hat Tewkesbury, und auf einer von ihnen soll John Milton gerne gespielt haben, als sie noch in Hampton Court stand, damals Hauptquartier Cromwells, dessen Außenminister der Dichter war.

Tewkesburys Name ist verbunden mit einer der verlustreichsten Schlachten der Rosenkriege: Von der Straße aus Richtung Lincoln kann man die ›Bloody Meadow‹ sehen, wo die Blüte des Hauses Lancaster und seiner Anhänger am 4. Mai 1471 in den Tod sank. Hier festigte Eduard IV. aus dem Hause York seinen Königstitel, und hier fiel der letzte Erbe der Roten Rose, der Sohn Heinrichs VI. und Margaretes von Anjou, an dessen Legitimität allerdings nicht nur die Partei der Weißen Rose starken Zweifel hegte. Heinrichs VI. Geist war bei der Geburt des Prinzen schon zu verwirrt, als daß er das Kind zweifelsfrei als sein eigenes hätte anerkennen können. Dennoch – das Grab des gefallenen Prinzen liegt unter der Abtei, gedeckt von einer großen Messingplatte. Und wie grauenvoll und blutig auch der Tag von Tewkesbury endete: Er brachte die erste große Ruhepause in dem wildentschlossenen Ringen der beiden stolzen, so nah verwandten Geschlechter York und Lancaster um die englische Krone; unter der Weißen Rose blühten Handel und Städte wieder auf, und der Hof entfaltete eine nie zuvor erreichte Pracht.

Die Stadt selbst liegt eingenistet in die Auen des Stratforder Avon, der hier in den Severn mündet. Die gepflegten schwarzweißen Fachwerkhäuser sind meist mit roten Ziegeln gedeckt. Die hübschesten unter ihnen sind Gasthöfe: Da ist ›Bell Inn‹ mit Wandmalereien aus dem 13. Jahrhundert, im mittelalterlichen ›Hop Pole‹ ließ es Charles Dickens schon dem Mr. Pickwick recht wohl sein; ›Swan Inn‹ steht neben dem ›Haus mit den nickenden Giebeln‹, was dessen Aussehen sehr anschaulich beschreibt, und den ›Black Bear‹ findet man in der High Street. Das ›Tudor House Hotel‹ von 1540 kann gar mit einem Priesterversteck im Kamin aufwarten!

Wir halten uns jetzt westlich. An der Straße ragen nach einigen Kilometern linker Hand zwei Bergkuppen auf, Midsummer Hill und Hollybush Hill. Sie sind seit dem 3. Jahrhundert v. Chr. besiedelt; die Erdwerke dieser Eisenzeitlager sind recht gut erhalten und unterstehen heute dem National Trust. Ihre hohen Wälle und tiefen Gräben umschlingen in konzentrischen, unregelmäßigen Ringen die Kuppen; die Hütten der Urbewohner standen auf den terrassierten Hängen. Diese Erdwerke waren so uneinnehmbar, daß sie noch weit bis ins Mittelalter hinein immer wieder auch späteren Völkern als Zuflucht dienten; Midsummer Hill wurde erst 1405 von dem sagenhaften walisischen Fürsten Owen Glendower (Owain Glyndwr) in einem Grenzkrieg gestürmt. Owen lebt in zahlreichen Balladen fort, aber auch in Shakespeares ›Heinrich IV‹ spielt er eine wichtige Rolle; man sprach dem Alten aus den Bergen nicht nur Heldenmut und Bärenstärke, sondern auch zauberische Kräfte zu.

Ein wenig weiter entlang der Straße, und wir kommen in das kleine Dorf Eastnor mit seinem ›Castle‹: Diese Burg entsprang einer neugotischen Laune des 1. Grafen Somers (1814); ihr Großer Salon wurde von dem Gotik-Fanatiker A.W.N. Pugin detailgetreu eingerichtet. Aber auch eine wirkliche Burgruine, Bronsil Castle, liegt in der näheren Umgebung: eine Feste von Richard Beauchamp, dem Schatzmeister König Heinrichs VI.

Bald danach erreichen wir *Ledbury*, auch dies eine Fachwerkstadt mit gut erhaltenem mittelalterlichem Stadtbild. Seine Pfarrkirche St. Michael aus dem 14. Jahrhundert ist eine jener lichten weiten Perpendikularkirchen, denen wir in einstigen Wollhändlerstädten so oft begegneten; aber an den massiven Chorpfeilern und dem Rundbogen des Westportals mit seiner kräftigen Zickzackornamentik erkennen wir, daß sie aus einem älteren, normannischen Bau hervorgegangen sein muß. Ein rührendes Grabmal erinnert an eine Familie namens Skinner: Vater, Mutter, fünf Söhne und fünf Töchter sowie ein fettes Baby auf dem Schoß der Mutter sind getreulich in demutvoller Haltung in ihren steifen Renaissancegewändern abgebildet.

Literaturfreunde werden vor dem Epitaph des ehrenwerten Edward Moulton Barrett verweilen: Er war der tyrannische Vater Elizabeth Barretts, deren romantische Liebesgeschichte mit dem jungen Dichter Robert Browning, der die verkrüppelte junge Frau unter den Augen ihrer Familie nach Italien entführte, einst ganz England in einen Sturm der Begeisterung versetzte. Die Sonette Elizabeths, die sie ihrem Gatten zur Hochzeit schenkte, sind in Deutschland vor allem in der Übertragung Rilkes bekannt geworden: »Du hast, mein Dichter, alle Macht zu rühren / An Gottes äußersten und letzten Kreis.« Elizabeth war in dem nahen *Hope End* aufgewachsen, wo sie als Fünfzehnjährige einen Reitunfall hatte, der sie jahrelang ans Sofa fesselte. Ein anderer Dichter, in dessen Biographie Ledbury eine Rolle spielt, ist der Poet Laureate John Masefield. Er wurde 1878 in dem Landhaus *The Knapp* geboren. Zu den schönsten Häusern der Stadt zählt Ledbury Park von 1590; das Market House entstand in der ersten Hälfte des folgenden Jahrhunderts. Es ruht auf sechzehn stämmigen Eichenpfeilern und zeigt ein fischgrätartiges Fachwerkmuster. Der große Marktplatz liegt in einem Nest verschlungener enger Gäßchen, die noch schattiger werden, da ihre Obergeschosse gefährlich weit vorkragen. Man kann sich in ihnen verlieren, zwischen ihren schwarzweißen Fassaden eine Welt des kühlen, ewigen Mittagsfriedens finden, die sich ihrer heiteren Schönheit wohl bewußt ist.

Von Ledbury aus fahren wir durch die Malvern Hills, einen schmalen, von Süden nach Norden verlaufenden Gebirgszug, an dessen Osthang die drei Malverns liegen: *Little Malvern*, ein altes Dorf, *Malvern Wells*, in der viktorianischen Zeit ein berühmtes Heilbad, und *Great Malvern*, aus ihm hervorgegangen, eine Schlafstadt für Birmingham und ein beliebter Ferienort. Ein Festival mit Konzerten und Theaterdarbietungen findet alljährlich im August in Great Malvern statt.

Die Hügelkette der Malverns erhebt sich recht abrupt aus der Landschaft, und von den höchsten Punkten des Kammes aus hat man einen Blick weit, weit über sanft abfallende Felder, Dörfer und Wälder. Der Komponist Elgar liebte die Hills; auf seinen langen Wanderungen kamen ihm immer neue Melodien für seine Kompositionen in den Sinn. Worcester Beacon, der höchste Gipfel des Gebirges, war sein liebster Ruheplatz. Von dort schaut man am weitesten in das grüne Land hinein, sieht an klaren Tagen, wie sich die Gebirge von Wales blauviolett gegen den Horizont türmen, Heckenmuster zerschneiden dunkel die sanften Wiesenhänge. Dies ist die Landschaft, in der Caractacas, ein altbritischer Fürst, der Held seines großen Oratoriums, gelebt hatte; aber auch die Landschaft, deren heimliches leises Lied, Kuckucksruf und Grillengezirp, Singen des Grases unter dem Wind und Rauschen der Blätter, Eingang fand in seine romantischen ›Enigma Variations‹ und sein symphonisches Werk.

Edward Elgars Leben (1857-1934) war voller Unrast; er mußte verzweifelt um seine Anerkennung kämpfen. Geboren wurde er in dem Dorf Broadhearst bei Worcester; sein Vater war in Worcester Organist und für das schon erwähnte Three Choirs Festival tätig. Bald spielte auch der junge Elgar im Festival Orchester Orgel, manchmal auch Kontrabaß. Außerdem dirigierte er eine örtliche Kapelle, bis er 1885 die Stelle seines Vaters als Organist der katholischen Kirche St. George in Worcester erhielt. Bald nach seiner Heirat 1889 versuchte er in London vergeblich sein Glück, und 1891 kam er dann nach Malvern, wo er endlich zu sich selber fand. Sein erstes Oratorium nach Kardinal Newmans ›Traum des Gerontius‹ blieb lange ein Geheimtip, bis Richard Strauß es nach der Aufführung beim Niederrhein-Fest in Düsseldorf 1902 entdeckte und überschwänglich lobte. Jetzt wurde Elgar plötzlich international gefeiert. Den endgültigen Durchbruch zur musikalischen Elite brachte ihm dann seine 1. Symphonie (op. 55) in A-Dur. 1924 wurde er zum ›Master of the King's Musick‹, 1931 zum Baronet erhoben. Auf dem katholischen Kirchhof von Malvern Wells fand er ein bescheidenes Grab.

Die spätgotische Pfarrkirche SS. Mary und Michael in Malvern Wells ging aus einer normannischen Klosterkirche hervor; sie erfreut sich neben leuchtenden Farbfenstern des Schmuckes von über tausend Fliesen aus der einstigen Klostertöpferei. Solche Fliesen sind auch der Stolz von St. Giles's in Little Malvern, einer Klosterkirche aus dem frühen 12. Jahrhundert. Chor und Turm sind normannisch; der Rest wurde im 15. Jahrhundert völlig umgebaut. Das Westfenster zeigt ein Porträt des Siegers von Tewkesbury, Eduard IV., mit seiner ihm heimlich angetrauten Frau Elizabeth Woodville. Das Herrenhaus Little Malvern Court ist aus dem ehemaligen Gästehaus der Priorei hervorgegangen.

Worcester

Einige Kilometer weiter nordöstlich liegt am Severn Worcester, die einstige Grafschaftsstadt Worcestershires. Wie Hereford und Gloucester ist sie eine alte Kathedralenstadt und eine der Gastgeberinnen des Three Choir Festival. Eine Kirche erhebt sich hier schon seit dem 7. Jahrhundert; im 11. Jahrhundert errichtete Bischof Wulstan eine angelsächsische Basilika, von der sich die Krypta erhalten hat. Der Bau selbst brannte 1113 nieder, und bald danach begann der jahrhundertelang andauernde Wiederaufbau.

Worcesters *Kathedrale* ist ein heller hoher Bau in den verschiedensten gotischen Stilen, vom normannischen Übergangsstil bis zum Perpendikular. Der zweigeschossige eckige Vierungsturm zeigt im Obergeschoß einen Reigen schmaler Lanzettfenster mit spitzgiebeligen Baldachinen und an den Ecken krabbenbesetzte Fialen. Das hohe Ostfenster der Marienkapelle ist dem Severn zugewandt, in dem sich seine große Rose spiegelt.

Vom Fluß aus gesehen bildet die Kathedrale mit ihren Nebengebäuden einen malerischen urbanen Komplex: Die Masse des hellen Kalksteindoms kontrastiert mit den rötlichen Backsteinbauten des alten Fährhauses und des Wassertores aus dem 14. Jahrhundert, mit dem bewegten Grün der Büsche und Bäume und der spiegelnden Oberfläche des Flusses, auf dem Schwäne treiben. Von Südwesten ergibt sich ein völlig anderer Eindruck: Die schweren Mauerreste der Ruine des ehemaligen Dormitoriums versperren teilweise die Aussicht auf das hohe schlanke Langhaus; richtige Westtürme fehlen, doch sind den mächtigen Eckstreben feine Spitztürmchen aufgesetzt.

Auch im *Innern* bleibt es beim Ineinanderspiel der Stile. Die neun Joche des dreischiffigen Langhauses werden von einem hochansteigenden Schirmgewölbe mit prägnanter Scheitelrippe überspannt. Feine dreiteilige Dienstbündel mit zierlichen Kapitellen trennen die Joche, die stark profilierten Spitzbögen der Arkaden werden von Pfeilern getragen, die durch eine Vielzahl vorgelegter Halb- und Viertelsäulen in ihrem Umriß völlig aufgelöst erscheinen, was ein Kranz bewegter, stark durchbrochener Blätterkapitelle noch verstärkt. Vor den Zwickeln der Doppelbögen des Triforiums schweben Steinengel; der Lichtgaden ist ungewöhnlich niedrig.

Die beiden westlichen Langhausjoche fallen aus dem Rahmen dieses Schemas: Ihre Lichtgadenfenster sind noch rein normannisch, die Triforiumsarkaden zeigen sehr schmale, hohe Korbbögen über ganz schlanken Säulchen; zu Drillingsfenstern angeordnet, werden sie jedoch jeweils von einem frühgotischen Spitzbogen überfangen. In den Zwickeln sitzen dicke, knorpelige Rosetten, und die Korbbogenprofile zeigen ein fremdartiges, sternig ausgezacktes Muster. Das Ganze ist eine sehr ausgefallene Komposition und ein glänzendes Beispiel für den sogenannten ›Transitional Norman Style‹, den normannischen Übergangsstil.

Eine weitere Überraschung bietet sich dem Auge, wenn man unter der Vierung den Blick zum Langhaustriforium erhebt: In den beiden östlichen Jochen erkennt man diagonal verlaufende Strebebögen, die durch die Arkaden greifen: Sie sollten dem Turm zusätzlichen Halt geben. Die Wirkung, die von dieser rein zweckmäßigen Lösung ausgeht, ist durch die entstehenden Schatten seltsam morbide, fast hexenhaft. – Reste des normannischen Baus findet man noch in den Bögen des nördlichen, im übrigen gotisierten Querschiffes.

Die schöne Schlichtheit des Langhauses löst sich im *Chor* in hinreißende Festlichkeit auf, obwohl sich am Aufriß nichts geändert hat. Aber den Pfeilern sind hier durch alle drei Geschosse zerbrechlich dünne Dienste aus dunklem Purbeckmarmor vorgelegt; die Bogenlaibungen sind noch feiner, spielerischer profiliert als im Schiff, Rippen und Kappen des Gewölbes mit seinen flachen Jochbögen und einer Scheitelrippe sind lebhaft bemalt. Das gotische Chorgestühl prunkt mit verschwenderisch reich geschnitzten Miserikordien. Die Motive sind oft von skurriler Komik: da ist ein nacktes Adam- und Eva-Pärchen, bedroht vom Engel mit dem Flammenschwert; als Allegorie des Winters ein greises Bäuerlein, das seine nackten Füße am Feuer wärmt, und andere Szenen aus der Bibel und dem englischen Landleben. Der Altarraum, unter dem die angelsächsische Krypta liegt, ist erhöht. Den Altar schmückt ein viktorianisches Marmorretabel mit dem thronenden Christus zwischen vier Evangelisten. Zur Rechten des Altars steht die steinerne, durchbrochene Grabkapelle des Prinzen Arthur, des älteren, jung verstorbenen Bruders Heinrichs VIII. Der begabte Kronprinz war noch kurz vor seinem Ende mit Katharina von Aragon vermählt worden. Die Decke seiner Grabkapelle (1504), ein Wunder spätgotischer Steinmetzkunst, ist mit einem vertrackten Muster wie eine Laube überzogen; in der Mitte ragt ein riesiger Abhängling in den Raum. Der schmucklose Marmorsarkophag hebt sich effektvoll von dem steinernen Spitzenwerk ab; in fünf Figurennischen im Hintergrund der

Kapelle kann man die Reste halb zerstörter Engelsgestalten ausmachen.

In der Mitte des Chores steht das Grabmal von Englands bestgehaßtem Herrscher, dem unseligen Johann Ohneland. Die Liegefigur des Königs wurde um 1217 geschaffen. Sein Haupt wird von den Heiligen Oswald und Wulstan gestützt; das leicht beschädigte Antlitz ist nicht ohne einen Zug von Erhabenheit, als wolle es den bösen Ruf eines feigen Usurpators Lügen strafen. Die Geschichte auch dieses Plantagenet-Königs wurde von Shakespeare in ›König Johann‹ gestaltet.

Hinter dem Chor öffnet sich die *Marienkapelle;* die obere Lanzettenreihe ihres Ostfensters ist auch vom Chor aus sichtbar. Der dreischiffige Raum im Stil der englischen Frühgotik wird von einem mit Sternen bemalten Gewölbe überspannt. Unterhalb der Fenster läuft rund um die Wände eine schwungvolle Blendarkade mit feinen Marmorsäulchen; ihre Bogenzwickel sind reich skulptiert. Vor einem Jahrhundert wurde der Raum liebevoll restauriert; das Buntglas der Fenster stammt aus dieser Zeit.

Die *Krypta*, 1084 begonnen, erreicht man vom südlichen Querschiff aus: Ein Wald von eleganten Säulen mit unverhältnismäßig schweren Basen und Würfelkapitellen trägt ein Kreuzgratgewölbe, dessen Kappen tief in den Raum hinabgreifen und scharfe Licht-Schatten-Wirkungen erzeugen.

Der normannische *Kreuzgang* wurde im frühen 14. Jahrhundert von Bischof Wakefield erneuert. Von den Stützpfeilern der Arkaden steigen fächerartig aufspringende Rippen empor, die sich netzartig verzweigen und sich schließlich in einer Scheitelrippe wiedervereinigen. Die breiten Laibungen der Fensterarkaden sind mit bandähnlich angeordneten Vierpässen geschmückt.

Eine Kuriosität ist das *Kapitelhaus*. Es erhebt sich über kreisrundem Grundriß und wird von einem Palmengewölbe überfangen, das wie in Wells oder Salisbury von einer einzigen Mittelsäule getragen wird; aber nichts erinnert hier an die schwebende Eleganz jener Räume: Die Gewölbekappen lasten schwer auf den niedrigen, erst in der Zeit des Perpendikularstils ausgebrochenen Fensterbögen, unter denen sich eine spätnormannische Blendarkade mit flachen, verschlungenen Bögen hinzieht, und normannisch ist die Konzeption des ganzen Raumes: Er wurde das Vorbild für die späteren gotischen, so vollkommenen Kapitelhäuser.

Über dem südlichen Seitenschiff liegt die *Bibliothek*, ein langer, gemütlicher Raum mit offenem Dachstuhl, dessen Fenster sich zum Kreuzgangsgarten öffnen. Zu ihren Schätzen gehört eine Anzahl von Manuskripten des 10. Jahrhunderts, Fragmente eines spanischen Kommentars zum Matthäusevangelium aus dem 8. Jahrhundert, ein in strahlenden Edelsteinfarben illuminiertes gotisches Meßbuch und ein ›Calendar and Hours of English Workmanship‹ von 1420 mit ausgemalten Initialen. Besonders interessant ist eine Abschrift aus dem 9. Jahrhundert der von König Alfred in Auftrag gegebenen Übersetzung von Papst Gregors Pastoralregeln. Alfred mühte sich sehr, in seinem von Dänen verwüsteten Land, dessen Bevölkerung sich wieder dem Heidentum zuwandte, dessen Priester sich dem Laster ergaben, die Vertreter der Kirche zu Sitte und Gelehrsamkeit zu erziehen und die Klöster erneut zu Stätten der Bildung zu machen; darum lag ihm viel daran, daß die wichtigsten Schriften seiner Zeit, sakrale wie weltliche, in das angelsächsische Idiom übertragen wurden. Die ›Pastoral Care‹ Gregors hat Bischof Werfrith von Worcester übersetzt, zu Nutz und Frommen seiner Amtsbrüder.

Worcester hat in seiner Geschichte, die mit der römischen Besiedlung beginnt, viel gelitten. Dänenüberfälle, Pest, die häufigen Überschwemmungen des Severn, der Bürgerkrieg im 17. Jahrhundert haben immer neue Schrecken und Nöte gebracht. Doch dank der Lage am Fluß blühte es auch immer wieder auf, und wie durch ein Wunder haben sich eine Reihe alter Bauten erhalten. In der Nähe der Kathedrale steht die *King's School*, die 1541 im einstigen Refektorium der Mönche eingerichtet wurde; der Dichter Samuel Butler war einer ihrer Schüler. Die Ruine des 1320 errichteten Gästehauses des Klosters und der sogenannte *Slype*, eine gedeckte Passage aus der normannischen Epoche hinter dem Kreuzgang, gehören dazu. Der *Edgar Tower* ist ein machtvolles gotisches Torhaus; daneben erhebt sich mit einem klassizistischen Portal das Dechanat aus dem 18. Jahrhundert. Die *Commandery* hat der heilige Wulstan 1085 als Hospiz gegründet; später diente es als Ordenshaus oder Komturei eines Ritterordens, worauf noch sein heutiger Name hinweist, und heute ist es in Privathand. Das Hospiz des Wulstan ist übrigens im 15. Jahrhundert einem schönen fünfschiffigen Fachwerkbau mit großer, 1954 liebevoll restaurierter Halle gewichen, der später noch ein elisabethanisches Treppenhaus erhielt.

Elisabethanisch sind auch das *Trinity House* in der Trinity Street, *Nash's House* in New Street und das gegenüberliegende ›Pheasant Inn‹. Die *Guildhall* wurde 1721-1723 von Thomas White erbaut; ein eindrucksvoller georgianischer Backsteinbau mit hellen Sandsteinverblendungen, der Ende des 19. Jahrhunderts leicht restauriert wurde. Auch in der Foregate Street findet man noch georgianische Fassaden.

Worcester ist eines der Zentren der englischen keramischen Industrie. Wie in den anderen Wollhändlerstädten lag auch in Worcester am Ende des 16. Jahrhunderts, als sich die Handelsbedingungen unter dem Druck kontinentaler Auseinandersetzungen veränderten, der Wollhandel darnieder. Die Stadt brauchte dringend eine neue Industrie. Um die Mitte des 18. Jahrhunderts experimentierte Dr. Wall hier mit Töpferwaren; er träumte davon, wie Böttcher einen Ersatz für das unerschwinglich teure Chinaporzellan zu finden. Um 1751 waren seine Forschungen so weit gediehen, daß er es wagen konnte, eine kleine Manufaktur zu eröffnen. Anfänglich kopierte er noch die fernöstlichen Waren, Meißen und Sèvres, aber bald schon fand er hervorragende Designer, mit denen er ganz neue Muster schaffen konnte. Zwölf Jahre nach dem Tode des Doktors erhob Georg III. die Manufaktur zum Hoflieferanten. 1860 erfolgte die Gründung der noch heute bestehenden ›Royal Worcester Porcelain Companie‹. Wenn man sich eine Übersicht über die Entwicklung der ›Royal Worcester‹ verschaffen möchte, die zu den berühmtesten Manufakturen der Welt zählt, kann man das im *Dyson Perrins Museum of Worcester Porcelain* in der Severn Street tun, das die vollständigste Sammlung von Worcester Porzellan besitzt. Dort ist man auch gerne bereit, eine Führung durch die Werkstätten zu arrangieren.

Die katholische Kirche *St. George*, wo Elgar und sein Vater als Organisten angestellt gewesen waren, steht am Samson Place; sie wurde 1829 errichtet, aber gegen Ende des Jahrhunderts völlig umdekoriert. Das *Geburtshaus Elgars* in Lower Broadheath finden wir einige Kilometer nordöstlich der Stadt. Es ist ein bescheidener einstöckiger Bau mit großen Fenstern und niedrigem Giebeldach; der gepflegte Garten und das Vordach über seiner Eingangstür geben ihm etwas Anheimelndes. Es ist heute Museum und enthält neben persönlichen Erinnerungen an den Komponisten seine Briefe, Manuskripte, die gesammelten Werke und Zeitungskritiken. Im Osten der Stadt liegt *Spetchley Park*, ein anmutiges frühgeorgianisches Haus mit einem berühmten Park, der besichtigt werden kann. Er ist besonders schön im Mai, wenn seine mannigfaltigen Ziersträucher blühen und das verschiedenfarbige Grün der alten Bäume sich noch stark voneinander abhebt. In Freigehegen tummeln sich Damhirschherden, auf dem See sieht man dem Treiben bunter exotischer Wasservögel zu, und aus den farbenprächtigen Beeten und Rabatten steigt der süße Duft der Frühlingsblumen auf.

Von Worcester aus suchen wir das ›Salinae‹ der Römer, das heutige *Droitwich* auf. Der Name zeigt, daß man seine Salzvorkommen sowohl in der Antike wie im Mittelalter zu schätzen wußte. Ein ›Wich‹ in englischen Städtenamen, das angelsächsische ›wic‹ = Salz, weist immer auf Salzvorkommen hin. Die radioaktiven Quellen von Droitwich sind salzhaltiger als selbst das Tote Meer; die Heilkraft ihrer Sole wurde vor allem im 19. Jahrhundert geschätzt. 1828 kam ein geschäftstüchtiger Lebemann in die Stadt, um hier zu kuren; er erkannte, was dem Bad fehlte: mondäne Hotels. So blieb er, um sich als Hotelier niederzulassen. Bei der Errichtung seiner Luxusherbergen verließ er sich ganz auf den Geschmack seiner französischen Gattin. Das Abenteuer ließ sich gut an, so gut, daß John Corbett seiner Frau etwas außerhalb des Ortes, in Dodderhill, ein eigenes Château im Stil Franz I. bauen ließ! Es ist heute ebenfalls in ein Hotel umgewandelt worden. Droitwich hat zwei hübsche alte Kirchen, ein Gutshaus im Fachwerkstil von 1650 und ein großes altes Taubenhaus mit 750 Nisthöhlen. Solche Taubenhäuser kann man auch andernorts noch manchmal in Mittelengland finden; Taubenpasteten gehörten schon immer zu den geschätzten Leckerbissen einer englischen Tafel.

Nordöstlich liegt *Bromsgrove*, eingebettet in Obstgärten. Zu seiner roten Sandsteinkirche St. John the Baptist führt eine Flucht von getreppten Straßen. Der stolze Bau mit seinem fast siebzig Meter hohen Turm erhebt sich über normannischen Grundmauern, stammt aber in seiner heutigen Gestalt größtenteils aus dem 13. Jahrhundert. In seinem Innern birgt er die Alabastergräber von Sir Humphrey und Lady Stafford (1450) und Sir John Talbot (1550). In dem hübschen Schulhaus aus dem 17. Jahrhundert mit seinem prächtigen Portal empfing der Gelehrte und Lyriker Alfred Edward Housman die Grundlagen seines hervorragenden Wissens; etwas von der Atmosphäre seiner Heimatstadt ist eingegangen in seine erste große Gedichtsammlung, ›Shropshire Lad‹ (1896). In Bromsgrove werden seit altersher Nägel aller Art hergestellt; die zahlreichen Nagelschmieden und -manufakturen bestimmen noch heute den Charakter des Ortes.

Vor dem Städtchen liegt das *Avoncroft Museum*, eines der größten Freilichtmuseen Englands, das in ständigem Wachstum begriffen ist. Man baut hier Gebäude, die sonst der Spitzhacke zum Opfer fallen würden, originalgetreu wieder auf, um sie späteren Zeiten zu erhalten. So kann man etwa neben einer Hütte aus der Eisenzeit mit einem kegelförmigen, sich nach oben hin schirmartig zuspitzenden Strohdach ein frühmittelalterliches Fachwerkhaus oder eine Kornscheuer aus dem 18. Jahrhundert bewundern, hier eine funktionsfähige Windmühle oder dort eines Nagelschmieds vollständig eingerichtete Werkstatt studieren.

Unser nächstes Ziel ist das *Hartlebury Castle*, der einstige Palast der Bischöfe von Worcester. Er beherbergt seit 1966 das Worcestershire County Museum mit den von Mr. und Mrs. Parker zusammengetragenen Sammlungen, die über Handwerk und Industrie der Grafschaft informieren.

Im Erdgeschoß des Nordflügels sieht man alle Arten von Küchengerät vergangener Zeiten, darunter ein barockes Butterfaß und hübsche Modeln für Käse und Marzipan; dann schließt sich eine Schau der Erzeugnisse der umliegenden Industriedörfer und -städte an: Redditch zeigt feinste Nadeln und Angelhaken aller Art; sie werden seit dem 12. Jahrhundert dort hergestellt, nachdem Zisterzienser die Dörfler in diesem noch seltenen Handwerk unterwiesen hatten. Aus Dudley, wo im 17. Jahrhundert erstmals das Schmelzen von Eisen mit Hilfe der Kohle gelang, kommen Arbeiten aus Schmiede- und Gußeisen. Die Glashütten von Stourbridge stellen ihre zerbrechlichen Waren in alten und neuen Formen vor; Sensen und Sicheln stammen aus den Schmieden von Belbroughton, wo diese sterbende Kunst noch gepflegt wird; Worcester zeigt elegante Lederhandschuhe, Royal Worcester Porcelain in zarter Bemalung und Kidderminster Teppiche aller Art, von denen gleich ausführlicher die Rede sein wird. Alle diese Objekte sind nicht um ihrer selbst willen bemerkenswert, aber sie zeigen, wie stark sich in dieser noch hauptsächlich landwirtschaftlich geprägten Grafschaft doch schon der Einfluß des nahen nördlichen Industriegebiets, des Black Country, bemerkbar macht. Im Obergeschoß sind in einer langen Galerie die Moden der viktorianischen und eduardianischen Ära an steifen Puppen ausgestellt; das Treppenhaus zum zweiten Stock ist mit modernen Kidderminster-Teppichen ausgehängt. Im zweiten Stock wird man mit dem Alltag des vorigen Jahrhunderts konfrontiert, den Riten und Bräuchen für Geburt und Tod, Hochzeit und Krankheit, den Gewerben und Vergnügungen der Zeit.

Letztes Ziel auf dieser Fahrt ist *Kidderminster* am Stour, die Hochburg der englischen Teppichfertigung.

Flämische Weber hatten sich schon im 13./14. Jahrhundert in Kidderminster niedergelassen. Als sich durch die Verlagerung der Webereien aus den Midlands in die Bachtäler Westenglands und durch den Zusammenbruch des englischen Exports am Ende des 16. Jahrhunderts wegen der Sperrung der kontinentalen Häfen in der Zeit der Auseinandersetzungen mit den Spaniern und Holland die wirtschaftlichen Voraussetzungen im ganzen Lande veränderten, wurden auch hier viele Weber brotlos. Die mageren Jahre endeten erst um die Mitte des 18. Jahrhunderts. Einer der Weber, John Broome, setzte damals sein ganzes Geschick und sein Vermögen aufs Spiel, um einen neuartigen Webstuhl für Teppiche zu entwickeln. Die Teppichweberei, in England damals nur in den Manufakturen von Wilton betrieben, war eine möglichst geheim gehaltene Kunst; man brauchte riesige, komplizierte Stühle, die Unsummen kosteten und Berge von Wolle verschlangen. Nach mehreren Fehlschlägen hatte Broome Erfolg; 1735 konnte die erste bescheidene Werkstatt eingerichtet werden, wo auf einem Handwebstuhl neuartige Teppiche, ›Kidderminsters‹, gewebt wurden. Heute arbeiten über ein Viertel der rund vierzigtausend Einwohner der Stadt in zwanzig verschiedenen Teppichfabriken, die Brüsseler, Wiltons, Axminsters, Axminster-Chenilles oder Kidderminsters herstellen.

Die unterschiedlichen Webverfahren geben den einzelnen Teppicharten – die heute übrigens alle rein mechanisch hergestellt werden – den Namen. Der Brüsseler oder Gobelin ist der Ahnherr aller gewebten Teppiche. Bei ihm wird in ein Grundgewebe eine Wollkette eingewebt, die bis zu sechs verschiedenfarbige Fäden haben kann, wobei jeweils nur der das Muster bildende Faden so angehoben wird, daß er eine Art Schlinge oder Noppe bildet; die anderen fünf Fäden laufen währenddessen ungenutzt im Grundgewebe mit, bis das Muster ihre Farbe verlangt. Diese Teppiche sind dadurch sehr dick und sehr haltbar; die Muster sind äußerst präzise und klar abgehoben. Als Dessins kommen, wie auch beim Wilton, alle geläufigen Entwürfe von Louis Quatorze bis in die Gegenwart in Frage. Der Wiltonteppich wird nach dem gleichen Prinzip gewebt, aber seine Schlingen werden dann mit feinen Messern aufgeritzt, so daß ein samtiger Flor entsteht. Um Orientteppiche zu kopieren, wurde der Axminster entwickelt. Auch dieser Teppich besteht aus einem Grundgewebe mit Kette und Schuß; danach wird auf einem zweiten Webstuhl eine farbige Musterkette gewebt, die in lauter feine Streifen entlang der Kettfäden zerschnitten wird. Die links und rechts des Kettfadens überstehenden losen Schußfädchen werden in langen heißen Rillen U-förmig hochgepreßt; das so entstandene Gebilde nennt man wegen seines Aussehens ›Raupe‹, auch Chenilleraupe. Es soll nun genau nach dem Muster in das Grundgewebe ›eingeschossen‹ werden; bei dieser Arbeit mußten die Weber früher nach jedem dritten ›Schuß‹ den Webstuhl anhalten, um zu kontrollieren, ob das Muster noch stimmte, und es notfalls korrigieren. Heute kann auch das automatisch von den Webstühlen bewältigt werden. Die andere Art, Axminsters zu weben, ist das ›Einschießen‹ von lauter einzelnen Florfäden oder -büscheln in das Grundgewebe, wie beim orientalischen Knüpfteppich, nur daß die Flore eben nicht verknotet, sondern nur durch den Webvorgang ins Gewebe eingebunden werden. Wenn man Wilton- oder Axminsterteppiche wie Jacquardgewebe behandelt, wobei die Florfäden in verschiedener Höhe abgeschnitten werden, entsteht eine Art Relief, das entweder das Muster betont oder es bei einfarbigen Teppichen alleine bildet.

Alle diese Teppiche brauchen sehr viel Wolle. Beim Kidderminsterteppich handelt es sich dagegen um einen ganz anderen, sparsameren Webvorgang: zwei Grundgewebe aus Haargarn oder Kammgarn werden in Panama-, Leinen- oder Köperbindung so miteinander verwebt, daß das Muster abwechselnd an der Unter- oder Oberseite zutage tritt. Diese sehr unempfindlichen Teppiche mit glatter Oberfläche können natürlich nur einfache Muster zeigen, meist rustikale Ornamente oder großflächige, moderne geometrische Dessins in starken Farben.

Kidderminster ist eine reine Industriestadt; aber die kleine Pfarrkirche aus rotem Sandstein ist gotisch und stolz auf ihre interessanten Messinggrabplatten. Richard Baxter (1615-1691), einer der bedeutendsten Lehrer der Presbyterianer, einer puritanischen Sekte, predigte dort im 17. Jahrhundert. Etwa um dieselbe Zeit wurde hier der letzte englische Glaubensmärtyrer hingerichtet, der katholische Priester John Wall, der das im Norden der Stadt liegende Landhaus Harvington Hall bewohnte. Die Hall mit ihrem tiefen Wallgraben, damals noch im Besitz eines geschnitzten Tudortreppenhauses, war so voller Priesterverstecke wie ein Ameisenhaufen voller Gänge.

ZWISCHEN STOUR UND MERSEYMÜNDUNG

Salop – Staffordshire – Cheshire – Merseyside
Greater Manchester

DIE Grafschaften, die wir jetzt durchfahren, dürfen in ihrer Gesamtheit als Wiege der Industriellen Revolution gelten – wenn wir es auch im Weideland Cheshires mit seinen schwarzweißen Häusern, Städten, Weilern, seinen rosenroten Kirchen und Kühen, im frischen Wind der atlantischen Wirralküste, vor dem gewaltigen Antlitz der schroffen, öden Bergriesen Südsalops oder im Angesicht der ›Ladies of the Vale‹, der Damen vom Tal, wie man die liebliche Kathedrale von Lichfield nennt, vergessen können.

In Salop oder Shropshire entwickelte Abraham Darby eine Methode, Eisen mit Hilfe von Koks zu verhütten, was den gesamten Erzbergbau grundlegend veränderte. Sein Enkel krönte dann sein Lebenswerk als einer der Wegbereiter der modernen Technik 1778 mit dem Guß einer Eisenbrücke, die noch heute bei Coalbroakdale ihren weiten Bogen anmutig über eine Severnschlucht spannt und als ›Iron Bridge‹ zu einem der bedeutendsten Industriedenkmäler Englands wurde.

Die Städte Liverpool und Manchester sind unlösbar mit dem Siegeszug der Baumwolle verbunden. In ihnen, die damals noch den Fuß von Südlancashire bildeten – heute stellen sie als Merseyside und Greater Manchester eigene Grafschaften dar – begann die Mechanisierung der Spinn- und Webvorgänge um die Mitte des 18. Jahrhunderts, die man als die erste Phase der Industriellen Revolution betrachtet; Antriebskraft schenkten anfangs die Flüsse – die Textilfabriken heißen in England noch heute Mühlen, ›Mills‹ –, seit etwa 1780 wurde dann die Dampfmaschine eingesetzt. In Cheshire wurden in den Seidenweberstädten diese Entwicklungen etwas gemäßigter nachvollzogen. Diese erste Phase der Industrialisierung stürzte die Handwerker, die mit den Maschinen nicht konkurrieren konnten, in namenlose Not, dann in Abhängigkeit und schließlich in Arbeitslosigkeit, da man in den Fabriken lieber mit billiger Frauen- und Kinderarbeit vorliebnahm.

Von der Verzweiflung zur Maschinenstürmerei war es nur ein geringer Schritt; 1810 traten die ersten ›Luddisten‹ auf, organisierte Handwerkerrotten, die Maschinen und Fabriken zerstörten; seit 1813 stand darauf die Todesstrafe. Aber während des ganzen 19. Jahrhunderts riß der Kampf der neuen Klasse lohnabhängiger Proletarier um wirtschaftliche Sicherung, demokratische und parlamentarische Rechte und soziale Anerkennung nicht ab, unterstützt von der geistigen und politischen Elite des Landes wie Disraeli und Gladstone, wie George Eliot, Charles Dickens, Elizabeth Barrett-

Browning, Ebenezer Elliott, Charlotte Brontë, Elizabeth Gaskell, den Präraffaeliten, der philosophischen Schule der Frühsozialisten, aber auch von Ärzten, Beamten, Pfarrern und Lehrern, ja selbst von vielen der ›Mill Lords‹, sofern sie soziales Gewissen besaßen. Jede der blutig unterdrückten Demonstrationen, wie das ›Massaker von Manchester‹ oder ›Peterloo‹ 1819 und die ›Plug Plot Riots‹ in Lancashire und Cheshire zur Verhinderung von Lohnsenkungen nach der Wirtschaftskrise von 1841, zog einen Kometenschweif von neuen Reformgesetzen hinter sich her.

Eine ähnliche Entwicklung wie die Weberstädte machten auch die Töpferstädte um Stoke in Staffordshire durch; ihr Dichter und Chronist ist Arnold Bennett. Sieht man in Lancashire noch überall die gewaltigen Eisenräder der Fördertürme über den Kohlenzechen aufragen, so zeichnen sich in den ›Potteries‹ die Umrisse der kegelförmigen Töpferöfen drohend gegen den Himmel ab, der heute allerdings dank der strengen englischen Umweltschutzgesetzgebung nicht mehr, wie noch vor wenigen Jahren, rußschwadenverhüllt ist.

Die Industrie hat der Landschaft hier überall den Stempel aufgedrückt, mit Schloten und Schienensträngen, verdreckten Kanälen und öden Kohlenhalden, Überlandleitungen und Hochöfen, vor allem aber mit den Fabrikvorstädten selbst, die im vorigen Jahrhundert das Land wie ein Steppenbrand überzogen und aus deren Slums um 1850 der Gifthauch der großen Choleraepidemie stieg, die siebzigtausend Menschenleben forderte. Ganz überwunden ist das Slumproblem, wie wir in Liverpool sehen werden, auch heute noch nicht.

Die Großen dieser Grafschaften sind die Techniker, Wissenschaftler und Erfinder: Arkwright, Hargreave und Crompton verbesserten und mechanisierten Spindeln und Webstühle, Josiah Wedgwood, der Vater der englischen Töpfer, erfand neue Glasuren und Porzellane und gehörte auch zu den Initiatoren des Trent-Mersey-Kanals, ohne den Lancashires industrielle Entwicklung in diesem Umfang gar nicht möglich gewesen wäre; sein Enkel Charles Darwin war der Begründer der Evolutionstheorie; John Dalton dozierte schon 1824 in Manchester über die Atomtheorie, und Ernest Rutherford erhielt 1908 den Nobelpreis für Chemie wegen seiner Forschungen über Radioaktivität.

Lancashire, Greater Manchester, Merseyside, Cheshire, Stafford, Salop

62

Durch Salops Bergwelt: Ludlow–Much Wenlock Ironbridge–Church Stretton

Die Berge sind kahl und violett,
sonderbar und voller Steine.
Karel Čapek, Seltsames England, 1924

Shropshire oder Salop, einst Teil des Königreiches Mercia, hat im Westen eine lange unruhige Grenze gegen Wales. König Offa von Mercia mußte sie im achten Jahrhundert immer wieder gegen räuberische Einfälle keltischer Stämme schützen und ließ deshalb den über achtzig Meilen langen hohen Erdwall aufschütten, der noch heute seinen Namen trägt, *Offa's Dyke*. Einen guten Blick auf die Reste des gigantischen Erdwerks hat man von den Gipfeln der Llanymynech Hills, die wie ein Ameisenhaufen durchzogen sind von den Gängen und Stollen römischer Bergleute, die hier nach Silber und Kupfer, Blei und Zink schürften. Aber auch vom einst oft umkämpften Clun und den umliegenden Dörfern Clunton, Clunbury und Clungunford sowie von Kennel Wood aus hat man Gelegenheit, den Dyke zu sehen.

Shropshires Süden ist wild und gebirgig; auf den Rücken seiner kahlen, großartig sich gegen den Horizont aufschwingenden Berge mit ihren endlosen Hochmooren wächst oft nur Heide, was ihnen zu allen Zeiten außer zur Blüte ein düsteres Aussehen verleiht; streichen noch Wolken über sie hin, können sie fast schwarz erscheinen. Herden wilder Ponys grasen hier; im violetten niedrigen Gestrüpp nistet das Birkhuhn und die Schnepfe, Brachvögel rufen in der Stille. Über manchen der Hügel und Kämme windet sich noch seit Römerzeiten her unverändert ein schmaler Pfad.

Wir fahren von unserer letzten Station Kidderminster aus gen Westen. An unserem Wege liegt *Mawley Hall*, ein elegantes Landhaus aus dem 18. Jahrhundert mit barocken Stukkaturen und Täfelungen, dessen Entwurf Smith of Warwick zugeschrieben wird. Man kann es nur nach vorheriger Anfrage besichtigen. Bald danach ragt rechts der Straße *Titterstone Clee Hill* auf, ein fast sechshundert Meter hoher Berg, auf dessen Kuppe in der Eisenzeit keltische Stämme siedelten. Danach senkt sich die Chaussee zum Tal des Corve, an dessen Zusammenfluß mit dem River Teme das reizende *Ludlow* mit der Ruine seiner normannischen Burg liegt.

Die Burg wurde um 1085 unter Roger Montgomery, Graf von Shrewsbury, und seinem Gefolgsmann Roger de Lacy errichtet. Um Innen- und Außenhof reihten sich die Gebäude: kraftvolle Türme und Mauern, ein Torhaus – in dessen oberem Geschoß der Dichter Samuel Butler seine böse Zeitsatire ›Hudibras‹ um die Mitte des 17. Jahrhunderts schrieb – eine Rundkapelle und anderes mehr.

In der Mitte des 15. Jahrhunderts bereitete hier der Herzog von York, Richard Plantagenet, mit seinen älteren Söhnen, den Grafen Eduard von March und Edmund von Rutland, seinem Neffen Warwick und anderen Getreuen nach seiner heimlichen Rückkehr aus dem irischen Exil den Sturz der Regierung des irrsinnigen Königs Heinrich VI. vor. Als sich 1459 das königliche Heer in Mittelengland sammelte, schienen ihm seine Frau Cicely und die jüngeren Kinder auf Schloß Fotheringhay, wo er sie zurückgelassen hatte, nicht mehr sicher; sie wurden in Eilmärschen unter starker Bedeckung nach Ludlow geholt. Es war keine lustige Zeit, die die kleinen Prinzen auf der Burg erwartete: Täglich kamen neue Truppenabteilungen an, täglich trafen Wagen mit Verwundeten und Fliehenden in Ludlow ein. Die Yorkisten lagerten in dem engen Wiesental unterhalb der Burg, zur Entscheidungsschlacht entschlossen. Aber in der Nacht vor dem Kampf wurde ihre Sache durch einen Überläufer an die Königlichen verraten; ihnen blieb nichts als überstürzte Flucht bei Nacht und Nebel in die Waliser Berge. Die Herzogin und die Prinzen George und Richard (III.) mußten zurückbleiben; sie fielen den Lancasteranhängern in die Hände und wurden in die Gefangenschaft gebracht; in Ludlow hausten die Sieger mit Erlaubnis Königin Margaretes schauerlich, plünderten, schändeten, brandschatzten; die Burg selbst wurde bis auf die nackten Wände ausgeraubt.

Ein halbes Jahrhundert später waren die Wunden vernarbt. Wieder wurde Ludlow die Wohnung zweier königlicher Kinder, des Kronprinzenpaares Arthur und Katharina von Aragon, die die Staatsraison aneinandergekettet hatte. Die Ehe ist nicht vollzogen worden; Arthur, der Liebling Englands, war bereits schwer krank und siechte vor den Augen seiner jungen Braut dahin. Sie bestieg erst Jahre später, als Gemahlin seines Bruders Heinrich VIII., den englischen Thron.

1634 ist dann eitel Freude in Ludlow eingekehrt. Graf Bridgwater feiert seine Amtseinführung als ›Lord President‹ von Wales und den Marken mit großem Pomp. Ein junger Dichter hat zu der Musik des genialen Komponisten Henry Lawes ein Schäferspiel im Stil einer

›Masque‹, wie sie am Stuarthof beliebt waren, geschrieben; es heißt ›Comus‹ und erzählt von einem Sohne des Bacchus. Wer würde in seinem Schöpfer den späteren Außenminister der puritanischen englischen Republik, John Milton, vermuten? So höfisch sind die Verse, so süß klingen Wort und Musik zusammen. Ein Abglanz davon erfüllt den weiten Burghof allsommerlich bei den Ludlower Shakespeare-Festspielen.

Ludlows Pfarrkirche thront hoch über der Burg am Gipfel des Berges. St. Lawrence ist ein lichter Perpendikularbau aus dem 15. Jahrhundert mit einem riesigen Ostfenster, dessen vielhundert Figürchen die Legende des heiligen Laurentius erzählen, und altem Chorgestühl mit reich geschnitzten Miserikordien.

In die Stadt gelangt man über eine katzenbucklige gotische Brücke, die in die mittelalterliche Broad Street mit dem Butterkreuz und einem stattlichen Fachwerkgasthof, ›The Feathers Inn‹, führt. Henry James hat den Charme der kleinen Stadt in seinen ›Englischen Stunden‹ liebevoll beschrieben:

»Ihre Straßen sind weit und sauber, leer und zwischen den Pflastersteinen sprießt Gras. Sie werden eingefaßt von geräumigen, recht schmucken Backsteinhäusern, die ausschauen, als wären sie in der ersten Hälfte des (19.) Jahrhunderts von mehr Leben als heute erfüllt gewesen, aber dessen ungeachtet weiterhin ihre Häupter stolz erheben, ihre Scheiben spiegeln, ihre Türklopfer scheinen lassen, und ihre Schwellen weiß gescheuert zeigen ... Es ist ein Ort, dem die provinzielle Aristokratie einen Stempel aufgeprägt hat, so, als wolle sie uns ermöglichen, die Sitten der Großen wie die Wege der kleinen Leute in Gedanken nachzuvollziehen. Es ist eine interessante Ansammlung von Häusern aus jener Zeit, als die Poesie der Profanbaukunst zu welken begann und die Vulgarität noch nicht eingezogen war: eine schöne, anheimelnde klassische Prosa.«

Von Ludlow aus fahren wir über eine Nebenstraße durch das anmutige Corve Dale bis Corfton, wo wir in die Landstraße einbiegen, die uns entlang dem Südhang von Wenlock Edge nach *Much Wenlock* bringt. Wenlock Edge ist ein Kalksteinhöhenzug, der sich wie ein spitzer Winkel in nordöstlicher Richtung von Clun Forest ins Flachland um Shrewsbury vorschiebt. Much Wenlock, eine alte Abteistadt voll hübscher Fachwerkbauten, liegt an der äußersten Spitze des Gebirges und blickt stolz in die Ebene hinaus. Ein Kloster wurde hier im 7. Jahrhundert von der hl. Mildburga gegründet, aber im 9. Jahrhundert von Dänen zerstört. Die normannischen Ruinen, die wir heute sehen, stammen jedoch erst von der Abtei, die um 1080 unter Roger de Montgomery errichtet wurde. Zu den schönsten Häusern der Stadt zählen die Guildhall über dem Buttermarkt, ein Bürgerhaus aus dem 15. Jahrhundert am Bull Ring und ein anderes beim St. Owen's Quell. An die Sitten rauherer Zeiten erinnern fahrbare Pranger.

Much Wenlock hat um sich einen Kreis von Landhäusern versammelt: Im Südwesten *Shipton Hall* mit einem verwunschenen Garten und mittelalterlichem Taubenhaus sowie *Wilderhope Manor*, im Nordosten *Benthall Hall*, ein vielgiebeliger Bau aus Backstein und hellem Ashlar Stone, dessen Erker und Altane an unerwarteten Stellen vorkragen. Seine trutzigen Schornsteine erheben sich gleich Türmen zu beiden Seiten. Es entstand – muß es gesagt werden? – gegen Ende des 16. Jahrhunderts, und auch die Inneneinrichtung stammt aus derselben Zeit, mit Ausnahme der 1610 eingebauten geschnitzten Eichentreppe. Die kurios gestutzten Eiben im Garten bilden eine Gesellschaft, die sich an Merkwürdigkeit mit dem verschachtelten Haus wohl messen kann.

Wer sich für die Anfänge der Industriellen Revolution interessiert, kommt an ihrer Wiege, *Coalbrookdale* in der Severnschlucht, nicht vorbei. In Coalbrookdale hat Abraham Darby in den ersten Jahren des 18. Jahrhunderts die Eisenverhüttung mit Koks entwickelt und 1778 sein Enkel, Abraham Darby II., nach eigenen Entwürfen in seinem Werk die erste Eisenbrücke der Welt gießen lassen. Sie spannt ihre drei mächtigen Bogen noch heute über die Kalksteinschlucht, durch die sich der Severn an dieser Stelle gräbt; der mittlere der Bogen hat eine Spannweite von über dreißig Metern, die ganze Brücke mißt fast sechzig Meter. Ihr Anfang und Ende verlieren sich malerisch zwischen den Bäumen am Ufer der Schlucht; zu Fuß darf man sie auch heute noch überqueren.

Die Brücke bildet mit dem Dorf *Ironbridge* heute den Mittelpunkt eines einzigartigen Museumskomplexes: Die noch bestehenden Coalbrookdale Company's Works im Besitz von Glynwed arbeiten mit der Museumsleitung vorbildlich zusammen, um den ursprünglichen Charakter des Tales zu bewahren, ohne den Fortschritt fernzuhalten. Es läßt sich kaum ausmachen, wo die noch kommerziell betriebenen Werke aufhören und der Museumsbetrieb beginnt. In diesem Museum ist nämlich alles in Bewegung, alles lebendig geblieben: Eisenhämmer, Eisenschmelzen, Sägemühle, Buchdruckerei,

Porzellanmanufaktur, Zollhaus. Kleine Eisenbahnen jagen über uralte Schienen, Eisenschiffe landen den nötigen Koks vom Severn aus an. Eiserne Aquädukte, eisenverzierte Häuser erzählen von der Entwicklung einer großen Industrie und ihrem Verfall in der zweiten Hälfte des vorigen Jahrhunderts. Als der erste Taumel des neuen ›Eisenzeitalters‹ in Coalbrookdale vorüber war, verlegte man sich in den Werken auf die Herstellung feinerer Gußeisenwaren, wie Möbel und Gitter, sowie auf Porzellanherstellung. Die Coalbrookdale-Manufaktur wanderte zwar bald in die englische Töpfermetropole Stoke-upon-Trent ab, aber elegante Gußeisenartikel werden noch immer in den hiesigen Fabriken mit ihren über dreihundert Beschäftigten hergestellt. In zwei einstigen neugotischen Lagerhäusern aus dem vorigen Jahrhundert werden Musterbeispiele dieser Erzeugnisse aus den werkseigenen Sammlungen jetzt dem Publikum zugänglich gemacht. Die beiden alten Industriedörfer Coalbrookdale und Ironbridge finden heute ihre Ergänzung in der international bewunderten Mustersiedlung *Telford New Town*, benannt nach Thomas Telford, einem der größten englischen Ingenieure und Brückenbauer.

Wir kehren nach Much Wenlock zurück und nehmen jetzt die Straße nach Church Stretton entlang dem Nordrücken von Wenlock Edge, die uns zauberhafte Ausblicke ins flache Land um Shrewsbury gewährt, da hier unmittelbar neben der Straße die Bergwände oft steil zur Ebene hin abfallen. *Church Stretton* mit seinem berühmten Golfplatz ist ein spätviktorianischer Ferienort mit einer normannischen Kirche, deren Balkendecke und Vierungsturm aus dem 13. Jahrhundert stammen. Die fremdartige Skulptur über dem Nordportal ist eine ›Sheila-na-gig‹, eine keltische Fruchtbarkeitsgöttin, die uns wieder daran erinnert, wie nahe der walisischen Grenze wir hier sind.

Hinter Church Stretton ragt dunkel die gewaltige Silhouette des *Long Mynd* auf, dessen bewegte Gipfel an die Brecher eines sturmerregten Meeres denken lassen. ›Mynd‹ ist die Anglisierung des keltischen ›Mynyydd‹, Berg. Durch dieses heute vom National Trust verwaltete Naturschutzgebiet winden sich nur wenige uralte Pfade entlang den steilen, windgefegten Felsrücken, die von schwarzen Mooren durchfurcht werden. Hier kann man stundenlang wandern, ohne einem Menschen zu begegnen.

63

In der Ebene von Shrewsbury: Shrewsbury–Hodnet Market Drayton

Shrewsbury

Bald hinter Church Stretton, am Rande von Wenlock Edge, neigt sich das Land plötzlich zur großen weiten Ebene von Shrewsbury, die fast den ganzen Nordosten der Grafschaft einnimmt. Sie ist leicht gewellt vom Wind, gesprenkelt mit kleinen Wäldern, Hainen und Parks, mit friedvollen Dörfern und lebhaften Marktstädtchen. Dazwischen dehnen sich tiefgrüne Weiden und fruchtbare Felder.

Shrewsbury, umzirkelt vom blauen Band des Severn wie von einem natürlichen Wallgraben, ist die Grafschaftsstadt. Die Vorzüge ihrer ›Insellage‹ bewogen die Einwohner der etwa zehn Kilometer entfernten Römergründung Viroconium im dunklen 5. Jahrhundert, ihren Ort zu verlassen und hier zu siedeln. Viroconium mit seinen großen Bädern und Tempeln sank langsam in Staub, während auf der Severninsel die neue Stadt, ›Scrobbesbyrig‹ oder Scrobbs Burg, heranwuchs (der alte Name hat sich im Grafschaftsnamen Shropshire besser erhalten als in Shrewsbury). Im 11. Jahrhundert, nach der normannischen Eroberung, sicherte Roger de Montgomery, der Graf von Shrewsbury geworden war, sein neues Besitztum durch eine Burg auf der schmalen Landzunge, die die Severnarme trennt – damit war Shrewsbury praktisch uneinnehmbar geworden. *Die Burg* thront selbstzufrieden und trutzig auf ihrem flachen Hügel im Kranz ihrer rostroten Mauern; die große Halle und zwei Tore stammen noch aus dem 12. Jahrhundert, aber alle anderen ›erhaltenen‹ Gebäude hat der Ingenieur Thomas Telford im vorigen Jahrhundert restauriert, um die Burg für Sir William Pulteney bewohnbar zu machen.

Das Gassengewirr der Altstadt im Schatten der Burg hat schon Dickens bezaubert, als er hier einst im Postkutschengasthof ›The Lion‹ logierte. Er schrieb in einem Brief: *»Ich bin in den sonderbarsten kleinen Räumen untergebracht, deren Decken ich mit den Händen berühren kann. Von den Fenstern aus habe ich einen Blick den Hügel hinab und nach schräg gegenüber auf die allerschiefsten schwarzweißen Häuschen, an denen alle Formen, nur keine geraden, zu erkennen sind.«* Manchmal stoßen in den engen Straßen die vorkragenden Obergeschosse der Häuser fast aneinander, dann wieder führen Passagen, krumme Torwege, ausgetretene Treppen unverhofft auf verwinkelte stille Plätze. Hoch über den Dächern erheben sich die Spitztürme der Kirchen St. Mary und St. Alkmund.

Der Burg gegenüber liegt an der breiten Castle Street mit ihren schönen Fachwerkhäusern der schloßartige Bau der ›Shrewsbury School‹, wo noch bis 1882 unterrichtet wurde. Heute sind in den alten Räumen eine große Bibliothek und ein Museum mit bedeutenden Römerfunden untergebracht; die Schule hat ein neues Heim am anderen Severnufer in einem Rasenpark voll alter Bäume gefunden. Zu den einstigen Schülern dieser berühmten, 1552 gegründeten Public School zählen die elisabethanischen Dichter Philip Sidney und William Wicherly sowie der Erfinder der Evolutionstheorie Charles Darwin. Linker Hand der Castle Street liegt in einem Gäßchen *St. Mary's* mit ihrem hohen Turm und dem geschnitzten Dach aus dem 15. Jahrhundert; der Rest des Bauwerks ist noch zwei Jahrhunderte älter. Das schönste ihrer mittelalterlichen Glasfenster zeigt eine Wurzel-Jesse-Darstellung. Pride Hill, die Verlängerung der Straße, bringt uns zur Butchers' Row, der ältesten Gasse Shrewsburys, und der High Street mit den prächtigen Fachwerkherrenhäusern ›Owen's Mansion‹ und ›Ireland's Mansion‹.

St. Julian's und *St. Alkmund's*, beide ebenfalls mit hohen gotischen Türmen, stehen in Fish Street; leider wurden sie im 18. Jahrhundert völlig umgebaut. Über die English Bridge, eine elegante Steinbrücke mit fünf Bögen, die um 1770 von John Gwynn entworfen wurde, gelangen wir ans andere Ufer des Severn, wo wir *The Abbey* sehen, eine Kirche mit normannischem Langhaus, die einst zur Benediktinerabtei vom Heiligen Kreuz gehörte.

Im Südwesten der Stadt liegt ein großer Park mit Lindenalleen und einem klassizistischen Garten, *The Dingle*, der als Meisterwerk des Gartenbauarchitekten Percy Thrower gilt. Dort können wir dem Fluß bis zur Welsh Bridge folgen, von der aus eine Straße zum *Mount* emporführt, dem Geburtshaus Darwins.

Von Shrewsbury aus halten wir uns wieder nordöstlich und erreichen die Fachwerkhaus-Stadt *Hodnet* mit der normannischen Hügelkirche St. Lukas. Sie hat einen hübschen oktogonalen Vierungsturm und hütet in einer kleinen Kettenbibliothek eine lateinische, 1479 in Nürnberg gedruckte Bibel. Die ›Wedding Steps‹ hinter der Kirche führen direkt zu Hodnet Hall, einem Landhaus in einem riesigen Landschaftsgarten. Er wurde um 1920 angelegt und gibt mit seinen Seen und Teichen, seltenen Bäumen und Sträuchern, von Narzissen und Stauden belebten Rasenflächen dem spätviktorianischen rosa Backsteinhaus einen anmutigen Rahmen. Das Haus ist Privatbesitz, aber der Park steht dem Publikum offen.

Wenige Kilometer nordöstlich liegt *Market Drayton*, ebenfalls eine Stadt mit vielen Fachwerkbauten, die schon unter Eduard I. ihr Marktrecht erhielt. Seitdem findet an jedem Mittwoch im Schatten der gotischen Pfarrkirche aus dem 14. Jahrhundert ein turbulenter Wochenmarkt statt. Die Grammar School wurde um 1558 erbaut; ihr berühmtester Schüler war Robert Clive, der durch bedeutende militärische Siege im Dienste der Ostindischen Kompanie die britische Machtstellung in Ostindien begründete, Gouverneur in Bengalen wurde und in Würdigung seines Sieges bei Plassey 1757 den Adelstitel Baron Clive of Plassey erhielt.

64

Die Stadt der Töpfer: Stoke-upon-Trent

> *... die Fünf Städte, jene gewellte, von häßlichen*
> *Straßen durchzogene und hohen qualmenden*
> *Schornsteinen beherrschte Landschaft Englands,*
> *der wir unsere Tassen, Untertassen, Teller,*
> *einen Teil unserer Kohle und unseres Eisens verdanken ...*
> *Arnold Bennett, Geschichten aus den Fünf Städten, 1912*

Nicht weit nordöstlich von Market Drayton liegt an den Ufern des Trent eine Stadt, die aus einer ganz anderen Welt zu stammen scheint. Hier beginnt das Black Country, die Industrielandschaft von Staffordshire, Manchester, Süd-Derbyshire und South Riding. Der Trent- und Mersey-Kanal verbindet einige der wichtigsten Orte dieser Industrielandschaft; Eisenbahnen und Landstraßen weben hier ein enges Netz von Verkehrswegen. Stoke-upon-Trent liegt am westlichen Saum des Gebietes; es ist eine junge Stadt, zusammengewachsen aus sechs kleinen Töpferstädten, den ›Fünf Städten‹ des Dichters Arnold Bennett, des Chronisten von Stoke.

Enoch Arnold Bennett wurde 1867 in Hanley geboren. Seine Familie war seit dem 17. Jahrhundert in den Fünf Städten ansässig, hatte aber erst mit der Generation des Vaters einen gewissen Wohlstand erlangt. Das Töpferhandwerk oder die Arbeit in einer der großen Töpfereien hatte ihre Mitglieder durch die Jahrhunderte oft mehr schlecht als recht ernährt. Schon um die Mitte des 19. Jahrhunderts gab es in den Fünf Städten zwischen vierzig und fünfzig Töpfer namens Bennett. »*Man sollte festhalten, daß seine Tante Frames Edna Longson den Töpfermeister Ezra Bourne von Bourne and Leigh heiratete, seine älteste Schwester Fanny Gertrude den Töpfer Francis Beardmore aus Fenton, seine zweite Schwester, Emily Vernon, William Millet Spencer Edge und dadurch eine Verbindung zu Edge Malkin & Co. (Malkin Tiles Ltd.) herstellte, und sein jüngster Bruder Septimus Arthur die Maud May Marsden von Marsden Tiles zur Frau nahm. Die Töpferfamilien Wood und Wilkinson waren ebenfalls mit der Familie eng befreundet, sein Onkel John hatte die Tochter von Reuben Hall, damals Töpfermeister in Dale Hall, geheiratet. Sein Vater und Großvater waren beide in bescheidenem Umfang Töpfer gewesen, und viele Freunde und Nachbarn waren typische Vertreter der zahlreichen, ziemlich kleinen Töpfereien, die die Hauptindustrie der Stadt darstellten.*« (Thomas R. Roberts) Diese Familienverbindungen Bennetts sind typisch für das soziale Gewebe in den Städten, das Bennett in seinen vielen Romanen und Kurzgeschichten so eindringlich dargestellt hat. Die sechs Töpferstädte waren Burslem, Fenton, Hanley, Longton und Tunstall, dazu Stoke, unter deren Namen sie sich zu Beginn unseres Jahrhunderts zur ›City of Stoke-upon-Trent‹ zusammenschlossen und damit eines der größten städtischen Gemeinwesen jener Zeit bildeten.

Getöpfert wird in Stoke spätestens seit der Römerzeit, wie Ausgrabungen lehrten, wahrscheinlich aber noch viel länger. Die natürliche Bodenbeschaffenheit forderte das geradezu heraus: Es gibt hier nicht nur einen sehr guten Ton, sondern auch Salz- und Erzvorkommen, die praktisch Glasuren aller Art ermöglichten, und einst war auch die Umgegend so dicht bewaldet, daß es keine Mühe war, Holz genug für die Brennöfen herbeizuschaffen. Am Ende des Mittelalters besannen sich die armen Dörfler auf die alte Kunst und machten sie zur Haupterwerbsquelle. Als dann später die Brennöfen mit Kohle statt mit Holz beschickt wurden und auch in den keramischen Manufakturen eine gewisse Mechanisierung Einzug hielt, waren die sechs Städte wieder im Vorteil, denn rund um Stoke gibt es reiche Kohlegruben. Und selbst als man im 18. Jahrhundert mehr und mehr Porzellanerde und die feinen Tone aus Devon und Cornwall für irdenes Geschirr benutzte, konnten sich die Töpferstädte behaupten, denn jetzt sorgte der ›Vater der englischen Töpfer‹, Josiah Wedgwood, dafür, daß ein langgehegtes Projekt Wirklichkeit wurde: der Bau des Trent-Mersey-Kanals, der Stoke mit Liverpool verbindet und es ermöglichte, daß die Tonfrachten auf dem billigen Wasserweg befördert werden konnten. Auch heute ist keine Abwanderung zu befürchten, denn inzwischen haben sich eine Anzahl Fachschulen und technische Hochschulen für die keramischen Gewerbe hier angesiedelt, und auch die Büros der verschiedenen Standesvertretungen und andere gemeinsame Institutionen der Töpfer haben hier ihren Sitz: So ist Stoke nach wie vor ein Weltzentrum der keramischen Industrie. In Firmen, deren Ursprung im allgemeinen im 18. Jahrhundert liegt und deren Namen Sammlerherzen höher schlagen lassen – zum Beispiel Wedgwood, Minton, Royal Crown Derby, Midwinter, Paragon, Spode, Royal Doulton, Royal Adderly Flowers, Royal Albert, Coalport, Wood & Sons, Ridgway – entsteht hier über achtzig Prozent der gesamten keramischen Produktion Englands, und zwar nicht nur Tafelgeschirre und Haushaltswaren, sondern auch sanitäre Anlagen, Fliesen, Kacheln, Baukeramik und Einzelteile für andere Industriewaren wie Isolatoren für elektrische Geräte, Glühbirnensockel und anderes mehr.

Die großen Töpfereien haben alle ihren Beitrag zur Weiterentwicklung der keramischen Kunst geliefert: so Doulton mit der Wiederentdeckung der Techniken chinesischen Sung- und Mingporzellans, Spode mit der Einführung des Kupferdrucks auf Porzellan, Wood mit der Entwicklung der englischen Landschaftsmotive, die heute so typisch erscheinen, Minton mit seinem exklusiven ›Pâte-sur-Pâte-Dekor‹, bei dem weiße Porzellanreliefs auf farbigen Porzellangrund aufgelegt werden und das zugleich die Kunstfertigkeit eines Bildhauers und das Fingerspitzengefühl eines Malers verlangt, dann Spode II mit der Erfindung des Knochenporzellans, bei dem in der Mischung zu Porzellanerde und Feldspat statt Seifenstein oder Kreide Knochenasche oder -erde tritt, was den englischen ›Bone China‹-Servicen ihren cremigen Ton und die ungewöhnliche Härte gibt. Stellvertretend für ihrer aller Werdegang sei hier die Geschichte der Manufakturen Wedgwoods kurz skizziert.

Josiah Wedgwood, der Vater der englischen Töpfer, wie man ihn noch heute nennt, wurde 1730 in Burslem, einer der sechs Städte, geboren, als jüngstes von zwölf Geschwistern einer Töpferfamilie. Als er neun Jahre alt war, stellte sein ältester Bruder ihn in seiner Töpferei an. Nach Beendigung seiner Lehre arbeitete er bei Thomas Alders, und 1754 nahm ihn Thomas Whieldon aus Fenton, der bedeutendste englische Töpfer jener Zeit, als Partner auf.

Dort lernte er soviel, daß er schon fünf Jahre später seine eigene Firma gründen konnte. Er mietete die Ivy House Works in Burslem, und dort produzierte er seine erste eigene Erfindung: eine schimmernde, frischgrüne Glasur, die er für Gefäße in Salat- oder Kohlform verwendete, eine spätbarocke Spielerei. Erhaltene Stücke haben in all den Jahrzehnten nichts von ihrer Farbkraft verloren. Aber das war nur ein erster Schritt. 1762 erwarb er eine größere Manufaktur, und dort entwickelte er einen irdenen Scherben, der so weiß und so haltbar war, daß er Porzellan sehr nahekam, dabei aber spottbillig hergestellt werden konnte: ein ideales Material für Eßgeschirr, das er zu Ehren Königin Charlottes ›Queen's Ware‹ nannte. Dieser neue Scherben führte zu einer Revolution in der Eßkultur, denn er löste in kürzester Zeit selbst bei den Armen und Ärmsten, die sich niemals Porzellangeschirr hätten kaufen können, Holz und Zinn ab und führte so zu größerer Hygiene im täglichen Leben der Arbeiter.

1766 konnte Wedgwood das Ridge House-Gut kaufen, wo er sich ein elegantes Wohnhaus und eine großartige neue Fabrik baute, die er ›Etruria‹ nannte. Jahrelang hatte Wedgwood mit einem schwarzen Steinzeug experimentiert, das den schwarzgrundigen griechischen Vasen, die man damals für etruskisch hielt, nahekommen sollte; 1773 entstanden die ersten Waren aus ›Black Basalt‹, einem gut zu formenden, feinkörnigen, tiefschwarzen Scherben, und der glückliche Erfinder konnte stolz schreiben: *»Das Schwarze ist Sterling, und wird ewig halten.«* Noch heute sind die Basaltwaren die populärsten Wedgwoodprodukte.

Und dann kam das ›Jasper‹, ein fast durchscheinendes, weißes Bisquitporzellan mit stets unglasierter Oberfläche, das je nach Zugabe bestimmter Oxyde in mehreren Pastelltönen, so Mattblau, Lindgrün, Rosenholz, Mais, Flieder und Schwarzgrau, eingefärbt werden konnte. Es bildete den idealen Hintergrund für weiße klassizistische Reliefs aus dem gleichen Material, die noch heute von Hand geprägt und appliziert werden.

Schon die Entwicklung dieser verschiedenen Produkte zeichnet ein Bild der Stilgeschichte des 18. Jahrhunderts; unterstrichen wird das durch die sich wandelnden Entwürfe von derbsinnlichen, barocken

Gemüseformen über dramatische, asymmetrische Black-Basalt-Reliefs von George Stubbs bis hin zu Flaxmans gräzisierenden Jasper-Medaillons. 1807 entwarf Josiah Wedgwood jr. ein Seerosen-Dessin für ein Service zur Hochzeit seiner Schwester Susannah mit Robert Warring Darwin, das bereits Tendenzen des viktorianischen Stils vorausnahm. Susannahs Sohn, Charles Darwin, erbte den scharfen Verstand des Großvaters: War der alte Wedgwood ein Pionier der Industriellen Revolution, so hat Charles Darwin die Revolution der Naturwissenschaften im 19. Jahrhundert eingeleitet.

Doch Josiah Wedgwoods Verdienst lag nicht allein in seinen bahnbrechenden Erfindungen, sondern auch in seinem unternehmerischen Können, dem Anteil, den er an allen technischen Neuerungen nahm, in seinem sozialen Engagement und in dem Weitblick, der ihm riet, sich als Designer für seine Produkte die ersten Künstler seiner Zeit zu holen. Das war kein blutloses Mäzenatentum, kein bloßer Ästhetizismus: Es sicherte seinen Waren Zeitlosigkeit. Viele der Muster und Formen aus der ersten Zeit der Fabrik ›Etruria‹ können noch heute unverändert verwendet werden, wie beispielsweise das für Napoleon entworfene ›Napoleon-Ivy-Design‹. Ein anderer gekrönter Kunde des englischen Fabrikanten war Zarin Katharina, für die Wedgwood 1773/74 ein fast tausendteiliges Tafelgeschirr herstellte, bei dem für jedes Teil ein anderes handgemaltes Dessin – englische Landschaften, Dome und Burgen – verwendet wurde. Es brachte ihm keinen Pfennig Gewinn, aber außerordentlichen Ruhm.

Heute liegt *Wedgwood* an einer eigenen Bahnstation vor den Toren von Stoke am Rande des Dorfes Barlaston. Die lichten, modernen Fabrikgebäude sind wie ein Herrenhaus eingebettet in einen Rasenpark voll alter Bäume am Ende einer gepflegten Allee; an den hübschen Häusern für die Angestellten wurde nicht gespart. Diese Fabrikanlage beweist, daß auch in unserer Zeit die Arbeitswelt nicht notwendig häßlich und abstoßend sein, daß eine Industrieanlage unter günstigen Umständen eine Landschaft nicht verschandeln muß, daß auch Arbeitersiedlungen Charme und Würde besitzen können. Und daß sich selbst heute noch Handarbeit im Produktionsprozeß auszahlen kann.

In der Fabrik kann man in den Herstellungsräumen die Entstehung von Wedgwood-Porzellan vom Mischen und Kneten des Tons bis zum Polieren der Handvergoldung über sämtliche Arbeitsgänge verfolgen; Führungen finden mehrmals täglich statt. Die historische Entwicklung der Wedgwood-Manufaktur zeigt das werkseigene Museum, wo man neben mehr als sechstausend wertvollen Einzelstücken auch Dokumente, frühe Musterbücher und ein zauberhaftes Stubbsgemälde des alten Wedgwood im Kreise seiner Familie studieren kann.

Auch Stoke ist heute nicht mehr die rußgeschwärzte häßliche Stadt, als die sie noch Arnold Bennett erschien. Die meisten der Slums sind freundlichen Wohnvierteln und modernen Einkaufszentren mit hohen Verwaltungsblocks gewichen; Sportanlagen und mehr als zwanzig Parks, Theater und ein vorbildliches Jugendzentrum bieten Erholung, die 1949 gegründete Universität und zahlreiche Fortbildungsinstitute, große Bibliotheken und Schulen geistige Anregung.

Im *City Museum* kann man sich eine lückenlose Übersicht über die Töpferkunst von der Urzeit bis in die Gegenwart an beispielhaften Werkstücken aus aller Herren Länder verschaffen. Das Museum versieht überdies noch eine besondere Aufgabe: es hat Spezialisten, die jede beliebige Keramik nach Zeit und Herkunft genau einzuordnen vermögen – ein Dienst, der weltweit in Anspruch genommen wird von Sammlern und Experten.

Die scharfen englischen Gesetze gegen Luftverschmutzung haben die Fabriken gezwungen, neue Brennanlagen zu schaffen; die alten, seltsam geformten Töpferöfen, die man noch hier und da in der Umgegend aufragen sieht, haben schon fast Museumswert. Und selbst die Wunden, die der Bergbau ringsum der Landschaft geschlagen hat, werden geheilt, indem man neue Wälder anpflanzt oder tiefe Erdtrichter in künstliche Seen verwandelt. So ändert sich langsam das Bild der ›Potteries‹ als eines ›Black Country‹ zu einer humanen Stadt in einer weiten Erholungslandschaft.

Dennoch ist die Arbeit in den Porzellanfabriken immer noch schwer. Man sollte sich manchmal daran erinnern, wenn man eine handgemalte Tasse von Spode, eine der graziösen Medaillen von Wedgwood, eine der wie eben gepflückt wirkenden Porzellanblumen von Adderley Flowers in der Hand hält. Hören wir noch einmal den Dichter Arnold Bennett, wenn er das Leben der einfachen Menschen seiner Stadt beschreibt, die ihn noch heute tief verehren:

»Als besondere Schicht ähneln die Töpfereimalerinnen aus den fünf Städten den berühmten Textilarbeiterinnen aus Lancashire und Yorkshire – verbissen selbständig dank ihrer guten Löhne, mit einer gewissen Vorliebe für Putz und grelle Farben, manchmal laut und

aggressiv und im übrigen nicht mehr und nicht weniger gutherzig, treu und gefühlvoll wie jede beliebige ihrer angelsächsischen Schwestern anderwärts. Die Töpfereimalerinnen haben aber vor den Textilarbeiterinnen einen kleinen Vorteil voraus durch die äußerliche Zurückhaltung in ihrem Betragen, die zweifellos dem Umstande zuzuschreiben ist, daß ihr uraltes Handwerk größere Fertigkeit erfordert und unter menschlicheren Bedingungen in tieferer Ruhe vor sich geht. Mary Beechinor arbeitet in der Band- und Strichabteilung der Malerwerkstatt. Man wird vielleicht die geometrische Exaktheit der bunten, breiten und schmalen Striche auf den Rändern ganz gewöhnlicher Tassen und Untertassen beobachtet und sich gefragt haben, welchem Verfahren sie ihre Entstehung verdanken. Diese Linien hat ein junges Mädchen gezogen, mit einer Hand so sicher wie die Hand Giottos und keinen besseren Werkzeugen als zwei Pinseln und einem kleinen rotierenden Tischchen, das Drehscheibe heißt. Achtundvierzig Stunden wöchentlich saß Mary vor ihrer Drehscheibe; mit dem Fuße das Pedal bedienend, legte sie ein Stück Ware auf die wirbelnde Scheibe und schob es mit einer einzigen Fingerbewegung in die Mitte. Dann drückte sie den feuchten Pinsel fest gegen das Werkstück und nach drei Sekunden war es rundherum mit einem Band versehen. Ein zweiter Pinsel, und auch der darunterliegende Strich war fertig. Stunde um Stunde, Woche um Woche, Jahr um Jahr.«

65

Die Damen vom Tal: Stafford–Lichfield

Sehr alt sind die Wälder,
Sehr alt sind am Strauch
Die Wildrosenknospen …
Walter de la Mare,
All that's past, 1912

Wir verlassen die Potteries, um wieder einmal eine von der Industrie weniger berührte Landschaft aufzusuchen. Unser Weg führt uns in einem Bogen durch Staffordshire zunächst nach Süden durch das Tal des Trent zur Grafschaftsstadt *Stafford*, deren normannische Burgen längst der Zeit gewichen sind. Stafford ist heute eine nüchterne Stadt, in der der achteckige graue Turm der gotischen Hauptkirche St. Mary wie ein Zeuge aus sehr ferner Zeit erscheint. Aus dem späten Mittelalter haben sich einige Fachwerkbauten erhalten, wie ›High House‹, wo einst Karl I. Truppen anwarb, oder die Almshouses in Hill Street; aber das interessanteste dieser alten Häuser, ›Izaak Walton Cottage‹ im Vorort Shallowford, ist nur eine Replik; es ist in diesem Jahrhundert zweimal niedergebrannt, wurde allerdings sehr sorgfältig wieder rekonstruiert. Walton, unser alter Freund, der Welt berühmtester Angler, wurde 1593 in Stafford geboren; sein schwarzweißes Hüttlein hat er der Vaterstadt hinterlassen mit dem Wunsch, daß aus den Mieteinnahmen alljährlich zwei armen Jungen das Lehrgeld und einer Dienstmagd der Brautschatz gezahlt würden – und so geschah es.

Stafford liegt am Rande von *Cannock Chase*, dem einstigen Jagdgebiet der Britenkönige von Mercia. Es ist noch heute ein Gebirge von großem landschaftlichem Reiz. In seinem Südwesten vor allem wird heute Kohle gefördert, und dort findet man eine ganze Anzahl winziger Grubenstädte. Aber dem Wanderer bleibt genug an unberührten Wegen, und auch dem Autofahrer sei der Weg mitten durchs Gebirge über schmale Straßen empfohlen. Im Nordzipfel bei Brocton erheben Eichen ehrfurchtgebietende Wipfel hoch über das Tal; andere Hänge sind ganz mit mannshohem Farnkraut bedeckt; Kiefernpflanzungen wechseln mit Birkenhainen, und dort, wo Sümpfe die Vegetation bestimmen, findet man neben anderen seltenen Pflanzen noch den fleischfressenden Sonnentau, der unter Naturschutz steht. Weite Striche des Chase färben sich im Herbst mit Heide violett oder im Mai mit Ginster gelb.

Lichfield

Am Südostrand des Chase erhebt Lichfields Kathedrale stolz ihre drei mächtigen gotischen Spitztürme – die ›Ladies of the Vale‹, wie man sie wegen ihrer Schönheit und Anmut genannt hat – hoch über die kleine mittelalterliche Stadt. Man sollte sie an einem Sommerabend sehen, eingetaucht in grünes Laub und die Nebel, die über dem Kanal spielen, der rostrote Sandstein flammend im Abendlicht: Dann ist es, als habe diese Gruppe der Türme alles Leben aus den engen Gassen in sich aufgesogen.

Aus den engen Gassen um die Kathedrale, aus dem Gewimmel altersschiefer Häuser, aus der Enge von Torytum und Hochkirche brach einst das Genie eines Zeitalters in Perücke und Kniehosen auf, um mit der Feder wenn schon nicht die Welt, so doch sein Leben zu verändern: Dr. Samuel Johnson, unsterblicher Wörterbuchmacher, Satiriker, Dichter und Journalist.

Auf dem länglichen Markt von Lichfield steht in einer Ecke das hohe, weiße georgianische Wohnhaus mit seinen drei schwindsüchtigen Säulen, wo der Doktor im Jahre 1709 das Licht der Welt erblickte. In dem unteren Eckraum hatte sein Vater einen mehr schlecht als recht florierenden Bücherladen, und über dem Laden liegt das Geburtszimmer, heute Museum. Johnson fand in seiner Heimatstadt nicht viel Ermutigung für seine literarischen Ambitionen, und als er nach Oxford kam, wurde es nicht besser, da er wegen seiner großen Begabung und Belesenheit zwar sofort Bewunderer fand, aber keinen Mäzen für sich zu interessieren vermochte. Schon nach einem Jahr mußte er aus Geldmangel die Universität wieder verlassen; er beschrieb sein Elend später in einem Brief: *»Ach Sir, ich war verrückt und wild. Es war Bitterkeit, sie mißverstanden es als Leichtfertigkeit. Ich war schrecklich arm, und ich wollte mir mit meiner Schreibkunst und meinem Geist einen Weg erkämpfen, und so mißachtete ich alle Macht und Autorität.«* Er war achtundzwanzig, als er nach London kam, inzwischen auch als Gründer einer Privatschule in Lichfield gescheitert. Mit Parlamentsberichten, Zeitschriftenbeiträgen, der Sittensatire ›London‹, den Essays ›Vanity of Human Wishes‹ und der Biographie ›Life of Savage‹ reüssierte er endlich. In dem letztgenannten Buch gestaltete er das Schicksal eines üblen Literaten, der mit seiner angeblichen Mutter, einer Gräfin Rivers, um sein Geburtsrecht kämpft und schließlich in der Gosse stirbt. Der Ton echter Anteilnahme machte diese soziale Studie eines Lebens zwischen Gnadenbrot, Schenke und Schuldturm so ergreifend – ein Leben, dem Johnson sich selbst nur mit aller Willensanstrengung zu entziehen vermocht hatte. Johnson hatte immer empfunden, daß die Demütigung der Armen bitterer sei als die Armut selbst: *»Nicht der Mangel an Unterkunft oder Nahrung«* ist für ihn das Quälendste, sondern *»die Mißachtung und Verachtung, die dieser nach sich zieht.«* Johnson hatte sich bewußt für ein Leben mit der Feder entschieden, bereit, seine Werke einem Verleger zu verkaufen, aber nicht, sich auf die Almosen eines Mäzens zu verlassen. Ein hartes Brot, aber ein freies Brot. *»Wir haben genug von Patronage ... die Welt erlaubt einem Mann immer zu sagen, was er denkt, und es auf seine Weise zu sagen.«* In seinen über dreihundert Zeitschriftenaufsätzen erzählte er der Welt auf seine Weise, was er dachte, in seiner harten, klaren, wortgewaltigen Prosa, durch die sich der häßliche, schwerblütige Riese aus den Midlands so sehr von seinen eleganten Zeitgenossen, den Swift und Pope und Addison, unterschied. Alles, was er schrieb, hatte seinen festen Grund in seinen zutiefst moralischen Ansichten und Glaubenssätzen und in seiner nie nachlassenden Liebe zum Wort: seine Beiträge in den von ihm herausgegebenen moralischen Wochenschriften ›The Rambler‹ und ›The Idler‹, sein bahnbrechendes ›Dictionary of the English Language‹, seine scharfsichtige Shakespeare-Edition, sein ›Lifes of the Poets‹.

1763 begann Johnsons Freundschaft mit James Boswell, seinem Eckermann; im Jahr vorher hatte ihm die Regierung eine jährliche Rente von 300 Pfund auf Lebenszeit gewährt, die ihn der dringendsten Sorgen enthob und ihm Reisen ermöglichte. Johnson zögerte – und auch das kennzeichnet den Mann – die Rente anzunehmen, um sich zu nichts zu verpflichten, aber der Premier Lord Bute zeigte sich einer solchen Haltung würdig, als er dem Dichter taktvoll antwortete: »Es wird Euch nichts gegeben für etwas, das Ihr tun sollet, sondern es wird Euch gegeben für das, was ihr getan!«

Gehen wir nun durch die kleine Stadt mit ihren elisabethanischen Fachwerkhäusern und georgianischen Backsteinfassaden, ihren dunklen Inns und hellen Parks, dem modernen Einkaufsviertel, wo die alten Ladenfronten hübsche Blickpunkte schaffen, durch die grünen Anlagen am Fluß und den Hügel hinauf zu der *Kathedrale* mit ihren drei herrlichen Türmen. Sie liegt lang hingestreckt auf den Rasen ihrer terrassenartigen Domfreiheit, umringt von Dechanat und Bischofspalast mit schmiedeeisernen Toren und hohen Ulmen, die wohl jung waren, als Johnson hier zur Schule ging.

Die Gruppe der Türme entstammt der englischen Hochgotik, dem Decorated Style, wenn auch der Vierungsturm während des Bürgerkrieges schwer durch Kanonenkugeln gelitten hat und um 1660 fast völlig erneuert werden mußte. Er ist in seinen Maßen fast doppelt so mächtig wie die Westtürme; wenn man den Bau langsam umschreitet, verschieben sich durch die stets neuen Blickpunkte die Proportionen, und die Eindrücke wechseln auf frappierende Weise. Auch wenn man an der figurengeschmückten Westfassade aufsieht, erkennt man die Hand späterer Restauratoren: statt Teufel oder Heiligen blickt zum Beispiel König Karl II., der ›Merry King‹ des 17. Jahrhunderts, auf uns herab.

Lichfields Kathedrale entstand zwischen 1190 und 1340; stilistisch spiegelt sie also den Übergang vom Early English zum Decorated

Style, den wir bereits an den Türmen – und trotz der späten Figuren-Gäste – an der Westfront bewunderten. Lichfield ist eine der kleinen Kathedralen, obwohl man das kaum glauben mag, wenn man vor ihr steht. Sie ist in allen Maßen sehr ausgewogen – vielleicht läßt sie das so französisch erscheinen. Den sieben engen Jochen des Hauptschiffes entsprechen die sieben Chorjoche. Das ganze Langhaus mit seinen Bündelpfeilern, dem schlichten Gewölbe und den schmal wirkenden Schiffen ist wundervoll proportioniert; die Strenge des geraden Chorschlusses wird gemildert durch die dem Chor in gleicher Höhe angegliederte polygonale, einschiffige Marienkapelle mit ihren neun hohen schlanken Fenstern. Die Glasmalereien sind flämischer Herkunft und entstanden im 16. Jahrhundert; sie kamen erst später nach Lichfield. Sehr englisch sind dagegen die dreieckigen Lichtgadenfenster, das Triforium und das frische, krause Laubwerk der Kapitelle, ganz zu schweigen von dem achteckigen Kapitelhaus mit seinem Palmengewölbe, das hier einmal nicht über rundem, sondern elliptischem Grundriß errichtet wurde. Man erreicht es über eine feine Säulenhalle hinter dem nördlichen Querschiff.

Chorgestühl und Bischofsthron entstanden um 1860; George Evans, ein Vetter von George Eliot, hat sie geschnitzt: Man darf sie als bestes viktorianisches Kunsthandwerk bezeichnen. Einige der Denkmäler verdienen gleichfalls unsere Aufmerksamkeit, so die markante Büste von Bischof Wood (1937-1953), die Sir Jacob Epstein schuf, oder die rührend-romantische Marmorgruppe ›The Sleeping Children‹ für die Kinder Ellen Jane und Marianne Robinson, die ebenso wie das Grab von Bischof Ryder im vorigen Jahrhundert Sir Francis Chantrey gestaltet hat. Ein Medaillon erinnert an Charles Darwins Großvater väterlicherseits, Erasmus Darwin, der mit seinem Gedicht ›The Loves of the Plants‹ 1789 fast ebensoviel Staub aufwirbelte wie später Charles mit seiner Abstammungslehre. Der Schauspieler Garrick, der ein Wohnhaus in Lichfield besaß – es ist nicht erhalten – und Dr. Johnson sind durch Büsten geehrt; ihre Gräber befinden sich in der Westminster Abtei, dem englischen Pantheon. Johnsons Eltern fanden ihre letzte Ruhestatt in der Michaelskirche in Church Street; die lateinischen Grabsprüche verfaßte der Dichter selbst für sie. Seiner Heimatstadt aber hat er in seinem großen Wörterbuch ein triumphales Epitaph gesetzt:

Lichfield, Feld der Toten, eine Stadt in Staffordshire,
so genannt nach christlichen Märtyrern, die hier den Tod fanden.
PARENS SALVE MAGNA

66

An Staffords hellen Wassern: Blithfield Hall Abbots Bromley–Sudbury Park–Uttotexter–Alton

Lauter Wiesen und Rasen, wunderschöne Bäume, hundertjährige Alleen und da und dort Schafe ...
Karel Čapek, Seltsames England, 1924

Wird der Südwesten Staffords vor allem durch Industrie bestimmt, so bieten der Norden und Osten den Augen einen erfreulichen Anblick. Die Flüsse, die im Penninischen Gebirge entspringen, bilden höchst anziehende Täler, so der Trent, die Dove, der Churnet, der Tean und der Blithe, den wir jetzt aufsuchen wollen. Wir fahren von Lichfield aus entlang dem Nordostsaum von Cannock Chase bis Rugeley, um uns von da aus nördlich zum Blithfield Reservoir, einem Stausee, zuzuwenden. An seinen waldigen, parkartigen Ufern erhebt sich *Blithfield Hall*, ein elisabethanischer Herrensitz der Bagots, deren Vorfahren hier schon vor über neunhundert Jahren ansässig waren. Das Haus ist unregelmäßig um einen rechteckigen Innenhof angeordnet und zeigt all den Überfluß an Erkern und Giebeln und Schornsteinen, den wir bei Tudorbauten gewohnt sind. Sein Stolz sind neben dem eichenen Treppenhaus kostbare alte Kostüme, Kinderspielzeug vieler Epochen und eine einmalige Sammlung von Miniaturtheatern. Einige der schönsten Räume blicken auf einen riesigen geometrischen Rosengarten, den eine Orangerie im klassizistischen Stil der georgianischen Epoche begrenzt, aus der auch die anderen im Park verstreuten Nebengebäude stammen, einschließlich der ›gotischen‹ Follies. Eine Ausnahme ist das Kirchlein aus dem 14. Jahrhundert, dessen gedrungenen Turm wir hinter einer Gruppe alter Bäume in der Nähe des Rosengartens aufragen sehen. Den Landschaftspark mit seinen Judasbäumen, Hainbuchen, weißblütigen Manna-Eschen, Atlas-Zedern, sehr alten englischen Eichen und drei riesigen Walnußbäumen bevölkern zur Abwechslung einmal weder Schafe noch Damwild, sondern eine Herde Ziegen.

Die Straße führt über eine Brücke zur anderen Seite des Sees, in dessen Nähe wir *Abbots Bromley* finden, ein schwarzweißes Fachwerkdorf mit gotischer Kirche und altem Butterkreuz, berühmt wegen des ›Horn Dance‹, den nach alter Tradition zwölf Dörfler jeweils am ersten Montag nach dem vierten September in seltsamen Kostümen aufführen: Narr, Jungfrau, Bogenschütze, Steckenpferdreiter, zwei Musikanten und sechs Burschen in Bundhosen und mit Hirschgeweihen. Über den Ursprung des Tanzes wurde viel gerätselt; er ist möglicherweise ein heidnisches Relikt, sicherlich kultischer Herkunft; noch heute werden die Kostüme das Jahr über in der Sakristei aufbewahrt.

Mit einem letzten Blick auf das Blithetal wenden wir uns weiter nach Norden, wo wir bald auf einen noch lieblicheren Fluß stoßen, die silberklare Dove. Das erste, was uns an ihrem Ufer entgegenleuchtet, ist *Sudbury Park*, ein rotes Backsteinhaus von 1613, dessen Mauern mit einem dekorativen dunklen Rhombenmuster überzogen sind. Es zeigt unter einem französischen, gaubengeschmückten Dach mit umlaufender Attika zwei Geschosse mit hohen, regelmäßigen Fenstern. Die vorspringenden Seitenflügel sind leicht übergiebelt, wie um das jakobinische Turmthema zu variieren. Zu dem von Zwillingssäulen gerahmten Portal unter schwerem Segmentgiebel führen flache Stufen empor; das Fenster darüber ist in fast gleicher Art gestaltet. Ein überkuppeltes Ziertürmchen in der Mitte wird von den stämmigen Schornsteinen völlig eingeschüchtert.

Sudbury Park wurde von 1660 bis 1680 von George Vernon umgebaut, der wahrscheinlich sein eigener Architekt gewesen ist. Der Besitz befand sich bereits seit 1513 in seiner Familie. Vernon holte sich für die Inneneinrichtung seines Hauses, das neben Ham House als das prächtigste aus der Zeit Karls II. gilt, die renommiertesten Kunsthandwerker seiner Epoche: Die meisten der Stuckdecken stammen von Bradbury und Pettifer, die in der Langen Galerie und im Drawing Room von Edward Pearce, der auch die Treppe im eleganten Treppenhaus schnitzte; die anderen Schnitzarbeiten wie Türeinfassungen oder Paneele hat der unvergleichliche Grinling Gibbons gestaltet. Die Fresken im Salon und im Treppenhaus stammen von Louis Laguerre, dem damals besten Freskanten in England. Das Haus und sein romantischer Park sind sehr gut gepflegt und befinden sich nach dem Willen ihres letzten Herren aus dem Geschlecht der Vernons heute im Besitz des National Trust.

Uttotexter, eine angenehme kleine Marktstadt, liegt ebenfalls an der Dove. Wir wollen ein paar Minuten auf ihrem Markt verweilen, um das Relief an ihrem Brunnen zu studieren. Es erzählt eine rührende Episode aus dem Leben des Dr. Johnson. Johnsons Vater, der Buchhändler, kam mit seinem Stand an den Markttagen nach Uttotexter, und sein Sohn half ihm beim Verkaufen. Aber eines Tages erklärte der junge Johnson dem Vater rund heraus mit der ganzen

Unbedingtheit der Jugend, daß er sich nicht länger so erniedrigen wolle. Die Jahre vergingen, und eines Tages war der junge Johnson alt. Da stellte er sich an einem kalten englischen Regentag auf den Markt, barhäuptig, und verharrte dort Stunde um Stunde, ohne sich zu rühren. Erst am Abend ging er still fort. Wie viele damals wohl das Schauspiel begriffen haben, das der größte ›Wit‹ Londons den verblüfften Bürgern bot: die stumme Abbitte eines Greises an einen Toten.

Von Uttotexter aus folgen wir eine Zeitlang dem geschlängelten Lauf der Dove und biegen dann auf die Landstraße ab, die durch das Tal des Churnet führt. Bald hinter der Kreuzung der Straßen liegt ein steinernes Hügeldorf, *Alton*, und über dem Dorf thront auf einem Fels Alton Castle, eine ›Burg‹, die A.W.N. Pugin im vorigen Jahrhundert im schönsten ›mittelalterlichen‹ Stil mit Zinnen und Türmen, Fialen und Altanen für den 16. Grafen von Shrewsbury erbaute. Von der einstigen normannischen Burg des Kreuzritters Bertram de Verdun stand schon damals nicht mehr als die Ruine eines Rundturmes im Park. Der unheimliche, untersetzte Turm im Dorf hat mit keiner der beiden Burgen etwas zu tun: er war das Dorfverlies. In Alton Castle ist heute eine Knabenschule untergebracht.

Gegenüber von Alton erheben sich auf den waldigen Hängen des anderen Ufers *Alton Towers*, einst Sitz der großen Talbots, der Grafen von Shrewsbury, heute nur noch eine dramatisch wirkende Ruine, Mittelpunkt eines Vergnügungsparks. Bis ins 18. Jahrhundert hatten die Talbots nur wenig Interesse für diesen Sitz gezeigt; erst Charles, 15. Earl of Shrewsbury, entdeckte die Reize der umgebenden Landschaft und entschloß sich, hier einen Park anzulegen; er war ein leidenschaftlicher Amateurgärtner. Von 1812 bis 1824 gab er sich ganz dieser Laune hin, einem Spiel mit Terrassen und Fontänen, Pagoden und Tempelchen, ganz abgesehen von dem Schweizerhäuschen für seinen blinden gälischen Harfner und den gläsernen Tropenhäusern für seine seltenen Pflanzen. Die größte Sorgfalt wandte er jedoch seinen Bäumen zu; in Alton findet man unter Tausenden von Rhododendren und Azaleen, von Rosenbüschen aller Farbe und Art hohe Zedern, Hemlocktannen, Wellingtonias, kalifornische Sequoias, japanischen Ahorn, Tulpenbäume, Zwergkoniferen und Judasbäume.

Alton Lodge, das ehemalige Pförtnerhaus der Burg, wurde von dem Grafen in eine neugotische ›Abtei‹ umgewandelt, wo er sich ganz seinen Gartenträumen überlassen konnte. Sein Neffe John Talbot, der 16. Earl, folgte ihm nicht nur im Titel, sondern auch in seinen Neigungen: er ließ die markanten Türme und Galerien ausbauen und den Park vollenden. Die späteren Talbots hatten wenig Interesse für Alton; sie gaben 1924 den Besitz auf, der im Zweiten Weltkrieg als Kadettenanstalt diente und dann allgemach verfiel, bis sich die Alton Conservation Area seiner erbarmte und den bereits erwähnten Vergnügungspark mit künstlichem See, Karussells, Modelleisenbahn und Seelöwenbassin einrichtete, dessen Einnahmen die Pflege der Anlage ermöglichen. Unbekümmert von all dem Trubel grünen und blühen die exotischen und heimischen Baumriesen und Büsche auf ihren Uferhängen fort.

Von Alton aus halten wir uns ein paar Kilometer in nordwestlicher Richtung, um wieder nach Stoke zu gelangen.

67

Wo die Elsternhäuser stehen: Nantwich–Congleton Macclesfield–Knutsford

Ich ruf ein Dach vor die Augen,
Mit Balken, die der Rauch geschwärzt,
Von einem Balken hängt ein Fischernetz,
Ein langes Ruder lehnt an einer Wand ...
William Butler Yeats,
The Only Jealousy of Emer, 1919

Wir verlassen Stoke-upon-Trent in Richtung Nantwich; sobald sich das Land zur großen Ebene neigt, überschreiten wir die Grenze nach Cheshire, der Grafschaft der ›Elsternhäuser‹, wie man die schwarzweißen Fachwerkbauten hier nennt. Um auf unserem Weg so viele wie nur möglich zu sehen, müssen wir diesmal einen Zickzackkurs einschlagen – die Mühe wird durch einige Prachtexemplare dieser regionalen Baukunst belohnt.

Wir haben fast überall in England Reste der mittelalterlichen Fachwerkbaukunst vorgefunden, vor allem immer dort, wo die Erde keinen zum Bauen geeigneten Stein bereithielt. Seit wir durch Westengland reisen – Herefordshire, Worcestershire, Salop – kommen wir immer wieder in fast vollständig erhaltene Fachwerk-Städte, und in Staffordshire, Greater Manchester und Merseyside kann man ebenfalls noch gut erhaltenen Fachwerkdörfern begegnen. Aber die Grafschaft Cheshire übertrumpft sie alle: Hier hat man aus dem Prinzip des Fachwerks eine phantastisch anmutende Kunst entwikkelt, hier ergötzt man sich am Gegensatz der geschwärzten Eichenständer und der weißgetünchten, oft stuckierten Wandfelder mit einer verspielten Freude, die für die englische Baukunst einzig ist.

Cheshire, das im Westen von Wales begrenzt, im Norden von den Buchten der Irischen See umspült wird, und dessen Ostflanke der breite Rücken des Penninischen Gebirges schützt, liegt vergleichsweise tief und ist ein ausgesprochenes Rinderzuchtgebiet mit fetten, feuchten Weiden. Milch, Butter und der rötliche, bröcklige Käse, den man gerne zu frischen Austern reicht wegen seiner entgiftenden Wirkung, sind neben den Produkten der Seidenwebereien im Nordosten der Reichtum dieser Grafschaft. In vielen Städten wurde einst lebhafter Salzbergbau betrieben, wie die Namen noch verraten: Nant-*wich*, Middle-*wich*, North-*wich* – die Etymologie dieser Endung haben wir weiter vorne schon erklärt –; andere Städte- und Dörfernamen erzählen von Cheshires Wiesencharakter, wie Cuckoo's Nest und Lightwood Green. Sächsische Siedler haben die vielen kleinen Flüsse einfach alle ›Brook‹ genannt, und die Römer und Kelten hatten ebenfalls Spuren hinterlassen, wie wiederum die Ortsnamen Chester oder Aston verraten. ›Ton‹ bedeutete bei den Kelten immer einen bewohnten Ort. Grenzfluß zwischen Cheshire und Wales ist der River Dee, der in seinem Oberlauf geschlängelt ist wie ein aufgeregter Regenwurm.

Nantwich am River Weaver ist ein hübscher Marktflecken, dessen Salzquellen schon von den Römern entdeckt wurden; zur Zeit Heinrichs VIII. befanden sich hier nicht weniger als vierhundert Salinen. Solbäder kann man auch heute noch nehmen, aber die Salzgewinnung wurde eingestellt. Nantwich hat ein sehr geschlossenes elisabethanisches Stadtbild, da gegen Ende des 16. Jahrhunderts fast die ganze Stadt in Flammen aufging und anschließend in einheitlichem Stil wiedererrichtet wurde. Gotisch ist noch die rote Sandsteinkirche St. Mary mit ihrem großen Wurzel-Jesse-Fenster und geschnitztem Gestühl, und auch das Churche's Mansion House von 1577 hat den Brand unbeschädigt überlebt. Es ist ein typisches Kaufmannshaus der Zeit mit schönen Eichentäfelungen. Andere reizvolle Fachwerkhäuser sind das Crown Hotel und die Old Grammar School.

Nantwichs Nachbarort Crewe ist eine reine Industriestadt mit

Waggon- und Autofabriken. *Sandbach*, ein paar Kilometer nordöstlich von Crewe, liegt ebenfalls an unserer Straße. Es ist wie Nantwich eine alte Salzstadt mit vielen Fachwerkhäusern; doch wird in ihr noch heute Salz gewonnen. Eine andere Erwerbsquelle für die Bürger des Ortes sind die Seidenwebereien: Wir befinden uns hier am Rand des großen Textilindustriegebietes um Manchester. Die beiden riesigen, primitiv skulptierten Steinkreuze auf dem kopfsteingepflasterten Markt der Stadt stammen aus sächsischer Frühzeit; die Legende will, daß sie anläßlich der Bekehrung von Prinz Paeda von Mercia zum Christentum aufgestellt wurden.

Congleton ist gleichfalls eine berühmte Seidenstadt, außerdem findet hier seit 1272 allwöchentlich ein großer Viehmarkt statt. Auch Handschuhe und feine Spitzen werden schon seit dem 13. Jahrhundert hergestellt. Leider hat sich wenig vom mittelalterlichen Gesicht der Stadt erhalten, da hier in der ersten Hälfte des 16. Jahrhunderts fast die ganze Bevölkerung von der Pest hinweggerafft wurde und anschließend der Ort verfiel, ehe mit den Seidenwebern im 18. Jahrhundert neues Leben einzog.

Drei Kilometer südlich von Congleton liegt *Little Moreton Hall*, phantastisch wie eine Theaterkulisse für eine elisabethanische Komödie. Es ist ein völlig unregelmäßiges, altersschiefes Bauwerk mit Erkern, die sich fast zu vieleckigen Pavillons ausbuchten, mit Passagen, Durchgängen, Anbauten, nicht zu zählenden Spitzgiebelchen, blauverglasten, spitzenartigen Scheiben in schwarzem, geschnitztem Rahmenwerk. Fachwerk mit Fischgrätmustern und Vierpaßverzierung, die an Glückskleeblätter denken läßt, abwechselnd schwarz auf weiß und weiß auf schwarz. Ausgetretene Schwellen und Treppen, bemooste Ziegeldächer, rote Geranien in Kübeln auf dem kopfsteingepflasterten Innenhof. Und dieses willkürlich nach allen Seiten ausgreifende, wirklich ›gefiedert‹ wirkende Haus verdoppelt seine unfaßbare Form noch in verwirrender Weise, indem es sein schwarzweißes Bild in einem umgebenden Wallgraben eitel spiegelt. Es entstand zwischen 1559 und 1589; im Innern findet man neben einer Langen Galerie die übliche hohe Halle und eine Kapelle. In der Langen Galerie mit ihrem Fensterband tanzt das Licht über Stuckdekorationen; fast alle Räume sind getäfelt, die Decken zeigen Balkenwerk und Schnitzarbeiten im besten Stil des 16. Jahrhunderts. Little Moreton Hall gehört zu den Häusern, die man nie verwechseln und nie vergessen kann, es ist ein Ort und Raum gewordenes Traumbild.

Eine noch bedeutendere Seidenstadt als Congleton ist *Macclesfield*, angesiedelt auf den westlichen Ausläufern des Pennine in einem ausgedehnten Waldgebiet, dem Macclesfield Forest, der einst als Räuberzuflucht so berüchtigt war wie in Deutschland der Spessart. Die Industriestadt hat außer einem hübschen georgianischen Rathaus und dem Epitaph für Shakespeares Grammatiklehrer John Bronswood in der Kirche ›Hl. Michael und alle Engel‹ nichts Besonderes aufzuweisen. Aber dafür finden wir in seiner Umgebung eine Reihe prächtiger Fachwerk-Landhäuser. Da ist einmal *Adlington Hall*, seit 1315 Eigentum der Familie Legh, die übrigens auch eine Messinggrabplatte in St. Michael mit einem Ablaßversprechen von 26000 Jahren und 26 Tagen hat! Die große Halle von Adlington stammt aus der zweiten Hälfte des 15. Jahrhunderts; das eigentliche Fachwerkhaus mit seinem Fischgrätmuster und unregelmäßig angeordneten Zwerchgiebeln im hohen Ziegeldach von 1581. Im Garten kann man ein Muschelhäuschen entdecken und sich in einer Lindenallee oder einem Weg mit hohen Eibenhecken ergehen. Strenger wirkt *Gawsworth House* aus dem 16. Jahrhundert, schon berührt vom Gleichmaß des Perpendikular; aber es ist besonders schön gelegen in einem stillen Park bei einer alten Kirche und mit wertvollen Gemälden und alten Möbeln reich ausgestattet. *Bramall Hall* liegt etwas nördlicher, in der Nähe von Wilmslow; es vereint die Strenge von Gawsworth mit der Lust am Ornament, die wir in Moreton bewunderten. Es stammt aus dem 15. Jahrhundert; die Davenports erwarben es von den Bramshales und wohnten dort dann ein halbes Jahrtausend. Das Haus wurde einmal um 1600 und dann noch mal um 1819 restauriert. Heute gehört es dem Urban District Council und wurde für das Publikum geöffnet. Im Innern gelangt man über eine eichene Wendeltreppe zu einem elisabethanischen Salon mit großartiger Decke, Erkerfenstern und einem riesigen Kamin. Die Halle hat einen offenen Dachstuhl mit mächtigen, wahrscheinlich seit dem 15. Jahrhundert unveränderten Dachbalken und eine Tapisserie aus dem 17. Jahrhundert, die von Dame Dorothy Davenport in den Mußestunden von sechsunddreißig Jahren hergestellt wurde; sie zeigt eine Darstellung des Sündenfalles.

Von Wilmsford aus bringt uns ein schmaler Landweg nach *Knutsford*, einem hinreißend altmodischen Städtchen, das als Elizabeth Gaskells ›Cranford‹ in die Literatur einging.

Die Dichterin, 1810 als Elizabeth Cleghorn Stevenson geboren, wuchs in Nr. 17 der heutigen Gaskell Avenue in Knutsford auf, und dort reichte sie auch dem Pfarrer William Gaskell die Hand zur Ehe. Sie folgte Gaskell nach Manchester. Die Begegnung mit der Hölle der Slums in Englands dunkelster Stadt muß für die Sonntagsschullehrerin aus vornehmen Haus ein Schock gewesen sein. Dennoch stellte sie sich dieser Realität tapfer. Sie unterstützte nicht nur ihren Mann in seiner Sozialarbeit, sondern schilderte in ihren vielgelesenen Romanen mit leidenschaftlicher Anteilnahme, was ihr täglich begegnete: Mangel, Hunger, Wohnungsnot, moralischer Verfall, Laster aller Art, Kinder- und Frauenarbeit in ihrer grausamsten Form, aber auch die Anfänge des Arbeitskampfes: frühe gewerkschaftliche Zusammenschlüsse, Lohnkämpfe, Streik und Aussperrung, Aufstände und deren brutale Niederschlagung durch den Staat. ›Cranford‹ bildet eine Ausnahme in ihrem Schaffen: Es ist eine ironische Idylle, in der etwas wie Heimweh nach der behüteten Welt ihrer Jugend mitschwingt. Aber auch deren Schwächen sah sie mit offenen Augen: die Existenzangst des niederen Landadels, die kaum verschleierte Armut der Kleinbürger.

Tatton Park am Rande der Stadt lieferte ihr die Kulisse für ein anderes ihrer Werke, ›Frauen und Töchter‹, wo es als ›Cumnor Towers‹ auftaucht. Es ist ein klassizistisches Landhaus und wurde von Samuel und Lewis Wyatt um die Wende zum 19. Jahrhundert für William Egerton erbaut, der einen Rahmen für seine kostbaren Sammlungen brauchte: Gemälde, Möbel, Glas, Silber und Porzellan. Doch das Schönste ist der Garten, zu dem vom Haus her eine Freitreppe hinunterführt; durch geometrische Anlagen mit abgezirkelten Beeten, Gartenvasen und Fontänen gelangt man über kiesbestreute Wege in einen Landschaftspark voller Rhododendren, Azaleen und seltener neuseeländischer Bäume, dessen besondere Attraktion ein Japanischer Garten mit einem verspielten Shinto-Tempelchen ist.

Andere Prominente aus Knutsford waren der Maler Edward Penny, einer der Mitbegründer der Royal Academy in London, und Sir Henry Royce, der Anfang unseres Jahrhunderts in Leghs Road lebte, wo er 1904 mit Charles Stewart Rolls zusammentraf: das Ergebnis dieser Begegnung ist der Welt vornehmstes Vehikel, der ›Rolls Royce‹.

Von Knutsford fahren wir durch die Ebenen des Delamere Forest über Northwich nach Chester, das sein Elsterngefieder zunächst noch im Nest der rotbraunen Sandsteinmauern verbirgt.

68

Malerisches Chester

Chester ist wahrscheinlich
die romantischste Stadt in der Welt ...
Henry James, English Hours, 1905

Chester liegt am Fuß der Wirral-Halbinsel, die von den Mündungen der Flüsse Dee und Mersey umspült wird und in die Irische See hineinragt. Der Dee war einst ein mächtigerer Fluß und die Stadt an seinem Ufer ein großer Hafen. Diese Lage war es auch, die die Römer im ersten nachchristlichen Jahrhundert veranlaßt hatte, hier ein gewaltiges Castrum zu bauen, das fast vierhundert Jahre lang das Hauptquartier der Zwanzigsten Römischen Legion blieb. Wenn wir uns den Stadtplan von Chester ansehen, haben wir auch den Plan des Römerlagers vor uns: Das einstige Praetorium heißt heute *The Cross;* dort schneiden sich noch immer die vier Hauptstraßen – Northgate und Eastgate Street, Bridge und Watergate Street – die auch immer noch zu den Toren in der Mauer führen. Auch diese *Mauer*, die die Altstadt umzingelt, zeigt über weite Strecken, teilweise bis zu einer Höhe von sechs Metern, noch das originale römische Mauerwerk. Im Mittelalter hat man den Bering einmal erweitert; aber es ist schwer, die Veränderungen zu datieren, da die alten Steine wieder verwendet wurden. Zu den vier Torbauten tritt eine Anzahl von Wehrtürmen; die bedeutendsten sind der Wasserturm im Nordwesten, der einst vom Dee umspült wurde, und der ehemalige Phönix-Turm, heute *King Charles' Tower*, im Nordosten. Von diesem Turm aus sah der unglückliche Stuart der Schlacht auf dem Rowton Moor zu, während ihm die Kugeln ums Gesicht pfiffen. Sie endete mit der völligen Niederlage seiner Truppen gegen Cromwells Heer, und er mußte am nächsten Tag aus der belagerten Stadt fliehen, um anderswo Unterschlupf zu suchen. Aber nicht nur auf das einstige Schlachtfeld und das umliegende Land hat man von der Mauer aus einen herrlichen Blick, sondern auch auf die bunte Stadt mit ihrem Gassengewirr.

Im Mittelpunkt von Chester liegt an der North Gate Street die braunrosa *Kathedrale*, die aus einem Benediktinerkloster hervorgegangen ist. Ursprünglich war sie der heiligen Werburgh geweiht, einer wundertätigen Prinzessin von Mercia. Ihre Ursprünge sind normannisch, was man noch im schmalen nördlichen Querschiff erkennen kann. Am gotischen Schiff wurde mehrere Jahrhunderte lang gebaut, doch es ist merkwürdig unbeschwingt, ohne alle Eigenständigkeit. Über den langweiligen Spitzbogenarkaden erhebt sich ein gleich phantasieloser Lichtgaden; das Gewölbe schwankt unentschlossen zwischen Fächer- und Netzrippen. Einzig das Chorgestühl von 1380 bildet einen Reiz für die Augen; es prunkt mit Schnitzarbeiten von Meisterhand. Fialenförmige, krabbenbesetzte, kunstvoll durchbrochene Baldachine bilden einen bewegten Wald über den Sitzen; an den Miserikordien entzücken uns Genreszenen und biblische Darstellungen. Eines erzählt in mehreren Akten die Legende von der heiligen Werburgh und der Graugans: Das Tier war von einer genäschigen Dienerin bis auf Knöchlein und Federn verspeist worden, erhob sich jedoch auf Beschwörung der Heiligen unversehrt wieder in die Lüfte, nachdem das Mädchen sein Vergehen eingestanden hatte. Ungewöhnlich ist auch ein lustiger Elefant mit Pferdebeinen, Eulenaugen und einem Turm auf dem Rücken, und das Wurzel-Jesse-Motiv am Sitz des Dechanten, der einen in sein Gebet versunkenen Pilger mit langem Bart und Muschelhut zeigt.

Im frühen Mittelalter war die *Pfarrkirche St. John* Chesters Bischofssitz; von seiner einstigen Ausdehnung und Pracht erzählen noch die umgebenden Ruinen. Der erhaltene Teil umschließt einen schönen, strengen normannischen Raum – die heutige Kirche – mit feingliedrigem Triforium und harmonischen, auf mächtigen Rundpfeilern lastenden Arkaden. Das schlanke, dreigeteilte Ostfenster schließt den Chorraum wirkungsvoll ab. *St. Peter's* ist ein gotischer rosa Sandsteinbau, der sich am Cross über normannischen Grundmauern erhebt.

Die Straßen am Cross weisen eine Eigentümlichkeit auf, die der tschechische Dichter Karel Čapek verwundert wahrnimmt: »*In Chester hat man auch noch etwas, das man die Rows nennt. Das sind Laubengänge, aber im ersten Stock; und von der Straße her geht man über Stiegen hinauf; die Läden sind oben und unten. Das gibt es sonst nirgends auf der Welt.*« Ausführlicher beschreibt Henry James das Phänomen: »*Chester liebt seine Rows, eine architektonische Idiosynkrasie, die man gesehen haben muß, um sie recht zu schätzen. Sie sind eine Art gotischer Ausgabe der segensreichen Arkaden und Portici Italiens und bestehen, grob gesagt, aus einer fortlaufenden Passage, die den ersten Stock der Häuser gleichsam untertunnelt. Die Untergeschosse reichen bis zum Fahrdamm, zu dem Treppenfluchten hinabführen, die immer wieder die hochgelegenen ›Veranden‹*

unterbrechen. Der obere Teil der Häuser erstreckt sich über die Galerien, gestützt von Pfeilern und Pfosten und Geländern; die Ladenfronten öffnen sich auf die Arkaden.«

Die ersten Rows entstanden in Chester wahrscheinlich zur Zeit der Renaissance, als man in vielen Städten Europas die Vorzüge von Laubengängen, Arkaden und Kolonnaden entdeckte: Der Bürger begann sich zu emanzipieren und zeigte sich gern in vollem Staat auf den Straßen neben dem Edelmann, während der Handwerker versuchte, seine Waren mit größerem Aufwand und Geschick anzubieten. Das Ungewöhnliche an den Rows von Chester ist eigentlich nur, daß sie sich nicht zu ebener Erde, sondern im ersten Stock befinden. Und das dürfte sich eigentlich aus der Topographie des Ortes erklären: Damals war Chester noch Hafen mit eigenem Grafschaftsstatus – es konnte sich nicht außerhalb seiner Mauern ausdehnen. Wollte es wachsen, so mußte es dem Beispiel der gotischen Dome folgen und die Dimension der Höhe wählen. Chester ist wirklich verliebt in seine Eigenart, denn es hat sie seither nie mehr abgelegt. Neben den Rows der Tudorzeit finden wir georgianische, viktorianische (im Neo-Tudorgewand) und auch moderne, wie die um 1910 entstandene *St. Michael's Arcade*, eine zweigeschossige Fußgängerverbindung zwischen einer alten Row und der St. Michael's Street mit einem Glasdach und Terrakottaverkleidung. Und auch sie ist schon wieder einbezogen in einen ganzen Dschungel neuer Passagen.

Chester ist eine der farbenfrohesten Städte Englands: die rostfarbenen und rosenroten Kirchen, die schwarzweißen Fachwerkbauten und die purpurnen georgianischen Backsteinhäuser mit ihren bläulichen Schieferdächern, die buntbemalten Ladenfronten und die lustigen, im Winde schwingenden Wirtshausschilder bilden eine bezaubernde Palette. Die hübschesten Fachwerkhäuser findet man in der *Lower Bridge Street*, so das breite dreigeschossige Giebelhaus des ›Bear and Billet Inn‹ aus dem 17. Jahrhundert mit reichgeschnitzten Tragbalken und Konsolen sowie durchgehenden Fensterbändern, die in zwei Reihen die Fassade gliedern; das ›King's Head‹ von 1621 mit seinem getäfelten Speisesaal und dem fischgrätgemusterten Giebel, das ›Falcon-Café‹ mit einer seitlich in das Haus einbezogenen, ausgetretenen Freitreppe zum ersten Stock, einem Fachwerkfries und knaufgezierten vorspringenden Giebeln (1621). Auch die *Watergate Street* kann mit zwei besonders prächtigen Häusern aufwarten: ›God's Providence House‹ trägt auf einem Querbalken die geschnitzte Inschrift GOTTES VORSEHUNG IST MEIN ERBTEIL, eine Art Stoßgebet des puritanischen Besitzers, nachdem sein Haus als einziges der Stadt während einer schweren Pestepidemie von der Seuche völlig verschont geblieben war. Die Fassade dieses Hauses zeigt in einem Fachwerkgitter auf den geputzten Wandfeldern große Blumen und Renaissancemotive aus Stuck. Über und über geschnitzt ist dagegen ›Bishop Lloyd's House‹; wer die skurrile Fabelwelt des Schnitzers recht genau entziffern möchte, kann das am besten von den Rows aus. Lloyd war 1605-1615 Bischof von Chester.

Vor dem Westgate liegt *Stanley Palace*, das Stadthaus der Adelsfamilie Stanley of Alderley; es wurde 1591 für Peter Warburton errichtet und später von den Stanleys erweitert. Unter den vier Giebeln der Hauptfassade blitzen breite Erkerfenster; das Fachwerk bildet komplizierte geometrische Muster. Die Stanleys, deren einer Zweig zur Grafenwürde von Derby aufstieg, haben in der Geschichte Chesters eine wichtige Rolle gespielt: Sie hatten das Recht, am Wassertor Zoll zu erheben und kontrollierten auf diese Weise den gesamten Handel der einst mächtigen Hafenstadt. Der 5. Graf, William Stanley, war ein großer Gönner Shakespeares und belebte die mittelalterliche Theatertradition Chesters neu, wo jahrhundertelang im Klosterhof berühmte Mysterien- und Mirakelspiele stattgefunden hatten. Sein Bruder Ferdinand, der spätere 6. Graf, unterstützte ihn dabei. Das mag zu der Theorie geführt haben, Ferdinand Stanley sei der wahre Schreiber der Dramen Shakespeares gewesen – eine der vielen, die dem Handschuhmacher aus Stratford literarisches Genie nicht zuerkennen mögen. Wie dem auch sei, sicher ist, daß beide Grafen wahre Theaternarren gewesen sind. Übrigens kann man Chesters Neigung zu Spielen bis in die Römerzeit nachweisen: Im Südosten der Stadt hat man unterhalb der Stadtmauern das bisher größte römische Amphitheater auf englischem Boden freilegen können, eine stolze Anlage mit steinernen Sitzbänken und einer etwa fünfzig mal sechzig Meter großen Arena. Chesters heutiges Festival findet in der zweiten Maiwoche statt.

In den Museen Chesters wird man über die drei großen Epochen der Stadt informiert: Das *Grosvenor Museum* an der Ecke Castle und Grosvenor Street enthält reiche Römerfunde und eine Sammlung in Chester geprägter angelsächsischer Münzen; das mittelalterliche Stadtbild veranschaulichen Panoramen im *Water Tower*, und wenn man von da über die Mauer zum *King Charles' Tower* weitergeht, kann man sich dort über Chesters Rolle im Bürgerkrieg unterrichten. An den Ufern des Dee im Vorort Upton findet man Chesters großen *Zoo* mit modernen Freigehegen.

69

Mersey Tunnel und Mersey Funnel: Wirral-Halbinsel Liverpool

Liverpool ist im jetzigen Augenblick
das Bewußtseinszentrum des menschlichen All.
Allen Ginsberg

Wenn wir uns von Chester entfernen, können wir uns noch einmal ein gutes Bild seiner Lage am Fuße des *Wirral* zwischen den Flußmündungen von Dee und Mersey machen. Entlang der malerischen Dee-Seite der Halbinsel fahren wir zu ihrer Spitze mit den Badeorten West Kirby und Hoylake. Ein Teil der Landschaft gehört hier dem National Trust und steht dadurch unter Naturschutz, mit Recht: Die Hügel des Wirral sind teils von dichten Mischwäldern bedeckt, an anderen Orten schimmern durch Heidekraut und Ginstergestrüpp die nackten rosa Sandsteinfelsen durch, über denen die Möwen mit klagendem Schrei kreisen. Von den Höhen und Klippen, so etwa Caldy Hill, hat man hinreißende Ausblicke auf die Halbinsel und die Irische See, die gegen ihre Küste anstürmt.

Ein völlig anderes Bild bietet die Nordseite an der Merseymündung, die wir bei Birkenhead erreichen. *Birkenhead* war noch im vorigen Jahrhundert ein verträumtes Fischernest mit einer alten Abtei, in deren Gemäuer die Seevögel brüteten. Aber 1817 wurde eine Dampffähre zum aufstrebenden Liverpool in Betrieb genommen, und fast über Nacht wurde alles anders. Jetzt breiten sich auch in Birkenhead endlose Docks am Merseyufer aus, das zu einer Art Außenwerft Liverpools geworden ist. 1886 wurden die beiden Städte erstmals durch einen Eisenbahntunnel verbunden; seit 1934 kann man von Birkenhead auch mit dem Wagen durch den berühmten ›Mersey Tunnel‹ direkt ins Herz von Liverpool gelangen.

Der Mersey ist kein gewaltiger Strom, sondern kommt als Wiesenfluß aus dem Bergland von Derbyshire; schon im 18. Jahrhundert mußte er durch den Trent-Mersey-Kanal entlastet werden. Aber wie die meisten Flüsse an der britischen Westküste hat er einen gewaltigen, von den Gezeiten und atlantischen Orkanen gegrabenen Mündungstrichter, der sich Jahr um Jahr tiefer in den weichen Sandstein frißt: ein ideales Becken für einen modernen Seehafen.

Liverpool gehörte bis 1974 zur Grafschaft Lancashire; jetzt hat es als Merseyside, ebenso wie Manchester als Greater Manchester, im Zuge der großen Gebietsreform Selbstverwaltung erlangt. Das alte Lancashire, seiner zwei großen Industriezentren beraubt, besteht heute nur noch aus dem gebirgigen Nordteil.

»*Mit einiger Anstrengung der Phantasie läßt sich unter dem modernen Begriff Liverpool so gut wie alles verstehen: Englands größter Seehafen, die alte Handelsstadt mit verrußten Gebäuden aus ferner Zeit und viktorianischer Größe, unansehnliche Neubauten daneben, Fabriken, die Konserven, Seife und Zucker erzeugen, Port Sunlight, Musterdorf des größten britischen Seifenkonzerns mit eigener Kunstgalerie, dann die bereits zum ehrfürchtig bestaunten Museum und Touristenattraktion gewordene Kellerspelunke ›The Cavern‹, Schauplatz der ersten Beatles-Erfolge, obszöne Aufschriften und verfallene Mauern, Schutthalden, auf denen schwarz-, braun-, gelb- und weißhäutige Kinder ›Küß und versteck mich mal mit Mick Jagger‹ spielen, vor allem aber das geradezu im Beat-Takt pulsierende Großstadtleben des neuen britischen Wohlfahrtsstaatproletariats. Hinter den abbröckelnden dorischen Säulen der heutigen Slums, die zur Zeit des großen Sohnes von Liverpool, Gladstone, bürgerlichen Wohlstand symbolisierten, sieht der Dichter Adrian Henry ›Familien fröhlicher Jamaikaner, mürrische arbeitslose Iren, Dichter, Homosexuelle, Diebe, Maler, Studenten und Liebespaare‹* ...« erzählt der Journalist Roland Hill, und damit wäre schon fast alles über Liverpool gesagt.

Fast alles. Liverpool liegt, so hieß es lange, am falschen Ende Europas: Aber das ist heute nicht mehr wahr. Liverpool hat den kürzesten Seeweg zum großen Handelspartner USA, und es hat das ganze englische Industriegebiet mit Manchester, Birmingham, Sheffield und Staffordshire im Rücken, mit dem es zudem noch durch schiffbare Kanäle verbunden ist. Außerdem hat man in den vergangenen zehn Jahren mit Hilfe Londons auch in der Stadt selbst neue Industrien angesiedelt, vor allem eisenverarbeitende Betriebe. Gleichzeitig wurden die Hafenanlagen so modernisiert, daß ihre Kapazität zur Zeit gar nicht ausgeschöpft werden kann: Man hat hier einmal bewußt auf Zuwachs geplant, denn Liverpool soll Londons großer Entlastungshafen werden, da die Hauptstadt um keinen Preis mehr wachsen darf. Man hat auch schon viele Verwaltungsstellen des öffentlichen Dienstes von London nach Liverpool verlegt. Im Vorort Seaford wurde mit einem Kostenaufwand von fünfzig Millionen Pfund ein Containerhafen geschaffen, der Tausenden Arbeit gibt; in seinem Computerzentrum kann man in einer einzigen Sekunde alle für einen beliebigen Container wichtigen Daten abrufen.

Wozu all der Aufwand? Liverpools schwärende Wunde, die Slums, ist eine Folge der Arbeitslosigkeit. Und die Arbeitslosigkeit hatte hier ihren Grund in den nie abreißenden Einwandererströmen aus Irland. Das Elend dieser Einwanderer war unbeschreiblich; ein drastisches Bild davon, dessen einzelne Züge durch unzählige zeitgenössische Zeugnisse belegt sind, hat im vorigen Jahrhundert Friedrich Engels in seiner ›Lage der arbeitenden Klasse in England‹ gezeichnet. Die armen irischen Einwanderer brachten im allgemeinen außer ihren vielköpfigen Familien nichts mit als ein Hausschwein, sowie die Kunst, sich ausschließlich von Kartoffeln zu ernähren. Wohnte schon der englische Proletarier in den zu schnell gewachsenen Industriestädten oft in unvorstellbaren Slums, so begnügten sich die Iren mit feuchten Kellern und Stallwinkeln; sie waren völlig anspruchslos und bereit, für jeden gebotenen Lohn zu arbeiten, denn was sie nach England trieb, war allein die oft trügerische Hoffnung auf Arbeit. Fanden sie keine Anstellung, blieb nur nacktes Darben: Sie mußten ihr Leben als Bettler oder Diebe fristen. Gaunerei, Dirnenwesen und jede Form menschlichen Lasters und menschlicher Not blühten. Zu den irischen Einwanderern kam nach Aufgabe der Kolonien noch die Rückwanderung von Briten aller Hautfarben ins Mutterland, was neue Probleme aufwarf, neue Integrationsschwierigkeiten mit sich brachte. Es war nicht verwunderlich, daß die Slums von Liverpool, vollgesogen mit einem Proletariat, das in den Zungen vieler Völker, aber selten in der des Gastlandes sprach und für das sich schon aus diesem Grund nur schwer Arbeitsplätze fanden, Slums, in denen seit Generationen die Hoffnungslosigkeit den Hauswirt machte, die schlimmsten von Nordeuropa wurden: Vorhöfe zur Hölle in einer zivilisierten Umwelt.

Aus diesen Vierteln stieg in den fünfziger Jahren das Yeah Yeah der Beatles. Die Beatles haben sich inzwischen Adelstitel und Millionen ersungen, aber sie waren nur die Protagonisten einer ganzen Generation von Kellerkindern, die versuchten, sich mit ihren zündenden Texten und fesselnden Rhythmen in Kellerkneipen und verkommenen Höfen, in dunklen Gassen und Torbögen in eine eigene

Welt hineinzusingen. Vielleicht hat ihr Yeah Yeah dazu beigetragen, daß man sich ihres Zustandes erinnerte und sich mit ungewohntem Elan an die Sanierung der Slums machte. Man hat dabei nicht nur ganze Straßenzüge eingerissen und neue Wohnsiedlungen gebaut: Man hat sich vor allem der Behebung der beiden Grundübel energisch zugewandt, der Arbeitslosigkeit und der Luftverschmutzung. Doch in den achtziger Jahren kehrte das Elend zurück; Klassen- und Rassenauseinandersetzungen von bisher ungekannter Heftigkeit prägen heute den Charakter der Stadt.

Nicht nur moderne Wohnviertel wuchsen empor, auch eine geistige Heimat ist den Iren endlich erstanden: die *Katholische Kathedrale*, deren Kosten zum großen Teil aus den Pfennigbeträgen frommer Einwanderer gedeckt wurden, die seit Jahrzehnten für den Bau gespart hatten. Wegen ihrer ungewöhnlichen Gestalt haben die Liverpooler sie einem Schlot verglichen und sie liebevoll spottend in Anspielung auf den Mersey Tunnel ›Mersey Funnel‹ getauft.

Entworfen hat den ›Schornstein‹ ein puritanischer Architekt, Frederick Gibberd, in enger Zusammenarbeit mit dem Domkapitel. 1967 wurde die Kathedrale geweiht: ein hoher kegelförmiger Raum über kreisförmigem Grundriß, über dessen Mittelöffnung sich ein Lichtturm aus farbigem Glas als glitzernde Laterne erhebt, die ihr magisches Licht auf den unter ihr zentral im Raum stehenden Hochaltar ausschüttet. Er wird von außen von einem Fialenkranz abgeschlossen, der mit seinen hohen, scharfen Zacken wie die Krone eines heidnischen Britenfürsten anmutet. Die Glasfenster wurden von den Malern John Piper und Patrick Reyntiens entworfen; ihre vorherrschenden Farben sind königsblau, seegrün und purpur. Blau ist auch die schallschluckende Decke verkleidet; der grauweiße Marmorboden spiegelt die Farben der Fenster wider. Getragen wird die kühne Konstruktion nur von sechzehn Betonstreben, die die Fensterwände trennen; rund um den kreisförmigen Innenraum mit seinen strahlenartig vom Altar ausgehenden Bankreihen ohne ausgesonderten Chor sind zehn Kapellen für stilles Gebet angeordnet. Auch heutigen Bedürfnissen ist Rechnung getragen: Unter der Kirche befinden sich neben der Sakristei auch Tiefgaragen, eine Imbißstube und ein Aufzug für Behinderte. Sie ist Christus geweiht.

Aber Liverpool hat natürlich auch eine *Anglikanische Kathedrale*; sie wurde von Sir Gilbert Giles Scott entworfen. War der Erbauer der katholischen Bischofskirche Puritaner, so war der Architekt des hochkirchlichen Gotteshauses ironischerweise ein Katholik! 1904 wurde mit den Bauarbeiten begonnen, aber immer noch ist ihr Ende kaum abzusehen. Nach der Fertigstellung wird Liverpools Dom neben St. Peter in Rom die größte Kathedrale der Welt sein. Sir Gilbert allerdings kann sein Lebenswerk dann nicht mehr begutachten; er ist schon 1960 gestorben.

Der rosa Sandsteinbau erhebt sich über einem Merseykliff zu kraftvoller Höhe. Die weite Vierung mit ihrem fast zu sechzig Metern ansteigendem Schirmgewölbe läßt an einen Zentralbau denken; davon gehen in schöner Symmetrie die je drei Joche von Chor und Langhaus und die niedrigeren, doppelten Querschiffe aus. Die Hauptportale sind, eine eigenwillige Lösung, zwischen den Querschiffen angeordnet. Den Ostabschluß bildet eine schöne zarte Marienkapelle; dem Chor ist ein kleines oktogonales Kapitelhaus angegliedert. Der Hauptturm ist ein gewaltiger, achteckiger, hundert Meter hoher Bau; seine schmaleren Diagonalseiten werden von Streben verstärkt. Scott hat für seine Kathedrale gotische Formen benutzt, sie aber völlig frei abgewandelt; dennoch wirkt der Bau nach dem Urteil der Experten in seinem Ernst und seiner Großzügigkeit ›gotischer‹ als viele der von seinem Urgroßvater restaurierten echten gotischen Kirchen.

Liverpools Stolz sind jedoch nicht die Kirchen, sondern die *Docks*. Sie ziehen sich über neun Kilometer am Merseyufer hin. Die Landungsbrücke dieses wichtigen atlantischen Hafens ist die größte geflutete Landeanlage der Welt mit mehr als einem Kilometer Länge; ›geflutet‹ bedeutet, daß sie sich mit dem Steigen und Fallen der Gezeiten hebt und senkt, also immer funktionsfähig bleibt.

Liverpool war vom 13. bis ins 18. Jahrhundert nicht viel mehr als ein Fischerdorf; erst mit dem Aufkommen von Schiffen mit großem Tiefgang überholte es plötzlich alle anderen Seehäfen Englands, vor allem den Rivalen Bristol. Aus der Frühzeit seines Aufstiegs stammt die *Town Hall* an der Water Street, die um 1754 von John Wood dem Älteren entworfen wurde. Nicht weit von ihr entfernt ist der Einstieg in den *Mersey Tunnel* am New Quay.

Liverpool ist reich an Museen und Konzerthallen. *St. George's Hall* mit einem korinthischen Portikus (1838-1854) wurde von Harry Lonsdale Elmes entworfen. Sie beherbergt gleichzeitig – englisch-pragmatisch – Gerichtshof und Konzerthalle. Das Heim des Royal Liverpool Philharmonic Orchestra, ein bedeutendes Symphonieorchester, ist die *Philharmonic Hall*, die nach einem Brand in den dreißiger Jahren neu errichtet wurde. Hier finden alljährlich fünfundsiebzig Konzerte statt. Zwei Theater, das *Playhouse* und das *Everyman*, haben Repertoire-Ensembles. Das *Stadtmuseum* in der William Brown Street wurde 1941 zerstört; der Wiederaufbau nähert sich der Vollendung. Es beherbergt die naturgeschichtlichen Sammlungen des 13. Earl of Derby, vor allem seine berühmte Vogelsammlung, weiter ein Aquarium, ein Planetarium, kunsthandwerkliche Abteilungen mit Elfenbeinschnitzereien und Goldschmiedearbeiten, Fossilien und natürlich eine Schiffsgalerie. In derselben Straße finden wir die *Walker Art Gallery*, berühmt wegen ihrer frühen Italiener und Flamen, daneben Gemälden englischer Herkunft von Holbein d.J. über Hogarth, Zoffany, Stubbs zu Wilson, der Liverpool School und den Präraffaeliten, auch einigen Werken des 20. Jahrhunderts. Besonders anrührend ist Simone Martinis stilles Bild ›Christus im Tempel, von den Eltern gefunden‹, ein Meisterwerk der Sieneser Schule in Edelsteinfarben vor Goldgrund; Rembrandt ist mit einem frühen Selbstbildnis vertreten, Richard Wilson unter anderem mit seinem erregenden Bergporträt des Snowdon. Wenige Schritte weiter finden wir auch die *Hornby Library* mit ihrer ständigen Ausstellung seltener Manuskripte, Wiegendrucke, Handeinbände und anderer bibliophiler Schätze. *Sudley Art Gallery and Museum* in einem viktorianischen Privathaus in der Mossley Hill Road ist das Heim der nachgelassenen Privatsammlung von Emma Holt, die sie im vorigen Jahrhundert zusammengetragen hat: neben Kostümen und Keramik vor allem Gemälde englischer Maler von Romney bis Holman Hunt.

Liverpools *Universität* liegt nordwestlich der katholischen Kathedrale an der Ecke Pembroke Place und beherbergt in ihren modernen Gebäuden unter anderem ein Hygiene-Museum: bitter nötig in einer Stadt, deren Hauptproblem die Slumsanierung ist. William Ewart Gladstone, der grand old man der englischen Liberalen im vorigen Jahrhundert, 1809 in Liverpool geboren, hat diese Universität nicht besucht. Sein Vater, ein am Sklavenhandel reich gewordener Kaufherr, schickte ihn nach Oxford auf das vornehme Christ Church College, wo der junge Mann durch hervorragende Leistungen in Mathematik und klassischer Philologie auffiel. Den Wunsch, Geistlicher zu werden, verwehrte ihm der Vater; seine Freundschaft mit dem Sohn des Herzogs von Newcastle ebnete ihm den Weg als Konservativer ins Parlament. Später wechselte er ins liberale Lager über, ein Feind seines konservativen Gegenspielers Disraeli, dessen türkenfreundlicher Außenpolitik er mißtraute. Viermal an der Spitze der Regierung, hatte der Friedfertige in der Außenpolitik nie eine glückliche Hand: So scheiterte sein drittes Ministerium an seiner Gesetzesvorlage, Irland Autonomie (home rule) zu gewähren. Aber in der Innenpolitik hat Gladstone aus tiefem christlichen Bewußtsein Großes geleistet: Seine Wahlreformen, die Einführung der allgemeinen Schulpflicht oder seine Heeresreform waren Ruhmesblätter.

Auch der Maler George Stubbs (1724-1806) war ein Sohn Liverpools. Mit seinem Kupferstichwerk ›The Anatomy of the Horse‹ machte er 1766 Furore; er wurde einer der gesuchtesten Tiermaler, Porträtisten und Genremaler Englands. In seinen Bildern stellt sich Merry Old England als naturgetreues Stilleben von Menschen, Tieren und Bäumen dar, eingehüllt von tiefem Frieden und von Humor besonnt. Aber man täusche sich nicht: Stubbs war nicht harmlos; er war gelernter Anatom und wußte genau, wo unter der Haut die Nerven sitzen.

Eine lebendige Spur von Merry Old England finden wir sogar im industriellen Babel Liverpool: Im Südosten der Stadt, nicht fern vom Flughafen, träumt in einem weiten Uferpark am Mersey, als habe es die letzten Jahrhunderte einfach verschlafen, *Speke Hall*, ein Magpie- oder Elsternhaus, so romantisch und verspielt wie nur eines in Cheshire. Es ist ein Tudorlandhaus aus dem 16. Jahrhundert, dessen Fachwerk-Bauten locker um einen achteckigen Hof angeordnet sind. Halle und Salon haben Stuckdecken im spätelisabethanischen Stil; alle Räume sind mit alten Möbeln und Kunstwerken ausgestattet; die geräumige Küche blitzt von Kupfer und Zinn. Der Wallgraben ist älter als das Haus, denn schon im 12. Jahrhundert stand hier ein befestigter Hof; über ihn schwingt sich eine zierliche rosa Sandsteinbrücke. In Form gestutzte Büsche umstehen das vielgiebelige Haus wie eine Reihe dunkler, stummer Wächter.

Von Liverpool fahren wir nach Manchester: Beide Städte sind schon seit 1830 durch eine Eisenbahnlinie verbunden – die erste Personeneisenbahnlinie der Welt.

70
Samt und Seiden: Greater Manchester

Den langen Tag die Eisenräder dröhnen,
Und manchmal schreien wir wie betend auf:
Räder, schweigt still! betteln mit irrem Stöhnen:
Heute, nur heute haltet ein in eurem Lauf!
E. *Barrett-Browning, Der Schrei der Kinder*, 1843

Manchester, die Hauptstadt des Weltbaumwollhandels, ist in der Geschichte zum Synonym für die Verelendung des Industrieproletariats zwischen 1810 und 1860 geworden. Nirgendwo wurde ja das Elend, das aus dem Übergang von der Handarbeit zur Maschinenproduktion entstand, so deutlich sichtbar wie gerade in den Textilstädten und den Baumwollwebereien.

Manchester hatte im Mittelalter eine Rolle als Wollenweberstadt gespielt. Dann brachten flämische Leinwandweber neue Methoden der Flachsverarbeitung mit, und sie waren wahrscheinlich auch die ersten, die Baumwolle spannen und webten. Anfangs durfte in England aus diesem neuen, im 17. Jahrhundert populär werdenden exotischen Rohstoff zum Schutz der heimischen Produkte Wolle und Flachs nur ein bedruckter Kattun, bald auch ein ›Fustian‹ genanntes Halbleinengewebe hergestellt werden. Die buntbedruckten Kattune waren für Nordafrika und Westindien bestimmt, und da sich der Westindienhandel rasch ausbreitete, wurden immer größere Mengen Baumwolle benötigt, vor allem, solange der Sklavenhandel blühte. Liverpool wurde der Hauptimporteur der wattefeinen Fasern und der größte Ausfuhrhafen für Kattune. Das benachbarte Manchester aber wurde Hauptstapel- und Umschlagsplatz der neuen Ware.

Man hat auf dem Kontinent die Rolle Manchesters als Fabrikstadt meist falsch gesehen. In Manchester selbst gab und gibt es kaum Industrie, sondern es war ein riesiges Handelszentrum mit Börse, Banken, Versicherungen, Lager- und Kontorhäusern, Maklern, Warenhäusern und was sonst noch am Baumwollgeschäft partizipieren mochte. Die Herstellung fand in den umliegenden Dörfern und späteren Fabrikvorstädten statt, wie schon früher die Wollen- und Flachsweberei, wie noch heute die Seidenweberei. Seit im 16. Jahrhundert Wasserkraft für den Antrieb von Webstühlen nutzbar gemacht wurde – was zum Verfall der alten Wollenweberstädte führte –, siedelten sich die Weber mit ihren großen Stühlen an Flußläufen an:

Augenblicke ...
aufgenommen von Sylvester Jacobs (*Abb.* 21-28)

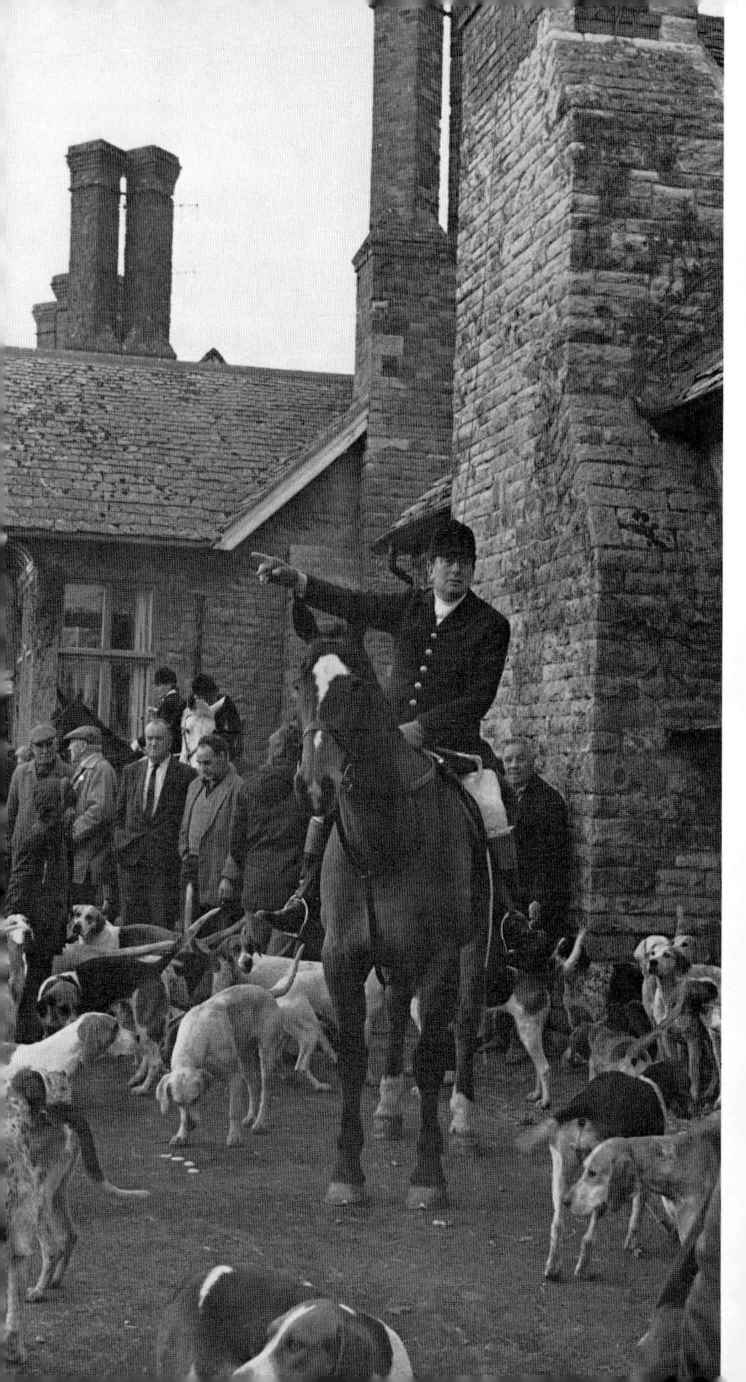

Noch heute heißen seit jener Zeit die englischen Textilfabriken daher ›Mill‹, Mühle. Einzelne der Meister sannen auf Verbesserungen für ihre Webstühle, und so begann der Siegeszug der Maschine: Schon 1753 erfand John Kay das erste mechanische Weberschiffchen, 1764 James Hargreave die als ›Jenny‹ berühmt gewordene Feinspinnmaschine, bald darauf Richard Arkwright einen selbständig arbeitenden Kettenstuhl, den ›Spinning Throstle‹, und 1779 gelang schließlich Samuel Crompton mit dem ›Mule‹, dem Wagenspinner, die entscheidende Verbesserung der Jenny. ›König Dampf‹ trat als neue Antriebskraft zwischen 1780 und 1790 voll in seine Rechte ein.

Jede dieser Maschinen ersetzte die Kraft und Geschicklichkeit mehrerer Männer und war so sinnreich konstruiert, daß selbst ein kaum schulpflichtiges Kind sie mit seinen zarten Fingern bedienen konnte: Und gerade diese Eigenschaften waren es, die sie zum Fluch statt zum Segen werden ließen. Mit den bunten Kattunen Manchesters wurden nicht nur Afrikaner gekauft und zu Sklaven gemacht, sie versklavten auch die Arbeiter, die sie herstellen mußten. Aus dem freien Handwerker, dem Meister in einer kleinen Manufaktur, der im Kampf gegen die Konkurrenz der schnellen Maschinen verlieren mußte, wurde der lohnabhängige Proletarier, dessen Leben fortan die Fabrikglocke regelte. Mit dem eigenen Webstuhl verlor er zugleich die Bindung an die von ihm hergestellte Ware, den Stolz auf seine Tätigkeit, seine Kunstfertigkeit. Und bald nahm man in der Fabrik an seiner Stelle lieber seine Frau und seine Kinder, die für weniger Geld arbeiteten. Klassengegensätze wurden unüberbrückbar, die Entfremdung nahm ihren Anfang.

Aber auch – und das darf man heute nicht übersehen – der Kampf gegen sie. Die Zustände in den Fabrikstädten schreckten die Nation auf: häuslicher Verfall, Demoralisierung, hohe Kindersterblichkeit, Mangelkrankheiten und typische Arbeitskrankheiten wie Staublunge, Asthma, Verätzungen, Rückgratschäden, Skrofeln, Unfruchtbarkeit, Unterleibskrankheiten aller Art, Verdauungsstörungen; dazu die steigende Trunksucht. Eltern waren aus blanker Not gezwungen, ein Kind nach dem anderen in die Fabriken zu schicken, und sie mußten ein Kind nach dem anderen hinwelken und sterben sehen. Die sanitären Verhältnisse in den Slums waren unbeschreiblich und stellten eine ständige Seuchengefahr dar.

Von diesen Zuständen gingen Frühsozialisten und Chartisten aus, als sie um demokratische Rechte und wirtschaftlichen Schutz für die neue Klasse kämpften. Musterfabriken und Mustersiedlungen entstanden. Nachdem der Schock der Kontinentalsperre Napoleons überwunden war, begannen auch die Löhne zu steigen; und das Ringen um die Reformgesetze hob an. 1819 kam es in Manchester zu einem Massaker, der sogenannten ›Schlacht von Peterloo‹. Im Zentrum der Stadt hatten sich die für die Reformbill eintretenden Liberalen zu einer Demonstration versammelt, die ohne Warnung von betrunkener Kavallerie niedergeritten wurde. Es gab mehrere Tote, Hunderte von Verletzten: ein Schrei der Empörung ging durch das Land und erfaßte alle Schichten. ›Peterloo‹ hat wie kaum ein anderes Ereignis zur Radikalisierung auch des Mittelstandes beigetragen; in der Folge führte die sinnlose Aktion zu einer rascheren Durchsetzung vieler längst fälliger Reformgesetze: Außer dem neuen Wahlrecht brachten sie die Abschaffung der verhaßten Getreidezölle, den Freihandel und die ersten Arbeitsschutzgesetze, darunter die Einführung des Zehnstundentages bei freiem Samstagnachmittag, die Einschränkung und Überwachung der Kinderarbeit, das völlige Verbot von Frauen- und Kinderarbeit in den Kohlebergwerken und eine staatliche Fabrikaufsicht durch Kontrolleure. Gleichzeitig gab es Bemühungen, den Bildungsstand des Arbeiters zu heben: Abend- und Sonntagsschulen, die Errichtung von technischen Colleges und die Volkshochschulbewegung. Friedrich Engels, der 1850-1865 die Niederlassung einer Fabrik seines Vaters in Manchester leitete, ehe er sich ganz seinen philosophischen Arbeiten zuwandte, vermerkte in seiner ›Lage der arbeitenden Klasse in England‹, für die er schon in den vierziger Jahren in Manchester Material gesammelt hatte, daß bei den Arbeitern nicht nur die Schriften der Chartisten und Frühsozialisten, sondern auch Byron und Shelley eifriger gelesen würden als in manchem Salon. Allmählich entstand eine neue Elite innerhalb der Arbeiterklasse: Maschinisten, Ingenieure, Techniker, Laboranten, unternehmungslustig und bildungsbereit und durchaus fähig, ihre Rechte selbst durchzusetzen.

Es war diese neue Elite, die das heutige Gesicht der Stadt weitgehend mitbestimmte. Ihrem Wissensdurst dienten die vielen Bibliotheken der Stadt, die Museen und Galerien, die Universität; sie entwarf die Pläne für die Börse von 1874, die damals über 12000 Menschen fassen konnte und noch heute nach ihrem Wiederaufbau nach dem vergangenen Krieg in ihrer Halle 5000 Handelsleute aufnehmen kann. Sie erbaute die riesigen Verwaltungsblocks, Banken und Warenhäuser, die den kleinen mittelalterlichen Kern um die 1847 zur Kathedrale erhobene gotische Pfarrkirche immer enger umkreisen und erdrücken. Sie machte die Innenstadt Manchesters zu einer der ersten rauchfreien Zonen Englands in den frühen fünfziger Jahren unseres Jahrhunderts und planten die Sanierung der Slums. Ihr Bauwille hat Manchester zu dem gemacht, was es heute ist: keine ›schöne‹ Stadt, aber ein energiegeladener Umschlagplatz für Güter, Nachrichten und Ideen: Manchester ist stolz auf seine Rolle in der englischen Wirtschafts- und Verfassungsgeschichte, auf seine Pionierstellung in der Verkehrsentwicklung, auf sein Pressewesen, das es zur wichtigsten englischen Nachrichtenmetropole neben London machte. Manchester teilt sich mit Liverpool in den Ruhm der ersten Eisenbahnlinie, es schloß sich schon 1761 an das neuentstehende englische Kanalsystem an, es erhielt 1929 den ersten städtischen Flughafen des Königreichs. Heute leben weit über eine halbe Million Einwohner in dieser Stadt, und sie leben nicht mehr nur vom Baumwollhandel, sondern auch von den Docks und dem Ölhafen, Schwer- und chemischer Industrie.

Was aber kann den Fremden reizen, eine solche Stadt aufzusuchen? Gewiß vermögen es die Stätten der Forschung und der Kulturpflege, allen voran die Bibliotheken, von denen hier nur die bedeutendsten aufgezählt seien: Da ist die *Central Library* am St. Peter's Square, die zwischen 1930 und 1934 von Vincent Harris als momumentaler Kuppelbau errichtet wurde. Sie hat einen großen Lesesaal und im Erdgeschoß ein eigenes Theater; 26 Zweigbüchereien sind ihr angeschlossen. Zu ihren Schätzen gehört eine Fachbibliothek für Bibliothekare, eine Wirtschafts- und eine technische Bibliothek sowie die ihr Anfang des Jahrhunderts von Henry Watson geschenkte Musikbibliothek mit seltener und früher Musikliteratur und einer Sammlung von Musikinstrumenten, weiter eine jüdische, eine amerikanische, eine kunst- und eine stadtgeschichtliche Bibliothek. Die *Chetham's Library* in der Fennel Street mit ihren mehr als 100000 Bänden und seltenen Handschriften gilt als eine der ersten öffentlichen Bibliotheken Europas: Sie wurde 1653 von dem Kaufherrn Humphrey Chetham gegründet. Die *John Rylands Memorial Library* in Deansgate wurde von der Witwe des Sammlers gestiftet; sie besitzt über dreitausend Wiegendrucke, darunter eine Gutenberg-Bibel, und Tausende von wertvollen Handschriften aller möglichen Kulturen; die ältesten aus dem dritten Jahrtausend vor Christus.

Die *City Art Gallery* in der Mosely Street entstand 1829 nach Entwürfen von Sir Charles Barry in streng klassizistischem Stil mit einem ionischen Portikus. Sehenswert ist ihre Sammlung von Werken der Präraffaeliten, darunter Ford Madox Browns programmatisches Gemälde ›Work‹. Die ›Asheton Bennett Collection‹ in der Galerie stellt niederländische Kleinmeister des 17. Jahrhunderts und Meisterwerke der Silberkunst einander gegenüber. Die einstigen Räume der ›Athenaeum Society‹, die hier unter Vorsitz von Dickens, Disraeli und anderen Geistesgrößen zu tagen pflegte, sind heute als Zweigmuseum der Art Gallery angegliedert und bergen sehenswerte Keramik. Für eine Textilstadt wie Manchester ist natürlich ein Kostümmuseum von besonderem Interesse: Es ist im Vorort Rusholme in *Platt Hall* untergebracht, einem Landsitz aus dem 18. Jahrhundert. Man kann sich hier einen Überblick über die englische Mode seit dem 17. Jahrhundert mit allen Details an Spitzen, Wäsche, Handschuhen, Putzmacherwaren bis hin zu kunstvoll gearbeiteter Puppenwäsche verschaffen. Auf seltene Textilien spezialisiert ist die der Universität von Manchester angeschlossene *Whitworth Art Gallery* in der Oxford Road; in ihren großzügigen Ausstellungsräumen kann man uralte koptische Stoffe, peruanische Webereien, fernöstliche Seiden und Damaste und kostbare mediterrane Spitzen, aber auch englische Aquarelle sowie Handzeichnungen und Druckgrafiken Alter und Neuer Meister betrachten.

In der *Universität*, die 1851 als ›Owens College‹ gegründet wurde, lehrte neben anderen Größen John Dalton (1766-1844), der fast ein Vierteljahrhundert lang in der George Street wohnte. Er entwickelte bald nach der Wende zum 19. Jahrhundert seine Atomtheorie; 1803 veröffentlichte er die Abhandlung ›On the Absorption of Gases and Other Liquids‹, die eine erste Tabelle mit Atomgewichten enthielt, und zwischen 1808 und 1827 das mehrbändige Werk ›A New System of Chemical Philosophy‹, worin er seine damals noch sehr umstrittenen Erkenntnisse zu begründen trachtete. Baron Ernest Rutherford gelang in der Universität die erste Atomspaltung; er erhielt für seine Forschungen 1908 den Nobelpreis für Chemie; sein Hauptinteresse galt der Radioaktivität. Eine Rarität besitzt die Universität in dem Jodrell-Bank-Radioteleskop, eine Zeitlang das größte lenkbare Instrument dieser Art, das sich sowohl die USA als auch die UdSSR für ihre ersten Erdsatelliten-Studien ausleihen mußten!

Ein interessanter Bau ist die *Free Trade Hall*, die 1840 als Hauptniederlassung der um die Abschaffung der verhaßten Kornzölle kämpfenden Anti-Corn-Law League erbaut wurde. Auf sie stützte sich die von R. Cobden und J. Bright geführte sogenannte ›Manchesterpartei‹, die sich 1859 den englischen Liberalen anschloß. Ihre Ideale, oft als Manchestertum bezeichnet, waren Freiheit der Meere, schrankenloser Freihandel und Pazifismus als Voraussetzung wirtschaftlicher Prosperität. Als 1846 die Kornzölle fielen, versammelte sich in der inzwischen erneuerten Halle die Athenaeum-Gesellschaft, die dann aber bald ihr eigenes Gebäude erhielt. Doch ein neuer Interessent wartete schon auf den Bau: Sir Charles Hallé, der mit seinem Orchester 1856 nach einem weiteren Umbau hier einzog. Der palladianische Bau wurde im Zweiten Weltkrieg zerstört, aber im alten Stil an demselben Platz wiedererrichtet, und noch immer bildet er das Heim des inzwischen Weltruf genießenden Orchesters. Ein Standbild Hallés findet man neben denen von Dalton und Gladstone in der 1876 errichteten Town Hall, deren neugotischer Saal von Ford Madox Brown mit einem Freskenzyklus zur Geschichte Manchesters geschmückt wurde, dieser wohl dunkelsten aller englischen Stadtgeschichten.

GEBIRG UND MUSCHELSAND

Derbyshire – Nottinghamshire – Lincolnshire

DIE Grafschaften Derbyshire, Nottinghamshire und Lincolnshire bilden zusammen mit den uns schon bekannten ›Shires‹ Northamptonshire, Leicestershire und Rutland die East Midlands. Sie sind jedoch durch ihre Bodengestalt von diesen stark unterschieden. Derbyshire wird fast ganz vom Peak District eingenommen, einer Gebirgslandschaft mit öden Heiden im Nordteil und frischen Wiesentälern im Süden. Der Peak District bildet den Fuß der Penninischen Kette, einem Gebirge aus Karbon-Formationen, die man auf etwa 250-280 Millionen Jahre vor unserer Zeitrechnung datiert. Zu beiden Seiten des Peak breiten sich die auch zum Karbon gehörenden, aber jüngeren Kohlelager aus, die Englands Industriegebiet speisen: Das westliche, zwischen Birmingham, Liverpool und Manchester angesiedelte haben wir bereits kennengelernt; das östliche zieht sich von Derby über Nottingham und Sheffield bis Leeds in Yorkshire hoch. Nottinghamshire und West-Lincolnshire gehören zu dem Gürtel des Rotsandsteingebirges aus dem Devon, das sich um den Südteil der Penninischen Kette schmiegt und im Westen von England bis an die Südküste hinabreicht. Fast gleichlaufend mit der Grenze zwischen Nottinghamshire und Lincolnshire wird diese Devonformation vom Urstromtal des Trent durchschnitten.

Lincoln Edge ist ein von Süd nach Nord verlaufendes Mittelgebirge, das zu der jurassischen Oolithbrücke gehört, die sich von der Kanalküste in Dorset bis zur Humbermündung im Norden Lincolnshires hinzieht; die Ebene, die sich im Osten anschließt, besteht aus Sand- und Lehmböden, die ihren Ursprung ebenfalls im Jura haben, und die Kreidegebirge der Lincoln Wolds setzen dem Meer einen natürlichen Damm entgegen. Vor diesem Damm hat sich Schwemmland abgelagert, und Marschland umgibt auch die tief ins Land einschneidende Bucht The Wash. Diese im 17. Jahrhundert trockengelegten Marschen setzen das Fenland von Cambridgeshire und Huntingdon nach Norden fort.

Das Gesicht des Landes entspricht diesen geologischen Gegebenheiten: Der Peak ist Landschaftsschutzgebiet und gehört zu den menschenleeren Gegenden Englands; er ist rings umgeben vom Industriegebiet. England ist überall dort dicht besiedelt, wo es Kohlevorkommen gibt: nur dort steigen die Bevölkerungszahlen auf über 500 Menschen pro Quadratmeile, nur dort gibt es Städte mit mehr als einer halben Million Einwohner – die einzige Ausnahme von dieser Regel, die auch auf Wales und Schottland anzuwenden ist, bildet London mit dem Themsetal.

Nottinghamshire wurde einst von Eichenurwald, dem Sherwood Forest, bedeckt, in dem Englands Nationalheld Robin Hood mit seinen Vogelfreien sein Unwesen trieb. Auch heute gibt es hier noch große Waldgebiete, aber an vielen Orten ist der Eichenwald durch schneller wachsende Gehölze ersetzt worden. Große Teile des Sherwood bilden seit dem 17. Jahrhundert ein ›Dukeries‹ genanntes Gebiet. Die Dukeries waren eine Reihe herzoglicher Residenzen, deren großflächige Landschaftsparks aneinandergrenzten. Gemeinsame Ahnin der Herzöge, die hier bauten, war die ›Bess of Hardwick‹, genauer: Elizabeth Hardwicke of Hardwicke, Gräfin von Shrewsbury, deren architektonischer Begeisterung wir einige der schönsten Schlösser der elisabethanischen Epoche verdanken.

Ein anderer ›Held‹ des Sherwood war Lord Byron, dessen Familiensitz in der Nähe von Nottingham liegt. Seine gesellschaftlichen Skandale, seine Dichtungen und seine Teilnahme an der griechischen Befreiungsbewegung bewegten fast ein Jahrzehnt die Salons Europas. Skandale umgaben auch den Schriftsteller D. H. Lawrence, der ebenfalls im Sherwood geboren wurde und in seinen Romanen und Novellen wieder und wieder beschrieben hat, wie im vorigen Jahrhundert und in den ersten Jahrzehnten unseres Jahrhunderts, als Kohle fast der einzige Energiespender war, die ursprüngliche Landschaft Derbyshires und Lincolnshires durch die Zechen und die Grubenstädte mit ihren trostlosen, uniformen Häuserzeilen zersiedelt wurde. Der Südosten Lincolnshires heißt Holland und prunkt mit leuchtenden Blumenfeldern und Städten von fast niederländischem Charakter. Lincolns Norden, einst als Lindsey ein Königreich der Angeln, wird von Weideland und der Küste bestimmt; sein Sänger war der Poet Laureate Tennyson.

Lincolns große Flüsse sind der Witham und der Trent; Derbyshires Wasser werden von den klaren Quellen, die im Peak entspringen, gespeist, wie Dove und Derwent, und münden im Trent.

Derbyshire ist stolz auf seine Schlösser und Bäder; seine Grafschaftsstadt Derby ist der nüchterne Mittelpunkt seines industrialisierten Südens. Nottingham ist eine würdige alte Handelsstadt mit uralten Schenken und modernen Märkten, umgeben von einem Kranz schöner Herrensitze und Landhäuser. Lincoln, im Schnittpunkt alter Römerstraßen liegende Grafschaftsstadt von Lincolnshire, schaut von einem hohen Riff weit in die Ebene, gekrönt von ihrer mittelalterliche Kathedrale mit dem Wunder des hochgotischen Engelschores.

71

Schwarzer Peak, weißer Peak: Buxton–Bakewell Haddon Hall–Chatsworth House–Hardwick Hall Bolsover–Chesterfield

Ich versichere, es gibt Dinge in Derbyshire,
die so erhaben sind wie nur irgendwas in der Schweiz
oder in Griechenland ...
Lord Byron, Letters and Journals

Der ›Peak District‹ ist der südliche Ausläufer von Englands Rückgrat, der Penninischen Kette; die Gruppe seiner drei höchsten Berge heißt *The Peak*, der Gipfel. Der Peak District wurde Englands erster Nationalpark: ein sich über 550 Quadratmeilen erstreckendes, nahezu unberührtes Bergland mitten im Herzen des überbesiedelten Industriegebietes. Im Umkreis von einer Autostunde wohnen hier siebzehn Millionen Menschen, für die der Peak zur Erholungslandschaft schlechthin wurde. Man sollte daran denken und den Park möglichst nicht am Wochenende oder in der Ferienzeit aufsuchen, wenn man seine Schönheit recht genießen möchte, was sich wiederum besser zu Fuß oder zu Pferde als im Wagen bewerkstelligen läßt.

Geologisch gesehen gibt es zwei Peaks: den nördlichen *Blaek Peak* und den südlichen *White Peak*. Der Blaek Peak mit seinen Granitformationen ist von heroisch-melancholischer Schönheit; über seine langgezogenen, sturmgefegten Felsrücken ziehen sich dunkle Hochmoore hin; Föhren erzählen vom unablässigen Kampf mit Wettern und dem kargen Boden, auf dem oft nur schneidend hartes Gras gedeiht, das selbst von den Schafen verschmäht wird. Der White Peak dagegen besteht aus hellem Kalkstein; lichtgrüne Weiden und buschreiche Wälder bedecken die kuppligen Höhen, die von feuchten Wiesentälern, den ›Dales‹, durchzogen werden. Hier sind sie weitgeschwungen, dort fallen sie mit steilen, bleichen Klippen von oft wunderlicher Gestalt zu den Ufern der klaren, fischreichen Bäche und Flüßchen ab.

Wir wollen den dunklen Peak den Wanderern und Bergsteigern überlassen und fahren von Manchester durch den Westteil des Nationalparks nach Buxton. Die Straße führt an den drei Siebenhundertern des Peak vorbei: ›The Edge‹, ›Kinderhow‹ und ›Kinder Scout‹, eine sehr eindrucksvolle Gruppe.

Buxton, Englands höchstgelegener Kurort, ist schon seit Römerzeiten Bad, ähnlich wie Bath. Seine sieben radioaktiven Mineralquellen vertreiben Gicht und Rheuma, die englischen Nationalkrankheiten. ›Fashionabel‹ wurde das Bad aber erst im 18. Jahrhundert, als der 5. Herzog von Devon den Baumeister John Carr of York (1713-1807) mit dem Bau eines ›Crescent‹ nach dem Vorbild Woods in Bath beauftragte. Es entstand ein halbkreisförmiger, grauer Natursteinbau, der sich gegen einen parkbedeckten Hügel öffnet; seine strengen Linien, Rundbogen und Arkaden sind allerdings stärker von Inigo Jones als von Wood beeinflußt. Carr empfand den Crescent als eines seiner gelungensten Werke. In dem Bau sind die Bäder, Restaurants, Gesellschaftsräume, eine Bibliothek und einige elegante Läden untergebracht.

Der See im Zentrum der Stadt mit seinen Wildenten und Moorhühnern spiegelt abends die Lichter der terrassenartig ansteigenden Straßen auf den umliegenden Höhen. Die einstige Reithalle der Herzöge, die immer noch die größten Grundbesitzer am Orte sind, ist heute städtisches Krankenhaus; der ›Pavillon‹ dient gleichzeitig als Ballsaal und Konzerthalle, und die ›Pavillon Gardens‹ am Seeufer prunken mit einem samtigen Rasen.

Zu den Attraktionen von Buxton gehören die Blue-John-Höhlen. Blue John ist ein kristallartiges Mineral von wunderschöner amethystblauer Färbung, oft stark geädert, das nur in diesen Höhlen gewonnen wird: eine weitere Nuance im bunten Boden Englands. Leider sind die Adern allmählich ausgeschöpft; jahrhundertelang schon hat man aus dem Stein Schmuck, Vasen, Nippes und hohe Leuchter hergestellt. Eine gute Auswahl von Gegenständen aus Blue John kann man im Buxton Museum in der Terrace Road bewundern.

Buxton wird gerne das ›Tor zum Dove Dale‹ genannt, dem wohl romantischesten aller englischen Wiesentäler, hochgelobt schon von dem Anglerphilosophen Izaak Walton. Die schnellfließende Dove bildet die Grenze zwischen Derbyshire und Staffordshire. Das eigentliche ›Dale‹ kann man nur zu Fuß durchwandern; das Fehlen einer Autostraße hat natürlich sehr dazu beigetragen, ihm seinen Charme zu bewahren. Schroff stürzen die grünen Hänge zu dem gewundenen Flußlauf hinab; hier und da leuchtet weißer Fels durch das Gras. An dem schmalen Uferstreifen wachsen Bäume, und wo ihnen der Boden etwas Halt gibt, klettern sie auch die Klippen empor. Am schönsten ist das Tal im Spätfrühling, wenn das Gras noch zart und frisch ist und das Grün der Bäume und Büsche von Blüten belebt wird, oder im Herbst, wenn die Blätter in ihren Kupfertönen einen schönen Gegensatz zum Grün des Grases und den blauen Wassern des Flusses mit seinen schäumenden Strudeln bilden.

Unsere Autostraße von Buxton führt durch das Ashwood Dale, Mansal Dale und Wye Dale zu dem schön gelegenen Flecken *Bakewell* am Wye mit seiner gotischen Steinbrücke. Auch in Bakewell sprudeln Heilquellen; im Badehaus aus dem 17. Jahrhundert kann man noch heute in ihrem Wasser schwimmen. Jane Austen hat hier im ›Rutland Arms Hotel‹ gelebt, als sie ihren Roman ›Stolz und Vorurteil‹ schrieb. In der gotischen Kirche aus hellem Stein, deren schlanker Spitzturm – schon ostenglischer Einfluß – sich in der Wye spiegelt, ruht seit seinem Tode 1567 in einem imposanten Grabmal Sir George Vernon, den seine Zeitgenossen ›König des Peak‹ nannten. Der Ritter verdiente sich diesen Ehrentitel mit dem Glanz seiner Feste, die er auf seinem nahen Edelsitz *Haddon Hall* gab – bis ihm eines Tages, so will es die Überlieferung, seine schöne, selbstbewußte Tochter Dorothy im Stil shakespearescher Lustspielheroinen mit dem jungen Erbgrafen von Rutland durchbrannte. Wie auch immer, Dorothy war seine einzige Erbin, und so fiel nach seinem Tode Haddon an die Familie Manners, die Grafen Rutland, die das Herrenhaus allerdings erst in unserem Jahrhundert zu ihrem ständigen Heim machten.

Haddon Hall, etwas südlich von Bakewell im Wye Tal zu finden, ist ein lichtes elisabethanisches Herrenhaus, dessen langgestreckte, zinnenbewehrte Flügel sich gemächlich den Hang hinaufziehen, als wollten sie den natürlichen Schwung der Landschaft betonen, zugleich wie eingewirkt in das Muster der sanft terrassierten Gärten, deren abertausend Rosenbüsche im Sommer alles in eine Wolke von Farbe und Duft hüllen – und ein englischer Rosensommer ist lang, währt oft bis tief in den Herbst hinein.

Haddon Hall ist sicher kein architektonisches Kunstwerk; zuviele Geschlechter haben daran gebaut. Die ältesten Teile, wie Peveril Tower, gehen noch auf William Peveril, den natürlichen Sohn Wilhelms des Eroberers, zurück. Dann kamen die Avenals, die 1170 von den Vernons abgelöst wurden, die wiederum 1567 den Manners' wichen, einer der großen Familien Englands. Spuren all diesen Wandels finden sich überall im Haus: Uralt sind die steinernen Trinkwasserzisternen in den riesigen hellen Küchen und das gargantueske Pökelbecken im Schlachthaus; die Wandbehänge im Festsaal stammen aus der Zeit des letzten Vernon, und die kostbaren Tapisserien im Treppenhaus wurden ursprünglich für Karl II. gefertigt – aber was dem König von England recht war, war den heimlichen Königen des Peak schon lange billig.

Gleich hinter Haddon Hall zweigen wir nach Osten ab, folgen der Landstraße durchs Derwent-Tal in nördlicher Richtung und finden dort in einem Park verborgen eines der prächtigsten Schlösser des Landes, Chatsworth.

Die Geschichte von *Chatsworth House*, auch wenn die palladianischen Fassaden das verschleiern möchten, führt uns zurück in die Tage der großen Königin. Damals lebte noch eine andere Elizabeth, Bess Hardwicke of Hardwicke, eine Frau von bemerkenswertem Charakter, notorisch bekannt für ihre politischen Intrigen wie für ihre unersättliche Baulust. Als Tochter eines verarmten Landadeligen 1520 geboren, wurde sie bereits im Kindesalter vermählt. Der halbwüchsige Bräutigam, Robert Barlow, starb wenige Monate später und hinterließ seiner dreizehnjährigen Witwe seine Güter und ein ansehnliches Vermögen. Bess heiratete erst wieder, als sie die Dreißig bereits überschritten hatte; aus dieser zweiten Ehe mit dem vornehmen Sir William Cavendish hatte sie sechs Kinder, drei Söhne und drei Töchter, wovon allerdings der älteste Sohn die Kinderstube nicht überlebte. Diese Kinder machten sie zur Stammutter fürstlicher Geschlechter – wir werden im einzelnen noch davon hören. Nach dem Tode von Cavendish vermählte sie sich mit Sir William St. Loe, der ihr ebenfalls seine Schlösser und Ländereien in Westengland hinterließ, und so war sie, als sie dem mächtigen Grafen Shrewsbury, George Talbot, die Hand zur vierten Ehe reichte, bereits die reichste Frau Englands – was die Königin nicht von sich hätte behaupten können. Bess Hardwick oder Gräfin Shrewsbury, wie wir sie jetzt nennen können, überlebte auch ihren vierten Gatten noch um viele Jahre, und auch ihn beerbte sie.

In ihrem abenteuerlichen Leben gab es eine beherrschende Leidenschaft: ihre Bauwut. Eine Zigeunerin soll ihr einst geweissagt haben, sie würde nicht sterben, so lange sie baue – wenn es diese Prophezeiung je gab, so ging sie jedenfalls wörtlich in Erfüllung, denn Bess starb in einem Winter, als Frost die Arbeiten an ihrem jüngsten Unternehmen unterbrach, eine fast Hundertjährige. Sie hatte ihre Hand in den Entwürfen von Worksop Manor und Hardwick Hall,

Welbeck Abbey, Bolsover Hall und Rufford Abbey und anderen großen Häusern. Aber ihr erstes Werk – wir wissen nicht genau, wie weit sie die Entwürfe selbst schuf, jedenfalls ging ihr Einfluß über den einer gewöhnlichen Bauherrin weit hinaus – war, zur Zeit ihrer Ehe mit Cavendish, Chatsworth. Wer auf unseren Fahrten einen Blick für elisabethanische Architektur gewonnen hat, wird auch unter den palladianischen Fassaden noch das kubische, großfenstrige Grundmuster erkennen, das für jene Epoche der englischen Baukunst so bezeichnend ist. Cavendish hatte alle seine Güter in Devon verkauft, um Mittel für den Prachtbau zu gewinnen.

Bess' zweiter Sohn, William, wurde 1618 zum 1. Earl of Devon erhoben; sein Enkel stieg dann unter König Wilhelm III. von Oranien – dank seiner Rolle in der Glorreichen Revolution – zum 1. Herzog von Devonshire auf. Dieser William Cavendish hatte von seiner Urgroßmutter sowohl die Freude an der Politik – um nicht zu sagen, an der Intrige – als auch am Bauen geerbt; unter ihm nahm Chatsworth die heutige Gestalt an.

Er war unter den Stuarts in Ungnade gefallen und hatte sich auf den Familiensitz zurückgezogen; wahrscheinlich langweilte er sich dort, jedenfalls gab er damals dem Baumeister William Talman (1650-1719) den Auftrag zum Umbau im palladianischen Stil. Talman erneuerte zwischen 1680 und 1689 zuerst die Süd- und Ostfassade und gestaltete die meisten der Innenräume neu. Seine von ionischen Kollossalpilastern und den hohen Fenstern gegliederten Fassaden wirken pomphaft und streng zugleich. 1689 wurde Talman an den Hof, an dem jetzt der Oranier herrschte, berufen, und der gerade zum Herzog erhobene Devon entwarf vermutlich die Ostfront seines Schlosses nach dem Vorbild des Mansartschen Pavillons in Marly (1683) selbst. Reines Barock zeigt dann die von Thomas Archer gestaltete, sanft geschwungene Nordfassade, die erst im Todesjahr des Herzogs, 1707, vollendet wurde.

Für den Park hatte der Herzog sich die Londoner Gärtner London und Wise geholt, die die Ideen von Versailles ins Englische zu übersetzen versuchten, indem sie die symmetrische Mittelachse verwarfen, aber noch keineswegs die Geometrie. Für den Innenausbau arbeiteten die besten Künstler der Zeit: Wrens alter Rivale Sir James Thornhill malte mit Antonio Verrio und Louis Laguerre die Räume aus, die Schmiedearbeiten fertigte der Franzose Tijou, die Schnitzarbeiten und den Marmoraltar der Kapelle Samuel Watson, die Statuen der niederländische Skulptor C. G. Cibber. Was gut und teuer war, schmückte die Räume: flandrische Tapisserien, holländische Tulpenvasen, böhmisches Kristall, schwere Möbel: Noch nie hatte ein englischer Adeliger oder Fürst gewagt, so offen mit dem Hof an Prachtentfaltung zu wetteifern wie dieser von den Stuarts kaltgestellte Graf. Die bedeutende Kunst hielt jedoch erst mit dem 2. Herzog Einzug, der ein besessener Sammler war. Er trug eine Sammlung von Handzeichnungen zusammen, die auf der Welt ihresgleichen sucht und in der einige der berühmtesten Nachlässe seiner Zeit aufgegangen sind, so vor allem die Sammlung von Nicolaes Anthoni Flinck, einem Sohn des Rembrandtschülers Govaert Flinck, die von einem Rivalen des Herzogs in einem Glückwunschschreiben als »die köstlichste und erlesenste aller Sammlungen« bezeichnet wurde. Heute umfaßt die Kollektion das italienische Quattrocento, die Hochrenaissance mit Raffael und seiner Schule, Deutschland mit Dürer und Holbein, die Niederländer mit Rembrandt, die Flamen mit Rubens, die Manieristen und die Barockmeister Italiens in repräsentativer Auswahl. Besonders ragt die Folge von sechsundzwanzig Rembrandt-Landschaften hervor, aber auch eine Gruppe von Tier- und Pflanzenstücken unbekannter italienischer Meister des 15. und 16. Jahrhunderts; Inigo Jones' Kostümentwürfe und Raffaels Studien für die ›Madonna im Grünen‹ können den Neid jeden Sammlers erwecken.

Der 3. Herzog erweiterte die Sammlung der Handzeichnungen und erwarb eine Anzahl hervorragender Stiche. Er war eng mit Richard Boyle, dem 3. Grafen von Burlington (1695-1753) befreundet, dem großen Liebhaberarchitekten. Der 4. Herzog heiratete 1768 Burlingtons Tochter und Erbin, und so gerieten nach dem Tode des Grafen auch dessen Sammlungen in den Besitz der Cavendish. Was sich in den Stadtresidenzen beider Familien an Kostbarkeiten angesammelt hatte – in Devonshire House, Burlington House und Boyles Villa Chiswick House – wurde nun nach Chatsworth gebracht: das für Boyle von William Kent entworfene Mobiliar, darunter eine Garnitur reichgeschnitzter Nußbaumsessel, und die architektonischen Sammlungen mit Zeichnungen von Palladio und Inigo Jones, die er zum Teil von Talman erworben hatte, sowie die kostbare Bibliothek. Unter dem 4. Herzog wurde auch wieder gebaut: James Paine d. Ä. entwarf nicht nur die Stallungen, die beim Tode des Herzogs hundertsechzehn edle Renner beherbergten, sondern auch die schöne Derwentbrücke im Park.

Der 5. Herzog führte einen lebenden Schatz heim auf das Schloß der Väter: die geistreiche, hochgebildete Georgina Spencer, deren Schönheit sie zum Idol ihrer Epoche machte. Reynolds hat die ›Beautiful Duchess‹ im Spiel mit ihrer kleinen Tochter festgehalten – durch seine Kunst kann uns das liebreizende Profil noch heute bezaubern. Georgina hinterließ ihre erlesene Bibliothek ihrem Sohn, dem 6. Herzog, der die Sammellust beider Familien geerbt hatte. Er kaufte die Bibliothek Thomas Dampiers hinzu, unschätzbare Inkunabeln, Handschriften und Grolier-Einbände; 1834 erbte er noch Henry Cavendishs wissenschaftliche Sammlungen hinzu.

Der 6. Herzog, der ›Bachelor Duke‹, sammelte jedoch nicht nur Bücher, sondern außerdem Antiken; schöne Marmorskulpturen klassischer Zeit oder im klassizistischen Geschmack; auch der Wert dieser Kunstwerke ist nicht abzuschätzen. Vor allem aber gab er dem Park sein heutiges Gesicht. Devon ist der Entdecker von Jos. Paxton gewesen, der später durch den Bau des Londoner Glaspalastes weltberühmt wurde. Gemeinsam schufen der Herzog und sein Gärtner eine Ideallandschaft, wie Claude Lorrain sie nicht vollendeter hätte ersinnen können: Die über hundert Arten seltener Bäume, die antiken Skulpturen und Gartenplastiken wurden von den seltsamen Freunden auf langen Reisen in die Länder des Mittelmeeres selbst zusammengetragen. Sie träumen jetzt in den grünen, vom Derwent durchflossenen Gründen in harmonischen Gruppen oder in majestätischer Einsamkeit. Herden von Damwild ziehen durch die Weite; steinerne Brücken, Balustermauern, Taxushecken fesseln den Blick. Unter dem Schatten von Libanon- und Atlaszedern, japanischen Pinien und schlanken Zypressen, weitästigen Buchen mit silbrigen Stämmen leuchten dunkle Seerosenteiche, schimmern die hellen Marmorleiber von Göttern und Wild. Von den feinverzweigten Ästen einer kupfernen Trauerweide stiebt in zarten Schleiern Wasser nieder, andere Fontänen werfen ihre mächtigen Strahlen hundert Meter hoch in die Luft. Rosenduft steigt auf von Hecken und Beeten; Labyrinthe und künstliche Felslandschaften, Grotten und die Azaleentäler, das Musterdorf Edensor oder die Kamelienhäuser locken den Spaziergänger von einem Punkt zum andern. Im Terrassengarten vor der Westfassade des Schlosses wurde der Grundriß von Burlingtons Chiswick House in Taxus im Maßstab 1:1 nachgebildet – eine Spielerei, die sich in der unergründlichen Weite dieses Märchenparks verliert, mit dessen Wundern man Hunderte von Seiten füllen könnte: würdig des Schatzhauses, das er umfängt.

Von Chatsworth aus fahren wir durch das Darley Dale im Süden zu dem wunderschön gelegenen Badeort *Matlock* in der ›Schlucht der tausend Aussichten‹. Über Landstraße und Autobahn erreichen wir die östlich Matlock rechts der Autobahn in völliger Einsamkeit auf einem Hügel thronende *Hardwick Hall*, das letzte Haus der Bess of Hardwick, ihr Meisterwerk. Es gilt vielen als das schönste, das heiterste aller elisabethanischen Häuser: ein vollkommener Bau. Wir finden ihn auf seinem Hügel umrahmt von Kornfeldern und Wiesen, eingehegt in einen noch zur Zeit der Erbauerin angelegten Buchsgarten mit breiten Rasenwegen und alten ehrwürdigen Bäumen.

Durchsichtig und zart, ein lichter Traum aus Glas und steinernem Spitzenwerk, ein Feenpalast »von großartiger Arroganz und Phantasie« (Nigel Nicolson), den Titania eines Tages hier vergessen haben mag, hebt sich das Haus der Bess of Hardwick von der Tiefe des Himmels ab. Man sollte es im Abendlicht sehen, wenn durch die vielhundert Fenster die Sonnenstrahlen von Westen her einfallen, oder bei einem der Serenadenkonzerte, wenn es hell erleuchtet wie eine magische goldene Laterne in der Nacht funkelt.

Der kubische Bau aus bernsteinfarbigem Kalkstein hat das Prinzip vertikaler und horizontaler Fensterachsen, die die Fassaden gittern, zum Extrem getrieben. »Mehr Glas als Stein« spöttelten schon die Zeitgenossen. Die vier turmartigen Eckrisalite treten so hervor, daß man von einem H-förmigen Grundriß sprechen kann. Auf jedem der Türme erhebt sich über einer Grafenkrone in Stein ein ES (die Initialen Elizabeths, Gräfin Shrewsbury) sehr hoch, weithin sichtbar – eine zumindest originelle Art, ein Bauwerk zu signieren.

Graf Shrewsbury hatte sieben Schlösser in die Ehe mitgebracht, auf denen er fünfzehn Jahre lang Königin Maria Stuart in ehrenvoller Haft halten mußte, bald auf diesem, bald auf jenem. Möglicherweise ist er dabei den schönen Augen seiner verführerischen Gefangenen doch einmal erlegen. Bess jedenfalls, seiner unternehmungslustigen, geistsprühenden Frau von siebzig Jahren, erschien es so, und, eifersüchtig wie ein junges Mädchen, brachte sie listig seine Seitensprünge zur Sprache, als sie selbst sich wegen politischer Intrigen angeklagt sah. Sie hatte zwei ihrer Kinder mit Sprößlingen des mächtigen Shrewsbury nicht zu dessen reiner Freude anläßlich ihrer eigenen Vermählung mit dem Grafen verheiratet; aber das genügte ihrem Ehrgeiz noch nicht, und so gab sie ihre schönste Tochter, Elizabeth Cavendish, keinem geringeren als dem Onkel

König Jakobs I., George Stewart, Graf von Lennox, zur Frau, was sie in gefährliche Nähe zum Thron brachte. Königin Elisabeth, die ihren getreuen Shrewsbury nicht fallen lassen wollte, bemühte sich, die Ehe notdürftig zu flicken, aber die beiden Gatten lebten fortan getrennt, Bess zuerst in Chatsworth und dann auf dem Gut ihres Vaters, wo sie Bauträume nährte, bis sie 1590 wiederum Witwe war. Erneut konnte sie über ein unermeßliches Vermögen gebieten, und schon 1591 begannen die Bauarbeiten in Hardwick, die etwa sechs Jahre in Anspruch nahmen. Baumeister war hier wahrscheinlich Robert Smython (1536?-1614).

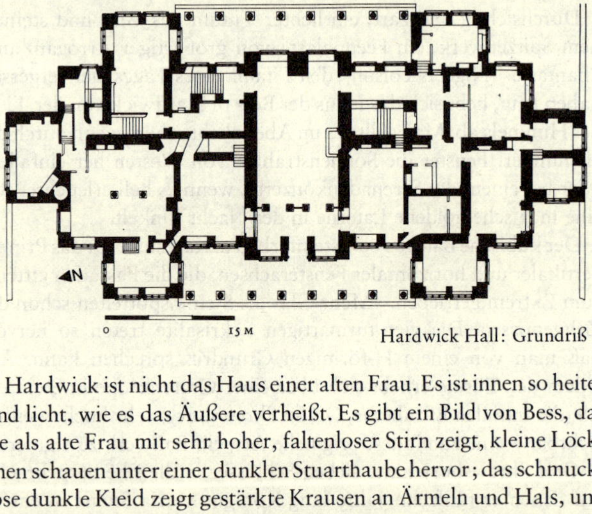

Hardwick Hall: Grundriß

Hardwick ist nicht das Haus einer alten Frau. Es ist innen so heiter und licht, wie es das Äußere verheißt. Es gibt ein Bild von Bess, das sie als alte Frau mit sehr hoher, faltenloser Stirn zeigt, kleine Löckchen schauen unter einer dunklen Stuarthaube hervor; das schmucklose dunkle Kleid zeigt gestärkte Krausen an Ärmeln und Hals, und bis über den Gürtel hinab hängt eine vierreihige Perlenkette von makelloser Ebenmäßigkeit. Die Züge sind etwas scharf, aber immer noch schwebt die Andeutung eines Lächelns um den schöngeformten Mund, strahlen die beherrschenden Augen wie Kohlen unter den schweren Lidern hervor, zeigen die schmalen, langfingrigen Hände keine Neigung zu verrunzeln. Wenn man diese Frau nach dem Bild beschreiben sollte, würde man ihr Mut, Geist und unvergleichliche Eleganz attestieren – und genau diese Eigenschaften strahlt ihr Schloß aus.

Ungewöhnlich ist vor allem die große Halle mit dem riesigen Kamin, die nicht nur von vorn bis hinten quer das ganze Haus durchschneidet, sondern auch zwei Geschosse in Anspruch nimmt. Hier finden wir schon die Nischenbildung durch Kolonnaden – in diesem Fall kannelierte dorische Säulen – die später ein so wichtiges Element in den Räumen Adams werden sollte. Der Raum mit kräftiger Stuckdecke und großen Fenstern ist bis zur halben Höhe getäfelt; darüber hängen großflächige Gobelins. Der riesige Kamin mit Hirschen und Rollwerk aus bemaltem Stuck zeigt das Wappen Elizabeths unter der Grafenkrone; die Laternen und Möbel des Raumes sind elisabethanisch; sie gehörten zur ursprünglichen Einrichtung. Zu beiden Seiten der Halle liegen die Wirtschaftsräume, und von dem weiträumigen, lichten Küchentrakt führt eine der flachen, hellen, geländerlosen Treppen, die Hardwick so modern erscheinen lassen, zum Speisezimmer im Obergeschoß. Aber auch die Halle war früher so eingerichtet, daß man hier ein Mahl einnehmen konnte.

Die Wohn- und Staatsräume liegen im oberen Geschoß: Die lange Galerie mit prägnanter weißer Stuckdecke, das lichtdurchflutete High Great Chamber, der State Bedroom mit seinem Vierpfosten-Himmelbett und fast bis zur Erde reichenden Gobelins und viele andere. Weitläufige Treppenhäuser mit dramatisch gruppierten Absätzen führen zu ihnen. *»Sicher verdankt der sanfte Schimmer von Gold und Rosé, blassem Grün und erloschenem Blau der bemalten Stuckfriese und gobelinverhängten Wände in dem High Great Chamber einen Teil seiner Harmonie der Hand der Zeit, aber Stuck und Gobelin haben in ihrer kontrastierenden Behandlung klassischer Stoffe immer in gleicher Weise erhellend gewirkt und mit ihren einzigartigen Proportionen stets das Auge gefesselt. Denn der Fries reicht so tief hinab (fast vier Meter), daß der hohe, widerhallende Raum durch das kräftig modulierte Sims, das ihn von den Tapisserien trennt, fast in der Mitte waagerecht geteilt wird. Die Tapisserien wurden in Brüssel gewebt und 1587 von Bess erworben, wenige Jahre, ehe sie Hardwick begann; sie erzählen die Geschichte von Odysseus …«*, beschreibt Olive Cook den Raum liebevoll und fährt fort: *»Der Zauber der Langen Galerie ist von anderer Art, obwohl wiederum die Proportionen des Raumes, seine immense Länge und große Höhe, seinen Charakter bestimmen. Doch die besondere Qualität des Appartements beruht in den ungewöhnlichen Lichteffekten der drei gigantischen Erkerfenster der Gartenfront. An sonnigen Tagen schimmern Rechtecke von kristallener Leuchtkraft* *auf den geflochtenen Bodenmatten, abwechselnd mit geheimnisvollen Schattenzonen, und geben dem langsamen Rhythmus des Vistas ein lebhafteres Maß. Bei grauem Wetter erfüllt opalenes Licht die ganze Galerie, den erstaunlichen Reichtum seiner Texturen betonend. Tiefer als sonst glühen in dem ebenen Licht eines verhangenen Tages die Porträts vieler vertrauter Gestalten des 16. und 17. Jahrhunderts wie Juwelen von den blauen und umbrafarbenen Tapisserien, darunter Bess selbst, drei ihrer Gatten, Maria Stuart von Schottland, der 11. Herzog von Devonshire als Ritter des Hosenbandordens von Kneller, und Elisabeth I. in einem gestickten rosa Kleid in Ganzfigur vor malvenfarbigem Hintergrund von Richard Stevens.«*

Die Galerie war ursprünglich für die Gobelins entworfen, die jetzt zum großen Teil von den Bildern verdeckt werden; sie erzählen die Geschichte Gideons, den die Engel zur Befreiung Israels aufriefen, und waren 1578 in Brüssel für Christopher Hatton gewebt worden; aber es gelang Bess, sie für ein kleines Vermögen zu erstehen. Bess war einundachtzig, als sie ein Verzeichnis aller Dinge anlegte, die sie in Hardwick zusammengetragen hatte, und dank dieses Verzeichnisses wissen wir, welche der vielen Tischteppiche und Bettvorhänge sie wohl selber angefertigt hat, daß das Intarsientischchen für Kartenspiele im Great High Chamber ebenso wie die geschmiedeten Laternen in den Treppenhäusern zur Grundeinrichtung gehörten, ja, daß überhaupt kaum etwas aus dem Haus der Bess sich verloren oder verirrt hat. So gibt es auch keine zweite Sammlung elisabethanischer Handarbeiten, die sich mit der von Hardwick Hall vergleichen könnte, vor allem aber aus der ganzen Epoche kein zweites Haus, das so unverhüllt, so unbeeinträchtigt von der Zeit noch den Stempel seines Hausherrn und Erbauers trägt, noch immer von seinem Geist beseelt scheint. Hier hat Bess den Anbruch des neuen Jahrhunderts, den Tod Elisabeths, die Thronbesteigung Jakobs I. erlebt, hier hat sie ihre Lieblingsenkelin Arabella Stewart in Haft halten müssen, um sie vor Schlimmerem zu bewahren, hier hat sie ihr eigenes Grabmal entworfen, das schon zu ihren Lebzeiten in Derby errichtet wurde. Hier ist sie schließlich 1608 in jenem harten Winter gestorben, als ihre Maurer die Kelle aus der Hand legen mußten, eine Uralte, die alle ihre Männer, einige ihrer Kinder und Enkel, fast alle ihre Freunde und ihre große Monarchin überlebt hatte, planend, bauend, sorgend bis zum letzten Atemzug.

Bolsover nördlich Hardwick Hall ist ein Bergarbeiterstädtchen; die armseligen Häuschen werden überwacht von der Burg auf ihrer hohen Klippe. Der Erbauer von Bolsover Castle war Wilhelms des Eroberers natürlicher Sohn William Peveril, der Gründer von Haddon Hall. Um 1613 war die Burg bereits verfallen; damals beschloß Charles Cavendish, Elizabeth Hardwickes dritter Sohn, seine Hand an dem alten Gemäuer zu erproben. Es war ein früher Fall von ›Historismus‹: der Graf ließ eine richtige normannische Burg mit Zinnen und Wehrtürmen aufführen und auch innen sehr romantisch ›stilgerecht‹ ausstatten. Bolsover wurde von John Smythson, dem Sohn von Robert Smythson, Bess' altem Baumeister, errichtet, der dabei, wie zuvor sein Vater gegenüber der alten Dame, sich ganz den Entwürfen und Intentionen seines Auftraggebers unterordnete. Der wehrhafte Hauptturm trägt ein zierliches Kuppelchen, und obwohl die Anordnung im Inneren dem alten Schema eines Burgfrieds folgt, so sind die schön eingewölbten Gemächer doch mühelos an ihren Renaissancekaminen richtig zu datieren; Serlios Vorbild ist unverkennbar.

Noch verrückter ist die Ruine der Langen Galerie, eines Einzelbaus, den John Smythson und dessen Sohn um 1630 für William, den Sohn von John Cavendish, errichteten: Zusammenarbeit von Bauherren und Baumeistern bis in die dritte Generation. Der immens lange Bau aus elfenbeinfarbigem Naturstein mit seinen dreifach gebrochenen Fenstergiebeln und den Kanonenrohren gleichenden rustizierten kurzen Halbsäulen zwischen den Fenstern, der doppelläufigen breiten Freitreppe zu dem hochgelegenen Portal mit seinem schweren Pediment und rustizierter geschnitzter Eichentür, mit einem winzigen Balkönchen im Giebel und seltsamen mächtigen Wasserspeiern ist an Exzentrizität kaum noch zu übertreffen. Ein schattiges Brunnengärtchen unterstreicht seinen fast mediterranen Charakter.

Etwas westlich von Bolsover ragt *Chesterfields* Wahrzeichen empor, der gewundene Spitzturm seiner gotischen Dreifaltigkeitskirche. Hier hat jedoch kein Architekt mit abstruser Phantasie gewaltet, sondern die große Künstlerin Zeit, die mit unerbittlichen Händen das wohl zu frisch verbaute Holz der Eichenträger und ihre Bleiverkleidung durch den Wechsel von Hitze und Kälte, Dürre und Nässe zweimal um die eigene Achse drehte: es spricht für den gotischen Baumeister, daß der hohe Turm diesen Würgegriff ausgehalten hat!

In der Kirche liegt George Stevenson begraben, der Eisenbahnpionier, der hier seine letzten Lebensjahre in Tapton House verbrachte. – Im Revolution House im nahen *Old Wittingdon* fand 1688 die Verschwörung der protestantischen Barone statt, die Jakob II. den Thron kostete und William Cavendish, dem Kopf der Glorreichen Revolution, die Herzogskrone eintrug.

72

In den Dukeries: Worksop–Welbeck Abbey–Clumber Park Thoresby Hall–Rufford Abbey

Und nachdem ich einen Teil von Afrika und Asien sah
und beinahe ganz Europa bereiste, halte ich nun
den ehrlichen englischen Landmann für glücklicher,
der glaubt, ... daß kein vollkommener Lebensgenuß
außerhalb des lieben alten England möglich sei ...
Lady Mary Montagu, Briefe aus dem Orient, 1780

Die Dukeries, Herzogssitze, liegen in Nottinghamshire im Norden von Sherwood Forest, den im Mittelalter Robin Hood und seine Gesellen unsicher machten. Die fetten Klöster, auf die es die edlen Räuber besonders abgesehen hatten, wurden unter Heinrich VIII. im Zuge der Reformation aufgelöst und in Herrensitze umgewandelt. Dabei kommt wieder Bess von Hardwick ins Spiel: sie ist die Stammmutter all der Grafen und Herzöge, die hier ihrer Baulust frönten: Newcastle, Portland, Kingston, Lennox ...

Beginnen wir unsere Fahrt in dem Bergbaustädtchen *Worksop* nordöstlich von Chesterfield, das zu Recht das ›Tor zu den Dukeries‹ genannt wird. Von dem 1103 hier gegründeten Augustinerkloster Worksop Priory steht nur noch die Kirche SS. Mary and Cuthbert mit schönen Schmiedearbeiten aus dem 12. Jahrhundert am Südportal und einem Torhaus aus dem 14. Jahrhundert mit einer Marienkapelle. Worksop Manor, dessen Inneres leider nicht besichtigt werden kann, gehörte einst zu den größten Schlössern der Dukeries. Ein altes Herrenhaus kam schon zur Zeit der Heiligen Johanna an Sir John Talbot, einen der großen englischen Heerführer im Hundertjährigen Krieg und 1. Grafen von Shrewsbury. Nachdem Bess of Hardwick die Gemahlin des 6. Grafen geworden war, begann sie, ein neues Haus zu bauen. Worksop Manor war nach allem, was wir wissen, wieder eine Gemeinschaftsarbeit der Gräfin und ihres Baumeisters Robert Smython. Es erscheint auf zeitgenössischen Stichen als hoher, gedrängter Bau mit vier Wohntürmen – ein Kenner hat gesagt, es gliche Longleat House, erst halbiert und dann übereinandergesetzt. Doch auch an diesem Haus, das seinerzeit die Architektur vieler anderer Schlösser beeinflußte, hätte den modernen Betrachter die Sachlichkeit, die Angemessenheit der Mittel, bestochen. Er brannte leider 1761 nieder; sein damaliger Besitzer, der Herzog von Norfolk, wollte einen großzügigen Neubau errichten, kam dabei jedoch nicht über einen Nordflügel hinaus.

Südlich von Worksop liegt an einem langen, geschwungenen See *Welbeck Abbey* in einem waldigen Park. Das in der Mitte des 12. Jahrhunderts von Thomas de Cuckney gegründete Kloster wurde 1539 von Richard Whalley erworben, dem es Gilbert Talbot, Bess' Stiefsohn, abkaufte. Von diesem fiel es an Sir Charles Cavendish, ihren dritten Sohn, der ein großzügiges, helles Kalksteinschloß errichten ließ. Sein Sohn William Cavendish wurde zum 1. Herzog von Newcastle erhoben; er baute einen prächtigen Südflügel an. Unter seiner Ägide waren König Jakob I. und Karl I. zu Gast auf Welbeck. Newcastle hinterließ den Sitz seiner Tochter, Gräfin von Oxford, und später gelangte er durch Erbschaft an den 2. Herzog von Portland, William Bentinck, der den Südflügel wieder abreißen und im palladianischen Stil neu errichten ließ. Doch erst der 5. Herzog erwies sich seiner Ahnfrau würdig. Er war ein Exzentriker reinsten Wassers, der nichts mehr scheute, als in der Öffentlichkeit gesehen zu werden. Er ließ seine Appartements unter die Erde verlegen: Bibliothek, Ballsaal, Bildergalerie, rosa Korridor, unendliche Gänge und Tunnel und seine privaten Räume. Bei seinem Tod 1879 war ein Heer von fünfzehnhundert Handwerkern damit beschäftigt, an diesem phantastischen Labyrinth ›unter Tage‹ zu bauen. Der Park und das Schloß gehört noch immer der Familie Portland, doch ist heute eine Kadettenanstalt dort untergebracht. Der Park kann besichtigt werden; für die Erforschung der Tunnel und den Besuch der Reitschule, einer der größten der Welt, braucht man eine Erlaubnis der Kadettenanstalt.

Der große See von Welbeck bildet mit einer Reihe kleinerer, durch den Fluß Poulter verbundener Seen eine Art Riesenhalbmond, an dessen östlichem Horn wir *Clumber Park* finden, den Capability Brown im romantischen Stil in die unfruchtbare Heidelandschaft dieses Teils von Sherwood Forest hineingezaubert hat: Rhodo-

CLEVELAND
Billingham
Redcar
Brotton
Stockton on Tees
MIDDLESBOROUGH
Loftus
West Auckland
Barnard Castle
Brough
Bowes
Tees
Darlington
Stokesley
Richmond
Kiplin Hall
Northallerton
Cleveland
Osmotherley
Hills
Goathland
NORTH YORK MOORS
Hardrow
Hawes
Leyburn
Jervaulx Abbey
Swale
Rievaulx Abbey
Doncombe Park
Helmsley
Pickering
YORKSHIRE
DALES
Burneston
Thirsk
Byland Abbey
NORTH YORKSHIRE
Coxwold
Newburgh Priory
Malton
Gt. Whernside 704
Ure
Topcliffe
Nidderdale
Ripon
Castle Howard
Settle
Threshfield
Fountains Abbey
Newby Hall
Aldborough
Easingwold
Pateley Bridge
Wharfedale
Nidd
Knaresborough
Ouse
YORK
Bolton Abbey
Harrogate
Skipton
Addingham
Wetherby
Gisburn
Glusburn
Tadcaster
Harewood
Colne
Keighley
Wharfe
Derwent
Holme upon Spalding Moor
Bingley
Nelson
Burnley
Haworth
LEEDS
Garforth
Selby
Barlby
BRADFORD
WEST
Howden
Hebden Bridge
Rothwell
Aire
Castleford
Todmorden
Halifax
YORKSHIRE
Rawcliffe
Goole
Rawtenstall
Calder
HUDDERSFIELD
Wakefield
Pontefract
ROCHDALE
Nostell Priory
Don
OLDHAM
Holmfirth
Denby Dale
Hemsworth
Adwick le Street
Bentley
Barnsley
Doncaster
Trent
MANCHESTER
Woodhead
Dodworth
SOUTH YORKSHIRE
Ashton under Lyne
Bleaklow Hill
Stocksbridge
Ecclesfield
Tickhill
Bawtry
Idle
PEAK DISTRICT
Bradfield
Rotherham
Beckingham
STOCKPORT
The Edge 658
Kinderscout
Serlby Hall
Cheadle
Kinderhow
Castleton
SHEFFIELD
Whaley Bridge
Hathersage
Worksop
East Retford
Alderley Edge
Peak Forest
THE DUKERIES
Wellbeck Abbey
Macclesfield
Maccl. Forest
Buxton
Wye
Chatsworth House
Chesterfield
Bolsover
Cuckney
Thoresby Hall
DERBY
Ollerton
Congleton
Bakewell
Haddon Hall
Clay Cross
Hardwick Hall
Rufford Abbey
Matlock
Mansfield
Matlock Bath
Sutton in Ashfield
Newark on Trent
Dove
Kidsgrove
Leek
Alfreton
Newstead Abbey
Derwent
Hucknall
Southwell
Fosse Way
STOKE on Trent
Ashbourne
Eastwood
Alton
Cheadle
Bingham
Barlaston
DERBY
NOTTINGHAM
Stone
Uttoxeter

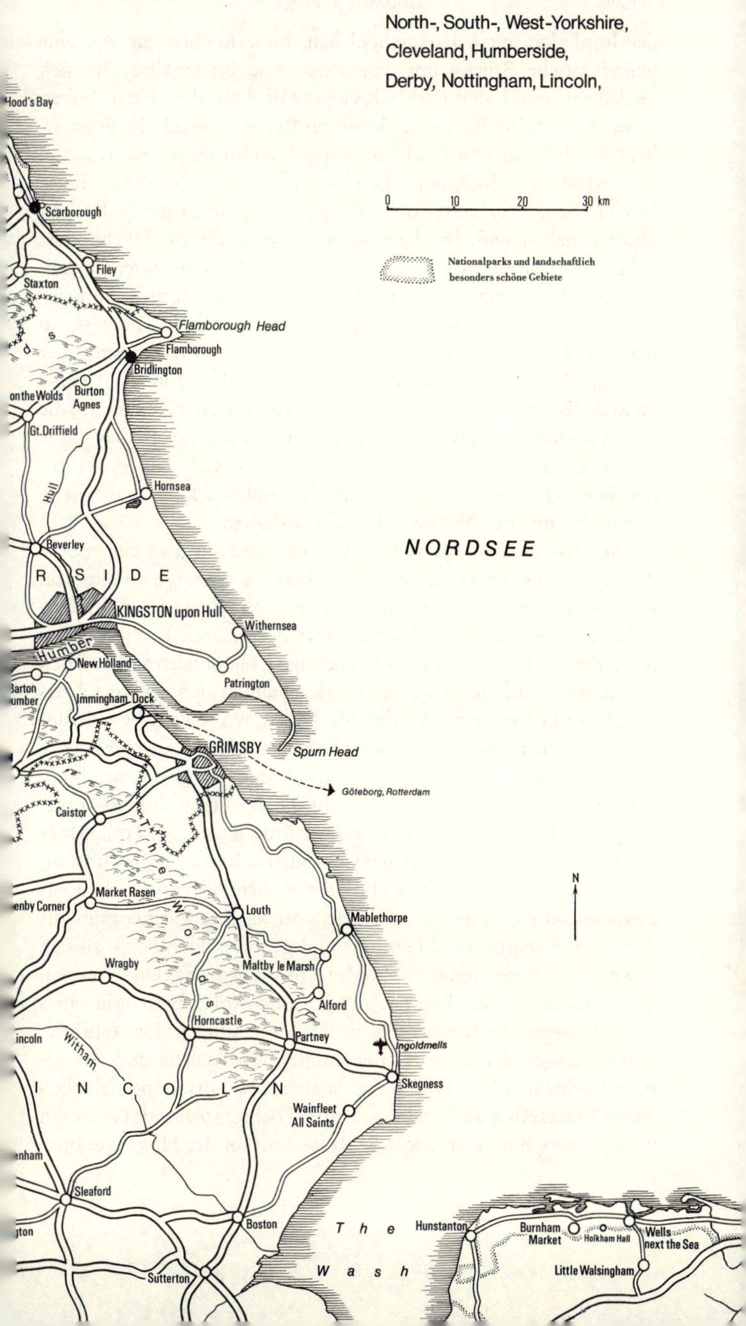
North-, South-, West-Yorkshire,
Cleveland, Humberside,
Derby, Nottingham, Lincoln,
0 10 20 30 km
Nationalparks und landschaftlich besonders schöne Gebiete
NORDSEE
Hood's Bay
Scarborough
Filey
Staxton
Flamborough Head
Flamborough
Bridlington
Burton Agnes
on the Wolds
Gt. Driffield
Hull
Hornsea
Beverley
R S I D E
KINGSTON upon Hull
Withernsea
Humber
New Holland
Patrington
Barton
umber
Immingham Dock
GRIMSBY
Spurn Head
Göteborg, Rotterdam
Caistor
The Wolds
Market Rasen
enby Corner
Louth
Mablethorpe
Wragby
Maltby le Marsh
Alford
Horncastle
Partney
Ingoldmells
incoln
Witham
Skegness
I N C O L N
Wainfleet All Saints
enham
Sleaford
Boston
gton
The Wash
Hunstanton
Burnham Market
Holkham Hall
Wells next the Sea
Little Walsingham
Sutterton
N

dendronhaine mit Gartentempelchen, hohe Buchengruppen, eine palladianische Brücke und vor allem eine Lindenallee, die sich meilenweit durch den Park schwingt. Mit ihren doppelten Reihen wunderbarer alter Bäume wirkt sie zur Blütezeit, wenn das Sonnenlicht durch ihr dichtes Laub auf den grünen Rasen sickert, wie eine Inkarnation des Hochsommers. Der 2. Herzog von Newcastle hatte hier ein Schloß gebaut, von dem jedoch nur noch die Stallungen übriggeblieben sind. Die Familie mußte es in diesem Jahrhundert abbrechen und die Kunstschätze an anderen Orten unterbringen, weil sie die Steuerlasten für den fürstlichen Sitz nicht mehr aufbringen konnte. Im See spiegelt sich noch die Kapelle des 7. Herzogs, ein neugotischer Bau über kreuzförmigem Grundriß mit einem über sechzig Meter hohen, spitzen Vierungsturm. Der rote und weiße Stein des Bauwerks hebt sich vom dunklen Geäst der Zedern ab, die ihm einen feierlichen Rahmen geben. George Frederick Bodley hat es 1887 entworfen, die Farbfenster stammen von C.E. Kempe, einem der Wiederbeleber der Glasmalerei in England. Park und Kirche werden heute vom National Trust unterhalten.

Thoresby Hall, etwas südlich von Clumber, liegt in einem sehr dichten Teil des Sherwood Forest. Robert Pierrepont, ein Enkel von Bess of Hardwick wurde zum 1. Grafen von Kingston-on-Hall erhoben; 1. Herzog dieses Namens war der 5. Graf, Evelyn Pierrepont, der am Hof Georgs I. eine wichtige Rolle spielen sollte. Doch vorher ließ er sich um 1683 von William Talman, den wir von Chatsworth her kennen, sein Waldschloß bauen, wo seine Kinder – fünf Töchter und ein früh verstorbener Sohn – zur Welt kamen. Eine der Töchter, Mary, zog sich den Zorn des Vaters zu, als sie mit ihrem Nachbarn und Brieffreund Edward Graf Montagu durchbrannte, ein Jahr, ehe ihr Vater zur Herzogswürde aufstieg (1715). Mary begleitete ihren Mann auf seiner Gesandtschaftsreise nach Konstantinopel, wo er zwischen Wien und der Hohen Pforte im Sinne Englands vermitteln sollte. Er scheiterte, aber die Briefe seiner Frau aus dem Orient wurden weltberühmt und gehören noch heute zu den Juwelen der Reiseliteratur. Mary machte auch in England von sich reden, nicht nur als Freundin Popes und stolze Besitzerin eines Mohrenpagen, sondern weil sie die Pockenschutzimpfung einführte, sehr zum Ärger der Ärzte und der Kirche, die für solche an den Geldbeutel gehenden Eingriffe in das Walten der Vorsehung natürlich wenig Verständnis aufbrachten. Marys Tochter spielte als Gemahlin des Premiers Bute eine wichtige Rolle am Hof der Hannoveraner.

Thoresby Hall brannte 1745 nieder; ein zweites Schloß wurde von John Carr für die Herzogin von Kingston errichtet. Aber auch dieses Schloß steht leider nicht mehr; es war dem 3. Grafen von Manvers, der den Besitz 1860 erbte, zu bescheiden. 1864 begann der Bau der heutigen Hall, für die Anthony Salvin die Entwürfe lieferte, im Geschmack der französischen Renaissance mit einem Park à la Versailles. Von seinen über zweihundert Räumen können die verschwenderisch ausgestatteten Prunkgemächer besichtigt werden. Reizvoller als die viktorianischen Räume ist die in ihnen ausgestellte ›Frank Bradley Collection of Toy and Model Theatres‹. Papiertheater in Miniaturformaten waren eine Spielerei des 18./19. Jahrhunderts. Es begann mit Ausschneidebogen, auf denen die beliebtesten Schauspieler der Zeit in ihren größten Rollen abgebildet waren. Von dort war es nur ein Schritt zum Druck von Bühnenbildern und schließlich ganzen Theatern mit Publikum und Orchestern, zu denen dann auch gekürzte Texte bekannter Dramen geliefert wurden. Der Hauptspaß bestand im Bemalen und Ausschneiden der Figuren und im Zusammensetzen der kleinen Theater, woran sich oft die ganze Familie beteiligte. Manche davon sind wahre Wunderwerke populärer Druckkunst.

Von Thoresby ist es ein Katzensprung zu dem Grubenstädtchen *Ollerton* am River Maun. In den Wäldern westlich von Ollerton kann man die ›Major Oak‹ finden, jenen überaus mächtigen Eichenbaum, in dessen Schatten der Sage nach die Gesellen Robin Hoods so oft gelagert haben. Nicht weit davon steht eine andere tausendjährige Eiche, in deren hohlem Stamm Robin angeblich seine Vorräte zu verstecken pflegte; sie wird noch heute ›Robin Hood's Larder‹ genannt. In der Nähe des Dorfes Old Clipstone hat man auch die Ruine eines Jagdschlößchens gefunden, das möglicherweise König Johann Ohneland gehörte, was der Robin-Sage neue Wahrscheinlichkeit geben könnte. Es ist hübsch, sich vorzustellen, daß der tapfere Ritter, der Feind der Hartherzigen und Beschützer der Unterdrückten und Verratenen, mit seiner ›Merry Band‹ hier einst wirklich lebte, jagte, des Nachts unter den Sternen den Tisch deckte und den Becher kreisen ließ.

Im Süden von Ollerton mit seinem hübschen Manor House im Stil Karls II. gelangen wir in den Hirschpark von *Rufford Abbey*. Das einstige Refektorium der Mönche, das Bess of Hardwick in ein ansehnliches Landhaus umbaute, erhebt sich am Ende einer großartigen Lindenallee. In der Kapelle ließ sie ihre Tochter Elizabeth mit George Stewart trauen, jene Ehe, die zu ihrer Entfremdung von Shrewsbury führte und auch in der Folge nur Leid nach sich zog. In Rufford wuchs ihre Enkelin Arabella Stewart – oder Stuart, wie sie sich auch schrieb – heran, die nach Elisabeth I. und Jakob I. dank der Abkunft ihres Vaters die nächste Anwärterin auf den Thron war, wenn man die englischen Erbfolgegesetze sehr streng auslegte. Arabella stellte für den Hof darum eine Gefahr dar, vor allem als sie begann, abenteuerliche Heiratspläne zu entwickeln: Nicht nur die mächtigen Grafen Beauchamp und Northumberland, sondern auch der Prinz von Parma und Henri Quatre wurden als Bewerber um ihre Hand genannt. Schließlich heiratete sie gegen das ausdrückliche Verbot des Königs William Seymour, einen anderen Thronaspiranten, was beide ins Gefängnis bringen sollte. Sie starb 1615 nach einem von Flucht, Intrigen, Gefangenschaft gezeichneten Leben in geistiger Umnachtung im Tower of London. Ihre letzte Ruhestätte fand sie in der Grablege ihrer Tante Maria Stuart in der Westminster Abtei.

73

Außenseiter der Gesellschaft: Newark – Southwell Newstead – Hucknall – Eastwood

... wenn du einmal in einigen späteren Jahren
Von einem Manne hörst, dessen Verbrechen
Sich allzugut mit dieser dunklen Zeit vertragen –
Du wirst ihn kennen, diesen Mann, und im Erkennen
Wirst du auch seiner Gründe dich erinnern.

Lord Byron, Epistel für Hodgson, 1812

Von Ollerton aus kommen wir nach *Newark*, das in einer Ebene nahe der Grenze nach Lincolnshire liegt. Die Stadt war einst ein sächsisches Vorwerk am Fosse Way, der großen Römerstraße von Südwestengland nach Norden. Lady Godiva, die fromme Gräfin von Mercia, schenkte es dem Kloster Stow-on-Trent, und später gehörte es erst zum Bistum Lincoln und seit Mitte des 12. Jahrhunderts der Krone. In jener Zeit wurden sein steinernes Nordtor mit einer kleinen Kapelle im Obergeschoß und der Südwestturm der Burg errichtet. König Johann Ohneland liebte die Burg; hierhin zog er sich während des Kampfes um die Unterzeichnung der Magna Charta zurück; hier suchte er Zuflucht, nachdem er seinen Kronschatz nahe der Wash, der großen Nordseebucht, verloren hatte, und hier starb er nach dem Genuß eines ausschweifenden Mahls mit jungem Bier und reifen Pfirsichen an überladenem Magen oder Gift – ein diesem bestgehaßten aller englischen Könige gemäßer Tod. Während des Bürgerkrieges wurde Newark hart umkämpft, und so leihen heute nur noch die Burgruine und die gotische Pfarrkirche der kleinen Stadt mit ihrem kopfsteingepflasterten Markt ein wenig Romantik.

Am Markt steht die einstige Postkutschenherberge ›Clinton Arms‹, in deren Stallungen einst bis zu hundert Pferden standen. Dort wohnte der Dichter Byron, als er in der Stadt die Drucklegung seines ersten Werkchens, ›Vergängliche Stunden‹, überwachte. Es waren in der Tat vergängliche Stunden, denn sie wurden schon zwei Tage nach dem Druck wieder eingestampft, und nur ein einziger der schmalen Bände hat überlebt. Doch schon ein paar Wochen später legte der junge Dichter eine gereinigte Ausgabe, diesmal mit dem Titel ›Poems on Various Occasions‹ vor, und noch im selben Jahr erschien die dritte erweiterte Ausgabe, nun etwas langatmig als ›Stunden des Müßiggangs. Von George Gordon Byron. Ein Minderjähriger‹ bezeichnet. Die neue Ausgabe – Byron war wirklich noch nicht mündig – wurde jetzt auch an den Buchhandel verteilt, und das brachte den jungen Lord nach London, wo er den Verkauf seines Erstlings so streng beaufsichtigte wie dessen Druck.

Byrons Mutter wohnte damals in *Southwell*, unserem nächsten Ziel. Sie hatte ein kleines Landhaus bezogen, da man den Familiensitz zeitweilig verpachten mußte. Byron, der in Cambridge studierte, kam gewöhnlich in den Semesterferien mit seinem ganzen Hofstaat – Freunden, Kammerdiener, Groom, Reitpferden, Kutsche, dem Neufundländer Boatswain und der Dogge Nelson – zu Besuch, übrigens nicht zur reinen Freude der sparsamen, jähzornigen und, es muß gesagt werden, trotz ihrer königlichen Abstammung reichlich vulgären Frau. Des Jünglings Urteil über Southwell ist sicher von den gespannten häuslichen Verhältnissen und seiner ersten Liebesenttäuschung gefärbt, wenn er in einem Brief an seine Vertraute, Elizabeth Pigot, die ihm bei der Abfassung seines Buches sehr geholfen hatte, schreibt: *»Ich hasse Southwell, dies verdammte, verwünschte, jämmerliche Skandalnest!«*

Was uns heute an dem Nest mit seinen dreitausend Seelen begeistert, ist das lichte kleine Münster mit der normannischen Westfassade, den mit Blendarkaden geschmückten Türmen und dem gotischen Chor. Das achtjochige Langhaus ist schmal, nicht eingewölbt und überrascht mit runden Lichtgadenfenstern. Southwells ganzer Stolz ist sein feingliedriges Kapitelhaus mit einem freitragenden Gewölbestern über oktogonalem Grundriß, an dessen Kapitellen, Schlußsteinen, Archivolten und Baldachinen die Steinmetzen alle Laubarten des Sherwood Forest abgebildet haben. Der feinporige Kalkstein ließ in Southwell kunstvollste Ausführung zu, und so sehen wir uns einer schier unübersehbaren Fülle der eindringlichsten naturalistischen Blattporträts gegenüber: fürwahr Porträts, denn jedes der Blätter ist verschieden geformt und genau in seinen Bewegungen studiert: Eiche, Wein, Efeu, Hopfen, Hagedorn, Hahnenfuß und viele andere. Blattmasken sollen die ›Green Men‹, die Waldgeister, symbolisieren; wieder einmal sind hier heidnischer Mythos und christlicher Glaube eine harmonische Ehe eingegangen. Die Arbeiten stammen aus dem späten 13. Jahrhundert: Zeugnisse einer tiefen Liebe zu den Wäldern und Wiesen der umgebenden Landschaft und gestaltet mit schöpferischer Heiterkeit und Leichtigkeit, die uns noch heute mit Zauberhand berührt wie die Verse aus jener Zeit:

Nun jagt das Wild sich auf dem Moore
Und lagert sich in Gras und Laub,
Die Ente tummelt sich im Rohre,
Dein Aug ist blind, dein Ohr ist taub ...

(13. Jahrhundert, anonym)

Das gotische Westfenster des Münsters wurde etwa um dieselbe Zeit ausgebrochen; im Ostfenster findet sich Farbglas aus dem Temple in Paris, wo Ludwig XVI. vor der Hinrichtung lebte. Von dem einstigen Palast der Erzbischöfe von York in Southwell, in den sich Wolsey zurückzog, nachdem er in Ungnade gefallen war, ist leider nicht viel erhalten geblieben.

Auf stillen Nebenstraßen gelangen wir über Fairsfield und Blidworth nach *Newstead Abbey*. Am Tor seines Waldparks steht eine hohe knorrige Eiche, die älter sein soll als das Kloster, das Heinrich II. um 1170 zum Zeichen seiner Reue über die Ermordung des Thomas Becket hier gründete. Newstead Abbey war niemals Abtei; diesen Titel erhielt das Kloster nur im Volksmund, und nach der Auflösung der Klöster übertrug er sich auf das Schloß, das aus ihm hervorging. Aber mächtig war das Kloster schon; die Schwarzen Brüder beherbergten unter ihrem Dach viele hohe Gäste, so

Eduard I., Eduard II. und Eduard III. und später noch den Tudor Heinrich VII.

Der Weg durch den Park zur Abbey ist von übermannshohen Rhododendronhecken gesäumt, die im Frühling feuerrot blühen. Hinter ihnen erheben sich hohe Waldbäume und werfen ihre dunklen Schatten auf die breite Allee. Nach mehreren Kilometern öffnet sich der Wald, und der Blick trifft auf eine gehügelte Heidelandschaft mit Farnen und Föhren, bis endlich hinter ginsterbedeckten Höhen die Ruine der einstigen Klosterkirche und die Schloßgebäude sichtbar werden, umgeben von herrlichen Gärten und weiten Seen.

John Byron, Haupt einer vornehmen, aber exzentrischen Familie, die schon mit dem Eroberer ins Land gekommen war, erwarb im Mai 1540 das Augustinerkloster und den dazugehörigen Grundbesitz. Sein Sohn, ›Sir Little John mit dem großen Bart‹, war ein Verschwender, der die Bauten in einen fürstlichen Sitz umwandelte und unbeschreiblichen Aufwand trieb; unter anderem hielt er eine eigene Schauspieltruppe wie nur die größten Herren im Land. Er vererbte seinen Nachkommen neben unübersehbaren Schulden nur sein leichtes Blut – die Byrons sollten ihrer Verpflichtungen nie mehr Herr werden. Der 5. Lord ging als Devil Byron in die Geschichte des Sherwood ein. Als junger Mann hatte er im Duell seinen Vetter Chaworth vom benachbarten Annesley erschlagen – ein Haus, mit dem die Byrons durch Heirat mehrfach verwandt waren, was der die beiden Häuser verbindenden Straße den Namen ›Hochzeitsallee‹ eingebracht hatte. Byron mußte sich wegen des Duells vor den Pairs verantworten, wobei die Mordanklage fallengelassen wurde; doch der Aberglaube seiner Waldbauern trug nicht dazu bei, die über den Lord umlaufenden Schauergeschichten zu ersticken. Er selbst übrigens auch nicht: Mit seinen bösen Launen vertrieb er seine Frau; seinem Sohn verweigerte er den Segen zu einer Liebesheirat; seiner Geliebten Betty, einer Magd, erlaubte er, ein wüstes Regiment in seinem verrufenen Haus zu führen und ihn auszuplündern. Um seinen Sohn, der sich von ihm abgekehrt hatte, zu reizen, ließ Devil Byron Schloß und Besitz verkommen; er hielt im Haus Heere schwarzer Grillen, die er exerzierte, schoß im Park Hunderte von Hirschen ab und bezahlte seine ins Gigantische wachsenden Spielschulden mit tausendjährigen Eichen aus dem Sherwood. Die ›Pilgrim's Oak‹, die uns am Tor begrüßte, entging ihm nur, weil erboste Nachbarn sie ihm für ein Sündengeld abkauften. Seine reichen

Kohlengruben verpachtete er zu einem Spottpreis, und nachts ging er im Wald umher und öffnete die Wehre der Flüsse, um die Baumwollspinnereien auf seinem Grund zu ruinieren.

Aber alle diese Rachsucht stieß ins Leere. Sein Sohn, sein Bruder und seine beiden Neffen, zwei wilde Gesellen, starben vor ihm. Übrig blieb nur ein zehnjähriger engelsschöner Knabe, sein Großneffe, den gleichwohl ›der Teufel schon in der Wiege gezeichnet hatte‹, wie man raunte, denn der Kleine hatte einen Hinkefuß und feurige Locken.

1798 trat dieser George Gordon Byron als 6. Lord sein Erbe an. Nun war also ein Kind Herr über das Waldschloß, die klaren Seen, die ihrer Bäume beraubten Hügel, Kirchenruinen, verwilderten Rasen und die Hochzeitsallee. Byron hatte neben dem Blut seiner Väter auch das nicht minder wilde der Gordons und Stuarts von Seiten der Mutter in den Adern, und auch von diesen Herren, Gott sei's geklagt, soll nicht einer in seinem Bett gestorben sein. Hatte man den 5. Lord als ›Devil‹ tituliert, so ging der 6. Herr von Newstead als ›Satanic Byron‹ in die Literaturgeschichte ein – und als Genie der englischen Romantik, von Goethe im Faust gefeiert. Aber einstweilen war er nichts als ein verstörtes Kind, in dessen Schloß es nur ein einziges Zimmer mit heilem Dach gab. Sein Vermögen verwaltete die Pairskammer bis zu seiner Mündigkeit; das Geld der Mutter hatte sein Vater bereits durchgebracht, ehe er noch auf die Welt kam. Aber im Schloß gab es den treuen Diener Murray, der die Ohren des kleinen Jungen mit den unheimlichen Taten seiner finsteren Ahnen erfüllte, was auf dessen empfindsames Gemüt eine starke Wirkung ausübte.

»Von dieser ersten Begegnung an«, erzählt Maurois, *»fühlte sich Byron stark zu Newstead hingezogen. Zusammen mit Murray entdeckte er die gewölbten Gänge, die Klostersäle, die Alleen, die Bäche und ihre Quellen. Er pflanzte eine Eichel und sagte, dieser Baum werde seine Eiche sein. Er hätte dieses märchenhafte Haus am liebsten nie verlassen, aber Mrs. Byron hatte befunden, daß es sich in dem verwahrlosten Hause nicht wohnen lasse.«*

Während seiner Studienzeit war Byron einige Male als Gast bei seinem Pächter auf Newstead; dabei kam es zu einer unseligen Liebesaffäre mit der viel älteren Anne Chaworth von Annesley, die mit dem Knaben nur ein kokettes Spiel trieb, ohne zu ahnen, welche Leiden sie verursachte; Byrons erster Gedichtband legt darüber Zeugnis ab.

Als Byron nach Abschluß seiner Studien 1808 mit seinen Freunden, Pferden und Hunden, seinem zahmen Bären und einem Boxmeister Einzug in die Hallen seiner Väter hielt, hatte sich der schwärmerische Junge zu einem zynischen, aber immer noch scheuen und verletzbaren Mann gewandelt. Er führte ein Leben zwischen Ekstase und Ernüchterung, Exzessen und Askese: Lesen, Fechten, Rudern, Schwimmen, Spiele mit den Tieren und ungestüme Ritte durch Wälder und Park wechselten mit durchzechten Nächten in der Abtei. 1820 erinnert sich der Dichter in einem Brief an seine tolle Jugend: »*Wir fuhren gemeinsam nach Newstead, wo ich einen berühmten Keller unterhielt und Mönchsgewänder aus einem Maskenladen bereit lagen. Wir waren eine Gesellschaft von sieben oder acht, manchmal kam ein Nachbar oder Besucher hinzu, und nachts saßen wir lange auf in den Kutten, um Burgunder, Bordeaux oder Champagner zu trinken und was noch alles, aus einem Schädel und allen Arten von Gläsern.*« Den Schädel hatte Byron im Garten entdeckt; er behauptete, es sei der des spukenden Schwarzen Mönches, ließ ihn polieren und als Trinkgefäß in Silber fassen.

Auch diese ausgelassene Zeit war nicht ohne Trauer. Freunde starben. Der geliebte Neufundländer Boatswain erkrankte an Tollwut. Er verendete in den Armen seines Herrn, der ihn bis zum letzten Atemzug trotz der Gefahr hingebend pflegte und ihm eine große Ode schrieb. Boatswains Monument steht im Garten am Ort des einstigen Altars der Klosterkirche: ein Grab, das eines Herrschers würdig wäre. Byron wollte später an seiner Seite begraben werden, doch dazu kam es nicht: Er mußte seinen Besitz bald danach verkaufen, wohl wissend, daß er ihn nie würde instand setzen können, und wurde so wenigstens seiner Schulden ledig, der ererbten wie der selbst erworbenen.

Heute ist das Haus mit seinen königlichen Gästekammern, seinen Galerien und dem Schlafgemach des letzten Byron vollgestopft mit Erinnerungen an den Dichter: Gemälde von ihm und den Menschen, die ihm nahestanden, Bilder seiner Hunde, Briefe, Erstausgaben, tausend kleine persönliche Besitztümer, seine Möbel. Zu den schönsten Kunstwerken der Abbey gehört ein Paar lebensgroßer Geier aus weißem Meißener Porzellan in einer der Galerien.

Reizvoller als das Schloß ist der Park, in dessen waldgesäumten See sich ein Fluß über einen kleinen Wasserfall hinabstürzt. Das viereckige Wasserbecken hinter dem Schloß, Eagles Pond, erhielt seinen Namen nach einem gotischen Lesepult in Form eines Messingadlers, das wohl die Mönche in der Erde versteckt hatten und das zutage gefördert wurde, als man im 18. Jahrhundert das Becken aushob. Das Pult steht heute in Lichfields Münster. Südlich vom Wasserbecken schließt sich ein Felsengarten mit malerisch gruppierten Bäumen an, ein japanischer Garten, dessen Pflanzen aus Japan eingeflogen wurden, ein Eibenteich von dunkler Melancholie, hohe Taxusalleen und zwei ummauerte Gärten. Der eine von ihnen ist mit Rosen in allen Farben rund um eine Fontäne bepflanzt und erinnert an die Paradiesgärtchen auf gotischen Tafelbildern; in dem anderen stehen Iris und Schwertlilien in Weiß und Gelb, Aquamarin und Tintenblau, Purpur und Violett; durch die Lilienbeete ›fließen‹ wie grünliche Gräben dichte niedrige Hecken. Dieser Garten blüht jedes Jahr nur wenige Frühlingswochen lang. Um den Park und seinen halkyonischen Frieden recht tief zu genießen, sollte man ihn am frühen Morgen aufsuchen, ehe Scharen von Touristen auf seinen Wegen lustwandeln, denn nur dann kann man seinen poetischen Zauber voll genießen.

Über die Hochzeitsallee gelangen wir nach Annesley, dessen Bewohner den Byrons durch Liebe und Tod verbunden waren. Etwas weiter liegt *Hucknall*, in dessen Dorfkirche Lord Byron seine Mutter beisetzen ließ. Auch er selbst fand 1824 hier seine letzte Ruhe, und an seiner Seite begraben liegt Ada Augusta, sein einziges legitimes Kind. Der Gedenkstein im Boden wurde 1881 von dem König von Griechenland gestiftet, um Byrons Haltung im griechischen Freiheitskrieg zu würdigen. Byron hatte in Griechenland keine militärischen Erfolge verzeichnen können, aber er opferte Vermögen und Leben, und sein tapferes, entschiedenes Eintreten für das Volk, das nach Jahrhunderten der Unterdrückung versuchte, das türkische Joch abzuschütteln, wirkte in Europa wie ein Fanal. Die Griechen haben Byron nicht vergessen; alljährlich pilgern Scharen von Patrioten vom Piräus zu dem kleinen Grab in der Dorfkirche, deren einziger Charme in fünfundzwanzig Farbfenstern liegt, die C.E. Kempe in den achtziger Jahren des vorigen Jahrhunderts schuf.

Von Hucknall führt eine Straße direkt nach *Eastwood*, dem Geburtsort von David Herbert Lawrence. Die Landschaft zwischen Annesley und Nottingham hat der Schriftsteller in seinen Romanen immer wieder beschworen: pastorale Szenerien, in die langsam die Häßlichkeit des Maschinenzeitalters eindrang, von den Rändern her, von den Schächten der Kohlengruben, an denen sich die grauen nüchternen Bergarbeiterdörfer mit ihren charakterlosen Reihenhäusern ausbreiteten. Lawrence wußte, worüber er schrieb: Er war selbst als Sohn eines dem Trunk verfallenen Bergarbeiters geboren worden, viertes von fünf Geschwistern, die die fleißige, sparsame, sensible Mutter so gut wie möglich durchzubringen versuchte. Lawrence hat in seiner Jugend auf einem Bauernhof gearbeitet, er hat als Stipendiat ein Lehrerstudium absolviert und war in Croydon kurze Zeit Dorflehrer, ehe er sich ganz dem Schreiben widmete. Später zwang ihn sein Lungenleiden, das englische Klima zu meiden. Auch er war, wie Byron, ein Außenseiter der Gesellschaft, ein Rebell, dessen Werke Skandal erregten. Nicht erst die umstrittene ›Lady Chatterley‹, sondern bereits die frühen Bücher wie ›Sons and Lovers‹ und ›Wives and Daughters‹, in denen er ein eindringliches Bild des Lebens in Derby- und Lincolnshire zeichnete. Er liebte seine Heimat, die Schönheit des ländlichen Lebens; er kannte den Namen jedes Grases, jeder Blume, jeden Vogels, aber er wußte auch, wie es in den Häusern der Kumpel und Landarbeiter, der Farmer und Wirte aussah, die er zu den Helden seiner Romane und Kurzgeschichten machte.

Schon das erste seiner Bücher, ›Der weiße Pfau‹, zeigt, welche sprachliche Vollkommenheit er anstrebte; schon mit diesem Buch überflügelte er nach Meinung der Kritiker und Kenner an poetischer Ausdruckskraft sein großes Vorbild, Thomas Hardy, den Dichter von Dorsetshire. Lassen wir uns von ihm auf dem Weg von Hucknall nach Eastwood begleiten:

»Der Sommer war regnerisch gewesen, und alles war spät. Ende September war das Laub noch voll und grün, und der niedergeschlagene Weizen stand in Garben. Ich fuhr durch die stille Süße eines Herbstmorgens. Blaue Nebel falteten sich um die Hecken; gegen die trüben Wände des Morgens traten in der Ferne die Ulmen hervor, die Roßkastanien am Wegrand flackerten mit ein paar gelben Blättern wie mit Blüten. Als ich unter dem Laubgewölbe bei der Kirche hindurchfuhr, roch ich den Hauch kalten verwesenden Laubes nach einem wolkenreichen Sommer.

Ich passierte schweigend die Wege, wo im Schatten das Gras niedergebeugt war, übersät von den graublauen Perlen des Taus, und die nassen wolligen Spinnennetze des Herbstes wie auf dem Webstuhl ausgespannt waren. Braune Vögel schwirrten scharenweise vor mir auf wie windgetriebenes Laub. Ich hörte die fernen Rufe ›Ablösung‹ aus den Zechen, die mir mitteilten, daß es halb

Zwölf war und daß jetzt die Männer und Jungen in der Dunkelheit der Stollen ihr Frühstück aßen, während schattenhafte Mäuse nach den Krümeln haschten, während die Jungen mit ihren roten, rußverschmierten Mündern lachten, wenn die mutigen kleinen Geschöpfe im matten Licht der Grubenlampen zu ihnen aufblickten. Die Hagebutten stachen von den Wipfeln der Hecken scharlachrot lebhaft ab; Dolden roter und grüner Beeren von Winde und Zaunrebe hingen zwischen goldenen Ranken, und die Brombeeren tropften ungepflückt zu Boden. Ich radelte langsam weiter, die welkenden Pflanzen neben mir, die Männer unter mir in der Erde gefangen, und vor mir die Vögel, die hastig an den Hecken entlangstürzten ... Die Straße öffnete sich gegen ein Stoppelfeld, und aus dem leeren Land erhob sich das Gehöft mit seinen Gebäuden wie ein Geschwader alter gemalter Segler, in stillem Wasser treibend. Weißes Geflügel trippelte vorsichtig durch den milden Sonnenschein und die Schatten. Ich lehnte mein Fahrrad an die grauen seidigen Türen der alten Remise. Der Ort atmete Stille.«

Der Verleger Heinemann ließ ein Exemplar des ›Weißen Pfaus‹, dieses Erstlings eines Werkstudenten, im voraus binden: So konnte Lawrence seiner sterbenden Mutter dieses für sie geschriebene Buch noch in die Hände legen.

Lawrence selbst hat später gesagt: »*Das Zentrum aller meiner Nottingham- und Derbyshire-Romane ist die Landschaft um Eastwood, wo ich geboren wurde: und wer immer in Walker Street steht, sieht die ganze Landschaft von ›Söhne und Liebhaber‹ vor sich ...*«

Von hier aus wollen wir uns einem anderen Außenseiter zuwenden, der vogelfrei in den einst undurchdringlichen Eichenwäldern des Sherwood lebte: Robin Hood, Englands Nationalheros.

74

Wo Robins Horn erklang: Nottingham

Unter diesem kleinen Stein
Liegt Robert, Graf von Huntingdon;
Kein andrer Bogenschütz' so gut:
Das Volk nannte ihn Robin Hood.
Geächtete wie ihn und die Seinen
Wird England nimmermehr beweinen.

So lautete die Grabschrift, die Little John seinem Herrn und Freund schrieb, nachdem der Graf in Yorkshire von einer habgierigen Äbtissin ermordet worden war. Robin wurde im wilden Wald begraben, unter dem grünen Rasen, dort, wohin sein letzter Pfeil geflogen war; so hatte der König der Geächteten, der Fürst von Sherwood Forest es selbst bestimmt. Jedenfalls erzählt es die Sage so, die ›Lyttell Geste of Robin Hood‹, die bald nach seinem Tode geschrieben und in Caxtons frühem Druck zum ›Bestseller‹ wurde; so erzählen es die vielen Balladen und Geschichten, die schon in seinem Jahrhundert in ganz England und darüber hinaus kursierten.

Wer war Robin Hood wirklich, hat es ihn jemals gegeben? Das läßt sich nicht mehr eindeutig beantworten. Man hat zwar einen Robert Hood, Förster und Bogenschützen, aktenkundig machen können, aber der lebte in Barnesdale Wood und war kein Graf. Andererseits weiß man, daß es Gruppen und Banden von Geächteten und Wilderern in Sherwood Forest, dem königlichen Jagdrevier der normannischen Herrscher, gegeben hat, und über die bürgerkriegsähnlichen Zustände in England unter der Regierung Richards I. Löwenherz und seines Bruders König Johann, der die Magna Charta unterschreiben mußte, haben wir bereits viel gehört. Robin Hood, so wie er in der Sage lebt, ist sicher eine Idealgestalt mit durchaus richtig gezeichnetem historischem Hintergrund: treu seinem König, ritterlich gegen Frauen, freundlich zu Unterdrückten, hilfreich zu armen Leuten, aber mutig im Kampf gegen die Mächtigen, wie den Sheriff von Nottingham und seine Söldner, die normannischen Barone und den Usurpator Johann, gegen reiche Kaufleute und Klöster, ein edler, fröhlicher, tapferer Mann mit einem Herzen von Gold: ein Volksheld, wie man ihn sich nur träumen kann. *»Die Merry Men aus dem Wald rechnen das Erbauen einer Hütte auf gegen das Brennen einer Burg – das Decken einer Kapelle gegen die Ausraubung einer Kirche – die Befreiung eines armen Gefangenen gegen die Ermordung eines* *stolzen Sheriffs, oder, um der Sache näher zu kommen, die Errettung eines sächsischen Freisassen gegen den Feuertod eines normannischen Barons. Edle Räuber sind sie, um es kurz zu sagen, und höfliche Diebe*«, beschreibt Walter Scott Robin Hoods Männer in seinem Roman ›Ivanhoe‹.

Man darf in Robins ›Merry Men‹ also so etwas wie eine sächsische Untergrundbewegung im Kampf gegen den übermütigen normannischen Hochadel sehen, der im ganzen Land die Macht an sich gerissen hatte. Dieser Kampf verrät schon den revolutionären Geist, der nur wenige Generationen später Wiclifs Reformversuche und Tylers Bauernaufstand beflügelte – auch die Anlässe waren ja sehr ähnlich. Robins Gesellen waren aus den verschiedensten Gründen in die Wälder gekommen: Da waren einmal die strengen Forstgesetze, die nicht nur das Roden und das Erlegen von Rot-, Dam- und Rehwild (Deer) unter strengste Strafe stellten, sondern die oft genug die kleinen Waldbauern, die in den schmalen Tälern, wo Ackerbau gerade noch möglich war, ohnehin hart genug um ihre Existenz zu kämpfen hatten, ganz um Haus und Hof brachten. Die Jagd auf Wildbret, Venison, wurde mit Verstümmelung und dem Tod am Galgen bedroht – wer dennoch wilderte, floh lieber gleich in die Wälder. Dort schlossen sich dann die landlosen Bauern mit den Wilderern, die sächsischen Edelleute, die in dieser oder jener Fehde auf der falschen Seite gekämpft hatten oder aus anderen Gründen geächtet worden waren, mit den aus dem Kloster entsprungenen Mönchen oder zu hart besteuerten Handwerkern zu ihrem eigenen Schutz zu mehr oder minder gut organisierten Banden zusammen. Robin Hood, gleich ob Graf oder Försterssohn, wird ein besonders populärer Anführer einer solchen Bande gewesen sein. Dafür spricht nicht nur die Vielzahl der Balladen und Lieder auf ihn und seine Waldgesellen, sondern fast noch mehr die Menge der nach ihm oder den Seinen benannten Plätze, wie die ›Robin Hood's Hills‹ bei Annesley, ›Robin Hood's Larder‹, eine Eiche, die ihm als Vorratskammer diente, in der Nähe von Edwinstowe, ›Robin Hood's Stables‹ bei Papplewick, oder ›Friar Tuck's Well‹, ein Brunnen im Fountain Dale zwischen Blidworth und Harlow Wood südlich von Mansfield. In der Kirche von Edwinstowe bei Ollerton soll Robin Hood die schöne Maid Marian geheiratet haben, die er aus der Hand seines geliebten Königs selbst empfing, und in der Kapelle von Papplewick hat er selbst die Hochzeit zwischen Alan-a-Dale und dessen Liebster in die Wege geleitet.

Nottingham ist das Tor zum Sherwood Forest mit seinen Eichen,

Birken und Koniferen, mit seinen Abteien, Schlössern und Waldbauerndörfern. In *Nottingham Castle* saß der große Widersacher von Robin Hood, der Sheriff, des Königs allmächtiger Beamter, unter dessen Willkür Adel, Bauern und Bürger oft gleichermaßen seufzten. Der Hügel, auf dem die Burg steht, ist buchstäblich durchlöchert mit Höhlen, Verliesen und geheimen Gängen; einige davon gehen zurück bis in die Römerzeit. Durch einen dieser Gänge kam, so sagt die Fama, der junge König Eduard III., um Mortimer, den Mörder seines Vaters, mit seiner Mutter zu überraschen und den Verhaßten zu erschlagen. Welch guten Gebrauch Robin von diesen Gängen zu machen wußte, ist gleichfalls überliefert. Weniger bekannt ist, daß Karl I. von hier aus seinen Kampf mit dem Parlament begann.

Die alte Burg wurde von den Herzögen von Newcastle im 17. Jahrhundert durch einen schönen, klargegliederten Bau aus hellem Sandstein ersetzt – die Nachfahren von Bess of Hardwick mußten bauen, wo immer sie waren. 1831 drangen die Luddisten, die Maschinenstürmer, in die Burg ein und brannten sie nieder: Sie war ihnen wie schon den Waldbauern zur Zeit Robins ein Symbol ihrer Fron und ihrer Not. Der damalige Herzog von Newcastle ließ sie wieder herrichten, aber der Schock war ihm anscheinend unter die Haut gegangen; er wohnte nie mehr darin. 1878 erwarb die Stadt den Bau und richtete darin ein großzügiges Heimat- und Kunstmuseum ein. Die Galerie zeigt englische Meister vom 17. Jahrhundert bis in die Gegenwart, mit Bevorzugung der Nottinghamer Thomas und Paul Sandby, zwei ausgezeichneten Landschaftsmalern des 18. Jahrhunderts. Aber der größte Schatz, den die alten Mauern umschließen, ist eine Sammlung von mittelalterlichen Alabastern, die Nottinghams Künstler über Englands Grenzen hinaus berühmt gemacht haben.

Ein weiteres Schloß in Nottingham ist heute ebenfalls im Besitz der Stadt und beherbergt in seinen hellen Mauern eines der größten naturwissenschaftlichen Museen Englands: *Wollaton Hall*, das Hauptwerk Robert Smythsons (1536?-1614).

Smythson hatte in seiner Karriere, seit er von Sir John Thynne, dem Erbauer von Longleat House, entdeckt worden war, immer wieder das Pech, an Bauherren zu kommen, die nach der Mode der Zeit ihre eigenen Architekten waren, wie Thynne und Bess of Hardwick. Nur der Sheriff von Nottingham, Sir Francis Willoughby, ließ Smythson bei dem Bau von Wollaton völlig freie Hand, und auf seinem Grabstein in Wollatons Kapelle steht denn auch als Epitaph: ›Robert Smythson, Architekt und Baumeister des höchst würdigen Hauses von Wollaton und mehrerer anderer von großem Wert‹.

Wollaton ist ein verrücktes Haus, ein riesiger zweigeschossiger Bau mit vortretenden Eckrisaliten an der Nord- und Südfassade und vortretenden Mittelrisaliten an Ost- und Westfassade; an den vier Ecken stehen dreigeschossige Türme mit holländischen Giebeln und feinen Fialen. Das alles mag noch hingehen, aber nun kommt die Halle! Sie ist in die Mitte des Hauses verlegt und ragt mit noch zwei hohen Geschossen wie ein schwerer Aufsatz über das Haus hinaus. Auch an ihren Ecken treten Türme vor, und zwar runde, überkuppelte Erkertürmchen. Hier nimmt also die Halle den Platz ein, den in anderen elisabethanischen Häusern die Innenhöfe beanspruchten. Wollaton Hall ist beeinflußt durch Serlios Beschreibung der Poggio Reale für Alfonso V. in Neapel und in der Fülle seiner ausgefallenen Ideen durch die Musterbücher von de Vries: die Rollwerkgiebel, die pseudogotischen Fenster der Great Chamber über der Halle, die Pilasterpaare und Entablaturen gehören dahin. *»Über serlianischem Grundriß erhebt sich eine Art Phantasieburg, etwa im Stil von König Artus oder von Spensers symbolischen Burgen ... Wollaton ist einzig nicht nur im Plan, sondern auch in der hervorragenden Qualität der Ausführung«*, vermerkt John Summerson.

Wollaton Hall entstand zwischen 1580 und 1588; bis 1925 blieb es im Besitz der Familie Willoughby; es liegt ein gewisser Sinn darin, daß man die zoologischen, botanischen und geologischen Sammlungen Nottinghams hier untergebracht hat, denn schon im 17. Jahrhundert lebte und arbeitete hier einer der großen Naturforscher Englands, Francis Willoughby (1627-1705), Ichthyologe und Ornithologe. Er und sein Freund und Schützling John Ray gelten als Vorläufer Linnés und Väter der englischen Naturgeschichte. Willoughby hinterließ eine systematische Geschichte der europäischen Fisch- und Vogelwelt, die von Ray vollendet wurde.

Nottingham ist vorwiegend Industrie- und Handelsstadt, aber keineswegs ohne Charme. Altes und Neues bilden ein urbanes Ganzes; die hügeligen Straßen sind vielfach von schönen Bäumen und Gärten begleitet. Traditionelle Industrien sind die Spitzenherstellung und die Strumpfwirkerei. Heute kommen Zigarettenfabriken, chemische Werke, Lederwarenverarbeitung und elektronische Industrie hinzu, außerdem eine große Fahrradfabrik. Die

Brauereien, die im Mittelalter eine große Rolle spielten, sind jetzt ohne Bedeutung; die Alabasterschnitzerei, die die Stadt einst weltberühmt gemacht hatte, ist völlig ausgestorben.

Nottinghams vielleicht ungewöhnlichstes Gebäude ist das *Rathaus* (Council House). Sein Grundriß und die große Vierungskuppel sind dem Vorbild von St. Paul's in London nachgebildet; hier sind nicht nur die Bürgermeisterei und Ratsstuben, sondern auch alle möglichen Ämter untergebracht; seine Passagen beherbergen elegante Läden, und unter der Riesenkuppel wird Markt abgehalten: ein ›Dom‹ des säkularisierten Zeitalters, um 1920 errichtet am Ort des traditionellen Nottinghamer Geflügelmarktes.

Das *Victoria Centre* am Bahnhof ist ebenfalls ein Einkaufszentrum, um das manche europäische Großstadt Nottingham beneiden darf. Zu seinen hübschesten Einrichtungen gehört die Zeit-Fontäne, eine sieben Meter hohe Metallkonstruktion von Rowland Emett. Vögel, Frösche und Eichhörnchen spritzen Wasser aus einem Felsenbecken auf ein spinnwebartiges Riesenrad mit silbernen, edelsteinbesetzten Schmetterlingen und setzen es in Bewegung. Jede halbe Stunde öffnet sich eine bronzene Sonnenblume und entläßt ein Ballett von Vögeln und Eichhörnchen, die nach einer barocken Cembalomusik tanzen. Diese tönende, schimmernde, sich ständig bewegende Fontänen-Uhr ist immer von einer Menschentraube umlagert: ein Hauch Poesie im nüchternen Alltag der Supermärkte und Selbstbedienungsrestaurants.

Für den Reisenden ist Nottingham auch durch seine alten Gasthöfe interessant. Das Play House mit einem festen Ensemble gilt als eines der besten englischen Provinztheater. Ihm gegenüber liegt die von Pugin entworfene katholische Kirche. Auf allen öffentlichen Verkehrsmitteln in der Stadt wurde der Nulltarif erfolgreich eingeführt. Nottinghams Universität liegt am Rande der Stadt in einem großen Park.

75

Nebelhorn und Blumenfelder: Belvoir Castle–Grantham Spalding–Boston

Aber auf der stillen Seite des Dammes lag die Marsch,
noch unberührt und abgeschlossen in ihrem sonnigen Tal,
wo sich das Wasser träge zwischen den steifen Erlen hinwand,
und die Landstraße mit ihren Eschen am Gartentor vorüberführte.
Wenn man aber vom Gartentor den Weg rechts hinunterblickte,
unter dem dunklen eckigen Aquädukt hindurch,
so lag ganz in der Nähe eine betriebsame Kohlenzeche …

D. H. Lawrence, Der Regenbogen, 1915

In diesen wenigen Worten aus Lawrences Roman tritt uns Lincolnshire in seinem Doppelcharakter entgegen: auf der einen Seite die abgeschiedenen Marschen, die Blumenfelder der Fens, die Rüben- und Kartoffeläcker Lindseys – und daneben immer wieder die Kohlenzechen und die freudlosen Siedlungen der Bergleute, an denen sie dennoch hängen.

Lincoln gliedert sich in die drei Provinzen Kesteven, Holland und Lindsey, wobei Kesteven halb so klein wie Lindsey und doppelt so groß wie Holland gedacht werden kann. Kesteven war einst dicht bewaldet; es ist fast ganz bedeckt von jenem Höhenzug, der sich, nach Norden immer schmäler werdend, von Süd nach Nord durch den Westen Lincolns zieht und zu jener Kalksteinbrücke gehört, die in diagonaler Richtung durch England von West nach Nordost verläuft: Wir haben sie immer an dem goldenen Oolithgestein erkannt, aus dem in ihrem Verlauf Dörfer und Städte erbaut wurden, und auch die schönen Perpendikularkirchen in Kerstevens Bauerndörfern sind aus diesem Stein errichtet. Über diesen Höhenrücken läuft die römische Ermine Street, die sich bei Lincoln mit dem Fosse Way kreuzt.

Unsere Straße, die uns von Nottingham nach Osten führen soll, wird schon gleich nach Nottingham vom Fosse Way geschnitten, und bald darauf überschreiten wir die Grenze nach Lincolnshire, in das hier noch einmal Leicestershire mit einem Zipfelchen hineinragt. In diesem Zipfel finden wir *Belvoir Castle*, das seit den Zeiten Heinrichs VIII. in den Händen der Grafen von Rutland ist, die es mit kostbaren Gemälden von Holbein und Poussin, Gainsborough und Reynolds, mit barocken Gobelins und prächtigen Möbeln angefüllt haben. Es thront mit Zinnen, Türmen und Türmchen hoch über dem Tal von Belvoir: Aber der Anblick täuscht, denn für diese mittelalterliche Kulisse ist James Wyatt, der Kraftmeier der englischen Neugotik, mehr verantwortlich als die ursprünglichen Erbauer. Wyatts Entwürfe verbinden extravagante Unregelmäßigkeit mit einer glatten, meist uninspirierten Kälte, was auch an vielen seiner Kirchenrestaurierungen auffällt. Es fehlte ihm an Phantasie, auch an Verantwortung vor dem Eigenwert einer Architektur. Belvoir genießt man darum auch am besten nur aus der Ferne, als Silhouette über der zauberhaften Flußlandschaft, wenn nicht die Sammlungen den Kunstfreund locken.

Über einen Landweg gelangen wir nach *Woolsthorpe Manor* im Weichbild des Städtchens Grantham; es ist ein freundliches Haus aus dem 17. Jahrhundert, das vor allem die Bewunderer von Newtons Genie anzieht, der in diesen Gemächern geboren wurde. Etwa drei Kilometer von Grantham entfernt steht *Belton House*, ein Sir Christopher Wren zugeschriebener Bau, der 1685 für Sir John Brownlow errichtet wurde. Die Zuschreibung ist sehr umstritten, erhält allerdings einen Hauch von Wahrscheinlichkeit durch die Tatsache, daß Wrens langjähriger Mitarbeiter Grinling Gibbons die Schnitzarbeiten ausgeführt hat. Die Bauleitung hatte mit Sicherheit William Stanton. Belton House gilt als eine der besten zeitgenössischen Kopien von Clarendon House, der ersten Villa im Stil des klassizistischen Barock in London, die Roger Pratt um 1664 bis 1667 erbaut hatte und von der wir uns nur durch die Kopien ein Bild machen können, da sie bereits 1683 zerstört wurde.

Grantham ist eine schöngelegene alte Stadt, deren Geschichte sich bis in die Tage Eduards des Bekenners zurückverfolgen läßt. Von der normannischen Zeit erzählen die Arkadenpfeiler der Kirche St. Wulfram, die dann in der Gotik völlig umgebaut wurde und mit ihrem hohen Spitzturm recht hochmütig auf das Häusergewimmel zu ihren Füßen herabblickt. In der Kettenbibliothek in der Kirche kann man über achtzig mittelalterliche Folianten bestaunen. Schräg gegenüber St. Wulfram liegt mitten im Ort das parkumgürtete Grantham House, ein Herrenhof aus der Tudorzeit, der im festlichen 18. Jahrhundert einige Umbauten über sich ergehen lassen mußte. In der King's School lernte nicht nur der kleine Newton, sondern auch schon Lord Burghley, Elisabeths Vertrauter, sein erstes Latein. Die behaglichen Gasthöfe erzählen von der Postkutschenzeit, als man in Grantham auf dem Weg von oder nach London die Pferde zu wechseln pflegte.

Bald hinter Grantham sehen wir die Ebene sich dehnen, soweit das Auge reicht. Hier beginnt Holland, Lincolnshires blühende Ostprovinz. Es ist eine großzügige Landschaft mit riesigen Korn- und Blumenfeldern, Rüben- und Kartoffeläckern. Eine Landschaft der fernen Horizonte, in deren Küste sich die Nordsee mit der viereckigen Bucht ›The Wash‹ tief eingefressen hat, Städte und Dörfer unter sich begrabend. Wie in East Anglia gehört auch in den Fens von Holland das Tuten des Nebelhorns zum Alltag der Küstendörfer. Aus dem einst unzugänglichen Sumpfgebiet, in dem nicht viel anderes gedieh als fette Aale, haben die großen Ackerbaubarone im 17./18. Jahrhundert mit neuen Drainagemethoden wie in den anderen Fengebieten den Boden trockengelegt und daraus eine der fruchtbarsten englischen Provinzen gemacht. Heute allerdings ist das Fenland durch Erosion erneut gefährdet. Zu dünn ist die Schicht guten Erdreichs über dem Sumpfboden, zu leicht wird sie ein Raub des gierigen Atems des Meerwindes. Darum wird heute in den Fens zum Schutz vor dem Wind wieder angepflanzt, was erst im vorigen Jahrhundert überall in Ostengland den neuen ökonomischen Bewirtschaftungsmethoden zum Opfer gefallen war: Hecken und Bäume. Denn sonst, so haben die Wissenschaftler der landwirtschaftlichen Versuchsanstalten herausgefunden, läßt sich ausrechnen, wann die Fens erneut Ödland sein werden.

Aber noch blüht Holland und in ihm sein Klein-Amsterdam *Spalding* am Welland. Durch die Kaufmannsstadt zieht sich windungsreich der Fluß wie eine Gracht, immer wieder überfangen von alten und neuen Brücken, der in seiner Flut behäbige Gasthöfe, mittelalterliche Kirchtürme und die niederländisch geschwungenen Erkergiebel der Ayscoughfee Hall aus der Tudorzeit spiegelt. In der Hall ist ein interessantes Vogelmuseum untergebracht. Sie gehörte im 18. Jahrhundert Maurice Johnson, einem Gelehrten, der die ›Gentlemen's Society of Spalding‹ gründete, aus der die berühmte ›Society of Antiquarians‹, die englische Archäologische Gesellschaft, hervorging, die sich auch sehr um den Denkmalsschutz des Landes hervorgetan hat. Der Sitz der Society in der Broad Street ist heute Spaldings archäologisches und heimatkundliches Museum; es ist jedoch nur nach Anmeldung zugänglich.

Spalding wird umschlossen von Tulpenfeldern, Englands reichstem Blumenanbaugebiet. Für ihre Gäste hält die Stadt einen riesigen Schaugarten, die *Springfields*, bereit: mehr Augenfreude kann auch das wirkliche Holland nicht bieten. Alljährlich im März findet eine farbenprächtige Blumenparade statt, zu deren Ausschmückung einige Millionen Tulipane und Narzissen ihr zartes Leben lassen müssen.

Architektonisch markanter noch ist das etwas nördlicher gelegene *Boston* an der Witham-Mündung. Der über achtzig Meter hohe ›Boston Stump‹, der stumpfe Turm ihrer St. Botolphs-Kirche, ist ein von den Marschen und vom Meer her weithin sichtbares Seezeichen. Den feingegliederten, noblen Bau krönt ein von Schwibbogen gestütztes Oktogon: Diese achteckige Laterne sandte nachts in weitem Strahl ihr Leuchtfeuer über die See hinaus.

Von Boston aus machten 1607 die Pilgrim Fathers ihren ersten fehlgeschlagenen Auswanderungsversuch. In der Guild Hall in der South Street kann man noch heute die Zellen sehen, in denen sie für ihre Überzegungen büßten. Als sie später in der neuen Heimat Amerika Fuß gefaßt hatten, gründeten sie Boston in Massachusetts.

Boston ist eine reiche Hafen- und Handelsstadt gewesen, wie die großen Lagerhäuser noch verraten. Im 13. Jahrhundert hatte es als Einfuhrhafen sogar London überrundet. Weniger die Pest und die große Flut von 1671 brachten den wirtschaftlichen Abstieg, als vielmehr die Verlagerung des Handels an die Westküste im 16./17. Jahrhundert. Aber noch mancher große Entdecker, so Sir Joseph Banks, der Gefährte Captain Cooks, und George Bass, der Entdecker der Straße von Tasmania, segelten von hier aus ihrem Stern nach.

76

Wo die schimmernde Küste sich dehnt: Wainfleet–Skegness Horncastle–Grimsby–Caistor

Und die stolzen Schiffe ziehn hin
Wo die schimmernde Küste sich dehnt …
Alfred Tennyson, Poems, 1842

Nahe der Küste fahren wir nach Norden, in ein einstiges Königreich der Friesen und Angeln, Lincolnshires größte Provinz: Lindsey. Lindsey war einst fast eine Insel, im Osten begrenzt vom Meer, im Norden von der mächtigen Mündung der Ströme Ouse und Trent, dem River Humber, im Westen vom Lauf des Trent und im Süden von den damals unzugänglichen Mooren des Fenlandes. In diesem

Teil Nordostenglands konnten sich die Einwanderer nach dem Abzug der Römer aus ihren Lagern recht sicher fühlen. Aber schon vom 7. Jahrhundert an mußten die Lindiswaras abwechselnd die Oberhoheit der mächtigeren sächsischen Nachbarreiche Mercia und Northumbria anerkennen, und bis zu den Zeiten Alfreds des Großen fielen immer wieder dänische Siedlerscharen über die leicht zugängliche Küste her. Im Mittelalter blühten Lindseys Häfen auf, mußten ihren Einfluß aber, wie fast alle im Osten, im 16. Jahrhundert an die westenglischen Häfen abgeben. Ähnlich war es mit dem Wollhandel und der Weberei im flachen Ostengland, dessen träge Flüsse keine Spinnmühlen antreiben konnten. Noch heute beruht die Industrie Lincolnshires vor allem auf der Verwertung landwirtschaftlicher Produkte und in der Herstellung landwirtschaftlicher Maschinen. Kohlenbergbau, ein wenig Eisenverhüttung, Fischverwertung und Seilerei kommen dazu. Aber entlang unserer Straße erstreckt sich eine unberührte Landschaft wie seit Jahrhunderten.

Wie seit Jahrhunderten? Der Eindruck täuscht. Einst führte die Straße wirklich am Meer entlang, und unser erstes Ziel, der kleine Ort *Wainfleet*, war damals noch Hafen. Das Meer nimmt, aber es gibt auch. Den Strand, den es woanders weggerissen hat, hat es hier wieder angeschwemmt. In Wainfleet wurde der große Bischof von Winchester, William of Waynflete, geboren, der unter anderem 1484 in Oxford das Magdalen College gründete und auch seiner Vaterstadt eine Schule stiftete. Von Wainfleet aus schiebt sich eine Landnase in die See, *Gibraltar Point* genannt, ein Naturschutzgebiet mit eigener Vogelwarte. Man kann von dort aus bis Skegness am Meer entlangfahren oder auf einem Küstenpfad wandern. *Skegness* ist ein beliebter Badeort mit einem fast zehn Kilometer langen Sandstrand, tief ins Meer ragendem Pier, einem Vergnügungspark, Schwimmbädern und gepflegten Strandanlagen. Als Alfred Lord Tennyson hier lebte, war es noch ein winziges verschlafenes Fischernest. Nach einem Spaziergang *»morgens um fünf zwischen blühenden Hecken«* dichtete Tennyson hier 1842 ›Break, break, break‹, eines seiner besten Lieder, das er 1884 auch in seine ›English Idyls and other Poems‹ aufnahm: *»Oh glücklich der Fischerknabe, / Der spielt mit der Schwester im Sand / Oh glücklich der Junge, der jauchzend / Treibt seinen Kahn an Land«* – wie es Levin Schücking übersetzt hat.

Parallel zur Küste verlaufen die gewellten Rücken der Lincoln Wolds, einer Kalkhügelkette. Dort, etwa zehn Kilometer von Skegness entfernt, finden wir linker Hand der Straße *Gunby Hall*, ein Landhaus, das Tennyson sehr geliebt hat:

Ein englisches Haus – graues Zwielicht rann
Über die tauigen Bäume und Wiesen
Sanfter als Schlaf – und Ordnung spann
Ihr Netz um diese Zuflucht Goldnen Friedens'…

Fest und klar, drei Geschosse unter dem flachen Dach, eine Freitreppe, ein barocker Volutengiebel, steht es da, ein tiefviolettes Backsteinhaus mit weißen Eckverblendungen und Simsen und großen spiegelnden Fenstern. Es wurde um 1700 von einem Schüler Wrens erbaut. Die getäfelten Räume zeigen die gleiche zurückhaltende Eleganz wie das Äußere. In Salon hängt ein Porträt von Bennet Laughton und seiner Gattin von der Hand Reynolds. Laughton war mit Dr. Johnson und Boswell befreundet, der ihm sein ›Leben des Dr. Johnson‹ widmete: Es ist die einzige vom Autor signierte Ausgabe, die es in England von diesem Werk gibt.

Horncastle am Bain liegt ebenfalls in den Wolds; es spielt eine Rolle in George Henry Borrows Zigeunerroman ›Lavrengo‹, wo der Dichter uns eine anschauliche Schilderung des berühmten Pferdemarktes gibt, der alljährlich im August die Pferdenarren und Roßtäuscher aus halb Europa nach Horncastle brachte: *»Einer Regung folgend, tat ich für das Pferd, was ich für keinen Herrn der Welt täte: ich zog den Hut, jawohl, ich zog vor dem sagenhaften Pferd, dem besten in ganz England, den Hut und stimmte in die Bewunderungsrufe der Umgebung ein. ›Ein solches Tier wird nie wieder zu sehen sein; schade, daß es schon so alt ist‹.«* Horncastle war, wie so viele Städte in Ostengland, eine Römergründung: Wie sie an der Küste von Sussex und Kent die Downs bevorzugten, so hatten es ihnen auch die Wolds von Lindsey angetan. Banovallum lautete Horncastles römischer Name: ›ummauerter Platz am Bain‹. Reste der Römermauern sind im Innern der Stadt noch sichtbar und wurden zum Teil in unserem Jahrhundert in neue Gebäude, wie etwa die Stadtbibliothek, miteinbezogen. Sellwood House ist das Heim der Schwestern Louisa und Emily Seymour gewesen, die die Brüder Charles und Lord Alfred Tennyson heirateten.

Über die geschäftige Marktstadt Louth mit ihrer prächtigen Perpendikularkirche, wo im 16. Jahrhundert ein Aufstand gegen Heinrichs VIII. Politik der Klosterenteignung ausbrach, fahren wir weiter nach *Grimsby* an der Humbermündung, um uns nicht den größten Fischmarkt der Welt in seinem modernen ›Fish Dock‹ entgehen zu lassen. Allein mehr als die Hälfte aller für England bestimmten Schollen und Butte werden hier angelandet, Hunderttausende der flachen, dunklen, rotgepunkteten oder goldschuppigen Fischleiber sieht man in Körben und Becken glitzern.

Grimsby hat eine hübsche Entstehungssage: Der Fischer Grim verbarg, so heißt es im Haveloklied, in der Bucht den ausgesetzten Dänenprinzen Havelok, dessen Vater von seinen Widersachern ermordet worden war. Als der Königssohn seine Krone und sein Land zurückgewonnen hatte, belohnte er den armen englischen Fischer, der sich seiner erbarmt hatte, fürstlich, und dieser gründete mit dem ihm zuteil gewordenen Schatz in der Bucht einen Siedlungsplatz: Grimsby. Schon im späten Mittelalter blühte der Hafen der Stadt; damals erhielt Grimsby eine eigene Charter und eine gotische Kirche, die leider im vorigen Jahrhundert sehr durch eine ungeschickte Restaurierung gelitten hat. Der Humberhafen versandete, wurde aber im 19. Jahrhundert wieder instand gesetzt und erhielt eine Reihe neuer Docks. Diese Investitionen zahlten sich aus: Grimsby wurde frühzeitig an das entstehende Eisenbahnnetz angeschlossen und konnte bald das ganze Industriegebiet Mittel- und Nordenglands mit frischen Fischen und Meeresfrüchten aus Nord- und Ostsee beliefern. Je weiter sich die Fischer mit den neuen Dampf- und Motorschiffen aufs Meer hinauswagen konnten, je weniger Zeit sie im Hafen verbringen wollten, um so wichtiger wurde für sie ein leistungsfähiger Hafen wie Grimsby, der seine Anlagen den modernsten Entwicklungen anzupassen verstand.

Aus dieser Welt voll Geschäftigkeit, Salz-, Teer- und Fischgeruch flüchten wir wieder in die Stille der Wolds, wo wir am Wege *Caistor* finden. Caistor war schon alt, als die Römer es eroberten und zu einem Castrum ausbauten, denn schon die Briten hatten den Hügel für gut befunden, um dort ein befestigtes Lager, Caer-Egarry, aufzuschlagen. Längst hat der Ort alles Kriegerische verloren und ist in einen behaglichen Frieden versunken. Die römischen Mauerreste im Garten des Rektors der alten Lateinschule wirken wie Relikte barbarischer Zeiten in dieser Welt gesitteter Bürgerlichkeit. Zuletzt erfüllte im 9. Jahrhundert Waffenlärm die Gegend, als 828 Egbert von Wessex den König von Mercia schlug. Briten, Römer, Sachsen, Normannen – neben der alten Kirche im angelsächsisch-normannischen Mischstil steht ein Römerbrunnen, dauerhaft wie alles, was dieses Volk baute, und aus ihm schöpfen die Bürger der Stadt noch heute.

BORWICK'S
POWDER

ALLS
WINE M
MACLAREN

VII ATKINSON GRIMSHAW
Der Kai in Liverpool bei Mondlicht
Öl auf Leinwand, 1887

The Tate Gallery, London

77

Engel, Gnom und Teufel: Lincoln

Geburt und Tod enthaltend, alle Lebensmöglichkeiten, blieb die Kathedrale schweigend, ein grandioser, eingelassener Same, dessen Blüte strahlendes, unfaßbares Leben sein würde, dessen Beginn und Ende aber der geschlossene Kreis des Schweigens war. Überwölbt vom Regenbogen, enthielt die juwelengleiche Dämmerung Musik der Stille …

D. H. Lawrence, Der Regenbogen, 1915

Auf dem Grat des Höhenzuges aus Oolithgestein, der parallel zu den Lincoln Wolds den Westen der Grafschaft durchzieht, verläuft die Ermine Street, als hätten sich die römischen Eroberer nur auf der Höhe vor den Gefahren des umgebenden Sumpflandes und der dichten Wälder sicher gefühlt. Mitten im Lauf wird dieser Höhenzug einmal jäh unterbrochen, in zwei Stücke zerrissen – dort, wo sich der Fluß Witham ein tiefes Tal gefressen hat, zu dem die Kalksteinklippen dramatisch abfallen. Auf dem Nordkliff erhebt sich Lincoln, Grafschafts- und Kathedralstadt, das Lindum der Römer, die ›Blume von Lindsey‹.

Das römische Lindum Colonia wandelte sich unter den Angelsachsen zu einem Monasterium, einem Münster, das der mächtige Bischof von Dorchester-on-Thames, der damaligen Hauptstadt, errichten ließ, um von dort aus den Norden zu missionieren. Als die Normannen kamen, wurden die gelehrten sächsischen Seelenhirten durch stolze Kirchenfürsten abgelöst, denn der Sitz wurde von Dorchester nach Lincoln verlegt, und die Kirche zu Unserer Lieben Frau mußte einer normannischen Kathedrale weichen, der später ein noch prächtigerer Bau dieses Stils folgte. Lincolns *Kathedrale* gründet auf diesem späteren Normannendom, aber so wie wir sie heute erleben, ist sie in erster Linie eine gotische Schöpfung, die Selbstvollendung der englischen Frühgotik.

Mit Ausnahme von York Minster ist Lincolns Kathedrale der raumgreifendste Dombau Englands: eine Basilika mit zwei Querhäusern, mächtigen Portalvorbauten, dreischiffigem Chor und großem Retrochor mit Seitenkapellen, einem weiten Kreuzgang und polygonalem Kapitelhaus. Diese nervös gegliederten Gebäudemassen werden überragt von den drei Türmen, die sich in jubelndem Triumph über Dom und Stadt erheben und von ihrer hohen Klippe weit in die Ebene hinaus das Land grüßen.

Die drei *Türme* sind über quadratischem Grundriß errichtet; ihre Eckstreben tragen schlanke Spitzen. Die normannischen Westtürme zeigen in den unteren Geschossen noch drei Reihen rundbogiger Blendarkaden; darüber erhebt sich eine Zone mit Zwillingslanzettfenstern unter hochgespitzten Tudorbogen, die ihre ohnehin gestreckte, noble Form noch überhöhen. Die Obergeschosse wurden um 1380 fertig. Der normannische Vierungsturm war während des Umbaus des Schiffes im 12. Jahrhundert eingestürzt; sein Wiederaufbau im gotischen Stil begann um 1239. Er zeigt im Sockel kräftige gotische Blendarkaturen und einen geometrischen Maßwerkfries; darüber ebenfalls je zwei hohe Lanzettfenster zu jeder Seite. Das Maßwerk ist mit Krabben und Ballenblumen besetzt, wodurch die massige Schwere des Kolosses aufgelöst wird; die goldene steinerne Haut des Turms ist geschmückt mit Bauornamentik von der Eleganz zeitgenössischer Juwelen.

Die normannische *Westfront* verschwand in der Gotik hinter einer schreinartigen Schmuckwand; das hohe normannische Mittelportal wurde in einen riesigen Spitzbogen verwandelt, über dem der spitze Schmuckgiebel des Langhauses zwischen den Türmen hervortritt. Das Bogenfeld ist mit einem jener Rhombenmuster, wie wir sie vor allem aus Kent und East Anglia kennen, und mit Maßwerk geschmückt. Die vorgeblendete Fassade selbst ist mit gleichförmigen, enggegitterten Blendbögen in langen Reihen überzogen, die die Horizontale überdehnen und zu kaum noch erträglicher Spannung steigern, als wollten sie gegen das Himmelsstrebende der Türme protestieren und den Bau beschweren, ihn auf seinem luftigen Hügel gleichsam verankern.

Das Mitteltor zeigt noch die normannischen Archivolten und Skulpturen, die gerade in dem gotischen Rahmen eine archaisch anmutende Kraft ausstrahlen. Dieses Tor wird nur geöffnet, wenn der Bischof in Prozession in die Kathedrale einzieht. Wir begeben uns durch eines der Seitenportale ins *Innere*, um uns von dem weiten, heiteren Atem des Schiffes gefangennehmen zu lassen. Einige wenige Daten zur Baugeschichte: Der Neubau des Langhauses im gotischen Geschmack begann nach einem Erdbeben um 1185 unter der Ägide des heiligen Hugh von Avalon, der in jenem Jahr zum Bischof von Lincoln geweiht worden war. Unter ihm und seinem Nachfolger Robert Grosseteste wurden Langhaus, Chor, westliche Querschiffe, der Unterbau der Vierung, die Westfassade und das Kapitelhaus errichtet. Der Retrochor, Lincolns Stolz, mit dem Grab Hughs, und die Kreuzgänge entstanden in der zweiten Hälfte des 13. Jahrhunderts. Das breite Westfenster und die Kapellen des Retrochors wurden im lichthungrigen Stil des Perpendikular hinzugefügt.

Reiz und Geheimnis der Kathedrale von Lincoln, deren Mystik D.H. Lawrence zu seinem Roman ›Der Regenbogen‹ begeistert hat, liegt in dem uneingeschränkt Englischen ihrer Formenwelt. Hören

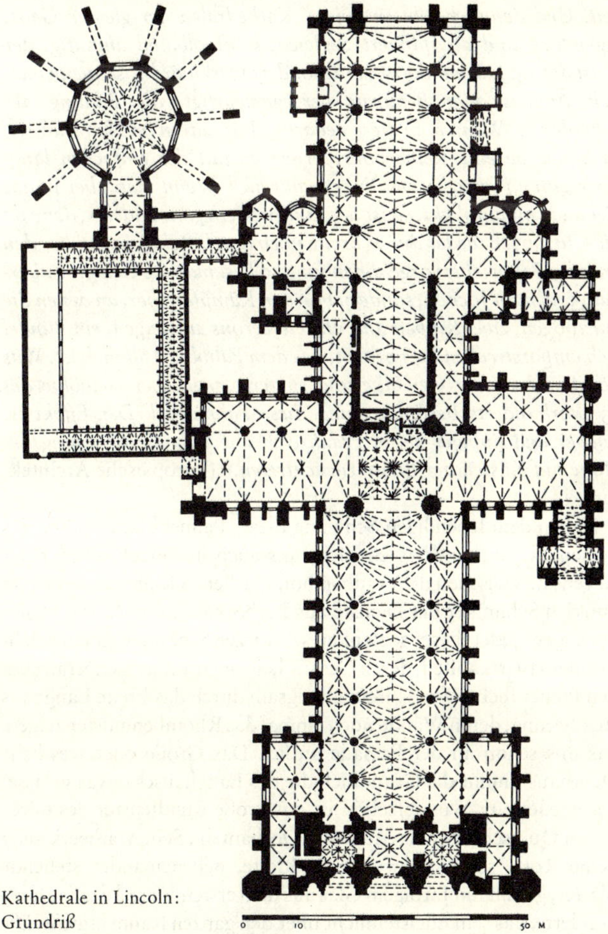

Kathedrale in Lincoln:
Grundriß

wir Nikolaus Pevsner: »*Der Unterschied zwischen englischer und französischer Auffassung wird besonders deutlich, wenn man die Kathedrale von Lincoln mit der von Reims vergleicht: Reims scheint durch einen energischen Willen kraftvoll zusammengedrängt, während Lincoln sich nach allen Seiten hin ausbreitet. Vergleicht man das im Jahr 1233 gedeckte Mittelschiff von Lincoln mit dem von Amiens, so zeigt sich der Unterschied noch einmal mit aller Deutlichkeit. Und dennoch lebt in beiden Kathedralen der gleiche Geist, jugendlich und diszipliniert zugleich, kraftvoll und anmutig, der Geist des 13. Jahrhunderts.... Besonders merkwürdig ist, wenn man sich Amiens oder Beauvais vergegenwärtigt, die Bildung der Gewölbe ... Wenn man diese neuartige Formation im Plan studiert, so bildet sie eine Reihe von Sternen anstatt der einfachen langgestreckten französischen Diagonalkränze. Wenn man aber in das Gebäude hinaufblickt, so ist der Eindruck ein ganz anderer, denn da die Gurtbögen weder durch Breite noch durch Relief gegenüber den anderen Rippen hervorgehoben sind, so liest man die Gewölbe überhaupt nicht in Jochen, sondern von den Kämpfern her, an denen die Gurtbögen, zwei Rippen und die Tiercerons aufsteigen, ein Bündel sich emporstreckender Formen, das dem Palmblatt ähnlich ist. Was den Eindruck der Gewölbe und späterer englischer Gewölbe des 13. Jahrhunderts bestimmt, sind diese Palmwedel. Der Effekt ist reicher und üppiger als in Frankreich und läßt die Betonung der Höhe auf Kosten der Breite zurücktreten.*« (Europäische Architektur)

Neben dem lebendigen Schwung dieser Palmenblattgewölbe des frühen 13. Jahrhunderts entzückt uns auch in Lincoln wieder der Gegensatz zwischen dem rauhen honigfarbenen Kalkstein und dem dunklen Schimmer der Dienste aus Purbeckmarmor, die die Pfeiler umringen. Jeder dieser schlanken schwarzen Schäfte trägt ein kelchförmiges Blattkapitell, deren Gesamtheit einen anmutigen Kranz um den Pfeiler flicht. Wir schreiten langsam durch das breite Langhaus zur Vierung, deren Wände noch einmal das Rhombenmuster zeigen, das uns schon an der Fassade auffiel. Das Große oder westliche Querhaus nimmt die Grundmelodie des Langhauses etwas gelassener wieder auf. Wunderschön ist das große Rundfenster des nördlichen Querschiffes, das ›Auge des Dechanten‹. Sein Maßwerk zeigt keine Rose, sondern zwei feingeäderte, nebeneinander stehende Blätter, gefüllt mit farbigem Glas aus dem ersten Viertel des 13. Jahrhunderts, das sein Edelsteinlicht über den ganzen Raum ergießt. Die

Glasmalereien in den Lanzettfenstern des nördlichen Querschiffes von Harry Stanmers und Christopher Webb sind dagegen 20. Jahrhundert.

Der *Chor St. Hugh's* gleicht im Aufriß weitgehend dem Langhaus; sein reich geschnitztes Gestühl gehört zu den besten im Königreich. Der steinerne Altarbaldachin und die Chorschranken sind 18. Jahrhundert, aber das Ostergrab im Decorated Style ist echt. Vor dem Altarraum entsteht durch das Einmünden des Kleinen Querhauses eine zweite Vierung. Das Grab des heiligen Hugh, dieses fähigen, von König Heinrich II. eingesetzten Bischofs, wurde in der Revolution zerstört; nur die steinerne Pfeilernische, in der einst der Silberschrein mit seinem Haupt stand, ist im Retrochor noch zu sehen.

In den *Retrochor* gelangen wir durch eines der Chorseitenschiffe. Er wird sowohl im Volksmund wie von der Kunstgeschichte ›Engelschor‹ genannt wegen der Engelreliefs, die die Zwickel zwischen den Triforiumsarkaden füllen. *»Er ist von großer Schönheit, aber die schwelgerische und üppig reife Dekoration besitzt nicht mehr die Frische des Frühlings oder des beginnenden Sommers, wie die älteren Bauteile von Lincoln, sondern hier herrscht die Fülle und Süße von August und September, von Kornernte und Weinlese. Wie vollendet ist das prangende Laubwerk der Konsolen, sind die Dienste und Kapitelle der Empore, wie schwelgerisch und kraftvoll ihr Maßwerk und ihre Arkaden!«* (Pevsner) Und zwischen dem Laubwerk sitzen die steinernen, schlanken, großgeflügelten Engel und singen und geigen. Mitten unter ihnen, am vorletzten Pfeiler, hockt mit einem breiten Grinsen auf dem häßlichen Faunsgesicht der ›Imp‹ von Lincoln, ein boshafter Gnom, der einst, als der Satan seinen Gehilfen Urlaub gab, um sich auf der Erde zu verlustieren, solange in der Kathedrale seinen groben Unfug trieb, bis die erbitterten Engel ihn versteinern ließen. Aber sein Gefährte, der Wind, der draußen vor dem Portal auf ihn zu warten versprochen hatte, treibt dort noch immer sein Unwesen, wie jeder Besucher bestätigen kann, womit die Wahrheit der Legende sicher auch für Zweifler ausreichend bewiesen ist.

Das *Kapitelhaus* von Lincoln entstammt der reinen Formenwelt der englischen Frühgotik; es zeigt das übliche Palmbaumgewölbe über zehneckigem Grundriß, von einer Mittelstütze getragen, und schlanke Zwillingslanzetten. Den breiten Schmuckbogen des Eingangs ziert krauses Laubrelief. Der Raum entstand zwischen 1220 und 1235. Der hohe geschnitzte Gebetssessel (die Lehne ist viktorianische Zutat) diente Eduard I. als Thron, als er 1280 an der Weihe des Engelschores teilnahm. Hier in Lincoln überraschte ihn der Tod seiner geliebten Gemahlin Eleanore von Kastilien; ihre Eingeweide wurden nach der Balsamierung der Leiche im Engelschor beigesetzt; ihren Sarg ließ der verzweifelte König nach Westminster bringen. Wir kennen den Verlauf des traurigen Zuges, da Eduard an jedem Rastort eines der berühmten ›Eleanor-Kreuze‹ aufrichten ließ. Das erste dieser Kreuze, von denen eine ganze Anzahl der Zeit zum Opfer gefallen sind, erhob sich einst zwischen der Kathedrale und der benachbarten Burg Lincolns. Ein Steinbild von König und Königin grüßt die Stadt noch heute vom südlichen Außenbau der Kathedrale.

Von dem gotischen *Kreuzgang* stehen nur noch drei Flügel; den Nordflügel hat im 17. Jahrhundert Sir Christopher Wren erneuert: Über seiner fast dreißig Meter langen Kolonnade mit dorischen, rosenumrankten Säulen erhebt sich ein schlichter Saalbau, der die kostbare Münsterbibliothek mit ihren über zweihundertvierzig vorreformatorischen Handschriften aufnahm. Die Kopie der Magna Charta aus der Zeit der Unterzeichnung, ein Schatz der Kathedrale, befindet sich hier. Eine andere Kostbarkeit, der frühnormannische Marmortaufstein mit einem phantasievollen Relief, das geflügelte Fabeltiere darstellt, steht im südlichen Seitenschiff des Langhauses.

An der Westseite der Kathedrale erhebt sich mit nicht minderem Hochmut als der Kirchenbau Lincolns *Burg* mit abweisenden Türmen und Mauern, eine Gründung Wilhelms des Eroberers. Normannisch sind der Ausguckturm und der Burgfried; Cobb Hall entstand im 14. Jahrhundert als düsteres Verlies; auf ihrem Dach wurden noch im vorigen Jahrhundert die zum Tode Verurteilten hingerichtet.

Wenn man über den Burgberg zur Stadt hinuntersteigt, findet man am *Castle Hill* ein prächtiges Tudorhaus mit drei schwungvollen Fachwerkgiebeln und in der *Strait* zwei normannische Steinhäuser, beide noch bewohnt, aus der zweiten Hälfte des 12. Jahrhunderts, ›The Jew's House‹ und ›Aaron's House‹ genannt. Die Juden, vermutet man, waren die ersten, die in England steinerne Wohnhäuser bauten, möglicherweise aus Gründen der Sicherheit, da Steinhäuser sich nicht so leicht in Brand setzen lassen; vielleicht nur aus Tradition, oder auch, weil sie einfach über größere Barmittel verfügten als es in jener noch weitgehend auf den Tauschhandel ausgerichteten Gesellschaftsordnung des englischen Ackerbürgertums üblich war. Etwas weiter unten am Berg gelangen wir in die zur Stadt hinabführende High Street, über die sich der *Stonebow* spannt, ein Torbau aus der Tudorzeit, dessen oberstes Geschoß als Ratshalle dient. Die Ratsversammlungen werden noch heute durch eine um 1387 gegossene Glocke einberufen. Die Statuen zu beiden Seiten des Tores verkörpern die Jungfrau Maria und den Erzengel Gabriel.

Wir gehen über die Silver Street und Lindum Road zur *Usher Art Gallery:* Sie beherbergt außer den hinreißenden Landschaften Peter de Wints Erinnerungen an den in der Nähe Lincolns geborenen Dichter Tennyson, dessen Statue in der Domfreiheit steht, und die preziöse Schmuck- und Uhrensammlung des Liebhabers James Ward Usher. Die archäologischen Funde der Grafschaft sind in einem ehemaligen Franziskanerkloster im Stadtmuseum in Broad Gate ausgestellt.

Verlassen wollen wir Lincoln über die Ermine Street (Newport Road), über die sich ein mächtiger Steinbogen spannt: *Newport Arch*, das einzige vollständig erhaltene Römertor Englands, unter dem sich noch immer der gesamte Verkehr der Ermine Street hindurchwälzt. Diese herrliche, schnurgerade nach Norden vorstoßende Straße, die nur einmal einen kleinen Bogen schlägt, als habe der Ingenieur aus Versehen seinen Daumen an das Lineal gehalten, soll uns jetzt an die Humbermündung bringen, wo wir uns von New Holland nach Yorkshires großem Hafen Hull übersetzen lassen wollen. Über Lincoln späht vom Dach der Kathedrale der Teufel-Wasserspeier aus wie seit Jahrhunderten – aber die Engel im Chor halten gute Wache.

DEN EBER IM WAPPEN

Yorkshire: Humberside – South-, West- und North-Yorkshire – Cleveland

Yorkshire, hervorgegangen aus einem Königreich der Angeln namens Deira, war immer Englands größte, mächtigste und stolzeste Grafschaft. Das benachbarte Lincoln, das ihm an Größe am nächsten kommt, mißt nur die Hälfte an Fläche. Wer Yorkshire hält, lautete ein altes Sprichwort, hält England; ein anderes sah in York den heimlichen Schlüssel zum Königreich. Der Titel des Herzogs von York wurde oft einem der königlichen Prinzen verliehen; 1461 stieg das Haus York aus dem Stamm der Plantagenets zur Königswürde auf, die es bis 1485, dem Jahr der Machtergreifung der Tudors, behaupten konnte. Sinnbild des Hauses York war die Weiße Rose, aber im Wappen führte es den Wilden Eber, ein altes Sonnen- und Todessymbol.

Yorkshire zerfällt heute, nach der Neugliederung des Landes im Jahre 1974 in fünf Teile: Humberside, South-, West- und North-Yorkshire sowie Cleveland. Die alte, seit den Dänen bestehende Unterteilung Yorkshires war organischer; sie teilte das Gebiet in ein East Riding mit der Landschaft der Yorkshire Wolds, einem hügeligen, waldigen Kalkgebirge, in ein West Riding mit dem Industriegebiet und den Dales, engen, romantischen Flußtälern, und in ein North Riding mit den Yorkshire Moors, einem ausgedehnten Heidemoor auf einer Hochebene. Die Dänen eroberten das Königreich Deira, das schon hart gegen die Übermacht Mercias und Northumbrias hatte kämpfen müssen, im Jahr 875; König Gunthram teilte das Land in drei Teile und belehnte seine Gefolgsleute mit diesen ›Tridings‹; das T ist dann irgendwo im Gestrüpp der Geschichte hängengeblieben, und übrig blieben die genannten ›Ridings‹.

In den Eichenwäldern der Wolds wurde in Yorkshire seit jeher Schweinezucht betrieben; Yorkshire-Schinken, besonders zart, wenn er in Honig eingelegt wurde, gehörte zu Englands größten Delikatessen und kann sich mit dem von Parma oder Westfalen wohl messen. Yorkshire Pudding, eine andere Spezialität, ist ein Pfannkuchen, mit Fleischsaft bereitet, der in Rinderfett ausgebacken wird und den man zu Roastbeef, Meerrettich-Sauce und Röstkartoffeln reicht: Inbegriff des englischen Dinners. Die Fischer von East und North Riding sorgen für weitere Schleckereien, deren begehrteste der Hummer ist.

Im Industriegebiet des West Riding, den großen Städten Sheffield und Leeds, klopfen die Eisenhämmer; die Klingenschmiede von Sheffield und die Baumwollweber von Leeds schufen die Voraussetzungen für Englands Industrie-Imperium im vorigen Jahrhundert. Ein ganz anderes Bild bieten dagegen die kleinen grauen Orte in den Dales, wo die drei Brontë-Schwestern aufwuchsen und ihre Romane und Verse schrieben. Diese Täler am Ostsaum der Penninischen Kette sind fast unberührt von der Zeit.

Von balladesker Großartigkeit ist die Landschaft des Yorkshire-Moors in ihrer Kargheit, Weite, Eintönigkeit. Dort und in den Dales siedelten im Mittelalter Mönche und Nonnen vieler Orden; aber seit der Reformation stehen die meisten der großen monastischen Häuser leer, durch ihre Fensterhöhlen streift der Wind, ihre Säulen tragen nur noch den Himmel. Dem stolzen Adel des Landes waren diese Abteien vielleicht zu einsam, sie überließen sie dem Verfall und bauten lieber ihre eigenen Herrensitze, wie das gigantische Castle Howard.

Mitte und Krone der drei Ridings war die Stadt York mit ihrem Münster, der größten mittelalterlichen Kathedrale Nordeuropas. York war schon alt, als 624 nach Christus sein erster Erzbischof gekrönt wurde: Es war die Hauptstadt der Römer in Nordengland gewesen, die es Eboracum genannt hatten. Unter ihrer Herrschaft erlebte es Geburt, Proklamation und Tod römischer Caesaren, und noch heute leuchtet ein Abglanz dieses Ruhms auf seinem hellen Gesicht.

78

Durch Yorkshires Wolds und Moore: Hull – Beverley Flamborough Head – Scarborough – Whitby – Goathland Pickering

Welche See, welche Ufer, welch graue Felsen und Inseln
Welche Wasser lecken am Bug –
Kieferndurft und eine singende Amsel im Nebel
Welche Bilder steigen in mir auf …

T.S. Eliot, Marina, 1963

Hull

In der Ebene der neuen Grafschaft Humberside fließen rund um den Ort Goole mehrere Flüsse in die Ouse: Trent, Derwent, Calder und Don. Sie lassen die Ouse auf ihrem Weg nach Osten zu einem Strom anschwellen, der kurz vor der Küste seine Richtung ändert und nach Süden abbiegt. In diesem Flußknie, an der Trichtermündung der Ouse, die von hier ab River Humber heißt, liegt Kingston-upon-

Hull, heute meist kurz Hull genannt, einer der größten Häfen Englands. Seine Hafenbecken, in denen vor allem Fischereischiffe und Fährboote anlegen, sind Ebbe und Flut ausgesetzt wie bei einem Meerhafen, aber vor Winden geschützt und mit einem verzweigten Flußnetz verbunden. Über den Humber wurde jüngst eine große Autobrücke gebaut, die die Grafschaft Lincoln mit Yorkshire verbindet.

Ähnlich wie Liverpool an der entgegengesetzten Küste hat sich die Stadt Hull gemächlich entlang des Flußlaufs ausgebreitet. Um 1293 entstand Kingston als kleiner Flecken am River Hull, der von Norden kommend in den Humber mündet; die Baudenkmäler dieser Altstadt sind die große Perpendikularkirche Holy Trinity und eine Reihe von historischen Inns, denn bald hatten sich hier große Kaufherren niedergelassen, die dem jungen Ort zur Prosperität verhalfen. Hulls Blütezeit kam in der georgianischen Epoche, als der Walfang in der Arktis seinen Höhepunkt erreichte. Aus jenen Jahren hat sich das *Maister House* einer gleichnamigen Familie von 1744 mit einem prächtigen Treppenhaus im palladianischen Stil erhalten. Das *Trinity House* war ursprünglich für eine Gilde um 1753 errichtet; von dort aus wurde die Tätigkeit der Humber-Lotsen überwacht. Später ging daraus eine Seefahrtsschule und ein Seemannsheim hervor. Im *Wilberforce House* in der High Street, einem stattlichen Kaufmannshaus aus dem 17. Jahrhundert, kam 1759 William Wilberforce zur Welt, dem seine Zeit den Ehrentitel ›Nachtigall des Parlamentes‹ gab. Das mit alten Möbeln, Dokumenten zur Geschichte des Sklavenhandels, Erinnerungen an Wilberforce und Huller Silberwaren ausgestattete Haus ist heute Museum.

William Wilberforce (1759-1833) hat Yorkshire viele Jahre lang im Parlament vertreten; er kämpfte als Politiker leidenschaftlich gegen Sklaverei und Sklavenhandel. Zwar gab es in England selbst keine legale Sklaverei, aber in den Kolonien war sie erlaubt, und man weiß aus Dokumenten, daß etwa der Besitz eines dunkelhäutigen Pagen in den Kreisen des Hochadels eine Zeitlang auch im Mutterland als fashionable galt. Diese Sklaven hatten im allgemeinen nichts zu erleiden, waren in manchem sogar privilegiert gegenüber der anderen Dienerschaft, dabei aber völlig abhängig vom Spleen ihrer Herren, die sie bei plötzlichem Mißfallen einfach in die Kolonien abschieben konnten. Über das Elend der Negersklaven in den Sklavenschiffen und auf den Pflanzungen ist viel geschrieben worden. Wir wissen aus Bristol, wie der Handel ablief: In England wurden Rum und Kaliko hergestellt, nach Afrika verfrachtet, dort gegen ›schwarzes Elfenbein‹ eingetauscht; die lebende Fracht wurde nach den Westindischen Inseln transportiert und zur Fron in den Baumwoll- und Zuckerrohrplantagen gezwungen. Die Rohstoffe – Baumwolle und Zuckerrohr – nahmen die leeren Schiffe dann mit nach England, und dort begann der Kreislauf von neuem. Man hat Wilberforce in jüngster Zeit vorgeworfen, es sei ihm mehr darum gegangen, die Häfen Westenglands zu ruinieren, als bessere Bedingungen für die Menschen zu schaffen: So kann man seinen Kampf aber sicher nicht abwerten, selbst wenn kommerzielle Erwägungen mit im Spiel waren, denn die Abolition, die Aufhebung der Sklaverei, war nur eines von vielen philanthropischen Zielen, die er verfolgte. Dabei war er kein Revolutionär, nicht einmal Sozialist. Das Verbot des Sklavenhandels wurde 1807 verabschiedet, die Abschaffung der Sklaverei in den englischen Kolonien erst ein Jahr nach seinem Tode, 1834, verkündet. Diese beiden Gesetze ließen zwar für eine Zeit den Westindienhandel völlig zusammenbrechen, führten aber auf lange Sicht auch zur Verbesserung der sozialen Lage der Arbeiter in England selbst: In dem Maße, wie die Kosten für Baumwolle und Zucker stiegen, erhöhte sich auch der Preis der Produkte und der Lohn der mit ihrer Herstellung beschäftigten Arbeiter in einer sich über Jahrzehnte hinziehenden Entwicklung.

Außer dem Wilberforce House finden wir in der High Street das *Transport and Archaeology Museum* mit Oldtimern, Kutschen und archäologischen Funden aus Ost-Yorkshire. Auch im *Maritime Museum* in Pickering Park begegnen wir dem Genius Loci. Es bietet einen Überblick über die Entwicklung des Schiffbaus, der Fischerei und der fischverwertenden Industrie; vor allem aber führt es uns in die Tage der großen Walfänger zurück. Die Jagd auf die Riesen der Ozeane war ein hartes Gewerbe; wer auf einem Walfänger anheuerte, mußte nicht nur ein guter Seemann und Fischer, sondern auch ein wenig Abenteurer sein.

Die Besatzungen der Walfangschiffe mußten möglichst klein gehalten werden, da man für die langen Wochen in der Arktis viel Proviant mitführen mußte, und auf der Rückfahrt allen Raum für die kostbare Fracht brauchte. Darum sollte auch – ähnlich wie auf den englischen Kriegsschiffen der elisabethanischen Epoche – jeder Mann für mehrere Aufgaben, als Seemann wie als Waljäger, zu verwenden sein. Auf den Walfängern konnte man nur sehr verläßliche Seeleute gebrauchen, sollte die Mannschaft die Kämpfe mit anderen Walfangflotten, die Jagd auf die großen Säuger, die Zeiten, wenn das Schiff im Packeis navigieren mußte, vielleicht auf Wochen eingeschlossen wurde, und die fast unglaublichen Entbehrungen überstehen: kurz, Leute, die weder Sturm noch Klabautermann fürchteten. Bei der Rückkehr wurden dann in den Walfangstationen, die die verschiedenen am Walfang beteiligten Nationen an der Packeisgrenze unterhielten, Botschaften ausgetauscht, Geschenke und frische Lebensmittel gekauft und vor allem ein Teil der Heuer bei ausgelassenen Männerfesten durchgebracht, ehe man die Segel für die Heimfahrt setzte. Schon im 18. Jahrhundert zogen sich die Walherden immer tiefer in das ewige Eis zurück, und die Jagd wurde von Jahr zu Jahr risikoreicher und gefährlicher.

Ein paar Kilometer nördlich von Hull liegt, ebenfalls am River Hull, eine andere alte Stadt: *Beverley*. Im frühen achten Jahrhundert errichtete der heilige John of Beverley hier ein Kloster und eine Kirche, die später seinen Schrein aufnahm. John war Bischof von York und Hexham, und der Ruf seiner Heiligkeit zog viele Pilger in die kleine Stadt am Rande der Wolds, die sich mit einem breiten Graben umgab. Eine der früheren Zugbrücken mit dem dazugehörigen Torbau hat sich noch erhalten; sie wurde um 1410 gebaut.

Das Münster von Beverley gehört zu den Juwelen der englischen Gotik. Es wurde im 14. Jahrhundert errichtet; ein langgestreckter, feingliedriger Bau mit drei Schiffen und zwei Querhäusern. Die fialengekrönten Westtürme zeigen schon den Perpendikularstil des 15. Jahrhunderts. Das Chorgestühl von 1520 prunkt mit zweiundsechzig phantasievoll geschnitzten Miserikordien; der marmorne Taufstein aus dem 11. Jahrhundert stand schon in einer früheren angelsächsischen Kirche, die einem Brand zum Opfer fiel. Dieses Münsters größte Zierde aber sind die Percy-Gräber. Die Percys, Grafen von Northumberland, gehörten zu den mächtigsten Adelshäusern Englands; legendär wurde die Gestalt von Henry Hotspur, dem Shakespeare in seinen Königsdramen die Rolle des Volkslieblings zugewiesen hat. Die Percys hatten Heinrich IV., den ersten Lancasterkönig, in seinem Kampf um die Krone unterstützt, sich aber später zusammen mit den anderen Baronen des Nordens gegen ihn erhoben. Der Konflikt endete erst mit dem Tod Henry Hotspurs, der im Zweikampf mit Prinz Hal, dem späteren Heinrich V., fiel. Die Percys unterwarfen sich darauf dem König erneut und blieben in Zukunft die getreuesten Anhänger des Hauses Lancaster.

In der Grabkapelle der Familie im nordöstlichen Querschiff steht der Sarg Henry Percys, des 4. Grafen von Northumberland. Im ›Percy-Schrein‹ soll die Gemahlin eines anderen Henry Percy ruhen, die 1328 starb. Dieser Schrein gehört zu den Wundern des Decorated Style und übertrifft im schwellenden Detail der Steinmetzarbeiten selbst die Marienkapelle in Ely: Ranken aus Laubwerk und Früchten umschlingen Engels- und Heiligenfiguren, in den Ästen kauern Gnomen und Dämonen, verstecken sich Wappen und Blattmasken, darüber spannen sich ausgezackte Maßwerkbögen, wölben sich Eselsrücken vor, steigen Fialen auf, die zu realistischen Fruchtstücken geworden sind: eine Komposition von fast schon barockem Überschwang.

Die Marienkirche auf der anderen Seite des Marktes ist aus einer gotischen Kapelle des ehemaligen Klosters hervorgegangen und mischt Decorated- und Perpendikular-Stil. Das Market Cross auf dem Samstagsmarkt, ein offenes Säulenoktogon, wurde 1714 von zwei Parlamentsmitgliedern gestiftet, deren Wappen neben denen von Frankreich und England das Dach zieren.

Von Beverley aus fahren wir zurück an die sanft geschwungene, sandige Küste. *Hornsea* ist ein stiller Badeort, der besonders Angler und Sportfischer anzieht, liegt er doch zugleich an der See und an einem der größten Süßwasserseen Englands, dem Hornsea Mere. Nördlicher, bald hinter dem Badeort Bridlington, stößt die Küste wie ein spitzes Horn ins Meer vor. Dieses Vorgebirge heißt *Flamborough Head*, eine der dramatischesten Steilküsten Englands. Hier reichen die Kalkhügel der Wolds bis zur See und fallen mit schneeigen, zerklüfteten Kreideklippen über hundert Meter tief zum Meer hin ab. Niedriges Gras wächst auf den Klippen, und der moderne Leuchtturm, der die Schiffe vor ihnen warnt, schimmert weiß wie sie. Der Name Flamborough verrät, daß hier schon immer ein Leuchtturm gestanden haben muß, und wir finden ihn auch noch: einen schlanken vieleckigen Turm aus kaum behauenen Steinen, auf dessen Dach früher allnächtlich in einem Eisenkorb das Leuchtfeuer entzündet wurde. Sein Ursprung mag in heidnischen Zeiten zu suchen sein; seine schmucklose Gestalt, die sich, von Seevögeln umflattert, hoch über der schäumenden Brandung erhebt, läßt ihn unendlich würdevoll erscheinen, geadelt im jahrhundertelangen Kampf mit Wettern und Wind. Die Halbinsel ist Vogelschutzgebiet; hier brüten Lummen, Seepapageien, Tordalken und Möwen aller Art.

Die steilen Klippen sind über und über mit Nestern und Bruthöhlen bedeckt. In einer der Buchten landen die Hummerfischer ihre Fänge an; die Hummerfischerei ist das Hauptgewerbe in Bridlington neben dem Fremdenverkehr. Der Badeort ist reizlos, aber in der Altstadt mit engen Gassen steht die schöne gotische Marienkirche, die aus einem 1119 gegründeten Augustinerkloster hervorgegangen ist. In der Kirche liegt eine mit Drachen geschmückte Grabplatte, auf der ein Kranich und ein Fuchs aus einem Becher trinken: Auf diesem Stein wurde einst die Armenkost des Klosters verteilt.

Wir folgen der Küste bis *Scarborough*, einem der luxuriösesten und schönsten Seebäder Englands. Seine beiden sandigen Buchten trennt eine hochansteigende Landzunge, deren wiesen- und waldbedeckte Terrassen vom hellen Band der alten Mauern der Burgruine hervorgehoben werden, das sich bis ins gedrängte Gewimmel der Altstadt am Strand hinabzieht. Als Bad kam Scarborough erst im vorigen Jahrhundert in Mode. Heute findet der Sommerfrischler hier alles an Vergnügungen, Unterhaltung und Sportmöglichkeiten, was man nur wünschen kann, zu schweigen von den gepflegten Hotels aller Preisklassen und wunderschönen Promenaden und Klippenparks, wie den Italian Gardens, den Belvedere Rose Gardens oder dem Peasholm Glen mit seinen exotischen Bäumen. Im Kirchhof von St. Mary's in der Altstadt, einem gotischen Bau aus dem 15. Jahrhundert, der im Bürgerkrieg sehr gelitten hat, ruht Anne Brontë, die jüngste der drei schreibenden Pfarrerstöchter aus Haworth. Sie ist weniger bekannt als Emily und Charlotte, steht ihnen an künstlerischer Gestaltungskraft aber nicht nach, wie ihr Roman ›Der Pächter von Wildfell Hall‹ beweist. Darin zeichnete sie, wohl angeregt durch das tragische Schicksal ihres Bruders, minuziös und realistisch den geistigen und körperlichen Verfall eines Gewohnheitstrinkers nach. Die Gestaltung eines solchen Themas um die Mitte des vorigen Jahrhunderts durch eine junge Frau ist so kühn wie ungewöhnlich. Anne Brontë erlag in Scarborough der Familienkrankheit, der Schwindsucht, noch ehe sie ihr dreißigstes Jahr erreicht hatte.

Sie war nicht die einzige literarische Größe des Ortes. Hier wurde 1887 Edith Sitwell geboren und wuchs mit ihren beiden Brüdern Osbert und Sacheverell im Sommerhaus der Familie, ›Wood End‹, auf. Erzogen wurden die begabten Geschwister von Privatlehrern; alle drei wurden zu Wegbereitern der modernen Lyrik in England; besonders Dame Edith hat in ihren Gedichten völlig neue Formen dichterischen Ausdrucks entwickelt. Zu ihren liebenswertesten Arbeiten gehört ihr Buch über die englischen Exzentriker – eine Spezies, der auch sie und die Brüder zugerechnet werden dürfen. In dem kleinen Werk beschrieb sie so ausgefallene Charaktere wie die Gräfin Desmond, die im Alter von hundertvierzig Jahren noch auf Apfelbäume kletterte, Lord Rokby, der den größten Teil seines Lebens in der Badewanne verbrachte, ›Prinzessin Caraboo‹, die das Herz Napoleons auf St. Helena stahl, oder Squire Waterton, der auf einem Krokodil spazieren zu reiten pflegte: eine ganze Galerie verrückter Existenzen, die einzigartig genannt werden darf. Die alternde dichtende Lady mit den bezwingenden Augen, dem Adlerprofil und den ungewöhnlich langen schlanken Händen, die sie mit riesigen Solitären überlud, wurde 1953 in den Adelsstand erhoben und 1958, sechs Jahre vor ihrem Tod, zur Vizepräsidentin der Königlichen Gesellschaft für Literatur erwählt. Man könnte über sie schreiben, was sie selbst über eine ihrer Exzentrikerinnen sagte: *»Es ist unmöglich, nicht eine verwirrte Sympathie und eine Art Zuneigung für sie zu empfinden, da der ganze Bericht ihres Lebens bei uns eine Empfindung von Adel und Aufrichtigkeit hervorruft.«*

Das Haus der Sitwells in The Crescent ist heute naturwissenschaftliches Museum, enthält aber auch zwei den Geschwistern gewidmete Räume mit den Erstausgaben ihrer Werke, ihren Manuskripten und Porträts.

Ein paar Kilometer nördlich von Scarborough gräbt das Meer eine Bucht in den Strand, *Robin Hood's Bay* genannt. Dort ist, so will es die Sage, der Geächtete aus dem Sherwood auf seiner letzten Flucht vor König Johann Ohneland mit Hilfe von Fischern, die er durch die Eroberung eines Piratenschiffes reich gemacht hatte, gelandet, schon vom Tode gezeichnet. Es ist eine schöne, sichelförmige Bucht mit ausdrucksvollen Steilküsten, und hinter der nördlichsten Klippe liegt der Fischerort *Whitby*. Whitby ist berühmt wegen seines stimmungsvollen Friedhofs, unter dessen windschiefe Grabsteine nur selten ein Sarg versenkt wurde: Die meisten erinnern an Seeleute und Fischer, die das Meer behalten hat. Bram Stoker hat uns in seinem ›Dracula‹ ein feines Bild des Ortes gezeichnet:

»Es ist ein reizendes Fleckchen Erde. Der kleine Fluß, die Esk, kommt durch ein tiefes Tal herunter, das sich in der Nähe des Hafens erweitert. Ein großer Viadukt führt darüber hinweg, mit hohen Steinpfeilern, durch welche sich eine entzückende Aussicht auf die

Landschaft eröffnet. Das Tal ist lieblich grün und so tief eingeschnitten, daß man von den Hängen aus nicht heruntersehen kann, wenn man nicht direkt an den Rand tritt, während man sonst einfach darüberhinwegschaut. Die Häuser der alten Stadt – auf der anderen Seite – sind alle mit roten Ziegeln gedeckt und übereinandergeschachtelt, wie wir es auf den Gemälden von Nürnberg sehen. Gerade über der Stadt liegt die Ruine der Abtei Whitby, die von den Dänen zerstört wurde und in der der Teil von [Scotts] ›Marmion‹ spielt, in dem die Heldin eingemauert wird. Es ist eine sehr schöne Ruine von gewaltiger Ausdehnung und voll von herrlichen romantischen Plätzchen; es geht die Sage, daß sich in den Fenstern öfter eine weiße Frau sehen lasse. Zwischen dem Kloster und der Stadt befindet sich noch eine Kirche, die Pfarrkirche, um die herum sich ein großer Friedhof mit vielen Grabsteinen ausbreitet. Meiner Ansicht nach ist es der reizendste Fleck von Whitby, denn er liegt unmittelbar über der Stadt und gewährt volle Aussicht auf den Hafen und die Bucht, in die sich die Kettleness genannte Landspitze weit hinaus erstreckt ... Besonders schön ist es bei Flut; aber wenn diese sich verlaufen hat, dann liegen die Sandbänke da, durch die sich die Esk windet, da und dort Felsbrocken ausweichend. Außerhalb des Hafens zieht sich eine halbe Meile lang ein großes Riff hin, dessen scharf abbrechendes Ende sich gerade mit dem Leuchtturm deckt. Dort ist eine Boje mit einer Glocke, die bei hoher See anschlägt und klagende Töne in den Wind schickt. Es geht die Sage, daß man die Glocke weit draußen auf hoher See hört, wenn ein Schiff verloren sei.«

Eine schöne Kulisse für einen Gruselroman – aber auch ein angenehmer Ferienort. In der Abtei lebte von 658 bis 680 Caedmon, ein Schäferkönig, Mönch und Englands erster legendärer Dichter. Die Gabe des Dichtens kam ihm, so berichtet Beda, über Nacht; erhalten hat sich von ihm nur ein Stück aus seiner ersten Hymne, aber sein Name wurde in England fast zu einem Synonym für Poesie.

Hier verlassen wir die Küste mit ihren grauen Sandbänken und weißen Steilküsten, um über die Heidelandschaft der North York Moors nach Pickering zu fahren. Die Moore bieten sich dem Auge im Sommer als eine einsame grüne Wildnis dar, selten nur unterbrochen von einzelnen Föhren oder Wacholderbüschen. Manchmal taucht eine alte steinerne Brücke über einem der bräunlichen Heideflüßchen auf, liegt vielleicht ein ärmliches Dorf oder ein Einzelgehöft an der

Straße, den eintönigen Rhythmus der mit hartem Gras bewachsenen Hügel unterbrechend, die im Herbst kurze Zeit in violetter Blüte stehen und dann für den langen Winter ein dumpfes braunes Kleid anlegen, wie einen Pelz gegen die dichten Abendnebel. Im Frühling blühen die dornigen Büsche, die manchmal einen Fluß begleiten, der Ginster und die lichten Gruppen der Birken, die man hie und da findet. *Goathland* ist ein typisches Dorf dieses Landstrichs, mitten im Moor gefangen; seine alten Gehöfte umringen einen weiten grünen Dorfanger. Die Kirche wurde erst Ende des vorigen Jahrhunderts errichtet, hat aber einen alten Taufstein, und alt sind auch die Gasthöfe und Schenken des Ortes, in denen sich an Jagdtagen die Goathland-Jagd versammelt. In der Gegend um Goathland wimmelt es von kleinen Wasserfällen, und wer von hier aus durch die Moore wandern möchte – nur mit Kompaß und festen Schuhen! – kann im Heidegras Spuren von Römerstraßen, Reste zerfallener Römerlager oder auch seltene Blumen und Schmetterlinge entdecken und dem Lauf des River Esk nachforschen.

Pickering am Rande der Moore im Newton Dale wird von einer Burgruine bewacht. Es ist ein Hügelstädtchen mit terrassenförmig ansteigenden Straßen und einer lichten Kirche mit Fresken aus dem 15. Jahrhundert in roten und schwarzen Farbtönen, die Heiligenlegenden darstellen. In der Burg, die im Bürgerkrieg bis auf Mauern, Kapelle und den mächtigen normannischen Burgfried zerstört wurde, hat Richard II. nach seiner Abdankung eine Zeitlang geschmachtet. Geschichte, die seltsam unwirklich wird, wenn man hier dem Rauschen der alten Bäume und dem Gemurmel des Flusses unter den Mauern lauscht.

Nicht weit von hier liegt die kleine Marktstadt Malton, und von dort führt uns in gerader westlicher Richtung eine schmale Landstraße zu Yorkshires größtem und schönstem Schloß, Castle Howard, das sich in tiefer Einsamkeit an einem hübschen See erhebt.

79

Der Sohn des Zuckerbäckers: Castle Howard

Vans' Genius, ohne Rat und Lehre
Sucht jetzo in der Baukunst Ehre …
Jonathan Swift

Die Familie Howard, deren Hauptzweig das herzogliche Haus Norfolk bildet, hat in ihrer langen, bis in die Tage des Eroberers zurückreichenden Geschichte viele Ehren auf sich vereint und auch eine Reihe von Genies – Poeten, Dramatiker, große Heerführer und Politiker – hervorgebracht. Zu ihren jüngeren Zweigen gehört das gräfliche Haus Carlisle, das aus den Unruhen des Bürgerkrieges, der Restauration und der Glorreichen Revolution mit vielen Titeln und Ämtern hervorging. Der 3. Graf, Charles Howard, war ein begüterter Mann des neuen Hochadels, der sich gerne in den intellektuellen Kreisen Londons sehen ließ und die Politik der Whigs unterstützte. In der Mitte der neunziger Jahre des 17. Jahrhunderts fand er unter den Bohemiens einen neuen Freund, John Vanbrugh.

Vanbrugh war 1664 als Sohn eines reichgewordenen Londoner Zuckerbäckers flämischer Abstammung zur Welt gekommen und von dem stolzen Vater zu einem Leben des Nichtstuns als Gentleman erzogen worden. Ein bißchen Dienst in der Armee und am Hof, die Große Tour auf dem Kontinent, wo er sich in Paris erstmals für die Baukunst zu interessieren begann, weitere Jahre des Schlendrians, und dann, 1690, die Gefangennahme in Calais als Spion, was ihm zwei Jahre Haft eintrug, waren die Stationen seiner Jugend. Er hatte jetzt Gelegenheit, die Bastille und die Kasematten von Vincennes auch von innen zu studieren, was ihn aber anscheinend langweilte, denn er verfaßte im Gefängnis lockere Sittenkomödien voller Charme und Witz. 1696 erwarb er, wieder in London, ein Offizierspatent bei der Marine, aber im selben Jahr feierte er auch die ersten Erfolge als Lustspielautor mit ›The Relapse‹, ›Der Rückfall‹. Diese brachten ihn in den nächsten Jahren in Kontakt mit der Gesellschaft, und dort lernte er Charles Howard kennen, mit dem ihn rasch eine enge Freundschaft verband. Als Charles mit seinem bisherigen Baumeister Talman über den Wiederaufbau seines Familienschlosses Howard, das einem Brand zum Opfer gefallen war, in Streit geriet, entwarf ihm Vanbrugh aus einer Art Laune ein neues Schloß – und wohl ebenfalls aus einer Laune heraus, oder weil ihm die Grandeur des Entwurfs zusagte, gab ihm der Graf den Auftrag für den Bau. Vanbrugh war kein Baumeister, und er war sich dessen bewußt. Aber er wollte seine Vision verwirklicht sehen, und so nahm er einen Mann aus der Schule Wrens in seinen Dienst, Nicholas Hawksmoor, der nicht nur über vorzügliche Kenntnisse verfügte, sondern selbst Phantasie und Gespür für die Gestaltung von Raum und Massen besaß. Dieses seltsame Gespann – Hawksmoor war kein Gentleman, er blieb scheu, zurückhaltend, unsicher trotz eines Stolzes auf seine Arbeit; es gelang ihm auch nicht, zu hohen öffentlichen Ämtern aufzusteigen, die Vanbrugh gewissermaßen in den Schoß fielen – arbeitete an fast allen großen Häusern zusammen, deren Planung Vanbrugh übernahm; wir sind ihnen bei ihrem Hauptwerk, Blenheim Palace, schon einmal begegnet.

Vanbrugh begann 1699 mit dem Bau von Castle Howard, aber weder er noch der Herzog erlebten die Vollendung dieses gigantischen Herrensitzes am Rand der stillen Moore von Yorkshire.

Carlisle sorgte auch in Zukunft für den gesellschaftlichen Aufstieg seines Architekten; Vanbrugh wurde Herold und Direktor des von ihm entworfenen Haymarket Opera House in London (1705); er übernahm ein politisches Amt in der Königlichen Baubehörde und wurde schließlich Wrens Nachfolger als Königlicher Baumeister und später auch noch als Direktor der Königlichen Gärten und Wasserspiele. Er wurde ein Mitglied des vornehmen hochintellektuellen Kit Cat Clubs in London und der Whig-Partei, die ihn gegründet hatte; nach dem Sturz des Whig-Regimes unter Queen Anne wurde er zwar kurze Zeit seiner Ämter enthoben, aber nach der Krönung Georgs I. nicht nur mit allen Ehren wieder eingesetzt, sondern auch noch zum Ritter geschlagen. Es ist seine Tragik, daß er seine beiden Hauptwerke nicht vollenden konnte: Blenheim nicht, weil er sich mit Lady Sarah Churchill überwarf, und sein erstes Werk, Castle Howard nicht, weil der Tod ihn 1726 vor der Vollendung abberief. So war denn dieses Schloß wirklich sein ›Lebenswerk‹ geworden, an dessen Verschönerung und Erweiterung – die Entwürfe für den ›Tempel der Winde‹ und das ›Mausoleum‹, für die Gärten und den Park – er über ein Vierteljahrhundert gearbeitet hat.

Wie sah nun der Plan aus, der den Grafen von Carlisle bestimmte, den Sohn eines Zuckerbäckers mit dem Bau seines Schlosses zu beauftragen? *»Er zeigt einen langen Baukörper, der mit der einen Seite auf die Gärten blickt und an der anderen vier geschwungene Arka-*

den vorschiebt, um sich mit den Vorbauten zu vereinigen, welche die Seiten eines offenen Hofes bilden und den Küchentrakt respektive die Kapelle enthalten. Dieses Thema ist in Castle Howard erweitert durch den Zusatz von seitlichen Höfen, die von Bauten verschiedener Höhe umschlossen werden: auf der einen Seite die Stallungen, auf der anderen Seite Waschhaus, Brauhaus und andere Wirtschaftsräume. Der zentrale Vorhof öffnet sich auf einen größeren ummauerten Außenhof, zu dem drei große Torbauten Einlaß geben.

Die Gartenfassade, eine Erinnerung an Marly mit zusätzlichen niedrigeren Flügeln, ist in ihrer ansteigenden Symmetrie sehr ausgesprochen, was durch die Gewölbekuppel in der Mitte noch besonders betont wird. Zu einer solch platten Aussage hat sich Vanbrugh nie wieder verstanden, und die Eingangsfront von Castle Howard ist alles andere als trivial. Hier kommt Vanbrughs Genie für Komposition zur vollen Entfaltung, hier spielt er mit lebhaften, aber sorgfältig kalkulierten Beziehungen zwischen wechselnden Höhen und Wandgliederungen, für die ihn schon Reynolds so hoch pries. Jedes Moment der Komposition – der Hauptblock, die geschwungenen Arkaden, die niedrigeren Seitenflügel – haben ihr eigenes bewegtes Leben, doch mittels einer geschickten Durchdringung aller Einheiten mit der Ganzheit des Plans ist eine absolute Kongruenz erreicht.« (John Summerson)

Dieser helle, majestätische Bau im Glanz seiner Gärten, in dem das englische Barock erstmals seine eigenständige Ausprägung erhielt, in dem erstmals die klassischen Normen des Palladianismus, wie Inigo Jones, wie noch Wren sie verstanden hatten, sich dem Anspruch grandios gestalteter Massen unterordnen mußten, wo sich das Kantige, Eckige, Kubische des elisabethanischen Stils auf eine Ehe mit der römischen Formenwelt einließ, war eine Offenbarung, war ein neues Programm; Vanbrugh schlug als erster die Verbindung zwischen dem elisabethanischen Erbe und der Idee des ›Pittoresken‹ vor, zu dem seine letzten Bauten, vor allem das ebenfalls unvollendet gebliebene Seaton Delaval in Northumberland, überleiten.

Der ›Tempel der Vier Winde‹ von Vanbrugh im Park folgt dem Plan der sogenannten Rotonda (Villa Capra) von Palladio: ein überkuppelter Würfel mit ionischen Portici an allen vier Seiten, zu denen Freitreppen emporführen; aber auch hier hat Vanbrugh etwas völlig Eigenes entwickelt. Noch kraftvoller, feierlicher erscheint der säulenumringte Rundbau des Mausoleums von Hawksmoor auf seinem raumgreifenden, zyklopischen Sockel, dessen Inneres überraschend hell wirkt durch die hohen, schlanken, von kannelierten Dreiviertel-Säulen gerahmten Fenster und den zarten Reliefschmuck. Beide Gartenbauten wurden nach Vanbrughs Tod von Hawksmoor vollendet. Zu ihnen gesellen sich noch einige weitere, wie ein Obelisk, eine Pyramide, Fontänen. Nach Hawksmoors Tod 1736 entstanden noch der Westflügel des Schlosses sowie die Stallungen unter Sir Thomas Robinson und John Carr.

Nobel wie das Äußere des Schlosses sind die Schätze in seinem Innern: Bildnisse Heinrichs VIII. und des Herzogs von Norfolk von der Hand Holbeins des Jüngeren, Gemälde von Rubens, Van Dyck, Reynolds und Gainsborough, Tintoretto und Canaletto, Tapisserien, kostbare Möbel, feines Porzellan und Silber. In den weitläufigen Stallungen, die erst 1782 vollendet wurden, ist heute die größte private Kostümsammlung Englands untergebracht. Die Ausstellungen wechseln alljährlich und sind meistens unter ein bestimmtes Motto gestellt; an hübschen lebensgroßen Puppen in zeittypischen Stellungen und Haltungen kommen all die Gewänder aus Seide und Musselin, die Samtröcke und gestickten Westen, die Häubchen und Schirmchen aus Spitze, die ziegenledernen Handschuhe und all der modische Schnickschnack von 1640 bis 1974 glänzend zur Geltung.

Castle Howard ist noch heute im Besitz der Familie; aber schon seit seiner Vollendung steht es samt seinem Park, in dem über tausend alte Rosen blühen, dem Publikum zur Besichtigung offen.

80

Stadt der Kaiser und Könige: York

Willkommen, Herr, in der tapferen Stadt York!
William Shakespeare, Heinrich VI., 3. Teil

Von allen schönen Städten Englands ist York sicher die vornehmste im Kranz ihrer fast weißen Stadtmauern, überragt von den elfenbeinfarbenen Türmen des Münsters und achtzehn weiterer mittelalterlicher Kirchen, geschmückt mit den Zunfthallen und Gildesälen ihrer Bürger, durchzogen von ihren Flüssen Ouse und Foss, die sich in der Stadt treffen, gerahmt von grünen Parks und bunten Gärten, bewacht von vier mächtigen Toren und den gigantischen Stümpfen eines römischen und eines mittelalterlichen Wachtturmes.

Seit seiner Gründung durch die Römer im Jahre 71 nach Christus war York die Hauptstadt des Nordens, sein militärisches, geistliches, gesellschaftliches und kulturelles Zentrum, und lange Jahre hindurch auch sein bedeutendster Handelsplatz. Das alles hat die Stadt geprägt, ihr Antlitz mit Würde und Schönheit geschmückt.

Um 70 nach Christus waren die Römer in England ungefähr bis an den Humber vorgedrungen. Wollten sie sich weiter nach Norden ausdehnen, so brauchten sie am Rande der schon unterworfenen Gebiete eine sichere militärische Ausgangsbasis. Zu diesem Zweck errichteten sie zwei neue Lager; das eine, Chester, haben wir schon besucht; das andere entstand am Ufer der Ouse in der großen Ebene, die York Moors und Yorkshire Dales voneinander trennt. Es wurde zum Standort erst der IX. und später der VI. Legion und erhielt den Namen ›Eburacum‹. Es wurde auch zur wichtigsten Station auf der großen Straße, die von London nach Edinburgh führt, damals dem vorgeschobensten Posten der Römer am Vallum Antonii. Dieser Wall, der unter den Flaviern errichtet wurde, bildete die Grenze des römischen Britannien bis zur Zeit Kaiser Hadrians, der die Grenze weiter im Süden zu befestigen wünschte: Das Vallum Hadriani, bis zum Abzug der Römer im 5. Jahrhundert die endgültige Grenze gegen die Pikten, verlief vom Solway Firth bis zur Mündung des Tyne in die Nordsee.

Als Kaiser Hadrian Eburacum besuchte, war aus dem Militärlager bereits eine ›Colonia‹ geworden, die jetzt auch eine steinerne Mauer erhielt. Ein Jahrhundert später suchte Septimius Severus die Provinz auf, um sie zu befrieden. Er starb in Eburacum am 4. Februar 211, die Truppen bestatteten ihn auf einem Hügel, der noch heute *Severus Hill* heißt.

Inzwischen hatte die Stadt eine zyklopische Steinmauer erhalten. Von ihr hat sich der *Multangular Tower* in einem Winkel der Museum Gardens am Ouseufer erhalten, oder besser: sein Stumpf, der schon von den Angeln einmal ausgebessert worden ist. In ihm sind Quader- und Ziegeltechnik vermischt: der vortretende Sockel war aus Quadern errichtet, darüber in ordentlichen Reihen Backsteine, und darauf haben dann die Barbaren bei Ausbesserungsarbeiten wieder roh behauene Steine gesetzt. Zwischen Gras und Blütenbäumen wirkt der Turm heute wie ein Überbleibsel aus einer Zeit, als in England noch die Riesen hausten.

Erst Ende des 3. Jahrhunderts kam wieder ein Kaiser nach Eburacum: Constantius (I.) Chlorus, der gerade zum Caesar gewählt worden war und die abtrünnige Provinz, die unter Allectus ihre Unabhängigkeit erklärt hatte, wieder ins Reich zurückführen wollte, was ihm sehr rasch gelang. 305 wurde Constantius zum Augustus des Westens erhoben, und im Bewußtsein seiner neuen Macht setzte er von Boulogne aus abermals über den Kanal, um den von Pikten bedrohten Norden zu befrieden. Er wurde diesmal von seinem Sohn Konstantin begleitet, der gerade dem Hof des römischen Oberkaisers Galerius – unter Mitnahme aller Kurierpferde – entflohen war, an dem er lange als Geisel gelebt hatte. Es gelang den beiden Feldherrn, die Pikten zurückzuschlagen, aber im folgenden Sommer starb Constantius in Eburacum. Noch am selben Tag, dem 27. Juli 306, proklamierten die Truppen den jungen Konstantin zum neuen Augustus, d.h. regierenden Kaiser. Doch Galerius gestand ihm zunächst nur den Cäsaren-Titel (Unterkaiser) zu. Im Jahre 312 vom Senat zum rangältesten Augustus erhoben und Herr im westlichen Teil des Reichs, brachte ihm der Sieg bei Adrianopel 324 über Licinius auch den Ostteil und damit die Alleinherrschaft. Inzwischen war er zum Christentum übergetreten und mit ihm Rom.

Im Jahre 315 nahm der Bischof von Eburacum am Konzil in Arles teil. Ein Bischof blieb auch in der Stadt, als sie zur Hauptstadt des anglischen Königreiches Deira, des späteren Northumbria, wurde. Im Jahr 625 wurde Eburacum zum Erzbistum für ganz Nordbritannien, und das ist es noch heute (mit Ausnahme Schottlands). Zwei Jahre danach taufte der Erzbischof Paulinus in seiner kleinen Holzkirche König Edwin. Eburacum wurde in der zweiten Hälfte des Jahrhunderts zu einem kulturellen Mittelpunkt jener Zeit. Aber schon drohten neue Barbareneinfälle: Die Wikinger kamen immer öfter auf ihren schnellen Schiffen die Ouse hinab, und von 876 bis 926 wurde Eburacum die Hauptstadt des dänischen Reiches auf englischem Boden, des Danelag. Geblieben ist der Stadt aus jener Zeit nichts als der Name: die Dänen nannten die Stadt römischer Kaiser ›Jorvik‹, woraus dann durch Lautverschiebung der heutige Name York wurde. Und noch eine Erinnerung blieb: in York enden die Straßennamen auch jetzt noch auf dem dänischen ›Gate‹, Gasse, und die Tore heißen weiterhin ›Bar‹.

Kaum waren die letzten Dänen endgültig aus York abgezogen, da fielen die Normannen in England ein und unterwarfen in blutigen Kämpfen auch den freiheitsdurstigen Norden, wozu sie ihn allerdings erst in eine Wüste verwandeln mußten. York wurde in Schutt und Asche gelegt, nachdem es eine normannische Garnison des Eroberers bis zum letzten Mann niedergemetzelt hatte – und das ist der Hauptgrund, warum wir in York trotz seiner zweitausendjährigen Geschichte selten Baudenkmäler sehen, die älter sind als achthundert Jahre. Die neue Blüte der Stadt begann mit der Gotik.

Manchmal ist das Alte allerdings nur verschüttet, wie wir auf unserem Gang durch die Stadt finden werden. *Stonegate*, die auf das Münster von Süden her zuführt und zu den hübschesten mittelalterlichen Straßen der Stadt zählt, war die ›Via Praetoria‹ des einstigen Eburacum, und wenn man ihren Asphaltbelag heben würde, so käme darunter unversehrt das römische Straßenpflaster zum Vorschein! Hie und da finden wir in einem Gewölbe oder der Krypta des Münsters auch noch römische Säulenbasen oder Mauerreste, und manche der gotischen Kirchen prunkt noch mit einem frühnormannischen Portal. Cliffords Tower, die Ruine des Kastells Heinrichs III. aus der ersten Hälfte des 13. Jahrhunderts, erhebt sich über dem künstlichen Bergkegel, den Wilhelm der Eroberer für seine hölzerne Feste aufschütten ließ.

Beginnen wir unseren Rundgang nordöstlich des Münsters beim *Treasurer's House;* dieser ausgedehnte Gebäudekomplex war vom 11. bis ins 16. Jahrhundert Sitz des Schatzmeisters der Kathedrale. Von dem ersten normannischen Bau blieb nichts erhalten; die Gewölbe des heutigen Hauses stammen aus dem 13. Jahrhundert. Das Bauwerk selbst ist im wesentlichen elisabethanisch, hat aber im späten 17. und frühen 18. Jahrhundert allerlei teils recht schnurrige Veränderungen und Umbauten über sich ergehen lassen müssen: So erhielt das Portal eine Einfassung aus zwei dorischen Doppelsäulen und das hohe gerade Fenster darüber ionischen Pilsterschmuck. Das elisabethanische Fensterband im ersten Stock des rechten Seitenflügels wurde aufgelockert, indem man je zwei Fenster durch flache Segmentbogen verklammerte, die aber nicht über die Fenster, sondern über die sie trennenden Wandstücke gesetzt wurden. Ungewöhnlich und deshalb faszinierend in der Wirkung. Den mächtigen Doppelgiebel des linken Flügels verschönte man mit reich geschwungenen niederländischen Giebelfronten, und die beiden großen Fenster darunter zeigen das Palladiomotiv, liegen dabei aber völlig plan in der Wand. Im Innern bezaubert vor allem die stimmungsvolle Halle mit Marmorboden und schweren geschnitzten Möbeln, obwohl auch hier ein ganz bewußter Stilbruch den Akzent setzt: Die schwarzweiße Fachwerkgalerie des Obergeschosses wird von einer eleganten Säulenreihe getragen. Das Haus war lange im Privatbesitz, ist aber jetzt vom National Trust erworben und kann besichtigt werden.

Eine Straße weiter liegt *St. William's College*, ein ehemaliges Gemeinschaftshaus der messelesenden Münstermönche. Es wurde 1453 errichtet; Karl I. richtete eine Druckerpresse darin ein; heute ist es wieder ein Versammlungshaus der Gemeinde. Auch in diesem Bau mischen sich diverse Stilelemente harmonisch: Über dem gequaderten Erdgeschoß mit rundbogigem Archivoltenportal kragt das Fachwerkobergeschoß kräftig vor. Die Figur über dem Portal stellt den heiligen William dar, einen Yorker Erzbischof. Die gut gestalteten Bauten der modernen Colleges – York ist seit 1963 Universität – liegen vor der Stadt in Heslington.

Aus der College Street gelangt man in die Goodramgate, über die sich der mächtige Bogen des *Monk Bar* spannt. Dieses Nordosttor bewachte eine der beiden Küstenstraßen; es besitzt noch immer seine eisernen Fallgitter, die Portcullis. Östlich des Tores liegen im Schutz der Stadtmauern zwei der erhaltenen Zunfthallen, die ›Merchant Taylors' Hall‹ und die ›St. Anthony's Hall‹. Das Gildehaus der Merchant Adventurers', auch *Great Hall* genannt, finden wir etwas südlicher am Ufer des River Foss, in dem es seine hochragenden Giebel aus dem 15. Jahrhundert spiegelt. Im fast hundert Jahre älteren Gewölbe des Bauwerks waren das Spittel und die Kapelle dieser mächtigen Kaufmannsgilde untergebracht, die einst den ganzen Handel der Stadt beherrschte – wie in so vielen anderen englischen Orten auch – und am Aufbau des ersten englischen Weltreiches tatkräftigen Anteil nahm. Im herrlichen Doppelschiff der Halle mit dem altersdunklen Eichengebälk des offenen Dachstuhles leuchten von den mächtigen Pfeilern golden die Gildefahnen; das gedämpfte Licht aus den großen Fenstern malt helle Flecken auf die Fachwerkwände und Eichenpaneele. Hier tagten die reichen Kauffahrer und Handelsherrn, auf deren Macht sich im 15. Jahrhundert das Haus York stützen konnte, als es nach der Königskrone griff.

Das östliche Tor, *Walmgate Bar*, hat als einziges in England noch eine vollständig erhaltene Barbakane, ein Außenwerk. Wie ein versteinerter Löwe lauert es vor der Stadt, die Stirn der Küste zugewandt. Diese Außenwerke bestehen aus einem zweiten, meist kleineren Torhaus, das mit dem Haupttor durch einen engen Mauergang verbunden ist. Feinde, die durch das Tor in die Stadt eindringen wollten, mußten erst diesen Gang passieren, in dem sie den Pfeilen der Verteidiger fast wehrlos ausgesetzt waren, die sich ihrerseits hinter den Turmzinnen und Schießscharten gut verbergen konnten.

Clifford's Tower liegt wieder am Foss und ist der einzige Burgfried Englands, der sich über einem kleeblattförmigen, aus vier ineinandergreifenden Kreisen konstruierten Grundriß erhebt. Sein Dach fiel keiner feindlichen Kanone zum Opfer, sondern der Explosion seines eigenen Pulvermagazins. Rund um den Burghügel sind drei palastartige Gebäude angeordnet, die einstigen Gefängnisse und das Schwurgericht, heute das *Castle Folk Museum*, das wohl bezauberndste Volkskundemuseum des Landes. In den weitläufigen Gängen hat man nicht nur einzelne Räume, sondern ganze Straßenzüge vergangener Epochen detailgetreu rekonstruiert. In den gläsernen Schaufenstern ihrer Läden wird das viktorianische und eduardianische Zeitalter lebendig. Auf dem Kopfsteinpflaster geben sich im Licht von Gaslaternen Droschken, eine alte Feuerspritze, eine Drehorgel und Kutschen ein Stelldichein. Uhrmacher und Kerzenzieher, Zuckerbäcker und Schuster, eine uralte Tankstelle und einen Pub der Dickenszeit mit Gasbeleuchtung, geschmiedete Zunftzeichen und bunt bemalte Wirtshausschilder – all dies kann man hier entdecken.

Im Südwesten wurde die große Landstraße von London und Lincoln vom *Micklegate Bar* kontrolliert, von dessen hohen Zinnen einst die Köpfe enthaupteter Verräter dem Fremden drohten. Während der Rosenkriege spießten die Anhänger der Lancasterpartei das Haupt Herzog Richards von York, des Thronprätendenten der Weißen Rose, dort auf, und wenn wir Shakespeare Glauben schenken wollen, so bemerkte die kriegerische Margarethe von Anjou dazu grimmig: »So mag nun York auf York herniederschaun.« Richards Söhne regierten später als Eduard IV. und Richard III. ein Vierteljahrhundert lang England.

Westlich des Tores liegt der *Bahnhof* von York, eine schwungvoll-elegante frühviktorianische Gußeisenkonstruktion. George Hudson, ein Bürger Yorks, sorgte damals dafür, daß die Stadt ein wichtiges Eisenbahnzentrum wurde und so seinen Ruf als Handelsplatz wahren konnte. Über diese Entwicklung informieren die beiden Komplexe des *Railway Museum* mit Dokumenten, Stichen, Plakaten, alten Billetts, Modellen und Plänen, aber auch einem ganzen Park von Oldtimerlokomotiven, Wagen und Signalen. Kinder dürfen auf den malerischen Dampfrössern herumklettern, um sich besser mit ihnen vertraut zu machen.

Die Station Road bringt uns an das Ufer der Ouse, wo sich die *Museum Gardens* mit ihren botanischen Anlagen, dem Stumpf des Römerturmes und einer Reihe mittelalterlicher Bauten ausdehnen. Im Schatten des Multangular Tower erhebt sich *King's Manor*, ein kräftiges Steinhaus mit Renaissanceportalen, der Sitz des ehemaligen Lord President des Königlichen Rates des Nordens. Heinrich VIII. hatte den Rat einberufen, um den immer rebellischen Norden, wo es nach der Auflösung der Klöster mehrfach zu Unruhen gekommen war, besser in den Griff zu bekommen. Der Rat bestand bis ins 17. Jahrhundert hinein. Im Manor stiegen die Monarchen auch ab, wenn sie durch York kamen, so König Jakob I., als er zur Krönung in Westminster reiste, oder Karl I. vor der Schlacht von Marston Moor, die ihn Freiheit, Krone und Kopf kosten sollte.

Die blassen Ruinen im Hintergrund des Parks erinnern an *St. Mary*, die Klosterkirche des mächtigen Benediktinerhauses von York, einem der ältesten Klöster der Schwarzen Mönche im Land. Die Kirche wurde allerdings, wie die ragenden Bündelpfeiler verraten, erst im 13. Jahrhundert errichtet. Vor ihrem bröckelnden Gemäuer finden alle drei Jahre am Beginn des Sommers Aufführungen der berühmten Yorker Mysterienspiele statt. In früheren Zeiten wurden die Spiele in der Umgebung des Heiliggeistklosters in Micklegate dargestellt. Paul Murray Kendall erzählt: »*Vom Morgengrauen an zogen die auf der Toft-Wiese aufgestellten Wagen langsam durch die Stadt und hielten auf den Hauptplätzen von der Holy Trinity Priory an bis zu der ragenden Kathedrale vor den Häusern derer, die reich und fromm genug waren, um für das Privileg zu zahlen, und führten ihre biblischen Geschichten vor. Die Schauspieler waren unter den Gilden nach einer gewissen Logik aufgeteilt: die Schiffbauer, Fischhändler und Seeleute spielten aufgrund ihrer Erfahrung die Geschichte von Noah, die Goldschmiede ließen die drei Könige aus dem Morgenland erglänzen, und die Weinhändler stellten die Hochzeit zu Kana dar.*«

Im *Yorkshire Museum*, wo vor allem Römerfunde und andere Altertümer untergebracht sind, kann man noch die Pfeiler des einstigen Abteivestibüls und den ausladenden Kamin des Kalefaktoriums, der Wärmestube, in situ bewundern. Der Abt von St. Mary war berechtigt, eine Mitra zu tragen; das gab ihm Sitz und Stimme im House of Lords, wo neben den weltlichen Herren ja auch die

Kirchenfürsten vertreten waren. Die Nordostecke der Gardens wird durch *St. Leonard's Place* beschnitten, eine geschwungene georgianische Straße, in deren eleganten Häusern einst die vornehmen Familien des Landadels ihr Stadtquartier nahmen. Dort steht auch das ›Theatre Royal‹, in dem Sarah Siddons ihre Triumphe feierte, und an der Ecke Blake Street die ›Assembly Rooms‹, ein Ball- und Gesellschaftshaus. Das ›Red House‹ neben dem Theater wurde von einem Dr. Burton bewohnt, den Laurence Sterne in seinem ›Tristram Shandy‹ als Dr. Slop verewigt hat. Vorbei am Assembly House in Blake Street gelangen wir zur Coney Street, wo wir das klassizistische *Mansion House* sehen, den Amtssitz des Bürgermeisters von York, der sich, wie sonst nur der Lord Mayor von London, ›Right Honourable‹ titulieren lassen darf. Das Haus wurde 1725 aus hellem Stein und braunroten Ziegeln errichtet. Von den dunklen Wänden heben sich die ionischen Pilaster und Fenstergiebel schön ab; über den Rundbogen des rustizierten Erdgeschosses schaukeln Blumenschalen, und die kleine Freitreppe wird von zwei alten Straßenlaternen bewacht. Im Haus wird der kostbare Tafelsilberschatz der Stadt mit einem reingoldenen Liebesbecher verwahrt. Dem Mansion gegenüber liegt die *Guild Hall* aus dem 15. Jahrhundert, die im Zweiten Weltkrieg Bombenschäden erlitt, aber wiederaufgebaut wurde. Von hier aus führt uns die Stonegate mit ihren bunten verwinkelten Fachwerkhäusern zur Domfreiheit.

Yorks *Münster* ist der größte Dom des nördlichen Abendlandes, ein gewaltiger Bau mit ragenden Türmen, überlangen hohen Schiffen und klippenhaft schroffem Ostabschluß, der von zu kleinen Türmen angewachsenen Fialen geziert wird. Man hat Yorks Münster oft das Musterbuch der englischen Gotik genannt, und das ist es fürwahr: Man kann an ihm alle Phasen dieses Stiles klar ablesen. Die *Krypta*, in deren Taufstein im 7. Jahrhundert König Edwin von Northumbria vom ersten Erzbischof von York getauft wurde, zeigt mit ihrem Säulenwald und den flachen Kreuzgewölben normannisch-gotischen Übergangsstil. An den normannischen Dom wurden unter Erzbischof Walter de Gray (1215-1255) die riesigen *Querschiffe* angebaut, deren gewaltige Proportionen die späteren Bischöfe zu weiterem Ausbau der Kathedrale zwangen. Das Südquerschiff mit seinem großen Ringelblumenfenster spielt schon mit dem Lanzettmotiv des Early English, ist aber noch unausgeglichen in seiner Formensprache, im Gegensatz zum nördlichen Querschiff, dessen Fassade nur fünf überhöhte, überschlanke Lanzetten über einer schlichten niedrigen Blendarkatur zeigt; das Giebelfeld wird von einem zweiten fünfteiligen, aber zur Mitte ansteigenden Lanzettfenster gefüllt: eine feierliche Lösung von strenger Klarheit. *Schiff*, *Westfront* und *Kapitelhaus* wurden im Decorated Style erbaut; der Neubau des Langhauses setzte um 1291 ein, zog sich dann aber fast ein halbes Jahrhundert hin. Wir können uns hier eher an Bauten französischer Gotik erinnert fühlen als anderswo in England: Die feinstrukturierten, fialenbekränzten Türme sind den Seitenschiffen vorgelegt und nehmen in ihren Sockeln die Seitenportale auf; die Stützpfeiler treten gewaltig vor; die Fassade des Mittelschiffes wird von einem hohen Maßwerkfenster über dem Archivoltenportal bestimmt. Im Innern steigen die Dienste ungebrochen bis zum Gewölbeansatz zwischen den Bündelpfeilern der hohen Arkaden empor; Lichtgaden und Triforium sind als architektonische Einheit behandelt; die Triforiumsgalerie läuft – einzig in England – nicht innen, sondern außen vor den Fenstern entlang.

Im Perpendikularstil folgte der vierschrötige *Vierungsturm*, durch dessen acht hohe Fenster eine Fülle von Licht fällt, und der *Chor*, der mit seinen neun Jochen das Langhaus noch um zwei Joche übertrifft. Das war notwendig wegen der Vielzahl amtierender Geistlicher: York war ja Erzbistum.

Die *Gewölbe* sind eine Besonderheit. Wenn man hinaufschaut aus dem Dämmer der Schiffe, glaubt man, in gotische Sterngewölbe mit zartem Liernennetz und schön skulptierten Schlußsteinen zu blicken – aber der Anschein trügt. Obwohl die gewaltigen Arkaden leicht steinerne Rippenformationen tragen könnten, sind diese Gewölbe nur eine geniale Holzkonstruktion – wobei ein Engländer über dieses ›nur‹ den Kopf schütteln würde, denn hier gilt ja die Kunst des Zimmermannes nicht weniger als die des Maurers. Und manchmal sind ihre Wirkungen ungleich zauberischer, so im Yorker Kapitelhaus, dessen köstliches, steilansteigendes Sternendach keiner Mittelstütze bedarf und völlig frei über dem weiten Raum schwebt. Über die feinen Steinmetzarbeiten entlang der Wände streuen die hohen Maßwerkfenster farbige Lichter.

Quer durch das Langhaus schiebt sich ein steinerner *Lettner* im Perpendikularstil. Sein Portal mit steinernen Fächern wird von einem teilweise vergoldeten Schmiedegitter verschlossen. Links und rechts davon stehen in Nischen auf hohen Sockeln die Gestalten von fünfzehn englischen Königen, beginnend mit Wilhelm dem Eroberer bis hin zu Heinrich VI., dem letzten Lancaster. Sie stehen unter doppelten steinernen Baldachinen von äußerst kunstvoller durchbrochener Arbeit; ein Werk aus dem 15. Jahrhundert.

Yorks Ruhm und Stolz sind jedoch seine unzähligen *Farbfenster*. York war während des ganzen Mittelalters ein Zentrum der Glasmalerei, das auch Meister aus anderen Städten anzog. Nicht nur das Münster, auch viele andere Kirchen der Stadt, vor allem All Saints', prunken mit dem Regenbogenlicht ihrer alten Scheiben. Wir wollen im Münster einige der schönsten betrachten, an denen noch einmal die drei Phasen der englischen Gotik deutlich erkennbar werden. Das ungewöhnlichste ist das älteste, das ›Five Sisters Window‹ im Nordquerschiff. Die fünf Schwestern sind die fünf Lanzetten, die wir schon bewunderten, jede über siebzehn Meter hoch und mehr als zehnmal so hoch wie breit. Sie werden durch feine gebündelte Dienste getrennt, wodurch sie noch höher erscheinen. In diese Lanzetten ist Glas in silbrigen und meergrünen Tönen zu geometrischen, an Schneekristalle gemahnenden Mustern eingelassen; nur hie und da funkelt ein Stück Rubinglas auf wie ein Blutstropfen. Dieses Grisaillefenster von 1260 erfüllt den strengen Raum mit mildem Unterwasserlicht. Als in unserem Jahrhundert eine Renovierung nötig wurde, konnte dafür Blei aus dem 13. Jahrhundert verwendet werden, das man in den Ruinen von Fountains Abbey gefunden hatte, noch mit dem Siegel Heinrichs VIII. versehen. Die Kosten der Renovierung trugen die Frauen von England zur Erinnerung an alle weiblichen Opfer der beiden Weltkriege.

Durch das große Westfenster ergießt sich eine Flut purpurnen Glanzes, ganz in Einklang mit seinem wundervoll bewegten Maßwerk, dessen wellenhaft gleitende Formen ein großes Sacré Coeur umschließen. Es wurde 1338 vollendet und gilt als ein Vorläufer des französischen Flamboyant. Rot und Blau waren die bevorzugten Farben der Glasmaler im 14. Jahrhundert.

Sein Gegenstück ist das Ostfenster, die wohl monumentalste Verkörperung der Glashaus-Idee des Perpendikular. Seine schimmernde Riesenfläche bildet den geraden Schluß des Chores von Wand zu Wand und bis hinauf zu den Gewölbeansätzen; sie zeigt in unzähligen kleinen Feldern Apostel, Heilige und Bischöfe. Das Maßwerk nimmt das Herzmotiv des Westfensters wieder auf, nur stehen hier zwei Herzen mit der Spitze nach oben über drei Lanzetten mit angedeuteten Tudorbogen. Wenn hinter den Dächern der Stadt die Sonne aufgeht, bricht ein strahlendes Gefunkel durch seine Scheiben, den

Chor mit edelsteinfarbigen Lichtern förmlich übersäend, wie man es manchmal auf alten Paradiesesdarstellungen sehen kann.

1984 wurde bei einem nächtlichen Gewitter das Südtransept durch Blitzschlag schwer getroffen. An der Restauration sind die besten Kunsthandwerker des Landes, eine Armee von Freiwilligen und natürlich die Dombauhütte beteiligt; Spenden aus In- und Ausland lassen es möglich erscheinen, daß die ›Rose von York‹ schon 1988 in alter Schönheit erblühen wird; dieses Fenster wurde geschaffen, als der Krieg zwischen Roter und Weißer Rose durch die Heirat Heinrichs VII. Tudor mit Elizabeth von York beendet wurde.

Yorks größter Bischof war der Rebell Scrope, dessen knorrigen Charakter Shakespeare in seinen Königsdramen dargestellt hat. Heinrich IV. ließ den aufrührerischen Kirchenfürsten 1405 hinrichten; sein Grab fand er in der Marienkapelle des Münsters.

Historisch weniger glaubwürdig ist Shakespeare, wenn er Richard III. als buckliges Ungeheuer zeichnet. Aber das ist nicht Schuld des Dichters: Er folgte der sogenannten ›Tudorlegende‹. Als Heinrich Tudor, Graf Richmond, den englischen Thron als Usurpator bestieg, mußte er alle Erinnerung an das im Volk sehr beliebte Haus York auslöschen. Dazu diente ihm die Lesart von der Skrupellosigkeit des Richard von Gloucester, der nicht einmal davor zurückschreckte, die kleinen Bastardsöhne seines verstorbenen Bruders Eduard IV. heimtückisch zu ermorden. Nichts davon ist bewiesen, vieles spricht dagegen. Sicher ist dies: Richard war kein König der stolzen Barone, sondern ein König der Städte, und gerade der Magistrat von York konnte sich nie genug tun, seinem Freund und Beschützer *»ein Lob und Dank zu geben für seine große Mühe und die gute und wohlwollende Herrschaft, die er ehedem für die Ehre und das Gemeinwohl dieser Stadt geleistet hat.«*

Richard liebte York, dessen Eber er in seinem Wappen trug. Er kam oft mit seiner Gemahlin Anna nach York, wo ihm der Magistrat mit Bürgermeistern und Ratsherren in Scharlach und die Herren des Rates der Vierundzwanzig – Yorks Stadtparlament – in maulbeerfarbigen Gewändern entgegengezogen kamen und ihn an Tafeln bewirteten, die unter der Last der Hechte und Schleie, Schwäne und Kaninchen, Gallonen von Wein und feinem milchweißen Dominusbrot fast brachen. Richard liebte das Theater: Er sah oft die Spiele zu Ostern und zu Weihnachten und vor allem die Mysterienspiele am Fronleichnamstag. Am Tag danach fand immer ein feierliches Zeremoniell der reichen Fronleichnamsgilde statt, die um 1402 gegründet worden war.

»Bei dem Fest von 1477 wurden Richard und Anna Mitglieder der Gilde – einundzwanzig Jahre nach der Aufnahme von Richards Mutter Cicely. Sie schritten in der Prozession von Geistlichen, Gildenmitgliedern, städtischen Beamten und Innungen, die mit Fackeln, Kerzen, Kreuzen und Bannern von der Holy Trinity Priory zur Kathedrale zog. In ihrer Mitte wurde der mit Edelsteinen besetzte Schrein aus vergoldetem Silber getragen, der ein Beryllgefäß mit dem Allerheiligsten barg. Längs des Weges waren die Häuserfronten mit Teppichen behängt und die Torwege mit Binsen und Blumen bestreut. Daß der Herr des Nordens und seine Frau gern Mitglieder dieser bürgerlichen Gilde geworden waren, kennzeichnet das vertraute Verhältnis, das Richard zu den Leuten in York gefunden hatte. Wenn diese beunruhigt oder in Not waren, wandten sie sich unvermeidlich an den Herzog von Gloucester, und der Glanz der großen Staatsgeschäfte machte ihn nicht blind für ihre Hoffnungen und Ängste«, erzählt Paul Murray Kendall in seiner Biographie des Königs.

Wenige Jahre nach dem glänzenden Ereignis wurde den entsetzten Ratsherren von York *»durch John Spooner angezeigt, daß König Richard, der früher gnädig über uns geherrscht hat, erbärmlich erschlagen und ermordet wurde, zum großen Kummer dieser Stadt«*, wie es in der Chronik heißt. Richard III. war der letzte König von England, der sein Leben in der Schlacht ließ, auf dem Schlachtfeld von Bosworth 1485, als er sein Land, dem er ein ›gnädiger Herr‹ gewesen war, gegen einen Abenteurer verteidigte.

81

Englands Stahlküche: Sheffield–Kirkstall Harewood House

So einsam der Norden Yorkshires ist, so belebt ist sein Süden mit Kohlenzechen, Baumwollspinnereien und dem Zentrum der englischen Stahlindustrie, den Städten Sheffield und Leeds.

Sheffield war schon im Mittelalter berühmt wegen seiner Klingen, und noch heute ist der Zunftmeister der Messerschmiede von Sheffield neben dem Bürgermeister der wichtigste Mann in der Stadt. Bis vor wenigen Jahren galt die englische Stahlschmiede als häßliche, schmutzige Stadt, bar jeden Charmes. Der Besucher, der heute nach Sheffield kommt, kann das kaum glauben, und doch war es so, wie ihm jeder ›Eingeborene‹ gerne bestätigen wird. Hier ist inzwischen ein modernes Wunder geschehen. Angefangen hat es mit einem rigorosen Umweltschutzprogramm, das sich zuerst einmal der beispiellosen Luftverschmutzung in der Dreihügelstadt zuwandte. Heute hat Sheffield kaum eine weniger reine Luft als die Seebäder von Südostengland, und es ist mächtig stolz darauf. Nachdem Bürger und Magistrat gemeinsam diesen ersten Erfolg erzielt hatten, folgte alles andere wie von selbst. Endlich hatte es wieder Sinn, die Fassaden zu säubern, helle Gardinen aufzustecken, neue Häuser zu bauen, Straßenbäume zu pflanzen, Parks anzulegen, moderne Wohn- und Einkaufsviertel zu errichten. Hell steigen die Strahlen der Fontänen in die Luft, klar fließen die Flüsse Don und Sheaf durch die Stadt, die die jungen Männer Sheffields in freiwilligen Sondereinsätzen eigenhändig von Unrat und Schlamm befreit haben, um wieder in ihnen baden und angeln zu können. Mit der Schönheit kam ein junger Geist über die Stadt, ein begeisternder Schwung, und viele andere Gemeinden sind inzwischen dem Vorbild Sheffields gefolgt.

Ein bezauberndes Beispiel für die Kunstfertigkeit der Sheffielder Schmiede im 18. Jahrhundert bilden die eisernen Gittertore zu dem etwa fünf Kilometer südlich der Stadt liegenden Landhaus *Oakes Park*. Ein Gutshof stand dort schon seit der Tudorzeit, wurde aber in der Restauration durch einen Neubau ersetzt und Anfang des 19. Jahrhunderts noch einmal dem strengeren georgianischen Geschmack angepaßt.

Andere Beispiele für die Geschicklichkeit der Sheffielder Meister kann man im Stadtmuseum in *Weston Park* bewundern, wo auch die Mappin-Kunstgalerie mit Werken der Englischen Schule untergebracht ist. Das Museum besitzt die größte Sammlung von Tischbestecken auf der Welt; neben den Arbeiten der Sheffielder ›Cutler‹ sieht man seltene Stücke aus ganz Europa vom 17. bis zum 19. Jahrhundert. Auch das Sheffielder Tafelsilber ist repräsentiert; die Massenproduktion begann hier um die Mitte des 18. Jahrhunderts, etwa gleichzeitig wie in Birmingham. An den ausgestellten Kannen, Bechern, Tafelaufsätzen und Tabletts kann man alle Techniken und Entwicklungsphasen dieses aus dem Kunsthandwerk hervorgegangenen Industriezweiges verfolgen. Wertvollster Schatz des Museums ist eine Gruppe nobler Goldschmiedearbeiten aus angelsächsischer Zeit.

Was wir heute ehrfürchtig bestaunen, was uns durch seine Eleganz und Schönheit bezaubert, ist oft unter sehr wenig schönen Bedingungen entstanden. Die Metallarbeiter von Sheffield gehörten zwar auch in der dunkelsten Zeit der Industriellen Revolution, also in der ersten Hälfte des 19. Jahrhunderts, zu den bestbezahlten Arbeitern, aber das will nicht allzu viel heißen, denn der Durchschnittserwerb war damals wirklich nur ein jämmerlicher Hungerlohn, zum Sterben zuviel und zum Leben zu wenig. Für ihr etwas besseres Einkommen bezahlten die Metallwerker mit schweren Berufskrankheiten: Schwindsucht, Unterleibsbeschwerden, Kopfschmerzen und Gallenübel waren an der Tagesordnung. Am grausamsten wütete eine Krankheit, unter der die Schleifer zu leiden hatten, das sogenannte ›Schleifer-Asthma‹. Diese Männer, die meist mit vierzehn Jahren ihren Beruf erlernten, arbeiteten ständig in gebückter Stellung und atmeten dabei, vor allem beim Trockenschleifen, den Metallstaub ein, der beim Schleifen abfiel und aus winzigen scharfen Stahlteilchen bestand, die sich in ihren Lungen und anderen inneren Organen festsetzten und diese mit der Zeit förmlich zerschnitten. Die Krankheit begann harmlos mit Husten, entwickelte dann alle Symptome einer Lungenschwindsucht und machte es den Leidenden im letzten Stadium sogar unmöglich zu liegen. Am besten kamen noch die Messerschleifer weg, die nur naß schleifen mußten; ihre Lebenserwartung lag zwischen fünfundvierzig und fünfzig Jahren. Die Rasiermesserschleifer starben zwischen fünfunddreißig und vierzig; aber die Gabelschleifer, die nur trocken schliffen, erreichten selten ihr dreißigstes Jahr. Und doch protestierten sie, als um die Mitte des vorigen Jahrhunderts Schutzeinrichtungen an ihren Arbeitsplätzen gesetzlich vorgeschrieben wurden, aus Angst, es würde ihre Löhne drücken, wenn ihre Arbeit weniger gefährlich wäre. Nichts könnte ein schärferes Licht auf die Härte der damaligen Arbeitskämpfe, auf die uns heute kaum mehr vorstellbare Not des Industrieproletariats werfen.

Eine Schleiferei aus dem 18. Jahrhundert hat sich im südlichen Vorort Whiteley Woods erhalten. Sie heißt *Shepherd Wheel* und ist die einzige noch mit Wasserkraft betriebene Schleiferei in England, heute unter Denkmalschutz. Sie gehörte einem der ›Little Meesters‹ von Sheffield, Handwerksmeistern mit großen Manufakturbetrieben, in denen sie über eine Schar von Lehrlingen wie kleine Könige gebieten konnten. Sie waren die Vorläufer der späteren Fabrikherren, bildeten aber eine Kaste für sich. Ihre Erzeugnisse waren vollkommen, beste Handwerksarbeit – wie diese Vollkommenheit erkauft wurde, danach fragte niemand. Brutale Prügelstrafen und zwanzig Stunden Arbeit pro Tag viermal in der Woche waren in diesen Werkstätten die Regel; vom Sonntag bis Dienstag vergaß man die Arbeitshölle in einer noch schlimmeren, der Schenke. Ein böses Bild dieser Zustände hat Disraeli in seinem sozialkritischen Roman ›Sybil‹ entworfen; es deckt sich weitgehend mit anderen zeitgenössischen Beschreibungen und damals von der Regierung in Auftrag gegebenen wissenschaftlichen Untersuchungen. Ein anderes Denkmal der Industriellen Revolution ist das Museum *Abbeydale Industrial Hamlet*, eine Fabriksiedlung aus dem 18. Jahrhundert im Südwesten Sheffields. In ihren niedrigen, ordentlichen, aber grimmig wirkenden Backsteingebäuden kann man noch eine völlig funktionsfähige Hammerschmiede, eine Schleiferei, einen Eisenhammer und einen Schmelzofen besichtigen; der Ofen arbeitet nach einem um die Mitte des vorigen Jahrhunderts von James Huntsman neuentwickelten Stahlschmelzverfahren.

Von Sheffield fahren wir zum anderen Hauptort der metallverarbeitenden Industrie, *Leeds*, wo allerdings auch Papier, Lederwaren, Woll- und Baumwollstoffe und Leinen hergestellt werden. Wir halten uns in der großen modernen Industriestadt nicht auf: sie ist eine jener mehr oder minder gesichtslosen Fabrikmetropolen, wie man sie als Erbe des 19. Jahrhunderts überall in Europa finden kann. Erst jetzt bemühen sich diese Städte um eine menschengerechte Bauplanung und beginnen, nach eigener Identität zu suchen.

Wenn wir Leeds nach Nordwesten verlassen, finden wir im Vorort *Kirkstall* die berühmte Abteiruine, die mit ihrer romantischen Silhouette die großen Landschaftsmaler der frühindustriellen Epoche immer wieder anzog; Turner hat sie mehrmals gemalt, auch Thomas Girtin und andere. In dem erhaltenen Torhaus der Abtei hat die Stadt ihre kulturgeschichtlichen Sammlungen untergebracht. Dieses ›Abbeyhouse Museum‹ ist sehr reizvoll gestaltet: Es zeigt in drei originalgetreu aufgebauten Musterstraßen Läden, Wohnungen und Werkstätten, wie sie für das kleinstädtische England zur Zeit von Dickens und Disraeli typisch waren. Beide Männer haben das Leben der kleinen Freuden und der großen Nöte im Detail beschrieben;

beide auch die so unterschiedliche Lebensweise in den großen Adelshäusern; Disraeli ging dabei soweit, Ober- und Unterschicht als die ›zwei Nationen‹ zu bezeichnen, deren gegenseitige Indifferenz die eigentliche Kultur Englands zerstöre. Daß dieser tiefe Gegensatz nicht konstruiert war, können wir nachvollziehen, wenn wir, aus dem freudlosen Leeds kommend, das etwa zwölf Kilometer nördlich der Stadt gelegene *Harewood House* aufsuchen. Der kleine Abstecher lohnt sich, denn der blaßgelbe Kalksteinbau liegt in einer Heckenlandschaft, wie kein Maler sie schöner hätte erfinden können.

Harewood House wurde 1759 von John Carr erbaut, einem Vertreter des palladianischen Stils, dem wir schon als Architekten des ›Crescent‹ von Buxton sowie in Castle Howard begegnet sind. Sein Auftraggeber war Edward Lascelles, der Sohn eines reichgewordenen Westindienfahrers, der auch die wertvolle Sammlung von Sèvres und chinesischem Porzellan im Haus zusammentrug. Diesen klaren Bau hat um 1843 Sir Charles Barry auf Wunsch des 3. Grafen von Harewood um zwei turmartige Seitenflügel erweitert, die dem Haus zwar eine gewisse Würde verleihen, aber die Ausgewogenheit des ursprünglichen Entwurfes erheblich stören. Architektonisch entzückt uns Harewood vor allem wegen der von Robert Adam geschaffenen Inneneinrichtung mit originalen Chippendale-Möbeln und Deckenmedaillons von Angelika Kauffmann und ihrem Mann Antonio Zucchi. Die Gemälde italienischer Meister, die heute die Wände schmücken, wurden von dem 6. Grafen von Harewood und seinem Sohn, dem derzeitigen Hausherrn, erworben: Werke von Tizian, Tintoretto, Veronese und Bellini.

Die einstigen Herren von Harewood Castle, dessen Ruine man noch im Park sehen kann, ruhen in der kleinen Allerheiligen-Kirche aus dem 15. Jahrhundert, die sich im Park unter einer Gruppe alter Bäume versteckt. Früher war sie der Mittelpunkt eines hübschen Dorfes, das Carr abtragen und außerhalb des Parks sehr nett wieder aufbauen ließ, nach bewährter Methode. So sieht man denn von der Terrasse des Schlosses nur auf einen weiten See in einer um 1772 von Capability Brown ersonnenen Ideallandschaft, deren Sträucher im Frühling in allen Farben erblühen, deren Rosengarten im Sommer seinen süßen Duft verhaucht, und dessen Wasserfall mit sanftem Geplätscher das Ohr erfreut – was man von den schrillen Schreien der Papageien im Vogelpark keineswegs behaupten kann. Hier stolzieren Emus neben gravitätischen Pinguinen einher, und hundert andere schillernde Exoten aus aller Welt flattern, schweben und schwimmen da, als wäre zumindest für die Vogelwelt unter englischem Himmel ein irdisches Paradies schon Wirklichkeit geworden.

82

In der Heimat der Brontë-Schwestern: Bradford – Haworth

In meinem Rücken und zu beiden Seiten breiten sich große Moore, und weit über dem Tal zu meinen Füßen steigen in Wellen die Berge auf. Das Land scheint dünn besiedelt zu sein, denn ich sehe niemanden auf den Landstraßen, die sich nach Osten, Westen, Norden und Süden erstrecken – weiß, breit und verlassen. Sie sind eingeschnitten in die Moore, und das Heidekraut wächst tief und wild bis an ihre Ränder …

Charlotte Bronte, Jane Eyre, 1857

Bei Kirkstall Abbey hatten wir Leeds verlassen; von dort aus nehmen wir die Straße nach *Bradford*, einer Hauptdomäne der Wollindustrie seit der Mitte des 18. Jahrhunderts. Wie in Sheffield ist auch hier das Problem der Luftverschmutzung gelöst, die meisten der Slums des vorigen Jahrhunderts sind schon durch moderne Wohnsiedlungen, große Einkaufszentren und hübsche Anlagen ersetzt. Bradfords Bürger haben eine stark entwickelte Neigung zu sozialem Engagement. Lister Park, nach dem Erfinder der antiseptischen Wundbehandlung, Joseph 1. Baron Lister benannt, ist ein gutes Beispiel dafür: Er wurde mit stark duftenden Pflanzen als Blindengarten geplant. Wegbereitend war Bradford auch durch Einführung von Sozialleistungen in den Schulen wie Schulspeisung oder ärztliche Betreuung. Richard Oastler, ein berühmter Sohn der Stadt, gehörte zu den Vorkämpfern für das Verbot von Kinderarbeit in den Fabriken. Sir Titus Salt, dessen Denkmal wir im Lister Park sehen können, verlegte seine Mohair-Spinnereien aus einem ungesunden Slum in die Nähe von Shipley, wo er die mustergültige Siedlung Saltaire gründete, um seinen Arbeitern bessere Lebensbedingungen zu schaffen. Dieser Fabrikbesitzer bildete sicher eine Ausnahme, aber es gab seinesgleichen öfter, als man zu denken geneigt ist. Solche Männer leisteten in doppeltem Sinn Pionierarbeit: Einmal, indem sie den Lebensstandard und damit auch die allgemeine Moral ihrer Arbeiter hoben, zum anderen, indem sie bewiesen, daß es sich für den Unternehmer wie für den Staat lohnt, die verhaßte Fabrikarbeit erträglich zu machen.

Von Bradford aus führt uns die Landstraße in das nordwestlich davon gelegene Weberdorf *Haworth* zwischen Wadsworth Moor und Keighley Moor. Haworth ist ein ärmlicher grauer Moorflecken mit engen, steilansteigenden Gassen und schmucklosen Häusern aus grauem Stein, die aus kleinen Fenstern mißtrauisch auf ihre verwinkelten Nachbarn blinzeln. Spinnen und Weben nährt heute wie seit Jahrhunderten die Bewohner. Die Scharen von Touristen, die alljährlich durch diesen so wenig anziehenden Ort kommen, konnten ihn nicht reich machen, denn sie bleiben gewöhnlich nur Augenblicke, um die georgianische Pfarre, deren regelmäßige Fenster weit auf das Moor hinaussehen, am Rande des Ortes aufzusuchen: Die seltsamen Kinder, die dort aufwuchsen, erregen ihre Neugier – noch nach über einem Jahrhundert. Ihre Bücher sind in Millionen von Exemplaren über die ganze Erde verbreitet, und ihr Schicksal wurde zum Thema Hunderter von Abhandlungen. Wie aber lebten sie?

Eintönig klatschen die endlosen Herbstregen gegen die Scheiben der großen Fenster, heulende, jammernde Westwinde fegen über die nackten braunen Moorhügel heran, die sich bis an die Haustür erstrecken, und im Haus erzählt eine Frau in mittleren Jahren mit lebhafter Stimme cornische Geistergeschichten. Ihr Publikum sind fünf kleine Mädchen und ein Knabe, der noch in der Wiege liegt und dem Ton der vertrauten Stimme mit großen Augen verständnislos folgt. Die Kinder sind mutterlos, und die Erzählerin, ihre Tante, muß sie nur zu bald wieder ihrer eigenen Phantasie überlassen, um mit der alten Magd den Haushalt zu versorgen. Außer Gespenstergeschichten lernen die Kinder von ihr die Grundlagen einer viktorianischen Mittelstandsbildung: Lesen, Schreiben, Zeichnen, Handarbeiten, ein wenig Musizieren und die Anfangsgründe der Komposition. Der Erziehung des einzigen Sohnes, Branwell, wird sich später Vater Brontë, obgleich unwillig, annehmen. Dieser Mann, der fast alle seine Kinder überleben sollte, wie er die geliebte Frau überlebte, hatte sich als Jüngling mit unbeschreiblicher Willenskraft ein Studium in Cambridge erkämpft; so war aus dem armen Puritaner irischer Abstammung ein englischer Pfarrherr geworden. Aus Cornwall hatte er sich eine schöne Frau geholt, die aber in dem Moordorf im Norden bald nach der Geburt ihres sechsten Kindes, des

Sohnes, einem Lungenleiden erlag. Seit ihrem Tod war der Lebenswille des Pfarrers gebrochen; er zog sich völlig in sein Studierzimmer zurück, wo er sogar seine Mahlzeiten einnahm. Der Eigenbrötler liebte seine Kinder, aber er vernachlässigte sie sträflich.

Als die Mädchen heranwuchsen, wurden sie in ein billiges Internat für die Töchter von Geistlichen gesteckt; dort starben zwei der Schwestern an den Folgen der drakonischen Erziehung; Charlotte, die Älteste, wurde nach Hause zurückgeholt, aber auch sie mußte die Spuren dieser Zuchtanstalt für Kinder erst durch eine lange Krankheit allmählich überwinden. In ihrem ersten großen Roman, ›Jane Eyre, die Waise von Lowood‹, hat sie als junge Frau die Schrecken der Schule noch einmal heraufbeschworen.

Herangewachsen, versuchten Charlotte und Emily Stellungen als Erzieherinnen zu finden; diese Hoffnung schlug jedoch fehl. Da ermöglichte ihnen die Tante, Schwester ihrer Mutter, in einem Brüsseler Internat ihr Französisch zu vervollkommnen. Für Charlotte wurden diese Monate bedeutungsvoll, da sie in der Schule ein leidenschaftliches Gefühl für ihren gütigen Lehrer, Monsieur Heger, entwickelte, aber für Emily, die das Moor liebte, brachten sie nur Heimwehqualen. Der Tod der Tante rief die Mädchen heim. Charlotte, die wußte, daß Heger ihre Neigung nicht erwiderte, versuchte sich mit Schreiben zu betäuben; bald entdeckte sie, daß auch die Schwestern Emily und Anne heimlich dichteten. Sie überredete sie, gemeinsam, aber unter Pseudonym, auf eigene Kosten einen Lyrikband herauszugeben: eine finanzielle Katastrophe, denn sie konnten nur zwei Exemplare verkaufen. Heute weiß man, daß Emilys Verse zu den besten Werken der englischen Naturlyrik gehören.

Nach diesem Mißerfolg gaben die Schwestern ein Jahr später, 1847, drei Romane heraus: ›Jane Eyre‹ erschien unter dem Namen Currer Bell, Annes Erzählung ›Agnes Grey‹ war mit Acton Bell gezeichnet, und Emily veröffentlichte ihr geniales Meisterwerk ›Wuthering Heights‹, das man wegen seiner poetischen Kraft neben Shakespeares Lear gestellt hat, als Ellis Bell. Über Nacht ist der Name Bell berühmt; ganz London rätselt, wer sich hinter den Pseudonymen versteckt, und selbst die Kritik ist begeistert.

Emily, die tiefer als die Geschwister vom Leben im Moor geprägt war, dessen Melodie sie verstand, dessen Dämonie sie in ihren wilden Gestalten zu verkörpern suchte, starb schon ein Jahr nach dem Erscheinen ihres Buches an dem ererbten Lungenübel. Der junge Branwell wird das nächste Opfer; er verdämmert seine letzten

Wochen in der Schenke ›Black Bull‹ in Haworth in ständigem Rausch. Wieder ein Jahr später stirbt in Scarborough, wo sie auf Heilung gehofft hatte, Anne, die jüngste der Schwestern, noch keine dreißig Jahre alt.

Nur Charlotte schreibt und schreibt. Nie fehlt in ihren Romanhandlungen realistische Sozialkritik. 1854 heiratet sie den Hilfsprediger ihres Vaters, aber das Glück ist nur von kurzer Dauer, denn jetzt kämpft auch sie mit der Schwindsucht, der sie wenige Wochen nach der Hochzeit erliegt. Die andere große Dichterin des Nordens, Elizabeth Gaskell, hat ihr in einer ausführlichen Biographie ein dauerndes Denkmal gesetzt.

Unsere jetzt nach Norden führende Straße schlägt einen sanften Bogen um Keighley Moor und führt über das freundliche viktorianische Heilbad *Keighley* – das die Schwestern oft zu Fuß aufsuchten, um Bücher oder ein wenig Putz zu kaufen – über das Airedale und Rombalds Moor mit seinem bronzezeitlichen Steinkreis nach Bolton im Wharfedale.

83

Straße der Abteien: Bolton Abbey – Fountains Abbey – Ripon Newby Hall – Coxwold – Newburgh Priory – Byland Abbey Rievaulx Abbey – Mount Grace Priory – Richmond Jervaulx-Abbey – Ingleton

Wenn die Bögen und Nischen im Schatten stehn,
Wenn das weiße zitternde Mondeslicht
Um den Mittelturm seine Girlanden flicht,
Wenn die Strebepfeiler sich wechselnd reihn,
Halb Edelholz, halb Elfenbein,
Besuch die Abtei, und tu es allein!
Walter Scott, Abtei Melrose, 1806

Das North Riding, dessen Küstenstreifen wir schon kennengelernt haben, ist ein dünn besiedeltes Bergland, in dessen Westen sich die *Yorkshire Dales*, in dessen Osten sich die *North York Moors* erstrecken, große Naturschutzgebiete von herbem Reiz. In diesen Einöden liegt eine ganze Kette großartiger Klosterruinen, die, Wind und Wettern ausgesetzt, mit leeren Fensterhöhlen ihrer tausendjährigen Geschichte nachsinnen. In ihren Gehäusen summte es einst vor

Leben, als ihre Erbauer und einstigen Besitzer – Augustiner, Zisterzienser, Prämonstratenser, Kartäuser – das Land zu kultivieren versuchten. Heute ziehen nur noch die Schafe mit ihren schwarzen Gesichtsmasken und langen seidigen Locken in großen Herden über die braunen Heidehöhen, die nur im Frühling für kurze Zeit in frischem Grün erglänzen, mit Flecken goldenen Ginsters und blaßroten Fingerhuts, und sich im Altweibersommer mit tiefem Purpur überziehen, wenn sich die abertausend Glöckchen der Erikasträucher öffnen und mit ihrem warmen Duft Schwärme von Bienen und Faltern anlocken. Aber den größten Teil des Jahres stehen sie dunkel und schwermütig unter den rasch wechselnden Himmeln.

Bolton Abbey im waldigen Wharfedale spiegelt ihr rosenfarbenes Gemäuer ruhevoll im Wasser des Flusses, dessen Wellen um ein paar große flache Steine spielen, die von den Talbewohnern seit undenklichen Zeiten als Brücke benutzt werden. Vielleicht haben schon die Römer sie gelegt, vielleicht auch erst sächsische Einwanderer – wer will das noch entscheiden. Von den Klosterbauten hat sich kaum etwas erhalten, nur das kleine dunkle Schiff der Kirche, das heute den Bewohnern des nahen Dörfchens als Pfarrkirche dient. Der sehr geschlossene Bau wurde im 13. Jahrhundert errichtet; sein feiner gegliederter Perpendikularchor entstand erst Jahrzehnte später. Er hat sein Dach verloren; durch die großen, vielleicht einst von Maßwerk geschmückten Fenster flattern Waldvögel ein und aus, und Efeu windet sich mit dunkelglänzenden Blättern um die Pfeiler. Die Abtei ist eine Augustinergründung aus der Mitte des 12. Jahrhunderts; den Grund stiftete die Familie de Romilly, die mit Wilhelm dem Eroberer nach England kam. Ihre feste, im Kern normannische Burg bewacht mit sechs massigen Rundtürmen aus dem 14. Jahrhundert vom nahen Skipton aus den Eingang des Wharfedales. Während des Bürgerkrieges trotzte sie jahrelang den Truppen Cromwells. Den romantischen Charakter des Ortes hat der viktorianische Maler Sir Edwin Landseer auf seinem Gemälde ›Bolton Abbey‹ sehr eindringlich festgehalten.

Wir dringen in dem immer enger werdenden Tal weiter nach Norden vor, bis wir bei Threshfield, das nur aus einer Kapelle und einer Handvoll Höfe besteht, die Landstraße erreichen, die uns in östlicher Richtung über die Moore nach Aldfield, einem kleinen Moordorf, bringt, wo ein Feldweg nach Fountains Abbey abzweigt, der *»unvergleichlichen Ruine eines der größten unter den großen monastischen Häusern des Nordens.«* (Disraeli)

Fountains Abbey, deren mächtige Ruinen sich in ein waldumkränztes Wiesental am Saum der Moore schmiegen, hebt sich mit ihren grauweißen Mauern und kräftigen, schlichten Arkadenpfeilern leuchtend von ihrem grünen Hintergrund ab. Sie wurde im 11. Jahrhundert im normannisch-gotischen Übergangsstil von Zisterziensern errichtet. Chor und Langhaus der Klosterkirche erstrecken sich über eine Länge von fast hundert Metern; das Schiff wird von dem Stumpf eines normannischen und den ragenden Massen eines nie vollendeten gotischen Turmes bewacht. Auch die unteren Geschosse des Querhauses und Reste des Kreuzganges sind erhalten.

»*Auf einer Fläche von nicht weniger als zehn Morgen Landes*«, schreibt Disraeli in ›Sybil‹, »*kann man die Reste der großen Abtei studieren. Die meist moosverkrusteten, modernden Gemäuer verraten noch, wo sich einst die Wohn- und Wirtschaftsbauten der früheren Besitzer erhoben, wo ihre terrassierten Gärten sich dehnten. Hier kann man die Ruinen des Bischofspalastes erkennen und dort, besser erhalten, da besser erbaut aus Materialien, die eher geeignet waren zu dauern, die des großen Hospitals. Das Wort bezeichnete damals nicht ein Haus für Kranke, sondern einen Ort der uneingeschränkten Gastfreundschaft, wo man dem Reisenden, sei er ein stolzer Baron oder ein einsamer Pilger, Zuflucht und Erfrischung gewährte, und an dessen Tor, dem Armenportal, in Not geratene Bauern des Klosters jeden Morgen und Abend Kleidung und Nahrung erbitten konnten.*« Begeistert fährt er fort: »*Aber in der Mitte dieser Ruinen erhebt sich noch immer, mit einer der Zeit trotzenden Kraft und einer Schönheit, die endlich selbst den Zorn der Menschen besänftigte, eines der edelsten Werke der christlichen Kunst, die Abteikirche. Versehrt, aber noch immer bewunderungswürdig in Form und Gestalt, war das Gewölbe im Sommer ihr einziges Dach, und von ihren prächtigen Fenstern war nichts geblieben als die Symmetrie ihrer weiten Bogen und ein paar krause Relikte des phantastischen Maßwerks.*«

Ein Adelsherr hat die grün überrankten, von Brombeeren umwucherten Ruinen im 18. Jahrhundert erworben und die ganze Gegend in einen einzigen Park verwandelt. Am Westtor der Abtei steht *Fountains Hall*, ein jakobinisches Herrenhaus, das 1610 von einem Baron errichtet wurde, der dazu die Abtei als Steinbruch benutzte, genau wie die Bauern der Gegend. Die große Halle seines Hauses hat noch eine ›Minstrel Gallery‹, eine Spielmannsgalerie, wo bei ausgedehnten Banketten fahrende Sänger oder Musikanten die Feiernden mit ihren Balladen ergötzten oder zum Tanz aufspielten.

Fountains liegt vor den Toren der alten Marktstadt *Ripon*. Eine erste Kirche wurde in Ripon im 7. Jahrhundert für den heiligen Wilfried errichtet; sie wurde um 950 zerstört, aber ihre angelsächsische Krypta hat sich erhalten. Darüber erhebt sich der dreischiffige Riesenleib der heutigen Kathedrale mit ihrem verhältnismäßig kurzen Chor und einem zweischiffigen Querhaus. Über der Vierung hockt ein mächtiger Turmstumpf. Das Langhaus war ursprünglich einschiffig und wurde im Westen von zwei hohen Türmen flankiert; an diese grenzen die schmalen, später hinzugekommenen Nebenschiffe, die im Gegensatz zum Mittelschiff eingewölbt wurden. Der Bau stammt teils aus dem 13., teils aus dem 14. Jahrhundert. Eindrucksvoll ist seine Westfassade, die mit unnachgiebiger Ausschließlichkeit ein einziges Thema, die Lanzette, variiert. In einem leicht veränderten Rhythmus wird es auch von den Türmen weitergesponnen.

Ripon hatte bis zur Zeit König Jakobs I. keinen Bürgermeister, sondern wurde von seinem – Nachtwächter repräsentiert. Das Haus des ›Wakeman‹ steht an einer Ecke des großen Marktplatzes. Er erhielt eine Art Nachfolger im ›Hornblower‹, der noch jetzt allabendlich, angetan mit einem betressten Dreispitz, vor dem Haus des Bürgermeisters sein großes Horn bläst. Ein eigenes Rathaus erhielt die Stadt im 19. Jahrhundert; es wurde von James Wyatt entworfen.

Von Ripon aus fahren wir nach Südwesten, in das Ure-Tal, wo wir *Newby Hall* finden, dessen üppige Gärten mit ihren seltenen Sträuchern und von Taxus gesäumten Rasenwegen sanft zum Ufer des Flusses hin abfallen. Das noble georgianische Landhaus aus blaßrotem Stein wurde um 1705 für einen wohlhabenden Grubenbesitzer gebaut und gelangte später in die Hände des weitgereisten Edelmannes William Weddell, der es von Robert Adam völlig neu ausstatten ließ. Bezaubernd ist vor allem ein Raum mit filigranzarter Stuckdecke, der für eine Folge pastellfarbiger Boucher-Gobelins entworfen wurde. Die Deckenmedaillons malte auch hier Antonio Zucchi; die eleganten Möbel entstammen den Händen von Robert Adam und Thomas Chippendale. Die Antikensammlung Weddells, deren Prunkstück die Venus aus dem Barberini-Palast ist, fand einen angemessenen Rahmen in dem feinstuckierten, von grüngeäderten Alabastersäulen gegliederten Mittelsaal.

Wenige Kilometer südöstlich davon liegt die einstige Hauptstadt des keltischen Stammes der Briganten, Iseur, die die Römer Isurium Brigentum nannten und die heute *Aldborough* heißt. Die Mauern des einstigen Römerlagers und die Mosaikböden seiner Villen konnten ausgegraben werden; ein kleines Museum hat die meisten Funde aufgenommen, die kostbarsten der Mosaiken wurden allerdings nach Leeds verbracht. Für die römischen Mauersteine fand die angelsächsische Bevölkerung einen guten Verwendungszweck, sie bauten daraus ihr kleines Kirchlein – und in den Wänden mancher Cottages steckt sicher auch noch Römererbe.

Wir halten jetzt in nordöstlicher Richtung auf Landwegen quer über die Ebene auf *Coxwold* zu, ein Yorkshire-Dorf, das im Süden von Newburgh Priory und im Norden von Byland Abbey gerahmt wird. Am Rande des Dorfes erhebt sich unter hohen Bäumen das von turmartigen Kaminen bewachte, breite mittelalterliche Steinhaus ›Shandy Hall‹ mit spitzen Giebeln zu beiden Seiten des tiefherabgezogenen Daches und georgianischen Fenstern. ›Shandy‹ ist ein Wort aus dem Dialekt der Grafschaft und heißt so viel wie wild, ungezügelt, leicht verrückt. Das trifft zwar kaum auf das gemütliche Haus mit seinen pummeligen Buchshecken zu, wohl aber auf dessen Herrn, den Dichter Laurence Sterne (1713-1768), der hier von 1760 bis fast zu seinem Tode lebte und in seinen Mauern ›Die sentimentale Reise‹, große Teile des ›Tristram Shandy‹, vor allem aber sein Mrs. Elizabeth Draper gewidmetes ›Tagebuch für Eliza‹ schrieb, während er seine Lebensnotwendigkeiten von einem kleinen Einkommen als Hilfsprediger zu decken versuchte. Er hatte seine Pfarre in Sutton-in-the-Forest, wo er von 1738 bis 1759 amtierte, aufgeben müssen, da er seine Pfarrkinder mit seinen leichtfertigen Liebesabenteuern verärgert hatte. Als dann noch seine Frau in geistige Umnachtung fiel, hielt ihn nichts mehr in dem puritanischen Ort. In London wollte er sich als Schriftsteller über Wasser halten, aber schon die ersten Kapitel seines ›Tristram Shandy‹ erzürnten wegen ihrer unverhohlenen Amoralität die damaligen Literaturpäpste Horace Walpole und Dr. Johnson. So zog er sich denn in das gottverlassene Nest zurück und gab seinem bescheidenen Haus trotzig den Namen seines umstrittenen Helden. Sterne starb 1768 in völliger Verarmung in einer elenden Mietswohnung in der Londoner Old Bond Street an Lungenentzündung. Das Haus in Coxwold wurde kaum verändert, seit der Dichter dort gelebt hat.

Newburgh Priory erhebt sich am Rande von Coxwold über phantasievoll beschnittenen Hecken am Ufer eines weiten Teiches. Noch heute in Privatbesitz, ist das Haus aus einem um 1150 gegründeten Augustinerkloster hervorgegangen. Es heißt, hier habe der Schwiegersohn Oliver Cromwells, Fauconbridge, das Herz des Lordprotektors begraben. Die Ruine von *Byland Abbey* steht vor dem Hintergrund von Scawton Moor, dessen Sümpfe die seit 1177 hier ansässigen Zisterziensermönche trockenzulegen trachteten. Sie brannten in eigener Töpferei die schönen gelb und grün glasierten Ziegel, mit denen sie den Boden ihres weiten Gotteshauses pflasterten. Die Muster haben sich gut erhalten, wie die ausgegrabenen Stellen beweisen. Von den Klostergebäuden und von der Kirche steht nicht mehr viel, aber man kann sich anhand der freigelegten Grundmauern den Plan des Ganzen recht gut vergegenwärtigen. Grandios ist der Anblick der Westfassade am Abend, wenn durch ihre halbzerstörte Fensterrose goldenes Licht einströmt, während das zerbrochene Maßwerk sich fast schwarz von der Glut des Himmels abzeichnet.

Der nächste größere Ort ist die von ihrer Burgruine beherrschte Marktstadt *Helmsley*, von der aus man einen herrlichen Blick über das Moorland und hinab ins Tal des River Rye genießt. Viele ihrer rotgeziegelten mittelalterlichen Steinhäuser sind halb unter Efeu und wildem Wein verschwunden; andere überraschen mit klargezeichnetem schwarzweißem Fachwerk, eine in dieser Gegend selten anzutreffende Bauweise. Die Burg wurde Ende des 17. Jahrhunderts von Sir Charles Duncombe, dem Bankier der Londoner Goldschmiede, erworben. Sie war seinem Erben aber zu zugig; er ließ sich stattdessen ein Barockschloß bauen und einen großen Landschaftspark von Vanbrugh anlegen. Das Schloß ist heute eine Schule, die Burg ist verfallen, aber *Duncombe Park* breitet sich noch immer mit seinen malerischen Rasenterrassen und klassizistischen Gartentempelchen auf einem waldigen Hang hoch über dem Ryetal aus. Von den Stufen der Tempel und den vielfach gewundenen Wegen kann man immer neue, überraschende Ausblicke auf das tiefe Tal und sein Kleinod, Rievaulx Abbey, entdecken – und das war der ganze Sinn dieser einzigartigen Anlage.

Rievaulx Abbey – was soviel heißt wie Ryetal-Abtei – ist ebenfalls eine Zisterzienser-Gründung, die älteste in Yorkshire. Ihr Langhaus war bereits 1135 vollendet. Es wird an Schönheit übertroffen von der Ruine des frühenglischen Chores aus dem 13. Jahrhundert, dessen feine Bündelpfeiler im harten Mittagslicht an kannelierte Säulen griechischer Tempel gemahnen. Dieser Eindruck wird noch verstärkt durch die hellen, zwischen Perlgrau, mattestem Rosa und Elfenbein spielenden Töne des allen äußeren Zierrats entblößten Gemäuers. Vielleicht gibt es keinen anderen Ort in England, wo sich der Geist der englischen Frühgotik so rein offenbart.

Wir folgen jetzt dem River Rye quer über die Moore der Hambleton Hills bis nach Osmotherley, wo wir etwas abseits der Straße die *Mount Grace Priory* entdecken, eine einstige Kartause. War Rievaulx das erste Zisterzienserhaus in Yorkshire, so ist Mount Grace das letzte in der Grafschaft gegründete Kloster. Die Kartäuserregel hatte im lebensfrohen England des Mittelalters nur sehr schwer Fuß fassen können. Gründer von Mount Grace war Thomas Holland, Herzog von Surrey, ein Enkel der ›Fair Maid of Kent‹, der Mutter Richards II. aus ihrer zweiten Ehe. Surrey war ein Vertrauter Richards, und dessen Sturz riß ihn mit in die Tiefe. Er verlor sein Herzogtum und bald darauf in einer Rebellion gegen Heinrich IV. auch schmachvoll das Leben; aber die Mönche von Mount Grace begruben ihn in der Kartause, deren Gründung er nur um zwei Jahre überlebt hatte.

Mount Grace liegt eingebettet in Heide und dichten Wald; auf ihrem Wiesengrund wiegen sich im Frühling Tausende von Osterglocken im Wind. Die Zellen der Mönche, eine Reihe von Einsiedeleien, waren um einen sehr weiten Kreuzgang herum angeordnet; sie hatten alle fließendes Wasser und in der Mauer eine Durchreiche für das Essen; zu jeder gehörte ein Gärtlein, im Erdgeschoß eine Bet- und Schlafkammer, ein Wohnraum und ein kleiner Flur, im Obergeschoß eine Werkstatt oder ein Studierzimmer. Eines der Häuschen hat man völlig wiederhergestellt. An die Zellen schloß sich eine sehr schlichte Kirche mit eckigem Turm, einschiffigem Chor und kleinem einschiffigem Langhaus mit zwei Seitenkapellen an. Die Wirtschaftsgebäude waren um einen zweiten, etwas kleineren Hof gruppiert. Als die Klöster unter Heinrich VIII. aufgelöst wurden, erhielten die Kartäuser eine Pension. Um die Mitte des 17. Jahrhunderts wurde ein Flügel des einstigen Torbaus zu einem bescheidenen Landhaus ausgebaut, das noch bewohnt ist. Die ganze Anlage gehört heute dem National Trust.

Wir fahren über die georgianische Marktstadt Northallerton weiter nach Richmond. Kurz vor der Stadt, die im Mittelalter mehr als

COOKS
FOR
FRUIT
FRUIT · COOKS · GROWERS
31

VIII JOHN GRIFFITHS
Cooks for Fruit
Aus der Folge ›A Front of Shops‹
Farbige Zeichnung, 1959

einmal Gegenstand englisch-schottischer Grenzkriege war, liegt am Ufer des River Swale ein Prämonstratenserkloster aus dem 12. Jahrhundert, *Easby Abbey*. Älter als das Kloster ist der Ursprung seiner schlichten kleinen Kirche. Zwar stammen ihre Fresken, eine Art Biblia Pauperum, aus dem 13. Jahrhundert, aber der Taufstein ist normannisch, und ihr größter Schatz, das Easby Cross, gar eine angelsächsische Arbeit aus dem 9. Jahrhundert. Das Original wird heute allerdings wegen seines unschätzbaren Wertes im Victoria and Albert Museum in London aufbewahrt, aber in der Kirche befindet sich eine ausgezeichnete Replik, die das Relief – Christus im Kreis der Apostel – getreulich wiedergibt. Die Ruinen der anderen Klosterbauten stammen größtenteils aus dem 13./14. Jahrhundert; besondere Aufmerksamkeit verdienen die Maßwerkfenster des einstigen Refektoriums.

Richmond ist eine Hügelstadt mit normannischer Burgruine. Von dem vierschrötigen Keep hat man einen guten Blick auf die roten Ziegeldächer der Stadt und das grüne, von Baumgruppen aufgelockerte Tal. Viele der schlichten erdfarbenen Steinhäuser winken mit buntbemalten Fensterrahmen und Haustüren. Die Marienkirche hat leider im vorigen Jahrhundert eine schädigende Restaurierung durch Sir George Gilbert Scott über sich ergehen lassen müssen, aber man kann sich an einem Dutzend Chorstühle erfreuen, die aus Easby hierher gerettet wurden. Die Sage weiß auch noch von einer anderen Verbindung zwischen Kloster und Stadt zu berichten: Von der Burg, so wird erzählt, führte ein geheimer unterirdischer Gang zur Abtei, und wenn man in Vollmondnächten sein Ohr an die Erde legt, kann man einen kleinen Trommler hören, der dort seit Jahrhunderten sein gespenstisches Wesen treibt.

Richmonds ganzer Stolz ist das 1788 von Samuel Butler erbaute ›Theatre Royal‹, eines der sehr wenigen uns erhaltenen georgianischen Theater in England. Auf seiner kleinen Bühne mit echten Rokokokulissen wird seit 1962 gelegentlich wieder gespielt; meistens aber ist das entzückende Theaterchen offen für Besucher.

Von Richmond aus gelangen wir über die Bergmoore und das Wensley Dale zur *Jervaulx Abbey* am Saume von Masham Moor. Jervaulx wurde 1156 von Zisterziensern gegründet und bildet zusammen mit Fountains und Rievaulx die Hauptgruppe der großen Abteien von York. Sie wurde 1537 zerstört, da ihr Abt sich an dem wilden Aufstand gegen die Kirchenpolitik Heinrichs VIII., der sogenannten ›Pilgrimage of Grace‹, beteiligt hatte. Weder von ihrer einst fast hundert Meter langen Kirche noch von den vielen Klostergebäuden ist viel erhalten. Hier fehlt die stolze luftige Anmut der Arkaden von Rievaulx, die Kraft und Würde, die Fountains noch im Zerfall ausstrahlt. Hier liegen wirklich fast nur noch Reste der bräunlichen Grundmauern im Gras versteckt, halbüberwucherte Säulenbasen und moosdunkle Trümmerstücke; aber sie sind verstreut über einen unwirklich schönen, dämmergrünen Park, der ihnen eine eigene Poesie verleiht: Diese Ruinen fordern und mahnen nicht, zaubern uns nicht mehr das Bild ihrer einstigen Vollkommenheit vor Augen, sondern rühren nur noch das Herz.

Hier nehmen wir Abschied von Yorkshires Abteien. Durch das Tal des River Ure mit seinen schäumenden Wasserfällen fahren wir nach Westen, begleitet von den Heidemooren der Penninischen Kette, auf denen kaum noch etwas gedeiht als hartes Gras und hier und da ein verkrüppelter Baum. Selbst die Schafe haben es hier schwer, genügend Nahrung zu finden, und noch schwerer haben es die Züchter, die ihre Herden in Frostnächten in Bewegung halten müssen, damit die Tiere nicht anfrieren, und die in regenreichen Wochen die Lämmer immer wieder trockenreiben, damit sie sich keine Lungenkrankheiten zuziehen. Um Winterställe zu errichten, in denen die großen Herden leben könnten, sind die meisten der Bergbauern zu arm. Wenn man ihre grauen, schmucklosen Einzelgehöfte sieht, die im besten Fall von einem natürlichen Baumwall umgeben sind, der wenigstens den wildesten Ansturm des Windes etwas abfängt, begreift man, warum England die Heimat der Spukgeschichten und Schauerromane werden konnte. Hier leben die Familien in entsetzlicher Abgeschiedenheit auf den kahlen dunklen Bergen, über denen während der meisten Monate des Jahres dichte Nebel liegen oder gewaltige Wolkenberge dahinziehen, die schwarzblaue Schatten auf die nackten Hänge werfen. In dieser Einsamkeit, ja Vereinsamung, entfaltete sich die Phantasie der Menschen, schuf sich Träume, die dem Charakter der Heidegebirge angepaßt waren, skurril, dunkel, unerklärlich.

Bei Hawes biegen wir von der das Ure-Tal begleitenden Straße in Richtung Süden nach *Ingleton* ab, dem Zentrum der Wanderer, die die Dales erforschen wollen. Nur wenige Kilometer westlich des Ortes liegt die Grenze nach Lancashire, und so sagen wir hier Englands stolzester Grafschaft Adieu.

IM SCHATTEN DES HADRIANWALLS

Lancashire – Cumbria
Durham – Northumberland

DER Norden Englands ist die schlanke Taille der britischen Insel. Nach Süden wird sie von Yorkshires Mooren abgeschnürt durch die Morecambe Bay im Westen und die rochenförmige Teesmündung im Osten; nach Norden finden wir eine zweite Einschnürung zwischen dem weiten Solway Firth und der aalgleichen Tynemündung. Quer über diese zweite Schmalstelle verlief der von Kaiser Hadrian im zweiten nachchristlichen Jahrhundert errichtete Römerwall gegen die Einfälle der Scoti und Picti. Im Schatten dieser Grenzmauer vollzog sich jahrhundertelang das Schicksal der nördlichen Grafschaften; immer wieder fanden hier männermordende Schlachten statt, und manche Stadt hat mehr als dutzendmal den Besitzer gewechselt. Heute verläuft die Grenze zwischen dem Königreich England und dem Königreich Schottland etwas nördlicher; sie geht im Westen zwar immer noch vom Solway aus, steigt dann aber diagonal nach Norden an, um die Cheviot Hills zu umgehen, die heute zu England gehören, und folgt dann bis zur Nordsee dem Lauf des Tweed.

Englands Norden ist gebirgig und daher dünn besiedelt; fast ganz Cumbria mit dem Seengebiet und die Cheviot Hills sind Naturschutzgebiete, zwei ausgedehnte Nationalparks.

Englands Gebirge – wir sprachen schon davon – sind uralt. Die Penninische Kette, deren Süden wir schon kennenlernten, ist ein Kalk- und Mühlsteingebirge aus dem Karbonzeitalter; an seiner Nordostflanke breiten sich die nur wenig jüngeren großen Kohlefelder Durhams aus. Noch älter sind die Kumbrischen Höhen; sie haben einen Silursockel, was bedeutet, daß sie aus einer Zeit stammen, als es außer Algen noch kein organisches Leben auf der Erde gab. Später gingen die Eiszeitgletscher über sie hin, und diese haben in ihrer Mitte Basalt- und Granitberge gebildet. Ein Basaltgebirge vulkanischen Ursprungs sind die Cheviot Hills. Schwemmland rahmt die Solwaymündung, und in den Tälern von Tees und Eden herrschen Lehm und Sandstein aus dem Perm und Trias, dem Erdmittelalter vor.

So bestimmen Geschichte und geologische Gegebenheiten den Norden Englands, dessen Höhen uns heute wunderschön erscheinen, aber noch dem vorigen Jahrhundert unwirtlich und furchteinflößend dünkten. Ihre Entdeckung verdanken sie William Wordsworth und seiner Schule, den Seendichtern, und bis heute begeistern sie Schriftsteller und Maler.

Das wichtigste Bauwerk des Nordens ist die normannische Gottesburg von Durham; den Schutz des Landes gewährleisteten neben dem Hadrianswall die Burgen entlang der Küste, sein Zauber sind die klaren Augen der Seen von Cumbria und die zerklüfteten Farne Islands mit ihren Klöstern, Seevögeln und Robben; seine Sorge verkörpern die sterbenden Grubenstädte und die Bergbauernhöfe in der grauen Verlorenheit der Heiden, seinen Reichtum Wälder und Wasser, Fische und Wild, einst die Edelsteine der Berge und heute die wogenden Ährenfelder der northumbrischen Ebenen. Wir werden von allem ein wenig erfahren auf dieser Fahrt – und vielleicht sollte man die Eisenbahn dafür wählen, um den großen Sohn des Nordens zu ehren: George Stephenson, den Erfinder des Dampfrosses. Mancherlei Gründe sprechen allerdings mehr für Fahrrad oder Bus, und nur wenn's unbedingt schnell gehen soll, mag man ins Auto steigen. Am klügsten aber tut der, der dem Beispiel Henry James' folgt und der Kraft der eigenen Füße vertraut: Er wird am meisten sehen, hören, riechen, schmecken und erfahren von Europas größter Insel. Die idealen Fortbewegungsmöglichkeiten im Land der Rasen-, Wald- und Wasserwege werden sich wohl leider nur die wenigsten leisten können: Pferderücken und Boot.

84

Wolle und Wellen: Kirkby Lonsdale–Hornby–Lancaster Morecambe–Leighton Hall–Levens Hall

Er ist beides: König und Herzog von Lancester!
William Shakespeare, Heinrich IV.

Als König Eduard III., der England von 1327 bis 1377 regierte, zwei seiner Söhne zu Herzögen des Nordens machte, gab er dem einen den Titel York – das war der fünfte Sohn, Edmund – und dem anderen, seinem Drittgeborenen, John of Gaunt, Lancaster. Er konnte nicht wissen, und damals konnte es niemand wissen, daß die Grafschaften York und Lancashire mit ihren unendlichen Heidemooren und schönen Küsten den Kern bewahrten, aus dem sich England zur größten Industrienation der Welt entwickeln sollte: Kohle und Erz – und Kohle in schier unerschöpflichen Mengen. Vor allem aber konnte er nicht ahnen, daß diese Kohle einmal einen neuen Fürsten speisen würde, den König Dampf, der fast ein Jahrhundert lang regierte.

Lancashire, das im Westen dem Meer flache Küsten entgegenstreckt und dessen Osten vom unwegsamen Pennine beherrscht wird, war damals noch eine Grafschaft wie viele andere: Auf den Höhen grasten Wollschafe, in den Ebenen am Meer wuchsen Wälder und Felder, und von seinen Häfen aus segelten Frachter über die Ozeane. Seine großen Flüsse – Ribble, Wyre, Lune, Keer und Kent – wurden nicht nur eifrig befischt, sondern trugen auch Wolle und Kohle zu den Häfen. Dann wurde die Wasserkraft als Antrieb für Spinnmaschinen und Webstühle entdeckt, und an seinen zahlreichen Bächen entstanden Textilmühlen, ›Mills‹. Und als die Mühlwerke von den Dampfmaschinen abgelöst wurden, war Lancashire noch immer im Vorteil, denn es hatte ja Kohle. Und als die Baumwolle die Wolle verdrängte, wußte es auch das für sich zu nutzen: hatte es doch seine Westhäfen für den Handel mit Afrika und den ›Westindies‹. Und so wurde aus dem friedlichen, landwirtschaftlich geprägten Lancashire im 18. und 19. Jahrhundert die Hölle auf Erden. Dort, wo die Hölle am schlimmsten war, wurde am besten verdient, wuchsen Städte und Slums am raschesten, nahm die Überbevölkerung phantastische Ausmaße an. Das änderte sich auch in unserem Jahrhundert nicht, und darum wurde 1974 der besonders stark industrialisierte Südteil mit Merseyside und Greater Manchester von der Garfschaft abgetrennt. Doch auch der Süden des jetzigen Lancashire mit Preston und Bolton ist noch immer ein dicht besiedeltes Industriegebiet, und seine großen Badeorte, Southport, Blackpool und Fleetwood, nehmen am Wochenende und in der Ferienzeit die müden Massen aus den Fabrikstädten auf, die hier nicht nur die gute Luft des Meeres atmen, sondern sich auch vergnügen, Last und Langeweile der Fließbandarbeit und des Wohnens in eintönigen Vorstadtvierteln vergessen wollen. Wir lassen den geschäftigen Süden darum unberührt und wenden uns dem beschaulichen Norden der Grafschaft zu.

In Ingleton hatten wir Yorkshire verlassen; von dort führt eine Straße nach Nordwesten in die alte Marktstadt des Lunetales, *Kirkby Lonsdale*. Bei Kirkby wird der River Lune von ›Devil's Bridge‹, einer hohen steinernen Bogenbrücke aus dem 13. Jahrhundert, überspannt, unter deren flachen Segmentbögen der noch junge Fluß in gischtenden Wirbeln dahinschießt. Kirkby hat einen geräumigen Marktplatz, ein paar hübsche Inns und eine normannische Kirche über angelsächsischem Grundriß, der die Viktorianer, angeführt von John Ruskin, leider allerhand Tort zugefügt haben mit Farbfenstern, Altarbild, Mosaikboden und ›gotischem‹ Chorgestühl. Ruskin pflegte an dem Kirchhoftor seine monatlichen Traktate ›für die Werkleute und Arbeiter Großbritanniens‹ anzuschlagen, und sein Schützling Turner malte hier eine seiner Lune-Landschaften. Im nahen Casterton stand jene Mädchenschule, an deren drastischen Erziehungsmethoden zwei der Brontë-Schwestern gestorben sind: Sie wurde hierher verlegt, weil das ungesunde Klima ihres früheren Standorts in Cowan Bridge – etwas weiter südlich im Lunetal – Erkrankungen wie Typhus und Schwindsucht begünstigt hatte, wie es Charlotte Brontë in der ›Waisen von Lowood‹ geschildert hat.

Von Kirkby aus folgen wir dem Lauf des Lune bis *Hornby*, wo Sir Edward Stanley Ende des 15. Jahrhunderts eine trutzige Burg und den oktogonalen Turm der Kirche bauen ließ. Walter Scott hat dem Ritter, der sich auf dem Flodden Field so tapfer schlug – die Grenzschlacht von 1513, in der Jakob IV. den Tod fand und die Engländer unter Heinrich VIII. einen großen Sieg erfochten –, in seinem ›Marmion‹ ein bewegendes Denkmal gesetzt. Die angelsächsische Kirche wurde leider mehrfach umgebaut.

Claughton, das nächste Dorf am Weg, hat eine kostbare Glocke aus dem 13. Jahrhundert und einen Herrenhof aus der Tudorzeit. Im nahen *Caton* hat Turner die große Lune-Schleife gemalt. Zur Linken der Straße, die immer wieder herrliche Blicke auf das an Burgruinen und alten Kirchen reiche Lunetal erlaubt, erheben sich die Berge des Bowland Forest, der kaum durch Straßen erschlossen ist: Die meisten enden blind, und keine von ihnen ist wenigstens dritter Ordnung. Aber dafür kann hier der Wanderer sein helles Entzücken finden. Das breite Ribblesdale im Nordosten des Forest ist berühmt wegen seiner historischen Gasthöfe und Dörfer.

Wir bleiben im Lunetal, bis wir das stolze *Lancaster* erreichen, die alte Grafschaftsstadt, die einst zu den besten Häfen der Westküste zählte. Doch davon erzählen nur noch die alten Lagerhäuser – die Lunemündung ist längst hoffnungslos verschlammt, und Liverpool hat die Aufgaben dieses Hafens übernommen. Einstige Größe demonstriert noch das mächtige Kastell, das von einer Klippe aus die Stadt beherrscht: Johann Ohneland hat es errichtet. John of Gaunt, der 1. Herzog von Lancaster, Shakespeares verehrungswürdiger weißbärtiger Held, hat auf der Burg nur wenige Male residiert, er zog wohl dem herben Norden Englands liebliches Herz vor. Elisabeth I. ließ die Befestigungen verstärken, hinter denen heute Schwurgericht und Grafschaftsrat tagen.

Northumberland, Durham, Cumbria

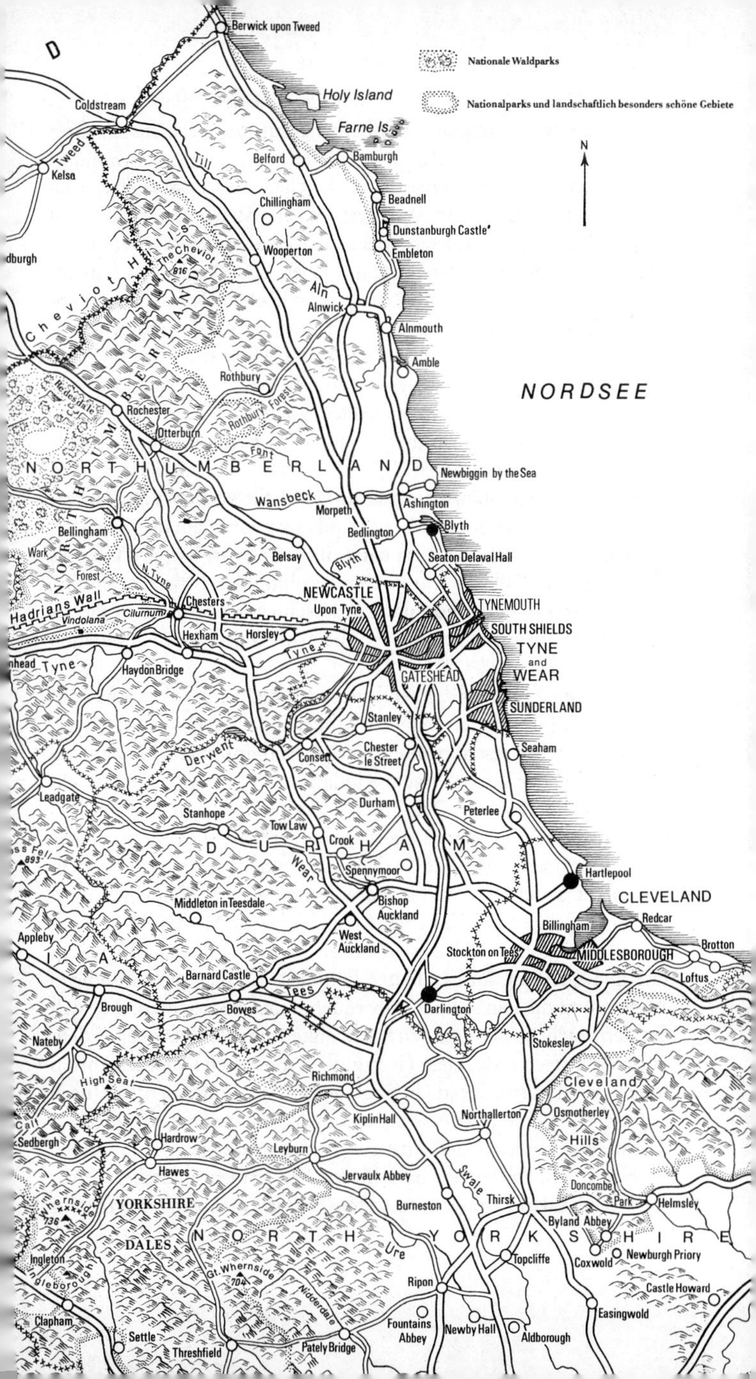

Nationale Waldparks
Nationalparks und landschaftlich besonders schöne Gebiete
N
NORDSEE
Berwick upon Tweed
Holy Island
Farne Is.
Coldstream
Tweed
Kelso
Till
Belford
Bamburgh
Beadnell
Chillingham
Dunstanburgh Castle
Embleton
Wooperton
The Cheviot
816
Cheviot Hills
Aln
Alnwick
Alnmouth
Amble
Rothbury
Rothbury Forest
Redesdale
Rochester
Otterburn
Font
NORTHUMBERLAND
Newbiggin by the Sea
Wansbeck
Morpeth
Ashington
Bedlington
Blyth
Bellingham
Belsay
Seaton Delaval Hall
Wark Forest
N. Tyne
Blyth
NEWCASTLE Upon Tyne
TYNEMOUTH
Hadrians Wall
Chesters
Cilurnum
Vindolana
SOUTH SHIELDS
Hexham
Horsley
TYNE and WEAR
Tyne
Haydon Bridge
GATESHEAD
SUNDERLAND
Stanley
Chester le Street
Consett
Seaham
Derwent
Leadgate
Durham
Peterlee
Stanhope
Tow Law
Crook
DURHAM
893
Wear
Spennymoor
Hartlepool
Bishop Auckland
CLEVELAND
Middleton in Teesdale
Redcar
Billingham
West Auckland
Appleby
Stockton on Tees
MIDDLESBOROUGH
Brotton
Loftus
Barnard Castle
Tees
Brough
Bowes
Darlington
Nateby
Stokesley
High Seat
Richmond
Cleveland Hills
Kiplin Hall
Northallerton
Osmotherley
Sedbergh
Hardrow
Leyburn
Hawes
Jervaulx Abbey
Swale
Doncombe Park
Helmsley
Whernside
736
YORKSHIRE DALES
Burneston
Thirsk
Byland Abbey
NORTH YORKSHIRE
Ure
Topcliffe
Newburgh Priory
Coxwold
Ingleton
Ingleborough
Gt. Whernside
704
Nidderdale
Ripon
Castle Howard
Easingwold
Clapham
Fountains Abbey
Newby Hall
Aldborough
Settle
Threshfield
Pately Bridge

Die Stadt war schon in der Steinzeit besiedelt; die Römer hatten an diesem wichtigen Flußübergang auf der westlichsten ihrer Nord-Süd-Straßen ein Militärlager, und schon im 2. Jahrhundert errichteten sie hier ein christliches Kirchlein, an dessen Platz sich heute die Pfarrkirche St. Mary erhebt. Sie ist hauptsächlich vom Perpendikular geprägt, weist aber auch Reste aus der Römerzeit, der angelsächsischen und der normannischen Epoche auf. Ihr fein geschnitztes Chorgestühl, das John Ruskin höchste Bewunderung abrang, wurde wahrscheinlich aus der Ruine der Abtei von Furness in Cumbria hierher verbracht. So würdig St. Mary trotz ihres Mischstils wirkt, so peinlich ist der Eindruck, den der Bau der katholischen Kathedrale von 1859 mit seinem goldenen Chordach und den kitschigen Fresken vermittelt. Lancasters harmonische Gebäude stammen aus einer anderen Zeit, aus dem 18. Jahrhundert: Es sind viele elegante Adelshäuser, es ist die Stadthalle von 1783 am Markt, die das Stadtmuseum beherbergt, und es ist vor allem das Zollhaus mit seinen ionischen Pilastern nach einem Entwurf Richard Gillows von 1764. Die Gillows waren eine berühmte Kunsttischlerfamilie, von der wir noch mehr hören werden, wenn wir ihr etwas nördlicher gelegenes Heim aufsuchen. Zuvor aber wollen wir Morecambe einen Besuch abstatten.

Morecambe ist eines der gepflegtesten Seebäder der Grafschaft; es kam um die Jahrhundertwende in Mode, und seine Hotels an langer, im Herbst wunderschön illuminierter Strandpromenade sind von zurückhaltender Vornehmheit. Kinderzoo, Vogelpark, Ozeanarium mit Seelöwen, Robben, Delphinen und großem Aquarium, Ballsaal und Teegärten tragen zur Unterhaltung der Gäste bei. Morecambes Spezialität sind fangfrische Krabben, die zum Schlemmen verführen. Im Winter ist der Ort ein Vogelparadies, da hier viele Zugvögel überwintern, darunter die seltenen Eiderenten. Für Wattläufer gibt es kaum ein besseres Urlaubsziel: Man kann bei Ebbe – allerdings nur in Begleitung ausgebildeter Führer – in einer mehrstündigen Wanderung die ganze Bucht überqueren und beobachten, wie sich auf den feucht schimmernden Sandbänken vielerlei Seevögel an dem vom Meer reich gedeckten Tisch gütlich tun. Auch Dampferfahrten zur Isle of Man sind möglich, Englands größter und skurrilster Insel, auf der noch eine eigene Sprache, das Manx, gesprochen wird.

Wir folgen wieder der einstigen Römerstraße, jetzt Autostraße, nach Norden, an der wir bald hinter dem grauen Städtchen Carnforth bei Yealand Conyers *Leighton Hall* in einem weiten Park mit ferner Gebirgskulisse finden, das Heim der Familie Gillow seit Jahrhunderten. Die Gillows versorgten seit dem frühen 18. Jahrhundert die Landsitze und Bürgerhäuser vor allem Nordenglands mit ihren eleganten, dem individuellen Geschmack angepaßten Möbeln. Der Kabinettmacher Robert Gillow, der 1773 verstarb, hatte die Firma aus einem reinen Handwerksbetrieb zur Weltgeltung erhoben; für ihn arbeiteten als ›Designer‹ so hervorragende Künstler wie Sheraton und Robert Adam. Aber auch er selbst, Söhne, Enkel, Urenkel waren nicht nur Kunsthandwerker von höchstem Rang, sondern Architekten und Erfinder. Eines der Werke seines Sohnes Richard Gillow haben wir in Lancaster schon bewundert. Den Gillows wird die Erfindung des Ausziehtisches und des für einen Kunden dieses Namens entwickelten ›Davenport-Schreibtisches‹ zugeschrieben. Seit den sechziger Jahren des 18. Jahrhunderts boten sie ihre Arbeiten auch in einem eigenen Laden in London an. Leighton Hall stammt aus der ersten Hälfte des 18. Jahrhunderts, erhielt aber im 19. Jahrhundert eine phantasievolle neugotische Fassade, die den frühklassizistischen Bau völlig verhüllt. Es ist ein lebendiges Denkmal für die Kabinettmacherfamilie, angefüllt mit ihren besten Werken.

Wir bleiben bis *Levens Hall* auf derselben Straße. Dieses kleine elisabethanische Landhaus am River Kent mit seinen schmalbrüstigen hochangesetzten Giebelchen wurde seit der elisabethanischen Zeit kaum verändert; Stuckdecken, spanische Ledertapeten und geschnitzte Möbel verleihen seinen Interieurs Stimmung. Sein besonderer Reiz aber ist der um 1689 vom Hofgärtner Jakobs II., Beaumont, angelegte Buchsgarten, ein ›Topiary‹, wie es damals große Mode war. Zwischen hohen Natursteinmauern und buchsgesäumten Beeten erheben sich Baumskulpturen in den absonderlichsten Formen, eine verwunschene Gesellschaft, eine märchenhafte Szenerie. Diese kunstvoll gestutzten immergrünen Büsche und Bäume in allen Schattierungen von lichtem Gelbgrün bis zu smaragdenem Schwarz werfen mit ihren kegelförmigen, zylindrischen oder kugeligen Formen die seltsamsten Schatten. Jeder Schritt, den man in diesem Garten der lebenden Statuen wagt, zieht unwiderstehlicher in seine Magie hinein. Ebenso skurril wirkt eine andere Attraktion von Levens Hall, eine einzigartige Sammlung von Dampfmaschinen, die an den Öffnungstagen unter Dampf gesetzt werden und spuckend, prustend, ratternd vor sich hinstampfen: wie die Bäume vom Menschen erdachte, aber längst zu eigenem Dasein gelangte Monstren.

85

Am See und unter Bäumen: Kendal – Bowness – Windermere Troutbeck – Ambleside – Hawkshead – Coniston Water Grasmere – Keswick – Derwentwater – Cockermouth Ullswater

Wie eine Wolke hoch im Blau
Schritt einsam ich im Ungewissen,
Da sah ich, unverhoffte Schau
Ein Heer von schimmernden Narzissen
Am See und unter Bäumen stehn,
Tanzend und schwank im Windeswehn ...
William Wordsworth, Die Narzissen, 1804

Das Gebiet der englischen Seen, Lake District, geographisch die Kumbrische Seenplatte, in die sich die Grafschaften Cumberland und Westmoreland – heute Cumbria – teilten, ist seit eh und je ein Land der Hirten, Jäger, Fischer, Holzfäller, der Steinklopfer, Edelsteinsucher und der Dichter, und seit nunmehr fast zweihundert Jahren beliebtes Reiseziel zivilisationsmüder Menschen.

Die Bergbauern leben wie seit Jahrhunderten vor allem von der Viehzucht: Hochland- und Tieflandschafe, Angler- und Friesenrinder. Dazu kommt die heute weitgehend staatlich geführte Forstwirtschaft und der Fischfang in Seen, Flüssen und an der Atlantikküste. Es gibt überdies eine Anzahl ertragreicher Steinbrüche, und in den Felsen werden noch immer seltene Mineralien und Halbedelsteine gefunden.

In den wenigen Städten bemüht man sich um die Ansiedlung von etwas Industrie: Webereien, Werften, schiefer-, holz-, häute- und hornverarbeitende Werke, einige Lederfabriken. Der Tourismus geht kaum über Durchgangsverkehr hinaus: Autobusse spucken die Reisenden von Übersee nur für ein kurzes ›Sightseeing‹, eine schnelle Teatime und einige Fotoaufnahmen aus. Natürlich gibt es in einigen der historisch interessanten Orte Hotels und Pensionen und ländliche Gasthöfe, aber jene riesigen Bettenburgen, wie sie die Küsten des Mittelmeeres oder der Ostsee verunstalten, wird man zum Glück noch vergeblich suchen; hier paßt eher das altmodische Wort ›Sommerfrische‹ her. Zwar drängen sich auch hier in den Flanierstraßen der schönsten Orte die Fremden vor den Andenkenläden, aber man kann sich solchem Trubel schon mit wenigen Schritten seitab entziehen.

Kendal

Die erste Stadt an unserem Weg ist das freundliche Kendal, eine graue Schönheit. Seine engen Straßen laufen bergauf, bergab. Am River Kent erhebt sich mit bulligem Turm und fünf nebeneinanderliegenden Schiffen die Pfarrkirche *Holy Trinity*, mit dreißig Metern Breite nach Great Yarmouth die breiteste Kirche Englands, und auch unter den Kathedralen übertreffen sie in dieser Hinsicht nur Manchester und York. Die Ursprünge von Holy Trinity gehen ins späte 11. Jahrhundert zurück; die Familie Parr baute im 14. Jahrhundert eine Kapelle an, und die Bürger der Stadt, die seit dem Zuzug der flämischen Weber um 1330 zusehends wohlhabender wurden, errichteten ein weiteres Schiff, das noch heute ›The Flemish aisle‹ genannt wird. Aus dem 16. Jahrhundert stammen die Marienkapelle und das nördliche Seitenschiff. Das Stalaktitengewölbe in der Bellingham Chapel ist leider nur eine viktorianische Kopie des ursprünglichen, um 1550 von Lord Bellingham in Auftrag gegebenen Gewölbes. Dem Lord gehörten wahrscheinlich auch Helm und Schwert an der Nordmauer der Kirche; aber die Legende schreibt sie ›Robin the Devil‹ zu, Sir Robert Philipson, einem Helden der Cromwell-Zeit, der in Balladen und in Walter Scotts ›Rokeby‹ weiterlebt. Der Altar in der kleinen Chambre Chapel aus dem 13. Jahrhundert ist ein Meisterwerk aus Eibenholz. In dem Grab der Parr Chapel ruht der Ritter William Parr, Großvater von Lady Katherine Parr, der klugen sechsten Frau Heinrichs VIII., deren Familienschloß vom *Castle Hill* herab die Stadt bewachte. Es ist heute nur noch Ruine.

Zur Seite der Kirche liegt in einem Park am Fluß *Abbot Hall*, ein klassizistisches kleines Herrenhaus aus grauem Naturstein mit vorspringenden oktogonalen Erkern und Palladiofenstern in den Seitenflügeln. Der elegant eingerichtete Bau dient heute als Kunstgalerie: Neben Aquarellen mit Ansichten der Seen von Kurt Schwitters, Ben Nicholson und William Johnstone sowie Skulpturen von Barbara Hepworth und Hans Arp hängen hier Gemälde von Turner, Reynolds, Raeburn sowie George Romney, der in der Stadt sein Handwerk lernte.

Im alten Torhaus des Herrenhauses ist das *Museum of Lakeland Life and Industries* untergebracht, ein liebevoll gepflegtes Volkskundemuseum mit sehr interessanten Sammlungen. Ihm ist auch seit kurzem der Bau der nahen *Old Grammar School* von 1525 überlassen worden, wo ein voll eingerichtetes Klassenzimmer aus alter Zeit und eine Spielzeugsammlung locken.

Fleece Inn ist ein sehr reizvoller alter Gasthof in der *Highgate*, in der sechsmal am Tag eine lustige Glockenspielweise vom Turm der Stadthalle zu hören ist. Schräg gegenüber der Town Hall liegt das Haus, in dem der Maler George Romney (1734-1802) als Jungverheirateter gelebt hat. Er verließ seine kleine Familie, um in London sein Glück zu machen, und wurde dort einer der bedeutendsten Porträtmaler seiner Zeit. Seine Bildnisse von Lady Hamilton in weichen, verschwebenden Farben brachten ihm Weltruhm. Nach Jahren kehrte er, ein todkranker, armer Mann, nach Kendal zurück, wo seine Frau ihn in ihr nahe der Kirche gelegenes Haus aufnahm und bis zu seiner letzten Stunde liebevoll pflegte.

Kendals wohl größter architektonischer Reiz sind die schmalen ummauerten Höfchen hinter den Häusern: Sie dienten einst den Bürgern bei Grenzüberfällen als sicherer Schutz. In der ehemaligen Meierei der Burg, einem mittelalterlichen Giebelhaus mit verwachsenem Schornstein, aus Bruchsteinen geschichtet, kann man am Abend essen; tagsüber ist es Museum.

Von Kendal führt eine Straße am Fuß der Berge direkt zum Windermere, Englands längstem See. In seinem säbelförmigen Spiegel malt sich dunkel das hohe bewaldete Westufer ab; über sein Wasser gleiten zwischen Schwänen und wilden Enten hunderte von Schiffen: Dampferchen, Segeljachten, Boote. In der Mitte des flachen Ostufers, vor harten Winden aus Nord und West durch die fernen Gebirge geschützt, liegt *Bowness* unmittelbar neben *Windermere Town*, vom Wald bedrängt, ja, mit ihm verwachsen. Windermere ist ein Badeort; Bowness, Mittelpunkt des Segelsports, ist älter und wirkt mit seinen grauen Steinhäusern vornehm-zurückhaltend. Vor der weiten Bucht schwimmen flachrückige, bewaldete Inseln und Inselchen, die besonders am Morgen, wenn die Sonne erstes goldenes Licht durch die zarten Nebelschleier über dem Wasser sickern läßt, einen unwirklichen Eindruck machen.

Zur anderen Seite von Windermere, nach Norden zu, liegt das Dörflein *Troutbeck* (Forellenbach), einst immer die letzte Station der Reisenden vor dem anstrengenden Ritt über den Kirkstone Pass nach Ullswater. Die Pferde konnten sich dort an den steinernen Trögen entlang der Straße noch einmal laben, ehe der beschwerliche Aufstieg begann. Hier lebten fast nur Wollspinner; ihre Spinnräder standen in den großfenstrigen Obergeschossen der ärmlichen hellgetünchten Häuser, weil sie soviel Licht wie möglich für ihre Arbeit haben mußten: Das tägliche Brot wurde nicht selten mit zwanzig Stunden Spinnraddrehen erworben, vor allem nach der Erfindung der Spinnmaschinen. Diese einstigen Arbeitsräume heißen noch heute ›Spinning Galleries‹.

Ambleside am Nordende des Sees duckt sich unter das oft schneebedeckte Haupt des Fairfield Range. Von hier aus kann man zu Fuß den Stock Gill Force in seiner Waldeinsamkeit aufsuchen, einen der schönsten Wasserfälle des Landes. In Ambleside, einem hübschen Ort, lebten im vorigen Jahrhundert der Lyriker und Literaturprofessor Matthew Arnold und die Dichterin Harriet Martineau, die in ihren vom Christentum durchdrungenen Erzählungen harte Kritik an der viktorianischen Gesellschaft übte. Gäste waren hier unter anderem George Eliot, Charlotte Brontë und der amerikanische Lyriker und Denker Ralph Waldo Emerson.

Von der Nordspitze des Windermere fahren wir das Westufer hinab, wo wir in Far Sawrey in einem Bauerngarten *Hilltop Farm* finden. Hinter den dicken grauen Wänden des großen Hauses tut sich eine Märchenwelt auf: die Welt der Geschichtenerzählerin Beatrix Potter.

Beatrix Potters Kindheit in einem strengen, steifen Elternhaus war freudlos. Als junge Frau kaufte sie sich 1896 dieses für die Bauweise in Westmoreland charakteristische Bergbauerngehöft aus dem 17. Jahrhundert, und hier begann sie langsam aufzuleben. Ihr erster Ausflug in das Reich der Phantasie, mit einfachen Worten und in zarten Farben festgehalten, ist die Geschichte eines ungezogenen Feldkaninchens: ›Peter Rabbit‹. Dann folgte Büchlein auf Büchlein: Tom Kitten, Jemima Puddle Duck, Squirrel Nutkin – um nur einige der unzähligen Gestalten zu nennen, mit denen sie Millionen Kinder auf der ganzen Welt zum Lachen und Träumen brachte. Wer nach Sawrey kommt, wird feststellen, daß sie nicht einfach fabulierte, sondern porträtierte: ihr Haus, ihren Garten, ihre Farm und deren Geschöpfe. Aus dem ungelenken scheuen Mädchen war nicht nur eine talentierte Märchenschreiberin geworden, sondern auch eine Frau mit scharf beobachtendem Blick und eine resolute Bäuerin, die ihren Besitz ständig vergrößerte, neue Farmmethoden einführte und schließlich 1913, im Alter von siebenundvierzig Jahren, noch eine glückliche Ehe einging. Ihre Hill top Farm aber ließ sie unverändert; sie vermachte sie mit vielen Ländereien 1944 dem National

Trust: Sie beherbergt noch die von ihr zusammengetragenen Geräte, Töpferwaren, Eichenmöbel, Bilder, und unter dem Wurzelwerk der riesigen alten Tannen in den zugehörigen Seewäldern können sich nun ungestört weiterhin kleine Kaninchen Höhlen bauen.

Entlang Estwaite Water, einem kleineren See, kommen wir nach *Hawkshead*, zwischen dessen geweißelten, schiefergedeckten Häuschen der heimliche König des Lakeland einen Teil seiner Knabenjahre verlebte: William Wordsworth. Er hat seinen Namen in krakeliger Kinderschrift in die Pultplatte seines Platzes in der ehrwürdigen Grammar School eingekratzt. Hier entdeckte der Dichter, wie seine Verse zeigen, erstmals das unendliche Entzücken, das ihm die Begegnung mit der Natur bereitete, das ihn von da an begleitete und dessen Fortwirken er in einem seiner großen Gedichte, ›The Prelude‹ beschwor:

> Erinnerungen, sie, was immer sonst, sind doch
> Das Quellenlicht all unsrer Tage noch,
> Zum Leitbild unsres Lebens auserlesen,
> Das stärkt und heilt und wirkt mit seiner Macht.

Wenn wir nun von Hawkshead aus am Ostufer von Coniston Water entlangfahren, sehen wir über einem dunklen Waldsaum riesenhaft und nackt aus der Bergmasse der *Furness Fells* den Gipfel des ›Old Man‹ emporragen, den der Dichter ebenfalls in ›The Prelude‹ so eindringlich aus der Sicht seiner Kindheit geschildert hat:

> Ich rudert weiter, immer höher wachsend
> Erschien er, von Gestalt ein grimmer Schatten,
> Der zwischen mich sich und die Sterne türmte,
> Und der mit Absicht und aus eigner Kraft,
> Gemessen sich bewegend, wie lebendig,
> Grad auf mich losschritt; zitternd wandte ich
> Und stahl mich rudernd durch den stillen See
> Zurück zu dem Versteck am Weidenbusch …

Weiß im Winter, im Lenz in ein gelbes Ginsterfell gehüllt, braunblau im Sommer, nur hie und da durchsetzt von blaßgrünen Matten, und erst violett, dann dunkelbraun im Herbst: So zeigt sich der Old Man im Laufe des Jahres, so erscheinen alle Gipfel des Furness-Massivs und viele andere Berge in diesem Teil des Lake District, völlig verschieden von den heiteren Laubwaldgebirgen um den Windermere.

Laubgehölze und frisches Gras findet man hier allenfalls noch in den Tälern; dort sind die Weiden dann von alten Steinmäuerchen durchzogen, Hürden für das Tieflandvieh und die lammenden Hochlandschafe.

Viele Bäche fließen in den *Coniston Water*, der an den Mündungsstellen völlig verkiest und verschilft ist; aber an anderen Uferstellen findet man oft Anlegestege für Boote, und auch die Forellenangler haben eine besondere Vorliebe für dieses Wasser.

Am Ostufer gegenüber von Coniston liegt *Brantwood*. *»Ich habe hier ein Gütchen gekauft. ... mit dem schönsten mir bekannten Blick in Cumberland und Lancashire ... hier habe ich zum erstenmal in meinem Leben Felsen, Bäche, frische Luft und die Zuflucht eines geplanten Heims beieinander«*, schrieb John Ruskin 1872 an seinen Freund C.E. Norton; er war damals Anfang Fünfzig und bereits ein international anerkannter Kunstwissenschaftler. Brantwood war zu jener Zeit wirklich nur ein ›Gütchen‹, nicht viel mehr als ein Cottage, das sich 1797 ein Thomas Woodville erbaut hatte. Ruskin erwarb es 1871 von einem befreundeten Holzschnitzer, der nach Amerika auswandern wollte, und beschrieb seinen ersten Eindruck: *»Ein bloßer Schuppen aus verrottetem Holz und losen Steinen.«* Nach und nach baute er – Künstler, Kunsthistoriker, Philosoph, Sozialreformer, Geologe, Schriftsteller – das Haus aus, bis es sich zu einer viktorianischen Dreißigzimmervilla entwickelt hatte. Gleichzeitig erweiterte er den Grundbesitz. Die Räume stattete er mit eigenhändig entworfenen Möbeln, Bildern von sich und seinen Freunden, so Holman Hunt, Edward Burne-Jones, W.G. Collingwood, Samuel Prout und Arthur Severn, sowie seiner umfänglichen Bibliothek aus. Den kleinen ›Hafen‹ am See hat er für seine und seiner Freunde Boote selbst angelegt, ebenso die Parkwege, deren einer uns zu seinem Lieblingssitz an einem kleinen Wasserfall führt. Ruskin wollte in den Haushalt der Natur möglichst wenig eingreifen und ließ den Park nach Möglichkeit Wald bleiben, aber Rhododendren und Azaleen, die im Norden Englands so gut gedeihen, pflanzte er im Überfluß. Wanderwege führen von seinem Haus, dessen Umgebung er wieder und wieder gezeichnet hat, in die Berge, die ›Fells‹, wie man hier sagt, zu den schönsten Aussichtspunkten hinauf. Ruskin verbrachte hier die Jahre seines Alters, und hier starb er auch, ein Achtzigjähriger, im Januar des ersten Jahres des neuen Jahrhunderts. Den Besitz hinterließ er seiner Cousine und deren Mann, Arthur Severn, einem Künstlerpaar, das schon lange bei ihm gewohnt hatte. Nach dessen

Tod wurde das Haus von einem Bewunderer Ruskins erworben, der es zu einem Gedenkort, aber auch zu einem Mittelpunkt der Erwachsenenbildung im Sinne Ruskins ausbaute. Ruskins Grabstein mit einem seltsam verschlungenen, irokeltisch wirkenden Muster steht auf dem Friedhof von Coniston am anderen Seeufer.

Die Autostraße bringt uns nach Ambleside zurück, wo wir nach *Rydal Water*, wenige Kilometer nördlich, abbiegen, einem winzigen träumerischen See, gesäumt von Röhricht und Schilf, über dessen klaren Spiegel Bäume und Berge purpurne Schatten werfen. Auch dieser See hat einen Platz in der Literaturgeschichte: Hier erwarb Wordsworth, als er bereits berühmt war, 1813 seinen Landsitz ›Rydal Mount‹. Von den Bergbauern verehrungsvoll ›Auld Waddy fraam Rydal‹ – Alter Wordsworth von Rydal – genannt, verbrachte er hier im Kreis seiner kleinen Familie bis zu seinem Tode im Jahre 1850 sein heiteres, beschauliches Leben. Auch Waddy hat seinen Garten mit den beiden Terrassen und vielen seltenen Bäumen und Sträuchern selbst gepflanzt. Im Haus sind neben seinen Möbeln und anderen Erinnerungsstücken die Erstausgaben seiner Werke zu sehen, hängen die Bilder seiner Lieben und seiner Freunde und erzählen tausend kleine Dinge vom Leben der Lake Poets. Vom Frühling bis zum Anfang des Winters kann man es besichtigen. Man sollte im April kommen, um ›Dora's Field‹ in voller Blüte zu sehen: eine Hangwiese über Rydal Church, die der Dichter für seine Tochter Dora mit Tausenden gelber Osterglocken bepflanzt hat, als wolle er noch einmal sein ›Heer von schimmernden Narzissen‹ ganz nah in seine Wirklichkeit holen.

Rydal Water ist mit dem See *Grasmere* durch den Fluß Rothay verbunden. Mit weichgemuldeten Wiesen senkt sich das Land zum See hinab, dessen Name durchaus wörtlich zu nehmen ist; die bläulichen Berge erheben sich erst in der Ferne mit großem feierlichen Schwung. *»Noch eh die Wolken sich hoben, ging ich nach Ambleside. Es war ein köstlicher Morgen. Alles grün und überströmend von Leben, und die Bäche in ständigem Wechselgesang mit den Drosseln und all den kleinen Vögeln, nicht zu vergessen die Steinschmätzer«*, beschreibt Dorothy Wordsworth einen ihrer ersten Spaziergänge am See. Im Dorf Grasmere, das aus einigen am Ufer hingestreuten Häusern besteht, liegt St. Oswald Church, ein erdverhafteter Bau aus verschiedenen, bis ins 13. Jahrhundert zurückreichenden Epochen, umrahmt von Wacholder und Eiben und überrankt von wildem Wein. Bei

Sonnenschein malen die Kirchhofbäume auf seine glatten grauen Mauern ein bizarres Muster. Unter ihrem Gezweige ruhen nahe dem Rothay Wordsworth und Coleridge, die beiden Großen unter den Seendichtern, die sich um 1795 zusammenfanden und sich um die Jahrhundertwende hier seßhaft machten. Als erster war Wordsworth nach Wanderjahren in Frankreich, Italien, Deutschland, der Schweiz und Südwestengland nach Cumbria zurückgekehrt; um 1799 erwarb er am Grasmere sein ›Taubenhäuschen‹, *Dove Cottage*, wo er sieben Jahre völlig anspruchslos lebte, zuerst nur in Gesellschaft seiner schönen jungen Schwester Dorothy, der wir die lebhaftesten Schilderungen des Lebens an den Seen verdanken. 1802 heiratete der Dichter seine Cousine Mary Hutchinson, und bald bevölkerten Kinder die Hütte. In Dove Cottage entstanden seine schönsten Gedichte; es waren die Jahre seiner freundschaftlichen Beziehungen zu Coleridge, Southey und de Quincey.

Dove Cottage ist ein rührendes, fast ärmliches Steinhüttchen, das rechte Haus für einen Mann, der sein Leben am liebsten »mit kleinen Bedürfnissen und großen Gedanken« verbrachte. Als Wordsworth später das große Haus in Rydal erwarb, kaufte ihm de Quincey, der den älteren Dichter sehr verehrte, das Cottage ab: »*Von außen gesehen war es kein besonders malerisch-verwildertes Haus, eher lieblich: einer der Giebel war zwar höchst phantastisch in Efeu gekleidet, und insoweit malerisch, aber die der Straße zugekehrte, von den größten Fenstern erhellte Front war umrankt, nein erstickt von vielerlei Rosen, wobei Moos- und Damaszenerrosen überwogen. Zusammen mit soviel Geißblatt und Jasmin, als nur Platz zum Blühen finden konnten, waren sie nicht nur ein höchst reizvoller Schmuck für die schlichte Cottagewand, sondern brachen auch den aufdringlichen Glanz der frischen weißen Tünche, der sonst das Auge belästigt hätte*«, schrieb er in seinen ›Recollections of the Lakes and the Lake Poets‹ in den dreißiger Jahren des 19. Jahrhunderts. Er schilderte darin liebevoll, aber auch mit kritischer Distanz das tägliche Leben des Dichterkreises um Wordsworth und stellte ihn selbst in glänzenden Einzelessays vor. Es war ein sehr einfaches Dasein, das die Dichter und ihre Familien hier führten; schon das Eintreffen von Post oder Zeitungen aus London war ein sehnlichst erwartetes Ereignis. Die meisten Dinge des täglichen Bedarfs wurden selbst hergestellt; man hatte damit alle Hände voll zu tun; trotzdem wurde viel gelesen, geschrieben, musiziert, gewandert, gezeichnet. Die meisten Wege wurden zu Fuß zurückgelegt, auch wenn man dazu Stunden brauchte; nur bei ganz besonderen Gelegenheiten wurde ein Pferdewagen von einem der Bauern entliehen. Bei aller Ungezwungenheit innerhalb des Freundeskreises gab es dennoch gesellschaftliche Regeln, an die man sich eisern hielt. Als de Quincey, wohl nicht zuletzt, um sich seiner Rauschgiftsucht zu erwehren, eine ungebildete, unstandesgemäße Frau heiratete, die Tochter eines kleinen Bergbauern, weigerten sich die Damen Wordsworth, ihr – wie es die Sitte vorschrieb – die Aufwartung zu machen. Es spricht für de Quincey, daß er daraufhin den Verkehr mit dem Wordsworth-Clan abbrach – ohnehin hatte sich seine Freundschaft mit Wordsworth nach dem Tode von dessen kleiner Tochter abgekühlt. Es war übrigens das gleiche Problem, mit dem sich zur selben Zeit Goethe in Weimar konfrontiert sah; nur standen hinter de Quincey weder ein Großherzog noch eine Madame Schopenhauer.

De Quinceys dichterisches Werk, seine Lyrik und seine Dramen, sind in Vergessenheit geraten, aber die ›Recollections‹ wie auch seine ›Bekenntnisse eines englischen Opiumessers‹, in denen er minuziös seinen Kampf gegen die Sucht darstellte, sind frisch und lebendig wie je und gehören beide zur besten zeitgenössischen Literatur über die englische Romantik und ihre frühen Vertreter. Unübertroffen geblieben ist sein Wordsworth-Porträt, und doch hat gerade diese Arbeit seine Entfremdung von ›Auld Waddy‹ zementiert.

Colerdige und Southey waren zusammen in Cambridge gewesen und hatten dort Freundschaft geschlossen. 1795 heirateten sie, wie wir schon hörten, in Bristol zwei der wegen ihrer Schönheit berühmten Fricker-Schwestern; ein dritter befreundeter Dichter, Robert Lovell, der zusammen mit Southey um 1797 einen Gedichtband veröffentlicht hatte, starb bald nach seiner Hochzeit mit der jüngsten der fünf Schwestern, die Southey in seinen Haushalt aufnahm. Damals lernten sie Wordsworth kennen, den Coleridge auf seiner Deutschlandreise begleitete. Leider kam es nicht zu dem erhofften Austausch mit den Geistesgrößen von Weimar, Jena und Heidelberg; beide Seiten steckten zu tief in nationalen Vorurteilen. Immerhin erwärmte sich Coleridge für Schiller, dessen Dichtungen er zu einem Teil in seine Muttersprache übertrug, sowie für die Philosophie von Kant und Schelling, was wiederum bei seinen skeptisch-pragmatischen Landsleuten auf völliges Unverständnis stieß. Doch eine wichtige Anregung wenigstens brachte die Begegnung mit den Weimarern: die Wiederentdeckung der – von Schiller und Goethe damals begeistert gepflegten – Balladenform auch für die englische

Dichtung. Die ›Lyrical Ballads‹ von Coleridge und Wordsworth erschienen im Anschluß an die Reise 1798; sie enthalten Coleridges Meisterwerk ›The Ancient Mariner‹.

1799 schufen sich Southey und Coleridge mit den Frickerschwestern und ihren Kindern ein Heim in *Keswick* am Derwent Water: ›Greta Hall‹. Doch schon bald darauf wurde Coleridge krank, verfiel dem Opium und ließ Frau und Kind in Southeys Obhut, der nunmehr für drei Familien aufkommen mußte. Auch über das tägliche Leben in Greta Hall hat de Quincey ausführlich berichtet. Wenn man Southey, dem wohl am wenigsten genialen unter den Seendichterin, häufig seine Vielschreiberei vorwirft, so vergißt man meist dabei, daß er ums liebe Leben schrieb, und zwar nicht nur um das eigene, sondern vor allem um das der drei Frauen und einer ganzen Schar von Kindern. Es war reine Fron, die ihn vom Morgen bis in die tiefe Nacht an den Schreibtisch seiner gepflegten Bibliothek fesselte. 1813 wurde er zum Poet Laureate erhoben, was seine wirtschaftliche Bedrängnis ein wenig milderte. Von seinen Werken sind neben wenigen Dramen und Gedichten nur seine Nelson-Biographie und die bezaubernde Kindergeschichte von den drei kleinen Bären lebendig geblieben.

Keswick war einst ein Stapelplatz für Wolle und Kupfer. Mineralien wurden in Cumbria schon in der Steinzeit im Tagebau gewonnen; die Geschichte der Erzbergwerke geht hier wahrscheinlich bis ins 6. nachchristliche Jahrhundert zurück; außer Kupfer wurden Blei, Eisenerz und Graphit abgebaut. Die Stollen sind seit langem stillgelegt, und nur noch Sammler und Geologen schürfen in den Felsen nach Mineralien wie Quarz, Pyrit, Granat, Kristall, Malachit und über hundert anderen Arten.

Keswicks heutige ›Industrie‹ ist der Fremdenverkehr. Die vielen Möglichkeiten zum Bergsteigen und die großen Golfplätze in schöner Lage ziehen viele Gäste an. Ergiebig sind auch die örtlichen Kunsthandwerkszweige: Holzschnitzerei, Schieferverarbeitung, Hornschleiferei, Wollenweberei, Juwelierkunst.

Im Osten der Stadt, etwa drei Kilometer außerhalb, erhebt sich ein Steinkreis der Glockenbecherleute, der etwa um 1800 vor Christus errichtet worden sein muß, ›Castlerigg Stone Circle‹. Achtunddreißig aufrecht stehende Findlinge bilden den äußeren Kreis und umschließen ein inneres Oval von noch einmal zehn mächtigen Steinen. Obwohl diese Anlage sich an Großartigkeit nicht mit Avebury oder gar Stonehenge messen kann, beeindruckt sie durch ihre ungezügelte

Kraft, längst wieder einsgeworden mit der Landschaft, beschützt von den hohen nackten Bergen, die ihre langen dunklen Schatten über das Tal werfen.

Derwentwater, die ›Königin der Seen‹, wird von sanft ansteigenden Waldhängen umrahmt, hinter denen die mächtigen Häupter der Derwent- und Borrowdale Fells aufragen. Den schönsten Blick auf sie und die großen Inseln des Sees genießt man von ›Friar's Crag‹, einer wildzerklüfteten Felsnase, die sich weit in das blauschimmernde Wasser vorschiebt und deren Flanken von dem gigantischen Wurzelwerk uralter schottischer Föhren umklammert werden. Auf einem der Eilande im See lebte im 7. Jahrhundert der heilige Herbert als Eremit. Am anderen Ufer des Sees erstreckt sich der Manesty Park, und dort bewohnte der Romancier Sir Hugh Walpole eine Zeitlang ein neugotisches Landhaus, Brackenburn House. Das Erlebnis der kumbrischen Landschaft und ihrer Menschen spielt in vielen seiner Bücher eine große Rolle.

Am Ostufer des Derwent entlang fahren wir nach Süden, durch das schmale Borrowdale mit seinen fünf alten Dörfchen, die um 1769 schon den Elegiker Thomas Gray entzückten. Dann zieht die Straße eine Schleife nach Nordwesten durch die grimmen Buttermere Fells und bringt uns zu zwei kleineren, völlig unberührten Seen, Buttermere und Crummock Water, die in hohe Bergmassive eingebettet liegen. Bald danach öffnen sich die Felsen, und wir sehen in der Ebene *Cockermouth* vor uns liegen, den Geburtsort Wordsworths. Das Geburtshaus ist ein stattlicher georgianischer Bau mit großen Fenstern, hellgetünchten Wänden und einem Schieferdach. Das Gartentor wird gerahmt von Hängebirken und Blütenbäumen. Hier lebte der Dichter im Kreis seiner Geschwister, bis das Schicksal die Kinder zu Waisen machte, deren Anwälte um das bescheidene Erbe einen jahrelangen Kampf gegen einen zahlungsunwilligen Schuldner führen mußten. Das Haus, das vom National Trust als Museum verwaltet wird, atmet noch heute die Behaglichkeit, die es einst erfüllt haben muß; durch seinen Garten fließt der River Derwent.

Wir wenden uns nach Osten und gelangen zum *Bassenthwaite*, dem zweitgrößten der Seen mit seinen schroffen, nackten, urzeitlich wirkenden Bergflanken, und von da zurück ins Gebirge und an die Ufer des *Ullswater*. Kein anderer der Seen zeigt eine so vielgestaltige, bewegte Küste; gesäumt von Birken und Lärchen, Eichen und Azaleen, Farnen und immergrünen Koniferen aller Art. Im Gowbarrow Park mit seinen Rothirschherden sah Wordsworth seine gelben tanzenden Narzissen; dort stürzt sich der *Aire Force*, ein herrlicher, kristallklarer Wasserfall, durch eine enge Waldschlucht; dort steht Lyulph's Tower, ein neugotisches Jagdschlößchen aus dem 18. Jahrhundert. Nirgends ist der Zauber des Lake District so beschwörend, so heiter, so unentrinnbar: *»Ich schaute, schaute, kaum bedacht / Wie reich mich dieser Blick gemacht.«* (Wordsworth in ›Die Narzissen‹)

86

Durch John Peels Jagdgebiet: Penrith–Brougham Caldbeck–Maryport

Ein dichter Nebel verhüllte die Ferne ganz, aber die Gestalt der näheren Bäume und des sich dehnenden Waldgewölbes war verschwommen zu erkennen. Die Nebelschwaden bewegten sich langsam vorwärts, von erlesener Schönheit; während sie über die Schafe wanderten, schienen sie mehr Leben zu haben als diese friedlichen Geschöpfe. Ungesehen sangen die Vögel im Nebel

Dorothy Wordsworth, Grasmere Tagebücher, 1798 ff.

Penrith am Zusammenfluß von Eamont und Lowther, die in den Eden münden, liegt an der Grenze zwischen Cumberland und Westmoreland, umfangen im Norden, Westen und Süden von Bergen, aber nach Osten der Ebene offen, die das Tal des River Eden wie einen Graben zwischen die Penninischen und die Kumbrischen Höhen gezogen hat. Penrith ist eine alte Marktstadt keltischen Ursprungs mit ansehnlichen georgianischen Häusern, die fast alle aus zartrosa Sandstein erbaut sind. Sie wird beherrscht von einer Burgruine aus mattrotem Stein, der unter Wind und Wetter zum Teil zu dunklen Eisentönen gealtert ist, wie wir sie an chinesischen Töpferwaren bewundern: Rost, Mattgrün, Braunblau. Ihr halb abgetragenes Gemäuer bietet einen zerrissenen Anblick, wie eine heidnische Zackenkrone. Dabei entstand die Burg erst spät, im 14. Jahrhundert, nachdem die Stadt mehrfach von schottischen Grenzern überfallen und geplündert worden war, zuletzt 1347 von Graf Douglas und seiner Schar. Später gehörte sie dem Königsmacher Warwick und wurde unter Eduard IV. durch Richard von Gloucester erweitert.

Älter als die Burgruine ist die Kirche St. Andrew aus dem 13. Jahrhundert, die allerdings im 18. Jahrhundert stark renoviert wurde. Die steinernen Hochkreuze im Friedhof stammen aus normannischer Zeit, und die beiden Steingruppen, die der Volksmund als ›Riesengrab‹ (Giant's Grave) und ›Riesendaumen‹ (Giant's Thumb) bezeichnet, bilden vermutlich das Grabmal des sagenhaften Königs Oswald von Cumbria. Der sogenannte ›Peststein‹ im Garten des Altersheimes in der Bridge Lane erinnert an die Zeit des Schwarzen Todes: Dort wuschen um 1600 die Bürger ihre Münzen öffentlich in Essig, ehe sie bei den Bauern auf dem Markt einkauften, um die Ansteckungsgefahr herabzusetzen. Auf dem Penrith Beacon, einem Hügel hinter der Stadt, wurden im Mittelalter, wie das Wort ›Beacon‹ verrät, Wachtfeuer angezündet, um vor schottischen Überfällen zu warnen. Gemütlichkeit verbreiten die alten Inns der Stadt, so der Tudorgasthof ›Two Lions Hotel‹ und die noch älteren ›Gloucester Arms‹, wo Richard III., Herzog von Gloucester, auf der Reise zur Königswahl abgestiegen sein soll.

Im Süden der Stadt liegt gefangen in den Schleifen des Flusses Eamont das Dorf *Brougham* mit seiner normannischen Burgruine und einer alten, über angelsächsischen Grundmauern errichteten Kirche, die um 1660 von Lady Anne Clifford restauriert wurde. Halb unter einer Flußbrücke duckt sich die winzige Kapelle des heiligen Wilfried, deren Inneres mit mittelalterlichen Antwerpener Schnitzereien verkleidet ist. Die phantasievolle Arbeit der Täfelung tritt im Schein der Kerzen, der einzigen Beleuchtung des organisch schönen Raumes, besonders gut hervor.

Unsere Straße führt jetzt in nordwestlicher Richtung durch den Inglewood Forest, einen Balladenwald, dessen Helden edle Räuber à la Robin Hood waren, nach *Caldbeck*. Vor dem Ort liegt ein Gasthof, Park End, in dem im September 1777 der große Fuchsjäger John Peel geboren wurde. Die Familie zog bald danach auf den Hof Greenrigg bei Caldbeck um, wo der Junge zwischen Pferden, Hunden und Schafen aufwuchs. Als er kaum sein zwanzigstes Jahr erreicht hatte, entführte er die junge Mary White nach Gretna Green, und bald nach der Hochzeit erwarb er einen eigenen Hof, Upton, wo Mary ihm im Lauf der Jahre dreizehn Kinder schenkte. Elf seiner Söhne gaben 1854 seinem Sarg das Geleit, dem halb Cumberland folgte, wie man viele Jahre lang dem Ruf seines Hornes gefolgt war.

John Peel gilt als der Begründer der Fuchsjagd in den Fells, den Bergen. Seine erste Meute mit fünfzehn Hunden richtete er um 1803 ab, und von da an rief sein Jagdhorn jeden Herbst die Bauern der

Gegend zusammen. Sein Revier erstreckte sich von Cockermouth bis Mungrisdale, von Ireby bis zum Thirlmere, überwacht vom gewaltigen Gipfel seines geliebten Skiddaw. Heute heißt diese Jagd nach einem der höchsten Berggipfel des Reviers ›Blancathra Hunt‹. Das Besondere an der Jagd in den Fells ist, daß man den Fuchs zu Fuß verfolgt. »*Ein Pferd*«, pflegte Viscount Ullswater damals zu bemerken, »*wäre bei einem Treffen der Jäger im Gebirge so unangebracht wie ein Nilpferd und von genau so viel Nutzen.*« Fast zwei Jahrhunderte lang hielt jeder der Bauern selbst ein bis zwei Jagdhunde; die Kosten der Jagd wurden gemeinsam getragen. Heute unterstehen alle Hunde einem Huntsman und werden in einem gemeinsamen Zwinger oder Kennel gehalten, aber die Kosten werden weiterhin durch freiwillige Beiträge von allen gedeckt und die Summen von einem Master oder von einem Komitee verwaltet. Zur Meute, dem ›Pack‹, gehören jetzt gewöhnlich zwanzig Hundepaare, die gesamten Aufwendungen einschließlich Wiedergutmachung der Jagdschäden werden auf etwa zwanzigtausend Pfund im Jahr geschätzt: Das ist den Farmern die Sache wert, denn der schlimmste Feind ihrer Schafzucht ist nun einmal Meister Reineke.

Man will den Fuchs hier keineswegs ausrotten, aber die Vermehrung der Rotröcke muß in einem Landstrich, wo die Lämmer in völliger Freiheit, in unbewachten Herden aufwachsen, eingeschränkt werden. Die Strecke der Füchse liegt in Cumbria bei 250 Tieren in der Saison. Die Jagd in unwegsamem Gelände bei jedem Wetter ist hart und gefährlich und verlangt von Jägern und Hunden das Äußerste. Im letzten Jagdmonat, dem April, sind die Züchter ohnehin überlastet, da dann die Schafe lammen und die neugeborenen Jungtiere viel Arbeit machen: Sie müssen geimpft werden, gezählt und gezeichnet. Fast zwanzig Tage lang kommen die Männer dann kaum aus ihren Stiefeln! Die Jagdtreffen sind völlig unzeremoniell, man versammelt sich vor einem Gasthof oder einfach an einem Kreuzweg. Hier ist die Jagd kein Sport, sondern eine Notwendigkeit. Dennoch ist natürlich für den Touristen der Anblick der Meuten, die mit Gejapp und Gebell den roten Räuber durch die stillen Täler hetzen, höchst malerisch. Übrigens kann sich jeder als Gast anschließen; es ist selbstverständlich, daß man freiwillig, das heißt ungebeten, einige Pfund als Unkostenbeitrag zusteuert und sich mit Bergschuhen, Stock, Kompaß und Karte ausrüstet.

Weiter geht es durch das Tal des Ellen nach *Maryport* am Rande des *Solway Firth*, von dessen anderem Ufer schon schottische Berge grüßen. Der Solway ist berühmt für die Schönheit seiner Sonnenuntergänge, aber glücklicherweise dennoch nicht überlaufen. Maryport war einst ein Kohlenhafen; heute lebt es von ein wenig Leichtindustrie und Fischfang, und an seinem Sandstrand hat sich ein wenig Fremdenverkehr entwickelt. Reizvoller für einen Urlaub am Atlantik sind die kleinen Badeorte Allenby oder Silloth mit seinem großen Golfplatz. Bei Bowness am Meer endete einst Englands chinesische Mauer, der Hadrianswall, dessen Verlauf wir jetzt erforschen wollen.

87

Eine Mauer von Küste zu Küste: Carlisle–Brampton Cilurnum–Vindolana

Der Alte Mann läßt seine Straße denen,
Die sie nicht weniger lieben, seit sie ihren Sinn verlor.
Die nie danach fragen, worauf die Geschichte hinaus will,
Und so nie handeln können, als wären sie wissend:
Eine Freiheit vorgebend, leugnen sie ihre Macht,
Ihre Macht leugnend, passieren sie frei …

W.H. Auden, *The Old Man's Road*
aus ›*Collected Shorter Poems 1927-1957*‹

»*Außerdem mußte eine Mauer gebaut werden, die die Insel an ihrer engsten Stelle in zwei Teile trennte und so die fruchtbaren und gesitteten Gebiete im Süden gegen die Angriffe der nördlichen Stämme sicherte*«, läßt Marguerite Yourcenar in ihrem Roman ›Ich zähmte die Wölfin‹ Kaiser Hadrian berichten. »*Einen großen Teil dieses überall gleichzeitig in einer Länge von achtzig römischen Meilen erstehenden Werkes habe ich selber besichtigt. Ich hatte dabei Gelegenheit, auf einer genau berechneten, von Küste zu Küste laufenden Strecke ein Verteidigungssystem auszuprobieren, das man fortan überall verwenden konnte. Schon arbeitete diese rein militärische Anlage für den Frieden: Der Wohlstand stieg, neue Dörfer entstanden, und ein Zustrom von Menschen floß in das Grenzgebiet. Die Erdarbeiter der (IX.) Legion wurden in ihrer Aufgabe von einheimischen unterstützt; für viele der eben noch unabhängigen Bergbewohner bedeutete die Mauer den ersten unwiderleglichen Beweis für Roms schützende Macht, ihr Arbeitslohn die erste römische Münze in ihrer Hand. Das Bollwerk wurde sinnbildlich für meinen Verzicht auf Eroberungen.*«

Das Vallum Hadriani blieb mit kleinen Schwankungen wirklich lange Zeit die Grenze des britischen Reiches gegen die barbarischen Nordstämme, die Pikten und Skoti. Er ist das großartigste römische Bauwerk auf englischem Boden, und das größte und eindrucksvollste Befestigungswerk der westlichen Welt. Bei Bowness am Solway sieht man Reste der Mauer, dann läßt sich der Verlauf des Vallum über Port Carlisle, Burghby Sands und Kirkandrews nur erraten, und erst kurz vor Carlisle am aalgleich geschlängelten Eden, taucht es wieder auf.

Carlisle geht auf eine belgo-keltische Siedlung zurück. Unter den Römern wurde es das Verwaltungszentrum für die verschiedenen Anlagen am Wall; es hieß damals Luguvallium. Am Zusammenfluß von Eden, Caldew und Petterill gelegen, wurde es zum wichtigen nördlichsten Straßenschnittpunkt Westenglands vor der Grenze; es ist auch ein wichtiger Eisenbahnknotenpunkt.

Carlisle ist der Inbegriff einer Grenzstadt. Erst vor knapp zweihundert Jahren kam sie zur Ruhe; bis dahin war sie als Grafschaftsstadt von Cumberland immer wieder in schottische Grenzüberfälle und innerenglische Unruhen verwickelt. Im 18. Jahrhundert wurde sie noch einmal zum Mittelpunkt der letzten großen Auseinandersetzung zwischen den feindlichen Häusern Stuart und Hannover, als sich Prinz Charles Edward Stuart, der sich im Pariser Exil entschlossen hatte, das Erbe seines Großvaters, Jakobs II., zurückzuerobern, auf seinem Marsch von Schottland gegen die Hauptstadt schon hier zum König von England ausrufen ließ. Damals war er ein schöner, mutiger Jüngling von fünfundzwanzig Jahren, dem die großen schottischen Familienverbände, die Clans, trotz ihrer Zweifel am Gelingen seines Planes zuliefen und den das Volk in seinen Balladen als ›Bonny Prince Charley‹ feierte. Charles kam nicht bis London; bei Derby stellte ihn Georgs II. Sohn, William Augustus, Herzog von Cumberland, mit einem angloschottischen Heer und trieb ihn nach Schottland zurück, wo er monatelang gehetzt von einem Ort zum anderen floh, ehe er, von allen Anhängern verlassen, auf einem zu Hilfe geeilten französischen Kriegsschiff nach Frankreich zurückkehrte. Der Herzog schlug die Stuart-Erhebung mit solcher Rücksichtslosigkeit nieder, daß er als ›Schlächter Cumberland‹ in die Geschichte einging. Charley, der Held so vieler Sagen und Romanzen, lebte hinfort ein wüstes, trunkenes Leben, von niemandem geehrt oder geliebt, von allen verraten, da er jeden verriet; von seiner Gemahlin Louise von Stolberg ebenso verlassen wie von seiner Geliebten; von seinem Bruder, Kardinal York, verachtet, von allen Verbündeten getäuscht. Doch gab er nie den Traum auf, eines Tages König von England zu werden. Er starb, Gespött Europas, in den Armen seiner illegitimen Tochter, der ›Countess Albany‹, der einzigen, die in den letzten Jahren seines verpfuschten Lebens noch zu dem kranken, bösen Greis gehalten hatte. Aber die schottischen Fischer singen heute wie einst: »*Carry the lad, that was born to be king, over the sea to Skye* ...«

Carlisles unruhige Geschichte macht verständlich, warum wir in dieser uralten Stadt kaum historische Denkmäler finden. Die beiden Rundtürme der ›Zitadelle‹, die seit dem Spätmittelalter neben der Burg der Stadt Schutz gewähren sollte, sind Anfang des 19. Jahrhunderts restauriert worden. Die Burg ist Ruine. Am schlimmsten mitgenommen ist die alte, aus einem Augustinerkloster hervorgegangene Kathedrale: Von den einst sieben Jochen ihres normannischen Langhauses stehen nur noch zwei, die anderen wurden während des Bürgerkrieges als Steinbruch benutzt, um die Befestigungsanlagen auszubessern. Doch der achtjochige Chor mit seinen drei Schiffen vom Ausgang des 13. Jahrhunderts bezaubert noch mit seiner gemalten Holzdecke und den phantasievollen Maßwerkfenstern im Decorated Style, deren Farbglas allerdings größtenteils ein Raub der Zeiten wurde. Gut erhalten ist das geschnitzte und bemalte Chorgestühl aus dem frühen 15. Jahrhundert. Das Stadtmuseum ›Tullie House‹ in der Castle Street, ein Herrenhof aus der Zeit Jakobs I., in der viktorianischen Ära erweitert, enthält neben römischen Funden vor allem eine interessante Sammlung präraffaelitischer Gemälde.

Hinter der nördlichen Vorstadt von Carlisle taucht in der Heide der Wall wieder auf. Unsere Straße folgt ihm in geringer Entfernung bis *Brampton*, einer geruhsamen Stadt, wo alljährlich der große Stiermarkt der Gegend abgehalten wird. Uns lockt die Stadtkirche, der einzige Sakralbau des auf dem Gebiet des Wohnbaus im 19. Jahrhundert hervorragenden Architekten Philip Webb mit Fenstern von Sir Edward Burne-Jones in einem harten neugotischen Mischstil. Burne-Jones' Werk sind auch die Farbscheiben in dem restaurierten Augustinerkloster *Lanercost Priory* von 1144, dessen Langhaus als Pfarrkirche hergerichtet wurde. Drei Kilometer weiter nordöstlich liegt *Naworth Castle*, ein Sitz der Grafen von Carlisle.

Unsere Straße führt jetzt gemach auf die Höhen des Pennine und erlaubt immer wieder schöne Ausblicke auf den Hadrianswall, der sich wie eine Echse aus Urzeiten durch die Ebene schlängelt und ab Greenhead ganz nahe neben der Straße herläuft. Manchmal verschwindet er plötzlich vor unseren Augen, um wenige Meilen später ebenso unvermutet wieder aufzutauchen; da haben Wind und Wetter und zerstörerische Menschenhände ihn abgetragen. Bis weit hinein nach Northumberland beherrscht seine großartige Linie, über Hügel und Abgründe kletternd, in Täler niedersteigend, die unendliche, eintönige Heidelandschaft.

Hadrians Mauer zog sich einst über eine Strecke von rund hundertzwanzig Kilometern ohne Unterbrechung von Küste zu Küste hin. Hadrian ließ ihn, nachdem die unselige VI. Legion durch die Skoti niedergemetzelt worden war, von der nach England verlegten IX. Legion zwischen 122 und 138 n. Chr. zum Schutz des Nordens errichten. Den Bau beaufsichtigte sein Legat Aulus Platorius Nepos. Der Wall mußte im Lauf seiner Geschichte mehrfach neu instandgesetzt werden, bis sich um 368 n. Chr. die letzten Legionäre von hier zurückzogen.

Der Wall ist bis zu drei Metern breit; er besteht aus zwei Mauern aus behauenen Steinen; der Zwischenraum ist mit Steinmörtel, Lehm und Schotter ausgefüllt. Im Norden wird er von einem vier Meter tiefen Schanzgraben, dem Vallum, begleitet; die Versorgungsstraße war von drei niedrigen Erdwällen, den Aggeres, geschützt. In Abständen von je einer römischen Meile wurden an ihrer Südseite kräftige Wehrtürme, die sogenannten ›Mile Castles‹, errichtet, und zwischen diesen jeweils zwei Wachttürmchen, die als Signalstationen dienten. Dazwischen patrouillierten tags und nachts hinter hohen schützenden Zinnen auf dem Rücken der dicken Mauer die Wachen. Zusätzlich zu diesen Anlagen wurde die Mauer noch durch einen Gürtel von Forts bewehrt; es gab wahrscheinlich wenigstens siebzehn davon. In den kleineren lagen fünfhundert Mann Fußvolk; jedes größere Castrum nahm entweder fünfhundert Berittene oder tausend Mann Fußtruppen auf. Im 17. Jahrhundert begann man erstmals, sich für diese Hinterlassenschaft Roms auf englischem Boden zu interessieren, aber Ausgrabungsarbeiten sind erst seit dem vorigen Jahrhundert im Gange.

Ab Greenhead wird der Wall umfangen vom Wark Forest, der einen Teil des riesigen, bis zu den Cheviot Hills an der schottischen Grenze reichenden Nationalparks von Northumberland bildet. Von diesem Ort ab reiht sich jetzt ein Fort ans andere: Aesica, Borcovicus und zur anderen Seite Vindolana, Procolitia, Cilurnum, Hunnum – um nur die wichtigsten zu nennen. Wer mag, kann den Wall zu Fuß abwandern: Es wird ihm dabei nicht schwer fallen, sich in dieser auch heute noch wilden, kaum besiedelten Landschaft in die Lage der römischen Legionäre zu versetzen, die hier, zwischen zwei grauen Nordmeeren, die äußerste Grenze ihres Reiches gegen die Picti und Scoti im Norden und die kaum befriedeten Briganten im Süden verteidigen mußten, fern ihrer heiteren südlichen Heimat und fern der hochentwickelten Zivilisation der mediterranen Städte.

Cilurnum ist das großartigste der ausgegrabenen Forts. Man gelangt in das Castrum durch das Herrenhaus Chesters, in dem der Humanist John Clayton (1792-1890) lebte, der mit dem Grund fünf einstige Militärlager geerbt hatte und als erster mit Ausgrabungen am Wall begann. Im Haus befindet sich seine berühmte Sammlung von Funden: Waffen, Werkzeuge, Gerät, Schmuck, Inschriften und Skulpturen.

Cilurnum war von einer etwa anderthalb Meter breiten Mauer, Erdwällen und Gräben umfangen; in den sechs Torhäusern waren Wachmannschaften untergebracht. Forum (Markt) und die Grundmauern des Prätoriums (Kommandantur) sind recht gut erhalten. In den Villen der Offiziere hat man unter den Mosaikböden Hypokausten entdeckt; die Soldaten konnten sich im Badehaus mit Kalt-, Heiß- und Dampfbädern von den Übeln des Nordens – Rheuma und Gicht – erholen. Wenn die Schneeschmelze im Frühling die Bäche anschwellen ließ, wurden die Wasser von einem Aquädukt aufgefangen und zu großen Trinkwasserzisternen geleitet.

Nicht minder interessant ist *Vindolana*, wo man in den vergangenen Jahren erstaunliche Funde gemacht hat. An keinem Ort Westeuropas sollen bisher größere Mengen von Textilien und Sandalen ausgegraben worden sein; besonders glücklich aber ist man über 25 gut erhaltene Schrifttafeln, die zur Zeit im Britischen Museum ausgewertet werden und Aufschlüsse über das Leben der Legionäre in Britannien zu versprechen scheinen.

Auch das Fort selbst hat überraschende Dinge enthüllt. Ein freigelegtes Offiziersquartier erwies sich als reinster Stall: In dieser Sechszimmervilla war der Boden mit dem in der Heide im Überfluß wachsenden Farn bedeckt, wobei verwelkte Wedel nicht etwa durch frische ersetzt, sondern einfach mit neuen Schichten überdeckt wurden. Der Geruch der faulenden Pflanzen muß nach Aussage von Fachleuten süßlich und widerlich gewesen sein, was die Bewohner aber kaum gestört haben dürfte, denn sie benutzten die Räume außerdem hemmungslos als Abtritt. Beachtenswert, daß es sich hier, wie andere Funde belegen, um eine hochgebildete, in den Klassikern belesene Familie handelte, die sich mit allem möglichen Luxus umgab, etwa höchst elegantem Manikürgerät und feinsten kosmetischen Mitteln. Auch sonst lebte man gut und teuer – hauptsächlich von Austern –, aber eben im tiefsten Schmutz, schlimmer als in den Liverpooler Slums des vorigen Jahrhunderts.

Hinter Cilurnum wird der Wall vom North Tyne unterbrochen, und dann führt die Hauptstraße auf dem Rücken der Mauer weiter, bis sie Newcastle erreicht. An der Tyne-Mündung, bei Wallsend, heute eine Vorstadt von Newcastle, endete die Mauer, die zwei Meere verbindet.

88

Dampfroß und Schienenstrang: Newcastle
Seaton Delaval Hall – Wylam – Durham – Darlington

Wenn ich die Lokomotive sehe, wie sie mit ihrer Wagenschleppe dahineilt – mit ihrer Dampfwolke, die bannergleich in goldenen und silbernen Windungen hinter ihr herflattert ... wenn ich höre, wie das eiserne Roß Feuer und Rauch aus seinen Nüstern stoßend, mit seinem Donnerschnauben die Hügel erdröhnen, mit seinen Hufen die Erde erbeben macht, dann scheint es mir, als ob die Erde jetzt eine Rasse trage, die würdig ist, sie zu bewohnen.

H.D. Thoreau, Walden, 1854

Newcastle am Ende des Hadrianwalls ist eine Stadt, die uns manches über Reichtum und Not Nordenglands erzählen kann. Sie ist stolz auf ihre großzügigen Prachtstraßen aus dem vorigen Jahrhundert, ihre Museen, die Universität, das moderne, sehr elegante ›Civic Centre‹, ihre Theater und Konzerthallen, und doch lebt in ihr eine unleugbare Düsternis, eine Trostlosigkeit, die auch nicht dadurch verdrängt wurde, daß man die schlimmsten Slums der viktorianischen Zeit abgerissen und saniert hat. Das Gespenst aller Städte des Nordens ist die Arbeitslosigkeit. Ihren Hauptgrund hat sie in den Zechenstillegungen der fünfziger und sechziger Jahre unseres Jahrhunderts, als das nördlichste der großen Kohlenreviere des Landes unwirtschaftlich zu werden begann. Die nordenglischen Kumpel sind ungewöhnlich stolz, und viele lehnen es nicht nur ab, sich anderen Erwerbsmöglichkeiten zuzuwenden, sondern auch, in anderen als den angestammten Zechen zu arbeiten. Es ist ein Teil der Freiheit des englischen Bürgers, auch die Arbeitslosigkeit zu wählen, wenn es um seine Ehre geht, und er gestattete bisher weder dem Staat noch den Gewerkschaften, ihm diese grausame Freiheit zu beschneiden: So gibt es hier ganze Grubendörfer, in denen seit vielen Jahren die Mehrzahl der Bevölkerung ohne Arbeit ist. Darum geht in den Städten des Nordens Armut um. Versuche, neue Industrien anzusiedeln, sind häufig am passiven Widerstand der Bevölkerung gescheitert. Hoffnung bleibt vielerorts nur für die nächste Generation, wenn sie sich von den alten Vorstellungen freimachen kann.

Newcastle ist aus einem der Mile Castles am Wall hervorgegangen und zu einer mächtigen Stadt herangewachsen, die von dem Netz der Tynebrücken zusammengehalten wird. Um 1170 bauten die Normannen hier eine neue Burg – Newcastle – über dem Grundriß des Römerkastells; im Burgfried und im Black Gateway sind heute Museen untergebracht. Im Mittelalter wurde Newcastle der erste große Kohlenverladehafen Englands. Damals bauten die Bürger die Kirche St. Nikolaus, die sie im 15. Jahrhundert noch mit einer luftigen steinernen Turmkrone aus einwärts gebogenen Fialen schmückten, ähnlich der von St. Giles's in Edinburgh. Sie ist seit 1884 Kathedrale.

Newcastles große Zeit wurde das 19. Jahrhundert, als Kohlenexport, Werften und Waggonbau blühten. Damals ließ Richard Grainger (1789-1861) die eleganten Prachtstraßen von seinem Architekten John Dobson (1787-1865) anlegen. Einer der schönsten Straßenzüge ist Grey Street mit dem Theatre Royal, die sich in einem leichten Bogen bergan schwingt, überragt von dem der Londoner Nelson-Säule sehr ähnlichen Grey's Monument. Es erinnert an den Politiker Earl Grey, einen Sohn der Stadt, welcher am Zustandekommen der Reformgesetze von 1832, die Städten und Arbeitern so viele neue Rechte brachte, großen Anteil hatte.

Nördlich von Newcastle liegt bei Blyth der Landsitz *Seaton Delaval Hall*, Vanbrughs Spätwerk, um 1718 im Auftrag des Admirals George Delaval begonnen, aber erst 1728, wie fast alle seine Bauten nach seinem Tod, vollendet. Delaval brach schon bald nach Beginn der Bauarbeiten bei einem Sturz vom Pferd das Genick; doch sein verschwenderischer, festesfroher Erbe, Captain Francis Blake-Delaval, ließ die Arbeiten weiterführen. Haus und Park gehören heute Lord Hastings, der für zahlende Gäste mittelalterliche Bankette veranstaltet; der schönste Teil des Hauses, der Mittelblock, ist allerdings Ruine, seit er vor vielen Jahren ausbrannte; schuld an dem Feuer trugen Dohlennester in den Kaminabzügen.

Dieser Mittelblock war das Kernstück von Vanbrughs eigenwilligem, noch stärker als Blenheim Palace auf das Spiel von Licht und Schatten hin angelegtem Bau. Trotz seines hohen toskanischen Portikus und seiner Bewegtheit ist er mit den polygonal vorspringenden Seitentürmen und dem geschlossenen Grundriß auch dem elisabethanischen Stilgefühl verhaftet. Die Wirkung der Innenräume mit den schwindelerregenden Treppenhäusern zu beiden Seiten der rauchgeschwärzten Halle, deren kannelierte Kolossalpilaster mit ihren überschweren, kräftig skulptierten Kapitellen eine pomphafte Feierlichkeit verbreiten, ist ausgesprochen theatralisch. Die Seitenflügel geben sich dagegen eher klassisch; sie liegen in spiegelgleicher Symmetrie einander gegenüber. Der ursprünglich als Wirtschaftstrakt geplante Westflügel dient heute als Wohnsitz und ist mit den zeitgenössischen Möbeln, Bildern und Keramiken des Schlosses ausgestattet; hinter der Fassade des Ostblocks verbergen sich die Stallungen: Vornehmer als die Pferde der Delavals dürften auch Swifts Houyhnhms nicht untergebracht gewesen sein; in großen steinernen Boxen konnten sie ihr Heu aus bequemen Krippen unter barocken Bögen zupfen.

Vanbrughs überdimensionierter Bau mit der großartigen Ruine des Hauptblocks wirkt fast wie ein Symbol der Delavals: Diese Familie war dem Schrecken wie dem Schönen verschrieben; in der Nachbarschaft kursierten Gerüchte über ihre selbst für jenes Zeitalter ungewöhnliche Lasterhaftigkeit: Verführung, Schändung, Verrat und wüster Betrug – ihnen war nichts fremd. Die Delavals des 18. Jahrhunderts, die vielen Töchter und Söhne Blake-Delavals, waren etwas gemäßigter im Bösen, aber gleich hemmungslos in ihrer Genuß- und Verschwendungssucht. Für eine Liebhaberaufführung des ›Othello‹ mieteten sie einst in London ein ganzes Opernhaus; in die Gästezimmer bauten sie ›zum Spaß‹ versenkbare Wände ein, so daß sie sich nachts plötzlich in kalte Bäder verwandeln konnten. Eine der schönen Töchter pflegte mit weitoffenem Haar, das bis zum Sattel niederhing und sie wie ein Mantel umwehte, über die Heide zu reiten. Alle waren sie wild, übermütig und schönheitsdurstig; ihr Vermögen, das aus den umliegenden Kohlenzechen kam, erlaubte ihnen, sich auch die verrückteste Laune zu erfüllen. Widerspruch, wohin das Auge hier blickt: ein überheblicher Palast in einem üppigen Park voller antiker Statuen und Gartenvasen, eingebettet in karge Heidemoore, umgeben von den Kränen, Schloten und Fördertürmen des Kohlenreviers, die sich dunkel und drohend, Zeugen von Mühe und Mangel, vom Horizont abzeichnen.

Nahe Newcastle, in dem armseligen Bergmannsdorf *Wylam*, wurde 1781 in einem schmalen grauen Giebelhaus bei einer Grubenbahn George Stephenson geboren. Er hütete als Kind die Kühe, später wurde er Kumpel in den Gruben von Killingworth. Erst als Achtzehnjähriger lernte er in einer Abendschule mühsam lesen und schreiben. Mathematik und Mechanik eignete er sich noch später an, als er seinem kleinen Sohn, den er auf eine gute Schule in Newcastle schickte, bei den Hausaufgaben helfen wollte. Aber Stephenson lernte schnell, er hatte einen wachen Geist, geschickte Hände und Sinn für technische Zusammenhänge.

Seine natürliche Begabung, mit Maschinen umzugehen, fiel auf. 1814 machte ihn sein Brotgeber zum technischen Leiter der Gruben von Killingworth. Dort bewohnte er viele Jahre lang ein kleines Haus aus gequaderten Steinen mit einer Sonnenuhr über der niedrigen Tür, ›Dial Cottage‹. Noch im Jahr seines Dienstantritts entwickelte er auf Wunsch des Grubenherrn eine neue, leistungsfähigere Zugmaschine für den Kohlentransport, die nach dem Marschall Vorwärts benannte Lokomotive ›Blücher‹.

Die Blücher war eine verbesserte Dampflokomotive. Schienenwege, teils aus Holz, teils aus Eisen, gab es im Grubenverkehr schon eine ganze Zeit, und auch eine Dampflokomotive war schon zwischen 1802 und 1804 von Richard Trevithick entwickelt worden. Aber sie alle fuhren noch sehr ruckweise, auf gezackten Schienen mit Zahnrädern und unter infernalischem Getöse. Stephenson erst gelang die bahnbrechende Verbesserung des neuen dynamischen Gefährts, das vor allem die Grubenpferde erlösen sollte. Nach der ›Blücher‹ arbeitete er weiterhin an der Erfindung; er benutzte als erster die Auspuffdämpfe zum Anfachen des Feuers, er verstärkte die Schienen, setzte den Lärm herab und vieles mehr. 1821 erhielt er die Konzession zum Bau einer Bahnstrecke zwischen den Städten Stockton und Darlington für den Kohlentransport im Auftrag der Stockton & Darlington Railway Company. Für diese Firma lieferte er auch die Wagen und Lokomotiven, seit er sich 1823 mit der Gründung der ersten Lokomotivenfabrik der Welt, ›Stephenson &

Son – Newcastle upon Tyne‹, selbständig gemacht hatte. Aus ihr ging übrigens auch die erste deutsche Lok, die ›Adler‹, hervor. Stephenson, den seine Mitbürger wohl manchmal für einen hoffnungslosen Spinner gehalten haben mögen, sagte einmal zu seinen Mitarbeitern: *»Ihr werdet noch den Tag sehen, wo alle Postkutschen auf Schienen fahren und die Eisenbahn die Landstraße der Könige wie der Untertanen sein wird!«*

Die Eisenbahn war aus diesem Grunde nicht nur eine revolutionierende, sondern auch eine revolutionäre Erfindung. Die neuen ›Postkutschen‹ setzten sich erstaunlich rasch durch, nachdem 1830 mit der ersten Personeneisenbahn von Liverpool nach Manchester erst einmal der Anfang gemacht worden war. Schon 1850 umfaßte das englische Schienennetz 6625 Meilen! Stephenson mußte dabei fast alles, was zu diesem Erfolg nötig war, selbst erfinden oder erproben: Geländevermessung, Trassierung, Brücken- und Tunnelbau, Gestaltung von Lokomotiven und Waggons, Schienen, Weichen, Signale, Lampen. Pionierarbeit leistete er vor allem beim Bau der erwähnten ersten Personenlinie zwischen Liverpool und Manchester, auf der 1829 das berühmte ›Lokomotivenrennen‹ stattfand, wobei sich die Dampfrösser mit richtigen Pferden messen mußten! Es war gar nicht so sicher, was den neuen Waggons, die auf ›Eisen-Bahnen‹ liefen, vorgespannt werden sollte, und den meisten erschien damals das neue Vehikel, die Lokomotive, ein recht gefährlich Ding. Stephenson trat bei dem Rennen mit seiner sagenumwobenen ›Rocket‹ gegen drei andere Modelle an, siegte und erhielt den ausgeschriebenen Preis von 5000 Pfund Sterling, etwa 100000 Goldmark, eine damals schwindelerregende Summe. Die Rocket war aber auch ein wahres Wunderwerk; sie erreichte bereits sechzig Stundenkilometer und zog zwanzig Tonnen! Der Erfinder, der seine letzten Jahre als Gärtner und Züchter verbrachte, wie es sich für einen echten Engländer gehört, starb 1848 auf seinem Landsitz in der Nähe von Chesterfield, der ungekrönte König der Eisenbahn.

Sein Sohn, den er früh in die Firma aufgenommen hatte, genoß internationalen Ruf als Brückenbauer. Zwischen 1845 und 1849 baute er in Newcastle die High Level Railway Bridge, schönste der fünf gewaltigen Eisenbrücken, die hier den Tyne überspannen. Die Swing Bridge entstand 1876 und der elegante Stahlbogen der Tyne Road Bridge um 1928: Zusammen bildet das Linienwerk der Bögen über dem dunklen Fluß ein Panorama von eindringlicher, nervöser Kraft.

Durham

Über die Autobahn erreichen wir Durham, eine alte Bergstadt am River Wear, über dessen steilen Ufern Burg und Kathedrale lagern wie ein Adlerhorst, zu dessen Füßen die Stadt ruht.

Und so trutzig blickt auch ihr *Dom* von den Klippen über das Wehr und die untere Stadt, *»du Kirche halb für Gott, halb Feste gen den Schott«*, wie Walter Scott dichtete. Dieser herrliche gelbe Kalksteinbau ist eines der vollkommenen normannischen Bauwerke auf der Welt, und zugleich einer der größten europäischen Sakralbauten der romanischen Epoche. Später als im 12. Jahrhundert wurden nur die drei kantigen Türme und das östliche Querschiff errichtet, das den Chor abschließt und als Kapelle für den Schrein des heiligen Cuthbert angelegt worden war.

Der *Westfront* der Kathedrale mit den beiden zum Fluß gekehrten Türmen ist eine wundervolle Halle vorgelagert, die *Galilee Chapel*, deren Gewölbe auf einem Wald schlanker Säulen ruhen. Die Arkadenbögen zeigen eine entschiedene Zackenmusterung, und zwar sind die Zackenbänder dreifach hintereinandergesetzt und rufen mit ihren scharfen Zähnen einen unheimlichen, wölfischen Eindruck hervor, in stärkstem Gegensatz zu der erlesenen Eleganz der feinen Säulenpaare, denen je zwei noch schlankere, aus hellerem Stein gemeißelte Halbsäulen an den Treffpunkten der Schäfte zugeordnet sind. In dieser Kapelle befindet sich seit 1370 das Grab des heiligen Beda, immer von Blumen in Hülle und Fülle geschmückt. ›The Venerable Bede‹, wie die Engländer den großen Gelehrten nennen, der von 637 bis 735 lebte, vollendete seine berühmte ›Historia Ecclesiastica Gentis Anglorum‹ erst vier Jahre vor seinem Tode; aber damals hatte er bereits rund vierzig grundlegende naturhistorische und philosophische Werke sowie ausführliche Bibelkommentare geschrieben. Die ›Historia‹ erzählt die Geschichte Englands von der Zeit Caesars bis zum Jahre 731; sie gründet weitgehend auf älteren Quellenwerken und wurde unter König Alfred ins Angelsächsische übertragen. Sie ist eines der wichtigsten Werke zur Geschichte des englischen Frühmittelalters und eines der großen literarischen Zeugnisse des 8. Jahrhunderts.

Von der Galilee Chapel aus wenden wir uns dem Riesenschiff zu. Der Blick gleitet durch die acht normannischen Joche des *Hauptschiffes* und die ausladende Vierung bis zum Hochaltar im fünften Joch des Chorschiffes. Haupt-, Seiten- und Querschiffe zeigen einheitlich tief einschneidende Kreuzrippengewölbe; nur die Vierungsöffnungen haben noch einen hohen normannischen Korbbogen. Doch auch die Kreuzrippengewölbe, die sonst überall als Merkmal der Gotik gelten, sind hier normannisch; es sind die ersten schiffüberspannenden Gewölbe dieser so entwicklungsfähigen Form, die in all ihren Variationen später die Bauwunder der Gotik überhaupt erst möglich machte.

Der Bau von Durham in seiner heutigen Form wurde von dem zweiten normannischen Bischof der Stadt, William de St. Carileph (1081-1096) begonnen. William wurde 1088 von seinem König Wilhelm Rufus wegen angeblicher Verschwörungsabsichten in die Normandie verbannt, aber drei Jahre später zurückberufen. Auf dem Festland muß der Bischof voll Neid die neuen normannischen Dome seiner alten Heimat betrachtet haben und mit dem Willen zurückgekommen sein, in Durham etwas ähnlich Großartiges zu schaffen. Ein Jahr nach seiner Rückkehr legte er seine Pläne vor, ließ die angelsächsische Benediktinerkirche niederreißen und 1093, wahrscheinlich in Anwesenheit jenes Königs Malcolm III. von Schottland, der Macbeth besiegte und erschlug, den Grundstein für die neue Kathedrale legen. Im Jahre seines Todes, 1096, stand bereits der Chor, und 1104 waren auch die Querschiffe vollendet; 1133 wurde der Bau des Langhauses abgeschlossen, und ein Jahr später die Leiche des heiligen Cuthbert in seinen neuen Schrein hinter dem Hochaltar – der Chor war damals noch apsidial geschlossen – umgebettet.

So haben wir hier in Durham das Denkmal einer einheitlich in voll entfaltetem normannischem Stil erbauten Kathedrale vor uns, deren steinerne Gewölbe jedoch durchgehend die vorweggenommene Kreuzrippenlösung zeigen. Jedes Joch stellt sich als Raumeinheit dar; das romanische Prinzip des Stützenwechsels von massiven Säulen und klotzigen Pfeilern, denen schlanke, bis zum Gewölbeansatz emporstrebende Dienste vorgelegt sind, setzt sich bis in den Chor fort. Die normannischen Säulen zeigen Rautenmuster, Zackenbänder und diagonal um den Schaft verlaufende Kannelierungen, die tief in die Oberfläche des goldig schimmernden Kalksteins eingemeißelt sind. Diese geometrisch gemusterten Stützen und die Hundszahnornamentik der Kreuzrippen verleihen dem Schiff einen wild-großartigen, heidnischen, ja dämonischen Charakter. Hier denkt man an die unheimlichen Balladen des Nordens, hier gewinnen flüchtige Erinnerungen an Urzeitfabeln, wie sie etwa noch im altenglischen Heldenepos von Beowulf anklingen, bestürzende Wahrscheinlichkeit. Durham wirkt wie ein gewaltiges Epos in Stein, und alles, was spätere Zeiten an Zierat hinzufügten und wieder entfernten, ist wesenlos wie Spinnweben in einem tausendjährigen Baum, und seien es selbst solche Schätze wie die kunstvoll gestickte angelsächsische Stola aus dem Grabe des heiligen Cuthbert oder Bischof Hugh de Puisets Bibel aus dem 12. Jahrhundert mit ihren edelsteinfarbigen Miniaturen.

Hugh de Puiset war ein Neffe von Königin Mathilda und ein sehr schönheitsdurstiger Mann; leider waren seine phantasievollen Architekten, die übrigens auch die Galilee Chapel errichteten, schlechte Baumeister. Kardinal Thomas Langley, 1406-1437 Bischof von Durham und zweimal zum Kanzler von England berufen, mußte später zu den Marmorschäften der Galilee Chapel die steinernen Säulen setzen und die Westfront mit großen Strebepfeilern versehen lassen, um zu verhindern, daß sie in den River Wear abstürzte, denn an ein ordentliches Fundament hatten Hughs Werkleute keinen Gedanken verschwendet.

Das Ostende, an dessen Umbau Hughs Baumeister völlig scheiterten, wurde erneut unter seinem Nachfolger, Richard de la Poore, umgebaut, der 1228 von Salisbury nach Durham versetzt worden war. Die alte Apsis fiel, und an ihrer Stelle entstand die *Kapelle der neun Altäre*. Sie ist dem dreischiffigen Chor wie ein Querhaus vorgelegt; einige Stufen führen zu ihr hinab. Ihre Ostwand zeigt neun ragende Lanzettenfenster im Stil der englischen Frühgotik; sie sind zu Dreiergruppen zusammengefaßt, und diese Gruppen werden je durch einen Bündelpfeiler mit feinen Diensten aus hellem Kalkstein und dunklem Marmor getrennt. Über den Fenstern der mittleren Gruppe öffnet sich die Wand zu einer köstlichen Fensterrose. Unter den Fenstern laufen zierliche Blendarkaden mit Dreipaßbögen und lebhaft dekorierten Kapitellen um. Die noble Gotik dieses Raumes greift noch in das letzte Joch des Chorhauses über, dessen romanischer Wandaufbau – Arkade, Triforium, Lichtgaden – zwar erhalten blieb, dessen klare Rundbogen sich aber hier in reich dekorierte Spitzbogen verwandelt haben.

Von der ursprünglichen Ausstattung der Kathedrale ist kaum etwas erhalten geblieben; teils ist sie der Reformation, teils dem Bürgerkrieg, teils aber auch dem Übereifer der Restauratoren James Wyatt und Sir Gilbert Scott zum Opfer gefallen. Die schlimmsten Wunden wurden dem Bau in der Cromwellzeit geschlagen, als viertausend schottische Gefangene wochenlang in der Kirche eingeschlossen waren und die ganze geschnitzte Ausstattung verbrannten, um in der Grabesluft des steinernen Riesenbaus nicht zu erfrieren. Nur die spätmittelalterliche Uhr, die außer der Zeit auch die Mondphasen und die Bahn der Planeten angibt, ließen sie heil, angeblich, weil sie mit der schottischen Distel verziert ist. Das heutige Chorgestühl mit spitzenartigen, der Gotik nachempfundenen Fialenbaldachinen wurde nach der Restauration im 17. Jahrhundert von einem unbekannten Meister geschnitzt. Der riesige steinerne Bischofsthron südlich des Hochaltars im vierten Joch des Chorhauses erhebt sich über dem Altargrab von Bischof Hatfield (1318-1333), das sich dieser schon zu seinen Lebzeiten erbauen ließ. Hinter dem Hochaltar stand der Schrein des heiligen Cuthbert, der der Reformation zum Opfer fiel; der Heilige ruht aber wieder am alten Ort unter einer großen schlichten Marmorplatte. Zwischen dem Hochaltar und dem Grab erhebt sich eine durchbrochene steinerne Schranke in spätgotischem Stil: der nach einer der großen Adelsfamilien des Nordens benannte ›Neville Screen‹. Der steinerne mittelalterliche Lettner vor der Vierung wurde im 17. Jahrhundert durch eine geschnitzte Schranke mit einer darüber thronenden Orgel ersetzt, die ihrerseits einem um 1870 von Gilbert Scott entworfenen Lettner aus Marmor und Alabaster Platz machen mußte. Das einzige, was sich zu dessen Lob sagen läßt, ist, daß er den langen Blick durch das Schiff zwar unterbricht, aber nicht völlig versperrt.

Während der letzten Zeit wurde die Kathedrale mit neuen Kunstwerken geschmückt. Der Altar in der Gregory Chapel ist ein Werk von George Pace; in der Galilee Chapel findet man eine kunstvoll eingelegte Schrifttafel zu Ehren von Beda Venerabilis, neben Farbfenstern von Hugh Easton und Alan Younger; und im nördlichen Seitenschiff wirft das ›Caily Bread Window‹ (1980) von Mark Angus ein strahlendes Edelsteinlicht durch den Raum. Es zeigt in einem violetten Saum einen Sternenhimmel über grüner Erde; in der Mitte eine rubinfarbige Tafel mit dreizehn Broten und dreizehn kreisförmigen Figuren, Christus und die Jünger symbolisierend.

Ende des 16. Jahrhunderts hat ein unbekannter Mönch ein Buch geschrieben, das unter dem Titel ›Rites of Durham‹ 1672 erstmals im Druck erschien und hingebungsvoll die Schönheit und das tägliche Leben in der Kathedrale vor der Reformation schildert: Die Details des Baues werden so liebevoll ausgemalt wie die reichen Schätze, mit denen der Schrein Cuthberts von Königen und Fürsten bedacht worden war, der Glanz der hohen Feiertage, das Abendsingen, das Läuten der Glocken – nichts war zu gering, um in diesen Lobgesang auf die geliebte Kathedrale nicht Einlaß zu finden.

Die *Bibliothek* hat glücklicherweise im Lauf der Zeit nur wenig gelitten. Ihre Prachtbände und kostbaren Handschriften sind zusammen mit anderen Schätzen der Kirche im einstigen Dormitorium der Mönche, einem langen Raum mit kräftigem Balkendach, untergebracht. Man findet den Raum im westlichen Flügel des der Kathedrale im Süden vorgelagerten *Kreuzganges*, der im vorigen Jahrhundert gründlich renoviert wurde. Dem Ostflügel des Kreuzganges ist das einstige Kapitelhaus mit einer normannischen Apsis und den Gräbern der angelsächsischen Bischöfe angegliedert; seitlich schließen sich ihm das einstige Gefängnis, ein enger eckiger Raum, und das Dechanat mit einer schmalen Kapelle an.

Die Kathedrale und die ihr auf einem zweiten Hügel gegenüberliegende einstige Burg der Fürstbischöfe – eine Anlage, die zum Großartigsten gehört, was England zu bieten hat – bildeten im Mittelalter eine wehrhafte Einheit. Ihr zum Dank ist Durham die einzige englische Stadt im schottischen Grenzbereich, die nie von den eroberungssüchtigen Nachbarn überfallen wurde. Der massige Bau des *Burgfrieds* geht auf Bischof Hugh de Puiset im 12. Jahrhundert zurück; sein hoher Speisesaal mit dem offenen geschnitzten Dachstuhl wurde um 1300 fertiggestellt, das ebenfalls reich mit Schnitzereien geschmückte ›Schwarze Treppenhaus‹ um 1665. Ältester Teil der einstigen Burg ist die *Norman Chapel*, ein schmuckloser normannischer Raum mit hölzerner Balkendecke. Bischof William van Mildert schenkte die Burg 1831 Durham als Heim für die geplante Universität, die dann im Juli 1832 offiziell durch Parlamentsbeschluß als erste Universität des Nordens ins Leben gerufen wurde. Damals wurde die Zahl der Kanoniker von Durham von zwölf auf fünf herabgesetzt; immer zwei von ihnen mußten Professuren an der Universität innehaben.

Die Universität hat sich aus einem Priesterseminar entwickelt. Als die Industrielle Revolution im Norden ihren Einzug hielt, waren es die Domherren selbst, die diese Neugründung vorschlugen und beantragten. Zwischen Kathedrale und Universität spielt sich noch heute ein Großteil des geistigen Lebens der Stadt ab; in der weiten Domfreiheit sieht man die Studenten in ihren kurzen wehenden

Capes, die Professoren in ihren bunten Talaren und die Chorherren in ihren Spitzengewändern einträchtig miteinander reden. Die Stadt hat sich nach langen Jahren tiefer Verelendung, verursacht durch die Massenarbeitslosigkeit der Bergleute, nun endlich wieder erholt, sie ist kaum wiederzuerkennen. Dies ist einigen großzügigen Sanierungsprogrammen zu danken. Auch heute ist sie keine reiche Stadt, aber sie prosperiert sichtlich und wirkt wieder heiter und gepflegt.

Unser nächstes Ziel ist *Darlington*, wo im Eisenbahnmuseum unter anderen Oldtimern der Schiene Stephensons ›Locomotion‹ von 1825 zu bewundern ist. Das Museum wurde 1975 anläßlich ihres 150. Geburtstages in der ehemaligen North Road Station des Ortes eingerichtet. Die Bahnhofshalle ist eine interessante viktorianische Gußeisenkonstruktion; man hat sie in allen Einzelheiten wiederhergestellt; sogar die echten Schienen konnten wiederentdeckt und neuverlegt werden. Die ›Locomotion‹, die bereits zweiunddreißig Waggons ziehen konnte, tat bis 1841 Dienst; sie hatte bis zu ihrem jetzigen Jubeljahr einen Ehrenplatz auf dem Hauptbahnhof von Darlington, wo sie sich – ein bulliger Zylinder mit einem hohen Schornsteinrohr auf vier Rädern – neben den modernen, stromlinienförmigen E-Loks der Intercity-Züge vielleicht doch ein wenig einsam gefühlt haben mag. Jetzt befindet sie sich mit den Vertretern aus allen großen Epochen der Eisenbahngeschichte in bester Gesellschaft.

89

Über den Penninischen Rücken in die Cheviot Hills: Barnard Castle–Hexham–Bellingham–Otterburn Rothbury–Alnwick

Der Wind
kreuzt das braune Land, ungehört.
T.S. Eliot, *Das wüste Land*, 1922

Durchs Teestal fahren wir von Darlington in westlicher Richtung zu dem mittelalterlichen Städtchen *Barnard Castle*, das von seiner auf einem Felsen über dem Fluß lagernden Burgruine beherrscht wird. Kurz vor der Stadt beginnt sich die Landschaft zu verändern: Aus den grünen Ebenen des County Durham mit Industriestädten und Kohlenzechen gelangen wir über sanft ansteigende Höhen in die karge Landschaft des Penninischen Rückens. Haben wir Yorkshire als Land der verlassenen Abteien kennengelernt, so ist Northumberland das Reich der Burgruinen. In Barnard Castle wird das augenfällig: Von dem Gemäuer des Rundturms aus dem 14. Jahrhundert hat man einen großartigen Blick über die Grenze nach Yorkshire, wo in einem Wiesental des Tees die Ruine der Egglestone Abbey ruht. Das Castle, das in Scotts ›Rokeby‹ eine wichtige Rolle spielt, wurde im 12. Jahrhundert von der Familie Balliol oder Bailleul als Grenzfeste errichtet.

Stolz der Stadt Barnard Castle ist das Bowes Museum, das im vorigen Jahrhundert von John Bowes, einem Sohn des Grafen Strathmore, und seiner französischen Frau gegründet wurde. Bowes hatte seiner jungen Gemahlin ein ›Château‹ im Stil der französischen Renaissance in einem geometrischen Garten von Jules Pellechet errichten lassen; gemeinsam füllten sie es – beide waren begeisterte Kunstsammler – mit erlesenen Schätzen: Gemälden von Goya, El Greco, Boucher und Courbet, mit Möbeln, Wandteppichen, Porzellan und Skulpturen, Juwelen und Spitzen. Sie gestalteten ganz bewußt eine Art Ideal-Museum; in den 22 Räumen sind viele Tausende von Einzelobjekten ausgestellt; die kostbaren antiken Möbel stehen in einer Flucht von Zimmern in verschiedenen Stilen.

Nach Norden führt unsere Straße über den Rücken des unwirtlichen Urgebirges mit seinen wenigen grauen Einzelgehöften, seinen braunen Farneinöden und Heiden, gesprenkelt von Schafen, die hoch in den Felsen ihr spärliches Futter suchen. Dem Fußwanderer sei verraten, daß ein sehr interessanter Wanderweg über den ganzen Pennine führt; wer wirklich etwas vom harten Leben in dieser Bergwelt erfahren möchte, sollte ihm folgen: *»Die Landschaft ohne Menschen, Bangigkeit ohne Grund, Weg ohne Ziel, ich weiß nicht, was ich suche, aber hier ist endlich Einsamkeit. Trinke von dieser unermeßlichen Trauer, ehe du zurückkehrst zu den Menschen!«* (Karel Čapek)

Unsere Straße führt am Derwent Reservoir, einem großen dunklen Stausee, vorüber und bringt uns dann in nordwestlicher Richtung nach Hexham, einer Abteistadt im Schatten der römischen Mauer.

Hexham: Noch einmal eine typisch englische Stadt mit normannischer Burgruine, einem Manor aus der Tudorzeit, einer elisabethanischen Lateinschule von 1599, einer offenen Markthalle von 1766 und freundlichen georgianischen Wohnhäusern. Die ›Moot Hall‹, der

Ratssaal, ist aus dem normannischen Torhaus der Burg hervorgegangen.

Eine Kirche hat schon der heilige Wilfried hier im 7. Jahrhundert errichtet, der Beichtvater von Königin Etheldreda, Elys frommer Gründerin. Die Steine holte man vom römischen Castrum Corstopitum, das die Legionäre längst verlassen hatten. Von diesem frühen Bau sind erhalten geblieben: die schönste aller angelsächsischen Krypten, der Firthstool oder Fridstol, ein steinerner Thron, auf dem der Sage nach die northumbrischen Könige gekrönt wurden, weiter ein aus dem Rest einer Römersäule geschlagener Taufstein und das Kreuz aus dem 8. Jahrhundert vom Grab Bischof Accas. Es steht am Fuß der ausgetretenen Steintreppe, die zu dem einstigen Dormitorium der Augustinermönche führte, die hier im 12. Jahrhundert das Regiment übernahmen und die jetzige Kirche im Early English Style errichteten. Chor und Querhaus stammen aus dem 13. Jahrhundert. Die Miserikordien des mittelalterlichen Chorgestühls und die Steinmetzarbeiten in Leschman's Chapel sind sehr lebendig gestaltet, sie stellen unter anderem einen Fuchs dar, der Gänsen predigt, Georgs Kampf mit dem Drachen, Personifikationen der Todsünden und Kardinalstugenden sowie einen Totentanz.

Hinter Hexham überqueren wir noch einmal den Hadrianswall und folgen dem Lauf des North Tyne in die Verlassenheit des Nationalparks von Northumberland mit dem Wark Forest und Kielder Forest bis hinauf nach *Bellingham*, einer bescheidenen Grenzstadt mit einem wehrhaften geweißelten Kirchlein und einer alten Steinbrücke, umwoben von wilden Räubergeschichten. Weit kann hier der Blick über die langen, nackten, kahlen Bergrücken schweifen, über die sich das Netz steinerner Mäuerchen wie ein vorzeitliches Ornament spannt. Bei Bellingham verläßt die Straße den Tyne und führt über das Gebirge nach Otterburn am Zusammenfluß von Rede und Otter.

Otterburn ist bekannt durch die blutrünstige Ballade ›Chevy Chase‹, die von einer tragischen Grenzfehde um 1388 berichtet, bei der die schottischen Angreifer zwar die englischen Truppen unter Sir Henry Percy besiegten, aber ihren Anführer, Graf Douglas, verloren. Nichts von jenen wilden Zeiten steht Otterburn im Gesicht geschrieben; es ist ein weltvergessenes, friedvolles Landstädtchen, dessen alte Tweed- und Teppichweberei noch immer von einem großen Wasserrad angetrieben wird.

Wir halten nach Nordosten auf *Rothbury* am River Coquet zu: An ihrem Saum erhebt sich in einem Park mit künstlichen Seen und farbenprächtigen Felsengärten ›Cragside‹, einstiger Sitz des Erfinders Sir William George Armstrong, der im vorigen Jahrhundert den Maschinenbau und die Waffentechnik durch wichtige Neuerungen weiterentwickelt hat. Die Umgegend mit Burg- und Klosterruinen, bronzezeitlichen Hügellagern sowie forellen- und lachsreichen Bächen ist bei Wanderern wie Anglern beliebt. Einige Kilometer hinter der Stadt wird unsere Straße von *The Devil's Causeway* gekreuzt, einem rätselhaften vorgeschichtlichen Erdwerk, dessen Spuren sich vom Hadrianswall bis nach Berwick und Holy Island durch ganz Northumberland verfolgen lassen. Dann senkt sich das Land zur Küste hin; über Alnwick Moor gelangen wir in die gleichnamige Abteistadt am River Aln.

Alnwick ist von einer fast unheimlichen Atmosphäre erfüllt. Eng umschleichen die alten Straßen die Perpendikularkirche, und die Stammburg der Percys, der Herzöge von Northumberland, die hier seit dem 14. Jahrhundert hausen, lagert breit und übermächtig an seinem Saum. Die Percys waren, wie wir wissen, eines der großen alten Geschlechter im Königreich. Im vorigen Jahrhundert wurden die Gemächer der Burg nach Entwürfen, die der Modearchitekt Anthony Salvin redigiert hatte, im Stil eines üppigen Neutudor hergerichtet; die prunkvollen Räume sind mit Kunstwerken überladen. Im Hulne Park im Schatten der Burg stehen Ruinen eines ehemaligen Karmeliterhauses; die Abtei von Alnwick hingegen war eine Prämonstratensergründung und lag etwas außerhalb am Ufer des Aln. Doch auch davon stehen nur noch wenige Mauerreste.

Von hier aus führt der Weg nach Osten zur Meeresküste, an die Mündung des River Aln.

90

Eine Wiege des Glaubens: Alnmouth–Dunstanburgh Castle Bamburgh–Farne Islands–Holy Island

Stechdorn steht in der Halle,
Herrlich und voll Gewalt,
Efeu steht vor der Türe,
Ihm ist bitter kalt …
Aus einem altenglischen Weihnachtslied

Weihnachten 1806: Bei *Alnmouth* läßt ein wütender Sturm den aufgewühlten Fluß Aln über die Ufer treten und sich im hartgefrorenen Boden ein neues Mündungsbett suchen. Die kleine Stadt steht unter Wasser, Schrecken und Angst herrschen. Zwar beruhigen sich die Fluten wieder, das Entsetzen und die Mühsal dieser Heiligen Nacht sind bald vergessen, aber der Aln kehrte nie wieder in sein altes Bett zurück, und damit war die Geschichte von Alnmouth als Vorhafen von Alnwick und wichtigster Getreideausfuhrhafen Northumberlands beendet. Das alte Hafenbecken, in dem die Schnellsegler für den Getreidetransport, die ›Weizenrenner‹, angelegt hatten, versandete bald, und damit erstarb auch die Tätigkeit in den Werften, wo die großen Segelschiffe aus norwegischen Fichten – Northumberland ist arm an Bäumen – auf Kiel gelegt worden waren. Darum ist Alnmouth heute, ähnlich wie das hübsche benachbarte Lesbury mit seiner Percy-Burg und der normannischen Kirche, nur noch ein stiller Ferienort mit kleinen grauen Häuschen, unter deren roten Dächern sich gut von vergangenen Zeiten träumen läßt.

Alnmouth spielte eine wichtige Rolle in der Geschichte der Christianisierung im frühen Mittelalter: Hier fand im Jahre 684 unter Leitung des heiligen Theodore von Canterbury jene große Synode statt, auf der St. Cuthbert, damals noch Prior der Abtei Melrose in Schottland, zum Bischof von Lindisfarne gewählt wurde. Schon drei Jahre später nahm ihm der Tod den Krummstab aus der Hand, aber der Ruf seiner großen Heiligkeit zog noch Jahrhunderte später Mönche und Eremiten an die Stätten seines Wirkens.

Die Küste Northumberlands mit ihren kristallartig verwitterten, würfelförmig gestaffelten Basaltklippen und verwehten Sanddünen steht über weite Strecken glücklicherweise unter Naturschutz, denn sie gehört zu den wildesten, schönsten Landschaften Englands. Bei

Embleton verlassen wir die hier in einiger Entfernung vom Meer verlaufende Straße und gehen zu Fuß hinaus in die sanftgemuldeten Dünen, wo wir eine Burgruine entdecken, die als Vorbild für das ›Schloß am Meer‹ der Romantiker gedient haben könnte: *Dunstanburgh Castle*, dessen Mauerreste an drei Seiten von der See umtost werden. Die Burg wurde erst Anfang des 14. Jahrhunderts von Thomas Graf von Lancaster errichtet, und unter John of Gaunt, dem 1. Herzog von Lancaster, verstärkt und erweitert. Von den Zinnen ihres hohlen Gemäuers, das mit schroffen Zacken in den Himmel ragt, starren nur noch Sturmvögel und Wasserhühner hinaus auf die graue See.

Bei Beadnell erreicht unsere Straße wieder die Küste, der sie dann bis zur alten Königsstadt Bamborough oder *Bamburgh* folgt, von dessen einstiger Herrlichkeit nur noch die restaurierte normannische Dünenburg kündet, vom Meer her wie ein graues Schemen aus ritterlicher Zeit anzusehen. Heute ist Bamburgh nur noch ein Fischernest, aber einst hielt hier der große König Northumbrias, Oswald, Hof. Vor Bamburghs Dünen schwimmen im offenen Meer vierunddreißig Basaltinselchen, einer versteinerten Flotte mit dunklen Segeln gleich: die *Farne Islands*. Im frühen 7. Jahrhundert besuchte sie der heilige Aidan von Iona, den Oswald nach Northumberland berufen hatte, um in ihrer tiefen Einsamkeit Gott zu suchen. Seinem Beispiel folgte ein halbes Jahrhundert später der heilige Cuthbert, der auf Inner Staple, der größten der Inseln, bei einem frischen Quell eine Einsiedelei errichtete. Dort lebte er, als man ihn zum Bischof von Lindisfarne berief, und dorthin zog er sich wieder zurück, als er den Krummstab aus der Hand gelegt hatte, um in dieser weltvergessenen Felsenöde Gevatter Tod zu erwarten. Der Quell, aus dem er Wasser schöpfte – ohne ihn wäre ein Leben auf der Insel nicht möglich gewesen – sprudelt noch immer, und wenn auch sein Hüttchen verschwunden ist, kann man doch in einer von Benediktinern im 14. Jahrhundert errichteten Klause des Heiligen gedenken.

Um 1500 ließ ein Durhamer Prior einen palisadenbewehrten Wachtturm auf Inner Staple errichten, der Fischern und Schiffern Feuerzeichen gab. In diesem Turm befindet sich heute die Vogelschutzwarte des National Trust, die das interessante ornithologische Leben auf den Inseln beobachtet. Hier nisten Kormorane und Eiderenten, Austernfischer und Regenpfeifer, Taucher und Wasserhühner, von den zahlreichen Arten von Meerschwalben und seltenen Möwen gar nicht zu reden. Auf Inner Staple bringen im

Herbst die grauen atlantischen Seehunde, sogenannte Kegelrobben, ihre possierlichen Jungen zur Welt, die man wegen ihrer Klagelaute, die an Kinderweinen erinnern, ›Heuler‹ nennt. Man kann diese an der englischen Ostküste einmalige Wochenstube von Booten aus beobachten.

Der Wachtturm war als Feuerturm überflüssig geworden, nachdem Karl II. auf Longstone Island einen Leuchtturm errichten ließ. Der Leuchtturmwächter und seine junge Tochter, Grace Darling, unternahmen 1838 in einem Boot den tapferen Versuch, die Überlebenden der gescheiterten ›Forfarshire‹ aus der aufgewühlten See zu fischen; Grace Darling bezahlte ihren Mut mit dem Tode. Sie wird von den Engländern als Nationalheldin gefeiert; man hat hier immer viel Sinn für die Helden des Alltags gehabt. Ihr Grab liegt auf dem Kirchhof von Bamburgh, und in der Stadt erinnert ein kleines Museum an sie.

Der Graf von Tankerville, Herr auf *Chillingham Castle* südwestlich von Bamburgh, hält die Pforten seines Familienschlosses dem Fremden verschlossen, aber die Herde weißer wilder Rinder in Chillingham Park kann man besichtigen. Dabei ist Vorsicht geboten, denn die kleinen scheuen Tiere mit ihren schönen, gebogenen Hörnern und schwarzen Mäulern können sehr zornig werden. Fast vierzig Stück umfaßt die Herde dieser sonst ausgestorbenen Tierart; angeblich sollen ihre Vorfahren sozusagen ›aus Versehen‹ eingeschlossen worden sein, als im 13. Jahrhundert der erste Herr auf Chillingham eine Mauer um seinen großen Besitz zog. Wie dem auch sei, diese Wildrinder gehören heute zu den ausgefallenen zoologischen Attraktionen Englands.

Nach diesem Abstecher kehren wir zur Küstenstraße zurück, die streckenweise der alten Römerstraße nach Norden folgt. Bald hinter der Marktstadt Belford, Mittelpunkt eines der nördlichen Fuchsjagdgebiete biegen wir nach *Holy Island* ab, einer großen, unregelmäßig geformten Insel, die man täglich bei Ebbe über einen Wattendamm erreichen kann.

Northumbria war, wie wir wissen, schon in der Römerzeit christianisiert gewesen. Als die britischen Fürsten des Brigantenstammes von Angeln und Sachsen verdrängt wurden, kamen die alten Götter wieder zu Ehren: die Große Mutter der Kelten ebenso wie die von den neuen Eroberern mitgeführten germanischen Götter, von denen in England allerdings nur Wieland der Schmied wirklich heimisch werden konnte. Northumbria, das damals noch bis Lincolnshire hinabreichte, zerfiel in zwei Fürstentümer, Bernicia im Norden und das mächtige Deira im Süden. Im 7. Jahrhundert gelang es König Oswald, die beiden Reiche wieder zu vereinigen, nachdem er aus dem Exil seiner Jugend auf der Schotteninsel Iona zurückgekehrt war und den großen Britenherrscher Caedwalla in einer Schlacht nahe Chollerford im Jahr 634 besiegt und erschlagen hatte. Oswald war ein sehr frommer Mann, der auf Iona, dem damaligen Zentrum der asketischen iro-keltischen Mönchskirche, zum Christentum bekehrt worden war. Auf den Thron gelangt, berief er den gelehrten Mönch Aidan von Iona zu sich. St. Aidan erbat sich vom König die Insel Lindisfarne zum Bischofssitz, um dort nach den auf Kontemplation und Meditation beruhenden Regeln seiner Gemeinschaft ein Kloster zu errichten. Nach ihm wurde die Insel ›Holy Island‹ genannt.

Es gelang dem Heiligen mit Hilfe des Königs, Deira und Bernicia erneut dem christlichen Glauben geneigt zu machen. Beda beschreibt uns in seiner englischen Chronik, wie der des Schottischen mächtige König die Predigten seines Freundes Aidan für seine Landsleute übersetzte: ein ergreifendes Beispiel harmonischen Zusammenwirkens von Kirche und Staat, Geist und Macht, wie es uns die Geschichte leider nur selten bietet. *»Was sein Predigen allen Menschen angenehm machte«*, schreibt Beda über Aidan, *»war, daß es in Einklang stand mit dem Leben, welches er und seine Anhänger führten.«*

König Oswald fand den Tod im Krieg gegen das eroberungssüchtige Mercia; St. Aidan starb erst fast ein Jahrzehnt später im Jahr 651 n. Chr., und wiederum zehn Jahre später begann sich die keltische Regel, die er seinem Bistum gegeben hatte, zugunsten des anglo-römischen Bekenntnisses zu lockern. Im späten 8. Jahrhundert wurde Lindisfarne von Wikingern überfallen, und Ende des 9. flohen die Mönche endgültig vor den Dänen, erst nach Chester-le-Street und dann nach Durham, wo sie dem Leichnam ihres mitgeführten Heiligen einen neuen Schrein errichteten. Erst um 1080 kamen auf Geheiß des Bischofs von Durham wieder Benediktiner nach Holy Island, um dort ein kleines Kloster zu bauen. Aber auch von diesem Bau stehen nur noch graurote Ruinen an der fruchtbaren Südwestseite des Inselchens neben dem Fischereihafen, Ruinen einer Sandsteinkirche, Ruinen einer Abtei. Vilma Sturm beschrieb sehr eindringlich, wie hier die Verwitterung aus dem Kunstwerk von

Menschenhand ein Werk der Natur geschaffen hat; wie der Stein »fleischähnliche Beschaffenheit« bekam. *»Jeder einzelne Stein ist betrachtenswert. Dieser vom Wind gescheitelt und gestrählt, jener vom Regen siebartig durchlöchert, einige tragen reliefartige Ornamente wie von Künstlerhand ... andere erinnern in ihrer Durchbrochenheit an Korbmacherarbeiten, an kunstvolle Überfanggläser oder an Elfenbeinschnitzereien, andere ahmen Naturformen nach ... In bestürzendem Kontrast zur Gebrechlichkeit des Sandsteins steht der Schiefer, aus dem die Abtei erbaut wurde. Er zeigt splittrigstarrende, abgebrochene Mauerreste, dunkel gegen die fast rosige Helle der Kirche.«* (Lindisfarne, 1969)

Auf den schroffen Felsenklippen der Nordseite errichteten im frühen 18. Jahrhundert Anhänger der vertriebenen Stuarts als Zuflucht für ihre Fürsten eine Burg für den Fall ihrer heimlichen Rückkehr nach England. Auch diese Burg verfiel nach und nach, bis sie um 1900 von dem Verleger Hudson erworben und in dessen Auftrag von dem Architekten Sir Edwin Lutyens mit sehr viel Einfühlung in die Stimmung des alten Gemäuers und die archaische Umgebung behutsam restauriert wurde. Heute ist sie im Besitz des National Trust und kann besichtigt werden.

Den größten Schatz von Holy Island bekommt man freilich an Ort und Stelle nicht zu Gesicht: Das Lindisfarne-Evangeliar ruht schon lange in der Obhut des Britischen Museums in London. Doch da wir hier, bei der Wiege des Glaubens, Abschied nehmen wollen von den englischen Grafschaften, haben wir vielleicht auf der Rückreise in London Gelegenheit, einen Blick auf dieses Kunstwerk zu werfen, das zu den schönsten gehört, die britischer Geist ersonnen hat. Die ›Lindisfarne Gospels‹ zählen neben dem ›Book of Kells‹ und dem ›Book of Durrow‹ zu den drei Hauptwerken der kelto-irischen Buchmalerei, weisen aber auch ganz eigenständige Stilelemente auf, beeinflußt durch den anglo-italischen Stil. A. A. Luce, ein vorzüglicher Kenner der Handschriften, schreibt: *»In keinem anderen Land Europas und zu keiner anderen Epoche der europäischen Kunstgeschichte hat man der Schrift größere Aufmerksamkeit und Vorstellungskraft gewidmet, ihr mehr Freiheit eingeräumt als bei der irischen Buchgestaltung des 7. bis 9. Jahrhunderts. Nur dort wurde ein Maß der Vollkommenheit erreicht, das sich mit der islamischen und chinesischen Kalligraphie vergleichen läßt. An diesem Maßstab gemessen erscheint die ganze kontinentale Schreibkunst simpel und unbeholfen.«* Es besteht eine enge Verwandtschaft zwischen den

Flechtbändern und Spiralen, die die Initialen der Texte über die ganze Buchseite auswuchern lassen, und der Ornamentik keltischer Metallarbeiten, Schwerter, Spangen, Reliquiare; die Farben der Illuminationen sind in gedämpften Tönen in den zartesten, überraschendsten Schattierungen gehalten.

Im Evangeliar von Lindisfarne sieht man den Evangelisten Matthäus mit einem Federmesser in der einen und einer langen Rohrfeder in der anderen Hand über eine Schreibvorlage gebeugt; die Feder hat er gerade in das an seiner Stuhllehne befestigte Tintenhorn eingetaucht. So etwa können wir uns die Buchmaler bei der Arbeit vorstellen. Die kleine Miniatur ist aber auch interessant, weil an ihr der individuelle Umgang mit unterschiedlichen Stilelementen ganz deutlich wird: Das naturalistisch dargestellte Antlitz des Evangelisten blickt uns aus großen Augen streng an, aber die Locken, die auf seine Schultern niederrollen, verbinden sich mit den Linien des Gewandes zu einem Ornament von raffinierter Eleganz. Der Text der Lindisfarne Gospels folgt der Vulgata; die Interlinear-Übersetzung ist späteren Datums.

Hier, mit dem Blick auf die wilde See, angesichts der Klosterruinen, der Felsenburg und des Fischerdorfes nehmen wir Abschied mit den Versen eines unbekannten Mönches, die dieser in eine lateinische Grammatik eingeschmuggelt hat, und die uns sehr anschaulich beschreiben, aus welchem Geist auf Lindisfarne das Wunder dieser Buchmalerei entstanden ist:

In Waldes Wänden sitze ich inmitten
Und schreibe. Eine Amsel jubiliert.
Auf meine Zeilen, sorgsam rubriziert,
Die Vögel ihren wilden Jubel schütten.
Der Kuckuck ruft und rückt von Zweig zu Zweigen
Mir näher nach mit seinen grauen Schwingen.
Herr, mach mich stet und still! Laß mich vollbringen
Dein helles Wort in dunklem Blätterschweigen.

Übertragen von Richard Friedenthal

ANHANG

Zeittafel

Zwischeneiszeiten

Erste Besiedelungsspuren. Ungesicherte Funde in Mittelengland

Alt- und Mittelsteinzeit (ca. 10 000-4000 v. Chr.)

um 8000	Sammler und Jäger. England dicht bewaldet. Abtrennung Englands vom Kontinent

Jungsteinzeit (ca. 4000-2000 v. Chr.)

	Einwanderung europäischer Stämme. Haustierzucht. Ackerbau
um 3200	Megalithkultur in Westengland mit Steinkammergräbern (Dolmen), Steinkreisen (Cromlechs), stehenden Steinen (Menhiren). In Süd- und Ostengland auf den Kalk- und Kreidehöhen Long Barrows (Ganggräber), Henges (umwallte Kultstätten, erste Baustufen von Stonehenge und Avebury), künstliche Hügel wie Silbury Hill. Hügellager als mutmaßliche Viehhürden (Causewayed Camps)
um 2800	Windmill Hill People

Bronzezeit (ca. 2000-750 v. Chr.)

um 2000	Einwanderung der Beaker People (Glockenbecherleute) aus dem Rheinland
um 1700	Erneute Einwanderung aus dem Rheinland. Kegelgräber (Bowl-, Bell-, Disc-, Saucer-, Pond-Barrows). Rundhüttendörfer. Vollendung von Avebury
um 1200	Vollendung von Stonehenge

Eisenzeit (ab 750 v. Chr.)

seit dem 7. Jh.	Verbreitung der Hallstattkultur durch niederrheinische Kelten. Brandgräber
seit dem 4. Jh.	Verbreitung der La-Tène-Kultur durch bretonische Kelten: Brythonen. Pfahlbauten, Skelettbestattung, Hill Forts (Militärlager) wie Maiden Castle. Eckige Häuser

seit dem 2. Jh.	Wiederholte Einwanderung von Belgen. Stämme der Trinobanten, Iceni, Dobunni, Durotriges und Dumnonii bilden Reiche. Kriegerische Aristokratie. Hochentwikkelte Schmiedekunst. Münzen. Diplomatische Beziehungen zu Rom

Römerzeit

55 v. Chr.	Caesar setzt nach Britannien über
43 n. Chr.	Claudius erobert Südbritannien
60-61	Neros Feldherr Suetonius Paulinus wirft britischen Aufstand nieder
78-84	Domitian erobert weitere Teile Britanniens
122-130	Unter Hadrian Vollendung des von Domitian begonnenen Grenzwalles im Norden gegen Einfälle von Schotten und Pikten
138-161	Antonius Pius dehnt Grenze nach Norden bis zum Firth of Forth aus
208-211	Britannischer Krieg des Septimus Severus. Tod des Severus in Eburacum (York)
297	Britannien wird bei der Aufteilung des römischen Reichs in 12 Bezirke zur ›Diözese Britanniae‹
305	Constantius und sein Sohn Konstantin unterdrücken Unruhen in Nordbritannien
306	Constantius stirbt in Eburacum. Heer ruft Konstantin zum Kaiser aus

Angelsächsische Zeit

400-450	Einwanderung von Jüten, Angeln und Sachsen. Nach Verdrängung der Briten in die Randgebiete Gründung mehrerer Königreiche mit wechselnden Grenzen. Artusmythos
829	Egbert von Wessex unterwirft sich alle angelsächsischen Reiche und wird als Oberkönig (›Bretwalda‹) anerkannt
865	Beginn der dänischen Eroberung Englands
871-99	Alfred der Große
959-75	Edgar, Herrscher über ganz England, erster ›gesalbter König‹. Beginn der Kirchenreform unter dem Einfluß von Cluny
1016-42	Dänenkönige
1042-66	Eduard der Bekenner. Anfänge der Zentralverwaltung
1066	Schlacht von Hastings: Der Normanne Wilhelm der Eroberer erringt ganz England

Normannische Zeit

1066-87	Unter Wilhelm I. Anlage des ›Domesday Book‹ (Grundbuch, Kataster). Zentralregierung nach fränkischem Muster. Lehensrecht wird ausgebaut
1100-35	Unter Heinrich I. wird die Rechenkammer (Exchequer) eingeführt. Reformen

Haus Plantagenet

1154-89	Heinrich II. vereint England mit seinen französischen Lehen Anjou, Maine, Touraine, Bretagne, Normandie und Aquitanien zum Angovinerreich
1164	Konstitutionen von Clarendon regeln Investiturrecht der englischen Könige
1170	Ermordung Thomas Beckets
1173	Erweiterung der Rechte der Curia Regis (King's Bench). Gerichtshof zu Westminster wird Geschworenengericht. Durchsetzung des Common Law
1189-99	Richard I. Löwenherz nimmt am 3. Kreuzzug teil
1199-1216	Unter Johann Ohneland verliert England alle französischen Provinzen außer Guyenne. 1209 päpstlicher Bann. 1213 nimmt Johann England vom Papst zu Lehen
1215	Magna Charta libertatum: Grundlage der englischen Verfassung
1258-65	Aufstand der Barone unter Simon von Montfort
1259	Provisionen von Oxford
1264	Einberufung des ersten Parlaments
1265	Schlacht von Evesham: Simon von Montfort wird von Prinz Eduard besiegt
1272-1307	Reformen unter Eduard I. Unterwerfung von Schottland und Wales
1314	Schlacht von Bannockburn befreit Schottland
1339	Eduard III. beginnt Hundertjährigen Krieg gegen Frankreich
1378	Im Parlament von Gloucester tagen Oberhaus und Unterhaus erstmals getrennt
1380	Erste Bibelübersetzung durch John Wiclif
1381	Bauernaufstand Wat Tylers
1386	Mit Chaucers ›Canterbury Tales‹ Beginn der englischsprachigen Literatur
1399	Absetzung Richards II.

Haus Lancaster

1399-1413	Heinrich IV. in ständigem Kampf mit dem Adel
1415	Heinrich V. siegt bei Azincourt. Heirat mit Katharina von Frankreich
1422-61	Heinrich VI. von England und Frankreich. Während seiner Minderjährigkeit Verlust Frankreichs. Ende des Hundertjährigen Krieges
1455-85	Rosenkriege zwischen den Häusern York und Lancaster
1461	Heinrich VI. dankt erstmals ab

Haus York

1461-83	Eduard IV. von York. Blüte des Handels
1483-85	Richard III. Fällt als letzter englischer König in der Schlacht

Haus Tudor

1485-1509	Heinrich VII.
1497	John Cabot entdeckt Labrador
1509-1547	Heinrich VIII.
1534	Suprematsakte macht England von Rom kirchlich unabhängig und den König zum Oberhaupt der anglikanischen Staatskirche
1542	Heinrich VIII. wird König von Irland
1553-58	Maria I. England verliert mit Calais letzten französischen Stützpunkt
1558-1603	Unter Elisabeth I. Blütezeit. England bricht Spaniens Hegemonie
1571	Londoner Börse wird errichtet
1577-80	Francis Drakes zweite Weltumsegelung
1576	Erstes öffentliches Theater in London
1585	Raleigh gründet Virginia als erste britische Kolonie
1587	Hinrichtung Maria Stuarts
1588	Zerschlagung der spanischen Armada
1600	Gründung der Ostindischen Kompanie

Haus Stuart und Commonwealth

1603	Jakob VI. von Schottland wird als Jakob I. auch König von England und Irland. Er regiert beide Länder mit getrennten Kammern in Personalunion und nennt sich als erster ›König von Großbritannien‹
1605	Pulververschwörung katholischer Barone gegen Krone und Parlament

1606	Shakespeares ›King Lear‹ uraufgeführt
1628	Petition of Rights: Parlament erlangt Sicherung seiner Rechte
1629-40	Karl I. regiert ohne Parlament. Puritanerverfolgung
1638	Aufstand schottischer Puritaner gegen Lauds Einführung der anglikanischen Staatskirche
1640-48	Kurzes und Langes Parlament. Bürgerkrieg
1648	Einberufung des Rumpfparlaments nach Cromwells Sieg bei Preston
1649	Hinrichtung Karls I. Monarchie wird abgeschafft
1651	Navigationsakte verbietet Warenbeförderung von und nach England auf nichtbritischen Schiffen und führt zu den holländisch-englischen Seekriegen
1653	Cromwell wird Lordprotektor des Commonwealth
1660	Restauration der Monarchie
1661	Karl II. zum König gekrönt
1662	Act of Uniformity stellt englische Staatskirche wieder her
1665/66	Brand von London. Pest
	Newton erfindet Infinitesimalrechnung und entdeckt Gravitationsgesetze
1679	Habeas Corpus Act verbietet willkürliche Verhaftungen und sichert persönliche Freiheit
	Bildung der Parteien der Whigs (später Liberale) und Tories (später Konservative)
1688	Glorreiche Revolution vertreibt nach Geburt eines Thronfolgers das katholische Königspaar und beruft dessen Tochter Maria I. und Wilhelm III. Oranien als ›Joint Souverains‹: Beginn der konstitut. Monarchie
1689	Declaration of Rights bringt Mitbestimmung von Bürgertum und Landadel in der Regierung. John Locke veröffentlicht Staatstheorie
1694	Gründung der Bank von England
1701	Act of Settlement regelt protestantische Thronfolge
1702-14	Queen Anne. Teilnahme Englands am Spanischen Erbfolgekrieg
1704	Sieg Marlboroughs bei Blenheim (Blindheim), in Deutschland ›Sieg von Höchstätt‹ genannt. Eroberung Gibraltars
1707	Union Englands mit Schottland unter dem Namen ›Großbritannien‹
1711	Sturz Marlboroughs und der Whigregierung. Ära Bolingbroke bringt Union Schottland–England unter dem Namen ›Großbritannien‹
1713	Friede von Utrecht. Sieg der britischen Gleichgewichtspolitik. England erwirbt Monopol auf nordamerikanischen Sklavenhandel

Haus Hannover

1714-27	Georg I. Er und seine Nachfahren bis hin zu Wilhelm IV. regieren Großbritannien in Personalunion mit Hannover
1715	Jakobinerrebellion
1721-42	Sir Robert Walpole Premier: Beginn der Kabinettspolitik
1738	Wyatt erfindet erste Spinnmaschine
	Tod des Viscount Townshend, der u. a. durch Einführung des Fruchtwechselsystems einer der Urheber der englischen Agrarreform wurde
1746	Kronprätendent Charles Edward Stuart auf Culloden Moor geschlagen
1756-61	William Pitt d. Ä. Premier
1763	Vertrag von Paris: England erhält Kanada, Florida und Nordamerika von der Atlantikküste bis zum Mississippi
1760-83	Georg III. regiert ohne Parlament
1764	Hargreave erfindet die ›Spinning Jenney‹
1768-79	Reisen Cooks. Entdeckung Australiens
1769	Watt läßt Dampfmaschine patentieren: Beginn der Industriellen Revolution
1776	Amerikanische Unabhängigkeitserklärung
1780	William Pitt d. J. zum Premier berufen: Allmähliche Wiederbelebung des Parlamentarismus
1785	Cartwrights mechanischer Webstuhl begründet Baumwollindustrie
1786	Handelsvertrag mit Frankreich ruiniert französische Wirtschaft
1793	Eingreifen Englands in den Ersten Koalitionskrieg gegen Frankreich
1801	Gründung des ›Vereinigten Königreiches von Großbritannien und Irland‹. Sturz Pitts d. J. Wellesley erobert indische Ostküste
1805	Sieg und Tod Nelsons bei Trafalgar im Dritten Koalitionskrieg
1806	Napoleon verhängt Kontinentalsperre
1811	Erstes Auftreten von Maschinenstürmern (Luddistenbewegung)
1814/15	Wiener Kongreß: Castlereagh setzt die Wiederherstellung des europäischen Gleichgewichts durch. England erhält Malta, Helgoland, Ceylon, Kapkolonie
1814	George Stephenson baut die ›Locomotion‹
1824	Trade Unions (Gewerkschaften) werden gesetzlich anerkannt
1829	Emanzipation der Katholiken

1832	Parlamentsreform: Wahlrechtserweiterung, Bindung der Regierung an Parlamentsmehrheit
1833	Verbot von Sklavenhandel und Kinderarbeit

Die viktorianische Ära

1837-1901	Regierungszeit Königin Viktorias. Aufhebung der Personalunion mit Hannover. Ausweitung des britischen Kolonialreichs in Asien und Afrika
1838	Chartisten: Erste sozialistische Arbeiterbewegung
1846	Aufhebung der Getreidezölle als Folge der irischen Hungersnot
1851	Erste Weltausstellung in London in Paxtons ›Kristallpalast‹
1859	Darwins ›Entstehung der Arten‹
1867	Kanada wird Dominion. Zweite Wahlreform
1875	Disraeli kauft ägyptische Suezkanalaktien
1877	Viktoria nimmt den Titel ›Kaiserin von Indien‹ an
1893	Gründung der Independent Labour Party (ab 1906 Labour Party)

Das zwanzigste Jahrhundert

1905	Wahlsieg der Liberalen. Sozialgesetze für Unbemittelte. Belastung der Großgrundbesitzer
1911	Parliament Act hebt Vetorecht des Oberhauses in Finanzfragen auf
1912	Suffragettenbewegung für Frauenwahlrecht
1918	Wahlrecht für Männer vom 21. und Frauen vom 30. Lebensjahr an
1919	Versailler Vertrag
1922	Proklamation des Irischen Freistaates
1928	Wahlrecht auch für Frauen vom 21. Lebensjahr an
1931	Statut von Westminster: Gleichstellung der Dominions mit dem Mutterland: ›British Commonwealth of Nations‹
1939	Britische und französische Garantieerklärung für Polen. Nach Einmarsch Hitlers in Polen Kriegserklärung Großbritanniens an Deutschland (3. Sept.)
1940/41	Luftkrieg um England
1944	Beschuß Südenglands mit deutschen V-Waffen
1945	Kapitulation der Achsenmächte Gründung der Vereinten Nationen. Aufnahme Großbritanniens in den Sicherheitsrat als ständiges Mitglied

1947	Beginn der stufenweisen Auflösung des britischen Kolonialreichs
1948	Einführung der Pflichtversicherung und des staatlichen Gesundheitsdienstes. Beginn der Verstaatlichung der wichtigsten Energie-, Industrie- und Transportbetriebe
1949	Gründung der Republik Irland. Nordirland bleibt bei Großbritannien
	Europarat in London gegründet. Churchill und Pleven regen Europäische Verteidigungsgemeinschaft an
1952	Elisabeth II. wird Königin
1953	Erstes vollautomatisches Atomkraftwerk in Calder Hall
1957	Abschaffung der Wehrpflicht
1971	Einführung des Dezimalsystems in die Währung
1974	Gebietsreform: Bildung neuer Grafschaften. Beitritt zur Europäischen Wirtschaftsgemeinschaft

Die sieben angelsächsischen Königreiche (7. bis Anfang 9. Jh.)

England zur Zeit der Däneneroberungen (nach 865)

(stark vereinfachte Darstellung)

HAUS WESSEX und die Dänenkönige (bis 1066)

Angelsächsische Epoche

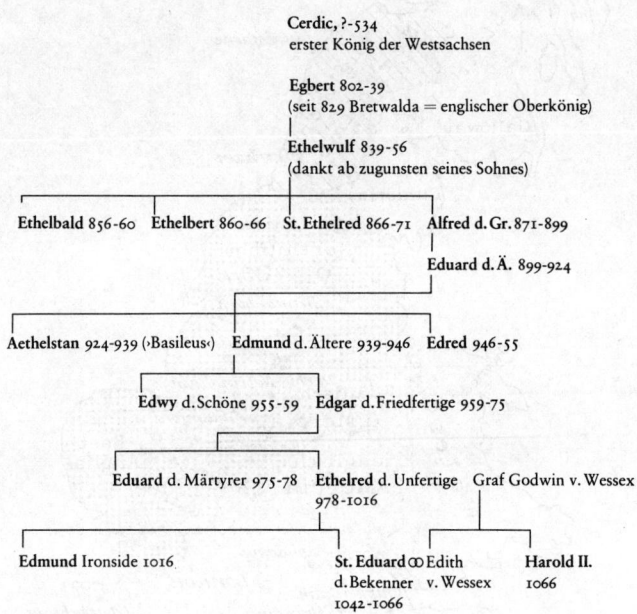

Cerdic, ?-534
erster König der Westsachsen

Egbert 802-39
(seit 829 Bretwalda = englischer Oberkönig)

Ethelwulf 839-56
(dankt ab zugunsten seines Sohnes)

Ethelbald 856-60 **Ethelbert** 860-66 **St. Ethelred** 866-71 **Alfred d. Gr.** 871-899

Eduard d. Ä. 899-924

Aethelstan 924-939 (›Basileus‹) **Edmund** d. Ältere 939-946 **Edred** 946-55

Edwy d. Schöne 955-59 **Edgar** d. Friedfertige 959-75

Eduard d. Märtyrer 975-78 **Ethelred** d. Unfertige 978-1016 Graf Godwin v. Wessex

Edmund Ironside 1016 **St. Eduard** d. Bekenner 1042-1066 ∞ Edith v. Wessex **Harold II.** 1066

DÄNENKÖNIGE

Sweyn der Däne 1013-1014
Canute (Knut) der Große 1016-35
Harold I. Hasenfuß 1035-40
Hardicanute 1040-42

HAUS NORMANDIE (1066-1154)

Normannische Epoche

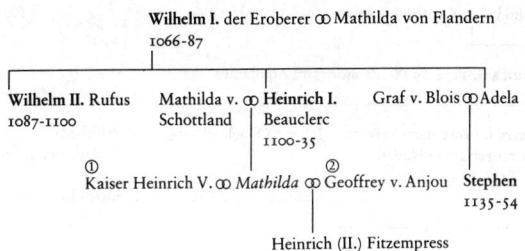

Wilhelm I. der Eroberer ∞ Mathilda von Flandern
1066-87

Wilhelm II. Rufus
1087-1100

Mathilda v. Schottland ∞ **Heinrich I.** Beauclerc
1100-35

Graf v. Blois ∞ Adela

① Kaiser Heinrich V. ∞ *Mathilda* ∞ ② Geoffrey v. Anjou

Stephen
1135-54

Heinrich (II.) Fitzempress

HAUS PLANTAGENET* (1154-1399)

Gotische Epoche / Angovinerreich

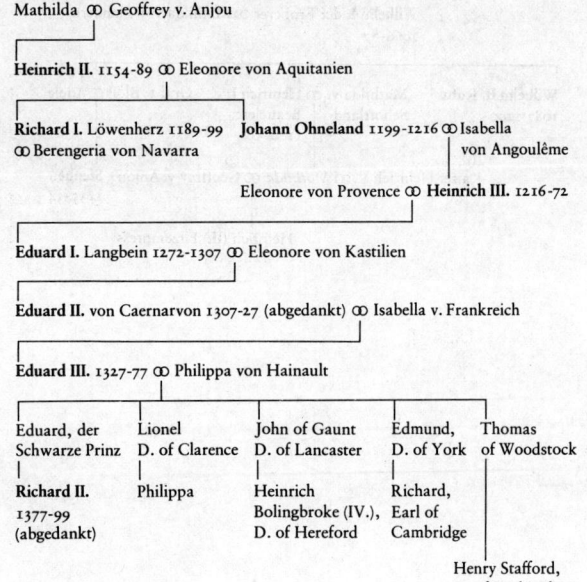

Mathilda ⚭ Geoffrey v. Anjou

Heinrich II. 1154-89 ⚭ Eleonore von Aquitanien

Richard I. Löwenherz 1189-99 ⚭ Berengeria von Navarra

Johann Ohneland 1199-1216 ⚭ Isabella von Angoulême

Eleonore von Provence ⚭ **Heinrich III.** 1216-72

Eduard I. Langbein 1272-1307 ⚭ Eleonore von Kastilien

Eduard II. von Caernarvon 1307-27 (abgedankt) ⚭ Isabella v. Frankreich

Eduard III. 1327-77 ⚭ Philippa von Hainault

Eduard, der Schwarze Prinz
- **Richard II.** 1377-99 (abgedankt)

Lionel D. of Clarence
- Philippa

John of Gaunt D. of Lancaster
- Heinrich Bolingbroke (IV.), D. of Hereford

Edmund, D. of York
- Richard, Earl of Cambridge

Thomas of Woodstock
- Henry Stafford, D. of Buckingham

* Der Name der Dynastie leitet sich von der Helmzier Geoffreys von Anjou her, dem Ginsterbusch (lat. planta genista)

HAUS LANCASTER (1399-1461/71)

Spätgotische Epoche / Perpendikularstil

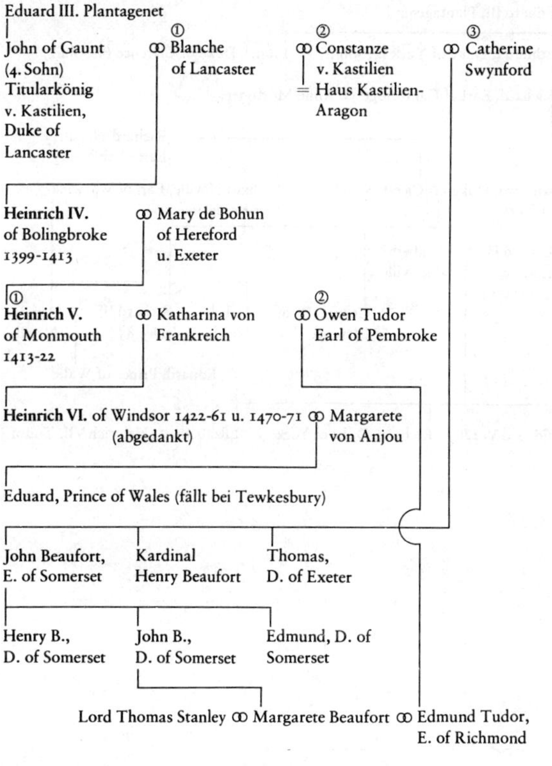
Eduard III. Plantagenet
John of Gaunt (4. Sohn) Titularkönig v. Kastilien, Duke of Lancaster
① ∞ Blanche of Lancaster
② ∞ Constanze v. Kastilien
= Haus Kastilien-Aragon
③ ∞ Catherine Swynford
Heinrich IV. of Bolingbroke 1399-1413
∞ Mary de Bohun of Hereford u. Exeter
① Heinrich V. of Monmouth 1413-22
∞ Katharina von Frankreich
② ∞ Owen Tudor Earl of Pembroke
Heinrich VI. of Windsor 1422-61 u. 1470-71 (abgedankt)
∞ Margarete von Anjou
Eduard, Prince of Wales (fällt bei Tewkesbury)
John Beaufort, E. of Somerset
Kardinal Henry Beaufort
Thomas, D. of Exeter
Henry B., D. of Somerset
John B., D. of Somerset
Edmund, D. of Somerset
Lord Thomas Stanley ∞ Margarete Beaufort ∞ Edmund Tudor, E. of Richmond

HAUS YORK (1461-70 und 1471-85)

Spätgotische Epoche / Perpendikularstil / Zeit der Rosenkriege

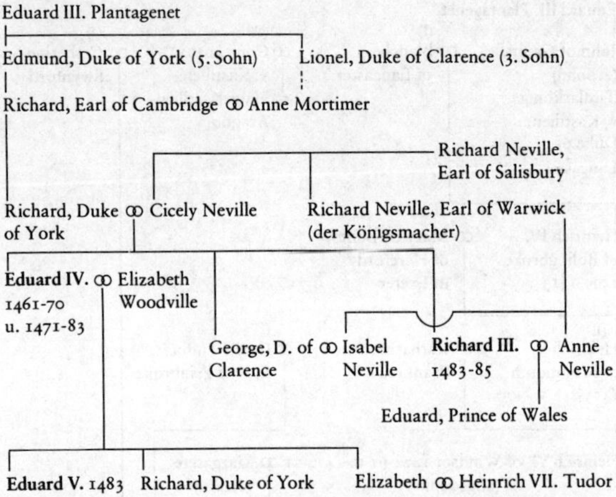

HAUS TUDOR (1485-1603)

Spätgotische Epoche / Tudorzeit (Renaissance)
Elisabethanische Epoche (Frühbarock)

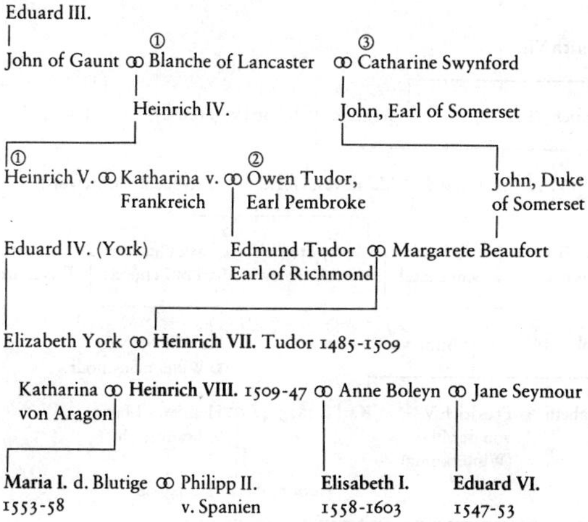

Jane Grey 1553
(Urenkelin Heinrichs VII.,
regiert 9 Tage)

HAUS STUART oder STEWART (1603-1714)

Jakobinische Epoche / Palladianismus
Bürgerkrieg / Puritanismus
Restauration / Queen Anne Style (Barock)

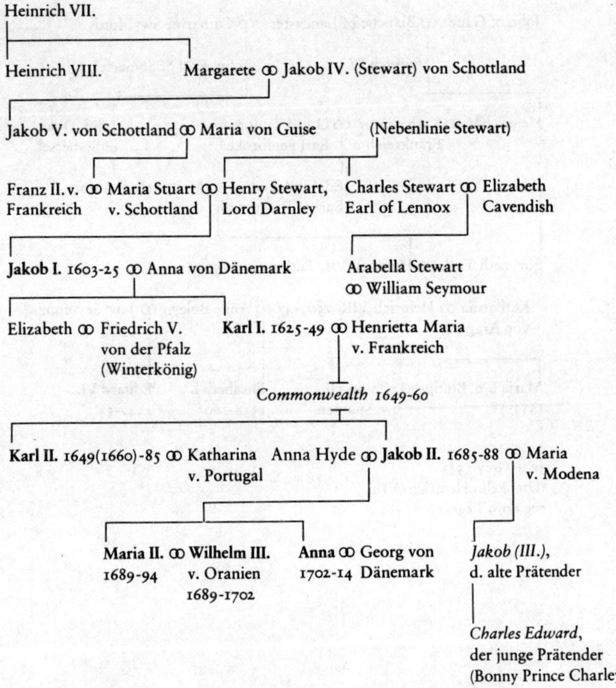

HAUS HANNOVER (1714-1837)

Georgianische Epoche (Barock, Rokoko) / Neopalladianismus
Regency (Klassizismus, Rokokogotik / orientalische Phantasiestile)
Viktorianische Epoche (Historismus)

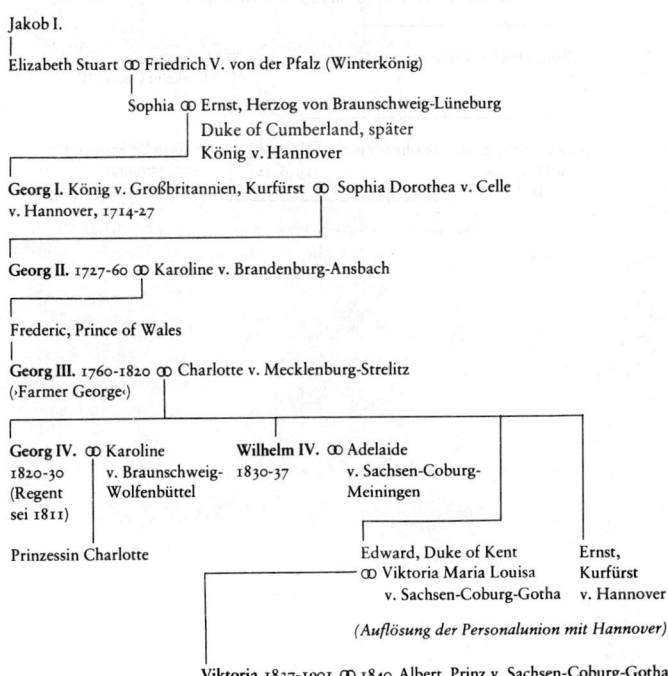

Jakob I.

Elizabeth Stuart ⚭ Friedrich V. von der Pfalz (Winterkönig)

Sophia ⚭ Ernst, Herzog von Braunschweig-Lüneburg
Duke of Cumberland, später
König v. Hannover

Georg I. König v. Großbritannien, Kurfürst v. Hannover, 1714-27 ⚭ Sophia Dorothea v. Celle

Georg II. 1727-60 ⚭ Karoline v. Brandenburg-Ansbach

Frederic, Prince of Wales

Georg III. 1760-1820 (›Farmer George‹) ⚭ Charlotte v. Mecklenburg-Strelitz

Georg IV. 1820-30 (Regent sei 1811) ⚭ Karoline v. Braunschweig-Wolfenbüttel

Prinzessin Charlotte

Wilhelm IV. 1830-37 ⚭ Adelaide v. Sachsen-Coburg-Meiningen

Edward, Duke of Kent ⚭ Viktoria Maria Louisa v. Sachsen-Coburg-Gotha

Ernst, Kurfürst v. Hannover

(Auflösung der Personalunion mit Hannover)

Viktoria 1837-1901 ⚭ 1840 Albert, Prinz v. Sachsen-Coburg-Gotha (Prince Consort)

HAUS SACHSEN-COBURG (1901-1914) UND WINDSOR (seit 1914)

Eduardianische Epoche

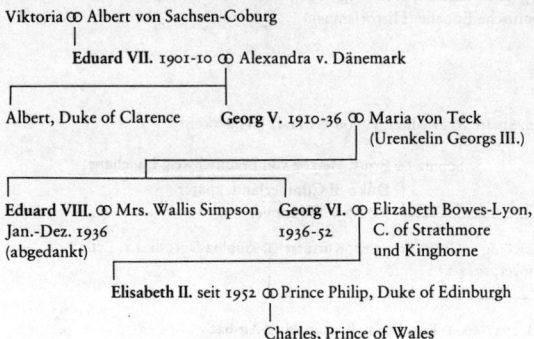

Viktoria ∞ Albert von Sachsen-Coburg

Eduard VII. 1901-10 ∞ Alexandra v. Dänemark

Albert, Duke of Clarence

Georg V. 1910-36 ∞ Maria von Teck (Urenkelin Georgs III.)

Eduard VIII. ∞ Mrs. Wallis Simpson
Jan.-Dez. 1936
(abgedankt)

Georg VI. 1936-52 ∞ Elizabeth Bowes-Lyon, C. of Strathmore und Kinghorne

Elisabeth II. seit 1952 ∞ Prince Philip, Duke of Edinburgh

Charles, Prince of Wales

Quellennachweis und benutzte Literatur in Auswahl

*Aus den mit * versehenen Titeln wird im Text zitiert. Zitate ohne Nachweis eines deutschen Übersetzers wurden vom Autor übertragen. Jahreszahlen in eckigen Klammern geben zur besseren Orientierung Erstausgabe oder Entstehungszeit eines Werkes an*

Anselm von Canterbury: Monologion Prologion, dt. v. R. Allers, Köln [12. Jh.] 1966.
* Ascham, Roger: English Works, Cambridge 1904 [16. Jh.]
Auden, Wystan Hugh: Collected Shorter Poems 1927-1957, London 1966
* Austen, Jane: Emma, Harmondsworth 1966 [1816]
Mansfield Park, Harmondsworth 1966 [1814]
Letters 1796-1817, London 1955
* Baar, Edith: Große englische Kathedralen, Stuttgart 1962
Bacon, Francis: The Advancement of Learning and New Atlantis, London 1974 [1605 und 1627]
Baldson, Dacre: Oxford Life, London 1962
* Barrett-Browning, Elizabeth: The Cry of the Children, London 1841
* Bede [Beda Venerabilis]: A History of the English Church and People, engl. von L.S. Price, Harmondsworth 1970 [731]
* Beeverell, James: Les Delices de la Grande Bretagne, 1707
Bell, Adrian, G. A. Birmingham, E. Blunden: England's Heritage, London 1961
* Belloc, Hilaire: The South Country *in* Sonnets and Verse, London 1895
Bennett, Arnold: Clayhanger, Harmondsworth 1961 [1910]
* Geschichten aus den Fünf Städten, dt. v. P. Baudisch, Köln 1967 [1905 bis 1907]
Betjeman, John: A Pictorial History of English Architecture, London 1972
Bindoff, S.T.: Tudor England, Harmondsworth 1965
Blackmore, Richard Doddridge: Lorna Doone, London 1974 [1869]
* Borrow, George: Lavrengo, dt. hrsg. v. Fritz Güttinger, Zürich 1959 [1851]
Brontë, Anne: The Tenant of Wildfell Hall, London 1969 [1848]
* Brontë, Charlotte: Jane Eyre, Harmondsworth 1971 [1847]
Brontë, Emily: Wuthering Heights, Harmondsworth 1971 [1847]
Bunyan, John: The Pilgrim's Progress, Harmondsworth 1965 [1678]
* Burney, Fanny [Frances d'Arblay]: The Journals and Letters, 4 Bde., London 1972-73 [1768-1846]
* Byron, George Gordon Noël: Letters and Journals, 6 Bde., 1898-1904 [19. Jh.]
* Čapek, Karel: Seltsames England, dt. v. V. Schwarz, Berlin 1965 [1924]

* Carroll, Lewis [Pseud.]: Briefe an kleine Mädchen, dt. v. K. Reichert, Frankfurt am Main 1966 [1865 ff.]
* Carus, Karl Gustav: Lebenserinnerungen und Denkwürdigkeiten, Leipzig 1865-1866
* Cathedral Reborn: Coventry Cathedral. Leamington Spa, o. J.
Celtic Miscellany: Engl. v. K.H. Jackson, Harmondsworth 1971
Chambers, Edmund K.: The Elizabethan Stage, London 1923
Sources for a Biography of Shakespeare, London 1970
Chambers, R. W.: Thomas More, Harmondsworth 1963
Chateaubriand, François René de: Erinnerungen, dt. v. S. v. Massenbach, Berlin 1965 [1849 ff.]
Chatterton, Thomas: Complete Works. London 1971 [1803]
* Chaucer, Geoffrey: Canterbury-Geschichten, dt. v. W. Hertzberg, Frankfurt am Main 1961 [1385-1400]
Churchill, Winston L.: A History of the English-speaking Peoples, 4 Bde., London 1956-1958
* Clarendon, Edward Hyde, 1. Earl of: History of the Great Rebellion and Civil Wars in England, 6 Bde., 1888 [1646 ff.]
in Salvetti Correspondence, Hist. Mss., British Museum, London
Clarke, H.F.: The English Landscape Garden, London 1948
Clifford, Derek: Geschichte der Gartenkunst, dt. v. H. Klemke, München 1966
Clifton-Taylor, Alec: The Cathedrals of England, London 1967
* Cobbett, William: Rural Rides, Harmondsworth 1967 [1830]
Coleridge, Samuel Taylor: The Poetical Works, London 1828
Collins, Philip: Dickens and Crime, London 1965
Cony Catchers and Bawdy Baskets. An Anthology of Elizabethan Life, Harmondsworth 1972
* Cook, Olive: The English Country House. London 1974
Cowper, William: Poetical Works, London 1967 (1772 ff.)
David, Elizabeth: Spices, Salts and Aromatics in the English Kitchen, Harmondsworth 1970
Davis, Thomas: Memoirs of the Life of David Garrick, 1780, Reprint Hildesheim 1972
* Defoe, Daniel: A Tour thro' the Whole of Great Britain, London 1962 [1724-26]
* Dickens, Charles: The Oxford Illustrated Dickens, 21 Bde., London 1948 bis 1958 [1847-68]
* The Letters, 3 Bde., London 1965-1974 [1880-82]
* Disraeli, Benjamin: Sybil or the Two Nations, Oxford 1970 [1845]
* [Drake] A Summery and True Discourse of Sir Francis Drake's West Indian Voyage, 1589
* Du Maurier, Daphne: Vanishing Cornwall, Harmondsworth 1972, dt. v. N.O. Scarpi, Zürich 1973

Dyer, James: Southern England. An Archaeological Guide, London 1973
Eliot, George: Silas Marner. The Weaver of Raveloe, Harmondsworth 1971 [1861]
Middlemarch, Harmondsworth 1965 (1871-72)
* Engels, Friedrich: Die Lage der arbeitenden Klasse in England, München 1973 [1845]
* Englische Gedichte aus sieben Jahrhunderten. Hrsg. Levin L. Schücking, verschiedene Übersetzer, Leipzig 1956
* Englische Gedichte von Shakespeare bis W.B. Yeats, dt. v. Hans Hennecke, Berlin 1938
Englische Weihnacht. Hrsg. Ronald Sterne, mehrere Übersetzer, Zürich 1967
Fielding, Henry: Jonathan Wild, dt. v. Horst Höckendorf, Leipzig 1945 [1743]
Fishbourne – The Roman Palace and its History, London 1969
* Flecker, James Elroy: ›The Old Ships‹ *in* The Old Ships, London 1915
* Forster, Edward Morgan: The Eternal Moment, London 1953
Fox, Levi: A Splendid Occasion. The Stratford Jubilee of 1769, Oxford 1973
The Shakespearian Gardens, Norwich 1966
The Shakespearian Properties, Norwich 1971
Frankenberg, Ronald: Communities in Britain, Harmondsworth 1967
Fricke, Robert: Der moderne englische Roman, Göttingen 1966
Gale, W.K.V.: Boulton, Watts and the Soho Undertakings, Birmingham o.J.
* Gallico, Paul: Too Many Ghosts, New York 1959, dt. Immer diese Gespenster, Hamburg 1961
Galsworthy, John: The Forsyte Saga, London 1922ff.
* Cherrell-Chronik Bd. 3: Über den Strom, dt. v. L. Schalit, Reinbek 1951
Gaskell, Elizabeth: Cranford, London 1969 [1853]
North and South, Harmondsworth 1973 [1854]
* Gay, John: The Beggar's Opera, London 1970 [1723]
* Geoffrey of Monmouth: The History of the Kings of Britain, engl. v. L. Thorpe, Harmondsworth 1968 [Historia Regnum Brittaniae 1139 bis 1147]
* Giustinian, Sebastian *in* Venetian Calendar. Calendar of Letters and State Papers, preserved in the Archivs of Venice, 10 Bde., London 1895 bis 1900
* Goethe, Johann Wolfgang von: ›Italienische Reise‹ [1786-88] *in* Sämtliche Werke, 40 Bde., Stuttgart 1902-12
* Golding, William: The Spire, London 1964
* Graves, Robert: The White Goddess, London 1961 [1948]
* Grigson, Geoffrey: Britain Observed, London 1975
* Güttinger, Fritz *siehe* Borrow, George, *a.a.*O.

* Hakluyt, Richard: Voyages and Documents, London 1958 [1528-1600]
Harding, Alan: A Social History of English Law, Harmondsworth 1971
* Hardy, Thomas: The Mayor of Casterbridge, Bungary in Suffolk 1971 [1886]
The Return of the Native, Bungary in Suffolk 1965 [1895]
* Tess of the d'Urbervilles, Bungary in Suffolk 1975 [1891]
* Harris, Frank *siehe* Meredith, George, Der Egoist, *a.a.O.*
* Haydn, Joseph: Gesammelte Briefe und Aufzeichnungen, 1965 [18. Jh.]
* Heinrich VIII. in Augenzeugenberichten. Hrsg. E. Jacobs und E. de Vitray, Düsseldorf 1964
* Herrick, Robert: Poetical Works, London 1956 [1647-48]
* Hill, Roland: ›Liverpool‹ *in* Frankfurter Allgemeine Zeitung, 13.5.1967
Hobsbawm, Eric J.: Industrie und Empire. Britische Wirtschaftsgeschichte seit 1750, dt. v. U. Margetts, 2 Bde., Frankfurt am Main 1969
* Hobbes, Thomas: Leviathan, dt. v. D. Tidow, Reinbek 1965 [1651]
Hofmann, Werner *siehe* Turner, William, *a.a.O.*
Hole, Christina: English Traditional Customs, London 1975
Holinshed's Chronicles as used in Shakespeare's Plays. London 1963 [1577]
Howard, Henry, Earl of Surrey: Poems, London 1964 [1557]
Hyde, Edward *siehe* Clarendon, 1. Earl of, *a.a.O.*
* ›In Waldes Wänden‹, *nach Codex 1395 Stiftsbibl. St. Gallen*, dt. v. R. Friedenthal *in* ›Du‹, 30. Jg., Nr. 347
* Irving, Washington: Das Skizzenbuch, hrsg. v. S. Schmitz nach einer älteren Übers., München 1968 [1819ff.]
* James, Henry: English Hours, London 1905
* Johnson, Samuel: Selected Writings, Harmondsworth 1968 [1709-84]
Kelly, Alison: The Story of Wedgwood, London 1975
* Kendall, Paul Murray: Richard III., dt. v. A. Seiffahrt und H. Rinn, München 1967
Kerr, Jessica: Shakespeare's Flowers, Harmondsworth 1974
Kingsley, Charles: Westward Ho!, London 1855
* Kipling, Rudyard: Puck of Pook's Hill, London 1906, dt. *in* Gesammelte Werke, 3 Bde., verschiedene Übers., München 1965
* Rewards and Fairies, London 1910
* La Mare, Walter John de: Collected Poems, London 1942
* Lancelot und Ginevra. Ein Liebesroman am Artushof. Nacherzählt von Ruth Schirmer, Zürich 1961
* La Rochefoucauld-Liancourt, François A.F. *in* King's College Chapel. Comments and Opinions, Cambridge 1956
* Latham, Agnes *siehe* Rale[i]gh, Walter, *a.a.O.*
* Lawrence, D.H.: Der Regenbogen, dt. v. G. Günther, Reinbek 1968 [1915]
* The White Peacock, Harmondsworth 1971 [1911]
Leach, Bernard: Das Töpferbuch, dt. v. L. Borgers, Bonn 1971
Lemmer, Klaus: Englisches Theater, Berlin 1962

Lindenberg, Wladimir: Frühvollendete, München 1966
* Löwe und Einhorn. Englische Lyrik der Gegenwart, dt. v. W. Maschke, Göttingen 1959
Löwenstein, Karl: Der britische Parlamentarismus. Reinbek 1964
* Luce, A. A.: Vorwort zur Faksimileausgabe des Book of Durrow: Evangelia Quattuor Codex Durmachensis, Olten und Lausanne 1960
* Lyrik der englischen Romantik. Hrsg. S. Schmitz, verschiedene Übersetzer, München 1967
* Lyrik des Abendlandes. Hrsg. Georg Britting u. a., verschiedene Übersetzer, München 1963
* Markham, Gervase: Country Contents, 1611
Marlowe, Christopher: Works, London 1910 [1590ff.]
Mason, Eudo C.: Deutsche und englische Romantik, Göttingen 1964
Mattingley, Garrett: The Defeat of the Spanish Armada, London 1959
Renaissance Diplomacy, Harmondsworth 1965
* Maurois, André: Benjamin Disraeli, Lord Beaconsfield, dt. von E. Klossowski, Frankfurt am Main 1952
Don Juan oder Das Leben Byrons, dt. v. H. A. Neunzig, Hamburg 1969
* Mead, Edward P.: ›The Steam King‹ *in* The Northern Star 11. 2. 1843, dt. v. Engels, Friedrich, *a. a.* O.
* Meredith, George: Der Egoist, dt. v. H. Reisinger, München 1966 [1879]
Diana vom Kreuzweg, dt. v. E. Ehm, Frankfurt am Main, 1962 [1885]
The Letters, London 1970
Merlin. 3 Bde., Reprint der Ausgabe von 1498, London 1975
* Milton, John: Poetical Works, 2 Bde., London 1952 u. 1955 [1627ff.]
* Montague, Lady Mary: Briefe aus dem Orient, nach Eckerts Übersetzung von 1784, Stuttgart 1962 [1763]
* Morris, William, Collected Works, 24 Bde., 1910-1915
›Sommermorgendämmerung‹, dt. v. E. von Reitzenstein *in* Lyrik des Abendlandes, *a. a.* O.
National Trust Guide, Hrsg. R. Fedden and R. Joekes, London 1974
Neale, J. E.: The Elizabethan House of Commons, Harmondsworth 1963
Königin Elisabeth, dt. v. G. Goyart, München 1967
* Neue Zürcher Zeitung: ›Glyndebourne‹, Verf. anonym, 3. 8. 1966
Newman, John Henry: The Letters and Diaries, 24 Bde., London 1889ff.
Nicholson, Ben: A Studio International Special, London 1969
* Nicolson, Nigel: Great Houses of Britain, London 1965
Portrait of a Marriage, London 1973
Nohl, Johannes: The Black Death. A Chronicle of the Plague from contemporary sources, London 1961
Oxford and Cambridge. Hrsg. R. Postgate and R. S. Magowan, London 1961
Oxford. Cambridge. Merian Heft 6/XXIII, Hamburg o. J.

★ Paine, Thomas: Rights of Man, Harmondsworth 1969 [1791-92]
★ Palgrave's Golden Treasury, London 1961
★ Palmer, A.E.: Live and Letters of Samuel Palmer, London 1892
Parris, Leslie: Landscape in Britain c. 1750-1850, Tate Gallery, London 1973
Pepys, Samuel: The Diary 1660-1669, 3 Bde., London 1963 [1875-79]
Pernod, Régine: Eleonore von Aquitanien, dt. v. R. Heyd, Düsseldorf 1965
★ Petry, Walter: Irrwege Europas 1619-1648, Göttingen 1967
★ Pevsner, Nikolaus: Architektur und Design, dt. v. H. Conrad u.a., München 1971
★ The Buildings of England, London 1951 ff.
★ Europäische Architektur von den Anfängen bis zur Gegenwart, dt. v. Kurd Windels, München 1963
★ Das Englische in der englischen Kunst, dt. v. H. Conrad, München 1974
★ Piper, John *in* The Pictorial History of Chichester, London 1960
★ Pope, Alexander: Der Lockenraub, dt. v. R.A. Schröder, Frankfurt am Main 1968 [1712]
★ Selected Poetry and Prose, London 1963 [1717-43]
Quennel, Peter: Shakespeare. The Poet and his Background, Harmondsworth 1963
Quiller-Couch, Arthur Thomas [Pseud. Q]: Troy Town, London 1888
★ Quincey, Thomas de: Confessions of an English Opium Eater, London 1902 [1822]
★ Recollections of the Lake Poets, Harmondsworth 1974 [1834-94]
★ Rale[i]gh, Walter: The Poems, Hrsg. Agnes M.C. Lathem, London 1962 [16./17. Jh.]
Ranke-Graves, Robert von *siehe* Graves, Robert, *a.a.O.*
★ Repton, Humphrey: Observations of the Theory and Practise of Landscape Gardening, London 1803
★ Roberts, Thomas: Arnold Bennett's Five Town Origins, Stoke-on-Trent o.J.
Romantic Rebels. Essays on Shelley and his Circle, Hrsg. K.N. Cameron, London 1974
Rook, David: The Ballad of the Belstone Fox, London 1970
★ Rowse, A.L.: The Early Churchills, Harmondsworth 1969
Ruskin, John: The Brantwood Diary, London 1971 [1884 ff.]
★ Sackville-West, Victoria, *zitiert nach* A. Scott James: ›The Making of Sissinghurst‹ *in* The Times, 8.2.1975
siehe auch Nicolson, Nigel, Portrait, *a.a.O.*
★ Saint-Saëns, Camille: Portraits et souvenirs, Paris 1900
★ St. John, Christopher [Pseud.] and Edith Craig: Ellen Terry's Memoirs, London 1933
★ Santayana, George: My Host the World, London 1953

* Sassoon, Siegfried Lorraine: Memoirs of a Fox-Hunting Man, 1929, dt. Glück im Sattel, übs. v. H. Ch. Meyer, Kempen 1949
* Sayers, Dorothy: Gaudy Night, London 1935
* Schopenhauer, Johanna von: Reise nach England, Berlin 1973 [1813-14]
Schoenbaum, S.: William Shakespeare. A Documentary Life, Oxford, 1975
* Scott, George Gilbert: Personal and Professional Recollections of the Late Sir George Gilbert Scott, 1879
* Scott, Walter: Kenilworth, London 1968 [1821]
Woodstock, London o. J. [1826]
* The Journal, London 1972 [1890]
* Seymour, William Kean: ›Time stands‹ *in* Collected Poems, 1946
* Shaffer, Peter: ›Benjamin Britten‹ *in* The Times, 18. 11. 1973
* Shakespeare, William: Werke, dt. v. A. W. Schlegel, D. Tieck, W. H. Graf Baudissin, 6 Bde., Darmstadt 1965
* A New Variorum Edition of W. S., Hrsg. H. H. Furness, 1963 ff.
The Complete Works of W. S., London 1963
* Shakespeare in his own Age. Shakespeare Survey 17, Hrsg. A. Nicoll, Cambridge 1975
Shakespeare in the Public Records, London, 1985
Shakespeare's England. An Account of the Life and Manners of his Age, London 1916
Shakespeare's England, Life in. A Book of Elizabethan Prose, Hrsg. J. D. Wilson, Harmondsworth 1959
* Shakespearezeit, Dramen der, Hrsg. R. Weimann, Leipzig 1964, verschiedene Übersetzer
Shell Guide to England. Hrsg. John Hadfield, London 1970
Shelley, Percy Bysshe: Selected Poems and Prose, London 1964 [1847-54]
* ›Die Frage‹, dt. v. Strodtmann *in* Lyrik des Abendlandes, *a. a.* O.
* ›Queen Mab‹, dt. v. Lindenberg, Wladimir, *a. a.* O.
* ›Ode an den Westwind‹, dt. v. Felix Grafe *in* Lyrik des Abendlandes, *a. a.* O.
* Sitwell, Edith: English Eccentrics, Harmondsworth 1973 [1933]
Sidney, Philip: Miscellaneous Prose, London 1973 [1590 ff.]
* Smolett, Tobias George: The Letters, London 1970
Peregrine Pickle, dt. hrsg. v. Hans Matter [1781]
* Southey, Robert: ›After Blenheim‹ *in* Poetical Works, London 1837
Sterne, Laurence: Eine empfindsame Reise durch Frankreich und Italien, dt. v. J. J. Bode, München 1963 [1768]
* Stoker, Bram: Dracula, dt. v. St. Kull, München 1967 [1897]
* Sturm, Vilma: ›Lindisfarne‹ *in* Frankfurter Allgemeine Zeitung, 27. 11. 1969
* Summerson, John: Architecture in Britain 1530-1830, Harmondsworth 1970
John Wood and the English Town Planning Tradition, London 1949
Surrey *siehe* Howard, Henry, *a. a.* O.

Swinburne, A.Ch.: Poems and Ballads, 1866-89
* ›Der verlassene Garten‹ *in* A.Ch. Swinburne, dt. v. Rudolf Borchardt, Berlin 1919
* Tennyson, Alfred: English Idyls and other Poems, London 1884
* ›Break, Break, Break‹, dt. v. L.L. Schücking *in* Englische Gedichte aus sieben Jahrhunderten, *a.a.O.*
* Terry, Ellen: The Story of my Life, London 1908
* Terry, Ellen, and George Bernard Shaw: A Correspondence, 1931
Thompson, Flora: Larkrise in Candleford, Harmondsworth 1973 [1939ff.]
* Thoreau, Henry David: Walden oder das Leben in den Wäldern, dt. v. E. Emmerich u. T. Fischer, Zürich 1971 [1854]
Tillyard, E.M.W.: The Elizabethan World Picture, Harmondsworth 1963
Milton, Harmondsworth 1968
* Trevelyan, G.M.: English Social History, Harmondsworth 1967 [1944]
Trollope, Anthony: The Barsetshire Novels, 8 Bde., London 1906 [1855 bis 1867]
The Palliser Novels, London 1973 [1869-1880]
* Autobiography, London 1883
* Letters, London 1951
Turner, William, und die Landschaft seiner Zeit. Hrsg. Werner Hofmann, Hamburg und München 1976
Uttley, Alison: Recipes from an Old Farmhouse, London 1966
Vanbrugh, John: The Complete Works, 4 Bde., 1927ff. [1697ff.]
Walpole, Horace: The Castle of Otranto [1764] – William Beckford: Vathek [1787] – John Polidori: The Vampyr [1811]. Three Gothic Novels and a Fragment of a Novel by Byron [1818], New York 1966
Walton, Izaak: The Complete Angler, London 1964 [1676]
* Whateley, Thomas: Letters, 1770
Wilberforce, William: The Correspondence, 2 Bde., 1840
Wild, Friedrich: Die Kultur Großbritanniens und Irlands, Frankfurt am Main 1963
* Woolf, Virginia: Jacob's Room, London 1922
* Wordsworth, Dorothy: Journals, London 1974 [1798; 1800-03]
Wordsworth, William: Poems, London 1815
* ›Die Narzissen‹, dt. v. H. Hennecke *in* Englische Gedichte von Shakespeare bis Yeats, *a.a.O.*
* ›Prelude‹ und ›Tintern Abbey‹, dt. v. H. Breitwieser *in* Lyrik der englischen Romantik, *a.a.O.*
* Yeats, William Butler: The Only Jealousy of Emer *in* Four Plays for Dancers, 1921
* Yourcenar, Marguerite: Ich zähmte die Wölfin, dt. v. F. Jaffé, Stuttgart 1953

Register

BILDNACHWEIS

Unterm Inselhimmel: 1 John Constable, Stonehenge, Bleistiftzeichnung 1820, Victoria and Albert Museum, London; 2 John Sell Cotman, The Needles, Aquarell, Castle Museum, Norwich; 3 Samuel Palmer, Bach und Wiese, Aquarell, Victoria and Albert Museum, London; 4 William Turner, Themse, Bleistift und Aquarell um 1815, British Museum, London; 5 William Turner, Innenansicht der Kathedrale von Salisbury, Aquarell um 1802, Privatbesitz; 6 William Turner, Westturm der Kathedrale von Ely, Bleistift und Aquarell 1794, British Museum, London; 7 Joseph Wright of Derby, Studie für ›Dovedale‹, Aquarell 1786, Museum and Art Gallery, Derby; 8 John Thirtle, Fye-Brücke in Norwich, Aquarell, Castle Museum, Norwich; 9 Thomas Gainsborough, Waldlandschaft mit Kuh, schwarze und braune Kreide und Tuschpinsel um 1785/90, Staatliche Museen Preußischer Kulturbesitz, Kupferstichkabinett; 10 John Joseph Cotman, Thorpe, Aquarell, Castle Museum, Norwich; 11 John Middleton, Hatfield, Aquarell 1848, Privatbesitz; 12 William Turner, Themse mit Barken und Kahn, Aquarell um 1806, British Museum, London; 13 David Cox, Im Park von Windsor, Aquarell, Victoria and Albert Museum, London; 14 John Constable, Brücke im Borrowdale, Aquarell um 1806/08, Victoria and Albert Museum, London; 15 John Constable, Blick auf das Stour-Tal mit der Kirche von Dedham in der Ferne, Bleistift und Sepia um 1830/36, Victoria and Albert Museum, London. *Anfänge eines neuen Zeitalters:* 16 National Railway Museum, York; 17 Institution of Mechanical Engineers, London; 18/19 aus: Quentin Hughes, Seaport, Lund Humphries, London 1964 (Photos: David Wrightson und Quentin Hughes); 20 Photo Edwin Smith, Saffron-Walden; 21 aus: Francis D. Klingender, Art and the Industrial Revolution, Adams, London 1968. *Augenblicke:* 22 bis 29 aus: Sylvester Jacobs, Portrait of England, Michael Joseph Ltd., London 1975. *Farbtafeln:* Photo Tom Scott, Edinburgh (I), Photo J. A. Eldridge, London (II, IV, VII), Shenval Press, London, Motif 3 (VIII). *Alfred Beron* zeichnete die Karten im Text und die Englandkarte am Ende des Buches.

Die Grafschaften Englands